D1751708

SCHWEIZERISCHES PRIVATRECHT

Schweizerisches Privatrecht

HERAUSGEGEBEN VON

CHRISTOPH VON GREYERZ † · MAX GUTZWILLER
HANS HINDERLING † · ARTHUR MEIER-HAYOZ · HANS MERZ
PAUL PIOTET · ROGER SECRÉTAN † · WERNER VON STEIGER †
FRANK VISCHER

HELBING & LICHTENHAHN VERLAG AG
BASEL UND FRANKFURT AM MAIN

«Schweizerisches Privatrecht»
erscheint in französischer Sprache
im Universitätsverlag Freiburg i.Ue.
unter dem Titel:

«Traité de droit privé suisse»

FÜNFTER BAND

Sachenrecht

DRITTER TEILBAND

HERAUSGEGEBEN VON
ARTHUR MEIER-HAYOZ
Professor em. der Universität Zürich

HELBING & LICHTENHAHN VERLAG AG
BASEL UND FRANKFURT AM MAIN 1988

CIP-Titelaufnahme der Deutschen Bibliothek

Schweizerisches Privatrecht / hrsg. von
Christoph von Greyerz... – Basel; Frankfurt am Main:
Helbing und Lichtenhahn.
   Einheitssacht.: Traité de droit privé suisse <dt.>
   Teilw. hrsg. von Max Gutzwiller... – Teilw. mit d.
   Erscheinungsorten Basel, Stuttgart
NE: Greyerz, Christoph von [Hrsg.]; Gutzwiller, Max [Hrsg.]; EST
Bd. 5. Sachenrecht / hrsg. von Arthur Meier-Hayoz.
   Teilbd. 3. Das Grundbuch / von Henri Deschenaux.
   [Dt. Übers. von Franz Weber].
   Abt. 1. – (1988)
   Orig.-Ausg. u. d. T.: Deschenaux, Henri: Le registre foncier
   ISBN 3-7190-0966-1
NE: Meier-Hayoz, Arthur [Hrsg.]; Deschenaux, Henri [Mitverf.]

Deutsche Fassung von

Dr. iur. FRANZ WEBER

Das Werk einschließlich aller seiner Teile ist urheberrechtlich geschützt. Jede Verwertung außerhalb der engen Grenzen des Urheberrechtsgesetzes ist ohne Zustimmung des Verlags unzulässig und strafbar. Das gilt insbesondere für Vervielfältigungen, Übersetzungen, Mikroverfilmungen und die Einspeicherung und Verarbeitung in elektronischen Programmen und Systemen.

ISBN 3 7190 0966 1
Bestellnummer 21 00966
© 1988 by Helbing & Lichtenhahn Verlag AG, Basel
Satz: MG Stampa Ladina SA, Zernez
Druck: Sauerländer AG, Aarau

Das Grundbuch

ERSTE ABTEILUNG

VON

HENRI DESCHENAUX

Professor em. der Universität Freiburg i. Ue.

INHALT

Vorwort	XXIII
Abkürzungsverzeichnis	XXV
Allgemeine Literatur und Materialien	XXVIII
Konkordanztabelle	XXXI

Erstes Kapitel
Einleitung

§ 1.	Die Öffentlichkeit der dinglichen Rechte an Grundstücken	1
	I. Der Begriff des Grundbuches	2
	II. Rechtsquellen	4
	III. Erfordernis der Öffentlichkeit der dinglichen Rechte an Grundstücken	6
	IV. Das schweizerische System allgemein	7
	1. Die Realfolienordnung	7
	2. Die Öffentlichkeit des Grundbuches	8
	3. Das Eintragungsprinzip	8
	4. Der Grundsatz der materiellen Gesetzmäßigkeit	9
	5. Der öffentliche Glaube	10
	V. Die Rechtsnatur des Grundbuchrechtes	12
	VI. Die Aufgabe des Grundbuches im Zusammenhang mit öffentlich-rechtlichen Rechtsverhältnissen	12
	VII. Rechtsvergleichender Überblick	14
	1. Bundesrepublik Deutschland	14
	2. Österreich	15
	3. Frankreich	16
	4. Italien	17
	5. Anglo-amerikanische Länder	18
	VIII. Internationales Privatrecht im Bereich des Grundbuches	21
	IX. Vorgehen und Plan	23
§ 2.	Die Entstehung der gesetzlichen Regelung über das Grundbuch	24
	I. Die kantonalen Öffentlichkeitseinrichtungen	24
	1. Das Fertigungssystem	24
	2. Das Registriersystem	25
	3. Das Grundbuchsystem	26
	II. Die Wahl des Gesetzgebers	26
	1. Die Leitidee	26
	2. Die Grundzüge des gewählten Systems	29
	3. Der Weg des parlamentarischen Verfahrens	32
§ 3.	Das Übergangsrecht zum schweizerischen Grundbuchrecht	33
	I. Allgemeines	34
	II. Die Übergangsbestimmungen zum eidgenössischen Grundbuchrecht im allgemeinen	36
	III. Die kantonalen Öffentlichkeitseinrichtungen im Dienste des Immobiliarsachenrechtes des ZGB	39
	1. Die Einführung der Vorschriften des ZGB über das Grundbuch	39
	2. Die verschiedenen kantonalen Öffentlichkeitseinrichtungen	40

§ 4. Die Einführung des eidgenössischen Grundbuches 49
    I. Allgemeines 49
   II. Die Vermessung des Bodens 50
  III. Die Eintragung der dinglichen Rechte 52
      1. Der Grundsatz der Eintragung 52
      2. Das Eintragungsverfahren 54
      3. Die Folgen des Fehlens eines Eintrages 55
  IV. Stand der Einführung des eidgenössischen Grundbuches 58

Zweites Kapitel
Der Aufbau des Grundbuches

§ 5. Die Zusammensetzung des Grundbuches 59
    I. Überblick 60
   II. Das Hauptbuch und die übrigen Bestandteile des Grundbuches .. 61
      1. Das Hauptbuch 61
      2. Die das Hauptbuch ergänzenden Register und Urkunden 61
      3. Das Tagebuch 65
  III. Die Hilfsregister 66
      1. Die vom Bundesrecht vorgeschriebenen Hilfsregister 66
      2. Die Hilfsregister nach kantonalem Recht 68
  IV. Das Hilfsmittel der Datenverarbeitung bei der Grundbuchführung ... 68

§ 6. Die Aufnahme der Grundstücke ins Grundbuch 69
    I. Überblick 69
   II. Die aufzunehmenden Grundstücke (Art. 943 Abs. 1 ZGB) 70
      1. Die Liegenschaften (Ziffer 1) 70
      2. Die selbständigen und dauernden Rechte (Ziffer 2) 71
      3. Die Bergwerke (Ziffer 3) 75
      4. Die Miteigentumsanteile an Grundstücken (Ziffer 4) 75
  III. Die ins Grundbuch nicht aufzunehmenden Grundstücke 76
      1. Allgemeines 76
      2. Die von Bundesrechts wegen ins Grundbuch nicht aufzunehmenden Grundstücke 76
      3. Öffentliche Grundstücke, die von Bundesrechts wegen ins Grundbuch aufgenommen werden müssen 77
      4. Öffentliche Grundstücke, die gestützt auf kantonales Recht ins Grundbuch aufgenommen werden müssen 78
      5. Die Änderung der Rechtslage an einem Grundstück 79
      6. Die Eisenbahngrundstücke (Art. 943 Abs. 3 ZGB) 79
  IV. Das Aufnahmeverfahren 81
      1. Allgemeines 81
      2. Die Aufnahme der Liegenschaften 81
      3. Die Aufnahme der selbständigen und dauernden Rechte 83
      4. Die Aufnahme der Bergwerke 85
      5. Die Aufnahme der Miteigentumsanteile an Grundstücken 85
   V. Die Wirkungen der Aufnahme 86
      1. Betreffend die Liegenschaften 86
      2. Betreffend die selbständigen und dauernden Rechte 86
      3. Betreffend die Bergwerke 88
      4. Betreffend die Miteigentumsanteile an Grundstücken 88

	VI. Die Teilung und Vereinigung von Grundstücken (Liegenschaften)	89
	1. Teilung eines Grundstückes	89
	2. Vereinigung von Grundstücken	95
§ 7.	Die Eintragungen auf dem Hauptbuchblatt	99
	I. Die Gliederung des Hauptbuchblattes	99
	II. Die Eintragungen (im engeren Sinn)	101
	1. Die Eintragung des Eigentums	101
	2. Die Eintragung der Dienstbarkeiten	107
	3. Die Eintragung der Grundlasten	109
	4. Die Eintragung der Grundpfandrechte	109
	III. Die Vormerkungsfälle	115
	1. Die Vormerkungsfälle	115
	2. Das Verfahren zur Vornahme der Vormerkungen	117
	IV. Die Anmerkungen	120
	1. Privatrechtliche Rechtsverhältnisse	121
	2. Öffentlichrechtliche Rechtsverhältnisse	124
	V. Löschungen und Änderungen	127
	VI. Die Sperrung des Grundbuches	128

Drittes Kapitel

Organisation und Führung des Grundbuches

§ 8.	Die Organisation des Grundbuches	130
	I. Die Verwaltung des Grundbuches: Bundes- und kantonales Recht	130
	II. Die Bildung von Grundbuchkreisen	132
	III. Die Beamten und Behörden	135
	1. Kantone	135
	2. Bund	137
§ 9.	Die Führung des Grundbuches im allgemeinen	139
	I. Überblick	139
	II. Die Tätigkeit des Grundbuchverwalters im allgemeinen	139
	1. Rechtsnatur	139
	2. Örtliche Zuständigkeit	140
	3. Der Grundsatz der Anmeldung	140
	4. Die Prüfungsbefugnis des Grundbuchverwalters	140
	5. Die Feststellung der Tatsachen	141
	6. Die Verfügungen des Grundbuchverwalters und der Eintritt der Rechtskraft	141
	7. Erlangen die Entscheide des Grundbuchverwalters die Wirkung der abgeurteilten Sache?	144
	III. Die Aufsicht durch die Grundbuchbehörden	145
	1. Die Aufsicht durch die Kantone	146
	2. Die Aufsicht durch den Bund	147
	IV. Die Grundbuchgebühren	148
	1. Begriff	148
	2. Arten	148
	3. Die Zuständigkeit der Kantone	149
	4. Das Erfordernis einer gesetzlichen Grundlage	150

	5. Der Gegenstand der Grundbuchgebühren	151
	6. Die Höhe der Grundbuchgebühren	152
	7. Gesetzliche Ausnahmen	154
	8. Die Art der Eintreibung	156
	9. Rechtsmittel	156

§ 10. Die formelle Öffentlichkeit des Grundbuches 158
    I. Allgemeines 158
    II. Die verschiedenen Register und Urkunden des Grundbuches, in die Einsicht genommen werden kann 159
    III. Die Rechte und Rechtsverhältnisse, die Gegenstand der Einsichtnahme sind 161
    IV. Die Befugnis, ins Grundbuch Einsicht zu nehmen 162
        1. Das Erfordernis eines anerkannten Interesses 162
        2. Die Fälle eines berechtigten Interesses 163
        3. Der Umfang der Einsichtnahme 169
        4. Der Nachweis des Interesses 171
    V. Das Recht der Behörden, in das Grundbuch Einsicht zu nehmen ... 171
    VI. Das Verfahren und die Formen der Einsichtnahme 172
        1. Das Begehren 172
        2. Stellvertretung 173
        3. Die Formen der Einsichtnahme 173
        4. Gebühren 174
        5. Der Entscheid des Grundbuchverwalters und der Rechtsmittelweg .. 175
        6. Die Verantwortlichkeit des Staates 175
    VII. Die unwiderlegbare Vermutung der Kenntnis des Grundbuches (Art. 970 Abs. 3 ZGB) 176

§ 11. Die verwaltungsrechtliche Kontrolle über die Amtsführung des Grundbuchverwalters im allgemeinen 178
    I. Allgemeines 178
    II. Die Beschwerde an die kantonale Aufsichtsbehörde 179
        1. Bundesrecht und kantonales Recht 179
        2. Die Rechtsnatur der Beschwerde 179
        3. Die anfechtbaren Verfügungen 180
        4. Die Aktivlegitimation im Grundbuchbeschwerdeverfahren 182
        5. Die Passivlegitimation im Grundbuchbeschwerdeverfahren 187
        6. Die Beschwerdegründe 188
        7. Das Beschwerdeverfahren 189
        8. Die Wirkungen der Grundbuchbeschwerde 191
        9. Die Behandlung der Beschwerde 193
      10. Der Beschwerdeentscheid 194
      11. Kosten 195
      12. Die Wirkungen des Beschwerdeentscheides 195
      13. Das Verhältnis der beiden Grundbuchbeschwerden nach Art. 103 und 104 GBV zueinander 197
    III. Die Verwaltungsgerichtsbeschwerde an das Bundesgericht 198
        1. Rechtsnatur und Bedeutung der Verwaltungsgerichtsbeschwerde ... 198
        2. Aktivlegitimation 200
        3. Passivlegitimation 201
        4. Die Beschwerdegründe 202
        5. Die Ausübung der Verwaltungsgerichtsbeschwerde 204

6. Die Wirkungen der Verwaltungsgerichtsbeschwerde	205
7. Die Behandlung der Verwaltungsgerichtsbeschwerde	206
8. Der Beschwerdeentscheid	207
9. Kosten und Auslagen des Verfahrens	208
10. Die Verwaltungsgerichtsbeschwerde als ausschließliches Rechtsmittel	208

§ 12. Die Verantwortlichkeit für die Führung des Grundbuches 209
    I. Allgemeines 209
        1. Entstehungsgeschichte und ratio legis 209
        2. Die Besonderheiten der Verantwortlichkeit der Kantone 211
        3. Rechtsvergleichung 214
        4. Plan 216
    II. Die Voraussetzungen der Verantwortlichkeit des Staates 216
        1. Eine Handlung im Zusammenhang mit der Grundbuchführung ... 216
        2. Die Rechtswidrigkeit der Grundbuchführung 223
        3. Der Schaden 231
        4. Der Kausalzusammenhang zwischen der rechtswidrigen Handlung und dem Schaden 232
    III. Die Wirkungen der Verantwortlichkeit des Staates 234
        1. Die Verantwortlichkeitsklage gegen den Staat 235
        2. Der Rückgriff des Staates gegen die Grundbuchbehörden 240
        3. Das Rückgriffsrecht des Staates gegen verantwortliche Dritte 242

Viertes Kapitel
Die Voraussetzungen der Grundbucheintragungen

§ 13. Allgemeines zur Grundbuchanmeldung 244
    I. Der Grundsatz der Anmeldung 244
    II. Die Ausnahmen vom Grundsatz 245
    III. Die Form der Anmeldung 246
    IV. Der Inhalt der Anmeldung 247
    V. Die allgemeinen Voraussetzungen in bezug auf Handlungsfähigkeit, Zuständigkeit und Stellvertretung 248
    VI. Die Behandlung der Anmeldung 250
    VII. Die rechtliche Bedeutung der Anmeldung 251
    VIII. Die Eintragung im Grundbuch 251
    IX. Plan 252

Erster Abschnitt
Die Voraussetzungen der Eintragungen betreffend dingliche Rechte

§ 14. Überblick 254
    I. Der Aufbau der gesetzlichen Regelung 254
    II. Die Stellung der Grundbucheintragungen im System des Erwerbs und Untergangs der dinglichen Rechte 255
    III. Die Geltungsbereiche des absoluten und des relativen Eintragungsprinzips 256
        1. Der Geltungsbereich des relativen Eintragungsprinzips 258
        2. Der Geltungsbereich des absoluten Eintragungsprinzips 258
    IV. Plan und Abgrenzung 259

§ 15. Die Eintragungen betreffend die dinglichen Rechte im Geltungsbereich des absoluten Eintragungsprinzips: die Übertragung des Eigentums und die Errichtung von beschränkten dinglichen Rechten 261
    A. Der Erwerbsgrund 261
        I. Das Rechtsgeschäft 262
        II. Das Gesetz 265
    B. Der Erwerbsakt 266
        I. Der Erwerbsakt, der einem Verpflichtungsgeschäft nachfolgt 267
            1. Allgemein 267
            2. Die Voraussetzungen des Verfügungsgeschäftes 270
            3. Widerruf des Verfügungsgeschäftes 279
        II. Der Erwerbsakt, der sich auf das Gesetz stützt 285
            1. Allgemein 285
            2. Die Voraussetzungen der Anmeldung zur Eintragung eines gesetzlichen Pfandrechtes 286
            3. Der Widerruf des Verfügungsgeschäftes 288
        III. Der Erwerbsakt gestützt auf einen einseitigen Entschluß des Eigentümers 289
            1. Allgemein 289
            2. Die Voraussetzungen der Erwerbsaktes 290
            3. Der Widerruf des Verfügungsgeschäftes 291

§ 16. Die Eintragungen betreffend die dinglichen Rechte im Geltungsbereich des absoluten Eintragungsprinzips (Fortsetzung): der gänzliche oder teilweise Untergang des Eigentums und von beschränkten dinglichen Rechten durch Löschung 292
    A. Der Löschungs- oder Untergangsgrund 293
        I. Allgemein 293
        II. Die Voraussetzungen des Löschungsgrundes 294
    B. Der Löschungsakt 294
        I. Die Fälle 295
            1. Der Löschungsakt, der einem Löschungsversprechen des Berechtigten nachfolgt 295
            2. Der Löschungsakt, der Ausdruck eines einseitigen Entschlusses des Berechtigten ist 295
        II. Die Voraussetzungen des Löschungsaktes 298
            1. Die Rechtsnatur des Löschungsaktes 298
            2. Die Verfügungsmacht 299
            3. Die weiteren Voraussetzungen des Löschungsaktes 305
            4. Widerruf des Löschungsaktes 306

§ 17. Die Eintragungen betreffend die dinglichen Rechte im Geltungsbereich des relativen Eintragungsprinzips 307
    A. Vorbemerkungen 307
    B. Der Erwerb des Eigentums und die Entstehung von beschränkten dinglichen Rechten unmittelbar von Gesetzes wegen 309
        I. Die Erwerbstitel 310
            1. Für den Erwerb des Eigentums 310
            2. Für die Entstehung von Dienstbarkeiten und Grundlasten 314
            3. Für die Entstehung von Pfandrechten 315
        II. Der Antrag auf Richtigstellung des Grundbuches 316
            1. Allgemein 316
            2. Die Legitimation, die Richtigstellung des Grundbuches anzumelden 317
            3. Die weiteren Voraussetzungen der Anmeldung 321

C. Der Untergang des Eigentums und von beschränkten dinglichen Rechten
unmittelbar von Gesetzes wegen 322
   I. Die Untergangsgründe 322
      1. Für das Eigentum 322
      2. Für die Dienstbarkeiten und Grundlasten 323
      3. Für die Pfandrechte 324
   II. Der Antrag auf Richtigstellung des Grundbuches 326
      1. Allgemein 326
      2. Die Legitimation, die Richtigstellung des Grundbuches anzumelden 327

Zweiter Abschnitt

Die Voraussetzungen der übrigen Grundbucheintragungen

§ 18. Die Vormerkungen. Die Voraussetzungen für Beginn und Ende ihrer Wirkungen 331
  A. Allgemeines zu den Vormerkungen 332
   I. Einleitende Bemerkungen 332
   II. Unterscheidung der Vormerkungen nach ihren Wirkungen 333
      1. Beschränkung der Verfügungsmacht 333
      2. Realobligatorische Verknüpfung 333
      3. Besondere Ausgestaltung eines dinglichen Rechtsverhältnisses 333
      4. Weitere Wirkungen einer Vormerkung 334
      5. Die uneigentlichen Vormerkungen 334
   III. Weitere Unterscheidungen 335
      1. Konstitutive und deklaratorische Vormerkungen 335
      2. Endgültige und vorläufige Vormerkungen 336
      3. Unterscheidung der Vormerkungen nach dem Rechtsgrund, auf den sie sich stützen 336
   IV. Numerus clausus der Vormerkungen 336
   V. Plan 337
  B. Die Voraussetzungen der Vormerkungen 337
  AA. Die konstitutiven Vormerkungen 337
   I. Der Rechtsgrund der Vormerkung 338
      1. Ein Rechtsgeschäft 338
      2. Eine amtliche Anordnung 341
      3. Das Gesetz 345
   II. Der Erwerbsakt 347
      1. Der Erwerbsakt, welcher der Verpflichtung, eine Vormerkung eintragen zu lassen, nachfolgt 348
      2. Der Erwerbsakt, der sich auf eine amtliche Anordnung stützt 350
      3. Der Erwerbsakt, der sich auf das Gesetz stützt 351
      4. Der Erwerbsakt, gestützt auf einen einseitigen Entschluß des Eigentümers 352
  BB. Die deklaratorischen Vormerkungen 353
   I. Allgemein 353
   II. Der Rechtsgrund der Vormerkung 354
      1. Maßnahmen innerhalb des Zwangsvollstreckungsverfahrens (Art. 960 Abs. 1 Ziff. 2 ZGB) 354
      2. Die Geltendmachung eines dinglichen Rechtes (Art. 961 Abs. 1 Ziff. 1 ZGB) 356
      3. Das Urteil oder eine einem solchen gleichwertige richterliche Urkunde (analoge Anwendung von Art. 665 Abs. 1 ZGB) 356

        4. Die Nacherbeneinsetzung (Art. 96 Abs. 1 Ziff. 3 ZGB) 356
        5. Das Rückfallsrecht bei der Schenkung von Grundstücken oder beschränkten dinglichen Rechten (Art. 247 OR) 357
   III. Die Anmeldung der Vormerkung 357
        1. Die Legitimation zur Anmeldung 357
        2. Die weiteren Voraussetzungen der Anmeldung 358
 C. Die Voraussetzungen für das gänzliche oder teilweise Erlöschen der Wirkungen der Vormerkungen 358
 AA. Allgemein 358
 BB. Das Erlöschen der Wirkungen der Vormerkungen durch Löschung (Die rechtsändernde Löschung) 359
   I. Der Löschungsgrund 360
   II. Der Löschungsakt (Art. 964 Abs. 1 ZGB) 361
        1. Die Fälle 361
        2. Die Voraussetzungen des Löschungsaktes 362
 CC. Das Erlöschen der Wirkungen der Vormerkungen ohne Löschung (Die berichtigende Löschung) 364
   I. Die Rechtsgründe, die zum Erlöschen der Wirkungen der Vormerkungen führen 365
   II. Die Löschungsanmeldung 370
        1. Allgemein 370
        2. Die verschiedenen Löschungsverfahren 371

§ 19. Die Grundbuchsperre 375
   I. Allgemeines 375
        1. Der Begriff der Grundbuchsperre 375
        2. Die Rechtsnatur der Grundbuchsperre 376
        3. Der Umfang der Grundbuchsperre 378
        4. Die Grundbuchsperre und verwandte Rechtseinrichtungen 378
        5. Abgrenzung des Gegenstandes 379
   II. Die Voraussetzungen der Grundbuchsperre 380
        1. Allgemein 380
        2. Fälle von Grundbuchsperren nach Bundesrecht 381
        3. Grundbuchsperren nach kantonalem Recht 386
   III. Die Anordnung der Grundbuchsperre und das Erlöschen ihrer Wirkungen 399
        1. Die Anordnung der Grundbuchsperre 399
        2. Das Ende der Grundbuchsperre 399
   IV. Die Wirkungen der Grundbuchsperre 400
        1. Allgemein 400
        2. Die Grundbuchsperre und die Rechte von Dritten auf einen Erwerb 402
        3. Die Bedeutung der Grundbuchsperre im Zwangsvollstreckungsverfahren gegen den Eigentümer 404

§ 20. Die Anmerkungen 405
 A. Allgemeines 406
   I. Der Begriff der Anmerkung 406
   II. Die Arten der Anmerkungen 408
   III. Numerus clausus der Anmerkungen? 408
   IV. Die allgemeinen Voraussetzungen der Vornahme und Löschung der Anmerkungen 409
        1. Die Voraussetzungen der Anmerkungen 409
        2. Die Voraussetzungen der Löschung der Anmerkungen 410

B. Die Anmerkung privatrechtlicher Rechtsverhältnisse 411
   I. Dingliche Rechte, die nach dem Grundbuchrecht nicht mehr begründet
      werden können (Art. 45 SchlT; vorn § 7 IV 1a) 411
   II. Privatrechtliche Eigentumsbeschränkungen (vorn § 7 IV 1b) 412
      1. Die Wegrechte, die das Gesetz unmittelbar begründet 412
      2. Die gesetzlichen Pfandrechte (Art. 836 ZGB) und Grundlasten (Art. 784
         ZGB) nach kantonalem Recht 414
   III. Privatrechtliche Beschränkungen, die sich aus einem Rechtsgeschäft er-
        geben (vorn, § 7 IV 1c) 414
      1. Nutzungs- und Verwaltungsordnung der Miteigentümer- und Regle-
         ment der Stockwerkeigentümergemeinschaft (Art. 647 Abs. 1, 712g
         Abs. 3 ZGB) 414
      2. Die Einsetzung eines Willensvollstreckers (Art. 517/518 ZGB) 415
      3. Die Bestellung eines Verwalters bei der Stockwerkeigentümergemein-
         schaft 417
   IV. Die subjektiv-dingliche Verknüpfung des Eigentums, von beschränkten
       dinglichen oder vorgemerkten persönlichen Rechten mit dem Eigentum
       (oder Miteigentum) an einem andern Grundstück (Art. 82 GBV; vorn,
       § 7 IV 1d) 417
   V. Tatsachen, mit denen von Gesetzes wegen eine Beschränkung des Eigen-
      tums verbunden ist (vorn, § 7 IV 1e) 418
      1. Der Zeitpunkt des Beginns eines Werkes durch die Bauhandwerker und
         Unternehmer (Art. 841 Abs. 3 ZGB und Art. 81 GBV) 418
      2. Die Begründung von Stockwerkeigentum vor Erstellung des Gebäudes 419
      3. Die Errichtung von Pfandrechten oder Grundlasten auf den beson-
         deren Blättern von Miteigentumsanteilen (Art. 47 Abs. 3 GBV) 419
      4. Die Pfändung von Miteigentumsanteilen 419
      5. Die Pfändung von Anteilen an Gemeinschaftsvermögen, die Grund-
         eigentum umfassen (Art. 5 Abs. 1 VO des BGer über die Pfändung und
         Verwertung von Anteilen an Gemeinschaftsvermögen) 420
   VI. Die Zugehör (vorn, § 7 IV 1f) 420
   VII. Privatrechtliche Reserve (vorn, § 7 IV 1g) 422
   VIII. Weitere Anmerkungsfälle 424
      1. Der Ausschluß der Teilung des Miteigentums wegen der Bestimmung
         der Sache zu einem dauernden Zweck (Art. 650 Abs. 1 ZGB am Schluß) 424
      2. Der Eigentumsvorbehalt an Zugehörgegenständen zu einem Grund-
         stück 424
C. Die Anmerkung öffentlichrechtlicher Rechtsverhältnisse 425
   I. Gesetzliche Grundlage 425
   II. Gemeinsame Voraussetzungen der Vornahme und Löschung der Anmer-
       kung öffentlichrechtlicher Rechtsverhältnisse 426
   III. Einzelfälle 428
      1. Öffentliche Wege 428
      2. Nutzungsbeschränkungen 428
      3. Verfügungsbeschränkungen 435

§ 21. Die übrigen Eintragungen im Grundbuch 437
   I. Allgemeines 437
   II. Angaben tatsächlicher Natur in der Beschreibung der Grundstücke . . . 437
   III. Die vom ZGB vorgeschriebenen Hilfsregister (Art. 108 Abs. 1 GBV) . . . 438
      1. Das Eigentümerverzeichnis (Art. 109 GBV) 438

```
        2. Das Gläubigerregister (Art. 66 GBV) ................... 439
        3. Das Pfändungsregister (Art. 74 Abs. 3 GBV) ............. 441
        4. Das Berichtigungsbuch (Art. 101 GBV) .................. 442
        5. Das Register der Korrespondenz ....................... 442
    IV. Die Hilfsregister nach kantonalem Recht (Art. 108 Abs. 2 GBV) ..... 442
```

Dritter Abschnitt
Das Eintragungsverfahren und die Prüfungsbefugnis der Grundbuchbehörden

```
§ 22. Allgemeines ................................................ 444
    I. Formelle und materielle Voraussetzungen der Eintragungen ........ 444
    II. Plan .................................................... 445
§ 23. Die Anmeldung und der Ausweis des Anmeldenden ............... 446
    I. Überblick ............................................... 446
    II. Die Anmeldung einer Eintragung ........................... 447
        1. Die Form der Anmeldung ............................. 447
        2. Die Befähigung, eine Grundbuchmeldung vorzunehmen ...... 447
        3. Der Wortlaut der Anmeldung ......................... 448
        4. Die Bedingungslosigkeit der Anmeldung ................ 448
        5. Weitere Voraussetzungen der Anmeldung? ............... 449
        6. Die für die Anmeldung notwendigen Ausweise ............ 449
    III. Der Ausweis über die Befähigung, eine Grundbuchanmeldung vorzu-
        nehmen ............................................... 450
        1. Der Gegenstand des Ausweises allgemein ................ 450
        2. Die Rechtsfähigkeit ................................. 450
        3. Die Handlungsfähigkeit der natürlichen Personen und die gesetzliche
           Vertretung der Handlungsunfähigen ..................... 452
        4. Die Handlungsfähigkeit der juristischen Personen sowie der Kollektiv-
           und Kommanditgesellschaften .......................... 453
        5. Die gewillkürte Stellvertretung ....................... 455
        6. Die Legitimation, eine Eintragung ins Grundbuch anzumelden .... 455
        7. Der Nachweis der Identität ........................... 460
        8. Die Zuständigkeit einer anmeldenden Behörde oder eines anmelden-
           den Beamten ........................................ 462
    IV. Der Ausweis in bezug auf den Rechtsgrund .................. 463
        1. Der Grundsatz ...................................... 463
        2. Bei Eintragungen im Zusammenhang mit dinglichen Rechten ..... 465
        3. Bei Vormerkungen ................................... 468
        4. Bei einer Grundbuchsperre (vorn, § 19) ................ 471
        5. Bei Anmerkungen .................................... 472
        6. Bei den übrigen Eintragungen (vorn, § 21) .............. 474
§ 24. Die Prüfungsbefugnis des Grundbuchverwalters ................. 475
    A. Allgemeines ............................................. 475
        I. Die Grundlagen der Prüfungsbefugnis des Grundbuchverwalters ..... 475
        II. Der Gegenstand der Prüfungsbefugnis des Grundbuchverwalters .... 478
            1. Formelle Voraussetzungen ......................... 479
            2. Materielle Voraussetzungen ....................... 480
        III. Der Umfang der Prüfungsbefugnis des Grundbuchverwalters allgemein 480
            1. Die Gründe für die Beschränkung der Prüfungsbefugnis ....... 480
            2. Unbeschränkte und beschränkte Prüfung ................ 483
```

B. Die Prüfung der Voraussetzungen der Befähigung, eine Grundbuchanmeldung vorzunehmen (vorn, § 23 III) ... 485
   I. Die Rechtsfähigkeit ... 485
   II. Die Handlungsfähigkeit der natürlichen Personen ... 485
   III. Die gesetzliche Vertretung der Handlungsunfähigen oder die Mitwirkung bei deren Geschäften ... 486
   IV. Die Handlungsfähigkeit der Kollektiv- und Kommanditgesellschaften sowie der privat- und öffentlichrechtlichen juristischen Personen ... 486
   V. Die gewillkürte Stellvertretung ... 487
   VI. Die Legitimation zur Grundbuchanmeldung ... 487
   VII. Der Ausweis der Identität ... 490
   VIII. Die Zuständigkeit einer anmeldenden Behörde oder eines anmeldenden Beamten ... 491
C. Die Prüfung der Voraussetzungen des Rechtsgrundes einer Eintragung (vorn, § 23 IV) ... 491
   I. Rechtsgeschäft ... 492
      1. Rechts- und Handlungsfähigkeit der an einem Vertrag beteiligten Parteien, Handeln durch Organe, gesetzliche oder gewillkürte Stellvertretung, Identität der Parteien ... 492
      2. Zustimmungen oder Bewilligungen ... 493
      3. Form ... 495
      4. Materielle Mängel eines Rechtsgeschäftes ... 496
      5. Inhalt eines Rechtsgeschäftes ... 499
   II. Gesetz ... 506
   III. Anordnung einer Behörde ... 508
      1. Allgemein ... 508
      2. Materielle Zivilurteile ... 511
      3. Verfügungen oder Anordnungen von vorsorglichen Maßnahmen und andere richterliche Entscheide ... 513
      4. Entscheide oder Gesuche von Behörden oder Beamten der nicht streitigen Gerichtsbarkeit ... 515
      5. Anmeldungen der Betreibungs- oder Konkursbehörden ... 518
      6. Entscheide oder Anmeldungen von Verwaltungsbehörden ... 519

§ 25. Das Grundbucheintragungsverfahren ... 521
   I. Überblick ... 521
   II. Die Entgegennahme der Anmeldung ... 522
      1. Allgemein ... 522
      2. Die Zulässigkeit der Anmeldung ... 523
      3. Die Bedeutung der Einschreibung im Tagebuch ... 525
      4. Das Schicksal der Einschreibung im Tagebuch ... 525
   III. Die Prüfung der Anmeldung ... 526
      1. Die Stellung des Grundbuchverwalters ... 526
      2. Die dem Grundbuchverwalter zur Verfügung stehenden Beweismittel ... 526
      3. Die Art der Einreichung der Belege ... 528
   IV. Der Entscheid des Grundbuchverwalters allgemein ... 530
   V. Das Aufschieben des Entscheides ... 530
      1. Die vorläufige Eintragung (Art. 966 Abs. 2/961 Abs. 1 Ziff. 2 ZGB) ... 530
      2. Das formlose Aufschieben des Entscheides zur Ergänzung des Ausweises ... 533
      3. Das Aufschieben der Eintragung in besonderen Verfahren ... 535

VI.	Die Zulassung der Eintragung	539
	1. Die Eintragung im Hauptbuch	539
	2. Die Anzeigepflicht (vor allem nach Art. 969 ZGB)	542
VII.	Die Abweisung der Anmeldung	551
	1. Die Voraussetzungen der Abweisung	551
	2. Die Form der Abweisung und ihre Mitteilung	551
	3. Die Wirkungen der Abweisung	553
VIII.	Zwischenverfahren während des Grundbucheintragungsverfahrens	554

§ 26. Die Beschwerden an die Aufsichtsbehörden gegen die vom Grundbuchverwalter im Eintragungsverfahren erlassenen Verfügungen 558
A. Einleitung 558
   I. Die Rechtsbehelfe gegen die vom Grundbuchverwalter im Eintragungsverfahren erlassenen Verfügungen 558
      1. Die Anmeldung wird zugelassen und die Buchung vorgenommen . . 558
      2. Die Anmeldung wird abgewiesen 559
   II. Der Gegenstand der Ausführungen 559
B. Die Beschwerde an die Aufsichtsbehörde im Grundbucheintragungsverfahren 559
   I. Die anfechtbaren Verfügungen 560
      1. Die Verfügungen, die mit der besonderen Grundbuchbeschwerde angefochten werden können 560
      2. Die Verfügungen, die mit der allgemeinen Grundbuchbeschwerde angefochten werden können 563
   II. Die Legitimation zur Grundbuchbeschwerde an die kantonale Aufsichtsbehörde 565
      1. Die Legitimation zur besondern Grundbuchbeschwerde 565
      2. Die Legitimation zur allgemeinen Grundbuchbeschwerde 571
   III. Die Beschwerdegründe 572
   IV. Die Wirkungen der Grundbuchbeschwerde gegen die Abweisung der Anmeldung einer Eintragung (im weitern Sinne) 573
      1. Suspensivwirkung 573
      2. Devolutivwirkung 574
   V. Die Wirkungen des Beschwerdeentscheides (siehe vorn, § 11 II 12) 574
      1. Der Eintritt der formellen Rechtskraft 574
      2. Materielle Rechtskraft? 575
      3. Der Zeitpunkt des Eintritts der Wirkungen einer Eintragung, die von der Aufsichtsbehörde angeordnet worden ist 576
C. Die Verwaltungsgerichtsbeschwerde an das Bundesgericht im Grundbucheintragungsverfahren 580
   I. Die anfechtbaren Entscheide 580
   II. Die Beschwerdelegitimation 581
   III. Die Beschwerdegründe 582
   IV. Die Wirkungen der Verwaltungsgerichtsbeschwerde 583
      1. Suspensivwirkung? 583
      2. Devolutivwirkung 584
   V. Die Wirkungen des Beschwerdeentscheides 584
   VI. Ausschluß der staatsrechtlichen Beschwerde 585

INHALTSÜBERSICHT ZUR 2. ABTEILUNG

Fünftes Kapitel
Die Wirkungen des Grundbuches 589

Erster Abschnitt
Die Wirkungen der im Grundbuch vorgenommenen Eintragungen 590

Erster Unterabschnitt
Die Wirkungen der Eintragungen betreffend die dinglichen Rechte 590

§ 27. Allgemeines 590

§ 28. Die allgemeinen Wirkungen der Eintragungen im Grundbuch 593

§ 29. Die Wirkungen der Eintragungen betreffend die dinglichen Rechte im Geltungsbereich des absoluten Eintragungsprinzips 605

§ 30. Die Wirkungen der Eintragungen betreffend die dinglichen Rechte im Geltungsbereich des relativen Eintragungsprinzips 625

Zweiter Unterabschnitt
Die Wirkungen der Eintragungen im Zusammenhang mit vormerkbaren Rechtsbeziehungen 634

§ 31. Die besonderen Wirkungen der Vormerkungen 635

§ 32. Die Vormerkungen, die eine Verfügungsbeschränkung nach sich ziehen (konstitutive Vormerkungen) 640

§ 33. Die Vormerkungen, die eine bereits bestehende Verfügungsbeschränkung zum Ausdruck bringen (deklaratorische Vormerkungen) 677

§ 34. Die atypischen Vormerkungen 686

§ 35. Das Entstehen und Erlöschen der Wirkungen der Vormerkungen 697

Dritter Unterabschnitt
Die Wirkungen der Anmerkungen 713

§ 36. Allgemeines 713

Zweiter Abschnitt
Die materielle Gesetzmäßigkeit und der öffentliche Glaube 728

§ 37. Der Grundsatz der materiellen Gesetzmäßigkeit 728

§ 38. Der Grundsatz des öffentlichen Glaubens 758

Dritter Abschnitt
Die Richtigstellung des Grundbuches 813

§ 39. Begriff und Arten der Richtigstellung des Grundbuches 813

§ 40. Die Grundbuchberichtigungsklage 818

§ 41. Die Richtigstellung des Grundbuches im Fall, daß ein dingliches Recht seine rechtliche Bedeutung verloren hat und untergegangen ist 868

§ 42. Die Grundbuchberichtigung nach Art. 977 ZGB 889

Vorwort

Das vorliegende Werk ist die deutsche Fassung des 1983 beim Universitätsverlag Freiburg unter dem Titel «Le registre foncier» erschienenen Werkes, das damals mit Zustimmung des Verlages Helbing und Lichtenhahn als Herausgeber des «Schweizerischen Privatrechts» zuerst in französischer Sprache herausgekommen ist.

Fünf Jahre sind seither vergangen. In dieser Zeit hat sich das Grundbuchrecht weiter entwickelt. Neue Gesetzesbestimmungen sind erlassen worden. Insbesondere sind am 1. Januar 1988 das neue Eherecht und gewisse Änderungen des Erbrechts in Kraft getreten. An diese neue Rechtslage wurde, mit einigen zusätzlichen Änderungen, auch die Grundbuchverordnung angepaßt. Daneben sind auf Bundes- und kantonaler Ebene eine Anzahl wegweisender Gerichtsentscheide ergangen, und auch die Beiträge in der Literatur wuchsen stetig an.

Diese Tatsachen machten es notwendig, die neuen Gesetzesbestimmungen wie auch die zusätzliche Rechtsprechung und Literatur in den Text einzubauen. Zusätzlich haben wir gewisse Ergänzungen und Verdeutlichungen vorgenommen, die im wesentlichen aber Einzelfragen betreffen.

Das Manuskript ist Ende 1986 abgeschlossen worden. Der eigentliche Text baut daher nach wie vor auf dem alten Eherecht und der alten Grundbuchverordnung auf. Auch entsprechen die Gesetzeszitationen dem alten Recht. Wir haben aber die wichtigsten Änderungen, die das Grundbuch betreffen, in Ergänzungen im Text oder in den Fußnoten mit dem Verweis «revZGB» nachgetragen. Zum besseren Verständnis fügen wir dem Literaturverzeichnis auch die vom eidgenössischen Grundbuchamt herausgegebene Konkordanztabelle bei, welche die Bestimmungen der alten und der neuen Grundbuchverordnung nebeneinanderstellt.

Dem Übersetzer, Dr. Franz Weber, Grundbuchverwalter von Sursee, sprechen wir für seine umfangreiche Arbeit unseren herzlichsten Dank aus. Er hat mit seinen fruchtbaren Anregungen und seiner angenehmen Zusammenarbeit wesentlich zur vorliegenden zweiten Fassung unseres Werkes beigetragen.

Freiburg, im September 1988   HENRI DESCHENAUX

Abkürzungsverzeichnis

ABGB	=	(Österreichisches) Allgemeines Bürgerliches Gesetzbuch (1811)
AFG	=	BG über die Anlagefonds, vom 1. Juli 1966
AG	=	Aktiengesellschaft
AnwG	=	Anwendungsgesetz
AppG	=	Appellationsgericht
AppH	=	Appellationshof
AS	=	Amtliche Sammlung der eidgenössischen Gesetze (seit 1948)
BauG	=	Baugesetz
BB	=	Bundesbeschluß
BBl	=	Bundesblatt der Schweizerischen Eidgenossenschaft
Bern.Hdb.	=	Handbuch der Justizdirektion des Kantons Bern für die praktizierenden Notare sowie die Grundbuchverwalter betreffend den Verkehr mit dem Grundbuchamt und die Grundbuchführung, Bern 1982
Berner Kommentar	=	Kommentar zum schweizerischen Zivilrecht (Bern 1904 ff.), seit 1964 Kommentar zum schweizerischen Privatrecht
Bern.Not.	=	Der bernische Notar (Bern 1940 ff.)
BewB	=	BB über die Bewilligungspflicht für den Erwerb von Grundstücken durch Personen im Ausland, vom 23. März 1961
aBewV	=	zugehörige VV, vom 21. Dezember 1973
BewG	=	BG über den Erwerb von Grundstücken durch Personen im Ausland, vom 16. Dezember 1983
BewV	=	VO des Bundesrats zum obigen Gesetz, vom 1. Oktober 1984
BezG	=	Bezirksgericht
BG	=	Bundesgesetz
BGB	=	(Deutsches) Bürgerliches Gesetzbuch, vom 18. August 1896
BGE	=	Entscheidungen des schweizerischen Bundesgerichts, Amtliche Sammlung (1875 ff.)
BGer	=	Bundesgericht
BJ	=	Bundesamt für Justiz
BJM	=	Basler Juristische Mitteilungen (1954 ff.)
BlSchK	=	Blätter für Schuldbetreibung und Konkurs (Wädenswil 1937 ff.)
Botschaft	=	Botschaft des Bundesrates
BR	=	Baurecht; Mitteilungen zum privaten und öffentlichen Baurecht, Seminar für schweizerisches Baurecht, Universität Freiburg i. Ue. (seit 1979)
BRB	=	Bundesratsbeschluß
BS	=	Bereinigte Sammlung der Bundesgesetze und Verordnungen (1848–1947)
BStPO	=	BG über die Bundesstrafrechtspflege, vom 15. Juni 1934
BV	=	Bundesverfassung der Schweizerischen Eidgenossenschaft, vom 29. Mai 1874
BZPO	=	BG über den Bundeszivilprozeß, vom 4. Dezember 1947
CCfr.	=	Code civil français (1804)
CCit.	=	Codice civile italiano, vom 16. März 1942
EDV	=	Datenverarbeitung
EG	=	Einführungsgesetz
EGG	=	BG über die Erhaltung des bäuerlichen Grundbesitzes, vom 12. Juni 1951
EJ	=	Eidgenössische Justizabteilung
EJPD	=	Eidgenössisches Justiz- und Polizeidepartement

ElG	=	BG betreffend die elektrischen Schwach- und Starkstromanlagen, vom 24. Juni 1902
EntG	=	BG über die Enteignung, vom 20. Juni 1930
Erl.	=	Erläuterungen
Erw.	=	Erwägung
FPolG	=	BG betreffend die eidgenössische Oberaufsicht über die Forstpolizei, vom 11. Oktober 1902
GarG	=	BG über die politischen und polizeilichen Garantien zugunsten der Eidgenossenschaft, vom 26. März 1934
GB	=	Grundbuch
GBA	=	Eidgenössisches Grundbuchamt
GBG	=	(Österreichisches) Grundbuchgesetz, vom 2. Februar 1955
GBO	=	(Deutsche) Grundbuchordnung, vom 24. März 1897 und 5. August 1935
GBV	=	VO betreffend das Grundbuch, vom 22. Februar 1910
GmbH	=	Gesellschaft mit beschränkter Haftung
GRV	=	VO betreffend das Güterrechtsregister, vom 27. September 1910
HRgV	=	VO über das Handelsregister, vom 27. September 1937
IPR	=	Internationales Privatrecht
JdT	=	Journal des Tribunaux (Lausanne 1853 ff.)
KGer	=	Kantonsgericht
KV	=	Konkursverordnung, vom 13. Juli 1911
LEG	=	BG über die Entschuldung landwirtschaftlicher Heimwesen, vom 12. Dezember 1940
LFG	=	BG über die Luftfahrt, vom 21. Dezember 1948
Luz Max	=	Grundsätzliche Entscheidungen des Luzerner Obergerichts
LwG	=	BG über die Förderung der Landwirtschaft und die Erhaltung des Bauernstandes, vom 3. Oktober 1951
MBVR	=	Monatsschrift für bernisches Verwaltungsrecht und Notariatswesen (Bern 1903 ff.)
MO	=	BG über die Militärorganisation, vom 12. April 1907
NAG	=	BG über die zivilrechtlichen Verhältnisse der Niedergelassenen und Aufenthalter, vom 25. Juni 1891
NSG	=	BG über die Nationalstraßen, vom 8. März 1960
ObG	=	Obergericht
OG	=	BG über die Organisation der Bundesrechtspflege, vom 16. Dezember 1943
OR	=	BG über das Obligationenrecht, vom 30. März 1911/18. Dezember 1936
Pra	=	Die Praxis des Bundesgerichts (Basel 1912 ff.)
Prot.	=	Protokoll
rev	=	revidiert
RGZ	=	Entscheidungen des (deutschen) Reichsgerichts in Zivilsachen (1880–1943)
RPG	=	BG über die Raumplanung, vom 22. Juni 1979
RR	=	Regierungsrat
SchKG	=	BG über Schuldbetreibung und Konkurs, vom 11. April 1889/28. September 1949
SchlT	=	Schlußtitel (Schlußbestimmungen) zum ZGB
Schweizerisches Privatrecht	=	Schweizerisches Privatrecht, Bde. I ff. (Basel 1967 ff.)
Sem. jud.	=	La Semaine judiciaire (Genf 1879 ff.)
SJV	=	Schweizerischer Juristenverein

SJZ	=	Schweizerische Juristenzeitung (Zürich 1904 ff.)
SR	=	Systematische Sammlung des Bundesrechts (1970 ff.)
StenBullNR	=	Amtliches stenographisches Bulletin der Bundesversammlung, Nationalrat
StenBullStR	=	Amtliches stenographisches Bulletin der Bundesversammlung, Ständerat
StGB	=	Schweizerisches Strafgesetzbuch, vom 21. Dezember 1940
StPO	=	Strafprozeßordnung
VE	=	Vorentwurf
VEB	=	Verwaltungsentscheide der Bundesbehörden (Bern 1927–1963; ab 1964 VPB)
VG	=	BG über die Verantwortlichkeit des Bundes sowie seiner Behördemitglieder und Beamten, vom 14. März 1958
VO	=	Verordnung
VLP	=	Schweizerische Vereinigung für Landesplanung
VPB	=	Verwaltungspraxis der Bundesbehörden (Bern 1964 ff.)
VV	=	Vollziehungsverordnung
VVAG	=	VO des BGer über die Pfändung und Verwertung von Anteilen an Gemeinschaftsvermögen, vom 17. Januar 1923
VwVG	=	BG über das Verwaltungsverfahren, vom 20. Dezember 1968
VZG	=	VO des BGer über die Zwangsverwertung von Grundstücken, vom 23. April 1920
WEG	=	Wohnbau- und Eigentumsförderungsgesetz, vom 4. Oktober 1974
WFG	=	BG über Maßnahmen zur Förderung des Wohnungsbaues, vom 19. März 1965
WRG	=	BG über die Nutzbarmachung der Wasserkräfte, vom 22. Dezember 1916
ZBGR	=	Schweizerische Zeitschrift für Beurkundungs- und Grundbuchrecht (Wädenswil 1920 ff.)
ZBJV	=	Zeitschrift des Bernischen Juristenvereins (Bern 1865 ff.)
Zbl	=	Schweizerisches Zentralblatt für Staats- und Gemeindeverwaltung (Zürich 1900 ff.)
ZGB	=	Schweizerisches Zivilgesetzbuch, vom 10. Dezember 1907
ZPO	=	Zivilprozeßordnung
ZR	=	Blätter für zürcherische Rechtsprechung
ZSR	=	Zeitschrift für Schweizerisches Recht (Basel 1852 ff.; NF 1882 ff.)
ZStV	=	VO über das Zivilstandswesen, vom 1. Juni 1953
Zürcher Kommentar	=	Kommentar zum schweizerischen Zivilgesetzbuch (Zürich 1909 ff.)

Allgemeine Literatur und Materialien

Die hier und am Eingang eines Paragraphen oder Teiles angeführten Werke werden nur mit dem Namen des Verfassers, gegebenenfalls einem zusätzlichen Stichwort, zitiert.

AMMON, K. Grundriß des Schuldbetreibungs- und Konkursrechts, Bern 1983.
AUBERT, J.-F. Traité de droit constitutionnel suisse, Bd. I und II, Paris und Neuenburg 1967; Bd. III, Ergänzung 1967–1982, Neuenburg 1982.
BECKER, H. Berner Kommentar, Bd. VI/1, Obligationenrecht, Allgemeine Bestimmungen, 2. Aufl., Bern 1941, Neudruck 1974.
BIRCHMEIER, W. Handbuch des Bundesgesetzes über die Organisation der Bundesrechtspflege, Zürich 1945–1950, zu Art. 97 ff. OG (alte Fassung).
BROGGINI, G. Intertemporales Privatrecht, in: Schweizerisches Privatrecht, Bd. I (S. 353–508), Basel 1969.
BUCHER, E. Schweizerisches Obligationenrecht, Allgemeiner Teil ohne Deliktsrecht, Zürich 1979.
– Berner Kommentar, Die natürlichen Personen, Bern 1976.
BÜHLER, W./SPÜHLER, K. Berner Kommentar, Bd. II/1, Familienrecht, Ehescheidung, Bern 1971–1980.
VON BÜREN, B. Schweizerisches Obligationenrecht, Allgemeiner Teil, Zürich 1964.
CARLEN, L. Notariatsrecht der Schweiz, Zürich 1976.
CAVIN, P. Kauf, Tausch und Schenkung, in: Schweizerisches Privatrecht, Bd. VII/1, S. 1–198, Basel 1977.
DESCHENAUX, H. Der Einleitungstitel, in: Schweizerisches Privatrecht, Bd. II, Basel 1967.
DESCHENAUX, H./STEINAUER, P.-H. Personnes physiques et tutelle, 2. Aufl., Bern 1986.
DESCHENAUX, H./TERCIER, P. La responsabilité civile, 2. Aufl., Freiburg i. Ue. 1982.
ESCHER, A. Zürcher Kommentar, Bd. III, Das Erbrecht, 3. Aufl., Zürich 1960; Ergänzungslieferung zu den Art. 619–619[sexies] ZGB, Zürich 1975.
FAVRE, A. Droit des poursuites, deutsche Übersetzung, Freiburg i. Ue. 1956
FLEINER-GERSTER, TH. Grundzüge des allgemeinen schweizerischen Verwaltungsrechts, 2. Aufl., Zürich 1980.
FORSTMOSER, P. Berner Kommentar, Bd. VII/1, Die Genossenschaft, Bern 1972.
FRIEDRICH, H.-P. Das Stockwerkeigentum, Bern 1965.
FRITZSCHE, H. Schuldbetreibung und Konkurs, 2. Aufl., Bd. II, Zürich 1968.
FRITZSCHE, H./WALDER, H. U. Schuldbetreibung und Konkurs nach schweizerischem Recht, 3. Aufl., Bd. I, Zürich 1984.
GAUCH, P./SCHLUEP, W. R./JÄGGI, P. Schweizerisches Obligationenrecht, Allgemeiner Teil, Bd. I und II, 3. Aufl., Zürich 1983.
GERWIG, M. Schweizerisches Genossenschaftsrecht, Bern 1957.
GIACOMETTI, Z. Allgemeine Lehren des rechtsstaatlichen Verwaltungsrechts, Bd. I, Zürich 1960, S. 520 ff.
GILLIÉRON, P.-R. Poursuite pour dettes, faillite et concordat, Lausanne 1985.
GONVERS-SALLAZ, A. Le registre foncier en Suisse, Lausanne 1938.
GRISEL, A. Traité de droit administratif, Bd. I und II, 2. Aufl., Neuenburg 1984.
GUHL, TH./MERZ, H./KUMMER, M. Das schweizerische Obligationenrecht, 7. Aufl., Bern 1980.
GULDENER, M. Schweizerisches Zivilprozeßrecht, 3. Aufl., Zürich 1979.
– Grundzüge der freiwilligen Gerichtsbarkeit, Zürich 1954.
– Das internationale und interkantonale Zivilprozeßrecht der Schweiz, Zürich 1951.
GUTZWILLER, M. Zürcher Kommentar, Bd. V/6, Die Genossenschaft, Zürich 1972–1974.
GYGI, F. Bundesverwaltungsrechtspflege, 2. Aufl., Bern 1983.

HAAB, R. Zürcher Kommentar, Bd. IV/1, Das Sachenrecht, Das Eigentum, 2. Aufl., Zürich 1929-1948, fortgesetzt von A. SIMONIUS, W. SCHERRER und D. ZOBL, 1953, 1958 und 1977.

HESS, F. Das Enteignungsrecht des Bundes, Bern 1935.

HESS, H./WEIBEL, H. Das Enteignungsrecht des Bundes, 2 Bde., Bern 1986.

HOMBERGER, A. Zürcher Kommentar, Bd. IV/3, Das Sachenrecht, Besitz und Grundbuch, 2. Aufl., Zürich 1938.

HUBER, E. System und Geschichte des schweizerischen Privatrechtes, 4 Bde., Basel 1886-1893; 2. Aufl. von P. MUTZNER, Bd. I, 3 Lieferungen, S. 239 und 335-341, Bern 1932-1937.

– Zum schweizerischen Sachenrecht, Drei Vorträge, Bern 1914.

HUBER, H. Berner Kommentar, Bd. I/1, Einleitung, Bern 1962, zu Art. 6 ZGB.

IMBODEN, M./RHINOW, R. A. Schweizerische Verwaltungsrechtsprechung, 5. Aufl., Basel und Stuttgart, Bd. I, Allgemeiner Teil, 1976; Bd. II, Besonderer Teil, 1976.

JAEGER, C. Das Bundesgesetz betreffend Schuldbetreibung und Konkurs, 3 Bde., 3. Aufl., Zürich 1911/1912.

JAEGER, C./DAENIKER, M. Schuldbetreibungs- und Konkurspraxis der Jahre 1911 bis 1945, Zürich 1947.

JÄGGI, P. Zürcher Kommentar, Bd. V/7a, Das Obligationenrecht, Die Wertpapiere, Zürich 1949-1959.

– Allgemeines Wertpapierrecht, herausgegeben von P. GAUCH, Basel 1977.

JAGMETTI, M. Vorbehaltenes kantonales Privatrecht, in: Schweizerisches Privatrecht, Bd. I, Basel 1969, S. 239 ff.

JENNY, F. Der öffentliche Glaube des Grundbuches nach dem schweizerischen ZGB, Diss. Freiburg i. Ue. 1926.

JOST, A. Handkommentar zum Bundesgesetz über die Erhaltung des bäuerlichen Grundbesitzes, Bern (ohne Datum).

KELLER, M. Das schweizerische Schuldrecht, Bd. I, Allgemeine Lehren des Vertragsrechts, Basel 1982.

KNAPP, B. Grundlagen des Verwaltungsrechts, Basel 1983.

KRAMER, E.-A. Berner Kommentar, Bd. VI, Obligationenrecht, 1. Teilband, Allgemeine Einleitung in das schweizerische Obligationenrecht und Kommentar zu Art. 1 und 2 OR, Bern 1980.

KUMMER, M. Berner Kommentar, Bd. I/1, Einleitung, Art. 1-10 ZGB, Bern 1962, zu Art. 3 und 9 ZGB.

LEEMANN, H. Berner Kommentar, Bd. IV/1, Sachenrecht, Das Eigentum, 2. Aufl., Bern 1920; Bd. IV/2, Die beschränkten dinglichen Rechte, 2. Aufl., Bern 1925.

LEMP, P. Berner Kommentar, Bd. II/1, 2. Teil, Familienrecht, Das Eherecht, Wirkungen der Ehe, Güterrecht der Ehegatten, Bern 1954-1963.

LIVER, P. Zürcher Kommentar, Bd. IV/2a, Das Sachenrecht, Die Dienstbarkeiten und Grundlasten, 2. Aufl., Zürich 1980.

– Berner Kommentar, Bd. I/1, Einleitung, Bern 1962, zu Art. 5 ZGB.

– Das Eigentum, in: Schweizerisches Privatrecht, Bd. V/1, S. 1-402, Basel 1977.

MEIER-HAYOZ, A. Berner Kommentar, Bd. IV/1, Sachenrecht, Das Eigentum, 1. Teilband: Systematischer Teil und allgemeine Bestimmungen, 5. Aufl., Bern 1980; 2. Teilband: Grundeigentum I, Bern 1964, Neudruck 1974, Ergänzung 1974; 3. Teilband: Grundeigentum II, Bern 1967, 1973, 1975.

MEIER-HAYOZ, A./FORSTMOSER, P. Grundriß des schweizerischen Gesellschaftsrechts, 2. Aufl., Bern 1976.

MERZ, H. Obligationenrecht, Allgemeiner Teil, 1. Teilband, in: Schweizerisches Privatrecht, VI/1, Basel 1984.

MUTZNER, P. Berner Kommentar, Schlußtitel, I. Abschnitt, 2. Aufl., Bern 1926.

OFTINGER, K. Schweizerisches Haftpflichtrecht, Bd. I, Allgemeiner Teil, 4. Aufl., Zürich 1975; Bd. II, 1. Hälfte, 3. Aufl., Zürich 1970.
OSER, H./SCHÖNENBERGER, W. Zürcher Kommentar, Bd. V, Das Obligationenrecht, Allgemeiner Teil, 2. Aufl., Zürich 1929; Die einzelnen Vertragsverhältnisse, 2. Aufl., 1. Halbband 1936; 2. Halbband 1945.
OSTERTAG, F. Berner Kommentar, Bd. IV/3, Sachenrecht, Besitz und Grundbuch, 2. Aufl., Zürich 1917.
PIOTET, P. Dienstbarkeiten und Grundlasten, in: Schweizerisches Privatrecht, Bd. V/1 (S. 519–666), Basel 1977.
– Erbrecht, in: Schweizerisches Privatrecht, Bd. IV, 1. und 2. Halbband, Basel 1978 und 1981.
REICHEL, A. Zürcher Kommentar, Schlußtitel, Zürich 1926.
REY, H. Berner Kommentar, Bd. IV, Das Sachenrecht, 2. Abteilung, Die beschränkten dinglichen Rechte, 1. Teilband, Die Grunddienstbarkeiten, Lieferung I, Systematischer Teil und Art. 730 und 731 ZGB, Bern 1981.
RIEMER, H.-M. Berner Kommentar, Bd. I 3/3, Die Stiftungen, Systematischer Teil, Art. 80–89bis ZGB, Bern 1975.
ROSSEL, W./MENTHA, F.-H. Manuel de droit suisse, 3. Bd., 2. Aufl., Lausanne 1922, Ergänzung 1930.
SCHMID, E. Zürcher Kommentar, Bd. V 2b, (Miete, Pacht, Leihe), 3. Aufl., Zürich 1974, 1977.
SCHNYDER, B./MURER, E. Berner Kommentar, Bd. I/3, Die Vormundschaft, 1. Systematischer Teil und Kommentar zu Art. 360–397 ZGB, 1. Lieferung, Bern 1978; 2. Lieferung, Bern 1984.
SCHÖNBERG, S. Zehn Jahre Schweizerisches Zivilgesetzbuch, Die Grundbuchpraxis, Aarau 1924.
SCHÖNENBERGER, W./JÄGGI, P. Zürcher Kommentar, Bd. V/1a, Das Obligationenrecht, 3. Aufl., Zürich 1961–1973 (Art. 1–17 OR).
SCHÖNENBERGER, W./GAUCH, P. Zürcher Kommentar, Bd. V/1b; JÄGGI, P./GAUCH, P. (Kommentar zu Art. 18 OR), 3. Aufl., Zürich 1980.
SPIRO, K. Die Begrenzung privater Rechte durch Verjährungs-, Verwirklichungs- und Fatalfristen, 2 Bde., Bern 1975.
STARK, E.-W. Berner Kommentar, Bd. IV/3, Besitz und Grundbuch, 1. Teilband, Der Besitz, 2. Aufl., Bern 1984.
STEINAUER, P.-H. Les droits réels, Bd. I, Registre foncier, S. 136–256.
STRÄULI, H./MESSMER, G. Kommentar zur zürcherischen Zivilprozeßordnung, 2. Aufl., Zürich 1982.
VON TUHR, A./PETER, H. Allgemeiner Teil des schweizerischen Obligationenrechts, Bd. I, 3. Aufl., Zürich 1974, 1977.
VON TUHR, A./ESCHER, A. Allgemeiner Teil des schweizerischen Obligationenrechts, Bd. II, 3. Aufl., Zürich 1974; Ergänzung von H. PETER und A. ESCHER, Zürich 1984.
TUOR, P./SCHNYDER, B. Das schweizerische Zivilgesetzbuch, 10. Aufl., Zürich 1986.
TUOR, P. Berner Kommentar, Bd. III/2, Das Erbrecht, Die Erben, 2. Aufl., Bern 1952: TUOR, P./PICENONI, V. Der Erbgang, 2. Aufl., Bern 1959/1964 (Neudruck 1973).
VISCHER, F. Internationales Privatrecht, in: Schweizerisches Privatrecht, Bd. I (S. 509–709), Basel 1969.
VISCHER, F./VON PLANTA, A. Internationales Privatrecht, 2. Aufl., Basel 1982.
WIELAND, C. Zürcher Kommentar, Das Sachenrecht des schweizerischen Zivilgesetzbuches, Zürich 1909.

Vorbereitungsarbeiten

Vorentwurf, Art. 984–1019; Entwurf, Art. 980–1015; Erläuterungen zum Vorentwurf, III. Teil, S. 447–474, 818–857; Erläuterungen (Erl.), 2. Aufl., Bd. II, 1914, S. 3–31; 395–438*, Botschaft des Bundesrates vom 28. Mai 1904, S. 95 ff.; stenographisches Bulletin der eidgenössischen Räte: Nationalrat, 1906, S. 1018 ff.; Ständerat, 1907, S. 98 ff.

Veröffentlichungen zuhanden der Praktiker

In der Mehrzahl der Kantone veröffentlicht die kantonale Aufsichtsbehörde oder das Notariats- und Grundbuchinspektorat Anweisungen, an die sich die Praktiker zu halten haben. Eine ganze Anzahl dieser Anweisungen sind über die Grenzen des betreffenden Kantons hinaus von Bedeutung. Auf sie werden wir beiläufig verweisen. Dabei beschränken wir uns darauf, das Handbuch der Justizdirektion des Kantons Bern für die praktizierenden Notare sowie die Grundbuchverwalter betreffend den Verkehr mit dem Grundbuchamt und die Grundbuchführung, 1982 (zit. Bern. Hdb.) anzuführen.

Konkordanztabelle

Neu	*Bisher*
Art. 1 Abs. 1	Art. 2
Abs. 2	Art. 1 Abs. 3
Art. 2 Abs. 1	Art. 3
Art. 3 Abs. 1 + 2	Art. 1 Abs. 1 + 2
–	Art. 57 Abs. 3
–	Art. 62 Abs. 2
Art. 79 Abs. 1	–
Abs. 2	Art. 78
Abs. 3	Art. 81
Abs. 4	Art. 82^a Abs. 1
Abs. 5	Art. 82^a Abs. 2
Abs. 6	–
Abs. 7	Art. 82
Art. 80 Abs. 1, 2 + 4	Art. 80
Abs. 3	–
Abs. 5, 6 + 7	–
Art. 81	–
Art. 100 Abs. 3	Art. 101
Art. 107 Abs. 1	–
Abs. 2	–
Abs. 3	Art. 107, 107^b Abs. 2
Abs. 4	Art. 107^b Abs. 1
Art. 107^c Abs. 1 + 3	Art. 107^d
Abs. 2	Art. 107^c
materiell durch einen andern Wortlaut ersetzt	Art. 111

---

* Wir werden diese zweite Auflage anführen, die von Eugen Huber ergänzt und mit Hinweisen auf die endgültigen Artikel des ZGB versehen worden ist.

Erstes Kapitel

Einleitung

§ 1. Die Öffentlichkeit der dinglichen Rechte an Grundstücken

Literatur:

Schweizerisches Recht:

Innerstaatliches Recht
Siehe die Kommentare von HOMBERGER, Vorbemerkungen, S. 134ff.; OSTERTAG, Vorbemerkungen zum 25. Titel, S. 106ff.; WIELAND, Vorbemerkungen, S. 524f.; C. BESSON, L'acquisition de droits immobiliers en dehors du registre foncier, ZBGR 63, 1982, S. 129ff.; H.-P. FRIEDRICH, Grundbuch und öffentliches Recht, ZBGR 51, 1970, S. 193ff.; P. LIVER, Die Anmerkung, ZBGR 50, 1969, S. 10ff.

Internationales Privatrecht
A. HOMBERGER, Vorbemerkungen, N. 49ff.; J.-P. LACHENAL, Registre foncier et droit international privé, ZBGR 41, 1960, S. 2ff.; A. MEIER-HAYOZ, Systematischer Teil, N. 761ff.; W. NIEDERER, Einführung in die allgemeinen Lehren des internationalen Privatrechts, 3. Aufl., Zürich 1961, S. 176ff.; A.F. SCHNITZER, Handbuch des internationalen Privatrechts, II, 4. Aufl., Basel 1958, S. 560ff., 588ff.; W. SCHÖNENBERGER/P. JÄGGI, Internationales Privatrecht der Schweiz für Schuldverhältnisse, Sonderabdruck aus V 1a des Kommentars zum Obligationenrecht, 3. Aufl., Zürich 1961, N. 188ff., 261; F. VISCHER, Internationales Privatrecht, in Schweizerisches Privatrecht, I, Basel 1969, S. 652ff.; F. VISCHER/A. VON PLANTA, Internationales Privatrecht, Basel 1982.

Ausländische Rechte:

Deutschland
GÜNTHE/TRIEBEL, Kommentar zur Grundbuchordnung, 2 Bde., 6. Aufl., 1936/37; K. HÄGELE/ H. SCHÖNER/K. STÖBER, Grundbuchrecht, 6. Aufl., München 1979; E. HORBER, Grundbuchordnung, 15. Aufl., München 1981; MEIKEL/IMHOF/RIEDEL, Grundbuchrecht, Kommentar zur Grundbuchordnung, 6. Aufl., Berlin, I 1965, II 1968, III 1970, IV 1971; RICHTER/BENGEL/ SIMMERDING, Handkommentar zur Grundbuchordnung, 2. Aufl., Berlin 1978; F. RIPFEL, Grundsätze des deutschen Grundbuchrechts, ZBGR 46, 1965, S. 65ff.; H.T. SÖRGEL, Kommentar zum bürgerlichen Gesetzbuch, Bd. 5, Sachenrecht, Stuttgart/Berlin/Köln/Mainz 1978 (F. BAUR, Kapitel I–VIII); M. WOLFF/L. RAISER, Sachenrecht, III, in: ENNECERUS/KIPP/ WOLFF, Lehrbuch des bürgerlichen Rechts, 10. Aufl., Tübingen 1957, §§ 26-49.

Österreich

R. Dittrich/S. Nagy/F. Peters/K. Sattler, Das österreichische Grundbuchgesetz, 2. Aufl., Wien 1962; H. Hofmeister, Die Grundsätze des Liegenschaftserwerbes in der österreichischen Privatrechtsentwicklung seit dem 18. Jahrhundert, Wien 1977, besprochen von P. Liver, Zeitschrift der Savigny-Stiftung für Rechtsgeschichte, Germanistische Abteilung, 1978, S. 383 ff.; F. Gschnitzer, Lehrbuch des österreichischen bürgerlichen Rechts, Bd. IV, Sachenrecht, Wien 1968; H. Klang, Kommentar zum allgemeinen bürgerlichen Gesetzbuch, §§ 285–530. Bd. II, 2. Aufl., Wien 1950.

Frankreich

A. Colin/H. Capitant/L. Julliot de la Morandière, Traité de droit civil, Bd. II, Paris 1959, N. 513 ff,; G. Marty/P. Raynaud, Droit civil, Paris 1962, Bd. 3.1. Les sûretés. La publicité foncière, Paris 1971; H. L. und J. Mazeaud, Leçons de droit civil, Bd. III, erster Teil, 5. Aufl. durch F. Chabas, La publicité foncière, Paris 1977, S. 595 ff.; G. Ripert/J. Boulanger, Traité de droit civil, Bd. II, Paris 1957, N. 2439 ff., Bd. III "Publicité foncière", Paris 1958, N. 143 ff.

Italien

R. Bonis, Registri immobiliari, in: Novissimo Digesto Italiano, herausgegeben durch A. Azara und E. Eula, XV 1968; U. Natoli, Della tutela dei diritti, Commentario del Codice civile, Buch VI, Bd. I, Turin 1962.

Anglo-amerikanische Länder

E. H. Burn, Modern Law of real property, 12. Aufl., London 1976 (siehe Index, unter der Rubrik «Registered Conveyancing»); Ph. S. James, Introduction to English Law, 10. Aufl., London 1979, S. 472 ff.; R. Kirkpatrick, Initiation au droit anglais, Brüssel 1964, S. 215 ff.; K. von Metzler, Das anglo-amerikanische Grundbuchwesen, Diss. Hamburg 1966.

I. Der Begriff des Grundbuches

Wie das Zivilstands- oder Handelsregister ist das Grundbuch in einem weitern Sinn eine öffentliche Dienstleistungseinrichtung, die hierarchisch gegliederte Behörden und Beamte umfaßt. Diese führen eine Reihe von Büchern, Urkundensammlungen und Plänen oder überwachen deren Führung. Ihre Tätigkeit ist Teil der nicht streitigen Gerichtsbarkeit und stellt eine amtliche Verwaltung der privaten Rechte an den Grundstücken dar[1].

In einem engern Sinn ist das Grundbuch die Gesamtheit der Register, die von den Vertretern dieser Dienstleistungseinrichtung geführt werden. Die Eintragungen[1a], welche die Beamten darin vornehmen, wollen über die

---

[1] Guldener, Grundzüge der freiwilligen Gerichtsbarkeit, S. 1 ff. und 9 ff.
[1a] Es ist zwischen den Ausdrücken «Eintragung» und «Eintrag» zu unterscheiden. Beide verstehen wir in einem doppelten Sinn:

Rechtslage an den Grundstücken Auskunft geben. Diese bezieht sich auf das Eigentum, die beschränkten dinglichen Rechte sowie auf bestimmte obligatorische Rechte. Daneben können im Grundbuch aber auch Verfügungsbeschränkungen und noch weitere Rechtsbeziehungen zum Ausdruck gebracht werden. Genau das will Art. 942 Abs. 1 ZGB sagen: «Über die Rechte an den Grundstücken wird ein Grundbuch geführt»[2]. Man hat auch schon von einer juristischen Photographie der Grundstücke gesprochen (F. GUISAN)[2a]. Sogleich muß aber erwähnt werden, daß die Eintragungen in den Büchern in der Regel gleichzeitig auf die Entstehung, das Erlöschen oder den Weiterbestand der in Frage stehenden Rechte und Rechtsbeziehungen ihre Wirkung entfalten.

- In einem (von uns regelmäßig so verstandenen) ersten Sinn bezeichnet *Eintragung* den Eintragungsvorgang (vgl. Art. 972 Abs. 1 ZGB). Dieser kann in zweifacher Weise gesehen werden.
   a. als Vorgang, wonach der Grundbuchverwalter bestimmte Gedanken in sein Register einträgt;
   b. als Vorgang, wonach die betreffenden Gedanken vom Grundbuchverwalter aufgezeichnet und damit eingetragen werden, somit als Eingetragenwerden der Gedanken.
- Im zweiten (seltener, aber immerhin auch verstandenen) Sinn ist *Eintragung* gleichbedeutend mit dem Eintragungs-Gegenstand: den Gedanken bzw. Sachverhalten, die eingetragen werden oder worden sind (vgl. Art. 970 Abs. 2, 972 Abs. 2 ZGB).
- In einem ersten Sinn bezeichnet der *Eintrag* eine vollzogene Eintragung, wonach bestimmte Gedanken bzw. Sachverhalte eingetragen sind. Die im Hauptbuch vollzogene Eintragung bezeichnen wir daher als (vollendeten) Eintrag. Er stellt das fortdauernde Ergebnis des Eintragungsvorganges dar (vgl. Art. 973 ZGB).
- In einem zweiten Sinn bildet der *Eintrag* die Zeichen, mit denen das Grundbuchblatt im Ergebnis versehen ist. Da die eingetragenen Gedanken bestimmte Sachverhalte wiedergeben, kann in verkürzter Redeweise vom Eintrag eines Sachverhalts gesprochen werden (vgl. Art. 964 Abs. 1 ZGB). Meist umschließt das Wort *Eintrag* sogar beides: das Zeichen wie das dadurch Bezeichnete.

Die richtige Verwendung der beiden Ausdrücke «Eintragung» und «Eintrag» ist oft schwierig. Bald wird sogar im gleichen Zusammenhang vielleicht der eine, ein anderes Mal der andere Ausdruck verwendet; je nachdem ob der Eintragungsvorgang oder das Ergebnis dieses Vorgangs betont werden will. Sowohl *Eintragung* als *Eintrag* werden dabei erst noch in einem andern doppelten Sinn verwendet: Zunächst in einem engen eigentlichen Sinn als Eintragung oder Eintrag eines dinglichen Rechts; oder in einem weiteren Sinn als Eintragung oder Eintrag eines dinglichen Rechts, einer Vormerkung oder gar einer Anmerkung. Unter Eintragung ist dabei auch die Löschung eines dieser Einträge zu verstehen. Zum Sinn der Ausdrücke Eintragung und Eintrag siehe weiter, TUOR/SCHNYDER, S. 598 und, im einzelnen (teils leicht verändert) P. GAUCH, Der Zweigbetrieb im schweizerischen Zivilrecht mit Einschluß des Prozeß- und Zwangsvollstreckungsrechts, Zürich 1974, Nr. 327 ff.

[2] Soweit sie scheinbar nur die dinglichen Rechte im Auge hat, ist die Ausdrucksweise nur zum Teil richtig.
[2a] IdT 85, 1937, I S. 172 f.

II. Rechtsquellen

Das Grundbuchrecht ist im wesentlichen im 25. Titel des Zivilgesetzbuches (Art. 942–977) enthalten. Der Titel regelt den Stoff aber nicht abschließend. Vorschriften betreffend das Grundbuch finden sich auch in andern Teilen des ZGB; daneben im OR und in Spezialgesetzen, die sich mit dinglichen Rechten an Grundstücken und mit Beschränkungen des Grundeigentums befassen (Beispiel: Art. 93 EntG).

Allgemein wird zwischen dem *formellen* und dem *materiellen* Grundbuchrecht unterschieden. Die Unterscheidung kann jedoch nicht bis ins letzte durchgeführt werden.

Das *formelle* Grundbuchrecht umfaßt die Vorschriften über die Gliederung der Behörden, den Aufbau des Registers und die Einteilung der Bücher. Es regelt auch das Verfahren für die Eintragungen, Änderungen und Löschungen. Das ZGB macht folgende Haupteinteilung:

A. Einrichtung:
    I. Bestand, Art. 942–950 (im allgemeinen),
    II. Grundbuchführung, Art. 951–954 (Grundbuchkreise und -ämter),
    III. Grundbuchbeamte, Art. 955–957 (Haftbarkeit, Aufsicht);

B. Eintragung:
    I. Grundbucheinträge, Art. 958–961 (Eigentum und dingliche Rechte, Vormerkungen)[3],
    II. Öffentlichrechtliche Beschränkungen, Art. 962 (Anmerkungen),
    III. Voraussetzung der Eintragung[4], Art. 963–966 (Anmeldungen, Ausweise),
    IV. Art der Eintragung, Art. 967/968,
    V. Anzeigepflicht, Art. 969;

C. Öffentlichkeit des Grundbuches, Art. 970[5].

In Anwendung von Art. 949 (und der Art. 943, 945, 953, 954, 956, 967, 977 ZGB und Art. 18 SchlT) hat der Bundesrat am 22. Februar 1910 über das formelle Grundbuchrecht eine Verordnung (GBV) erlassen.

---

[3] In Art. 959–961 ZGB werden je im Absatz 2 die Rechtswirkungen der entsprechenden Vormerkung umschrieben. Diese Bestimmungen gehören damit nicht zum formellen Grundbuchrecht.

[4] Diese Bestimmungen gehören ebenfalls nicht mehr zum formellen Grundbuchrecht; und zwar in dem Sinn, daß die Grundbucheintragung in der Regel Voraussetzung für Entstehung, Änderung, Untergang oder Fortbestand dinglicher Rechte oder anderer Rechtsbeziehungen ist.

[5] Wegen ihres Zusammenhangs mit dem öffentlichen Glauben, der dem Grundbuch zukommt, hat auch diese Vorschrift einen materiellen Inhalt.

§ 1   Rechtsquellen

Diese VO ist mehrmals abgeändert worden. Sie umfaßt heute 132 Artikel (nummeriert von 1–117; die neuen Artikel sind mit Buchstaben den Ziffern beigefügt worden), eingeteilt in 14 Titel[5a]. Sie stellt eine Ausführungsverordnung dar. Einzelne Bestimmungen enthalten aber auch Vorschriften zum materiellen Grundbuchrecht; etwa in bezug auf die Aufnahmepflicht der Grundstücke in das Grundbuch (Art. 1 ff.) und die Ausweise, die für eine Eintragung beigebracht werden müssen (Art. 18 ff.). Die VO hat somit neben ausführendem auch rechtsetzenden Inhalt[5b].

Das *materielle* Grundbuchrecht bestimmt im wesentlichen die materiellen Voraussetzungen für die Übertragung des Eigentums sowie die Errichtung und den Untergang der beschränkten dinglichen Rechte. Es regelt auch die Wirkungen der im Grundbuch vorgenommenen Eintragungen.

- Zum Teil ist es im 25. Titel über das Grundbuch enthalten.

B. III. Voraussetzung der Eintragung;

D. Wirkung:
   I. Bedeutung der Nichteintragung, Art. 971
   II. Bedeutung der Eintragung, Art. 972–974; in bezug auf die Vermutung des Rechts bei Grundstücken ist auch auf Art. 937 hinzuweisen, der sich im Titel über den Besitz befindet.

E. Aufhebung und Veränderung der Einträge:
   I. Bei ungerechtfertigtem Eintrag, Art. 975,
   II. Bei Untergang des dinglichen Rechtes, Art. 976,
   III. Berichtigungen, Art. 977.

- Materielles Grundbuchrecht findet sich zum Teil aber auch unter den Bestimmungen über das Grundeigentum und über die beschränkten dinglichen Rechte (Beispiele: Art. 656, 657, 665, 666, 712*d*, 712*f*, 731/732, 734, 738, 746, 779, 779*a*, 780, 783, 799, 801, 826, 836/837, 856/857, 863/864, 879).

Das (formelle und materielle) Grundbuchrecht wird ergänzt durch Vorschriften des Übergangsrechts, namentlich die Art. 38–48 SchlT zum ZGB (siehe hinten, § 3).

Für die praktische Anwendung des eidgenössischen Grundbuches von Bedeutung sind im weitern die kantonalen Einführungsgesetze zum ZGB und die kantonalen Grundbuchorganisationsgesetze. Das betrifft namentlich die Weitergeltung der Öffentlichkeitsformen des alten kantonalen Rechtes (siehe hinten, § 3 III).

[5a] Die Änderungen vom 24. November 1987, in Kraft seit 1. Januar 1988, welche den Beizug der elektronischen Datenverarbeitung zur Unterstützung der Grundbuchführung (Art. 111, Art. 111*a* revGBV) ermöglichen und daneben vor allem eine Vereinfachung des grundbuchlichen Verfahrens bezwecken, sind in der vorliegenden Arbeit nicht berücksichtigt.

[5b] AUBERT, Droit constitutionnel, Nr. 1518 ff., insbesondere 1525.

Schließlich sind noch die Vorschriften über die Grundbuchvermessung zu erwähnen, auf welcher die Anlage des Grundbuches beruht (hinten, § 4 II)[6].

III. Erfordernis der Öffentlichkeit der dinglichen Rechte an Grundstücken

Die dinglichen Rechte sind absolute Rechte, die gegenüber jedermann gelten. Muß sich jedermann an sie halten, müssen sie aber auch für jedermann offenkundig sein, der in die Lage kommen könnte, sie zu verletzen. Darin liegt der Grund für die Öffentlichkeit der dinglichen Rechte[7].

Bei beweglichen Sachen stellt der Besitz in der Regel die äußere Erscheinungsform eines dinglichen Rechtes dar. Dieses Öffentlichkeitsmittel läßt das geltend gemachte Recht vermuten (Art. 930/931 ZGB). Es dient zur Verteidigung des Rechtes durch Klage (Art. 932, 934–936 ZGB). Einem gutgläubigen Dritten gegenüber, der von einem nicht berechtigten Besitzer ein Recht an der Sache erwirbt, wird diese Vermutung aus dem Besitz unwiderlegbar (Art. 933 ZGB). Die Übertragung des Besitzes ist für den Erwerb von dinglichen Rechten an beweglichen Sachen grundsätzlich nötig (Art. 714 Abs. 1, 746 Abs. 1, 884 Abs. 1 ZGB).

Bei Grundstücken ist der Besitz nicht in gleicher Weise geeignet, den an ihnen bestehenden dinglichen Rechten die notwendige Öffentlichkeit zu verleihen. Die Anwesenheit von jemandem auf einem Stück Land oder in einem Haus gibt nicht den gleichen Aufschluß über die Rechte des Besitzers wie das Tragen eines Rings oder das Vorweisen einer Banknote. Der Besitz an einem Grundstück ist kein sicheres Zeichen für die an ihm

---

[6] Die wichtigsten Erlasse sind:
die VO über die Grundbuchvermessung vom 12. Mai 1971 (SR 211.432.2);
die Instruktion für die Triangulation IV. Ordnung vom 10. Juni 1919 (SR 211.432.21);
die Instruktion für die Vermarkung und die Parzellarvermessung vom 10. Juni 1919 (SR 211.432.23);
der Bundesbeschluß über Kostenanteile in der Grundbuchvermessung vom 9. März 1978 (SR 211.432.27);
der Bundesratsbeschluß über die Förderung der Güterzusammenlegungen vom 20. November 1945 (SR 211.432.28).
Siehe auch die weiteren Erlasse in der systematischen Rechtssammlung des Bundes unter SR 211.432 und die Vorschriften über den topographischen Dienst des Bundes und die Landeskarten (SR 510.61, 510.62), insbesondere die VO über die Benützung des eidgenössischen Kartenwerkes und der Pläne der Grundbuchvermessung vom 12. Dezember 1977 (SR 510.622).

[7] MEIER-HAYOZ, Systematischer Teil, N. 57.

bestehenden dinglichen Rechte. Deshalb läßt sich an diesen kaum die Vermutung eines Rechtes und noch weniger der allfällige Schutz eines gutgläubigen Erwerbers knüpfen. Außer man nehme zu längst veralteten Verfahren Zuflucht, können die Besitzverhältnisse für die Begründung dinglicher Rechte – namentlich der Pfandrechte – nur schwerlich geändert werden. Wird aber der Besitz nicht durch ein anderes äußeres Zeichen ersetzt, lassen sich diese Rechte – und insbesondere die Pfandrechte – von außen nicht feststellen, und die Sicherheit derselben ist nicht gewährleistet.

Das geeignete Mittel, den Besitz als Öffentlichkeitszeichen der dinglichen Rechte zu ersetzen, ist die Eintragung in amtliche Schriftstücke: Urkundenprotokolle, Bücher, Register usw. Sein Ursprung geht ins frühe deutsche Mittelalter zurück (unten, IV und hinten, § 2 I). Diese Urkunden können verschieden geführt werden. Die dinglichen Rechte an den Grundstücken können nach Eigentümern oder nach Grundstücken geordnet sein. Die gesammelten Tatsachen können mehr oder weniger leicht zugänglich sein. Den Urkunden kann auch eine verschiedene Bedeutung zukommen. Die gemachten Angaben können lediglich die Bedeutung einer Auskunft haben. Sie können aber auch als Beweismittel dienen, eine Rechtsvermutung nach sich ziehen oder für jene, die sich darauf verlassen, die Bedeutung einer unwiderlegbaren Vermutung aufstellen. In diesem Fall ist der Schein des Rechtes, wie er sich aus dem Öffentlichkeitsmittel ergibt – wenn der Eintrag falsch oder unvollständig ist – stärker als das Recht des wahren Inhabers. Die Eintragung in amtliche Schriftstücke kann rein der Ordnung halber vorgeschrieben sein. Sie kann aber auch für die Geltung eines Rechtes Dritten gegenüber notwendig sein. Sie kann für die Parteien konstitutiv sein. Ja sie könnte selbst genügende – nicht nur notwendige – Voraussetzung für den Erwerb oder die Begründung von dinglichen Rechten sein.

IV. Das schweizerische System allgemein

1. Die Realfolienordnung

Bei einer Einteilung nach Personen sind die Auskünfte über die Grundstücke, die das Öffentlichkeitsmittel gibt, nach Grundeigentümern geordnet. Die «Mappe» eines Eigentümers kann ein oder mehrere Grundstücke umfassen. Nach der Realfolienordnung, wie sie das ZGB kennt, sind die Angaben pro Grundstück zusammengefaßt. Jedes Grundstück erhält ein eigenes Blatt, das mit einer bestimmten Nummer versehen ist (Art. 945 Abs. 1 ZGB). Auf diesem Blatt werden die Eintragungen betreffend das Eigentum, die Dienstbarkeiten und Grundlasten, die Pfandrechte (Art. 946 ZGB), wie auch die Verfügungsbeschränkungen (Art. 959–961 ZGB) vorgenommen. Die Gesamtheit der einzelnen Blätter bildet das *Hauptbuch,* welches das wichtigste Buch des Grundbuches ist. Zu diesem hinzu kommen die andern Bücher, die Belege und die Pläne (Art. 942 ZGB)[8].

2. Die Öffentlichkeit des Grundbuches

Die Einträge im Grundbuch müssen den Besitz als äußere Erscheinungsform der dinglichen Rechte ersetzen. Das Grundbuch muß daher öffentlich sein; wenigstens in dem Sinn, daß es für jedermann zugänglich ist, der aus einem berechtigten Grund Auskunft wünscht. Das besagt Art. 970 Abs. 1 und 2 ZGB. Gestützt auf diese Öffentlichkeit kann der Eintrag der dinglichen Rechte (wie auch der andern Rechte, die Dritten entgegengehalten werden können) im Grundbuch die gleiche Aufgabe übernehmen wie der Besitz im Mobiliarsachenrecht: Vermutung des Rechtes, öffentlicher Glaube, Bedeutung für die Begründung, die Übertragung und den Untergang der dinglichen Rechte. Aus dieser Öffentlichkeit ergibt sich: «Die Einwendung, daß jemand eine Grundbucheintragung nicht gekannt habe, ist ausgeschlossen» (Abs. 3).

3. Das Eintragungsprinzip

Die Öffentlichkeit der dinglichen Rechte an den Grundstücken nach schweizerischem Recht geht so weit, daß grundsätzlich jede Änderung an ihnen eine Eintragung im Grundbuch erfordert. Diese stellt das Gegenstück zur Besitzübertragung bei den beweglichen Sachen dar. «Zum Erwerb des Grundeigentums bedarf es der Eintragung im Grundbuch» (Art. 656 Abs. 1, 712*d* ZGB; für die beschränkten dinglichen Rechte, siehe Art. 731 Abs. 1, 746 Abs. 1, 783 Abs. 1, 799 Abs. 1 ZGB). «Das Grundeigentum geht unter mit der Löschung des Eintrages...» (Art. 666 Abs. 1 ZGB; für die

---

[8] Die Realfolienordnung, zusammen mit dem Eintragungsprinzip (unten, 3), eignete sich besonders gut für die Anwendung des *Prinzips der Spezialität,* das eine der Eigentümlichkeiten des schweizerischen Immobiliarsachenrechts darstellt; MEIER-HAYOZ, Systematischer Teil, N. 75.

beschränkten dinglichen Rechte, siehe Art. 712f Abs. 1, 734 Abs. 1, 748 Abs. 1, 801 Abs. 1 ZGB).

Man spricht von der *negativen* Rechtskraft des Grundbuches (ohne Eintragung keine Änderung eines dinglichen Rechtes) oder auch von der *rechtsbegründenden* oder *rechtsaufhebenden* Wirkung des Grundbuches, die zwischen den Parteien und Dritten gegenüber besteht.

Von diesem Eintragungsprinzip gibt es Ausnahmen: Es ist möglich, daß Rechte ohne Eintragung entstehen oder untergehen; so bei bestimmten Erwerbsarten das Eigentum (Art. 656 Abs. 2, 665 Abs. 2, 963 Abs. 2 ZGB): bei Aneignung, Erbgang, Enteignung, Zwangsvollstreckung, richterlichem Urteil. Das Eigentum, wie auch beschränkte dingliche Rechte können aber auch *ipso iure* untergehen: etwa mit dem vollständigen Untergang eines Grundstückes (Art. 666 Abs. 1, 734, 786 Abs. 1, 801 Abs. 1 ZGB), mit einer Enteignung (Art. 666 Abs. 2 ZGB), mit dem Tod des Nutznießers (Art. 749 Abs. 1 ZGB).

Das Eintragungsprinzip gilt also teils absolut, teils relativ.

Es gilt *absolut,* soweit das Gesetz die Entstehung oder den Untergang eines Rechtes von einer Eintragung im Grundbuch abhängig macht (Art. 971/972 ZGB). Das trifft etwa bei der Übertragung des Eigentums durch ein Rechtsgeschäft auf Einzelnachfolge zu. Die Eintragung ist hier *konstitutiv.*

Es gilt *relativ,* soweit die Eintragung für die Änderung eines dinglichen Rechtes nicht nötig ist; diese aber trotzdem vorgenommen werden muß, damit der Berechtigte unter anderem im Grundbuch über sein Recht verfügen kann (Art. 656 Abs. 2 ZGB). Die Eintragung ist hier *deklaratorisch.*

Ob nötig oder nicht, ohne Rechtsgrund ist eine Eintragung nie ausreichend, um ein dingliches Recht zu begründen, zu ändern oder zum Erlöschen zu bringen. Das Eintragungsprinzip, ob absolut oder relativ, wird also nicht überspannt. Das ist die Folge des unmittelbar anschliessenden Grundsatzes.

4. Der Grundsatz der materiellen Gesetzmäßigkeit

Der Gedanke der Öffentlichkeit der dinglichen Rechte ist nicht so weit getrieben, daß eine Eintragung im Grundbuch allein den beabsichtigten Erfolg schon herbeiführen würde. Eine solche ist nur wirksam, wenn das ihr zugrunde liegende Rechtsgeschäft (Beispiel: Kaufvertrag) gültig ist oder wenn die Voraussetzungen des Rechtstitels (Beispiel: Berufung als Erbe) erfüllt sind. Anders ausgedrückt: Eine Grundbucheintragung muß gesetzmäßig – d.h. gerechtfertigt – sein, damit sie ihre vollen Rechtswirkungen entfaltet (vgl. Art. 974/975 ZGB); das besagt der Ausdruck «Grundsatz der Gesetzmäßigkeit». Eine Grundbucheintragung ist nicht abstrakt, sondern kausal; daher der gleichbedeutende Ausdruck «Kausalitätsprinzip»[9]. Der Grundsatz ist von der Rechtsprechung auch für das Mobiliarsachenrecht festgehalten worden[10]. Man spricht gleichfalls etwa davon, daß einer Grundbucheintragung keine heilende Wirkung zukomme.

Doch bleibt ein ungerechtfertigter Grundbucheintrag nicht ohne Folgen: Er kann zunächst die Grundlage für einen Erwerb von dinglichen Rechten durch Ersitzung (Art. 661, 731 Abs. 3 ZGB) sein. Und wegen des öffentlichen Glaubens, der dem Grundbuch zukommt, kann er auch gutgläubigen Dritten gegenüber einen rechtsgültigen Erwerb begründen (unten, 5).

5. Der öffentliche Glaube

Das Grundbuch ist ein öffentliches Register im Sinn des Art. 9 ZGB. Als solches erbringt es, solange nicht deren Unrichtigkeit nachgewiesen ist, für die bezeugten Tatsachen vollen Beweis. Die Grundbucheinträge schaffen damit eine widerlegbare *Vermutung* zugunsten der eingetragenen Rechte. Art. 937 Abs. 1 ZGB bestätigt diese und legt ferner fest, daß Klagen aus dem Besitz demjenigen zustehen, der eingetragen ist[11]. Gewähr für diese Vermutung bietet die technische Ausgestaltung des Grundbuches und die Prüfung der Anmeldungen, die der Grundbuchverwalter vor der Eintragung durchführt.

---

[9] Man verwendet den Ausdruck «Kausalitätsprinzip» vor allem im Zusammenhang mit den Anforderungen, denen ein Rechtsgeschäft genügen muß, damit es rechtsgültig ist. Über die Bedeutung dieser Ausdrücke, siehe hinten, V. Kapitel, 2. Abschnitt, § 37. Der Grundsatz der Gesetzmässigkeit wird auch auf die Grundbuchführung bezogen, um auszudrükken, daß der Grundbuchverwalter das Gesetz anzuwenden und vor der Grundbucheintragung zu prüfen hat, ob alle gesetzlichen Erfordernisse erfüllt sind: *Grundsatz der Gesetzmäßigkeit im formellen Sinn*. Dieser ist die Grundlage für die Prüfungsbefugnis des Grundbuchverwalters; HOMBERGER, Vorbemerkungen, N. 18.

[10] BGE 55 II, 1929, S. 302; 65 II, 1939, S. 65; 67 II, 1941, S. 161; 78 II, 1952, S. 210; 84 III, 1958, S. 154.

[11] An Stelle von «Klage aus dem Besitz» spricht der französische Text des Art. 937 ZGB ungenau von «action possessoire»; während der Gesetzgeber doch offensichtlich eine dem im Grundbuch eingetragenen Besitzer zustehende Klage im Auge hatte, die jener der in Art. 934-936 ZBG geregelten entspricht (Tabularbesitz).

Der Beweis, ein Eintrag sei ungerechtfertigt, ist grundsätzlich möglich: zwischen den Parteien, die unmittelbar an einer Änderung der dinglichen Rechtslage interessiert sind; aber auch Dritten gegenüber, die ihre Rechtsstellung auf Grund eines Grundbucheintrages erlangt haben – wenigstens soweit diese nicht gutgläubig gewesen sind. Hat in der Tat der Dritterwerber eines dinglichen Rechtes den Mangel des Eintrages, auf den er sich gestützt hat, nicht gekannt und hat er ihn auch nicht kennen müssen (Art. 974 Abs. 1 ZGB), ist er in seinem Erwerb zu schützen (Art. 973 ZGB). Entsprechend Art. 933 ZGB betreffend die Vermutung aus dem Besitz an beweglichen Sachen kann auch hier gestützt auf das Gesetz die Vermutung des Art. 937 ZGB zugunsten des gutgläubigen Dritterwerbers eines dinglichen Rechtes *nicht mehr umgestossen werden* (praesumptio iuris et de iure). Man spricht in diesem Zusammenhang von der *positiven* Rechtskraft eines Grundbucheintrages. Diese Wirkung tritt aber nicht in jedem Fall ein. Erforderlich ist, daß sich der Erwerber auf das Recht des im Grundbuch eingetragenen Veräußerers oder desjenigen verlassen hat, der ihm das Recht eingeräumt hatte.

Der öffentliche Glaube hat daneben auch eine *negative* Seite, die sich zugunsten des Erwerbers eines Grundstückes auswirkt, auf dem ein nicht eingetragenes Recht lastet: Dieser Erwerber wird, vorausgesetzt, daß er gutgläubig ist, von dieser Last befreit (befreiende Wirkung; siehe hinten, § 38)[12][13].

---

[12] Die in diesem Unterabschnitt verwendete Ausdrucksweise wird von der Literatur und der Rechtsprechung allgemein übernommen. In dem im Literaturverzeichnis aufgeführten Aufsatz unterscheidet BESSON bei der Öffentlichkeit der dinglichen Rechte zwei Gesichtspunkte: die positive Wirkung: die eingetragenen Rechte gelten als bestehend; die negative Wirkung: die nicht eingetragenen Rechte gelten als nicht bestehend. In Wirklichkeit handelt es sich hier aber um die beiden Gesichtspunkte des öffentlichen Glaubens. Dieser setzt den Grundsatz der Öffentlichkeit der dinglichen Rechte an den Grundstücken als solche voraus. Dies erklärt sich – wie der Autor sich ausdrückt – mit der «obligation – relative – de l'inscription de tout droit réel immobilier» (absolutes oder relatives Eintragungsprinzip).

[13] Im *Mobiliarsachenrecht* sieht das Gesetz die Schaffung von Registern nur ausnahmsweise vor, denen aber verschiedene Wirkungen zukommen: für den Eigentumsvorbehalt (Art. 715 ZGB); für die Viehverpfändung (Art. 885 ZGB); für die dinglichen Rechte an Schiffen (BG vom 28. September 1923 / 4. Oktober 1985) und Seeschiffen (BG vom 28. September 1953 über die Seeschiffahrt); für die Errichtung von Pfändern an Eisenbahnen und Schiffahrtsunternehmungen (BG vom 25. September 1917), wie auch an Trolleybusunternehmungen (BG vom 29. März 1950); für die Errichtung von dinglichen Rechten an Flugzeugen (BG vom 7. Oktober 1959).

V. Die Rechtsnatur des Grundbuchrechtes

Die materiellen Vorschriften über das Grundbuch, welche die Begründung, die Änderung, das Erlöschen und das Weiterbestehen der dinglichen Rechte betreffen (oben, II: materielles Grundbuchrecht), sind ohne Zweifel privatrechtlicher Natur. Die Regeln über den Aufbau des Grundbuches, die Gliederung und die Arbeitsweise der Behörden sowie über das Eintragungsverfahren stellen Verwaltungsrecht dar. Dieses Verfahren, das sich vor dem Grundbuchverwalter abspielt, ist Bestandteil der nicht streitigen Gerichtsbarkeit in Zivilsachen und untersteht nach schweizerischer Rechtsauffaßung damit dem öffentlichen Recht. Das gilt auch für die Verfahren vor den kantonalen Aufsichtsbehörden und dem Bundesgericht als oberster Rechtsmittelinstanz (Art. 965 Abs. 1 ZGB und Art. 102 ff. GBV). Die Rechtsnatur der Vorschriften, die diese Behörden anwenden müßen, vermag das aber in keiner Weise zu ändern. Diese Vorschriften stellen unzweifelhaft privates Recht dar [14].

VI. Die Aufgabe des Grundbuches im Zusammenhang mit öffentlich-rechtlichen Rechtsverhältnissen

Das Grundbuch ist in erster Linie geschaffen worden, um die dinglichen Rechte an den Grundstücken sowie eine Anzahl weiterer privatrechtlicher Rechtsbeziehungen an diesen nach außen zum Ausdruck zu bringen. Die zunehmende Verflechtung zwischen privatem und öffentlichem Recht

---

[14] Das in Art. 102 GBV gegen Entscheide der kantonalen Aufsichtsbehörden vorgesehene Rechtsmittel hat das Bundesrecht als Verwaltungsgerichtsbeschwerde ausgestaltet. Das BG über die Verwaltungsrechtspflege vom 16. Oktober 1943 sah diesen Beschwerdefall in Art. 99 I lit. c ausdrücklich vor. In seiner Fassung vom 20. Dezember 1968 erwähnt ihn das Gesetz unter den letztinstanzlichen kantonalen Entscheiden, die mit Verwaltungsgerichtsbeschwerde an das BGer weitergezogen werden können, nicht mehr ausdrücklich (Art. 98 lit. g). Art. 97 erklärt Entscheide im Sinn von Art. 5 VwVG vom 20. Dezember 1968 als weiterziehbar, d. h. «Anordnungen der Behörden im Einzelfall, die sich auf *öffentliches Recht* des Bundes stützen». Das BGer hat entschieden, es sei nicht der Wille des Gesetzgebers gewesen, die früher bereits geregelte Verwaltungsgerichtsbeschwerde in Registerfragen aufzuheben (BGE 97 I, 1971, S. 268 Erw. 1). Es ist in der Tat nicht zu vermuten, der Gesetzgeber habe daran gedacht, eine bisher eingeräumte Beschwerdemöglichkeit einzuschränken; während die Gesetzesänderung den Rechtsschutz in Verwaltungssachen doch allgemein zu verbessern suchte. Es bestand aber kein Anlaß festzuhalten, daß die Vorschriften betreffend das Grundbuch nicht auf dem Privatrecht des Bundes beruhten, sondern materiell Verwaltungsrecht desselben darstellten, obwohl sie im ZGB enthalten seien. Siehe hinten, § 11 III 1.

im Bereich des Immobiliarsachenrechts läßt aber die Frage nach der Aufgabe des Grundbuches in dieser Entwicklung aufkommen. Was das Grundbuch diesbezüglich tut, ist beträchtlich: Es gibt den Behörden Auskunft über die verschiedenartigsten Rechtsverhältnisse. Die nicht im Privateigentum stehenden Grundstücke werden ins Grundbuch aufgenommen (Art. 944 ZGB). Öffentlich-rechtliche Eigentumsbeschränkungen können im Grundbuch angemerkt werden (Art. 962 ZGB). Eine weitere Aufgabe des Grundbuches könnte darin bestehen, die gesamte öffentlich-rechtliche Rechtslage eines Grundstückes darzustellen[15]. Dem Grunde nach wäre diese Aufgabe auf den ersten Blick an sich gerechtfertigt. Sobald nämlich der tatsächliche Inhalt der dinglichen Rechte an einem Grundstück mehr und mehr von Vorschriften des öffentlichen Rechts bestimmt wird, wäre die Öffentlichkeit der dinglichen Rechte an einem Grundstück unvollständig, wenn das Grundbuch in dieser Beziehung keine Angaben machen würde. Aber diese Aufgabe des Grundbuches kann nur nebensächlich sein. Die Vermehrung derartiger Angaben, insbesondere in der Form von Anmerkungen, zieht die Gefahr nach sich, daß die Einträge der dinglichen Rechte und der weiteren privatrechtlichen Rechtsbeziehungen in diesem Durcheinander untergingen. Für denjenigen, der in erster Linie Auskunft über die privaten Rechte an einem Grundstück erhalten will, würde das einzelne Blatt des Hauptbuches immer schwieriger zu lesen[16].

---

[15] In diesem Sinn, FRIEDRICH, Grundbuch und öffentliches Recht, insbesondere S. 216. Dieser Standpunkt hat die Bedenken von LIVER hervorgerufen; vgl. Die Anmerkung, S. 32 ff.

[16] Die Zuhilfenahme der elektronischen Datenverarbeitung bei der Führung des Grundbuches (siehe hinten, § 5 IV) könnte die Speicherung dieser öffentlichrechtlichen Rechtsverhältnisse erleichtern. Doch würde das einzelne «Grundbuchblatt», so wie es auf dem Bildschirm erscheinen oder von der Druckmaschine ausgedruckt würde, damit nicht lesbarer. Besser wäre es, nach neuen Öffentlichkeitsmitteln zu suchen, die den interessierten Kreisen über den öffentlichrechtlichen Status eines Grundstückes Auskunft geben würden; dazu, siehe hinten, § 20 und BJ, ZBGR 62, 1981, S. 106 ff. (Frage eines Mehrzweckkatasters).

Eine Kommission des Ständerates hat sich mit der Grundbuchvermessung beschäftigt: mit dem gegenwärtigen Stand der Arbeiten, mit dem Programm zu deren Beendigung sowie mit einer allfälligen Änderung des Systems. Sie hat ihre Feststellungen in einem Bericht zusammengefaßt, der im BBl vom 7. Juni 1983, II, S. 366 ff. erschienen ist. An dieser Stelle sei auf diesen Bericht verwiesen, doch kurz folgendes hervorgehoben: Bei dem von 1912 bis 1978 eingehaltenen Arbeitsfortgang würde es noch 40-50 Jahre dauern, bis alle Vermessungsarbeiten abgeschlossen wären. Es ist ein Zeitplan aufgestellt worden, nach welchem die erste Vermessung des Gebietes der Schweiz bis zum Jahr 2000 abgeschlossen werden soll. Eine Zweitvermessung ist nachher für jene Gebiete vorgesehen, die bereits Kataster aus dem letzten Jahrhundert haben. Unabhängig von diesem

VII. Rechtsvergleichender Überblick

1. Bundesrepublik Deutschland

Das Deutsche Bürgerliche Gesetzbuch (BGB) hat anhand des Musters eines preußischen Gesetzes vom Jahr 1872 ein Grundbuchsystem eingeführt. Das formelle Grundbuchrecht ist in der Grundbuchordnung (GBO) vom 24. März 1897 / 5. August 1935 enthalten. Diese wird insbesondere durch eine Ausführungsverordnung und allgemeine Vorschriften über Aufbau und Führung des Registers vom 8. August 1935 ergänzt. Das materielle Recht ist im BGB enthalten (§§ 873–902, 925–928).

Das Grundbuch wird nach dem Grundsatz der Realfolienordnung geführt (§§ 3 ff. GBO). Die Bestandteile des Grundbuches genießen eine beschränkte Öffentlichkeit: Die Einsicht ist jedermann gestattet, der ein berechtigtes Interesse nachweist (§ 12 GBO).

Die Eintragung ist grundsätzlich notwendig, um das Eigentum an einem Grundstück zu übertragen und um an einem solchen beschränkte dingliche Rechte zu errichten. Dies gilt auch für die Übertragung oder Belastung solcher Rechte (§ 873 BGB). Der Untergang eines Rechtes an einem Grundstück setzt in der Regel gleichfalls eine Löschung voraus (§ 875 BGB). Das ist die negative oder konstitutive Wirkung des Grundbuches. Von diesem Grundsatz gibt es aber Ausnahmen; insbesondere, wenn der Erwerb oder Untergang eines Rechtes unmittelbar auf dem Gesetz oder einem Urteil beruht.

Die Eintragung reicht für den Erwerb eines dinglichen Rechts an einem Grundstück nicht aus. Dieser setzt eine Einigung zwischen demjenigen, der verfügt, und dem Erwerber voraus (§ 873 BGB). Diese Einigung wird «Auflassung» genannt (§ 925 BGB). Sie stellt einen dinglichen Vertrag dar, mit dem verfügt wird und der von dem ihr zugrunde liegenden rechtsgeschäftlichen Vertrag unterschieden werden muß. Dinglicher Vertrag und Eintragung bilden zusammen ein einheitliches, abstraktes Rechtsgeschäft[17]. Enthält der dingliche Vertrag selber keinen Mangel, wird das dingliche Recht erworben, auch wenn der Rechtsgrund ungültig gewesen ist. Jener, der verfügt hat, kann nur mit der Klage aus ungerechtfertigter Bereicherung vorgehen. Beim Untergang eines dinglichen Rechtes ist die einseitige Verzichtserklärung, die Bestandteil der Löschung bildet, ebenfalls abstrakter

---

Fertigstellungsprogramm wird gegenwärtig eine Reform der amtlichen Vermessung geplant. «Da sich seit Erlaß des Zivilgesetzbuches die Bedürfnisse geändert haben, soll der heutige Rechtskataster zu einem *Mehrzweckkataster* ausgedehnt werden, der einem weiten Benützerkreise dienen soll. Die Grundidee der Reform besteht darin, raumbezogene Informationen verschiedener Herkunft auf eine aktuelle Grundkarte zu beziehen, um damit die heute übliche Mehrfachführung von Plänen und die damit verbundenen Doppelspurigkeiten bei der Nachführung zu vermeiden... Es ist kein bundesweites Informationssystem geplant. Vielmehr sollen die raumbezogenen Informationssysteme nur auf der Stufe Gemeinde, höchstens der Stufe Kanton zum Tragen kommen. Diese sollen in die Lage versetzt werden, zum Beispiel die öffentlichrechtlichen Grundeigentumsbeschränkungen, welche heute eine viel grössere Bedeutung erlangt haben als ihnen früher zugekommen ist, auf den Plänen der amtlichen Vermessung anzubringen...»
Die allgemeine Idee besteht somit darin, die amtliche Vermessung über die alleinigen Bedürfnisse des Grundbuches hinaus nutzbar zu machen. Es ginge darum, alle Möglichkeiten auszuschöpfen, welche die elektronische Behandlung der einschlägigen Angaben bietet. Doch muss zuerst geprüft werden, ob die gesetzlichen Grundlagen für die Einführung eines Mehrzweckkatasters ausreichen würden.

[17] WOLFF/RAISER, § 38 II, S. 117.

Natur[18]. In diesem Umfang wendet das deutsche Recht in bezug auf das Verpflichtungsgeschäft, welches den Erwerb oder Untergang eines dinglichen Rechtes begründet den Grundsatz der Kausalität nicht an[19]. Eine Eintragung, die auf Grund eines ungültigen Verfügungsgeschäftes vorgenommen worden ist, entfaltet jedoch keine Wirkung; ebenso Eintragungen, die *von Gesetzes wegen* eingetretenen Änderungen dinglicher Rechte nicht entsprechen.

Jemand, der zu Unrecht im Grundbuch eingetragen ist, kann das Eigentum und auch beschränkte dingliche Rechte durch Ersitzung erwerben (§ 900 BGB).

Das Grundbuch stellt eine widerlegbare Vermutung auf, daß eingetragene Rechte bestehen und gelöschte Rechte untergegangen sind (§ 891 BGB).

Dem Grundbuch kommt im weitern der öffentliche Glaube zu. Die Angaben, die es enthält, gelten demjenigen gegenüber als richtig, der durch Rechtsgeschäft ein Recht an einem Grundstück erwirbt. Voraussetzung ist allerdings, daß er die Unrichtigkeit des Grundbuches nicht gekannt hat (§ 892 BGB). Er wird in seinem Erwerb geschützt, selbst wenn seine Unkenntnis auf Nachläßigkeit beruht.

2. Österreich

In Österreich ist das Grundbuch durch ein Gesetz aus dem Jahr 1871 eingeführt worden. Heute ist der Stoff im wesentlichen durch das Grundbuchgesetz vom 2. Februar 1955 (GBG) geregelt.

Die Öffentlichkeit ist nach der Realfolienordnung aufgebaut (§§ 2/3 GBG).

Das Grundbuch ist öffentlich (§ 7 GBG). Man kann darin Einsicht nehmen, ohne ein Interesse nachweisen zu müssen. Der Einwand, es nicht gekannt zu haben, wird nicht gehört (§ 443 GBG). Die Eintragung ist für den Erwerb, die Übertragung, die Beschränkung und Aufhebung von dinglichen und anderen Rechten, die im Grundbuch enthalten sein können, grundsätzlich notwendig (§ 4 GBG). Dies ist die negative Wirkung des Grundbuches. Vorbehalten bleiben jene Fälle, in denen ein Recht von Gesetzes wegen entsteht oder untergeht. Die Eintragung muß aber nachgeholt werden, damit der Berechtigte verfügen kann.

Die Eintragung genügt nicht, um das Recht entstehen zu lassen. Der Erwerb setzt einen gültigen Rechtsgrund voraus[20]. Das österreichische Recht wendet im Verhältnis zwischen Eintragung und Verpflichtungsgeschäft, das dem Erwerb zugrunde liegt, den Grundsatz der Kausalität an (§§ 424/425 GBG in Verbindung mit §§ 431, 451 und 481 ABGB). Derjenige, der durch eine ungültige Eintragung in seinen Rechten verletzt ist, kann gegen denjenigen, der das Recht unmittelbar mit der Eintragung erworben hat (und gegen seinen Gesamtnachfolger), wie auch gegen den bösgläubigen Einzelnachfolger, auf Löschung klagen (§§ 62/63 GBG). Die Klage verjährt in 30 oder 40 Jahren. Demgegenüber kennt das österreichische Recht den Erwerb durch Ersitzung auf Grund einer Eintragung nicht mehr (Abweichung gegenüber § 1469 ABGB, der die Tabularersitzung vorsieht).

---

[18] WOLFF/RAISER, § 39 I, S. 126.
[19] Das deutsche Recht kennt den Grundsatz der formellen Gesetzmässigkeit (§ 29 GBO): Der Grundbuchführer muß in jedem Fall überprüfen, ob die Voraussetzungen einer Buchung erfüllt sind.
[20] Die zuständige Behörde überprüft die Gültigkeitserfordernisse einer Eintragung anhand der eingereichten Unterlagen: Grundsatz der Gesetzmäßigkeit (§ 94 GBG). Diese Prüfungsbefugnis erstreckt sich sogar auf die Gültigkeit des Erwerbsgrundes.

Dem Grundbuch kommt der öffentliche Glaube zu: Derjenige, der im Vertrauen darauf, daß die Eintragungen richtig und vollständig seien, erwirbt, wird in seinem Erwerb geschützt (§ 62/63 GBG). Wer aber selber schuld ist, daß er die tatsächliche Rechtslage nicht gekannt hat, kann sich nicht auf seinen guten Glauben berufen (§§ 326, 368, 443, 527 ABGB).

3. Frankreich

Das französiche Recht kennt das sog. *Registriersystem,* das vor einiger Zeit den Verhältnissen neu angepaßt worden ist.

Die Öffentlichkeit wird dadurch erreicht, daß Abschriften der Rechtsgeschäfte bei einem öffentlichen Amt («conservation des hypothèques») hinterlegt werden. Ursprünglich verlangte der Code civil die Öffentlichkeit nur für Grundpfanderrichtungen und Schenkungen. Ein Gesetz vom 23. März 1855 bestimmte, dass Verträge betreffend die Übertragung von Grundeigentum und die Errichtung von andern dinglichen Rechten registriert werden mußten. Ein Gesetzesdekret vom 30. Oktober 1935 ordnete die Registrierung auch für Änderungen infolge Erbgang und für Akte und Urteile an, die dingliche Rechte an Grundstücken feststellten. Die Zahl der durch Registrierung für die Öffentlichkeit sichtbar zu machenden Rechtsgeschäfte ist schließlich noch durch ein Gesetzesdekret vom 4. Januar 1955 ergänzt worden (Ausdehnung insbesondere auf Vereinbarungen, die ein Veräußerungsverbot vorsehen, und auf weitere Beschränkungen der Verfügungsmacht).

Dieses letztere Dekret (ergänzt durch weitere Gesetzeserlasse, insbesondere ein Anwendungsdekret vom 14. Oktober 1955) hat die Öffentlichkeit der dinglichen Rechte an den Grundstücken neu geregelt. Diese besteht immer in der Eintragung eines Rechtsgeschäftes oder Urteils, die an einem bestimmten Grundstück errichtete oder übertragene dingliche Rechte betreffen, in ein öffentliches Register. Aber an Stelle und als Ersatz für die Sachregister ist eine *Grundeigentumskartei* getreten. Diese umfaßt Personenkarten der verschiedenen Eigentümer, Parzellenkarten, welche die Reihenfolge der einander nachfolgenden Änderungen wiedergeben und für die Grundstücke in den Städten Grundstückskarten, die nach einer Realfolienordnung aufgebaut sind. Bei jeder Änderung oder Buchung, die ein Grundstück betrifft, werden die bestehenden Karten nachgeführt oder allenfalls neue angelegt. Die Änderungen auf den Karten dienen jedoch lediglich als Beweis.

Daß die Öffentlichkeit ohne Unterbruch besteht, wird durch den Grundsatz der sog. relativen Wirkung erreicht: «Aucun acte ou décision judiciaire soumis à publicité... ne peut être publié au fichier immobilier, si le titre du disposant ou dernier titulaire n'a pas été préalablement publié» (Gesetzesdekret von 1955, Art. 3).

Die Urkundensammlung, die sich bei der betreffenden Amtsstelle befindet («conservation des hypothèques»), ist nicht öffentlich. Das Gesetz sieht nur die Herausgabe von Abschriften oder Auszügen an all jene vor, die solche verlangen (Art. 2196 CCfr.). Dabei muß der Name desjenigen angegeben werden, von dem man die vorgenommenen Eintragungen wissen will.

Das Formerfordernis der Öffentlichkeit - das, ohne daß das Konsensualprinzip theoretisch in Frage gestellt worden ist (Art. 1138 CCfr.), seit 1955 die Vorlage einer öffentlichen Urkunde nötig macht (Dekret von 1955, Art. 4 Abs. 1) - stellt keine Voraussetzung für die Übertragung des Eigentums oder die Errichtung beschränkter dinglicher Rechte dar. Aber die Rechtsgeschäfte und Urteile, die veröffentlicht werden müssen, sind ohne Veröffentlichung einem Dritten gegenüber unwirksam, der von der gleichen Person bezüglich des gleichen Grundstücks, gestützt auf ein Rechtsgeschäft, ein entgegenstehendes der Veröffentlichung unterliegendes Recht erworben hat, das tatsächlich auch ordnungsgemäß veröffentlicht worden ist (Dekret von 1955, Art. 30). Die am Rechtsgeschäft beteiligten Parteien und ihre Gesamtnachfolger können sich nicht darauf berufen, das Geschäft sei nicht registriert worden. Dies gilt mit Ausnahme der Schenkungen grundsätzlich auch für die gewöhnlichen Gläubiger. Deklaratorische Rechtsgeschäfte und Urteile (Teilungen) sowie Änderungen infolge Tod können Dritten aber jederzeit entgegengehalten werden.

Das Formerfordernis der Veröffentlichung vermag die Gründe der Ungültigkeit eines Rechtsgeschäfts oder Urteils nicht zu beseitigen. Anders ausgedrückt: die Registrierung deckt den Rechtsmangel nicht (Prinzip der Kausalität)[21]; und zwar selbst einem gutgläubigen Dritten gegenüber nicht. Derjenige, der mit einem Verkäufer verhandelt, nachdem er festgestellt hat, daß dieser seinen eigenen Erwerbsakt hat registrieren lassen, kann sich nicht darauf verlassen, dieser sei zur Veräusserung berechtigt.

Die Regelung gilt entsprechend für die dinglichen Sicherheiten: sie müssen immer veröffentlicht werden; grundsätzlich sogar die gesetzlichen Pfandrechte (etwa dasjenige der Ehefrau), wie auch die Vorrechte an den Grundstücken. Die Veröffentlichung ist nicht erforderlich, damit die Sicherheit im Verhältnis zwischen Gläubiger und Schuldner entsteht; sondern damit sie Dritten gegenüber wirksam wird. Die andern Grundpfandgläubiger, ein Dritter, der das Grundstück in Besitz hat, wie auch die gewöhnlichen Gläubiger können davon ausgehen, ein nicht eingetragenes Pfandrecht gelte ihnen gegenüber nicht.

Die Registrierung in den Urkundenprotokollen und in der Grundeigentumskartei hat nicht die Bedeutung einer Rechtsvermutung; sie erfüllt aber als Beweismittel eine gewisse Aufgabe.

4. Italien

Die Öffentlichkeit der dinglichen Rechte an den Grundstücken ist im wesentlichen im VI. Buch des CCit. (Della tutela dei diritti) in den Art. 2643–2682 geregelt. Für die Grundpfandrechte gelten die Art. 2808–2899 (siehe auch das Gesetz vom 25. Juni 1943 über die Steuern auf den Grundpfandrechten).

Die Öffentlichkeit der dinglichen Rechte an Grundstücken ergibt sich aus den Eintragungen in eine Mehrzahl von Registern. Das System, das wegen seiner Vielfältigkeit in den beteiligten Kreisen zu Beanstandungen Anlaß gibt, beruht auf dem Grundsatz einer Einteilung nach Personen.

Art. 2650 bezweckt, wie im vor einiger Zeit abgeänderten französischen Recht, die Fortdauer der Eintragungen sicherzustellen.

Die Register sind öffentlich. Jedermann kann in die Eintragungen Einsicht nehmen und von ihnen Abschriften verlangen. Ein Ausweis irgend eines Interesses ist nicht erforderlich (Art. 2673 ff.).

Den Eintragungen in die Register kommt, wie im französischen Recht, keine konstitutive Wirkung zu. Aber die Rechtsgeschäfte, die der Eintragung bedürfen (Art. 2643) entfalten Dritten gegenüber keine Wirkung, die an einem Grundstück gestützt auf ein Rechtsgeschäft Rechte erworben haben, das bereits vor der Eintragung des fraglichen Geschäftes in die notwendigen Register eingetragen worden ist (Art. 2644). Die Lösung entspricht derjenigen des französischen Rechts. Für die Pfandrechte besteht die Folge darin, dass sie ihren Rang mit dem Datum der Eintragung erhalten (Art. 2852).

---

[21] Der «conservateur des hypothèques» überprüft, ob die ihm eingereichten Akten den Vorschriften über die Öffentlichkeit entsprechen (2. Gesetzesdekret von 1955, Art. 34). Diese Prüfung bezieht sich aber nur auf formelle Punkte (Echtheit der zu veröffentlichenden Rechtsgeschäfte; Grundsatz der relativen Wirkung; Identifikation der Personen und der Grundstücke. Von einem Grundsatz der Gesetzmässigkeit kann nur in diesem eingeschränkten Sinn gesprochen werden (vgl. im weitern auch Art. 2199 CCfr.). Der Registerführer ist nicht Verwaltungsrichter.

Der Eintragung in die Register kommt keine heilende Wirkung zu (Kausalitätsprinzip)[22]. Diese Wirkung besteht selbst Dritten gegenüber nicht, die sich auf eine Eintragung verlassen. Das italienische Recht kennt also auch den Schutz des gutgläubigen Dritterwerbers nicht.

Der CCit. knüpft an die Eintragung in das Register keine Vermutung zugunsten des eingetragenen Rechtes.

Die Tatsache jedoch, daß derjenige, der sich ein Grundstück in gutem Glauben aneignet, als Eigentümer ins Register eingetragen wird, erlaubt es ihm, dieses mit der zehnjährigen Ersitzungsfrist zu erwerben (Art. 1159).

5. Anglo-amerikanische Länder[23]

Bis zum Jahr 1926 wurden in einem Teil des anglo-amerikanischen Rechtsbereiches (England, Wales) Rechtsgeschäfte um Grundstücke überhaupt nicht in Register eingetragen. Register, die übrigens nur wenig Verwendung fanden, gab es in England nur in den Grafschaften Middlesex, Yorkshire und London.

Seit 1926, nachdem in England und Wales der Land Charges Act von 1925 und der Land Registration Act vom selben Jahr in Kraft getreten sind, bestehen überall im anglo-amerikanischen Rechtsbereich für die Grundstücke Register. Diese Register werden nach zwei Systemen geführt: die Deeds Registration und die Title Registration.

a) Die Deeds Registration

Der «deed» ist die in feierlicher Form errichtete Urkunde, mit der Verfügungen über Grundstücke vorgenommen werden. Die Register sind Sammlungen von Abschriften oder Auszügen aus diesen deeds. Die Deeds Registration ist die Öffentlichkeitseinrichtung, die am weitesten verbreitet ist. Es werden zwei Arten unterschieden.
- In England und Wales hat der Land Charges Act von 1925 ein Register eingeführt, in das nur die allerwichtigsten dinglichen Lasten, nicht aber die Änderungen in den Eigentumsverhältnissen, eingetragen werden können.
- Die andern Register von deeds beinhalten die Eigentumsübertragungen und die Errichtung von beschränkten dinglichen Rechten. Sie bestehen in Irland, den vereinten Staaten von Australien, in Kanada in den Provinzen Quebec, Ontario, Manitoba, British Kolumbien, in fast allen früheren und heute noch bestehenden britischen Kolonien in Asien, Afrika, Mittel- und Südamerika und schließlich in verschiedenen Staaten der USA. Die deeds registers in Schottland und Südafrika kommen eher der Title Registration nahe.

---

[22] Der Registerführer überprüft in verhältnismäßig weitem Umfang, ob er die Anmeldung zu einer Eintragung entgegennehmen darf. Die von ihm durchgeführte Prüfung beschränkt sich nicht nur auf reine Formfragen (Art. 2674/2675, 2862 CCit.). Es läßt sich sagen, das italienische Recht wende den Grundsatz der formellen Gesetzmäßigkeit an.

[23] In Anbetracht der Verschiedenheit der Systeme und der Vielzahl der Länder, in denen sie zur Anwendung gelangen, werden wir uns noch kürzer fassen als bei den kontinentalen Rechten. Im übrigen verweisen wir auf die Arbeit von K. VON METZLER, Das anglo-amerikanische Grundbuchwesen, der die meisten Angaben entnommen sind.

Die Deeds Registration entspricht dem *Registriersystem*. Der Erwerb des dinglichen Rechtes erfolgt außerhalb des Registers, durch die Übereinkunft der Parteien («conveyance»); allseits unterzeichnet im deed, der, wie die deutsche «Auflassung», abstrakter Natur ist. Das «private conveyancing» erfordert grundsätzlich, daß derjenige, der verfügt, sich durch den Besitz der vorangehenden Erwerbstitel («title deeds») ausweist. Die Eintragung in ein Register ist im wesentlichen für den Beweis von Bedeutung. Daneben bietet sie eine gewisse Sicherheit in dem Sinn, daß sie der eingetragenen Verfügung gegenüber andern Verfügungen des Veräußerers über das gleiche Recht den Vorrang verschafft. Der Eintragung kommt der öffentliche Glaube nicht zu.

Anders als England besitzen die USA für die Rechtsgeschäfte um Grundstücke in einem weitern Umfang Register, die nach dem Registriersystem ausgestaltet sind («deeds register»). Eine Eintragung ist in der Regel nicht zwingend. Aber der nicht eingetragene Erwerber läuft Gefahr, sein Recht zu verlieren, wenn ein Dritter, zu dessen Gunsten der alte Eigentümer ein zweites Mal verfügt hat, sich eintragen läßt. Diese Tatsache übt für die Beteiligten einen mittelbaren Zwang aus, ein Rechtsgeschäft eintragen zu lassen. Der Dritte muß jedoch unentgeltlich und im guten Glauben erworben haben (Doctrine of Notice, die jeweils den guten Glauben ausschließt, sobald der Erwerber aus leichter Fahrlässigkeit vom vorangehenden Erwerb keine Kenntnis hat)[24].

b) Die Title Registration

Der «title» ist die rechtliche Herrschaft des Besitzers eines Grundstückes, die diesen als Eigentümer, Pfandgläubiger, Nutznießer oder Mieter ausweist. Nach dem fraglichen System kommt der Eintragung des title in ein Register konstitutive Wirkung zu. Die angloamerikanische Title Registration stellt somit ein Grundbuch im kontinentaleuropäischen

---

[24] In den USA muß der Käufer eines Grundstückes die Reihe der frühern Erwerbstitel wiederherstellen: abklären, ob all jene, die in der Reihe enthalten sind, das Eigentum dem Verkäufer oder einem seiner Voreigentümer übertragen haben; überprüfen, ob jemand außerhalb der Reihe entgegenstehende Rechte geltend macht (VON METZLER, S. 42f.). Die Gesetzgebung hat diese Unzulänglichkeiten durch verschiedene Mittel zu beheben versucht: Curative Statutes, welche die Bedeutung von Formmängeln einschränken; Statutes of Limitation, welche die Verjährung und die Ersitzung regeln; Marketable Title Acts, die dingliche Rechte an Grundstücken zum Vorteil einer ununterbrochenen Folge von Erwerbstiteln aber eine bestimmte Zeitspanne (Michigan, 40 Jahre) als «marketable» erklären; Quieting Title Acts, die es ermöglichen, beim Richter eine Feststellungsklage einzureichen (action to quiet title). Bei der Unzulänglichkeit dieser vom Gesetz geregelten Verfahren hat schließlich privater Unternehmungsgeist den Schutz der Erwerbstitel übernommen: Zunächst haben Rechtsanwälte besonders überprüft, ob das Recht eines Verkäufers oder desjenigen, der ein Pfand errichtet, rechtsgültig sei. Anhand der Angaben in den Registern gehen sie der Reihe der Erwerbe nach und geben eine «Lawyer's opinion» ab. Obwohl mit der Zeit Vereinfachungen eingeführt worden sind (Zulassung von Auszügen oder «abstracts of title», Schaffung von «title standards»), bietet das System keine ausschließliche Sicherheit. In der Folge hat man aber auch gesehen, wie sich in den USA und in Kanada gerade wegen dieser Unsicherheiten die Versicherung von Erwerbstiteln durch Gesellschaften entwickelte, die sich im Wettbewerb gegenseitig bekämpfen. Dieser zweifache Schutz der Eigentumstitel, der Gegenstand eines emsigen Geschäftsgebarens geworden ist, schützt den Erwerber aber nicht vor jeder Gefahr und stellt ein ungeheures Schmarotzertum dar (VON METZLER, S. 49 - 64, 70f.).

Sinn dar. Das System als ganzes ist nach der Realfolienordnung aufgebaut. Es gelten die Grundsätze der formellen Gesetzmäßigkeit und des öffentlichen Glaubens.

Dieses System der Öffentlichkeit der dinglichen Rechte an Grundstücken ist im Jahre 1858 in der britischen Kolonie Südaustralien zum ersten Mal eingeführt worden. Das Gesetz vom 27. Januar 1858 ist das Werk von Sir Robert Torrens (System Torrens). Seine Meinung war die, die Erwerber von Boden, die ihre Rechte unmittelbar von der Krone erhielten und deren Rechtsgrund sicher war, und die andern Erwerber, die ihre Rechte aus einem privaten Rechtsgeschäft ableiteten und deren Rechtstellung auf wackeligen Füßen stand, auf die gleiche Stufe zu stellen; dazu genüge es, alle Erwerber als die unmittelbaren Rechtsnachfolger des Staates zu betrachten; mit jeder Eigentumsänderung würde der Boden gleichsam wieder an die Krone zurückfallen. In seiner reinen und ursprünglichen Form beinhaltete das System folgendes:

Nach der Überprüfung des Rechtsgrundes durch den General Registrar und nach einer Veröffentlichung, die Dritte warnen und Einsprachen hervorrufen soll, wird die Aufnahme ausgesprochen. Gleichzeitig werden zwei übereinstimmende Ausweise ausgefertigt, die, unter Angabe der Lasten, eine Beschreibung des Grundstückes enthalten. Der eine dieser Ausweise wird dem Eigentümer ausgehändigt und dient diesem als Rechtsgrund. Der andere wird ins Register eingefügt und bildet von nun an ein mit Seitenzahlen versehenes Blatt desselben.

Die Aufnahme macht den Rechtsgrund des Erwerbers unanfechtbar. Unterläuft der Behörde ein Irrtum, wird derjenige, der deswegen einen Schaden erleidet, auf den gewöhnlichen Weg des Schadenersatzes verwiesen.

Für die wichtigsten Rechtsgeschäfte (Kauf, Miete, Grundpfandbestellung) werden gedruckte Formulare zur Verfügung gestellt. Will ein Eigentümer sein Grundstück verkaufen, nimmt er das entsprechende Formular, füllt dieses aus und schickt es, von ihm unterzeichnet, dem Registrar. Den Ausweis über sein Eigentum legt er bei. Hat der Registrar diese Urkunden erhalten, wird der Ausweis des Verkäufers für ungültig erklärt und in der gleichen Form dem Käufer ein neuer Ausweis ausgestellt[25].

Bei der ganzen Strenge des Systems ist das Grundbuch nie falsch. Die Eintragung läßt das Eigentum übergehen und begründet das beschränkte dingliche Recht, auch wenn der dingliche Vertrag oder das ihr zugrunde liegende Rechtsgeschäft ungültig ist (absolute konstitutive Wirkung). Es hat jedoch nicht lange gedauert, bis selbst im Entstehungsland diese «indefeasibility of title» abgeschwächt worden ist; zunächst im Fall von Arglist, dann in weiterem Umfang, so daß eine Klage auf Berichtigung des Grundbuches zugelassen worden ist. Vorbehalten blieb aber der Schutz desjenigen, der gutgläubig von jemandem erwarb, der zu Unrecht eingetragen war[26].

Das System Torrens hat zahlreichen Gesetzen über die Öffentlichkeit der dinglichen Rechte an Grundstücken in andern Teilen des britischen Commonwealth und in den USA als Muster gedient. Diese Gesetzgebungen lassen sich in zwei Gruppen einteilen; die australisch-neuseeländisch-kanadische Gruppe (für Kanada die Provinzen Manitoba, Saskatchewan, Alberta, Britisch-Kolumbien) und die Gruppe der Gliedstaaten der USA (12 Staaten: Hawaii,

---

25 RIPERT/BOULANGER, a. a. O. III, N. 172 ff.; vgl. VON METZLER, S. 29 ff.
26 VON METZLER, S. 32 ff. Er weist noch auf andere Einrichtungen im System hin: auf die Möglichkeit der Ersitzung «contra tabulas»; auf dingliche Rechte, die ohne Eintragung im Register bestehen, selbst gutgläubigen Dritten gegenüber (Dienstbarkeiten, Öffentlichrechtliche Lasten); auf die Wirkung der nicht eingetragenen Trusts Dritten gegenüber (Regel des «caveat»). Diese Abweichungen finden sich in verschiedenen Abarten in den Ländern, die das System Torrens übernommen haben. Darüber hinaus gibt es aber selbst im Rahmen dieses Systems große Ausnahmen von der Verpflichtung, die dinglichen Rechte einzutragen.

Colorado, Georgia, Illinois, Massachussetts, Minnesota, New York, North-Carolina, Ohio, Oregon, Virginia und Washington), wo die Entwicklung durch Besonderheiten der amerikanischen Verfassung gekennzeichnet worden ist (Grundsatz der Gewaltentrennung, welcher der beinahe richterlichen Aufgabe der Behörden des Grundbuches entgegenstand).

In diesem Einflußbereich des Systems Torrens ist die Aufnahme der Grundstücke ins Grundbuch nur in Neuseeland und in einigen Staaten Australiens und Kanadas zwingend vorgeschrieben. Völlig frei ist sie in den Vereinigten Staaten; ausgenommen sind die Städte Chicago und Minneapolis. Der Eigentümer kann das ihm passende System wählen. In den andern Gebieten besteht eine beschränkte Pflicht, die Grundstücke ins Grundbuch aufnehmen zu lassen.

Die Entwicklung des englischen Grundbuches ist im wesentlichen vom System Torrens unbeeinflußt geblieben. Das heutige Grundbuch (Land Registration Act von 1925) nimmt eine Mittelstellung zwischen dem besagten System und dem deutschen Grundbuch ein. In England muß nur etwa der vierte Teil der Verfügungen über Grundstücke zwingend ins Grundbuch eingetragen werden. Daneben gibt es nur die deeds register (Land Charges Register, Yorkshire Deeds Registration).

VIII. Internationales Privatrecht im Bereich des Grundbuches

Für das Grundbuchrecht gelten die gleichen Anknüpfungsregeln, die allgemein für die dinglichen Rechte und für die Rechte an Grundstücken im besonderen anwendbar sind, d. h. der Grundsatz der *lex rei sitae*[27].

Das schweizerische Recht regelt das Statut der sich in der Schweiz befindenden Grundstücke: Liegenschaften, selbständige und dauernde Rechte, Bergwerke, Miteigentumsanteile an Grundstücken (Art. 943 ZGB)[28]. Das betrifft vorab das formelle Grundbuchrecht. Die Regel findet aber auch auf das materielle Recht Anwendung.

Das gilt für die verschiedenen Arten von dinglichen Rechten an Grundstücken, die überhaupt eingetragen werden können; für den Erwerb, die Änderung, Übertragung und den Untergang der dinglichen Rechte an den in der Schweiz gelegenen Grundstücken; für die den Ausländern zustehende Möglichkeit, solche Rechte zu erwerben; schließlich für die Wirkungen

---

[27] BGE 96 II, 1970, S. 150; 93 II, 1967, S. 376; 75 II, 1949, S. 122; 74 II, 1948, S. 224; SCHNITZER, S. 562 f., 588 ff.; NIEDERER, S. 176 ff.; HOMBERGER, N. 49; MEIER-HAYOZ, N. 780 ff. Bei den Grundstücken ist die Anwendung der «lex rei sitae» nicht streitig, MEIER-HAYOZ, N. 783. Vgl. Art. 98 Entwurf eines neuen BG über das internationale Privatrecht (im folgenden IPR-Gesetz): «Dingliche Rechte an Grundstücken unterstehen dem Recht am Lageort.» Botschaft vom 10. November 1982, BBl 1983, I, S. 263 ff., 383 ff. Wegen ihres dinglichen Bestandteiles dürfte die Regel auch für die Vormerkungen, und wegen ihrer Aufgabe als Auskunftsmittel über die Rechtsverhältniße an den Grundstücken auch für die Anmerkungen gelten.

[28] Reicht ein Grundstück auf das Gebiet eines fremden Staates hinüber, stellt der Teil, der sich in der Schweiz befindet, für das schweizerische Recht ein eigenes Grundstück dar; vgl. HOMBERGER, N. 49 und SCHNITZER, S. 588 N. 67.

der Grundbucheintragungen (Vermutung des Rechtes, rechtsbegründende oder rechtsaufhebende Wirkung, Unterstellung der Wirkungen an die Voraussetzung der Gesetzmäßigkeit, Schutz des gutgläubigen Erwerbers)[29].

Auf das Vertragsstatut, das die obligatorischen Fragen zwischen den Parteien regelt, findet die *lex rei sitae* grundsätzlich keine Anwendung[30]. Für den Erwerb des Eigentums an einem Grundstück gestützt auf ein Rechtsgeschäft unter Lebenden und auf Einzelnachfolge müssen die Formen des schweizerischen Rechts jedoch eingehalten werden; denn die diesbezüglichen Vorschriften sind im öffentlichen Interesse erlassen[31]. Das gleiche gilt für die Errichtung und die Änderung beschränkter dinglicher Rechte.

Erwerb oder Verlust von dinglichen Rechten an einem Grundstück können auch die Folge einer Änderung im Sachstatut eines Vermögens sein: Erbgang, eheliches Güterrecht, Übernahme und Fusion von Gesellschaften. So kann im Anwendungsbereich des relativen Eintragungsprinzips der Rechtsgrund, der eine Eintragung rechtfertigt, auf ausländischem Recht beruhen und der Prüfung durch den Grundbuchverwalter unterliegen[32].

Bei den Grundpfandrechten muß grundsätzlich zwischen dem Pfandrecht und der durch dieses sichergestellten Forderung unterschieden werden. Diese kann ihrem eigenen Recht unterstellt sein. Möglich ist das jedoch nur bei der Grundpfandverschreibung. Beim Schuldbrief und bei

---

[29] MEIER-HAYOZ, N. 788.
[30] MEIER-HAYOZ, N. 790.
[31] BGE 82 II, 1956, S. 553; SCHÖNENBERGER/JÄGGI, N. 189 ff.; H. LEEMANN, Art. 657 N. 58; HAAB, Vorbemerkungen zu Art. 655 ff., N. 2; BECKER, Vorbemerkungen zu Art. 184–186 OR, N. 28; MEIER-HAYOZ, N. 802 und Art. 657 N. 159; SCHNITZER, II, S. 589; VISCHER, IPR, S. 683; DERSELBE, Internationales Vertragsrecht, Bern 1962, S. 156; VISCHER/VON PLANTA, S. 189. Verschiedene Autoren möchten zwischen dem obligatorischen Vertrag und dem Erwerbsakt unterscheiden, so: GUTZWILLER, Schweizerisches Jahrbuch, 1955, S. 281; LACHENAL, S. 10. Die Einheit des Erwerbsvorgangs im schweizerischen Recht spricht aber zugunsten der herrschenden Lehre. In diesem Sinn, BGE 106 II, 1980, S. 36, der die Regel sogar auf ein Kaufsversprechen anwendet. Siehe demgegenüber BGE 102 II, 1976, S. 143, nach dem die Parteien einen Kaufvertrag oder auch ein Kaufsversprechen betreffend ein in der Schweiz gelegenes Grundstück materiell oder auch bezüglich der Form durch vertragliche Vereinbarung einem ausländischen Recht unterstellen können (fragwürdig!). Siehe Art. 116 IPR-Gesetz. «Verträge über Grundstücke oder deren Gebrauch unterstehen dem Recht des Staates, in dem sich die Grundstücke befinden. Eine Rechtswahl ist möglich. – Die Form untersteht ausschließlich dem Recht des Staates, in dem sich das Grundstück befindet, es sei denn, dieses lasse die Anwendung eines andern Rechtes zu. Für ein Grundstück in der Schweiz richtet sich die Form nach schweizerischem Recht.» Botschaft zum IPR-Gesetz, S. 411 f.
[32] MEIER-HAYOZ, N. 793 ff.; HOMBERGER, N. 50. Siehe die Botschaft zum IPR-Gesetz, S. 395.

der Gült lassen sich Forderung und Pfandrecht nicht von einander trennen. Das Rechtsstatut für das Pfandrecht erstreckt sich immer auch auf die obligatorische Rechtsbeziehung[33].

IX. Vorgehen und Plan

Das vorliegende Werk muß den Rahmen einer allgemeinen Abhandlung einhalten. Einerseits werden wir uns nicht mit Einzelheiten technischer Fragen befassen, denen sich der Grundbuchverwalter tagtäglich gegenübergestellt sieht. Wir werden auch nicht darlegen, wie das eidgenössische Grundbuch oder die Öffentlichkeitseinrichtungen, die an dessen Stelle bestehen, in den Kantonen im einzelnen ausgestaltet sind und wie sie geführt werden. Anderseits werden wir - wie das in einem Kommentar oder in einer wissenschaftlichen Einzeldarstellung möglich ist - Streitfragen, welche die Anwendung der Vorschriften über das Grundbuch aufwirft, nicht bis in die letzten Einzelheiten erörtern und dazu abschließend Stellung nehmen. Zahlreiche dieser Schwierigkeiten bilden Bestandteile der allgemeinen Lehre über die dinglichen Rechte an Grundstücken und sind oder werden in andern Teilen dieses Gesamtwerkes behandelt. Schließlich beschränken wir uns in dieser Abhandlung auf das schweizerische Recht und verzichten im allgemeinen auf Vergleiche mit ausländischen Rechten[34].

In diesem ersten, einleitenden Kapitel behandeln wir noch die Entstehung der gesetzlichen Regelung über das Grundbuch (§ 2), ihre Anwendung in der Übergangszeit (§ 3) und die Einführung des eidgenössischen Grundbuches (§ 4).

Das zweite Kapitel ist dem Aufbau des Grundbuches gewidmet; das dritte behandelt seine Einrichtungen und wie sie geführt werden. Gegenstand des vierten Kapitels werden die Voraussetzungen der Eintragungen im Register sein; während im fünften schließlich noch ihre Wirkungen beschrieben werden.

---

[33] HOMBERGER, N. 51; MEIER-HAYOZ, N. 803f.
[34] Bei diesem Vorgehen werden wir auch die Hinweise auf die Literatur beschränken. Für die Zeit vor 1938 werden wir in der Regel bezüglich der ausländischen und der Veröffentlichungen über Sonderfragen auf die Angaben von HOMBERGER verweisen. In Bezug auf die spätern Veröffentlichungen werden wir eine Auswahl treffen, die von der gewählten Richtung bestimmt ist. Dabei ist es aber in keiner Weise unsere Absicht, die nicht erwähnten Titel irgendwie als minderwertig einzustufen.

§ 2. Die Entstehung der gesetzlichen Regelung über das Grundbuch

Literatur:

Die Kommentare von Homberger, Vorbemerkungen, S. 134ff., und von Ostertag, Vorbemerkungen zum 25. Titel, S. 106ff. Siehe im weitern die Kommentare, Abhandlungen und Aufsätze zum Übergangsrecht von Broggini, Huber/Mutzner, Jagmetti, Jenny, Liver, Mutzner, Reichel, die im allgemeinen Literaturverzeichnis aufgeführt sind.

I. Die kantonalen Öffentlichkeitseinrichtungen

Im Immobiliarsachenrecht kannten alle Kantone seit jeher Formvorschriften, die ursprünglich einem Sicherheitsbedürfnis entsprangen, aber nach und nach in den Dienst der Öffentlichkeit der dinglichen Rechte an den Grundstücken gestellt wurden[1]. Diese Öffentlichkeitseinrichtungen, die überall in der Führung von Registern oder in der Sammlung von Urkunden bestanden, lassen sich auf drei Systeme zurückführen: das Fertigungssystem, das Registriersystem und das Grundbuchsystem.

1. Das Fertigungssystem

Die Parteien unterbreiten einen zwischen ihnen abgeschlossenen Vertrag, der sie in der Regel bereits bindet, der zuständigen Behörde am Ort, wo das Grundstück liegt. Die Behörde prüft, ob die gesetzlichen Voraussetzungen erfüllt sind, und erteilt gegebenenfalls die Genehmigung: das ist die «Fertigung». Sie überträgt das Eigentum oder begründet das beschränkte dingliche Recht. Nach diesem Entscheid wurde in der Regel eine Urkunde über den Erwerb des Rechtes übergeben. Zusätzlich erstellte die Behörde meistens einen Fertigungsakt. Diese Akte wurden in Protokollen oder Registern aufbewahrt: entweder ein gewöhnliches Buch, das zeitlich geordnet geführt wurde, oder eigene Bücher für die Eigentumsübertragungen, die Pfandrechte und manchmal auch für die Dienstbarkeiten. Die Eintragungen in diesen Büchern dienten an sich lediglich dem Beweis. Das Verhältnis zwischen Fertigung, Übergabe der Urkunde und der Eintragung in ein Register war nach den einzelnen gesetzlichen Regelungen jedoch verschieden. Hier war die feierliche Fertigung von besonderer Bedeutung, da die Übergabe der Erwerbsurkunde; wieder anderswo war es die Ein-

---

[1] E. Huber, System, S. 45; Erl., S. 395.

schreibung in ein Buch (aber in dem Sinn, daß dieser Vorgang die Fertigung darstellte)[2].

Das System baute auf der zeitlichen Reihenfolge der Eintragungen auf, ohne jede Einteilung nach Grundstücken oder Personen. Aber die Führung von getrennten Büchern für das Eigentum und die Dienstbarkeiten einerseits und für die Pfandrechte anderseits erleichterten deren Handhabung. Dieser dienten zusätzliche Hilfsregister. Die Eintragung in ein Buch entfaltete aus sich allein keine rechtsbegründende Wirkung[3]. Diese Wirkung kam der Fertigung zu. Für sie galt der Grundsatz der formellen Gesetzmäßigkeit. Die Fertigung stellte die behördliche Mitwirkung beim Erwerb der dinglichen Rechte dar. Aber sie hatte in der Regel keine heilende Wirkung. Den Protokollen oder Registern kam auch der öffentliche Glaube nicht zu[4].

Das System der Fertigung galt in den Kantonen Bern (alter Kantonsteil), Luzern und Aargau, in den Kantonen Zürich, Schaffhausen und Zug, im weitern in beiden Appenzell, im Thurgau, in den Kantonen Basel-Land und Uri und schließlich – wenigstens für die Pfandrechte – in den Kantonen Glarus und Unterwalden.

2. Das Registriersystem

Der Code civil français, in der Form vor der neuesten Revision, kannte das Registriersystem (siehe vorn, § 1 VII 3). Der formgültig abgeschlossene Vertrag entfaltet nicht nur obligatorische, sondern auch dingliche Wirkung; wenigstens unter den Parteien: mit ihm wird das Eigentum übertragen oder das beschränkte dingliche Recht begründet. Doch das Gesetz schreibt mehr oder weniger umfassend vor, daß der Vertrag, ohne Vornahme einer Prüfung, für den Beweis des Rechtserwerbs in ein öffentliches Register eingetragen wird. Nur mit der Registrierung kann das Recht Dritten gegenüber geltend gemacht werden. Das Recht an sich ist bereits vorher entstanden. Deshalb kann der Erwerber auch von sich aus die Eintragung verlangen.

Die Eintragungen werden in der Reihenfolge vorgenommen, in der sie verlangt werden. Für die Personen wie für die Grundstücke werden jedoch Hilfsregister geführt. In den meisten Kantonen, in denen es galt, entwickelte sich das System gleichzeitig mit der Einrichtung des Katasters[5],

---

[2] E. Huber, S. 47ff. und, zu Einzelfragen, S. 54f.
[3] Die gegenteilige Auffassung von Ostertag, N. 5, ist ungenau.
[4] E. Huber, S. 50ff.; Homberger, N. 4f.; Ostertag, N. 5.
[5] Dieser stellt ein öffentliches Register dar, das für jede Gemeinde das Flächenmaß und den Wert der einzelnen Liegenschaften festhält und als Grundlage für die Veranlagung der Liegenschaftssteuer dient.

womit es auch an Wirksamkeit gewann. Die Registrierung erfüllt aber nur die Aufgabe eines Beweises. Sie ist das einzige Mittel, das Recht Dritten gegenüber zu beweisen. Sie hat grundsätzlich keine rechtsbegründende, noch weniger rechtsheilende Wirkung. Weil der Grundsatz der formellen Gesetzmäßigkeit keine Anwendung findet, schafft sie auch keine eigentliche Rechtsvermutung.

Neben einigen Bezirken des ehemaligen Berner Jura (CCfr.) galt das Registriersystem in verschiedenen Ausgestaltungen in den Kantonen Wallis, Freiburg und Neuenburg[6]. Auch der Kanton Tessin kannte das Registriersystem, jedoch ausschließlich für die Grundpfandrechte[7].

3. Das Grundbuchsystem

Das Grundbuchsystem, über das wir bereits vorn (§ 1 IV) einen allgemeinen Überblick gegeben haben, galt in schon stark ausgebauter Form in den Kantonen Solothurn, Basel-Stadt und Waadt. Ansätze zu einem Grundbuchsystem gab es in den Kantonen Graubünden, Glarus sowie in Ob- und Nidwalden. In einer etwas weiter entwickelten Form bestand ein solches im Kanton Schwyz[8].

II. Die Wahl des Gesetzgebers

1. Die Leitidee

Für den Verfasser des Vorentwurfs, Professor Eugen Huber, stand von vornherein fest, daß, entgegen den meisten bisherigen kantonalen Regelungen, die dafür eigene Gesetze besassen, die Vorschriften über die Form der dinglichen Rechte an den Grundstücken – wie auch die Regelung des Besitzes – in das eigentliche Sachenrecht[9] aufgenommen werden mußten[10].

Eugen Huber legte sein Hauptaugenmerk darauf, den dinglichen Rechten einen klaren Ausdruck zu verleihen, damit sie eindeutig festgestellt

---

[6] Mit Ausnahme für die Frage des Ranges der Pfandrechte, Art. 2134 CCfr. Vorbehalten bleibt weiter Art. 2193 CCfr. in bezug auf die Frage, ob ein nicht eingetragenes Pfandrecht einem Dritten entgegengehalten werden kann oder nicht (vorn, § 1 VII 3 am Schluß).
[7] E. HUBER, S. 79 ff.; HOMBERGER, N. 6; OSTERTAG, N. 4.
[8] E. HUBER, S. 87 ff.; HOMBERGER, N. 7; OSTERTAG, N. 6 f.
[9] ERL., S. 10.
[10] E. HUBER, System, S. 46.

werden könnten. Dies war für ihn eine Voraussetzung der Rechtsicherheit und Übertragbarkeit, die für die meisten dinglichen Rechte verlangt ist[11]. Der höchste Grad an Übersichtlichkeit bei der Darstellung der dinglichen Rechte kann aber nur mit Hilfe von besonderen Formvorschriften erreicht werden, die geeignet sind, die Rechte nach außen erkennbar zu machen[12]. In dieser Beziehung muß zwischen den beweglichen und den unbeweglichen Sachen unterschieden werden. Im Mobiliarsachenrecht kann der Besitz als ein taugliches Mittel angesehen werden, die Rechtslage Dritten gegenüber auszuweisen. Anders im Immobiliarsachenrecht: Hier wird im Besitz die Herrschaft über ein Grundstück nur beschränkt verwirklicht. Dieser ist folglich nicht geeignet, das Recht an der Sache nach außen zum Ausdruck zu bringen. Will man aber am Erfordernis der Erkennbarkeit der dinglichen Rechte festhalten, muß man bestimmte Formerfordernisse einführen. Und diese Formerfordernisse sind Voraussetzung für die Entstehung des Rechtes. Wer die Form des Rechtes für sich hat, das er beansprucht, gilt Dritten gegenüber als der wahre Berechtigte. Diese «Form» kann in irgend einem amtlichen Akt bestehen; etwa in einem Zeichen, das auf dem Grundstück angebracht wird oder in der Eintragung in ein öffentliches Register[13].

In diese Richtung hatte sich das System der Fertigung seit dem Mittelalter entwickelt. Für die dinglichen Rechte an Grundstücken mußte auf jeden Fall der Gedanke einer amtlichen Mitwirkung bei der Einhaltung der vorgeschriebenen Formerfordernisse beibehalten werden[14]. Für die Art dieser Mitwirkung sollte der Grundsatz gelten, daß eine Behörde die Voraussetzungen des Rechtsgeschäftes überprüfe, das der Änderung der dinglichen Rechtsverhältnisse zugrunde liegen würde. Diese Prüfung mußte aber nicht so weit gehen wie beim System der Fertigung, wo untersucht wurde, was die Parteien wirklich gewollt hatten, ob das abgeschlossene Rechtsgeschäft rechtlich erlaubt war und ob mit ihm Interessen Dritter verletzt wurden. Das Erfordernis der Form der öffentlichen Beurkundung für Verträge um Grundstücke, das zur Prüfungsbefugnis des Registerführers hinzukam, mußte genügend Gewähr bieten. Der Schutz des öffentlichen Interesses rechtfertigte es nicht, die Einrichtung der Fertigung weiter bestehen zu lassen.

Der Vorteil dieses letztern im Verhältnis zum Registriersystem bestand darin, daß die dinglichen Rechte, insbesondere die Pfandrechte, erst mit einem behördlichen Akt entstanden. Dritte, die mit dem Eigentümer ein

---

[11] ERL., S. 17. Zu den grossen Linien des Vorentwurfs, siehe auch die Berichterstattung HUBER im Nationalrat, StenBull NR, 1906, S. 1025 ff.
[12] ERL., S. 19 f.
[13] ERL., S. 20 f.
[14] ERL., S. 21.

Geschäft abschließen wollten, konnten damit sicher sein, daß neben denjenigen Lasten, die durch die Fertigung für die Öffentlichkeit feststellbar geworden waren, auf dem Grundstück keine weitern mehr bestanden. Dieser Vorteil sollte beibehalten werden. Zunächst fand aber das System, dort wo es bestand, nicht auf alle dinglichen Lasten Anwendung. Wenn man es verallgemeinerte, kam es auch seiner Aufgabe, das Recht endgültig entstehen zu lassen, nicht mehr nach. Vielmehr lief es nur noch auf ein Mittel zur Veröffentlichung hinaus, was vor allem beim Erwerb durch Erbgang oder gestützt auf eheliches Güterrecht der Fall war. Im weitern war die Öffentlichkeit des Fertigungsaktes schon von seinem Begriff her sehr beschränkt. Soweit sie sich aus den Protokollen über die Fertigung ergab, die der Reihe nach in Register eingebunden wurden, war sie dazu noch ungenügend; und war es auch nur deshalb, weil das Nachschlagen etwelche Mühe bereitete. Diese Nachteile hatte man mit der Einführung von Hilfsregistern zu beheben versucht. Selbst dort, wo man ihnen die Bedeutung von öffentlichen Registern zuerkannt hatte, boten aber auch diese nicht jede Sicherheit. Ein Vorteil war es, die zeitliche Reihenfolge der Eintragungen zugunsten eines Systems aufzugeben, das auf einer Einteilung nach Grundstücken beruhte. Der Schritt, den schon vorher einige Kantone gewagt hatten, mußte nachvollzogen und alle diese Mittel zur Gewährleistung der Öffentlichkeit der dinglichen Rechte an den Grundstücken in einer neuen Einrichtung zusammengefaßt werden: Diese Einrichtung war das Grundbuch. Jedes Grundstück erhält darin sein eigenes Blatt. Grundsätzlich müssen die dinglichen Rechte darin eingetragen sein, um ihre Wirkung zu entfalten. Die Rechtslage jeder Liegenschaft ist genau bestimmt. Die Fertigung, neben der Eintragung im Grundbuch, beizubehalten, war damit überflüssig[15].

Neben seiner Öffentlichkeitsaufgabe der dinglichen Rechte bot das Grundbuchsystem zwei weitere Vorteile: Zunächst konnte das Verhältnis der verschiedenen dinglichen Rechte an einem Grundstück viel klarer zum Ausdruck gebracht werden als beim System der Fertigung. Das galt insbesondere für den Rang der verschiedenen Lasten und für das Verhältnis der beschränkten dinglichen Rechte zum Eigentum. Im weiteren erlaubte es das Grundbuch, die Errichtung der dinglichen Rechte besser von ihrem obligatorischen Grundgeschäft zu trennen. Wie beim System der Fertigung entstand das dingliche Recht durch das Tätigwerden einer Behörde, d. h.

---

[15] ERL., S. 24f. In einer Antwort auf eine Umfrage vom 17. November 1893 hatten sich die Regierungen der Kantone für das Grundbuch ausgesprochen oder – jene von Graubünden, Zürich und Bern – wenigstens den Wunsch geäußert, daß ihm für die Grundpfandrechte der Vorzug gegeben werde.

durch die Eintragung ins Register. Was einmal eingetragen war, behielt, ungeachtet dessen, daß der Erwerbsgrund ungültig war, in den Augen gutgläubiger Dritter seine Gültigkeit. Die Fertigung dagegen heilte in diesem Fall die Rechtswidrigkeit des vorangegangenen Erwerbes nicht. Dieser Schutz des gutgläubigen Dritten bot Gewähr für die Sicherheit des Verkehrs mit Grundstücken und des grundpfändlich sichergestellten Kredites[16].

Ein Zurückgreifen auf das gemeine Recht kam aus Gründen der Rechtssicherheit nicht in Frage, da dieses für die Errichtung von dinglichen Rechten an Grundstücken keine Formvorschriften kannte. Aber auch das französische Registriersystem konnte, selbst in verbesserter Ausgestaltung, ebenfalls nicht weiter in Betracht gezogen werden; denn es war noch schlechter als das System der Fertigung[17].

2. Die Grundzüge des gewählten Systems

Mit dem neuen System wollten folgende Ziele erreicht werden: eine größere Sicherheit bei der Errichtung und Darstellung der dinglichen Rechte; eine Öffentlichkeit der dinglichen Rechtslage der Grundstücke, die den tatsächlichen Verhältnissen besser entsprechen würde; eine größere Beweglichkeit der Rechte, vor allem der Pfandrechte[18].

a) Als *Träger des Systems* hat sich Eugen Huber für ein Register ausgesprochen, das, entsprechend dem Grundsatz der Einteilung nach Grundstücken, nach Kreisen geführt wird und bei dem die Eintragung eines Rechtes auf dem Grundstück dieses entstehen läßt. Mit einer gewissen Vorliebe hat er scheinbar das System des Torrens Act (vorn, § 1 VII 5b) in Betracht gezogen, dieses dann aber wieder fallen gelassen. Da der Verkehr mit Grundstücken und die Errichtung und Weitergabe von Pfandrechten mit Hilfe von Titeln vor sich geht, die handelbare Werte darstellen, würde es dieses Register nämlich nicht erlauben, sich zu jedem Zeitpunkt über den Stand der dinglichen Rechte und über die Personen der Berechtigten Rechenschaft zu geben. Selbst wenn es mit gewissen Ergänzungen möglich wäre, alle Veränderungen, die gestützt auf den Handel mit Titeln eintreten, im Grundbuch anzumerken, paßt dieses System mit seiner an die äußerste Grenze gehenden Mobilisierung der Werte des Bodens nicht zu unserem Land, wo sich der Verkehr mit Grundstücken

---

[16] Erl., S. 25f.
[17] Erl., S. 26f.
[18] Erl., S. 395f.

in einem beschränkten Kreis abspielt und es von besonderer Bedeutung ist, daß man sich mit Leichtigkeit über den Stand der sich ändernden Rechte an einem Grundstück erkundigen kann. Im weitern mußte die Wahl bestimmter Formen von Grundpfandrechten dem Erfordernis der Mobilisierung des Bodens entsprechen[19].

b) Das Grundbuch ist dazu da, die Grundstücke «aufzunehmen». Die *Aufnahme* eines Grundstückes ins Grundbuch muß dieses in seiner Eigenart darstellen. Die Angaben über den Kataster bilden einen unerläßlichen Bestandteil der Beschreibung. Die Einführung des Grundbuches muß, so weit und so allgemein wie möglich, auf einer geometrischen Vermessung beruhen. Im übrigen haben die Angaben, die in der Beschreibung eines Grundstückes enthalten sind, keine rechtliche Bedeutung; eine solche kommt einzig den Eintragungen im Register zu[20].

c) Die *Eintragungen* im weiten Sinn bilden den dem Grundbuch in seiner Eigenart zukommenden Bestandteil desselben, die die Öffentlichkeit der dinglichen Rechte ausmacht. Die Notwendigkeit, das Eigentum und die Pfandrechte einzutragen, stand nicht in Frage.

Beim Eigentumserwerb gestützt auf das Gesetz (Erbgang) erfordert der Erwerb keine Eintragung; diese muß aber später nachgeholt werden, damit der neue Eigentümer im Register verfügen kann (Unterscheidung zwischen absolutem und relativem Eintragungsprinzip, § 1 IV 3)[21].

Wollte man, daß das Grundbuch seine Aufgabe als Öffentlichkeitsmittel wirklich erfüllt, mußte für alle Dienstbarkeiten die Eintragung im Grundbuch vorgeschrieben werden[22].

Wie das eine moderne Gesetzgebung tut, war es auch angezeigt, den Wirkungsbereich des Grundbuches über das Gebiet der dinglichen Rechte hinaus zu erweitern, um die Wirkung der Öffentlichkeit in den Dienst anderer Einrichtungen, insbesondere gewisser persönlicher Rechte, zu stellen. Es entspricht einem Bedürfnis, diese Rechte durch eine Vormerkung im Register Dritten gegenüber wirksam werden zu lassen. Diese Möglichkeit durfte aber nicht in allzu weitem Umfang eröffnet werden. Es besteht sonst nämlich die Gefahr, daß das Grundbuch überlastet wird und daß die Les-

---

[19] Erl., S. 396 ff.
[20] Erl., S. 399 ff. Wir weisen hier nur auf das Wesentliche hin. Auf die weitern Punkte in den Erläuterungen zum VE werden wir im Zusammenhang mit den verschiedenen Einrichtungen des Grundbuches zurückkommen müssen.
[21] Erl., S. 405 f.
[22] Erl., S. 406 f.

barkeit darunter leiden würde. Persönliche Rechte können deshalb nur in den vom Gesetz vorgesehenen Fällen vorgemerkt werden (Miete usw.)[23].

Der Umstand, daß der Eigentümer über das Grundbuch gehen muß, um über sein Grundstück zu verfügen, ermöglicht es, die Rechte Dritter durch die Vormerkung einer Verfügungsbeschränkung wirksam zu schützen (so im Fall der Pfändung eines Grundstückes). Das gleiche Verfahren ist geeignet, die Durchsetzung einer Nacherbeneinsetzung sicherzustellen[24].

Die Vormerkung kann schließlich etwa auch dazu dienen, den Inhaber eines nicht eingetragenen oder zu einem bestehenden Eintrag im Widerspruch stehenden dinglichen Rechtes zu schützen, bis dieser es auf dem Prozeßweg durchgesetzt hat[25].

Jede Eintragung ins Register erfordert eine Erklärung des Eigentümers. Eine Ausnahme bilden die Fälle, in denen das Eigentum gestützt auf das Gesetz erworben wird. Zusätzlich zu dieser (schriftlichen) Erklärung ist der Ausweis des Rechtsgrundes notwendig, gestützt auf welchen die Eintragung beantragt wird (Grundsatz der formellen Gesetzmäßigkeit). Zwischen den Parteien ist die Eintragung im Grundbuch somit nicht abstrakter Natur. Das stellt aber kein Hindernis dar, daß sich Dritte, wenn sie gutgläubig sind, auf eine Eintragung verlassen können, sobald sie einmal vollzogen ist[26].

d) Für die Führung des Grundbuches als *Öffentlichkeitseinrichtung* mit einer Einteilung nach Grundstücken waren zwei Systeme denkbar: Das eine bestand darin, für die Eigentumsübergänge, Pfandrechte und Dienstbarkeiten in der Reihenfolge der Anmeldungen getrennte Register zu führen. Zu ihnen wäre ein Hauptregister gekommen, in das alle Rechte, die ein Grundstück betreffen, in gekürzter Form eingetragen würden und in dem auf die besondern Register verwiesen würde. Das andere System war auf ein Hauptregister ausgerichtet, das in verschiedenen Spalten den wesentlichen Inhalt der zu einem vereinbarten Recht getroffenen Abmachungen enthalten und im weitern auf ein oder mehrere in zeitlicher Reihenfolge geführte Register oder Urkundensammlungen verweisen würde. Der Verfasser des Vorentwurfs hat diesem System den Vorzug gegeben, weil es auf den ersten Blick ein vollständiges Bild über den wesentlichen Inhalt der an einem Grundstück bestehenden dinglichen Rechte vermittelt[27].

e) Was die *Wirkungen* der Eintragungen betrifft, ergibt sich aus den Ausführungen in den Erläuterungen, daß die weiter vorn (§ 1 IV 3–5) ausgeführten Grundsätze gelten: negative Wirkung der Eintragung unter

---

[23] Erl., S. 407 ff.
[24] Erl., S. 410.
[25] Erl., S. 411.
[26] Erl., S. 412.
[27] Erl., S. 413 ff.

Vorbehalt der Fälle, in denen ein Recht von Gesetzes wegen entsteht oder untergeht; Grundsatz der Gesetzmäßigkeit oder Kausalität; Grundsatz des öffentlichen Glaubens. Die Aufgabe der Öffentlichkeit des Grundbuches erfordert nicht, daß das, was ohne Rechtsgrund eingetragen worden ist, von den Parteien untereinander allein gestützt auf die Tatsache der Eintragung nicht mehr angefochten werden kann; denn in diesem Fall hat sich der Erwerber nicht auf das Grundbuch verlassen, und er muß die Folgen des Mangels seines Erwerbes tragen. Es besteht auch kein Grund, daß der Dritte, der weiß (oder wissen muß), daß ein Eintrag ungerechtfertigt und sein Vertragspartner damit nicht berechtigt ist, auf den Eintrag abstellen darf. Es muß, aber es genügt auch, wenn die Wirkung der materiellen Öffentlichkeit sich dem gegenüber zeigt, der sich in gutem Glauben auf die Aussagen des Registers verlassen hat. Beispiel: der Gläubiger, der von demjenigen, der im Grundbuch als Eigentümer eingetragen ist, ein Pfandrecht erwirbt und vom Betrug, der etwa der Eintragung des Pfandbestellers vorangegangen ist, keine Kenntnis gehabt hat (und auch nicht gehabt haben konnte)[28].

3. Der Weg des parlamentarischen Verfahrens

Die von Eugen Huber entwickelte Grundvorstellung und der Vorentwurf, in dem diese zum Ausdruck kam, haben das kaudinische Joch der Expertenkommission ohne nennenswerte Schwierigkeiten überschritten[29]. Die Botschaft zum departementalen Vorentwurf legte das Gewicht auf die Notwendigkeit, entsprechend der Entwicklung der kantonalen Gesetzgebung, für die Darstellung der dinglichen Rechte an Grundstücken das Grundbuch einzuführen. Damit sollten die Öffentlichkeit gewährleistet wie auch dem Prinzip der Spezialität zum Durchbruch verholfen werden. Darüber hinaus legte der Bundesrat in gedrängter Form die Wirtschaftlichkeit des Systems dar und machte erste Ausführungen zum Übergangsrecht (hinten, § 3 I)[30].

Die parlamentarischen Kommissionen haben zum Vorentwurf nur in nebensächlichen Punkten Änderungen beantragt. Im Nationalrat ist der Titel über das Grundbuch nach Anhören der Berichterstatter HUBER und ROSSEL stillschweigend genehmigt worden[31]. Dies war auch im Ständerat der Fall, wobei als Berichterstatter Ständerat HOFMANN auftrat[32].

---

[28] ERL., S. 416 ff.
[29] Protokoll der eidgenössischen Räte, III und IV, S. 390 ff. Neben den Sonder- oder technischen Frangen (Vermessung) hat sich die Expertenkommission vor allem mit Fragen beschäftigt, die sich mit der Einführung des Grundbuches in den Kantonen stellen.
[30] BOTSCHAFT, S. 95 ff.
[31] STENBULL NR 1906, S. 1024 ff.
[32] STENBULL StR 1907, S. 98 ff.

§ 3. Das Übergangsrecht zum schweizerischen Grundbuchrecht

Literatur:
Siehe die Angaben zu Beginn von § 2.

C. Besson, 50 ans de registre foncier fédéral, ZBGR 41, 1961, S. 336f.; derselbe, l'acquisition de droits immobiliers en dehors du registre foncier, ZBGR 63, 1982, S. 129ff.; G. Eggen, Der Stand der Einführung des eidgenössischen Grundbuches, SJZ 42, 1946, S. 134; A. Gonvers-Sallaz, Mensuration et registre foncier, ZBGR 36, 1955, S. 263ff.; Th. Guhl, Die Einführung des Grundbuches in den Kantonen, SJZ 8, 1911/1912, S. 199 – 202; derselbe, Grundbuch und Grundpfandrecht in der Übergangszeit, ZSR 32, 1913, S. 212ff.; derselbe, Die Ersitzung von Grundeigentum und Grunddienstbarkeiten, ZBJV 65, 1929, S. 241ff.; F. Guisan, De l'introduction du registre foncier, JdT 1937 I, S. 172ff.; H. Huber, Zur außerordentlichen Ersitzung von Dienstbarkeiten vor Einführung des eidgenössischen Grundbuchs, ZBGR 62, 1981, S. 206ff.; A. Korner, Die Bereinigung von Dienstbarkeiten im Güterzusammenlegungsverfahren, Diss. Zürich 1983; A. Meier-Hayoz, Berner Kommentar, Systematischer Teil, N. 745 – 760; H. Rey, Berner Kommentar, Die Grunddienstbarkeiten, Systematischer Teil, N. 340 – 360, N. 149 – 165; P. Tercier, Note sur l'acquisition des servitudes de l'ancien droit par la prescription extraordinaire, JdT 1980 I, S. 559ff.; C. Volkart, Behandlung altrechtlicher Dienstbarkeiten im Grundbucheinführungsverfahren, ZBGR 7, 1926, S. 271ff.; W. Wild, 50 Jahre Eidgenössisches Grundbuch, ZBGR 42, 1966, S. 321ff.

Über den Stand der Gesetzgebung zum Grundbuchrecht in den Kantonen siehe insbesondere:

Aargau:
O. Meyer, Zehn Jahre Grundbuchpraxis im Kanton Aargau, ZBGR 3, 1922, S. 161ff.

Bern:
E. Blumenstein, Die Bereinigung der Grundbücher im Kanton Bern, MBVR 7, 1910, S. 348ff. und 424ff.; derselbe, Das Gesetz über die Bereinigung der Grundbücher, ZBJV 45, 1909, S. 353ff.; A. Schwab, Zur Einführung des Grundbuches im Kanton Bern, MBVR 7, 1910, S. 15ff.; J. Fellmann, Einige Bemerkungen zum Gesetz über die Bereinigung der Grundbücher im Kanton Bern, ZBJV 45, 1909, S. 297ff.

Freiburg:
E. Bossy, Grundbucheinrichtungen und Einführung des eidgenössischen Grundbuchs im Kanton Freiburg, ZBGR 32, 1951, S. 1ff.

Graubünden:
W. Bossy, Das intertemporale Grundbuchrecht des Kantons Graubünden, Diss. Bern 1941; Schmid, Die Einführung des Grundbuches im Kanton Graubünden (ohne Angabe eines Datums).

Luzern:
Pl. Meyer von Schauensee, Das Grundbuch im Kanton Luzern, SJZ 16, 1920, S. 268ff.; derselbe, Art. 955 ZGB und die Bereinigung der luzernischen Grundbücher, SJZ 27, 1931, S. 11ff.; P. von Moos, Die Einführung des eidgenössischen Grundbuchs im Kanton Luzern, ZBGR 40, 1959, S. 65ff.; I. Jenny, Das luzernische Hypothekarrecht und die Einführung des eidgenössischen Grundbuches, ZBJV 66, 1930, S. 145ff.

Nidwalden:
A. Risi, Das kantonale und eidgenössische Grundbuch in Nidwalden, Diss. Bern 1932.

Schaffhausen:
K. Heer, Die Einführung des eidgenössischen Grundbuches im Kanton Schaffhausen, ZBGR 41, 1960, S. 257 ff.

Schwyz:
K. Bachmann, Die Gleichstellung des kantonalen Grundbuches mit dem eidgenössischen Grundbuch im Kanton Schwyz, Diss. Zürich 1947.

Tessin:
B. Galli, Problemi di registro fondiario, Bellinzona 1937; W. Riva, I diritti reali limitati nella nostra legislazione (Problemi di registro fondiario ticinese), Diss. Bern 1934.

Thurgau:
A. Rutschmann, Das Grundbuch und Hypothekarwesen im Kanton Thurgau, 1915; derselbe, Die Bereinigung des provisorischen Grundbuches im Kanton Thurgau, 1918; W. Vonäsch, Das Grundbuch des Kantons Thurgau, Diss. Bern 1949.

Uri:
L. Arnold, Die Bereinigung der Dienstbarkeiten und Grundlasten im Kanton Uri, Diss. Freiburg 1949.

Wallis:
O. Guntern, Das intertemporale Recht der Dienstbarkeiten und des Grundbuches im Wallis, Diss. Freiburg 1968.

Waadt:
A. Gonvers-Sallaz, Notice sur l'introduction du registre foncier dans le canton de Vaud, Lausanne 1923.

Zug:
L. Spillmann, Fertigungswesen und Grundbuch im Kanton Zug, Diss. Zürich 1938.

Zürich:
L. Schom, Fertigung und Grundbuch im Kanton Zürich, Diss. Zürich 1942; E. Sigrist, Die Bereinigung der dinglichen Rechte als Grundlage der Grundbucheinführung, insb. im Kanton Zürich, Diss. Zürich 1947.

I. Allgemeines

Die Übergangsbestimmungen zum Grundbuchrecht sind Bestandteil des Übergangsrechts der dinglichen Rechte an den Grundstücken[1].

Entsprechend dem Grundsatz der Nichtrückwirkung (Art. 1 Abs. 2 SchlT) bleiben die *beim Inkrafttreten des ZGB bestehenden dinglichen Rechte*

---

[1] Zu diesem Übergangsrecht: Broggini, S. 481 ff.; Huber/Mutzner, S. 334 ff.; Mutzner, zu Art. 17 ff. SchlT; Reichel, zu Art. 17 ff. SchlT; Meier-Hayoz, N. 745 ff.; Rey, N. 340 ff.

auch unter dem neuen Recht anerkannt (Art. 17 Abs. 1 SchlT). Das gilt für den vor 1912 erfolgten Erwerb dieser Rechte als solchen[2]. Einen Vorbehalt, welcher sich auf den Schutz des gutgläubigen Dritten bezieht, der sich auf den Stand der Einträge verlassen hat, macht das Gesetz aber für die Vorschriften über das Grundbuch. Und für die Dienstbarkeiten bestimmt Art. 21 SchlT noch besonders: «Die vor dem Inkrafttreten dieses Gesetzes entstandenen Grunddienstbarkeiten bleiben nach der Einführung des Grundbuches auch ohne Eintragung in Kraft, können aber, solange sie nicht eingetragen sind, gutgläubigen Dritten gegenüber nicht geltend gemacht werden.»

«In bezug auf ihren Inhalt stehen jedoch das Eigentum und die beschränkten dinglichen Rechte nach dem Inkrafttreten des Gesetzes, ..., unter dem neuen Rechte» (Art. 17 Abs. 2 SchlT, der Art. 3 SchlT entspricht). Die Vorschrift gilt aber nur für den vom Gesetz bestimmten und vom Willen der Parteien unabhängigen Inhalt. Für die noch nicht eingetragenen Dienstbarkeiten, deren Inhalt in einem vor dem Inkrafttreten des ZGB abgeschlossenen Rechtsgeschäft vereinbart worden ist, hält dies Art. 18 Abs. 3 SchlT auch noch besonders fest[3]. Das Gesetz gewährleistet sogar, daß solche dingliche Rechte, die unter dem neuen Recht nicht mehr begründet werden können, bestehen bleiben; diese Rechte unterstehen weiterhin dem alten Recht (Art. 17 Abs. 3 SchlT)[4]. Art. 17 Abs. 2 SchlT macht aber noch weitere Ausnahmen vom Grundsatz, daß das neue Recht auf den Inhalt von dinglichen Rechten angewendet wird, die vor dem Inkrafttreten des neuen Rechtes begründet worden sind[5]. Bei ihnen geht es um die Frage, ob diese Rechte in die alten oder neuen Bücher eingetragen werden müssen (Art. 43 – 45 SchlT; siehe hinten, § 4).

Nach Art. 1 Abs. 3 SchlT werden *die Tatsachen, die nach dem 1. Januar 1912 eingetreten sind*, «soweit das Gesetz eine Ausnahme nicht vorgesehen hat, nach dem neuen Rechte beurteilt.» Der Grundsatz muß für die Ordnung der dinglichen Rechte des ZGB gelten. Aber diese Ordnung ist an bestimmte Öffentlichkeitsformen, nämlich jene des eidgenössischen Grundbuches, gebunden. Nun kam es nicht in Frage, dieses Register – und wäre es auch nur deshalb, weil es in der Regel die Vermessung des Bodens voraussetzt (Art. 40 SchlT) – vor dem Inkrafttreten des ZGB einzuführen. Zwei Lö-

---

[2] BROGGINI, S. 481; HUBER/MUTZNER, S. 336 ff.; MEIER-HAYOZ, N. 748.
[3] BGE 79 II, 1953, S. 401; 85 II, 1959, S. 177.
[4] Zur Behandlung dieser Rechte im Grundbuch, siehe § 4 III 1.
[5] Diese Ausnahmen beziehen sich vor allem auf das Übergangsrecht zum Grundbuchrecht; vgl. BGE 86 II, 1960, S. 243 ff. Nicht zu behandeln ist hier das Übergangsrecht zu den dinglichen Rechten. Es wird auf die Art. 18 – 37 SchlT und auf die angeführten Autoren verwiesen.

sungen boten sich an: Entweder vorläufig die Gesetze der Kantone über die dinglichen Rechte an den Grundstücken weiter in Geltung zu belassen und nach und nach, soweit das eidgenössische Grundbuch in den einzelnen Gemeinden eingeführt ist, durch das Immobiliarsachenrecht des ZGB zu ersetzen; oder das neue Recht auf einmal als anwendbar zu erklären und vorläufig in den kantonalen Öffentlichkeitseinrichtungen Ersatzmittel zu suchen, die geeignet sind, den Anforderungen des neuen Systems zu genügen. Der Gesetzgeber hat die zweite Lösung gewählt.

Im folgenden werden wir zunächst die Grundsätze des Übergangsrechts zum eidgenössischen Grundbuch darlegen (II) und nachher kurz die Systeme beschreiben, die in den Kantonen in Kraft standen (III). Im folgenden Paragraphen werden wir uns mit der Einführung des eidgenössischen Grundbuches befassen: Vermessung und Aufnahme der dinglichen Rechte ins Grundbuch.

II. Die Übergangsbestimmungen zum eidgenössischen Grundbuchrecht im allgemeinen

Die Grundregel ist in Art. 47 SchlT ausgesprochen: «Das Sachenrecht dieses Gesetzes tritt im allgemeinen in Kraft, auch ohne daß die Grundbücher angelegt worden sind.» Wörtlich verstanden ist diese Bestimmung in dem Sinn zweideutig, daß «das Sachenrecht» auch das System der Öffentlichkeit der dinglichen Rechte an den Grundstücken umfaßt, wie dieses in den Vorschriften über das Eigentum und die beschränkten dinglichen Rechte, aber auch im 25. Titel des Gesetzes über das Grundbuch geregelt ist. Der Gesetzgeber muß somit die äußere Ausgestaltung dieses Registers im Auge gehabt haben; so wie diese in den besondern Bestimmungen des Gesetzes und der VO umschrieben ist. Das Fehlen dieser besondern Einrichtungen muß grundsätzlich die Anwendung der neuen Bestimmungen über die dinglichen Rechte an den Grundstücken, die Vorschriften über die Öffentlichkeitseinrichtungen inbegriffen, nicht hindern. Aber der Ausdruck «im allgemeinen» läßt Ausnahmen zu: Es ist möglich, daß das Fehlen der vorgesehenen Hilfsmittel die Anwendung bestimmter Vorschriften formeller und selbst materieller Art nicht erlaubt. In diesem Umfang schränkt Art. 47 SchlT die Geltung der Übergangsbestimmungen im Immobiliarsachenrecht ein. Besonders werden – entgegen dem Grundsatz des Art. 1 Abs. 3 SchlT – die Tatsachen im Bereich des Immobiliarsachenrechts nicht ausschließlich durch das neue Recht bestimmt.

Art. 47 SchlT bestimmt nichts desto weniger, daß das neue Immobiliarsachenrecht unverzüglich so umfassend wie möglich in Kraft tritt. Das kantonale Recht darf nur soweit zur Anwendung kommen, als die Vorschriften des ZGB sich nicht durchzusetzen vermögen, weil ein Grundbuch in seinem Sinn noch nicht besteht[6]. Im Bereich des formellen Rechts ist es beispielsweise nicht möglich, Vorschriften wie Art. 945 ZGB über die Eröffnung eines Blattes für jedes Grundstück anzuwenden, solange kein Register geführt wird, das nach Grundstücken eingeteilt ist[7]. Für andere materielle und selbst formelle Vorschriften über das Grundbuch mußten jedoch die kantonalen Öffentlichkeitseinrichtungen grundsätzlich die Anwendung gewährleisten können, ohne daß die Einführung des eidgenössischen Grundbuches abgewartet wurde. Aus diesem Gesichtspunkt heraus hat der Gesetzgeber die Art. 46 und 48 SchlT erlassen[8].

Die Öffentlichkeitseinrichtungen hatten nicht in allen Kantonen den gleichen Entwicklungsstand erreicht. In einem Grossteil der Kantone waren die Register unvollständig und gaben nur ein unklares Bild von den an den einzelnen Grundstücken bestehenden dinglichen Rechten. Sie konnten nur teilweise als Ersatz für das eidgenössische Grundbuch dienen. Andere Kantone kannten weiter entwickeltere Systeme, die genügend Gewähr boten, mit Hilfe einiger Anpassungen, alle Aufgaben, die ihnen, inbegriffen den Schutz des öffentlichen Glaubens gemäß ZGB, zukamen, richtig zu erfüllen. Es war daher nicht möglich, alle Kantone gleich zu behandeln, und die Einheit des Übergangsrechtes mußte durchbrochen werden.

Bis zur Einführung des eidgenössischen Grundbuches, die für einen Kanton auch nicht auf einmal erfolgen muß, ist es den Kantonen gestattet, ihre bisherigen Öffentlichkeitseinrichtungen beizubehalten und weiterzuführen[9]. Nach Art. 48 SchlT können die Kantone die Formen (Fertigung, Eintragung in Grund-, Pfand- und Servitutenregister) bestimmen, denen die Wirkung des Grundbuches zukommen soll (Abs. 1). Diese Formen können von den Kantonen mit der Wirkung ausgestattet werden, daß auch ohne und vor Einführung des Grundbuches in bezug auf Entstehung, Übertragung, Änderung und Untergang der dinglichen Rechte die Grundbuchwirkung mit ihnen verbunden ist (Abs. 2).

---
[6] HUBER/MUTZNER, S. 327; BGE 46 I, 1920, S. 60; 97 I, 1971, S. 694 ff.
[7] Das gleiche gilt für alle Vorschriften technischer Art über die Anordnung der Eintragungen in den verschiedenen Spalten des Hauptbuches. Diese Hindernisse können selbst in jenen Kantonen bestehen, die ein kantonales Grundbuch besitzen.
[8] Siehe E. HUBER, im StenBull NR 1906, S. 1099 f.
[9] Art. 38 Abs. 2 SchlT sieht im übrigen vor, daß die bereits vorhandenen grundbuchlichen Einrichtungen und Vermessungswerke, soweit möglich, als Bestandteile der neuen Grundbuchordnung beibehalten werden sollen.

Es war demnach Aufgabe der Kantone – ihre diesbezüglichen Vorschriften mußten vom Bundesrat genehmigt werden (Art. 52 Abs. 3 SchlT) –, ihren Öffentlichkeitseinrichtungen eine bestimmte Bedeutung zu geben; insbesondere den Eintragungen in die Register Konstitutivwirkung zu verleihen. Der gute Glaube aber durfte grundsätzlich erst nach Einführung des eidgenössischen Grundbuches geschützt werden (Art. 48 Abs. 3 SchlT). Doch kann die Einführung desselben mit Ermächtigung des Bundesrates durch die Kantone verschoben werden, sobald die kantonalen Formvorschriften, mit oder ohne Ergänzungen, als genügend erscheinen, um die Wirkung des Grundbuches im Sinn des neuen Rechts - inbegriffen die Wirkung zugunsten gutgläubiger Dritter - zu gewährleisten. Dabei ist genau festzulegen, mit welchen Formen des kantonalen Rechts die vom neuen Recht angeordneten Wirkungen verbunden sein sollen (Art. 46 SchlT).

Nach dem System der Art. 46–48 SchlT müssen demnach in bezug auf die Wirkungen zwei Arten von kantonalen Öffentlichkeitsformen unterschieden werden:

a) Die Einrichtungen, denen die Wirkungen des Grundbuches zukommen, mit Ausnahme des Schutzes gutgläubiger Dritter (Art. 48 Abs. 1 und 2 SchlT);

b) Die Einrichtungen, denen alle Wirkungen des Grundbuches zukommen (Art. 46 und Art. 48 Abs. 3 SchlT)[10].

In der Wirklichkeit lassen sich die verschiedenen Systeme leider aber nicht so deutlich auseinander halten. Es könnte Kantone mit Öffentlichkeitseinrichtungen geben, denen auch die in Art. 48 Abs. 2 SchlT vorgesehenen Wirkungen nicht zukommen (negative oder konstitutive Rechtskraft). Demgegenüber gibt es Kantone, die Öffentlichkeitseinrichtungen besitzen, denen grundsätzlich die volle Grundbuchwirkung zukommt; in denen also auch der gutgläubige Dritte geschützt wird. Doch kommen diese Rechtswirkungen nicht allen dinglichen Rechten zu; insbesondere jenen nicht, die vor dem 1. Januar 1912 entstanden sind. Siehe unten, III 2b und c.

---

10 Neben diesen beiden Systemen gibt es bereits in den meisten Kantonen Bezirke oder Gemeinden, in denen das eidgenössische Grundbuch mit all seinen Einrichtungen und Wirkungen eingeführt ist (siehe hinten, § 4).

III. Die kantonalen Öffentlichkeitseinrichtungen im Dienste des Immobiliarsachenrechtes des ZGB

1. Die Einführung der Vorschriften des ZGB über das Grundbuch

Unter dem Vorbehalt der Wirkungen der Grundbucheintragungen (unten, 2) sind in den Kantonen alle Vorschriften des ZGB und der GBV anwendbar, die nicht ein Grundbuch im Sinn des ZGB als äußere Erscheinung voraussetzen[11]. Zu diesen Vorschriften gehören etwa: diejenigen über die Voraussetzungen der Eintragungen (Verfügungsrecht nach dem Grundbuch[12], Vorlage der Ausweise[13]), die Reihenfolge der Eintragungen[14], die Prüfungsbefugnis des Grundbuchverwalters und die Beschwerde an die Aufsichtsbehörde[15], die Mitteilungspflicht des Grundbuchverwalters[16], die Berichtigung der Einträge[17], die Verantwortlichkeit der Kantone für die Grundbuchführung[18] und die Öffentlichkeit des Grundbuches[19].

Alle Kantone müssen die Öffentlichkeitseinrichtungen bestimmen und notfalls schaffen, die geeignet sind, die Eintragungen der dinglichen Rechte nach Art. 958 ZGB «aufzunehmen» (Art. 48 Abs. 1 und 2 SchlT). Das ergibt sich schon aus Art. 52 und 53 SchlT[20]. Die dinglichen Rechte, die zu Grundstücken erhoben werden (insbesondere die selbständigen und dauernden Rechte, Art. 655 und 943 Ziff. 2 ZGB) müssen aufgenommen werden kön-

---

[11] HOMBERGER, Vorbemerkungen, N. 41 ff.; HUBER/MUTZNER, S. 329 f.; BR, in W. BURCKHARDT, Schweizerisches Bundesstaatsrecht, III, Nr. 1330; BGer in Pra 19, 1930, S. 207 (= BGE 56 II, 1930, 87, wo der entscheidende Abschnitt aber nicht veröffentlicht ist).
[12] BR, in ZBJV 50, 1914, S. 381.
[13] BR, in BURCKHARDT, Nr. 1330.
[14] BR, in BURCKHARDT, Nr. 1362 IV und ZBGR 4, 1923, S. 154.
[15] BGE 46 I, 1920, S. 59; 64 I, 1938 S. 104.
[16] BR, in BURCKHARDT, Nr. 1342 I = SJZ 10, 1913/1914, S. 376.
[17] MUTZNER, Art. 48 SchlT N. 10; BGE 71 I, 1945, S. 137; ZBJV 58, 1922 S. 231 (ObG Bern); ZBGR 26, 1945, S. 143 (GBA).
[18] BGE 51 II, 1925, S. 385; 53 III, 1927, S. 80: Die Verantwortlichkeit nach Art. 955 ZGB besteht nicht ausschließlich wegen des Schutzes des öffentlichen Glaubens. – Man darf diese Verantwortlichkeit aber nicht auf Fehler ausdehnen, die sich beim fraglichen kantonalen Grundbuch wegen seiner Anlage nicht vermeiden lassen, BGE 53 II, 1927, S. 214. Vgl. auch BGE 62 II, 1936, S. 81. Gegen eine Verantwortlichkeit des Kantons: KGer St. Gallen, ZBGR 6, 1925, S. 118. Siehe hinten, § 12 II 1b cc).
[19] HOMBERGER, Vorbemerkungen, N. 41; MUTZNER, Art. 46 SchlT N. 13; BGE 97 I, 1971, S. 694, 699 ff.
[20] HOMBERGER, Vorbemerkungen, N. 43 ff.

nen[21]. Auch muß es möglich sein, in den kantonalen Registern Vormerkungen (Art. 959–961 ZGB) und Anmerkungen (Art. 946, 962 ZGB) vorzunehmen[22]. Selbst wenn die Kantone nicht gehalten sind, alle in Art. 942 Abs. 2 ZGB vorgesehenen Register und Hilfsregister zu führen, müssen sie eine Einrichtung besitzen, welche die durch das materielle Recht vorgesehene Aufgabe des Tagebuches zu erfüllen vermag[23]. Im weitern muß ein Gläubigerregister geführt werden, worin die Abtretungen und die Fahrnispfandrechte an Grundpfandforderungen angegeben werden können (Art. 66 GBV)[24].

Neben dem ZGB und an Stelle der Vorschriften, die sich auf die Gliederung des Grundbuches beziehen (Art. 942 Abs. 2, 945 Abs.1, 947–950 ZGB), bleiben die kantonalen Vorschriften über die alten Öffentlichkeitseinrichtungen demgegenüber in Kraft. Für die Führung dieser Einrichtungen steht es den Kantonen frei, weiter auf dem Gesetzes- oder Verordnungsweg Vorschriften zu erlassen. Nur dürfen diese den zwingenden Regeln des ZGB nicht widersprechen[25]. Kantonale Öffentlichkeitsformen gelten hier selbst für dingliche Rechte des neuen Rechts weiter. Und das spielt auch in der Praxis eine bedeutende Rolle.

2. Die verschiedenen kantonalen Öffentlichkeitseinrichtungen

a) *Einrichtungen, die keine Grundbuchwirkung entfalten würden?*

Es ginge um jene Kantone, die, weil sie überhaupt keine oder doch nur sehr rückständige Öffentlichkeitseinrichtungen besaßen, nicht in der Lage waren, die Möglichkeit auszuschöpfen, die ihnen Art. 48 Abs. 1 und 2 SchlT bot[26]. Das würde für die beiden Halbkantone *Obwalden* (AnwG ZGB, Art. 163 ff.) und *Nidwalden* (AnwG ZGB, Art. 158 ff.) zutreffen[27]. Aber auch diese Kantone besassen in Ansätzen Öffentlichkeitseinrichtungen, und sie

---

[21] MEIER-HAYOZ, Art. 655 N. 31 und 55; HOMBERGER, Art. 943 N. 16; HAAB, Art. 655 N. 10; BROGGINI, S. 495.
[22] HOMBERGER, Vorbemerkungen, N. 46.
[23] EJPD, in BURCKHARDT, Nr. 1362; ZBGR 4, 1923, S. 154; HOMBERGER, Art. 948 N. 7.
[24] Das ist an die vom materiellen und vom Zwangsvollstreckungsrecht verlangten Mitteilungen geknüpft.
[25] HOMBERGER, Vorbemerkungen, N. 41; MUTZNER, Art. 46 SchlT N. 13.
[26] JAGMETTI, S. 338; H. HUBER, Zur außerordentlichen Ersitzung, S. 217.
[27] JAGMETTI, a. a. O.

haben diese weitergebildet. Heute lassen sich diese sogar in die Gruppe jener Öffentlichkeitseinrichtungen einordnen, denen grundsätzlich die Wirkungen des Art. 48 Abs. 1 und 2 SchlT zukommen (unten, b)[28].

Eine andere Frage ist, was für eine Bedeutung diese Einrichtungen *für die dinglichen Rechte haben, die vor 1912 entstanden sind*. In einer Anzahl Kantone kam den alten Öffentlichkeitseinrichtungen – selbst nach einer gewissen Anpassung – weder konstitutive noch deklaratorische Wirkung zu; d. h. dingliche Rechte entstanden (und dauerten fort), ohne daß sie in ein Register oder Protokoll eingetragen wurden; so etwa in den Kantonen Freiburg[29], Graubünden[30] und Thurgau[31]. In diesen (wie auch in andern) Kantonen mußte zunächst ein Bereinigungsverfahren durchgeführt werden, dem entsprechende Übertragungen folgten, damit der Grundsatz der konstitutiven oder deklaratorischen Wirkung der Eintragungen rückwirkend auf alle dinglichen Rechte angewendet werden konnte. Unter andern ist diese aber eine der Bedingungen, damit eine Öffentlichkeitseinrichtung alle Wirkungen des Grundbuches – einschließlich derjenigen des negativen öffentlichen Glaubens (Untergang der nicht eingetragenen Rechte) – entfaltet[32]. In dieser Hinsicht ist eine Eintragung der Grundstücke in die alten Register, die als solche als Aufnahme angesehen werden kann, nur soweit entscheidend, als die bereinigten dinglichen Lasten, insbesondere die Dienstbarkeiten, nach dieser Aufnahme ins Register eingetragen werden. Dies erübrigt sich nur, wenn bereits das alte System der Öffentlichkeit die Eintragung der dinglichen Rechte erforderte[33]. Die Frage hängt mit jener

---

[28] RISI, S. 75 f. JAGMETTI erwähnt in diesem Zusammenhang die Kantone Aargau, Luzern und Tessin. Der Kanton *Aargau* führt seit 1912 ein «Interimsregister». Die Kantone *Luzern* und *Tessin* haben es sich unverzüglich zur Pflicht gemacht, das eidgenössische Grundbuch einzuführen. Wie Aargau hat auch der Kanton Tessin ein vorläufiges Grundbuch, das die Bedeutung der Öffentlichkeitsformen im Sinn von Art. 48 SchlT besitzt (Gesetz vom 2. Februar 1933, Art. 16). Die gleiche Wirkung kommt im Kanton *Luzern* dem «Handänderungs- und Hypothekarprotokoll» zu (VO vom 4. Februar 1964). Siehe die weiter unten zu diesen Kantonen gemachten Angaben.

[29] BOSSY, S. 12 und 19 ff.; BGE 105 II, 1979, S. 329 ff. (zu Dienstbarkeiten, die unter altem Recht entstanden sind).

[30] ZBGR 62, 1981, S. 136 (zum Eigentumsrecht eines einzelnen); 50, 1969, S. 388 und 41, 1960, S. 101 (zu Grunddienstbarkeiten).

[31] BGE 105 II, 1979, S. 333 f.

[32] Zu diesem Erfordernis, LIVER, Art. 731 N. 94 und 149 ff., insbesondere N. 154 ff.; siehe bereits GUHL, Die Ersitzung, S. 261.

[33] Im Kanton *Zürich* war dies für alle Dienstbarkeiten der Fall mit Ausnahme derjenigen, die äußerlich warnehmbar sind, H. HUBER, Zur Ersitzung, S. 208 ff.; des weitern im Kanton *Luzern* für diejenigen, die nach 1839 errichtet worden waren (SJZ 58, 1962, S. 232, ObG Luzern).

der außerordentlichen Ersitzung von Dienstbarkeiten zusammen, die unter altem Recht entstanden sind[34].

---

[34] Zurückkommend auf den Entscheid 104 II, 1978, S. 302, der den Kanton *Thurgau* betraf, hat das BGer in 105 II, 1979, S. 333 ff., der in Note 31 zit. ist und den Kanton *Freiburg* betraf, entschieden, zu Lasten eines Grundstückes, das in ein kantonales Öffentlichkeitsregister aufgenommen sei, könne eine Dienstbarkeit solange auf dem Weg der außerordentlichen Ersitzung erworben werden, als eine vollständige Bereinigung der Lasten auf dem fraglichen Grundstück nicht durchgeführt worden sei. In diesem Sinn insbesondere: LIVER, zit. in Note 32; Eigentum, S. 155; BROGGINI, S. 506; SJZ 71, 1975, S. 12 (KGer Wallis) und für den Kanton Graubünden die in Note 30 gemachten Zitate. Dem Entscheid stimmt TERCIER in seinen im JdT gemachten Bemerkungen zu. In gegenteiligem Sinn insbesondere: HUBER/MUTZNER, S. 268; ZBGR 42, 1961, S. 206 (ObG Zürich); SJZ 58, 1962, S. 232 (ObG Luzern); ZBGR 60, 1979, S. 32 (KGer St. Gallen); H. HUBER, a. a. O., zit. in Note 33, der die neue Rechtsprechung bemängelt. Siehe auch BESSON, L'acquisition..., S. 145 f.
Nach unserer Auffassung weicht das BGer zu Recht vom Wortlaut des Art. 662 Abs. 1 ZGB (in Verbindung mit Art. 731 Abs. 3 ZGB) ab, der die Ersitzung von ins Grundbuch aufgenommenen Grundstücken ausschließt. Von einer «Aufnahme eines Grundstücks in bezug auf die Dienstbarkeiten», die vor 1912 entstanden sind, in ein Register, kann nur die Rede sein, wenn die kantonalen Register über das Bestehen dieser Rechte auch Auskunft geben, so daß der Grundsatz der konstitutiven oder (erhaltenden) deklaratorischen Eintragung rückwirkend Anwendung finden kann. Das setzt den Abschluß eines vorangehenden Bereinigungsverfahrens voraus, damit man weiß, ob ein altes Recht, das eingetragen ist, auch tatsächlich besteht oder ob ein Recht, das nicht eingetragen ist, nicht besteht; außer wenn, wie das in den Kantonen Luzern und Zürich der Fall ist, den alten Registern negative Wirkung zukommt (oben, Note. 33) – das sollte zur neuesten Rechtsprechung noch ergänzt werden. Aber im Gegensatz zu dem, was H. HUBER, Zur Ersitzung, S. 211 f. offenbar meint, bedeutet der Umstand, daß eine kantonale Öffentlichkeitseinrichtung in bezug auf die jetzt eingetragenen Rechte, die negative Wirkung entfaltet, nicht, daß diese Wirkung der kantonalen Einrichtung auch für die Rechte besteht, die vor 1912 entstanden sind. Dieser Dualismus muß hingenommen werden; so, BGE 105, S. 333 f.; TERCIER, S. 564; im Sinn der beanstandeten Meinung siehe auch ZBGR 65, 1984, S. 27 f. (ObG Zürich) und REY, Art. 731 N. 253.
Im übrigen rührt der Streit in dieser Frage daher, daß nicht immer klar zwischen der negativen oder konstitutiven Wirkung einer Eintragung und der negativen Seite des öffentlichen Glaubens (Untergang eines nicht eingetragenen dinglichen Rechtes, siehe hinten, § 38 C I 4) unterschieden wird. Eine kantonale Öffentlichkeitseinrichtung, der *bezüglich der vor 1912 entstandenen Rechte* die negative oder konstitutive Wirkung nicht zukommt, kann offensichtlich Dritte in ihrem Vertrauen, ein nicht eingetragenes Recht bestehe nicht, nicht schützen; ja nicht einmal im Vertrauen darauf, ein eingetragenes Recht bestehe tatsächlich. Aber eine kantonale Öffentlichkeitseinrichtung, für die der Grundsatz der konstitutiven Eintragung galt, ist nicht deswegen schon mit dem öffentlichen Glauben, auch nicht in seiner negativen Form, ausgestattet: Wenn sich Dritte in diesem Fall nicht auf das Fehlen des Eintrages eines dinglichen Rechtes verlassen dürfen, so deshalb, weil es möglich ist, daß andere Umstände für derartige Einrichtungen den Eintritt der vollen Grundbuchwirkungen verhindert haben (unten, b). Dort jedoch, wo die alten Register die Eintragung der dinglichen Rechte, wie der Dienstbarkeiten, verlangten, können die Grundstücke als in Register «aufgenommen» gelten, so daß für den Erwerb durch außerordentliche Ersitzung kein Platz mehr bleibt; in diesem Sinn,

b) Die Öffentlichkeitseinrichtungen, denen, mit Ausnahme des öffentlichen Glaubens, Grundbuchwirkung zukommt

Bei der Handhabung der vorhandenen Öffentlichkeitseinrichtungen der Kantone (Fertigungsprotokolle, Grundbücher, Hypothekar- und Dienstbarkeitsprotokolle) kommt künftig das Eintragungsprinzip, und zwar in seiner absoluten Form, zur Anwendung: d. h. den Eintragungen kommt Konstitutivwirkung zu (Art. 971/972 ZGB)[35]. Doch entfalten diese Einrichtungen, die der betreffende Kanton und der Bundesrat als nicht genügend erachtet haben, um auf die gleiche Stufe wie das eidgenössische Grundbuch gestellt zu werden, gutgläubigen Dritten gegenüber keine Wirkung (Art. 48 Abs. 3 SchlT). Der Erwerber eines Grundstückes oder eines beschränkten dinglichen Rechtes an einem solchen kann nicht sicher sein, daß dem Veräußerer oder jenem, der das beschränkte dingliche Recht einräumt, selbst wenn sie nach dem 1. Januar 1912 als Eigentümer eingetragen worden sind, das Verfügungsrecht zusteht[36]. Dieser Erwerber muß sich die dinglichen Rechte entgegenhalten lassen, die in den kantonalen Registern überhaupt nicht oder – vor oder nach 1912 – aber mit einem andern Inhalt als jenem, welcher der Rechtswirklichkeit entspricht, eingetragen worden sind. Auch hier obsiegt die Rechtslage, die sich aus dem materiellen Recht ergibt[37]. Dagegen treten alle andern Wirkungen, die mit dem Grundbuchsystem verbunden sind, ein: die Vermutung des dinglichen Rechtes (Art. 937 Abs. 1 ZGB; siehe hinten, § 28 I 1), der Erwerb durch ordentliche Ersitzung (Art. 661, 731 Abs. 3 ZGB)[38] [39].

H. HUBER, S. 212 ff. und die weiter oben zit. Zürcher Entscheide. Die außerodentliche Ersitzung ist damit – wie das BGer (BGE 105, S. 333 f.) LIVER (a. a. O.) und TERCIER (S. 561 f.) es offenbar annehmen – nicht nur in jenen Fällen ausgeschlossen, in denen sich Dritte auf das Fehlen eines Eintrages in den alten Protokollen – negativer öffentlicher Glaube – verlassen dürfen.

[35] Die dinglichen Rechte, die vor 1912 entstanden sind, können unter dem für diese alten Protokolle geltenden Recht ohne Eintragung weiterdauern, wenn diesen die negative Wirkung abgeht (oben, a).

[36] BGE 52 II, 1926, S. 20; HUBER/MUTZNER, S. 332 f.; HOMBERGER, Vorbemerkungen, N. 44; MUTZNER, Art. 48 SchlT N. 5. Das gleiche gilt für denjenigen, der vom Eingetragenen von einer dinglichen Last befreit wird, MUTZNER, Art. 48 SchlT N. 7.

[37] BGE 52 II, 1926, S. 350 f. betreffend den Inhalt eines beschränkten dinglichen Rechtes, ZBGR 42, 1961, S. 202 ff. (ObG Zürich); ZBGR 64, 1983, S. 156 (ObG Aargau). Es scheint, daß im beurteilten Fall die Dienstbarkeit im Verlauf eines Güterzusammenlegungsverfahrens hätte untergehen können und müssen; vgl. die Bemerkungen von H. H. (a. a. O.) und KORNER, zit. Werk.

[38] BGE 52 II, 1926, S. 21; 56 II, 1930, S. 182; 62 II, 1936, S. 135; HUBER/MUTZNER, S. 266; HAAB, Art. 661–663 N. 10; LIVER, Art. 731 N. 157; BROGGINI, S. 505. Anderer Meinung:

Das beschriebene System steht gegenwärtig in folgenden Kantonen in Kraft[40]:
Appenzell-Innerrhoden: Art. 200ff. EG ZGB; VO über die Anlegung des Grundbuches vom 25. März 1927;
Appenzell-Ausserrhoden: Art. 247ff. EG ZGB vom 27. April 1969;
Aargau: §§ 136ff. EG ZGB; §§ 154ff. großrätliche VO über die Einführung des Grundbuches;
Basel-Land: §§ 111ff., 133ff. EG ZGB;
Glarus: Art. 250f. AnwG ZGB vom 5. März 1944;
Graubünden: Art. 175ff., 192ff. EG ZGB vom 5. März 1944[40a];
Jura: Art. 122ff. EG ZGB vom 8. November 1978;

GUISAN, zit. Werk. Nach ihm findet Art. 661 ZGB in Gebieten, in denen die Verträge in Protokolle aufgenommen werden, wenigstens so weit keine Anwendung, als er eine Ersitzung *contra tabulas* untersagt; genauso wenig übrigens wie die Art. 733/735 ZGB über die Eigentümerdienstbarkeiten. Das heißt, einem Register, das nach der Realfolienordnung angelegt ist, eine größere Bedeutung beimessen und ohne Notwendigkeit die Bedeutung des Art. 47 SchlT herabmindern.

– Anderseits ist nach dem BGer *eine außerordentliche Ersitzung nach Art. 662 ZGB* nicht mehr möglich, sobald der Ersitzende in ein Register eingetragen ist, das den Anforderungen des Art. 48 Abs. 1 und 2 SchlT entspricht; BGE 82 II, 1956, S. 388ff.; vgl. jedoch MEIER-HAYOZ, Art. 662 N. 9 und Verweise.

– Zur Möglichkeit, unter der Herrschaft einer kantonalen Öffentlichkeitseinrichtung nach Art. 48 Abs. 1 und 2 SchlT durch außerordentliche Ersitzung dingliche Rechte zu erwerben, die vor 1912 entstanden sind, in die alten Protokolle aber nicht aufgenommen sind, siehe oben, Note 34.

[39] In bezug auf die Wirkung Dritten gegenüber vertritt MUTZNER, Art. 48 SchlT N. 8, die Meinung, die Kantone könnten ihre Öffentlichkeitseinrichtungen wenigstens mit jener materiellen Wirkung ausstatten, die diesen vor 1912 zukam. Er ist, mit OSTERTAG, Vorbemerkungen, N. 35, sogar der Auffassung, sie könnten in dieser Richtung noch weiter gehen; sie müßten dazu nur die notwendigen Grundlagen schaffen. Es würde so einen Schutz des öffentlichen Glaubens nach kantonalem Recht geben. BGE 44 II, 1918, S. 468 (betreffend den Kanton Bern) scheint in dieser Richtung zu gehen. Gleicher Auffassung ist auch GUHL, Grundbuch und Grundpfandrechte, S. 215ff. HOMBERGER, Vorbemerkungen, N. 46, hält sich an den Wortlaut von Art. 48 Abs. 3 SchlT und ist der Ansicht, wenn die Kantone so weit gehen und den gutgläubigen Dritten schützen wollten, könnten sie, mit Zustimmung des BR, die Regelung des Art. 46 SchlT übernehmen. Im übrigen könnten sie diese Wirkung auch auf bestimmte dingliche Rechte beschränken. Wegen der Klarheit des Systems, das so schon vielfältig genug ist, verdient diese Auffassung den Vorzug.

[40] In diesem allgemein gehaltenen Werk verzichten wir darauf, einen vollständigen Überblick über die Gesetzgebung der einzelnen Kantone in diesem Bereich zu geben. Wir beschränken uns auf die wesentlichen Angaben. Einführungsgesetze ohne Datumsangabe stammen aus der Zeit vor 1912.

[40a] Art. 195 für die Gemeinden, deren Öffentlichkeitseinrichtungen den Anforderungen des Bundesrechts als nicht genügend erachtet wurden; vgl. ZBGR 62, 1981, S. 136 (KGer Graubünden).

Luzern: § 131 EG ZGB in der Fassung vom 22. Oktober 1963; Grundbuchgesetz vom 14. Juli 1930; VO vom 27. Juni 1968;
Nidwalden: Art. 11 Gesetz über das Grundbuch vom 26. April 1964; VO vom 11. Juli 1964;
Obwalden: Art. 163 ff. AnwG ZGB; VO vom 29. Februar 1980;
St. Gallen: Art. 174 ff. EG ZGB (1911/1942); VO vom 29. August 1978 (betr. die Grundbuchbereinigung);
Schaffhausen: Art. 158 ff. EG ZGB; VO vom 15. Januar 1913; Dekret des Grossen Rates vom 22. August 1949;
Tessin: Art. 194 AnwG ZGB; Art. 16 Gesetz über das Grundbuch vom 2. Februar 1933;
Thurgau: §§ 128 ff. EG ZGB; VO vom 15. Oktober 1914[41];
Uri: Gesetz über das Grundbuch vom 10. März 1985 (Art. 30/33, die Art. 176 AnwG ZGB aufheben);
Wallis: Art. 276 ff. AnwG ZGB; VO vom 9. Dezember 1919 und vom 17. April 1920;
Zug: Art. 191 EG ZGB; VO vom 29. Juni 1940;
Zürich: §§ 266 ff. (274) EG ZGB; VO des Obergerichts über die Führung der Grundbuchämter vom 26. März 1958 (§ 36).

c) Die kantonalen Öffentlichkeitseinrichtungen mit Grundbuchwirkung im Sinne des ZGB

Damit eine kantonale Öffentlichkeitseinrichtung dem eidgenössischen Grundbuch gleichgesetz werden konnte (oder auch heute noch kann), mußte (oder muß) sie den Rechtszustand an den Grundstücken – allenfalls nach einer entsprechenden Ergänzung der Rechtslage – vollständig, klar und sicher zum Ausdruck bringen können[42]. Die Eigentumsverhältnisse – auch das gemeinschaftliche Eigentum –, die Dienstbarkeiten und Grundlasten wie auch die Pfandrechte müssen für jedes Grundstück[43] einzeln festgestellt werden können. Zusätzlich müssen genügend genaue Pläne über alle Grundstücke vorhanden sein. Unter diesen Voraussetzungen kann ein Kanton mit der Genehmigung des Bundesrates die Formerfordernisse festlegen, unter denen seinen Öffentlichkeitseinrichtungen Grundbuchwirkung zukommen soll (Art. 46 SchlT). Und zu dieser Grundbuch-

---

[41] Vgl. BGE 104 II, 1978, S. 305.
[42] HOMBERGER, Vorbemerkungen, N. 38 f.; HUBER/MUTZNER, S. 330 ff.; MUTZNER, Art. 46 SchlT N. 5; JAGMETTI, S. 336 f.
[43] Die kantonalen Einrichtungen brauchen dazu nicht nach einer Realfolienordnung aufgebaut zu sein, HOMBERGER, N. 39.

wirkung gehört dann auch der Schutz des gutgläubigen Dritten im positiven wie im negativen Sinn, so daß das kantonale Register in seinen Wirkungen dem eidgenössischen Grundbuch gleichgestellt ist (Art. 48 Abs. 3 SchlT).

Die Anforderungen, die an diese Gleichsetzung gestellt werden, setzen eine Bereinigung der dinglichen Rechte voraus[44]. Eine Anerkennung im Sinn des Art. 46 SchlT kommt zum voraus nicht in Frage, wenn die Eigentums- und auch die Pfandrechtsverhältnisse aus den alten Registern nicht hervorgehen. In bezug auf die Dienstbarkeiten und Grundlasten aber war (und ist) diese Voraussetzung oft nicht erfüllt, selbst wenn in einem Kanton die Öffentlichkeitseinrichtungen einen gewissen Entwicklungsgrad erreicht hatten (oder haben). Nach einer strengen Auslegung müßte so die Anwendung des Art. 46 SchlT bis zur Bereinigung dieser Rechte aufgeschoben werden[45]. Aber man läßt es allgemein zu, daß die vollen Wirkungen des Grundbuches auf einzelne dingliche Rechte (Eigentum, einschließlich gemeinschaftliches Eigentum) und Pfandrechte beschränkt werden. Auf die andern (Dienstbarkeiten und Grundlasten) werden sie erst ausgedehnt, nachdem diese einer Bereinigung unterzogen worden sind[46]. So können sich Dritte auf das kantonale Register in bezug auf das Eigentum und die Pfandrechte verlassen. Sie sind sicher, daß die eingetragenen Rechte bestehen, daß ihr Inhalt dem Eintrag entspricht und daß keine weitern nicht eingetragene Rechte bestehen. Was die Dienstbarkeiten und Grundlasten angeht, können sie diese Sicherheit dagegen nicht haben[47]. So hat man in gewissen Kantonen, die zu dieser Gruppe gehören, für die gleiche Öffentlichkeitseinrichtung zwei verschiedene Rechtslagen (oben, Note 34). Der Halbkanton *Basel-Stadt* kannte ein sehr weit entwickeltes Grundbuch-

---

[44] GUHL, Die Einführung, S. 201; MUTZNER, Art. 46 SchlT N. 5; HOMBERGER, N. 39.
[45] In diesem Sinn MUTZNER, a. a. O. und Art. 43 SchlT N. 8.
[46] OSTERTAG, Vorbemerkungen, N. 31; EJPD, BB1 1913 II 302; GUHL, a. a. O.; HOMBERGER, N. 40.
[47] Nach unserer Auffassung geht es ausschließlich um Dienstbarkeiten und Grundlasten, die *vor 1912* entstanden sind. Wenn es dem eidgenössischen Grundbuch grundsätzlich gleichgestellt ist, erbringt das kantonale Register den Beweis für die Eintragungen von Dienstbarkeiten und Grundlasten, die *nach* dem Inkrafttreten des ZGB vorgenommen worden sind; in diesem Sinn TERCIER, S. 563. Ist etwa eine neue Grunddienstbarkeit, die nach 1912 eingetragen worden ist, in der Folge zu Unrecht gelöscht worden, kann sich der Dritterwerber des Grundstücks ebenso auf das Hauptbuch verlassen, das die Dienstbarkeit nicht mehr enthält. Wir sind auch der Meinung, daß, wenn *in diesen Kantonen* eine unter dem alten Recht entstandene Dienstbarkeit nach 1912 in die alten Protokolle eingetragen worden ist, diesem Eintrag der öffentliche Glaube zukommt, wie dem deklartorischen Eintrag eines Rechtes, das ausserhalb des Grundbuches entstanden ist.

system, das auf einer Einteilung nach Grundstücken aufbaute. Unmittelbar nach Inkrafttreten des ZGB konnten Art. 46 und 48 Abs. 3 SchlT zur Anwendung gelangen, ohne daß eine Bereinigung der dinglichen Rechte notwendig gewesen wäre (Art. 228/229 AnwG ZGB).

Unter diese Gruppe fallen noch weitere Kantone. Damit aber das kantonale Grundbuch für die vor 1912 errichteten Dienstbarkeiten und Grundlasten die volle Wirkung des eidgenössischen Grundbuches entfaltet, mußten (und müssen) diese Kantone eine Bereinigung dieser Rechte durchführen. In der Zwischenzeit finden die Art. 46 und 48 Abs. 3 SchlT nicht auf alle dinglichen Rechte Anwendung (siehe oben, Noten 46f.). Es handelt sich um folgende Kantone:

Bern: Art. 167ff. EG ZGB und VO über das kantonale Grundbuch und die Einführung des eidgenössischen Grundbuches[48];

Freiburg: Art. 345 AnwG ZGB; Gesetz vom 28. Februar 1986 (Art. 98);

Genf: Art. 86ff. AnwG ZGB/OR vom 7. Mai 1981[49];

Graubünden: Art. 194 AnwG ZGB für die Gemeinden, deren Öffentlichkeitseinrichtungen, ergänzt oder nicht, vom Bundesrat als genügend erachtet worden sind.

Neuenburg: Art. 104ff. AnwG ZGB und Art. 144 Reglement über das Grundbuch;

---

[48] HUBER/MUTZNER, S. 332. Art. 168 verleiht den kantonalen Protokollen die Wirkungen nach Art. 48 Abs. 1 und 2 SchlT. Aber die angeführte VO enthält die notwendigen Vorschriften, die Bereinigung der Grundbücher zu Ende zu bringen. Wenn und im Umfang, in dem diese Bereinigung abgeschlossen und in dem das kantonale Grundbuch eingeführt ist, sollte es für alle Rechte alle Wirkungen des eidgenössischen Grundbuches entfalten.

[49] Art. 114 Abs. 1 AnwG vom 3. Mai 1911 in der Fassung vom 16. März 1912 bestimmte: «Jusqu'à l'introduction du registre foncier, les droits réels sont inscrits sur les registres actuels; l'inscription, de même que la non-inscription de ces droits sur ces registres, produisent les effets attachés au registre foncier par le Code civil.» Aus Absatz 2 dieses Artikels ergibt sich, daß die Dienstbarkeiten, die durch vor dem 1. Januar 1912 abgeschlossene Verträge errichtet worden sind, vom 1. Januar 1913 an Dritten nicht mehr entgegengehalten werden können, wenn sie in das Eintragungsregister nicht aufgenommen worden sind. Das muß heißen, daß die Bereinigung dieser Rechte bis zum 31. Dezember 1912 abgeschlossen worden ist, vgl. OSTERTAG, N. 31 am Schluß. Das neue Gesetz von 1981 enthält überhaupt keine übergangsrechtliche Bestimmung mehr. Der Gesetzgeber ging offenbar davon aus, die Genfer Register (Art. 87 AnwG ZGB/OR) erfüllten die Voraussetzungen des eidgenössischen Grundbuches ohne weiteres. BESSON, L'acquisition, S. 143, bezweifelt das, weil das in Genf bestehende System nach Personen eingeteilt sei und deshalb von seiner Natur her jede vollständige Wirkung ausschließe. Alles hängt von der Bereinigung ab, die im Verlauf des Jahres 1912 in Genf durchgeführt worden ist.

Solothurn: § 398 EG ZGB von 1911, der mit dem Zusatz zum neuen EG vom 4. April 1954 in Kraft bleibt[50];

Schwyz: § 93f. EG ZGB vom 14. September 1978[51];

Waadt: Art. 211 EG ZGB, der auf das Grundbuchgesetz vom 23. Mai 1972 verweist[52].

Zu erwähnen ist noch, daß für die besagten Kantone die Auffassung besteht, daß mit der Gleichstellung des kantonalen mit dem eidgenössischen Grundbuch den bestehenden Plänen der öffentliche Glaube zukommt[53].

---

[50] Der 2. Absatz von § 398 legt fest, daß die vollen Wirkungen des Grundbuches nach dem neuen Recht erst eintreten, wenn die Grunddienstbarkeiten bereinigt sind. Vgl. BGE 82, II, 1956, S. 103 Erw. 3.

[51] Die Gleichstellung mit dem Grundbuch ist unter dem Vorbehalt von Art. 44 Abs. 1 SchlT (nicht eingetragene Rechte behalten ihre Rechtsgültigkeit, können gutgläubigen Dritten aber nicht entgegengehalten werden) erfolgt. Das heißt: Der öffentliche Glaube kommt nur in seinem negativen Sinn zur Anwendung.

[52] Art. 87 des Gesetzes über das Grundbuch von 1911 sagte, die Wirkungen der Eintragungen würden durch die Art. 937 und 971-975 ZGB bestimmt. Das Gesetz vom 28. Mai 1941 hob das Gesetz von 1911 grundsätzlich auf. In den Gemeinden, in denen das kantonale Register weitergeführt wurde (Art. 77 des Gesetzes von 1941), behielt Art. 87 des alten Gesetzes jedoch seine Gültigkeit. In diesen Gemeinden wurde das Grundbuchblatt nach ZGB durch das Hauptbuch nach kantonalem Recht und ein Katasterregister ersetzt. Das Gesetz von 1972 setzt die Gesetze von 1911 und 1941 vollständig außer Kraft. Es bezweckt, im Kanton Waadt das eidgenössische Grundbuch mit all seinen Wirkungen einzuführen. Mit Ausnahme von ein paar wenigen Gemeinden ist die Bereinigung der dinglichen Rechte denn nun auch abgeschlossen.

[53] GONVERS-SALLAZ, Mensuration et registre foncier, S. 264. In der Statistik sind die Gebiete der Kantone, in denen die endgültige Vermessung noch nicht durchgeführt ist, unter den vorläufig vermessenen Gebieten aufgeführt.

§ 4. Die Einführung des eidgenössischen Grundbuches

Literatur:

Allgemein

Siehe die Angaben zu Beginn der §§ 2 und 3.
E. BROGLI, Das intertemporale Stockwerkeigentumsrecht der Schweiz am Beispiel des Kantons Wallis, Diss. Freiburg 1985; J.-J. CHEVALIER, Les techniques modernes au service du registre foncier, ZBGR 67, 1986, S. 1 ff.; P. LIVER, Das Stockwerkeigentum – Umwandlung und Neubegründung, ZBGR 35, 1954, S. 3 ff.; J. RUEDIN, La propriété par étages et le registre foncier, ZBGR 46, 1965, S. 1 ff.; E. SALZMANN, Zur Frage der Anfechtung von Grundbucheinträgen aus dem Bereinigungsverfahren, MBVR 18, 1920, S. 353 ff.; C. STÖCKLI, Die Behandlung von altrechtlichem Stockwerkeigentum nach dem BG vom 19. Dezember 1963 über das Miteigentum und Stockwerkeigentum, ZBGR 46, 1965, S. 17 ff.; P. TSCHÜMPERLI, Grenze und Grenzstreitigkeiten im Sachenrecht, Diss. Freiburg 1984, im besonderen S. 99–121.

Zur Grundbuchvermessung

J. BALTENSPERGER, Die Grundbuchvermessung in der Schweiz, Bern 1930; J. BREGENZER, Die Reform der amtlichen Vermessung, ZBGR 67, 1986, S. 19 ff.; R. GÖSCHKE, Die Feststellung und die Verbesserung der Grenze, ZBJV 91, 1955, S. 369 ff.; A. GONVERS-SALLAZ, Mensuration et registre foncier, ZBGR 36, 1955, S. 263 ff.; Th. GUHL, Die Durchführung der Grundbuchvermessungen in der Schweiz, Politisches Jahrbuch 30, 1916, S. 121 ff.; H. HÄRRY, Sachenrechtliche Grundlagen der schweizerischen Grundbuchvermessung, 1933; DERSELBE, Vermessung und Grundbuch, ZBGR 36, 1955, S. 241 ff.; L. HEGG, Etude sur le cadastre, Lausanne 1923; LEEMANN/HUBER, Grundbuch und Vermessungsrecht, Zürich 1959; W. RUEGG, Die Erstellung und Rechtswirkung des Grundbuchplanes, Diss. Zürich 1947.

I. Allgemeines

Die Art. 38–45 SchlT enthalten die für die Anlegung des eidgenössischen Grundbuches und für die Aufnahme der dinglichen Rechte an den Grundstücken geltenden Grundregeln. Es handelt sich dabei im wesentlichen um Ausführungsbestimmungen zum neuen Recht, und nicht um übergangsrechtliche Vorschriften[1].

Die Einführung eines gesamtschweizerischen Systems der Öffentlichkeit der dinglichen Rechte an den Grundstücken mußte ein lang andauerndes Werk werden, das die Zusammenarbeit des Bundes und der Kantone erfordert. Nach Art. 38 Abs. 1 SchlT legt der Bundesrat nach Rücksprache mit den Kantonen den allgemeinen Plan über die Anlegung des Grundbuches und die Vermessung fest. Dazu hat er verschiedene Maßnahmen

---

[1] MUTZNER, Art. 38–42 SchlT N. 2; BROGGINI, S. 496.

getroffen[2] und sogar mit Zustimmung der eidgenössischen Räte auf den 1. Januar 1911 Art. 950 ZGB und Art. 38–42 SchlT in Kraft gesetzt[3].

II. Die Vermessung des Bodens[4]

Die Individualisierung einer Liegenschaft im Grundbuch ruft sogleich nach einer geometrischen Darstellung, die einen wesentlichen Bestandteil der Beschreibung ausmacht. Die Öffentlichkeit der dinglichen Rechte an den Grundstücken kann ihr wirkliches Ziel – eine gesicherte Darstellung dieser Rechte – nur erreichen, wenn ihr genaue Angaben über den Boden, d. h. über die Grenzen und den Flächeninhalt der einzelnen Liegenschaften, zugrunde liegen[5]. Art. 40 SchlT bestimmt denn auch: «In der Regel soll die Vermessung der Anlegung des Grundbuches vorangehen» (vgl. Art. 950 ZGB). In Anbetracht dessen, daß die Vermessungsarbeiten viel Zeit in Anspruch nehmen würden – man sprach damals von 30–50 Jahren! – erlaubt jedoch Absatz 2, mit Einwilligung des Bundesrates das Grundbuch schon vorher anzulegen, wenn genügende Liegenschaftsverzeichnisse vorhanden sind[6].

Der Bundesrat ist zuständig zu bestimmen, nach welchen Grundsätzen die Pläne angelegt werden müssen (Art. 950 Abs. 2 ZGB). Dazu hat er am 12. Mai 1971 die VO über die Grundbuchvermessung erlassen, die durch verschiedene Vorschriften und Weisungen ergänzt worden ist.

Die Grundlage der Grundbuchvermessung bildet die Triangulation der höheren Ordnungen (I bis III), die vom Bund durchgeführt wird. Sie selber ist Aufgabe der Kantone und umfaßt die Triangulation IV. Ordnung (Instruktion des Bundes vom 10. Juni 1919), die Parzellarvermessung und den Übersichtsplan (Art. 2 Abs. 2 VO über die Grundbuchvermessung)[7].

---

[2] Rundschreiben des EJPD an die Regierungen der Kantone vom 5. Juni 1912 über die Erstellung des Planes nach Art. 38 Abs. 1 SchlT: BBl 1912 III 730; BB vom 11. Dezember 1911, mit dem ein eidgenössisches Grundbuchamt (GBA) geschaffen wird. Weitere Rundschreiben siehe MUTZNER, Art. 38–42 SchlT N. 5.

[3] BRB vom 15. Dezember 1910 gestützt auf Art. 61 Abs. 2 SchlT. Daneben ist der BB vom 13. April 1910 über die Beteiligung des Bundes an den Kosten der Grundbuchvermessung auf den 1. Januar 1911 in Kraft gesetzt worden.

[4] Die wichtigsten zur Anwendung gelangenden Erlasse, siehe § 1 Note 6.

[5] ERL., S. 401.

[6] Vierzehn Gemeinden des Kantons Wallis sind in den Genuß dieser Bestimmung gelangt.

[7] Man ist gegenwärtig im Begriff, die automatische Datenverarbeitung in der Grundbuchvermessung einzuführen; siehe die Weisungen des EJPD für die Anwendung der automatischen Datenverarbeitung in der Parzellenvermessung vom 28. November 1974.

Der Bund übt die Oberleitung und -aufsicht über die von den Kantonen auszuführenden Arbeiten aus. Er übernimmt auch den Hauptteil der Kosten, die sehr groß sind (Art. 39 SchlT und BB vom 27. September 1967).

Je nach der Art des Bodens wird die Vermessung mehr oder weniger genau durchgeführt (Art. 42 SchlT). Das BJ bestimmt den Genauigkeitsgrad, nach welchem die verschiedenen Vermessungsarbeiten durchzuführen sind (Art. 14 der VO).

«In bezug auf die Zeit der Vermessung ist auf die Verhältnisse der Kantone und auf das Interesse der verschiedenen Gebiete angemessen Rücksicht zu nehmen» (Art. 41 Abs. 1 SchlT). «Die Vermessung... kann für die einzelnen Bezirke eines Kantons nacheinander erfolgen» (Abs. 2)[8].

«Die Parzellarvermessung wird über Gebiete, die einer Landzusammen- oder -umlegung bedürfen, erst in Angriff genommen, wenn diese durchgeführt ist» (Art. 17 der VO, Art. 1 BRB vom 20. November 1945 über die Erleichterung von Güterzusammenlegungen).

Die Vermessung des Bodens schreitet nur langsam voran und wird kaum vor dem Jahr 2000 abgeschlossen sein. Am Ende des Jahres 1987 waren von der zu vermessenden Fläche von 38 221 km^2 eine Fläche von 20 352 km^2 (53,3%) endgültig und eine Fläche von 6 628 km^2 (17,3%) vorläufig vermessen. Im Jahre 1987 wurde die Vermessung für 289 km^2 (0,8%) abgeschlossen und war für 2 625 km^2 (6,9%) im Gang. Zu vermessen bleibt gegenwärtig noch eine Fläche von 15 244 km^2 (39,8%); darin sind die vorläufig vermessenen Gebiete (17,3%) inbegriffen[9]. Eine Neuordnung der amtlichen Vermessung ist gegenwärtig in Bearbeitung[9a].

---

[8] Die Vermessungen haben sich grundsätzlich wenigstens über das Gebiet einer Gemeinde zu erstrecken. In sehr weitläufigen Gemeinden kann sie jedoch in zwei oder mehr Lose aufgeteilt werden (Art. 15 der VO über die Grundbuchvermessung).
[9] Dem Rechenschaftsbericht des BR für das Jahr 1987 entnommen, ZBGR 69, 1988, S. 204 ff.
[9a] Siehe den im Literaturverzeichnis zit. Aufsatz von BREGENZER.

III. Die Eintragung der dinglichen Rechte

1. Der Grundsatz der Eintragung

Art. 43 Abs. 1 SchlT bestimmt: «Bei der Einführung des Grundbuches sollen die dinglichen Rechte, die bereits bestehen, zur Eintragung gebracht werden»; wie das von diesem Zeitpunkt an für die neu zu errichtenden dinglichen Rechte notwendig ist.

Der Gesetzgeber hat vor allem jene dinglichen Rechte im Auge gehabt, die schon vor 1912 bestanden haben. Die Bestimmung findet aber offensichtlich auch auf die dinglichen Rechte Anwendung, die seither entstanden und in den kantonalen öffentlichen Registern enthalten sind (vgl. Art. 43 Abs. 3 SchlT). Die persönlichen Rechte, denen nach altem kantonalem Recht dingliche Wirkung zukommt, müssen unter den gleichen Bedingungen ins Register aufgenommen werden wie die dinglichen Rechte[10]. Das gleiche ist von jenen altrechtlichen Rechtseinrichtungen zu sagen, die nach neuem Recht angemerkt werden können (Anmerkung von Zugehör)[11].

Die vor 1912 entstandenen dinglichen Rechte, die auch nach dem ZGB möglich sind[12], bilden Gegenstand einer Eintragung im eigentlichen Sinn. Demgegenüber werden die dinglichen Rechte, die nach den neuen Bestimmungen nicht mehr begründet werden können (Art. 17 Abs. 3 SchlT), nicht eingetragen, sondern «in zweckdienlicher Weise angemerkt» (Art. 45 Abs. 1 SchlT, Art. 114 Abs. 1 GBV). Die Anmerkung setzt in erster Linie

---

[10] HUBNER/MUTZNER, S. 335 N. 327 ff. Ein altrechtliches dingliches Kaufsrecht könnte im Grundbuch nur noch angemerkt werden, vgl. BGE 71 II, 1945, S. 158 Erw. 2.
[11] Dagegen bezieht sich Art. 43 SchlT nicht auf die grundbuchliche Behandlung von privaten oder öffentlichen Einrichtungen, die vom kantonalen Recht beherrscht sind: Vorbehalt nach Art. 949 Abs. 2 ZGB für die Eintragung von dinglichen Rechten an Grundstücken, die der kantonalen Gesetzgebung unterstehen; Anmerkung von Eigentumsbeschränkungen, die ihre Grundlage im öffentlichen Recht haben, nach Art. 962 ZGB, vgl. MUTZNER, Art. 43 SchlT N. 3 und ZBGR 23, 1942, S. 173 (ObG Zürich); bestehen von besonderen Registern für die Beteiligungen an Allmendgenossenschaften und ähnlichen Körperschaften (Art. 59 ZGB, JAGMETTI, S. 339 ff.).
[12] Zu dieser, auf Zweck und Inhalt bezogenen, und nicht bloß der Form nach bestehenden Übereinstimmung zwischen den Einrichtungen des alten und neuen Rechtes, vgl. BROGGINI, S. 482 N. 4 und MUTZNER, Art. 18 SchlT N. 8. Siehe auch BGE 63 I, 1937, S. 110: Eintragung des Rechts, aus einem fließenden Gewässer, das eine öffentliche Sache darstellt, Wasser zu entnehmen, als Grunddienstbarkeit, obwohl das neue Gesetz über die Nutzbarmachung der Wasserkräfte die Errichtung solcher Rechte nicht mehr zuläßt. Siehe dazu LIVER, Art. 731 N. 152.

voraus, daß es sich um eigentliche Rechte handelt[13]. Als Beispiele hat der Gesetzgeber etwa im Auge gehabt: Das Eigentum an Bäumen, die auf fremdem Boden gepflanzt worden sind (Art. 678 Abs. 2 ZGB, Art. 20 SchlT); Nutzungspfandrechte (Form eines Pfandrechtes, das dem Gläubiger die Möglichkeit gibt, unter der Bedingung, daß sie an die Kapitalzinsen angerechnet werden, die Früchte des Grundstückes an sich zu nehmen, Art. 2085 CCfr.); Grundlasten, welche die Erfordernisse des Art. 782 Abs. 3 ZGB nicht einhalten[14] [14a].

Für gewisse dieser Rechte können die Parteien vereinbaren, daß sie in einer Art eingetragen werden, die den Vorschriften betreffend das Grundbuch entspricht. Die Kantone können diesbezügliche Vorschriften erlassen[15]. So kann ein Eigentumsrecht an Bäumen, die in den Boden eines andern gepflanzt sind, für einen Berechtigten als Eigentumsrecht am Boden und für den andern Berechtigten als übertragbare Personaldienstbarkeit im Sinn von Art. 781 ZGB ins Grundbuch aufgenommen werden[16].

---

[13] MUTZNER, Art. 45 SchlT N. 5. Ein Recht, das die Parteien – entsprechend der Vertragsfreiheit – nach ihrem Gutdünken frei vereinbart hatten und das nach altem Recht jeder Öffentlichkeit entbehrte und auch keine öffentlich-rechtliche Grundlage hatte, kann nicht als dingliches Recht nach Art. 45 SchlT anerkannt werden, BGE 85 II, 1959, S. 609 Erw. 6.

[14] Vgl. BGE 100 II, 1974, S. 105: Dingliche Last nach kantonalem Recht, nach welcher sich der Eigentümer einer Liegenschaft verpflichtete, auf eine Bauverbotsdienstbarkeit, die zu gunsten seines Grundstückes bestand, nicht zu verzichten.

[14a] Art. 45 SchlT erlaubte in erster Linie die Anmerkung von getrenntem Eigentum für die Stockwerke eines Hauses. Der Aufbau des Grundbuches bietet keine Möglichkeit, übereinander liegendes Eigentum ins Grundbuch einzutragen. Das altrechtliche Stockwerkeigentum hat die Geister stark beschäftigt, vgl. etwa Liver, ZBGR 35, 1954, S. 3ff. Die Frage ist heute überholt. Das BG vom 19. Dezember 1963 über die Änderung des vierten Buches des Zivilgesetzbuches (Miteigentum und Stockwerkeigentum) hat auch das Übergangsrecht in dieser Sache neu geregelt. Das Stockwerkeigentum wird in Art. 45 SchlT nicht mehr erwähnt. Dafür ist der Titel durch die Art. 20*bis*, 20*ter* und 20*quater* ergänzt worden. Nach Art. 20*bis* wird das altrechtliche kantonale Stockwerkeigentum den neuen Bestimmungen unterstellt, selbst wenn die Stockwerke oder Teile von Stockwerken keine in sich abgeschlossenen Wohnungen oder Räume zu geschäftlichem Zweck im Sinn von Art. 712*b* ZGB bilden. Das umgewandelte Stockwerkeigentum wird nun nach den Vorschriften der Art. 33*a*ff. GBV ins Grundbuch eingetragen. Vgl. die Aufsätze von STÖCKLI und RUEDIN und die Dissertation von BROGLI, die zu Beginn dieses Paragraphen aufgeführt sind.

[15] MUTZNER, Art. 45 SchlT N. 3 und RUEDIN, a.a.O. Die GBV hat diese Möglichkeiten in Art. 114 Abs. 2 anerkannt.

[16] Auf die gleiche Art und Weise konnten altrechtliche Stockwerkeigentumsverhältnisse eingetragen werden. Häufiger hat man die Stockwerkeigentümer als Miteigentümer ins Grundbuch eingetragen und mit diesem Rechtsverhältnis Nutzungsrechte an einzelnen Wohnungen als Personaldienstbarkeiten verbunden, vgl. BGE 81 II, 1955, S. 598; LIVER, der in Note 14 zit. Aufsatz. Bei der im Anschluß an die Gesetzesnovelle

Die von Art. 45 SchlT vorgesehene Anmerkung bietet Gewähr, daß altrechtliche Rechtseinrichtungen, die mit dem neuen Recht nicht mehr vereinbar sind, unter diesem weiter bestehen. Geht das fragliche Recht aber aus irgend einem Grund (Ablauf der vereinbarten Zeit, Untergang des Grundstückes) unter, so kann es als solches nicht mehr neu begründet werden (Art. 45 Abs. 2 SchlT)[17].

2. Das Eintragungsverfahren

Für die dinglichen Rechte, die bereits nach den Vorschriften des alten Rechts in die öffentlichen Register eingetragen sind, besteht ein vereinfachtes Eintragungsverfahren. Sie werden von Amtes wegen ins Grundbuch übernommen (Art. 43 Abs. 3 SchlT). Das gleiche gilt natürlich für jene Rechte, die seit 1912 errichtet, jedoch in die alten Register eingetragen worden sind. Die Übertragung darf nur stattfinden, wenn die nach dem kantonalen Recht geführten Register über das Bestehen (oder Nicht-Bestehen) wie auch über den Inhalt der dinglichen Rechte genügend Auskunft geben[18].

Abgesehen von den Fällen einer Übertragung von Amtes wegen müssen die dinglichen Rechte neu gefaßt werden, bevor sie ins Grundbuch aufgenommen werden. Anders ausgedrückt: Der Eintragung muß ein Bereinigungsverfahren vorausgehen. Dieses besteht im wesentlichen in einer öffentlichen Aufforderung, mit der alle Beteiligten eingeladen werden, ihre Rechte anzumelden und sie eintragen zu lassen (Art. 43 Abs. 2 SchlT). Das Verfahren zu regeln, ist Sache der Kantone[19].

---

von 1963 vorgenommenen Änderung der GBV ist in Art. 114 die Anmerkung des Stockwerkeigentums gestrichen worden. Art. 20*ter* SchlT gibt den Kantonen jedoch die Möglichkeit, Stockwerkeigentumsverhältnisse, die in den Formen des am 1. Januar 1912 in Kraft getretenen Rechts im Grundbuch eingetragen sind, den neuen Bestimmungen zu unterstellen.

[17] MUTZNER, Art. 45 SchlT N. 8; Art. 17 SchlT N. 82: Die Regel gilt seit dem Inkrafttreten des ZGB, nicht erst von der Einführung des eidgenössischen Grundbuches an.

[18] MUTZNER, Art. 43 SchlT N. 6. Bei den kantonalen Registern nach Art. 43 SchlT handelt es sich ausschließlich um solche, die nach dem alten Recht dazu bestimmt waren, die fraglichen dinglichen Rechte aufzunehmen; BGE 73 I, 1947, S. 334 (Dienstbarkeit, die in Schwyz im Hypothekarregister enthalten war, während seit dem Inkrafttreten des ZGB einzig das Grundbuch zu deren Aufnahme bestimmt ist).

[19] In seinem Bericht an die Kantone vom 24. Juli 1908 hat das EJPD Richtlinien zu dieser Frage erarbeitet, BBl 1908 IV S. 536. Im weitern wird auf die kantonalen Einführungsgesetze zum ZGB und auf die kantonalen Grundbuchgesetze verwiesen.

Je nach dem Grad der Vollkommenheit der bestehenden Einrichtungen können sie das Aufruf-, Anerkennungs- und Einspracheverfahren auf bestimmte dingliche Rechte, etwa auf die Dienstbarkeiten und Grundlasten, beschränken. Hat ein Kanton seine Grundbücher bereits einer Überprüfung unterzogen, um sie dem eidgenössischen Grundbuch gleichzustellen, braucht er nicht nochmals ein Bereinigungsverfahren durchzuführen[20]. Die Streitigkeiten, die unter den Beteiligten im Verlauf dieses Verfahrens entstehen, fallen in die Zuständigkeit des Richters; und zwar selbst im Fall einer Übertragung von Amtes wegen nach Art. 43 Abs. 3 SchlT[21].

3. Die Folgen des Fehlens eines Eintrages

a) Allgemeiner Grundsatz

Daraus, daß dingliche Rechte, die schon vor 1912 bestanden haben und deren Weiterbestand nach Art. 17 SchlT gewährleistet ist, im Grundbuch nicht eingetragen worden sind, folgt nicht, daß diese Rechte dahinfallen. Art. 44 Abs. 1 SchlT lautet: «Die dinglichen Rechte des bisherigen Rechtes, die nicht eingetragen werden, behalten ... ihre Gültigkeit.» Aber vom Zeitpunkt der Einführung des eidgenössischen Grundbuches an gilt der Schutz des öffentlichen Glaubens nach Art. 973 ZGB. Art. 44 Abs. 1 SchlT fährt deshalb fort: Diese Rechte «können aber Dritten, die sich in gutem Glauben auf das Grundbuch verlassen, nicht entgegengehalten werden»[22]. So besteht eine Dienstbarkeit, die unter der Herrschaft des alten Rechts ohne Eintragung in ein öffentliches Register entstehen konnte, unter den

---

[20] MUTZNER, Art. 43 SchlT N. 7; siehe vorn, § 3 III 2c. Zum Stockwerkeigentum bestimmt Art. 20quater SchlT: «Die Kantone können zur Durchführung der Unterstellung des umgewandelten Stockwerkeigentums unter die neuen Vorschriften und zur Eintragung des bestehenden eigentlichen Stockwerkeigentums *die Bereinigung der Grundbücher* anordnen und dafür besondere Verfahrensvorschriften erlassen.»

[21] ZBGR 40, 1959, S. 212 (BezG Zürich).

[22] Die Bestimmung hat allgemeine Bedeutung und findet auch auf jene dinglichen Rechte Anwendung, die in der Zeit zwischen dem Inkrafttreten des ZGB und der Einführung des eidgenössischen Grundbuches errichtet werden. Aber sie ist kaum praktisch für Rechte, die in kantonale Register eingetragen werden müssen (Art. 48 SchlT) und die normalerweise von Amtes wegen in die eidgenössischen Register übertragen werden. Der Grundbuchsatz des Art. 44 Abs. 1 SchlT gilt auch ohne Eintragung in kantonale Register, die seit 1912 dem eidgenössischen Grundbuch gleichgestellt sind, vgl. BGE 82 II, 1956, S. 110.

Parteien und ihren Rechtsnachfolgern wie auch gegenüber bösgläubigen Dritten fort. Sie erlischt aber in dem Zeitpunkt, in dem ein Dritter, der von ihr nichts weiß und nichts wissen kann (Art. 3 Abs. 2 ZGB), das dienende Grundstück erwirbt (Art. 21 SchlT)[23].

Für die dinglichen Rechte, die nach den Vorschriften des neuen Rechts nicht mehr errichtet werden können, ergeben sich daraus, daß die Anmerkung nach Art. 45 SchlT nicht vorgenommen worden ist, die gleichen Folgen wie für die andern dinglichen Rechte, die nicht eingetragen worden sind. Art. 44 Abs. 1 SchlT ist zumindest entsprechend anwendbar[24].

Aus Art. 44 Abs. 1 SchlT ergibt sich, daß der Inhaber eines dinglichen Rechtes, das im Bereinigungsverfahren nicht eingetragen worden ist, die Eintragung desselben – notfalls auf dem Rechtsweg (Art. 975 ZGB) – immer noch verlangen kann, soweit dieses Recht mit der Stellung vereinbar ist, die ein Dritter erlangt hat, der sich auf das Fehlen des Rechts im Register verlassen hat und auch verlassen durfte[25].

Die Eintragung eines dinglichen Rechts im Grundbuch (oder allenfalls seine Anmerkung) bietet Gewähr, daß es gegenüber gutgläubigen Dritten weiter besteht. Das eingetragene dingliche Recht hat in diesem Fall in der Regel den Inhalt, der durch das ZGB bestimmt wird. Anders verhält es sich nur, wenn sich dieser aus einem Rechtsgeschäft ergibt (Art. 3 SchlT, e contrario). In diesem Fall kommt das alte Recht zur Anwendung[26].

---

[23] Beispiel: BGE 82 II, 1956, S. 103. Vgl. auch BGE 78 II, 1952, S. 131 zu einem Überbau nach Art. 674 Abs. 3 ZGB.
[24] MUTZNER, Art. 45 SchlT N. 6 Mangels einer unmittelbar anwendbaren Bestimmung begründet er seine Auffassung damit, daß die Verhältnisse einander entsprechen würden. Dazu beruft er sich auf Art. 17 SchlT: Der Vorbehalt der Vorschriften über das Grundbuch beziehe sich auch auf das Verfahren zur Bereinigung der dinglichen Rechte, das ebensosehr eine Voraussetzung für die Anmerkung nach Art. 45 SchlT darstelle; das Fehlen dieser Anmerkung könne nur die gleichen Wirkungen haben. Anderer Meinung: REICHEL, Art. 44 SchlT N. 5 und 45 SchlT N. 1. Für ihn bleiben diese Rechte dem kantonalen Recht unterstellt, das auch die Folgen ihrer «Nicht-Eintragung» regle. Dem entgegnet MUTZNER zu Recht, nach Art. 17 Abs. 3 SchlT beherrsche das alte Recht nur den Inhalt dieser Rechte, während sich ihr Bestand nach Art. 17 Abs. 1 SchlT in Verbindung mit dem Bereinigungsverfahren richte. In gleichem Sinn, LIVER, Die Anmerkung, ZBGR 50, 1969, S. 10 f.
[25] MUTZNER, Art. 44 SchlT N. 4.
[26] BGE 79 II, 1953, S. 403. Es ist jedoch denkbar, daß eine Dienstbarkeit, die unter der Herrschaft des alten kantonalen Rechts errichtet worden ist, während des Bereinigungsverfahrens durch ausdrückliche oder stillschweigende Zustimmung der Beteiligten neu gefaßt worden ist. In diesem Fall ist der neue Wortlaut maßgebend, BGE 85 II, 1959, S. 177 Erw. 2.

b) Die Aufhebung der dinglichen Rechte

Art. 44 Abs. 2 SchlT eröffnet dem Bundes- oder dem kantonalen Gesetzgeber die Möglichkeit, von einem bestimmten Zeitpunkt an nach vorausgehender Auskündigung die *vollständige Aufhebung* aller im Grundbuch nicht eingetragenen dinglichen Rechte vorzusehen. Auf den guten oder bösen Glauben der Beteiligten kommt es nicht mehr an. Mit der Zeit erscheint die Weiterdauer dieser Rechte, mit ihrer doppelten Rechtsstellung, in der Tat fragwürdig. Der Bundesgesetzgeber kann eines Tages ihre Aufhebung anordnen. Er hat diese Möglichkeit aber auch den Kantonen geben wollen, da diese besser abschätzen können, ob diese Lösung ihren besonderen Verhältnissen entspricht[27]. Es ist möglich, die Aufhebung auch nur für bestimmte Arten von Rechten vorzusehen[28]. Einige Kantone haben von der ihnen gegebenen Zuständigkeit Gebrauch gemacht[29] [30] [30a].

---

[27] MUTZNER, Art. 44 SchlT N. 5; LIVER, Art. 731 N. 155.

[28] MUTZNER, Art. 44 SchlT N. 6.

[29] *Zürich*, § 270 EG ZGB; *Luzern*, § 13 VO über die Einführung des eidgenössischen Grundbuches; *Freiburg*, Art. 36, 42 Abs. 3 Grundbuchgesetz; *Thurgau*, § 137 Ziff. 4 EG ZGB; *Waadt*, Art. 32 Grundbuchgesetz. Zur Auslegung der thurgauischen Bestimmung, ZBGR 21, 1940, S. 185.

[30] Streitig ist die Frage, ob Art. 44 Abs. 2 SchlT auf die dem alten kantonalen Recht unterstehenden dinglichen Rechte, die gestützt auf die neuen Bestimmungen nicht mehr errichtet werden könnten, ebenfalls Anwendung finde. MUTZNER, Art. 45 SchlT N. 7, bejaht sie; LIVER, Art. 731 N. 156, und ihm folgend, BROGGINI, S. 496f., verneint sie, mit der Begründung, diese Rechte könnten nicht «eingetragen» sein, und diese Tatsache des «Nicht-eingetragen-seins» könne nicht einfach zur Folge haben, daß diese Rechte dahinfallen würden. Wie aus der Eintragung folgt jedoch aus der Anmerkung dieser Rechte, daß sie in dem Sinn fortdauern, daß, wenn die Anmerkung nicht besteht, der Berechtigte einem gutgläubigen Dritten gegenüber seines Rechtes verlustig geht. Läßt der Bundes- oder kantonale Gesetzgeber ein Recht beim Fehlen eines Eintrages untergehen, muß diese Wirkung auch für jene Rechte eintreten, die im Grundbuch nur angemerkt werden können und nicht angemerkt worden sind. Der Ausdruck «Eintrag» muß hier in seiner allgemeinen Bedeutung als Buchung im Register, die eine bestimmte Rechtswirkung entfaltet, verstanden werden.

[30a] Eine andere Frage ist, ob die Dienstbarkeiten nicht mit der Durchführung eines amtlichen Güterzusammenlegungsverfahrens untergehen. Die Frage wird gemeinhin bejaht, vgl. H.H. in ZBGR 64, 1983, S. 159. Das kantonale Recht kann den Untergang unter bestimmten Voraussetzungen vorsehen, vgl. BGE 106 Ia, 1980, S. 95. Freiburg, siehe oben Note 29. Vorbehalten bleibt im übrigen die Anwendung der privatrechtlichen Regeln über den Untergang der Dienstbarkeiten (Art. 736, 742–744 ZGB). Siehe vorn, § 3 Note 37; KORNER, S. 58.

IV. Stand der Einführung des eidgenössischen Grundbuches

Ende 1987 war das eidgenössische Grundbuch in 1755 Gemeinden vollständig und in 151 Gemeinden teilweise eingeführt. Soweit die Öffentlichkeitseinrichtungen der Kantone Schwyz, Freiburg, Solothurn, Basel-Stadt, Waadt, Neuenburg und Genf in den Genuß der Regelung des Art. 46 SchlT kommen, ist der volle Schutz der dinglichen Rechte in 2243 von 3022 Gemeinden für alle oder einen Teil der im Privateigentum stehenden Grundstücke gewährleistet[31].

---

[31] Bericht des BR, zit. in Note 9, ZBGR 69, 1988, S. 202 ff. Siehe indessen die in § 3 II 2c gemachten Vorbehalte und H.H. in ZBGR 64, 1983, S. 254.

Zweites Kapitel

Der Aufbau des Grundbuches

Unter dem Marginale «A. Einrichtung» handelt der 25. Titel des ZGB in den Art. 942–950 vom Bestand (= Aufbau) des Grundbuches, in den Art. 951–954 von der Grundbuchführung und in den Art. 955–957 von den Grundbuchbeamten.

Das vorliegende zweite Kapitel ist dem Aufbau des Grundbuches, das dritte der Grundbuchführung gewidmet.

Unter dem Aufbau des Grundbuches haben wir zunächst seine beiden Arten von Bestandteilen im Auge: jene, die zu seinem eigentlichen Bestand gehören, und jene, denen nur eine Hilfsfunktion zukommt (§ 5); dann die Aufnahme der Grundstücke ins Grundbuch, die dem ganzen System zugrunde liegt (§ 6); schließlich die Gliederung des wichtigsten Bestandteiles des Grundbuches: das einzelne Blatt im Hauptbuch (§ 7). Diese Punkte gehören vorwiegend, aber nicht ausschließlich, zum formellen Grundbuchrecht (vorn, § 1 II).

§ 5. Die Zusammensetzung des Grundbuches

Literatur:
Siehe die Literaturangaben über die Grundbuchvermessung zu Beginn von § 4.

Die Kommentare von HOMBERGER, OSTERTAG und WIELAND zu Art. 942, 945, 948–950 ZGB; von GONVERS-SALLAZ zu Art. 1–6 GBV.
H.-P. FRIEDRICH, Grundbuch und öffentliches Recht, ZBGR 51, 1970, S. 193 ff.; DERSELBE, Praktische Fragen im Zusammenhang mit der Begründung von Stockwerkeigentum, ZBGR 47, 1966, S. 321 ff.; DERSELBE, Datenverarbeitung und Grundbuch, ZBGR 55, 1974, S. 193 ff.; DERSELBE, Rechtliche Voraussetzungen und Probleme einer EDV-Grundbuchführung in der Schweiz, ZBGR 62, 1981, S. 78 ff.; H. HUBER, Anmeldung und Tagebuch im schweizerischen Grundbuchrecht, ZBGR 59, 1978, S. 156 ff.; H. LEEMANN, Die rechtliche und praktische Bedeutung des Hypothekargläubigerregisters, SJZ 10, 1914, S. 370 ff.; EJPD, Rundschreiben an die kantonalen Aufsichtsbehörden im Grundbuchwesen über die Datenverarbeitung vom 24. Juli 1981.

I. Überblick

Das Grundbuch ist ein öffentliches Register im Sinn von Art. 9 ZGB[1]. Äußerlich stellt es eine Sammlung von Urkunden dar, welche die dinglichen Rechte und weitere Rechtsbeziehungen an den Grundstücken festhalten und der Öffentlichkeit zugänglich machen sollen. Die Führung dieser Urkunden obliegt einem Beamten, der damit einen öffentlichen Dienst versieht[2].

Das Grundbuch umfaßt eine ganze Anzahl von Bestandteilen (Register, Pläne, Urkundensammlungen). Sie besitzen aber nicht alle die gleiche Bedeutung. Die einen gehören zum eigentlichen Bestand des Grundbuches. Ihnen kommen dessen Wirkungen zu: Sie umgeben das Hauptbuch. Die andern erfüllen nur eine Hilfsfunktion und entfalten die Rechtswirkungen, die dem Grundbuch eigen sind, nicht: Sie werden Hilfsregister genannt.

In einem weitern Sinn bezeichnet der Ausdruck «Grundbuch» die Gesamtheit der Urkunden, die vom Grundbuchverwalter geführt werden. In einem engern Sinn bezeichnet «Grundbuch» das Hauptbuch oder besser noch das einzelne Blatt desselben; mit den Registern, die dieses Blatt ergänzen und auf die es verweist[3].

Nach Art. 942 Abs. 2 ZGB besteht das Grundbuch aus dem Hauptbuch, den dieses ergänzenden Registern und Urkunden (Plänen, Liegenschaftsverzeichnissen, Belegen, Liegenschaftsbeschreibungen) und dem Tagebuch[4].

Im folgenden behandeln wir zunächst das Hauptbuch und die es ergänzenden Register und Urkunden (II 1, 2); darauf das Tagebuch (II 3); Zum Schluss machen wir noch einige Ausführungen zu den Hilfsregistern (III)[5].

---

[1] KUMMER, Einleitung, Art. 8 N. 22 f.; DESCHENAUX, Der Einleitungstitel, S. 273.
[2] Das Grundbuch als öffentliche Dienstleistungseinrichtung wird im 3. Kapitel über die Führung des Grundbuches behandelt; vgl. auch vorn, § 1 I.
[3] HOMBERGER, Art. 942 N. 1.
[4] Die GBV enthält Vorschriften über die *Aufbewahrung* der Register. «Die Bücher und Register sowie die ausgeschiedenen Hauptbuchblätter und Registerkarten sind sorgfältig und geordnet aufzubewahren und dürfen, wie auch die Grundbuchakten, nicht vernichtet werden» (Art. 110 GBV, abgeändert durch den BRB vom 17. Dezember 1965 über die Führung des Hauptbuches auf losen Blättern).
[5] «Die vom Grundbuchamt zu führenden Bücher und Register müssen nach amtlichem Muster eingerichtet sein» (Art. 107 GBV in der Fassung des BRB vom 17. Dezember 1965). Darüber bestehen Rundschreiben des BR und des EJPD; und zwar selbst über die Eigenschaft des zu verwendenden Papieres (BRB vom 10. Januar 1911). Da wir uns bei allen technischen Fragen des Grundbuches auf das Wesentliche beschränken (vgl. § 1 IX), wollen wir nicht auf nähere Einzelheiten eingehen.

II. Das Hauptbuch und die übrigen Bestandteile des Grundbuches

1. Das Hauptbuch

Das Hauptbuch ist das wichtigste Buch des Grundbuches. In das Hauptbuch werden alle Eintragungen (im weitern Sinn) aufgenommen, die ein Grundstück betreffen. Dieses gibt so ein einfaches und klares Bild über alle an einem Grundstück bestehenden Rechtsbeziehungen[6].

Das Hauptbuch ist nach Grundstücken eingeteilt: Jedes Grundstück erhält ein eigenes Blatt mit einer bestimmten Nummer (Art. 945 Abs. 1 ZGB, Art. 5 GBV; vorn, § 1 IV 1). Die Möglichkeit, Kollektivblätter anzulegen (Art. 947 ZGB), weicht vom Prinzip «ein Grundstück – ein Blatt» ab, steht der Realfolienordnung aber nicht entgegen (zum Kollektivblatt, siehe hinten, § 6 IV 2).

Seit 1966 kann das Hauptbuch in der Form von *losen Blättern* geführt werden. Die Einzelheiten werden in den Art. 107*b* - 107*f* GBV geregelt (BRB vom 17. Dezember 1965).

Wenn das Hauptbuch über alle Rechte an einem Grundstück Auskunft gibt, so kann dies nur in geraffter Form erfolgen. Es muß damit notwendigerweise auf weitere Register und Urkunden verweisen.

2. Die das Hauptbuch ergänzenden Register und Urkunden

a) Die Pläne

Der Grundbuchplan stellt eine geometrische Darstellung der Liegenschaften dar und gibt ihre Lage und Grenzen an. Er begrenzt die Teile der Erdoberfläche, die Gegenstand der dinglichen Rechte an den Grundstücken und der weitern diese betreffenden Rechtsbeziehungen sind.

Der Plan ist das Ergebnis der amtlichen Vermessung (siehe vorn, § 4 II). Die Vermarkung und Vermessung der Grundstücke nimmt der Geometer

---

Es sei lediglich festgehalten, daß die zum Grundbuch gehörenden Register nur in einer einzigen Ausführung geführt werden dürfen, der Rechtskraft zukommt. Die Register dürfen nicht etwa auf dem Grundbuchamt und in den entsprechenden Gemeinden in einem Doppel geführt werden. Den Kantonen ist es jedoch überlassen, den Gemeinden eine Abschrift des Hauptbuches auszuhändigen, die über Eigentum, Dienstbarkeiten sowie Pfandrechte Auskunft gibt. Diese Doppel, die sich rein äußerlich vom Hauptbuch gemäß Bundesrecht unterscheiden sollten, entfalten aber keine der dem Grundbuch zukommenden Wirkungen; HOMBERGER, Art. 942 N. 29 f.

[6] ERL., S. 420.

nach der Instruktion vom 10. Juni 1919 vor. Diese nennt unter anderem die aufzunehmenden Gegenstände, wie etwa die Grenzsteine und die Servitutsbegrenzungen (Art. 28).

Soweit sie amtlich erstellt und von der zuständigen Behörde in Kraft gesetzt sind, stellen die Pläne öffentliche Urkunden im Sinn von Art. 9 ZGB dar (Art. 64 der Instruktion vom 10. Juni 1919)[7]. «Widersprechen sich die bestehenden Grundbuchpläne und die Abgrenzungen, so wird die Richtigkeit der Grundbuchpläne vermutet» (Art. 668 Abs. 2 ZGB). Doch steht der Gegenbeweis offen, daß die Pläne unrichtig sind (Art. 9 ZGB).

Immer wenn das Hauptbuch auf sie verweist, gehören die Pläne zum eigentlichen Bestand des Grundbuches. In bezug auf die Grenzen der Grundstücke nehmen sie am öffentlichen Glauben desselben teil (Art. 973 ZGB). So wird denn auch jedes Grundstück durch die Angabe seiner Grenzen als solches bestimmt[8].

Die Pläne können über die Grundstücke aber noch weitere Auskünfte geben: über die Kulturart, die Gebäude usw. Insofern erteilen sie aber lediglich Auskünfte. Die dem Grundbuch eigentümliche Rechtswirkung kommt ihnen bezüglich dieser Angaben nicht zu.

Die Grundbuchpläne können auch Angaben liefern, die für die Erfüllung öffentlicher Aufgaben von Bedeutung sind (Landesverteidigung, Raumplanung, öffentlichrechtliche Eigentumsbeschränkungen)[9] [10].

b) Die Liegenschaftsverzeichnisse

Die Liegenschaftsverzeichnisse machen ebenfalls Angaben über die Lage und Grenzen der Grundstücke, enthalten aber keine geometrische Darstellung. Sind solche Verzeichnisse vorhanden, kann das eidgenössische

---

[7] MEIER-HAYOZ, Art. 668 N. 13.
[8] ERL., S. 404; BGE 98 II, 1972, S. 192; 59 II, 1933, S. 225; 44 II, 1918, S. 467; MEIER-HAYOZ, Art. 668 N. 16; HAAB, Art. 668/669 N. 10; HOMBERGER, Art. 950/951 N. 5; OSTERTAG, Art. 973 N. 4. Sobald der Grundbuchplan einmal genehmigt ist und Bestandteil des Grundbuches bildet, kann er ohne die Mitwirkung der beteiligten Parteien oder eine richterliche Anordnung nicht mehr geändert werden. Ausgenommen von dieser Regel sind nur die Angaben rein tatsächlicher Natur (der sog. beschreibende Teil des Grundbuchplanes), HOMBERGER, a. a. O.
[9] H.-P. FRIEDRICH, Grundbuch und öffentliches Recht, S. 201f.
[10] Enthält beim Stockwerkeigentum die Begründungsurkunde keine genügenden Angaben, muß ein in den Art. 33*b* Abs. 2 und 33*c* GBV vorgesehener *Aufteilungsplan* eingereicht werden. Dieser hat über die räumliche Lage, die Abgrenzung sowie die Zusammensetzung der Stockwerkeinheiten Auskunft zu geben. Als solcher hat er nicht die Eigenschaft eines Planes im Sinn der Art. 942 Abs. 2 und 950 ZGB. Vgl. H.-P. FRIEDRICH, Praktische Fragen, S. 336.

Grundbuch ohne vorausgehende Vermessung eingeführt werden (Art. 40 Abs. 2 SchlT)[11].

c) Die Liegenschaftsbeschreibungen

Wie der Name sagt, ist die Liegenschaftsbeschreibung eine Beschreibung des Grundstückes. Sie macht nähere Angaben über die Ortsbezeichnung, den Flächeninhalt, die Kulturart, die Gebäulichkeiten, die Grenzen sowie die Schatzungen (Steuerschatzung und Gebäudeversicherung). Daneben kann sie gewisse gesetzlich vorgesehene *Anmerkungen* enthalten (hinten, § 7 IV).

Die Liegenschaftsbeschreibung kann entweder in ein eigens hergestelltes Formular oder unmittelbar in das Hauptbuchblatt aufgenommen werden (Art. 4 GBV).

Werden die Liegenschaftsbeschreibungen *getrennt* geführt, müssen sie in einer Mappe zum betreffenden Hauptbuchblatt oder in besonderen Schachteln aufbewahrt werden (Art. 4 Abs. 2 und 28 GBV). In diesem Fall müssen sie auch, ob Recht oder Last, mit einer kurzen Beschreibung die ins Hauptbuch aufgenommenen Dienstbarkeiten und Grundlasten enthalten (Art. 36 GBV). Diesen Angaben kommt aber keine besondere Bedeutung zu.

«Statt besonderer Liegenschaftsbeschreibungen können die Kantone nach einem hiefür aufgestellten Formular die Aufnahme der entsprechenden Angaben in das Hauptbuchblatt vorschreiben» (Art. 4 Abs. 3 GBV). In diesem Fall werden die Dienstbarkeiten und Grundlasten darauf nicht erwähnt. Die Aufnahme der Liegenschaftsbeschreibung ins Hauptbuchblatt verdient den Vorzug. Sie scheint sich auch immer mehr durchzusetzen.

Die Liegenschaftsbeschreibung muß, wie die bei Gebäuden, Schatzungen usw. eingetretenen Änderungen, von Amtes wegen nachgeführt werden.

Schon von ihrem Begriff her hat die Liegenschaftsbeschreibung nur eine beschreibende Bedeutung. Es kommt ihr keine rechtsbegründende Wirkung zu. Das Gesetz sagt, worauf sich, innerhalb der durch die Pläne und die Liegenschaftsverzeichnisse festgelegten Grenzen, das Eigentum und die beschränkten dinglichen Rechte beziehen (Art. 642, 667 ZGB)[12].

---

[11] Im Grundbuchvermessungsverfahren fertigt der Geometer ein Liegenschaftsverzeichnis (Flächenverzeichnis) an, das die Nummern der Parzellen, die Namen der Eigentümer, die Flächenmaße, die Lokalnamen sowie die Kulturarten angibt (Art. 38 und 48 der Instruktion für die Vermarkung und die Parzellarvermessung). Die Aufnahme ins Liegenschaftsverzeichnis erfolgt nach einem hiefür aufgestellten Formular (Art. 3 GBV).
[12] HOMBERGER, Art. 942 N. 12. Um den Umfang eines Rechtes festzulegen, spielt es keine Rolle, daß ein neu erstelltes Gebäude in die Liegenschaftsbeschreibung nicht aufgenom-

d) Die Belege

Die Belege sind die Urkunden, welche die Rechtstatsachen festhalten, die den Eintragungen (im weitern Sinne) zugrunde liegen. Diese Eintragungen sind entweder Eintragungen von dinglichen Rechten, Vormerkungen, Anmerkungen oder Löschungen solcher Einträge: Kauf- oder Kaufrechtsverträge, Schenkungen; Dienstbarkeitsverträge; Grundpfandverträge; Erbbescheinigungen, Urteile, Vollmachten, behördliche Genehmigungen; Pfändungen, Konkurseröffnungen, Nachlaßstundungen, einstweilige Verfügungen; Zustimmungen zu einer Löschung usw.

Jeder Eintrag im Grundbuch verweist auf ein einzelnes oder eine Mehrzahl von Belegen. Diese erlauben es, den Rechtsgrund nachzuprüfen, von dem die Gültigkeit einer Eintragung abhängt. Insbesondere bei Dienstbarkeiten und Grundlasten können die genauen Wirkungen und der Umfang des dinglichen Rechtes erst durch das Nachschlagen der Belege festgestellt werden (Art. 971 Abs. 2, 738 Abs. 2 ZGB). So stellen diese einen eigentlichen Bestandteil des Grundbuches dar.

Die Belege, auf deren Vorlage hin die Eintragungen vorgenommen werden, müssen zweckmäßig geordnet und aufbewahrt werden (Art. 948 Abs. 2 ZGB)[13]. Sie dürfen den Parteien nicht zurückgegeben werden; auch nicht vorübergehend, um die Richtigkeit zu überprüfen[14].

In einzelnen Kantonen kommt dem Grundbuchverwalter die Stellung einer Urkundsperson zu. In diesen Kantonen kann an Stelle der Belege ein Urkundenprotokoll treten, dessen Einschreibungen die öffentliche Beurkundung herstellen (Art. 948 Abs. 3 ZGB). Für die Urkunden, die nicht vom Grundbuchverwalter in der Form der öffentlichen Beurkundung errichtet werden, wie für Verträge, die in einfacher Schriftlichkeit abgeschlossen wer-

---

men worden ist. Besteht noch kein Grundbuchplan, kann diese jedoch für die Grenzen einer Liegenschaft maßgebend sein; siehe hinten, § 38 Note 12.

[13] Die Einzelheiten zu dieser Frage werden in Art. 28, 29 und 69 GBV geregelt. Die Belege zu jedem Grundstück sind in einer zu jedem Grundbuchblatt besonders anzulegenden Mappe geordnet aufzubewahren (Art. 28 GBV). Statt dessen können die Kantone aber auch vorsehen, daß sie in zeitlicher Reihenfolge geordnet werden. In diesem Fall sind sie «mit fortlaufenden Nummern zu versehen, und je nachdem sie sich auf die Eigentumsverhältnisse, die Dienstbarkeiten und Grundlasten, die Pfandrechtsverhältnisse, die Vormerkungen, die Anmerkungen oder die Liegenschaftsbeschreibungen beziehen, in besondern Bänden zu vereinigen» (Art. 29 GBV). Es gibt aber Kantone, die alle Belege – gleichgültig was für eine Eintragung sie betreffen – einfach in zeitlicher Reihenfolge einordnen.

[14] HOMBERGER, Art. 948 N. 10. Nach Art. 106 Abs. 3 GBV kann die Herausgabe von Belegen an Gerichtsbehörden «gegen Empfangsbescheinigung und Hinterlegung einer beglaubigten Abschrift bei den Grundbuchakten erfolgen».

den, Gerichtsurteile usw. ist eine besondere Belegsammlung jedoch unentbehrlich[15].

Auf *das Verhältnis zwischen Hauptbuch und den dieses ergänzenden Registern und Urkunden* ist bereits hingewiesen worden. Pläne, Liegenschaftsverzeichnisse, Liegenschaftsbeschreibungen und Belege ergänzen das Hauptbuch. Diesen weiteren Bestandteilen kommen die Wirkungen des Grundbuches zu, soweit sie geeignet sind, diese zu entfalten und das Hauptbuch auf sie verweist.

3. Das Tagebuch

Das Tagebuch ist das Buch, in welches die Anmeldungen zur Eintragung in das Grundbuch (Eintragungen von dinglichen Rechten, Vormerkungen, Anmerkungen, Änderungen oder Löschungen irgendwelcher Einträge) unter Angabe der anmeldenden Person und ihres Begehrens nach ihrer zeitlichen Reihenfolge ohne Aufschub eingeschrieben werden (Art. 948 Abs. 1 ZGB; Art. 14, 16, 70 GBV)[16].

Ein solches Tagebuch ist notwendig, weil die angemeldeten Eintragungen nur in seltenen Fällen unverzüglich ins Hauptbuch und die übrigen Register eingetragen werden können. Diese Eintragungen erfordern bestimmte Abklärungen (vgl. Art. 965 ZGB, Art. 15 ff. GBV) und immer ja auch einen gewissen Arbeitsaufwand.

Das Tagebuch ist ein selbständiges Register. Es ist weder ein Register, welches das Hauptbuch einfach ergänzt, noch ein Hilfsregister im Sinn von Art. 949 Abs. 1 ZGB und Art. 108 GBV[17]. Dies ergibt sich daraus, daß die Wirkungen der Eintragungen in das Hauptbuch, mit den sich daraus ergebenden Folgen, die insbesondere den Rang der dinglichen Rechte betreffen, auf das Datum der Einschreibung ins Tagebuch zurückbezogen werden (Art. 972 Abs. 2 ZGB). Siehe hinten, § 29 IV und § 30 IV.

---

[15] HOMBERGER, Art. 948 N. 12.
[16] Das Tagebuch wird nach einem amtlichen Muster des Bundes geführt (Art. 107 GBV). Es ist in folgende Spalten eingeteilt: Ordnungsnummer, Zeitpunkt der Anmeldung, Name und Adresse des Anmeldenden, von der Anmeldung betroffene Grundstücke, Inhalt der Anmeldung, Bemerkungen. Unter diesen wird das Schicksal der Anmeldung angegeben. Wird die Anmeldung abgewiesen, sind die Gründe zu erwähnen (Art. 24 Abs. 2 GBV).
[17] Das Rundschreiben des EJPD vom 11. Oktober 1911 hatte es zu Unrecht als solches bezeichnet, vgl. HOMBERGER, Art. 942 N. 15 und H. HUBER, Anmeldung, S. 159 f.

III. Die Hilfsregister

Art. 949 Abs. 1 ZGB ermächtigt den Bundesrat, die Führung von Hilfsregistern vorzuschreiben. In Anwendung dieser Bestimmung sieht die GBV vor, daß die Grundbuchverwalter fünf solche Register zu führen haben (Art. 108 Abs. 1). Und es bleibt den Kantonen überlassen, ihnen bereits vom alten Recht her bekannte Register beizubehalten oder neue, zusätzliche einzuführen (Art. 108 Abs. 2).

1. Die vom Bundesrecht vorgeschriebenen Hilfsregister

Die vom Bundesrecht vorgeschriebenen Hilfsregister haben keinen Einfluß auf Entstehung, Wirkungen und Untergang der dinglichen Rechte und der weitern Grundstücke betreffenden Rechtsbeziehungen. Sie verschaffen dem Grundbuchverwalter lediglich gewisse Auskünfte und wollen das Führen und Nachschlagen der eigentlichen Bestandteile des Grundbuches erleichtern[18].

a) Das Eigentümerverzeichnis (Art. 109 GBV)

Das Eigentümerverzeichnis stellt ein Verzeichnis sämtlicher Eigentümer eines Grundbuchkreises dar, das nach Buchstaben geführt wird. Unter jedem Namen werden die gemäß Hauptbuch der betreffenden Person gehörenden Grundstücke angegeben. Nachdem das Hauptbuch nach Grundstücken geordnet ist, bietet das Eigentümerverzeichnis in der Praxis die Vorteile eines Personenkatasters. Es wird immer mehr in Karteiform geführt.

b) Das Gläubigerregister (Art. 66 GBV)

Im Gläubigerregister erhält jedes Grundstück einen Abschnitt mit einer Nummer. Mit Hilfe dieser Nummer verweist das eingeschriebene Pfandrecht auf das Hauptbuch. Das Recht wird im Gläubigerregister nur kurz aufgeführt. Die Einschreibung bezeichnet Namen und Wohnort des Grundpfandgläubigers wie auch des Pfandgläubigers oder Nutznießers einer Grundpfandforderung (Art. 66 Abs. 2 GBV). Auf Grund des Eintrages im Hauptbuch werden angegeben: die Art des Pfandrechtes, das Datum der Einschreibung ins Gläubigerregister, das Beleg sowie das Recht, gestützt auf welches der Berechtigte die Einschreibung beantragt hat (Grundpfand-

---

[18] HOMBERGER, Art. 942 N. 16.

gläubiger gestützt auf eine Abtretung, Berechtigter gestützt auf ein Fahrnispfand oder eine Nutznießung, Stellvertreter des Berechtigten). Wenn sie dem Recht eines bereits Eingeschriebenen widerspricht, wird mit einer neuen eine bestehende Einschreibung gelöscht.

Für die Übertragung einer grundpfändlich sichergestellten Forderung wie für die Begründung von Rechten an einer solchen ist eine Eintragung im Grundbuch nicht notwendig (vgl. Art. 835 ZGB). Der Einschreibung im Gläubigerregister kommt somit auch nur die Bedeutung einer Auskunft zu[19]. Die Angabe des aus einem Pfandrecht Berechtigten im Gläubigerregister hat lediglich zur Folge, daß der Grundbuchverwalter alle ihm durch Gesetz oder Verordnung vorgeschriebenen Anzeigen an diesen zu richten hat (Art. 66 Abs. 3 GBV)[20]. Siehe hinten, § 21 III 2.

c) Das Pfändungsregister (Art. 74 Abs. 3 GBV)

Das Pfändungsregister steht im Zusammenhang mit den Verfügungsbeschränkungen infolge Pfändung oder Nachlaßstundung (Art. 960 Abs. 1 Ziff. 2 ZGB). Um die entsprechende Spalte des Hauptbuches nicht zu überlasten, müssen diese Vormerkungen im Pfändungsregister ergänzt werden. Dabei wird der Betrag der Forderung, für welche die Pfändung erfolgt ist, oder die Dauer der Nachlaßstundung angegeben.

d) Das Berichtigungsbuch (Art. 101 GBV)

Alle Berichtigungen, die nach Art. 98–100 GBV vorgenommen werden, müssen unter Angabe des genauen Tatbestandes in ein Berichtigungsbuch eingeschrieben werden. Dazu siehe hinten, § 42 V.

e) Das Register für die Korrespondenz (Art. 108 GBV)

---

[19] OSTERTAG, Art. 942 N. 11; HOMBERGER, Art. 942 N. 19 f.; BGE 40 II, 1916, S. 597; 71 I, 1945, S. 425.
[20] Ist das eidgenössische Grundbuch noch nicht eingeführt, müssen die Kantone die erforderlichen Maßnahmen treffen, damit die in Art. 66 Abs. 3 GBV vorgesehenen Mitteilungen vorgenommen werden (Art. 47 SchlT; BGE 71 I, 1945, S. 423). Es ist möglich, die von Art. 66 Abs. 2 GBV vorgesehenen Angaben in die alten Hypothekarregister einzutragen. Das geschieht sogar dort, wo das eidgenössische Grundbuchblatt gebraucht wird. Wo das Hauptbuch auf losen Blättern geführt wird, werden Ergänzungsblätter oder andere Hilfsmittel verwendet.

2. Die Hilfsregister nach kantonalem Recht

Nach Art. 108 Abs. 2 GBV steht es den Kantonen frei, noch weitere Register einzuführen: Register über alle im Grundbuch eingetragenen Personen, Register über die Dienstbarkeiten, die aufgenommenen Grundstücke sowie die Grundpfandrechte.

Den Einschreibungen in diese kantonalen Register kommt gleichfalls keine Grundbuchwirkung zu[21].

In keiner Weise Teil des eidgenössischen Grundbuches sind schließlich weitere Register; etwa für Liegenschaftssteuern, die von den Grundbuchverwaltern in Verbindung mit dem Grundbuch geführt werden[22].

IV. Das Hilfsmittel der Datenverarbeitung bei der Grundbuchführung

Das System des eidgenössischen Grundbuches ist nicht notwendigerweise an seinen herkömmlichen Träger gebunden, der in der Eintragung in Register, insbesondere ins Hauptbuch, besteht. Es ist heute möglich, die Angaben bezüglich der dinglichen Rechte an Grundstücken und der weiteren sie betreffenden Rechtsbeziehungen auf elektronische Datenträger zu übertragen, die diese speichern und auf Abruf wieder zugänglich machen. Aber diese Hilfsmittel der Datenverarbeitung bei der Führung des Grundbuches darf den Grundsätzen des materiellen Rechts nicht widersprechen[23] [23a].

---

[21] In den Kantonen, in denen das eidgenössische Grundbuch noch nicht eingeführt ist (vorn, § 3 III 2), kommt einzelnen dieser Register die vom Bundesrecht vorgesehene Wirkung ganz oder teilweise zu. Es muß abgeklärt werden, welches die wesentlichen Bestandteile einer kantonalen Öffentlichkeitseinrichtung sind. So kann ein Dienstbarkeitsregister etwa nur ein Verzeichnis der von den Parteien eingereichten Verträge sein.

[22] HOMBERGER, Art. 942 N. 28.

[23] Siehe die im Literaturverzeichnis von FRIEDRICH aufgeführten Abhandlungen: Datenverarbeitung und Rechtliche Voraussetzungen; die im Verzeichnis zu § 4 angeführten Aufsätze von BREGENZER und CHEVALIER.

[23a] Gestützt auf den Bericht einer Expertenkommission hatte der BR diese Neuerung vorgeschlagen. Auf Grund zahlreicher ablehnender Vernehmlassungen, welche insbesondere die gesetzliche Grundlage in Frage stellten (vgl. u. a. H. HUBER, in ZBGR 67, 1986, S. 181ff.), wurde aber einstweilen auf die elektronische Datenverarbeitung als Träger der dinglichen Rechte an Grundstücken verzichtet. Doch ermöglicht eine Änderung der GJV vom November 1987 (vgl. Art. 111 und 111a revGBV) den Kantonen seit 1. Januar 1988 eine «computergestützte Grundbuchführung und Grundbuchorganisation», womit die Grundbuchdaten wenigstens leichter abgerufen werden können.

§ 6. Die Aufnahme der Grundstücke ins Grundbuch

Literatur:

Die Kommentare von HOMBERGER, OSTERTAG und WIELAND zu Art. 943–945 und 947 ZGB, von GONVERS-SALLAZ zu Art. 1–10 GBV, von MEIER-HAYOZ, HAAB, H. LEEMANN zu Art. 655, 646 und 652 ZGB, von LIVER, Dienstbarkeiten und Grundlasten, Einleitung, N. 122 ff.
H. P. FRIEDRICH, Stockwerkeigentum und Grundbuch, ZBGR 45, 1964, S. 321 ff.; DERSELBE, Grundbuch und öffentliches Recht, ZBGR 51, 1970, S. 193 ff.; G. EGGEN, Privatrechtliche Fragen des neuen Bauens und ihre Wirkungen auf das Grundbuch, ZBGR 53, 1972, S. 207 ff.; TH. GUHL, Die Verselbständigung der dinglichen Rechte im schweizerischen Zivilgesetzbuch, Festgabe für Eugen Huber, Bern 1919, S. 55 ff.; F. ITEN, Die Wasserrechtsverleihung als selbständiges und dauerndes Recht, Diss. Freiburg 1924; H. LEEMANN, Das Problem des schweiz. Eisenbahngrundbuches, SJZ 10, 1914, S. 317 ff.; H. NUSSBAUM, Dienstbarkeiten und Grundlasten, ZBGR 14, 1938, S. 1 ff. und 64 ff.; M. RENTSCH, Öffentliche Sachen, ZBGR 61, 1980, S. 337 ff. J. VOLLENWEIDER, Etude sur les droits distincts et permanents en droit civil suisse, Diss. Zürich 1961.

Recht über die Bergwerke

L. COUCHEPIN, Le droit minier en Suisse dans ses rapports avec le Code Civil, Diss. Bern 1922; A. HAGENBÜCHLE, Das Bergrecht mit besonderer Berücksichtigung der Erdölforschung, ZSR 76, 1957, S. 1a ff.; E. HUBER, Zum schweizerischen Sachenrecht, Bern 1914, S. 13 ff.; J. VUILLEUMIER, Vers un régime juridique propre à la recherche et à l'exploitation des gisements de pétrole, ZSR 76, 1957, S. 185a ff.

I. Überblick

Nach dem ZGB ist die Öffentlichkeit der dinglichen Rechte an den Grundstücken auf einer Realfolienordnung aufgebaut. Als erstes müssen damit die Grundstücke ins Grundbuch aufgenommen werden. Diesen Vorgang nennt man *Aufnahme ins Grundbuch* (Immatrikulation) (Art. 945 Abs. 1 ZGB).

Im folgenden befassen wir uns mit folgenden Fragen: Was für Sachen müssen als Grundstücke ins Grundbuch aufgenommen werden (II), welche Grundstücke können nicht ins Grundbuch aufgenommen werden (III); worin besteht der Vorgang der Aufnahme (IV); welches sind ihre Wirkungen (V); wie werden Grundstücke geteilt und zusammengelegt (VI)?

II. Die aufzunehmenden Grundstücke (Art. 943 Abs. 1 ZGB)

Der Begriff «Grundstück» darf nicht mit dem Begriff «unbewegliche Sache» verwechselt werden. Unter den Begriff fallen auch Rechte an Liegenschaften (selbständige und dauernde Rechte), Rechte öffentlichrechtlicher Natur (Bergwerksverleihungen) und Miteigentumsanteile an Grundstücken, die ebenfalls wie Rechte behandelt werden[1].

1. Die Liegenschaften (Ziffer 1)

Im Gegensatz zu einer beweglichen Sache wird eine Liegenschaft nicht durch ihre natürliche Beschaffenheit bestimmt, sondern entsteht durch ihre Begrenzung durch künstliche Hilfsmittel: Grenzzeichen, geometrische Linien, welche die Liegenschaft durch senkrechte Flächen von der benachbarten trennen. Art. 1 Abs. 2 GBV umschreibt die Liegenschaft als «jede Bodenfläche mit genügend bestimmten Grenzen». Damit eine Liegenschaft als Grundstück ins Grundbuch aufgenommen werden kann, ist nicht nötig, daß die Grenzen unbestritten sind[2]. In einer Beziehung ist die Umschreibung der GBV aber unvollständig; sie sieht die Liegenschaften nur in einer Fläche. In Wirklichkeit aber sind sie Gegenstände im Raum, wobei die Grenzen in der Höhe nicht bestimmt sind (vgl. Art. 667 ZGB)[3]. Damit eine Liegenschaft, die vorschriftsgemäß abgegrenzt ist, als Grundstück ins Grundbuch aufgenommen werden kann – als solches wird es durch ein eigenes Grundbuchblatt bestimmt, auf dem die das Grundstück betreffenden Rechte eingetragen werden (unten, V) – muß sie noch eine weitere Voraussetzung erfüllen: Sie muß dem gleichen Eigentümer gehören und als ganze von den gleichen beschränkten dinglichen Rechten betroffen sein. Beispiel: Ein Geländestreifen, von dem nur ein Teil mit Grundpfandrechten belastet ist oder werden soll, kann nicht als Grundstück ins Grundbuch aufgenommen werden[4].

---

[1] Die fraglichen Begriffe sind in andern Teilen dieses Gesamtwerkes umschrieben worden. Wir können uns daher auf das Wesentliche beschränken.
[2] BGE 64 I, 1938, S. 102 Erw. 4: Es genügt, wenn festgestellt werden kann, wo das Grundstück liegt; sei es durch seine natürlichen Grenzen, durch Grenzpunkte oder auch durch die Grenzen benachbarter Grundstücke.
[3] HAAB, Art. 655 N. 2; HOMBERGER, Art. 943 N. 3; MEIER-HAYOZ, Art. 655 N. 7f.
[4] HAAB, Art. 655 N. 3.

2. Die selbständigen und dauernden Rechte (Ziffer 2)

a) Die zur Aufnahme geeigneten Rechte

aa) Nach Bundesrecht

Zur Aufnahme als Grundstücke ins Grundbuch geeignet sind vor allem das Baurecht (Art. 779 Abs. 3 ZGB) und das Quellenrecht (Art. 780 Abs. 3 ZGB). Sofern die gesetzlichen Voraussetzungen erfüllt sind, können aber noch weitere Personaldienstbarkeiten zu Grundstücken erhoben werden (Art. 781 ZGB). Die Art. 943 Abs. 1 Ziff. 2 und 655 Ziff. 2 ZGB sind sehr allgemein gefaßt, und Art. 7 GBV erwähnt das Bau- und das Quellenrecht nur als Beispiele[5].

Es ist schon die Frage aufgeworfen worden, ob auch eine Personalgrundlast als selbständiges und dauerndes Recht ausgestaltet werden könne[6].

Nach Art. 59 WRG – er hat Art. 56 SchlT ersetzt – können Wasserrechte, die auf wenigstens 30 Jahre verliehen worden sind, als selbständige und dauernde Rechte in das Grundbuch aufgenommen werden. Es handelt sich bei ihnen aber nicht um dingliche Rechte im privatrechtlichen Sinn. Vielmehr geht es um absolute Vermögensrechte, die sich aus der von der zuständigen Behörde über die öffentlichen Gewässer erteilten Verleihung herleiten. Sie sind damit öffentlichrechtlicher Natur[7].

bb) Nach kantonalem Recht

Art. 943 Abs. 2 ZGB bezieht sich auch auf dingliche Rechte, die nach Art. 59 Abs. 3, 796 Abs. 2 und 949 ZGB noch der Gesetzgebung der Kantone unterstehen.

---

[5] HOMBERGER, Art. 943 N. 8; OSTERTAG, Art. 943 N. 7; MEIER-HAYOZ, Art. 655 N. 46; HAAB, Art. 655 N. 5; anderer Meinung: WIELAND, Art. 781 N. 4. In Frage kommen das Recht, einen Steinbruch auszubeuten, eine Weide zu bestoßen oder einen Wald zu nutzen.

[6] Die Frage wird verneint von: HOMBERGER, Art. 943 N. 8, OSTERTAG, Art. 943 N. 7 und PIOTET, Dienstbarkeiten und Grundlasten, S. 660, mit der Begründung, eine Grundlast könne verhältnismäßig leicht abgelöst werden (Art. 786–789 ZGB). Die Frage wird bejaht von: MEIER-HAYOZ, Art. 655 N. 47, HAAB, Art. 655 N. 5, 6, 8 und LIVER, Das Eigentum, S. 125; sie sind der Meinung, das Gesetz enthalte keine Einschränkungen, und die Aufnahme einer Grundlast als Grundstück ins Grundbuch sei dem Streben, eine Grundlast abzulösen, nicht hinderlich. In der Tat behalten Schuldner und Gläubiger ihr Recht; der erste, die Ablösung zu verlangen, der zweite, sie vorzunehmen.

[7] HOMBERGER, Art. 943 N. 28 ff.; HAAB, Art. 655 N. 18 ff.; LIVER, S. 126. Rechtsverleihung (Konzession), einen öffentlichen Dienst zu betreiben, vgl. BGE 93 I, 1967, S. 233; 50 I, 1924, S. 403; 49 I, 1923, S. 409; A. GRISEL, Traité de droit administrativ suisse, I S. 283 ff.; MEIER-HAYOZ, Art. 644 N. 189 ff.

Es geht zunächst um Mitgliedschaftsrechte an Allmend- und ähnlichen Genossenschaften; d. h. um Nutzungsrechte, die mit der Mitgliedschaft bei einer solchen Genossenschaft verbunden sind und sich auf Grundstücke beziehen, die einer solchen Genossenschaft gehören: Weiderechte, Alprechte, Viehtriebrechte, Tränkerechte usw. Ins Grundbuch aufgenommen werden können diese Rechte aber nur, wenn sie dinglicher Natur sind (vgl. aber unten, b)[8].

Im weitern sind hier die in der deutschen Schweiz bekannten sog. «ehehaften Rechte» zu erwähnen, die als Wasserrechte, Tavernenrechte oder Fischenzen vorkommen. Die beiden erst genannten Arten von Rechten sind allgemein mit einem Grundstück *subjektiv dinglich* verknüpft und kommen in diesem Fall für eine Aufnahme ins Grundbuch nicht in Frage. Die alten Fischereirechte dagegen können ein selbständiges Dasein besitzen und haben auch häufig ein solches[9].

b) Die Voraussetzungen für die Aufnahme

aa) Bestehen des entsprechenden Rechtes

Damit Dienstbarkeiten und Grundlasten als Grundstücke ins Grundbuch aufgenommen werden können, müssen sie zuerst auf dem Blatt des belasteten Grundstückes eingetragen sein[10]. Für die Begründung des jeweiligen dinglichen Rechts selber gelten die normalen Vorschriften. Mit Ausnahme des selbständigen und dauernden Baurechts genügt für die Dienstbarkeiten die Form der einfachen Schriftlichkeit (Art. 732, 779*a* ZGB)[11].

---

[8] HOMBERGER, Art. 943 N. 22ff.; HAAB, Art. 655 N. 21ff.; H. LEEMANN, Art. 796 N. 122ff.; LIVER, S. 125; vgl. BGE 83 II, 1957, S. 353. Die herrschende Lehre stuft sie eher als Mitgliedschaftsrechte denn als dingliche Rechte ein.
[9] HOMBERGER, Art. 943 N. 26; HAAB, Art. 655 N. 24; LIVER, Kommentar, Einleitung, N. 127f.; MEIER-HAYOZ, Art. 655 N. 50ff. mit Verweisen. Zu einem Fischereirecht an einem öffentlichen Gewässer, das unter dem alten Recht erworben worden ist, vgl. BGE 97 II, 1971, S. 25: privates Recht, das als selbständiges und dauerndes Recht ins Grundbuch aufgenommen werden muß. Siehe auch ZBGR 40, 1959, S. 180 (Justizdepartement St. Gallen).
[10] Das gilt auch für die altrechtlichen Dienstbarkeiten; HOMBERGER, Art. 943 N. 9 und MEIER-HAYOZ, Art. 655 N. 16; anderer Meinung: HAAB, Art. 655 N. 6.
[11] BGE 39 II, 1913, S. 698; Art. 39 GBV. Vgl. auch OSTERTAG, Art. 943 N. 86 und Art. 965 N. 26; HAAB, Art. 657 N. 6; MEIER-HAYOZ, Art. 655 N. 17. Die gegenteilige Auffassung von WIELAND, Art. 779 N. 6b und LIVER, ZBGR 26, 1945, S. 121ff., scheint überholt. Das ergibt sich wohl als Umkehrschluß aus Art. 779*a* ZGB.

Nach dem Wortlaut des Art. 943 Abs. 1 Ziff. 2 ZGB kann ein selbständiges und dauerndes Recht zu Lasten eines Grundstücks errichtet werden, das selber wieder als solches Recht im Grundbuch aufgenommen ist. Beispiel: Zu Lasten eines Quellenrechts, das als Grundstück ins Grundbuch eingetragen ist, kann zugunsten eines Dritten ein Wasserbezugsrecht als weiteres selbständiges und dauerndes Recht begründet werden[12].

Die körperschaftlichen Nutzungsrechte (oben, a bb) müssen nicht zuerst als Dienstbarkeiten ins Grundbuch eingetragen werden (und können dies in der Regel auch nicht).

Das gleiche gilt für Rechte, die kraft behördlicher Verleihung bestehen, etwa die Wasserrechtsverleihungen; diese stellen keine dinglichen Rechte dar.

bb) Selbständigkeit des fraglichen Rechtes

Unter einem «selbständigen» versteht das Gesetz ein unabhängiges Recht; d.h. ein Recht, das von seinem Träger losgelöst werden kann. Die Aufnahme ins Grundbuch muß ja bewirken, daß das in Frage stehende Recht leichter übertragen werden kann. Deshalb darf das Recht – wie sich Art. 7 Abs. 2 Ziff. 1 GBV ausdrückt – weder zugunsten eines herrschenden Grundstücks (Grunddienstbarkeit, die *subjektiv dinglich* mit diesem Grundstück verbunden ist), noch ausschließlich zugunsten einer bestimmten Person errichtet worden sein – sei es von Gesetzes wegen (Nutznießung, Wohnrecht) oder auf Grund vertraglicher Vereinbarung; wie etwa bei einem Baurecht, das an sich übertragbar ist (Art. 779 Abs. 2 ZGB)[12a]. Eine irregu-

---

[12] MEIER-HAYOZ, Art. 655 N. 16; HAAB, Art. 655 N. 6; anderer Meinung: HOMBERGER, Art. 943 N. 9, weil dadurch unübersichtliche Rechtsverhältnisse entstehen würden. Nach BGE 92 I, 1966, S. 539 kann ein als Grundstück ins Grundbuch aufgenommenes selbständiges und dauerndes Baurecht seinerseits mit einer gleichen Dienstbarkeit (= Baurecht zweiten Grades) belastet werden, für das gleichfalls ein eigenes Grundbuchblatt eröffnet wird; und zwar selbst dann, wenn beide Rechte sich auf die ganze Fläche des ursprünglich belasteten Grundstückes beziehen und auch gleich lang dauern. Das BGer beruft sich insbesondere auf die Botschaft des BR vom 9. April 1963 zum Entwurf des BG über die Änderung der Vorschriften des ZGB betr. das Baurecht (BBl 1963 I S. 539). Für zwei Fälle macht es einen Vorbehalt: wenn mit der Eintragung eines Baurechtes zweiten Grades zu verwickelte Rechtsverhältnisse entstehen würden (Bestehen von Lasten, die das erste Baurecht belasten) und wenn mit der Errichtung des Baurechtes zweiten Grades das gesetzliche Vorkaufsrecht des Grundeigentümers umgangen werden soll (Art. 682 Abs. 2 ZGB).

[12a] Ein Baurecht ist nicht deswegen nicht mehr selbständig, weil sein oder seine persönlichen Träger durch das Eigentum bestimmt sind, das sie an einem oder mehreren bestimmten Grundstücken haben (Art. 32 GBV). Die Dienstbarkeit ist weder zugunsten

läre Personaldienstbarkeit kann ein selbständiges Recht nur darstellen, soweit sie als übertragbar vereinbart worden ist[13]. Die Übertragbarkeit kann auf einen bestimmten Kreis von Personen beschränkt sein. Ist zwar die Vereinbarung ausgeschlossen, die Übertragung des Rechts bedürfe der Zustimmung des Eigentümers des belasteten Grundstücks, so ist immerhin die Verabredung zulässig, eine Zustimmung könne bei klar festgelegten oder wichtigen Gründen verweigert werden oder müsse nur unter genau bestimmten Bedingungen erteilt werden; vorausgesetzt, der Kreis der möglichen Erwerber sei genügend groß und im Weigerungsfalle könne eine unabhängige Stelle angerufen werden[14]. Auch Rechte öffentlichrechtlicher Natur, wie Wasserrechtsverleihungen, können wohl nur dann als selbständig angesehen werden, wenn sie übertragen werden können[15].

cc) Eine gewisse Dauer des fraglichen Rechtes

Art. 7 Abs. 2 GBV verdeutlicht das Erfordernis der Dauer dahin, daß das Recht auf wenigstens 30 Jahre oder auf unbestimmte Zeit begründet werden muß[15a]. Während der vorgesehenen bestimmten oder unbestimmten Zeitdauer kann das Recht nur gestützt auf im Gesetz vorgesehene Gründe untergehen. Der allfällige Erwerber des Rechtes oder die Pfandgläubiger erhalten so eine gewisse Sicherheit[16]. Rechte, die prekaristisch begründet werden – was für Dienstbarkeiten zum vornherein ausgeschlossen ist – oder die unter einer auflösenden Bedingung eingeräumt werden – soweit man solche allenfalls zuläßt – fallen damit außer Betracht[17].

---

   dieser Grundstücke als herrschende Grundstücke noch ausschließlich zugunsten der so bezeichneten Personen errichtet, die wechseln können, sobald sie ihre Grundstücke veräußern. Zu dieser Frage, die sich vor allem bei Gemeinschaftseinrichtungen, wie Autoeinstellhallen und Heizungen, stellt, siehe EGGEN, S. 209 und 215 und Bemerkungen des Redaktors H. H., S. 220.
[13] HOMBERGER, Art. 943 N. 10; MEIER-HAYOZ, Art. 655 N. 20; HAAB, Art. 655 N. 7; LIVER, Art. 730 N. 34 ff.
[14] BGE 72 I, 1946, S. 233: Übertragung beschränkt auf Kantone, Gemeinden oder Schweizer Bürger.
[15] HAAB, Art. 655 N. 18. Art. 42 WRG bestimmt jedoch, daß das Wasserrecht nicht ohne Zustimmung der verleihenden Behörde übertragen werden kann.
[15a] Doch kann nach Art. 779 Abs. 1 ZGB ein Baurecht nicht für länger als 100 Jahre als selbständiges und dauerndes Recht errichtet werden.
[16] HAAB, Art. 655 N. 8.
[17] Wenigstens soweit nicht, als die auflösende Bedingung vor Ablauf von 30 Jahren eintreten kann, HOMBERGER, Art. 943 N. 11; MEIER-HAYOZ, Art. 655 N. 24. Gegen die Begründung von Dienstbarkeiten unter auflösender Bedingung, BGE 87 I, 1961, S. 311. Zu dieser Frage, LIVER, Art. 730 N. 66 ff.

3. Die Bergwerke (Ziffer 3)

Unter «Bergwerk» im Sinn des Art. 943 Abs. 1 Ziff. 3 ZGB (wie auch des Art. 655 Abs. 2 Ziff. 3 ZGB) ist das Recht zu verstehen, mit künstlichen Hilfsmitteln Rohstoffe auszubeuten, die im Innern der Erde lagern (Mineralien, wasserhaltige Karbide, Salze, Mineralwasser usw.)[18]. Das Gesetz hat aber nicht das Vorkommen derartiger Stoffe als solches im Auge[19].

Das Recht über die Bergwerke ist in der Zuständigkeit der Kantone verblieben[20]. In jenen Kantonen, die dem Grundeigentümer erlauben, die Vorkommen unter seinem Erdreich auszubeuten (Graubünden, Wallis, Genf), stellen die Bergwerke wesentliche Bestandteile der Liegenschaften dar; Art. 943 Abs. 2 ZGB findet keine Anwendung. In den andern Kantonen, die das Bergwerksregal kennen, kann das Regalrecht (Bergwerksverleihung) als eigenes Grundstück ins Grundbuch aufgenommen werden. Voraussetzung ist aber, daß ihm die Eigenschaft eines selbständigen und dauernden Rechtes zukommt[21]. Das wiederum hängt von der kantonalen Gesetzgebung ab, die bestimmt, ob das Recht zur Ausbeutung von Rohstoffen veräußert und belastet werden kann[22].

Wird eine Bergwerksverleihung, weil sie als Grundstück im Grundbuch aufgenommen ist, Gegenstand eines Rechtsgeschäftes, so heißt das nicht, daß sie als Grundstück ins Grundbuch aufgenommen werden muß, damit sie übertragen oder mit beschränkten dinglichen Rechten belastet werden kann[23]. Art. 943 Abs. 1 Ziff. 3 ZGB eröffnet von Bundesrechts wegen nur die Möglichkeit, sie wie die selbständigen und dauernden Dienstbarkeiten sowie die Wasserrechtsverleihungen als Grundstück ins Grundbuch aufzunehmen. Die Kantone können die Aufnahme der Bergwerksverleihungen ins Grundbuch vorschreiben[24].

4. Die Miteigentumsanteile an Grundstücken (Ziffer 4)

Art. 943 Abs. 1 Ziff. 4 ZGB, eingefügt durch die Novelle vom 19. Dezember 1963 (Miteigentum und Stockwerkeigentum), sieht vor, daß auch die Miteigentumsanteile an einem Grundstück als eigene Grundstücke ins Grundbuch aufgenommen werden können (Art. 655 Ziff. 4 ZGB). Diese Aufnahme setzt voraus, daß auf einem Grundbuchblatt ein Miteigentumsverhältnis eingetragen ist (Art. 32 ZGBV). Es sind zwei Fälle zu unterscheiden:

---

[18] Das Unterscheidungsmerkmal liegt im Gebrauch von Hilfsmitteln, die bei Ausbeutungsarbeiten in Bergwerken üblich sind (Bohreinrichtungen). Steinbrüche und Sandabbaugruben sind keine Bergwerke. Sie können aber Gegenstand einer übertragbaren irregulären Personaldienstbarkeit sein, die als selbständiges und dauerndes Recht ausgestaltet ist, MEIER-HAYOZ, Art. 655 N. 54.

[19] HOMBERGER, Art. 943 N. 36; MEIER-HAYOZ, Art. 655 N. 54 f.; anderer Meinung: OSTERTAG, Art. 943 N. 20, HAAB, Art. 655 N. 26 und H. LEEMANN, Art. 655 N. 25. Art. 10 GBV seinerseits stellt die Bergwerke den Wasserrechtsverleihungen gleich.

[20] BGE 44 I, 1918, S. 167. Der Vorentwurf (Art. 944–960) und der Entwurf (Art. 940–956) hatten den gesamten Stoff in die Regelung einbezogen.

[21] HAAB, Art. 943 N. 38.

[22] BGE 63 II, 1937, S. 295.

[23] MEIER-HAYOZ, Art. 655 N. 57; anderer Meinung: HAAB, Art. 655 N. 27 und HOMBERGER, Art. 943 N. 38.

[24] Die neuern gesetzlichen Regelungen über die Bergwerke sehen diese Verpflichtung nicht mehr vor.

– *Gewöhnliches Miteigentum:*
Besondere Blätter werden nur eröffnet, «wenn es im Interesse der Klarheit und der Übersichtlichkeit der Einträge liegt» (Art. 10*a* GBV). Sonst sind die Miteigentumsanteile lediglich aus dem Eintrag der verschiedenen Miteigentümer in der Eigentümerspalte des Hauptbuchblattes ersichtlich (Art. 33/31 GBV).
– *Stockwerkeigentum:*
Im Fall von Stockwerkeigentum müssen besondere Blätter eröffnet werden (Art. 10*a* Abs. 2 GBV)[25].

III. Die ins Grundbuch nicht aufzunehmenden Grundstücke

1. Allgemeines

Das Grundbuch dient der Abwicklung der Rechtsgeschäfte um die im Privateigentum stehenden Grundstücke. Für die Grundstücke, die im öffentlichen Eigentum stehen, gäbe es damit keinen Platz in diesem Register. Das ist der Grundsatz des Art. 944 Abs. 1 ZGB. Nach der gleichen Bestimmung werden indessen auch diese Grundstücke ins Grundbuch aufgenommen, «wenn dingliche Rechte daran zur Eintragung gebracht werden sollen oder die Kantone deren Aufnahme vorschreiben». «Für die dem öffentlichen Verkehr dienenden Eisenbahnen wird ein besonderes Grundbuch vorbehalten» (Art. 944 Abs. 3 ZGB).

2. Die von Bundesrechts wegen ins Grundbuch nicht aufzunehmenden Grundstücke

Die Grundstücke, die nicht im Privateigentum stehen und jene, die dem öffentlichen Gebrauch dienen, sind die «herrenlosen und die öffentlichen Sachen» im Sinn von Art. 664 Abs. 1 ZGB; ebenfalls die Grundstücke, die Verwaltungsvermögen darstellen[26]:

---

[25] In den Vorschriften, die sie gestützt auf Art. 20*quater* SchlT erlassen mußten, konnten die Kantone vorsehen, daß in Fällen der Eintragung von Stockwerkeigentum, das nach Art. 20*bis* SchlT dem alten Recht unterstehe, für die Stockwerke besondere Blätter überhaupt nicht oder nur unter bestimmten Voraussetzungen eröffnet würden (Art. 10*a* Abs. 4 GBV).
[26] ERL., S. 422; HOMBERGER, Art. 944 N. 3 ff.; OSTERTAG, Art. 944 N. 4; MEIER-HAYOZ, Art. 664 N. 229; GONVERS-SALLAZ, ZBGR 36, 1955, S. 270; FRIEDRICH, Grundbuch und öffentliches Recht, S. 204; RENTSCH, S. 339.

– Sachen, die von Natur aus öffentlich sind und im Gemeingebrauch stehen: öffentliche Gewässer, der Kultur nicht fähiges Land usw.;
– Sachen, die durch die Behörde zum öffentlichen Gebrauch bestimmt sind und damit durch Widmung öffentlich sind: Strassen, Plätze, Pärke, öffentliche Brunnen;
– Sachen, die unmittelbar der Erfüllung öffentlicher Aufgaben dienen und damit zum Verwaltungsvermögen gehören: Verwaltungsgebäude, Schulhäuser, Spitäler, Kasernen, Waffenplätze, Kirchen von anerkannten Religionsgemeinschaften usw.[26a].

Demgegenüber unterstehen die Grundstücke, die zum Finanzvermögen des Staates gehören, wie seine Staatsgüter, Wälder, Wohnhäuser, dem Privatrecht und müssen ins Grundbuch aufgenommen werden[27].

3. Öffentliche Grundstücke, die von Bundesrechts wegen ins Grundbuch aufgenommen werden müssen

Das Bundesrecht schreibt die Aufnahme der im öffentlichen Eigentum stehenden Grundstücke ins Grundbuch vor, wenn daran dingliche Rechte zur Eintragung gebracht werden sollen (Art. 944 Abs. 1 ZGB, Art. 1 Abs. 3 GBV)[27a]. Die Kantone sind zuständig zu bestimmen, was für Rechte an öffentlichen oder zum Verwaltungsvermögen gehörenden Grundstücken errichtet werden können. Wird an einem Grundstück eine Bewilligung zu gesteigertem Gemeingebrauch oder gar eine Sondernutzungskonzession erteilt[28], stehen keine dinglichen Rechte in Frage, und die Einräumung dieser besondern Nutzungen rechtfertigt die Aufnahme des betreffenden Grundstückes ins Grundbuch nicht[29]; Beispiel: die Konzession zur Erstellung von Wochenendhäusern am Ufer eines Sees. Die Kantone können aber auch die Errichtung von dinglichen Rechten an im öffentlichen Eigentum stehenden Grundstücken erlauben; Beispiel: ein Baurecht an einem Grundstück im Hochgebirge. In diesem Fall entstehen die vereinbarten Rechte erst mit der Eintragung ins Grundbuch. Der Vorschrift des Art.

[26a] Ein Spital, das im Eigentum eines privaten Vereins steht, stellt nicht Verwaltungsvermögen dar, selbst wenn es ausschließlich eine öffentliche Aufgabe erfüllt, BGE 107 II, 1981, S. 44.
[27] BGE 41 II, 1915, S. 659; 97 II, 1971, S. 377. Vgl. GRISEL, II, S. 538 ff. Das kantonale Recht entscheidet grundsätzlich darüber, ob ein bestimmtes Grundstück zum Verwaltungs- oder Finanzvermögen des Staates gehört, HOMBERGER, Art. 944 N. 6; in der Tat hängt das von der Zweckbestimmung ab, die der Kanton einem solchen Gut gibt: Bestimmung zur unmittelbaren Erfüllung einer öffentlichen Aufgabe, BGE 89 I, 1963, S. 37 ff.
[27a] RENTSCH, S. 351 ff.
[28] GRISEL, II, S. 543 ff.
[29] HOMBERGER, Art. 943 N. 8; MEIER-HAYOZ, Art. 664 N. 230.

944 ZGB entsprechend setzt dies aber die Aufnahme des belasteten Grundstückes ins Grundbuch voraus[30]. Zu den Rechten, welche diese Bestimmung im Auge hat, gehört auch das Eigentum. So kann ein öffentliches Gemeinwesen (Kanton, Gemeinde) verlangen, als Eigentümer eines Grundstückes ins Grundbuch aufgenommen zu werden, das eine öffentliche Sache darstellt oder zum Verwaltungsvermögen gehört. Das zieht die Aufnahme des Grundstückes ins Grundbuch nach sich, ohne daß dieser Vorgang das Grundstück aber zum Privatrechtobjekt machen würde[31].

Art. 944 Abs. 1 ZGB bezieht sich scheinbar nur auf Rechte, die eine im öffentlichen Eigentum stehende Sache belasten («daran»). Sollen aber dingliche Rechte (Grunddienstbarkeiten, Realgrundlasten) durch privates Rechtsgeschäft *zugunsten* einer solchen Sache begründet werden (Beispiel: Durchgangsrecht zugunsten einer Schule), muß das berechtigte Grundstück gleichfalls ins Grundbuch aufgenommen werden, damit das Recht ins Grundbuch eingetragen werden kann[32].

4. Öffentliche Grundstücke, die gestützt auf kantonales Recht ins Grundbuch aufgenommen werden müssen

Die Kantone können vorschreiben, daß die Grundstücke, die im öffentlichen Eigentum stehen, ins Grundbuch aufgenommen werden. Sie können dies ganz allgemein für alle diese Grundstücke oder auch nur für einzelne Arten von ihnen tun; Beispiel: für die Strassen und Plätze oder für die öffentlichen Gewässer (nur für die zuerst oder nur für die an zweiter Stelle erwähnte oder für beide Arten) oder nur für die Verwaltungsgebäude[33]. Die Frage ist in der Regel in den Einführungsgesetzen oder Verordnungen zum ZGB oder zum Grundbuch geregelt. Den Entscheid, ob die im öffentlichen Eigentum stehenden Grundstücke ins Grundbuch aufgenommen werden sollen, können die Kantone auch einer besondern Behörde übertragen.

---

30 BGE 95 II, 1969, S. 14: Fischereirecht, das auf einem Grundstück, das eine öffentliche Sache darstellt, als Dienstbarkeit eingetragen ist (Fluß und Teil eines Sees).
31 MEIER-HAYOZ, der sich auf die Ausführungen in den Erläuterungen abstützt (ERL., S. 353 ff.), Art. 664 N. 232; anderer Meinung: HOMBERGER, Art. 944 N. 9 und OSTERTAG, Art. 944 N. 8.
32 OSTERTAG, Art. 944 N. 8. Nach HOMBERGER, Art. 944 N. 12, könnte es sich nur um persönliche Grundlasten zugunsten eines Gemeinwesens handeln, so daß sich die Aufnahme ins Grundbuch nicht rechtfertigen würde. Aber das öffentliche Recht kennt auch Änderungen in den Eigentumsverhältnissen, etwa als Folge der Vereinigung oder der Teilung von Gemeinden, was die Aufnahme eines öffentlichen Grundstücks als herrschendes Grundstück ins Grundbuch sinnvoll macht.
33 HOMBERGER, Art. 944 N. 13; MEIER-HAYOZ, Art. 664 N. 223; RENTSCH, S. 351.

Im übrigen sind die Kantone ermächtigt, «über die Eintragung der einzelnen Rechte an Grundstücken, die dem kantonalen Recht unterstellt bleiben, besondere Vorschriften aufzustellen» (Art. 949 Abs. 2 ZGB). Dieser Vorbehalt gilt auch für jene Grundstücke, auf die Art. 944 ZGB Anwendung findet. So können die Kantone für die öffentlichen Gewässer, die Strassen oder die Bergwerke besondere Register vorsehen[34].

5. Die Änderung der Rechtslage an einem Grundstück

Ein Grundstück, das im privaten Eigentum steht, kann ins öffentliche Eigentum übergehen. Das ist zunächst einmal der Fall, wenn und soweit ein Grundstück durch einen Bergsturz, durch die Wassermassen eines Stausees oder durch einen vordringenden Gletscher endgültig zugedeckt wird. Das trifft aber auch zu, wenn ein Grundstück gestützt auf ein privatrechtliches Rechtsgeschäft oder durch Enteignung von einem öffentlichen Gemeinwesen erworben und durch die zuständige Behörde als öffentliche Sache erklärt oder ins Verwaltungsvermögen überführt wird (Widmung). Die Voraussetzungen, um als Grundstück im Sinn von Art. 943 Abs. 1 Ziff. 1 ZGB im Grundbuch aufgenommen zu sein, sind nicht mehr gegeben. Das Grundstück muß im Grundbuch gelöscht werden (Art. 944 Abs. 2 ZGB und Art. 96 Abs. 3 GBV)[35]. Immerhin ist es denkbar, daß auch in diesem Fall das Grundstück im Grundbuch verbleibt; entweder gestützt auf die Vorschriften des kantonalen Rechtes oder gestützt auf Bundesrecht, weil an ihm beschränkte dingliche Rechte bestehen.

Es kann aber auch der umgekehrte Fall eintreten: Ein Grundstück, das im öffentlichen Eigentum steht und damit im Grundbuch nicht eingetragen ist, wird ins privatrechtliche Eigentum überführt (Entwidmung). Nun fällt das Grundstück unter die Vorschrift des Art. 943 Abs. 1 Ziff. 1 ZGB: Es muß ins Grundbuch aufgenommen werden.

6. Die Eisenbahngrundstücke (Art. 943 Abs. 3 ZGB)

Die Eisenbahngrundstücke werden ebenfalls nicht ins Grundbuch aufgenommen. Dieser Grundsatz gilt sowohl für die schweizerischen Bundes-

---

[34] HOMBERGER, Art. 944 N. 15, Art. 949 N. 4.
[35] HOMBERGER, Art. 944 N. 17 ff.; OSTERTAG, Art. 944 N. 11 ff.; MEIER-HAYOZ, Art. 664 N. 237; RENTSCH, S. 352.

bahnen wie für die privaten Eisenbahngesellschaften; jene, weil sie zum Verwaltungsvermögen des Bundes gehören; diese, weil sie einem öffentlichen Dienst gewidmet sind[36]. Art. 944 Abs. 3 ZGB bezieht sich nicht nur auf die Schienenstränge, sondern auch auf den Grund und Boden, auf welchem die Wirtschaftsgebäude stehen (Bahnhöfe, Haltestellen, Lagerhallen, Werkstätten, Wagenschuppen, Bahnwärterhäuschen und alle übrigen Gebäude, die sich an der Bahnstrecke und auf ihrem Umgelände befinden)[37]. Nicht anwendbar ist Art. 944 Abs. 3 ZGB aber auf die Gebäulichkeiten der Bahnen, die andern Zwecken dienen (Verwaltungsgebäude, Hotels, Unterkünfte für das Personal, Steinbrüche)[38].

Das in Art. 944 Abs. 3 ZGB vorgesehene Sonderregister ist bisher nicht angelegt worden. Die Pfandrechte, die gestützt auf das BG vom 25. September 1917 errichtet werden und welche das gesamte Eisenbahnunternehmen umfassen (die mit dem Boden fest verbundenen Einrichtungen wie das bewegliche Betriebsmaterial, Art. 8) werden in ein Sonderregister eingetragen, das vom eidgenössischen Verkehrs- und Energiewirtschaftsdepartement geführt wird[39].

Das Fehlen eines Eisenbahngrundbuches führt zu Schwierigkeiten bei der Errichtung von Dienstbarkeiten an Eisenbahngrundstücken[40]. Der Großteil der Kantone führt für diese die bisherigen kantonalen Register weiter. Bei der Einführung des eidgenössischen Grundbuches haben eine Anzahl Kantone die Eisenbahngrundstücke mit einem besonderen Vermerk ins Grundbuch aufgenommen. Diese Lösung erweist sich als glücklich und empfiehlt sich vor allem, wenn die Grundstücke mit Dienstbarkeiten belastet werden sollen. Auf den entsprechenden Blättern dürfen aber keine Pfandrechte eingetragen werden, welche das Eisenbahnunternehmen als solches belasten[41].

---

[36] HOMBERGER, Art. 944 N. 21; HAAB, Art. 664 N. 6.
[37] Die Pfandrechte, die nach dem BG vom 25. September 1917 über die Verpfändung und Zwangsliquidation von Eisenbahn- und Schiffahrtsunternehmen, Art. 9 Abs. 2 lit. a an Eisenbahn- und Schiffahrtsunternehmungen errichtet werden, können sich gerade auf diese Grundstücke beziehen.
[38] HOMBERGER, Art. 944 N. 22; OSTERTAG, Art. 944 N. 16.
[39] Reglement vom 11. Januar 1918 betreffend die Einrichtung und die Führung des Pfandregisters von Eisenbahn- und Schiffahrtsunternehmungen.
[40] Die Dienstbarkeiten zugunsten der Eisenbahnen brauchen nur als Personaldienstbarkeiten errichtet zu werden, HOMBERGER, Art. 944 N. 23.
[41] In diesem Sinn BR, in BURCKHARDT III Nr. 1324; EJPD, ZBGR 18, 1937, S. 136; OSTERTAG, Art. 944 N. 18; MEIER-HAYOZ, Art. 664 N. 239; GONVERS-SALLAZ, Art. 1 GBV N. 11; anderer Meinung: HOMBERGER, Art. 944 N. 24; die von diesem Autor vorgeschlagene Lösung, die Dienstbarkeiten nur auf dem Blatt des berechtigten Grundstücks einzutragen, ist umstritten; denn sie widerspricht Art. 968 ZGB wie auch dem Grundsatz, nach welchem

IV. Das Aufnahmeverfahren

1. Allgemeines

Ein Grundstück ins Grundbuch aufnehmen heißt: ihm im Grundbuch ein Blatt mit einer eigenen Nummer eröffnen (Art. 945 Abs. 1 ZGB): «Ein Grundstück – ein Grundbuchblatt» (unter Vorbehalt der in Art. 947 ZGB vorgesehenen Kollektivblätter). Das gilt auch für die Grundstücke, die neben den Liegenschaften noch bestehen.

Wird das Hauptbuch in Buchform geführt, gilt jedes Doppelblatt als eine Seite (Art. 107*a* Abs. 1 GBV). Ein loses Blatt bildet ohne weiteres einen einheitlichen Bestandteil des Grundbuches (Art. 107*b* GBV)[42][43].

Im folgenden behandeln wir die Aufnahme der Liegenschaften, der selbständigen und dauernden Rechte, der Bergwerke sowie der Miteigentumsanteile an Grundstücken.

2. Die Aufnahme der Liegenschaften

a) Als Einzelblatt

Die Liegenschaften (zu ihrer Umschreibung siehe oben, II 1) werden von Amtes wegen ins Grundbuch des Kreises aufgenommen, in dem sie liegen oder in dem sich ihr grösserer Teil befindet (Art. 951 Abs. 2, 952 ZGB; Art. 1 Abs. 1 GBV; betr. die Liegenschaften, die in mehreren Grundbuchkreisen liegen, Art. 6 GBV; dazu auch hinten, § 8 II). Bevor ein Grundstück ins Hauptbuch aufgenommen und der Liegenschaftsbeschrieb angefertigt wird, wird das Grundstück im Grundbuchplan eingezeichnet oder ins Liegenschaftsverzeichnis aufgenommen (Art. 2 GBV). Die Aufzeich-

---

für die Entstehung der Dienstbarkeiten die Eintragung auf dem dienenden Grundstück maßgebend ist (vgl. BGE 95 II, 1969, S. 614).

42 Zur Führung des Hauptbuches auf losen Blättern, siehe vorn, § 5 II 1 und das Rundschreiben des GBA vom 10. Januar 1966, ZBGR 47, 1966, S. 48.

43 Die Art. 95 und 96 Abs. 1 GBV regeln das Verfahren, das einzuhalten ist, wenn die Einträge den gesamten verfügbaren Raum in einer Spalte des Hauptbuchblattes einnehmen. Der Grundbuchverwalter nimmt eine Umschreibung auf ein anderes Blatt vor, welches das bisherige ersetzt. Dieses wird geschlossen, und die auf ihm bestehenden Einträge verlieren ihre Rechtswirkungen. Es kann auch vorkommen, daß ein Grundbuchblatt mit der Zeit unübersichtlich wird. Auf Begehren des Eigentümers oder von Amtes wegen wird in diesem Fall auf die gleiche Art und Weise vorgegangen (Art. 95 Abs. 2 GBV).

nung im Plan geschieht nach den Vorschriften über die Vermessung (Art. 3 GBV). Damit erhält das Grundstück geometrisch sein eigenes Dasein (siehe vorn, § 5 II 2a und § 4 II).

Grundsätzlich erhält jedes Grundstück im Grundbuch ein eigenes Blatt (Art. 5 Abs. 1 GBV). Die Nummer des Grundstückes auf dem Plan kann mit der Nummer des Grundbuchblattes übereinstimmen[44].

Liegen mehrere Grundstücke örtlich auseinander, indem sie etwa von einer Straße durchschnitten werden, muß für jedes von ihnen ein eigenes Blatt eröffnet werden. Umgekehrt muß ein zusammenhängendes Stück Land, das ein und demselben Eigentümer gehört, nicht notwendigerweise nur ein Grundstück bilden, für das nur ein Grundbuchblatt besteht (zur Teilung von Grundstücken, siehe unten, VI 1).

Die *im öffentlichen Eigentum stehenden Grundstücke* werden ebenfalls *von Amtes wegen* ins Grundbuch aufgenommen, sobald an ihnen dingliche Rechte begründet werden sollen oder das kantonale Recht ihre Aufnahme vorschreibt (Art. 1 Abs. 3 GBV). Das Grundbuchblatt ist gleich gegliedert wie das Blatt der im Privateigentum stehenden Grundstücke. Aus der Beschreibung muß die Bestimmung des Grundstückes hervorgehen[45].

b) Als Kollektivblatt

Dort wo das Grundeigentum stark zerstückelt ist, erfordert die Eröffnung eines eigenen Grundbuchblattes für jede kleine Parzelle einen großen Arbeitsaufwand und ist sehr teuer. Deshalb gestattet Art. 947 ZGB, daß mehrere Grundstücke, die dem gleichen Eigentümer gehören, in ein einziges Grundbuchblatt aufgenommen werden. Ein solches Blatt nennt man Kollektivblatt. Der Gesetzgeber hat damit aber nicht die Realfolienordnung zugunsten eines Personenkatasters aufgegeben; denn die Zusammenfassung der Grundstücke bildet in bezug auf die dinglichen Rechte eine Einheit, an der als solcher, mit Ausnahme der Dienstbarkeiten, dingliche Rechte begründet und abgeändert werden (Art. 947 Abs. 2 ZGB)[46].

Für die Eröffnung eines Kollektivblattes müssen folgende Voraussetzungen erfüllt sein:
- Die mehreren Grundstücke müssen zweckmäßig auf das gleiche Blatt aufgenommen werden können.
- Sie müssen im gleichen Grundbuchkreis liegen (Art. 5 Abs. 1 GBV).
- Sie müssen dem gleichen Alleineigentümer, den gleichen Mit- oder Gesamteigentümern gehören (Art. 5 Abs. 1 GBV).
- Der Grundeigentümer muß mit der Eröffnung eines Kollektivblattes einverstanden sein (Art. 947 Abs. 1 ZGB)[47].

---

[44] Zur Aufnahme von Grundstücken ins Grundbuch, die in mehreren Grundbuchkreisen liegen (Art. 952 ZGB), siehe hinten, § 8 II.
[45] Homberger, Art. 944 N. 10.
[46] Ostertag, Art. 947 N. 1.
[47] Homberger, Art. 947 N. 2 ff.

Für die Behandlung der Dienstbarkeiten und Grundlasten sowie der Pfandrechte stellen sich bei der Eröffnung eines Kollektivblattes an Stelle von bestehenden Einzelblättern die gleichen Probleme wie bei der Zusammenlegung mehrerer Grundstücke, die dem gleichen Eigentümer gehören. Deshalb schreibt Art. 94 Abs. 2 GBV die sinngemäße Anwendung der Art. 91 und 92 vor (siehe unten, VI). Das Kollektivblatt trägt für die mehreren Grundstücke, die selber keine eigene Nummer mehr besitzen, eine gemeinsame. Die Beschreibungen der Grundstücke werden notwendigerweise in einem getrennten Register geführt[48].

Der Grundeigentümer kann jederzeit verlangen, daß bestimmte Grundstücke auf dem Kollektivblatt gelöscht werden und daß für jedes von ihnen ein Einzelblatt eröffnet wird (Art. 947 Abs. 3 ZGB): Eine solche Übertragung auf ein Einzelblatt ist insbesondere notwendig, wenn ein auf einem Kollektivblatt eingetragenes Grundstück nicht mehr dem gleichen Eigentümer gehört oder wenn es getrennt verpfändet werden soll. Mit Ausnahme der Dienstbarkeiten entspricht der Vorgang jenem bei der Teilung eines Grundstückes. Art. 94 GBV verweist deshalb auf die vorangehenden Art. 86–89. Diese Bestimmungen erlauben es, die bestehenden dinglichen Rechte aufrechtzuerhalten, wie es Art. 947 Abs. 3 ZGB (am Schluß) vorbehält (unten, VI).

3. Die Aufnahme der selbständigen und dauernden Rechte

Die selbständigen und dauernden Rechte werden nicht von Amtes wegen, sondern auf schriftliches Begehren des Berechtigten hin ins Grundbuch aufgenommen (Art. 7 Abs. 1 GBV)[49]. Das Begehren kann jederzeit, und nicht nur im Zusammenhang mit einer beabsichtigten Verfügung über das Recht, gestellt werden[50]. Da die Aufnahme die Last nicht vergrößert, ist die Zustimmung des Eigentümers des belasteten Grundstückes nicht erforderlich[51]. Aber auch andere am belasteten Grundstück Berechtigte, deren Recht im Rang vorgeht, brauchen nicht zuzustimmen. Diese Rechte behalten auch nach der Blatteröffnung ihren Rang und können bei der Verwertung des belasteten Grundstückes die Löschung des als Grundstück aufgenommenen Rechtes verlangen, wenn dieses ihr Recht verletzen sollte (Art. 812 Abs. 2 ZGB und Art. 41 SchKG)[52].

Der Grundbuchverwalter muß entscheiden, ob die Voraussetzungen für die Eröffnung eines neuen Grundbuchblattes erfüllt sind[53].

---

[48] HOMBERGER, Art. 947 N. 8; OSTERTAG, Art. 947 N. 2.
[49] Das gleiche gilt für die Wasserrechtsverleihungen (Art. 8 Abs. 1 GBV); doch können die Kantone vorsehen, daß diese von Amtes wegen ins Grundbuch aufgenommen werden, MEIER-HAYOZ, Art. 655 N. 27.
[50] HOMBERGER, Art. 943 N. 12; HAAB, Art. 655 N. 9; MEIER-HAYOZ, Art. 655 N. 27; SJZ 50, 1954, S. 196 Nr. 102 (KGer Schwyz).
[51] HOMBERGER, Art. 943 N. 13; OSTERTAG, Art. 943 N. 9; MEIER-HAYOZ, Art. 655 N. 30. Der Berechtigte kann aber im Dienstbarkeitsvertrag auf die Aufnahme als Grundstück ins Grundbuch verzichten.
[52] BGE 39 II, 1913, S. 696; HOMBERGER, Art. 943 N. 13; MEIER-HAYOZ, Art. 655 N. 30; HAAB, Art. 655 N. 9.
[53] BGE 39 II, 1913, S. 698; HOMBERGER, Art. 943 N. 14.

Die Aufnahme ins Register setzt die Einführung des eidgenössischen Grundbuches nicht voraus; denn bei ihr handelt es sich ja um ein Rechtsgebilde des materiellen Rechtes des ZGB (Art. 47 SchlT)[54].

Die Aufnahme eines selbständigen und dauernden Rechtes ins Grundbuch geschieht wie folgt: Der Grundbuchverwalter eröffnet im Hauptbuch ein neues Blatt und fertigt die Beschreibung an (Art. 9 Abs. 1 GBV). Ein Zusatz gibt die Natur und den Inhalt des Rechtes an, etwa: Baurecht auf Grundstück Nr. 1, Wasserrecht auf Nr. 6 (Art. 9 Abs. 2 GBV). «Ist das selbständige und dauernde Recht zugleich als Dienstbarkeit zu Lasten eines Grundstückes eingetragen, so erhalten Beschreibung und Hauptbuchblatt dieses belasteten Grundstücks eine Verweisung auf das als Grundstück aufgenommene Recht» (Art. 9 Abs. 3 GBV)[55]. Ein selbständiges und dauerndes Recht wird in dem Kreis ins Grundbuch aufgenommen, in welchem das belastete Grundstück liegt[56].

Die Aufnahme *der selbständigen und dauernden Rechte, die dem kantonalen Recht unterstehen,* erfolgt nach den gleichen Grundsätzen[57].

Für die *Wasserrechtsverleihungen an öffentlichen Gewässern* sind die gleichen Bestimmungen anwendbar wie für die Dienstbarkeiten. Sie werden «in demjenigen Grundbuchkreis als Grundstück aufgenommen, in dem die zur Nutzung bestimmte Gewässerstrecke liegt» (Art. 8 Abs. 1 GBV)[58]. Der Grundbuchverwalter prüft, ob die Voraussetzungen von Art. 59 WRG erfüllt sind. Die Beschreibung auf dem Blatt des Wasserrechts soll das Recht klar festlegen und seinen Inhalt umschreiben[59].

---

[54] HOMBERGER, Art. 943 N. 16; MEIER-HAYOZ, Art. 655 N. 16; HAAB, Art. 655 N. 10; LIVER, Art. 730 N. 17; anderer Meinung: BGer in einem Entscheid in SJZ 16, 1920, S. 377.

[55] HOMBERGER, Art. 943 N. 15; OSTERTAG, Art. 943 N. 10ff. Nach einer offenbar allgemein befolgten Praxis (vgl. insbesondere Bern. Hdb., Merkblatt 5-9) wird ein Gebäude, das auf einem Grundstück gestützt auf ein selbständiges und dauerndes Baurecht errichtet worden ist, nur in die Beschreibung des Grundbuchblattes aufgenommen, das für die zu einem Grundstück erhobene Dienstbarkeit eröffnet worden ist. Es wäre für Dritte verwirrend, wenn ein Gebäude, das gestützt auf die das Grundstück belastende Dienstbarkeit errichtet worden ist, auch auf dem belasteten Grundstück eingetragen würde. In der Praxis findet man auf dem Blatt des belasteten Grundstückes etwa die Angabe «Hofraum» oder «Wiese».

[56] Lastet die Dienstbarkeit auf mehreren Grundstücken, die in verschiedenen Grundbuchkreisen liegen, bestimmt die Aufsichtsbehörde, an welchem Ort das Grundstück ins Grundbuch aufgenommen werden muß (Art. 7 Abs. 3 GBV).

[57] HOMBERGER, Art. 943 N. 25 f.

[58] Verläuft diese Gewässerstrecke über mehrere Grundbuchkreise, bestimmt die Aufsichtsbehörde den Grundbuchkreis, in dem die Aufnahme zu erfolgen hat (Art. 8 Abs. 2 GBV).

[59] HOMBERGER, Art. 943 N. 30. Bestehen für die Gewässer besondere Register (Art. 31 WRG), müssen diese und das Grundbuch miteinander übereinstimmen. Das Rückfallsrecht (Art. 67 WRG) muß im Grundbuch angemerkt werden.

Mehrere selbständige und dauernde Rechte können auch als Kollektivblatt ins Grundbuch aufgenommen werden[60].

4. Die Aufnahme der Bergwerke

Die Bergwerke werden auf schriftliches Begehren des Berechtigten als Grundstücke ins Grundbuch aufgenommen. Die Aufnahme erfolgt in dem Kreis, in dem sie liegen. Die gleichen Voraussetzungen wie für die Wasserrechte müssen erfüllt sein (Art. 10 Abs. 1 GBV). Es gelten die gleichen Vorschriften wie für die selbständigen und dauernden Rechte (Art. 9 GBV).

5. Die Aufnahme der Miteigentumsanteile an Grundstücken

Auch für die gewöhnlichen Miteigentumsanteile an Grundstücken können besondere Blätter angelegt werden (dazu oben, II 4). Sie tragen den Zusatz «Miteigentumsanteil an Nr....» und enthalten eine Beschreibung des Anteils (Art. 10*a* Abs. 1 GBV).

«Für die zu Stockwerkeigentum ausgestalteten Miteigentumsanteile sind in jedem Fall besondere Blätter mit dem Zusatz 'Stockwerkeigentum an Nr....' und mit der Beschreibung des Stockwerkes unter Hinweis auf den Begründungsakt oder den Aufteilungsplan anzulegen» (Art. 10*a* Abs. 2 GBV). Beim Verkauf eines Stockwerks können die dem Verkäufer verbleibenden Stockwerke, wenn die Voraussetzungen erfüllt sind, in ein *Kollektivblatt* zusammengefaßt werden[61].

Werden für gewöhnliche oder für Miteigentumsanteile, die zu Stockwerkeigentum ausgestaltet sind, eigene Grundbuchblätter eröffnet, erfährt das Stammgrundstück (Liegenschaft oder selbständiges und dauerndes Baurecht) keine Veränderung (Art. 33*a* GBV). «Auf dem Blatt der Liegenschaft oder des selbständigen und dauernden Rechtes ist auf die Miteigentums- oder Stockwerkeigentumsblätter und auf diesen auf das Blatt der Liegenschaft oder des selbständigen und dauernden Rechtes zu verweisen» (Art. 10*a* Abs. 3 GBV).

---

[60] HOMBERGER, Art. 947 N. 2; OSTERTAG, Art. 947 N. 1.
[61] Rundschreiben des EJPD vom 24. November 1964, BBl 1964 II S. 1198 und ZBGR 45, 1964, S. 382; ihm liegen Musterformulare bei.

V. Die Wirkungen der Aufnahme

Mit der Aufnahme ins Grundbuch erhalten die Liegenschaften, die selbständigen und dauernden Rechte wie auch die Bergwerke eine eigene Nummer. Sie werden zu einer sachenrechtlichen Einheit, an der als solcher dingliche Rechte begründet werden können, die alle ihre Teile umfassen (Grundstück im eigentlichen Sinn des Grundbuchrechtes)[62].

1. Betreffend die Liegenschaften

Eine Liegenschaft ist ein Grundstück (Art. 655 Ziff. 1 ZGB) vor ihrer Aufnahme ins Grundbuch. Deshalb kann sie durch außerordentliche Ersitzung erworben werden (Art. 662 ZGB). Aber mit ihrer Aufnahme ins Grundbuch wird sie zu einer Einheit, einem Gegenstand, der im oben erwähnten Sinn im Grundbuch das ihm eigene Dasein erhält. Eigentum und Pfandrechte bestehen nicht an den einzelnen Teilen dieser Einheit. Obwohl sie – von ihrem Inhalt her – im Einzelfall nur an einem Teil eines Grundstückes ausgeübt werden, gilt das auch für die Dienstbarkeiten und Grundlasten.

Mit der Eröffnung eines *Kollektivblattes* ist es möglich, bezüglich der ins Grundbuch aufgenommenen Grundstücke mit einer einzigen Buchung Veränderungen in den dinglichen Rechtsverhältnissen herbeizuführen; denn die Eintragungen auf diesem Blatt entfalten ihre Wirkungen auf alle Grundstücke, die darauf aufgenommen sind (Art. 947 Abs. 2 ZGB). Das gilt für die Übertragung des Eigentums, für die Begründung von Personaldienstbarkeiten sowie für die Errichtung von Pfandrechten. Soll ein Grundstück einzeln veräußert oder verpfändet werden, muß es auf dem Kollektivblatt abgetragen werden (Art. 947 Abs. 3 ZGB und Art. 41 Abs. 2 GBV; dazu, siehe oben, IV 2b). Die Eintragungen betreffend die Grunddienstbarkeiten entfalten ihre Wirkungen nicht auf alle auf einem Kollektivblatt aufgenommenen Grundstücke. In diesem Fall muß jedes Grundstück, auf das sich eine Last oder ein Recht beziehen soll, gesondert aufgeführt werden (Art. 38 GBV). Gleich verhält es sich bei den irregulären Personaldienstbarkeiten nach Art. 781 ZGB. Die Vor- und Anmerkungen müssen bei den Grundstücken aufgeführt werden, die sie betreffen[63].

2. Betreffend die selbständigen und dauernden Rechte

Mit der Aufnahme ins Grundbuch werden die selbständigen und dauernden Rechte *formell* zu Grundstücken und unterstehen gestützt darauf den für diese geltenden Vorschriften (Art. 655 ff. ZGB). Aber es handelt sich

---

[62] HOMBERGER, Art. 943 N. 4; Art. 945 N. 2 und 4; GONVERS-SALLAZ, Art. 1 GBV N. 1; HAAB, Art. 655 N. 3; MEIER-HAYOZ, Art. 655 N. 9.
[63] HOMBERGER, Art. 947 N. 12 ff.; OSTERTAG, Art. 947 N. 3 ff.

um eine gesetzliche Fiktion. Die Rechte bleiben, was sie sind: Personaldienstbarkeiten oder Rechte öffentlichrechtlicher Natur. So übt die Eröffnung eines eigenen Grundbuchblattes für das betreffende Recht keinen Einfluß aus auf die Rechtsbeziehungen zwischen dem Inhaber der Dienstbarkeit und dem Eigentümer oder andern am belasteten Grundstück Berechtigten. Gleichfalls werden die Rechtsbeziehungen zwischen dem Berechtigten und dem die Konzession erteilenden öffentlichen Gemeinwesen durch die Aufnahme der Konzession als eigenes Grundstück ins Grundbuch nicht berührt. Die Eröffnung eines Blattes im Grundbuch ist letztlich nur für die Rechtsgeschäfte von Bedeutung, die bezüglich des selbständigen und dauernden Rechts getätigt werden[64].

Für die Übertragung eines privatrechtlichen selbständigen und dauernden Rechts, das als Grundstück ins Grundbuch aufgenommen ist, gelten die Vorschriften für die Übertragung des Grundeigentums. Das Grundstück kann auch durch ordentliche Ersitzung erworben werden (Art. 661 ZGB)[65]. Die Übertragung von Wasserrechtsverleihungen unterliegen weiterhin der bisher geltenden Ordnung[66]. Das gleiche gilt für Rechte öffentlichrechtlicher Natur, die gestützt auf kantonales Recht bestehen.

Die Aufnahme der selbständigen und dauernden Rechte als eigene Grundstücke ins Grundbuch ermöglicht es grundsätzlich – soweit dies von deren Natur her möglich ist –, an diesen nach den Formen des Immobiliarsachenrechts beschränkte dingliche Rechte zu errichten[67]:

---

[64] HOMBERGER, Art. 943 N. 17, 31; MEIER-HAYOZ, Art. 655 N. 5; HAAB, Art. 655 N. 12, 20; LIVER, Art. 737 N. 110 ff.; BGE 85 I, 1959, S. 281 und 95 II, 1969, S. 18. Nach HOMBERGER (N. 18) ist nicht das Recht Gegenstand des Grundeigentums; vielmehr ist das belastete Grundstück Gegenstand eines selbständigen dinglichen Rechts, das wegen seiner «Unabhängigkeit» wie das Grundeigentum behandelt wird. Dieser Gedankengang läßt sich anscheinend mit der Auffassung des Gesetzes von einem Eigentum, das sich auf ein Recht bezieht, das mit der Aufnahme ins Grundbuch bestimmt wird, nur schwer in Einklang bringen.

[65] Der Schutz des gutgläubigen Erwerbers gestützt auf Art. 973 ZGB ist jedoch nicht eine Folge der Aufnahme des Rechtes als eigenes Grundstück ins Grundbuch, HOMBERGER, Art. 943 N. 19 und MEIER-HAYOZ, Art. 655 N. 35; anderer Meinung: OSTERTAG, Art. 943 N. 17 und HAAB, Art. 655 N. 13.

[66] Die Zustimmung der das Wasserrecht verleihenden Behörde (Art. 42 WRG) wird vom Verwaltungsrecht als eine neue Verleihung betrachtet: BGE 53 I, 1927, S. 87; GRISEL, I, S. 294. Der Aufnahme ins Grundbuch kommt in dieser Hinsicht damit keine Bedeutung zu; die «Übertragung» vollzieht sich außerhalb desselben, HOMBERGER, Art. 943 N. 31.

[67] HOMBERGER, Art. 943 N. 19; OSTERTAG, Art. 943 N. 15; MEIER-HAYOZ, Art. 655 N. 36 ff.; HAAB, Art. 655 N. 14. – Darin erschöpft sich die Bedeutung der Aufnahme der Wasserrechtsverleihungen ins Grundbuch; HOMBERGER, Art. 943 N. 38; HAAB, Art. 655 N. 18. Gleich verhält es sich mit den selbständigen und dauernden Rechten, die dem kantonalen öffentlichen Recht angehören.

- Pfandrechte als Grundpfandverschreibung, Schuldbrief oder Gült;
- Grund- und Personaldienstbarkeiten (Nutznießung, Baurecht, Quellenrecht, irreguläre Personaldienstbarkeiten);
- Grundlasten[68].

Auf den Grundstücken im Sinn von Art. 943 Ziff. 2 ZGB können nach Art. 959 ZGB auch persönliche Rechte vorgemerkt werden.

Weiter kann zugunsten eines selbständigen und dauernden Rechts, für das ein besonderes Grundbuchblatt besteht, eine Grunddienstbarkeit begründet werden, oder es kann im unselbständigen Eigentum (= *subjektiv dingliches* Eigentum) eines anderen Grundstückes stehen (Art. 32 GBV)[69].

Schließlich hat die Aufnahme eines selbständigen und dauernden Rechts als eigenes Grundstück ins Grundbuch zur Folge, daß es den Regeln über die Zwangsvollstreckung von Grundstücken untersteht (Art. 1 Abs. 1 VZG)[70].

3. Betreffend die Bergwerke

Auch mit der Aufnahme eines Bergwerkes ins Grundbuch werden die Rechtsnatur und der Inhalt des Rechts, das Vorkommen auszubeuten, nicht verändert. Wenn das kantonale Recht die Übertragung des Rechts ausschließt, wird dieses auch mit der Aufnahme als eigenes Grundstück ins Grundbuch nicht übertragbar. Aber soweit das kantonale Recht die Übertragung zuläßt, untersteht diese nach der Aufnahme ins Grundbuch den Vorschriften des ZGB über die Übertragung von Grundeigentum. Das gilt auch (oder allenfalls nur) für die Begründung von beschränkten dinglichen Rechten an dem in Frage stehenden Regalrecht[71].

4. Betreffend die Miteigentumsanteile an Grundstücken

Ein Miteigentumsanteil an einem Grundstück stellt bereits vor seiner Aufnahme ins Grundbuch ein Grundstück dar (Art. 655 Abs. 2 Ziff. 4 ZGB). Die Aufnahme ins Grundbuch erleichtert aber die Errichtung von Pfandrechten[72].

---

[68] BGE 53 II, 1927, S. 33: Grundlast zu Lasten eines Baurechtes.
[69] HOMBERGER, Art. 943 N. 19; HAAB, Art. 655 N. 15.
[70] HOMBERGER, Art. 943 N. 20; MEIER-HAYOZ, Art. 655 N. 41; HAAB, Art. 655 N. 16.
[71] HOMBERGER, Art. 943 N. 38; MEIER-HAYOZ, Art. 655 N. 56 f.; HAAB, Art. 655 N. 27.
[72] Vgl. das Rundschreiben des EJPD, zitiert in Note 61 und BGE 95 I, 1969, S. 568.

VI. Die Teilung und Vereinigung von Grundstücken (Liegenschaften)

Eine Liegenschaft, die, ins Grundbuch aufgenommen, eine Einheit bildet, kann Änderungen erfahren. Sie kann geteilt werden und so mehrere Parzellen bilden. Umgekehrt können auch mehrere Parzellen zu einer einzigen zusammengelegt werden.

Art. 945 Abs. 2 ZGB hat den Bundesrat ermächtigt, auf dem Verordnungsweg das Verfahren festzulegen, das bei der Teilung eines oder der Zusammenlegung mehrerer Grundstücke zu beachten ist. Gestützt auf diese Ermächtigung hat der Bundesrat in Art. 85-90 die Teilung eines und in Art. 91-93 GBV die Zusammenlegung mehrerer Grundstücke geregelt[73].

1. Teilung eines Grundstückes

a) Allgemein

Unter dem Vorbehalt gewisser Zerstückelungsverbote (Art. 616, 702 ZGB, Art. 86 LwG) ist ein Eigentümer frei, ein Grundstück aufzuteilen und nach seinem Belieben neue Grundstücke zu bilden. Dazu hat er dem Grundbuchamte eine Anmeldung einzureichen, die eine Verfügung über sein Eigentum darstellt[74]. Nach der Teilung werden die neu gebildeten Grundstücke ins Grundbuch aufgenommen. Der Eröffnung eines neuen Grundbuchblattes müssen die erforderlichen Arbeiten des Geometers vorausgehen: Grenzziehung, Vermessung, Führung eines Teilungsprotokolls (Art. 65 ff. der Instruktion von 1919; Art. 85 GBV)[75].

Grundbuchtechnisch ist zwischen Zerstückelung und Abtrennung zu unterscheiden. *Zerstückelung* liegt vor, wenn das bisherige Blatt gelöscht wird (Art. 96 GBV) und für die einzelnen Teilgrundstücke neue Blätter eröffnet werden (Art. 85 ff. GBV). Von *Abtrennung* ist die Rede, wenn von einem Grundstück eine Teilfläche abgetrennt, für die Restfläche aber das

---

[73] Diese Bestimmungen haben nur Liegenschaften im Auge (besser daher die französische Fassung des Art. 945 ZGB: «réunion de plusieurs fonds»). So können die irregulären Personaldienstbarkeiten, die, als selbständige und dauernde Rechte ausgestaltet, im Grundbuch eigene Grundstücke bilden, nicht im eigentlichen Sinne geteilt werden; denn eine Dienstbarkeit ist von ihrer Natur her unteilbar. Dagegen ist es möglich, an einem Recht, das als Grundstück ins Grundbuch aufgenommen ist, weitere selbständige und dauernde Rechte zu begründen, die je an einem bestimmten Teil der Liegenschaft ausgeübt werden können, vgl. LIVER, Art. 743 N. 13 f.
[74] LIVER, Art. 743 N. 15.
[75] HOMBERGER, Art. 945 N. 7; OSTERTAG, Art. 945 N. 5; GONVERS-SALLAZ, zu Art. 85 GBV.

bisherige Blatt weitergeführt wird. Für die abgetrennte Teilfläche wird entweder ein neues Grundbuchblatt eröffnet oder diese wird einem andern Grundstück zugemessen (Art. 90 GBV).

b) Zerstückelung

Die Hauptregel besteht darin, daß die Einträge, die auf dem ursprünglichen Grundbuchblatt bestehen, auf die neuen Blätter übertragen werden. Unter diesen Einträgen sind die Dienstbarkeiten und Grundlasten, die Pfandrechte wie auch die Vor- und Anmerkungen zu verstehen.

Die Übertagung erfolgt zunächst entsprechend dem Willen der Parteien (Art. 85 GBV). Haben diese keine Vereinbarung getroffen, muß der Grundbuchverwalter die Anmeldung trotzdem annehmen und für die Übertragung folgende Regeln beachten:

aa) Dienstbarkeiten (Art. 96 GBV)

aaa) Dienstbarkeiten zugunsten des zu teilenden Grundstückes

«Wird das berechtigte Grundstück geteilt, so besteht in der Regel die Dienstbarkeit zugunsten aller Teile weiter» (Art. 743 Abs. 1 ZGB). Die Dienstbarkeit wird grundsätzlich auf alle neuen Blätter übertragen und der Eintrag auf dem Blatt des belasteten Grundstücks entsprechend geändert (Art. 86 Abs. 1 GBV). Es entstehen so viele neue Dienstbarkeiten wie neue Grundstücke[76]. Wird das Recht nicht übertragen, geht die Dienstbarkeit insoweit nicht unter[77].

Es ist aber denkbar, daß die Dienstbarkeit nur zugunsten eines Teils des Stammgrundstücks und damit auch nur zugunsten eines der neuen Grundstücke besteht, während sie von den andern nicht ausgeübt werden kann (Fahrrecht, Durchgangsrecht zu Gunsten eines Hauses). Für diesen Fall bestimmt Art. 743 Abs. 2 ZGB, daß der Eigentümer des belasteten Grund-

---

[76] LIVER, Art. 743 N. 21. Handelt es sich um eine gemessene Dienstbarkeit (Beispiel: ein Reistrecht für eine vorgegebene Menge Holz), wird das Recht in der Regel anteilsmäßig auf die verschiedenen Grundstücke aufgeteilt. Bei ungemessenen Dienstbarkeiten wird die Übertragung ohne weitere Einschränkungen vorgenommen. Doch darf dem Belasteten gemäß Art. 739 ZGB eine Mehrbelastung nicht zugemutet werden. Gegen eine solche könnte sich dieser nach erfolgter Bereinigung zur Wehr setzen, vgl. HOMBERGER, Art. 945 N. 10; LIVER, Art. 743 N. 24 ff., 50 f.
[77] LIVER, Art. 743 N. 52 ff.

stücks die Löschung der Dienstbarkeit zugunsten der übrigen Grundstücke verlangen kann. Die Vorschrift wird in Art. 86 Abs. 2 GBV dahin ergänzt, daß der Grundbuchverwalter zugleich mit der Eintragung die Übertragung dem belasteten Eigentümer mitteilt, der die Löschung der Dienstbarkeit verlangen kann. Für das weitere Verfahren sind zwei Fälle zu unterscheiden:
– Der Eigentümer des belasteten Grundstückes stellt kein Begehren: In diesem Fall bleibt die Dienstbarkeit bestehen.
– Der Eigentümer des belasteten Grundstücks stellt den Antrag um Löschung: In diesem Fall teilt der Grundbuchverwalter das Begehren dem Berechtigten mit, der innerhalb eines Monats Einspruch erheben kann. Gibt dieser keine Antwort, nimmt der Grundbuchverwalter die Löschung vor (Art. 743 Abs. 3 ZGB). Erhebt dieser Einspruch, bleibt der Eintrag bestehen. Doch steht dem Eigentümer des belasteten Grundstücks das Recht zu, nach Art. 736 ZGB auf Löschung zu klagen oder das Verfahren auf Löschung nach Art. 976 ZGB einzuleiten[78].

Art. 86 Abs. 3 GBV ermöglicht noch eine Vereinfachung: Muß eine Dienstbarkeit nach der Meinung des Grundbuchverwalters zugunsten eines Teilgrundstücks nicht weiterbestehen, kann die Eintragung auf dem Blatt dieses Grundstücks zunächst mit Bleistift vorgenommen werden. Nach Ablauf der Einspruchsfrist, wenn feststeht, daß die Dienstbarkeit endgültig erloschen ist, wird der Eintrag wieder gelöscht. Diese Löschung wird auf dem ursprünglichen Blatt erwähnt. Wird Einspruch erhoben, muß der Bleistifteintrag nachträglich durch Tinte ersetzt werden[79].

Auch wenn der Berechtigte den Einspruch unterläßt, kann eine Löschung zu Unrecht erfolgen. In diesem Fall steht dem Berechtigten die Grundbuchberichtigungsklage offen (Art. 975 ZGB)[80].

Es kann eindeutig sein, daß eine Dienstbarkeit zugunsten eines bestimmten Teilgrundstücks nicht weiter besteht (Beispiel: ein Weiderecht zugunsten eines überbauten Grundstücks). In einem solchen Fall kann der Grundbuchverwalter von sich aus auf die Übertragung der Dienstbarkeit verzichten und von einer entsprechenden Mitteilung an die Berechtigten

---

[78] Zur Rechtsnatur der Klage auf Löschung, vgl. LIVER, Art. 743 N. 66ff., 82ff.
[79] Hat der Berechtigte Einspruch erhoben, muß der Grundbuchverwalter nach HOMBERGER, Art. 945 N. 11, der sich auf WIELAND, Art. 743 N. 9, beruft, dem belasteten Eigentümer eine Frist zur Einreichung der Löschungsklage ansetzen und nach Ablauf derselben die Dienstbarkeit mit Tinte eintragen. Aber das Ansetzen einer solchen Frist findet weder im Gesetz noch in der VO eine Stütze. Der belastete Eigentümer muß frei sein, ob und wann er auf Löschung klagen will; vgl. LIVER, Art. 743 N. 71. HOMBERGER weist im übrigen darauf hin, daß diese Dienstbarkeitsbereinigung zur Abwicklung des grundbuchlichen Verfahrens gehört und die materiellrechtlichen Bestimmungen nicht zu ändern vermag.
[80] HOMBERGER, a. a. O.; LIVER, Art. 743 N. 73.

absehen. Sobald der geringste Zweifel besteht, sollte die Mitteilung aber erfolgen (Art. 969 ZGB) und anschließend das Verfahren nach Art. 976 ZGB durchgeführt werden[81].

bbb) Grund- und Personaldienstbarkeiten, die zu Lasten des zu teilenden Grundstückes bestehen

«Wird das belastete Grundstück geteilt, so besteht die Last in der Regel auf allen Teilen weiter» (Art. 744 Abs. 1 ZGB). Die Dienstbarkeit wird auf alle neuen Blätter übertragen und der Eintrag auf dem Blatt des berechtigten Grundstücks ergänzt (Art. 86 Abs. 1 GBV)[82]. Erfolgt keine Übertragung, geht die Dienstbarkeit auch insoweit nicht unter. Vorbehalten bleibt aber der Schutz des gutgläubigen Erwerbers eines Grundstückes, auf dem die Last nicht eingetragen ist.

Es ist möglich, daß eine Dienstbarkeit auf einzelnen Teilgrundstücken nicht ausgeübt wird und auch nicht ausgeübt werden kann – was gewöhnlich viel leichter feststellbar ist, als wenn das berechtigte Grundstück geteilt wird (Beispiele: ein Durchgangsrecht, das in einem Plan eingezeichnet ist, ein Wasserbezugsrecht bei einer gefaßten Quelle). Für diesen Fall sieht Art. 744 Abs. 2 ZGB vor, daß jeder Eigentümer eines nicht belasteten Teiles auf seinem Grundstück die Löschung der Dienstbarkeit verlangen kann. Im bereits erwähnten Art. 86 hat die GBV auch für diesen Fall eine Ergänzung der gesetzlichen Regelung vorgenommen: Der Grundbuchverwalter fordert die betroffenen Eigentümer auf, die Löschung der Dienstbarkeit zu verlangen. Das Verfahren entspricht dem bereits vorn (aaa) beschriebenen. «Der Grundbuchverwalter teilt dem Berechtigten das Löschungsbegehren mit und nimmt die Löschung vor, wenn dieser binnen Monatsfrist nicht Einspruch erhebt» (Art. 744 Abs. 3 ZGB).

---

[81] LIVER, Art. 743 N. 80f.; H. LEEMANN, Art. 743 N. 17; GBA, ZBGR 22, 1941, S. 95. In der Praxis spielt die Regelung aber nicht gerade gut: Es sollte die Möglichkeit bestehen, die Beteiligten zu zwingen, in Zusammenarbeit mit dem Geometer bei der Anmeldung eines Parzellierungsbegehrens betr. die Dienstbarkeiten klare Bereinigungsanträge zu stellen. Vgl. LIVER, Art. 743 N. 76ff.; H. NUSSBAUM, Dienstbarkeiten und Grundlasten in Konkurrenz mit Grundpfandrechten, ZBGR 14, 1938, S. 71.
[82] Stellt die zu Lasten des ganzen zu teilenden Grundstückes bestehende eine gemessene Dienstbarkeit dar, d. h. hat sie bestimmte Mengen Holz, Kies, Sand oder Wasser zum Inhalt, wird die Last auf die verschiedenen Grundstücke entsprechend verteilt; vgl. LIVER, Art. 744 N. 8ff.

Die Ausführungen zur Teilung des berechtigten gelten entsprechend für die Teilung des belasteten Grundstückes[83]. Art. 744 ZGB ist auch anwendbar auf Personaldienstbarkeiten und auf Grundlasten, welche die Ausübung einer Dienstbarkeit ermöglichen oder erleichtern sollen[84].

bb) Grundpfandrechte

Über die Verteilung der Pfandhaft auf die neuen Grundstücke können sich Pfandgläubiger und Grundeigentümer nach ihrem Gutdünken verabreden[85]. Unterlassen sie es, eine Vereinbarung zu treffen, gelten folgende Regeln:

Die auf dem Stammgrundstück lastenden Pfandrechte müssen auf alle neuen Grundstücke übertragen werden (Art. 87 Abs. 1 GBV, 1. Satz).

Verbleiben alle Grundstücke im Eigentum des bisherigen Eigentümers oder haften die neuen Eigentümer mit dem bisherigen solidarisch, lasten die Pfandrechte als Gesamtpfänder im Sinn von Art. 798 ZGB auf allen Grundstücken[86].

Gehören die Grundstücke verschiedenen Eigentümern, die nicht solidarisch haften, wird die pfandgesicherte Forderung entsprechend den ungefähren Werten der einzelnen Teile des Pfandes aufgeteilt. Es handelt sich hier um einen Anwendungsfall von Art. 833 ZGB[87]. Der Grundbuchverwalter teilt seinen Entscheid betr. die Aufteilung der Pfandforderung den Eigentümern der verschiedenen Grundstücke und den Pfandgläubigern mit. Diese haben die Möglichkeit, Einspruch zu erheben. Unterbleibt ein solcher oder wird er abgewiesen, kann die Grundbucheintragung vorgenommen werden. Der Grundbuchverwalter macht den Pfandgläubigern davon Mitteilung und macht sie auf die Rechte aufmerksam, die ihnen Art. 833 ZGB einräumt (Art. 87 Abs. 2 GBV); nämlich, wenn sie mit der Aufteilung nicht einverstanden sind, innert Jahresfrist die Tilgung der Pfandforderung

---

[83] ZBGR 47, 1966, S. 16 (ObG Luzern) und 60 (Justizkommission Luzern); 41, 1960, S. 356 (ObG Appenzell-Ausserrhoden); 48, 1967, S. 6 (Justizkommission Luzern). Vgl. Liver, Art. 744 N. 50 ff., insbesondere in bezug auf die Möglichkeit des Grundbuchverwalters, die Dienstbarkeit auf gewisse Grundstücke nicht zu übertragen.
[84] Liver, Art. 744 N. 60 ff.
[85] Sie können auch vorsehen, daß die Sicherheit nur noch auf einem Teil des Pfandes, d. h. auf einem oder mehreren Tochtergrundstücken haftet, während die andern aus der Pfandhaft entlassen werden, BGE 68 II, 1942, S. 200.
[86] Homberger, Art. 945 N. 12; Ostertag, Art. 945 N. 15; H. Leemann, Art. 833 N. 9 ff.
[87] Homberger, Art. 945 N. 13; Ostertag, a. a. O.; H. Leemann, Art. 833 N. 13 ff.

zu verlangen (Art. 833 Abs. 2 und 852 Abs. 3 ZGB)[88]. Die Aufteilung der Forderung muß in den Pfandtiteln nachgetragen werden (Art. 87 Abs. 3 GBV).

cc) Grundlasten

Art. 88 Abs. 1 GBV sieht vor, daß das in Art. 87 geregelte Verfahren betr. die Pfandrechte auch anzuwenden ist, wenn ein Grundstück geteilt wird, *auf dem eine Grundlast eingetragen ist.* Auch die Mitteilungen an die Gläubiger haben entsprechend zu erfolgen (Abs. 3). Ist die Leistung *teilbar,* wird sie im Verhältnis zu ihrem Wert auf die einzelnen Grundstücke verteilt. *Trifft dies nicht zu,* ist die Leistungspflicht nach Art. 88 Abs. 2 GBV auf jenes Teilgrundstück zu verlegen, das den höchsten Schätzungswert aufweist oder sonst als am besten geeignet erscheint. Die Lösung scheint mit dem Gesetz aber kaum vereinbar (vgl. Art. 792 Abs. 2 und 852 ZGB, der auf Art. 833 ZGB verweist)[89].

Wird ein Grundstück geteilt, zu dessen gunsten eine Realgrundlast besteht, ist wie bei den Dienstbarkeiten vorzugehen[90].

dd) Vormerkungen

«Die Vormerkungen sind auf die Grundbuchblätter aller Teilstücke hinüberzunehmen und, wenn notwendig, mit Verweisungen untereinander zu versehen» (Art. 89 Abs. 1 GBV)[91].

ee) Anmerkungen

Die Anmerkungen werden je nach ihrem Inhalt auf die Grundbuchblätter derjenigen Teile übertragen, auf die sie sich beziehen (Art. 89 Abs. 2 GBV).

---

[88] HOMBERGER und OSTERTAG, a. a. O.
[89] HOMBERGER, Art. 945 N. 15. Nach ihm muß eine unteilbare Leistung auf jedem Grundstück belastet werden, wobei aber die Ablösungssumme wie eine Pfandsumme im Wertverhältnis zu zerlegen ist.
[90] HOMBERGER, Art. 945 N. 16.
[91] Auf eine Übertragung kann verzichtet werden, wenn eine Vormerkung ein oder mehrere neue Grundstücke offensichtlich nicht betrifft (Beispiel: Ein Vorkaufsrecht besteht nur an einer Teilfläche des Stammgrundstückes). Vgl. HOMBERGER, Art. 945 N. 17.

c) Abtrennung

Eine Abtrennung eines Grundstückes (zum Begriff, siehe vorn, a) wird vorgenommen, wenn keine Rechte oder Lasten übertragen werden müssen – das Grundstück ist gar nicht belastet oder allfällige Lasten werden vorgängig gelöscht. In diesem Fall wird das ursprüngliche Grundbuchblatt für das Restgrundstück weitergeführt. Es genügt, unter dem Flächeninhalt Datum und Umfang der abgetrennten Teilfläche anzugeben. Bestehen Grundpfandeinträge oder Pfandtitel, werden diese Angaben als Pfandentlassung in der Kolumne «Bemerkungen zu den Pfandrechten» auf dem Grundbuchblatt und in den Pfandtiteln nachgetragen (Art. 90 Abs. 1 GBV). «Über den Grund der Abtrennung sind in der Liegenschaftsbeschreibung oder in einem Beleg, auf das zu verweisen ist, die nähern Angaben zu machen» (Art. 90 Abs. 2 GBV); Beispiel: Straßenprotokoll. «Der Grundbuchverwalter kann dieses Verfahren auch in andern Fällen von Abtrennung oder Teilung anwenden, solange daraus keine Verwirrung zu besorgen ist» (Art. 90 Abs. 3 GBV); etwa, wenn nur Dienstbarkeiten bestehen, die nicht übertragen werden müssen[92].

2. Vereinigung von Grundstücken

a) Allgemein

Mehrere angrenzende Grundstücke, die dem gleichen Eigentümer gehören, können unter bestimmten Voraussetzungen zusammengelegt werden, so daß sie nur noch ein einziges Grundstück bilden[93].

Erste Voraussetzung: Sie müssen aneinander grenzen; doch können sie in zwei verschiedenen Grundbuchkreisen liegen (vgl. Art. 952 ZGB).

Zweite Voraussetzung: Sie müssen dem gleichen Eigentümer gehören. Wird jedoch eine Teilfläche von einem Grundstück abgetrennt (Art. 90 GBV), um mit einem andern verbunden zu werden, gehört es dem neuen Eigentümer erst, wenn das neue Grundbuchblatt eröffnet oder die Teilfläche dem andern Grundstück zugemessen ist[94].

Die Vereinigung setzt ein schriftliches Begehren des Eigentümers voraus. Unter Vorbehalt der Güterzusammenlegungen (Art. 702 und 802 ZGB)

---

[92] HOMBERGER, Art. 945 N. 18; OSTERTAG, Art. 945 N. 17; GONVERS-SALLAZ, zu Art. 90 GBV.
[93] HOMBERGER, Art. 945 N. 20 ff.; OSTERTAG, Art. 945 N. 18 ff.; GONVERS-SALLAZ, zu Art. 91–93 GBV.
[94] HOMBERGER, Art. 945 N. 22.

erfolgt sie weder von Amtes wegen noch auf Antrag von Inhabern von beschränkten dinglichen Rechten[95]. Öffentliche Beurkundung ist nicht erforderlich[96].

Es wird zwischen der Vereinigung im engern Sinn (Zusammenlegung) und der Zuschreibung oder Zumarchung unterschieden.

Von *Vereinigung im engeren Sinn* spricht man, wenn das Grundstück, das aus der Zusammenlegung hervorgeht, ein neues Grundbuchblatt erhält und die Blätter der zusammengelegten Grundstücke im Grundbuch geschlossen werden (Art. 91, 92 und 96 GBV).

Um eine *Zuschreibung* oder Zumarchung handelt es sich, wenn bei einem bestimmten Grundstück – man nennt es das Hauptgrundstück – die Fläche durch ein anderes oder den Teil eines andern Grundstücks unter Beibehaltung der bisherigen Nummer und damit der Identität im Grundbuch vergrössert wird.

b) Vereinigung im engern Sinn

aa) Eine Vereinigung ist nur möglich, wenn von den Blättern der verschiedenen Grundstücke keine *Pfandrechte und Grundlasten* auf das Blatt des neuen Grundstücks übertragen werden müssen oder wenn die Pfandgläubiger zustimmen; d. h. wenn diese in die Neuordnung ihrer Rechte auf dem neuen Grundstück einwilligen. Diese Zustimmung stellt ein Rechtsgeschäft dar und sollte daher wohl in jener Form erteilt werden, die für die Begründung dieser Rechte erforderlich ist[97] (Art. 91 Abs. 1 GBV).

bb) Dienstbarkeiten, die übertragen werden, dürfen weder in die Rechte Dritter eingreifen noch die Last des betroffenen Grundeigentümers erschweren.

aaa) Dienstbarkeiten zu Lasten der zu vereinigenden Grundstücke.
«Lasten Dienstbarkeiten auf den Grundstücken, so kann die Vereinigung nur stattfinden, wenn die Berechtigten dazu einwilligen oder nach der Art der Belastung dadurch in ihren Rechten nicht verletzt werden» (Art. 91

---

[95] HOMBERGER, Art. 945 N. 20.
[96] ZBGR 15, 1934, S. 183 (GBA).
[97] HOMBERGER, Art. 945 N. 23; OSTERTAG, Art. 965 N. 22; anderer Meinung: H. LEEMANN, Art. 945 N. 54; ZBGR 4, 1923, S. 230 (Justizdepartement Aargau). Die Verteilung der Pfänder auf das neue Grundstück wird gleich vorgenommen wie bei der Grundstückvereinigung, siehe GONVERS-SALLAZ, Art. 91 GBV N. 6.

Abs. 2 GBV). Aber auch auf das Interesse der Eigentümer der belasteten Grundstücke muß Rücksicht genommen werden. Ein Durchgangs- oder Überfahrrecht ist in der Regel klar abgegrenzt. Die Vereinigung eines Grundstückes mit einem andern übt auf die Stellung des Berechtigten keinen nachteiligen Einfluß aus, und der Eigentümer des belasteten Grundstücks erfährt damit keine Vergrößerung seiner Last. Anders verhält es sich, wenn infolge der Grundstückvereinigung eine Unklarheit über die Ausdehnung einer Last, etwa in bezug auf den Umfang eines Bauverbotes, entsteht. Ist die Ausdehnung beabsichtigt, müssen die notwendigen Verfahren (Verträge und Eintragungen) durchgeführt werden[98].

bbb) Dienstbarkeiten zugunsten der zu vereinigenden Grundstücke

Eine Vereinigung darf nur vorgenommen werden, «wenn die Eigentümer der belasteten Grundstücke dazu einwilligen oder wenn durch die Vereinigung keine Vergrösserung der Belastung eintritt» (Art. 91 Abs. 3 GBV; die Bestimmung findet auch Anwendung auf Grundlasten, die zugunsten eines zu vereinigenden Grundstückes bestehen). Die Vereinigung eines Grundstückes mit einem herrschenden Grundstück beispielsweise kann die Belastung aus einem Durchgangsrecht vergrößern. In diesem Fall darf der Grundbuchverwalter die Vereinigung nur mit Zustimmung des Eigentümers des belasteten Grundstückes vornehmen[99]. In andern Fällen aber ist jede Vergrößerung der Belastung ausgeschlossen[100].

«Dienstbarkeiten, die zu Lasten des einen und zugunsten des andern der zu vereinigenden Grundstücke bestehen, sind bei der Vereinigung von Amtes wegen zu löschen» (Art. 92 Abs. 2 GBV).

cc) Vormerkungen

Bei den Vormerkungen stellen sich die gleichen Probleme wie bei den Dienstbarkeiten, die ein Grundstück belasten[101].

---

[98] HOMBERGER, Art. 945 N. 24; GONVERS-SALLAZ, Art. 91 GBV N. 9f.; ZBGR 50, 1969, S. 91 (Grundbuchinspektorat des Kantons Bern).
[99] HOMBERGER, a. a. O.; GONVERS-SALLAZ, Art. 91 GBV N. 11; BGE 94 II, 1968, S. 148; ZBGR 50, vorher zit.; ZBGR 37, 1956, S. 56 (Aufsichtsbehörde Genf).
[100] GONVERS-SALLAZ, Art. 91 GBV N. 12 (ein Abwasserleitungsrecht, das, im Plan eingezeichnet, zugunsten eines auf dem herrschenden Grundstück stehenden Hauses besteht).
[101] Die Frage der Bereinigung sollte für jede Art von Vormerkung gesondert abgeklärt werden – das ist in diesem allgemein gehaltenen Werk aber nicht möglich. Vgl. HOMBERGER, Art. 945 N. 26; OSTERTAG, Art. 945 N. 22. – Besteht an einem Grundstück ein Kaufs-,

dd) Anmerkungen

Die Anmerkungen müssen grundsätzlich auf das Blatt des Grundstückes übertragen werden, das aus der Vereinigung hervorgeht; allenfalls mit der notwendigen Klarstellung in bezug auf die rechtliche Tragweite für das neue Grundstück.

c) Zuschreibung[102]

Ein Eigentümer marcht seinem Grundstück ein ganzes oder eine Teilfläche eines Grundstückes zu, das ihm bereits gehört oder das oder die er soeben erwirbt. Es müssen weder neue Rechte noch neue Lasten errichtet werden: Die zugemessene Teilfläche ist unbelastet (oder allfällige Lasten sind unmittelbar gelöscht worden), und es bestehen zugunsten derselben weder Grunddienstbarkeiten noch Grundlasten. Dieser Tatbestand heißt Zuschreibung. Es handelt sich nicht um eine Vereinigung im engern Sinn (Art. 93 GBV). Das vergrösserte Grundstück behält seine Identität (dazu vgl. vorn, a, am Schluss). Die Grundpfandrechte und die Grundlasten beschlagen von Gesetzes wegen das Grundstück in seinem neuen Umfang. Eine Zustimmung der Berechtigten kann nicht verlangt werden. Doch müssen diese von der Zuschreibung in Kenntnis gesetzt werden (Art. 969 ZGB).

Technisch vollzieht sich die Zuschreibung wie folgt: Unter dem Flächeninhalt sind Umfang und Datum der Vergrößerung anzugeben. Bestehen Grundpfandeinträge oder Pfandtitel, ist die Pfandvermehrung in den Pfandtiteln anzugeben (Art. 93 Abs. 2 GBV). Über den Grund der Vergrößerung sind in der Liegenschaftsbeschreibung – wenn diese nicht am Kopf des Grundbuchblattes aufgeführt ist – oder in einem Beleg, auf das zu verweisen ist, die nähern Angaben zu machen (Art. 93 Abs. 3 GBV).

Im übrigen gelten für die Zuschreibung die gleichen Regeln wie für die Vereinigung im engern Sinn.

Vorkaufs- oder Rückkaufsrecht, kann wohl kein anderes mit diesem Grundstück zusammengelegt werden. Dies ist nur möglich, wenn der Anteil des neuen Grundstückes, auf den sich das vorgemerkte Recht bezieht, genau abgegrenzt wird, BGE 81 II, 1955, S. 502. Soll das vorgemerkte Recht auf das ganze neue Grundstück erweitert werden, müssen die notwendigen Verfahren durchgeführt werden (Ergänzung des Vertrages, Abänderung der Vormerkung). – Die Vormerkung eines Mietvertrages betr. eines Hauses, das auf dem zu vereinigenden Grundstück steht, hindert die Zusammenlegung nicht. – Verfügungsbeschränkungen gestützt auf eine vorsorgliche Maßnahme, eine Pfändung, einen Kunkurs oder eine Nacherbeneinsetzung verunmöglichen, daß die betroffenen Grundstücke mit andern vereinigt werden können. Eine Vereinigung ist in diesen Fällen nur möglich, wenn die Beschränkung aufgehoben oder auf das ganze neue Grundstück ausgedehnt wird.

[102] HOMBERGER, Art. 945 N. 25; GONVERS-SALLAZ, zu Art. 93 GBV; ZBGR 15, 1934, S. 183 (GBA).

§ 7. Die Eintragungen auf dem Hauptbuchblatt

Literatur:

Die Kommentare von HOMBERGER, OSTERTAG und WIELAND zu Art. 946 und 947 ZGB; von GONVERS-SALLAZ zu Art. 31–52, 77, 78–82, 83/84 GBV; die Kommentare von HAAB und MEIER-HAYOZ zu Art. 646 und 652 ZGB; von LIVER zu Art. 730/731 ZGB.
C. BESSON, Les expériences avec le feuillet fédéral sur fiches, ZBGR 47, 1966, S. 252 ff.; C. BONORAND, Ausgewählte Fragen zum Gesamtpfandrecht an Grundstücken, Basler Studien zur Rechtswissenschaft, Reihe A Bd. 6, Basel 1982; J.-D. BUJARD, Les mentions au registre foncier, Diss. Lausanne 1941; H. DESCHENAUX, Les restrictions légales de la propriété foncière et le registre foncier, ZBGR 38, 1957, S. 321 ff.; J. FREY, Die Vormerkung der Mitgliedschaft bei der Genossenschaft nach Art. 850 OR, ZBGR 25, 1946, S. 73 ff. 129 ff,; H.-P. FRIEDRICH, Grundbuch und eheliches Güterrecht, ZBGR 35, 1954, S. 241 ff.; DERSELBE, Stockwerkeigentum und Grundbuch, ZBGR 45, 1964, S. 321 ff.; DERSELBE, Praktische Fragen im Zusammenhang mit der Begründung von Stockwerkeigentum, ZBGR 47, 1966, S. 321 ff.; DERSELBE, Der Rang der Grundstücksrechte, ZBGR 58, 1977, S. 321 ff.; J.-M. GROSSEN, Propriété commune et registre foncier, ZBGR 40, 1959, S. 1 ff.; F. HOHL, Les accessoires et les droits de gage immobiliers, Diss. Freiburg 1986; H. HUBER, Die Erhebung von Handänderungsgebühren und Handänderungssteuern bei Änderungen im Gesellschaftsbestand von Personengesellschaften, ZBGR 34, 1953, S. 241 ff.; DERSELBE, Aktuelle Fragen aus dem Grundpfandrecht, ZBGR 39, 1958, S. 193 ff. und 342 ff.; P. JÄGGI, Über das vertragliche Vorkaufsrecht, ZBGR 39, 1958, S. 65 ff.; O.K. KAUFMANN, Die Zugehör, ZBGR 34, 1953, S. 75 ff.; P. LIVER, Die Anmerkung, ZBGR 50, 1969, S. 10 ff.; A. LÜSCHER, Die Grundbuchführung auf losen Blättern, ZBGR 47, 1966, S. 265 ff.; A. MATTER, Gläubiger und Grundbuch, ZBGR 31, 1950, S. 313 ff.; R. OBRECHT, Grundbucheintrag und Pfandtitel, Diss. Bern 1947; P. PETERMANN, Gläubiger und Grundbuch, ZBGR 32, 1951, S. 65 ff.; H. REY, Grundbuch und Planung, ZBGR 61, 1980, S. 1 ff.; R. RIEDER, Das Kollektivblatt nach schw. Grundbuchrecht, Diss. Basel 1946 (in Schreibmaschinenschrift); D. SCHERRER, Anmerkungen im Grundbuch unter Berücksichtigung des Bundesrechts und des kantonal-st. gallischen Rechts, Diss. Freiburg 1984.
Siehe auch eine Veröffentlichung der Schweizerischen Vereinigung für Landesplanung: Der Zugang zu den Angaben über die öffentlich-rechtlichen Beschränkungen des Grundeigentums wie auch über weitere Inhalte des Baurechtes, verfaßt von H. ÄMISEGGER, Bern 1979 (im folgenden zit.: Bericht Landesplanung).

I. Die Gliederung des Hauptbuchblattes

Wird das Hauptbuch in Buchform geführt, besteht ein Einzelblatt aus einer Doppelseite (linke Seite, rechte Seite). Diese gilt aber als eine Seite (Art. 107*a* GBV). Zuoberst auf beiden Hälften des Blattes befinden sich von links nach rechts einige Angaben technischer Art: die Nummer des Grundstücks, die Nummer des Planes, die Ortsbezeichnung, die Fläche; dann die Beschreibung des Grundstücks – wenn diese getrennt geführt wird, ein Hinweis auf diese Beschreibung; im weiteren als Ergänzung zur Beschreibung die Anmerkungen; schließlich – allenfalls – die Schatzungen[1].

Darunter befinden sich auf der linken Hälfte des Blattes drei Spalten: die Spalte für die Vormerkungen – sie wird in Art. 946 ZGB zwar nicht erwähnt –, jene für das Eigentum und jene für die Dienstbarkeiten und Grundlasten. Die rechte Hälfte des Blattes wird ganz von der Spalte für die Grundpfandrechte ausgefüllt[2] [3].

Das lose Blatt kann das Hauptbuch ersetzen (Art. 107*b* GBV). Es enthält eine zweckmäßige Einteilung für die Angaben auf dem Hauptbuchblatt[4].

Die Eintragungen im Grundbuch im weitern Sinn, denen rechtliche Bedeutung zukommt, zerfallen in die *Eintragungen* im engern Sinn – Eintragungen des Eigentums, der Dienstbarkeiten und Grundlasten sowie der Pfandrechte –, die *Vormerkungen* und die *Anmerkungen* sowie die *Löschungen* solcher Einträge. Die Eintragungen und Vormerkungen werden notwendigerweise auf dem Hauptbuchblatt vorgenommen. Die Anmerkungen gehören zur Liegenschaftsbeschreibung. Soweit diese auf dem Grundbuchblatt angegeben wird – was in der Regel der Fall sein dürfte – (dazu vorn, § 5 II 2c), werden auch sie darauf angeführt. Weitere mehr technische Angaben (mit Ausnahme derjenigen der Grenzen) stellen keine Grundbucheintragungen dar. Ihnen kommen auch keine der Wirkungen des Grundbuches zu.

Im folgenden sprechen wir zunächst von den Eintragungen im engern Sinn (II), den Vormerkungen (III), Anmerkungen (IV) sowie den Löschungen (V). Der Gesichtspunkt ist jedoch rein *formeller* Natur. Für die Voraussetzungen, das Eintragungs- und Löschungsverfahren verweisen wir auf das IV. Kapitel. Wir halten hier lediglich fest, daß die Eintragungen nach der Reihenfolge stattfinden, «in der die Anmeldungen angebracht oder die Beurkundungen oder Erklärungen vor dem Grundbuchverwalter unter-

---

[1] Wir haben hier das Einzelblatt des Hauptbuches im Auge. Siehe die Mustervorlagen zum Gebrauch der wichtigsten Grundbuchformulare und der Pfandtitel, herausgegeben in 3. Auflage vom GBA 1952. Das Kollektivblatt (Art. 947 ZGB) enthält oben, mit einem Verweis auf ihre Beschreibung, ein Verzeichnis der verschiedenen Grundstücke.
[2] Die Einteilung des Kollektivblattes, unterhalb des Verzeichnisses der aufgenommenen Grundstücke, ist entsprechend.
[3] Es kommt vor, daß die Einträge den ganzen in einer Spalte des Hauptbuchblattes verfügbaren Raum einnehmen. In diesem Fall muß der Grundbuchverwalter das Blatt unter der bisherigen Nummer auf ein neues Hauptbuchblatt umschreiben, Art. 95 GBV.
[4] Das in Pappe gebundene lose Blatt wird in der Mitte in waagrechter Richtung gefaltet. Es wird auf beiden Seiten beschrieben. Die Spalten können so in vier Teile eingeteilt werden. Vgl. C. Besson und A. Lüscher, a. a. O.

zeichnet worden sind» (Art. 25 Abs. 2 GBV). Im Hauptbuch erhalten sie das Datum der Einschreibung ins Tagebuch (Art. 26 Abs. 3 GBV). Die übrigen Eintragungen, welche den Erwerb, die Änderung oder den Untergang eines Rechts festhalten, die bereits voll wirksam sind, erhalten ebenfalls das Datum der Anmeldung. Um den Zeitpunkt des Eintritts der Rechtswirksamkeit festzustellen, muß man das Beleg zu Rate ziehen, auf Grund dessen die Eintragung oder Löschung vorgenommen worden ist (Beispiele: Erbgang, Enteignung, Zwangsvollstreckung). Im übrigen sind die Eintragungen im Hauptbuch in sorgfältiger Schrift ohne Rasuren, Korrekturen oder Zwischenschriften auszuführen (Art. 25 Abs. 1 GBV).

II. Die Eintragungen (im engern Sinn)

1. Die Eintragung des Eigentums

a) Allgemein

Die Eigentumsspalte umfaßt vier Abteilungen: Die erste enthält den Namen des Eigentümers – sind es mehrere, die Art des gemeinschaftlichen Eigentums –, die zweite das Datum der Eintragung, die dritte die Erwerbsart und die vierte das Beleg (Art. 31 Abs. 1 GBV).

Zum einzutragenden Eigentum dürfen keine Zusatzvereinbarungen hinzukommen: weder als Bedingung[5], Treuhandabrede[6], noch als teilweises oder gänzliches Veräußerungsverbot[7].

Hängt das Eigentum an einem Grundstück vom Eigentum an einem andern Grundstück ab, kann die Bezeichnung des oder der Eigentümer auf *mittelbare* Art und Weise erfolgen: Der jeweilige Eigentümer dieses andern Grundstückes ist Eigentümer des fraglichen Grundstückes *(subjektiv dingliches Eigentum)*. In diesem Fall wird oder werden in die Eigentümerspalte des fraglichen Grundstückes (des sog. Anmerkungsgrundstückes) die Nummer

---

[5] BGE 85 II, 1959, S. 609: Unter der Herrschaft des ZGB ist es nicht möglich, eine Schenkung, die unter einer auflösenden Bedingung erfolgt, ins Grundbuch einzutragen.
[6] Die Vereinbarung eines Treuhandverhältnisses kann weder Teil einer Eintragung noch als solche Gegenstand einer Vor- oder Anmerkung sein, vgl. HOMBERGER, Art. 946 N. 3.
[7] BGE 86 II, 1960, S. 347: Bestimmung in einem Teilungsvertrag, die den Übernehmer eines Grundstückes verpflichtet, dieses nur für seine eigenen Bedürfnisse zu verwenden und nicht einfach unter Erzielung eines möglichst großen Gewinnes weiter zu veräußern. Zur Frage, ob derartige Vereinbarungen ins Grundbuch eingetragen werden können, siehe hinten, § 24 C I 5e.

des oder die Nummern der Grundstücke eingetragen, von dem oder von denen dieses Eigentum abhängt. Die Blätter oder die Beschreibungen dieser berechtigten Grundstücke müssen diesen Sachverhalt bei den *Anmerkungen* zum Ausdruck bringen (Art. 32 Abs. 1 und 2 GBV)[8].

b) Bezeichnung der natürlichen Personen

Bei natürlichen Personen muß der Familienname und wenigstens ein ausgeschriebener Vorname angegeben werden. Allenfalls müssen zur Bestimmung der Identität der Person zusätzliche Angaben gemacht werden (etwa: die Abstammung, ein weiterer Vorname, ein Übername, der Wohnsitz)[9]. Diese Regeln gelten auch für die Eintragung einer Einzelfirma (Art. 945 OR)[9a]. Bei verheirateten Frauen empfiehlt es sich, den Mädchennamen anzufügen[10]. Für geschiedene Frauen gilt Art. 149 ZGB; ein Hinweis auf die Scheidung oder auf den Namen des früheren Ehemannes darf nicht hinzugefügt werden[11].

Namensänderungen infolge Heirat, Scheidung, Heirat der Eltern, Adoption oder gestützt auf einen behördlichen Entscheid müssen im Grundbuch

---

[8] GONVERS-SALLAZ, zu Art. 32 GBV; LIVER, Die Anmerkung, S. 17. Siehe hinten, § 20 B IV.
[9] Zu diesem Punkt bestehen Weisungen der kantonalen Aufsichtsbehörden. Das einzelne Blatt im Hauptbuch darf aber nicht überlastet werden. Siehe Art. 31 Abs. 2 GBV.
[9a] ZBGR 8, 1927, S. 181.
[10] HOMBERGER, Art. 946 N. 5.
  Nach dem neuen Eherecht trägt die Frau weiterhin den Namen des Mannes als Familiennamen (Art. 160 Abs. 1 revZGB). Aber die Braut kann dem Zivilstandsbeamten gegenüber erklären, sie wolle ihren bisherigen Namen dem Familiennamen voranstellen (Art. 160 revZGB). Die Eintragung im Grundbuch muß entsprechend vorgenommen werden. Fräulein Meier, das Herrn Schmidt geheiratet und von der gesetzlichen Möglichkeit Gebrauch gemacht hat, erscheint im Grundbuch als «Meier-Schmidt»; besser jedoch als Frau Meier, verheiratete Schmidt, um den Anschein zu vermeiden, «Meier» sei der Name des Ehemannes, dem der Mädchenname der Frau («Schmidt») folge. Sind die Brautleute von der zuständigen Regierung ermächtigt worden, von der Heirat an den Namen der Frau als Familiennamen zu verwenden (Art. 30 Abs. 2 revZGB), muß die Frau unter diesem Namen im Grundbuch eingetragen werden. Das gleiche gilt für den Mann als Eigentümer; doch empfiehlt es sich, dem Familiennamen den frühern Namen des Mannes folgen zu lassen.
[11] ZBGR 15, 1934, S. 181; HOMBERGER, a. a. O.
  Nach dem neuen Art. 149 Abs. 2 ZGB (für die Ungültigkeit, siehe auch Art. 134 Abs. 2 revZGB) behält der geschiedene Ehegatte, der seinen Namen geändert hat (und das gilt wegen des revidierten Art. 30 Abs. 2 ZGB auch für den Ehemann), den Familiennamen, den er mit der Heirat angenommen hat. Der Grundbucheintrag muß damit im Fall der Scheidung des Eigentümers nicht geändert werden. Anders ist es, wenn der geschiedene Ehegatte beschließt, den ledigen oder den Namen anzunehmen, den er vor der Heirat getragen hat (Art. 149 Abs. 2, 134 Abs. 2 revZGB am Schluß). In diesem Fall muß das Grundbuch nachgetragen werden.

§ 7   Die Eintragungen (im engern Sinn)   103

nachgetragen werden. Nach allgemeiner Auffassung geht es dabei darum, daß ein ungenau gewordener Eintrag richtiggestellt wird, ohne daß der Berechtigte geändert hat. Ein Begehren um Richtigstellung desselben würde genügen (Art. 977 Abs. 1 und 2 ZGB)[12]. Siehe jedoch hinten, § 42 II 3c.

Für verheiratete Personen, insbesondere die Frauen, besteht keine Vorschrift, weder den Güterstand noch die Beschränkungen anzugeben, die sich aus ihm ergeben[13]. Es empfiehlt sich auch nicht, diese Angaben ins Grundbuch aufzunehmen; denn man dürfte sich doch nicht auf sie verlassen. Ein Wechsel des Güterstandes, der keine Änderung in den Eigentumsverhältnissen nach sich zieht (vgl. Art. 26 Abs. 1 GBV) wird dem Grundbuchverwalter nicht mitgeteilt. Es kann vorkommen, daß eine Frau, für die im Grundbuch der Güterstand der Gütertrennung angegeben wäre, in einem bestimmten Zeitpunkt nicht mehr allein verfügen könnte, weil die Eheleute den Wohnort gewechselt, es aber unterlassen haben, die Gütertrennung am neuen Wohnsitz wieder ins Güterrechtsregister eintragen zu lassen. Der bestehende Eintrag der Gütertrennung im Grundbuch würde damit einen falschen Anschein erwecken[14].

Im Grundbuch werden die Beschränkungen der Handlungsfähigkeit eines Eigentümers, die sich aus elterlicher Gewalt, aus Bevormundung oder Verbeiständung ergeben, nicht angegeben[15].

---

[12] HOMBERGER, Art. 946 N. 11; FRIEDRICH, Grundbuch und eheliches Güterrecht, S. 245.
[13] OSTERTAG, Art. 960 N. 2 f.; KNAPP, Le régime matrimonial, S. 152 N. 494.
[14] OSTERTAG, Art. 965, Excursus, N. 14 und 17; HOMBERGER, Art. 958 N. 2; GONVERS-SALLAZ, Art. 37 GBV N. 1; FRIEDRICH, S. 245 ff.; KNAPP, N. 494. Im gegenteiligen Sinn: GMÜR, Art. 248 N. 67. In einzelnen Kantonen, namentlich Basel-Stadt, wird der Güterstand angegeben, unter dem verheiratete Grundeigentümer stehen. Doch kann das Grundbuch nicht deswegen die Rolle eines zweiten Güterrechtsregisters übernehmen, FRIEDRICH, S. 247. Lebt aber ein Ehepaar unter dem Güterstand der Gütergemeinschaft und gilt diese durch Eintragung im Güterrechtsregister auch Dritten gegenüber, muß sie zusätzlich ins Grundbuch eingetragen werden (Art. 248 ZGB). Der Eintragung im Grundbuch kommt aber nur deklaratorische Bedeutung zu.
Nach dem *neuen Eherecht* soll eine Gütergemeinschaft, die Grundstücke umfaßt, im Grundbuch eingetragen werden (Art. 665 Abs. 3 revZGB). Die Grundstücke gehen gerade mit Abschluß des Ehevertrages ins Gesamteigentum der Ehegatten über (Art. 182–184 revZGB). Dieser muß weder von der Vormundschaftsbehörde genehmigt werden, noch unterliegt er der Eintragung ins Güterrechtsregister. Letztere fällt überhaupt weg, und auch die Eintragung im Grundbuch ist lediglich deklaratorischer Natur.
[15] OSTERTAG, Art. 958 N. 6 f.; HOMBERGER, Art. 958 N. 2.

c) Bezeichnung der juristischen Personen

Bei juristischen Personen sind bei der Eintragung in der Eigentumsspalte folgende Angaben zu machen (Art. 31 Abs. 2 ZGB): die Firma oder der Name, der Sitz sowie die Art der Gesellschaft oder juristischen Person (Verein, Stiftung, Aktiengesellschaft, Kommanditaktiengesellschaft, Gesellschaft mit beschränkter Haftung, Genossenschaft). Besitzt eine Handelsgesellschaft eine Zweigniederlassung und soll ein Grundstück auf deren Namen eingetragen werden, so kann das beim Hauptsitz gesondert angegeben werden. Auch ausländische juristische Personen, die dem schweizerischen Recht nicht bekannt sind, müssen im Grundbuch eingetragen werden[16]. Die Körperschaften und Anstalten des öffentlichen Rechts werden mit dem amtlichen Namen angegeben. Allenfalls wird der Teil des Vermögens, zu dem das Grundstück gehört (Beispiel: SBB), erwähnt[17]. Soweit das Rechtssubjekt seine Identität beibehält, werden Namensänderungen bei juristischen Personen gleich nachgetragen wie bei natürlichen (dazu hinten, § 42 II 3b).

d) Die Eintragung von Mit- und Stockwerkeigentum

Steht ein Grundstück in gemeinschaftlichem Eigentum, muß die Art des Eigentums, ob Mit- oder Gesamteigentum, aus dem Eintrag ersichtlich sein.
Bei Miteigentum werden auf dem Grundbuchblatt die Namen aller Miteigentümer aufgeführt (Art. 31 GBV). Dabei wird der Bruchteil angegeben, der jedem einzelnen zusteht (Art. 33 Abs. 1 GBV). Ist das Miteigentum an einem Grundstück vom Eigentum an andern Grundstücken abhängig (unselbständiges Miteigentum), trägt man in der Eigentumsspalte des ersten die Nummern der zweiten ein und verweist auf deren Blätter auf diese Verbindung (Art. 32 Abs. 1 und 2 GBV, der sinngemäß oder in Verbindung mit Art. 39 GBV anwendbar ist)[18].
Für Miteigentumsanteile können, für Stockwerkeigentumsanteile müssen besondere Blätter eröffnet werden (dazu vorn, § 6 II 4, IV 5). In diesem Fall verbleiben auf dem Blatt des Grundstückes selber (Liegenschaft, selbständiges und dauerndes Baurecht) die Nummern, die den Miteigen-

---

[16] HOMBERGER, Art. 946 N. 9; ZBGR 18, 1937, S. 57 und 37, 1956, S. 263 (ObG Zürich).
[17] HOMBERGER, a. a. O.
[18] HOMBERGER, Art. 946 N. 6; HAAB, Art. 646 N. 9; LIVER, Die Anmerkung, S. 16ff. Siehe hinten, § 20 B IV.

§ 7   Die Eintragungen (im engern Sinn)   105

tumsanteilen oder den Stockwerken zukommen. Die Namen der Miteigentümer ergeben sich aus den besondern Blättern (Art. 32 Abs. 3 GBV, der auf Absatz 1 verweist). Das Blatt der Liegenschaft oder des selbständigen und dauernden Rechtes bleibt bestehen (Art. 33a GBV)[19]. Auf den besondern Blättern wird der Eigentümer nach den gewöhnlichen Regeln angegeben (Art. 31 GBV).

e) Die Eintragung von Gesamteigentum

Das Gesamteigentum stellt eine ungeteilte Sachherrschaft von mehreren Berechtigten dar. Im Grundbuch dürfen daher weder Bruchteile noch Beteiligungsrechte der einzelnen Gesamteigentümer angegeben werden[20]. Art. 33 Abs. 3 GBV schreibt vor, den nach Art. 31 angegebenen mehreren Eigentümern den Hinweis auf das die Gesamthand begründende Rechtsverhältnis beizufügen: Gütergemeinschaft, Erbengemeinschaft, Gemeinderschaft, einfache Gesellschaft, Kollektivgesellschaft, Kommanditgesellschaft. Die Eintragung von abstraktem Gesamteigentum, bei dem keines der vom Gesetz vorgesehenen Gesamthandsverhältnisse angegeben wird, ist nicht möglich[20a]. Eine Kollektiv- oder Kommanditgesellschaft erwirbt als solche Eigentum, unter ihrer Firma. Zusätzlich wird im Grundbuch ihr Sitz angegeben (Art. 31 Abs. 2 GBV). Es ist nicht nötig und empfiehlt sich auch nicht, die Namen der einzelnen Mitglieder der Gesellschaft aufzuführen. So kann das Verfahren vermieden werden, das sonst bei jeder Änderung im Mitgliederbestand der Gesellschaft notwendig ist[21]. Abgesehen von

---

[19] Für das Stockwerkeigentum wird die Eintragung auf dem Stammgrundstück in Art. 33a GBV umschrieben. Nach Absatz 2 umfaßt sie:
«a) die Nummer des Blattes eines jeden Stockwerkes;
  b) den Bruchteil (Wertquote) eines jeden Stockwerkes, ausgedrückt in Hundertsteln oder Tausendsteln;
  c) die Bezeichnung des Eigentumsverhältnisses als Stockwerkeigentum (StWE);
  d) das Datum des Eintrages;
  e) die Angabe des Begründungsaktes («Begründungsvertrag» oder «Begründungserklärung»);
  f) die Verweisung auf die Belege.»
Siehe das Rundschreiben des EJPD vom 24. November 1964, zit. vorn, § 6 Note 61. Vgl. MEIER-HAYOZ, Art. 646 N. 30ff.; FRIEDRICH, Stockwerkeigentum und Grundbuch, insbesondere S. 335ff.; Bern. Hdb., S. 20ff. Zur Eintragung von Stockwerkeigentum vor Erstellung des Gebäudes, Art. 35c GBV; unten, IV 1e.

[20] HOMBERGER, Art. 946 N. 7; OSTERTAG, Art. 946 N. 4; MEIER-HAYOZ, Art. 652 N. 48f.; HAAB, Art. 652–654 N. 43; GROSSEN, ZBGR 40, 1959, S. 94; F. JENNY, ZBGR 40, 1959, S. 194.

[20a] BGE 84 I, 1958, S. 126.

[21] HOMBERGER, Art. 946 N. 8; MEIER-HAYOZ, Art. 652 N. 50; HAAB, Art. 652–654 N. 25; GROSSEN, S. 9. Vgl. BGE 78 I, 1952, S. 12. Siehe hinten, § 42 II 3a.

diesen Fällen müssen wohl die Namen aller Gesamteigentümer angegeben werden. Das gilt für die Gütergemeinschaft, die Gemeinderschaft und für die einfache Gesellschaft. Für letztere wird jedoch eine Ausnahme gestattet, wenn sie einen Namen besitzt[22]. Die Regel findet wohl auch auf die Erbengemeinschaft Anwendung. In der Praxis wird diese aber häufig unter einer Gesamtbezeichnung angegeben (Beispiel: Erbengemeinschaft des Hans Meier). Voraussetzung ist allerdings, daß die einzelnen Mitglieder der Gemeinschaft aus den Belegen ersichtlich sind[23] [23a].

Wird das einer Gesamthand zugrunde liegende Rechtsverhältnis durch ein anderes ersetzt, führt das im Grundbuch zu einer Nachtragung; denn ein Eigentumsübergang findet nicht statt. Allgemein wird in diesem Fall das Verfahren nach Art. 977 ZGB angewendet (siehe jedoch hinten, § 42 II 3b). Als Beispiel kann etwa die Umwandlung einer Erbengemeinschaft in eine einfache Gesellschaft angeführt werden[24].

Tritt ein Mitglied aus der Gemeinschaft aus, wird ebenfalls nur das Grundbuch richtiggestellt; denn die ungeteilte Sachherrschaft der mehreren Berechtigten ändert nicht. Beispiel: Der Name eines verstorbenen Erben wird durch die Namen seiner eigenen Erben ersetzt; der Name eines Erben, der seinen Anteil an einen andern abgetreten hat, wird einfach ge-

---

[22] MEIER-HAYOZ, Art. 652 N. 51f.; HAAB, Art. 652–654 N. 25; anderer Meinung: HOMBERGER, Art. 946 N. 7; es ist in der Tat zweifelhaft, ob sich der Ausdruck «Name» in Art. 31 Abs. 2 II GBV auf Gesellschaften ohne eigene Rechtspersönlichkeit bezieht.

[23] HOMBERGER, Art. 946 N. 7; MEIER-HAYOZ, Art. 652 N. 53; HAAB, Art. 652–654 N. 24; GROSSEN, S. 8; ZBGR 62, 1981, S. 285 (Justizkommission Luzern); 62, 1981, S. 300 (BGer). Ist eine Ehefrau, die mit ihrem Ehemann unter dem Güterstand der allgemeinen Gütergemeinschaft lebt, Mitglied einer Erbengemeinschaft, zu deren Vermögen auch Grundstücke gehören, wird im Grundbuch nur die Ehefrau, nicht aber der Ehemann eingetragen. Dieser wird nicht Mitglied der Erbengemeinschaft. Er hat nur einen Anspruch darauf, daß der Anteil, der seiner Frau aus der Teilung zugewiesen wird, in das Gemeinschaftsgut fällt; vgl. MEIER-HAYOZ, Art. 652 N. 56; LEMP, Art. 215 N. 8.

[23a] Betreffend die Eintragung des überlebenden Ehegatten als Eigentümer, während er das ihm nach Art. 462 Abs. 1 ZGB zustehende Wahlrecht noch nicht ausgeübt hat, hat das BGer (109 II, 1983, S. 298) entschieden: Um die Klarheit, Vollständigkeit und Sicherheit des Grundbuches zu gewährleisten, muß neben dem Namen des überlebenden Ehegatten oder nach der Aufzählung der Erben, die Gesamteigentümer sind, die Angabe stehen, daß das Wahlrecht nicht ausgeübt worden ist oder vorbehalten bleibt. Bei dieser Angabe handelt es sich um eine Verdeutlichung und nicht um die Eintragung von bedingtem Eigentum, die nach Art. 12 GBV verboten wäre. Diese Verdeutlichung stellt einen Vermerk dar. Man könnte sie sogar Anmerkung nennen. Jedenfalls hat sie die gleiche Bedeutung, über einen Sachverhalt Auskunft zu geben (unten, IV 2 und hinten, § 20).

[24] BGE 96 II, 1970, S. 325ff.; 94 II, 1968, S. 96; 59 III, 1933, S. 109; MEIER-HAYOZ, Art. 652 N. 72ff.; HAAB, Art. 652–654 N. 32; GROSSEN, S. 11ff. Die gegenteilige Meinung von WIELAND, Handelsrecht I 644, gefolgt von BGE 60 III, 1934, S. 97 *nebenbei* und von der bündnerischen Praxis, SJZ 48, 1952, S. 193, kann als überholt angesehen werden.

strichen. In beiden Fällen wird auf das Beleg verwiesen[25]. Siehe hinten, § 42 II 3a.

2. Die Eintragung der Dienstbarkeiten

Die Dienstbarkeiten werden in jedem Fall auf dem Blatt des dienenden Grundstücks eingetragen. Bei Grunddienstbarkeiten wird eine Eintragung auch auf demjenigen des herrschenden Grundstücks vorgenommen (Art. 35 Abs. 1 GBV; Art. 968 ZGB)[26].

Die Eintragung erfolgt unter einem kleinen Buchstaben (a, b, c) in der ersten Abteilung der Spalte.

Die zweite Abteilung enthält die Umschreibung der Dienstbarkeit. Diese wird in kurzer Form, aber so klar wie möglich, vorgenommen (Beispiele: Durchgangsrecht zu Fuß und mit Wagen, Baubeschränkung)[26a]. Inhalt und Umfang des Rechtes werden im Rahmen des Wortlautes durch die Belege festgelegt (Art. 971 Abs. 2, 738 Abs. 2 ZGB)[27]. In der Eintragung muß angegeben werden, ob es sich um eine Last (L.: Aussichtsrecht zugunsten Nr. 271)

---

[25] HOMBERGER, Art. 946 N. 12; MEIER-HAYOZ, Art. 652 N. 69 ff.; HAAB, Art. 652–654 N. 40; GROSSEN, S. 13 ff.; F. JENNY, S. 205 ff. Bei einer Kollektiv- oder Kommanditgesellschaft findet eine Änderung in der Zusammensetzung der Gesellschaft, und zwar selbst der Eintritt eines neuen Gesellschafters, im Grundbuch keinen Ausdruck, wenn die Gesellschafter nicht einzeln bezeichnet sind, BGE 51 I, 1925, S. 432. Das gleiche gilt für eine Erbengemeinschaft, wenn sie im Grundbuch unter einer Gesamtbezeichnung eingetragen ist. Sind in der Eigentumsspalte die Namen der einzelnen Erben angegeben, werden die notwendigen Ergänzungen vorgenommen. Diese beschränken sich aber auf diese Spalte, unter Hinweis auf die Belege.

[26] Die Eintragung auf dem Blatt des herrschenden Grundstücks stellt zumindest eine Ordnungsvorschrift dar. Nach einer alten Lehre war sie notwendig: H. LEEMANN, Art. 731 N. 20; HOMBERGER, Art. 968 N. 1; WIELAND, zu Art. 968; OSTERTAG, Art. 968 N. 1 f. Anderer Meinung: LIVER, Art. 731 N. 55 ff.; TUOR/SCHNYDER, S. 707 und PIOTET, Dienstbarkeiten und Grundlasten, S. 564. LIVER legt das Gewicht zu Recht darauf, für Entstehung, Inhalt und Untergang der Grunddienstbarkeit sei die Eintragung auf dem Blatt des dienenden Grundstücks maßgebend. Der öffentliche Glaube des Grundbuches erstreckt sich auf den Eintrag auf dem Blatt des berechtigten Grundstückes nur soweit, als dieser mit dem Eintrag auf dem belasteten Grundstück übereinstimmt. Die Eintragung, die auf dem Blatt des berechtigten Grundstücks vorgeschrieben ist, hat damit materiell nur die Bedeutung einer Anmerkung. Für die Realgrundlasten sieht Art. 39 GBV auf dem berechtigten Grundstück denn auch nur eine Anmerkung vor. Im Entscheid 95 II, 1969, S. 605 ff. hat das BGer die Frage offen gelassen; in BGE 97 II, 1971, S. 37 ff. ist es aber offenbar *beiläufig* der Meinung von Liver gefolgt: «L'iscrizione sul fondo serviente, la sola que conti per la nascità della servitù, ...», S. 41 f.

[26a] Zum Wortlaut der Dienstbarkeiten, siehe insbesondere Bern. Hdb., S. 26.

[27] LIVER, Art. 731 N. 65 und 67; ZBGR 51, 1970, S. 75 (KGer Graubünden); 48, 1967, S. 224 (ObG Luzern). Vgl. BGE 87 II, 1961, S. 85; 86 II, 1960, S. 243; 83 II, 1957, S. 122. – Die

oder um ein Recht handelt (R.: Baurecht zu Lasten Nr. 172). Bei einer Personaldienstbarkeit ist der Berechtigte zu nennen. Wird eine Dienstbarkeit auf eine bestimmte Dauer begründet, muß auch diese in der Eintragung angegeben werden. Ist mit einer Dienstbarkeit die Pflicht zu einem Tun verbunden, muß die Eintragung diese in geeigneter Weise ersichtlich machen[28]. Die sog. Legaldienstbarkeiten (Art. 674 Abs. 3, 691, 694, 710 ZGB) sollten eigentlich als solche bezeichnet werden[29]. Die Eintragung einer Dienstbarkeit *kann* im weitern eine bestimmte Summe als Wert des Rechtes angeben; sofern die vorgehenden Pfandgläubiger der Errichtung der Dienstbarkeit nicht zugestimmt haben (Art. 37 Abs. 2 GBV, Art. 812 Abs. 2 und 3 ZGB)[30].

Die dritte Abteilung enthält das Datum der Eintragung; die vierte verweist auf das Beleg[31].

Servitutenregister des alten Rechts können ebenfalls als Auskunftsmittel dienen, ohne daß ihnen die Wirkungen des Grundbuches zukommen. Sind jedoch die Einschreibungen in einem solchen Register von den Parteien unterzeichnet, haben sie die Bedeutung von Belegen und gehören zum eigentlichen Bestand des Grundbuches; vgl. LIVER, Art. 731 N. 82a; ZBGR 41, 1960, S. 210 (ObG Zürich). – Allenfalls verweist die Eintragung auch auf einen Plan, in dem die Dienstbarkeit eingezeichnet ist, LIVER, N. 70. Als Gegenstände, welche die Vermessung aufzunehmen hat, führt Art. 28 der Instruktion für die Vermarkung und die Parzellarvermessung vom Jahr 1919 insbesondere an: die Dienstbarkeitsgrenzen; die unwichtigen Bauten, wenn sie Gegenstand von Dienstbarkeiten bilden oder in fremdes Privateigentum hinüberragen; die Feld-, Wald-, Saum- und Fußwege, die Brücken und Stege, die ständigen Drahtseilriesen. Art. 39 bestimmt: «Sofern Dienstbarkeiten gemäß den festgestellten Normen nicht deutlich genug dargestellt werden können, sollen Spezialpläne erstellt und dem Grundbuch beigegeben werden.» Im übrigen siehe die Art. 66–68 über die Nachführung.

[28] LIVER, Art. 731 N. 66. Dem an sich wichtigen Erfordernis wird vielleicht nicht immer genügend Beachtung geschenkt.

[29] LIVER, Art. 731 N. 71.

[30] Art. 37 Abs. 3 GBV lautet:
«Haben vorgehende Pfandgläubiger der Errichtung einer Grundlast oder Dienstbarkeit zu Lasten eines verpfändeten Grundstücks zugestimmt, so hat der Grundbuchverwalter diese Einwilligung unter den "Bemerkungen" zu den betreffenden Grundpfandeinträgen einzuschreiben, *bei dem Eintrag der Dienstbarkeit hierauf zu verweisen* und die neue Last auf den Pfandtitel als vorgehendes Recht aufzunehmen.»

[31] Art. 36 GBV lautet:
«Wo besondere Liegenschaftsbeschreibungen geführt werden, soll mit der Eintragung der Dienstbarkeiten und Grundlasten in das Hauptbuch eine Einschreibung in die entsprechenden Liegenschaftsbeschreibungen verbunden werden.
Diese Einschreibung soll mit einer Litera (a, b, c usw.) versehen werden, die Angabe der Art, ob Recht oder Last, enthalten und, unter Verweisung auf das Beleg, eine kurze Beschreibung der Dienstbarkeit oder Grundlast geben.»
Art. 38 GBV lautet:
«Steht das Grundstück, zu dessen Lasten oder zu dessen Gunsten eine Grunddienstbarkeit eingetragen werden soll, auf einem Kollektivblatt, so sind bei dem Eintrag auf diesem Blatt stets die Nummern des belasteten und des berechtigten Grundstücks anzugeben.

3. Die Eintragung der Grundlasten

Die Grundlasten werden in der gleichen Spalte eingetragen wie die Dienstbarkeiten (Dienstbarkeiten und Grundlasten). Grundsätzlich gelten auch die gleichen Regeln (Art. 35, 36, 37 Abs. 3 GBV). Besteht jedoch eine Grundlast zugunsten eines bestimmten Grundstückes (Art. 782 Abs. 3 ZGB), so wird sie nach Art. 39 GBV als Last auf dem Blatt des belasteten, nicht aber als Recht auf jenem des berechtigten Grundstückes eingetragen. Auf diesem Blatt kann sie nur angemerkt werden. Dies ergibt sich aus Art. 968 ZGB. Er sieht die Eintragung auf beiden Blättern nur für die Grunddienstbarkeiten vor[32].

Nach Art. 783 Abs. 2 ZGB muß die Eintragung einer Grundlast zusätzlich im Hauptbuch oder in der Liegenschaftsbeschreibung immer eine bestimmte Geldsumme in Schweizer Franken als Wert der Grundlast angeben (Art. 37 Abs. 1 GBV)[33].

4. Die Eintragung der Grundpfandrechte

a) Allgemeine Regeln

Die Eintragung der Grundpfandrechte umfaßt eine ganze Anzahl Angaben, die in Art. 40 GBV aufgeführt werden.

Sind das belastete und das berechtigte Grundstück auf einem Kollektivblatt vereinigt, so bedarf es nur einer Eintragung, unter Angabe der Nummern des belasteten und des berechtigten Grundstücks.»

[32] Art. 39 GBV steht zu Art. 35 im Widerspruch, der auch bei den Grundlasten die Eintragung auf dem berechtigten Grundstück vorsieht, wenn das Recht zugunsten des Eigentümers eines bestimmten Grundstücks errichtet wird. WIELAND, Art. 968 N. 1, und OSTERTAG, Art. 968 N. 1, befürworten die Anwendung von Art. 968 auf die Realgrundlasten. HOMBERGER, Art. 968 N. 3 ff., gefolgt von GONVERS-SALLAZ, Art. 39 GBV N. 4, glaubt den Widerspruch durch die Unterscheidung lösen zu können, ob eine Realgrundlast für die wirtschaftlichen Bedürfnisse des berechtigten Grundstücks bestimmt sei – was bei den Grunddienstbarkeiten immer der Fall sei – oder nicht; vgl. Art. 782 Abs. 3 ZGB. Im ersten Fall wird die Realgrundlast als Recht auf dem Grundbuchblatt des herrschenden Grundstückes eingetragen. Im zweiten Fall, d.h. wenn die Grundlast diesem Grundstück keinen wirklichen Vorteil verschafft, wird sie darauf lediglich angemerkt (in diesem Sinn RR Bern, ZBGR 50, 1969, S. 229). Es wäre besser, sich für eine einheitliche Lösung zu entscheiden. An und für sich drückt die Anmerkung die Verknüpfung eines dinglichen Rechtes mit einem Grundstück aus (vgl. Art. 32 GBV). Die Eintragung einer Grunddienstbarkeit auf dem Blatt des herrschenden Grundstücks stellt materiell eine Anmerkung dar (oben, Note 26). Es wäre gerechtfertigt, sich ohne Vorbehalt an Art. 39 GBV zu halten.

[33] Das ist der Betrag, den die Parteien vereinbart haben. Wenn die Last in der jährlichen Leistung einer bestimmten Summe besteht, darf der Grundbuchverwalter das zwanzigfache als Gesamtwert der Leistung eintragen, HOMBERGER, Art. 946 N. 14.

Jedes Pfandrecht wird unter einem grossen Buchstaben angegeben (A, B, C), der für die spätern Eintragungen, die das gleiche Recht betreffen, beibehalten wird. Den spätern Eintragungen wird jedoch dem entsprechenden grossen Buchstaben eine Zahl beigefügt (A1, A2, A3)[34]. Die neuen Pfandrechte erhalten einen neuen Buchstaben: B, C, D (Art. 40 Abs. 1 lit. a GBV).

Die Eintragung gibt die Art des Pfandrechtes an: Grundpfandverschreibung, Schuldbrief, Gült, und zwar teilweise in abgekürzter Form: Pf.V., Sch.B., Gült (Art. 40 Abs. 1 lit. b GBV). Die folgende Eintragung ist jene des *Gläubigers im Zeitpunkt der Pfandbestellung* (Art. 40 Abs. 1 lit. c GBV). Es werden die gleichen Angaben gemacht wie beim Eigentümer (Art. 31 Abs. 2 GBV). Der Eintrag wird auch nicht abgeändert, wenn die Forderung oder der Titel abgetreten wird. Lautet der Titel auf den Inhaber (Schuldbrief oder Obligation mit Grundpfandverschreibung), wird «Inhaber» in der Abteilung eingetragen. Wird ein Schuldbrief oder eine Gült auf den Namen des Eigentümers ausgestellt (Art. 859 Abs. 2 ZGB), so wird dessen Name eingetragen; die Angabe «Eigentümer» genügt nicht[35].

Die Eintragung umfaßt weiter die Höhe der durch das Pfandrecht *gesicherten Forderung* und allenfalls den *Zinsfuß* (Art. 40 Abs. 1 lit. d GBV). Bei der Maximalgrundpfandverschreibung wird der Zinsfuß nicht angegeben (Art. 794 Abs. 2 ZGB). Die entsprechende Abteilung bleibt leer. Daraus ersieht man auch, daß es sich um ein Maximalpfandrecht handelt[36]. Dient

---

[34] Die «spätern Eintragungen» stellen nicht materiell neue Eintragungen, sondern Wiedereintragungen dar, welche die in der Zwischenzeit eingetretenen Änderungen berücksichtigen (Beispiel: Herabsetzung der Pfandsumme). Doch handelt es sich um das gleiche Pfandrecht, das, insbesondere auch im Verhältnis zu den Dienstbarkeiten, den gleichen Rang einnimmt, GONVERS-SALLAZ, Art. 40 GBV N. 3.

[35] Art. 52 GBV bestimmt:
«Bei Ausgabe von Pfandtiteln in Serien (ZGB Art. 876 ff.) ist außer den Angaben nach Art. 40 in der Kolumne «Gläubiger» noch die Anzahl der Titel einzutragen.
Werden Anleihensobligationen durch Errichtung einer Grundpfandverschreibung oder eines Schuldbriefes gemäß ZGB Art. 875 Ziff. 1 sichergestellt, so gelten die Bestimmungen des Art. 40 mit den Abänderungen, daß als Gläubiger «die aus den Anleihensobligationen Berechtigten» eingetragen, ferner in der gleichen Kolumne der Betrag, die Anzahl und die Art der Obligationen (Namens- oder Inhaberobligationen) angegeben werden und der Name des Stellvertreters für die Gläubiger und den Schuldner unter den Bemerkungen erwähnt wird.»
Wird das ganze Anleihen durch eine Grundpfandverschreibung nach Art. 875 Ziff. 2 ZGB sichergestellt, so wird als Gläubiger die Ausgabestelle der Anleihe ins Grundbuch eingetragen. Der Stellvertreter der Obligationäre (Pfandhalter) kann nach Art. 66 Abs. 2 GBV im Gläubigerregister angegeben werden, HOMBERGER, Art. 946 N. 17 am Schluß.

[36] HOMBERGER, Art. 946 N. 17; H. LEEMANN, Art. 794 N. 14 f.; BGE 75 I, 1949, S. 337.

§ 7   Die Eintragungen (im engern Sinn)   111

das Pfandrecht jedoch zur Sicherstellung einer Forderung von bestimmter Höhe, müssen der Zins und seine Höhe angegeben werden[37].

Es folgt die Abteilung, welche für die *Pfandstelle* oder den *Rang* bestimmt ist (Art. 40 Abs. 1 lit. e GBV)[38].

Zum Schluss wird das *Datum der Eintragung* (Art. 40 Abs. 1 lit. f GBV) angegeben und auf das *Beleg* verweisen (lit. g).

Eine besondere Kolumne ist für die *Bemerkungen zu den Grundpfandrechten* bestimmt.

Art. 40 Abs. 2 GBV erwähnt die besondern Vereinbarungen über Rückzahlungen und Kündigungen oder über die Amortisation der Pfandschuld. Um das Hauptbuchblatt nicht zu überladen, begnügt sich die Praxis mehrerer Kantone mit einem Verweis auf die Belege[38a]. Daneben kann die Kolumne der Bemerkungen aber noch andere Angaben aufnehmen:

– Die Zustimmung der vorangehenden Grundpfandgläubiger nach Art. 37 Abs. 3 GBV (siehe oben, Note 30);
– den Hinweis auf die weitern verpfändeten Grundstücke beim Gesamtpfand (Art. 42 Abs. 1 und 44 GBV; siehe unten, b bb);
– die Verpfändung eines Miteigentumsanteiles (Art. 47 Abs. 1 GBV; siehe unten b cc);
– die Bezeichnung des Vertreters der Gläubiger und des Schuldners bei Anleihungsobligationen (Art. 52 Abs. 2 GBV; siehe oben, Note 35);
– die Angabe der Tilgung durch Annuitäten in Prozenten, wenn eine Bodenverbesserung ohne staatliche Beihilfe durchgeführt worden ist (Art. 49 Abs. 2 GBV);
– die Angabe «Baupfandrecht» bei der Eintragung eines Bauhandwerkerpfandrechtes (Art. 50 Abs. 1 GBV)[38b];
– die Angabe «Baurechtszins» bei der Eintragung des gesetzlichen Pfandrechtes für den Baurechtszins (Art. 50 Abs. 2 GBV);
– die Angabe «Heimfallentschädigung» beim gesetzlichen Pfandrecht, das der Sicherstellung dieser Entschädigung dient (Art. 50 Abs. 3 GBV)[39];
– die Angabe des Bevollmächtigten bei der Errichtung eines Schuldbriefes oder einer Gült (Art. 860 ZGB, Art. 51 GBV);

---

[37] Einen veränderlichen Zinsfuß kann man nicht eintragen. Es kann jedoch ein Zinsfuß eingetragen werden, der über demjenigen liegt, den die Parteien tatsächlich anwenden. Vgl. H. HUBER, Aktuelle Fragen, S. 351.
[38] Zur Darstellung des Ranges im Hauptbuch, vgl. FRIEDRICH, Der Rang, S. 346ff. Bei der Eintragung von Pfandrechten zur Sicherstellung für Forderungen aus Bodenverbesserungen (Art. 820 ZGB) wird der Rang durch die Abkürzung «BV» ersetzt.
[38a] ZBGR 49, 1968, S. 91 (ObG Zürich): Gleiche Lösung für die Ausfertigung der Pfandtitel.
[38b] Bestehen mehrere Bauhandwerkerpfandrechte, erhält jedes von ihnen nach der Reihenfolge der Eintragung einen besonderen Rang; und zwar ungeachtet von Art. 840 ZGB; BGE 63 III, 1937, S. 1.
[39] Art. 50 Abs. 4 GBV lautet:
«Die Bezeichnung 'Heimfallentschädigung' wird statt der Pfandstelle mit der Abkürzung 'HfE' eingetragen und durch die Bemerkung ergänzt, daß das Pfandrecht den Rang des gelöschten Baurechtes hat.»

- die Änderungen, die im Rechtsverhältnis zwischen Schuldner und Gläubiger eintreten (Art. 67 GBV);
- die Pfandentlassung infolge Abtrennung einer Teilfläche vom verpfändeten Grundstück (Art. 90 GBV; siehe vorn, § 6 IV 1c)[40];
- die Vereinbarung, daß im Grundbuch angemerkte Zugehörgegenstände im Einzelfall für ein bestimmtes Pfandrecht keine Sicherheit bieten sollen (Art. 644 Abs. 1, 805 Abs. 1 ZGB); siehe hinten, § 20 VIb.

Demgegenüber werden Vereinbarungen über das Nachrücken von Grundpfandgläubigern in der Spalte «Vormerkungen» eingetragen (Art. 40 Abs. 3 GBV).

b) Sonderfälle
aa) Die Eintragung einer leeren Pfandstelle

Die Eintragung einer leeren Pfandstelle geschieht nach den Vorschriften des Art. 40 GBV: In der Abteilung, die für die Angabe des Gläubigers bestimmt ist, wird «leere Pfandstelle» oder «vorbehaltener Vorgang» eingetragen. Die Abteilung «Art des Grundpfandes» bleibt leer (Art. 48 GBV). Entgegen dem Wortlaut der GBV empfiehlt es sich jedoch, die Höhe des Zinsfusses anzugeben[41]. Eine leere Pfandstelle kann auch erst nachträglich entstehen; wenn ein bestehendes Pfandrecht gelöscht wird, ohne daß die nachfolgenden Gläubiger vom Nachrückungsrecht Gebrauch machen oder daß an Stelle des gelöschten ein neues Pfandrecht errichtet wird. Für die Eintragung gilt auch in diesem Fall Art. 48 GBV. Die leere Pfandstelle erhält den gleichen Buchstaben wie der gelöschte Eintrag (Art. 63 GBV)[41a].

bb) Die gleichzeitige Verpfändung mehrerer Grundstücke

Werden gleichzeitig mehrere Grundstücke verpfändet, wird das Pfandrecht auf den einzelnen Blättern des Hauptbuches eingetragen. Daneben

---

[40] Art. 83 GBV bestimmt:
«Die in dieser Verordnung vorgesehenen Einschreibungen in die Kolumne 'Bemerkungen zu den Grundpfandeinträgen' sind in der Weise vorzunehmen, daß alle Bemerkungen zu einem Grundpfandeintrag unter dessen Litera angebracht und soweit möglich zusammengestellt werden.
Ebenso ist bei dem Eintrag, auf den die Bemerkung Bezug hat, darauf zu verweisen, und es ist zum Zwecke der Einschreibung solcher Verweisungen nach jedem Grundbucheintrag in der Abteilung 'Grundpfand' eine Zeile leer zu lassen.»
[41] H. LEEMANN, Art. 794 N. 22; WIELAND, Art. 813 N. 6; GONVERS-SALLAZ, Art. 48 GBV N. 6. Es ist in der Tat wichtig, daß man später ohne die Zustimmung der nachfolgenden Gläubiger die leere Pfandstelle mit einem Pfandrecht mit einem bestimmten Zinssatz ausfüllen kann.
[41a] FRIEDRICH, Der Rang, S. 343.

muß unterschieden werden, ob ein Gesamtpfand nach Art. 798 Abs. 1 ZGB begründet oder das Pfandrecht nach Art. 798 Abs. 2 ZGB aufgeteilt wird.

Beim Gesamtpfand wird auf jedem Blatt in der Abteilung «Pfandsumme» der Betrag der gesamten Forderung angegeben. In der Kolumne «Bemerkungen» wird auf die weitern verpfändeten Grundstücke hingewiesen (Art. 42 Abs. 1, 43, 44 GBV)[42]. In den übrigen Fällen wird jedes Grundstück mit einem Teil der gesicherten Forderung belastet. Die Aufteilung der Pfandsumme wird dabei entweder von den Parteien selber oder vom Grundbuchverwalter nach dem mutmasslichen Wert der beteiligten Grundstücke vorgenommen (Art. 45 f. GBV)[43].

cc) Die Verpfändung von Mit- und Stockwerkeigentumsanteilen

Nach Art. 47 GBV (in der Fassung des BRB vom 21. April 1964) ist die Art der Verpfändung von Miteigentumsanteilen verschieden, je nachdem besondere Blätter eröffnet worden sind oder nicht.

Sind besondere Blätter eröffnet worden (Art. 10*a* GBV), werden die Pfandrechte auf diesen nach den Vorschriften des Art. 40 GBV eingetragen. Auf dem Blatt des Grundstückes selber wird die Verpfändung in Form einer Anmerkung zum Ausdruck gebracht (Art. 47 Abs. 3 GBV). Diese Regel gilt auch für Pfandrechte, die auf Stockwerkeigentumsanteilen errichtet werden – für diese müssen ja in jedem Fall eigene Grundbuchblätter eröffnet werden (Art. 10*a* Abs. 2 GBV). Werden Miteigentumsanteile getrennt vom Grundstück verpfändet, erhalten sie den Rang nach den gewöhnlichen Vorschriften (1., 2., 3. Rang)[44].

Sind keine besondern Blätter eröffnet worden, müssen für das Pfandrecht zunächst die in Art. 40 GBV vorgeschriebenen Angaben gemacht werden. Daneben ist in der Kolumne der Bemerkungen anzugeben, welcher Miteigentumsanteil Gegenstand des Pfandrechtes bildet (Art. 47 Abs. 1 GBV; Beispiel: haftet auf Miteigentumsanteil lit. b). Wie bei den gewöhnlichen Pfandrechten muß der Rang in der dafür vorgesehenen Ab-

---

[42] Vgl. Art. 42 Abs. 2–4 GBV für den Fall, daß das Gesamtpfand auf Grundstücken lastet, die in mehreren Grundbuchkreisen liegen. Zur Errichtung eines Gesamtpfandrechtes, vgl. BONORAND, S. 35 ff.
[43] HOMBERGER, Art. 946 N. 18; OSTERTAG, Art. 946 N. 13; H. LEEMANN, Art. 792 N. 53; ZBGR 29, 1948, S. 238 f. (BezG Horgen).
[44] Rundschreiben des EJPD vom 24. November 1964, zit. in § 6 Note 61; FRIEDRICH, Stockwerkeigentum und Grundbuch, S. 353.

teilung angegeben werden; d. h. in der Regel jener Rang, der dem letzten Pfandrecht folgt, das auf dem Grundstück als solchem oder auf einem der Miteigentumsanteile lastet[45]. Ein Miteigentumsanteil kann mit andern Miteigentumsanteilen am gleichen Grundstück oder mit andern Grundstücken (Liegenschaften, ins Grundbuch als Grundstücke aufgenommenen Baurechten) gesamthaft verpfändet werden[46].

Daneben ist noch daran zu erinnern, daß, wenn auf einem Miteigentumsanteil Pfandrechte oder Grundlasten bestehen, die Miteigentümer die Sache selbst nicht mehr mit solchen Rechten belasten können (Art. 648 Abs. 3 ZGB, der in Art. 47 Abs. 2 GBV nochmals aufgenommen wird).

c) Aushändigung der Schuldbriefe, Gülten sowie der Auszüge über die Eintragung einer Grundpfandverschreibung

Bei der Errichtung eines Schuldbriefes oder einer Gült muß der Grundbuchverwalter, der für die Eintragung zuständig ist, zugleich mit dieser auch den Pfandtitel ausfertigen. In Anwendung der Art. 857–859 und unter Berücksichtigung von Art. 798 ZGB (Gesamtpfand) werden die Einzelheiten in Art. 53–58 GBV geregelt. Hier sei lediglich festgehalten, daß der Pfandtitel folgende Angaben enthalten muß: die Pfandsumme, den Namen des Gläubigers, den Namen des Schuldners, die Beschreibung des belasteten Grundstückes, die Angaben der bereits darauf vorhandenen Belastungen und der ihm zustehenden Berechtigungen (Art. 53 Abs. 2 GBV). Lastet das Pfandrecht auf einem Mit- oder Stockwerkeigentumsanteil oder auf einem selbständigen und dauernden Recht, so sind im Pfandtitel auch die Rechte und Lasten anzugeben, die auf dem Blatt des gemeinschaftlichen Grundstückes oder der belasteten Liegenschaft eingetragen sind und im Rang vorgehen (Art. 53 Abs. 3 GBV).

In Anwendung von Art. 825 Abs. 2 und 3 ZGB umschreibt Art. 60 GBV die Urkunde, die über die Eintragung einer Grundpfandverschreibung ausgestellt wird. Absatz 2 dieses Artikels hält fest: Wird eine Grundpfandverschreibung auf dem Blatt eines Mit- oder Stockwerkeigentumsanteils oder eines selbständigen und dauernden Rechtes eingetragen, soll der Auszug aus dem Grundbuch «auch die auf dem Blatt des gemeinschaftlichen Grundstückes oder der belasteten Liegenschaft eingetragenen Rechte und vorgehenden Belastungen enthalten».

Art. 59 GBV schreibt vor: «Die Ausstellung von Grundpfandverschreibungen und Schuldbriefen zur Sicherstellung von Anleihensobligationen (ZGB Art. 875 Ziff. 1), sowie von Serienschuldbriefen und Seriengülten (ZGB Art. 876 ff.) erfolgt nach Formularen, die für den einzelnen Fall festgestellt werden.»

Im übrigen verweisen wir auf jenen Teil dieses Gesamtwerkes, der die Grundpfandrechte zum Gegenstand hat.

---

[45] HOMBERGER, Art. 946 N. 20.
[46] HOMBERGER, Art. 946 N. 20; HAAB, Art. 646 N. 13; BGE 45 II, 1919, S. 68; 43 III, 1917, S. 159; ZBGR 50, 1969, S. 88 (Grundbuchinspektorat Bern).

III. Die Vormerkungen

1. Die Vormerkungsfälle

Wir halten uns hier vorläufig an die formelle Einteilung, die allgemein gemacht wird und von der Art. 959-961 ZGB ausgeht. Über die Rechtsnatur, die Voraussetzungen sowie Wirkungen der einzelnen Vormerkungen sagen wir noch nichts aus (dazu, siehe hinten, IV. Kapitel § 18 und V. Kapitel §§ 31-35).

a) Die Vormerkung von persönlichen Rechten (Art. 959 Abs. 1 ZGB)

- Das Vorkaufs-, Kaufs- und Rückkaufsrecht (Art. 681, 683 ZGB, Art. 216 Abs. 2 und 3 OR); diesen Rechten nahestehend sind Vereinbarungen, mit denen gesetzliche Vorkaufsrechte aufgehoben oder abgeändert werden (Art. 682 Abs. 3 ZGB) oder das Vorkaufsrecht der Stockwerkeigentümer eingeführt wird (Art. 712*c* Abs. 1 ZGB);
- Miete und Pacht (Art. 260, 282 OR);
- das Einspracherecht der Stockwerkeigentümer (Art. 712*c* Abs. 2 ZGB);
- das Rückfallsrecht des Schenkers (Art. 247 OR);
- das Gewinnanteilsrecht der Miterben bei landwirtschaftlichen Grundstücken und Vereinbarungen betr. die Abänderung dieses Rechtes (Art. 619*quinquies* ZGB); das Gewinnanteilsrecht der Miterben bei nicht landwirtschaftlichen Grundstücken (Art. 619*sexies* ZGB);
- das Gewinnanteilsrecht des Veräußerers beim Verkauf eines landwirtschaftlichen Grundstückes an einen Erben (Art. 218*quinquies* OR);
- das Nachrückungsrecht der Grundpfandgläubiger (Art. 814 Abs. 3 ZGB);
- die Statutenbestimmung, nach welcher die Mitgliedschaft bei einer Genossenschaft mit der Veräußerung eines Grundstückes auf den Erwerber übergeht (Art. 850 Abs. 3 OR);
- die Vereinbarung, mit der die Aufhebung eines Miteigentumsverhältnisses vorläufig ausgeschlossen wird (Art. 650 Abs. 2 ZGB);
- die Vereinbarung zwischen Eigentümer und Baurechtsnehmer über die Höhe der Heimfallentschädigung, über das Verfahren zu ihrer Festsetzung sowie über die Wiederherstellung des ursprünglichen Zustandes der Liegenschaft (Art. 779*e* ZGB);
- nach *neuem Eherecht:* das Gewinnanteilsrecht eines Ehegatten bei der güterrechtlichen Auseinandersetzung um ein landwirtschaftliches Gewerbe (Art. 212 revZGB).

b) Die Vormerkung von Verfügungsbeschränkungen (Art. 960 Abs. 1 ZGB)

Ziffer 1: Die amtliche Anordnung zur Sicherung streitiger oder vollziehbarer persönlicher Ansprüche;
Ziffer 2: Pfändung (Art. 95 und 101 SchKG), Arrest (Art. 275 SchKG), Betreibung auf Pfandverwertung (Art. 90 und 97 VZG), Konkurs (Art. 176 und 204 SchKG), Nachlaßstundung (Art. 296 SchKG), Nachlaßvertrag mit Vermögensabtretung[47], Zuschlag in der Zwangsverwertung unter Gewährung eines Zahlungstermins (Art. 137 SchKG, Art. 66 Abs. 3 VZG, Art. 74 Abs. 2 GBV);
Ziffer 3: Rechtsgeschäfte, für die das Gesetz die Vormerkung zuläßt: die Errichtung einer Heimstätte (Art. 353 ZGB); die Auslieferung einer Erbschaft an einen Vorerben (Art. 490 Abs. 2 ZGB).

c) Vorläufige Eintragungen (Art. 961 Abs. 1 ZGB)

Eine vorläufige Eintragung kann beantragen:
Ziffer 1: Wer ein behauptetes dingliches Recht sichern will; d. h. derjenige, der wegen des öffentlichen Glaubens des Grundbuches Gefahr läuft, ein mit den bestehenden Einträgen nicht übereinstimmendes dingliches Recht (oder die ihm durch eine Vormerkung eingeräumte bevorzugte Stellung) zu verlieren[48];
Ziffer 2: Wer vom Gesetz ermächtigt ist, den Ausweis zu ergänzen (Art. 966 Abs. 2 ZGB).

Die vorläufige Eintragung eines gesetzlichen Pfandrechtes können weiter beantragen:
– die Handwerker und Unternehmer zur Sicherung ihrer Werklohnforderung (Art. 837 Abs. 1 Ziff. 3 ZGB), wenn Gläubiger und Schuldner über die Höhe des Werklohnes oder über die zu leistenden Sicherheiten nicht einig sind (Art. 22 Abs. 4 GBV);

---

[47] HOMBERGER, Art. 960 N. 39.
[48] HOMBERGER, Art. 961 N. 4 und 8. Art. 961 Abs. 1 Ziff. 1 ZGB hat auch die Sicherheit des Pfandgläubigers im Auge, der bei der Teilung eines Grundstückes (vorn, § 6 Noten 87f.) die vom Grundbuchverwalter vorgenommene Verteilung des Pfandes nicht annimmt und verlangt, daß seine Pfandforderung innerhalb eines Jahres getilgt werde (Art. 833 Abs. 2 ZGB), HOMBERGER, Art. 961 N. 45. Der Kläger, der, nachdem er das Grundstück veräußert hat, diese Veräußerung mit der Paulianischen Klage nach Art. 285 ff. SchKG anficht, kann sein Recht durch eine Vormerkung nach Art. 960 Abs. 1 Ziff. 1 ZGB sichern lassen, BGE 81 III, 1955, S. 98.

- die Gläubiger anderer gesetzlicher Pfandrechte (Art. 837 Abs. 1 Ziff. 2 und 3 ZGB, Art. 523 OR[49]);
- der Baurechtsnehmer, nach der Löschung des Baurechtes zur Sicherstellung der Heimfallentschädigung (Art. 22*a* Abs. 1 GBV; Art. 779*d* Abs. 2 und 3 ZGB);
- der Eigentümer eines mit einem Baurecht belasteten Grundstückes zur Sicherstellung des Baurechtszinses (Art. 22*a* Abs. 2 GBV; Art. 779*i* und *k* ZGB);
- Die Stockwerkeigentümergemeinschaft zur Sicherstellung ihrer Beitragsforderungen (Art. 22*a* Abs. 3 GBV; Art. 712*i* ZGB).

d) Einige weitere Vormerkungsfälle

- Der Enteignungsbann (Art. 42 f. EntG);
- die Widmung von Grundstücken zum Vermögen schweizerischer Lebensversicherungsgesellschaften (Art. 7 Abs. 2 BG vom 25. Juni 1930 über die Sicherstellung von Ansprüchen aus Lebensversicherungen inländischer Lebensversicherungsgesellschaften);
- die Tatsache, daß ein Grundstück zu einem Anlagefonds gehört (Art. 31 Abs. 2 lit. a AFG)[50].

2. Das Verfahren zur Vornahme der Vormerkungen

Nach Art. 77 GBV sollen die Vormerkungen in der hiefür bestimmten Spalte in möglichster Kürze die folgenden Angaben enthalten: den wesentlichen Inhalt des vorgemerkten Rechtes, das Datum der Anmeldung und einen Verweis auf die Belege. Für die Vormerkungen persönlicher Rechte hält Art. 71 Abs. 3 GBV noch fest, daß sie die Bedingungen, unter denen sie geltend gemacht werden können, und die Zeitdauer ihres Bestandes enthalten sollen. Im Rahmen dieses allgemeinen Werkes kann es aber nur darum gehen, für die Vornahme der Vormerkungen einige Grundsätze festzuhalten; auf Einzelheiten kann nicht eingegangen werden[51].

---

[49] HOMBERGER, Art. 961 N. 46.
[50] Die tatsächliche Rechtsnatur dieser (und weiterer entsprechender) Vormerkungen werden wir weiter hinten, § 18 A II 5 und § 19 II 2 behandeln.
[51] Vgl. HOMBERGER, Art. 959 N. 11f., 16, 28, 36, 45, 51, 58, 67; Art. 960 N. 20, 31, 35, 36, 39, 45; Art. 961 N. 15, 39; GONVERS-SALLAZ, Art. 71 GBV N. 11ff.; zu Art. 74, 75 und 77 GBV.

a) Das vorzumerkende Recht oder Rechtsverhältnis

Die Vormerkung soll die Art des Rechtes oder Rechtsverhältnisses angeben, indem getreulich die Ausdrücke des Gesetzes verwendet werden; so bei den nach Art. 959 ZGB vormerkbaren persönlichen Rechten oder bei einer Nacherbeneinsetzung (Art. 960 Abs. 1 Ziff. 3 ZGB). Die Vormerkung einer Verfügungsbeschränkung zur Sicherung streitiger Ansprüche (Art. 960 Abs. 1 Ziff. 1 ZGB) soll den streitigen Anspruch bezeichnen (Art. 74 Abs. 1 GBV). Aus den andern derartigen Vormerkungen muß die amtliche Anordnung ersichtlich sein, welche die Beschränkung bewirkt (Pfändung, Konkurs). Die Vormerkungen der Pfändung oder Nachlaßstundung müssen zusätzlich in ein Hilfsregister, nämlich das Pfändungsregister, eingetragen werden (Art. 74 Abs. 3 und 108 GBV). Die vorläufigen Eintragungen sind durch die Abkürzung «VE» als solche kenntlich zu machen und sollen nur die Spalte enthalten, auf die sie sich beziehen (Art. 75 GBV); Beispiel: «VE: Eigentum gestützt auf eine Grundbuchberichtigungsklage».

b) Die wesentlichen Bedingungen des Rechtes

Nach Art. 71 Abs. 2 und 77 GBV sollen die Vormerkungen die wesentlichen Bedingungen des fraglichen Rechtes enthalten: so den Kaufpreis beim Kaufs- oder Rückkaufsrecht sowie beim limitierten Vorkaufsrecht; den Übernahmepreis anlässlich der Erbteilung beim Gewinnanteilsrecht der Miterben (Art. 619*quinquies* ZGB)[52]; die wesentlichen Punkte der Vereinbarung zwischen dem Eigentümer des belasteten Grundstücks und dem Baurechtsnehmer (Art. 779*e* ZGB)[53]. Auch die Übertragbarkeit des Rechtes ist eine wesentliche Bedingung, die aus dem Grundbuch hervorgehen soll[54]. Bei andern Rechten ergeben sich die Voraussetzungen für die Ausübung aus dem Gesetz, etwa beim Rückfallsrecht des Schenkers (Art. 247 OR) sowie beim Nachrückungsrecht der Grundpfandgläubiger (Art. 814 ZGB).

---

[52] Es ist auch zulässig, daß diese Angabe aus dem Grundbuchbeleg hervorgeht. Es muß jedenfalls nicht mehr der Verkehrswert zum Zeitpunkt der Erbteilung angegeben werden, wie man dies unter der Geltung des alten Art. 619 ZGB empfahl. Die Vormerkung soll jedoch wenigstens auf die vertraglich vereinbarten Abänderungen hinweisen (Art. 619 *sexies* ZGB).

[53] Art. 71*b* Abs. 3 GBV lautet:
«Die Vormerkung ist auf dem Blatte des belasteten Grundstückes und gegebenenfalls zudem auf dem Blatte des Baurechtes einzuschreiben.»

[54] HOMBERGER, Art. 959 N. 13. Ein Kaufsrecht kann auch als nach Anteilen übertragbar vereinbart werden, was im Grundbuch zum Ausdruck kommen soll, BGE 111 II, 1985, S. 143.

Die Verfügungsbeschränkungen, die gestützt auf eine amtliche Anordnung oder eine Zwangsvollstreckungsmaßnahme vorgenommen werden, haben ohne weiteres einen genau umschriebenen Inhalt. Das gilt auch für die Nacherbeneinsetzung (Art. 960 Abs. 1 Ziff. 3 ZGB). Bei den vorläufigen Eintragungen muß das Wesentliche des in Frage stehenden Rechtes angegeben werden; so beim Bauhandwerkerpfandrecht die Höhe der vom Gläubiger einstweilen dargetanen Forderung.

Beim Vorkaufs-, Kaufs- und Rückkaufsrecht, die auf weniger als zehn Jahre vereinbart sind[54a], bei der Miete[54b] sowie beim Gewinnanteilsrecht der Miterben[54c] gehört auch die *Dauer* zu den Wesensmerkmalen des Rechtes. Nicht der Fall ist dies bei den andern vormerkbaren persönlichen Rechten, wie beim Rückfallsrecht des Schenkers oder beim Nachrückungsrecht. Bei den Verfügungsbeschränkungen ergibt sich die Dauer aus dem Wesen der angeordneten Maßnahme (Art. 960 Abs. 1 Ziff. 1 und 2 ZGB) oder aus der in Frage stehenden Rechtsbeziehung (Art. 960 Abs. 1 Ziff. 3 ZGB; Beispiel: die Nacherbeneinsetzung). Das gleiche gilt für die vorläufigen Eintragungen.

c) Die Person des Berechtigten oder Begünstigten

Wie bei den Personaldienstbarkeiten versteht es sich von selbst, daß die Bezeichnung der berechtigten Person zum eigentlichen Wesen einer Vormerkung gehört; jedenfalls soweit sich dieser Kreis nicht aus der Vormerkung selbst ergibt. Das gilt vor allem für die *persönlichen Rechte* im Sinn von Art. 959 ZGB. Wird das Recht abgetreten, empfiehlt es sich – ohne daß dies eine Voraussetzung der Übertragung wäre – auf sein Begehren den neuen Berechtigten ins Grundbuch einzutragen[55]. Beim Nachrückungsrecht ergibt sich der Berechtigte aus dem Eintrag des betreffenden Pfandrechtes. Einzelne persönliche Rechte, wie das Vorkaufs- oder Kaufsrecht, können auch dem jeweiligen Eigentümer eines Grundstückes oder dem je-

---

[54a] JÄGGI, S. 75. Unbestimmt BGE 44 II, 1918, S. 373. Sie können nicht für eine längere Zeitdauer vorgemerkt werden (Art. 681 Abs. 3, 683 Abs. 2 ZGB).

[54b] Nach der Auffassung des BGer, 71 I, 1945, S. 75, kann ein Mietvertrag nur für so lange im Grundbuch vorgemerkt werden, bis er erstmals gekündigt werden kann; anderer Meinung: GBA, ZBGR 49, 1968, S. 265.

[54c] Wenn die gesetzliche Dauer durch vertragliche Vereinbarung geändert wird. Die Vormerkung des Gewinnanteilsrechtes bei nicht landwirtschaftlichen Grundstücken soll die Dauer des Rechtes angeben (Art. 71 Abs. 1 GBV am Schluß und ZBGR 64, 1983, S. 129 ff., BezG Zürich).

[55] HOMBERGER, Art. 959 N. 13; MEIER-HAYOZ, Art. 681 N. 101; HAAB, Art. 681/682 N. 29.

weiligen Inhaber eines beschränkten dinglichen Rechtes (Beispiel: Inhaber eines Quellenrechtes) zustehen. Die Vormerkung wird entsprechend vorgenommen (Vorkaufsrecht z.G. Nr. 147). Bei einer solchen *realobligatorischen* Verknüpfung mit einem Grundstück wird nach den Vorschriften der Art. 32 Abs. 2 und 39 GBV auf die Verbindung auf diesem Blatt in der Spalte der Anmerkungen hingewiesen[56].

Verfügungsbeschränkungen zur Sicherung *streitiger Ansprüche* (Art. 960 Abs. 1 Ziff. 1 ZGB) müssen den Namen des Klägers angeben (Art. 74 Abs. 1 GBV). Solche auf Grund *vollstreckungsrechtlicher Maßnahmen* (Art. 960 Abs. 1 Ziff. 2 ZGB) müssen keinen Begünstigten nennen. Bei der Vormerkung einer *Nacherbeneinsetzung* wird dieser zwangsläufig genannt (Art. 960 Abs. 1 Ziff. 3 ZGB).

Bei den *vorläufigen Eintragungen* werden angegeben: der Kläger, der die dingliche Klage eingereicht hat (Art. 961 Abs. 1 Ziff. 1 ZGB); jener, der die Ergänzung des Ausweises verlangt (Art. 961 Abs. 1 Ziff. 2 ZGB) oder das Begehren um vorläufige Eintragung eines gesetzlichen Pfandrechtes gestellt hat (Art. 22 Abs. 4 und 22a GBV).

d) Die Vormerkungen müssen das *Datum der Anmeldung* angeben. Dieses entspricht dem Zeitpunkt der Einschreibung ins Tagebuch.

e) In Anbetracht des Umstandes, daß ihnen ganz verschiedene Bedeutung zukommt, ist bei den Vormerkungen der Hinweis auf die *Belege* besonders wichtig (Art. 77 GBV), um den Inhalt der in Frage stehenden Rechtsbeziehungen zu umschreiben.

IV. Die Anmerkungen

Die Anmerkungen dienen dazu, privat- und öffentlichrechtliche Rechtsverhältnisse offenbar zu machen. Hier geht es nur darum, die wichtigsten von ihnen aufzuzählen. Auf ihre Voraussetzungen und Wirkungen soll nicht eingegangen werden. Weder das Gesetz noch die GBV enthalten allgemeine Vorschriften, wie bei der Vornahme einer Anmerkung vorzugehen ist. Für einzelne Fälle machen sie aber besondere Angaben. Diese werden wir, soweit nötig, anführen.

---

[56] HOMBERGER, Art. 959 N. 15; MEIER-HAYOZ, Art. 681 N. 93; HAAB, Art. 681/682 N. 28; BGE 71 II, 1945, S. 164.

1. Privatrechtliche Rechtsverhältnisse[57]

a) Dingliche Rechte, die nach den Bestimmungen des ZGB über das Grundbuch nicht mehr begründet werden können (Eigentum an Bäumen, die auf fremdem Grund stehen, Nutzungspfandrechte, Antichrese)

Art. 45 SchlT hat diese dinglichen Rechte im Auge (vorn, § 4 III 1). Die Anmerkung muß die Angaben enthalten, die materiell das entsprechende Recht in seinem Wesen kennzeichnen (Dienstbarkeit, Pfandrecht).

b) Privatrechtliche Eigentumsbeschränkungen

In Frage stehen hier unmittelbare gesetzliche Eigentumsbeschränkungen; nicht bloß mittelbare, die allgemein nur durch eine Eintragung im Grundbuch entstehen[58].
- Art. 696 ZGB sieht vor, daß Wegrechte, die das Gesetz unmittelbar begründet, im Grundbuch angemerkt werden können, «wenn sie von bleibendem Bestande sind»: Durchgangsrechte zur Winterszeit (sog. Winterrechte), Flurwegrechte nach zürcherischem Recht. Die Eintragung wird gleich vorgenommen wie diejenige der Grundlasten (Art. 79 GBV)[59].
- Das kantonale Recht oder die kantonale Praxis sehen verschiedentlich die Anmerkung von gestützt auf das kantonale Recht bestehenden gesetzlichen Pfandrechten und Grundlasten vor (Art. 836 ZGB; siehe hinten, § 20 B II 2).

c) Privatrechtliche Beschränkungen, die gestützt auf ein Rechtsgeschäft bestehen

- Nach Art. 647 ZGB können die Miteigentümer ihre Nutzungs- und Verwaltungsordnung im Grundbuch anmerken lassen. Das gleiche sieht Art. 712*g* Abs. 3 ZGB für die Stockwerkeigentümergemeinschaft vor (Art. 82*a* GBV). Die Anmerkung wird auf den einzelnen Miteigentums- bzw. Stockwerkeigentumsblättern vorgenommen. Sie weist jedoch nur auf die

---

[57] Wir folgen hier im wesentlichen der von LIVER, Die Anmerkung, S. 10 ff., vorgeschlagenen Reihenfolge.
[58] LIVER, Berner Kommentar, Einleitung, N. 80 ff. und Art. 740 N. 20 ff.; MEIER-HAYOZ, System. Teil, N. 339 ff., Art. 696 N. 1 ff. Die Meinungen von HOMBERGER, Art. 962 N. 3 und HAAB, Art. 674 N. 25 und 27, nach welchen mittelbare Beschränkungen ohne Eintragung bestehen können, müssen als überholt betrachtet werden (ausgenommen Art. 691 ZGB).
[59] HOMBERGER, Art. 946 N. 24 f.; LIVER, Art. 740 N. 46, 54.

Tatsache eines Reglementes hin. Dieses wird zusammen mit den Belegen über die Begründung des Mit- bzw. Stockwerkeigentumsverhältnisses aufbewahrt.
- Obwohl eine besondere Regelung durch Gesetz oder VO fehlt, wird im Grundbuch teilweise in der Form einer Anmerkung von der Einsetzung eines Willensvollstreckers Vormerk genommen. Auch wenn nur in der Eigentümerspalte in Klammer ein entsprechender Hinweis gemacht wird, hat dieser die Bedeutung einer Anmerkung (vgl. hinten, § 20 B III 2).

d) Die subjektiv dingliche Verbindung von Eigentumsrechten, andern dinglichen oder vorgemerkten obligatorischen Rechten mit dem Eigentum

- Anmerkung der Tatsache, daß das Eigentum an einem Grundstück vom Eigentum an einem andern Grundstück abhängt, auf dem Blatt dieses letzteren (Art. 32 Abs. 2 GBV; oben, II 1a);
- Anmerkung der Tatsache, daß das Miteigentum an einem Grundstück an das Eigentum (oder Miteigentum) an einem andern Grundstück gebunden ist, auf dem Blatt dieses Grundstückes (oben, II 1d und hinten, § 20 B IV);
- Anmerkung einer Grundlast auf dem Blatt des berechtigten Grundstückes (Art. 39 GBV; oben, II 3);
- Anmerkung eines vorgemerkten obligatorischen Rechtes auf dem Blatt des berechtigten Grundstückes (oben, III 2c).

e) Tatsachen, die eine Beschränkung des Eigentums nach sich ziehen

- Der Zeitpunkt des Beginns eines Werkes. Art. 841 Abs. 3 ZGB sieht die Anmerkung dieser Tatsache auf dem Blatt des Baugrundstückes vor (Art. 81 GBV).
- Die Begründung von Stockwerkeigentum vor Erstellung des Gebäudes. In diesem Fall wird die Begründung auf Grund eines Aufteilungsplanes vorgenommen. Sie zieht die Anmerkung «Begründung des StWE vor der Erstellung des Gebäudes» auf dem Blatt der Liegenschaft oder des Baurechts und auf den Blättern der einzelnen Stockwerke nach sich (Art. 33c Abs. 1 und 2 GBV).
- Die Errichtung von Pfandrechten oder Grundlasten auf Miteigentumsanteilen, für die besondere Grundbuchblätter bestehen. Die Anmerkung erfolgt auf dem Blatt des Grundstückes selber (Art. 47 Abs. 3 GBV; oben, II 4b cc).

- Die Pfändung eines Miteigentumsanteiles: Anmerkung auf dem Blatt des Grundstückes selber (Art. 23*a* lit. a VZG, 2. Satz).
- Die Pfändung eines Anteils an einer Gemeinschaft zur gesamten Hand, zu deren Vermögen Grundstücke gehören (Art. 5 Abs. 1 VO des BGer über die Pfändung und Verwertung von Anteilen an Gemeinschaftsvermögen, am Schluß).

f) Die Zugehöreigenschaft zu einem Grundstück

Art. 946 Abs. 2 ZGB sieht vor, daß die Zugehör zu einem Grundstück (Art. 644/645 ZGB) im Grundbuch angemerkt werden kann (vgl. auch Art. 805 Abs. 2 ZGB). Nach Art. 78 GBV kann die Anmerkung in 3 Formen geschehen:
- Die einzelnen Zugehörgegenstände werden in der Spalte der Anmerkungen oder im Liegenschaftsbeschrieb des Grundstückes aufgezählt.
- Reicht der Platz dazu nicht aus, bestehen zwei Möglichkeiten:
  - Es wird entweder auf besondere Verzeichnisse (Inventare) verwiesen oder
  - die Zugehör wird der Gattung nach bezeichnet, wobei der Wert für jede Gattung angegeben wird.

In den beiden letzten Fällen muß die Anmerkung einen Hinweis auf die Belege enthalten, unter welche die Verzeichnisse einzureihen sind[59a].

Die Anmerkungen müssen auch in den Pfandtiteln nachgetragen werden (Art. 68 Abs. 2 GBV)[60].

Die Leitungen und Röhren nach Art. 676 ZGB, die, soweit sie als Dienstbarkeiten begründet sind, Zugehör eines Werkes darstellen, werden im Grundbuch nicht angemerkt; weder auf dem Blatt eines allenfalls bestehenden herrschenden Grundstücks noch auf den Blättern der dienenden Grundstücke (wo sie in der Regel als Dienstbarkeiten eingetragen sind)[61].

[59a] Zu den verschiedenen Formen der Anmerkung von Zugehör, vgl. HOHL, S. 69 ff.
[60] HOMBERGER, Art. 946 N. 35; OSTERTAG, Art. 946 N. 25; GONVERS-SALLAZ, zu Art. 78 GBV; MEIER-HAYOZ, Art. 644/645 N. 43. Eine Generalklausel, nach der alle später erworbenen Gegenstände, die dem Betrieb dienen, Zugehör sein sollen, kann nicht angemerkt werden, vgl. KAUFMANN, S. 95 ff.
[61] BGE 97 II, 1971, S. 37; LIVER, Die Anmerkung, S. 22. Auf den in Anspruch genommenen Grundstücken würde sich die Anmerkung in den Fällen rechtfertigen, in denen sich das Recht, Leitungen und Röhren durchzuführen, sich unmittelbar aus dem Gesetz ergibt (vgl. Art. 5 und 6 ElG).

g) Prekaristische Rechtsverhältnisse (Reverse)

Außerhalb von ZGB und GBV gestattet es die Praxis mehrerer Kantone, daß im Grundbuch in einem weitern oder engern Umfang prekaristische Rechtsverhältnisse angemerkt werden. Diese sind Vereinbarungen in schriftlicher Form, mit denen ein Eigentümer unter Vorbehalt des jederzeitigen Widerrufs einen Eingriff in sein Grundeigentum gestattet: die Benützung einer Quelle, die Bewilligung einer Fenster- oder Lichtöffnung, die Gewährung eines Durchgangs, die Duldung einer Baute (siehe hinten, § 20 B VII)[61a]. Entsprechend den Dienstbarkeiten wird die Anmerkung auf dem Blatt des «dienenden Grundstücks» und allenfalls auf demjenigen des «herrschenden Grundstücks» vorgenommen; aber natürlich auf jedem Blatt in der Spalte der Anmerkungen, allenfalls in der Liegenschaftsbeschreibung[62].
Zu weiteren möglichen Anmerkungsfällen, siehe hinten, § 20 B VIII.

2. Öffentlichrechtliche Rechtsverhältnisse

Nach Art. 962 ZGB können die Kantone vorschreiben, «daß öffentlichrechtliche Beschränkungen, wie Baulinien und dergleichen, im Grundbuch anzumerken sind». Art. 80 GBV weist noch besonders auf die öffentlichen Wege hin. Das öffentliche Recht des Bundes seinerseits kennt eine grosse Zahl von Anmerkungen, auf die weder das ZGB noch die GBV hinweisen. Diese Fälle sind sehr verschiedenartig, und es kann nicht darum gehen, sie hier aufzuzählen[63].
Es sind zwei Arten von Beschränkungen zu unterscheiden: *unmittelbare* und *mittelbare*. Erstere bestehen unmittelbar gestützt auf ein Gesetz oder eine VO; letztere entstehen als Folge eines Verwaltungsaktes, der gestützt auf eine Vorschrift in einem Gesetz oder einer VO erlassen wird. Die einen wie die andern beschränken entweder die Nutzung des Bodens oder die Macht, über ein Grundstück zu verfügen, allenfalls beides zusammen. Die Beschränkungen in der Nutzung des Bodens ziehen die Pflicht nach

---

[61a] BGE 79 I, 1953, S. 189; Homberger, Art. 946 N. 26; Liver, Die Anmerkung, S. 23. Es kann darin auch eine Pflicht zur Duldung liegen.
[62] ZBGR 29, 1948, S. 261 (BezG Zofingen).
[63] Homberger, Art. 946 N. 24 ff. und zu Art. 962; Meier-Hayoz, Art. 680 N. 73 ff.; Liver, Die Anmerkung, S. 24 ff.; Friedrich, Grundbuch und öffentliches Recht, S. 209 ff.; Deschenaux, Les restrictions légales, S. 340. – Siehe die Aufzählung in einem Rundschreiben des Zürcher Obergerichtes an die Grundbuchverwalter vom 19. November 1969, ZBGR 51, 1970, S. 250 ff.

sich, etwas zu dulden, zu unterlassen oder gar zu tun. Die Beschränkungen der Verfügungsmacht beziehen sich auf die positive Freiheit, ein Grundstück zu veräußern bzw. daran beschränkte dingliche Rechte zu errichten (Beispiel: ein Veräußerungsverbot) oder die negative Freiheit, ein Grundstück nicht zu veräußern bzw. nicht zu belasten (Beispiel: die Enteignung).

a) Beschränkungen, die unmittelbar gestützt auf das öffentliche Recht bestehen, *werden allgemein nicht angemerkt*

So verhält es sich mit den Nutzungsbeschränkungen, die sich aus dem Bau- und Planungsrecht ergeben, die jedermann einsehen kann. Einige wenige Kantone sehen vor, daß die öffentlichen Wege, wie es nach Art. 80 GBV möglich ist, im Grundbuch angemerkt werden[64].
Auch die unmittelbaren gesetzlichen Beschränkungen der *Verfügungsmacht* über ein Grundstück werden im Grundbuch nicht in der Form einer Anmerkung ausgedrückt: Beschränkungen, landwirtschaftliche Grundstücke zu veräußern (Art. 218–218*quinquies* OR); Verbote, Grundstücke zu zerstückeln, nach kantonalem Recht (Art. 702 und 616 ZGB)[65].

b) Beschränkungen, die sich gestützt auf einen Verwaltungsakt ergeben, *werden im Grundbuch sehr häufig angemerkt*

Als Fälle von Nutzungsbeschränkungen führt Art. 962 ZGB Beschränkungen an, die sich aus «Baulinien und dergleichen» ergeben – zu ihnen muß man heute auch die Nutzungspläne zählen. In der Praxis ist eine Anmerkung in diesen Fällen aber nicht üblich[66]. Als solche seien hier erwähnt:

---

[64] So im Kanton Graubünden, ZBGR 33, 1952, S. 281 (BGE).
[65] Die manchmal vorgeschriebene Anmerkung von gesetzlichen Grundpfändern und Grundlasten, die das öffentliche Recht vorsieht, indem es ihnen eine privatrechtliche Ausstattung gibt, haben wir weiter vorn (1b) bei den privatrechtlichen Rechtsverhältnissen eingereiht, vgl. MEIER-HAYOZ, Art. 680 N. 48 ff., 68 ff.
[66] Betrachtet man die Baulinien und Nutzungspläne als generelle und abstrakte Normen, muß man die fraglichen Beschränkungen wohl zu den unmittelbaren Beschränkungen zählen, vgl. GRISEL, Droit administratif, II S. 688 ff. und Verweise. Nach dem BGer stellen die Nutzungs-, insbesondere die Zonenpläne, Erlasse besonderer Natur dar, indem sie sowohl die Merkmale von Einzelverfügungen als auch jene von allgemein verbindlichen Erlassen auf sich vereinigen, BGE 106 Ia, 1980, S. 56; S. 310 ff. und zit. Entscheide.
Es sei daran erinnert, daß man sonst für die Öffentlichkeit dieser Pläne sorgt, was es wohl überflüssig macht, daß sie im Grundbuch angemerkt werden. Baulinien und gewisse

Die Errichtung von festen Vermessungspunkten[67]; Zweckentfremdungsverbote bei Grundstücken, die in eine Güterzusammenlegung einbezogen gewesen sind[68].

Unter den mittelbaren gesetzlichen Beschränkungen, *welche die Verfügungsmacht einschränken,* sind zu nennen: der Unterstellungsentscheid eines Gutes oder einer landwirtschaftlichen Liegenschaft unter das LEG (Art. 3 Abs. 4, 7 Abs. 2); die Einbeziehung eines Grundstücks in eine Güterzusammenlegung; bestimmte Beschränkungen, die von Straf- oder Zivilrichtern angeordnet werden (vgl. hinten, § 19 II 3). Diese Beschränkungen laufen auf eine wenigstens teilweise und vorübergehende Sperrung des Grundbuches hinaus[69].

c) Die Art der Vornahme der Anmerkungen

Art. 80 GBV beschränkt sich darauf zu sagen, die öffentlichen Wege und die öffentlichrechtlichen Beschränkungen seien «in der in Art. 79 angegebenen Weise, unter Verweisung auf den Plan, im Hauptbuchblatt oder in der Liegenschaftsbeschreibung des belasteten Grundstücks anzugeben».

---

andere Beschränkungen, wie die Ausnützungsziffern (vgl. BGE 98 Ia, 1972, S. 388ff.), können eines Teils auf dem Grundbuchplan eingezeichnet sein, vgl. LIVER, Die Anmerkung, S. 25; FRIEDRICH, S. 210; GONVERS-SALLAZ, Art. 80 GBV N. 3. Dennoch sieht der Kanton Basel-Land vor, daß Bebauungs- und Zonenpläne sowie Baulinien angemerkt werden (Art. 117 EG ZGB; GBA in ZBGR 37, 1956, S. 60). Das Luzerner Recht kennt die Anmerkung von Gestaltungsplänen, die von den Grundeigentümern erstellt und vom Gemeinderat genehmigt worden sind, § 54 BauG. Im Kanton Waadt können die Ausnützungsziffern, die von der Gemeinde für verschiedene Arten von Grundstücken festgelegt worden sind, im Grundbuch angemerkt werden, ZBGR 37, 1956, S. 150 (Finanzdepartement des Kantons Waadt). Die Eintragung einer Dienstbarkeit zugunsten der Gemeinde wird in diesem Entscheid abgelehnt. Zur ungenügenden Öffentlichkeit dieser Rechtsverhältnisse, siehe den Bericht Landesplanung. Als kurzfristige Maßnahme schlägt dieser vor allem eine Zusammenstellung der sich aus dem öffentlichen Baurecht ergebenden Lasten vor (S. 32). Dieses Register sollte dann aber von einem eidgenössischen Register abgelöst werden, das vom Grundbuch verschieden ist und alle Beschränkungen des Grundeigentums enthalten würde, die sich aus dem öffentlichen Recht ergeben. Zu diesen Fragen, siehe REY, Grundbuch und Planung.

67 In der Anleitung für die Triangulation IV. Ordnung wird die Verpflichtung, die trigonometrischen Punkte zu dulden, ungenau als Dienstbarkeit bezeichnet, vgl. LIVER, Die Anmerkung, S. 27; Berner Kommentar, Einleitung, N. 106 ff.
68 Wir werden diese Anmerkungen weiter hinten, im Kapitel über die Voraussetzungen der Grundbucheintragungen, aufzählen (§ 20 C). Aber auch diese Aufzählung wird nicht abschließend sein.
69 Gleiche Bemerkung für diese Anmerkungen wie in der vorangehenden Note.

§ 7   Löschungen und Änderungen   127

Der Hinweis auf den Plan kann wohl nur für die öffentlichen Wege und die Baulinien gelten. In einzelnen Gesetzen und VO wird ausgeführt, wie die Anmerkungen im Grundbuch einzutragen sind. Fehlen derartige Bestimmungen, muß die Praxis einen Weg finden. Eine stichwortartige Eintragung mit einem Hinweis auf das Beleg kann genügen (Beispiel: Bodenverbesserung).

V. Löschungen und Änderungen

Auch hier geht es wiederum nur darum, auf die formelle Seite dieser Eintragungen einzugehen[70].

Eine Löschung wird dadurch vorgenommen, daß der ganze Eintrag mit roter Tinte gestrichen wird. Dabei werden das Datum der Löschung und das Beleg angegeben und in die gleiche Spalte wie der gelöschte Eintrag die Bemerkung «...gelöscht» eingetragen. Diese Bemerkung muß vom Grundbuchverwalter unterschrieben werden (Art. 62 Abs. 1 GBV)[71].

Wird ein vorgehendes Grundpfandrecht gelöscht, ohne daß an seiner Stelle unverzüglich ein neues errichtet wird, muß eine leere Pfandstelle eingetragen werden (Art. 63 GBV; oben, II 4b aa).

Ein Schuldbrief oder eine Gült darf im Grundbuch erst gelöscht werden, nachdem der Titel entkräftet oder durch den Richter totgerufen worden ist (Art. 964 ZGB und Art. 64 GBV)[72].

Die Löschung der Vor- und Anmerkungen wird auf gleiche Art vorgenommen wie die Löschung der Einträge der dinglichen Rechte.

Eine *Änderung* stellt entweder eine Teillöschung oder eine Erweiterung eines Eintrages, inbegriffen die Umwandlung eines Rechtes, dar. Unter Vorbehalt der besonderen Vorschriften über die Grundpfandrechte ist sie «in der Weise vorzunehmen, daß der Eintrag mit roter Tinte gestrichen und die abgeänderte Buchung unter Angabe des Datums der Abänderung und des Beleges neu eingetragen wird» (Art. 65 GBV). «Erleidet bei Grundpfandforderungen das Rechtsverhältnis durch Abzahlungen an die Schuld oder

---

[70] Siehe GONVERS-SALLAZ, zu den Art. 62–67 GBV.
[71] Die Unterschrift des Grundbuchverwalters kann als reine Ordnungsvorschrift betrachtet werden. GONVERS-SALLAZ, Art. 62 GBV N. 2; in diesem Sinn, BGE 56 II, 1930, S. 87. – Zur Löschung eines Pfandrechtes, vgl. Art. 62 Abs. 2 und 3 GBV,
[72] Art. 64 Abs. 2 GBV lautet:
«Die Entkräftung der Pfandtitel geschieht durch Zerschneiden oder Perforieren der Titel und durch einen mit Datum und Unterschrift des Grundbuchverwalters versehenen Löschungsvermerk auf dem Titel.»

durch Ermässigung des Zinsfusses Änderungen, so werden sie auf schriftliches Begehren des Schuldners in der Kolumne 'Bemerkungen' eingeschrieben» (Art. 67 Abs. 1 GBV; vgl. Art. 874 Abs. 1 ZGB). Diese Änderungen werden gleichzeitig in den Pfandtiteln nachgetragen und vom Grundbuchverwalter unterzeichnet (Art. 68 Abs. 1 GBV). Außerdem sind all jene Änderungen von Amtes wegen in den Pfandtiteln zu ergänzen, die sich aus den Eintragungen und Löschungen in den andern Spalten des Grundbuchblattes ergeben und die von Einfluß auf das Pfandrecht sind (Veräußerung des Grundstücks, Aufhebung von Dienstbarkeiten und Grundlasten, die dem verpfändeten Grundstück zustanden) (Art. 68 Abs. 2 GBV)[73].

Der Übergang des Gläubigerrechtes aus Grundpfandforderungen stellt keine Änderung dar, die im Grundbuch eingetragen wird (Art. 66 Abs. 1 GBV). «Dagegen werden Namen und Wohnort der Grundpfandgläubiger, sowie der Pfandgläubiger oder Nutznießer an Grundpfandforderungen in einem besondern Register angegeben» nämlich im Gläubigerregister, das in Art. 108 GBV erwähnt wird (Art. 66 Abs. 2 GBV). Dazu, siehe hinten, § 21 III 2.

VI. Die Sperrung des Grundbuches

Die Kanzleisperre, die verschiedentlich in eidgenössischen und kantonalen Erlassen vorgesehen ist, stellt keine Buchung im Rahmen der Öffentlichkeit der dinglichen Rechte an Grundstücken dar. Sie ist nicht Anlaß zu einer besonderen Eintragung. In den meisten Fällen aber ist die Anordnung des Richters oder einer andern Behörde Gegenstand einer Anmerkung (Art. 3 Abs. 4 LEG) oder einer Vormerkung (Art. 137 SchKG und

---

Art. 64 Abs. 3 GBV lautet:
«Ist ein Pfandtitel schadhaft, unleserlich oder unübersichtlich geworden, so hat der Grundbuchverwalter unter Entkräftung des alten einen neuen Pfandtitel auszustellen und darauf die Neuausstellung zu vermerken.»
Art. 64 Abs. 4 GBV lautet:
«Die Kantone können nähere Vorschriften über die Aufbewahrung der entkräfteten Pfandtitel aufstellen.»
Das Bundesrecht sieht einen Anspruch auf Herausgabe entkräfteter Grundpfandtitel nicht vor. Art. 873 ZGB findet auf solche keine Anwendung. Die Ermächtigung der Kantone, nähere Vorschriften über die Aufbewahrung entkräfteter Titel aufzustellen schließt die Ermächtigung ein, Vorschriften zu erlassen, welche die Herausgabe entkräfteter Grundpfandtitel nur in Ausnahmefällen, bei Vorliegen schützenswerter Interessen, zulassen, ZBGR 66, 1985, S. 59.

[73] Bei der Übertragung des Grundstückes unter gleichzeitiger Übernahme der pfandrechtlich sichergestellten Schuld ist es nicht verbindlich vorgesehen, auf dem Pfandtitel –

Art. 74 GBV). Ist eine derartige Eintragung nicht vorgesehen, muß der Grundbuchverwalter sonst irgendwie dafür sorgen, daß er die Spur der angeordneten Sperre behält, indem er sie in geeigneter Form im Hauptbuch oder in den Protokollen vermerkt, die er führt. Jedenfalls hangen die Rechtswirkungen der Kanzleisperre nicht von irgendwelchen Eintragungen im Grundbuch ab (siehe hinten, § 19 IV 1).

---

insbesondere einem Schuldbrief – den Namen des neuen Eigentümers und Schuldners nachzutragen, auch wenn in gewissen Kantonen diese Praxis besteht, BGE 99 I, 1973, S. 430.

Drittes Kapitel

Organisation und Führung des Grundbuches

Im III. Kapitel behandeln wir die allgemeine Organisation des Grundbuches (§ 8), die Führung dieses öffentlichen Dienstes (§ 9), die formelle Öffentlichkeit des Grundbuches (§ 10), die Aufsicht über die Tätigkeit des Grundbuchverwalters, welche die Aufsichtsbehörde im Beschwerdeverfahren ausübt (§ 11), und die Verantwortlichkeit für die Führung des Grundbuches (§ 12).

§ 8. Die Organisation des Grundbuches

Literatur

Die Kommentare von HOMBERGER, OSTERTAG und WIELAND zu Art. 951–953 ZGB; von GONVERS-SALLAZ zu Art. 1, 6–8, 10, 42 GBV.
J. AUER: Die Prüfungspflicht des Grundbuchverwalters, Bern 1932; F. JENNY, Eine Frage über die Organisation der Grundbuchführung, SJZ 24, 1927/1928, S. 305 ff.

I. Die Verwaltung des Grundbuches: Bundes- und kantonales Recht

Das Grundbuch ist ein öffentlicher Dienst, der die Aufgabe hat, die dinglichen Rechte an den Grundstücken nach außen zum Ausdruck zu bringen; so wie dies das materielle und formelle Recht des ZGB vorsehen. Die Einrichtung dieses Dienstes erfordert die Schaffung von Amtsstellen, ihre Verteilung innerhalb des Staatsgebietes, die Wahl von Beamten mit allem, was dies nach sich zieht (Ernennung, Besoldung, Aufteilung der Arbeit, Aufsicht, Verantwortlichkeit, Abberufung).

Der Bund ist allein zuständig, auf dem Gebiet des Privatrechts Gesetze zu erlassen (Art. 64 Abs. 1 und 2 BV). Im Bereich des Sachenrechts hat er von dieser Zuständigkeit insbesondere durch Erlaß des ZGB Gebrauch gemacht. Privatrechtliche kantonale Vorschriften sind nur gültig, soweit sie sich auf eine Vollmacht des Bundesgesetzgebers stützen[1]; d. h. wenn sie Gegenstand eines echten Vorbehaltes sind, dem die Bedeutung einer Rückübertragung der Zuständigkeit zukommt[2]. Aus seiner Zuständigkeit, auf dem Gebiet des Sachenrechts Normen aufzustellen, ergibt sich ohne wei-

---

[1] AUBERT, Droit constitutionnel, I Nr. 691.
[2] LIVER, Einleitung, Art. 5 N. 5 ff.; DESCHENAUX, Der Einleitungstitel, § 6, S. 38 ff.

teres auch das Recht des Bundes, die – mit Ausnahme der streitigen Gerichtsbarkeit, vgl. Art. 64 Abs. 3 BV – für die Öffentlichkeit der dinglichen Rechte notwendigen Einrichtungen zu schaffen. Der Bundesgesetzgeber hat die Kantone beauftragt, die für die Anwendung des ZGB notwendigen Vorschriften zu erlassen; wie namentlich in bezug auf ... die Einrichtung ... der Grundbuchämter (Art. 52 Abs. 1 SchlT). Die Kantone sind verpflichtet, diese Vorschriften zu erlassen (sog. zwingende Ausführungskompetenz)[3]. Die von ihnen getroffenen Anordnungen bedürfen zu ihrer Gültigkeit der Genehmigung des Bundesrates (Abs. 2 und 3). In Anwendung dieser Vorschrift bestimmt Art. 953 ZGB:

«Die Einrichtung der Grundbuchämter, die Umschreibung der Kreise, die Ernennung und Besoldung der Beamten, sowie die Ordnung der Aufsicht erfolgt durch die Kantone.»

Entsprechende Vorschriften sind auch in Art. 949 Abs. 2, 962 Abs. 2 ZGB und Art. 115 Abs. 2 GBV enthalten.

Die Kantone sind damit zuständig, Vorschriften über die Organisation und die Verwaltung des Grundbuches zu erlassen. Die ergänzenden Vorschriften, die sie aufstellen, erfüllen jedoch nur eine Hilfsaufgabe. Die Genehmigung durch den Bundesrat ist hier Voraussetzung für die Gültigkeit[4]. Sie soll insbesondere dafür sorgen, daß diese Vorschriften mit dem Bundesrecht übereinstimmen[5]. Daraus folgt, daß gerade die Führung der Öffentlichkeit der dinglichen Rechte an den Grundstücken gestützt auf eine sich aus dem ZGB ergebende Vollmacht den Kantonen zukommt[6]. Doch übernehmen diese nicht die gesamte Anwendung der Vorschriften über die Führung des Grundbuches. Sie unterstehen einer Art Oberaufsicht des Bundes, die sich in dreifacher Weise äußert: die Aufgabe des Bundesrates, kantonale Erlaße in Grundbuchsachen zu genehmigen, haben wir bereits erwähnt. Das GBA nimmt wegweisenden Einfluß auf die Führung des Grundbuches in den Kantonen. Das Bundesgericht schließlich ist zur Behandlung von Beschwerden zuständig, die gegen Entscheide der kantonalen Aufsichtsbehörden erhoben werden.

---

[3] AUBERT, a. a. O., Nr. 710.
[4] BGE 42 I, 1916, S. 346; 81 I, 1955, S. 137.
[5] H. HUBER, Art. 6 Nr. 52; HOMBERGER, Art. 949 N. 6. Die Genehmigung durch den BR hat im übrigen nicht zur Folge, daß Vorschriften, die dem Bundesrecht widersprechen, rechtsgültig würden, BGE 42 und 81, zit. in Note 4; AUBERT, a. a. O., Nr. 797 ff.
[6] AUBERT, a. a. O., Nr. 731.

II. Die Bildung von Grundbuchkreisen

Das Bundesrecht selber schreibt für die Führung des Grundbuches die Bildung von Kreisen vor (Art. 951 Abs. 2 ZGB). Dies versteht sich aus der Realfolienordnung des Grundbuches (Art. 945 ZGB). Die Anlegung des Grundbuches hat damit streng nach Gebieten zu erfolgen[7].

Ein Kreis – = Grundbuchamtskreis – im Sinn der Art. 951/952 ZGB ist der Bezirk, für den das gleiche Grundbuchamt besteht (vgl. auch die Art. 1, 6, 7 Abs. 3, 8, 10 Abs. 1, 42 GBV)[8]. Ein solcher Kreis kann mehrere Unterkreise umfassen (Beispiel: Jede Gemeinde kann ihr Grundbuch haben); oder ein Unterkreis kann mehrere Gemeinden umfassen; oder das Grundbuch kann – wie in den grossen Städten – mehrere Abteilungen haben: In diesem Fall bestehen in einer Gemeinde mehrere Kreise.

Es ist Aufgabe der Kantone, die Kreise zu bilden. Mehrere Kantone besitzen nur einen Kreis (Uri, Nidwalden, Zug, Glarus, Schaffhausen, Basel-Stadt, Genf). In andern entsprechen die Kreise den Verwaltungs- oder Gerichtsbezirken (Bern, Freiburg, Wallis, Zürich). In einzelnen Kantonen bildet jede Gemeinde einen eigenen Kreis (Appenzell-Außerrhoden, St. Gallen). Die Kantone sind selbstverständlich frei, Unterkreise, Bezirke oder Abteilungen zu schaffen. Sie können verwaltungsmässig auch zwei Kreise zusammenlegen.

«Die Grundstücke werden in das Grundbuch des Kreises aufgenommen, in dem sie liegen» (Art. 951 Abs. 2 ZGB; zur Aufnahme der Grundstücke ins Grundbuch, vorn, § 6 IV)[9]. Die Aufnahme einer Liegenschaft als Grundstück ins Grundbuch in einem andern Kreis als in dem sie liegt, würde verhindern, daß sie zu einem Grundstück im grundbuchtechnischen Sinne würde (§ 6 V) und daß bezüglich dieses Grundstückes gültige Eintragungen vorgenommen werden könnten. Aber diesen ungewohnten Sonderfall kann man beiseite lassen; es ist davon auszugehen, daß eine Liegenschaft in einem bestimmten Kreis als Grundstück aufgenommen ist[10]. Der Grund-

---

[7] HOMBERGER, Art. 951/952 N. 1.
[8] HOMBERGER, Art. 951/952 N. 4; GONVERS-SALLAZ, Art. 1 GBV N. 4. Die Ausdrucksweise des Gesetzes wie der GBV ist verwirrend. Vgl. F. JENNY, Eine Frage, S. 305 f.
[9] Die selbständigen und dauernden Rechte werden in jenem Kreis ins Grundbuch aufgenommen, in dem das belastete Grundstück liegt; die Wasserrechte dort, wo sich die genutzte Wasserstrecke befindet; die Bergwerke, wo die Ausbeutung vorgenommen wird, vgl. Art. 7, 8 Abs. 1, 9 Abs. 4, 10 GBV.
[10] Die Aufnahme ein und desselben Grundstückes in das Grundbuch von zwei verschiedenen Kreisen führt ebenfalls zu Problemen. Grundsätzlich können nur denjenigen Eintragungen Rechtswirkungen zuerkannt werden, die in jenem Kreis vorgenommen werden, in dem das Grundstück in das Grundbuch aufgenommen sein sollte; selbst wenn ein

§ 8   Die Bildung von Grundbuchkreisen

satz des Art. 951 Abs. 2 ZGB ist auch auf die Unterteilungen eines Kreises anwendbar (Gemeinden, Unterkreise, Abteilungen).

Nach Art. 952 Abs. 1 ZGB ist ein Grundstück, das in mehreren Kreisen liegt, in jedem Kreis ins Grundbuch aufzunehmen; wobei auf das Grundbuch der übrigen Kreise verwiesen wird. Das Gesetz sieht damit die zweimalige Aufnahme vor. Die GBV schreibt jedoch eine Hauptaufnahme in das Grundbuch des Kreises vor, in dem die Liegenschaft zum grösseren Teil liegt (Art. 1 Abs. 1 und 6). Auf den Wert der einzelnen Teile kommt es nicht an[11]. Die Aufnahme in den übrigen Kreisen beruht nur auf einer Ordnungsvorschrift. Ihr kommt nur deklaratorische Bedeutung zu. Die Hauptaufnahme zieht die Aufnahme im Kreis, wo sich die kleinere Fläche befindet, nach sich[12]. Allgemein wenden die Kantone dieses System sinngemäß auch auf Grundstücke an, die in mehreren Gemeinden liegen[13]. Art. 952 ZGB gilt auch für Grundstücke, die sich in den Kreisen von zwei oder mehreren Kantonen befinden[14]. Für Liegenschaften jedoch, die über die Landes-

---

oder mehrere Eintragungen nur im Grundbuch des andern Kreises erfolgen. Zu dieser Frage zum Teil voneinander abweichende Meinungen von WIELAND, Art. 952 N. 7, OSTERTAG, Art. 951 N. 3, HOMBERGER, Art. 951/952 N. 2.

[11] Der Grundbuchverwalter, der das Grundstück von Amtes wegen aufnimmt, macht den Grundbuchämtern der übrigen Kreise von der Aufnahme Mitteilung. Das Grundstück wird daraufhin auch in den andern Kreisen in der von Art. 6 Abs. 2 und Art. 30 GBV bestimmten Weise ins Grundbuch aufgenommen.

[12] BGE 80 II, 1954, S. 378 ff.: Die Tatsache, daß ein Grundstück, das sich in mehreren Kreisen befindet, nur in dem Kreis ins Grundbuch aufgenommen worden ist, in dem es zum größeren Teil liegt, erlaubt es nicht, das Recht des Eigentümers an jenem Teil des Grundstückes zu bestreiten, der in einem andern Kreis liegt. Zu den selbständigen und dauernden Rechten, den Wasserrechtsverleihungen und den Bergwerken, vgl. Art. 7 Abs. 3, 8 Abs. 2, 9 Abs. 4, 10 Abs. 2 GBV. – Es kann auch vorkommen, daß die Hauptaufnahme irrtümlich in dem Kreis vorgenommen wird, in dem der kleinere Teil des Grundstückes liegt oder daß eine Hauptaufnahme, die zu Recht erfolgt ist, im Grundbuch verbleibt, während infolge einer Teilung oder einer Zusammenlegung das Grundstück nicht mehr zum größern Teil im fraglichen Kreis liegt. Das sind Fälle, in denen ein Grundstück nicht im richtigen Kreis ins Grundbuch aufgenommen ist; dazu, siehe oben, Note 10. Es sollten nur jene Eintragungen Rechtswirkungen erzeugen, die auf jenem Blatt vorgenommen worden sind, auf dem die Hauptaufnahme des Grundstückes ins Grundbuch vorgenommen worden ist, oben, Note 10. Auf jeden Fall muß aber der Dritte geschützt werden, der sich in gutem Glauben auf die Einträge auf dem Grundbuchblatt verlassen hat, auf dem die Hauptaufnahme des Grundstückes ins Grundbuch nicht hätte stattfinden (oder in diesem nicht hätte verbleiben) dürfen. Zu diesen Fragen, siehe HOMBERGER, Art. 951/ 952 N. 2 und 7.

[13] HOMBERGER, Art. 951/952 N. 4; ZBGR 36, 1955, S. 235 (Justizdepartement Bern).

[14] HOMBERGER, Art. 951/952 N. 5. Zu dieser Frage bestehen zwischen einzelnen Kantonen Übereinkünfte; Beispiel: die Übereinkunft von 1926/1927 zwischen den Kantonen Zürich und Thurgau, ZBGR 8, 1927, S. 67 und ein Anwendungsfall dieser Übereinkunft in ZBGR 35, 1954, S. 18 (BezG Winterthur).

grenze hinausreichen, bildet der in der Schweiz gelegene Teil ein Grundstück für sich[15].

Als Wirkung der Hauptaufnahme ergibt sich: «Die Anmeldungen und rechtsbegründenden Eintragungen erfolgen in dem Grunbuche des Kreises, in dem der grössere Teil des Grundstückes liegt» (Art. 952 Abs. 2 ZGB). Die Regel gilt auch für die übrigen Buchungen (deklaratorische Eintragungen, Vormerkungen, Löschungen, ja sogar für die Anmerkungen). Der Grundbuchverwalter des Kreises, in dem sich die Hauptaufnahme befindet, entscheidet über die Eintragung und läßt diese auch durch den andern Grundbuchverwalter vollziehen (Art. 952 Abs. 3 ZGB)[16]. Nur den Eintragungen, die vom ersten vorgenommen werden, kommt rechtliche Wirkung zu. Die Eintragung (oder Nichteintragung) auf dem Grundbuchblatt im Nebengrundbuchkreis ist rechtlich ohne Bedeutung[17]. Es muß aber darauf hingewiesen werden, daß der Grundsatz des Art. 952 Abs. 2 und 3 ZGB nicht anwendbar ist auf Grundstücke, die juristisch selbständig und in verschiedenen Kreisen des gleichen oder mehrerer Kantone ins Grundbuch aufgenommen sind. Hier geht es nicht um eine Haupt- und eine Nebenaufnahme. Anmeldung und Eintragung erfolgen unabhängig von einander bei jedem Grundbuchamt[18].

Anders ist das Verfahren bei der Errichtung eines Gesamtpfandrechtes (Art. 798 ZGB): Das Pfandrecht muß zuerst bei jenem Grundbuchamt angemeldet und eingetragen werden, wo die verpfändeten Grundstücke die grössere Fläche ausmachen. Anmeldung und Eintragung bei den andern Grundbuchämtern erfolgen nachher auf Grund eines Ausweises über die Eintragung beim ersten Grundbuchamt (Art. 42 Abs. 2–4 GBV). Hier kommt jedoch den nachfolgenden Eintragungen bei den andern Grundbuchämtern die Bedeutung einer Haupteintragung zu, die auf Verantwortung des jeweiligen Grundbuchverwalters vorgenommen werden[19].

---

15 HOMBERGER, Art. 951/952 N. 5.
16 AUER, S. 55.
17 HOMBERGER, Art. 951/952 N. 6; ZBGR 40, 1959, S. 288 (RR St. Gallen). Siehe jedoch die Noten 10 und 12 am Schluß.
18 ZBGR 40, 1959, S. 289 (RR St. Gallen); ZBGR 35, zit. in Note 14 und H. HUBER, S. 21. Für ihr Gebiet können die Kantone jedoch bestimmen, daß die Anmeldung bei dem Grundbuchamt einzureichen ist, wo flächenmäßig der größere Teil der verpfändeten Grundstücke liegt. Die Kantone können auch diese Frage durch Übereinkunft regeln.
19 HOMBERGER, Art. 951/952 N. 9; OSTERTAG, Art. 952 N. 2; BONORAND, zit. in § 7, N. 42, S. 41ff. Zur Ausfertigung von Schuldbriefen oder Gülten, die als Gesamtpfand auf mehreren in verschiedenen Kreisen gelegenen Grundstücken haften, siehe Art. 56 GBV.

III. Die Beamten und Behörden

Wir befassen uns hier mit der *Organisation* der Beamten und Behörden, die auf Kantons- und Bundesebene Aufgaben im Bereich des Grundbuches wahrnehmen. Die Tätigkeit dieser Organe im allgemeinen behandeln wir in den folgenden Paragraphen.

1. Kantone

Neben der Bildung der Kreise besteht eine der Hauptaufgaben der Kantone darin, den öffentlichen Dienst des Grundbuches zu ordnen; d. h. die entsprechenden Amtsstellen zu schaffen und die Aufsichtsorgane einzusetzen.

a) Die Beamten der Grundbuchämter

Die Kantone richten die Grundbuchämter ein, indem sie zu ihrer Führung einen Grundbuchverwalter ernennen. Sie können diesem gleichzeitig auch andere öffentliche Aufgaben, etwa solche fiskalischer Natur, übertragen. In der Regel im Rahmen der allgemeinen Beamtenordnung erlassen die Kantone Vorschriften betreffend:
- die Ernennung der Beamten und Angestellten: Fähigkeit, Unvereinbarkeitsbestimmungen, Sicherheitsleistungen (Art. 955 Abs. 3 ZGB);
- ihre Pflichten: Gehorsam, Treue, Übernahme öffentlicher Ämter, Nebenbeschäftigungen;
- ihre Rechte: vor allem das Recht auf Besoldung und andere Geldleistungen (Anteil an den Gebühren)[20], das Recht auf eine Invaliditäts- oder Altersrente;
- die Organisation des Amtes: Rangordnung der Beamten und Angestellten Stellvertretung, Ausstand[21], Dauer der Arbeitszeit, Ferien;

---

[20] In einzelnen Kantonen oder Teilen von solchen erhalten die Grundbuchverwalter die Gebühren, die sie im Namen des Staates einziehen (sog. Sportelsystem). Aus diesen müssen sie dann die allgemeinen Kosten des Amtes decken sowie ihre Angestellten entlöhnen.

[21] Weil besondere gesetzliche Vorschriften, die sich unmittelbar auf die Grundbuchverwalter beziehen, fehlen, werden in den Kantonen gewöhnlich die für den Zivilprozeß oder das Verwaltungsverfahren geltenden Vorschriften entsprechend angewendet. GULDENER, Freiwillige Gerichtsbarkeit, S. 34. Es läßt sich aber selbst aus dem Bundesrecht eine Ausstandspflicht des Grundbuchverwalters ableiten, wenn er bezüglich eines Grund-

– die Änderung und Beendigung des Dienstverhältnisses: Erneuerung am Ende einer Amtsperiode, Altersgrenze, vorsorgliche Einstellung im Amt, Abberufung, Auflösung des Verhältnisses auf Begehren des Beamten;
– die allgemeine und disziplinarische Aufsicht (siehe hinten, § 9 III).

Die Grundbuchverwalter erfüllen all jene Aufgaben, die im vorliegenden Werk beschrieben werden.

b) Die Aufsichtsorgane

Die Kantone sind beauftragt, die Aufsicht über die Grundbuchverwalter zu regeln (Art. 953 Abs. 1 und 956 ZGB). Dazu müssen sie die notwendigen Organe einsetzen. Bei dieser Aufsicht geht es um ein doppeltes: einerseits, die allgemeine Aufsicht über die Grundbuchämter auszuüben; anderseits, über die Beschwerden zu entscheiden, die gegen die Entscheidungen der Grundbuchverwalter erhoben werden. Diese Aufgaben sind nicht notwendigerweise der gleichen Behörde übertragen. Die Kantone haben sehr verschiedene Regelungen getroffen, die hier nicht beschrieben werden können.

In einzelnen Kantonen wird die Verwaltungsaufsicht von einem Inspektorat oder einem Rechtsdienst in Grundbuchsachen wahrgenommen. Diese sind beauftragt, die Praxis der verschiedenen Grundbuchämter zu vereinheitlichen, von Zeit zu Zeit Kontrollen durchzuführen, Weisungen zu erteilen, Formulare herauszugeben, Ausführungsvorschriften vorzubereiten. Daneben amtet eine Behörde – die in Art. 956 Abs. 2 ZGB vorgesehene Aufsichtsbehörde – als Beschwerdeinstanz; ohne Rücksicht auf die Oberaufsicht, die sie allgemein über das Inspektorat ausübt. In andern Kantonen, wo eine derartige Amtsstelle fehlt, nimmt die Aufsichtsbehörde neben ihrer verwaltungsrechtlichen Kontrolle auch die Aufgaben betreffend die Aufsicht wahr, die bereits erwähnt worden sind.

Als Aufsichtsbehörde können die Kantone eine Behörde oder eine öffentliche Amtsstelle bezeichnen, die bereits andere richterliche oder Verwaltungsaufgaben besitzt (ein Gericht oder die Abteilung eines Gerichtes, den Vorsteher eines Departementes der Exekutive), oder eine besondere Kollegialbehörde einsetzen. Für die verwaltungsrechtliche Kontrolle kön-

---

stückes, das ihm selber oder einem seiner Angehörigen gehört, eine Eintragung vornehmen sollte. Es geht hier wirklich um die Glaubwürdigkeit der Einrichtung, HOMBERGER, Art. 953 N. 2.

nen sie auch zwei Stufen vorsehen: eine untere Aufsichtsbehörde für jeden Kreis und eine obere Aufsichtsbehörde für den ganzen Kanton[22].

Das kantonale Recht regelt auch die Zusammensetzung dieser Behörden, die Wählbarkeitsvoraussetzungen, die Ausstandsgründe und das Verfahren, die Besoldung der Behördemitglieder usw.[23].

2. Bund

Die Behörden des Bundes, die mit rechtlichen Aufgaben im Grundbuchwesen betraut sind, sind einerseits das eidgenössische Grundbuchamt und anderseits das Bundesgericht.

Aus der Idee heraus, daß der Bund beauftragt sei, die Arbeiten zur Einrichtung des eidgenössischen Grundbuches zu leiten, zu überwachen und wirksam zu unterstützen, hat ein BB vom 11. Dezember 1911 ein eidgenössisches Grundbuchamt geschaffen, das innerhalb des eidgenössischen Justiz- und Polizeidepartementes eine besondere Abteilung bildete (Art. 112 GBV). Ein Gesetz vom 9. Februar 1923 hat dieses Amt als selbständige Abteilung aufgehoben und seine Tätigkeit der Abteilung für Justiz (heute: Bundesamt für Justiz) unterstellt. Innerhalb dieses Amtes besteht das *eidgenössische Grundbuchamt*. Dieses Amt ist aufgeteilt in das Grundbuchamt und die Vermessungsdirektion (SR 172.011. Note 2). Das erstere übt, mit Ausnahme des Rechtsmittelverfahrens, eine gewisse Aufsicht über die kantonalen Organe aus (siehe hinten, § 9 III 2)[24].

Seit dem Inkrafttreten des Gesetzes von 11. Juni 1928 über die eidgenössische Verwaltungs- und Disziplinarrechtspflege ist nicht mehr der Bundesrat, sondern das *Bundesgericht* für die Behandlung von Beschwerden gegen die kantonalen Behörden in Grundbuchsachen zuständig.

Heute ergibt sich diese Zuständigkeit aus Art. 97 OG in Verbindung mit Art. 5 VwVg (vgl. auch Art. 102 GBV in der neuen Fassung). Nach Art. 5 Ziff. 9 des Reglementes des Bundesgerichtes vom 14. Dezember

---

[22] BGE 76 I, 1950, S. 232; dies trotz des Wortlautes von Art. 102 GBV, der von «der kantonalen Aufsichtsbehörde» spricht. Die Absätze 2 und 4 von Art. 103 GBV beseitigen jeden Zweifel in dieser Frage.

[23] Für die «bereits bestehenden» Organe und für die Beamten eines Dienstes des Grundbuches gilt das kantonale Beamtenrecht (siehe oben, a).

[24] Die Vermessungsdirektion übt die Oberleitung und die Oberaufsicht über die Grundbuchvermessung aus, Art. 3 VO über die Grundbuchvermessung vom 12. Mai 1971. Unter «Bundesgrundbuchamt» im Sinn des Art. 112 GBV verstehen wir das innerhalb des eidgenössischen Grundbuchamtes zuständige Amt – = Grundbuchamt, abgekürzt GBA – das für die allgemeine Aufsicht über die Grundbuchführung zuständig ist.

1978[25] ist die II. Zivilabteilung zur Behandlung von Verwaltungsgerichtsbeschwerden gegen kantonale Entscheide in Grundbuchsachen zuständig.

---

[25] BGE 97 I, 1971, S. 268. Dazu, siehe vorn, § 1 Note 14a.

§ 9. Die Führung des Grundbuches im allgemeinen

Literatur:

Die Kommentare von HOMBERGER, OSTERTAG und WIELAND zu Art. 954–957 ZGB; von GONVERS-SALLAZ zu Art. 105 GBV.
E. BLUMENSTEIN, System des Steuerrechts, I 2. Auflage, Bern 1951; G. EGGEN, Das eidgenössische Grundbuchamt, ZBGR 55, 1974, S. 1ff.; C. HEGNAUER, Das Verhältnis der disziplinarischen zur strafrechtlichen Verantwortlichkeit des zürcherischen Notars, ZBGR 33, 1952, S. 228ff.; H. HUBER, Bundesrechtliche Schranken im Grundstückabgaberecht, ZBGR 49, 1968, S. 65ff.; F.J. HUNZIKER, Die Anzeige an die Aufsichtsbehörde (Aufsichtsbeschwerde), Diss. Zürich 1978; F. JENNY, Die Verantwortlichkeit im Grundbuchwesen, ZBGR 46, 1965, S. 65ff.; R. MÜLLER, La notion d'émolument dans la jurisprudence du Tribunal fédéral, Diss. Lausanne 1943.

I. Überblick

Die Tätigkeit der Organe, die das Grundbuch führen, besteht darin, alle Verrichtungen vorzunehmen, welche die Gesetzgebung des Bundes vorsieht. Bereits war von der Aufnahme der Grundstücke ins Grundbuch die Rede (§ 6). Die Eintragungen im Grundbuch (im weiten Sinn), insbesondere ihre Voraussetzungen und Wirkungen, bilden Gegenstand des IV. und V. Kapitels.

Im vorliegenden Paragraphen machen wir zunächst einige allgemeine Ausführungen über die Tätigkeit des Grundbuchverwalters (II). Dann behandeln wir die allgemeine Aufsicht über die Organe des Grundbuches (III). Zum Schluß kommen wir auf die Grundbuchgebühren zu sprechen (IV). Die Kontrolle der Tätigkeit des Grundbuchverwalters im Beschwerdeverfahren im allgemeinen und die privatrechtliche Verantwortlichkeit für die Führung des Grundbuches bilden Gegenstand der Ausführungen in den Paragraphen 11 und 12.

II. Die Tätigkeit des Grundbuchverwalters im allgemeinen

1. Rechtsnatur

Die Tätigkeit des Grundbuchverwalters bildet einen Teil der nicht streitigen Gerichtsbarkeit in Zivilsachen (vorn, § 1 I). Sie besteht in der Mitarbeit, die eine der Verwaltung angehörende Dienststelle – in der Regel auf einseitiges Begehren – den einzelnen Rechtssubjekten bei der Feststellung, Begründung, Erhaltung, Änderung oder Aufhebung von privaten, hier von dinglichen oder andern Rechtsbeziehungen an Grundstücken, leistet. Bei der Führung des Grundbuches stehen ein Beamter oder eine Behörde und ein Beteiligter einander gegenüber; nicht – wie bei der streitigen Gerichtsbarkeit – zwei Parteien, zwischen denen eine Behörde Recht spricht[1].

2. Örtliche Zuständigkeit

Die örtliche Zuständigkeit ist mit dem Ort, an dem das in Frage stehende Grundstück liegt, ohne weiteres gegeben (Art. 1 GBV).

3. Der Grundsatz der Anmeldung

Die Organe des Grundbuches werden grundsätzlich nur auf Begehren eines Beteiligten hin tätig (Art. 11 GBV). Dieses Begehren ist die Anmeldung. Es entspricht der Klage im Verfahren der streitigen Gerichtsbarkeit[2]. Es gibt jedoch Fälle, in denen der Grundbuchverwalter von Amtes wegen handelt. Zu denken ist etwa an das Verfahren bei der Aufnahme der Grundstücke ins Grundbuch (Art. 43 SchlT). Weitere Fälle werden im Zusammenhang mit den Voraussetzungen der Eintragungen im Grundbuch erwähnt werden (§ 13 II).

4. Die Prüfungsbefugnis des Grundbuchverwalters

Der Grundbuchverwalter nimmt die ihm obliegenden Handlungen nur vor, wenn deren Voraussetzungen in formeller und materieller Hinsicht erfüllt sind[3]:

– in formeller Hinsicht: Zuständigkeit, Nicht-Vorhandensein eines Ausstandsgrundes, Rechts- und Handlungsfähigkeit des Anmeldenden, Vollmacht des Vertreters, Identität des Anmeldenden, Formvorschriften der Anmeldung;
– in materieller Hinsicht: Befähigung, die Maßnahme zu verlangen, Zulässigkeit der Maßnahme, Vorliegen der gesetzlichen Voraussetzungen.

---

[1] GULDENER, Freiwillige Gerichtsbarkeit, S. 2, 6ff. Wird gegen eine Anordnung der Behörde Beschwerde erhoben, können, sobald ein interessierter Dritter sich der Gutheißung der Beschwerde widersetzt, zwei Parteien am Verfahren beteiligt sein. In Grundbuchsachen kommt dies sogar recht häufig vor, hinten, § 11 II 5. Aber das Verfahren bleibt, was seine Form angeht, nach wie vor ein solches der nicht streitigen Gerichtsbarkeit, GULDENER, S. 6.
[2] GULDENER, a. a. O., S. 28.
[3] GULDENER, S. 35, und zum Grundbuch, S. 48 ff.

Auf Inhalt und Umfang der Prüfungsbefugnis des Grundbuchverwalters werden wir im Kapitel über die Eintragungen im Grundbuch nochmals zurückkommen (§ 24). Die hier festgehaltenen allgemeinen Grundsätze gelten für alle Maßnahmen, die vom Grundbuchverwalter verlangt werden; und zwar auch ausserhalb der Eintragungen im Grundbuch, etwa bei der Einsichtnahme in die verschiedenen Register und Akten des Grundbuches.

5. Die Feststellung der Tatsachen

Im Verfahren der nicht streitigen Gerichtsbarkeit wie im Verwaltungsverfahren (vgl. Art. 5 VwVG), gilt der Grundsatz, daß die Behörde die Tatsachen von Amtes wegen feststellt, die für ihren Entscheid nötig sind (Untersuchungsmaxime)[4]. Es ist jedoch in diesen, und insbesondere im Grundbucheintragungsverfahren, immer Aufgabe der Parteien, vor allem des Anmeldenden, dem Grundbuchverwalter die Unterlagen für seinen Entscheid zu verschaffen. Vorbehalten bleiben die Fälle, in denen dieser von Amtes wegen handelt. Für die Eintragungen im Grundbuch ergibt sich dies aus dem Grundsatz, daß der Anmeldende sich über sein Recht ausweisen muß (Art. 965/966 ZGB). In diesem Sinn kann man von einer Art Beweislast sprechen, die den Anmeldenden trifft (hinten, § 25 III)[4a]. Um die Tatsachen festzustellen, verfügt der Grundbuchverwalter im weitern nicht über die Mittel des Verfahrens im Zivilprozess. Er entscheidet ausschließlich anhand von Urkunden. Die Prüfung erfolgt, ohne daß das Verfahren weiter geregelt ist[5].

6. Die Verfügungen des Grundbuchverwalters und der Eintritt der Rechtskraft

Es muß zwischen den Verfügungen im Verlauf des Eintragungsverfahrens und den übrigen Verfügungen des Grundbuchverwalters unterschieden werden:

---

[4] GULDENER, a. a. O., S. 55; GYGI, Bundesverwaltungsrechtspflege, S. 206 ff. Gerade das hat zur Folge, daß derjenige, der ein Begehren stellt, noch bis zum Entscheid des Grundbuchverwalters weitere Tatsachen geltend machen und zusätzliche Urkunden auflegen kann. Vorbehalten bleiben die Vorschriften über die Ausweise im Eintragungsverfahren, die zusammen mit der Anmeldung eingereicht werden müssen.
[4a] GULDENER, a. a. O., S. 57; GYGI, a. a. O., S. 210; HOMBERGER, Art. 965 N. 51.
[5] GULDENER, a. a. O., S. 55 f.; HOMBERGER, Art. 965 N. 52.

a) *Läßt der Grundbuchverwalter im Eintragungsverfahren eine Anmeldung zu,* nimmt er die beantragte Eintragung vor. Dem Anmeldenden macht er von dieser auch keine besondere Mitteilung. Er teilt sie aber jenen Beteiligten mit, die von ihr vorher noch keine Kenntnis hatten (Art. 969 ZGB). *Weist der Grundbuchverwalter die Anmeldung ab,* teilt er dies dem Anmeldenden und allenfalls weiteren Beteiligten schriftlich mit (Art. 24 Abs. 2 GBV; weiter, siehe hinten, IV. Kapitel, § 25 VII). Die Regelung gilt auch außerhalb der Fälle, die Art. 24 GBV im Auge hat; etwa bei der Abweisung einer Anmeldung, mit der im Grundbuch die Vornahme einer Anmerkung beantragt worden ist.

Die Entscheidung, eine Eintragung vorzunehmen, wird in der Regel sogleich vollzogen. Sie wird damit in dem Sinn unverzüglich rechtskräftig, daß gegen eine vorgenommene Grundbucheintragung kein Rechtsmittel an die Aufsichtsbehörde zur Verfügung steht[5a]. Sie unterliegt nur einer nachträglichen Überprüfung durch den Richter. Soweit das Eintragungsprinzip in seiner absoluten Form gilt, wird die rechtsbegründende oder rechtsaufhebende Wirkung einer Eintragung (Eintragung im engen Sinn, Vormerkung oder Löschung eines Eintrages) auf das Datum der Einschreibung ins Tagebuch zurückbezogen (Art. 972 ZGB). Im Geltungsbereich des relativen Eintragungsprinzips wird der Zeitpunkt des Erwerbs oder Verlustes eines Rechtes durch das materielle Recht bestimmt. Aber die deklaratorische (insbesondere rechtserhaltende) Wirkung einer Eintragung im Hauptbuch bezieht sich ebenfalls zurück (hinten, § 30 IV).

Gegen *die Abweisung einer Anmeldung* kann das in Art. 956 Abs. 2 und 3 ZGB und Art. 102 ff. GBV geregelte Rechtsmittel ergriffen werden. Es hat zwei Formen: diejenige der besonderen und der allgemeinen Grundbuchbeschwerde (hinten, § 11).

Die Abweisung einer Anmeldung, mit der die Eintragung oder Löschung eines dinglichen Rechtes oder einer Vormerkung beantragt wird, ist grundbuchrechtlich endgültig, wenn die Beschwerdefrist des Art. 103 GBV unbenützt abgelaufen ist (Art. 24 Abs. 3 GBV)[6]. Demgegenüber erwachsen die Abweisungsverfügungen, die mit der allgemeinen Grundbuchbeschwerde nach Art. 104 GBV angefochten werden können, nicht eigentlich in Rechtskraft; denn diese ist ja an keine Frist gebunden. Falls sie jedoch tatsächlich an die Aufsichtsbehörde weitergezogen werden, werden die streitigen Punkte endgültig entschieden (hinten, § 11 II 12).

[5a] BGE 98 Ia, 1972, S. 185, und zit. Entscheide. Siehe hinten, § 11 und das IV. Kapitel über die Voraussetzungen der Eintragungen, § 26 A.

[6] BGE 71 I, 1945, S. 422. Reicht der Anmeldende ein neues Beleg, etwa einen neuen Vertrag, ein, handelt es sich um eine neue Anmeldung, die von der ersten verschieden ist.

§ 9   Die Tätigkeit des Grundbuchverwalters im allgemeinen   143

b) Außerhalb des Eintragungsverfahrens wird ein – positiver oder negativer – Entscheid dem Antragsteller in dieser oder jener Form mitgeteilt. Da er, ohne daß eine Frist besteht, nur mit der Beschwerde nach Art. 104 GBV angefochten werden kann, wird er nicht endgültig. Das will aber nicht heißen, daß der (positive) Entscheid nicht vollstreckt werden kann. Beispiel: die Erlaubnis, in das Grundbuch Einsicht zu nehmen (hinten, § 11 II 8).

c) Kann der Grundbuchverwalter einen Entscheid in Wiedererwägung ziehen? Im Zivilprozeßverfahren ist der Richter an seinen Entscheid gebunden. «*Lata sententia judex desinit esse judex*»[7]. Im Verfahren der nicht streitigen Gerichtsbarkeit steht im wesentlichen ein Privater einer Behörde gegenüber. Auch wenn es sich nicht in den gleichen Formen abspielt, gleicht es in diesem Punkt dem Verwaltungsverfahren. Und für dieses Verfahren nun ist anerkannt, daß die Verwaltungsbehörde unter bestimmten Voraussetzungen auf ihren Entscheid zurückkommen kann; solange nicht eine gesetzliche Vorschrift oder die Rechtssicherheit entgegenstehen[7a]. Die gleiche Lösung muß grundsätzlich auch für das Verfahren der nicht streitigen Gerichtsbarkeit gelten[7b].

Unter dem Vorbehalt des Art. 977 ZGB kann der Grundbuchverwalter auf seinen Entscheid, eine Eintragung vorzunehmen, nicht zurückkommen. Stellt er seinen Irrtum fest, ist er aber grundsätzlich ermächtigt, *andere* von ihm gefällte Entscheide in Wiedererwägung zu ziehen. Das gilt sogar für die Abweisung einer Anmeldung (hinten, § 25 VII 3). Hat er diese den Parteien bereits mitgeteilt, kann dies aber nur vor Ablauf der allfälligen Rechtsmittelfrist geschehen[7c]. Nicht nötig ist, daß bei ihm ein Wiedererwägungsgesuch eingereicht worden ist[7d]. Der Grundbuchverwalter muß

---

[7]   GULDENER, Zivilprozeßrecht, S. 362 f.
[7a] FLEINER-GERSTER, Grundzüge, S. 234; GYGI, S. 189, 220; BGE 105 Ia, 1979, S. 365, und Verweise.
[7b] GULDENER, Freiwillige Gerichtsbarkeit, S. 61 ff.; vgl. § 212 Abs. 4 Zürcher ZPO und dazu, STRÄULI/MESSMER, N. 8.
[7c] In diesem Sinn, HOMBERGER, Art. 966 N. 7; ZBGR 61, 1980, S. 179 (Justizkommission Luzern). Die Begründung, jener, der die Anmeldung vorgenommen habe, könne auf jeden Fall eine neue Anmeldung einreichen, dringt für Eintragungen, die dingliche Rechte und Vormerkungen betreffen, nicht durch, oben, Note 6. Die vorgeschlagene Lösung kann jedoch wie folgt untermauert werden: In diesem nicht streitigen Verfahren hat derjenige, der ein Interesse daran hatte, daß die Anmeldung einer Eintragung oder ein anderes Begehren abgewiesen wurde, kein persönliches Recht darauf, daß diese Abweisung oder Ablehnung bestehen bleibt.
[7d] Wird bei der Aufsichtsbehörde Beschwerde geführt, muß er die Möglichkeit haben, bis zum Abschicken seiner Beschwerdeantwort, jedoch nicht später, seinen Entscheid erneut zu überprüfen (vgl. Art. 58 Abs. 1 VwVG).

seinen neuen Entscheid den Parteien unverzüglich mitteilen; ist ein Rechtsmittel ergriffen worden, auch der Rechtsmittelinstanz (vgl. Art. 58 Abs. 2 VwVG).

7. Erlangen die Entscheide des Grundbuchverwalters die Wirkung der abgeurteilten Sache?

a) Wird im Eintragungsverfahren eine Anmeldung angenommen, erhält die Eintragung im Hauptbuch oder in einem andern Register mit rechtsbegründender Wirkung die Bedeutung einer widerlegbaren Vermutung (Art. 9 und 937 Abs. 1 ZGB). Diese Wirkung kann nicht mit jener verglichen werden, die einem Urteil im Zivilprozeß zukommt. Deshalb ist der Richter an einen im Grundbuch bestehenden Eintrag auch nicht gebunden. Solange nicht ein gutgläubiger Dritter in seinem guten Glauben nach Art. 973 ZGB geschützt ist, kann er dessen Rechtmäßigkeit in Frage stellen (vgl. Art. 975 ZGB). Der Grundbuchverwalter selber jedoch kann auf eine vollzogene Grundbucheintragung nur zurückkommen, wenn die strengen Voraussetzungen der Berichtigung nach Art. 977 ZGB gegeben sind (siehe hinten, V. Kapitel, § 42). Auch die Aufsichtsbehörden sind an eine derartige Eintragung gebunden. In diesem Sinn ist der Fall für die Grundbuchbehörden «entschieden».

Eine *Abweisungsverfügung* ist ebenfalls in dem Sinn nicht voll wirksam, als der Richter einen Rechtsgrund als gültig anerkennen kann, den der Grundbuchverwalter nicht angenommen hat[7e]. Soweit das Grundbuchrecht in Frage steht, entscheidet jedoch eine Abweisung nach Art. 24 GBV, gegen die nicht rechtzeitig nach Art. 103 GBV ein Rechtsmittel ergriffen und die deshalb endgültig geworden ist, die Frage, ob der Grundbuchverwalter einer Anmeldung Folge leisten muß, abschließend; vorbehalten bleibt eine erneute Überprüfung auf Grund neuer Tatsachen. Die Entscheide demgegenüber, die nur mit der allgemeinen Grundbuchbeschwerde nach Art. 104 GBV angefochten werden können und die nicht in Rechtskraft erwachsen (oben, 6a), erlangen damit nicht im gleichen Sinn die Wirkung der abgeurteilten Sache und können jederzeit auf dem ordentlichen Weg angefochten werden. Anders verhält es sich mit Bezug auf einen Entscheid, den eine Aufsichtsbehörde im streitigen Punkt gefällt hat (hinten, § 11 II 12).

b) Die Entscheide, die der Grundbuchverwalter *außerhalb des Eintragungsverfahrens* trifft, sind nicht endgültig (oben, 6b) und stellen *keine res iudicata*

[7e] HOMBERGER, Art. 956 N. 17.

dar. Als Beispiele können etwa genannt werden: die Weigerung, ins Grundbuch Einsicht zu gewähren, oder die Verfügung, das Verfahren zur Geltendmachung des bäuerlichen Vorkaufsrechtes zu eröffnen. Es besteht damit für den Grundbuchverwalter kein Hindernis, auf derartige Entscheide, solange sie nicht ausgeführt sind, zurückzukommen (oben, 6c).

c) Die Entscheide des Grundbuchverwalters sind gegenüber dem Richter unabhängig

Von den Fällen abgesehen, in denen er angerufen werden kann, um die Rechtmäßigkeit einer im Grundbuch vollzogenen Eintragung zu überprüfen oder in einem Prozeß eine gegenüber dem Grundbuchverwalter neue rechtliche Würdigung vorzunehmen, kann sich der Richter nicht in den Tätigkeitsbereich des Grundbuchverwalters, und insbesondere nicht in das Grundbucheintragungsverfahren, einmischen (betreffend eine scheinbare Ausnahme, siehe aber § 25 VIII). Allgemein gesagt: Die Maßnahmen, die der Grundbuchverwalter im Rahmen seiner eigenen Zuständigkeit ergreift, binden den Richter. Beispiel: Der Grundbuchverwalter eröffnet für die Miteigentumsanteile an einem Grundstück eigene Grundbuchblätter. Vorbehalten bleiben höchstens jene Fälle, in denen ein Entscheid nach den Vorschriften des Verwaltungsrechtes als vollkommen nichtig zu betrachten wäre[8].

III. Die Aufsicht durch die Grundbuchbehörden

Nach Art. 956 Abs. 1 ZGB unterliegt die Amtsführung der Grundbuchverwalter einer regelmäßigen Aufsicht. Wir behandeln hier die allgemeine Aufsicht, welche die zuständigen Behörden der Kantone und des Bundes über die Grundbuchführung ausüben. Die Aufsicht über die Grundbuchverwalter, die durch das Fällen von Entscheiden in Rechtsmittelverfahren ausgeübt wird, bildet Gegenstand des § 11.

---

[8] GRISEL, Traité de droit administratif, I S. 188 ff., insbesondere S. 190. GULDENER, S. 70. Vgl. BGE 108 II, 1982, S. 456 ff. Zu den Begriffen «Anfechtbarkeit» und «Nichtigkeit», vgl. GRISEL, I S. 417 ff. Bei im Grundbuch vorgenommenen Eintragungen, die der Richter auf jeden Fall überprüfen kann, kommt es nicht darauf an, an was für Mängeln im Sinn des Verwaltungsrechtes sie leiden.

1. Die Aufsicht durch die Kantone

Die Kantone üben die Aufsicht über die Grundbuchverwalter dadurch aus, daß sie Kontrollen durchführen, Weisungen erteilen und die Disziplinargewalt wahrnehmen.

Die Aufsichtsbehörde oder der Grundbuchinspektor besucht die Grundbuchämter. Dabei überprüfen sie die Führung und Aufbewahrung des Hauptbuches oder der Register, die an dessen Stelle geführt werden. Diese Überprüfung erstreckt sich auch auf die Register, die das Hauptbuch ergänzen, und das Tagebuch. Die Prüfungsorgane machen den Grundbuchverwalter auf die festgestellten Mängel aufmerksam und wachen in der Folge darüber, daß diese nicht mehr vorkommen.

Die gleichen Organe erteilen den Grundbuchverwaltern Anweisungen allgemeiner Art, wie die Eintragungen vorgenommen werden müssen. Solche Anweisungen sind vor allem angezeigt, wenn neue gesamtschweizerische Rechtsinstitute eingeführt werden. Daneben können sie den Grundbuchverwaltern für einzelne Fälle Ratschläge erteilen. Das darf aber nicht so weit gehen, daß sie an deren Stelle handeln: Die Grundbuchverwalter entscheiden auf eigene Verantwortung über die eingegangenen Anmeldungen; unter Vorbehalt der Einreichung eines Rechtsmittels an die Aufsichtsbehörde.

Die Kontrolle beschränkt sich aber nicht auf die Abklärung, ob die formellen und materiellen Voraussetzungen der Grundbucheintragungen eingehalten sind. Die Aufsichtsorgane prüfen auch, ob die Beamten ihren allgemeinen Pflichten nachkommen[9].

Die zuständige Behörde kann auch auf Anzeige von Privaten oder öffentlichen Amtsstellen hin einschreiten. In Frage steht hier die allgemeine Aufsichtsbeschwerde, die von der Beschwerde nach Art. 102 ff. GBV unterschieden werden muß[9a].

Art. 957 Abs. 1 ZGB sieht vor, daß die kantonale Aufsichtsbehörde die Beamten und Angestellten, die ihre Amtspflichten nicht erfüllen, mit *Ordnungsstrafen* belegen kann. Diese Bestimmung ruft aber nur eine kantonale Zuständigkeit in Erinnerung; denn der Grundbuchverwalter und seine Bediensteten sind kantonale Beamte (vorn, § 8 III 1) und unterstehen

---

[9] ZBGR 53, 1972, S. 227 (RR St. Gallen): Befugnis, die persönlichen Angelegenheiten eines Grundbuchverwalters zu überprüfen, der sich in einer Art und Weise, die mit seiner Stellung nicht vereinbar ist, im Immobiliengeschäft betätigt.

[9a] Diesen Weg hat vor allem Art. 71 VwVG im Auge. Man kann annehmen, daß er überall im Verwaltungsverfahren zur Verfügung steht; vgl. GYGI, S. 43, 221 ff.; HUNZIKER, a. a. O.; BGE 102 Ia, 1974, S. 198; ZBGR 60, 1979, S. 231 (BR).

damit der Disziplinargewalt der Kantone[10]. Das kantonale Recht kann die Handlungen, welche Maßnahmen nach sich ziehen, näher umschreiben. Art. 957 Abs. 2 ZGB hat jedoch – wohl überflüssigerweise – die zu verhängenden Ordnungsstrafen festgelegt: Verweis, Buße bis zu Fr. 1 000.-- und in schweren Fällen Amtsentsetzung. Vorbehalten bleibt die Strafrechtliche Verfolgung (Abs. 3). Das Verfahren richtet sich nach kantonalem Recht. Es wird von Amtes wegen eröffnet und kann sich nur gegen den Urheber der Verfehlung richten, nicht aber gegen seinen Vorgesetzten[11]. Die Kantone ordnen auch die Zuständigkeit – sie liegt in der Regel bei der Aufsichtsbehörde – und regeln die Rechtsmittel. Die Verwaltungsgerichtsbeschwerde an das Bundesgericht ist nicht zulässig; außer die zuständige Instanz hätte eine andere Strafe ausgesprochen als Art. 957 Abs. 2 ZGB vorsieht. In diesem Fall wäre eine Verletzung von Bundesrecht gegeben[12].

Die Mitglieder einer kantonalen Aufsichtsbehörde oder die Beamten eines Inspektorates unterstehen ausschließlich der Disziplinargewalt des kantonalen Rechtes[13].

Das gleiche gilt für diejenigen, welche die Dienste des Grundbuchamtes in Anspruch nehmen. Lassen sie sich in ihrem Verhalten zu den Grundbuchbehörden eine Verfehlung zuschulden kommen, unterstehen auch sie der kantonalen Disziplinargewalt[14].

2. Die Aufsicht durch den Bund

Das *eidgenössische Grundbuchamt* überwacht die Anlegung und Führung des Grundbuches durch die Kantone. Es überprüft die kantonalen Erlasse zum Grundbuchrecht (Organisation, Formulare, Höhe der Gebühren, Erlöschen der dinglichen Rechte, Anmerkung von öffentlichrechtlichen Eigentumsbeschränkungen). Es beantwortet Fragen des formellen Rechtes, welche sowohl die Verwaltung wie Private über das Grundbuch stellen können. Es erstattet Gutachten zu Fragen des Immobiliarsachenrechtes. Es arbeitet die Vernehmlassungen zu den Verwaltungsgerichtsbeschwerden aus, die vom Bundesgericht dem Bundesamt für Justiz in Grundbuchfragen zur Stellungnahme unterbreitet werden. Es bereitet Gesetzesvorlagen auf dem

---

[10] HOMBERGER, Art. 957 N. 1; JENNY, Die Verantwortlichkeit, S. 78f.
[11] ZBGR 31, 1952, S. 75 (ObG Zürich).
[12] BGE 68 I, 1942, S. 126; 58 I, 1932, S. 130; ZBGR 5, 1924, S. 135 (BR); JENNY, Die Verantwortlichkeit, S. 79.
[13] OSTERTAG, zu Art. 957.
[14] HOMBERGER, Art. 957 N. 2; BGE 58, zit. in Note 12.

Gebiet des Bodenrechtes[14a] wie auch Ausführungsvorschriften zu Gesetzen in diesem Bereich vor. Mit Hilfe von Rundschreiben erteilt es Weisungen. Ihm steht wohl auch die Befugnis zu, die Grundbuchämter zu besuchen und Kontrollen vorzunehmen.

Das *Bundesgericht* erfüllt nur Aufgaben innerhalb des Beschwerdeverfahrens. Es übt nicht, wie im Bereich des Schuldbetreibungs- und Konkurswesens nach Art. 15 SchKG, eine allgemeine Aufsicht aus. Deshalb kann es in Grundbuchfragen auch nicht allgemeine Richtlinien erlassen. Es entscheidet nur von Fall zu Fall. Das schließt aber nicht aus, daß aus seinen Entscheiden Regeln von allgemeiner Tragweite abgeleitet werden[15].

IV. Die Grundbuchgebühren

1. Begriff

Nach Art. 954 ZGB dürfen die Kantone «für die Eintragungen in das Grundbuch und für die damit verbundenen Vermessungsarbeiten» Gebühren erheben.

Die Gebühr ist eine öffentliche Abgabe, die für eine von der Verwaltung vollbrachte Handlung oder erbrachte Leistung geschuldet ist. Sie ist das Entgelt für einen geleisteten Dienst. Das unterscheidet sie von der Steuer, die ohne eine solche Bedingung, d. h. voraussetzungslos, geschuldet ist[16]. Bei den Abgaben nach Art. 954 ZGB handelt es sich um Verwaltungsgebühren, die für die Ausführung einer Handlung durch den Staat erhoben werden[17].

2. Arten

Man unterscheidet drei Arten von Gebühren[18]:

[14a] Nach einer Mitteilung der erwähnten Amtsstelle. – Diese hat noch andere Aufgaben: Aufsicht über die Schiffsregister, Überprüfung der Meldungen über die Schiffe, welche die landesinterne Schiffahrt auf dem Rhein betreiben; Führen eines Verzeichnisses der Institute, die berechtigt sind, Viehverpfändungen entgegenzunehmen. Vgl. EGGEN, a. a. O.

[15] BGE 98 Ib, 1972, S. 94.

[16] BLUMENSTEIN, S. 2 und 7.; GRISEL, I S. 608 ff.; HOMBERGER, Art. 954 N. 1; BGE 103 Ia, 1977, S. 80; 97 I, 1971, S. 203; 94 I, 1968, S. 93; 84 I, 1958, S. 165 mit Verweisen.

[17] Von Benützungsgebühren im eigentlichen Sinn kann man nicht sprechen; denn das Grundbuch ist nicht eine öffentliche Einrichtung, die Benützer hat. Die Analogie ist jedoch groß, vor allem mit dem Unternehmen der Grundbuchvermessung.

[18] H. HUBER, Bundesrechtliche Schranken, S. 67 ff.

a) Die *Kanzleigebühr* ist eine Gebühr, um eine Handlung der Verwaltung abzugelten, die keine Prüfung oder besondere Kontrolle erfordert und deren Höhe damit bescheiden ist[19]. Zu dieser Gruppe gehören die Gebühren für die Einsichtnahme ins Grundbuch.

b) Die *Verwaltungsgebühr im eigentlichen Sinn* ist das Entgelt für eine Verwaltungstätigkeit, die eine gründliche Prüfung in technischer, rechtlicher oder anderer Hinsicht verlangt und die folglich mehr Zeit beansprucht und die Mitwirkung von geschultem Personal voraussetzt[20]. Die meisten Grundbuchgebühren sind dieser Art.

c) Die *Gemengsteuer* verbindet mit einer Verwaltungsgebühr, dem Entgelt für eine Leistung, eine indirekte Steuer, die zur Deckung der allgemeinen Ausgaben des Staates bestimmt ist[21]. Die Gemengsteuer stellt zunächst eine Gebühr dar. Bei der Eintreibung derselben erhebt der Staat aber eine öffentliche Abgabe, die den Wert des geleisteten Dienstes übersteigt, ja sogar als Pauschalbetrag festgelegt sein kann[22].

3. Die Zuständigkeit der Kantone

Ausgestattet mit einer Vollmacht des Bundes, in bezug auf die Einführung des Grundbuches die notwendigen Vorschriften zu erlassen (vorn, § 8 I), sind die Kantone ermächtigt, im Zusammenhang mit der Führung des Grundbuches Gebühren zu erheben (Art. 954 ZGB). Wie bei allen Ausführungsvorschriften im Sinn des Art. 52 Abs. 1 SchlT handelt es sich dabei um einen echten Vorbehalt (vorn, § 8 I)[23].

---

[19] BGE 107 Ia, 1981, S. 29 ff.; 104 Ia, 1978, S. 113 ff., und zit. Entscheide.
[20] BGE 93 I, 1967, S. 634.
[21] BLUMENSTEIN, S. 7 und 199; HOMBERGER, Art. 954 N. 3. BGE 106 II, 1980, S. 81 ff.; 82 I, 1956, S. 294; 72 I, 1946, S. 384.
[22] Die zürcherischen Gebühren, die im übrigen gleichzeitig für die öffentliche Beurkundung des Vertrages wie für die Eintragung ins Grundbuch erhoben werden, stellen solche Gebühren dar; vgl. ZBGR 36, 1955, S. 150; 63, 1982, S. 22; 65, 1984, S. 84 ff. Das gleiche gilt für die Eintragungsgebühren im Kanton Tessin (vgl. die vorher zit. Entscheide des BGer). Andere Kantone erheben Steuern auf Handänderungen oder auch auf gewissen andern Eintragungen. Schließt die Steuer auch das Entgelt für die Eintragung ins Grundbuch ein, handelt es sich ebenfalls um eine Gemengsteuer. Das ist der Fall im Kanton Bern; H. HUBER, S. 69 und 80 f.; BGE 98 Ia, 1972, S. 163.
[23] Im gleichen Sinn, H. HUBER, a. a. O., S. 67; vgl. den in Note 21 zit. Entscheid des BGer. Für die Eintragungen in andere Register, etwa das Handelsregister, das Güterrechtsregister wie auch das Eigentumsvorbehaltsregister hat der BR selber Gebührenordnungen erlassen.

Der Bundesgesetzgeber hat allerdings die Zuständigkeit der Kantone eingeschränkt, indem er bestimmte Eintragungen, die in Art. 954 Abs. 2 ZGB ausdrücklich erwähnt sind, von der Gebührenpflicht befreit hat (unten, 7).

Art. 954 ZGB berührt die Hoheit der Kantone in Steuerangelegenheiten nicht. Diese sind befugt, im Zusammenhang mit Rechtsgeschäften um Grundstücke indirekte Steuern zu erheben. Solche Steuern können getrennt oder in Verbindung mit den Grundbuchgebühren (Gemengsteuer) erhoben werden[24]. Zu den Grenzen der Zuständigkeit der Kantone in dieser Hinsicht, siehe unten, 6b.

Die Gebührenerlasse der Kantone müssen dem Bundesrat zur Genehmigung unterbreitet werden. Art. 954 ZGB sieht eine solche Genehmigung zwar nicht vor. Aber die kantonalen Vorschriften über die Grundbuchgebühren gehören zu den Ausführungsvorschriften des ZGB (Art. 52 Abs. 1 SchlT), und diese Vorschriften unterliegen allgemein der Genehmigung (Abs. 3). Die Genehmigung ist übrigens Bestandteil der Oberaufsicht, die vom Bund ausgeübt wird[25].

4. Das Erfordernis einer gesetzlichen Grundlage

Wie alle öffentlichen Abgaben benötigen die Gebühren eine gesetzliche Grundlage. Eine Ausnahme besteht nur für die Kanzleigebühren (oben, 2a). Die geforderte Grundlage ist grundsätzlich ein Gesetz im formellen Sinn; d. h. ein Rechtssetzungsakt, der dem Referendum unterliegt[26]. Das Bundesgericht hat jedoch auf das Erfordernis einer formellen gesetzlichen Grundlage verzichtet, wenn eine Gebühr besonders technischer Natur ist oder von Umständen abhängt, die sich rasch ändern[27]. In diesem Fall ist es aus-

---

[24] BGE 84 I, 1958, S. 139; 82 I, 1956, S. 300; 72, zit. in Note 21; 53 I, 1927, S. 191; 48 I, 1922, S. 532; HOMBERGER, Art. 954 N. 3; H. HUBER, S. 69f.

[25] BR 1914, in ZBGR 4, 1923, S. 203; BGE 48 I, 1922, S. 41; HOMBERGER, Art. 954 N. 1. Anderer Meinung: H. HUBER, S. 69 Note 15. Nach Art. 105 Abs. 4 GBV müssen die Ansätze der Gebühren, die für das Ausstellen von Auszügen und Bescheinigungen zu entrichten sind, dem BR zur Genehmigung vorgelegt werden. Es handelt sich hier um einen Anwendungsfall des Grundsatzes, der sich aus den im Text angeführten Gesetzesbestimmungen ergibt. Auf dem Gebiet dieser öffentlichen Abgaben kann man sich nicht auf die Zuständigkeit der Kantone berufen; denn von Rechts wegen sind sie nicht bevollmächtigt, im Zusammenhang mit einer Rechtseinrichtung des Bundes Gebühren zu erheben.

[26] BGE 107 Ia, 1981, S. 29 ff.; 106 Ia, 1980, S. 202; 105 Ia, 1979, S. 4, und zit. Entscheide; GRISEL, II, S. 610 ff.

[27] BGE 106 und 105, zit. in der vorangehenden Note: In Anbetracht der Rechtsnatur der Gebühr kann sich der Beteiligte in jedem Fall vor allem auf den Grundsatz berufen, eine

reichend, wenn der kantonale Gesetzgeber über eine ganz allgemein gehaltene Vollmacht zu Werke geht; vorausgesetzt, diese beziehe sich auf eine ganz bestimmte Sache. Während auf dem Gebiet der Steuern eine Vollmacht an eine untergeordnete Behörde den Gegenstand der Steuer und deren Höhe in groben Zügen festlegen muß[28], kann für Verwaltungsgebühren – und um solche handelt es sich bei den Grundbuchgebühren ja – ein solches Erfordernis nicht verlangt werden: Bereits das Wesen dieser Gebühren begrenzt die Freiheiten der beauftragten Behörde[28a]. In der Tat sind eine ganze Anzahl kantonaler Gebührentarife auf dem Verordnungsweg erlassen worden oder haben die Form von Beschlüssen, die im EG ZGB oder im AnwG zum Grundbuch vorgesehen sind[29]. Demgegenüber sollte bei einer Gemengsteuer die gesetzliche Grundlage, so wie sie von der Rechtsprechung umschrieben worden ist, für den Steueranteil gegeben sein.

Die Kantone sind auch zuständig, die für die Grundbuchvermessung anwendbaren Tarife zu erlassen; und zwar besteht diese Zuständigkeit nicht nur, wenn diese Arbeiten einer staatlichen Amtsstelle übertragen sind, sondern auch, wenn sie von privaten Geometern ausgeführt werden (Honorarordnungen). Auf Grund der Tatsache, daß er einen Anteil übernimmt, macht der Bund auf diese Kosten aber seinen Einfluß geltend. Nach Art. 20 der VO über die Grundbuchvermessung vom 12. Mai 1971 müssen die Honorarordnungen und die andern Tarife für die Vermessungsarbeiten (Neuvermessungen) vom Bundesamt für Justiz genehmigt werden. Das gilt auch für die Tarife für die Arbeiten im Zusammenhang mit der Nachführung des Vermessungswerkes.

5. Der Gegenstand der Grundbuchgebühren

Gebühren werden für alle Eintragungen im Grundbuch und sonst für die verschiedenen Tätigkeiten des Grundbuchverwalters erhoben: für die

---

Gebühr dürfe nur die Kosten decken; im Text, unten, Ziff. 6; vgl. auch BGE 100 Ia, 1974, S. 140.

[28] BGE 106 Ia, 1980, S. 202f.

[28a] BGE 97 I, 1971, S. 344ff. hatte die Frage noch offen gelassen, die nun durch die in Note 27 angeführten Entscheide gelöst worden ist.

[29] Es ist auch zulässig, daß der kantonale Gesetzgeber die Regelung der Sache den Gemeinden überläßt. Die Frage ist in BGE 97 I, 1971, S. 201 Erw. 5a (zit. in Note 16) noch offen gelassen, in BGE 97 I, 1971, S. 804 Erw. 7 dann aber grundsätzlich in diesem Sinn beantwortet worden. Anders ist die Rechtslage, wenn das Gesetz selber in der Grundbuchvermessung die Gemeinden mit gewissen eigenen Aufgaben betraut, vgl. den vorher zit. Entscheid des BGer in Bd. 97: Die bernischen Gemeinden, die ihr eigenes Vermessungsamt besitzen, sind berechtigt, in einem Rechtssetzungserlaß der Gemeinde die Gebühren für die Arbeiten im Zusammenhang mit der Nachführung des Grundbuchvermessungswerkes festzulegen.

Eintragung von dinglichen Rechten[29a], für die Vormerkungen, Anmerkungen, für die Änderungen (etwa Rangrückversetzungen) und Löschungen, für die Flächenberichtigungen nach Neuvermessungen, für die Einschreibungen ins Gläubigerregister usw.; für die Ausfertigung von Schuldbriefen oder Gülten und für die Nachtragungen in solchen Pfandtiteln, für die Übernahme von Schulden, für die Einsichtnahme in Belege, für das Erstellen von Auszügen, für das Verschicken von Mitteilungen, ja sogar für die Abweisungen.

Für die Arbeiten der Grundbuchvermessung wird eine andere Art von Gebühr erhoben (oben, 4 am Schluß).

6. Die Höhe der Grundbuchgebühren

Die Kantone sind nicht völlig frei, die Höhe der Grundbuchgebühren festzulegen. Dabei muß zwischen denjenigen, die reine Verwaltungsgebühren darstellen, und den Gemengsteuern unterschieden werden.

a) Verwaltungsgebühren

Für die Verwaltungsgebühren gilt der Grundsatz der Kostendeckung[30]. Dieser besagt als allgemeine Regel, daß die Gesamtheit der bezogenen Gebühren die Gesamtheit der Kosten nicht übersteigen darf, die ein Verwaltungszweig verursacht. Bei der Festsetzung eines Gebührensatzes kann eine Behörde damit die Allgemeinkosten miteinberechnen, die ein Amt verursacht. Bei der Verteilung der Kosten auf die einzelnen Arbeitsvorgänge besitzt sie einen grösseren Spielraum. Es ist denkbar, daß eine einzelne Gebühr den objektiven Wert einer durch die Verwaltung erbrachten Leistung übersteigt, da sich dieser nicht in der verrichteten Arbeit und in den durch die Verwaltungshandlung verursachten Kosten erschöpft. Daneben ist gestattet, den Nutzen des Bürgers, der die Verwaltung in Anspruch nimmt, aus der anbegehrten Verwaltungshandlung wie auch seine finanziellen Möglichkeiten in die Berechnung einzubeziehen, so daß die für die

---

[29a] Umwandlung von Gesamt- in Miteigentum ohne Wechsel im Personenstand, ZBGR 56, 1975, S. 53 (BGer).
[30] BGE 103 Ia, 1977, S. 80; 97 I, 1971, S. 204 und 334; 84 I, 1958, S. 165 und zit. Rechtsprechung. Vgl. IMBODEN/RHINOW, Bd. II Nr. 110, S. 75 ff.; GRISEL, II S. 611 ff.; neben den Anforderungen, die sich aus Art. 4 BV ergeben, unterscheidet er zwischen dem Grundsatz der Kostendeckung und dem Grundsatz der Gleichwertigkeit der Leistungen.

wichtigeren Angelegenheiten bezogenen Gebühren den Verlust bei den weniger bedeutenden aufwiegen; denn bei diesen ist es ja nicht möglich, Gebühren zu verlangen, die sämtliche Kosten decken. Diese Freiheit bei der Aufteilung der Gebühren hat jedoch ihre Grenzen: zunächst im Begriff der Gebühr, im Grundsatz der Verhältnismäßigkeit, im Erfordernis der Rechtsgleichheit und schließlich im Willkürverbot. Die Gebühr muß demnach in einem vernünftigen Verhältnis zur erbrachten Leistung stehen; und der Ansatz muß so gewählt sein, daß sich die einzelnen Abstufungen aus sachlichen Erwägungen rechtfertigen[31].

b) Gemengsteuern

Bei den Gemengsteuern stellt sich zunächst die Frage nach der gesetzlichen Grundlage (oben, 4). Aber die Kantone können von sich aus «Gebühren» einführen, die, allein gestützt auf den Umstand, daß sie einen Anteil an Steuern einschließen, den Grundsatz der Kostendeckung nicht einhalten; dies unter der Voraussetzung, daß sie den Gebrauch einer durch das Bundesrecht geschaffenen Rechtseinrichtung nicht allzu stark erschweren oder gar verhindern[32]. Man kann darin einen Gesichtspunkt des Grundsatzes der Verhältnismäßigkeit erblicken. Anderseits gilt das Erfordernis der

---

[31] *Beispiele:* BGE 97 I, 1971, S. 193: Gebührentarif der Stadt Bern betreffend die Arbeiten für die Nachführung des Vermessungswerkes: Ertrag mit großem Überschuß; übersetzter Unterschied zwischen den Gebühren für die Vermessung und die Aufnahme von Gebäuden; Mißverhältnis zwischen der Gebühr und der erbrachten Leistung (eine Gebühr von Fr. 13 500.—, um von einem bestehenden ein neues Grundstück mit einer Fläche von 74 000 m^2 à Fr. 35.— pro m^2 abzutrennen). BGE 97 I, 1971, S. 329: Tarif des Kantons Solothurn für die Nachführung des Vermessungswerkes: Eine Gebühr von 7‰ des Verkaufspreises des abgetrennten Teilgrundstückes verletzt den Grundsatz der Verhältnismäßigkeit. – Es widerspricht grundsätzlich Art. 4 BV, für die Eintragung des Eigentums und von Pfandrechten gleich hohe Gebühren vorzusehen, BGE 82 I, 1958, S. 281. Im erwähnten Fall ging es aber um eine Gemengsteuer (unten, b). BGE 103, zit. in Note 30, verdeutlicht diese Rechtsprechung: Die Verfassung ist nicht verletzt, wenn die gleichzeitige Anwendung der Vorschriften über die Gebühren und Handänderungs- oder sonstigen auf Eintragungen erhobenen Steuern es ermöglichen, die Kosten für die verschiedenen Eintragungen in genügendem Maß zu unterscheiden. In gleichem Sinn, ZBGR 59, 1978, S. 172 (Justizkommission Luzern).
[32] BGE 98 Ia, 1972, S. 164; 84 I, 1958, S. 139 Erw. 3; 82 I, 1956, S. 304 Erw. 5; 82 I, 1956, S. 286 und 304; 72 I, 1946, S. 393 Erw. 2. Vgl. auch BGE 92 I, 1966, S. 5 Erw. 1, veröffentlicht in ZBGR 48, 1967, S. 158. Eine Gebühr von 14‰ für die Eintragung und Ausfertigung von Inhaberschuldbriefen (eine Verwaltungsgebühr von 7‰ und eine indirekte Steuer von 7‰) ist im oben zit. BGE 82 als übersetzt betrachtet worden; nicht aber eine Gebühr von 1,5% für die Handänderung eines Grundstückes zusammen mit seiner Zugehör.

rechtsgleichen Behandlung auch für Gebühren, die ihrem Wesen nach Gemengsteuern darstellen[33]. In einer Anzahl von Entscheiden hat das Bundesgericht sich mit der Feststellung begnügt, eine bestimmte Gebühr halte sich nicht an den Grundsatz der Kostendeckung und stelle damit eine Gemengsteuer dar. Folglich hat es den Entscheid der Vorinstanz aufgehoben[34].

7. Gesetzliche Ausnahmen

a) Bodenverbesserungen

Art. 954 Abs. 2 ZGB bestimmt, daß keine Gebühren erhoben werden dürfen für Eintragungen, «die mit Bodenverbesserungen oder mit Bodenaustausch zum Zwecke der Abrundung landwirtschaftlicher Betriebe zusammenhangen». Der Sinn der Bestimmung ist klar. Die Ausnahme hat nicht nur Güterzusammenlegungen im Auge, die auf öffentlichrechtlicher Grundlage durch ein Gemeinschaftswerk durchgeführt werden (Art. 703 ZGB), sondern auch Tauschgeschäfte, welche die Eigentümer aus eigenem Antrieb vornehmen (Art. 82 LwG, dessen Abs. 3 auf Art. 954 Abs. 2 ZGB verweist)[35].

---

[33] Eine Gemengsteuer, die daneben noch sehr hoch ist, darf für die Eintragung eines Eigentumsüberganges und für diejenige eines Grundpfandrechtes nicht gleich hoch sein (oben, Note 31). – Nach BGE 92 I, 1966, S. 5 widerspricht die Gebühr für die Vormerkung eines Miet- oder Pachtvertrages in der Höhe von 1–2,5‰ des Miet- oder Pachtzinses dem Grundsatz der Rechtsgleichheit, wenn die Gebühr für die Vormerkung der übrigen persönlichen Rechte zwischen Fr. 3.– und Fr. 50.– schwankt. – Das ist auch der Fall, wenn die Gebühr für die Begründung von Stockwerkeigentum durch einseitige Erklärung des Eigentümers (Art. 712*d* Abs. 2 Ziff. 2 ZGB) gleich hoch ist wie jene für die Übertragung von Grundeigentum, BGer 1967, zit. in ZBGR 49, 1968, S. 105. – Im weitern verletzen auch solche Vorschriften Art. 4 BV, die ohne sachlich vernünftigen Grund für Steuerpflichtige, die im Kanton Wohnsitz haben, und für solche, die nur gestützt auf einen wirtschaftlichen Zusammenhang steuerpflichtig sind, eine ungleiche Behandlung vorsehen, BGE 106 II, 1980, S. 81 ff., und dort auf die frühere Rechtsprechung gemachte Verweise.

[34] BGE 97 I, 1971, S. 336 betreffend eine Vermessungsgebühr. Gibt ein kantonaler Gesetzgebungserlaß einer Abgabe unzweideutig die Rechtsnatur einer Verwaltungsgebühr, ist diese Betrachtungsweise gerechtfertigt.

[35] BR 1914, in ZBGR 4, 1926, S. 109. Nach einem Entscheid des BGer vom Jahr 1963 (ZBGR 46, 1965, S. 178) ist Art. 954 Abs. 2 ZGB nicht anwendbar, wenn nur das Grundstück des einen Tauschpartners zu einem landwirtschaftlichen Betrieb gehört. – Auch ein Eigentümer, der mehrere Grundstücke zu einem einzigen vereinigen will, kann nicht verlangen, daß Art. 954 Abs. 2 ZGB zur Anwendung komme, ZBGR 14, 1933, S. 200 (Justizdirektion Bern). Vgl. auch ZBGR 43, 1962, S. 170 (BezG Bülach): Vergrößerung, nicht Abrundung.

Die Ausnahme bezieht sich auf alle Änderungen im Grundbuch; nicht nur auf die Eintragung des neuen Besitzstandes, sondern auch auf die damit zusammenhängenden neu einzutragenden dinglichen Rechte, Vor- und Anmerkungen[36]. Dagegen ist Art. 954 Abs. 2 ZGB nicht anwendbar auf die Gebühren für allenfalls zu erstellende öffentliche Urkunden, noch auf allfällige Handänderungssteuern[37].

b) Die Entschuldung Landwirtschaftlicher Heimwesen

Der heute aufgehobene Art. 100 LEG lautete: «Für die mit der Durchführung von Entschuldungsmaßnahmen zusammenhängenden Eintragungen, Anmerkungen, Änderungen und Löschungen im Grundbuch und in den Pfandtiteln dürfen keine Gebühren und Abgaben erhoben werden.»

c) Die Enteignung

Das EntG bestimmt in Art. 92, daß für den Eigentumsübergang infolge Enteignung keine Handänderungssteuern, sondern nur Kanzleigebühren erhoben werden dürfen, die vom Enteigner zu tragen sind. Unter diesen Gebühren ist eine Entschädigung für die Auslagen zu verstehen, die im Zusammenhang mit der Eintragung im Einzelfall entstehen, «unter Ausschluß jeder Proportionalität und Progressivität des Tarifes»[38].

Die Kantone sind frei, die Enteignungen, die in ihre Zuständigkeit fallen, teilweise oder ganz von Gebühren zu befreien.

Die Befreiung von direkten oder indirekten Grundsteuern, welche in einzelnen Erlassen des Bundes vorgesehen ist (Beispiele: Art. 10 Abs. 1 GarG und Art. 164 Abs.2 MO)[39], zieht nicht notwendigerweise eine Befreiung von Verwaltungsgebühren nach sich. Handelt es sich bei den Grundbuchgebühren in Wirklichkeit aber um Gemengsteuern, muß man eine Aufteilung vornehmen zwischen dem Teil, der Steuer ist, und dem, der das

---

[36] HOMBERGER, Art. 954 N. 7; ZBGR 26, 1945, S. 247 (ObG Zürich). Anders ist es, wenn bei der Gelegenheit einer Güterzusammenlegung, nicht mit dem Zweck, Grundstücke zu tauschen, Eigentum übertragen wird, BGE 64 I, 1938, S. 107.
[37] HOMBERGER, Art. 954 N. 7. Das hindert die Kantone aber offensichtlich nicht, diese Eigentumsübergänge von Handänderungssteuern zu befreien; so Zürich, vgl. ZBGR 63, 1982, S. 18.
[38] BGE 84 I, 1958, S. 192; die Gebühr deckt wohl die Auslagen und die Kosten für die Eintragung und stellt ein bescheidenes Entgelt für die Zeit dar, die für die Prüfung der im Zusammenhang mit der Buchung sich stellenden Fragen aufgewendet worden ist.
[39] ZBGR 64, 1983, S. 3. Zu diesen Befreiungen, H. HUBER, a. a. O., S. 78. Manchmal bezieht sich die Befreiung sowohl auf die Verkehrssteuern wie auf die Eintragungsgebühren; so bei den Investitionskrediten in der Landwirtschaft, Art. 31 BRVO vom 15. November 1972.

Entgelt für die durch das Grundbuchamt geleistete Arbeit darstellt, und die gesetzliche Gebühr bis zu diesem Betrag herabsetzen[40].

8. Die Art der Eintreibung

Die Kantone können die Vornahme der beantragten Grundbucheintragungen von der vorherigen Bezahlung der geschuldeten Gebühren wie auch der zu entrichtenden Handänderungssteuern abhängig machen[41]. Dagegen überschreiten sie nach der neuesten Rechtsprechung die ihnen von Art. 6 ZGB übertragene Zuständigkeit, wenn sie die gleiche Regelung für die Bezahlung der Erbschafts- oder Grundstückgewinnsteuern vorsehen[42]; ganz zu schweigen von den ordentlichen Vermögens- und Einkommenssteuern.

Wie für andere öffentliche Abgaben können die Kantone für die Sicherstellung der Grundbuchgebühren ein gesetzliches Pfandrecht vorsehen, das allen andern Pfandrechten vorgeht (Art. 836 ZGB)[43].

9. Rechtsmittel

Zuständig zur Behandlung von Beschwerden gegen Gebührenfestsetzungen sind in der Regel die in den einzelnen Kantonen bestehenden Aufsichtsbehörden (Art. 956 Abs. 2 ZGB und Art. 102ff. GBV)[44]. Die Kantone können aber auch eine andere Behörde als zuständig erklären (Finanzdepartement, Regierungsrat).

Der Entscheid einer kantonalen Aufsichtsbehörde (oder einer andern zuständigen Behörde) über den Bezug von Grundbuchgebühren erfolgt in Anwendung von *kantonalem Recht* und kann an sich nicht mit der Verwaltungsgerichtsbeschwerde an das Bundesgericht weitergezogen werden (Art. 104 lit. a OG). Diese ist nur zulässig, wenn der Beschwerdeführer behauptet, die festgelegte Grundbuchgebühr verletze Bundesrecht und verkenne somit dessen derogatorische Kraft. Die Verletzung von Art. 4 BV oder einer Kantonsverfassung (Gewaltentrennung) dagegen kann nur mit staats-

---

[40] BGE 72 I, 1946, S. 391; in diesem Fall ist die Tessiner Gemengsteuer um die Hälfte herabgesetzt worden. Siehe eine Bemerkung von H. H. in ZBGR 67, 1986, S. 252 zu BGE 111 Ib, 1985, S. 6.
[41] BGE 83 I, 1957, S. 206, entsprechend der vom BR befolgten Praxis. BBl 1913 IV 60, 1914 IV 356; OSTERTAG, Art. 954 N. 1; HOMBERGER, Art. 954 N. 2; BLUMENSTEIN, a. a. O., S. 236 f., 290; IMBODEN/RHINOW, I S. 295.
[42] BGE 106 II, 1980, S. 81.
[43] H. LEEMANN, Art. 836 N. 4 ff.; H. HUBER, S. 71; BGE 84 II, 1958, S. 91.
[44] HOMBERGER, Art. 954 N. 1.

rechtlicher Beschwerde angefochten werden[45].

Allerdings können die Mißachtung der derogatorischen Kraft des Bundesrechts (Art. 2 Übergangsbestimmungen zur BV) wie auch die Mißachtung des Grundsatzes der Gewaltentrennung zwischen Bund und Kantonen (Art. 64 BV, Art. 6 ZGB)[46] ebenfalls mit staatsrechtlicher Beschwerde gerügt werden. Es ist deshalb schwierig, die Anwendungsbereiche der beiden Beschwerden voneinander abzugrenzen. Eine Beschwerde, mit der geltend gemacht wird, eine Grundbuchgebühr verletze den Grundsatz der Kostendeckung oder – was besonders bei Gemengsteuern zutrifft – erschwere die Anwendung einer Einrichtung des Bundeszivilrechts zu sehr, sollte naturgemäß als Verwaltungsgerichtsbeschwerde angesehen werden. Auch der gegenüber einem Kanton erhobene Vorwurf, indem er die Vornahme einer Eintragung von der Bezahlung bestimmter Steuern abhängig mache, überschreite er die ihm nach Art. 6 ZGB übertragene Zuständigkeit, sollte mit dieser Beschwerde geltend gemacht werden[47]. Dagegen steht für den Vorwurf, sich entsprechende Verhältnisse würden ohne genügenden Grund verschieden behandelt, an sich die staatsrechtliche Beschwerde zur Verfügung[48]. Wird dieser Vorwurf der rechtsungleichen Behandlung aber zusätzlich in einer Verwaltungsgerichtsbeschwerde erhoben, wird das Bundesgericht wohl auch auf diese Rüge eintreten[49]. Abgesehen vom Fall, wo einzig rechtsungleiche Behandlung geltend gemacht wird, dürfte sich die staatsrechtliche Beschwerde schließlich nur gegen die willkürliche Anwendung von kantonalem Recht (Art. 4 BV) oder gegen die Verletzung einer Kantonsverfassung richten.

Entscheide, die Gebühren im Vermessungswesen betreffen und von ad hoc gebildeten Organen eines Kantons ausgehen, können nur mit staatsrechtlicher Beschwerde angefochten werden[50].

---

[45] In diesem Sinn eine in BGE 92 I, 1966, S. 5 ff. nicht veröffentlichte Erwägung, die aber in ZBGR 48, 1967, S. 158 wiedergegeben ist; BGE 89 I, 1963, S. 530; 48 I, 1922, S. 540. Die Rechtsprechung zeigt hier gewisse Schwankungen, vgl. BGE 82 I, 1956, S. 284 und 300; 84 I, 1958, S. 136; im weitern, HOMBERGER, Art. 956 N. 25 und Art. 954 N. 1.
[46] Vgl. den in Note 42 zit. Entscheid des BGer, Bd. 106, S. 83.
[47] Im vorhin zit. Entscheid zögert das BGer nicht, dieses Vorbringen in einer Verwaltungsgerichtsbeschwerde zu überprüfen, ohne über die Frage der Zulässigkeit der Beschwerde auch nur ein Wort zu verlieren.
[48] In diesem Sinn, BGer, in ZBGR 49, 1968, S. 105 ff.
[49] Das hat es in dem in Note 42 zit. Entscheid getan.
[50] Vgl. BGE 97 I, 1971, S. 193 und 329.

§ 10. Die formelle Öffentlichkeit des Grundbuches

Literatur:

Die Kommentare von HOMBERGER, OSTERTAG und WIELAND zu Art. 970 ZGB; von GONVERS-SALLAZ zu Art. 105 GBV.
E. CATENAZZI, La publicità formale del registro fondiario, Diss. Freiburg 1963; H.-P. FRIEDRICH, Grundbuch und öffentliches Recht, ZBGR 51, 1970, S. 193 ff.; DERSELBE «Interimstitel» im Hypothekarwesen, ZBGR 52, 1971, S. 1 ff.; H. LEEMANN, Die zur Einsicht ins Grundbuch berechtigten Personen, SJZ 13, 1917, S. 373 ff.; DERSELBE Die Bedeutung der Lastenbereinigung bei der Zwangsvollstreckung von Grundstücken, SJZ 18, 1921/1922, S. 37 ff.; H. LIENHARD, Die Grundlagen einer schweizerischen Gesetzgebung über das Grundbuchrecht, ZSR 15, 1896, S. 477 ff.; H. REY, Zur Öffentlichkeit des Grundbuches, ZBGR 65, 1984, S. 73 ff.
Siehe auch *Bern*, Kreisschreiben der Justizdirektion betreffend Grundbuchaufschlag und Erteilung von Auskünften vom 24. März 1959, ZBGR 41, 1960, S. 121 (zit.: Bern. Kreisschreiben).

I. Allgemeines

Im Immobiliarsachenrecht kommt den Eintragungen im Grundbuch allgemein die gleiche Bedeutung zu wie dem Besitz im Mobiliarsachenrecht: Sie dienen dazu, die dinglichen Rechte an den Grundstücken nach außen kundzutun (Art. 942 ZGB); sie begründen die Vermutung des geltend gemachten dinglichen Rechtes (Art. 9 und 937 ZGB); sie sind grundsätzlich Voraussetzung für die Übertragung des Eigentums und für die Errichtung von beschränkten dinglichen Rechten; sie bilden die Grundlage für den Schutz des gutgläubigen Erwerbs von dinglichen Rechten (Art. 973 ZGB, sog. materielle Öffentlichkeit)[1]. Um all diese Aufgaben zu erfüllen, ist es unerläßlich, daß das Grundbuch öffentlich ist; d. h. daß zumindest diejenigen, die an der an einem Grundstück bestehenden Rechtslage interessiert sind, sich von den Eintragungen im Grundbuch auf diese oder jene

---

[1] HOMBERGER, Art. 970 N. 1; OSTERTAG, Art. 970 N. 1; CATENAZZI, S. 88 ff.; ZBGR 18, 1937, S. 25 (Justizdepartement Aargau). Das Grundbuch entfaltet übrigens auch gewisse Wirkungen außerhalb des Gebietes der dinglichen Rechte; in bezug auf bestimmte andere die Grundstücke betreffende Rechtsbeziehungen, etwa in bezug auf die vorgemerkten persönlichen Rechte, hinten §§ 31–35. Darüber hinaus geht die Entwicklung heute dahin, dem Grundbuch allgemein die Aufgabe eines Auskunftsmittels für alles, was Grundstücke betrifft, zuzuerkennen. Dies gilt namentlich für die auf dem öffentlichen Recht beruhenden Beschränkungen des Grundeigentums; vgl. FRIEDRICH, Grundbuch und öffentliches Recht, S. 193 ff. Gerade das verleitet dazu, den Bereich der Öffentlichkeit zu erweitern, ohne zu verlangen, daß die dem Grundbuch eigenen Wirkungen, wie die Vermutung des Rechtes und der öffentliche Glaube, sich in jedem Fall bewahrheiten.

Weise – durch Einsichtnahme oder durch Auszüge – in Kenntnis setzen können. Dies ist der Sinn von Art. 970 Abs. 1 und Abs. 2 ZGB. Gestützt darauf, daß die Öffentlichkeit auf diese Weise gesichert war, konnte der Gesetzgeber in dessen Absatz 3 bestimmen: «Die Einwendung, daß jemand eine Grundbucheintragung nicht gekannt habe, ist ausgeschlossen» (vgl. auch Art. 933 Abs. 1 OR).

Das Recht, das Art. 970 ZGB gewährleistet, besteht darin, das Grundbuch einzusehen; nicht darin, vom Grundbuchverwalter Auskünfte zu erhalten, die über die Angaben hinausgehen, die das Nachschlagen der verschiedenen Register und Urkunden des Grundbuches verschaffen kann. Gestützt auf Bundesrecht ist dieser öffentliche Beamte nur berechtigt, solche Auskünfte zu erteilen; der genaue Rahmen wird dabei vom kantonalen Recht bestimmt[2]. Doch verpflichtet Art. 105 Abs. 2 GBV den Grundbuchverwalter, «Bescheinigungen darüber auszustellen, daß eine bestimmte Eintragung im Hauptbuch nicht vorhanden ist».

Das Grundbuch mit seinen verschiedenen Registern und Urkunden hat die Aufgabe, die dinglichen Rechte und weitere Rechtsbeziehungen an den Grundstücken zum Ausdruck zu bringen. Die Einsichtnahme ins Grundbuch ist damit zunächst nach der *objektiven* Seite beschränkt: auf die verschiedenen Register und Urkunden, die Bestandteile des Grundbuches bilden (II), sowie auf die dinglichen Rechte und die weitern Rechtsbeziehungen, die das Grundbuch enthält (III). Eine Einschränkung besteht aber auch nach der *subjektiven* Seite: Wer Einsicht nehmen will, muß ein Interesse nachweisen; dieses entscheidet auch über den Umfang der Einsichtnahme (IV). Getrennt zu beurteilen ist die Frage, wann eine Behörde das Grundbuch einsehen kann (V). Im weitern gilt es, das Verfahren und die Arten der Einsichtnahme zu beschreiben (VI). Den Schluß der Ausführungen bilden die besonderen Wirkungen der formellen Öffentlichkeit des Grundbuches (VII).

II. Die verschiedenen Register und Urkunden des Grundbuches, in die Einsicht genommen werden kann

Materiell erstreckt sich die Öffentlichkeit auf alles, was zum eigentlichen Bestand des Grundbuches gehört: das Hauptbuch und die es ergänzenden Register und Urkunden (Art. 942 Abs. 2 ZGB; vorn, § 5 II). Neben den

---

[2] H. LEEMANN, Einsicht, S. 374; HOMBERGER, N. 2; CATENAZZI, S. 75. – Zur Pflicht, Behörden Auskünfte zu erteilen, siehe unten, V.

Plänen, Liegenschaftsverzeichnissen, Liegenschaftsbeschreibungen kann jeder Interessierte, unter Vorbehalt der weitern Voraussetzungen, auch in die Belege Einsicht nehmen[3]; immer aber nur im Zusammenhang mit einer Eintragung[4]. Wegen der ihm eigenen Wirkung (Art. 972 ZGB) kann auch das Tagebuch eingesehen werden. Dazu ist nicht einmal notwendig, daß eine Anmeldung bereits ins Hauptbuch eingetragen worden ist[5]. Auch in eine noch nicht rechtskräftig abgewiesene Anmeldung kann Einsicht genommen werden.

In die Hilfsregister, die nur eine nebensächliche Aufgabe erfüllen, kann grundsätzlich nicht Einsicht genommen werden. Einzelne dieser Register enthalten jedoch Angaben, die im Hauptbuch nicht enthalten sind. So ergänzt das Pfändungsregister die Vormerkungen der Pfändungen und Nachlaßstundungen; indem darin die Höhe der Forderung, für welche die Pfändung vorgenommen worden ist, und die Dauer der Nachlaßstundung angegeben werden (Art. 74 Abs. 3 GBV). Die Öffentlichkeit erstreckt sich somit auch auf diese Angaben[6]. Gleich verhält es sich mit dem Gläubigerregister: Es allein ist imstande, die Person des Abtretungsgläubigers einer durch eine Grundpfandverschreibung gesicherten Forderung sowie des Pfandgläubigers oder Nutznießers einer solchen anzugeben (Art. 66 Abs. 2 GBV). Obwohl diese Angaben an den Wirkungen des Grundbuches nicht teilhaben, rechtfertigt die Feststellung der Identität der Person der Grundpfandgläubiger, die Namen dieser neuen Berechtigten nach außen kundzutun[7].

Auch die kantonalen Einrichtungen, die im Sinn von Art. 48 SchlT an Stelle des Grundbuches geführt werden, sind öffentlich. Art. 970 ZGB setzt nicht voraus, daß ein Grundbuch nach den Vorschriften des ZGB geführt wird oder daß eines, das dem kantonalen Recht untersteht, als nach Art. 46

---

[3] HOMBERGER, N. 4; OSTERTAG, N. 1; CATENAZZI, S. 41; ZBGR 27, 1946, S. 21 (RR St. Gallen); 5, 1924, S. 105 (ObG Zürich). Häufig ist es unerläßlich, gerade in diese Bestandteile des Grundbuches Einsicht zu nehmen, um den Inhalt einer Dienstbarkeit oder Grundlast festzustellen (Art. 971 Abs. 2, 738 Abs. 2 ZGB); vgl. BGE 83 II, 1957, S. 125; 87 I, 1961, S. 315. Zu den Angaben, über die ein Interessierter Auskunft verlangen kann, gehört auch die amtliche Schatzung, die in der Beschreibung der Grundstücke enthalten ist, ZBGR 63, 1982, S. 281 ff., 287 (BJ).

[4] Niemand kann verlangen, in Verträge Einsicht zu nehmen, die keinen Anlaß zu einer Eintragung im Grundbuch gegeben haben. Das gleiche gilt für Belege, auf Grund derer ein bestehender Eintrag bereits wieder gelöscht worden ist, BGE 56 II, 1930, S. 89, 177.

[5] H. LEEMANN, Einsicht, S. 373; HOMBERGER, N. 4; FRIEDRICH, «Interimstitel», S. 9.

[6] CATENAZZI, S. 46.

[7] CATENAZZI, a. a. O. – Demgegenüber erfüllen das Eigentümerverzeichnis, das Berichtigungsbuch, das Register für die Korrespondenz sowie weitere Register, welche die Kantone einführen können (vorn, § 5 III 2), eine Aufgabe nur für das Grundbuchamt selber.

§ 10 Die Rechte und Rechtsverhältnisse, die Gegenstand der Einsichtnahme sind

SchlT dem eidgenössischen Grundbuch gleichwertig angesehen wird[8]. Die Öffentlichkeit erstreckt sich auf jene Register und Urkunden, die nach kantonalem Recht für die dinglichen Rechte an den Grundstücken rechtsbegründend sind. Darauf, ob diese Öffentlichkeit der dinglichen Rechte an den Grundstücken mit der Öffentlichkeit des eidgenössischen Grundbuches gleichgestellt werden kann oder nicht, kommt es nicht an.

III. Die Rechte und Rechtsverhältnisse, die Gegenstand der Einsichtnahme sind

Die Einsichtnahme ins Grundbuch bezweckt, nicht nur über die an den Grundstücken bestehenden dinglichen Rechte, sondern noch über weitere diese betreffende Rechtsbeziehungen Auskunft zu erhalten. In Frage stehen die vorgemerkten persönlichen Rechte, die Verfügungsbeschränkungen sowie die Rechte, die vorläufig im Grundbuch eingetragen werden können (§ 7 II); und wäre es auch nur wegen der besondern Wirkungen, die diese Vormerkungen erzeugen (Art. 959 Abs. 2, 960 Abs. 2, 961 Abs. 2 ZGB)[9]. Es geht aber auch um jene Rechtsverhältnisse, die ihren Niederschlag im Grundbuch in der Form einer Anmerkung erhalten. Ohne daß sie eine eigentliche Vermutung für das festgestellte Rechtsverhältnis begründet, ist die Anmerkung ein Mittel, dieses zu beweisen (siehe hinten, § 36 V 1 und VI 1)[10]. Deshalb kann auch in die Anmerkungen Einsicht genommen werden. Insbesondere gilt dies für die angemerkten öffentlichrechtlichen Eigentumsbeschränkungen (oben, Note 1). Die Angaben tatsächlicher Natur, die in der Liegenschaftsbeschreibung aufgeführt sind, nehmen zwar überhaupt an keiner Wirkung des Grundbuches teil; sie sind aber ebenfalls «öffentlich»[11].

---

[8] BGE 97 I, 1971, S. 695 ff. Erw. 6a aa; 53 II, 1927, S. 372 (betr. Art. 105 GBV); ZBGR 4, 1923, S. 214 (ObG Zürich); 5, 1924, S. 89 (BR); HOMBERGER, Art. 970 N. 6; GONVERS-SALLAZ, Art. 105 GBV N. 4; MUTZNER, Art. 48 SchlT N. 10, Art. 46 SchlT N. 13 f.; JENNY, S. 242. Es ist denkbar, daß Einrichtungen des alten kantonalen Rechts, wie das Hypothekarregister, zusammen mit dem nach den Regeln des ZGB geführten Grundbuch aufbewahrt worden sind. Obwohl sie nur eine Hilfsaufgabe erfüllen, kann ein Interessierter auch in diese alten Register Einsicht nehmen.
[9] CATENAZZI, S. 47 ff.
[10] CATENAZZI, S. 49 f.; HOMBERGER, Art. 946 N. 30, vertritt zu Unrecht die Auffassung, die Anmerkungen würden im Sinn von Art. 9 ZGB Beweis erbringen.
[11] CATENAZZI, S. 50.

IV. Die Befugnis, ins Grundbuch Einsicht zu nehmen

1. Das Erfordernis eines anerkannten Interesses

Der Gesetzgeber wollte nicht jedem beliebigen die Befugnis einräumen, ohne weitere Voraussetzungen in die einzelnen Register und Urkunden des Grundbuches Einsicht zu nehmen[12]. Die Öffentlichkeit der dinglichen Rechte an den Grundstücken erfordert nicht, daß grundlose oder vielleicht sogar böswillige Neugierde freien Lauf erhalten; ganz zu schweigen von der Arbeitslast für die Grundbuchverwalter und der erhöhten Gefahr, daß Fehler unterlaufen[13].

Man konnte aber auch nicht so weit gehen und die Einsichtnahme ins Grundbuch vom Vorhandensein eines rechtlichen Interesses abhängig machen, über das sich schließlich nur jener ausweisen könnte, der selber im Grundbuch als Träger eines dinglichen Rechtes bereits eingetragen oder wenigstens an einer andern Rechtsbeziehung beteiligt ist, die im Grundbuch festgehalten ist[14]. In diesem Fall würde das Grundbuch seine Aufgabe, die dinglichen Rechte an den Grundstücken und weitere diese betreffende Rechtsbeziehungen nach außen zum Ausdruck zu bringen, nicht mehr erfüllen; und dies gerade Leuten gegenüber, die beabsichtigen, zu Trägern solcher Rechte in rechtsgeschäftliche Beziehungen zu treten und die, als allfällige Erwerber oder Pfandgläubiger, sich in der Regel über die Rechtslage am in Frage stehenden Grundstück zu erkundigen wünschen. Auch konnte man gewisse Bedürfnisse nach Auskunft von weiter gezogenen Kreisen, ja sogar der Öffentlichkeit selber, nicht verkennen.

Der Gesetzgeber hat einen Mittelweg gewählt[14a]. Um zur Einsichtnahme ins Grundbuch zugelassen zu werden, muß man ein Interesse nach-

---

[12] So ist es in Österreich (§ 7 Abs. 2 der VO vom 2. Februar 1955) und in Frankreich (Art. 2196 CCfr.: «Les conservateurs des hypothèques sont tenus de délivrer, à tous ceux qui le requièrent, copie ou extrait des documents... déposés à leur bureau dans la limite des cinquante années précédant celle de la réquisition, et copie ou extrait des inscriptions subsistantes, ou certificat qu'il n'existe aucun document ou inscription entrant dans le cadre de la réquisition».)

[13] LIENHARD, S. 505; CATENAZZI, S. 51. Der Besitz, als äußeres Zeichen der dinglichen Rechte an beweglichen Sachen, wird ebenfalls nicht immer jedermann kundgetan (Besitzauftrag, Besitzanweisung).

[14] Gewisse kantonale Gesetzgebungen (Basel-Stadt, Solothurn, Graubünden) befanden sich auf diesem Standpunkt. In Deutschland forderte der Entwurf zu einer VO vom 1. April 1936 ein rechtliches Interesse.

[14a] ERL., S. 433. In der Expertenkommission waren die Meinungen über Art. 1012 des Entwurfes (der zum Art. 970 ZGB geworden ist) geteilt. Dazu siehe REY, S. 75 ff., der die

weisen. Darunter ist ein berechtigtes Interesse zu verstehen. Es braucht aber nicht ein rechtliches Interesse zu sein. Ein tatsächliches Interesse genügt; vorausgesetzt, daß es in Anbetracht der Umstände des Einzelfalles vernünftigen Beweggründen entspringt. Dieses Interesse kann wirtschaftlicher, wissenschaftlicher, ästhetischer, persönlicher, familiärer oder auch öffentlicher Natur sein[15]. Der Begriff des berechtigten Interesses bedarf der Würdigung nach Recht und Billigkeit (Art. 4 ZGB).

Ob ein berechtigtes Interesse, das Grundbuch einzusehen, gegeben ist, hängt nicht davon ab, ob und in welchem Umfang der Grundeigentümer seine Einwilligung erteilt. Im übrigen können diejenigen, die von einer Grundbucheintragung unmittelbar betroffen sind, ohne weiteres darüber einen Auszug verlangen (Art. 967 Abs. 2 ZGB).

2. Die Fälle eines berechtigten Interesses

Das berechtigte Interesse im Sinn von Art. 970 Abs. 2 ZGB gibt jemandem das Recht, in das Grundbuch Einsicht zu nehmen. Eine Zusammenstellung der in Frage kommenden Interessen erlaubt es, den Kreis der berechtigten Personen abzustecken[16].

a) Ein rechtliches Interesse

Ein rechtliches Interesse setzt eine Beziehung des Antragstellers zum Grundstück voraus, wobei sich diese aus einem dinglichen Recht am Grundstück oder aus einem Rechtsgrund, ein solches zu erwerben, ergibt[16a].

Der *jeweilige Eigentümer* kann über sein Grundstück ohne weiteres alle Auskünfte verlangen, die sich aus den einzelnen Registern und Urkunden des Grundbuches ergeben. Das gleiche Recht muß auch dem einzelnen Miteigentümer, insbesondere dem Stockwerkeigentümer, zustehen, dessen ungeteiltes Recht sich ebenfalls auf das ganze Grundstück bezieht[17]. Beim

---

Meinung des Berichterstatters im Ständerat hervorhebt, für den schlichte Neugierde kein genügender Grund sein durfte, ins Grundbuch Einsicht zu nehmen.

[15] HOMBERGER, Art. 970 N. 7; OSTERTAG, Art. 970 N. 2; WIELAND, Art. 970 N. 1. Die gleiche Lösung besteht im deutschen Recht, § 12 GBO, siehe MEIKEL-IMHOF-RIEDEL, I § 12 N. 5 f. Vgl. auch ZBGR 63 (zit. in Note 3), S. 285 f.

[16] CATENAZZI, S. 54 f.

[16a] H. LEEMANN, SJZ 12, 1916, S. 373. Der zweite Fall ist eher als ein wirtschaftliches Interesse zu betrachten, das geschützt wird (unten, b).

[17] MEIER-HAYOZ, Art. 646 N. 2 f. Er ist im übrigen ebenfalls berechtigt, insoweit ins Grundbuch Einsicht zu nehmen, als er befugt ist, die Sache zu vertreten (Art. 648 Abs. 1 ZGB), vgl. CATENAZZI, S. 55.

Gesamteigentum muß gleichfalls jeder Gesamteigentümer in der Lage sein, sich über die Rechtslage am gemeinsamen Grundstück unterrichten zu lassen; trotz der Tatsache, daß die Verwaltung gemeinsam ist und allenfalls ein Vertreter der Gemeinschaft besteht[18]. Das Mitglied eines Vereins oder einer Handelsgesellschaft, die eigene Rechtspersönlichkeit besitzt, jedoch könnte bezüglich eines Grundstückes, das der juristischen Person gehört, nicht als «Eigentümer» Einsicht in das Grundbuch verlangen (über das Vorhandensein eines tatsächlichen Interesses, unten, b).

Der Inhaber eines *beschränkten dinglichen Rechtes* an einem Grundstück (Dienstbarkeit, Grundlast, Pfandrecht) erhält alle dienlichen Auskünfte, die sich aus dem Grundbuch über den Inhalt seines Rechtes ergeben[19]. Es ist nicht einmal in jedem Fall notwendig, daß das Recht selber aus dem Grundbuch hervorgeht[20]. Der Nutznießer oder Pfandgläubiger einer grundpfändlich sichergestellten Forderung hat das gleiche Recht auf Einsichtnahme wie der Träger des Rechtes selber.

Der Inhaber eines *persönlichen, im Grundbuch vorgemerkten Rechtes* (Beispiele: Kaufrechtsnehmer, Pächter, Schenker, zu dessen Gunsten ein Rückfallsrecht besteht) hat ein rechtliches Interesse, alle wesentlichen Angaben zu kennen, von denen der Wert seines Rechtes abhängt[21]. Derjenige, zu dessen Gunsten im Grundbuch eine Verfügungsbeschränkung vorgemerkt ist

---

[18] BGE 82 II, 1956, S. 555 Erw. 7. Für eine Erbengemeinschaft ist die Begründung, die Einsichtnahme in die Belege stelle keine Verfügung im Sinn des Art. 602 ZGB dar, nicht schlüssig; denn die Regel von der gesamten Hand ist grundsätzlich auch auf die für die Erbschaft getroffenen Verwaltungshandlungen anwendbar. Dem Erben muß aber ein persönlicher Anspruch auf Auskunft zuerkannt werden, der im Recht auf die ganze Sache begründet ist (Art. 652 Abs. 1 ZGB), CATENAZZI, S. 55. Nach BGE 97 I, 1971, S. 69 ist jedes Mitglied einer Erbengemeinschaft berechtigt, persönlich in das Grundbuch Einsicht zu nehmen. Das BGer berief sich aber auf den Begriff des tatsächlichen oder wirtschaftlichen Interesses. Im fraglichen Fall ging es um den Schutz unsicherer Rechte, die möglicherweise zu einer Erbschaft gehörten (Liegenschaften, die im Grundbuch enthalten waren, die örtlich aber nicht bestimmt werden konnten). – Aus den erwähnten Gründen kann sich auch das Mitglied einer einfachen oder einer Kollektivgesellschaft auf ein rechtliches Interesse berufen, um das Grundbuch einzusehen; betr. das Recht, «sich persönlich von dem Gange der Gesellschaftsangelegenheiten zu unterrichten», siehe im übrigen Art. 541 OR.

[19] HOMBERGER, Art. 970 N. 8; Berner Kreisschreiben, S. 121.

[20] Eine Dienstbarkeit, die im Grundbuch nicht eingetragen werden muß (Art. 676 Abs. 3, 691 Abs. 3 ZGB); eine durch eine Grundpfandverschreibung sichergestellte Forderung, die abgetreten worden ist, ohne daß der Abtretungsgläubiger sich ins Gläubigerregister hat einschreiben lassen.

[21] CATENAZZI, S. 56; SJZ 81, 1985, S. 95: schützenswertes Interesse eines Mieters, dessen Mietvertrag im Grundbuch vorgemerkt ist, Auskunft über die grundpfändliche Belastung des Grundstückes zu bekommen (ObG Solothurn).

(Art. 960 ZGB; Beispiel: der Nacherbe) oder ein vorläufiger Eintrag besteht (Art. 961 ZGB), kann sich auf das gleiche Interesse berufen[22].

b) Ein wirtschaftliches Interesse

Ein Interesse, in das Grundbuch Einsicht zu nehmen, ist nicht schon dann ein berechtigtes Interesse, wenn es wirtschaftlicher Natur ist. Das geltend gemachte Interesse muß mit Blick auf die Aufgabe des Grundbuches und auf die Ziele, die der Antragsteller verfolgt, schutzwürdig sein (oben 1).

Ein berechtigtes Interesse kann einem früheren Eigentümer (oder dem früheren Inhaber eines beschränkten dinglichen Rechtes) für den Zeitraum zuerkannt werden, während dessen er Träger des Rechtes war[23].

Jedermann, der gestützt auf einen Erwerbstitel durchsetzen kann, als Eigentümer oder Inhaber eines beschränkten dinglichen Rechtes ins Grundbuch eingetragen zu werden, ist berechtigt, in das betreffende Hauptbuchblatt und die weiteren Register und Urkunden des Grundbuches Einsicht zu nehmen[24].

Lehre und Rechtsprechung aber gehen weiter: Wer ernsthaft beabsichtigt, ein Grundstück zu erwerben oder einem eingetragenen Eigentümer einen grundpfändlich sicherzustellenden Kredit zu gewähren, hat ein berechtigtes Interesse, das Grundbuch einzusehen[25]. Das gleiche gilt für denjenigen, der sich an einem Grundstück ein Baurecht, eine Nutznießung, ein Kaufs- oder Vorkaufsrecht einräumen lassen will (gleichgültig, ob letztere beiden im Grundbuch vorgemerkt werden sollen oder nicht).

Man wird selbst demjenigen, der vorhat, einen großen Blankokredit auszusetzen, das Recht zugestehen, sich über die grundpfändliche Belastung der Grundstücke seines zukünftigen Schuldners zu erkundigen[26]. Der Darlehensgeber, der einen solchen Kredit verlängern will, sollte ebenfalls das Recht haben, über das Grundeigentum seines Vertragspartners Erkundigungen einzuholen[27]. Gleich verhält es sich für einen Verkäufer, der im Be-

---

22 Ein rechtliches Interesse wird man im Einzelfall wohl auch dem Inhaber eines Rechtes zuerkennen, das im Grundbuch angemerkt ist: dem Inhaber eines Durchgangsrechtes, das von bleibendem Bestand ist (Art. 696 ZGB, Art. 79 GBV), oder dem aus einem privaten Recht auf Zusehen hin Berechtigten; der Öffentlichkeit bei öffentlich-rechtlichen Eigentumsbeschränkungen.
23 Berner Kreisschreiben, S. 121.
24 Ein solches Recht wird man selbst jenem zuerkennen, dem ein bedingtes Recht auf Erwerb eines Grundstückes, etwa ein (nicht vorgemerktes) Kaufsrecht, zusteht.
25 HOMBERGER, N. 7; OSTERTAG, N. 2; WIELAND, N. 1; BGE 59 I, 1933, S. 252.
26 H. LEEMANN, SJZ 13, 1917, S. 374; ZBGR 20, 1939, S. 201 (GBA); einschränkender, OSTERTAG, Art. 970 N. 2.
27 CATENAZZI, S. 57.

griff steht, einem Industrieunternehmen große Lieferungen zu machen, oder für eine Versicherungsgesellschaft, welche die Gefahren, die mit einem Gebäude verbunden sind, bereits gedeckt hat oder zu decken beabsichtigt[28].

Auch der Schutz künftiger Rechte kann ein berechtigtes Interesse begründen[29]. Die pflichtteilsgeschützten Erben können verlangen, daß ihnen über das «Dossier» des Erblassers Auskunft gegeben werde[30]. Der Bürge, der ein grundpfändlich gesichertes Darlehen verbürgt hat, kann sich über die Lasten auf dem fraglichen Grundstück erkundigen[31]. Es ist möglich, in das Grundbuch Einsicht zu nehmen, um die Tatbestandselemente für einen zukünftigen Prozeß zusammenzutragen. Das versteht sich von selbst für diejenigen, die sich auf ein dingliches Recht oder auf das Erbrecht berufen. Gleich verhält es sich aber auch für Gläubiger, die – namentlich mit der Paulianischen Anfechtungsklage – ein Rechtsgeschäft des Schuldners, das ihnen zum Schaden gereiche, anfechten wollen[32]. Der Schutz der Lohnansprüche der Arbeitnehmer gegenüber ihrem Arbeitgeber kann es rechtfertigen, daß sich jene über das Grundeigentum desselben Auskunft erteilen lassen; Voraussetzung ist jedoch, daß ihre Ansprüche tatsächlich gefährdet sind und daß das Begehren nicht einfach darauf abzielt, die Beweggründe auszukundschaften, die den Arbeitgeber in seinem wirtschaftlichen Verhalten leiten[32a].

---

[28] MEIKEL-IMHOF-TRIEBEL, § 12 GBO N. 6.
[29] HOMBERGER, N. 7; OSTERTAG, N. 2; H. LEEMANN, a. a. O.; Bemerkung von H. H. zu ZBGR 63 (zit. in Note 3), S. 291.
[30] HOMBERGER, N. 7; ZBGR 27, 1946, S. 21 (RR St. Gallen): Der Sohn als pflichtteilsberechtigter Erbe ist berechtigt, einen Kaufvertrag, den der Vater als Verkäufer abgeschlossen hat, einzusehen; in gleichem Sinn, ZBGR 55, 1974, S. 139 (BezG Zürich). Ein entsprechendes Recht zur Einsichtnahme könnte einem eingesetzten Erben aber nicht zuerkannt werden; außer er wäre im Besitze eines Erbvertrages.
[31] ZBGR 18, 1937, S. 24 (Justizdepartement Aargau). – Weit ist eine kantonale Aufsichtsbehörde gegangen, die einem Grundbuchverwalter befohlen hat, einem Mieter darüber Auskunft zu erteilen, ob der Eigentümer, der bezüglich der Mietsache ein Kaufrecht abgeschlossen hatte, den Erwerber verpflichtet hatte, den Mietvertrag zu übernehmen, ZBGR 11, 1930, S. 170 (Kleiner Rat Graubünden). In einem Entscheid, der in der amtlichen Sammlung nicht veröffentlicht worden ist, hat das BGer einem Mieter das Recht zuerkannt zu wissen, ob der Kaufvertrag, in welchem dem Erwerber das Recht eingeräumt worden war, den Mietvertrag aufzulösen, in der Form der öffentlichen Beurkundung abgeschlossen worden war, ZBGR 33, 1952, S. 141.
[32] HOMBERGER, N. 7; ZBGR 5, 1924, S. 105 (ObG Zürich); in einem offensichtlich einschränkenderen Sinn, ZBGR 63 (zit. in Note 3), S. 286 f. Man kann sich fragen, ob die Frage nicht eher eine solche des Beweisverfahrens im Zivilprozeß – Beweisführung durch Urkunden, allenfalls in der Form einer vorsorglichen Beweisaufnahme – darstellt.
[32a] BGE 109 II, 1983, S. 208, wo die verlangten Voraussetzungen nicht erfüllt waren.

Das Mitglied eines Vereins oder einer Handelsgesellschaft, die eigene Rechtspersönlichkeit besitzt, kann wohl ein wirtschaftliches Interesse haben, vom Grundbesitz der Gesellschaft Kenntnis zu erhalten. Doch ist der Grundbuchverwalter wohl berechtigt, den Gesuchsteller an die Organe der Gesellschaft zu verweisen, damit diese ihm nach den gesetzlichen und statutarischen Vorschriften über die Aufsicht des Gesellschafters die verlangten Auskünfte erteilen (für die AG, Art. 697 OR)[33]. Demgegenüber muß der Gesellschafter, der selbst als entsprechendes Mitglied einer Kommanditaktiengesellschaft unbeschränkt (Art. 764 OR) oder als Mitglied einer GmbH auch nur beschränkt haftet (Art. 722, 802 OR), das Recht haben, in die Grundbuchblätter der der Gesellschaft gehörenden Grundstücke Einsicht zu nehmen. Eine weitere Ausnahme muß für den Fall gemacht werden, daß ein Gesellschafter gegen die Gesellschaft oder ihre Organe einen Prozeß anstrengen will.

Wirtschaftliche Interessen, die keinen Schutz verdienen

Man wird dem Mann oder der Frau, die Heiratsabsichten hegen, wohl nicht das Recht zugestehen, sich über das in Grundstücken angelegte Vermögen des zukünftigen Schwiegervaters zu erkundigen[34].

Allgemein läßt sich sagen: Der Gesuchsteller muß immer ein besonderes, gegenwärtiges Interesse in bezug auf ein bestimmtes Grundstück geltend machen können[35]. Die kaufmännischen Auskunfteien können sich nicht an die Grundbuchämter wenden, um die finanziellen Verhältnisse der im Grundbuch als Eigentümer oder sonstwie eingetragenen Personen in Erfahrung zu bringen; der allgemeine Zweck ihrer Unternehmen gibt ihnen das Recht dazu nicht[35a].

---

[33] Für die AG in gegenteiligem Sinn, ZBGR 18, 1937, S. 24 (Justizdepartement Aargau), mit einer kritischen Bemerkung der Redaktion, und Berner Kreisschreiben, S. 122. CATENAZZI, S. 59 will das Recht einem großen Aktionär zugestehen.
[34] HOMBERGER, N. 8.
[35] HOMBERGER, N. 8; ZBGR 14, 1933, S. 158 (ObG Solothurn); Berner Kreisschreiben, S. 122. Bei der Einsichtnahme in das Betreibungs- und das Konkursregister nach Art. 8 Abs. 2 SchKG verhält es sich entsprechend; vgl. BGE 52 III, 1926, S. 73. Siehe oben, Note 32a und, zur «Bezugsnähe», unten, Note 40a.
[35a] Es ist dem Grundbuchverwalter auch nicht gestattet, regelmäßig einer Bank von den Handänderungen Mitteilung zu machen, die in seinem Kreis getätigt werden, HOMBERGER, a. a. O. und ZBGR 5, 1924, S. 89 (GBA) und 104 (RR Thurgau); anderer Meinung, wenigstens soweit kein Preis angegeben wird, ZBGR 5, 1924, S. 102 (Justizdepartement St. Gallen).

c) Andere berechtigte Interessen

Man kann Einsicht in das Grundbuch verlangen, um wissenschaftliche, d. h. historische, genealogische, rechtliche, wirtschaftliche, statistische[36], aber auch ästhetische Untersuchungen[37] durchzuführen. Auch rein persönliche Interessen können im Einzelfall geltend gemacht werden; etwa um böswillige Anschuldigungen zu bekämpfen[38]. Die öffentlichen Interessen müssen von der zuständigen Behörde durchgesetzt werden (unten, V).

d) Fehlen eines rechtlich schutzwürdigen Interesses

Die reine Neugier gibt kein Recht auf Einsichtnahme ins Grundbuch. Man kann eine solche auch nicht verlangen mit der Begründung, Erkundigungen über politische Gegner einzuholen, Unterlagen für eine Anzeige bei den Steuerbehörden zu sammeln oder die Kreditwürdigkeit eines Konkurrenten zu untergraben, indem man dessen hypothekarische Belastung der Öffentlichkeit kundtut[39]. Die Verfolgung derartiger Ziele kann einem an und für sich gerechtfertigten Interesse die Grundlage entziehen[40] [40a].

---

[36] HOMBERGER, N. 7; CATENAZZI, S. 59 f. Auf wirtschaftlichem Gebiet ist an Studien über regionale Wirtschaftsverhältnisse zu denken; Berner Kreisschreiben, S. 122. Ein Journalist, der eine Untersuchung über den Verlust landwirtschaftlich genutzten Bodens anstellt und dabei all jene Grundstücke ermitteln möchte, von denen er – zu Recht oder Unrecht – glaubt, daß ein Industrieller sie an sich gerissen habe, und der in einem Presseartikel das Grundeigentum dieses Industriellen bloßlegen möchte, hat kein berechtigtes Interesse auf Einsicht in das Grundbuch (BGE 111 II, 1985, S. 48).

[37] Alte Pläne können einen künstlerischen Wert darstellen.

[38] CATENAZZI, S. 60.

[39] HOMBERGER, N. 8; OSTERTAG, N. 2; MEIKEL-IMHOF-RIEDEL, § 12 GBO N. 5; ZBGR 14, 1933, S. 158 (ObG Solothurn).

[40] Entscheid des BGer, veröffentlicht in ZBGR 33, 1952, S. 141 (Erneuerung einer Anfrage, die kürzlich zurückgewiesen worden ist, einzig zum Zweck, den Grundbuchverwalter zu belästigen).

[40a] Im angeführten Artikel versucht REY, den Begriff des berechtigten Interesses, insbesondere denjenigen des wirtschaftlichen Interesses, näher zu umschreiben. Er hält drei Merkmale fest: Unter der Überschrift des «funktionellen Zusammenhanges» fragt er sich, «ob zwischen der Offenlegung eines oder mehrerer Bereiche oder Teile des Grundbuches und dem geltend gemachten Interesse ein... innerer Zusammenhang besteht» (S. 80). Darauf verlangt er, daß der an der Einsichtnahme Interessierte «eine qualifizierte Bezugsnähe zu demjenigen Teil des Grundbuches» habe, «in den er Einsicht nehmen möchte»; was einen gegenwärtigen und konkreten Vorteil voraussetzt, den er ohne die Einsichtnahme in das Grundbuch nicht erlangen könnte (S. 81). Diese Bezugsnähe war in dem vom BGer in 109 II, 1983, S. 315 beurteilten Fall nicht gegeben; in dem ein Eigentümer, gegen den ein Enteignungsverfahren eingeleitet worden war, verlangte, in alle in der Umgebung getätigten Kauf- und Tauschgeschäfte Einsicht zu nehmen, während es ihm möglich war, die gewünschten Auskünfte im Enteignungsverfahren zu erhalten (Gedanke der Subsidiarität des Art. 970 ZGB). Schließlich legt REY zu Recht – wie es Art. 4 ZGB

3. Der Umfang der Einsichtnahme

Das für die Einsichtnahme ins Grundbuch vorausgesetzte berechtigte Interesse ist auch für den Umfang derselben maßgebend. Der Antragsteller kann nur soweit Anspruch darauf erheben, das Grundbuch einzusehen, als es der Schutz seines anerkannten Interesses erfordert[41]. Nur der Allein-, der Mit- oder Gesamteigentümer (oben, 2a) kann Einsicht in alle Urkunden verlangen, die sein Grundstück betreffen.

Demgegenüber kann der aus einem beschränkten dinglichen Recht Berechtigte grundsätzlich nur jene Auskünfte erhalten, die es ihm ermöglichen, den Wert und die Sicherheit seines Rechtes abzuschätzen[42]. Man wird in dieser Hinsicht aber nicht allzu kleinlich sein dürfen. Trotz des Vorranges, den er besitzt, wird man einem Grundpfandgläubiger etwa das Recht zugestehen müssen, sich über die Errichtung neuer Dienstbarkeiten oder auch über die Vormerkung persönlicher Rechte oder von Verfügungsbeschränkungen (Pfändungen) zu erkundigen[42a]. Ein Recht im gleichen Umfang wird man aber dem Inhaber eines Durchgangsrechtes oder eines Quellenrechtes nicht zubilligen.

Allgemein kann festgehalten werden: Welcher Art das geltend gemachte Interesse auch ist, Einsicht in das Grundbuch kann nur in dem Umfang gewährt werden, als es zur Befriedigung dieses Interesses erforderlich ist. Will jemand die Eigentumsübertragung an einem Grundstück anfechten, kann es ihm gestattet sein, den Eintrag und das diesem zugrunde liegende Beleg, etwa einen Kaufvertrag, einzusehen. Das ganze Grundbuchblatt des Hauptbuches mit den zusätzlichen Registern und Urkunden kann er aber nur soweit einsehen, als die darauf bestehenden Einträge für seinen Entscheid von Bedeutung sind. Ein Mieter wird wohl darüber Auskunft ver-

---

in der Tat verlangt – auch Wert darauf, daß das vielleicht berechtigte Interesse des Gesuchstellers und das Interesse des Eigentümers oder auch des Inhabers eines andern Rechts auf Schutz des privaten Bereiches gegen einander abgewogen werden; denn zu diesem Bereich gehören ja auch das Eigentum – man spricht deshalb von der Persönlichkeitsbezogenheit des Eigentums – und andere Rechte an einem Grundstück. Besondere Bedeutung kommt diesem Gesichtspunkt dabei in bezug auf die grundpfändliche Belastung eines Grundstückes zu (§ 81ff.).

[41] HOMBERGER, N. 10; OSTERTAG, N. 3; BGE 97 I, 1971, S. 702; ZBGR 63 (zit. in Note 3), S. 288.
[42] ZBGR 41, 1960, S. 122 (Justizdirektion Bern).
[42a] In dieser Richtung ZBGR 5, 1924, S. 42 (Zürich), der sogar den Grundpfandgläubigern das Recht zugesteht, sich über die Bedingungen zu erkundigen, unter denen das verpfändete Grundstück veräußert worden ist. In gleichem Sinn, ZBGR 6, 1925, S. 70 (Zürich). Siehe jedoch unten, Note 44.

langen können, auf welchen Zeitpunkt in einem Kaufvertrag, mit dem das Mietobjekt verkauft worden ist, der Übergang von Nutzen und Schaden vereinbart worden war und ob der Käufer sich zur Übernahme des Mietvertrages verpflichtet hatte. Ihm steht aber nicht das Recht zu, vom ganzen Vertrag Kenntnis zu erhalten; noch weniger von allen Einträgen, die auf dem Blatt des fraglichen Grundstückes bestehen[43].

Die Verträge und Urkunden, die für die Eintragungen der dinglichen Rechte, der Vor- wie auch der Anmerkungen die Grundlage bilden, können über die Rechte, die im Grundbuch festgehalten sind, genauere Aussagen machen (vgl. Art. 971 Abs. 2 und 738 Abs. 2 ZGB; oben, Note 3). Das berechtigte Interesse, ins Grundbuch Einsicht zu nehmen, erstreckt sich allenfalls auch auf diese Grundlagen. Demgegenüber sind die Bedingungen, unter denen diese Rechte eingeräumt worden sind, insbesondere die erbrachten Gegenleistungen, nicht geeignet, Angaben über die Rechtslage des fraglichen Grundstückes zu machen. Anders ausgedrückt: Das berechtigte Interesse im Sinn des Art. 970 Abs. 2 ZGB erstreckt sich grundsätzlich nur auf jene Teile der Verträge, in denen die im Grundbuch zum Ausdruck kommenden Rechte umschrieben werden; nicht aber auf die weiteren, etwa die Gegenleistungen (Kaufpreis, Ausgleichszahlungen bei einer Erbteilung, Entschädigungen für die Einräumung von Dienstbarkeiten usw.), aber auch nicht auf andere Vereinbarungen obligatorischer Natur, die in diesen Urkunden etwa noch enthalten sein können[44]. Unter dem Gesichtspunkt des Art. 970 ZGB ist die Praxis einzelner Kantone, welche die Kaufgeschäfte mit dem vollen Namen der Parteien und dem vereinbarten Kaufpreis veröffentlichen, mehr als fragwürdig[44a].

---

[43] ZBGR 11, 1930, S. 170 (Kleiner Rat Graubünden). Siehe oben, Note 31. – Wenn ein Aktionär ausnahmsweise berechtigt ist, sich über den Grundbesitz der Gesellschaft zu erkundigen, beschränkt sich sein Recht auf Einsichtnahme gleichfalls auf bestimmte Fragen, wie die Höhe der Schatzungen und die Wichtigkeit der Lasten, ZBGR 18, 1937, S. 24 (Justizdepartement Aargau).

[44] OSTERTAG, N. 1; ZBGR 19, 1938, S. 264 (Justizkommission Luzern); 27, 1946, S. 1 (BezG Meilen); Berner Kreisschreiben, S. 122; SJZ 62, 1966, S. 125 (Justizdepartement Aargau). Im Entscheid 109 II, 1983, S. 315 Erw. 3 hat das BGer die Frage offen gelassen. Ein Vorbehalt muß für den Fall gemacht werden, in dem der Gesuchsteller die Unterlagen sammeln möchte, um einen Prozeß auf Ungültigerklärung eines im Grundbuch bereits eingetragenen Rechtsgeschäftes einzuleiten, oben, Note 32; ZBGR 63 (zit. in Note 3), S. 289.

[44a] Für den Kanton Genf hat das BGer diese denn auch mit dem Entscheid 112 II, 1986, S. 422 ff. als den Zweck des Grundbuches widersprechend erklärt.

4. Der Nachweis des Interesses

Wer ein berechtigtes Interesse zur Einsichtnahme in das Grundbuch geltend macht, muß dieses nachweisen. Aus dem deutschen Wortlaut des Art. 970 Abs. 2 ZGB («glaubhaft machen») wie auch aus der italienischen Fassung desselben («rendere verosimile») ergibt sich, daß der Gesetzgeber nicht einen strikten Nachweis verlangt, der den Grundbuchverwalter voll überzeugt. Er begnügt sich vielmehr mit einem Wahrscheinlichkeitsbeweis. Und er hätte auch nicht einen zwingenderen Nachweis verlangen können, ohne den Grundsatz der Öffentlichkeit der dinglichen Rechte an den Grundstücken in Frage zu stellen[45].

Der Antragsteller kann sich somit nicht damit begnügen, ein berechtigtes Interesse im oben umschriebenen Sinn geltend zu machen. Er muß Anhaltspunkte dartun, die dieses wahrscheinlich machen. Ein Privater kann also nicht ohne weiteres Einsicht in das Hauptbuchblatt eines Grundstückes verlangen und behaupten, er sei von einem Dritten, dessen Namen er aber nicht nennen könne, beauftragt[46]. Wer behauptet, Gläubiger des Eigentümers eines bestimmten Grundstückes zu sein, kann dies leicht beweisen, indem er eine Schuldanerkennung vorweist[47].

V. Das Recht der Behörden, in das Grundbuch Einsicht zu nehmen

Art. 970 ZGB regelt die Öffentlichkeit des Grundbuches unter dem privatrechtlichen Gesichtspunkt. Über das Recht der Behörden, das Grundbuch einzusehen, sagt er nichts aus. Diese Frage untersteht dem öffentlichen Recht des Bundes und der Kantone, das in Art. 6 ZGB vorbehalten wird. Es bedarf keiner weiteren Erklärung, daß es möglich sein muß, das Grundbuch, das zunächst private Zwecke erfüllt, auch in den Dienst

---

[45] HOMBERGER, N. 9; OSTERTAG, N. 2; H. LEEMANN, a. a. O., S. 373. CATENAZZI, S. 70 ff.; BGE 59 I, 1933, S. 252; ZBGR 19, 1938, S. 264 (Justizkommission Luzern); Berner Kreisschreiben, S. 121. Die gleiche Lösung besteht in Schuldbetreibungs- und Konkurssachen, BGE 52 III, 1926, S. 73. Zu den Anforderungen, die an diesen Wahrscheinlichkeitsbeweis zu stellen sind, siehe auch REY, S. 83: Es sollte darum gehen, ein tatsächliches wirtschaftliches Interesse glaubhaft zu machen, das nicht bloß auf Vermutungen beruht.
[46] BGE 59, zit. in Note 25, der bestätigt, daß der Grundbuchverwalter das Grundbuch jemandem öffnen kann, der ihm bekannt und vertrauenswürdig ist. Zum Recht der Notare, siehe unten, V.
[47] CATENAZZI, S. 71; Das Luzerner ObG (in ZBGR 47, 1966, S. 221) verlangt von einem Makler, der sich über den Abschluß eines Kaufvertrages erkundigen will, daß er einen Mäklervertrag oder ein entsprechendes Schriftstück vorweist.

von Interessen allgemeiner Natur zu stellen[48]. Dazu ist aber eine gesetzliche Grundlage erforderlich. Soweit der Staat in seiner Geschäftstätigkeit mit Grundstücken wie ein privates Rechtssubjekt handelt – bei der Verwaltung seines Finanzvermögens – muß er sein Interesse nach Art. 970 Abs. 2 ZGB nachweisen[49].

Vorschriften über die Einsichtnahme in öffentliche Register, einschließlich das Grundbuch, erlassen die Kantone in ihren Prozeßordnungen, in ihren Gesetzen betreffend das Verwaltungsverfahren (Enteignung, obligatorische Gebäudeversicherung) und in ihren Steuergesetzen[50].

Auch der Bund kann für seine Amtsstellen und Kommissionen das Recht, in die Grundregister Einsicht zu nehmen, vorsehen[51]. Die in Frage stehenden öffentlichen Interessen, etwa die Erfordernisse einer Strafuntersuchung, können eine umfangreichere Einsichtnahme rechtfertigen als sie einem Privaten gewährt würde.

Als öffentlicher Beamter kann auch der Notar ein Recht zur Einsichtnahme in das Register beanspruchen; allerdings nur in Erfüllung seiner besondern Amtspflichten (Abfassen von öffentlichen Urkunden). Soweit er Beauftragter der Parteien ist, besitzt er grundsätzlich nicht mehr Rechte als diese[52].

VI. Das Verfahren und die Formen der Einsichtnahme

1. Das Begehren

Die Einsichtnahme in das Grundbuch setzt ein Begehren voraus, das – im Unterschied zur Anmeldung einer Eintragung (Art. 13 Abs. 1 GBV) – aber nicht schriftlich sein muß.

---

[48] HOMBERGER, N. 12; OSTERTAG, N. 5; H. LEEMANN, a. a. O., S. 374; CATENAZZI, S. 62; FRIEDRICH, Grundbuch und öffentliches Recht, S. 204.
[49] Fragwürdig: In ZBGR 27, 1946, S. 36 neigt das GBA dazu, der Leitung eines Waffenplatzes ohne weiteres das Recht einzuräumen, das Grundbuch einzusehen.
[50] ZBGR 18, 1937, S. 43 (GBA): Eine kantonale Bestimmung kann dem Grundbuchverwalter vorschreiben, jeden Monat eine Liste der Handänderungen ohne Preisangabe zu veröffentlichen; unter dem Gesichtspunkt des Steuerrechts stimmt HOMBERGER diesem Entscheid zu.
[51] Siehe etwa Art. 48 der VO vom 24. April 1972 über die eidgenössischen Schatzungskommissionen.
[52] ZBGR 48, 1967, S. 222 (Justizdirektion Bern) über die bernische Praxis, die den Notaren das Recht gibt, frei in das Grundbuch Einsicht zu nehmen.

2. Stellvertretung

Der zur Einsichtnahme in das Grundbuch Befugte kann sein Recht durch einen Stellvertreter ausüben[53]. Dieser muß sich grundsätzlich ausweisen. In der Regel wird er dies tun, indem er eine Vollmacht einreicht. Der Grundbuchverwalter darf aber nicht so streng sein wie bei der Anmeldung einer Eintragung (Art. 16 GBV)[54]. Der Wahrscheinlichkeitsbeweis erstreckt sich auch auf die Frage der Vollmacht. Ein Anwalt, der im Besitz von Urkunden ist, die mit dem Grundstück in Zusammenhang stehen, über das er Auskunft verlangt, muß als bevollmächtigt angesehen werden. Der Grundbuchverwalter wird das Begehren von jemandem, der ihm bekannt ist und vertrauenswürdig erscheint, ohne weiteres erfüllen; etwa von den Notaren seines Kantons oder seines Grundbuchkreises (oben, Note 52). Aber sobald in ihm Zweifel aufkommen oder er Mißbräuche vermutet, kann er eine Vollmacht verlangen.

Die gesetzlichen Vertreter (Inhaber der elterlichen Gewalt, Vormünder) üben das Recht zur Einsichtnahme aus, das den Vertretenen zusteht. Lebt ein Ehepaar unter dem Güterstand der Güterverbindung, ist der Ehemann als Verwalter des eingebrachten Gutes der Frau von sich aus berechtigt, bezüglich der zu diesem gehörenden Grundstücke in das Grundbuch Einsicht zu nehmen. Das gleiche gilt bei der Gütergemeinschaft für die zum Gemeinschaftsgut gehörenden Grundstücke[55].

3. Die Formen der Einsichtnahme

Der zur Einsichtnahme Befugte «kann verlangen, daß ihm näher zu bezeichnende Blätter samt den zugehörigen Belegen in Gegenwart eines Grundbuchbeamten vorgewiesen, oder daß ihm Auszüge aus solchen angefertigt werden» (Art. 970 Abs. 2 ZGB).

a) Die Einsichtnahme im eigentlichen Sinn

Der Antragsteller muß die Urkunden näher bezeichnen, die er einsehen will[56]. Die Einsichtnahme erfolgt unter Aufsicht eines Beamten des Grund-

---

[53] HOMBERGER, N. 11; CATENAZZI, S. 63.
[54] Anderer Meinung: ZBGR 11, 1930, S. 169 (Kleiner Rat Graubünden).
[55] CATENAZZI, S. 65. In beiden Fällen bejahen wir ein eigenes Recht der Ehefrau, das Register einzusehen, als «nackter Eigentümerin» oder als Gesamteigentümerin. Unter dem neuen Eherecht hat jeder Ehegatte ein selbständiges Recht auf Einsichtnahme (Art. 227 Abs. 2 revZGB).

buchamtes. Der Einsichtnehmer kann die Angaben, die er dem Grundbuch entnimmt, für sich schriftlich festhalten. Der Grundbuchverwalter darf weder das Hauptbuch noch das Tagebuch herausgeben (Art. 106 Abs. 2 GBV); ebensowenig Pläne, Liegenschaftsverzeichnisse oder -beschreibungen[57]. Das gilt auch Gerichtsbehörden gegenüber. An diese – nicht aber an Private – dürfen lediglich die Belege ausgehändigt werden. Voraussetzung ist aber, daß die Aushändigung bestätigt und daß bei den Grundbuchakten eine beglaubigte Abschrift hinterlegt wird (Art. 106 Abs. 3 GBV)[58].

Wollen mehrere Berechtigte einzeln das Grundbuch einsehen, kann der Grundbuchverwalter zweckmäßige Maßnahmen treffen, um nicht zu viel Zeit zu verlieren und einen übermäßigen Arbeitsaufwand zu ersparen[59].

b) Das Erstellen von Auszügen

Unter den gleichen Voraussetzungen, unter denen er Einsicht in das Grundbuch erhält, kann ein Berechtigter auch die Aushändigung eines Auszuges verlangen[60]. Solche Auszüge werden nach einem amtlichen Formular ausgestellt. Auf Wunsch werden sie vom Grundbuchverwalter amtlich beglaubigt (Art. 105 Abs. 1 GBV). Ebenso kann ein Berechtigter vom Grundbuchverwalter eine Bescheinigung darüber verlangen, «daß eine bestimmte Eintragung im Hauptbuch nicht vorhanden ist» (Art. 105 Abs. 2 GBV; negative Auskunft).

Auszüge aus dem Grundbuch stellen öffentliche Urkunden im Sinn von Art. 9 ZGB dar, die für ihren Inhalt vollen Beweis erbringen. Eine weitergehende Bedeutung kommt ihnen aber nicht zu[61].

4. Gebühren

Für die Einsichtnahme ins Grundbuch und das Erstellen von Auszügen können die Kantone Gebühren vorsehen. Der zweite Fall wird in Art. 105

---

[56] BGE 97 I, 1971, S. 694 ff.: Dieses Erfordernis darf nicht zu streng gehandhabt werden, wenn es darum geht, eine im Grundbuch verzeichnete Liegenschaft ausfindig zu machen, die örtlich aber nicht genau feststeht.
[57] GONVERS-SALLAZ, Art. 106 GBV N. 6. Die gleiche Regel findet auf die entsprechenden kantonalen Register Anwendung.
[58] In der Regel müssen sich die Gerichtsbehörden wohl mit amtlich beglaubigten Abschriften der Belege zufrieden geben.
[59] BGE 97 I, 1971, S. 694 ff. (Einberufung aller Erben zu einer gemeinsamen Sitzung).
[60] ZBGR 18, 1937, S. 43 (GBA).
[61] BGE 42 III, 1916, S. 246; HOMBERGER, Art. 967 N. 5. Über den Auszug, der dem Gläubiger anläßlich der Errichtung einer Grundpfandverschreibung ausgestellt wird, siehe Art. 825 Abs. 2 ZGB. Vgl. ZBGR 18, 1937, S. 41 (GBA).

Abs. 3 GBV eigens erwähnt. Es rechtfertigt sich aber, auch für die unmittelbare Einsichtnahme in das Grundbuch eine Abgabe zu erheben. Diese stellt eine Kanzleigebühr dar[62]. Einzelne Kantone verzichten darauf, von bestimmten Personen, die berufen sind, mit dem Grundbuchamt regelmäßig in Verbindung zu treten, für die Einsichtnahme eine Gebühr zu beziehen; von den Notaren, den Geometern, von den Angestellten der Kantonalbank sowie insbesondere von den Beamten des Kantons und der Gemeinden[63].

5. Der Entscheid des Grundbuchverwalters und der Rechtsmittelweg

Wird ein Begehren, das Grundbuch einzusehen, gestellt, klärt der Grundbuchverwalter ab, ob und in welchem Umfang der Antragsteller ein berechtigtes Interesse besitzt. Gegebenenfalls überprüft er auch die Vollmacht eines Stellvertreters und trifft anschließend seinen Entscheid; wobei er das Ausmaß und die Form der Einsichtnahme oder eines zu erstellenden Auszuges festlegt.

Verweigert der Grundbuchverwalter die Einsichtnahme, kann der Antragsteller bei der kantonalen Aufsichtsbehörde Beschwerde führen (Art. 956 ZGB). Dazu ist die allgemeine Grundbuchbeschwerde nach Art. 104 GBV gegeben[63a]. Ein ablehnender Entscheid der kantonalen Instanz kann mit Verwaltungsgerichtsbeschwerde an das Bundesgericht weitergezogen werden (zu diesen Fragen, siehe hinten, § 11).

6. Die Verantwortlichkeit des Staates

Die Tätigkeit des Grundbuchverwalters in Zusammenhang mit der Einsichtnahme ins Grundbuch oder mit der Erstellung von Auszügen kann die Verantwortlichkeit des Staates nach sich ziehen (Art. 955 ZGB).

Dies ist schon dann der Fall, wenn der Grundbuchverwalter zu Unrecht Einsicht gewährt und ein Dritter durch diese «Indiskretion» einen Schaden

---

[62] Es gab eine Zeit, in der die Auffassung herrschte, die Einsichtnahme ins Grundbuch müsse kostenlos sein, OSTERTAG, N. 3; GONVERS-SALLAZ, Art. 105 GBV N. 10. Niemand spricht den Kantonen heute aber mehr das Recht ab, für die Arbeit für das Nachschlagen und den mit der Einsichtnahme verbundenen Zeitaufwand eine kleine Gebühr zu erheben. Siehe vorn, § 9 IV.
[63] Berner Kreisschreiben, S. 123.
[63a] Nach dem in Note 30 erwähnten Zürcher Entscheid wäre der Eigentümer, dessen Grundbuchblatt eingesehen werden soll, an diesem Verfahren nicht beteiligt – was aber umstritten ist, siehe hinten, § 11 II 5.

erleidet[64]. Ein Schaden kann vor allem aber auch dadurch entstehen, daß der Grundbuchverwalter bei der Einsichtnahme ins Grundbuch einen Fehler begeht oder daß er unrichtige Auszüge erstellt[65]. Der Grundbuchverwalter kann die Haftung des Staates schließlich begründen, wenn er – ohne daß er dazu verpflichtet wäre (oben, I Note 2) – falsche Auskünfte erteilt[66]. Dazu, siehe hinten, § 12 über die Verantwortlichkeit für die Grundbuchführung.

VII. Die unwiderlegbare Vermutung der Kenntnis des Grundbuches (Art. 970 Abs. 3 ZGB).

Bei der Vermutung der Kenntnis des Grundbuches geht es um eine Wirkung desselben, die wir hier vorweg behandeln.

Gestützt auf die Tatsache, daß das Grundbuch «öffentlich» ist, hat der Gesetzgeber in Art. 970 Abs. 3 ZGB den Grundsatz aufgestellt: «Die Einwendung, daß jemand eine Grundbucheintragung nicht gekannt habe, ist ausgeschlossen.» Man steht hier vor einer unwiderlegbaren gesetzlichen Vermutung, die notwendigerweise vom Umfang der Öffentlichkeit selber abhängt. Die Bestimmung entspricht Art. 933 Abs. 1 OR über das Handelsregister, der das, was man die positive Öffentlichkeit nennt, bestätigt; im Gegensatz zur sog. negativen Öffentlichkeit, die in Absatz 2 umschrieben wird[67]. Art. 970 Abs. 3 ZGB besagt, daß niemand, und sei er auch gutgläubig (Art. 3 Abs. 1 ZGB) – insbesondere nicht der Erwerber eines dinglichen oder vorgemerkten persönlichen Rechtes –, behaupten kann, er habe die Rechtslage eines Grundstückes nicht gekannt, so wie sie sich aus dem eidgenössischen Grundbuch oder aus den kantonalen Registern, die an dessen Stelle geführt werden, ergibt[68]. Diese (unwiderlegbare) Vermutung der Kenntnis bezieht sich zunächst auf die Eintragungen im Zusammen-

---

[64] HOMBERGER, N. 5; H. LEEMANN, S. 373.
[65] HOMBERGER, Art. 967 N. 5; OSTERTAG, Art. 955 N. 5.
[66] CATENAZZI, S. 86; nach ihm kann ein Beamter nicht wie eine Privatperson erklären, er gebe die Auskunft unter allen Vorbehalten, ohne die Verantwortlichkeit des Staates zu begründen.
[67] Art. 933 Abs. 2 OR lautet: «Wurde eine Tatsache, deren Eintragung vorgeschrieben ist, nicht eingetragen, so kann sie einem Dritten nur entgegengehalten werden, wenn bewiesen wird, daß sie diesem bekannt war.» Ist in Grundbuchsachen eine Eintragung «vorgeschrieben», tritt die Rechtswirkung unter den Parteien wie auch Dritten gegenüber nur ein, wenn die Eintragung vorgenommen wird (Art. 971/972 ZGB). Eine solche rechtsbegründende Wirkung ist in gewissen Fällen auch mit der Eintragung ins Handelsregister verbunden (Art. 643, 783, 838 OR).
[68] HOMBERGER, Art. 970 N. 13; OSTERTAG, Art. 970 N. 8; JENNY, Der öffentliche Glaube, S. 191.

hang mit dinglichen Rechten (Eintragungen im engern Sinn und Löschungen). Inbegriffen sind auch die Rechte, die erst im Tagebuch eingeschrieben sind[69]. Wegen bestimmter Wirkungen, die sie den dinglichen Rechten annähern (siehe hinten, §§ 31–35), erstreckt sich die Vermutung aber auch auf die Vormerkungen nach Art. 959–961 ZGB – ja sogar auf andere Vormerkungen. Die formelle Öffentlichkeit des Grundbuches gilt selbst für die Anmerkungen, die über bestimmte privat- oder öffentlichrechtliche Rechtsbeziehungen an einem Grundstück Auskunft geben, ohne allgemein eine Vermutung aufzustellen (dazu hinten, § 36).

Soweit es um dingliche und vorgemerkte persönliche Rechte geht, ist Art. 970 Abs. 3 ZGB gewissermaßen das Gegenstück zu Art. 973 ZGB: Während nach dieser Bestimmung der gutgläubige Erwerber sich auf einen Eintrag im Hauptbuch (oder auf das Fehlen eines solchen) verlassen darf, kann der Inhaber eines dinglichen oder andern Rechtes, die sich aus einem Eintrag oder einer Vormerkung ergeben, darauf zählen, daß niemand seine Unkenntnis vorschieben kann, diese in Frage zu stellen – was offensichtlich voraussetzt, daß sie zu Recht bestehen. Jedesmal wenn es um die Kenntnis einer Eintragung geht, kommt der Regel allgemeine Bedeutung zu[70].

Art. 970 Abs. 3 ZGB erfährt – wie Art. 973 ZGB über den öffentlichen Glauben – eine Durchbrechung durch die Vorschriften über den Zuschlag im Zwangsvollstreckungsverfahren. Stimmen die Angaben im Lastenverzeichnis und die Einträge im Grundbuch miteinander nicht überein, so werden dem Ersteigerer nur die aus den Steigerungsbedingungen ersichtlichen Lasten überbunden. Eine im Grundbuch eingetragene Dienstbarkeit, die ins Lastenverzeichnis aber nicht aufgenommen worden ist, kann ihm nicht entgegengehalten werden[71].

Die formelle Öffentlichkeit des Grundbuches gilt nur für die Rechtsbeziehungen zwischen privaten Rechtssubjekten. Es ergibt sich daraus nicht daß der Richter sich von ihm von Amtes wegen in Kenntnis zu setzen hat[72].

---

[69] Wegen der Rückwirkung nach Art. 972 Abs. 2 ZGB nehmen diese auch an der negativen (rechtsbegründenden oder rechtsaufhebenden) Wirkung des Grundbuches teil; vgl. HOMBERGER, Art. 972 N. 11; JENNY, S. 15 und 47; FRIEDRICH, «Interimstitel», S. 8.

[70] OSTERTAG, N. 8. Beispiel: Im Kaufvertragsrecht kann der Käufer nicht behaupten, er habe von der Gefahr nichts gewußt, ein Dritter würde Rechte am Grundstück geltend machen, wenn diese Gefahr bei einer Einsichtnahme aus dem Grundbuch ersichtlich gewesen wäre (Art. 192 OR).

[71] HOMBERGER, N. 13; H. LEEMANN, Lastenbereinigung, S. 37. BGE 97 III, 1971, S. 89 Erw. 5a hat den umgekehrten Fall im Auge, in dem eine im Grundbuch als Last nicht eingetragene Dienstbarkeit, die aber im Lastenverzeichnis aufgeführt ist, wohl mit dem Zuschlag entsteht, vgl. LIVER, Art. 731 N. 41.

[72] ZBGR 51, 1970, S. 301 (ObG Luzern).

§ 11. Die verwaltungsrechtliche Kontrolle über die Amtsführung des Grundbuchverwalters im allgemeinen

Literatur:

Die Kommentare von HOMBERGER, OSTERTAG und WIELAND zu Art. 956 ZGB; von GONVERSALLAZ zu Art. 102 - 104 GBV.
P. AEBY, Les voies de recours dans le système du registre foncier, ZSR 51, 1932, S. 11 ff.; J. AUER, Die Prüfungspflicht des Grundbuchverwalters, Diss. Bern 1952; F.J.HUNZIKER, Die Anzeige an die Aufsichtsbehörde (Aufsichtsbeschwerde), Diss. Zürich 1978; E. KIRCHHOFER, Die Verwaltungsrechtspflege beim Bundesgericht, ZSR 49, 1930, S. 1 ff.; A. MACHERET, L'extension de la juridiction administrative du Tribunal fédéral, Mémoires publiés par la Faculté de droit de Genève, 1969, S. 103 ff; DERSELBE, La qualité pour recourir: clef de la juridiction constitutionnelle et administrative du Tribunal fédéral, ZSR 94, 1975, S. 131 ff.; P. WESPI, Die Beschwerde in Grundbuchsachen, Diss. Zürich 1937.

I. Allgemeines

Die Amtsführung des Grundbuchverwalters, die in groben Zügen vorn umschrieben worden ist (§ 9 II), untersteht zunächst einer allgemeinen Aufsicht, von der auch bereits die Rede war (§ 9 III). Dadurch, daß gegen sie bei der Aufsichtsbehörde Beschwerde geführt werden kann, unterliegt sie einer zusätzlichen verwaltungsrechtlichen Aufsicht. Die allgemeinen Grundsätze dieser Aufsicht sollen nun behandelt werden.

Die gesetzliche Grundlage für diese Aufsicht bildet Art. 956 Abs. 2 und 3 ZGB. Streitigkeiten, die zwischen einem Privaten oder einer Behörde und dem Grundbuchverwalter entstehen können, werden in einem Beschwerdeverfahren erledigt, das Bestandteil des nicht streitigen Gerichtsverfahrens bildet, welches die Grundbuchbehörden ausüben (vorn, § 9 II 1). In allgemeiner Form spricht Art. 956 Abs. 2 ZGB zunächst von «Beschwerden» gegen die Amtsführung des Grundbuchverwalters und erwähnt nachher die «Anstände bezüglich der eingereichten oder einzureichenden Belege und Erklärungen».

Die Art. 102 - 104 GBV haben dieses Rechtsmittel «gegen die Amtsführung des Grundbuchverwalters» (Art. 102) ausgestaltet, indem sie zwei Beschwerdefälle vorsehen: die sog. *besondere Grundbuchbeschwerde* (Art. 103) gegen die Abweisung einer Anmeldung, mit der die Eintragung einer Anmeldung nach Art. 24 GBV beantragt wird, und die sog. *allgemeine Grundbuchbeschwerde* (Art. 104) gegen andere Verfügungen des Grundbuchverwalters.

Art. 956 Abs. 3 ZGB sieht eine Weiterziehung an die Behörden des Bundes vor, die durch besondere Vorschriften geregelt werden muß. Beschwerdeinstanz war vor 1928 der Bundesrat; seither ist sie das Bundesgericht (vorn, § 8 III 2). Das Verfahren ist dasjenige der Verwaltungsgerichtsbeschwerde (Art. 97 ff. OG).

Der Weg der gerichtlichen Anfechtung von Verfügungen des Grundbuchverwalters ist nur gegeben, wenn er vom Gesetz ausdrücklich vorgesehen ist (Art. 956 Abs. 2 ZGB). Unter «Gesetz» sind dabei nicht nur Vorschriften betreffend das Grundbuch (Art. 975-977, 955 ZGB) zu verstehen, sondern alle Bestimmungen, welche die Zuständigkeit des Richters begründen (Art. 665, 960 Abs. 1 Ziff. 1, 961 Abs. 2 und 3 ZGB usw.).

Im vorliegenden Paragraphen behandeln wir die Grundbuchbeschwerde sowie die Verwaltungsgerichtsbeschwerde an das Bundesgericht, die gegen letztinstanzliche kantonale Entscheide ergriffen werden kann, in allgemeinen Zügen. Besondere Fragen im Zusammenhang mit Beschwerden gegen Verfügungen des Grundbuchverwalters im Eintragungsverfahren werden ins IV. Kapitel (§ 26) zurückgestellt.

II. Die Beschwerde an die kantonale Aufsichtsbehörde

1. Bundesrecht und kantonales Recht

Die Beschwerde nach Art. 102 ff. GBV ist ein eidgenössisches Rechtsmittel, für das zunächst die Vorschriften des ZGB und der GBV gelten. Innerhalb dieser Grenzen sind die Kantone nach Art. 52 Abs. 3 SchlT frei, dieses Rechtsmittel näher zu regeln (vgl. Art. 115 GBV); immer aber muß die ordnungsgemäße Handhabung desselben gewährleistet sein. In dieser Hinsicht können die Vorschriften über die Beschwerde im Bundesverwaltungsverfahren wegleitend sein, um unentschiedene Fragen zu lösen.

2. Die Rechtsnatur der Beschwerde

Die Beschwerde nach Art. 956 ZGB stellt keine «Klage» an die Aufsichtsbehörde dar, damit diese ihre allgemeine Aufsicht ausübe; und zwar trotz des Ausdruckes «plainte», den die französische Fassung des Gesetzes verwendet. Sie ist ein Rechtsbehelf im Rahmen eines nicht streitigen Verfahrens in Zivilsachen (vorn, § 9 II 1), mit dem die Abänderung einer Verfügung angestrebt wird. Gleichzeitig kann sie aber auch den Erlaß einer Maßnahme bezwecken, um die der Beschwerdeführer vergeblich nachgesucht hat[1]. Im übrigen gibt es neben dem Rechtsmittel, das die Beschwerde nach Art. 956 Abs. 2 ZGB darstellt, noch eine «Klage» im eigentlichen Sinn oder eine Anzeige (Aufsichtsbeschwerde), welche die Tätigkeit der Aufsichtsbehörde (Inspektorat, Rechtsdienst in Grundbuchsachen) auslöst. Dabei kann diese Behörde von jener, die zur Behandlung der Grundbuchbeschwerden zuständig ist, verschieden sein (vorn, §§ 8 II, 9 III 1 und Note 9a)[1a].

Obwohl die Art. 103 und 104 GBV zwei Beschwerdefälle mit je verschiedenen Voraussetzungen und Fristen unterscheiden, geht es um ein und dasselbe Rechtsmittel. Es ist allerdings gebräuchlich, die Beschwerde nach Art. 103 als «besondere Grundbuchbeschwerde» und jene nach Art. 104 als «allgemeine Grundbuchbeschwerde» zu bezeichnen[2].

3. Die anfechtbaren Verfügungen

Mit Ausnahme der Fälle, in denen der Grundbuchverwalter seine Mitwirkung verzögert oder überhaupt verweigert[3], setzt die Beschwerde eine Verfügung in einer bestimmten Sache voraus[4]. Gewöhnliche Auskünfte, die Äußerung einer Meinung durch den Grundbuchverwalter, die Erklärung, er werde eine künftige Anmeldung abweisen, eröffnen den Beschwerdeweg nicht[5]. Gleich verhält es sich, wenn sich die Meinungsäußerung des Grund-

---

[1] WESPI, S. 4ff.; GULDENER, Freiwillige Gerichtsbarkeit, S. 80. Der deutsche Ausdruck «Beschwerde» besagt auch, daß es sich um ein Rechtsmittel handelt.
[1a] Zu dieser Aufsichtsbeschwerde, vgl. HUNZIKER, a. a. O.
[2] So das BGer in den Entscheiden 97 I, 1961, S. 268 und 85 I, 1959, S. 162.
[3] Allgemeine Übereinstimmung besteht in der Auffassung, daß bei ungerechtfertigter Rechtsverzögerung die allgemeine Grundbuchbeschwerde nach Art. 104 GBV gegeben ist; obwohl diese Bestimmung von «Verfügungen» spricht, vgl. AEBY, S. 117; WESPI, S. 70; BGE 86 I, 1960, S. 120. Um zu diesem Ergebnis zu gelangen, wendet der in Note 2 zit. Entscheid des BGer 97 in Erw. 3 bereits im kantonalen Verfahren Art. 97 Abs. 2 OG (Gleichstellung des Schweigens mit einer Verfügung), in Verbindung mit Art. 5 Abs. 1 lit. c VwVG, an. Diese Meinung ließe sich bestreiten; denn Art. 1 Abs. 3 bezeichnet die Vorschriften dieses Gesetzes, die im Verfahren vor der letzten kantonalen Instanz Anwendung finden, abschließend; und Art. 5 ist nicht darunter. Es bestand aber eine Lücke, die ausgefüllt werden mußte.
[4] Eine widerrufene Verfügung kann von demjenigen, der zur Beschwerde an und für sich berechtigt gewesen wäre, als solche nicht mehr angefochten werden. Derjenige jedoch, dessen Interessen mit denjenigen des möglichen Beschwerdeführers im Widerspruch stehen, sollte grundsätzlich zur Beschwerde gegen den Widerruf, der als eine neue Verfügung anzusehen ist, berechtigt sein, siehe vorn, § 9 II 6c. In § 25 werden wir sehen, wie sich die Frage im Grundbucheintragsverfahren stellt.
[5] HOMBERGER, Art. 956 N. 4 und 6 je am Schluß; WESPI, S. 70; SCHÖNBERG, Grundbuchpraxis, S. 17. BGE 79 I, 1953, S. 268; 58 I, 1932, S. 332. ZBGR 30, 1949, S. 198 (ObG Solo-

buchverwalters oder gar eines Inspektorates an einen Kreis von Empfängern richte. Beispiel: Notare, Banken.

a) Die Verfügungen, die der besonderen Grundbuchbeschwerde unterliegen

Der besonderen Grundbuchbeschwerde nach Art. 103 GBV unterliegen Verfügungen, mit denen der Grundbuchverwalter «die Anmeldung einer Eintragung, Vormerkung, Abänderung oder Löschung» – darunter ist selbstverständlich die Löschung des Eintrages eines dinglichen Rechtes oder einer Vormerkung zu verstehen – gemäß Art. 24 GBV abweist. Sie werden im IV. Kapitel genauer umschrieben. Diese Verfügungen stehen im Gegensatz zu jenen, mit denen der Grundbuchverwalter einer Anmeldung Folge leistet und gegen die der Beschwerdeweg an die Aufsichtsbehörde nicht gegeben ist (hinten, § 26)[6].

b) Die Verfügungen, die der allgemeinen Grundbuchbeschwerde unterliegen

Unter den «weitern Verfügungen» erwähnt Art. 104 GBV die Weigerung des Grundbuchverwalters, eine Anmeldung entgegenzunehmen – zu diesem Fall kommt jener der Rechtsverzögerung (oben, Note 3) – und die Weigerung, einen Gläubiger ins Gläubigerregister einzuschreiben (Art. 66 GBV) hinzu. Das sind jedoch nur Beispiele.

Im Eintragungsverfahren (im weitern Sinn) kann sich die allgemeine Grundbuchbeschwerde gegen alle sonstigen Weigerungen des Grundbuchverwalters richten (Beispiel: die Abweisung einer Anmerkung)[7]. Ist eine Anmeldung bereits eingetragen, so kann sie auch mit der allgemeinen Grundbuchbeschwerde nicht mehr angefochten werden. Die einzelnen Verfügungen, die im Zusammenhang mit dem Eintragungsverfahren der allgemeinen Grundbuchbeschwerde unterliegen, werden weiter hinten aufgezählt (§ 26 B I 2).

Außerhalb des Eintragungsverfahrens ist die allgemeine Grundbuchbeschwerde unter anderem gegeben gegen:
- die Weigerung, Einsicht in das Grundbuch zu gewähren oder einen Aus-

---

thurn). In der Verwaltungsrechtspflege, vgl. GYGI, S. 136; MACHERET, S. 110. Das BGer hat jedoch eine Beschwerde gegen eine an die Beteiligten gegebene Auskunft, wonach für die Übertragung eines Grundstücks von einer Erbengemeinschaft auf eine Aktiengesellschaft zuerst die Eintragung der Erbengemeinschaft im Grundbuch erforderlich sei, als zulässig erklärt. Im gegebenen Fall lief diese Auskunft aber praktisch auf eine Abweisung der Anmeldung hinaus (nicht veröffentlichter Entscheid vom 28. Juli 1983).

[6] BGE 102 Ib, 1976, S. 13; 98 Ia, 1972, S. 185.
[7] HOMBERGER, N. 6.

zug daraus zu erstellen (vorn, § 10 VI 5)[8];
- die Weigerung oder die Verfügung, das Verfahren zur Geltendmachung des bäuerlichen Vorkaufsrechtes einzuleiten (Art. 13/14 EGG)[9];
- den Entscheid des Grundbuchverwalters betreffend die Aufteilung der Enteignungsentschädigung (Art. 95 Abs. 3 EntG);
- die Festsetzung einer Grundbuchgebühr, soweit nicht ein Kanton ein anderes Rechtsmittel an eine andere Behörde vorsieht (vorn, § 9 IV 9);
- die Weigerung oder die Unterlassung, eine nach Art. 969 ZGB vorgeschriebene Anzeige zu machen;
- eine allfällige neue Verfügung, die nach dem Widerruf einer früheren erfolgt (oben, Note 4).

Gegen eine bereits vollzogene Eintragung, Vormerkung oder Löschung, die mit der besonderen Beschwerde nach Art. 103 nicht mehr angefochten werden können, steht auch die allgemeine Grundbuchbeschwerde nach Art. 104 GBV nicht zur Verfügung[10] (über das Verhältnis der beiden Beschwerden zueinander, siehe unten, 13). Weiter hinten werden wir auch der Frage nachgehen, ob die letztere Beschwerde gegen den Entscheid des Grundbuchverwalters, einer Anmeldung Folge zu leisten, solange diese noch nicht eingetragen ist, als solche möglich ist (hinten, § 25 VIII).

4. Die Aktivlegitimation im Grundbuchbeschwerdeverfahren

a) Allgemein

Die Beschwerde nach Art. 956 ZGB stellt keine *Popularbeschwerde* dar, die von jedermann erhoben werden könnte. Sie ist zum Schutz und zur Durchsetzung privater Rechte und Interessen bestimmt[11] und erfordert deshalb beim Beschwerdeführer bestimmte Voraussetzungen. Da es sich um ein bundesrechtliches Rechtsmittel handelt, können die Kantone die Beschwerdelegitimation nicht frei festlegen.

Allgemein und von ihrer Natur her kann man sich bei der Grundbuchbeschwerde auf die Grundsätze abstützen, die für das Bundesverwaltungs-

---

[8] HOMBERGER, N. 6; GONVERS-SALLAZ, Art. 104 GBV N. 1; ZBGR 27, 1946, S. 1 (BezG Meilen).
[9] BGE 79 I, 1953, S. 265 und 272; siehe auch BGE 87 I, 1961, S. 473; 90 I, 1964, S. 307 ff.; ZBGR 49, 1968, S. 347 (Aufsichtsbehörde Freiburg); 43, 1962, S. 342 (RR Bern).
[10] BGE 90 I, 1964, S. 310 f.
[11] WESPI, S. 70 f.; er sieht nur noch «Rechte» vor.

verfahren anwendbar sind. Das ergibt sich – trotz der Verschiedenartigkeit des Gegenstandes – aus der Analogie der beiden Verfahren. Vorbehalten bleiben allerdings die Vorschriften des ZGB und der GBV. So wird denn auch die Beschwerde in Grundbuchsachen an das Bundesgericht in der Form der Verwaltungsgerichtsbeschwerde erhoben; und man versteht nicht recht, wie die Frage der Beschwerdelegitimation für die beiden Stufen des Verfahrens verschieden geregelt sein soll[12].

Zur Beschwerde berechtigt ist grundsätzlich, wer durch eine Verfügung des Grundbuchverwalters beschwert ist *und ein schutzwürdiges Interesse an deren Aufhebung oder Abänderung hat»* (vgl. Art. 48 lit. a VwVG, Art. 103 lit. a OG).

Von selbst versteht sich, daß es nicht nötig ist, daß die Verfügung irgendwelche Rechte oder Pflichten beeinflußt. Der Beschwerdeführer kann irgendwie betroffen sein: in seinen tatsächlichen Verhältnissen oder in seinen Rechten[13].

Wie im Verwaltungsrecht muß es sich um ein *besonderes* Interesse handeln; d.h. um ein besonderes und anderes Interesse «als das allgemeine öffentliche Interesse an der richtigen Durchsetzung und einheitlichen Anwendung des Bundesrechts»[14].

Der Beschwerdeführer muß daran interessiert sein, daß die Verfügung, über die er sich beschwert, aufgehoben oder abgeändert wird; und dieses Interesse muß grundsätzlich im *gegenwärtigen* oder im Zeitpunkt bestehen, in dem der Entscheid gefällt werden muß[15].

---

[12] Das BGer hat es vor einiger Zeit als unbefriedigend betrachtet, daß für gewisse verwaltungsrechtliche Streitigkeiten des Bundes der Kreis derjenigen, die zur Verwaltungsgerichtsbeschwerde legitimiert seien, weiter sei als der Kreis derjenigen, denen die Beschwerdelegitimation auf kantonaler Ebene zukomme. Im Interesse der Einheit des Verfahrens und des Rechtsschutzes der Beteiligten muß man sich bereits im kantonalen Verfahren auf einen bundesrechtlichen Begriff der Beschwerdelegitimation abstützen, der in Art. 103 lit. a OG umschrieben wird. Diese Überlegungen, die zu einem Fall angestellt worden sind, in dem ein Kanton für bundesrechtliche Streitigkeiten, die an das BGer weitergezogen werden können, eine Beschwerdeinstanz geschaffen hatte (BGE 103 Ib, 1977, S. 147 Erw. 3), sind für den Fall um so treffender anzusehen, in dem, wie das in Grundbuchsachen zutrifft, das Verfahren vor kantonaler Instanz bundesrechtlich vorgesehen ist, BGE 104 Ib, 1978, S. 378f.

[13] GRISEL, II S. 898ff.; GYGI, S. 151ff.; MACHERET, La qualité pour recourir, S. 157ff. Die frühere Rechtsprechung (BGE 94 I, 1968, S. 185; 92 I, 1966, S. 146) ist somit überholt. Siehe gegenwärtig BGE 109 V, 1983, S. 59; 108 Ib, 1982, S. 93; 106 V, 1980, S. 188; 104 Ib, 1978, S. 245ff.; 101 Ib, 1975, S. 89.

[14] BGE 109 Ib, 1983, S. 200 und zit. Entscheide; GRISEL, II S. 899.

[15] GRISEL, II S. 900; GYGI, S. 155; BGE 106 Ib, 1980, S. 112; 100 Ib, 1974, S. 327; 99 Ib, 1973, S. 199; 98 Ib, 1972, S. 57. Doch hat das BGer für die Verwaltungsgerichtsbeschwerde folgendes entschieden: Vom Erfordernis eines gegenwärtigen Interesses kann abgesehen

Ein schutzwürdiges Interesse wird aber nicht notwendigerweise rechtlich, d. h. durch materielle Gesetzesbestimmungen, geschützt. Der Beschwerdeführer ist in all jenen Fällen zu handeln berechtigt, in denen seine rechtliche oder tatsächliche Lage vom Ausgang der Beschwerde *unmittelbar* beeinflußt wird[16].

Jener, der vom Grundbuchverwalter ein Tätigwerden verlangt, erfüllt diese Voraussetzungen in den meisten Fällen; namentlich, wenn er in einem Eintragungsverfahren ein solches Begehren stellt. Es ist aber denkbar, daß jemandem, als Partei, formell die Beschwerdelegitimation zukäme, ihm diese aber materiell, wegen Fehlens eines schutzwürdigen Interesses, nicht zusteht[17].

Umgekehrt gibt es in den Fällen, in denen der Grundbuchverwalter von Amtes wegen handelt[18], keinen Antragsteller; und dennoch kann, wer in der soeben beschriebenen Art betroffen ist, zur Beschwerde legitimiert sein. Unabhängig vom beschwerdeberechtigten Antragsteller können auch Dritte unter den beschriebenen Voraussetzungen zur Beschwerde legitimiert sein. Die Frage muß für jede der beiden Formen der Beschwerde getrennt behandelt werden[18a].

Sieht ein Kanton für das Rechtsmittelverfahren in Grundbuchsachen zwei Instanzen vor, so gelten für die Beschwerdelegitimation in zweiter die gleichen Regeln wie für diejenige in erster Instanz.

---

werden, wenn sonst nie rechtzeitig ein endgültiger Entscheid in einer Grundsatzfrage herbeigeführt werden könnte oder wenn die Entscheidung in der Sache aus andern Gründen als angebracht erscheint (BGE 109 II, 1983, S. 316; 106 Ib, 1980, S. 112).

[16] Ein Interesse ist unmittelbar, wenn eine nahe Beziehung des Beschwerdeführers zur Streitsache besteht, GRISEL, II S. 899; BGE 109 Ib, 1983, S. 200; 104 Ib, 1978, S. 249. Anwendung der Erfordernisse des gegenwärtigen und unmittelbaren Interesses bei einer Grundbuchbeschwerde in einem Entscheid des BGer vom Jahr 1983, erschienen in ZBGR 66, 1985, S. 99: Weigerung, ein Kaufsrecht vorzumerken, weil die Anmeldung in der Folge wieder zurückgezogen worden ist; Abweisung der Verwaltungsgerichtsbeschwerde, da sie, nachdem die Frist zur Geltendmachung des Rechts abgelaufen sei, bedeutungslos geworden sei.

[17] BGE 87 I, 1961, S. 473: Derjenige, der vom Grundbuchverwalter die Eröffnung des Verfahrens zur Ausübung des bäuerlichen Vorkaufsrechtes verlangt, ist gegen dessen Weigerung materiell zur Beschwerde nicht mehr berechtigt, wenn er Klage auf Feststellung des von ihm behaupteten Vorkaufsrechtes erhoben hat.

[18] Beispiel: Die vom Amtes wegen erfolgende Löschung eines vorläufigen Eintrages nach Ablauf der vom Richter angesetzten Klagefrist, BGE 60 I, 1934, S. 295 Erw. 3.

[18a] Auf jeden Fall dürfte das kürzlich von der Rechtsprechung für die Verwaltungsgerichtsbeschwerde aufgestellte Erfordernis, nämlich die Beteiligung des Beschwerdeführers am Verfahren, in dessen Verlauf der Entscheid ergangen ist (BGE 108 Ib, 1982, S. 93) – Erfordernis, das von der Lehre (GRISEL, II S. 900) beanstandet worden ist –, für die Beschwerde im Verfahren der nicht streitigen Gerichtsbarkeit in Grundbuchsachen nicht gelten, auch wenn diese der Verwaltungsgerichtsbeschwerde nahekommt.

b) Die Beschwerdelegitimation im Grundbucheintragungsverfahren

Die Anwendung der soeben dargelegten Grundsätze über die Beschwerdelegitimation – sowohl nach Art. 103 als auch nach Art. 104 GBV – im Grundbucheintragungsverfahren wird im IV. Kapitel über die Voraussetzungen der Grundbucheintragungen behandelt (hinten, § 26 B II 1 und 2).

c) Die Beschwerdelegitimation außerhalb des Grundbucheintragungsverfahrens

Es geht hier nur um die allgemeine Grundbuchbeschwerde nach Art. 104 GBV. Die Beschwerdelegitimation steht jedermann zu, der scheinbar durch eine Verfügung des Grundbuchverwalters in seinen Interessen verletzt ist. Das trifft beispielsweise für den Erben zu, dem während des Bestehens der Erbengemeinschaft die Einsichtnahme ins Grundbuch verweigert wird[19].

d) Die Beschwerdelegitimation von Behörden

Eine juristische Person des öffentlichen Rechts (Bund, Kanton, Gemeinde, andere öffentliche Körperschaft, öffentliche Anstalt) kann dem Grundbuchamt gegenüber auftreten wie ein *privates Rechtssubjekt*. Sie ist damit auch unter den gleichen Voraussetzungen wie ein Privater zur Beschwerde legitimiert[20]. Sie handelt durch ihre Organe (Behörden oder Beamte), die nach den Regeln des anwendbaren Verwaltungsrechts zuständig sind, die juristische Person zu «vertreten».

Es ist auch denkbar, daß eine Bundes-, Kantons- oder Gemeindebehörde gegenüber dem Grundbuchamt *eigentliche öffentliche Interessen* wahrzunehmen hat. Beispiele: Ein Betreibungs- oder Konkursamt meldet von sich aus die Vormerkung einer Verfügungsbeschränkung an (Art. 101 SchKG); ein Meliorationsamt meldet die Anmerkung eines im Gang befindlichen Bo-

---

[19] BGE 97 I, 1971, S. 964. In diesem Entscheid hat sich das BGer, um die Verwaltungsgerichtsbeschwerde des Erben, der allein handelte, zuzulassen, auf den neuen Wortlaut von Art. 103 lit. a OG gestützt: Zu wissen, ob das Recht, das Register einzusehen, ihm allein zustehe, ist materiell-rechtlicher Natur. Der fragliche Erbe kann aber verlangen, daß die Frage geprüft werde; denn offensichtlich ist er von einem ablehnenden Entscheid betroffen, und er hat ein schutzwürdiges Interesse daran, daß sie entschieden wird. In BGE 93 I, 1967, S. 200 war die Frage noch offen gelassen worden. In Hinsicht auf das, was weiter oben (insbesondere in Note 13) gesagt worden ist, muß diesem Erben die Beschwerdelegitimation auch im kantonalen Verfahren zuerkannt werden.

[20] Zur Verwaltungs- und Verwaltungsgerichtsbeschwerde des Bundes, vgl. Gygi, S. 163 ff. und 170 f.; Grisel, II S. 905. Ein öffentliches Gemeinwesen kann in gleicher Weise betroffen sein wie ein Privater, selbst beim Schutz seines *Verwaltungsvermögens*; BGE 108 Ib, 1982, S. 325 und zit. Entscheide.

denverbesserungswerkes an; eine Steuerbehörde holt über das Grundeigentum eines Steuerpflichtigen Erkundigungen ein. In all diesen Fällen erkennt man der beteiligten öffentlichen Amtsstelle ein eigenes Beschwerderecht zu. In Tat und Wahrheit besitzt sie dieses aber im Namen der öffentlichen Körperschaft, deren Organ sie ist[21].

In jenen Kantonen, in denen der Beschwerdeweg über zwei Instanzen führt, ist der Grundbuchverwalter grundsätzlich nicht befugt, den Entscheid der untern an die obere Aufsichtsbehörde weiterzuziehen. Das ergibt sich aus der untergeordneten Stellung des Grundbuchverwalters im Verhältnis zu dieser Behörde und aus dem Umstand, daß normalerweise weder seine eigenen Rechte noch seine eigenen Interessen vom Entscheid betroffen sind[22].

Der Grundbuchverwalter kann auch gegen die Verfügung des Grundbuchverwalters eines andern Grundbuchkreises des gleichen Kantons nicht Beschwerde führen[23]. Vorbehalten bleibt allerdings der Fall, wo ein Grundstück in mehreren Kreisen liegt und in einem Kreis die Haupt- und im andern die Nebenaufnahme stattgefunden hat (Art. 952 ZGB, Art. 6 GBV; vorn, § 8 II) und wo der Grundbuchverwalter des Kreises, in dem die Hauptaufnahme vorgenommen worden ist, dafür zu sorgen hat, daß die Grundbucheintragungen auch im Kreis vorgenommen werden, in dem die Nebenaufnahme erfolgt ist[24].

In bezug auf die Frage, ob ein *öffentlicher Notar* im Eintragungsverfahren *selber* zur Grundbuchbeschwerde legitimiert sei, wird auf die Ausführungen im IV. Kapitel, § 26 B II 1b verwiesen.

---

[21] GYGI, zit. in der vorangehenden Note; BGE 90 III, 1964, S. 277 ff.
[22] SJZ 11, 1914/1915, S. 55 und 116 (BR); ZBGR 4, 1923, S. 40; 55, 1974, S. 139 ff. (ObG Zürich); OSTERTAG, Art. 956 N. 8; HOMBERGER, Art. 956 N. 10; WESPI, S. 74. Im Bundesverwaltungsverfahren ist eine Behörde zur Beschwerde nur legitimiert, wenn das Gesetz sie ausdrücklich als ermächtigt erklärt (Art. 48 lit. b VwVG; Art. 103 lit. c OG); GRISEL, II S. 907, GYGI, S. 163; BGE 72 I, 1946, S. 155; 65 I, 1939, S. 272; 61 I, 1935, S. 146. Die Zürcher Praxis, der HOMBERGER, zustimmt, macht eine Ausnahme für den Fall, daß der Entscheid der untern Aufsichtsbehörde die wirtschaftlichen Interessen des Grundbuchverwalters unmittelbar berührt; nicht aber, wenn er nur dessen Verantwortlichkeit nach sich zieht. Daneben ist es aber möglich, daß der Grundbuchverwalter in einer andern amtlichen Stellung zur Beschwerde legitimiert ist; wenn er gleichzeitig etwa Betreibungsbeamter oder Erbschaftsverwalter ist, BGE 61, vorher zit., und 39 I, 1913, S. 279.
[23] HOMBERGER, Art. 956 N. 10 und Verweise.
[24] In diesen Fällen ist der Grundbuchverwalter befugt, die Eintragung anzumelden; und insofern ist er auch legitimiert, gegen die Weigerung des andern Grundbuchverwalters Beschwerde zu führen; siehe hinten, § 23 III 8 und § 24 C III 4b. In diesem Sinn, ZBGR 7, 1926, S. 308 (ObG Zürich) und 35, 1954, S. 16 ff. (BezG Winterthur): Hier muß die allgemeine Beschwerde nach Art. 104 GBV erhoben werden.

5. Die Passivlegitimation im Grundbuchbeschwerdeverfahren

Die Grundbuchbeschwerde richtet sich zunächst gegen den *Grundbuchverwalter,* der die Verfügung erlassen hat (oder der eine solche unterlassen oder verzögert hat)[25]. Sie richtet sich aber nicht gegen ihn persönlich, sondern als Organ des öffentlichen Dienstes, den das Grundbuch als Teil der staatlichen Verwaltung darstellt[26]. Mit der Beschwerde macht der Beschwerdeführer den öffentlichrechtlichen Anspruch, daß der Grundbuchverwalter bei der Änderung oder Feststellung von Rechtsverhältnissen an Grundstücken auf die vom Gesetz geforderte Art und Weise mitwirkte, geltend. Auf den Zweck dieser Mitwirkung, den Schutz privater Rechte, kommt es nicht an.

Das schließt nicht aus, daß sich die Beschwerde auch gegen *eine oder mehrere Privatpersonen* richten kann, die von der Gutheissung der Beschwerde rechtlich oder tatsächlich allenfalls betroffen sein werden. Auch diese «Dritten» sind im Grundbuchbeschwerdeverfahren passiv legitimiert; ohne daß der Grundbuchverwalter aber seine Parteistellung im Verfahren vor der Aufsichtsbehörde verlieren würde[27]. In bezug auf die Voraussetzungen der Passivlegitimation eines Privaten im Grundbuchbeschwerdeverfahren gelten entsprechende Grundsätze wie für die Aktivlegitimation[28].

---

[25] HOMBERGER, Art. 956 N. 11; OSTERTAG, Art. 956 N. 5; WIELAND, Art. 956 N. 3; ZBGR 63, 1982, S. 65 (ObG Zürich).
[26] Für das Verwaltungsverfahren, GYGI, S. 178.
[27] OSTERTAG, Art. 956 N. 5; GULDENER, Freiwillige Gerichtsbarkeit, S. 82. Der Standpunkt von HOMBERGER und WIELAND (a. a. O.), nach dem Streitigkeiten zwischen zwei Privaten immer im zivilprozessualen Verfahren auszutragen sind, ist zu eng: Im besonderen Rahmen des Verfahrens der nicht streitigen Gerichtsbarkeit, in dem sich Beschwerdeführer und Grundbuchverwalter gegenüberstehen, kann die Aufsichtsbehörde dazu kommen, einen Privatrechtsstreit zwischen zwei Beteiligten vorfrageweise – zum Beispiel über das Vorliegen des Rechtsgrundes einer Eintragung – zu entscheiden. Siehe BGE 64 I, 1938, S. 102, wo die Anstößer eines Sees in einem Verfahren auf Eintragung von privatem Eigentum an einem Teil dieses öffentlichen Gewässers als Partei behandelt worden sind. Bei der Ausübung des bäuerlichen Vorkaufsrechtes sind die Parteien des Kaufvertrages am Beschwerdeverfahren beteiligt, das der Inhaber des Rechtes, der verlangt, daß das Verfahren nach Art. 13/14 EGG durchgeführt werde, gegen den Grundbuchverwalter anstrengt, BGE 87 I, 1961, S. 473. Vgl. ZBGR 37, 1956, S. 269; 55, 1974, S. 139; 63, 1982, S. 65 (ObG Zürich); 66, 1985, S. 327 ff. (ObG Zürich).
[28] Nach der Praxis der Zürcher Aufsichtsbehörden (siehe vorangehende Note) sollten Private nur als Partei behandelt werden, wenn die Beschwerde materiell auf die Abänderung von privaten Rechten hinzielt. In einer Beschwerde, die ein Pflichtteilserbe anstrengt, weil ihm die Einsicht in das Grundbuch des künftigen Erblassers verweigert worden ist, braucht letzterer als betroffener Eigentümer am Verfahren damit nicht beteiligt zu werden.

Gibt es im Grundbuchbeschwerdeverfahren zwei kantonale Instanzen, bleibt der Grundbuchverwalter auch vor der obern Instanz passivlegitimiert. Das gilt auch für die beteiligten Privatpersonen. Im Sinn des nicht streitigen oder des Verwaltungsverfahrens kommt vor zweiter Instanz aber auch der unteren Aufsichtsbehörde Beklagtenstellung zu.

6. Die Beschwerdegründe

Wenn die Aufsichtsbehörde beauftragt ist, Beschwerden gegen die Amtsführung des Grundbuchverwalters und Anstände bezüglich der eingereichten oder einzureichenden Belege und Erklärungen zu entscheiden (Art. 956 ZGB), so ist das offensichtlich im Blick auf *Bundesrecht;* d. h. auf Gesetzes- und Verordnungsvorschriften, welche die Tätigkeit des Grundbuchverwalters bis in jede Einzelheit regeln. Der Beschwerdeführer hat daher vor allem die Verletzung dieser Vorschriften darzutun: Sie werden denn auch in diesem Werk dargelegt. Wie in bezug auf die Beschwerdelegitimation müssen die kantonale und die Beschwerde im Bundesverwaltungsverfahren auch in bezug auf die Beschwerdegründe miteinander übereinstimmen. So umfaßt die *Verletzung von Bundesrecht* auch Überschreitung und Mißbrauch des Ermessens (Art. 49 lit. a VwVG, Art. 104 lit. a OG)[29]. Die Verletzung von kantonalem Recht gehört zwar an sich nicht zu den Beschwerdegründen des Art. 956 Abs. 2 ZGB. Dennoch kann sich für die Lösung einer Frage, die dem Bundesrecht untersteht, eine Vorfrage stellen, die vom kantonalen Recht beherrscht ist. In diesem Fall kann die Verletzung dieser Norm vor der kantonalen Aufsichtsbehörde gerügt werden. Das gilt etwa für die Vorschriften über die Form der öffentlichen Beurkundung (Art. 55 SchlT)[30].

Vor der kantonalen Aufsichtsbehörde kann auch geltend gemacht werden, *der Tatbestand sei unrichtig oder unvollständig festgestellt worden* (Art. 49 lit. b VwVG und Art. 104 OG)[31]. Allgemein muß es auch zulässig sein, *neue*

Zieht man die im Text dargelegten Erfordernisse in Betracht, scheint diese Lösung aber zu einschränkend.

[29] Zum Begriff der Verletzung von Bundesrecht, vgl. GRISEL, II S. 908 ff.; GYGI, S. 291 ff.; KNAPP, Nr. 944.

[30] Gegen die Verletzung von *kantonalem Recht in Sachen Grundbuchgebühren* kann, je nach der kantonalen Behördenorganisation, die Beschwerde an die Aufsichtsbehörde oder eine andere kantonale Behörde gegeben sein (vorn, § 9 II 9). Aber es geht in der Tat nicht um die Beschwerde nach Art. 956 Abs. 2 ZGB.

[31] AEBY, S. 127; er leitet dies daraus ab, daß er die Beschwerde an die Aufsichtsbehörde als Appellation betrachtet. Der Vorbehalt des Art. 104 lit. b OG, der sich auf Art. 105 Abs. 2 bezieht, dürfte hier, im Verhältnis zwischen der *kantonalen* Aufsichtsbehörde und dem Grundbuchverwalter, nicht entsprechend angewendet werden.

Tatsachen vorzubringen und *neue Belege* einzureichen[31a]. Die Frage, ob in der besondern Grundbuchbeschwerde gegen die Abweisung einer Anmeldung neue Beweismittel zulässig sind, wird später im Zusammenhang mit dieser Beschwerde gesondert behandelt. Siehe hinten, § 26 B III.

Wie dies allgemein für die Beschwerde im Bundesverwaltungsverfahren zutrifft, kann der Beschwerdeführer auch *Unangemessenheit* (Art. 49 lit. c Vw VG) geltend machen. So kann die kantonale Aufsichtsbehörde – wenigstens die untere – an Stelle des Grundbuchverwalters eine Würdigung vornehmen; etwa, um zu entscheiden, ob ein aufgelegtes Beleg amtlich beglaubigt sein müsse oder nicht (hinten, § 25 III 3)[32].

Die vorhin dargelegten möglichen Begründungen einer Grundbuchbeschwerde, insbesondere die Verletzung von Bundesrecht, können auch dort geltend gemacht werden, wo an Stelle des eidgenössischen Grundbuches noch die alten Register geführt werden und wo das Eintragungsverfahren sich technisch somit noch nach kantonalen Vorschriften abwickelt[33].

7. Das Beschwerdeverfahren

a) Der Beschwerdeempfänger

Die Grundbuchbeschwerde richtet sich an die kantonale Aufsichtsbehörde *(iudex ad quem);* nicht an den Grundbuchverwalter, noch an eine andere kantonale Behörde. In den Kantonen, die eine zweistufige Aufsicht kennen, geht die Beschwerde an die untere Aufsichtsbehörde. Ist eine Beschwerde nicht an die richtige Instanz gerichtet, gilt wohl nach der gegenwärtigen Rechtsprechung in Verwaltungssachen (vgl. Art. 107 OG), daß sie an die zuständige Behörde weitergeleitet wird[34].

[31a] ZBGR 49, 1968, S. 259 (BezG Horgen), in sinngemäßer Anwendung des kantonalen Verfahrensrechts; HOMBERGER, Art. 956 N. 12 will ebenfalls auf die kantonale Regelung zurückgreifen; desgleichen WESPI, S. 81. Die im Text als Grundsatz vorgeschlagene Lösung geht von prozeßökonomischen Überlegungen aus; um eine Wiederaufnahme der Angelegenheit vor dem Grundbuchverwalter zu vermeiden. In bezug auf Tatsachen, die nach Erlaß des angefochtenen Entscheides eintreten, siehe die Ausführungen über die Verwaltungsgerichtsbeschwerde, unten, III 4.
[32] In diesem Sinn ein Entscheid der Aufsichtsbehörde Freiburg vom 22. Dezember 1952. Als Begründung kann auch angeführt werden, bei der Grundbuchbeschwerde handle es sich um eine Appellation.
[33] AEBY, S. 130; HOMBERGER, Art. 956 N. 26 (zur Beschwerde ans BGer); BGE 46 I, 1920, S. 60.
[34] ZBGR 52, 1971, S. 94 ff. (Aufsichtsbehörde Freiburg); WESPI, S. 75.

b) Die Beschwerdefrist

In den Fällen des Art. 103 GBV beträgt die Frist zur Einreichung der Beschwerde zehn Tage von der Mitteilung der Verfügung des Grundbuchverwalters an gerechnet[34a]. Diese bundesrechtliche Frist wird nach Art. 32 OG berechnet[34b]. Der Tag, der die Frist auslöst, wird nicht mitgezählt (Abs. 1). Fällt der letzte Tag der Frist auf einen Sonntag oder einen nach kantonalem Recht anerkannten Feiertag, erlöscht die Frist am ersten darauf folgenden Werktag (Abs. 2). Der Samstag wird den staatlich anerkannten Feiertagen gleichgestellt (BG vom 21. Juni 1963, SR 173.110.3). Die Frist gilt als eingehalten, wenn die Beschwerdeschrift am letzten Tag einer schweizerischen Poststelle übergeben worden ist (Abs. 3). Nach Art. 103 Abs. 2 GBV in seiner Fassung von 1965 gilt die Frist von zehn Tagen auch für eine Weiterziehung der Beschwerde an die obere kantonale Aufsichtsbehörde. Sie wird nach der gleichen Art berechnet[34c].

Die sog. allgemeine Beschwerde nach Art. 104 GBV ist an keine Frist gebunden[34d]. Auch das kantonale Recht könnte keine solche einführen. In den Kantonen, in denen die Aufsicht zweistufig organisiert ist, gilt diese Regel für die untere Aufsichtsbehörde. Für die Weiterziehung an die obere Aufsichtsbehörde kann das kantonale Recht in diesem Fall aber eine Frist vorsehen.

[34a] Art. 103 Abs. 1 GBV hat die Mitteilung an den Anmeldenden im Eintragungsverfahren im Auge. Sind weitere Personen, beispielsweise der Käufer, berechtigt, die Abweisung der Anmeldung anzufechten (hinten, § 26 B II 1c), läuft die Frist von zehn Tagen auch für sie vom Zeitpunkt an, in dem der Entscheid ihnen zugestellt worden ist. Nichts hindert sie natürlich daran, Beschwerde zu erheben, sobald ihnen die Abweisung bekannt geworden ist. Soweit die Abweisungsverfügung einer beschwerdeberechtigten Person aber nicht mitgeteilt worden ist, ist diese nicht «endgültig». Das ist die Folge der aus BGE 104 Ib, 1978, S. 378 sich ergebenden Änderung der Rechtsprechung.

[34b] HOMBERGER, Art. 956 N. 5 am Schluß.

[34c] Die GBV regelt die Frage der *Wiederherstellung der Fristen* nicht. Falls notwendig, wird man die entsprechenden Vorschriften des kantonalen Zivilprozesses- oder Verwaltungsverfahrens anwenden. Diese dürften aber nicht strenger sein als jene des Bundesverwaltungsverfahrens; denn es geht um den Schutz eines bundesrechtlichen Rechtsmittels. Es läßt sich sogar die reine und unmittelbare Anwendung von Art. 24 VwVG vorstellen: «Wiederherstellung einer Frist kann erteilt werden, wenn der Gesuchsteller oder sein Vertreter unverschuldet abgehalten worden ist, innert der Frist zu handeln, binnen zehn Tagen nach Wegfall des Hindernisses ein begründetes Begehren um Wiederherstellung einreicht und die versäumte Rechtshandlung nachholt; ....»

[34d] Es ist jedoch denkbar, daß derjenige, der die Beschwerde mißbräuchlich hinauszögert, in gewissen Fällen sein Beschwerderecht verliert.

c) Die Form der Grundbuchbeschwerde

Es ist Aufgabe der Kantone, die Form der Beschwerde festzulegen. Gemeinhin sehen sie vor, daß sie in der Form einer Rechtsschrift (zwei oder dreifach) einzureichen ist. Für diese Rechtsschrift legen sie auch die Mindestanforderungen fest: Bezeichnung der Verfügung, gegen die sich die Beschwerde richtet; Anträge des Beschwerdeführers; Begründung und allenfalls Angebot von Beweisen; Datum der Beschwerde und Unterschrift des Verfassers; Einreichung der Belege, die sich in den Händen des Beschwerdeführers befinden. Es empfiehlt sich, diese Anforderungen nicht zu streng festzulegen und auf jeden Fall die Möglichkeit vorzusehen, daß Mängel verbessert werden können (vgl. Art. 108 Abs. 3 OG).

d) Stellvertretung

Wer zur Grundbuchbeschwerde aktiv oder passiv legitimiert ist, kann selber handeln; vorausgesetzt ist die Handlungsfähigkeit. Es kann sich jemand aber auch vertreten lassen. Die Kantone können die Fähigkeit, die Parteien im Grundbuchbeschwerdeverfahren zu vertreten, auf bestimmte Personen (Anwälte, Notare) beschränken. Die bundesrechtliche Einrichtung der Grundbuchbeschwerde wird dadurch nicht in Frage gestellt[35]. Auf jeden Fall kann vom Stellvertreter verlangt werden, daß er sich ausweise.

8. Die Wirkungen der Grundbuchbeschwerde

Man ist geneigt, in der Grundbuchbeschwerde an die kantonale Aufsichtsbehörde eine Art Appellation im Sinn des Zivilprozeßrechtes zu erblicken[36]. Nach unserer Auffassung sollte dieses Rechtsmittel der nicht streitigen Gerichtsbarkeit in seiner wesentlichen Ausgestaltung aber zunächst in allen Kantonen die gleichen Wirkungen hervorrufen. Es scheint

---

[35] BGE 61 I, 1935, S. 49; HOMBERGER, N. 10. Eine Anzahl Kantone sprechen dem beurkundenden Notar das Recht zu, die anmeldende Partei oder die Parteien auf Grund einer Vollmacht zu vertreten; vgl. ZBGR 50, 1969, S. 375 (RR Bern). Sofern er im Vertrag, den er verurkundet hat, bevollmächtigt worden ist, die Anmeldung vorzunehmen, sieht die bernische Rechtsprechung im Notar ohne weiteres den bevollmächtigten Vertreter des zur Beschwerde Berechtigten, ZBGR 29, 1948, S. 125; 49, 1968, S. 225. In bezug auf die gesetzliche Vollmacht, die sich aus Art. 963 Abs. 3 ZGB ergibt, ist das BGer gegenteiliger Auffassung, ZBGR 33, 1952, S. 207.

[36] AEBY, S. 127; WESPI, S. 8; er weist darauf hin, daß die Kantone die Beschwerde in der Regel als solche ausgestaltet haben.

daher angezeigt, die Grundbuchbeschwerde in bezug auf ihre Wirkungen eher auf die Beschwerde im Bundesverwaltungsverfahren auszurichten; denn die kantonale Aufsichtsbehörde entscheidet eine bundesrechtliche Angelegenheit, die mit Verwaltungsgerichtsbeschwerde an die oberste Gerichtsbehörde des Bundes weitergezogen werden kann (vgl. Art. 1 Abs. 3 Vw VG). Man muß sich aber auch über die Eigenheiten der Rechtseinrichtung des Grundbuches Rechenschaft geben; besonders was das Eintragungsverfahren anbelangt.

a) Suspensivwirkung

Aus der Analogie zu Art. 55 VwVG muß der Grundbuchbeschwerde grundsätzlich Suspensivwirkung zuerkannt werden.

Bei der Beschwerde nach Art. 103 GBV gegen die Abweisung der Anmeldung der Eintragung oder Löschung eines dinglichen Rechtes oder einer Vormerkung ergibt sich die aufschiebende Wirkung aus Art. 24 Abs. 3 GBV, nach welchem die Abweisung mit dem unbenutzten Ablauf der Beschwerdefrist rechtskräftig wird. Die Beschwerdefrist ist hier aufschiebend und hindert, daß die Verfügung des Grundbuchverwalters in Rechtskraft erwächst.

Bei der Beschwerde nach Art. 104 GBV, die an keine Frist gebunden ist, ist einzig die Einreichung der Beschwerde geeignet, den Eintritt der Wirkung der Verfügung aufzuschieben[36a].

Für die *ablehnenden Verfügungen*[37] muß jedoch festgehalten werden, daß die aufschiebende Wirkung für die Maßnahme, die der Grundbuchverwalter ergriffen hat, wie die Ablehnung des Begehrens, in ein Register des Grundbuches Einsicht zu nehmen oder eine Anmerkung einzutragen, keine weiteren Folgen hat. Es steht nicht in Frage, daß der Beschwerdeführer über diesen Ausweg die Erlaubnis erhält, das Grundbuch einzusehen oder daß die beantragte Eintragung vorgenommen wird[38].

Die aufschiebende Wirkung der Beschwerde kann sich nur bei den bejahenden Verfügungen auswirken; so bei der Erlaubnis, das Grundbuch einzusehen, oder bei der Verfügung, das Verfahren zur Geltendmachung des bäuerlichen Vorkaufsrechtes zu eröffnen. Aber diese von Gesetzes wegen

---

[36a] GYGI, S. 243. Erinnern wir noch daran, daß der fragliche Entscheid, obwohl er mit einem ordentlichen Rechtsmittel angefochten werden kann, eigenartigerweise mangels einer Rechtsmittelfrist nicht in Rechtskraft erwächst, siehe vorn, § 9 II 6a und b.
[37] GYGI, S. 243; KNAPP, Nr. 514; GRISEL, II S. 923.
[38] In diesem Sinn verneint WESPI, S. 76 die aufschiebende Wirkung zu Recht.

eintretende Wirkung, die mit der Beschwerde und nicht mit einer nicht bestehenden Frist verbunden ist, kann trügerisch sein. Es ist ja möglich, daß die Verfügung bereits ausgeführt worden ist; daß die Einsichtnahme ins Grundbuch etwa bereits stattgefunden hat, bevor Beschwerde erhoben worden ist. In bezug auf die bejahende Verfügung des Grundbuchverwalters, eine beantragte Eintragung vorzunehmen, stellt sich die Frage der aufschiebenden Wirkung nicht; denn diese Verfügung kann nicht mit Beschwerde an die kantonale Aufsichtsbehörde angefochten werden (oben, 3a und b).

b) Devolutivwirkung

Die Angelegenheit, die den Grundbuchverwalter und den Beschwerdeführer teilte, wird vor die Aufsichtsbehörde gebracht; damit diese sie unter allen tatsächlichen und rechtlichen Gesichtspunkten erneut prüfe. Alle Begründungen, die für eine Grundbuchbeschwerde überhaupt möglich sind, können vor der Aufsichtsbehörde geltend gemacht werden und werden von dieser abgewogen (oben, 6)[38a].

9. Die Behandlung der Beschwerde

Die Beschwerde muß dem Grundbuchverwalter mitgeteilt werden, dessen Verfügung angefochten worden ist. In seiner Antwort wird dieser alle Überlegungen geltend machen, die ihn zu seinem Entscheid geführt haben, und, wenn notwendig, die Gründe für die Abweisung einer Anmeldung ergänzen[39].

Falls notwendig wird die Beschwerde auch Personen zugestellt, deren Interessen jenen des Beschwerdeführers entgegenstehen; bei einer Beschwerde betreffend die Einsichtnahme ins Grundbuch etwa dem Eigentümer oder

---

[38a] Vgl. Art. 54 VwVG: «Die Behandlung der Sache, die Gegenstand der mit Beschwerde angefochtenen Verfügung bildet, geht mit Einreichung der Beschwerde auf die Beschwerdeinstanz über.» Da der Grundbuchverwalter seinen Entscheid in Wiedererwägung ziehen kann, erleidet dieser Grundsatz eine Ausnahme, siehe vorn, § 9 II 7. Zu dieser Ausnahme, vgl. GRISEL, II S. 921.

[39] ZBGR 41, 1923, S. 241 (BezG Zürich); siehe hinten, § 25 N. 103. Die Vernehmlassung des Grundbuchverwalters braucht dem Beschwerdeführer nicht allgemein mitgeteilt zu werden. Hat der Grundbuchverwalter darin seine Abweisungsbegründung ergänzt oder genauer ausgeführt, empfiehlt es sich jedoch, diese dem Beschwerdeführer nochmals zur Stellungnahme zu unterbreiten, damit sein Anspruch auf rechtliches Gehör gewahrt wird; vgl. in Steuerfragen, BGE 111 Ia, 1985, S. 2.

den Trägern von beschränkten dinglichen Rechten, die daran interessiert sind, daß der Inhalt des Grundbuches dem Gesuchsteller nicht zur Kenntnis gelangt (zur Passivlegitimation im Grundbuchbeschwerdeverfahren, oben, 5). Die Drittpersonen ihrerseits können ihre Meinung darlegen und alle für sie sprechenden Tatsachen und Beweise vorbringen.

Die Aufsichtsbehörde nimmt die notwendigen Untersuchungen, den Tatbestand abzuklären, von Amtes wegen vor. Ihre Befugnis, Nachforschungen zu betreiben, geht jedoch nicht weiter als jene des Grundbuchverwalters selber, der in seinen Mitteln, Abklärungen vorzunehmen, beschränkt ist[40] (vorn, § 9 II 5). Im Eintragungsverfahren verlangt der Grundsatz, daß eine Eintragung einen Ausweis über das Verfügungsrecht und einen Rechtsgrund voraussetzt (Art. 965/966 ZGB), daß der Anmeldende der Aufsichtsbehörde wie dem Grundbuchverwalter die Grundlagen für ihren Entscheid verschafft («Beweislast» im weiteren Sinn, § 25 III 1).

10. Der Beschwerdeentscheid

Die *Prüfungsmöglichkeit* der Aufsichtsbehörde wird durch die Devolutivwirkung der Beschwerde bestimmt (oben, 8b): Die Aufsichtsbehörde tritt ganz an die Stelle des Grundbuchverwalters[40a]. In bezug auf die Grenzen dieser Prüfungsmöglichkeit im Eintragungsverfahren wird auf § 26 B III 2 verwiesen.

Die Aufsichtsbehörde ist weder an die vom Grundbuchverwalter gegebene – vielleicht sogar unbestrittene – Begründung, noch an die Vorbringen des Beschwerdeführers, geschweige denn an diejenigen eines betroffenen Dritten gebunden. Sie stellt auf die Rechtslage im Zeitpunkt ihres Entscheides ab[40b].

Sie kann jedoch weder über die Anträge des Beschwerdeführers hinausgehen, noch seine Rechtslage, verglichen mit derjenigen, wie sie sich aus der angefochtenen Verfügung ergibt, erschweren.

Tritt sie auf die Beschwerde ein, entscheidet die Aufsichtsbehörde in der Sache allgemein selber und weist diese nicht an den Grundbuchverwalter zurück; d. h. sie heißt die Beschwerde gut oder weist sie ab.

---

[40] Siehe jedoch ZBGR 52, 1971, S. 95 (Aufsichtsbehörde Freiburg), wo die urteilende Instanz einen Augenschein vorgenommen hat, um zu entscheiden, ob es sich bei einer bestimmten Parzelle um einen Wald handelte, der geteilt werden konnte oder nicht.
[40a] AUER, S. 34; WESPI, S. 80.
[40b] ZBGR 38, 1957, S. 350 (RR Bern).

Die Form des Entscheides wird durch das kantonale Recht bestimmt. Gewisse Mindestanforderungen ergeben sich jedoch aus Art. 1 Abs. 3 VwVG, der die Bestimmungen dieses Gesetzes für das Verfahren vor der letzten kantonalen Instanz als anwendbar erklärt, «die gestützt auf öffentliches Recht des Bundes nicht endgültig verfügt». In Frage stehen folgende Artikel: Art. 34-38 betreffend die Gestaltung des Entscheides (Schriftform, Begründung unter Angabe der Rechtsmittel, Sprache); Art. 61 Abs. 2 und 3 über den Inhalt des Entscheides (Zusammenfassung der wesentlichen Tatsachen, Erwägungen und Urteilsspruch, Mitteilung an die Parteien und an die untere Instanz); Art. 55 Abs. 2 und 4 betreffend den Entzug der aufschiebenden Wirkung (hier teilweise bedeutungslos; oben, 8a).

Wegen des Umstandes, daß er von ihr angefochten werden kann (Art. 103 lit. b OG), müßte der Entscheid zudem unverzüglich und kostenlos an die zuständige Bundesbehörde zugestellt werden (siehe aber unten, III 2).

In bezug auf die Beschwerde gegen eine Abweisung nach Art. 24 schreibt Art. 103 Abs. 3 GBV vor, daß die Aufsichtsbehörde darüber «in kürzester Frist» zu entscheiden habe. Dieser «fromme Wunsch» gilt natürlich auch für die Beschwerde nach Art. 104 GBV.

11. Kosten

Im Rahmen ihrer Zuständigkeit (oben, 1) können die Kantone im Grundbuchbeschwerdeverfahren dem Beschwerdeführer, der unterliegt, eine Gebühr und Kanzleikosten auferlegen[41]. Zu deren Sicherstellung können sie, unter Androhung des Verfalls des Rechtsmittels, auch einen Vorschuß verlangen. Wird die Beschwerde gutgeheißen, gehen die Kosten zu Lasten des Staates.

12. Die Wirkungen des Beschwerdeentscheides

Die Behörde, die den Entscheid erlassen hat, kann auf diesen nicht zurückkommen. Sie kann ihn nicht abändern; weder von Amtes wegen, noch auf Begehren hin[41a].

---

[41] HOMBERGER, Art. 956 N. 12 am Schluß; WESPI, S. 91. Die Zusprechung von Kosten zu Lasten des Staates oder eines privaten Beteiligten sollte eine gesetzliche Grundlage haben, ZBGR 55, 1974, S. 139 (ObG Zürich).
[41a] WESPI, S. 85 Note 1 am Schluß; KIRCHHOFER, S. 67.

a) Eintritt der formellen Rechtskraft

Kennt ein Kanton nur *eine Aufsichtsbehörde,* tritt der Beschwerdeentscheid in Rechtskraft, wenn er nicht innerhalb von dreißig Tagen mittels Verwaltungsgerichtsbeschwerde beim Bundesgericht angefochten wird (Art. 103 Abs. 4 GBV und Art. 106 OG). Bestehen *zwei kantonale Aufsichtsbehörden,* gilt diese Vorschrift für den Entscheid der obern Instanz. Der Entscheid der untern dagegen erwächst in Rechtskraft, wenn er nicht innerhalb von zehn Tagen bei der obern Aufsichtsbehörde angefochten wird. Diese Frist stellt eine Anwendung von Art. 103 GBV dar und besteht von Bundesrechts wegen.

Die Regel gilt grundsätzlich unabhängig davon, ob der Entscheid einer Aufsichtsbehörde die Verfügung des Grundbuchverwalters aufhebt oder bestätigt. Im Rahmen des Eintragungsverfahrens werden wir aber sehen, daß die Beschwerde nur möglich ist gegen den Entscheid einer Aufsichtsbehörde, der eine Abweisung bestätigt; nicht gegen einen, der eine Eintragung im Grundbuch anordnet (hinten, § 26 B IV 1).

b) Materielle Rechtskraft?

Im Fall einer *rechtskräftigen Abweisung* bleibt die Sache wie sie ist. Beispiele: Das Verfahren zur Geltendmachung des bäuerlichen Vorkaufsrechtes wird nicht eröffnet; die Eintragung wird nicht vorgenommen. Es muß jedoch die Möglichkeit bestehen, gestützt auf neue Tatsachen ein neues Begehren zu stellen. Das gilt vor allem für die Abweisung einer Anmeldung (hinten, § 25 VII 3). Daneben kann in jedem Fall auch der Zivilrichter angerufen werden, damit dieser die Rechtsgültigkeit des Rechtsgrundes feststellt (vorn, § 9 II 7). Unter diesen Vorbehalten kann dem Abweisungsentscheid der Aufsichtsbehörde in bezug auf den zwischen dem Anmeldenden und dem Grundbuchverwalter bestehenden Streit in einer Frage der freiwilligen Gerichtsbarkeit *materielle Rechtskraft* zugesprochen werden[41b].

Wird eine Beschwerde *endgültig gutgeheißen,* übernimmt der Grundbuchverwalter den Entscheid der Aufsichtsbehörde. Etwa: Er gestattet die Einsichtnahme in das Grundbuch oder nimmt die angeordnete Eintragung vor[41c]. Durch diese Maßnahmen ist das Ziel der Beschwerde erreicht, und

---

[41b] WESPI, S. 85 f.; vgl. GULDENER, Freiwillige Gerichtsbarkeit, S. 67 ff.
[41c] Ist der Grundbuchverwalter auch an die Erwägungen des Entscheides der ihm vorgesetzten Behörde gebunden, kann er trotzdem die Anmeldung einer Eintragung nochmals aus Gründen abweisen, die nicht Gegenstand des Beschwerdeverfahrens gewesen sind. Gegen diesen neuen Entscheid ist die Beschwerde an die Aufsichtsbehörde wiederum zuläßig. Vgl. WESPI, S. 86 f.

die Frage der abgeurteilten Sache stellt sich gar nicht mehr[41d].

Ordnet der Entscheid der Aufsichtsbehörde eine Eintragung im Grundbuch an, stellt sich bei dessen Ausführung im Geltungsbereich des absoluten Eintragungsprinzips die Frage, welches Datum die zuvor abgelehnte und nun zu vollziehende Eintragung erhält, wenn in der Zwischenzeit dingliche Rechte oder Vormerkungen zur Eintragung oder Löschung ins Tagebuch eingeschrieben oder bereits ins Grundbuch eingetragen worden sind. Die Frage wird im Zusammenhang mit den Beschwerden im Rahmen des Eintragungsverfahrens behandelt werden (§ 26 B IV 3).

13. Das Verhältnis der beiden Grundbuchbeschwerden nach Art. 103 und 104 GBV zueinander

Die beiden Beschwerden nach Art. 103 und 104 GBV stellen in Tat und Wahrheit nur eine einzige dar (oben, 2). Einen Streit um den Anwendungsbereich der beiden kann es damit schließlich überhaupt nicht geben.

Gegen eine Abweisung nach Art. 24 GBV muß der Anmeldende oder ein anderer Beteiligter, der legitimiert ist, innert zehn Tagen Beschwerde führen. Es geht nicht an, daß sie sich auf Art. 104 GBV berufen, um ohne jede zeitliche Beschränkung Beschwerde erheben zu können. Das gilt für jedermann, der neben dem Verfügungsberechtigten zur Beschwerde legitimiert ist. Beispiel: der Käufer neben dem Verkäufer als Eigentümer.

Gegen andere Verfügungen des Grundbuchverwalters ist die Beschwerde ohne Einhaltung einer Frist zulässig (Art. 104 GBV). Wird sie innerhalb von zehn Tagen eingereicht, handelt es sich trotzdem nicht um eine Beschwerde nach Art. 103 GBV. Und kommt jemandem das Recht nicht zu, gegen eine Abweisung innerhalb von zehn Tagen Beschwerde zu führen, erhält er dieses auch nicht, indem er nach Art. 104 GBV vorgeht.

In diesem Sinn ist es richtig, zusammen mit dem Bundesrat und dem Bundesgericht zu sagen, die besondere und die allgemeine Grundbuchbeschwerde könnten weder miteinander verbunden noch die eine neben der andern ausgeübt werden[42].

[41d] WESPI, S. 86.
[42] ZBGR 14, 1933, S. 272 (BR 1917); BGE 97 I, 1971, S. 268 Erw. 3; 85 I, 1959, S. 162 Erw. 3. In den vom BR 1917 und vom BGer in Bd. 97 behandelten Fällen hatte sich der Grundbuchverwalter zunächst geweigert, eine Anmeldung entgegenzunehmen, gegen welchen Entscheid die allgemeine Beschwerde gegeben war. In der Folge hatte er die Anmeldung abgewiesen; was eine Beschwerde nach Art. 104 GBV gegenstandslos, dafür aber den Weg für eine neue Beschwerde nach Art. 103 GBV frei machte. Im Entscheid in Bd. 85 ist das BGer der Auffassung, einzig der Verkäufer sei legitimiert, die (selbst formlose) Abweisung

III. Die Verwaltungsgerichtsbeschwerde an das Bundesgericht

1. Rechtsnatur und Bedeutung der Verwaltungsgerichtsbeschwerde

Die Verwaltungsgerichtsbeschwerde ist an sich ein Rechtsmittel, mit dem das Bundesgericht behördliche Entscheide überprüft, die im Einzelfall gestützt auf das *öffentliche* Recht des Bundes ergangen sind (Art. 97 und 98 lit. g OG in Verbindung mit Art. 5 Abs. 1 VwVg). In Wirklichkeit ergehen die Entscheide der kantonalen Aufsichtsbehörden in Grundbuchsachen aber gestützt auf Bundes*privat*recht, das die rechtlichen Verhältnisse an den Grundstücken regelt. Aber von allem Anfang an war die in Art. 956 Abs. 3 ZGB vorgesehene Beschwerde an eine Bundesbehörde als Verwaltungsbeschwerde an den Bundesrat ausgestaltet und erhielt im BG über die eidgenössische Verwaltungs- und Disziplinarrechtspflege von 1928 die Form einer Verwaltungsrichtsbeschwerde an das Bundesgericht. Diese Form hat sie auch unter dem BG über die Organisation der Bundesrechtspflege von 1943 (vgl. Art. 99 I lit. c OG) behalten.

Es bleibt dabei: Die Beschwerde stellt materiell ein bundesrechtliches Rechtsmittel innerhalb der nicht streitigen Gerichtsbarkeit dar, das die Form einer Verwaltungsgerichtsbeschwerde hat. Sie hat sich in ihrem Wesen auch dadurch nicht verändert, daß Art. 97 OG scheinbar einzig Beschwerden in öffentlichrechtlichen Angelegenheiten des Bundes im Auge hat. Für unsern Fall ist der Wortlaut des Gesetzes sichtbar zu eng; denn man hat keinen Augenblick daran gedacht, dem Bundesgericht, das mit Verwaltungsgerichtsbeschwerde angerufen werden kann, die Überprüfung von Registerfragen zu entziehen[43].

In Grundbuchsachen kann mit der Verwaltungsgerichtsbeschwerde[44] nicht das Begehren gestellt werden, allgemeine Anweisungen zu einer

---

der Anmeldung des Kaufvertrages anzufechten; und für den Käufer, der keinen materiellen Rechtsgrund habe, dies zu tun, bestehe keine Aussicht, in Art. 104 GBV einen solchen zu finden. Die neue Rechtsprechung erachtet auch den Käufer als legitimiert, eine Abweisung gestützt auf Art. 103 GBV anzufechten. Siehe hinten, § 26 B II 1c.

[43] Gygi, S. 89f., 266, 288. Zur Rechtsnatur der Vorschriften über das Grundbuch, siehe vorn, § 1 V und Note 14. Das BGer erklärt, die Entscheide der kantonalen Behörden in Grundbuchsachen könnten immer Gegenstand einer Verwaltungsgerichtsbeschwerde sein, BGE 97 I, 1971, S. 266; 98 Ib, 1972, S. 92; 99 Ib, 1973, S. 247; vgl. auch Liver, ZBJV 109, 1973, S. 89.

[44] Es kann hier nicht darum gehen, die Verwaltungsgerichtsbeschwerde an das BGer theoretisch abzuhandeln. Zur Rechtsprechung in Verwaltungssachen sei auf Grisel, II S. 827ff. und, zur Verwaltungsgerichtsbeschwerde ans BGer insbesondere, S. 975ff. verwiesen. Siehe auch Birchmeier, Kommentar zu Art. 97ff. aOG und die Werke von Gygi und Knapp.

Rechtsfrage zu erteilen; denn das Bundesgericht übt in diesem Bereich keine allgemeine Aufsicht aus wie nach Art. 15 SchKG im Schuldbetreibungswesen. Das schließt aber nicht aus, daß die Begründungen seiner Entscheide allgemein gültige Grundsätze enthalten[44a].

Der Entscheid einer (einzigen oder obern) kantonalen Aufsichtsbehörde, die auf eine Beschwerde gegen eine Verfügung des Grundbuchverwalters – und sei diese auch von Amtes wegen erfolgt (oben, II 4a Note 18) – nicht eintritt, eine solche als begründet erkärt oder abweist, stellt seinem Begriff nach sicher einen Entscheid im Sinn von Art. 5 VwVG dar, auf welchen Art. 97 Abs. 1 OG verweist (rechtsbegründender, erklärender oder ablehnender Entscheid). Die Verwaltungsgerichtsbeschwerde im Rahmen des Grundbucheintragungsverfahrens stellt jedoch etwas besonderes dar: Sie ist eine Weiterführung der Grundbuchbeschwerde nach Art. 103 Abs. 1 und 2 GBV (und auch nach Art. 104 GBV) gegen die Abweisung einer Anmeldung einer Grundbucheintragung im weitern Sinn (oben, II 12a). Wir werden daraus den Schluß ziehen, daß sie nicht gegeben ist gegen einen kantonalen Entscheid, der die Vornahme einer Eintragung anordnet (hinten, § 26 B IV 1 und C I).

Die Verwaltungsgerichtsbeschwerde an das Bundesgericht kann heute auch erhoben werden, wenn eine kantonale Behörde überhaupt keine Verfügung erläßt. Art. 97 Abs. 2 OG lautet nämlich: «Als Verfügung gilt auch das unrechtmäßige Verweigern oder Verzögern einer Verfügung»[45].

Der Entscheid muß im Einzelfall ergangen sein (Art. 5 Abs 1 VwVG). Die Beschwerde kann sich nicht gegen Richtlinien oder allgemeine Anweisungen richten, die von einer kantonalen Behörde in Form von Rundschreiben erlassen worden sind (zur Beschwerde an die kantonale Aufsichtsbehörde, siehe oben, II 3)[46].

Der angefochtene Entscheid kann im allgemeinen oder besonderen Grundbuchbeschwerdeverfahren ergangen sein (oben, II 3).

Es muß sich um einen Entscheid der obersten kantonalen Instanz handeln (Grundsatz der Erschöpfung des kantonalen Instanzenzuges, Art. 98 lit. g OG)[46a].

[44a] BGE 98 Ib, 1972, S. 92.
[45] BGE 97 I, 1971, S. 268 Erw. 3. Bis zur Novelle von 1968 war gegen den Fall der Rechtsverweigerung der Weg der Verwaltungsgerichtsbeschwerde nicht gegeben; dafür konnte dem BR als administrativer Aufsichtsbehörde eine einfache Anzeige erstattet werden, vgl. HOMBERGER, Art. 956 N. 19.
[46] HOMBERGER, Art. 956 N. 19, GYGI, S. 136; BGE 98 Ib, 1972, S. 92 ff.
[46a] BGE 76 I, 1950, S. 232.

2. Aktivlegitimation

Die allgemeinen Regeln betreffend die Aktivlegitimation im Verwaltungsgerichtsbeschwerdeverfahren sind im Zusammenhang mit der Aktivlegitimation im kantonalen Beschwerdeverfahren dargelegt worden (oben, II 4a).

Eine Privatperson ist zur Verwaltungsgerichtsbeschwerde an das Bundesgericht aktiv legitimiert, wenn sie von einer Verfügung betroffen ist «*und ein schützenswertes Interesse an deren Aufhebung oder Abänderung hat*» (Art. 103 lit. a OG)[47].

Ist ein Entscheid gestützt auf eine allgemeine Beschwerde nach Art. 104 GBV erlassen worden, gelten die Regeln über die Aktivlegitimation in diesem Verfahren auch für eine allfällige Weiterziehung an das Bundesgericht (oben, II 4c und Note 19).

Die Verwaltungsgerichtsbeschwerde steht grundsätzlich nicht nur der Partei offen, die auf kantonaler Ebene Beschwerde geführt hat, sondern jedermann, der durch den Entscheid der kantonalen Aufsichtsbehörde beschwert ist[48]. Beispiel: Wenn auf Beschwerde eines Beteiligten hin die kantonale Behörde entscheidet, der Grundbuchverwalter müsse das Verfahren zur Geltendmachung des bäuerlichen Vorkaufsrechtes eröffnen, können Käufer und / oder Verkäufer diesen Entscheid vor Bundesgericht anfechten. Immer ist natürlich vorausgesetzt, daß der Entscheid als solcher weitergezogen werden kann (oben, 1).

In Grundbuchsachen sind die Behörden im gleichen Umfang zur Verwaltungsgerichtsbeschwerde aktiv legitimiert wie im kantonalen Beschwerdeverfahren (oben, II 4d). Auch unter der Herrschaft des neuen Art. 103 OG

---

[47] In Anwendung von Art. 9 BG über die eidgenössische Verwaltungs- und Disziplinarrechtspflege und anschließend in Anwendung von Art. 103a OG unterschied die frühere Rechtsprechung zwischen einer formellen und einer materiellen Legitimation. Die Tatsache, im kantonalen Verfahren als Partei behandelt worden zu sein, begründete die formelle Legitimation; was für die Zulässigkeit der Beschwerde dieser Partei genügte. Die materielle Legitimation setzte eine Verletzung der Rechte des Beschwerdeführers voraus. Mangelte es an einer solchen, wurde die Beschwerde abgewiesen. In Grundbuchsachen, vgl. BGE 60 I, 1934, S. 139; HOMBERGER, Art. 956 N. 20; KIRCHHOFER, S. 33 ff.; Botschaft, BBl 1965, II S. 1320 (zu Art. 102 OG). Die Frage der materiellen Legitimation und jene der Verletzung des Rechtes selber wurden so, bis zu einem gewissen Grad, miteinander vermengt. Nach dem neuen Art. 103 lit. a OG (der Art. 48 lit. a VwVG entspricht) erfordert die Beschwerdelegitimation nicht mehr, daß der Beschwerdeführer in seinen Rechten verletzt sei. Siehe oben, Note 13. Fehlt die in Art. 103 umschriebene Legitimation, ist die Beschwerde unzulässig; und es ist kaum noch sinnvoll, zwischen formeller und materieller Legitimation zu unterscheiden.

[48] BGE 60 I, 1934, S. 295.

kann der Grundbuchverwalter die Entscheide der kantonalen Aufsichtsbehörde nicht an das Bundesgericht weiterziehen (oben, Noten 22-24)[49].

Nach Art. 103 lit. b OG sind das zuständige Departement oder, wenn das Recht des Bundes es vorsieht, die zuständige Abteilung der Bundesverwaltung zur Verwaltungsgerichtsbeschwerde gegen letztinstanzliche kantonale Entscheide aktiv legitimiert. Die Beschwerde wird vom *Bundesrat* im Namen des Bundes erhoben. Die Bestimmung ist wohl auch in Grundbuchsachen anwendbar. Die Beschwerde würde im öffentlichen Interesse erhoben, um die Einhaltung der Grundsätze zu gewährleisten, die von der obersten Aufsichtsbehörde verfolgt werden[50]. In der Praxis ist die Einrichtung, die schon in Art. 103 Abs. 2 aOG vorgesehen war, toter Buchstabe geblieben. Die kantonalen Behörden teilen ihre Entscheide keiner eidgenössischen Behörde mit (Bundesamt für Justiz), und noch nie ist eine Beschwerde von einer solchen Behörde erhoben worden.

3. Passivlegitimation

Die Verwaltungsgerichtsbeschwerde richtet sich gegen die kantonale Behörde, die den Entscheid gefällt hat. Diese wird als Organ der kantonalen Verwaltung, die mit der Grundbuchführung betraut ist, ins Recht gefaßt (oben, II 5 Noten 25 und 26); und sie wird in der Folge behandelt, wie wenn sie selber Partei wäre[51].

Die Beschwerde kann die Interessen eines Dritten berühren, der vielleicht schon am kantonalen Verfahren beteiligt war (oben, II 5 Noten 27 und 28). Dieser Dritte wird vom Bundesgericht in dem Sinn in das Verfahren einbezogen, daß es die Beschwerde gegebenenfalls andern Parteien oder Beteiligten zustellt (Art. 110 Abs. 1 OG, in Verbindung mit Art 24 Abs. 2 lit. a ZPO)[52]. Dem Dritten kommt damit im Beschwerdeverfahren vor Bundesgericht Parteistellung zu. Daran, daß die Hauptparteien in diesem Verfahren der Beschwerdeführer und die kantonale Aufsichtsbehörde sind, ändert dies aber nichts.

---

[49] Entscheid des BGer, veröffentlicht in ZBGR 33, 1952, S. 135.
[50] HOMBERGER, N. 22; GYGI, S. 163 f.
[51] HOMBERGER, N. 23; GYGI, S. 178.
[52] BGE 81 I, 1955, S. 394 Erw. 2, der eine eigentliche Teilnahme ausschließt; 75 I, 1949, S. 38, der sich auf eine Streitverkündung bei einer staatsrechtlichen Beschwerde bezieht; vgl. GYGI, S. 179; HOMBERGER, Art. 956 N. 23 am Schluß, der den Fall der Güterzusammenlegung erwähnt, in dem das Schicksal der Beschwerde eines Eigentümers leicht Auswirkungen auf die Rechtslage eines andern Eigentümers haben kann.

4. Die Beschwerdegründe

Die Verwaltungsgerichtsbeschwerde kann materiell nur mit der Verletzung von Bundesrecht begründet werden (Art. 104 lit. a OG).

Mit der Beschwerde kann nicht gerügt werden, der Tatbestand sei nicht genau oder nur unvollständig festgestellt worden (lit. b). Wenn das Bundesgericht den Tatbestand zwar allgemein von Amtes wegen überprüfen kann (Art. 105 Abs. 1 OG), ist es an die im angefochtenen Entscheid festgestellten Tatsachen gebunden, wenn sich die Beschwerde gegen eine Rekurskommission richtet (Art. 105 Abs. 2 OG); worunter auch eine kantonale Rekurskommission wie die Aufsichtsbehörde in Grundbuchsachen zu verstehen ist, die in Wirklichkeit in zweiter Instanz urteilt[53]. Gesetzlich vorbehalten bleibt der Fall, in dem die Tatsachenfeststellungen offensichtlich ungenau und unvollständig sind oder unter Außerachtlassung der grundlegendsten Beweisvorschriften zustande gekommen sind (Art. 105 Abs. 2 OG).

Außerhalb des engen Rahmens des Art. 105 Abs. 2 OG kann der Beschwerdeführer auch nicht Behauptungen aufstellen und Beweise beantragen, die er im kantonalen Verfahren unterlassen hat und die sich auf Tatsachen beziehen, die *vor* dem Erlaß des angefochtenen Entscheides eingetreten sind. Dies ist nur möglich, wenn die kantonale Behörde die fraglichen Tatsachen von Amtes wegen hätte berücksichtigen müssen[54]. – Aber kann der Beschwerdeführer Tatsachen vorbringen, die sich *nach* dem Erlaß des angefochtenen Entscheides ereignet haben? Solche Vorbringen sind im Verwaltungsgerichtsbeschwerdeverfahren an sich zulässig[54a]. Nachdem es

---

[53] GRISEL, II S. 910f., 930ff.; GYGI, S. 291ff.; Botschaft BBl 1965, II S. 1324 zu Art. 104 des Vorentwurfs, der neben einer eidgenössischen Beschwerdekommission und einem kantonalen Gericht namentlich eine «kantonale Beschwerdekommission» im Auge hatte. Die Absicht bestand darin, die Abklärungen, die vom BGer vorgenommen werden müßten, zu beschränken. Die einzige Aufsichtsbehörde eines Kantons stellt ebenfalls eine «Beschwerdekommission» dar, die in zweiter Instanz Feststellungen überprüft, welche in erster Instanz von einer Behörde, nämlich vom Grundbuchverwalter, gemacht worden sind. Unter der Herrschaft des BG vom 11. Juni 1928 über die eidgenössische Verwaltungs- und Disziplinarrechtspflege war es anders (Art. 11); vgl. HOMBERGER, Art. 956 N. 25. Indem sie innerhalb der nicht streitigen Gerichtsbarkeit über private Interessen entscheidet, stellt eine kantonale Behörde, selbst wenn sie von der Verwaltung abhängt, wie ein kantonales Departement, eine «Beschwerdekommission» im Sinn des Art. 105 Abs. 2 OG dar. Anders wäre es, wenn es um die Anwendung von Verwaltungsrecht des Bundes im eigentlichen Sinn ginge, vgl. BGE 108 Ia, 1982, S. 183.

[54] GYGI, S. 258; GRISEL, II S. 931f.; BGE 107 Ib, 1981, S. 169; 106 Ib, 1980, S. 79.

[54a] GRISEL, II S. 932; GYGI, S. 258f.; KNAPP, Nr. 1024–1025bis; BGE 105 Ib, 1979, S. 388, S. 169, S. 163.

eine Zeitlang großzügiger gewesen ist[55], läßt das Bundesgericht jedoch gegenwärtig beim Vorliegen der Voraussetzungen des Art. 105 Abs. 2 OG im Verwaltungsgerichtsbeschwerdeverfahren keine Behauptungen mehr zu, die sich auf Tatsachen beziehen, die nach dem angefochtenen Entscheid eingetreten sind. Es räumt den Parteien lediglich das Recht ein, die neuen Tatsachen mit einem Wiedererwägungsgesuch bei der untern Instanz geltend zu machen[55a]. Um die Durchführung eines neuen Verfahrens zu umgehen, würde es aber im Verfahren der nicht streitigen Gerichtsbarkeit in Grundbuchsachen zweckmäßig erscheinen, das Vorbringen solcher Tatsachen zuzulassen. Vorbehalten bleiben müßten lediglich die Besonderheiten in Beschwerden, die sich gegen die Abweisung einer Anmeldung im Sinn von Art. 24 Abs. 1 GBV richten (hinten, § 26 B III und C III).

Da keine der Ausnahmen des Art. 104 lit. c OG vorliegt, ist es in Grundbuchsachen auch nicht möglich, sich darauf zu berufen, der ergangene Entscheid sei unangemessen.

Es besteht kein Anlaß, hier den Begriff der Verletzung von Bundesrecht[56] näher zu erörtern. Erwähnt sei nur, daß er Ermessensüberschreitung und Ermessensmißbrauch mit einschließt (Art. 104 lit. a OG). Die Verletzung verfassungsmäßiger Rechte muß mit Verwaltungsgerichtsbeschwerde, nicht mit besonderer staatsrechtlicher Beschwerde gerügt werden (Art. 84 Abs. 2 OG)[57]. Gleich verhält es sich, wenn vor allem vorgebracht werden soll, die kantonalen Behörden hätten an Stelle von Bundesrecht kantonales Recht angewendet[58] oder sie hätten kantonales Recht willkürlich angewendet. In diesem Fall wird nämlich in einem Streit, der in der Hauptfrage in die Verwaltungsgerichtsbarkeit des Bundesgerichtes fällt, die Verletzung eines verfassungsmäßigen Rechtes geltend gemacht[59].

---

55 BGE 98 Ib, 1972, S. 178; zustimmend GYGI, S. 258f.
55a GRISEL, II S. 932; BGE 107 Ib, 1981, S. 169.
56 GRISEL, II S. 909ff.; GYGI, S. 291f.; Botschaft, BBl 1965, II S. 1322.
57 BGE 86 I, 1960, S. 187; Botschaft, BBl 1965, II S. 1322; GYGI, S. 92f. Bei der Auseinandersetzung im Verfahren der nicht streitigen Gerichtsbarkeit in Grundbuchsachen geht es – wenigstens der Form nach – um einen Streit um Verwaltungsrecht des Bundes.
58 HOMBERGER, Art. 956 N. 25; GYGI, S. 90; BGE 92 I, 1966, S. 72.
59 HOMBERGER, N. 25; KIRCHHOFER, S. 42; BGE 103 Ib, 1977, S. 144 Erw. 2a. Abgesehen von diesem Fall tritt das BGer auf Beschwerden gegen Entscheide, die sich auf kantonales Recht abstützen, in gewissen Fällen ein: wenn der Beschwerdeführer geltend macht, im angefochtenen Entscheid werde zu Unrecht nicht öffentliches Recht des Bundes angewendet; wenn ein Nicht-Eintretensentscheid, der sich auf kantonales Recht stützt, praktisch die Anwendung des Bundesrechts verhindert; wenn dem angewendeten kantonalen Recht im Verhältnis zum Bundesrecht keine selbständige Bedeutung zukommt, vgl. BGE 103 Ib, 1977, S. 313 und Verweise. Es ist aber kaum ersichtlich, wie diese Ausnahmen in unserem Zusammenhang in Betracht kommen könnten.

Die Verwaltungsgerichtsbeschwerde ist demnach in folgenden Fällen nicht gegeben:
- Bei der Verletzung von kantonalem Recht;
- gegen Entscheide, die in Anwendung einer kantonalen Gebührenordnung ergangen sind (vgl. vorn, § 9 IV 9);
- gegen Disziplinarmaßnahmen, die von seiten eines Kantons ergriffen werden (vgl. vorn, § 9 III 1);
- bei der vorfrageweisen Anwendung von kantonalem Recht; Beispiele: bei der Frage der *sachlichen* Zuständigkeit einer Behörde oder der Frage, ob die Vorschriften über das Beurkundungsverfahren richtig angewendet worden sind.

5. Die Ausübung der Verwaltungsgerichtsbeschwerde

Das Verfahren der Verwaltungsgerichtsbeschwerde ist in Art. 106–113, in Verbindung mit Art. 94, 95 und 96 Abs. 2 und 3 OG (Art. 113 OG) geregelt. Für Einzelheiten wird auf das besondere Schrifttum verwiesen (Note 44).

a) Der Beschwerdeempfänger

Die Beschwerde richtet sich an das schweizerische Bundesgericht (Art. 106 Abs. 1 OG).

b) Die Beschwerdefrist

Die Frist zur Einreichung der Beschwerde beträgt dreißig Tage ab Erhalt des Entscheides (Art. 106 Abs. 1 OG). Sie verkürzt sich auf zehn Tage, wenn es sich um einen Zwischenentscheid handelt – ein Fall, der in Grundbuchsachen jedoch kaum vorkommen dürfte. Der Beschwerdeführer, der seine Beschwerdeschrift innert der vorgeschriebenen Frist an eine unzuständige kantonale oder eidgenössische Behörde einreicht, hat die Frist eingehalten (Art. 107 OG). Gegen Rechtsverweigerung oder Rechtsverzögerung kann jederzeit Beschwerde geführt werden (Art. 106 Abs. 2, 97 Abs. 2 OG). Dem Empfänger gereichen die Mängel, die einem Entscheid anhaften, nicht zum Schaden (Art. 107 Abs. 3 OG: keine oder unvollständige Rechtsmittelbelehrung).

c) Die Form der Beschwerde

Richtet sich die Beschwerde gegen einen Entscheid der letzten kantonalen Instanz, muß die Beschwerde in der Form einer Rechtsschrift, die wenigstens dreifach ausgefertigt ist, eingereicht werden. Die Rechtsschrift muß die Beschwerdegründe, die Beweismittel und die Anträge des Beschwerdeführers enthalten. Sie muß mit dessen Unterschrift oder mit derjenigen seines Vertreters versehen sein. Der Beschwerde wird eine Ausfertigung des angefochtenen Entscheides beigelegt; zusammen mit den Belegen, die als Beweismittel angerufen werden (Art. 108 Abs. 1 und 2 OG; zur Behebung von bestimmten Mängeln, siehe Abs. 3).

d) Der Inhalt der Beschwerde

Mit der Verwaltungsgerichtsbeschwerde können keine neuen Anträge gestellt werden; um so weniger solche, die über den Rahmen des angefochtenen Entscheides hinausgehen[60]. Zur Frage der *Nova,* siehe oben, 4.

e) Stellvertretung

Anders als in Zivil- und Strafsachen ist die Stellvertretung im Verfahren der Verwaltungsgerichtsbeschwerde nicht beschränkt (vgl. Art. 29 Abs. 2 OG): Jedermann ist berechtigt, in diesem Verfahren, als Beauftragter aufzutreten. Das Bundesgericht kann jedoch verlangen, daß sich der Stellvertreter durch eine schriftliche Vollmacht ausweist (Art. 11 VwVG; vgl. Art. 18 ZPO)[61].

6. Die Wirkungen der Verwaltungsgerichtsbeschwerde

a) Suspensivwirkung?

Nach Art. 111 Abs. 2 OG – der Absatz 1 über die Verurteilung zu einer Buße fällt außer Betracht – kommt der Verwaltungsgerichtsbeschwerde aufschiebende Wirkung nur zu, wenn der Präsident der bundesgerichtlichen Abteilung diese – von Amtes wegen oder auf Antrag einer Partei hin – gewährt.

---

[60] BGE 104 Ib, 1978, S. 315 und zit. Entscheide; 98 Ib, 1972, S. 428; 103 I, 1977, S. 569; 91 I, 1965, S. 378. Vgl. GRISEL, II S. 914; GYGI, S. 256 (mit gewissen Vorbehalten, die auf die Beschwerde in Grundbuchsachen offenbar aber nicht in Frage kommen). Nach BGE 100 Ib, 1974, S. 119 ist die Einreichung eines völlig neuen Rechtsbehelfes ebenfalls unzulässig; aber im allgemeinen kann sich der Beschwerdeführer vor der Beschwerdeinstanz neue rechtliche Gesichtspunkte zu eigen machen, ohne an seine früheren Stellungnahmen gebunden zu sein, GYGI, S. 257. Der zit. Entscheid betrifft nicht das Grundbuch.
[61] GYGI, S. 185. Auch in jenen Fällen kann der Stellvertreter frei gewählt werden, in denen sich der Beschwerdeführer im kantonalen Verfahren nur durch einen Anwalt oder Notar vertreten lassen durfte.

Für Entscheide nach Art. 24 und 103 GBV muß zum vornherein festgehalten werden, daß gerade die Möglichkeit, daß Beschwerde eingereicht werden kann, verhindert, daß die Abweisungsverfügung in Rechtskraft erwächst. In diesem Sinn wirkt die Frist von dreißig Tagen zur Einreichung der Beschwerde als solche aufschiebend (Art. 103 Abs. 4 GBV). Das gilt aber nicht für Entscheide, die der Anfechtung nach Art. 104 GBV unterliegen (oben, II 8a).

Weiter oben haben wir auch gesehen, daß die aufschiebende Wirkung daneben für *abweisende Verfügungen* bedeutungslos ist. Es ist im übrigen auch nicht vorstellbar, daß der Präsident für den Fall der Ablehnung einer Maßnahme vorsorglich deren Vollzug anordnet; daß der Beschwerdeführer etwa entgegen dem angefochtenen Entscheid das Grundbuch einsehen kann.

Die Anordnung der aufschiebenden Wirkung wäre aber nicht ohne Bedeutung, wenn gegen eine Verfügung, die das gestellte Begehren *gutheißt*, Beschwerde eingereicht wird; etwa gegen die Bewilligung, das Grundbuch einzusehen. Ist dies nicht schon erfolgt, würde der Präsident dem Grundbuchverwalter vorübergehend untersagen, Einsicht in das Grundbuch zu gewähren.

Hat die kantonale Aufsichtsbehörde gegenüber dem Grundbuchverwalter die Vornahme einer Grundbucheintragung angeordnet, stellt sich die Frage der aufschiebenden Wirkung nicht; denn – wie wir sehen werden – ist in diesem Fall die Verwaltungsgerichtsbeschwerde an das Bundesgericht gar nicht gegeben (hinten, § 26 B IV 1).

b) Devolutivwirkung[62]

Der Streit zwischen dem Grundbuchverwalter und dem Beschwerdeführer, der schon von der kantonalen Behörde entschieden worden ist, wird beim Bundesgericht anhängig gemacht. Im Rahmen der Beschwerdegründe, die vor dieser Instanz vorgebracht werden können, entscheidet dieses den Streit wiederum in seiner ganzen Tragweite (oben, 4). Entsprechend der Berufung handelt es sich im wesentlichen um eine *revisio in iure*.

7. Die Behandlung der Verwaltungsgerichtsbeschwerde

Ist die Beschwerde nicht offensichtlich unzulässig oder unbegründet, wird sie der kantonalen Aufsichtsbehörde und allenfalls weitern Parteien oder Beteiligten *mitgeteilt* (oben, 3). Da der angefochtene Entscheid von

---

[62] GRISEL, II S. 920 ff.; GYGI, S. 189, S. 239 f.

einer letztinstanzlichen kantonalen Behörde ausgeht, wird er auch jener Verwaltungsabteilung des Bundes zugestellt, die nach Art. 103 lit. b OG zur Beschwerde legitimiert gewesen wäre (oben, 2 am Schluß), d. h. dem Bundesamt für Justiz. Die Behörden und Beteiligten, denen die Beschwerde zugestellt wird, werden eingeladen, ihre Stellungnahme einzureichen (Art. 110 Abs. 2 OG).

Es ist Aufgabe des Abteilungspräsidenten, *vorsorglich* die Maßnahmen anzuordnen, die zur Aufrechterhaltung des tatsächlichen Zustandes oder zum Schutz der in Frage stehenden Interessen notwendig sind (Art. 94 in Zusammenhang mit Art. 113 OG). In der Regel wird die Erteilung der aufschiebenden Wirkung ausreichen. Weiter hinten, bei der Behandlung der Rechtsmittel innerhalb des Grundbucheintragungsverfahrens (§ 26 C V und B IV 3), wird sich noch die Frage stellen, ob das Gericht besondere Maßnahmen anordnen kann, um das Datum der vom Grundbuchverwalter und von der kantonalen Aufsichtsbehörde abgewiesenen Anmeldung sicherzustellen.

Die *Überprüfungsmöglichkeit* des Bundesgerichts ist dadurch beschränkt, daß es an die Tatsachenfeststellungen der kantonalen Instanz gebunden ist (Art. 105 Abs. 2 OG; oben, 4). Im Verwaltungsgerichtsbeschwerdeverfahren in Grundbuchsachen finden keine Verhandlungen statt (vgl. Art. 112 OG).

8. Der Beschwerdeentscheid[63]

Das Bundesgericht wendet das Recht von Amtes wegen an. An die Vorbringen der Parteien ist es nicht gebunden (Art. 114 Abs. 1 OG).

Es kann über die Anträge der Parteien nicht hinausgehen; weder zu deren Vor-, noch zu deren Nachteil (Art. 114 Abs. 1 OG).

Heißt es die Beschwerde gut, urteilt das Gericht selber oder weist die Sache zur Neubeurteilung an die kantonale Instanz zurück (Art. 114 Abs. 2 OG).

Das Gericht stellt den Entscheid den Parteien und den weitern Beteiligten zu (Art. 114 Abs. 4 OG).

Die Entscheide des Bundesgerichts erlangen unverzüglich mit dem Urteilsspruch die Wirkung der abgeurteilten Sache (Art. 38 OG). Vorbehalten bleiben die Fälle einer besonderen Auslegung und der Revision (Art. 136 f. OG).

---

[63] GRISEL, II S. 936 f.

Der Entscheid spricht sich endgültig über die zwischen dem Grundbuchverwalter und dem Beschwerdeführer streitige Anwendung von Vorschriften über das Grundbuch aus.

9. Kosten und Auslagen des Verfahrens

Die Gerichtskosten gehen grundsätzlich zu Lasten der Partei, die im Verfahren unterliegt (Art. 156 Abs. 1 OG). Wird die Beschwerde gutgeheißen, wird der Kanton in der Regel aber nicht mit Kosten belastet (Art. 156 Abs. 2 OG).

Art. 159 OG regelt die Frage der Entschädigung, die einem Dritten zugesprochen werden kann, der am Verfahren beteiligt war (oben, 3). Das Gericht kann sogar die Kostenaufteilung überprüfen, wie sie von der kantonalen Behörde vorgenommen worden ist (Art. 189 Abs. 6 OG).

10. Die Verwaltungsgerichtsbeschwerde als ausschließliches Rechtsmittel

Wendet der Grundbuchverwalter bei einer Verwaltungshandlung Bundesrecht an, kann, nachdem ein Entscheid der kantonalen Aufsichtsbehörde ergangen ist, dagegen einzig die Verwaltungsgerichtsbeschwerde ergriffen werden. Die staatsrechtliche Beschwerde ist gegen einen solchen Entscheid nach unserer Auffassung nie – weder ergänzend noch ausschließlich – zulässig. Die Frage hat sich schon gestellt; allerdings immer nur im Zusammenhang mit dem Grundbucheintragungsverfahren[64]. An gegebener Stelle werden wir darauf zurückkommen (hinten, § 26 C VI).

---

[64] Vgl. den Entscheid des BGer, veröffentlicht in ZBGR 47, 1966, S. 106.

§ 12. Die Verantwortlichkeit für die Führung des Grundbuches

Literatur:

Die Kommentare von HOMBERGER, OSTERTAG und WIELAND zu Art. 955 ZGB.
H. DESCHENAUX, La responsabilité pour la tenue du registre foncier, ZBGR 59, 1978, S. 129 ff.
DERSELBE, Norme et causalité en responsabilité civile, Festschrift zum 100-jährigen Bestehen des schweizerischen Bundesgerichts, Basel 1975, S. 399 ff.; H.-P. FRIEDRICH «Interimstitel» im Hypothekarwesen, ZBGR 52, 1971, S 1 ff; DERSELBE, Fehler in der Grundbuchvermessung, ihre Folgen und ihre Behebung, ZBGR 58, 1977, S. 131 ff.; A. FISCH, Die Verantwortlichkeit der Kantone für Schaden aus der Führung des Grundbuches, Zürich 1939; F. JENNY, Die Verantwortlichkeit im Grundbuchwesen, ZBGR 46, 1965, S. 65 ff.; H. LEEMANN, Die Tragweite der Haftpflicht des Staates für Schaden aus der Grundbuchführung, SJZ 17, 1920/1921, S. 41 ff.; P. PIOTET, Annulation pour erreur de la vente d'un immeuble dont la surface est différente de celle qu'indique le registre foncier, JdT 1981, S. 545 ff.; A. SCHÜTZ, Die Ersatzpflicht des Staates für den durch seine Beamten bei Ausübung der öffentlichen Gewalt rechtswidrig verursachten Schaden im schweizerischen Recht, Zürich 1918.

I. Allgemeines

1. Entstehungsgeschichte und ratio legis

Art. 955 ZGB erklärt die Kantone «für allen Schaden verantwortlich, der aus der Führung des Grundbuches entsteht» (Abs. 1). Aber er räumt ihnen ein Rückgriffsrecht ein «auf die Beamten und Angestellten der Grundbuchverwaltung, sowie die Organe der unmittelbaren Aufsicht, denen ein Verschulden zur Last fällt» (Abs. 2). Es handelt sich um eine primäre Haftung der Kantone für das Verhalten ihrer Beamten und um eine sog. Kausalhaftung, d. h. die nicht von einem Verschulden derselben abhängt (siehe unten, 2c).

Die meisten Kantone kannten bereits eine Verantwortlichkeit der Beamten, die mit der Führung der Öffentlichkeitseinrichtungen für die dinglichen Rechte an den Grundstücken betraut waren. Einzelne von ihnen begnügten sich nicht nur mit der gewöhnlichen Verantwortlichkeit der Staatsbeamten, sondern hatten besondere Vorschriften erlassen, welche namentlich die Ausstellung der Pfandtitel betrafen (Schaffhausen, Luzern)[1]. Aber nirgends bestand bereits eine unmittelbare Kausalhaftung des Staates.

---

[1] E. HUBER, System und Geschichte, III S. 52 ff. Luzern kannte eine subsidiäre Verantwortlichkeit der Gemeinde oder des Kreisgerichts gegenüber dem Inhaber eines Grundpfandtitels.

Der Bundesgesetzgeber hat sich für dieses System – es stellte für seine Zeit eine große Neuerung dar – und nicht für das System der primären Verschuldenshaftung der Beamten, verbunden mit einer subsidiären Haftung des Staates, entschieden; so wie es Art. 5f. SchKG für die Angestellten der Betreibungs- und Konkursämter regelte und die Art. 426ff. ZGB für die Vormünder und Mitglieder der Vormundschaftsbehörden vorsahen.

Die Erläuterungen zum VE spielen auf den großen Nutzen, der sich aus dem eidgenössischen Grundbuch ergibt, und namentlich auf den vom Staat ausgeübten Zwang an, der die einzelnen Rechtssubjekte verpflichtet, die von ihm geschaffenen Öffentlichkeitseinrichtungen in Anspruch zu nehmen[2]. In der Tat müssen alle Rechtsgeschäfte um Grundstücke notwendigerweise über die Grundbuchämter abgewickelt werden[3]. Ein Fehler bei der Führung der Bücher kann schwerwiegende Folgen nach sich ziehen. Es sollen hier nur zwei Fälle erwähnt werden: Ein dingliches Recht, das nur durch Eintragung im Grundbuch entsteht, ist nicht eingetragen worden (Art. 971/972); eine Eintragung oder Löschung ist vorschriftswidrig vorgenommen worden, und der Grundsatz des Schutzes des öffentlichen Glaubens kommt zur Anwendung (Art. 973 ZGB). Im ersten Fall hat jener, der ein dingliches Recht zu erwerben glaubte, dieses nicht erworben; im zweiten ist es möglich, daß das Recht des tatsächlich Berechtigten demjenigen eines gutgläubigen Dritten weichen muß[4].

Anderseits erfordert die Grundbuchführung viel Kleinarbeit und ein hohes Maß an Gründlichkeit und Aufmerksamkeit[5]. Es ist menschlich, daß diese einmal nachlassen. Wenn der fehlbare Beamte den vielleicht nicht geringen Schaden nun allein ersetzen müßte, der entstehen kann, würde der Geschädigte möglicherweise manchmal mit leeren Händen dastehen. Der Abschluß einer Versicherung, die volle Deckung gewähren würde, könnte für den fraglichen Beamten eine zu große Last darstellen. Das Vertrauen in das Grundbuch verlangt daher nach einem Verantwortlichen, der für alle «Betriebsunfälle» mit absoluter Sicherheit einsteht[6].

Im weiteren ist zu befürchten, daß die Aussicht der Grundbuchbeamten, für jeden kleinen Fehler persönlich zur Rechenschaft gezogen zu werden, deren Unternehmungsgeist lähmen würde; während sie doch im Interesse des Staates, und nicht im eigenen handeln[7].

---

[2] ERL., II S. 427.
[3] BGE 51 II, 1925, S. 385 Erw. 2; 106 II, 1980, S. 341ff.
[4] BGE 57 II, 1931, S. 567; vgl. FISCH, § 3: «Die Gefahren des unrichtigen Buches».
[5] WIELAND, Art. 955 N. 1b; ZBGR 6, 1925, S. 113 (KGer Graubünden).
[6] StenBullNR 1907, S. 10; JENNY, Der öffentliche Glaube, S. 245; FISCH, S. 8.
[7] JENNY, a. a. O.

Schließlich ist der Schutz des Geschädigten nur wirksam, wenn die Verantwortlichkeit des Staates kein Verschulden des handelnden Beamten voraussetzt. Der Vorteil, den der Staat aus ihrer Tätigkeit zieht, läßt diese Lösung als angemessen erscheinen – ganz zu schweigen von der Schwierigkeit, den Verursacher des Schadens herauszufinden und ihm ein persönliches Verschulden nachzuweisen[8].

2. Die Besonderheiten der Verantwortlichkeit der Kantone

a) Primäre Verantwortlichkeit

Derjenige, der durch die Grundbuchführung einen Schaden erlitten hat (dazu, siehe unten II), kann sich unmittelbar an den Staat halten. Er muß nicht zuerst den Beamten ausfindig machen oder für sein Vorgehen eine Erlaubnis einholen – auch nicht dazu, um einen von diesem begangenen Fehler vorläufig feststellen zu lassen. Die Kantone sind dem Geschädigten gegenüber ohne weiteres für den gesamten Schaden haftbar; und – im Unterschied zum System der subsidiären Staatshaftung – nicht nur für den Teil, der vom fraglichen Beamten allenfalls nicht gedeckt worden ist[9]. Den Kantonen steht den Beamten der Grundbuchverwaltung gegenüber, denen ein Verschulden zur Last fällt, jedoch ein Rückgriffsrecht zu (Art. 955 Abs. 2 ZGB).

b) Ausschließliche Verantwortlichkeit gegenüber dem Geschädigten

Der Wortlaut von Art. 955 ZGB schließt eine gleichzeitige Haftung des Beamten neben derjenigen des Staates nicht zum vornherein aus. Er sagt nicht, der Staat sei jenem gegenüber allein verantwortlich, der aus der Grundbuchführung einen Schaden erlitten habe. Die Beamten und Angestellten, wie auch die Mitglieder der unmittelbaren Aufsichtsbehörden,

---

[8] Derartige Überlegungen haben dazu geführt, daß das moderne Verwaltungsrecht immer mehr den Grundsatz der primären (und gar ausschließlichen) Verantwortlichkeit des Staates für die Amtshandlungen seiner Beamten anwendet, vgl. das Verantwortlichkeitsgesetz des Bundes vom 14. März 1958. Siehe GRISEL, II S. 783 ff. In dieser Hinsicht erscheint Art. 955 ZGB – wie Art. 849 ZGB – als Vorläufer, während die rechtliche Ausgestaltung der Verantwortlichkeit, wie sie etwa für die vormundschaftlichen (Art. 426 ff. ZGB) oder die Organe des Handelsregisters (Art. 928 OR) besteht, gegenüber dem heutigen Rechtsverständnis veraltet erscheint.
[9] HOMBERGER, Art. 955 N. 1; OSTERTAG, Art. 955 N. 1; WIELAND, Art. 955 N. 1c; JENNY, Der öffentliche Glaube, S. 246, und Die Verantwortlichkeit, S. 66 f.; FISCH, S. 41 ff.; vgl. BGE 57 II, 1931, S. 567.

könnten vom Geschädigten also zur Verantwortung gezogen werden; sei es nach den Vorschriften der Art. 41ff. OR – wenn das kantonale Recht keine abweichende Regelung getroffen hat (Art. 61 Abs. 1 OR) –, sei es – wenn dies der Fall ist – nach den Vorschriften, welche im fraglichen Kanton die Verantwortlichkeit der Behörden und Beamten regeln[10].

Die Regelung, die Art. 955 ZGB vorsieht, ist gleichwohl erschöpfend. Die Verantwortlichkeit der Kantone ist materiell wohl Bestandteil des öffentlichen Rechts, wo die Zuständigkeiten von Bund und Kantonen nebeneinander bestehen. Sie ist vom Gesetzgeber aber in einem privatrechtlichen Erlaß geregelt worden und formell damit Bestandteil des Privatrechts (unten, 4). Es ist daher gerechtfertigt, auf sie die Grundsätze der allgemeinen Gesetzgebung anzuwenden[11]; und zwar selbst im Verhältnis zum öffentlichen Recht der Kantone, dessen Aufgabe hier nur darin bestehen könnte, das Bundeszivilrecht zu unterstützen. Daraus folgt: Neben der primären Verantwortlichkeit der Kantone für die Führung des Grundbuches besteht für eine unmittelbare primäre Haftung der Beamten eines Kantons kein Platz mehr. In der Tat wird das mit Art. 955 ZGB verfolgte Ziel – der Schutz des «Benützers» des Dienstes – mit der ausschließlichen Haftung des Staates voll erreicht[12]. Die getroffene Lösung entspricht den neuen Strömungen, die heute in der Frage der Verantwortlichkeit des Staates für das Handeln seiner Beamten bestehen.

c) Die Verantwortlichkeit des Staates als Kausalhaftung

Die Kantone haften ohne irgendwelche weitere Voraussetzung für *jeden Schaden,* der aus der Führung des Grundbuches entsteht. Demgegenüber setzt der Rückgriff nach Art. 955 Abs. 2 ZGB ein Verschulden des Beamten

---

[10] In diesem Sinn, HOMBERGER, N. 13; OSTERTAG, N. 15; WIELAND, N. 1c. Nach diesen Autoren könnten die Kantone diese Verantwortlichkeit grundsätzlich nach ihrem Gutdünken regeln: sie vollständig aufheben, sie von gewissen Voraussetzungen, etwa einer vorausgehenden Ermächtigung, abhängig machen, ja sogar – nach OSTERTAG – eine Kausalhaftung des Beamten einführen. HOMBERGER schließt diese letztere Möglichkeit aus, mit der Begründung, wenn der Rückgriff des Staates ein Verschulden des Beamten voraussetze, könne der Kanton nicht eine unmittelbare Verfolgung erlauben, die nicht an diese Voraussetzung gebunden sei.

[11] Zu diesem Grundsatz, vgl. LIVER, Einleitung, Art. 5 N. 5.; DESCHENAUX, Einleitungstitel, S. 38 ff.

[12] In diesem Sinn, insbesondere mit der Begründung der lex specialis, JENNY, Der öffentliche Glaube, S. 251 und Die Verantwortlichkeit, S. 68; FISCH, S. 42 f., 63 f. Vgl. ZBGR 6 (zit. in Note 5), S. 114. GRISEL, II S. 811, nimmt ohne weiteres an, die Verantwortlichkeit der Kantone nach Art. 955 ZGB sei ausschließlich. Was die kriminelle Verletzung seiner Amtspflichten durch einen Beamten betrifft, geht BGE 57 II, 1931, S. 573 in diese Richtung.

voraus. Die Haftung des Staates ist somit rein objektiv; d. h. unabhängig von irgendwelchem subjektiven Vorwurf, der gegenüber einem Grundbuchbeamten erhoben werden könnte[13].

Diese Haftung knüpft aber nicht einfach gerade an den Gebrauch der Öffentlichkeitseinrichtung an; wie wenn es sich um eine Betriebshaftung handeln würde. Sie setzt voraus, daß die «Führung des Grundbuches» rechtswidrig war; d. h. den anwendbaren Vorschriften widersprach. Das ergibt sich zwar nicht aus dem Wortlaut des Art. 955 ZGB. Berücksichtigt man aber die Vorbereitungsarbeiten und das System der gewählten Haftung, ist die Lösung ohne Zweifel richtig: Es stand außer Frage, in diesem Bereich eine Haftung für rechtmäßige Handlungen des Staates einzuführen[14].

Die Haftung der Kantone nach Art. 955 ZGB unterscheidet sich aber von jener der juristischen Personen für ihre Organe nach Art. 55 ZGB, die ein Verschulden derselben voraussetzt und eigentlich eine Art aquilinische Haftung durch eine Mittelsperson darstellt. Sie stimmt aber auch mit der Haftung des Geschäftsherrn für seine Arbeitnehmer und andere Hilfspersonen nach Art. 55 OR nicht überein. Wenn letztere auch ohne Verschulden des Vorgesetzten in Anspruch genommen werden kann, eröffnet sie doch dem Geschäftsherrn Entlastungsbeweise; während solche nach Art. 955 ZGB dem Staat und nach Art. 55 ZGB der juristischen Person verwehrt sind.

d) *Verantwortlichkeit nach öffentlichem Recht im materiellen Sinn*

Das Grundbuch ist ein öffentlicher Dienst, der in der amtlichen Verwaltung der privaten Rechte an den Grundstücken besteht (vorn, § 1 I, § 8 I). Seine Organe üben diesbezüglich eine Art Gerichtsbarkeit aus – die nicht streitige Gerichtsbarkeit (vorn, § 9 II 1) –, bei der sich Behörden und Private nicht auf der gleichen Ebene gegenüberstehen. Die Verantwortung für die gute Führung dieses Teils der Verwaltung kann materiell nur

---

[13] ERL., II S. 427; HOMBERGER, Art. 955 N. 1; OSTERTAG, N. 1 und 5; WIELAND, N. 1b; H. LEEMANN, Die Tragweite, SJZ 17, 1920/1921, S. 41; JENNY, Der öffentliche Glaube, S. 246 und Die Verantwortlichkeit, S. 67; FISCH, S. 13 ff.; vgl. BGE 53 III, 1927, S. 87; 51 II, 1925, S. 385 Erw. 4; Entscheid des BGer vom 27. 11. 1924 in ZBGR 6, 1925, S. 98 Erw. 3.

[14] Der departementale VE (Art. 998) sagte einfach, die Kantone seien für den Schaden verantwortlich, der von den Beamten und Angestellten des Grundbuches verursacht werde. Die Expertenkommission hat die Ausdrücke «durch rechtswidrige Führung des Grundbuches» hinzugefügt (Protokoll 3, S. 342 ff.), was vom Berichterstatter als rein sprachliche Änderung aufgefaßt worden ist (Protokoll 4, S. 416). Der Entwurf des BR hat den Ausdruck «rechtswidrig» nicht mehr übernommen; das verstehe sich von selbst, H. LEEMANN, a. a. O., S. 41 f. Die Autoren stimmen in dieser Frage miteinander überein: HOMBERGER, N. 5; OSTERTAG, N. 1; WIELAND, N. 2a; FISCH, S. 15 f.; JENNY, Die Verantwortlichkeit, S. 70. Vgl. BGE 83 II, 1957, S. 12 ff.; 53 II, 1927, S. 368.

öffentlichrechtlicher Natur sein[15]. Daraus folgt insbesondere, daß jemand, der mit dem Grundbuch in Beziehung tritt, auf die Verantwortlichkeit des Staates für dessen Führung nicht zum voraus verzichten kann[16]. Aus dieser rechtlichen Einordnung ergeben sich aber noch weitere Folgen (unten, Noten 83, 87).

Die Tatsache, daß diese Verantwortlichkeit in das Zivilgesetzbuch aufgenommen wurde, ist jedoch nicht ohne Bedeutung. Man hat es formell mit Zivilrecht zu tun[17], und nach Art. 7 ZGB finden die allgemeinen Bestimmungen des Obligationenrechts auch auf zivilrechtliche Verhältnisse außerhalb desselben Anwendung[18]. Deshalb sind die allgemeinen Grundsätze des schweizerischen Rechts über die unerlaubten Handlungen (Art. 41 ff. OR) wohl auch für die Auslegung von Art. 955 ZGB maßgebend und gelten diese Grundsätze – falls nichts anderes bestimmt ist – auch für die Verjährung der Klage und für die Zuständigkeit[19].

3. Rechtsvergleichung

a) Bundesrepublik Deutschland[20]

Ein Land ist einem Privaten gegenüber für den Schaden haftbar, der diesem dadurch entsteht, daß ein Grundbuchbeamter eine ihm obliegende Pflicht absichtlich oder fahrlässig verletzt hat. Das sah bereits § 12 der Grundbuchordnung von 1872 vor. Mit dem Erlaß der neuen Vorschriften über die Verantwortlichkeit des Staates für die Handlungen derjenigen, die amtliche Aufgabe übernommen haben, ist diese Bestimmung überflüssig und außer Kraft gesetzt worden. Heute ist unmittelbar Art. 34 Grundgesetz anwendbar. Danach besteht eine primäre Staatshaftung; doch setzt sie ein Verschulden des Beamten voraus. Hat dieser absichtlich oder grob fahrlässig gehandelt, steht dem Staat ihm gegenüber ein Rückgriffsrecht zu.

---

[15] HOMBERGER, Art. 955 N. 11 und Vorbemerkungen zu Art. 942, N. 1; FISCH, S. 43 ff. Nach einer alten Auffassung wäre die Verantwortlichkeit der Kantone privatrechtlicher Natur; denn sie wäre eine Nachfolgerin der zivilen Verantwortlichkeit der Grundbuchbeamten nach Art. 61 OR; so WIELAND, N. 2. Diese Betrachtungsweise ist aber überholt; schon weil der Großteil der Kantone für die Verantwortlichkeit ihrer Beamten eine Regelung auf öffentlichrechtlicher Grundlage eingeführt hat.
[16] HOMBERGER, Art. 955 N. 11.
[17] Zu diesem Begriff, H. HUBER, Einleitung, Art. 6 N. 109. DESCHENAUX, Einleitungstitel, S. 21.
[18] H.-P. FRIEDRICH, Einleitung, Art. 7 N. 45 (1).
[19] HOMBERGER, N. 11; FISCH, S. 46 f.
[20] WOLFF/RAISER, in ENNECERUS/KIPP/WOLFF, Sachenrecht, § 27 V, S. 88; MEIKEL/IMHOF/RIEDEL, Grundbuchrecht, I, zu § 11 Anhang, S. 974 ff. und IV, S. 3659.

b) Österreich[21]

In Österreich besteht eine entsprechende Regelung. Allgemein haftet das Gemeinwesen, von dem die Organe eines öffentlichen Dienstes abhangen, nach den Vorschriften des Zivilrechts für den Schaden, den die als Organe handelnden Personen bei der Anwendung der Gesetze verursachen, soweit ihr Verhalten rechtswidrig und schuldhaft ist. Der unmittelbare Verursacher – das Organ – ist gegenüber dem Geschädigten nicht haftbar (§ 1 Amtshaftungsgesetz). Das Gemeinwesen, das den Schaden ersetzt hat, kann grundsätzlich auf diejenigen Rückgriff nehmen, die als Organ gehandelt und den Schaden absichtlich oder grob fahrlässig verursacht haben (§ 3). Diese Regelung ist auf die Fehler anwendbar, die von den Grundbuchbehörden begangen werden; im allgemeinen haftet der Bezirk.

c) Frankreich[22]

Nach Art. 2197 CCfr. haftet der «conservateur des hypothèques» persönlich für die Ungenauigkeiten und Auslassungen in von ihm ausgestellten Abschriften, Auszügen oder Bescheinigungen. Allgemeiner ausgedrückt ist das neue System der Öffentlichkeit der dinglichen Rechte an Grundstücken (vorn, § 1 VII 3), das durch das Dekret vom 4. Januar 1955 eingeführt worden ist, mit privatrechtlichen Maßnahmen ausgestattet. «Toute personne intéressée qui, ayant publié son propre droit, prouve qu'elle a subi un préjudice à raison soit du défaut de publication avant l'expiration du délai légal, soit de la publication incomplète ou irrégulière d'un des actes visés..., peut demander des dommages-intérêts» (Art. 30. 4 des Dekretes). Neben den Erben haften die Gerichtsbeamten (Notare, Anwälte, Gerichtsweibel). Eine Haftung des Staates ist nicht vorgesehen.

d) Italien[23]

Der Führer der Grundregister ist ein öffentlicher Beamter, der, unter Vorbehalt des Weiterzuges an eine Behörde, bei der Anwendung des Gesetzes

---

[21] Vgl. Bundesgesetz vom 18. Dezember 1948, worin die Haftung des Bundes, der Länder, der Bezirke, der Gemeinden... für den in Vollziehung der Gesetze zugefügten Schaden geregelt ist (Amtshaftungsgesetz).
[22] MARTY und RAYNAUD, Sûretés et publicité foncière, Nr. 633, 641, 663, 734, 735.
[23] Novissimo Digesto italiano, Teil «Registri immobiliari», S. 33f.

richterliche Gewalt ausübt (Art. 2888 CCit.). Aber er übt diese Gewalt in eigenem Namen und unter eigener Verantwortung aus. Bei der Erfüllung seiner Aufgaben, die privatrechtlicher Natur sind, steht er in keinem Organverhältnis zum Staat. Deshalb ist er den Privaten gegenüber auch allein für den Schaden haftbar, den er ihnen zufügen kann, indem er Eintragungen unterläßt oder vorschriftswidrig vornimmt (Art. 2675 CCit.). Diese Haftung gilt allgemein als außervertragliche und setzt in jedem Fall ein Verschulden des Registerführers voraus.

4. Plan

Im folgenden sprechen wir zunächst von den Voraussetzungen der Verantwortlichkeit des Staates (II). Darauf behandeln wir deren Wirkungen; unter diese fällt auch der Rückgriff des Staates gegen die Grundbuchbehörden (III).

II. Die Voraussetzungen der Verantwortlichkeit des Staates

Damit der Staat im Zusammenhang mit der Grundbuchführung zur Verantwortung gezogen werden kann, sind folgende Voraussetzungen erforderlich: 1. Eine Handlung im Sinne des Haftpflichtrechtes, d. h. ein Tätigwerden oder Unterlassen gerade im Zusammenhang mit der Grundbuchführung. 2. Diese Handlung muß rechtswidrig sein. 3. Ein Benützer des Grundbuches muß einen Schaden erlitten haben. 4. Zwischen der rechtswidrigen Handlung und dem Schaden muß ein Kausalzusammenhang bestehen.

1. Eine Handlung im Zusammenhang mit der Grundbuchführung

Unter «Grundbuchführung» ist die gesamte Tätigkeit zu verstehen, welche die Vorsteher dieses öffentlichen Dienstes entfalten, um die Öffentlichkeit der dinglichen Rechte an den Grundstücken zu gewährleisten; so wie sie durch die Gesamtheit der anwendbaren Vorschriften in Gesetzen und Verordnungen von Bund und Kantonen geregelt ist[24].

Auf folgende Punkte ist dabei näher einzugehen:

---

[24] HOMBERGER, N. 3; OSTERTAG, N. 4; FISCH, S. 13 f., 55 ff.

a) Die Person des Handelnden

Der Staat kann für die Handlungen sämtlicher Personen haftpflichtig werden, die im Zusammenhang mit der Grundbuchführung tätig werden: Beamte, Angestellte, Mitglieder der unmittelbaren Aufsichtsbehörde (Art. 955 Abs. 2 ZGB). Es kommt nicht darauf an, ob der Handelnde zum Staat in einem Beamtenverhältnis steht oder – sogar – auf Grund eines privatrechtlichen Vertrages angestellt ist; ob er voll oder in Teilzeit arbeitet; ob er vom Staat, vom Grundbuchverwalter oder auch von einem Dritten bezahlt wird[25]. Es ist nicht einmal notwendig, daß der Kläger die Person angeben kann, die im Rahmen der grundbuchlichen Tätigkeit den Schaden verursacht hat[26]. Ein Dritter aber, der nicht zu einem Grundbuchamt gehört, kann als solcher die Haftung des Staates nicht begründen[27].

Der Fall ist dies aber für jemanden, der für die Führung des Grundbuches zugezogen wird; so für das Behördemitglied oder den öffentlichen Beamten, der nach den Bestimmungen des kantonalen Rechtes die Schuldbriefe und Gülten mitunterzeichnet[28].

Die Mitglieder der unmittelbaren Aufsichtsbehörde gehören auch zu den Personen, deren Verhalten die Verantwortlichkeit des Staates nach sich ziehen kann; denn Art. 955 Abs. 2 ZGB sieht auch ein Rückgriffsrecht gegen diese Behördemitglieder vor[29]. Der Grundbuchinspektor, den einzelne Kantone kennen, gehört selbstverständlich auch zum Kreis der fraglichen Personen. Nicht anders verhält es sich mit den Kollegialbehörden, die die gleichen Aufgaben erfüllen und darüber hinaus zum Erlaß von Entscheiden

---

[25] OSTERTAG, N. 2; BGE 53 II, 1927, S. 368 Erw. 1 am Schluß. Zur Verantwortlichkeit des Bundes, siehe Art. 1 Abs. 1 lit. f. VG; BGE 106 Ib, 1980, S. 275; 104 Ib, 1978, S. 243; 94 I, 1968, S. 639; vgl. auch OFTINGER, II 1 S. 117; GRISEL, II S. 796; FLEINER-GERSTER, S. 354 f.
[26] Vgl. BGE 91 I, 1965, S. 450.
[27] BGE 53, zit. in Note 25, Erw. 1. Nach OSTERTAG (N. 2) macht der Dritte, der sich die Stellung des Grundbuchverwalters anmaßt, den Staat verantwortlich. Man kann sich den Fall aber höchstens vorstellen, wenn auf einem Amt eine schlechte Ordnung herrscht. Das Luzerner Obergericht hat die Verantwortlichkeit des Kantons jedoch in einem Fall verneint, in dem ein Angestellter einer Gemeindekanzlei – diese hatte vormals bei der Führung der kantonalen Öffentlichkeitseinrichtungen gewisse Aufgaben zu erfüllen – eine Aufgabe wahrgenommen hatte, die vor kurzem dem Grundbuchverwalter übertragen worden war, ZBGR 30, 1949, S. 82 (zu einschränkend). Zur Veranlassung einer Amtshandlung des Grundbuchverwalters durch einen Dritten, siehe unten, 4.
[28] OSTERTAG, N. 2; H. LEEMANN, Art. 857 N. 13. – Was die Geometer betrifft, siehe unten, b aa (Vermessung).
[29] HOMBERGER, N. 4; OSTERTAG, N. 7; FISCH, S. 39; JENNY, Die Verantwortlichkeit, S. 73 f. Art. 998 des VE erwähnte im ersten Absatz «die Organe der unmittelbaren Aufsicht».

im Grundbuchbeschwerdeverfahren zuständig sind. In jenen Kantonen, die zwei Beschwerdeinstanzen kennen, ist die obere Aufsichtsbehörde nicht eine unmittelbare Aufsichtsbehörde.

b) Der Anwendungsbereich

aa) Die Grundbuchvermessung

Die Grundbuchvermessung, die der Anlegung des Grundbuches vorausgeht, gehört an sich nicht zur Grundbuchführung (vorn, § 4 II). Nach der Meinung des Bundesgerichts ergibt sich dies klar aus den Gesetzesmaterialien[30]. Die Kantone können diesbezüglich nur gestützt auf besondere eigene Vorschriften über die Verantwortlichkeit des Staates, nach Maßgabe der von den Geometern begangenen Fehler, in Anspruch genommen werden. Dabei können diese entweder als kantonale Beamte oder, wo das Gesetz dies zuläßt, auch als unabhängige Geometer tätig geworden sein[31].

Art. 955 ZGB gilt auf jeden Fall nicht für die Arbeiten, die der Erstellung der Pläne vorausgehen (Triangulation IV. Ordnung, Vermarkung, Grenzziehung, Vermessung, weitere Maßnahmen usw.). Der Grundbuchplan selber, wie ihn Art. 950 ZGB versteht, ist eigentlicher Bestandteil des Grundbuches (Art. 942 Abs. 2 ZGB) und nimmt an dessen öffentlichen Glauben teil. Seine Erstellung müßte damit eigentlich zur Grundbuchführung gehören[32]. Für den ursprünglichen Grundbuchplan dürfte dies jedoch kaum zutreffen; wenigstens soweit dieser unmittelbar anhand des Ergebnisses der vorausgehenden Vermessungsarbeiten angefertigt wird. Anders verhält es sich mit den Plänen, die im Rahmen der Nachführung des Vermessungswerkes erstellt werden. Die Tätigkeit des Nachführungsgeometers, den die Parteien gezwungenermaßen, insbesondere im Fall von Parzellierungen in Anspruch nehmen, gehört zur Führung des Grundbuches. Ein (erneuter) Vermessungsfehler muß hier die Verantwortlichkeit des Kantons gestützt auf Bundesrecht nach sich ziehen[32a].

---

[30] BGE 57 II, 1931, S. 567 Erw. 1; HOMBERGER, N. 3; OSTERTAG, N. 3; JENNY, Die Verantwortlichkeit, S. 82; FRIEDRICH, Fehler, S. 142.
[31] JENNY, a. a. O.; FRIEDRICH, a. a. O., S. 144. Was Art. 1 Abs. 1 lit. f VG macht.
[32] In diesem Sinn, FRIEDRICH, a. a. O.
[32a] JENNY, Die Verantwortlichkeit, S. 83 ff.; bejahender in: Der öffentliche Glaube, S. 217 ff. Trifft dies zu, besteht für kantonale Vorschriften, die in dieser Hinsicht eine Haftung des Staates einführen, kein Platz. FISCH, S. 56 f., anerkennt eine Haftung des Staates offenbar nur, wenn Grenzen, die anderweitig festgelegt worden sind, unrichtig auf den Grundbuchplan übertragen werden.

bb) Grundstückschatzungen

Die Festlegung der Werte der Grundstücke (für die Steuerbehörden oder die Versicherung derselben) ist nicht Sache der Grundbuchbehörden als solche. Nur die Aufnahme der Schatzungen in den Grundstückbeschrieb gehört an sich zur Grundbuchführung. Daraus folgt aber nicht, daß ein Fehler bei dieser Arbeit die Haftung des Staates nach sich ziehen würde (unten, 2 b)[33]. Vorbehalten bleibt Art. 849 ZGB, der die Kantone für die Schatzung der Grundstücke verantwortlich erklärt, die mit Gülten belastet sind.

cc) Führung des Grundbuches in den Formen der alten Öffentlichkeitseinrichtungen

Die Führung des Grundbuches in den Formen der alten Öffentlichkeitseinrichtungen zieht die Verantwortlichkeit der Kantone gestützt auf Art. 955 ZGB nach sich. Die Vorschriften des ZGB über die dinglichen Rechte kommen allgemein zur Anwendung; selbst vor der Anlegung des Grundbuches in seiner vom Bundesrecht vorgesehenen Form (Art. 47 SchlT; vorn, § 3 II). Alle Kantone besitzen die Öffentlichkeitsformen, mit denen «in bezug auf Entstehung, Übertragung, Umänderung und Untergang der dinglichen Rechte» die Grundbuchwirkung verbunden ist (Art. 48 Abs. 2 SchlT). In diesem Umfang ist das eidgenössische Grundbuch im materiellen Sinn überall eingeführt. Es ist mit den Wirkungen des öffentlichen Glaubens in jenen Kantonen, deren Öffentlichkeitseinrichtungen den eidgenössischen Formen gleichgestellt worden sind (Art. 46/48 Abs. 3 SchlT). Die Verantwortlichkeit für die Führung der Register untersteht aber auch dort dem Bundesrecht, wo die kantonalen Register gutgläubigen Dritten gegenüber keine Wirkungen erzeugen. Art. 955 ZGB ist ja nicht einfach eine Folge der Einführung des Gutglaubensschutzes. Er rechtfertigt sich mit der Überlegung, daß alle Veränderungen im dinglichen Rechtsbestand an Grundstücken den Weg über das Grundbuch gehen müssen (oben, 1)[34].

---

[33] Der Entscheid des BGer in Bd. 57, zit. in Note 30, schließt die Haftung des Staates für die Schatzungen aus. Vgl. HOMBERGER, N. 3; JENNY, Die Verantwortlichkeit, S. 85. Die Anmerkung des Schatzungswertes nach Art. 6 LEG gehört aber zur Führung des Grundbuches (Art. 7 Abs. 2).

[34] So das BGer im Entscheid 51 II, 1925, S. 385 Erw. 2. Vgl. auch dessen Entscheid, veröffentlicht in ZBGR 6, 1925, S. 100; BGE 53 II, 1927, S. 368 Erw. 1; 53 III, 1927, S. 80. Einzige gegenteilige Meinung, ZBGR 6, 1925, S. 118 (KGer St. Gallen). Siehe HOMBERGER, N. 3; OSTERTAG, N. 8; MUTZNER, Art. 48 SchlT N. 13; H. LEEMANN, SJZ 17, 1921, S. 42; JENNY, Der öffentliche Glaube, S. 253 und Die Verantwortlichkeit, S. 80; FISCH, S. 89 ff.

Die Verantwortlichkeit des Staates wird jedoch nicht in der gleichen Art und Weise in Anspruch genommen in den Kantonen oder Gebieten, in denen das eidgenössische Grundbuch eingeführt ist, in den Kantonen oder Gebieten, in denen die alten Register alle Wirkungen des eidgenössischen Grundbuches erzeugen, und in jenen, in welchen Öffentlichkeitseinrichtungen geführt werden, denen der öffentliche Glaube nicht zukommt.

So müssen die Übergangsregister einen solchen Sicherheitsgrad bieten, daß sie es erlauben, schädigende Irrtümer zu vermeiden. Dort, wo weder Grundbuchpläne noch Blätter nach der Realfolienordnung bestehen, kann der Kanton für die Angabe ungenauer Grenzen nicht haftbar gemacht werden[35].

In den Kantonen, in denen die (kantonalen oder eidgenössischen) Öffentlichkeitseinrichtungen Wirkungen gegenüber gutgläubigen Dritten entfalten, erhöht sich die Gefahr, daß Schäden entstehen. In den andern Kantonen vermag ein Irrtum bei einer Eintragung oder Löschung das Recht des wirklich Berechtigten nicht zum Erlöschen zu bringen. Diesem steht immer die Möglichkeit offen, mit der Klage nach Art. 975 ZGB die Richtigstellung eines Eintrages zu erreichen. Freilich kann in diesem Fall einfach die Person des Geschädigten ausgewechselt werden. Kommt Art. 973 ZGB nicht zur Anwendung, erleidet in der Tat derjenige einen Schaden, gegen den sich die Grundbuchberichtigungsklage richtet; an Stelle desjenigen, der durch den unrichtigen Eintrag «geschädigt» war (Art. 975 ZGB)[36].

dd) Einführung des eidgenössischen Grundbuches und Bereinigung der dinglichen Rechte

Zunächst muß festgehalten werden, daß die Verantwortlichkeit nach Bundesrecht nicht spielt in bezug auf Eintragungen, die unter der Herrschaft des alten Rechtes vorgenommen worden sind und die unter dem

---

[35] BGE 53 II, 1927, S. 214; HOMBERGER, N. 8; JENNY, Die Verantwortlichkeit, S. 80.
[36] JENNY, Die Verantwortlichkeit, S. 80f.; H. LEEMANN, Die Tragweite, S. 44. Beispiel: Der Grundbuchverwalter löscht irrtümlich den Eintrag einer Grunddienstbarkeit; darauf wird das dienende Grundstück veräußert. In unserm Zusammenhang schützt der gute Glaube den Erwerber gegen die Wiedereintragung der Dienstbarkeit nicht, die vom Berechtigten verlangt wird; aber der neue Eigentümer, der in seinem Vertrauen auf das Nichtbestehen der Dienstbarkeit getäuscht ist, kann gestützt auf die fehlerhafte Führung des kantonalen Registers Schadenersatz verlangen. Siehe den ähnlichen Fall, der von JENNY angeführt wird: BGE 53 III, 1927, S. 80. Zum Berechtigten, der einen Prozeß zur Richtigstellung des Grundbuches durchführt und dem Prozeßkosten entstehen, die auf den Irrtum des Grundbuchverwalters zurückzuführen sind, vgl. BGE 62 II, 1936, S. 81 und unten, 3.

neuen Recht unverändert weiter gelten[37]. Die Frage stellt sich aber für die Übertragung dieser Einträge in die neuen Register.

Grundsätzlich untersteht das Verfahren zur Einführung des eidgenössischen Grundbuches besondern Vorschriften des Bundes (Art. 38-45 SchlT) und der Kantone. Es hat selbständige Bedeutung und gehört an sich nicht zur Grundbuchführung. Dies gilt, wie für die Vermessung (aa), auch für die Bereinigung der dinglichen Rechte (Art. 43-45 SchlT). Ist der Grundbuchverwalter nach kantonalem Recht an diesem Verfahren – vor allem bei der Anerkennung der Rechte – beteiligt, tut er dies nicht als solcher, sondern als ein Organ unter andern, die beauftragt sind, die neuen Register anzulegen. Im Zeitpunkt aber, in dem er sich die neuen Öffentlichkeitseinrichtungen von den zuständigen Behörden übergeben läßt, beginnt seine eigene Aufgabe. Vor allem unterliegt die Eröffnung der Grundbuchblätter anhand des Bereinigungsergebnisses der Verantwortlichkeit der Kantone nach Art. 955 ZGB. Bis zu diesem Zeitpunkt gelten für die kantonalen Beamten, die mit der Grundbucheinführung betraut sind, die kantonalen Vorschriften über die Verantwortlichkeit[38].

c) Die Handlungen, die zur Grundbuchführung gehören

Art. 955 ZGB hat die Handlungen der Grundbuchbeamten im Auge, welche diese *in Ausübung* ihres Amtes vornehmen. Es geht um die Handlungen, mit denen diese die ihnen übertragenen Aufgaben erfüllen, um die Öffentlichkeit der dinglichen Rechte an den Grundstücken zu gewährleisten. Er bezieht sich nicht auf die Tätigkeit, welche die Grundbuchbeamten außerhalb ihres Dienstes als Privatpersonen ausüben; auch nicht auf die Handlungen, die sie lediglich *bei der Gelegenheit* der Führung des Grundbuches vollbringen[39]. Die gestützt auf Bundesrecht bestehende Verantwortlichkeit

---

[37] ZBGR 40, 1959, S. 92 (KGer Freiburg); 28, 1947, S. 91 (RR St. Gallen).
[38] Die Frage ist umstritten. Nach MUTZNER, Art. 44 SchlT N. 3 und OSTERTAG, N. 3 beginnt «die Führung des Grundbuches» erst, wenn es angelegt ist; ihrer Meinung schließt sich JENNY, Die Verantwortlichkeit, S. 81 f., an. HOMBERGER, N. 3 versteht unter «Führung» (mit Ausnahme der Vermessung) die Anlegung des Grundbuches und die Eröffnung der Blätter; dieser Auffassung ist auch FISCH, S. 82 f. Die hier vertretene Meinung liegt ungefähr dazwischen.
In einem Entscheid aus dem Jahr 1957, ZBGR 40, 1959, S. 92, verneint das KGer Freiburg nicht, daß das Ineinklangbringen des Eintrages einer altrechtlichen Dienstbarkeit mit den Erfordernissen des ZGB zur Führung des Grundbuches gehöre; es verneint aber, daß der Grundbuchverwalter dies vor der Einführung des eidgenössischen Grundbuches tun müsse.
[39] OSTERTAG, N. 4: Ein Grundbuchverwalter, der anläßlich der Vornahme einer Grundbucheintragung in betrügerischer Weise den Abschluß eines Geschäftes anregen würde. Dem-

erstreckt sich im weitern nicht auf die Erfüllung anderer Aufgaben; etwa als Steuerbeamter, die das kantonale Recht dem Grundbuchverwalter allenfalls noch überträgt. Besonders erwähnt werden muß hier der Fall jener Kantone, in denen der Grundbuchverwalter auch als Urkundsperson amtet (Art. 948 Abs. 3 ZGB): Obwohl die Urkundsperson ein öffentlicher Beamter ist, haftet der Grundbuchverwalter hier entweder nach Art. 41ff. OR (Art. 61 OR) oder nach kantonalem öffentlichem Recht; im Einzelfall kann diese Haftung neben jener nach Art. 955 ZGB bestehen[40].

Die Grundbuchführung umfaßt alle Eintragungen im Hauptbuch, im Tagebuch sowie in den weitern Bestandteilen des Grundbuches, allenfalls auch in den bundes- wie kantonalrechtlichen Hilfsregistern (Art. 949 Abs. 1 ZGB und Art. 108 Abs. 2 GBV): Eintragungen, Vormerkungen, Anmerkungen, Löschungen, Änderungen. Zu ihr gehört auch die Tätigkeit des Grundbuchverwalters im Zusammenhang mit der Ausstellung und Löschung von Pfandtiteln (Art. 857, 864 ZGB), wie auch im Zusammenhang mit der Erstellung von Auszügen über Grundpfandverschreibungen (Art. 825 ZGB)[41]. Weiter zu erwähnen sind die Einsichtnahme in das Grundbuch und das Erstellen von Auszügen (Art. 970 ZGB)[41a], die Mitteilungen an die Beteiligten (Art. 969 ZGB), das Aufbewahren der Belege[42]. Daneben können Bundesgesetze oder -beschlüsse dem Grundbuchverwalter als solchem besondere Aufgaben übertragen. Beispiele: die Bezahlung der Enteignungsentschädigung auf Rechnung der Berechtigten zuhanden des Grundbuchverwalters, der auch mit dem Verteilungsverfahren beauftragt ist (Art. 89ff. EntG); eine erste Prüfung, ob der Erwerb von Grundstücken durch Personen im Ausland einer Bewilligung bedarf (Art. 18 BewG)[42a]. Schließlich fällt auch die Anwendung gewisser kantonaler Vorschriften unter die Grund-

---

gegenüber zieht eine Rechtswidrigkeit bei der Grundbuchführung die Verantwortlichkeit des Kantons auch dann nach sich, wenn sie zusätzlich eine strafbare Handlung darstellt, siehe beispielsweise BGE 53 II, 1927, S. 368.

[40] ZBGR 4, 1923, S. 237 (RR Thurgau); 20, 1939, S. 227 (RR St. Gallen) und S. 236 (GBA); Entscheid des BGer in Bd. 53, zit. in Note 39, beiläufig in Erw. 1; BGE 110 II, 1984, S. 37 Erw. 3; HOMBERGER, N. 4; OSTERTAG, N. 4; JENNY, Die Verantwortlichkeit, S. 74. Zur Verantwortlichkeit des Notars, BGE 90 II, 1964, S. 277 Erw. 1 und 2.

[41] BGE 110 II, 1984, S. 37 Erw. 4a. Hierher gehören auch die vorläufige Bescheinigung über die Anmeldung einer Grundpfandverschreibung oder eines Schuldbriefes und die Bestätigung, daß ein Pfandrecht eingetragen werde, FRIEDRICH, «Interimstitel», S. 30.

[41a] BGE 53 II, 1927, S. 372.

[42] HOMBERGER, N. 3; OSTERTAG, N. 4ff.; FISCH, S. 14f.; JENNY, S. 69. Die Organe des Grundbuches müssen auch dafür sorgen, daß unberechtigte Dritte sich nicht amtliche Formulare verschaffen können, vgl. BGE 57 II, 1931, S. 567ff.

[42a] Es ist auch auf die Aufgaben hinzuweisen, die das LEG (etwa Art. 2, 3, 90) und die kantonalen Einführungsgesetze dem Grundbuchverwalter zuweisen. Das Nichtbeachten

buchführung. Zu erwähnen sind – neben den Einführungserlassen zu Bundesgesetzen –: die Aufnahme der dem öffentlichen Gebrauch dienenden Grundstücke ins Grundbuch (Art. 944 ZGB); die Eintragung von dinglichen Rechten an Grundstücken, die dem kantonalen Recht unterstehen (Art. 949 Abs. 2 ZGB): die Anmerkung öffentlichrechtlicher Eigentumsbeschränkungen, die sich auf kantonales Recht abstützen (Art. 962 ZGB)[43].

Eine Amtshandlung kann nicht nur in einem positiven Tun, etwa einer Eintragung oder der Aushändigung eines Beleges, sondern auch in einer Unterlassung bestehen. Beispiele: Der Grundbuchverwalter unterläßt es, über eine Anmeldung zu entscheiden, oder er verzichtet darauf, eine Beglaubigung zu verlangen[44]. Die Frage der Unterlassung kann jedoch nicht von jener der Widerrechtlichkeit getrennt werden; denn eine Unterlassung ist nur eine «Handlung», wenn die rechtliche Ordnung eine Handlungspflicht auferlegt[45].

Die allgemeine Aufsicht, welche die zuständigen Organe durch Besichtigungen, Weisungen und Ratschläge über die Grundbuchverwalter ausüben, gehört ebenfalls zur Grundbuchführung (siehe vorn, § 9 III). Das gleiche gilt für die verwaltungsrechtliche Kontrolle der (unmittelbaren) kantonalen Aufsichtsbehörde.

2. Die Rechtswidrigkeit der Grundbuchführung

Die Handlung, die zur Grundbuchführung gehört, muß rechtswidrig sein (siehe oben, I 2c); d. h. den Vorschriften widersprechen, welche die Öffentlichkeit der dinglichen Rechte an den Grundstücken regeln und die dazu bestimmt sind, die Benützer des Dienstes in ihren Interessen zu schützen, ohne daß besondere Umstände die Rechtsverletzung rechtfertigen würden[46].

a) Verletzung einer Vorschrift, die sich auf die Grundbuchführung bezieht

Es kann sich um irgendeine Vorschrift eines Gesetzes oder einer Verordnung handeln, welche die Tätigkeit der Grundbuchorgane regelt. Die

---

einer Grundbuchsperre dagegen, die vom Richter oder einer Verwaltungsbehörde ausgeht, zieht die Verantwortlichkeit des Kantons nach Art. 955 ZGB nicht nach sich, siehe hinten, § 19 Note 66.
[43] OSTERTAG, N. 6.
[44] HOMBERGER, N. 3; JENNY, Die Verantwortlichkeit, S. 70 f.
[45] BGE 53 I, 1927, S. 356; OFTINGER, I S. 88; DESCHENAUX/TERCIER, S. 38.
[46] Der privatrechtliche Begriff der Rechtswidrigkeit wird zu Recht auf das Verwaltungsrecht übertragen, wie es GRISEL, II S. 797 ff., tut; zum Begriff der Rechtswidrigkeit, insbesondere

Verhaltensvorschriften, an die sich diese zu halten haben, können im einzelnen durch Weisungen ausgestaltet sein oder sich aus Feststellungen in Gerichtsentscheiden ergeben. Diese Vorschriften sind gerade Gegenstand dieser Abhandlung.

Einzelfälle:

- Ein Grundbuchverwalter setzt einen Schuldbrief in Umlauf, der die vom kantonalen Recht festgesetzte Belastungsgrenze übersteigt (Art. 843 ZGB) und nicht mit der erforderlichen zweiten Unterschrift versehen ist[47].
- Ein Grundbuchverwalter entkräftet einen Schuldbrief, ohne daß der Pfandgläubiger sein schriftliches Einverständnis gegeben hat, und löscht das Pfandrecht im Grundbuch[48].
- Ein Grundbuchverwalter trägt ein vertragliches Pfandrecht, das einem bestehenden im Rang vorgeht, ohne die schriftliche Zustimmung des betreffenden Pfandgläubigers zur Rangrückversetzung ins Grundbuch ein[48a].
- Ein Angestellter des Grundbuchverwalters – er ist dazu noch unzuständig und holt die zweite vom kantonalen Recht verlangte Unterschrift nicht ein – händigt eine falsche Bescheinigung über die Eintragung einer Grundpfandverschreibung aus[49].
- Ein Grundbuchverwalter löscht in einem Nachlaßverfahren auf Begehren des Liquidators ein Grundpfandrecht, das aus dem Erlös der Verwertung des Grundpfandes nicht gedeckt ist; obwohl der Liquidator – im Gegensatz zum Konkursverwalter – dazu nicht ermächtigt ist[50].
- Ein Grundbuchverwalter händigt einen Grundbuchauszug aus, in dem ein Nutznießungsrecht nicht angegeben ist, das einer neu zu errichtenden Grundpfandverschreibung im Rang vorgeht[51].
- Ein Grundbuchverwalter unterläßt es, eine nach Art. 969 ZGB vorgeschriebene Mitteilung zu machen.
- Ein Grundbuchverwalter bereitet einen Grundbuchauszug über ein ihm gehörendes Grundstück vor; eine darauf lastende Grundpfandverschreibung gibt er jedoch nicht an; er läßt den Auszug durch seinen Stellvertreter unterzeichnen und erwirkt dadurch, daß auf dem Grundstück eine neue Grundpfandverschreibung errichtet wird, die vom gleichen Stellvertreter ins Grundbuch eingetragen wird.
- Ein Stellvertreter des Grundbuchverwalters fälscht einen Schuldbrief[52].
- Ein Grundbuchverwalter vollzieht ein Urteil des Richters betreffend ein Bauhandwerkerpfandrecht nicht vorschriftsgemäß; so daß das Pfandrecht nicht zustandekommt[53].
- Ein Grundbuchverwalter merkt ein Vorkaufsrecht vor, ohne daß die Parteien einen diesbezüglichen Antrag gestellt haben, und teilt das in der Folge abgeschlossene Kaufgeschäft dem Vorkaufsberechtigten mit[54].

---

im Zusammenhang mit der Verantwortlichkeit des Staates, vgl. BGE 107 Ib, 1981, S. 164; 103 Ib, 1977, S. 68; 101 Ib, 1975, S. 255. Vgl. auch FLEINER-GERSTER, S. 355.

[47] Entscheid des BGer in ZBGR 6, 1925, S. 98.
[48] BGE 51 II, 1925, S. 385.
[48a] BGE 110 II, 1984, S. 37.
[49] BGE 53 II, 1927, S. 368.
[50] BGE 53 III, 1927, S. 80.
[51] BGE 55 II, 1929, S. 75.
[52] BGE 57 II, 1931, S. 567.
[53] BGE 62 II, 1936, S. 81.
[54] BGE 83 II, 1957, S. 12.

- Ein Grundbuchverwalter überträgt das Eigentum an einem landwirtschaftlichen Gewerbe gestützt auf den Zuweisungsentscheid an den Ansprecher, ohne daß ein Teilungsvertrag oder ein Urteil in einem Erbteilungsprozeß vorgelegen hat.
- Ein Grundbuchverwalter führt die Anordnung einer Behörde, eine öffentlichrechtliche Eigentumsbeschränkung betreffend den Gebrauch oder die Verfügung über ein Grundstück anzumerken, nicht aus.
- Bei der Teilung eines berechtigten oder belasteten Grundstückes überträgt ein Grundbuchverwalter nicht alle Dienstbarkeiten, die zugunsten oder zu Lasten des geteilten Grundstückes bestehen, auf alle neuen Grundbuchblätter (Art. 743/744 ZGB, Art. 86 GBV).
- Bei der Teilung eines Grundstückes begeht ein Geomter einen Fehler bei der Ziehung der Grenzlinien (oben 1b aa).
- Ein Grundbuchverwalter trägt die vom Geometer errechnete und ihm mitgeteilte Fläche falsch in die Beschreibung des Hauptbuchblattes ein (35 000 m² anstatt 30 000 m²) und händigt den Kaufvertragsparteien darauf einen Auszug mit einer falschen Flächenangabe aus (unten, 2b Note 61a).

Die Gefahr, daß der Grundbuchverwalter seine Amtspflicht (objektiv) verletzt, besteht vor allem bei der Ausübung seiner *Prüfungsbefugnis;* d. h. bei der Prüfung des Rechtsgrundausweises für eine Grundbucheintragung und bei der rechtlichen Würdigung dieses Ausweises (Art. 965 ZGB; vorn, § 9 II 4)[55].

Die Verantwortlichkeit der Kantone besteht indessen nur im Umfang der Prüfungsbefugnis des Grundbuchverwalters, so wie diese weiter hinten umschrieben wird (vgl. § 24). So verletzt der Grundbuchverwalter das Gesetz nicht dadurch, daß er einem nichtigen Begehren auf Übertragung des Eigentums an einem Grundstück Folge leistet, bei dem er den widerrechtlichen Inhalt oder den Verstoß gegen die guten Sitten aber gar nicht feststellen konnte[55a]. Gegenüber einem Urteil, das eine ungerechtfertigte Grundbucheintragung anordnet, ist, wie wir sehen werden, die Prüfungsbefugnis des Grundbuchverwalters beschränkt (vgl. hinten, § 24C III). Auch bei der Lösung von Rechtsfragen muß man dem Grundbuchverwalter einen gewissen

---

55 HOMBERGER, N. 3 und 5; JENNY, Die Verantwortlichkeit, S. 71.
55a JENNY, Der gute Glaube, S. 248, Die Verantwortlichkeit, S. 69 und HOMBERGER, N. 6, bejahen eine Verantwortlichkeit des Staates, wenn der Grundbuchverwalter ein Rechtsgeschäft einträgt, das von einer urteilsunfähigen Person ausgeht. Nach unserer Ansicht hat der Grundbuchverwalter, soweit er diese Unfähigkeit unter normalen Umständen nicht feststellen konnte, seine Amtspflicht objektiv nicht verletzt. Dort, wo die Aufgaben des Notars und des Grundbuchverwalters auseinandergehen, darf angenommen werden, daß es Sache des Notars ist, die Handlungsfähigkeit einer Vertragspartei zu überprüfen und festzustellen; der Grundbuchverwalter kann sich in der Regel auf diese Abklärung verlassen. In diesem Sinn etwa, SJZ 70, 1974, S. 267 (Departement des Innern Aargau); H. H. in ZBGR 64, 1983, S. 112. Auf jeden Fall erbringen die Rechtsgeschäfte, die lediglich gestützt auf einen Willensmangel angefochten werden können, eine genügende Grundlage, um die Eintragung vorzunehmen. Auf diese Fragen werden wir weiter hinten, in § 24 B I-VII, C I 1 nochmals zurückkommen.

Spielraum einräumen. Von einer Rechtsverletzung seinerseits kann man wohl nur sprechen, wenn er eine doch einigermaßen klare Gesetzesbestimmung falsch auslegt oder einen Rechtsgrundsatz nicht anwendet, der durch ständige Rechtsprechung oder durch unbestrittene Lehre verankert ist[56].

Getrennt sind jene Entscheide zu betrachten, mit denen der Grundbuchverwalter die Anmeldung einer Eintragung, Vormerkung, Änderung oder Löschung abweist, die mit der besonderen Grundbuchbeschwerde nach Art. 103 GBV angefochten werden können. Nach Art. 24 Abs. 3 GBV wird eine Abweisung endgültig, «nachdem die Beschwerdefrist unbenützt abgelaufen ist». Die Abweisungsverfügung wird damit formell und materiell rechtskräftig und die Frage, ob eine Eintragung vorgenommen werden muß, auf *Registerebene* endgültig entschieden. Die Abweisungsverfügung setzt Recht zwischen dem Grundbuchverwalter und dem Anmeldenden, der zur Beschwerde legitimiert war. In einer Verantwortlichkeitsklage gegen den Kanton kann folglich nicht mehr geltend gemacht werden, die Abweisung sei rechtswidrig gewesen[56a]. Anders verhält es sich mit den Verfügungen des Grundbuchverwalters, die der allgemeinen Grundbuchbeschwerde nach Art. 104 GBV unterliegen; sie werden, mangels einer Beschwerdefrist, nicht im eigentlichen Sinn rechtskräftig (vorn, § 9 II 6).

---

[56] Die noch herrschende Lehre ist anderer Auffassung: H. LEEMANN, S. 42; JENNY, Der gute Glaube, S. 248; HOMBERGER, N. 5; zurückhaltender: OSTERTAG, N. 8, betreffend eine lückenhafte Bestimmung, die zunächst in diesem, später in einem anderen Sinn ausgelegt worden ist. Auch die Rechtsprechung zur Verantwortlichkeit des Richters läßt sich in den Begriff der objektiven Verletzung einer Pflicht übertragen: Geht es um Fragen der Auslegung oder der Würdigung, liegt eine Rechtsverletzung nur vor, wenn der Richter sein Amt offensichtlich mißbraucht, BGE 79 II, 1953, S. 424 Erw. 4. Nach BGE 107 Ib, 1981, S. 160 ff. hängt die Rechtswidrigkeit ausnahmsweise von der Schwere der Rechtsverletzung ab; bei streitigen Rechtsfragen handelt eine Behörde nur rechtswidrig, wenn sie einen unverzeihlichen oder besonders schwerwiegenden Irrtum begeht; gleicher Meinung, GRISEL, II S. 798.

[56a] Die Frage stellt sich hier somit nicht im Zusammenhang mit dem Selbstverschulden – wie man bisher angenommen hat, vgl. etwa HOMBERGER, N. 10, JENNY, Die Verantwortlichkeit, S. 73 –, sondern im Zusammenhang mit der Rechtswidrigkeit. Art. 12 VG bestimmt: «Die Rechtmäßigkeit formell rechtskräftiger Verfügungen, Entscheide und Urteile kann nicht in einem Verantwortlichkeitsverfahren überprüft werden.» Der Grundsatz hat allgemeine Bedeutung und kann auf das Gebiet der Verantwortlichkeit der Kantone für die Grundbuchführung übertragen werden. Zum vorhin angeführten Art. 12, vgl. GRISEL, II S. 798; FLEINER-GERSTER, S. 310, 317 f.; BGE 91 I, 1965, S. 451; 93 I, 1967, S. 74. – Im Gegenteil, der Entscheid, mit dem der Grundbuchverwalter zu Unrecht eine Eintragung vornimmt, erwächst nicht in Rechtskraft; er ist und bleibt ungültig. Die Grundbuchberichtigungsklage nach Art. 975 ZGB ist, vom Gesichtspunkt des Grundbuches aus, ein außerordentlicher Rechtsbehelf; die Tatsache, daß man es unterläßt, sich ihrer zu bedienen, heilt den Mangel des Eintrages nicht. Diese Unterlassung darf im Einzelfall nur als Selbst-

Die *Aufsichtsbehörden* begehen eine Amtspflichtverletzung, wenn sie ihrer Aufsichtspflicht nicht nachkommen (Art. 956 ZGB; vorn, § 9 III 1) oder den Grundbuchverwaltern falsche Weisungen oder Ratschläge erteilen. Soweit sie im Beschwerdeverfahren Entscheide zu fällen haben, kann, was die Lösung von Rechtsfragen angeht, das gleiche gesagt werden wie für den Grundbuchverwalter[57].

b) Verletzung einer Norm, welche die Interessen des Geschädigten schützt

Es braucht nicht untersucht zu werden, ob der Geschädigte verlangen durfte, daß die verletzte Norm eingehalten würde. Es genügt, daß die nicht eingehaltene Vorschrift zum Schutz seiner Interessen besteht[58].

Das trifft nicht für alle Vorschriften über das Grundbuch zu. So eröffnet eine Amtspflichtverletzung den Weg einer Klage gegen einen Kanton nicht, wenn der Grundbuchverwalter nur eine interne Dienstvorschrift verletzt hat; auch wenn daraus für einen Benützer des Grundbuches ein Schaden entstanden ist[59].

Allgemein sind die Vorschriften, die sich auf Gegebenheiten beziehen, welche in die Beschreibung eines Grundstückes aufzunehmen sind (Ortsbezeichnung, Kulturart, Gebäude, Schatzungen), nicht zum Schutz der Interessen der Benützer des Grundbuches bestimmt. Diese Angaben tatsächlicher Art nehmen nicht nur am öffentlichen Glauben nicht teil. Ihnen kommt auch keine der besonderen Wirkungen des Grundbuches zu; nicht einmal die der gewöhnlichen Vermutung ihrer Richtigkeit (Art. 9 ZGB).

Wie verhält es sich aber mit der *Angabe der Fläche* in der Beschreibung eines Grundstückes? Der Schutz des gutgläubigen Dritten bezieht sich nur auf die Grenzziehung im Plan. Der Flächeninhalt der Grundstücke wird nach geometrischen Regeln berechnet. Ausgangspunkt ist deren äußere Gestalt, die durch diese Grenzen festgelegt wird. Begeht der Geometer einen Fehler bei der Berechnung oder überträgt der Grundbuchverwalter die ihm mitgeteilte Fläche nicht richtig in die Beschreibung eines Grundstückes, könnte der öffentliche Glaube den Fehler nicht heilen. Beispiel: Beträgt die Fläche einer Liegenschaft, wie sie sich aus den im Plan richtig gezogenen Grenzen ergibt, 30 0000 m² und ist in der Beschreibung des Grundstückes

---

    verschulden angerechnet werden (siehe unten, 4). Das gleiche gilt, wenn es der Geschädigte unterläßt, den Weg der allgemeinen Beschwerde nach Art. 104 GBV zu beschreiten.

[57] JENNY, Die Verantwortlichkeit, S. 74 bezweifelt, ob ein Entscheid der Aufsichtsbehörde, der mit Beschwerde anfechtbar ist, die Verantwortlichkeit des Kantons nach sich ziehen kann.

[58] BGE 107 Ib, 1981, S. 164; 106 Ib, 1980, S. 362; 102 II, 1976, S. 88; 101 Ib, 1975, S. 255; GRISEL, II S. 798.

[59] JENNY, Die Verantwortlichkeit, S. 71f. Zu denken ist etwa an die Einhaltung der Öffnungszeiten der Büros.

[60] JENNY, Der öffentliche Glaube, S. 207f.; FRIEDRICH, Fehler, S. 138f. Vgl. ERL., S. 403; BGE 44 II, 1918, S. 467; ZBGR 24, 1943, S. 153 (GBA).

diese Fläche mit 35 000 m² angegeben, vermag der gute Glaube eines allfälligen Erwerbers nicht zu bewirken, daß die Fläche des verkauften Grundstücks sich um 5 000 m² vergrößert[60]! Daraus ist der Schluß gezogen worden, gestützt auf einen derartigen Fehler könne es keine Haftpflicht eines Kantons geben[61]. Das Bundesgericht hat jedoch anders entschieden[61a].

In der Tat ist die in Art. 955 ZGB vorgesehene Verantwortlichkeit nicht ausschließlich im öffentlichen Glauben des Grundbuches begründet (oben, I). Kommt den Eintragungen diese Wirkung nicht zu (so im Übergangsrecht, Art. 48 Abs. 1 und 2 SchlT), haben sie neben der rechtsbegründenden oder erklärenden im besondern auch die Bedeutung einer Auskunft. Und dies trifft gerade für die Anmerkungen von privat- und öffentlichrechtlichen Rechtsbeziehungen zu; auch wenn diesen im allgemeinen die Vermutung, daß sie richtig sind, nicht zukommt (hinten, § 36 V). Die «gute Führung» des Grundbuches verlangt, daß diese Auskünfte richtig und vollständig sind. Das gleiche muß nun auch für die Angabe der Fläche gelten. Richtigerweise ist diese Angabe tatsächlicher Natur. Man kann sie aber nicht mit den andern Angaben in der Grundstückbeschreibung, etwa der Kulturart oder den Gebäuden, vergleichen; diese lassen sich ohne weiteres mit einem *Augenschein* überprüfen. Jener, der im Hinblick auf einen künftigen Kauf oder ein Hypothekardarlehen in das Grundbuch Einsicht nimmt, darf erwarten – ohne diese für ihn wichtige Tatsache selber nachprüfen zu müssen –, daß die angegebene Fläche der Wirklichkeit entspricht; d. h. daß sie, von den Grenzen des Grundstückes ausgehend, vom Geometer richtig berechnet und vom Grundbuchverwalter entsprechend ins Grundbuch übernommen worden ist. Die Vorschriften, welche diese Vorgänge regeln, sind dazu da, die Interessen der Beteiligten zu schützen. Ihre Mißachtung ist somit rechtswidrig im dargelegten Sinn[61b].

---

[61] JENNY, Die Verantwortlichkeit, S. 86; DESCHENAUX, Responsabilité pour la tenue du registre foncier, S. 144.

[61a] BGE 106 II, 1980, S. 341.

[61b] In diesem Sinn H. H. in ZBGR 64, 1983, S. 127. Im vorhin angeführten Entscheid konnte sich das BGer auf eine Stelle in den Erläuterungen, S. 399 stützen, wo eine «Darstellung des Grundstückes in seiner Individualität» als erstes Erfordernis der «Aufnahme ins Grundbuch» (französisch: «désignation exterieure des immeubles» als «immatriculation») bezeichnet wird; dieser kommt, im Unterschied zu den Eintragungen selber, keine rechtliche Bedeutung zu. Aber der Verfasser fährt S. 403 fort: «Allerdings kann eine fehlerhafte Aufnahme unter Umständen zur Verantwortlichkeit des Grundbuchbeamten und des Staates führen.» – Das BGer stützt sich zu seiner Begründung zusätzlich auf Art. 219 Abs. 2 OR, der lautet: «Besitzt ein Grundstück nicht das im Grundbuch auf Grund amtlicher Vermessung angegebene Maß, so hat der Verkäufer dem Käufer nur dann Ersatz zu leisten, wenn er die Gewährleistung hiefür ausdrücklich übernommen hat.» Der Käufer wäre hier der Gewährleistung gegenüber seinem Verkäufer beraubt und würde überhaupt keinen Schutz genießen, wenn er sich nicht an den Staat halten könnte. Aber die Bestimmung dürfte den Fall im Auge haben, in dem die amtliche Vermessung selber ungenau ist und einen Irrtum bei der Berechnung des Flächenmaßes nach sich zieht. In dem vom BGer beurteilten Fall waren die Grenzen richtig gezogen und das Flächenmaß vom Geometer (bis auf einige zehn m² genau) zutreffend berechnet. Der Fehler lag einzig bei der Übertragung des Flächenmaßes ins Hauptbuch. Es ist zweifelhaft, ob Art. 219 Abs. 2 OR auf einen derartigen Fall Anwendung findet. Sollte dies nicht der Fall sein, hätte der Käufer seinen Anspruch gegenüber dem Verkäufer auf Gewährleistung behalten (Art. 219 Abs. 1 OR). Im übrigen verblieb der Anspruch auf Ungültigerklärung des Kaufvertrages gestützt auf Art. 24 Abs. 1 Ziff. 4 OR, der dem Käufer zur Verfügung steht, wenn das angegebene Flächenmaß eine notwendige Grundlage des Vertrages darstellt. Das Gericht meint, dieser Anspruch helfe dem Käufer in keiner Weise weiter, wenn er das Grundstück behalten und eine dem Minderwert entsprechende Herabsetzung des Kaufpreises ver-

Die Voraussetzung der Rechtswidrigkeit erfordert weiter, daß der Geschädigte zum Kreis der von der verletzten Vorschrift geschützten Personen zählt. Zu diesem Kreis gehört, wem am fraglichen Grundstück ein dingliches Recht zusteht oder wem sonst eine durch eine Vor- oder Anmerkung geschützte Stellung zukommt. Zu diesen Personen gehört aber auch, wer gestützt auf einen obligatorischen Rechtstitel eine Anwartschaft auf ein dingliches oder vorzumerkendes obligatorisches Recht besitzt oder wer vorhat, mit dem Eigentümer eines Grundstückes oder mit jemandem, dem an einem solchen irgendein anderes Recht zusteht, in Verbindung zu treten. Die Bezeichnung der berechtigten Personen hängt wohl in jedem Fall von der anwendbaren Norm ab. Aber grundsätzlich können nur diejenigen, die von der rechtswidrigen Handlung unmittelbar in ihren Interessen betroffen sind, Ersatz des erlittenen Schadens verlangen. Dritte, etwa der Gläubiger eines Geschädigten, die mittelbar gestützt auf die begangene Rechtsverletzung einen Schaden erlitten haben, sind ausgeschlossen[62]. Wenn auch der Einrichtung des Grundbuches in weitem Umfang die Bedeutung zukommt, die Interessen der Privaten in bezug auf die dinglichen Rechte an Grundstücken zu schützen, darf daraus nicht abgeleitet werden, jede Vorschrift, die der Grundbuchverwalter verletzen könne, schütze noch

---

langen wolle (S. 343). Dabei wird aber vergessen, daß nach der Rechtsprechung die Berufung auf Irrtum zu einer teilweisen Ungültigkeit des Vertrages führen kann (BGE 96 II, 1970, S. 101), die darin besteht, daß der Kaufpreis im Verhältnis zur tatsächlichen Fläche herabgesetzt wird. In diesem Sinn PIOTET, in dem im Literaturverzeichnis aufgeführten Aufsatz. Dieser Verfasser untersucht, ob Art. 219 Abs. 2 OR, der den Minderungsanspruch ausschließt, wenn das verkaufte Grundstück nicht das im Grundbuch angegebene Maß besitzt, stillschweigend auch die teilweise Aufhebung wegen Irrtums (Herabsetzung des Kaufpreises) ausschließt; er zieht diesen Schluß nicht. In seinen Bemerkungen zum fraglichen Urteil äußert LIVER (ZBJV 118, 1982, S. 127 ff.) eine gewisse Vorliebe für die Lösung des Kantonsgerichts, nach welcher die Verantwortlichkeit des Staates für eine falsche Angabe des Flächenmaßes ausgeschlossen ist; aber er rechtfertigt schließlich die bundesgerichtliche Lösung unter Berufung auf Art. 219 Abs. 2 OR, welcher der Fläche, verglichen mit den übrigen tatsächlichen Angaben des Grundstückbeschriebes, eine größere Bedeutung beimißt. Würde man unsere Zweifel über die Anwendbarkeit dieser Bestimmung teilen, würde die Begründung nicht durchdringen.

[62] Die zu Art. 955 ZGB bis jetzt erschienenen Kommentare haben die Frage vom Gesichtspunkt des adaequaten Kausalzusammenhanges aus betrachtet. Es geht aber eher darum, die Bedeutung der Vorschrift für die betroffene Person abzuwägen. Im zivilen Haftpflichtrecht gilt der Grundsatz, daß einzig das Opfer, das von einem Eingriff unmittelbar betroffen ist, Ersatz des erlittenen Schadens verlangen kann; all jenen, die einen mittelbaren oder Folgeschaden erleiden, steht ein solcher Anspruch nicht zu. Vgl. BGE 82 II, 1956, S. 36 Erw. 4 und Verweise; DESCHENAUX/TERCIER, S. 49. In der neuesten Rechtsprechung klärt das BGer ab, ob derjenige, der mittelbar betroffen ist, selber durch eine (andere) Norm geschützt ist, BGE 101 Ib, 1975, S. 252 ff. und 102 II, 1976, S. 89 f. Es ist aber nicht ersichtlich, wie dieser Sachverhalt in unserem Zusammenhang eintreten könnte.

weitere Interessen als diejenigen des von der Rechtsverletzung unmittelbar Betroffenen[63].

c) Rechtfertigungsgründe

Der Grundbuchverwalter begeht keine Amtspflichtverletzung, wenn er eine rechtlich nicht gerechtfertigte Maßnahme ergreift, sich dabei aber an eine ihn bindende Weisung der Aufsichtsbehörde hält. In diesem Fall kann die betreffende Aufsichtsbehörde jedoch den Kanton haftpflichtig werden lassen.

Wenn ein Grundbuchverwalter oder eine Aufsichtsbehörde eine Weisung des GBA befolgt und eine Verfügung erläßt, die sich als rechtswidrig erweist, ist der Kanton dafür nicht haftbar[64]. Vorbehalten bleibt die Verantwortlichkeit des Bundes nach dem Verantwortlichkeitsgesetz von 1958.

Die Zustimmung eines Beteiligten zur vorschriftswidrigen Führung des Grundbuches, etwa zur Verletzung der Vorschriften über die Rangfolge der Eintragungen (Art. 967 ZGB), kann die Rechtswidrigkeit aufheben; aber nur ihm gegenüber[65].

Es sei nochmals daran erinnert, daß die Verantwortlichkeit der Kantone nicht ein *Verschulden* eines Beamten voraussetzt (oben, I 2b). Diese besteht beispielsweise wohl auch dann, wenn der Grundbuchverwalter plötzlich geisteskrank wird und in diesem Zustand fehlerhafte Eintragungen vornimmt[66]. Gleich verhält es sich, wenn die Tat eines Dritten, der etwa eine gefälschte Vollmacht vorgelegt hat, zu einer vorschriftswidrigen Eintragung führt. Die Prüfungsbefugnis des Grundbuchverwalters umfaßt auch die Prüfung der Echtheit der Belege; so daß die Amtspflicht in diesem Fall objektiv verletzt ist[67].

---

[63] OSTERTAG, a. a. O., führt folgendes, dem deutschen Recht entlehntes Beispiel an (RGZ 66 S. 107): Ein Grundpfandrecht, das hätte gelöscht werden sollen, ist nicht gelöscht worden. Darauf wird das Pfandrecht auf einen gutgläubigen Dritten übertragen. Im Zeitpunkt der Verwertung des Grundstückes geht das fragliche Pfand einem nachgehenden Pfandgläubiger im Rang vor, und dieser geht leer aus. Das deutsche Reichsgericht vertritt die Auffassung, der nachfolgende Pfandgläubiger sei nur mittelbar geschädigt; ihm stehe kein Anspruch auf Schadenersatz zu; einzig der Eigentümer, dem das Pfandrecht entgegengehalten werden könne, könne diesen Anspruch geltend machen. OSTERTAG und JENNY (Der öffentliche Glaube, S. 249) pflichten dieser Lösung bei. Es ist aber denkbar, daß die Vorschriften über die Löschung all jene schützen, die am Grundstück ein Recht besitzen.

[64] ZBGR 31, 1950, S. 300 (Justizdirektion Bern); HOMBERGER, N. 4: eine gewöhnliche Meinungsäußerung des GBA kann den Kanton nicht von seiner Verantwortlichkeit befreien.

[65] FISCH, S. 68.

[66] ERL., S. 427.

[67] H. LEEMANN, S. 42; JENNY, Der gute Glaube, S. 248; HOMBERGER, N. 6. Vor der Expertenkommission ist EUGEN HUBER hier entgegengekommen, Protokoll IV S. 416.

3. Der Schaden

Unter Schaden versteht Art. 955 ZGB offensichtlich einen Eingriff in vermögensrechtliche Interessen im Zusammenhang mit Grundstücken, unter Ausschluß der Genugtuung[68].

Der Schaden stellt den Unterschied dar zwischen dem Vermögensstand des Geschädigten vor der rechtswidrigen Amtshandlung und seinem Stand als Folge derselben[69]. Er entspricht dem Wert des verlorenen Rechtes oder der verlorenen Anwartschaft im Vermögen des Betroffenen. Gegebenenfalls wird er sich aber wohl auf die Kosten für den Prozeß beschränken, der gutgläubig zur Wahrung des Rechtes geführt worden ist, das sich im nachhinein als wertlos erwiesen hat (oben, auch Note 36).

Der Ursprung des Schadens kann sehr verschieden sein[70].

Der Schaden kann eine Folge des absoluten Eintragungsprinzips sein: Ein Darlehensgeber läßt sich vom Darlehensnehmer ein Pfandrecht geben; der Grundbuchverwalter unterläßt es, die Anmeldung ins Tagebuch einzuschreiben; in der Zwischenzeit fällt der Schuldner in Konkurs, und die Forderung des Darlehensgebers wird in der V. Klasse kolloziert, während sie voll gedeckt wäre, wenn das Pfand tatsächlich bestellt worden wäre.

Der Schaden kann vom Schutz des guten Glaubens herrühren: Der Inhaber eines Quellenrechtes verliert sein Recht, wenn das belastete Grundstück geteilt wird, der Grundbuchverwalter es unterläßt, die Dienstbarkeit auf alle neuen Grundstücke zu übertragen und ein gutgläubiger Dritter das

---

[68] OSTERTAG, N. 12; JENNY, Die Verantwortlichkeit, S. 72. Vorstellbar wäre moralische Unbill, wenn ein Eigentümer einen Familiensitz verlieren würde, der für ihn wegen seines geschichtlichen oder künstlerischen Wertes einen besonderen Liebhaberwert darstellt. In Frage käme höchstens eine Verantwortlichkeit des Beamten oder des Staates nach kantonalem Recht oder, für den Beamten, unter den Voraussetzungen des revArt. 49 OR.

[69] Vgl. den in ZBGR 6, 1925, S. 98 ff. veröffentlichten und in Note 47 zit. Entscheid des BGer, in dem der Schaden umschrieben wird als der Unterschied zwischen dem Vermögen des Klägers, so wie es wäre, wenn sich der Grundbuchverwalter an die Vorschriften gehalten hätte, und dem Vermögen, so wie es sich gestützt auf den begangenen Fehler ergibt. – In diesem Fall machte ein Gläubiger, der sich zur Sicherstellung einer bereits bestehenden Schuld einen Schuldbrief hatte aushändigen lassen, geltend, zum Zeitpunkt der Pfandverwertung sei sein Pfand wertlos gewesen. Das BGer entgegnet ihm aber, wenn der Grundbuchverwalter sich an die Vorschriften über die Belastungsgrenze gehalten hätte, hätte er den Schuldbrief gar nicht ausgestellt; da er dem Schuldner kein neues Geld geliehen habe, habe der Kläger somit nichts daraus für sich ableiten können, daß der Grundbuchverwalter sich nicht an die gesetzlichen Regeln gehalten habe. Nach unserer Auffassung ist das der Beweis dafür, daß die anwendbaren Bestimmungen schließlich nicht den Benützer des Dienstes schützen: Es geht um eine Frage der Rechtswidrigkeit; nicht um eine solche der Schadensberechnung, noch des Kausalzusammenhanges.

[70] FISCH, § 3: «Die Gefahren des unrichtigen Buches».

Grundstück erwirbt, auf dem die Quelle entspringt, die Dienstbarkeit darauf aber nicht eingetragen ist.

Die Unrichtigkeit des Grundbuches kann jemanden auch verleiten, ein Geschäft abzuschließen, das seinen Interessen nachteilig ist. Beispiel: Der Grundbuchverwalter hat es unterlassen, eine öffentlichrechtliche Eigentumsbeschränkung, etwa ein Zweckentfremdungsverbot, anzumerken; ein Bewerber kauft das Grundstück, kann es für die beabsichtigten industriellen Zwecke aber nicht verwenden.

Zum Schaden, der in der Bezahlung eines zu hoch berechneten Preises besteht, siehe oben, Note 61a.

4. Der Kausalzusammenhang zwischen der rechtswidrigen Handlung und dem Schaden

Vorausgesetzt ist einmal, daß der Schaden ohne die rechtswidrige Handlung nicht eingetreten wäre *(natürlicher Kausalzusammenhang)*[71]. Nicht notwendig ist, daß diese die einzige Voraussetzung gewesen ist. Die Tat eines Dritten oder des Geschädigten selber kann der rechtswidrigen Amtshandlung des Grundbuchverwalters vorausgegangen, gleichzeitig mit dieser vorgenommen worden oder dieser nachgefolgt sein; ohne daß der Kausalzusammenhang aufgehoben worden ist, selbst wenn die vorausgegangene, gleichzeitige oder nachgefolgte Handlung für ihren Urheber haftungsbegründend war[71a]. Sehr häufig wird der Schaden mittelbar in dem Sinn sein,

---

[71] Im Entscheid, den das BGer in Bd. 83, II, 1957, S. 12 (siehe Note 54) gefällt hat, hatte der Grundbuchverwalter ungerechtfertigte Maßnahmen ergriffen, indem er ein rein obligatorisches Vorkaufsrecht im Grundbuch vormerkte und dem Verkaufsberechtigten vom nachfolgenden Verkauf des Grundstückes Mitteilung machte; diese Vorkehren waren geeignet, dem Käufer einen Schaden zu verursachen; aber schließlich beruhte der Schaden des Käufers darauf, daß der Eigentümer den Vorkaufsberechtigten diesem vorzog (ein Fall sog. überholender Kausalität).

[71a] In BGE 55 II, 1929, S. 75 hat der Grundbuchverwalter in einem Auszug, den er für einen zukünftigen Pfandgläubiger ausstellte, eine gestützt auf altes Recht bestehende, im Grundbuch eingetragene Nutznießung nicht erwähnt. Eine Bank gewährte dem Eigentümer einen Kredit, der durch eine Grundpfandverschreibung sichergestellt wurde. Im Konkurs des Schuldners verlangte der Gläubiger, daß das Nutznießungsrecht, das ihm im Rang vorging, beseitigt werde; er verlor den Prozeß aber und blieb ungedeckt. Im Verlauf des Schadenersatzprozesses gegen den Staat stellte sich heraus, daß das Nutznießungsrecht im Jahr 1912 untergegangen war. Das Gericht schrieb den Verlust des Gläubigers dem im Kollokationsprozeß ergangenen Urteil, nicht der Tatsache zu, daß im erstellten Grundbuchauszug die Nutznießung nicht aufgeführt gewesen war. Trotzdem ist diese Unterlassung durch den Grundbuchverwalter wohl die *conditio sine qua non* für den Verlust, den die Bank erlitten hat; denn wenn ihr der Eintrag der Nutznießung bekannt gewesen wäre,

daß ein neues Ereignis die schädigenden Folgen der schlechten Grundbuchführung auslöst (sog. Folgeschaden). So zeigt sich, wenn eine Dienstbarkeit vorschriftswidrig gelöscht worden ist, der Schaden für den Berechtigten erst, wenn das belastete Grundstück von einem gutgläubigen Dritten erworben wird[72].

Für die Haftung der Kantone nach Art. 955 ZGB gelten aber die Merkmale des *adaequaten Kausalzusammenhanges*[73]. Diese hangen in Wirklichkeit von der Art der fraglichen Haftung ab[74]. Im vorliegenden Zusammenhang richtet sich die Aufmerksamkeit vor allem auf das Verschulden eines Dritten oder auf das Selbstverschulden des Geschädigten, die geeignet sind, die Kausalität der rechtswidrigen Amtsführung zu unterbrechen, wenn sie diese als entfernte Ursache des Schadens erscheinen lassen.

Soll Art. 955 ZGB sein Ziel erreichen, läßt sich grundsätzlich kaum die Meinung vertreten, das Verschulden eines Dritten, und sei es auch noch so schwer, unterbreche den Kausalzusammenhang[75].

Anders ist es, wenn dem Geschädigten ein schweres Selbstverschulden zur Last fällt. Ein solches kann den Staat von seiner Verantwortlichkeit befreien[75a].

---

hätte sie den Kredit wohl nicht eingeräumt. Wir unsererseits würden sagen, der Grundbuchverwalter habe, indem er ein im Grundbuch eingetragenes Recht, das aber gar nicht bestand, nicht aufführte, nicht eine Norm verletzt, die den Schutz der Interessen der Bank bezweckte.

[72] In BGE 57 II, 1931, S. 567 hat der Stellvertreter des Grundbuchverwalters einen Schuldbrief gefälscht und diesen darauf durch ein Geschäft, das nicht mehr in den Bereich seiner amtlichen Tätigkeit fiel, zu Faustpfand gegeben (S. 573); die Tatsache, daß die Fälschung den Schaden verursacht hat, besteht trotzdem weiter.

[73] BGE 62 II, 1936, S. 81; 55 II, 1929, S. 75 Erw. 3; 53 II, 1927, S. 368 Erw. 2. HOMBERGER, N. 7; FISCH, S. 16; JENNY, Die Verantwortlichkeit, S. 72. Zur Theorie über den adaequaten Kausalzusammenhang, vgl. OFTINGER, I S. 70 ff., DESCHENAUX/TERCIER, S. 57 ff. Die von der Rechtsprechung gegebene Umschreibung ist bekannt: Ein Ereignis ist die adaequate Ursache eines Schadens, wenn es, nach dem gewöhnlichen Lauf der Dinge und nach den Erfahrungen des Lebens, an sich geeignet ist, einen Schaden, wie er sich ereignet hat, hervorzurufen, so daß der Eintritt desselben allgemein als durch das fragliche Ereignis begünstigt erscheint, siehe BGE 98 II, 1972, S. 290; 96 II, 1970, S. 396; 93 II, 1967, S. 337. In dem in Note 71a zit. Fall hat das Gericht den adaequaten Kausalzusammenhang unter anderem deswegen verneint, weil es nicht dem gewöhnlichen Lauf der Dinge entspreche, wenn der Richter in einem Konkursverfahren einem längst erloschenen Recht eine Bedeutung beimesse. Es wäre damit menschlich nicht voraussehbar, daß ein Richter sich irrt!

[74] Vgl. DESCHENAUX, Norme et causalité, S. 414 ff.

[75] Die Veranlassung einer rechtswidrigen Eintragung durch die Einreichung einer gefälschten Vollmacht, oben, Note 67, unterbricht den Kausalzusammenhang nicht.

[75a] HOMBERGER, N. 10 und 12; OSTERTAG, N. 11; FISCH, S. 67 ff.; JENNY, Die Verantwortlichkeit, S. 73.

Ein solches Verschulden kann gar der Ursprung der rechtswidrigen Amtshandlung sein. So muß derjenige, der ein dingliches Recht erwerben will, ein Mindestmaß an Vorsicht walten lassen, um sich zu vergewissern, ob die wesentlichen Voraussetzungen für die Entstehung des Rechtes erfüllt sind[76].

Das Selbstverschulden des Geschädigten kann auch darin bestehen, daß dieser es unterläßt, die notwendigen Maßnahmen zu treffen, damit die Rechtswidrigkeit keine schädigenden Folgen nach sich zieht. Ist die Anmeldung einer Grundbucheintragung zu Unrecht abgewiesen worden, steht der Weg der Beschwerde zur Verfügung. Der Beschwerdeführer kann nicht einer Klage gegen den Staat den Vorzug geben. Gegen Entscheide einer Aufsichtsbehörde, die angeblich dem Gesetz widersprechen, muß der Betroffene vom Rechtsmittel der Verwaltungsgerichtsbeschwerde Gebrauch machen (oben, 2a Note 57). Nimmt der Grundbuchverwalter eine Eintragung oder Löschung zu Unrecht vor, muß derjenige, der dadurch in seinen Rechten verletzt ist, Klage auf Richtigstellung des Grundbuches erheben (Art. 975 ZGB). In diesem Fall haftet der Kanton nur für die Kosten, die von der andern Partei nicht eingetrieben werden können, und allenfalls für die Folgen einer vorübergehenden Einschränkung des Verfügungsrechtes[77]. Mangelnde Vorsicht muß sich der Geschädigte aber nur als Verschulden anrechnen lassen, wenn sich der Schaden mit ordnungsgemäßer Sorgfalt ganz oder wenigstens teilweise hätte vermeiden lassen und wenn diese vom Geschädigten vernünftigerweise auch verlangt werden konnte[78].

III. Die Wirkungen der Verantwortlichkeit des Staates

Sind die dargelegten Voraussetzungen erfüllt, sind die Kantone verpflichtet, dem Geschädigten den Schaden zu ersetzen, der diesem aus der

---

[76] BGE 53 II, 1927, S. 368 Erw. 2: Unentschuldbare Fahrlässigkeit einer Kleinbank, die gestützt auf die Einsichtnahme in die Bescheinigung über die Errichtung einer Grundpfandverschreibung, die vorschriftswidrig ausgefertigt worden ist, während der Pfandvertrag nur telefonisch besprochen worden war, einen Kredit aussetzt; Abweisung der Klage.

[77] HOMBERGER, N. 10 und 12; BGE 110 II, 1984, S. 37, 42: Schwere des Verschuldens im Einzelfall, das darin bestand, bei dem in Note 48a erwähnten Fall keine Grundbuchberichtigungsklage einzureichen.

[78] HOMBERGER, N. 10. Im Entscheid des BGer in Bd. 53 III, 1927, S. 80 (siehe Note 50) wird den Grundpfandgläubigern nicht zum Vorwurf gemacht, daß sie gegen die Löschung ihrer Pfandrechte nicht Beschwerde geführt haben. Beschwerde war in diesem Fall ja gar nicht möglich, wohl aber die Grundbuchberichtigungsklage nach Art. 975 ZGB. Zur Entlastung der Geschädigten könnte man auf die Schwierigkeit der Rechtsfrage hinweisen, die sich stellte.

rechtswidrigen Führung des Grundbuches entstanden ist. Diese Verantwortlichkeit wird durch Klage geltend gemacht (unten, 1). Den Kantonen ihrerseits steht gegenüber ihren Beamten ein Rückgriffsrecht zu. Zur Sicherung desselben können sie von diesen und ihren Angestellten Sicherstellung verlangen (2). Vorbehalten bleibt das Rückgriffsrecht auf Dritte (3).

1. Die Verantwortlichkeitsklage gegen den Staat

a) Aktivlegitimation

Aktivlegitimiert zur Verantwortlichkeitsklage ist, wer durch die rechtswidrige Führung des Grundbuches einen Schaden erlitten hat (oben, II 2, insbesondere b, was den Kreis der geschützten Personen betrifft). Die Forderung ist nicht rein persönlich und kann damit auch von den Erben oder einem Abtretungsgläubiger geltend gemacht werden[79].

b) Passivlegitimation

Passivlegitimiert ist der Kanton, auf dessen Gebiet sich der Fehler in der Grundbuchführung ereignet hat. In der Regel wird das der Kanton sein, in dem das Grundstück liegt (Art. 951 Abs. 2 ZGB). Reicht das Grundstück über die Grenzen eines Kantons hinaus, ist jener Kanton verantwortlich, in dem das Grundstück als Hauptgrundstück in das Grundbuch aufgenommen worden ist. Der oder die andern Kantone sind nur für Fehler im Zusammenhang mit der Übertragung von Einträgen verantwortlich (vorn, § 8 II Noten 11–18)[80].

Der Bund kann gestützt auf Art. 955 ZGB nicht verantwortlich gemacht werden (oben, II 2c).

c) Die Begründung der Klage

Es wird auf die Voraussetzungen der Verantwortlichkeit verwiesen (oben, II).

d) Die Größe des Schadenersatzes

Für die Festlegung der Größe des Schadenersatzes gelten die Grundsätze der Art. 43 und 44 OR.

---

[79] HOMBERGER, N. 9; FISCH, S. 63.
[80] HOMBERGER, a.a.O.

Da eine Kausalhaftung in Frage steht, kann die Einrede des leichten Verschuldens des Handelnden nicht gehört werden[81].

Wenn es den Kausalzusammenhang nicht unterbricht (oben, II 4), stellt Drittverschulden keinen Herabsetzungsgrund dar. Im Sinn der unechten Solidarität stehen dem Geschädigten die Klagen gegen den Staat wie gegen den Dritten offen[82].

Bei schwerem Selbstverschulden des Geschädigten wird die Verantwortlichkeit allgemein wegen Unterbrechung des adaequaten Kausalzusammenhanges abgelehnt. Die Anwendung von Art. 44 OR würde aber zum gleichen Ergebnis führen. Ein entschuldbares Verschulden des Geschädigten kann eine Herabsetzung des Schadenersatzes rechtfertigen. Ein Fall eines solchen Verschuldens liegt vor, wenn sich der Kläger nach den Umständen des Falles mehr um die Einhaltung der gesetzlichen Formerfordernisse hätte kümmern oder wenn er, trotz unklarer Rechtslage, ein Rechtsmittel hätte ergreifen müssen (oben, II 4 Noten 76 und 77).

Weitere Herabsetzungsgründe sind in der Praxis wohl kaum vorstellbar[83].

e) Die Verjährung der Verantwortlichkeitsklage

Als außervertragliche Schadenersatzklage, die zum formellen Privatrecht gehört, verjährt die Klage des Art. 955 ZGB nach den Vorschriften von Art. 60 OR[84].

Die *ordentliche* Verjährungsfrist beträgt damit ein Jahr; von der Kenntnis des Schadens und der Person des Schädigers an gerechnet[85].

Die *subsidiäre oder absolute* Verjährungsfrist dauert zehn Jahre; vom schädigenden Ereignis, d. h. – genau gesagt – von der rechtswidrigen Amtshandlung an gerechnet. Diese Frist muß als zu kurz erachtet werden; denn in diesem eher als in einem andern Bereich besteht die Gefahr, daß die Klage verjährt, bevor der Geschädigte vom erlittenen Schaden überhaupt

---

[81] Vgl. BGE 97 II, 1971, S. 221 Erw. 5.
[82] HOMBERGER, N. 12. Allgemein, vgl. BGE 98 II, 1972, S. 102; 97 II, 1971, S. 345.
[83] Der Staat kann sich wohl kaum auf seine angespannte finanzielle Lage berufen (Art. 44 Abs. 2 OR). Zu denken ist etwa an den Umstand einer Gefälligkeitshandlung (vgl. BGE 52 II, 1926, S. 457): Der Grundbuchverwalter macht den Staat verantwortlich für eine Auskunft, die er entgegenkommenderweise gibt; da er aber einen reinen Dienst erwiesen hat, sollte der Richter die Möglichkeit haben, den Ersatz für den erlittenen Schaden herabzusetzen.
[84] BGE 51 II, 1925, S. 385 Erw. 4; ZBGR 13, 1932, S. 31 (AppH Bern); 40, 1959, S. 92 (KGer Freiburg); HOMBERGER, N. 11; FISCH, S. 71 ff.; JENNY, Die Verantwortlichkeit, S. 75; für die Anwendung von Art. 127 OR, OSTERTAG, N. 14.
[85] Dieser «Verursacher» ist zum voraus bekannt, nämlich der Kanton. Es ist nicht notwendig, daß der Kläger den Beamten ausfindig macht, der den Fehler begangen hat, JENNY, S. 75.

Kenntnis erhalten hat[86]. Es ist jedoch in jedem Fall abzuklären, worin die Amtshandlung besteht, welche die Schadenersatzpflicht auslöst.

Geht es um die *Unterlassung,* eine Eintragung vorzunehmen oder eine Maßnahme zu treffen, dauert die rechtswidrige «Handlung» in dem Sinn fort, daß der Grundbuchverwalter fortlaufend verpflichtet ist, seine Untätigkeit zu beenden. So muß er der Anmeldung Folge leisten, die er aus dem Auge verloren hat; bei der Teilung eines Grundstückes (Art. 743/744 ZGB) muß er die Übertragung der Dienstbarkeiten vornehmen, die er vergessen hat, oder das in Art. 86 Abs. 2 GBV vorgesehene Verfahren durchführen: Solange er nicht handelt, verletzt er weiterhin objektiv seine Amtspflicht, so daß die Verjährungsfrist der Schadenersatzklage gegen den Staat nicht zu laufen beginnt[86a].

Die Rechtslage ist an sich anders, wenn der Grundbuchverwalter eine *Eintragung oder Löschung* zu Unrecht oder unrichtig vorgenommen hat und diese Tatsache dem «Geschädigten» nicht zur Kenntnis gelangt ist (Fälle, die insbesondere die Noten 47, 48 und 50 im Auge haben). Ein entsprechender Fall liegt vor, wenn der Geometer bei der Nachführung des Vermessungswerkes einen Fehler begangen hat oder der Grundbuchverwalter sich bei der Eintragung der ihm vom Geometer mitgeteilten Grundstücksfläche geirrt hat (oben, Note 61a). Art. 60 Abs. 1 OR unterscheidet klar zwischen der «schädigenden Handlung» und dem «Schaden», der später eintreten kann: Die Verjährungsfrist von zehn Jahren beginnt vom ersten der beiden Ereignisse an zu laufen[86b].

Zunächst muß jedoch der Fall ausgeklammert werden, in dem der Grundbuchverwalter in den Grenzen des Art. 977 ZGB (hinten, § 42) entweder das Verfahren zur Berichtigung eines Eintrages in die Wege leiten oder diese sogar von sich aus vornehmen kann (Art. 98–100 GBV). In der Unterlassung dieser Maßnahme kann eine objektive Pflichtverletzung des Grundbuch-

---

[86] JENNY, zit. in Note 84. Diese Rechtslage ist im schweizerischen Haftpflichtrecht nicht einmalig, vgl. BGE 106 II, 1980, S. 134; 87 II, 1961, S. 155.

[86a] In diesem Sinn der in Note 84 zit. Freiburger Entscheid. Zum Zeitpunkt des Beginns der absoluten Verjährungsfrist bei einer Unterlassung, siehe SPIRO, Die Begrenzung, I S. 79 Noten 7–11. Die Pflicht (und die Möglichkeit) des Grundbuchverwalters zu handeln, hört auf, wenn dort, wo Art. 973 ZGB zur Anwendung kommt, ein gutgläubiger Dritter das Grundstück erwirbt, auf dem die Dienstbarkeit hätte eingetragen werden müssen: Zu diesem Zeitpunkt beginnt die zehnjährige Frist an zu laufen, vgl. ZBGR 56, 1975, S. 198 (ObG Aargau).

[86b] Vgl. den in Note 86 zit. Entscheid des BGer aus Bd. 106. – FRIEDRICH, Fehler, S. 143f., ist im Gegenteil der Auffassung, wenn der Geometer einen Vermessungsfehler begehe, laufe die Frist so lange nicht, als der Schaden als Folge des Erwerbs durch einen gutgläubigen Dritten entstehen könne.

verwalters erblickt werden[86c]. Bleiben jene Fälle von Grundbucheinträgen, die nicht im Verfahren nach Art. 977 ZGB berichtigt werden können. Wir neigen eher dazu, eine vorschriftswidrige Eintragung oder Löschung – soweit sie an sich die Verantwortlichkeit des Staates nach sich ziehen – als ununterbrochenen Eingriff in die Rechte des möglichen Geschädigten zu betrachten, die fortdauert, bis der Schaden sich verwirklicht[86d]. Es wäre übrigens sehr eigenartig, wenn der Fall der vorschriftswidrigen Unterlassung einer Eintragung und der Fall der vorschriftswidrigen Eintragung in bezug auf die Verjährung verschieden behandelt werden müßten.

Dagegen können in andern Fällen außer der Unterlassung einer Eintragung oder einer vorschriftswidrigen Eintragung, etwa im Fall der Weigerung, einen Grundbuchauszug zu erstellen, oder im Fall von unrichtigen Auskünften über die Eintragungen im Grundbuch einfach streng die Regeln von Art. 60 Abs. 1 OR angewendet werden.

Die Verjährungsfrist des Strafanspruches gegen den Urheber des Schadens (Art. 60 Abs. 2 OR) dürfte auf die Schadenersatzklage gegen die Kantone nicht anwendbar sein[87].

[86c] Der Irrtum, den ein Geometer bei der Ziehung der Grenzen begeht, kann ebenfalls im Verfahren nach Art. 98 GBV berichtigt werden (hinten, § 42 Note 18); die Unterlassung, dieses Verfahren einzuleiten, kann ebenfalls als widerrechtlich angesehen werden. Über diesen Ausweg ließe sich die Lösung von FRIEDRICH (Note 86b) rechtfertigen. In BGE 106 II, 1980, S. 341 (oben, Note 61a) beurteilten Fall ging der Übertragungsfehler auf das Jahr 1917 zurück; aber das BGer hat das schädigende Ereignis ohne Zweifel in der Erstellung des Grundbuchauszuges erblickt.

[86d] Die Rechtslage weicht von derjenigen ab, in der ein Arbeiter während seines Dienstverhältnisses ionisierenden Strahlen ausgesetzt ist, deren Folgen sich nach Beendigung desselben auswirken, Entscheid des BGer in Bd. 106, zit. in Note 86. Ist im Grundbuch eine Eintragung ohne rechtlichen Grund erfolgt, dauert die schädigende Handlung an, bis der unrichtige Eintrag im Grundbuch richtiggestellt wird. Anders als HOMBERGER, N. 11, arbeitet auch FRIEDRICH, S. 144, mit dem Gedanken des «Fortbestandes des unrichtigen Eintrages». Würde jedoch eine Gesetzeslücke bestehen, könnte es sich nur um eine sog. uneigentliche oder gesetzespolitische Lücke handeln, die der Richter nicht ausfüllen kann; vgl. MEIER-HAYOZ, Einleitungstitel, Art. 1 N. 303 ff.; DESCHENAUX, Einleitungstitel, S. 99 f.

[87] Nach der Rechtsprechung (BGE 55 II, 1929, S. 28; 107 II, 1981, S. 151) und der noch herrschenden Lehre (VON TUHR/PETER, S. 439; OSER/SCHÖNENBERGER, Art. 60 OR N. 15; BECKER, Art. 60 OR N. 4) findet Art. 60 Abs. 2 OR nur Anwendung auf die Verjährung der Forderung gegenüber dem Schädiger selber, nicht auch gegenüber Dritten, die zivilrechtlich mit diesem für den Schaden einstehen müssen. Die Lösung ist in jüngster Zeit bestritten worden, namentlich von SPIRO, Die Begrenzung, I S. 209; die Anwendung der strafrechtlichen Verjährung auf die Klage gegen den Dritten rechtfertige sich dort, wo dieser berufen sei, für den Schaden wegen der Verbindung, die er mit dem unmittelbaren Täter habe, zu haften, wie das bei den juristischen Personen in bezug auf ihre Organe der Fall sei. Im zweiten zit. Entscheid hat das BGer die Frage offen gelassen, räumte aber ein, daß die neue Theorie mit dem Organbegriff des schweizerischen Rechts durchaus in Einklang

f) Die Zuständigkeit für die Verantwortlichkeitsklage

Obwohl die Klage öffentlichrechtlicher Natur ist, sind für deren Behandlung die ordentlichen Zivilgerichte zuständig[88]. Das letztinstanzliche kantonale Urteil kann mit Berufung an das Bundesgericht weitergezogen werden (Art. 43/46 OG). Unter den Voraussetzungen des Art. 41 lit. b OG kann der Streit auch vor dieses als einzige Instanz getragen werden.

Die Klage ist bei den Gerichten desjenigen Kantons anhängig zu machen, gegen den sich der Verantwortlichkeitsanspruch richtet; auch wenn der Schaden anderswo entstanden ist[89]. Innerhalb des Kantons wird das zuständige Gericht durch das kantonale Organisationsgesetz oder die Prozeßordnung bestimmt.

g) Weitere Ansprüche des Geschädigten

Gegen den fehlbaren Grundbuchbeamten als solchen steht dem Geschädigten gleichzeitig keine weitere Klagemöglichkeit offen (oben, I 2b). Doch kann er gegen diesen wegen unerlaubter Handlung vorgehen, die er im Zusammenhang mit der Verletzung seiner besonderen Pflichten begangen hat[90]. Wenn der Grundbuchverwalter neben demjenigen als Grundbuchverwalter gleichzeitig das Amt der Urkundsperson auf sich vereinigt, kann er persönlich wegen der Verletzung von Pflichten belangt werden, die er in dieser Stellung begangen hat (oben, II 1c).

---

stehe. Im beurteilten Fall hat es Art. 60 Abs. 2 OR deshalb angewendet, weil das haftende Organ und die juristische Person wirtschaftlich zusammenfielen. – Die Verantwortlichkeit des Staates nach Art. 955 ZGB ist von der Verantwortlichkeit, die Art. 55 Abs. 2 ZGB aufstellt, verschieden. Auch wenn sie auf einer rechtswidrigen Handlung seines Beamten beruht, haftet dieser dem Geschädigten gegenüber nicht unmittelbar (wie nach Art. 55 Abs. 3 ZGB); der Kanton haftet ausschließlich (oben, I 2b). In dieser Hinsicht entspricht sie der Haftung des Bundes für ihre Beamten. Art. 20 VG nun erwähnt keine strafrechtliche Verjährung, welche auf die Klage gegen denselben anwendbar wäre; diese ist nur für den Rückgriff des Bundes gegen seine Beamten vorgesehen (Art. 23 Abs. 2), worauf Spiro, a. a. O. Note 19, hinweist. Gleichgültig, wie man auch die erwähnte Streitfrage entscheidet, ist es somit angebracht, die Lösung auf die Klage nach Art. 955 ZGB auszudehnen, der materiell eine öffentlichrechtliche Verantwortlichkeit begründet (oben, I 2d).

[88] Homberger, N. 11; Fisch, S. 65; Jenny, Die Verantwortlichkeit, S. 75; BGE 73 I, 1947, S. 334.
[89] In interkantonalen Verhältnissen geht, gegenteilige bundesrechtliche Bestimmung vorbehalten, der von Art. 59 BV zugesicherte Gerichtsstand des Wohnsitzes des Beklagten dem Gerichtsstand am Ort, *wo die rechtswidrige Handlung begangen worden ist*, vor. Vgl. Guldener, Schweizerisches Zivilprozeßrecht, S. 91 f.
[90] Siehe den Fall in BGE 57 II, 1931, S. 567.

Neben dem Staat kann der Geschädigte gegen die Dritten vorgehen, welche die Rechtsverletzung angestiftet oder diese zu ihrem Vorteil ausgenutzt haben. Derjenige, der zu Unrecht im Grundbuch eingetragen war und durch sein Verfügungsgeschäft den Erwerb des Grundstücks durch einen gutgläubigen Dritten ermöglicht hat, kann dem rechtmäßigen Rechtsinhaber gegenüber für den erlittenen Schaden haften; sei es aus unerlaubter Handlung (Art. 41 OR) oder aus ungerechtfertigter Bereicherung (Art. 62 OR). Den gutgläubigen Erwerber selber trifft, schon vom Begriff her, keine «Verantwortung»[91].

2. Der Rückgriff des Staates gegen die Grundbuchbehörden

a) Der Sinn des Rückgriffsrechtes

Der Bundesgesetzgeber, der selber die Frage der Verantwortlichkeit der Kantone für die (rechtswidrige) Grundbuchführung geregelt hat, hat auch selber den Rückgriff der Kantone gegen die Beamten und Angestellten des Grundbuches wie auch gegen die Mitglieder der unmittelbaren Aufsichtsbehörden vorgesehen. Er hat sich so in das öffentlichrechtliche Verhältnis zwischen den Kantonen und ihren Beamten eingemischt. Diese Einmischung hat jedoch nicht den gleichen Sinn wie gerade das Institut der unmittelbaren Verantwortung der Kantone dem Geschädigten gegenüber. Sie zielt im wesentlichen darauf ab, die Freiheit, welche die Kantone in der Regelung des Rückgriffsrechtes gegen ihre Behörden, Beamten und Angestellten hatten, – von dem Zeitpunkt an, indem ihnen eine unmittelbare Verantwortung aufgebürdet wurde – zu beschränken. Auf sie kann wohl Rückgriff genommen werden; aber nur im Fall eines Verschuldens. So könnte eine kantonale Regelung für das Rückgriffsrecht des Kantons gegen seine Beamten den Grundsatz der Kausalhaftung, wie er für seine eigene Verantwortlichkeit gilt, nicht für anwendbar erklären. Dies würde nicht nur dem Wortlaut des Gesetzes, sondern auch dessen Grundgedanken widersprechen; der darauf ausgerichtet ist, die Grundbuchorgane im Interesse gerade der Einrichtung von der Sorge der drohenden Verantwortlichkeit zu befreien. Dagegen sind die Kantone frei, von ihrem Rückgriffsrecht nur Gebrauch zu machen, wenn der fehlbare Beamte vorsätzlich oder grob fahr-

---

[91] JENNY, Der gute Glaube, S. 252 XV.

lässig gehandelt hat. Haben sie diesbezüglich keine Regelung getroffen, besteht das Rückgriffsrecht selbst bei leichter Fahrlässigkeit[92].

Trotz der Rechtsnatur des Rechtsverhältnisses zwischen dem Staat und seinen Beamten stellt das Rückgriffsrecht nach Art. 955 Abs. 2 ZGB, wie der Hauptanspruch gegen den Staat, formell einen zivilrechtlichen Anspruch dar.

b) Die Personen, gegen die Rückgriff genommen werden kann

Als Personen, gegen die Rückgriff genommen werden kann, nennt Art. 955 Abs. 2 ZGB zunächst die Beamten und Angestellten des Grundbuches. Das kantonale Recht kann Vorschriften erlassen über die Verantwortlichkeit des Grundbuchverwalters für die Handlungen seiner Angestellten und über den Rückgriff gegen diese[93].

Der Rückgriff kann sich auch gegen die Personen richten, denen die unmittelbare Aufsicht obliegt; in erster Linie gegen den Grundbuchinspektor oder die Beamten, die mit dessen Aufgaben betraut sind; in zweiter Linie die Mitglieder der Aufsichtsbehörde für ihre allgemeine Überwachungsaufgabe (Beispiel: Erlaß von Anweisungen) wie auch für ihre Aufgabe im Beschwerdeverfahren, unter den weiter oben gemachten Vorbehalten (II 2a am Schluß)[94].

c) Die Ausübung des Rückgriffsrechtes

Das Rückgriffsrecht setzt voraus, daß ein Kanton den Geschädigten schadlos gehalten hat.

Ein Kanton kann sich nur in dem Umfang an seinen Beamten halten, als dieser nach Art. 955 Abs. 1 ZGB tatsächlich verantwortlich war; d. h. in dem gegen den Staat geführten Prozeß darf dieser die Stellung seiner Beamten nicht aufs Spiel setzen, indem er seine eigene Verantwortlichkeit allzu leicht anerkennt. Im Prozeß um das Rückgriffsrecht kann der Beklagte dem Staat gegenüber alle Einreden erheben, die diesem dem Geschädigten

---

[92] HOMBERGER, N. 14; OSTERTAG, N. 15; JENNY, Der öffentliche Glaube, S. 250 und Die Verantwortlichkeit, S. 76; FISCH, S. 76. Macht ein Kanton die unmittelbare Verantwortlichkeit der Gesamtheit seiner Beamten von einem schweren Verschulden abhängig oder ist ein solches Voraussetzung für einen Rückgriff gegen sie, ist nicht ersichtlich, wie er auf die Grundbuchbeamten eine andere Regelung anwenden könnte.
[93] Instruktion des EJPD vom 24. Juli 1908, S. 75; OSTERTAG, N. 16.
[94] JENNY, Die Verantwortlichkeit, S. 78, möchte auf den Rückgriff gegen die Mitglieder eines Gerichts oder der Regierung die Vorschriften des betreffenden Kantons über die Verantwortlichkeit anwenden. Siehe oben, Note 92.

gegenüber offen gestanden wären, wenn letzterer die Möglichkeit gehabt hätte, ihn unmittelbar ins Recht zu fassen. Um sein Rückgriffsrecht nicht zu verlieren, kann der Staat, der in einem Schadenersatzprozeß Beklagter ist, seinem Beamten wohl den Streit verkünden[95].

Die Rückgriffsforderung sollte in dem Zeitpunkt zu verjähren beginnen, in dem sie geltend gemacht werden kann; d. h. sobald der Kanton dem Geschädigten den Schaden gedeckt hat. Sie entspricht der Höhe des Schadens, den der Kanton erlitten hat. Die Verjährungsfrist berechnet sich nach Art. 60 OR; d. h. nach Absatz 1 beträgt sie praktisch ein Jahr[96].

Zuständig für die Klage sind die Zivilgerichte. Sie muß am Wohnsitz des Beklagten anhängig gemacht werden.

d) Die Sicherstellung des Rückgriffsrechtes

Art. 955 Abs. 3 ZGB sieht vor, daß die Kantone von ihren Beamten und Angestellten Sicherstellung verlangen können. Diese soll das Rückgriffsrecht des Staates abdecken[97].

Die Sicherheiten können in verschiedener Form geleistet werden: Errichtung von Pfandrechten, Bürgschaft, Hinterlegung von Wertpapieren, Abschluß einer privaten Haftpflichtversicherung. Die Kantone neigen heute dazu, sich gegen die Folgen ihrer Verantwortlichkeit selber zu versichern. Dabei lassen sie in diese Versicherung auch ihre Rückgriffsforderung gegen den Grundbuchverwalter einschließen[98].

3. Das Rückgriffsrecht des Staates gegen verantwortliche Dritte

Neben seinem Rückgriff gegen die fraglichen Beamten kann sich der Staat auch an die Drittpersonen halten, die sich in irgendeiner Weise an der rechtswidrigen Amtshandlung beteiligt oder aus ihr Nutzen gezogen haben

---

[95] OSTERTAG, N. 17; FISCH, S. 76; JENNY, Die Verantwortlichkeit, S. 76f.
[96] OSTERTAG, N. 19. Die Frage der Verjährung der Rückgriffsklagen ist jedoch umstritten, vgl. DESCHENAUX/TERCIER, S. 292; OFTINGER, I S. 355f.
[97] Die Bestimmung ist in Wirklichkeit überflüssig. Die Kantone sind in dieser Frage ohnehin zuständig. Die Vorentwürfe (1900, Art. 1055 Abs. 3; 1908, Art. 998 Abs. 3) hatten, anhand des anglo-australischen Musters (System Torrens), die Äufnung eines Fonds ins Auge gefaßt, der aus einem Teil der erhobenen Gebühren gespiesen würde, um die Schadenersatzbeträge zu decken, die von den Kantonen bezahlt werden müßten, siehe ERL., S. 428.
[98] HOMBERGER, N. 15; JENNY, Die Verantwortlichkeit, S. 78.

(oben, 1g). Die Grundsätze der Art. 50/51 OR finden Anwendung. Soweit sie kausal ist, nähert sich die Haftung des Staates eher jener des Geschäftsherrn für seine Hilfspersonen an (Art. 55 OR) als der – aquilinischen – Haftung der juristischen Personen für ihre Organe (siehe oben, I 2c). Aus diesem Grund muß der Staat sein Rückgriffsrecht grundsätzlich gegen jemanden geltend machen können, der eine unerlaubte Handlung begangen hat (Art. 41 OR); wie auch gegen einen vertraglich Verpflichteten, insbesondere den Versicherer, der die zivilrechtliche Verantwortlichkeit des Dritten abdeckt. Dies gilt sogar, wenn der Grundbuchbeamte schuldhaft gehandelt hat[99].

Steht dem Geschädigten gegen einen Dritten ein Anspruch auf Schadenersatz oder aus ungerechtfertigter Bereicherung, etwa gegen jemanden, der ungerechtfertigt als Eigentümer im Grundbuch eingetragen war und das Grundstück weiter übertragen hat, zu, kann der Staat vom Kläger, der ihn auf Schadenersatz belangt, wohl verlangen, daß er ihm diesen Anspruch abtrete[100].

---

[99] Anderer Meinung: HOMBERGER, N. 12; JENNY, Die Verantwortlichkeit, S. 78. Der im Text ausgesprochene Grundsatz muß aufrechterhalten bleiben. Ein zusätzliches Verschulden der Grundbuchbeamten muß sich der Staat jedoch anrechnen lassen; genau gleich wie der Arbeitgeber das Verschulden seiner Hilfspersonen. Dieses Verschulden kann damit den Umfang eines Rückgriffs einschränken oder gar die Reihenfolge desselben ändern. In bezug auf den Rückgriff gegen den Versicherer bleibt Art. 14 VVG vorbehalten. Zu diesen Fragen, siehe DESCHENAUX/TERCIER, S. 299 und Verweise.
[100] WIELAND, Art. 955 N. 2b; JENNY, Der öffentliche Glaube, S. 252f.

Viertes Kapitel

Die Voraussetzungen der Grundbucheintragungen

§ 13. Allgemeines zur Grundbuchanmeldung

Literatur:

Die Kommentare von HOMBERGER, OSTERTAG und WIELAND zu Art. 963–966 ZGB; von GONVERS-SALLAZ zu Art. 11–24, 61–84 GBV.
A. ANDERMATT, Die grundbuchrechtliche Anmeldung nach schweizerischem Recht, Diss. Freiburg 1928; J. AUER, Die Prüfungspflicht des Grundbuchverwalters, Diss. Bern 1932; H.-P. FRIEDRICH, Grundbuch und eheliches Güterrecht, ZBGR 35, 1954, S. 249 ff.; W. HIMMELSBACH, Die Voraussetzungen der Grundbucheintragung nach schweizerischem und deutschem Recht, Diss. Basel 1964 (in Masch.schr.); H. HUBER, Anmeldung und Tagebuch im schweizerischen Grundbuchrecht, ZBGR 59, 1978, S. 156 ff.; W. WAGNER, Formelle Fragen aus dem Grundbuchrecht unter besonderer Berücksichtigung der Basler Grundbuchpraxis, Diss. Basel 1971 (in Masch.schr.).

I. Der Grundsatz der Anmeldung

Als allgemeine Regel gilt: Der Grundbuchverwalter wird nur auf Antrag der beteiligten Personen oder einer Behörde hin tätig. Das ist der *Grundsatz der Anmeldung,* der in Art. 11 GBV für die Eintragung von dinglichen Rechten ausgesprochen ist und in Art. 61 GBV für die Löschungen wiederholt wird. Der Grundsatz gilt aber auch für die Vor- und Anmerkungen (vgl. Art. 70 GBV)[1]; ja selbst für die Angaben in der Beschreibung der Grundstücke oder in einzelnen Hilfsregistern, wie etwa dem Gläubigerregister. Unter einer privatrechtlichen Ordnung des Grundeigentums sollen die Eintragungen notwendigerweise auf Begehren der Beteiligten hin erfolgen und dürfen nicht von Amtes wegen vorgenommen werden[2].

---

[1] Zur Anmerkung von Zugehör, siehe BGE 58 I, 1932, S. 131.
[2] HOMBERGER, Art. 963 N. 1. Zum Grundsatz der Anmeldung, vgl. BGE 104 Ib, 1978, S. 258.

II. Die Ausnahmen vom Grundsatz

Art. 11 GBV behält «die im Zivilgesetzbuch und in dieser Verordnung aufgestellten Ausnahmen» vor.

Getrennt zu behandeln ist die Tätigkeit des Grundbuchverwalters bei der Aufnahme der Grundstücke in das Grundbuch und bei der Einführung des eidgenössischen Grundbuches (Art. 943-945 ZGB, Art. 1-10a, 85-97 GBV, Art. 43 SchlT; vorn, § 4 III und § 6 IV und VI). Entsprechend den bundes- und kantonalrechtlichen Vorschriften handelt der Grundbuchverwalter dort in den allermeisten Fällen von Amtes wegen. Es geht darum, die Grundlagen zu schaffen, damit im Grundbuch nachher Eintragungen vorgenommen werden können: Für diese Eintragungen selber bleibt der Grundsatz der Anmeldung bestehen.

Nach Art. 969 ZGB hat der Grundbuchverwalter «den Beteiligten von den grundbuchlichen Verfügungen, die ohne ihr Vorwissen erfolgen, Anzeige zu machen.» Hier handelt der Grundbuchverwalter offensichtlich von Amtes wegen; doch geht es um die Folge einer im Grundbuch vorgenommenen Eintragung.

Der Grundbuchverwalter wird nicht von Amtes wegen tätig, wenn er auf Antrag einer richterlichen Behörde, einer Behörde im Zwangsvollstreckungsverfahren oder selbst auf Ersuchen eines andern Grundbuchverwalters hin eine Eintragung vornimmt (vgl. Art. 17 GBV)[3]. Art. 665 Abs. 3 ZGB bestimmt: «Änderungen am Grundeigentum, die nach ehelichem Güterrecht eintreten, werden nach der Veröffentlichung der Eintragung im Güterrechtsregister von Amtes wegen im Grundbuch eingetragen.» In Wirklichkeit ist es aber so, daß der Güterrechtsregisterführer die Änderung dem Grundbuchverwalter von Amtes wegen mitzuteilen hat; dieser seinerseits handelt auf Anmeldung einer Behörde hin[4].

---

[3] Zu erwähnen ist hier auch die Anmeldung der Versteigerungsbehörde bei einer öffentlichen Versteigerung nach Art. 235 Abs. 2 OR, HAAB, Art. 657 N. 10 am Schluß.

[4] In diesem Fall kann man die Anmeldung der Eintragung ins Grundbuch als an den Güterrechtsregisterführer gerichtet betrachten, der diese an den Grundbuchverwalter weiterleitet, sobald der Ehevertrag durch die Eintragung in sein Register und die Veröffentlichung nach Art. 248 ZGB Dritten gegenüber Rechtswirksamkeit erlangt hat; vgl. MEIER-HAYOZ, Art. 656 N. 79 ff., Art. 665 N. 44 ff.; HOMBERGER, Art. 963 N. 2, Art. 965 N. 62; HAAB, Art. 652-654 N. 31, 36, 38 und Art. 656 N. 37; FRIEDRICH, Grundbuch und eheliches Recht, S. 265. Siehe hinten, § 17 B II 2c. - Das *neue Güterrecht* kennt das Güterrechtsregister nicht mehr. Damit stellt sich auch die Frage nach der jeweiligen Aufgabe des Grundbuchverwalters und des Güterrechtregisterführers nicht mehr. Zum neuen Art. 665 Abs. 3 ZGB, siehe hinten, § 17 Note 7a.

Es gibt jedoch tatsächlich Fälle, in denen der Grundbuchverwalter im Zusammenhang mit Eintragungen in das Register von Amtes wegen vorgeht; so wenn er «eine gerichtliche Untersuchung und Feststellung des Unterganges eines Rechtes» veranlaßt (Art. 976 Abs. 3 ZGB; hinten, § 41 III 6); wenn er nach Art. 76 die Vormerkung einer vorläufigen Eintragung oder nach Art. 73 Abs. 1 GBV nach Ablauf der darin angegebenen Frist die Vormerkung eines persönlichen Rechtes löscht[5]; wenn er, in Erfüllung seiner Aufgabe, im Grundbuch Berichtigungen vornimmt (Art. 977 ZGB, Art. 98–101 GBV; hinten, § 42).

III. Die Form der Anmeldung

Die Anmeldung ist in der Regel im Rechtsgeschäft oder in der amtlichen Mitteilung enthalten; doch kann sie auch getrennt vorgenommen werden.

In den Kantonen, in denen der Grundbuchverwalter als Urkundsperson amtet und in denen die Belege durch ein Urkundenprotokoll ersetzt sind (Art. 948 Abs. 3 ZGB, Art. 30 GBV), gilt die Einschreibung in dieses Protokoll als Anmeldung. Immerhin ist denkbar, daß in ihr ausdrücklich etwas anderes bestimmt ist (Art. 14 Abs. 3 GBV).

Die Art. 963 und 964 ZGB verlangen für die Anmeldung von Eintragungen oder Löschungen von dinglichen Rechten die schriftliche Form. Art. 13 GBV hat dieses Erfordernis verallgemeinert: «Die Anmeldung zur Eintragung muß schriftlich geschehen» (Abs. 1). Das besagt, daß sie vom Anmeldenden oder seinem Stellvertreter unterzeichnet sein muß (vgl. Art. 13 OR). Die Unterschrift kann auch auf dem Grundbuchamt auf einem amtlichen Formular angebracht werden (Art. 13 Abs. 2 GBV). Die Angabe des Datums ist nicht erforderlich; doch ist sie üblich und empfehlenswert[6].

---

[5] Weitere Fälle: Löschung eines Vorkaufs-, Kaufs- oder Rückkaufsrechtes, wenn der Berechtigte Eigentümer des Grundstückes geworden ist (Art. 72 Abs. 2 GBV); Löschung von Dienstbarkeiten zufolge Vereinigung von zwei Grundstücken, die zu Lasten des einen und zugunsten des andern bestehen (Art. 92 Abs. 2 GBV); Aufteilung des Pfandbetrages bei der Verpfändung mehrerer Grundstücke, ohne daß ein Gesamtpfandrecht errichtet wird (Art. 45/46 GBV); Eintragung eines Pfandrechts in einem andern Grundbuchkreis (Art. 42 Abs. 4 GBV); Vormerkung einer Verfügungsbeschränkung, wenn in einer Zwangsvollstreckung der Zuschlag an den Ersteigerer unter Gewährung eines Zahlungstermins erklärt worden ist (Art. 137 SchKG, Art. 74 GBV), vgl. ANDERMATT, S. 22. Dagegen ist die Eintragung einer leeren Pfandstelle nach Art. 63 GBV mehr als nur eine Art (ordnungsgemäß beantragter) Löschung eines vorangehenden Pfandrechts, an dessen Stelle nicht unverzüglich ein anderes tritt; anders: ANDERMATT, a.a.O.; vgl. ZBGR 13, 1932, S. 144 (Justizdirektion Bern).

[6] HOMBERGER, Art. 963 N. 5. Soweit das absolute Eintragungsprinzip gilt, kann sie Zweifel an der Verfügungsmacht des Anmeldenden im Zeitpunkt der Anmeldung beseitigen.

Das Erfordernis der Schriftlichkeit gilt auch für allfällige Zustimmungen und Bewilligungen, die eine Anmeldung voraussetzt.

Die Schriftform ist für jede Anmeldung einer Eintragung (Eintragung oder Löschung eines dinglichen Rechts, einer Vor- oder Anmerkung) vorausgesetzt, die im Hauptbuch gemacht werden soll; gleichgültig, ob sie von einem Privaten oder einer Behörde ausgeht. Trotzdem handelt es sich um eine Ordnungsvorschrift; denn eine vollzogene Eintragung, die ohne schriftliche Anmeldung vorgenommen worden ist, ist nicht weniger gültig, wenn alle Voraussetzungen erfüllt gewesen sind[7]. Die Grundbuchbehörden können und müssen aber Anmeldungen ablehnen, die nur mündlich erfolgen[8].

Die Anmeldung – als verwaltungsmäßiges Erfordernis – ist vollendet, sobald sie auf dem Grundbuchamt *eingetroffen* ist. Das ergibt sich aus den Vorschriften über die Einschreibung der Anmeldung ins Tagebuch (Art. 948 ZGB, Art. 14 GBV).

IV. Der Inhalt der Anmeldung

Der Inhalt der Anmeldung unterscheidet sich natürlich je nach dem Gegenstand der Eintragung, die im Grundbuch gemacht werden soll. Von diesem ist hier aber nicht die Rede.

Art. 12 GBV bestimmt: «Die Anmeldung zur Eintragung muß unbedingt und vorbehaltlos sein.» Die Vorschrift bezieht sich auf die materielle Seite der Anmeldung; insbesondere als Verfügungsgeschäft desjenigen, der befugt ist, ein dingliches Recht zu ändern. Die Bedeutung der Bestimmung wie auch der in Absatz 2 enthaltenen Ausnahme (Anmeldungen, die miteinander im Zusammenhang stehen) werden wir später genauer darlegen (§ 15 B I 2b ee). Der ausgesprochene Grundsatz hat aber eine allgemeine Bedeutung formeller Art, die den Grundbuchverwalter bei seiner gesamten Tätigkeit

---

[7] BGE 56 II, 1930, S. 264f. (betr. eine mangelhafte Anmeldung).
[8] Das gilt auch für Anmeldungen, die von Behörden ausgehen; vgl. HOMBERGER, Art. 963 N. 42 und ZBGR 5, 1924, S. 153 (Graubünden): Eine mündliche Mitteilung gilt nicht als Anmeldung und legt das Datum der Einschreibung ins Tagebuch nicht fest; siehe jedoch ZBGR 5, 1924, S. 161 (Zürich) für eine dringende, von einer Behörde angeordnete Maßnahme. Der Grundbuchverwalter muß ohne weiteres Mitteilungen, die mündlich oder telefonisch erfolgen, wie der Anzeige einer Konkurseröffnung oder einer Grundbuchsperre, Rechnung tragen; diese Tatsachen beschränken das Verfügungsrecht des Eigentümers zum vornherein; sie können in der Folge, auf Anmeldung hin, Anlaß zu einer Buchung im Register geben.

leiten muß. Zur Anmeldung gelangen können nur klare, unzweideutige Rechtsbeziehungen[9].

V. Die allgemeinen Voraussetzungen in bezug auf Handlungsfähigkeit, Zuständigkeit und Stellvertretung

Die *Legitimation,* eine Anmeldung, gleich welcher Art, vorzunehmen, ist eine Frage, die anhand der besondern grundbuchrechtlichen Vorschriften beantwortet werden muß. Wir werden auf sie bei der Behandlung der Voraussetzungen für die verschiedenen Grundbucheintragungen zurückkommen (§§ 14–21).

Bei den natürlichen oder juristischen Personen ist erste Voraussetzung für jede Anmeldung, selbst im formellen Sinn, neben der Rechts- natürlich die *Handlungsfähigkeit*[10]; ihr entspricht bei anmeldenden Behörden die *Zuständigkeit* (Art. 17 GBV). Die Voraussetzung ergibt sich aus dem Personenrecht (Art. 11 ff., 52 ff. ZGB, Art. 552 ff. OR) oder aus dem Verwaltungsrecht des Bundes oder der Kantone. Sie wird im Zusammenhang mit den Grundbucheintragungen behandelt werden[11].

Die *Stellvertretung* kann entweder auf einer gesetzlichen Vorschrift oder auf dem freien Willen des Vertretenen (sog. gewillkürte Stellvertretung) beruhen.

- *Gesetzliche Stellvertretung* liegt vor bei Minderjährigen und Entmündigten – selbst bei solchen, die urteilsfähig sind –, die vom bzw. den Inhabern der elterlichen Gewalt oder einem Vormund vertreten werden; bei Personen, deren Handlungsfähigkeit nach Art. 395 ZGB beschränkt ist und die von einem Beirat vertreten werden können; bei an und für sich handlungsfähigen Personen, die in den in Art. 392 und 393 Ziff. 1–4 ZGB genannten Fällen von einem Beistand vertreten werden können[11a].
- *Gewillkürte Stellvertretung* liegt vor bei Personen, die handlungsfähig sind und sich nicht in einem Verhinderungsfall befinden. Diese Stellver-

---

[9] BGE 85 II, 1959, S. 609 ff. So muß sich der Sinn einer einzutragenden Dienstbarkeit klar aus der einer Anmeldung zugrunde liegenden Vereinbarung ergeben; der Grundbuchverwalter braucht sich keinen Auslegungskünsten hinzugeben (ZBGR 66, 1985, S. 86, ObG Zürich). Weniger streng: BGE 106 II, 1980, S. 315.
[10] GULDENER, Grundzüge der freiwilligen Gerichtsbarkeit, S. 37, 57, 94.
[11] Art. 16 Abs. 1 und 4 GBV vermischt die Frage der Verfügungsbefugnis im Sinn von Legitimation teilweise mit jener der Vertretungsmacht.
[11a] Zur Vertretung (oder zum Handeln) von Minderjährigen, Entmündigten, Verbeirateten oder Verbeiständeten, siehe unter anderen DESCHENAUX/TERCIER, Personnes physiques et tutelle, 2. Auflage, § 7 II B; § 8 II und III; § 35 I C, II A; § 39 II; § 40 II A und B.

tretung wird gestützt auf eine Vertretungsmacht ausgeübt, die in der Regel durch eine schriftliche Vollmacht ausgewiesen wird (Art. 16 Abs. 1 GBV).

Die Vereine und Stiftungen, die Handelsgesellschaften und Genossenschaften handeln durch ihre *Organe*. Die Vorschriften von ZGB und OR bestimmen zusammen mit den Statuten die Personen, die berufen sind, den Willen dieser Körperschaften auszudrücken (Art. 55 ZGB und entsprechende Artikel des OR) und folglich für sie Grundbuchanmeldungen vorzunehmen, wie auch Vollmachten dazu zu erteilen. Das Verwaltungsrecht des Bundes und der Kantone regelt diese Fragen für die juristischen Personen des öffentlichen Rechtes. Zum Ausweis des Anmeldenden, siehe hinten, § 23 III 1-5, 8.

Art. 16 Abs. 2 GBV lautet: «Mit der öffentlichen Beurkundung des Vertrages über das einzutragende Recht kann die Ermächtigung des Erwerbers zur Anmeldung verbunden werden.» Diese Vorschrift ist mit Blick auf den Erwerb von dinglichen Rechten durch Eintragung im Grundbuch – Geltungsbereich des absoluten Eintragungsprinzips – erlassen worden. Mutatis mutandis kann sie aber auf alle Grundbucheintragungen angewendet werden: auf die deklaratorischen Eintragungen, die Vor- und Anmerkungen wie auf alle Löschungen, unabhängig davon, ob sie konstitutiver oder deklaratorischer Natur sind; immer dann, wenn derjenige, der legitimiert ist, eine Anmeldung vorzunehmen, jemand anders, etwa denjenigen, der aus einer Eintragung Nutzen zieht, damit beauftragt.

In Anwendung von Art. 963 Abs. 2 ZGB bestimmt Art. 16 Abs. 3 GBV schließlich: «Für die Fälle, wo der Ausweis für die Eintragung in öffentlicher Beurkundung auszufertigen ist, kann das kantonale Recht die Urkundsperson als zur Vornahme der Anmeldung ermächtigt erklären.» Es handelt sich um eine gesetzliche Vollmacht eines öffentlichen Beamten. Auf sie werden wir bei der Behandlung der Voraussetzungen für die Eintragung der dinglichen Rechte eingehen (hinten, § 15 B I 2b bb).

In diesem Zusammenhang ist auch auf die Vertretungsmacht hinzuweisen, die im Rahmen der anwendbaren Vorschriften dem nach Art. 823 ZGB einem Grundpfandgläubiger gegebenen Beistand oder dem Bevollmächtigten zusteht, der nach Art. 860 ZGB die Interessen der Schuldbrief- oder Gültgläubiger und nach Art. 875 Ziff. 1 ZGB jene der grundpfändlich sichergestellten Anleihensgläubiger wahrnimmt (vgl. auch Art. 51 und 66 Abs. 3 GBV)[12].

---

[12] Vgl. H. LEEMANN, zu Art. 823 und 860.

VI. Die Behandlung der Anmeldung

Bekanntlich werden die Anmeldungen, die beim Grundbuchamt eingehen, ohne Aufschub nach ihrer Reihenfolge in das Tagebuch eingeschrieben (Art. 948 ZGB). Es gelten die Vorschriften des Art. 14 Abs. 1 und 2 GBV; worauf Art. 61 Abs. 1 für die Löschungen und Art. 70 GBV für die Vormerkungen verweisen (§ 5 II 3)[13]. Die Einschreibung hat insbesondere die genaue Zeit des Einganges anzugeben (Art. 14 Abs. 2 GBV). Dieser Zeitpunkt ist häufig ausschlaggebend für den Rang, den Rechte bei der Eintragung ins Hauptbuch erhalten.

Der Grundbuchverwalter muß alle Anmeldungen in das Tagebuch einschreiben; selbst solche, die offensichtlich ungenügend oder, weil sie vor allem nicht an das zuständige Grundbuchamt gerichtet sind, unzulässig sind[14].

«Wo nach kantonalem Recht die öffentliche Beurkundung durch den Grundbuchverwalter vermittelst Einschreibung in das Urkundenprotokoll erfolgt, tritt diese an die Stelle der Einschreibung in das Tagebuch» (Art. 972 Abs. 3 ZGB). Die Erstellung dieses Protokolls gilt demnach zugleich als Anmeldung zur Eintragung (ins Hauptbuch) und als Einschreibung ins Tagebuch (Art. 14 Abs. 3 GBV; oben, III)[15].

Nachdem die Anmeldung ins Tagebuch eingeschrieben ist, muß der Grundbuchverwalter entscheiden, ob er sie ins Hauptbuch einträgt.

Entweder entspricht er der Anmeldung und trägt sie in das Hauptbuch ein: Eintragung eines dinglichen Rechtes, Vormerkung, Anmerkung, Löschung, Ergänzung der Beschreibung eines Grundstückes.

Oder er weist die Anmeldung ab.

Der Grundbuchverwalter vermerkt im Tagebuch, ob er der Anmeldung Folge gegeben oder sie abgewiesen hat. Im zweiten Fall teilt er dem Anmeldenden die Abweisung mit[16] und macht ihn auf die Beschwerdefrist

---

[13] HOMBERGER, Art. 948 N. 1ff.; OSTERTAG, Art. 948 N. 1ff.
[14] HOMBERGER, Art. 948 N. 2; OSTERTAG, Art. 948 N. 2; GBA in ZBGR 35, 1954, S. 107; H. HUBER, Anmeldung S. 164, der zu Recht auf eine Zweideutigkeit in BGE 85 I, 1958, S. 162 ff. hinweist. In diesem Entscheid ging es um einen Grundbuchverwalter, der trotz eines Hindernisses für die Eintragung eine Anmeldung entgegennahm und sie ins Tagebuch einschrieb. Nun, er konnte gar nicht anders; denn eine ordnungsgemäße Anmeldung muß in jedem Fall entgegengenommen und ins Tagebuch eingeschrieben werden; es kann nur sein, daß sie als Anmeldung einer Eintragung ins Hauptbuch abgewiesen werden muß. Gleiche Zweideutigkeit in BGE 90 I, 1964, S. 307 ff. Zur Unzuläßigkeit einer Anmeldung, siehe hinten, § 25 II 2.
[15] HOMBERGER, Art. 948 N. 5 und 12; OSTERTAG, Art. 948 N. 3 und 9.
[16] Zur Mitteilung an andere Beteiligte, insbesondere den Erwerber des Rechts, dessen Eintragung abgelehnt worden ist, siehe hinten, § 27 VII 2.

aufmerksam. Die Gründe seiner Abweisungsverfügung hält er im Tagebuch fest (Art. 24 Abs. 2 GBV). Diese Pflicht besteht für alle Arten von Anmeldungen.

Dem Grundbuchverwalter stehen nur die beiden soeben dargelegten Möglichkeiten offen. Er kann insbesondere den Anmeldenden nicht an den Richter verweisen und bis zu dessen Entscheid seine Verfügung aussetzen[17]. Allerdings kann er noch zusätzliche Ausweise einfordern (vgl. Art. 961 Abs. 1 Ziff. 2 und 966 Abs. 2 ZGB; hinten, § 25 V 1).

VII. Die rechtliche Bedeutung der Anmeldung

Die Anmeldung hat in jedem Fall eine formelle oder verfahrensrechtliche Bedeutung in dem Sinn, daß sie das Verfahren in Gang setzt, das auf eine Eintragung im Hauptbuch hinzielt.

Soweit das absolute Eintragungsprinzip (oder das absolute Vormerkungsprinzip) gilt, wo den Eintragungen im Grundbuch rechtsbegründende oder rechtsaufhebende Wirkung zukommt, hat die Anmeldung daneben insofern eine materiellrechtliche Bedeutung, als sie das Verfügungsgeschäft desjenigen vollendet, der befähigt ist, den dinglichen Rechtszustand zu ändern (hinten, §§ 15 und 16).

Im Geltungsbereich des relativen Eintragungsprinzips, d. h. soweit die Rechte ohne Eintragung im Grundbuch entstehen, sich ändern oder untergehen, hat die Anmeldung an sich nur formelle Bedeutung. Sie läßt jedoch alle übrigen Wirkungen entstehen, die mit einer Eintragung verbunden sind; wie die Vermutung des dinglichen Rechtes (Art. 937 ZGB) oder die Möglichkeit, im Grundbuch zu verfügen (Art. 656 Abs. 2 ZGB). Selbstverständlich sind dies Wirkungen, die auch den konstitutiven Grundbucheintragungen zukommen.

VIII. Die Eintragung im Grundbuch

Die Anmeldung zielt darauf ab, vom Grundbuchverwalter eine Eintragung im Grundbuch zu erweitern. «*Eintragung*» ist dabei im weitern Sinn zu verstehen und umfaßt die Eintragung oder Löschung von dinglichen Rechten (= Eintragung im engern Sinn), Vormerkungen, Anmerkungen, ja allenfalls sogar Einschreibungen in das Gläubigerregister.

---

[17] BGE 56 I, 1930, S. 199.

Die *Löschung* ist die Buchung, mit der Einträge im weitern Sinn (Einträge von dinglichen Rechten, Vormerkungen, Anmerkungen) aufgehoben werden.

Die *Änderung* ist nicht ein eindeutiger Begriff. Bezweckt sie, die Bedeutung eines Eintrages im *weitern Sinn,* beispielsweise einer Vormerkung, einzuschränken, läuft sie auf eine Teillöschung hinaus. Dieser Sinn kommt ihr in Art. 964 ZGB im Zusammenhang mit den dinglichen Rechten zu. Soll mit einer Änderung die Bedeutung eines Eintrages erweitert werden, soll etwa ein Fahrwegrecht verbreitert werden, geht es eigentlich um eine neue Eintragung, für welche die diesbezüglichen Vorschriften gelten[18]. Im Rahmen der Eintragungstheorie werden wir von nun an den Begriff der Änderung im allgemeinen im Sinn von Teillöschung gebrauchen.

Die Besonderheiten dieser verschiedenen Eintragungen sind weiter vorn (§ 7) beschrieben worden. Von nun an setzen wir voraus, daß sie vom technischen Standpunkt des Grundbuches aus ordnungsgemäß vorgenommen worden sind[19].

Im folgenden werden wir die Voraussetzungen behandeln, die der Anmeldende erfüllen muß, damit der Grundbuchverwalter die Anmeldung vollzieht; so daß die einmal vollzogene Eintragung ihre Wirkung entfalten kann. Diese Wirkungen werden Gegenstand des V. Kapitels sein.

IX. Plan

Ein *erster* Abschnitt ist der Eintragung und gänzlichen oder teilweisen Löschung der *dinglichen Rechte* (also den *Eintragungen im engern Sinn*) gewidmet (§§ 14–17).

Gegenstand eines *zweiten* Abschnittes sind:
- Die Eintragungen von persönlichen Rechten oder Rechtsbeziehungen, deren Eintragung im Grundbuch eine besondere Wirkung entfaltet: die Vornahme und gänzliche oder teilweise Löschung der *Vormerkungen* (§ 18);
- die Eintragungen, mit denen nur bestimmte Rechte oder Rechtsverhältnisse zum Ausdruck gebracht werden sollen, ohne – als allgemeine Regel – diesen eine zusätzliche Bedeutung beizumessen: die Vornahme, Löschung und Abänderung der *Anmerkungen* (§ 20);

---

[18] HOMBERGER, Art. 964 N. 4. Es kann sich auch um die Umwandlung eines Rechtes handeln.
[19] Im Kapitel über die Wirkungen des Grundbuches werden wir die Mindestanforderungen behandeln, denen eine Eintragung genügen muß, damit sie ihre besonderen Wirkungen entfaltet; dazu, siehe insbesondere, § 28 I 1c.

– nebenbei die Nachtragungen in der Liegenschaftsbeschreibung und die Einschreibungen in die Hilfsregister (§ 21). In diesem Abschnitt behandeln wir auch die Frage der Grundbuchsperre (§ 19).

In einem *dritten* Abschnitt beschäftigen wir uns mit dem Eintragungsverfahren und der Prüfung, die der Grundbuchverwalter und die Aufsichtsbehörden bezüglich aller Grundbuchanmeldungen vornehmen (§§ 22-26).

Erster Abschnitt

Die Voraussetzungen der Eintragungen betreffend dingliche Rechte

§ 14. Überblick

I. Der Aufbau der gesetzlichen Regelung

Die Bestimmungen des Gesetzes über «die Voraussetzungen der Eintragung» (Art. 963–966 ZGB) sind aus der Sicht des Verfahrens abgefaßt, das schließlich zum Entscheid des Grundbuchverwalters führt, eine Eintragung im Grundbuch vorzunehmen oder nicht.

Das Gesetz spricht zunächst von der Anmeldung einer Eintragung oder Löschung (Art. 963 und 964 ZGB) und umschreibt die Legitimation, sie einzureichen; je nach dem, ob die Eintragung im Grundbuch für den Erwerb oder den Verlust eines Rechtes (Art. 963 Abs. 1 und 964 Abs. 1 ZGB) notwendig ist oder nicht (Art. 963 Abs. 2 ZGB betr. die Eintragung; die Bestimmung kann aber auch auf den Fall des *ipso iure*-Untergangs eines Rechtes angewendet werden).

Immer aus der Sicht des Grundbuchverwalters, der einen Entscheid fällen muß, verlangt das Gesetz alsdann in Art. 965 Abs. 1, daß sich der Anmeldende «ausweise»; indem er sein Verfügungsrecht und den Rechtsgrund nachweise, auf den sich die Eintragung stützen soll[1]. Absatz 2 regelt bestimmte Einzelheiten in bezug auf den Nachweis des Verfügungsrechts

---

[1] Die deutsche Fassung des Gesetzes spricht im Marginale und im Text von «Ausweis», die französische von «légitimation». Für die letztere könnte man zunächst an die Aktivlegitimation («légitimation active») denken; ein Ausdruck, der in der Rechtssprache der Westschweiz ab und zu verwendet wird, um die Sachlegitimation auszudrücken; es gehe hier um die Legitimation, eine Grundbucheintragung anzumelden. Das ist tatsächlich der Sinn des Wortes «légitimé» in Absatz 2 und des Ausdruckes «légitimation» in Art. 966 Abs. 2 ZGB. Aber Art. 965 ZGB hat wohl «légitimation» im Sinn des deutschen Ausdrucks «Ausweis» im Auge, wie er im Wertpapierrecht (Art. 975, 1006 OR) verwendet wird. Damit der Gesuchsteller von der Behörde ihre Mitwirkung erhält, muß er die gesetzlichen Voraussetzungen dieser Mitwirkung nachweisen: Er weist sich durch Belege aus (il se «légitime» par des pièces justificatives).

(Nachweis, «daß der Gesuchsteller die nach Maßgabe des Grundbuches verfügungsberechtigte Person ist»; Vertretungsmacht). Absatz 3 erwähnt lediglich die Voraussetzungen, die der angerufene Rechtsgrund in bezug auf die Form erfüllen muß.

Sind die so umschriebenen Erfordernisse nicht erfüllt, muß die Anmeldung abgewiesen werden. «Wenn jedoch der Rechtsgrund hergestellt ist und es sich nur um eine Ergänzung des Ausweises über das Verfügungsrecht handelt»[2], kann trotzdem eine vorläufige Eintragung stattfinden (Art. 966 ZGB).

II. Die Stellung der Grundbucheintragungen im System des Erwerbs und Untergangs der dinglichen Rechte

Die gesetzliche Regelung, wie sie soeben umrissen worden ist, darf nicht für sich allein betrachtet werden. Sie fügt sich ein in den Vorgang des Erwerbs und des Untergangs der dinglichen Rechte an den Grundstücken[3].

Soweit das sog. *absolute* Eintragungsprinzip gilt, besitzt eine Eintragung im Grundbuch eine begründende oder erlöschende Wirkung (Art. 971/972 ZGB): Sie läßt das Recht entstehen oder untergehen. Gleichwohl kommt ihr keine heilende Wirkung zu; da derjenige, dessen dingliche Rechte durch eine ohne Rechtsgrund erfolgte Eintragung verletzt worden sind, die Löschung oder Abänderung des Eintrages verlangen kann (Art. 975 ZGB). Allerdings müssen jene Rechte vorbehalten werden, die von Dritten in gutem Glauben erworben worden sind (Art. 975 Abs. 2 in Verbindung mit Art. 973 ZGB) und entfaltet auch die Eintragung als solche, und zwar selbst die zu Unrecht vorgenommene, bestimmte Wirkungen (siehe insbesondere Art. 937, 661, 973 ZGB). Es bleibt aber dabei: Den Juristen müssen in erster Linie die Voraussetzungen – und zwar alle Voraussetzungen – einer *rechtsgültigen* Eintragung beschäftigen; denn von dieser hangen der tatsächliche Erwerb oder Untergang des Rechtes ab.

Auch soweit das sog. *relative* Eintragungsprinzip zur Anwendung kommt, muß sich das Interesse auf die Voraussetzungen einer Grundbucheintragung richten. Freilich kommt ihr in diesem Fall an sich nur erklärende Wirkung zu. Ist sie aber ungerechtfertigt, zeigt auch sie die soeben angeführten Rechtswirkungen; auf die Gefahr hin, daß dies dem wahren Berech-

---

[2] Der französische Text des Gesetzes verwendet das Wort «légitimation» hier, um die Verfügungsmacht auszudrücken.
[3] Was HOMBERGER, Vorbemerkungen zu Art. 963–966, N. 2, hervorhebt.

tigten oder demjenigen zum Schaden gereicht, zu dessen Vorteil ein dingliches Recht gelöscht worden ist. Deshalb kann auch in diesem Fall gegen einen Eintrag die Grundbuchberichtigungsklage erhoben werden, um diese Wirkung zu beenden. Und es ist wichtig zu wissen, unter welchen Voraussetzungen diese Klage nicht mehr möglich ist.

Diese Überlegungen führen uns dazu, die Untersuchung der Voraussetzungen der Grundbucheintragungen in den Zusammenhang der allgemeinen Lehre über Erwerb, Abänderung oder Untergang der dinglichen Rechte zu stellen – oder wieder zu stellen; auch wenn wir uns damit von der Systematik der Art. 963–966 ZGB entfernen. Diesen Vorschriften kommt in bezug auf den Vorgang der Begründung oder des Untergangs dieser Rechte ja keine eigentlich selbständige Bedeutung zu.

Die Schwierigkeit besteht darin, daß die Prüfung des Grundbuchverwalters und der Aufsichtsbehörden sich wegen der Grenzen, die der freiwilligen Gerichtsbarkeit in der Sache gesetzt sind, nicht vorbehaltlos auf alle vom Gesetz aufgestellten Voraussetzungen erstrecken kann. Dessen – wie auch der menschlichen Unzulänglichkeit – ist sich der Gesetzgeber bewußt gewesen; sonst hätte er nicht eine Grundbuchberichtigungsklage vorgesehen (Art. 975 ZGB). Es ist, falls nötig, Aufgabe des Richters, unter voller Prüfungsmöglichkeit, die Rechtmäßigkeit eines Eintrages oder einer Löschung zu überprüfen.

Aus diesem Grunde werden die *materiellen* Voraussetzungen der Grundbucheintragungen im Verlaufe dieses Abschnittes für sich allein dargestellt und wird nicht auf die Frage eingetreten, ob und in welchem Umfang es Aufgabe des Grundbuchverwalters ist, deren Vorhandensein zu überprüfen. Von dieser Prüfungsbefugnis wird später (§ 24) die Rede sein.

Neben diesen materiellen bestehen auch gewisse *formelle* Voraussetzungen, die erfüllt sein müssen, damit der Grundbuchverwalter seiner Aufgabe nachkommt. Sind sie es nicht und nimmt der Grundbuchverwalter die Eintragung trotzdem vor, ist diese deswegen aber nicht ungültig. Diese formellen Voraussetzungen würden daher nicht in den gegenwärtigen Zusammenhang, wie auch nicht in jenen der Vor- und Anmerkungen (II. Abschnitt) gehören. Aber aus praktischen Gründen werden wir sie bereits hier, zusammen mit den materiellen Voraussetzungen, erwähnen; um *im einzelnen* auf sie dann im III. Abschnitt über das Eintragungsverfahren einzugehen.

III. Die Geltungsbereiche des absoluten und des relativen Eintragungsprinzips

Wir werden die Voraussetzungen der Grundbucheintragungen nacheinander für die Anwendungsbereiche des absoluten und des relativen Eintragungsprinzips behandeln.

§ 14 Die Geltungsbereiche des absoluten und des relativen Eintragungsprinzips   257

Der Titel über das Grundbuch nimmt zwischen den beiden Bereichen keine ausdrückliche Trennung vor. Art. 963 Abs. 1 bestimmt: «Die Eintragungen erfolgen auf Grund einer schriftlichen Erklärung des Eigentümers des Grundstückes, auf das sich die Verfügung bezieht.» Nach Absatz 2 ist eine Erklärung des Grundeigentümers für die Eintragung nicht notwendig, «wenn der Erwerber sich auf eine Gesetzesvorschrift, auf ein rechtskräftiges Urteil oder eine dem Urteil gleichwertige Urkunde zu berufen vermag.» Art. 964 hat nur Fälle im Auge, in denen die Löschung «die schriftliche Erklärung der aus dem Eintrage berechtigten Personen» bedarf. Art. 976 hinwiederum bezieht sich auf die Fälle, in denen «bei Untergang des dinglichen Rechtes der Eintrag jede rechtliche Bedeutung verloren hat»[4]. Und Art. 971 Abs. 1 bestimmt im übrigen: «Soweit für die Begründung eines dinglichen Rechtes die Eintragung in das Grundbuch vorgesehen ist, besteht dieses Recht als dingliches nur, wenn es aus dem Grundbuch ersichtlich ist.» Das Gesetz sagt in diesem Zusammenhang nicht, wann die Begründung eines Rechtes die Eintragung erfordert. Das hindert es aber nicht, in Art. 972 Abs. 1 in allgemeiner Form noch festzuhalten: «Die dinglichen Rechte entstehen und erhalten ihren Rang und ihr Datum durch die Eintragung in das Hauptbuch.» Die Vorschrift gilt natürlich nur für den Erwerb der Rechte nach Art. 971. Anderseits sagen die Art. 971 und 972 nichts über den Untergang derselben im Zusammenhang mit deren Löschung.

Die Anwendungsbereiche des absoluten und relativen Eintragungsprinzips werden im wesentlichen durch die Vorschriften über die verschiedenen dinglichen Rechte an den Grundstücken (Eigentum, Dienstbarkeiten und Grundlasten, Grundpfandrechte) voneinander abgegrenzt. Diese Abgrenzung gehört zur Behandlung der Begründung und des Untergangs dieser Rechte. Sie muß hier an sich nicht dargelegt werden. Es wird auf die Ausführungen in den entsprechenden Handbüchern, Abhandlungen und Kommentaren verwiesen[5]. Wir beschränken uns hier auf folgende Bemerkungen:

---

[4] Für einen Grund, der in der Regel diesem Recht innewohnt, wie wir später sehen werden, § 41.
[5] Für die vorliegende Gesamtdarstellung des Privatrechts, in bezug auf das Eigentum, siehe P. LIVER, Bd. V/1, §§ 25–27, § 12 IV und XIV (Miteigentum), § 15 (Stockwerkeigentum), § 19 (Aufhebung des Gesamteigentums); in bezug auf die Dienstbarkeiten und Grundlasten, siehe P. PIOTET, Bd. V/1, §§ 90 und 91 (Dienstbarkeiten im allgemeinen), § 95 V (Nutznießung), § 103 (Grundlasten).

1. Der Geltungsbereich des relativen Eintragungsprinzips

Der Gesetzgeber geht vom Gedanken aus, daß die Eintragung für die Begründung (Art. 656 Abs. 1, 712*d;* 731 Abs. 1, 746 Abs. 1; 783 Abs. 1, 799 Abs. 1 und 837/838 ZGB) und den Untergang (Art. 666 Abs. 1, 712*f;* 734, 748 Abs. 1; 786; 801 Abs. 1; 826 ZGB) der dinglichen Rechte an den Grundstücken erforderlich ist. Die Ausnahmen von der Regel werden im Anschluß an den Grundsatz erwähnt (vgl. Art. 656 Abs. 2 ZGB) oder zum voraus vorbehalten (Art. 799 Abs. 1 ZGB). Die Gesamtheit dieser Ausnahmen bildet den Anwendungsbereich des relativen Eintragungsprinzips (vgl. insbesondere Art. 656 Abs. 2 ZGB, der durch Analogieschluß auf andere dingliche Rechte Anwendung findet, mittels Verweisen der Art. 731 Abs. 2, 746 Abs. 2, 776 Abs. 3, 781 Abs. 3, 783 Abs. 3, 784 ZGB; Art. 799 Abs. 1 in Verbindung mit Art. 836 ZGB; für den Untergang: Art. 666 Abs. 1 am Schluß und Abs. 2, 712*f* Abs. 1 ZGB am Anfang; Art. 734 ZGB am Schluß; Art. 748 Abs. 1 am Anfang, Abs. 2 (zum Teil) und Abs. 3 ZGB; Art. 786 Abs. 1 ZGB am Schluß; Art. 801 Abs. 1 am Schluß und Abs. 2, 802–804 ZGB); Art. 665 Abs. 3 ZGB (alt und neu).

2. Der Geltungsbereich des absoluten Eintragungsprinzips

Den Geltungsbereich des absoluten Eintragungsprinzips kann man negativ umschreiben als die Gesamtheit der Fälle, die neben den soeben beschriebenen bestehen.

In groben Zügen ausgedrückt fallen darunter:

a) Die Übertragung des Eigentums an Grundstücken durch Rechtsgeschäft unter Lebenden in Einzelnachfolge (Kauf) oder von Todes wegen in Einzelnachfolge (Vermächtnis);

b) die Errichtung von beschränkten dinglichen Rechten durch Rechtsgeschäft unter Lebenden in Einzelnachfolge oder von Todes wegen in Einzelnachfolge (Art. 731 Abs. 1, 746 Abs. 1, 748 Abs. 1, 776 Abs. 1, 781 Abs. 3, 783 Abs. 1, 799 Abs. 1 ZGB)[6];

---

[6] Die Tatsache, daß das Gesetz für die Errichtung gewisser Dienstbarkeiten durch Rechtsgeschäft keine Grundbucheintragung verlangt (oder verlangen würde) (Art. 676 Abs. 3, 691 Abs. 3 ZGB), bedeutet nicht, daß diese Fälle dem relativen Eintragungsprinzip unterstehen, wie dies HOMBERGER, Art. 971 N. 14 und LIVER, Art. 731 N. 9ff. meinen. Diese Dienstbarkeiten (wahrnehmbare Dienstbarkeit, gesetzliches Leitungsrecht) entstehen nicht schon von Gesetzes wegen; vielmehr setzt ihre Begründung eine Art Besitzergreifung voraus: das Vorhandensein oder Anbringen von äußeren Einrichtungen, welche für die Aus-

c) die Aufhebung oder Beschränkung von dinglichen Rechten durch Rechtsgeschäfte unter Lebenden in Einzelnachfolge oder von Todes wegen in Einzelnachfolge (Art. 666 Abs. 1, 734, 748 Abs. 1, 776 Abs. 3, 781 Abs. 3, 786 Abs. 1, 801 Abs. 1 ZGB)[7] [8];

d) die Begründung von Eigentümerdienstbarkeiten (Art. 733 ZGB) sowie die Errichtung von Pfandrechten auf den Namen des Grundeigentümers (Art. 859 ZGB); diesen Fällen ähnlich ist die Begründung von Stockwerkeigentum durch einseitige Erklärung des Eigentümers eines Grundstückes (Art. 712*d* Abs. 2 Ziff. 2 ZGB);

e) die Errichtung von gesetzlichen Pfandrechten auf Antrag des Berechtigten (mittelbare gesetzliche Pfandrechte, Art. 837–839, 712*i*, 779*k* ZGB).

IV. Plan und Abgrenzung

Im vorliegenden Abschnitt behandeln wir die Voraussetzungen der Eintragungen betreffend die dinglichen Rechte im Geltungsbereich des absoluten (§§ 15 und 16) und des relativen Eintragungsprinzips (§ 17).

In bezug auf die Eintragungen im Geltungsbereich des absoluten Eintragungsprinzips unterscheiden wir zwischen der Übertragung des Eigentums und der Errichtung von beschränkten dinglichen Rechten einerseits (§ 15) und dem Verlust des Eigentums und dem gänzlichen oder teilweisen Untergang der beschränkten dinglichen Rechte anderseits (§ 16).

übung der Dienstbarkeit notwendig sind. Die natürliche Öffentlichkeit oder Wahrnehmbarkeit ersetzt hier die Öffentlichkeit, die sonst durch das Register gewährleistet wird; vgl. PIOTET, Dienstbarkeiten und Grundlasten, S. 565.

[7] Die Löschung ist in diesen Fällen nötig; selbst dort, wo das Recht gestützt auf das Gesetz entstanden, in der Folge aber ins Grundbuch aufgenommen worden ist, HOMBERGER, Art. 971 N. 9. Art. 748 Abs. 1 ZGB legt für die Nutznießung scheinbar eine Ausnahme fest, wenn für die Begründung derselben eine Grundbucheintragung nicht erforderlich ist. Die Vorschrift hat die gesetzlichen Nutznießungsrechte im Auge; beispielsweise jenes des überlebenden Ehegatten. Diese Nutznießung entsteht ohne Eintragung im Grundbuch und erlischt – eingetragen oder nicht – namentlich mit dem Tod des Nutznießers (relatives Eintragungsprinzip). Geht es aber darum, dieses (eingetragene) Nutznießungsrecht in Erfüllung einer vertraglichen Verpflichtung des Berechtigten untergehen zu lassen, ist die Löschung notwendig. Zur Frage, ob das Recht mit dem einseitigen Verzicht des Berechtigten untergeht, so daß der Löschung nur deklaratorische Wirkung zukommt, siehe hinten, § 16 B I 2c.

[8] Die Tatsache, daß eine nicht eingetragene Dienstbarkeit, etwa ein äußerlich wahrnehmbares Leitungsrecht oder eine altrechtliche Dienstbarkeit, die nicht ins Grundbuch übernommen worden ist, ohne Löschung untergehen kann, stellt ebenfalls nicht eine Anwendung des relativen Eintragungsprinzips dar: Das Entfernen der Einrichtung der Dienstbarkeit oder das Aufhören der Nutzungshandlungen ersetzt die Löschung im Grundbuch und zieht, wenn der Rechtsgrund (Rechtsgeschäft) gültig ist, den Untergang des Rechtes nach sich; vgl. PIOTET, a. a. O., S. 572; LIVER, Art. 734 N. 156.

Nichts sagen wir in diesem Zusammenhang über die Übertragung – durch Rechtsgeschäft oder *von Gesetzes wegen* – von beschränkten dinglichen Rechten, wie den übertragbaren Personaldienstbarkeiten und den Pfandrechten (d. h. von durch solche gesicherten Forderungen), noch über die Errichtung einer Nutznießung oder eines beweglichen Pfandrechtes an dinglichen Rechten an Grundstücken oder an Forderungen, die grundpfändlich sichergestellt sind. Zwar geht es auch in diesen Fällen um den Erwerb von dinglichen Rechten, der Gegenstand dieses Werkes bilden würde. Doch vollzieht sich dieser außerhalb des Grundbuches; ohne Eintragung im eigentlichen Sinn, weder einer konstitutiven noch einer deklaratorischen. Art. 835 ZGB drückt dies für die durch Grundpfandverschreibung sichergestellten Forderungen aus. Die gleiche Regel gilt aber auch für Übertragung der Schuldbriefe und Gülten (vgl. Art. 869, 901 ZGB; Art. 967 OR); und nicht anders ist es bei den - sehr seltenen - Fällen der Übertragung von (im Grundbuch nicht aufgenommenen) Personaldienstbarkeiten oder Personalgrundlasten oder der Begründung einer Nutznießung oder eines Mobiliarpfandes an solchen Dienstbarkeiten oder Grundlasten. Wir werden uns darauf beschränken, an anderer Stelle auf die Möglichkeit hinzuweisen, diese Übertragungen von beschränkten dinglichen Rechten und diese Begründungen von Nutznießungs- oder Pfandrechten an solchen Rechten im Hauptbuch oder in einem Hilfsregister zum Ausdruck zu bringen (§ 21 III 2). Im Zusammenhang mit den Ausführungen über den Schutz des gutgläubigen Dritten müssen diese Rechtsübertragungen und -begründungen aber in die Überlegungen einbezogen werden (V. Kapitel § 38). Dies gilt auch für die allfällige Übertragung von Rechten, die durch eine Vormerkung gesichert sind, insbesondere der nach Art. 959 ZGB vorgemerkten persönlichen Rechte.

§ 15. Die Eintragungen betreffend die dinglichen Rechte im Geltungsbereich des absoluten Eintragungsprinzips: Die Übertragung des Eigentums und die Errichtung von beschränkten dinglichen Rechten

Literatur:

Siehe die Angaben zu Beginn von § 13.
G. Clopath, Quelques problèmes relatifs à la double vente, spécialement en matière immobilière, SJZ 66, 1970, S. 49 ff. und S. 65 ff.; P.A. Fischer, Interimsurkunden im Grundpfandrecht, Diss. Basel 1975; H.-P. Friedrich, «Interimstitel» im Hypothekarwesen, ZBGR 52, 1971, S. 1 ff.; derselbe, Der Rang der Grundstücksrechte, ZBGR 58, 1977, S. 321 ff.; Th. Guhl, Persönliche Rechte mit verstärkter Wirkung, Festgabe für das Bundesgericht, Bern 1924, S. 93 ff.; J.-Cl. de Haller, L'hypothèque légale de l'entrepreneur, ZSR 101, 1982, II S. 189 ff.; W. Hottinger, Über den Zeitpunkt der Entstehung dinglicher Rechte an Grundstücken und zur Frage der Rückziehbarkeit der Grundbuchanmeldung, Diss. Zürich 1973; H. Huber, Aktuelle Fragen aus dem Grundpfandrecht, ZBGR 39, 1958, S. 193 ff.; A. Ileri, Entstehung und Übertragung der Schuldbriefrechte vor Ausstellung des Titels, Diss. Zürich 1974; F. Jenny, Das Legalitätsprinzip im schweizerischen Recht, ZBGR 11, 1930, S. 185 ff. und 233 ff.; G. Lutz, System der Eigentumsübertragung an Grundstücken, Diss. Zürich 1968; H. Merz, Die Übertragung des Grundeigentums gestützt auf gesetzliche Erbfolge, Testament, Erbvertrag oder Auflösung des Güterstandes infolge Todes eines Ehegatten, ZBGR 36, 1955, S. 121 ff.; A. Nussbaum, Der Nachweis des materiellen Verfügungsrechtes nach Art. 965 ZGB, Diss. Zürich 1950; H. Nussbaum, Beiträge zum Notariats- und Grundbuchrecht, ZBGR 33, 1952, S. 101 ff.; R. Obrecht, Grundbucheintrag und Pfandtitel, Diss. Bern 1947; P. Petermann, Gläubiger und Grundbuch, ZBGR 32, 1951, S. 65 ff.; V. Picenoni, Die Behandlung der Grundbuchgeschäfte im Erbgang, ZBGR 53, 1972, S. 129 ff.; H. Rey, Funktionen des Dienstbarkeitsvertrages, ZBGR 64, 1983, S. 257 ff.; A.H. Schatzmann, Eintragungsfähigkeit der dinglichen Rechte und Prüfungspflicht des Grundbuchverwalters, Diss. Bern 1939; H.R. Schüpbach, Le leasing immobilier, ZBGR 64, 1983, S. 193 ff.; A. von Tuhr, Eigentumsübertragung nach schweizerischem Rechte, ZSR 40, 1921, S 40 ff.; Th. Weltert, Rückziehbarkeit der Grundbuchanmeldung, SJZ 77, 1981, S. 349 ff.; W. Wiegand, Doppelverkauf und Eigentumserwerb - Wer zuerst kommt, mahlt zuerst? Bern. Not. 46, 1985, S. 11 ff.; D. Zobl, Das Bauhandwerkerpfandrecht de lege lata und de lege ferenda, ZSR 101, 1982, II S. 1 ff.; F. Zurbriggen, Die irregulären Personaldienstbarkeiten, Diss. Freiburg 1981.

Der Erwerb eines dinglichen Rechts mittels Eintragung erfordert einen Erwerbs- oder Rechtsgrund und einen Erwerbsakt[1].

A. Der Erwerbsgrund

Der Erwerbsgrund ist gewöhnlich ein Verpflichtungsgeschäft oder das Gesetz selber.

---

[1] Ostertag, Art. 963 N. 1 und Vorbemerkungen zum 25. Titel, N. 15, betont, daß sich die Dinge in dieser Reihenfolge abspielen.

Er kann aber auch in einem einseitigen Entschluß eines Eigentümers bestehen, an seinem eigenen Grundstück ein beschränktes dingliches Recht zu begründen (Beispiele: Art. 733, 859 ZGB). Dieser Entschluß ist zunächst rein intern und richtet sich unmittelbar an niemanden. Er äußert sich in der Verfügung, die aus der an den Grundbuchverwalter gerichteten Anmeldung hervorgeht und mit der er zusammenfällt. Deshalb stellen wir diesen Punkt in den Zusammenhang des Erwerbsaktes zurück und halten hier als Erwerbsgründe nur das Rechtsgeschäft und das Gesetz fest.

I. Das Rechtsgeschäft

Es geht um folgende Fälle:

a) Erwerb des Eigentums an einem Grundstück durch Rechtsgeschäft: jedesmal, wenn das Eigentum irgendwie von einem Rechtssubjekt auf ein anderes übergehen soll[2];

b) Errichtung einer Dienstbarkeit (Art. 732, 746 Abs. 1, 776 Abs. 3, 779a ZGB) oder *Grundlast* (Art. 783 Abs. 1 ZGB) und jede *Änderung,* welche die Last des betroffenen Grundstücks, etwa dadurch, daß sie im Rang vorrückt, vergrößert;

c) Errichtung eines Grundpfandrechtes (Art. 799 ZGB) und jede Änderung eines solchen, welche die dingliche Sicherheit, unter anderem etwa durch die Erklärung, einem Pfandrecht einen besseren Rang zu geben, erschwert oder ändert[2a].

Das Rechtsgeschäft, das die Grundlage einer Eigentumsübertragung, der Errichtung einer Dienstbarkeit, einer Grundlast oder eines Pfandrechtes

---

[2] MEIER-HAYOZ, Art. 656 N. 11 und HAAB, Art. 656 N. 6. Siehe eine Aufzählung der Fälle bei MEIER-HAYOZ, Art. 656 N. 12 ff. Zu erwähnen sind noch: 1) Die Übertragung eines Grundstücks gestützt auf einen schriftlichen Erbteilungsvertrag (Art. 634 ZGB); 2) die Realteilung, in die Grundstücke einbezogen sind; aber in der Anmeldung auf Übertragung des Eigentums auf einen der Erben, die diese gemeinsam vornehmen, vermischen sich Rechtsgeschäft (das die Verpflichtung entstehen läßt) und Verfügungsgeschäft miteinander, BGE 102 II, 1976, S. 203 f.; 3) die Übertragung von Grundstücken bei der Teilung eines andern Gesamthandsverhältnisses, wobei der Vertrag nach ZBGR 62, 1981, S. 343 ff. zu seiner Gültigkeit der öffentlichen Beurkundung bedarf (ObG Zürich); 4) die Übertragung eines Grundstücks gestützt auf einen Verpfründungsvertrag (Art. 521 OR); 5) die Übertragung von Grundeigentum an eine AG gestützt auf einen Sacheinlagevertrag, und zwar, selbst wenn diese Übertragung im Zusammenhang mit der Übernahme eines Geschäftes mit Aktiven und Passiven vereinbart wird; BGE 109 II, 1983, S. 99; hinten, § 17 Note 8.

[2a] H. LEEMANN, Art. 813/814 N. 70; siehe jedoch die Möglichkeit, den Rang unter Grundpfandgläubigern auszuwechseln, hinten, § 29 V 1c.

bildet, erzeugt die *Verpflichtung* des Veräußerers bzw. Rechtsbestellers, dafür zu sorgen, daß das Eigentum übergeht bzw. das beschränkte dingliche Recht entsteht (siehe beispielsweise Art. 184 Abs. 1 OR: «... ihm das Eigentum daran zu verschaffen»). Nach Art. 665 Abs. 1 ZGB besteht diese «Sorge» für den Eigentümer darin, die Grundbucheintragung zu erwirken. Der Vorgang des Erwerbs des dinglichen Rechtes wickelt sich bei allen rechtsgeschäftlichen Rechtserwerben gleich ab: Dem Rechtsgeschäft, das die Verpflichtung entstehen läßt, folgt das Verfügungsgeschäft, welches die Erfüllung des ersteren darstellt und in der Eintragung im Grundbuch seine Vollendung findet. Die beiden Rechtsgeschäfte sind miteinander verbunden. Wegen des Prinzips der Kausalität (Art. 974/975 ZGB) erzeugt die Eintragung im Grundbuch rechtlich aber keine Wirkungen, wenn das Verpflichtungsgeschäft ungültig ist[3].

Es ist hier nicht der Ort, *von Grund auf* die Voraussetzungen darzulegen, welche die verschiedenen Rechtsgeschäfte erfüllen müssen, die den Eigentümer verpflichten, das Eigentum zu übertragen, beschränkte dingliche Rechte zu errichten oder solche irgendwie zu seinem Nachteil abzuändern.

Diese Rechtsgeschäfte müssen ohne weiteres in jeder Hinsicht die allgemeinen Voraussetzungen erfüllen, die für jedes Rechtsgeschäft gelten: Rechts- und Handlungsfähigkeit, Vertretungsmacht, übereinstimmende Willenserklärungen (vor allem auch über den Rechtsgrund[4]), Fehlen von

---

[3] GUHL, S. 109; HOMBERGER, Art. 965 N. 16; OSTERTAG, Art. 965 N. 17; LIVER, Eigentum, S. 139; MEIER-HAYOZ, Art. 656 N. 35 und Art. 665 N. 7; HAAB, Art. 656 N. 25 ff.; PIOTET, Dienstbarkeiten und Grundlasten, S. 563 f.; LIVER, Art. 732 N. 1 f.; H. LEEMANN, Art. 783 N. 1; Art. 799 N. 3, 13, 17 f.

[4] Ein Vertrag enthält notwendigerweise eine Einigung über den Rechtsgrund, SCHÖNENBERGER/JÄGGI, Zürcher Kommentar, Art. 1 OR N. 85 ff. Eine andere Frage ist, ob der Erwerbsgrund auch in einer abstrakten Verpflichtung bestehen könne, bei welcher der Rechtsgrund nicht zum Ausdruck komme. E. HUBER, Vorträge S. 119, läßt dies zu. OSTERTAG, Art. 965 N. 14, ist gegenteiliger Auffassung. HOMBERGER, Art. 965 N. 12, teilt allgemein die Ansicht von HUBER, macht aber für den Vertrag auf Übertragung von Grundeigentum, der auf einem bestimmten Rechtsgeschäft beruhen müsse, das seinen Rechtsgrund ausdrücke (Kauf, Schenkung, Tausch, Sicherstellung), eine Ausnahme. Im gleichen Sinn, HAAB, Art. 657 N. 15; er folgert dies aus dem Formerfordernis der öffentlichen Beurkundung; dieses bestehe für den «Vertrag», und nicht für die Verpflichtung, Eigentum zu übertragen. Das BGer fordert die Angabe des Rechtsgrundes und lehnt einen abstrakten Vertrag auf Eigentumsübertragung ab, BGE 72 II, 1946, S. 360. Das bedeutet, daß die Parteien einen bestimmten Vertrag abschließen müssen; es kann sich allerdings um einen atypischen oder gemischten Vertrag handeln, HOMBERGER, Art. 965 N. 15 und 18. Beim *Immobilienleasing* wäre die Finanzierungsgesellschaft im Verhältnis zum Unternehmer fiduziarischer Eigentümer des Grundstücks, das sie anderswo (vom «Lieferanten») erworben hat; dieses Eigentum müßte dem Unternehmer, der selber «wirtschaftlicher»

Willensmängeln, Bestimmtheit des Grundstückes, möglicher Inhalt, rechtmässig[5] und nicht gegen die guten Sitten verstossend, Form, anwendbares Recht, keine aufschiebende Bedingungen, Zustimmungserklärungen und Bewilligungen usw. Sie müssen auch die besonderen Voraussetzungen einhalten, welche das Gesetz für jede Art von Rechtsgeschäft aufstellt; und auch die Einschränkungen, welche allfällige Sondergesetze eingeführt haben, müssen beachtet werden. Wir verweisen auf die Werke, welche die Rechtsgeschäfte auf Begründung von dinglichen Rechten an Grundstücken behandeln[6].

Eigentümer wäre, die ermöglichte Investition sicherstellen, SCHÜPBACH, S. 209. – An und für sich versteht man nicht recht, warum das gleiche Erfordernis des Rechtsgrundes nicht auch für die «Begründungsakte» der beschränkten dinglichen Rechte verlangt wird. Freilich sind bei Grunddienstbarkeiten, irregulären Personaldienstbarkeiten, der Nutznießung und bei Grundlasten nicht mehrere Arten von Verträgen möglich, um jedes einzelne dieser Rechte zu begründen. Aber die erwähnten Verträge können entgeltlich oder unentgeltlich abgeschlossen werden. Eine Einigung in diesem Punkt ist notwendig. Das ganze dreht sich um die Frage, ob die vorgeschriebene Form eingehalten werden muß. Die diesbezüglichen Meinungen gehen auseinander. PIOTET, a. a. O., S. 561, scheint die Frage in dem Sinn zu bejahen, daß er für das Versprechen, eine Dienstbarkeit unentgeltlich einzuräumen, öffentliche Beurkundung fordert. LIVER, Art. 732 N. 80ff., verlangt die Angabe der Gegenleistung nicht, wenn der Vertrag entgeltlich abgeschlossen wird, und begnügt sich mit der Unterschrift des belasteten Eigentümers; wenn die Dienstbarkeit unentgeltlich gewährt wird (N. 83); er verlangt für diesen Fall keine öffentliche Beurkundung (N. 108ff.). Wir haben die Frage hier nicht Stellung zu nehmen. Siehe ZBGR 65, 1984, S. 157ff. (ObG Solothurn): Formerfordernis der öffentlichen Beurkundung bei schenkungsweiser Einräumung einer Dienstbarkeit; indessen liegt nicht jeder entschädigungslosen Einräumung einer solchen eine Schenkung zugrunde. – Bei Verträgen auf Errichtung von Pfandrechten stellt sich die Frage nicht; denn dadurch, daß mit ihnen Sicherheit für eine Schuld geleistet werden soll, wird der Rechtsgrund angegeben (eine Art causa solvendi).

[5] Hier stellt sich die Frage nach den Rechten, die überhaupt nicht oder an Grundstücken, die öffentliche Sachen darstellen, im Grundbuch nicht eingetragen werden können.

[6] *Zum Erwerb von Grundeigentum:* Siehe insbesondere: LIVER, Eigentum S. 134ff.; MEIER-HAYOZ, Art. 656 N. 1ff. und zu, Art. 657; HAAB, Art. 656 N. 6ff. und zu Art. 657; CAVIN, Kauf, Tausch und Schenkung, S. 19ff., 129ff., 180ff., 187ff.; OSER/SCHÖNENBERGER, Zürcher Kommentar zu Art. 216/217, 237, 242/243 OR; BECKER, Berner Kommentar zu den gleichen Artikeln.
Zu den Dienstbarkeitsverträgen: PIOTET, a. a. O., S. 558ff., 614ff.; LIVER und REY, Kommentare zu Art. 732; H. LEEMANN, zu Art. 732 und 745.
Zu den Verträgen auf Errichtung von Grundlasten: PIOTET, S. 657; H. LEEMANN, Art. 783 N. 1f., 7ff.
Zu den Grundpfandverträgen: H. LEEMANN, Art. 799 N. 1ff., 17ff. – In bezug auf das vertraglich vereinbarte Bodenverbesserungspfandrecht mit Vorzugsrang, siehe die Beschränkungen des Art. 820 ZGB und das Erfordernis einer Bescheinigung der zuständigen Behörde für die Eintragung (Art. 21 GBV). – Die Errichtung von Pfandrechten an Wasserrechtsverleihungen (Art. 8 GBV) kann besondere Voraussetzungen erfordern, die in Erlassen des Bundes oder der Kantone vorgesehen sind (Beispiel: die Bewilligung der verleihenden Behörde).

In bezug auf die Ausweise, die dem Grundbuchamt für den Erwerb von dinglichen Rechten durch Rechtsgeschäft eingereicht werden müssen, enthalten die Art. 18, 19 und 21 GBV gewisse Angaben; namentlich was die Form und die Voraussetzungen betrifft, die der Erwerbsgrund erfüllen muß[7].

II. Das Gesetz

Es geht um die sog. mittelbaren gesetzlichen Pfandrechte. In diesen Fällen bildet nicht ein Verpflichtungsgeschäft den Erwerbsgrund für das Pfandrecht; sondern, unter ganz bestimmten, von ihm umschriebenen Voraussetzungen, das Gesetz selber. Diese Voraussetzungen knüpfen übrigens an eine vorbestehende Rechtslage an, die allgemein vertraglichen Ursprungs ist[7a].

Einen Anspruch auf Errichtung eines gesetzlichen Pfandrechts begründet das Gesetz, um folgende Forderungen sicherzustellen:

a) Die Forderung des Verkäufers am verkauften Grundstück (Art. 837 Abs. 1 Ziff. 1 ZGB)[8];

b) die Forderung des Pfründers, der dem Pfrundgeber ein Grundstück zu Eigentum übertragen hat (Art. 523 OR)[9];

c) die Forderung der Miterben aus der Teilung gegen den Übernehmer eines Grundstücks, das der Erbengemeinschaft gehörte, (Art. 837 Abs. 1 Ziff. 2 ZGB; diese Bestimmung gilt auch bei der Auflösung einer Gemeinderschaft (Art. 343-346 ZGB)[10];

---

[7] Art. 18 für die Eintragung des Eigentums: Abs. 1, 2 Ziff. 2, Abs. 3; Art. 19 für die Eintragung von beschränkten dinglichen Rechten (sinngemäße Anwendung), mit einer Verdeutlichung in bezug auf die Form der Dienstbarkeitsverträge (Abs. 2); Art. 21 für die Eintragung eines Bodenverbesserungspfandrechtes. – Bei der Realteilung (Art. 634 Abs. 1 ZGB 1. Fall) wird die Vereinbarung, die durch die gemeinsame Grundbuchanmeldung der Erben unmittelbar vollzogen wird, formlos abgeschlossen; vgl. PIOTET, Erbrecht, II S. 902 f.

[7a] Selbstverständlich können die Parteien in allen Fällen, in denen das Gesetz einen Anspruch auf Errichtung eines gesetzlichen Grundpfandes einräumt, zum voraus einen Vertrag auf Errichtung eines Pfandrechtes abschließen, um die fragliche Forderung sicherzustellen. Aber soweit jener, der einen Anspruch auf ein gesetzliches Pfandrecht besitzt, sich für dessen Errichtung auf das Gesetz beruft, hat dieses seine Grundlage nicht in einem Vertrag; selbst wenn der Grundeigentümer gelegentlich (oder auch immer?) seine Zustimmung durch Anerkennung der Forderung erteilen muß (Art. 837 Abs. 3 ZGB); anders: HOMBERGER, Art. 971 N. 7.

[8] H. LEEMANN, Art. 837 N. 5 ff.; BGE 51 II, 1925, S. 284.

[9] H. LEEMANN, Art. 837 N. 7; OSER/SCHÖNENBERGER, zu Art. 523 OR.

[10] H. LEEMANN, Art. 837 N. 9; PIOTET, Erbrecht, II S. 919, 1054. Anders ist die Auflösung einer Ertragsgemeinschaft geregelt; hier kann der Miterbe seinen Anteil in Gestalt einer Forderung herausverlangen, die durch Belastung des Gemeinschaftsgutes sichergestellt wird (Art. 624 ZGB). Der Anspruch geht hier gerade auf die Begründung dieser Forderung und auf ihre nachträgliche Sicherstellung (gegebenenfalls in der Form der Erbengült).

d) «die Forderungen der Handwerker oder Unternehmer, die zu Bauten oder andern Werken... Material und Arbeit oder Arbeit allein geliefert haben» (Art. 837 Abs. 1 Ziff. 3 ZGB)[11];
e) die auf die letzten drei Jahre entfallenden Beitragsforderungen der Stockwerkeigentümergemeinschaft (Art. 712*k/i* ZGB)[12];
f) zwei Forderungen, die sich aus dem Baurechtsverhältnis ergeben:
 – den Baurechtszins für drei Jahre (Art. 779*i* ZGB);
 – die Entschädigungsforderung des Bauberechtigten, die diesem beim Untergang des Baurechts gegenüber dem Baurechtsgeber für die heimfallenden Bauwerke zusteht (Art. 779*d* ZGB);
g) die Forderungen, die nach kantonalem Recht Anspruch auf Eintragung eines gesetzlichen Pfandrechts geben[13].

In all diesen Fällen verbindet sich mit der in Frage stehenden Forderung, etwa jener des Verkäufers, das Recht, die Errichtung des Pfandrechts zu verlangen. Dieses Recht seinerseits ist eine Forderung, die jener entspricht, die sich aus einem Grundpfandvertrag ergibt; und nicht ein dingliches Recht oder sonst irgend ein dinglicher Anspruch. Sie ist aber an ein bestimmtes Grundstück gebunden; nämlich an jenes, das Anlaß zu der durch eine Grundpfandverschreibung zu sichernden Forderung gibt, etwa an einen Stockwerkanteil. Es handelt sich um eine *Realobligation*, die sich gegen den jeweiligen Eigentümer eines Grundstückes richtet. Der Anspruch, der sich aus ihr ergibt, kann auch noch geltend gemacht werden, nachdem der Eigentümer in Konkurs gefallen ist[14].

B. Der Erwerbsakt

Es sind drei Fälle zu unterscheiden:
1. Der Erwerbsakt beruht auf einem *Rechtsgeschäft*, das die Verpflichtung, Eigentum zu übertragen oder ein beschränktes dingliches Recht zu errichten, begründet (oben, A I).
2. Der Erwerbsakt beruht auf dem *Gesetz* (oben, A II).
3. Der Erwerbsakt beruht auf einem *einseitigen Entschluß des Eigentümers* (oben, A zu Beginn).

---

[11] H. Leemann, Art. 837 N. 11f.
[12] BGE 106 II, 1980, S. 183.
[13] ZBGR 63, 1982, S. 164: Möglichkeit, ein solches gesetzliches Pfandrecht für eine bedingte und noch nicht fällige Forderung eintragen zu lassen (ObG Solothurn). Zu erwähnen sind noch die Fälle von mittelbaren gesetzlichen Grundlasten nach kantonalem Recht (Art. 784 Abs. 2 ZGB).
[14] BGE 92 II, 1966, S. 229f.; 95 II, 1969, S. 33f. Die Rechtsnatur als *Realobligation* ergibt sich klar aus dem Wortlaut der Art. 712*i* und 779*i* ZGB; vgl. BGE 106 I, 1980, S. 183. Unter andern Autoren siehe neulich de Haller, S. 200ff.; Zobl, S. 76ff.

I. Der Erwerbsakt, der einem Verpflichtungsgeschäft nachfolgt

1. Allgemein

Der Erwerbsakt besteht in einem *Verfügungsgeschäft*, das mit der Eintragung ins Hauptbuch oder in die Protokolle, die an dessen Stelle geführt werden, seine Vollendung findet[14a].

Die gemeinhin geläufige Vorstellung ist folgende:

Der Eigentümer (Veräußerer oder Errichter eines beschränkten dinglichen Rechtes) richtet eine Anmeldung an das Grundbuchamt, die formell einen Antrag an den Grundbuchverwalter und materiell die Zustimmung zur Eintragung enthält, auf die sich Art. 963 Abs. 1 ZGB bezieht («... auf Grund einer schriftlichen Erklärung des Eigentümers»). Diese Zustimmung ist rechtlich das Verfügungsgeschäft, der im Bereich des Mobiliarsachenrechts die Besitzübertragung entspricht. Sie ist ein einseitiges Rechtsgeschäft – im Gegensatz etwa zur Abretung einer Forderung, die sich als Vertrag darstellt. Die so verstandene Anmeldung – einerseits formeller Antrag, anderseits dingliche Verfügung – hängt von der Gültigkeit des ihr zugrunde liegenden Verpflichtungsgeschäftes ab: Es handelt sich bei ihr um ein kausales Rechtsgeschäft[15].

Nach dem französischen Recht macht die sich aus einem Vertrag ergebende Verpflichtung, eine Sache zu liefern, den Gläubiger zum Eigentümer; und zwar selbst, wenn es um Grundstücke geht (Art. 1138 CCfr.; vorn, § 1 VII 3). Nach schweizerischem Recht läßt, – wie wir gesehen haben – der Erwerbsgrund, etwa das Einbringen in eine Gesellschaft, nur die Forderung entstehen, daß der Eigentümer die Eintragung vornehmen läßt (Art. 665 ZGB). Diese Forderung ermöglicht es dem Gläubiger, vom Richter die Zusprechung des Eigentums zu erlangen. Trotzdem darf man nicht schon im Erwerbsgrund das Verfügungsgeschäft erblicken[16]. Beide sind nach schweizerischem Recht streng voneinander zu trennen.

[14a] Obwohl er erst verhältnismäßig kürzlich dogmatisch erfaßt worden und die deutsche Lehre schwankend ist – worauf WIEGAND, Doppelverkauf..., S. 17f., hinweist –, ist der Begriff des Verfügungsgeschäftes im schweizerischen Recht genügend geklärt und einsatzfähig: «Das Verfügungsgeschäft ändert unmittelbar, endgültig und zugunsten eines andern den Bestand oder Inhalt eines Rechtes, das einem Erklärenden zusteht», GAUCH/SCHLUEP/JÄGGI, I N. 130.

[15] HOMBERGER, Art. 963 N. 4; OSTERTAG, Art. 963 N. 3, 4, 6; LIVER, Eigentum, S. 139 ff.; MEIER-HAYOZ, Art. 656 N. 34; HAAB, Art. 656 N. 12; LIVER, Art. 731 N. 2; H. LEEMANN, Art. 731 N. 15 ff.; Art. 799 N. 63; GUHL, Persönliche Rechte, S. 99 ff.; H. HUBER, Anmeldung und Tagebuch, ZBGR 59, 1978, S. 163 ff.; BGE 74 II, 1948, S. 232; 109 II, 1983, S. 101; BR in SJZ 20, 1917, S. 181 ff.

[16] GUHL, a. a. O., S. 102 ff.; anders: VON TUHR, Eigentumsübertragung, S. 49, 63 ff. LUTZ, System, S. 60 nähert sich dieser Auffassung an, wenn er vom Grundgeschäft sagt: «Einerseits begründet es in der Regel das Verpflichtungsgeschäft und andererseits bringt es u. E. immer die vollständige rechtsgeschäftliche Grundlage des Verfügungsgeschäftes hervor.»

Im deutschen Recht schließt sich dem Verpflichtungsgeschäft ein dinglicher Vertrag an (§ 313 BGB), der in einer zwischen Veräußerer und Erwerber auf dem Grundbuchamt abgeschloßenen Vereinbarung besteht (§ 925 BGB; vorn, § 1 VII 1). Dieser Vertrag heißt «Auflassung» und ist abstrakt. Er verschafft dem Erwerber das Eigentum, sobald die Eintragung vorgenommen worden ist. Für das schweizerische Recht steht auf jeden Fall fest, daß das Verfügungsgeschäft, vom Erwerbsgrund ebenfalls getrennt, von der Gültigkeit desselben abhängt.

Aber wie muß dieses Verfügungsgeschäft selber verstanden werden? Auch wenn es sich um ein einseitiges Rechtsgeschäft handelt, hat es von Natur aus einen Empfänger: den Erwerber des dinglichen Rechts. Der Wille, das Recht zu übertragen oder zu begründen, wird der andern Partei zu einem bestimmten Zeitpunkt kundgetan: in der Regel beim Abschluß des obligatorischen Grundgeschäftes; doch kann dies auch zu einem spätern Zeitpunkt geschehen[17]. Das materielle Verfügungsgeschäft kann also zunächst nur ein Geschäft sein, das von einer Partei ausgeht und sich an eine andere richtet[18]. Im Unterschied zu einem Testament oder einer Erklärung auf Errichtung einer Stiftung ist es rein von seinem Begriff her empfangsbedürftig. Nur weil sich in den gesamten Vorgang des Erwerbs der dinglichen Rechte an den Grundstücken eine öffentliche Amtsstelle einschaltet, ist es erst abgeschlossen, wenn es beim Grundbuchamt eintrifft. Das darf aber seinen Charakter als privatrechtliches Verfügungsgeschäft, daß zwei einzelne Parteien voraussetzt, nicht in Frage stellen[18a].

Von da aus ist es nur noch ein Schritt bis zur Anerkennung eines dinglichen Vertrages zwischen den Parteien. Es ist nicht einzusehen, warum die Übertragung des Eigentums oder die Begründung von beschränkten dinglichen Rechten an Grundstücken auf andere Weise vor sich gehen soll als jene an beweglichen Sachen[19], die Abtretung von Forderungen (Art. 164

---

[17] Für den Fall, daß ein Grundstück Gegenstand eines Vermächtnisses bildet, wird der Wille zur Eigentumsübertragung vom belasteten Erben dem Vermächtnisnehmer im Zeitpunkt mitgeteilt, in dem die Verfügung von Todes wegen erfüllt wird.

[18] Was WIELAND, Art. 963 N. 2 S. 559, hervorhebt; vgl. auch LUTZ, System, S. 111: «Die Anmeldung muß ... als eine bewußte und gewollte Mitteilung an den Erwerber gelten.»

[18a] In seiner neuesten Rechtsprechung (BGE 104 Ib, 1978, S. 379; 105 II, 1979, S. 45) hat das BGer dem Erwerber eines dinglichen Rechtes die Beschwerdelegitimation gegen die Abweisung einer Anmeldung, die vom Veräußerer oder dem Errichter eines beschränkten dinglichen Rechtes ausging, zuerkannt. Das heißt doch, daß der Erwerber am Anmeldeverfahren mindestens beteiligt ist.

[19] SCHÖNENBERGER/JÄGGI, Art. 1 OR N. 95, nach welchem man auf den Begriff der «dinglichen Einigung» im Geschäftsleben nicht verzichten kann; BGE 84 III, 1958, S. 153. LIVER, Eigentum, S. 319f. verwirft mit HAAB/SIMONIUS, Art. 714 N. 35ff. die Idee eines dinglichen Vertrages, der zwischen dem Grundgeschäft und der Übertragung stehen würde. Er räumt aber ein, daß diese einen Vertrag darstellt, der mit der Übertragung des Besitzes vollzogen wird. So beherrscht eine Willensübereinkunft wohl den Erwerb des dinglichen Rechts selber.

OR) oder auch die Errichtung von beschränkten dinglichen Rechten an solchen (Art. 900/901 ZGB, Art. 967 OR). Auf seiten des Empfängers ist Annahme der Verfügung vorausgesetzt; d. h. mindestens stillschweigende Äusserung des Willens, das Recht zu erwerben[20]. Gewiß kann aus Art. 963 Abs. 1 ZGB – wie aus Art. 964 Abs. 1 ZGB für den Untergang der Rechte – nicht auf das Vorhandensein einer Vereinbarung zwischen den Parteien über den Erwerb des Rechtes geschlossen werden. Aber die Art. 963–966 ZGB sind aus der Sicht eines vor einer Behörde durchzuführenden Verfahrens abgefaßt, in dem es darum geht, zu wissen, wer eine Änderung im Register beantragen kann und welche Ausweise der Antragsteller vorzulegen hat. Das entbindet jedoch nicht davon, den Grundlagen dieser Eintragungen nachzugehen und letztere in ein einheitliches System des Erwerbs der Rechte einzuordnen. Und doch wird nicht das deutsche System der «Auflassung» übernommen, welche ein abstraktes Geschäft darstellt, das die Parteien formell vor dem Grundbuchverwalter abschließen (§ 825 BGB). Aber mit WIELAND[21] muß hier beim Erwerb von dinglichen Rechten und anderswo die zweiseitige Natur des Verfügungsgeschäftes anerkannt werden.

Handelt es sich bei der Anmeldung zur Eintragung ins Grundbuch materiell um eine Verfügung, ist das Geschäft schließlich der Ausdruck einer Einigung zwischen Eigentümer und Rechtserwerber über die Übertragung des Eigentums oder die Errichtung eines beschränkten dinglichen Rechtes. Normalerweise äußern die Parteien ihren Willen – die eine den Willen, das Eigentum zu übertragen oder ein beschränktes dingliches Recht einzuräumen; die andere den Willen, das Recht zu erwerben – in ein und demselben Vertrag, der sowohl das Verpflichtungsgeschäft selber als auch die Anmeldung zur Eintragung enthält. In andern Fällen wird der Grundeigentümer seine Verpflichtung erfüllen, indem er die Grundbuchanmeldung später, jedoch mit dem wenigstens stillschweigenden Einverständnis des Rechtserwerbers, vornimmt, das aus dem Verpflichtungsgeschäft hervorgeht. Auf jeden Fall wird der Verfügungsakt erst im Zeitpunkt vollendet, in dem die Anmeldung beim Grundbuchamt eintrifft; auch wenn die ihr eigenen Wirkungen erst mit der Eintragung eintreten[22].

---

[20] E. HUBER, Zum Sachenrecht, S. 119 Note 1, vermerkt, daß das neue Zivilgesetzbuch ein Element aus dem System der Fertigung wieder aufgenommen haben und fährt weiter: «Der Veräußerer muß zur grundbuchlichen Fertigung die Einwilligung geben, der Erwerber erwerben wollen, und letzterer hat einen Rechtsanspruch auf diese Vollziehung.» (Vgl. auch Homberger, N. 40: «... das Grundgeschäft, in welchem der Erwerber diesem Rechtserwerb zugestimmt hat».
[21] A. a. O.
[22] Es kann auf eine Analogie mit der Abtretung eines Namen- oder der Indossierung eines Orderpapieres hingewiesen werden: Die schriftliche Abtretung oder die Indossierung

In den Fällen, in denen eine Dienstbarkeit wohl durch ein Rechtsgeschäft vereinbart wird, aber ohne Eintragung im Grundbuch entsteht (Art. 676 Abs. 3, 691 Abs. 3 ZGB), verfügt der Eigentümer über sein Eigentum ebenfalls; sei es im Dienstbarkeitsvertrag selber, sei es, daß er die Erlaubnis zum Gebrauch des Grundstücks erteilt oder schließlich zum Zeitpunkt der Errichtung des Werkes[22a]. Hier liegt der Gedanke einer Vereinbarung über die Begründung des Rechts eher noch näher.

2. Die Voraussetzungen des Verfügungsgeschäftes

Der Veräußerer oder derjenige, der ein beschränktes dingliches Recht einräumt, verfügt mit Zustimmung des Erwerbers über sein Eigentum. Die Voraussetzungen dieses Verfügungsgeschäftes sollen nun untersucht werden. Erste Voraussetzung ist natürlich die Verfügungsmacht. Zu denken ist aber auch an die Voraussetzungen des Geschäftes selber bezüglich Form und Inhalt.

a) Die Verfügungsmacht

Die Verfügungsmacht steht grundsätzlich dem Eigentümer zu, der sein Grundstück veräußert, an ihm ein beschränktes dingliches Recht errichtet oder eine bestehende Last vergrössert. Das drückt, aus der Sicht der an den Grundbuchverwalter gerichteten Anmeldung, Art. 963 Abs. 1 ZGB aus[23]. Der Anmeldende müsste so wirklich Eigentümer sein, damit seine Verfügung rechtswirksam ist. Es dürfte nicht genügen, daß er, ohne es wirklich zu sein, im Grundbuch als Eigentümer eingetragen ist. Eingetragen besitzt er jedoch die sog. *formelle* Verfügungsmacht; und der gute Glaube des Erwerbers ist gestützt auf Art. 973 ZGB geeignet, das Fehlen der Verfügungsmacht auszugleichen. Aber das gilt nur dort, wo die Öffentlichkeitseinrichtungen die vollen Wirkungen des Grundbuches erzeugen (§ 38 A III 1)[24].

(Verfügungsgeschäft) lassen die Forderung noch nicht übergehen; diese Wirkung tritt erst mit der Übertragung des Besitzes am Papier selber ein (Art. 967 OR). Der Unterschied besteht darin, daß im Immobiliarsachenrecht die Übertragung des «Buchbesitzes» die Mitwirkung einer öffentlichen Amtsstelle erfordert.

[22a] Vgl. MEIER-HAYOZ, Art. 676 N. 27, der aber das Verfügungsgeschäft, das sich aus der Erstellung der Leitung ergibt, hier nicht besonders erwähnt.

[23] Auch nach der Auffassung, welche die Verfügung als dinglichen Vertrag betrachtet, stellt sich nur die Frage nach der Verfügungsmacht des Verfügenden – wie bei der Abtretung nur jene nach der Gläubigereigenschaft des Abtretenden.

[24] Der Schutz des gutgläubigen Erwerbers greift damit in den Vorgang des Erwerbs von dinglichen Rechten ein, vgl. HOMBERGER, Art. 963 N. 10; MEIER-HAYOZ, Art. 656 N. 33. Bei der Behandlung der Voraussetzungen des Verfügungsgeschäftes werden wir im folgenden diesen Sonderfall aber ausklammern und verweisen auf das V. Kapitel, in dem die Wirkungen der Grundbucheintragungen – namentlich auch gutgläubigen Dritten gegen-

§ 15   Der Erwerbsakt, der einem Verpflichtungsgeschäft nachfolgt

Bei gemeinschaftlichem Eigentum steht die Verfügungsmacht den mehreren Eigentümern gemeinsam zu; je nachdem, wie das Gemeinschaftsverhältnis geregelt ist: Miteigentum, Stockwerkeigentum, diese oder jene Art von Gesamteigentum[25].
Der Miteigentümer kann über seinen Anteil verfügen. Doch darf dieser nicht mit einem andern Grundstück *subjektiv dinglich* verbunden sein. In diesem Fall kann das Miteigentum nicht Gegenstand einer selbständigen Verfügung sein (vgl. Art. 670 ZGB, Art. 32 Abs. 1 und 3 GBV)[26].
Die Verfügungsmacht des Eigentümers kann durch güterrechtliche Vorschriften beschränkt sein (Art. 202 Abs. 1 ZGB)[27]. Dem Schuldner, über den der Konkurs eröffnet oder dem eine Nachlaßstundung gewährt worden ist,

---

über – behandelt werden (§ 38). – Dem nicht eingetragenen Eigentümer steht das Verfügungsrecht wohl materiell zu; er kann von ihm aber erst Gebrauch machen, nachdem er im Grundbuch eingetragen worden ist.

[25] HOMBERGER, Art. 963 N. 12; OSTERTAG, Art. 963 N. 34, Art. 965 N. 5. Zur Verfügungsmacht bei gemeinschaftlichem Eigentum, siehe die entsprechenden Werke, insbesondere:
– *zum Miteigentum* (Art. 648 Abs. 2 ZGB): LIVER, Eigentum, S. 76 ff.; MEIER-HAYOZ, Art. 648 N. 25 ff.; HAAB, Art. 648 N. 24 f.; FRIEDRICH, Stockwerkeigentum, S. 181 f. (er verneint die Möglichkeit, für die Übertragung eines Grundstücks, an dem Stockwerkeigentum besteht, oder für die Errichtung von beschränkten dinglichen Rechten an einem solchen vom Grundsatz der Einstimmigkeit abzuweichen);
– *zum Gesamteigentum* (Art. 653 Abs. 2 ZGB): LIVER, Eigentum, S. 114; MEIER-HAYOZ, Art. 653 N. 3 ff.; HAAB, Art. 652–654 N. 18, 35;
– *zu den verschiedenen Gemeinschaften* (Art. 216/217, 231, 341, 602 Abs. 2 ZGB; Art. 543, 563–566, 603 OR). Es wird auf die entsprechenden Stellen der Werke verwiesen, welche die verschiedenen Gemeinschaften behandeln.
Zur *neuen Gütergemeinschaft* siehe Art. 227–229 revZGB. Das neue Recht kennt die fortgesetzte Gütergemeinschaft, mit ihren Vorschriften über die Verwaltung und Vertretung (Art. 229 ff. ZGB), nicht mehr.
[26] MEIER-HAYOZ, Art. 646 N. 9 und 57 und Art. 670 N. 10 ff. – Nach dem *neuen Eherecht* kann kein Ehegatte ohne die Zustimmung des andern über seinen Anteil verfügen, sofern nichts anderes vereinbart ist (Art. 201 Abs. 2 revZGB).
[27] Zur Ehefrau, die unter dem Güterstand der Güterverbindung lebt und Grundeigentum besitzt, vgl. LEMP, Art. 202 N. 4, 15, 35; Art. 203 N. 10 ff. BGE 65 I, 1939, S. 29: Soweit sie über die gewöhnliche Verwaltung hinausgeht, erfordert die Verfügung der Frau über ein Grundstück die Zustimmung des Ehemannes; gestützt auf seine Verwaltungsbefugnis kann dieser über ein Grundstück seiner Ehefrau verfügen, benötigt, wenn die Verfügung über die gewöhnliche Verwaltung hinausgeht, aber ihre Zustimmung.
Nach dem *neuen Güterrecht* gibt es die Güterverbindung nicht mehr; diese behält nur noch im Übergangsrecht eine gewisse Bedeutung (Art. 9*d* Abs. 2 und 3, 9*e* SchlT). Die Beschränkungen der Verfügungsmacht der Frau, ihre Güter zu verwalten und über sie zu verfügen, sind verschwunden. Rechtsgeschäfte unter Ehegatten, die unter dem Güterstand der Gütergemeinschaft leben und das Gesamtgut betreffen, unterliegen keinen Beschränkungen mehr, wie sie Art. 177 Abs. 2 und 248 ZGB bisher vorsahen. Das gleiche gilt auch für Rechtsgeschäfte um das eingebrachte Gut der Ehefrau bei der übergangsrechtlichen Güterverbindung.

ist sie entzogen (Art. 204 und 298 SchKG) und geht, soweit die Zwangsverwertung dies erfordert, für die Dauer des Verfahrens auf die Konkurs- und Nachlaßorgane über (vgl. Art. 316a SchKG). Hat der Erblasser einen Willensvollstrecker eingesetzt, kann die Verfügungsmacht über die zur Erbschaft gehörenden Grundstücke den Erben entzogen sein[28]. Beschränkungen derselben können sich aber auch gestützt auf eine vom Richter oder einer andern Behörde angeordneten Grundbuchsperre ergeben, soweit eine solche zulässig ist (siehe hinten, § 19)[29].

Bestehen an einem Grundstück bereits beschränkte dingliche Rechte, ist der Eigentümer in seiner Verfügungsmacht, daran weitere solche zu errichten, nicht beschränkt (vgl. Art. 812 ZGB). Im Verhältnis zwischen den alten und den neuen stellt sich lediglich die Frage des Ranges.

Die besondern Beschränkungen, die sich aus der Vormerkung von persönlichen Rechten, wie dem Vor- oder Rückkaufsrecht, ergeben, entziehen dem Grundeigentümer die Verfügungsmacht an sich nicht. Sie geben dem Berechtigten aber die Möglichkeit, den Eintritt der Wirkungen des Verfügungsgeschäftes nachträglich in Schach zu halten (Art. 959 Abs. 2 ZGB). Das gleiche gilt für die gesetzlichen Vorkaufsrechte.

Die Verfügungsmacht des Eigentümers muß *zum Zeitpunkt* vorhanden sein, in dem das Verfügungsgeschäft vollendet wird; d. h. zum Zeitpunkt, in dem die Anmeldung beim Grundbuchamt eingeht[30]. Daß der Anmeldende

---

[28] Zum Bestehen und zu den Grenzen dieses Rechts, BGE 108 II, 1982, S. 535; 101 II, 1975, S. 47; 97 II, 1971, S. 11 Erw. 2–5; 95 II, 1969, S. 396; 90 II, 1964, S. 376; 74 II, 1948, S. 424; 61 I, 1935, S. 382; ZBGR 62, 1981, S. 281 (ObG Zürich). Vgl. im weitern MEIER-HAYOZ, Art. 656 N. 49; PIOTET, Erbrecht, I S. 160 f.; hinten, § 23 Note 16. Wenn und im Umfang, in dem der Willensvollstrecker über die zur Erbschaft gehörenden Grundstücke verfügungsberechtigt ist, muß der Grundbuchverwalter einer von ihm ausgehenden Anmeldung Folge leisten, selbst bevor die Erbbescheinigung nach Art. 18 GBV aus- und zugestellt worden ist, SJZ 80, 1984, S. 304 (Bezirksgericht Meilen).

[29] Als Voraussetzung für die Gültigkeit eines Verfügungsgeschäfts stellt die Verfügungsmacht eine Eigenschaft dar, die an der Person des Eigentümers anknüpft. Beschränkungen *objektiver* Natur, welche die Freiheit des Eigentümers einengen, gehören nicht dazu: Belastungsgrenzen, die vom Bundes- oder kantonalen Recht festgelegt sind (Art. 834, 848 ZGB, Art. 84 ff. LEG); Mindestgrößen der Grundstücke bei Parzellierungen (Art. 616, 702 ZGB); das Verbot, landwirtschaftliche Grundstücke vor Ablauf einer bestimmten Frist wieder zu veräußern (Art. 218 OR); Beschränkungen betreffend den Erwerb von Grundstücken durch Personen im Ausland (BewG); Beschränkungen des Verfügungsrechts der Miteigentümer, die Sache als solche zu verpfänden, wenn einzelne Anteile bereits mit Pfandrechten belastet sind (Art. 648 Abs. 3 ZGB). Diese Beschränkungen – neben andern gleichartigen – betreffen die Rechtmäßigkeit oder rechtliche Möglichkeit eines Verfügungsgeschäfts oder allenfalls des einem solchen zugrunde liegenden Rechtsgeschäftes.

[30] HOMBERGER, Art. 966 N. 2 und 5, der übrigens alle Voraussetzungen einer Anmeldung im Auge hat; OSTERTAG, Art. 972 N. 8; FRIEDRICH, «Interimstitel», S. 7; H. HUBER, Aktuelle Fragen, S. 202; BGE 79 I, 1953, S. 188.

nachträglich stirbt[31] oder in Konkurs fällt, ändert daran nichts. Stirbt der Grundeigentümer aber, bevor die Anmeldung erfolgt ist, steht die Verfügungsmacht den Erben zu[31a].

Ist der Verfügende zum Zeitpunkt der Anmeldung dagegen noch nicht berechtigt gewesen, wird er aber vor der Eintragung Eigentümer oder Verfügungsberechtigter, steht dieser nichts mehr im Wege[32].

b) Weitere materielle Voraussetzungen des Verfügungsgeschäftes

Inhaltlich ist das Verfügungsgeschäft ein Vertrag zwischen dem Verfügenden und dem Erwerber betreffend die Übertragung eines Grundstücks oder die Begründung eines beschränkten dinglichen Rechts an einem solchen (oben, B I 1). Er wird endgültig abgeschlossen mit der Anmeldung, die mit Zustimmung des Erwerbers[33] dem Grundbuchverwalter eingereicht und von diesem empfangen wird.

Gleich wie der Erwerbsgrund (oben, A I) muß dieser Vertrag als solcher alle allgemeinen Voraussetzungen eines Rechtsgeschäfts erfüllen.

aa) Handlungsfähigkeit

Neben der Rechtsfähigkeit[34], die selbstverständlich ist, setzt das Verfügungsgeschäft beim Verfügenden die Handlungsfähigkeit im Zeitpunkt der Anmeldung voraus (vorn, § 13 V): *Verfügungsfähigkeit* im Gegensatz zu *Verfügungsmacht*. Die handlungsunfähigen Personen handeln durch ihre gesetzlichen Vertreter oder mit deren Zustimmung; falls notwendig, mit Genehmigung der vormundschaftlichen Behörden (Art. 304–306, 407/410, 421 Ziff. 1 und 2, 422 Ziff. 7, 404, 395 Abs. 1 Ziff. 2 und 7, Abs. 2 ZGB). Eine solche Zustimmung ist in der Regel auch schon für das Rechtsgeschäft,

---

[31] HOMBERGER, Art. 963 N. 8, der aber den Rückzug einer Anmeldung durch die Erben zuläßt; vgl. MEIER-HAYOZ, Art. 656 N. 49 und 64; ZBGR 37, 1956, S. 60 (GBA); 54, 1973, S. 160 (Justizmission Schwyz).
[31a] Vgl. etwa BGE 109 II, 1983, S. 99.
[32] Wie wir sehen werden, wird eine wegen Fehlens der Verfügungsmacht ungültige Eintragung durch den nachträglichen Erwerb derselben geheilt (§ 37 B I 2b bb). Um so mehr muß dieser Umstand ein unvollkommenes Verfügungsgeschäft rechtlich voll wirksam werden lassen. Es kann sich höchstens die Frage nach dem Rang stellen; wenn in der Zwischenzeit, bevor die heilende Tatsache eingetreten ist, die Anmeldung einer Eintragung oder Löschung eingereicht worden ist.
[33] Stirbt der *Erwerber* nach Abschluß des Rechtsgeschäftes, aber bevor die Grundbuchanmeldung erfolgt ist, müssen die Erben, wenn sie nicht schon gegeben worden ist, zum Verfügungsgeschäft ihre Zustimmung erteilen.
[34] Die Frage kann sich stellen bei Körperschaften, die sich als juristische Personen ausgeben, namentlich bei ausländischen juristischen Personen, HOMBERGER, Art. 965 N. 8.

welches den Erwerbsgrund bildet, notwendig gewesen. Zu berücksichtigen sind auch die Beschränkungen der Handlungsfähigkeit, die sich infolge Heirat ergeben (Art. 177 Abs. 2 und 3 ZGB)[34a]. Die Kollektiv- und Kommanditgesellschaften sowie die juristischen Personen verfügen durch ihre Organe[35]. Für die Körperschaften und Anstalten des öffentlichen Rechts bestimmt das Verwaltungsrecht des Bundes und der Kantone die Behörden, denen die Verfügungsfähigkeit zusteht und was für Genehmigungen erforderlich sind. Für alle Fragen betreffend die Verfügungsfähigkeit sei lediglich auf die einschlägigen Fachwerke verwiesen.

Auch der Erwerber muß handlungsfähig sein. Bei ihm wird die Handlungsfähigkeit aber kaum Probleme aufgeben; denn wenn der Erwerber fähig war, das Verpflichtungsgeschäft einzugehen, wird er auch fähig sein, dem Verfügungsgeschäft zuzustimmen[36]. Diese Handlungsfähigkeit muß jedoch im Zeitpunkt der Anmeldung noch vorhanden sein[37].

bb) Stellvertretung

Das Verfügungsgeschäft kann selbstverständlich durch einen Vertreter abgeschlossen werden. Beispiele: Einer von mehreren Verkäufern, der die andern anlässlich der öffentlichen Beurkundung vertritt, wird bevollmächtigt, die Anmeldung beim Grundbuchamt vorzunehmen; d. h. im Einverständnis mit dem Erwerber auch für die andern über das Grundstück zu verfügen. Einer von mehreren Käufern, der bevollmächtigt ist, die andern bei einem Kauf zu vertreten, ist auch beauftragt, für sie die Einwilligung zur Grundbucheintragung abzugeben. Diese Befugnisse können übrigens auch einem beliebigen Dritten übertragen werden, ohne daß dafür eine bestimmte Form eingehalten werden müßte. Art. 16 Abs. 2 GBV sieht vor, daß der Erwerber gerade im Vertrag, der öffentlich beurkundet werden muß, zur

---

[34a] Das *neue Eherecht* hat diese Beschränkungen aufgehoben.
[35] Siehe die Mitteilung des Zürcher Notariatsinspektorates an die Grundbuchämter vom 27. August 1971 über das Verfügungsrecht bei Handelsgesellschaften, Genossenschaft, Verein und Stiftung, ZBGR 52, 1971, S. 378. Diese Mitteilung unterscheidet zwischen der Vertretereigenschaft und der Vertretungsbefugnis (=Vertretungsmacht) im bestimmten Einzelfall. «Vertretung» ist hier verstanden im Sinn von Fähigkeit, als Organ den Willen der juristischen Person auszudrücken. Siehe hinten, § 23 III 4 Note 11a.
[36] Beim Vermächtnis wird der dingliche Vertrag mit dem Vermächtnisnehmer abgeschlossen.
[37] Ist der Erwerber in der Zwischenzeit ganz oder teilweise handlungsunfähig geworden, handelt der gesetzliche Vertreter an seiner statt und in seinem Namen, oder er stimmt dem Verfügungsgeschäft zu und holt allenfalls notwendige Genehmigungen ein. In den meisten Fällen wird er formlos, durch sein Schweigen, die zum voraus beim Abschluß des Verpflichtungsgeschäfts gegebene Zustimmung bestätigen.

Grundbuchanmeldung ermächtigt werden kann[38]. In diesem Fall handelt der Erwerber in doppelter Eigenschaft: Als Vertreter des Eigentümers und als Empfänger oder Vertragspartner beim Verfügungsgeschäft (Fall eines Vertrages mit sich selber). Es versteht sich von selbst, daß in diesen Fällen von – allenfalls zweistufiger – Vertretung die Verfügung vom Eigentümer und nicht von seinem Vertreter ausgeht: Der Akt, der von letzterem vollzogen wird, wird dem Vertretenen angerechnet (Art. 32 Abs. 1 OR). Art. 16 Abs. 4 GBV sieht vor, daß der Vermächtnisnehmer zur Anmeldung legitimiert ist, wenn er eine schriftliche Ermächtigung des beschwerten Eigentümers, d. h. aller Erben, die vorgängig als Eigentümer ins Grundbuch eingetragen worden sind, besitzt.

Art. 963 Abs. 3 ZGB, der in Art. 16 Abs. 3 GBV wieder aufgenommen wird, erlaubt es den Kantonen, die mit der öffentlichen Beurkundung beauftragten Urkundspersonen anzuweisen, die von ihnen beurkundeten Geschäfte zur Eintragung anzumelden. Eine ganze Anzahl Kantone hat von dieser Möglichkeit Gebrauch gemacht (siehe die kantonalen Anwendungs- oder Einführungsgesetze zum ZGB und die kantonalen Notariatsgesetze). Man spricht von einem «gesetzlichen Auftrag», der zugleich einen Auftrag und eine Vollmacht enthält. Die Urkundsperson ist *verpflichtet,* den Vertrag dem Grundbuchverwalter zur Eintragung einzureichen, und sie ist dazu auch *bevollmächtigt.* Der ganze Vorgang spielt sich ab, wie wenn die Urkundsperson von den Beteiligten selber beauftragt worden wäre, die Anmeldung vorzunehmen und sie bevollmächtigt wäre, dies zu tun. Auch in diesem Fall verfügt der Eigentümer, aber durch die Urkundsperson[39].

---

[38] Vgl. etwa BGE 97 I, 1971, S. 268. Es kann auch vorkommen, daß sich der Verkäufer bei der Verurkundung durch einen Dritten vertreten läßt, der dem Käufer die Vollmacht zur Vornahme der Grundbuchanmeldung erteilt.

[39] BGE 55 I, 1929, S. 343; HOMBERGER, Art. 963 N. 18; OSTERTAG, Art. 964 N. 44; BERN. HDB., S. 56. Der Eigentümer hat der Urkundsperson nicht noch eine ausdrückliche Vollmacht zu erteilen (zit. BGE, a. a. O.). Es versteht sich von selbst, daß diese bei der Erfüllung ihrer Aufgabe das zur Übertragung des Eigentums oder zur Errichtung eines beschränkten dinglichen Rechts notwendige Verfügungsgeschäft im Namen des Eigentümers vornimmt. «Le pouvoir officiel du notaire d'accomplir pour le propriétaire de l'immeuble la formalité de la présentation de l'acte... présuppose que le propriétaire qui a assumé l'obligation du droit réel *a le pouvoir et la volonté d'y procéder*» (BGE, S. 345). Das bedeutet nichts anderes, als daß der Eigentümer verfügt und nicht der Notar. Vgl. auch HOMBERGER, Art. 963 N. 19. Die Kantone können dem Notar auch nur eine Vollmacht einräumen, ohne ihm eine Verpflichtung aufzuerlegen, oder seine Vollmacht auf das Formerfordernis der Anmeldung beschränken. Aber selbst wenn diese Vollmacht so ausgedehnt ist wie möglich, drückt die Anmeldung des Notars den Willen des Eigentümers, zu verfügen, aus. Die Ausdrucksweise des BR in seinem Entscheid von 1916, ZBGR 9, 1928, S. 61, ist zweideutig: «Ihre Anmeldung» (der Urkundsperson) «ist zugleich die Verfügung über das

Der Verfügende kann die einem Dritten oder dem Erwerber erteilte Ermächtigung widerrufen (Art. 34 Abs. 1 OR)[40]; das gleiche gilt auch für die gesetzliche Vollmacht der Urkundsperson[41]. Ein Widerruf ist aber nur solange möglich, als die Anmeldung beim Grundbuchamt noch nicht eingetroffen ist; denn – wie später zu zeigen sein wird (unten, 3) – kann der Anmeldende nicht einseitig auf die materielle Verfügung zurückkommen, welche die Anmeldung darstellt.

Die Vertretungsbefugnis erlischt auch mit dem Tod, der Verschollenerklärung, dem Verlust der Handlungsfähigkeit und dem Konkurs des vertretenen Eigentümers (Art. 35 Abs. 1 OR); dies gilt sogar für die gesetzliche Vollmacht der Urkundsperson. Treten die gleichen Tatsachen in der Person des Vertreters ein, erlischt seine Vollmacht ebenfalls (nach dem gleichen Art. 35 Abs. 1 OR). Diese Tatsachen sind aber ohne Folgen, wenn sie sich erst ereignen, nachdem die Anmeldung bereits vorgenommen worden ist[42].

---

materielle Recht *an Stelle der nach Bundesrecht verfügungsberechtigten Partei.*» Es müßte «in Vertretung» heißen. HOMBERGER, a. a. O., räumt nicht jede Zweideutigkeit aus. In Note 20 stimmt er jedoch dem Abschnitt eines Entscheides des BGer, erschienen in MBVR 32, 1935, S. 270, zu, welcher in der Anmeldung der Urkundsperson «eine Ausführung des im verurkundeten Geschäft enthaltenen Verfügungswillens» sieht.

[40] Nach der Auffassung, die das Verfügungsgeschäft als Vertrag betrachtet, kann auch der Erwerber die Ermächtigung seines Vertreters widerrufen.

[41] BGE 55, zit. in Note 39; ZBGR 39, 1958, S. 87 (Aufsichtsbehörde Freiburg); ZBGR 54, 1973, S. 160 (Justizkommission Schwyz); HOMBERGER, Art. 963 N. 18. Haben mehrere Personen eine Vollmacht erteilt, kann diese von jeder von ihnen widerrufen werden, VON TUHR/PETER, § 42 N. 68 ff. So kann ein einzelnes Mitglied einer Erbengemeinschaft die an die Urkundsperson erteilte Vollmacht für dahingefallen erklären, ZBGR 46, 1965, S. 149 (BezG Affoltern); ZBGR 61, 1980, S. 237 ff. (Aufsichtsbehörde Freiburg).

[42] BGE 111 II, 1985, S. 39: Der Grundbuchverwalter muß die Eintragung verweigern, wenn er vor Beendigung des Eintragungsverfahrens vernimmt, daß der nach dem Grundbuch Verfügungsberechtigte gestorben ist, bevor dessen Vertreter die Grundbuchanmeldung abgegeben hatte. Angesichts der Regeln über den Ausweis des Verfügungsrechts (Art. 965 Abs. 2 ZGB) ist Art. 37 OR über den Zeitpunkt des Erlöschens der Wirkungen einer Vollmacht nicht anwendbar. Für den Fall, daß der Verfügende nach erfolgter Grundbuchanmeldung stirbt, vertritt HOMBERGER, Art. 963 N. 15, die Meinung, der Grundbuchverwalter müsse diese vollziehen; aus der «Natur des Geschäftes» folge, daß die Vollmacht des Vertreters nicht erlösche (Art. 35 Abs. 1 OR am Schluß). Die Frage stellt sich nur, wenn der Vertretene stirbt, bevor die Anmeldung auf dem Grundbuchamt eingelangt ist. Dies war in BGE 97 I, 1971, S. 268 der Fall: Ohne zu entscheiden, ob eine Vollmacht für grundbuchliche Verfügungen allgemein *über den Tod des Vollmachtgebers hinaus* gültig sei (dagegen: H. NUSSBAUM, Beiträge, S. 108), sagt das BGer, aus der Natur einer dem Erwerber zur Grundbuchanmeldung des Eigentumsübergangs erteilten Vollmacht lasse sich nicht ableiten, daß diese Vollmacht auch nach dem Tod des Vollmachtgebers noch rechtswirksam sei. Zu Recht schützt es deshalb die Interessen des Vertretenen und seiner Erben. Hat der Verfügende der Urkundsperson eine Vollmacht erteilt, die nach seinem Willen auch nach seinem Tod noch ausgeübt werden kann, sollten die Erben sie wenigstens

cc) Der Grund des Verfügungsgeschäftes

Der Grund der Verfügung liegt in der Erfüllung der Verpflichtung, die der Eigentümer im Erwerbsgrund eingegangen ist (causa solvendi). Dieser Grund muß wirklich bestehen.

dd) Der Gegenstand des Verfügungsgeschäftes

Die Verfügung hat entweder die Übertragung des Eigentums oder die Errichtung eines beschränkten dinglichen Rechts an einem Grundstück zum Gegenstand. Die vom Gesetz gegebene Möglichkeit, bestimmte Rechte einzutragen oder zu einem Erwerb besondere Vereinbarungen zu treffen, ist bereits eine Voraussetzung des Verpflichtungsgeschäftes[43].

ee) Die Verfügung als bedingungsfeindliches Rechtsgeschäft

Art. 12 Abs. 1 GBV bestimmt: «Die Anmeldung zur Eintragung muß unbedingt und vorbehaltlos sein.»[44] Die Vorschrift hat an sich nur technische Bedeutung; dazu bestimmt, die Aufgabe des Grundbuchverwalters zu erleichtern[45]. Sie drückt aber auch eine Eigenschaft des Verfügungsgeschäfts selber aus. Die Anmeldung als solche, als verfahrensrechtlicher Antrag und als Akt des materiellen Rechts, darf nicht bedingt sein; nicht notwendigerweise das einzutragende Recht. Zu Unrecht beruft sich die Rechtsprechung immer wieder auf Art. 12 GBV, um die Eintragung von Rechten auszuschließen, die an eine Bedingung geknüpft sind. Der Eintragung solcher Rechte steht vielmehr die allgemeine Ordnung der dinglichen Rechte an den Grundstücken entgegen, welche an die Öffentlichkeit dieser Rechte gebunden ist. Was das *Eigentum* betrifft, kann die Übertragung eines Grundstücks

---

widerrufen können, sobald sie den Besitz der zur Erbschaft gehörenden Grundstücke ergriffen haben; da das Eigentum an Grundstücken ohne weiteres auf die Erben übergeht (Art. 560 ZGB), bevor diese im Grundbuch als Eigentümer eingetragen sind (Art. 656 Abs. 2 ZGB), könnte es vorkommen, daß der vom Erblasser ermächtigte Stellvertreter über die Grundstücke vor ihnen verfügen könnte, was unannehmbar wäre, H. Nussbaum, a. a. O.; eine Begründung, die Beachtung verdient. Siehe auch ZBGR 67, 1986, S. 300 (KGer Schwyz, das sich bei grundbuchlichen Verfügungen gegen die Vollmacht über den Tod hinaus ausspricht), Bern. Hdb. S. 57, und den zu Beginn dieser Note angeführten Entscheid des BGer in Bd. 111.

[43] Die Frage ist allgemein sachenrechtlicher Natur. Sie wird im Zusammenhang mit der Prüfungsbefugnis des Grundbuchverwalters (hinten, § 24 C I 5d) behandelt.

[44] Vereinbarungen eines Aufschubes sind ebenfalls unzulässig, so: die Eintragung dürfe erst in drei Monaten vorgenommen werden; oder: die Anmeldung verliere ihre Gültigkeit, wenn die Eintragung nicht innerhalb von zehn Tagen erfolge; vgl. Homberger, Art. 963 N. 6.

[45] Homberger, Art. 958 N. 6.

nicht unter aufschiebender Bedingung erfolgen (Art. 217 Abs. 1 OR); während die Übertragung einer beweglichen Sache unter dem Vorbehalt des Eigentums vereinbart werden kann (Art. 715 ZGB). Die reibungslose Führung des Grundbuches, die Klarheit und Übersichtlichkeit erfordert, verbietet gleichfalls eine Befristung oder auflösende Bedingung[46]. Dagegen ist es denkbar, daß ein unbedingtes Verfügungsgeschäft auf die Errichtung eines befristeten oder auflösend – nicht aber aufschiebend (entsprechende Anwendung von Art. 217 OR) – bedingten *beschränkten dinglichen* Rechtes hinzielt[47].

Art. 12 Abs. 2 GBV beinhaltet eine Ausnahme vom Grundsatz der unbedingten Anmeldung. Bei ihr geht es um mehrere Anmeldungen, «die miteinander im Zusammenhang stehen». Auf sie werden wir im Rahmen des Eintragungsverfahrens eingehen (hinten, § 23 II 4).

c) Formelle und verfahrensrechtliche Voraussetzungen des Verfügungsgeschäftes

Das Verfügungsgeschäft, als Geschäft von Partei zu Partei – einseitiges, empfangsbedürftiges Geschäft oder Vertrag – wird vom Gesetz nicht als etwas Abgesondertes betrachtet. Nichts desto weniger besteht es für sich selber (oben, 1). Als solches würde es keiner Form bedürfen. Aber es ist untrennbar mit einem Antrag verbunden, der an ein öffentliches Amt gerichtet wird. Darin besteht die «Form» des Geschäftes, dessen privatrechtliche und verwaltungsrechtliche Gesichtspunkte untrennbar miteinander verbunden sind. Die Verfügung des Eigentümers, die mit Zustimmung des Erwerbers vorgenommen wird, kommt schlußendlich in der Anmeldung zum Ausdruck, die einseitig vom Verfügenden ausgeht und an den Grundbuchverwalter gerichtet ist.

---

[46] BGE 85 II, 1959, S. 609 Erw. 4; ZBGR 66, 1985, S. 142; HOMBERGER, Art. 958 N. 7; dieses Ergebnis kann bisweilen mittels einer Vormerkung erreicht werden; siehe hinten, § 18.

[47] HOMBERGER, Art. 963 N. 6. Die Frage gehört zur allgemeinen Lehre der beschränkten dinglichen Rechte. Für die Dienstbarkeiten, PIOTET, Dienstbarkeiten und Grundlasten, S. 554; LIVER, Art. 730 N. 64ff.; REY, Kommentar, Art. 730 N. 136, Funktionen, S. 258; BGE 87 I, 1961, S. 311. In Abänderung seiner Rechtsprechung hat das BGer bejaht, daß ein Wohnrecht, das unter der auflösenden Bedingung der Wiederverheiratung der Berechtigten abgeschlossen worden ist, mit dieser Bedingung ins Grundbuch eingetragen werden kann, BGE 106 II, 1980, S. 329. Die Vereinbarung, ein Wohnrecht falle dahin, wenn der Berechtigte im Konkubinat lebe, kann dagegen wohl nicht eingetragen werden, weil sie zu ungenau ist, vgl. J. SCHMID (zitiert im Literaturverzeichnis zu § 24), S. 281f. Von den Pfandrechten ertragen der Schuldbrief und die Gült keine Eintragung unter einer Bedingung (Art. 854 ZGB); die Frage stellt sich nur für die Grundpfandverschreibung, vgl. HOMBERGER, Art. 958 N. 10; H. LEEMANN, Art. 854 N. 3f.

Diese *Anmeldung* selber muß schriftlich sein. Möglich ist, daß die Unterschrift auf dem Grundbuchamt auf einem besonderen Formular angebracht wird. Diese Form ist aber nicht Voraussetzung für die Gültigkeit der Eintragung, wenn die Verfügung des Grundeigentümers im übrigen materiell gültig ist (Verfügungsmacht und übrige materielle Voraussetzungen)[48]. Das Erfordernis der Schriftlichkeit stellt damit lediglich eine Ordnungsvorschrift dar. Aber ohne Antrag auf Eintragung wird die Verfügung als solche noch nicht vollendet.

Dem Eintragungsbegehren müssen die *notwendigen Ausweise* beigelegt sein in bezug auf die Verfügungsmacht und den Erwerbsgrund, auf den sich die Eintragung stützt (Art. 965 ZGB). Das gilt für die Löschungen wie für die Eintragungen. Die Beachtung dieser Erfordernisse, zu welchen die Bezahlung der Gebühren hinzukommt (vorn, § 9 IV 9), ist ebenfalls nicht Voraussetzung für die Gültigkeit der Eintragung, sobald diese einmal vollzogen ist.

In bezug auf diese formellen Voraussetzungen wird insbesondere auf § 23 über die Anmeldung und die Ausweise und auf § 25 über das Eintragungsverfahren verwiesen.

3. Widerruf des Verfügungsgeschäftes?

a) Stand der Fragestellung

In der Frage, ob im Grundbucheintragungsverfahren ein Verfügungsgeschäft widerrufen werden könne, herrscht grosse Meinungsverschiedenheit. Wir wollen die Streitfrage auf die wesentlichsten Grundbegriffe zurückführen und verweisen daneben auf die zitierten Aufsätze und Abhandlungen.

Die Frage ist fast immer aus der Sicht einer einseitigen Verfügung des Grundeigentümers betrachtet worden. So gesehen stellt sie sich wie folgt: Hat der Verfügende die Möglichkeit, die Anmeldung, nachdem sie beim Grundbuchamt eingetroffen ist, bis zu ihrer Eintragung ins Hauptbuch zurückziehen, d. h. die Verfügung zu widerrufen?

aa) Für die Rückziehbarkeit der Anmeldung

Von Anfang an hat der Bundesrat[49], später das EJPD[50], die Befugnis des Veräußerers oder Errichters eines beschränkten dinglichen Rechtes bejaht, die Anmeldung noch nach deren

---

[48] BGE 56 II, 1930, S. 264; HOMBERGER, Art. 963 N. 5 und Art. 974 N. 3.
[49] Undatierter Entscheid, ZBGR 1, 1920, S. 6.
[50] Grundsatzentscheid aus dem Jahr 1926, ZBGR 9, 1928, S. 69; vgl. auch das Gutachten des GBA vom Jahr 1948, ZBGR 30, 1949, S. 210.

Einschreibung ins Tagebuch wieder zurückzuziehen. Der Großteil der Autoren hat sich im gleichen Sinn ausgesprochen[51]. Das Bundesgericht[52] und die kantonale Praxis[53] haben die Meinung übernommen.

Die Begründung ist, kurz gefaßt, folgende:
Die dinglichen Rechte würden durch die Eintragung ins Hauptbuch entstehen (Art. 972 ZGB). Bis zu diesem Zeitpunkt bleibe derjenige, der verfüge, freier Eigentümer. Der Erwerber habe nur einen persönlichen Anspruch auf Zusprechung des Rechtes (vgl. Art. 665 Abs. 1 ZGB). Noch Herr der Sache, könne der Verfügende seine Anmeldung zurückziehen. Würde man dies nicht zulassen, bestände im Fall der Eigentumsübertragung ein zeitlicher Zwischenraum, in dem sich der Veräußerer seines Rechtes bereits entäußert, der Erwerber dieses aber noch nicht erworben habe. Dieses Ergebnis könne nicht der Wille des Gesetzgebers gewesen sein; denn es würde unnötigerweise die Stellung des Erwerbers verstärken[54] und die Verfügung in das Verpflichtungsgeschäft vorverlegen. Dem wird noch ein praktischer Grund beigefügt: Indem man den Rückzug der Anmeldung zulasse, die sich etwa auf einen Willensmangel oder einen Widerruf des Vertrages durch die Parteien stütze, vermeide man Eintragungen, die ohne dies wohl nachträglich wieder gelöscht werden müßten[55].

bb) Gegen die Rückziehbarkeit der Anmeldung

In neuerer Zeit ist die herkömmliche Meinung in Zweifel gezogen[56], ja sogar offen abgelehnt worden[57]. Das Bundesgericht musste die Frage bis heute aber nicht entscheiden[58].

---

[51] OSTERTAG, Art. 963 N. 45 f.; HOMBERGER, Art. 963 N. 4, 8 und 9; HAAB, Art. 656 N. 14. Vgl. auch AUER, S. 44 ff.; ANDERMATT, S. 196 ff.

[52] BGE 83 II, 1957, S. 15 Erw. 3; 85 II, 1959, S. 571; 87 I, 1961, S. 479 ff.

[53] Vgl. die von HOMBERGER, a. a. O., gemachten Verweise; seither insbesondere: ZBGR 42, 1961, S. 158 (Cour de Justice, Genf); 39, 1958, S. 87 (Aufsichtsbehörde Freiburg).

[54] Unnötigerweise, weil er die Möglichkeit hat, eine Verfügungsbeschränkung nach Art. 960 ZGB zu erwirken. HOMBERGER, N. 8, verweist auf Art. 961 ZGB; dieser Artikel setzt jedoch voraus, daß zugunsten des Gesuchstellers bereits ein dingliches Recht besteht (Ziff. 1) oder daß der «Anmeldende» die Möglichkeit hat, den Ausweis zu ergänzen (Ziff. 2).

[55] BGE 87, zit. in Note 52.

[56] MEIER-HAYOZ, Art. 656 N. 55.

[57] Für die ältere Lehre, welche die Rückziehbarkeit der Anmeldung ablehnt, namentlich: WIELAND, Art. 972 N. 7; SCHÖNBERG, Die Grundbuchpraxis, S. 13 ff. Für die neuere Lehre, insbesondere: LIVER, Eigentum, S. 140 f. und Note 15; DERSELBE, ZBJV 96, 1960, S. 448 ff.; 98, 1962, S. 433 ff. (betreffend die oben in Note 52 zit. Entscheide des BGer in Bd. 85 und 87); MERZ, ZBJV 98, 1962, S. 44; LUTZ, S. 97 ff.; CLOPATH, S. 53 f., 65 ff.; FRIEDRICH, «Interimstitel», S. 9 ff.; HOTTINGER, S. 62 ff., insbesondere S. 165 ff.; ILERI, S. 24 ff.; H. HUBER, Anmeldung und Tagebuch, S. 156 ff.; ENGEL, La cession des droits réels et des droits personnels annotées, ZBGR 54, 1973, S. 321 ff.; WELTERT, S. 355. In einer Weisung vom 15. Juni 1964 erklärt die Justizkommission des Kantons Luzern, daß auf Grund der neueren Strömungen in Lehre und Rechtsprechung der einseitige Rückzug einer Anmeldung nicht mehr angenommen werden dürfe, ZBGR 55, 1974, S. 13. In gleichem Sinn, ZBGR 58, 1977, S. 87 (Departement des Innern, Aargau, 1975).

[58] BGE 89 II, 1963, S. 259 und ein neuester Entscheid in ZBGR 66, 1985, S. 99. In dem in Note 18a zit. Entscheid hat es sie nicht entschieden. Daß der Erwerber gegen die Abweisung einer vom Verfügenden eingereichten Anmeldung zur Beschwerde legitimiert ist, schließt noch nicht aus, daß dieser seine Anmeldung zurückziehen kann; er muß seinen Rückzug der Aufsichtsbehörde nur mitteilen, bevor diese entschieden hat.

Die im einzelnen ziemlich auseinandergehenden Begründungen können etwa wie folgt zusammengefaßt werden:

Mit der Anmeldung, als der dinglichen Verfügung, erfülle der Eigentümer seine Verpflichtung: Er habe alles dazu Nötige getan, was von ihm abhange. Er solle damit nicht die Möglichkeit haben, auf seinen Willen zu dieser Erfüllungshandlung zurückzukommen. Unerheblich sei, daß die Eintragung in das Hauptbuch in der Regel aus praktischen Gründen nicht unverzüglich vorgenommen werden könne. Der Anmeldende dürfe aus diesem Umstand nicht einen Vorteil erlangen können[59]. Im weiteren würden die Wirkungen der Eintragung in das Hauptbuch auf den Tag der Einschreibung ins Tagebuch zurückbezogen (Art. 972 Abs. 2 ZGB). Von diesem Zeitpunkt an dürfe der Anmeldende nicht mehr die Möglichkeit haben, über sein Grundstück zu verfügen. Der Erwerber besitze bereits eine echte dingliche Anwartschaft[60].

Die Möglichkeit des Rückzuges widerspreche daneben dem Grundsatz, daß die Anmeldung weder an einen Vorbehalt noch an eine Bedingung geknüpft sein dürfe[61]. Der Rückzug stelle sogar eine Verletzung von Treu und Glauben dar (Art. 2 ZGB)[62].

Zu diesen Überlegungen rechtlicher Art würden praktische Nachteile hinzukommen: so müsse der Käufer darauf zählen können, daß die Anmeldung nicht zurückgezogen werde; damit er die Nutzung des Grundstückes planen, sich Baukredite verschaffen, Mietverträge auflösen könne usw. Streng genommen sollte er für Zahlung des Kaufpreises den Zeitpunkt der Eintragung ins Hauptbuch abwarten können – was aber jeder Gepflogenheit widerspreche, da der Verkäufer diese in der Regel spätestens im Zeitpunkt der Grundbuchanmeldung verlange[63].

Schließlich führe die Möglichkeit, die Anmeldung zurückzuziehen, zu einer ungleichen Behandlung bei der Rechtsanwendung in der Schweiz. In einzelnen Grundbuchkreisen oder Kantonen werde die Eintragung im Hauptbuch wenn nicht gerade am Tag der Anmeldung, so doch ganz kurze Zeit danach vorgenommen. Wegen Arbeitsüberlastung dauere es in

---

[59] Liver, ZBJV 98, 1962, S. 434; H. Huber, S. 165f.
[60] Liver, ZBJV 96, 1960, S. 449; Wieland, a. a. O., sagt, die Einschreibung ins Tagebuch gebe dem Erwerber einen Anspruch auf Eintragung ins Grundbuch. Seine Rechtsnatur bezeichnet er aber nicht genauer; doch dürfte es sich nicht um einen obligatorischen Anspruch auf Erfüllung handeln. Hottinger und vor allem Ileri (zit. in Note 57) vereinfachen das Problem, indem sie zu begründen suchen, das dingliche Recht entstehe in Wirklichkeit am Tag der Einschreibung ins Tagebuch. Siehe die Kritik dieser Auffassung bei H. Huber, S. 159, der in seinen Überlegungen vom System des Art. 972 ZGB und von den Vorbereitungsarbeiten zu diesem Artikel ausgeht (Aufgabe des Art. 1014 des Vorentwurfs, der vorsah, daß die Wirkungen der Eintragungen zum Zeitpunkt der Einschreibung der Anmeldung ins Tagebuch eintreten sollten). Clopath, S. 66, möchte Art. 972 ZGB auch anders auslegen. Weltert arbeitet ebenfalls mit dem Gedanken der Anwartschaft – Folge der materiellen Verfügung –, die dem Erwerber nicht weggenommen werden dürfe (S. 354f.). Eigenartigerweise sieht dieser Autor in der Verfügung nicht ein Rechtsgeschäft, sondern einen Realakt. Darüber hinaus enthalte die Anmeldung einen dinglichen Bestandteil; so daß das Verfahren, das in der Eintragung seinen Abschluß finde, bereits eine «relative Dinglichkeit» aufweise. Er nähert sich so der «Auflassung» des deutschen Rechts (S. 356).
[61] Liver, ZBJV 95, 1959, S. 25; Friedrich, «Interimstitel», S. 9.
[62] Friedrich, a. a. O.
[63] Liver, ZBJV 98, 1962, S. 434; H. Huber, S. 166ff.; Friedrich, a. a. O. Siehe auch ein Rundschreiben des GBA vom 30. November 1971 über die Unsicherheit, die durch die gegenwärtige Rechtsprechung hervorgerufen worden ist.

andern Kreisen Wochen, Monate, ja sogar über ein Jahr, bis nach erfolgter Grundbuchanmeldung die Eintragung im Hauptbuch vorgenommen werde. Demjenigen, der eine Grundbuchanmeldung vornehme, stehe hier damit eine viel grössere Zeitspanne zur Verfügung, auf seinen Entscheid, den Vertrag zu erfüllen, zurückzukommen.

b) Gewählte Lösung

Geht man davon aus, das Verfügungsgeschäft stelle einen Vertrag dar, der mit der Anmeldung des Eigentümers zur Eintragung ins Grundbuch endgültig werde, zeigt sich die Rechtslage wie folgt:

Bis zur Grundbuchanmeldung kann – wie im Verlauf von Verhandlungen, die einem Vertragsabschluß vorausgehen – jede Partei auf ihre grundsätzlich gegebene Zustimmung zurückkommen; vorbehalten bleiben die Rechtsfolgen aus der Verletzung der im Erwerbsgrund übernommenen Verpflichtungen. Weigert sich der Veräußerer oder Verfügende, die Grundbuchanmeldung vorzunehmen, hat der Erwerber gestützt auf Art. 665 ZGB Anspruch auf gerichtliche Zusprechung des Eigentums oder beschränkten dinglichen Rechtes. Den tatsächlichen Vollzug des Urteils kann er sich dadurch sichern, daß er die Vormerkung einer Verfügungsbeschränkung nach Art. 960 Abs. 1 ZGB beantragt. Will der Vertragspartner das dingliche Recht nicht mehr erwerben, kann er sich der Eintragung widersetzen, indem er seinen Entscheid dem Grundbuchverwalter mitteilt[64]. Er setzt sich damit der Klage auf Schadenersatz wegen Nichterfüllung aus. Aber ein Anspruch auf tatsächliche Erfüllung steht dem Veräußerer in diesem Fall nicht zu[65].

Mit dem Einreichen der Grundbuchanmeldung wird das Verfügungsgeschäft endgültig abgeschlossen. Keine Partei kann einseitig darauf zurückkommen; weder der Verfügende noch der Erwerber (oben, Note 64). Bevor die Eintragung vorgenommen worden ist, können aber die Parteien das Verfügungsgeschäft durch gegenseitige Übereinkunft wieder aufheben. Der

---

[64] Nach feststehender Lehre und Rechtsprechung kann der Erwerber die Eintragung nicht verhindern, soweit der Erwerbsgrund seine Rechtsgültigkeit behält. Er kann, bevor die Eintragung vorgenommen worden ist, jedoch durch den Richter dessen Ungültigkeit feststellen und durch eine vorsorgliche Maßnahme dessen Wirkungen aufschieben lassen; in diesem Fall kann die Eintragung nicht vorgenommen werden, vgl. HOMBERGER, Art. 963 N. 4 und MBVR 15, Nr. 161 (Justizdirektion Bern); ZBGR 44, 1963, S. 96 (Aufsichtsbehörde Freiburg). Ist die Anmeldung noch nicht vorgenommen worden, ist nach unserer Auffassung diese Anrufung des Richters durch den Erwerber nicht notwendig. In den angeführten Fällen war das Geschäft beim Grundbuchamt aber bereits eingereicht worden. Siehe hinten, § 25 VIII.

[65] Anders verhält es sich jedoch, wenn die Anmeldung erfolgt, vom Grundbuchverwalter aber abgewiesen worden ist und der Veräußerer nun die Rechtsgültigkeit des Erwerbsgrundes feststellen läßt. In diesem Fall kann letzterer die Eintragung vornehmen lassen, vgl. HOMBERGER, Art. 963 N. 4 am Schluß.

Grundbuchverwalter muß ein entsprechendes gemeinsames Begehren der Parteien annehmen[66]. Darüber hinaus hat der Verfügende, – außer der Richter würde in der Zwischenzeit die Ungültigkeit des Verpflichtungsgeschäftes feststellen – genauso wenig wie der Erwerber aber keine Möglichkeit, den Vollzug der Anmeldung zu hindern[66a].

Wir vertreten also die Meinung, daß derjenige, der verfügt, *seine Anmeldung nicht einseitig wieder zurückziehen kann.*

Nach der Auffassung, welche die Anmeldung als einseitige Verfügung betrachtet, läßt sich diese Lösung nur mit gewissen Schwierigkeiten begründen.

Soweit sie als Antrag in einem Verwaltungsverfahren anzusehen ist, müßte die Anmeldung von demjenigen, der sie eingereicht hat, jederzeit wieder zurückgezogen werden können[67]. Anders könnte es nur sein, wenn man in ihr eine endgültige materielle privatrechtliche Verfügung erblicken würde. Aber es genügt nicht zu sagen, die Anmeldung zur Eintragung stelle die Erfüllung des obligatorisch verpflichteten Eigentümers dar. Diese wird erst mit der vollzogenen Eintragung im Hauptbuch vollendet. Bis zu diesem Zeitpunkt müsste der Anmeldende die Möglichkeit haben, auf seine Verfügung zurückzukommen; denn er ist ja noch immer Eigentümer. Man darf Art. 972 Abs. 1 ZGB, trotz der Rückwirkung, die in Absatz 2 festgelegt wird, nicht außer acht lassen. Freilich kann ein einseitiges Rechtsgeschäft, gleich einem Vertrag, nicht widerrufen werden. Aber das gilt nur, wenn es vollzogen ist. Ein Testament kann vom Erblasser bis zu seinem Tod widerrufen werden. Auch die Anmeldung zur Eintragung im Grundbuch als einseitiger Akt, mit welchem der Eigentümer sich seines Grundstückes entäußert, hängt von einem außerhalb seiner Person liegenden Umstand ab, der in einem Tätigwerden einer Behörde besteht. Bis zu diesem Tätigwerden ist das Verfügungsgeschäft nicht vollendet und sollte somit zurückgezogen werden können. Die Idee einer dinglichen Anwartschaft, die dem Erwerber vom Zeitpunkt der Anmeldung an zustehen soll, stellt nicht einen Beweisgrund, sondern eine These dar, die es zu beweisen gilt. Dazu kann man sich

---

[66] Dieser Widerruf des Verfügungsgeschäfts fällt in der Praxis wohl mit dem *contrarius actus* des Erwerbsgrundes zusammen; diese Aufhebung der eingegangenen Verpflichtungen durch gegenseitige Übereinkunft bedarf keiner besonderen Form (Art. 115 OR).

[66a] WIEGAND (zit. in Note 14a), S. 18 f., ist scheinbar der Auffassung, nur das Verpflichtungsgeschäft könne wegen der Wechselbeziehung der eingegangenen Verpflichtungen (oder abgegebenen Erklärungen) nicht einseitig zurückgezogen werden. Aber bei einem Verfügungsgeschäft, das vollzogen ist, wie der schriftlichen Abtretung einer Forderung, tritt ebenfalls ein Rechtsverlust ein, auf den eine Partei (unter Vorbehalt der im Gesetz enthaltenen Widerrufsgründe) nicht einseitig zurückkommen kann.

kaum auf die Ordnungsvorschrift des Art. 12 GBV (oben, Note 45) berufen. Nach der herkömmlichen Auffassung ist es das materielle Recht, welches den vorbehalt- und bedingungslosen Rückzug der Anmeldung erlauben würde. Es kann auch nicht allgemein als richtig anerkannt werden, der Rückzug der Anmeldung sei rechtsmißbräuchlich; denn wenn der Anmeldende nachträglich feststellt, daß er das Opfer eines Irrtums oder einer Täuschung geworden ist, hat er ein berechtigtes Interesse, die Anmeldung wieder zurückzuziehen. Am schwersten wiegen bestimmt die praktischen Argumente. Aber sie können wohl nicht allein die ganze gesetzliche Ordnung ins Wanken bringen. Sie würden vielmehr ein Einschreiten des Gesetzgebers rechtfertigen, wie es das GBA vorschlägt.

Gestützt auf die erwähnten Argumente sollte aber doch folgendes festgehalten werden:

Nach der Lehre, welche die Anmeldung als einseitige Verfügung versteht, besteht nichts desto weniger eine Beziehung von Partei zu Partei (oben, I 1). Zu einem bestimmten Zeitpunkt läßt der Eigentümer den Erwerber wissen, daß er über das Grundstück zu seinen Gunsten verfügen werde. Und diesem Willen gibt er im Zeitpunkt, in dem er die Anmeldung einreicht, Ausdruck. Ohne daß man gerade den Abschluß eines Vertrages annimmt, läßt sich sagen, die Anmeldung sei, sobald sie beim Grundbuchamt eintrifft, für den Erwerber des Rechts nicht ohne Wirkungen[67a]. Wenn sie nicht bereits zu diesem Zeitpunkt die Übertragung des Eigentums oder die Entstehung des beschränkten dinglichen Rechts bewirkt, so ist das darauf zurückzuführen, daß sich in den Vorgang des Rechtserwerbs ein Verwaltungsakt, nämlich die Eintragung ins Hauptbuch, einschiebt. Dieses Formerfordernis ist der Preis für unsere Öffentlichkeitsordnung. Aber es darf nicht insofern die Bedeutung der vom Eigentümer vorgenommenen Verfügung herabmindern. Das ist nicht der Zweck der negativen Rechtskraft der Eintragung. So kann man sagen, die Anmeldung, welche an den Grundbuchverwalter gerichtet ist, löse einen Vorgang aus, über den der Anmeldende nicht mehr Herr sei[67b]. Und aus dieser Sicht ist der Gedanke einer dinglichen Anwartschaft zugunsten des Erwerbers zu erblicken.

So sollte auch nach der Auffassung, welche die Anmeldung als einseitige Verfügung betrachtet, diese als endgültig und unwiderruflich angesehen werden.

[67a] WIEGAND (zit. in Note 14a), S. 19, besteht vor allem auf der Entgegennahme der Anmeldung durch den Grundbuchverwalter, ohne ihr aber entscheidende Bedeutung beizumessen.

[67b] In diesem Sinn auch WIEGAND, S. 19f., aus der Sicht der Erfüllung der schuldrechtlichen Verpflichtung.

Ein Einwand verbleibt: Wer ist im Fall der Eigentumsübertragung in der Zeit zwischen der Einschreibung der Anmeldung in das Tagebuch und der Eintragung derselben ins Hauptbuch Eigentümer des Grundstückes? Ist im Fall der Errichtung eines beschränkten dinglichen Rechtes die Belastung des Grundstückes bereits zustande gekommen? Zugegen, der Veräußerer bleibt Eigentümer, und das zu errichtende beschränkte dingliche Recht ist noch nicht entstanden. Aber der Veräußerer kann überhaupt nicht mehr verfügen; und derjenige, der ein beschränktes dingliches Recht errichtet, ist in seiner Verfügungsmacht über sein Grundstück in dem Sinn eingeschränkt, daß er in der fraglichen Zeitspanne gleiche Rechte zwar noch eintragen lassen kann, diese den Rechten, die früher zur Eintragung ins Grundbuch angemeldet worden sind, im Rang aber nachgehen (Art. 972 Abs. 1 ZGB). Der Einschreibung ins Tagebuch kommt diesbezüglich die gleiche Bedeutung zu wie einer Vormerkung, die eine Verfügungsbeschränkung nach sich zieht[68]. Und sobald die Anmeldung im Tagebuch eingeschrieben ist, erübrigt es sich für den Erwerber auch, eine vorsorgliche Maßnahme nach Art. 960 Abs. 1 Ziff. 1 ZGB zu beantragen.

Die Unwiderruflichkeit der Anmeldung bestätigt – falls notwendig –, daß die Voraussetzungen des Verfügungsgeschäftes, insbesondere die Verfügungsmacht und die Handlungsfähigkeit, im Zeitpunkt der Vornahme derselben vorhanden sein müssen (oben, 2).

Die Anwartschaft, die etwa der Erwerber eines Grundstückes besitzt, erlaubt es ihm auch, unmittelbar nach der Einschreibung des Eigentumsüberganges ins Tagebuch seinerseits am fraglichen Grundstück die Errichtung eines Pfandrechtes zur Eintragung ins Grundbuch anzumelden[69].

II. Der Erwerbsakt, der sich auf das Gesetz stützt

1. Allgemein

Bei den mittelbaren gesetzlichen Pfandrechten (oben, A II) kann der Berechtigte, etwa der Verkäufer, der einen persönlichen Anspruch auf Sicherstellung des Kaufpreises besitzt, von sich aus die Errichtung des Pfandrechtes erwirken.

Es ist heute allgemein anerkannt, daß die diesbezüglichen gesetzlichen Pfandrechte erst mit der Eintragung im Grundbuch entstehen[70]. Aber diese

---

[68] HOMBERGER, Art. 972 N. 11 f., LIVER, ZBJV 96, 1960, S. 449. Zu den Wirkungen der Einschreibungen im Tagebuch, siehe hinten, § 29 IV 1.
[69] H. HUBER, Anmeldung, S. 170.

wird vom Inhaber des Rechts, nicht vom Eigentümer des belasteten Grundstücks angemeldet; also ohne Verfügungsakt seinerseits. Das Gesetz gibt dem Berechtigten selber die Vollmacht, einseitig zu seinen Gunsten auf dem Grundstück eines Dritten ein Pfandrecht zu errichten. Die Anmeldung zur Eintragung als verfahrensrechtlicher Antrag stellt eine dingliche Verfügung des Berechtigten dar, die, ohne die Mitwirkung des betroffenen Eigentümers, schließlich zur Begründung eines dinglichen Rechtes auf dessen Grundstück führt. Alles geht so vor sich, wie wenn derjenige, der Anspruch auf Errichtung eines gesetzlichen Pfandrechtes hat, selber über das Grundstück eines Dritten verfügen würde[71].

2. Die Voraussetzungen der Anmeldung zur Eintragung eines gesetzlichen Pfandrechtes[71a]

Die Anmeldung eines gesetzlichen Pfandrechtes stellt ein materielles, einseitiges Rechtsgeschäft, und nicht einfach ein Antrag auf Richtigstellung des Grundbuches dar. Die Vorschriften über die Voraussetzungen des Verfügungsgeschäftes, das einem auf vertraglicher Vereinbarung beruhenden Erwerbsgrund nachfolgt (oben, B I 2), gelten für die Anmeldung eines gesetzlichen Pfandrechtes entsprechend. Vorbehalten bleiben natürlich die Regeln über die Legitimation, sie vorzunehmen.

a) Die Legitimation zur Anmeldung

Zur Anmeldung legitimiert ist, wer das Recht hat, die Errichtung eines gesetzlichen Pfandrechtes zu verlangen (oben, A II). Das Gesetz legt die Vor-

---

[70] Vgl. BGE 40 II, 1914, S. 454ff., der die Auffassung einzelner kantonaler Gerichte verwirft, nach welcher das Pfandrecht mit voller Rechtswirksamkeit entsteht; aber unter der auflösenden Bedingung, daß es innert den in den Art. 838 und 839 ZGB vorgesehenen drei Monaten zur Eintragung ins Grundbuch angemeldet wird.

[71] Diese gesetzlichen Pfandrechte können als mittelbare gesetzliche Beschränkungen der Freiheit des Eigentümers, über das Grundstück nicht zu verfügen – negative Freiheit –, gekennzeichnet werden. Sie gleichen den mittelbaren Beschränkungen der Gebrauchs- oder Nutzungsrechte (sog. gesetzliche Dienstbarkeiten, Art. 674 Abs. 3, 691, 694, 710 ZGB). Diese letzteren gewähren ebenfalls einen Anspruch auf Errichtung eines beschränkten dinglichen Rechtes, etwa eines Durchgangsrechtes. Aber dieser Anspruch geht auf den Abschluß eines Dienstbarkeitsvertrages, und – falls ein solcher nicht zustande kommt – auf Zusprechung der Dienstbarkeit durch gerichtliches Urteil. Bei den mittelbaren gesetzlichen Pfandrechten kann der Berechtigte, falls die gesetzlich vorgeschriebenen Voraussetzungen erfüllt sind, selber die Errichtung des Pfandrechts zur Eintragung anmelden. Vgl. MEIER-HAYOZ, Art. 680 N. 58ff., 66.

[71a] Über die Voraussetzungen der Eintragung im Grundbuch, vgl. ZOBL, S. 152ff.

aussetzungen für jedes einzelne dieser Rechte fest. Sie hier auseinanderzusetzen, erübrigt sich.

Es sei lediglich daran erinnert, daß die Eintragung eines Bauhandwerkerpfandrechtes nur erfolgen kann – d. h. das Recht auf Errichtung und die Legitimation zur Anmeldung stehen dem Berechtigten nur dann zu –, «wenn die Forderung vom Eigentümer anerkannt oder gerichtlich festgestellt ist» (Art. 839 Abs. 3 ZGB). Denkbar ist allerdings auch, daß der Eigentümer der Eintragung zustimmt (Art. 22 Abs. 2 GBV am Schluß). Sind diese Voraussetzungen nicht erfüllt, kann der Berechtigte die Eintragung nicht einseitig beantragen. Es bleibt ihm nur der Weg über den Richter, nach Art. 22 Abs. 4 GBV eine vorläufige Eintragung zu beantragen. Schließlich besitzt der Bauhandwerker kein Recht auf Eintragung, wenn der Eigentümer hinreichende Sicherheit leistet (Art. 839 Abs. 3 ZGB am Schluß; Art. 22 Abs. 4 GBV). Diese Bestimmungen sind auf die gesetzlichen Pfandrechte nach Art. 779*d* Abs. 2 und 3 ZGB (zur Sicherstellung der Heimfallsentschädigung nach der Löschung eines Baurechtes) und Art. 712*i* ZGB (zur Sicherstellung der Beitragsforderungen der Stockwerkeigentümergemeinschaft) unmittelbar oder sinngemäß anwendbar (Art. 22*a* GBV).

Unter diesen Vorbehalten ist die Zustimmung des Eigentümers zur Eintragung eines gesetzlichen Pfandrechtes nicht erforderlich[72].

b) Weitere materielle Voraussetzungen des Verfügungsgeschäftes

Wir verweisen auf das, was wir zum Verfügungsgeschäft, das vom Eigentümer ausgeht, bezüglich Rechts- und Handlungsfähigkeit, Stellvertretung[73], Inhalt und vorbehaltloser Vornahme des Geschäftes gesagt haben (oben, B I 2b)[74].

c) Die Voraussetzungen in bezug auf die Form

Der Erwerbsakt des Berechtigten vollzieht sich in der Anmeldung an das Grundbuchamt, die den gewöhnlichen Voraussetzungen genügen muß. Das Wesentliche ist der Antrag als solcher (oben, B I 2c). Der Anmeldung müssen die notwendigen Ausweise beigelegt sein.

---

[72] Es wäre denkbar, daß der Eigentümer seine Schuld anerkennen würde, ohne seine Zustimmung zur Eintragung des Pfandrechts geben zu wollen: seine Einsprache wäre vergeblich.
[73] Der gesetzliche Auftrag der Urkundsperson, den Kaufvertrag auszufertigen, beinhaltet an sich nicht, das Verkäuferpfandrecht zur Eintragung ins Grundbuch anzumelden.
[74] Die Frage nach dem Rechtsgrund stellt sich für den Eigentümer nicht, da dieser keine Zuwendung vornimmt. Für den Berechtigten kann man von einer «causa acquirendi» sprechen. Als Sonderfall steht man hier, gestützt auf das Gesetz, vor einem unabhängigen Erwerbsakt (entgegen der Ansicht von JÄGGI, Art. 1 OR N. 57).

d) Die Frist zur Anmeldung

Die Anmeldung der gesetzlichen Pfandrechte muß gemäß Gesetz gewöhnlich innert einer bestimmten Frist, die eine Verwirkungsfrist darstellt, eingereicht werden.

Beim Pfandrecht des Verkäufers, der Miterben oder der Mitglieder einer Gemeinderschaft muß die Eintragung innert drei Monaten nach erfolgtem Eigentumsübergang vorgenommen werden, wobei unter diesem die Einschreibung ins Tagebuch zu verstehen ist (Art. 972 Abs. 2 ZGB)[75]. Das gleiche gilt für das Pfandrecht des Pfründers (Art. 523 OR). Für die Handwerker und Unternehmer beginnt die Frist mit der Beendigung der Bauarbeiten zu laufen (Art. 839 Abs. 2 ZGB). Das Pfandrecht des Bauberechtigten zur Sicherstellung der Heimfallentschädigung muß innert drei Monaten nach Untergang des Baurechtes geltend gemacht werden (Art. 779*d* Abs. 3 ZGB). Demgegenüber kann das Pfandrecht zur Sicherstellung des dem Baurechtsgeber geschuldeten Baurechtszinses während der Dauer des Baurechtes jederzeit im Grundbuch eingetragen werden (Art. 779*k* ZGB). Dies gilt auch für das Pfandrecht, das der Stockwerkeigentümerschaft für die Beitragsforderungen gegenüber den jeweiligen Stockwerkeigentümern zusteht (mittelbar aus Art. 712*i* ZGB).

3. Der Widerruf des Verfügungsgeschäftes

Als rein einseitige Verfügung, die bis zur Eintragung im Hauptbuch nicht vollendet ist, muß die Anmeldung eines gesetzlichen Pfandrechtes vom Gläubiger, der sie vorgenommen hat, ohne weitere Formerfordernisse wieder zurückgezogen werden können. Der Eigentümer, vom Rückzug in Kenntnis gesetzt, wird übrigens ohne weiteres damit einverstanden sein; so daß, falls notwendig, ein *contrarius actus* angenommen werden kann. Ist die Eintragung einmal erfolgt, kommt nur noch eine Löschung nach den ordentlichen Vorschriften in Frage.

---

[75] BGE 74 II, 1948, S. 230. Das BGer hat die Frage offen gelassen, ob im Fall der Zusprechung des Eigentums durch gerichtliches Urteil (Art. 665 Abs. 1 ZGB) die Frist mit dem Eintreten der Rechtskraft des Urteils oder mit der durch den Erwerber erfolgten Anmeldung beim Grundbuchamt zu laufen beginne. Die erste Lösung muß als die richtige angesehen werden; denn auf die «Übertragung des Eigentums» kommt es an (Art. 838 ZGB); und im Fall des gerichtlichen Urteils findet diese im Zeitpunkt statt, da dieses in Rechtskraft erwächst.

III. Der Erwerbsakt gestützt auf einen einseitigen Entschluß des Eigenümers

1. Allgemein

Das schweizerische Recht ermöglicht gerade dank der Technik des Grundbuches, daß ein Eigentümer auf seinem eigenen Grundstück beschränkte dingliche Rechte zu seinen Gunsten errichten kann.

«Der Eigentümer ist befugt, auf seinem Grundstück zugunsten eines andern ihm gehörenden Grundstückes eine Dienstbarkeit zu errichten» (Art. 733 ZGB)[76]. Diese Bestimmung gilt auch für Personaldienstbarkeiten wie das Quellenrecht, das Baurecht, andere irreguläre Personaldienstbarkeiten[77], möglicherweise sogar für die Grundlasten[78].

Ein Eigentümer kann auf seinem eigenen Grundstück auch Pfandrechte zu seinen Gunsten errichten. Das ergibt sich aus Art. 859 ZGB, der es dem Eigentümer ermöglicht, Schuldbriefe und Gülten auf seinen Namen (Abs. 2) oder auf den Inhaber (Abs. 1) zu errichten, die der Eigentümer dann für sich behält[79].

In diesen beiden Fällen ist der Eigentümer eines Grundstückes in der Lage, durch seine alleinige Entscheidung ein dingliches Recht oder wenigstens in vorgeformter Gestalt (mit gewissen sich vorweg entfaltenden Wirkungen) ein solches zu begründen[80].

---

[76] Eine Dienstbarkeit zugunsten des Eigentümers entsteht auch, wenn das belastete und berechtigte Grundstück auf denselben Eigentümer übergehen und dieser es unterläßt, die Dienstbarkeit löschen zu lassen (Art. 735 ZGB).

[77] PIOTET, Dienstbarkeiten und Grundlasten, S. 567; LIVER, Art. 733 N. 37ff.; H. LEEMANN, Art. 733 N. 15ff. Die Frage ist umstritten.

[78] LIVER, Art. 733 N. 43; H. LEEMANN, Art. 733 N. 17f.; gegenteiliger Auffassung: PIOTET, S. 658.

[79] Dieses Ergebnis kann eintreten, wenn ein Eigentümer einem Gläubiger zur Sicherstellung von dessen Forderung einen auf seinen Namen lautenden Schuldbrief übergibt; in der Folge wird die Forderung bezahlt und der Schuldbrief zurückerstattet; der Eigentümer unterläßt es aber, den Schuldbrief entkräften und den Eintrag im Grundbuch löschen zu lassen (Art. 863 ZGB). Von diesem Fall abgesehen können die Stellung als Pfandgläubiger und als Eigentümer (nicht aber als Schuldner) zusammenfallen. Das trifft etwa zu, wenn ein Eigentümer sein Grundstück für die Schuld eines Dritten verpfändet und nachträglich die gesicherte Forderung erwirbt, was insbesondere durch Eintritt in die Stellung des Gläubigers infolge Bezahlung der Schuld geschieht (Art. 827 ZGB, Art. 110 Ziff. 1 OR); verzichtet er auf die Löschung des Pfandrechtes, ist er durch sein eigenes Grundstück gesichert.

[80] Zu dieser Frage: TUOR/SCHNYDER, § 95, insbesondere S. 689ff.; PIOTET, S. 532ff., 565ff.; LIVER, Einleitung, N. 28ff.; Art. 733 N. 2ff.; H. LEEMANN zu Art. 733, insbesondere N. 6f. und Art. 793 N. 14f.; Art. 859 N. 8ff.

Der Eigentümer einer Liegenschaft oder der Inhaber eines selbständigen und dauernden Baurechtes, das als eigenes Grundstück ins Grundbuch aufgenommen ist, kann auch erklären, Miteigentumsanteile zu bilden, und diese zu Stockwerkeigentum ausgestalten (Art. 712*d* Abs. 2 Ziff. 2 ZGB). Durch diese Erklärung erreicht der Eigentümer nicht nur, daß Stockwerkeigentumsanteile gebildet werden, die im Grundbuch eigene Blätter erhalten (Art. 655 Abs. 2 Ziff. 4 und 943 Abs. 1 Ziff. 4 ZGB, Art. 10*a* GBV), sondern auch, daß er selber die Gesamtheit der Miteigentümer bildet oder – anders ausgedrückt – daß er als Eigentümer all dieser Stockwerkeigentumsanteile ins Grundbuch eingetragen wird[81].

2. Die Voraussetzungen des Erwerbsaktes

Der Erwerbsakt stellt eine einseitige Verfügung des Eigentümers über sein Grundstück dar.

a) Die Verfügungsmacht

Die Verfügungsmacht steht selbstverständlich dem Eigentümer zu. Art. 963 Abs. 1 ZGB findet Anwendung. Es wird auf das über die Verfügungsmacht zu dem einem Verpflichtungsgeschäft nachfolgenden Verfügungsgeschäft Gesagte verwiesen (oben, B I 2a).

b) Weitere materielle Voraussetzungen

Mutatis mutandis müssen die gleichen Voraussetzungen erfüllt sein wie bei einem normalen Verfügungsgeschäft (oben, B I 2b); aber es geht nur um die Person des Eigentümers.

Materiell erklärt der Eigentümer seinen Willen, sein Grundstück mit einer Dienstbarkeit oder einem Pfandrecht (Schuldbrief oder Gült auf seinen Namen oder auf den Inhaber) zu belasten. Der Eigentümer einer Liegenschaft oder der Inhaber eines Baurechtes erklärt seine Absicht, an seinem Grundstück Stockwerkeigentum zu begründen. Darin besteht die Verfügung, die in der Anmeldung zur Eintragung ins Grundbuch ihren Ausdruck findet.

---

[81] FRIEDRICH, Das Stockwerkeigentum, S. 43 Nr. 18. Der Fall entspricht den soeben erwähnten; und zwar in dem Sinn, daß der Begründer des Stockwerkeigentums als Inhaber aller Anteile scheinbar Eigentümer bleibt. Rechtlich besitzt er alle Vorteile eines Eigentümers, insoweit er «mehrfacher» Miteigentümer ist. In diesem Sinn besteht hier nicht eine Verbindung von zwei Arten von dinglichen Rechten (Eigentum und Miteigentum), sondern im Blick auf die nachfolgende Veräußerung der Anteile einseitige Umwandlung von Eigentum in Miteigentum.

c) Die formellen Voraussetzungen

Bei den Eigentümerdienstbarkeiten und -pfandrechten kommt die Verfügung in der Anmeldung zur Eintragung ins Grundbuch zum Ausdruck (Art. 20 GBV). Diese beinhaltet zugleich die materielle Verfügung und den an den Grundbuchverwalter gerichteten Antrag. Bei Dienstbarkeiten (und Grundlasten) genügt in jedem Fall einfache Schriftlichkeit[82]. Für die Schuldbriefe und Gülten – gleichgültig, ob sie auf den Inhaber oder auf den Namen lauten – können die Kantone vorschreiben, daß die Anmeldung durch eine Urkundsperson zu geschehen habe. Das bedeutet, daß in den Kantonen, die von dieser Möglichkeit Gebrauch gemacht haben, die Urkundsperson eine öffentliche Urkunde erstellt, worin der Eigentümer einseitig seinen Willen erklärt, und diese zusammen mit einer formellen Anmeldung dem Grundbuchamt einreicht. Das Verfahren gleicht damit jenem bei der Begründung eines dinglichen Rechts auf Grund eines Verpflichtungsgeschäftes[83].

Dieses zweiteilige Verfahren findet auch bei der Begründung von Stockwerkeigentum durch einseitige Erklärung Anwendung (Art. 712*d* ZGB): Erklärung des Eigentümers in öffentlich beurkundeter Form, gefolgt von der Anmeldung zur Eintragung ins Grundbuch.

3. Der Widerruf des Verfügungsgeschäftes

In den erwähnten Fällen kann die Grundbuchanmeldung bis zu ihrer Eintragung im Hauptbuch von demjenigen, der sie vorgenommen hat, zurückgezogen werden: Der Anmeldende entscheidet allein über die von ihm abgegebene Willenserklärung, an seinem Grundstück ein beschränktes dingliches Recht oder Stockwerkeigentum zu begründen. Nach erfolgter Eintragung finden die Vorschriften über die Löschung Anwendung.

---

[82] Die einseitige Erklärung könnte – theoretisch – auch in einem Testament oder Teilungsvertrag vorkommen, vgl. FRIEDRICH, S. 43 Nr. 19.

[83] Es ist kaum anzunehmen, daß der BR den Kantonen nur die Möglichkeit geben wollte, aus der Urkundsperson einen einfachen Überbringer der «Anmeldung» zu machen, ohne ihn zu beauftragen, diese abzufassen und zu beurkunden. In den Kantonen, die von der ihnen eingeräumten Möglichkeit Gebrauch gemacht haben, ist die Frage allerdings teilweise umstritten. In der Praxis des Kantons Bern genügt die schriftliche Form; außer der Eigentümer nehme sie selber vor, hat die Anmeldung aber durch einen bernischen Notar zu erfolgen. – Die Errichtung eines Schuldbriefes auf den Namen des Eigentümers oder des Inhabers mit gleichzeitiger Verpfändung erfordert indessen die Form der öffentlichen Beurkundung; denn mit ihr verpflichtet sich der Eigentümer, den fraglichen Schuldbrief zu Pfand zu geben (BGE 71 II, 1945, S. 262); vgl. BERN. HDB., S. 33.

§ 16. Die Eintragungen betreffend die dinglichen Rechte im Geltungsbereich des absoluten Eintragungsprinzips (Fortsetzung): Der gänzliche oder teilweise Untergang des Eigentums und von beschränkten dinglichen Rechten durch Löschung

Literatur:

Neben den zu Beginn von § 13 angegebenen Kommentaren:
G. EGGEN, Kontroversen aus dem Dienstbarkeitsrecht, ZBGR 39, 1958, S. 13 ff.; H.-P. FRIEDRICH, Der Rang der Grundstücksrechte, ZBGR 58, 1977, S. 321 ff.; DERSELBE, Das Stockwerkeigentum (im allgemeinen Literaturverzeichnis aufgeführt); P. LIVER, Die Löschung infolge Unterganges des dinglichen Rechts, ZBGR 39, 1958, S. 322 ff.; DERSELBE, Der Verzicht auf beschränkte dingliche Rechte und auf den Miteigentumsanteil, Festgabe für W. Hug, Bern 1968, S. 353 ff.; R. PFÄFFLI, Grundpfandverschreibung: Auswechslung der Forderung, Recht, 1985, S. 35 ff.

Es geht um die Behandlung der Fälle, in denen das Eigentum oder ein beschränktes dingliches Recht an einem Grundstück gestützt auf eine Eintragung im Grundbuch, die sog. *Löschung,* ganz oder teilweise untergeht. Wir verbleiben hier also im Geltungsbereich des absoluten Eintragungsprinzips. Darauf, ob das eingetragene Recht, das untergehen soll, selber durch Eintragung oder unabhängig von einer solchen entstanden ist, kommt es nicht an[1].

Die Löschung, die den Untergang eines dinglichen Rechts bewirkt, ist die *rechtsändernde* Löschung: Sie wird «von den aus dem Eintrage berechtigten Personen» beantragt (Art. 964 Abs. 1 ZGB). Ihr wird die *berichtigende* Löschung gegenübergestellt. Sie bringt nur das Grundbuch mit der tatsächlichen Rechtslage in Übereinstimmung. Das dingliche Recht besteht nicht mehr, da es bereits gestützt auf das Gesetz, ein richterliches Urteil, ein Zwangsvollstreckungsverfahren erloschen ist oder gar nie bestanden hat (ungerechtfertigter Eintrag). Der Eintrag ist aber im Grundbuch verblieben; und es geht nun darum, ihn zu streichen. Der belastete Eigentümer ist grundsätzlich befugt, selber die Löschung zu beantragen. Davon wird im nächsten Paragraphen die Rede sein.

Der gänzliche oder teilweise Untergang eines dinglichen Rechtes durch Löschung des Eintrages im Grundbuch erfordert einen *Rechtsgrund,* der den Untergang rechtfertigt (= Löschungsgrund), und einen *Akt,* der den Unter-

---

[1] Die Fälle des Untergangs von im Grundbuch nicht eingetragenen dinglichen Rechten dagegen klammern wir alle aus: Eigentum, Dienstbarkeiten und Grundlasten, Pfandrechte. Zum Untergang von nicht eingetragenen Dienstbarkeiten: PIOTET, Dienstbarkeiten und Grundlasten, S. 572; LIVER, Art. 734 N. 155 ff.

gang bewirkt. Der Vorgang entspricht jenem bei der Übertragung des Eigentums oder der Errichtung von beschränkten dinglichen Rechten durch Rechtsgeschäft.

A. Der Löschungs- oder Untergangsgrund

Der Löschungsgrund ist entweder ein Rechtsgeschäft, mit dem sich der Inhaber eines dinglichen Rechtes verpflichtet, dieses löschen zu lassen, oder der von einem dinglich Berechtigten von sich aus getroffene Entscheid, dies zu tun. Dieser, zunächst rein interne Entschluß fällt mit der Verfügung, die sich aus der Löschungsanmeldung ergibt, zusammen. Wir verweisen in dieser Hinsicht auf die Ausführungen zum Löschungsakt[2].

I. Allgemein

Die Verpflichtung eines Eigentümers oder des Inhabers eines beschränkten dinglichen Rechts, sein Recht ganz oder teilweise aufzugeben, beruht auf einem Vertrag oder einer Verfügung von Todes wegen (Vermächtnis, Teilungsvorschrift).

Im Vertrag auf Übertragung des Eigentums verpflichtet sich der Veräußerer, sowohl das Grundstück durch Eintragung des Erwerbers zu übertragen als auch durch Löschung auf sein Eigentum zu verzichten: Das eine ist offensichtlich nicht ohne das andere möglich; doch können beide logisch auseinandergehalten werden (relativer Untergang des Eigentums)[3].

---

[2] Das *Gesetz* selber begründet *keine Verpflichtung* für den Inhaber eines beschränkten dinglichen Rechtes, dieses löschen zu lassen. Wir werden im Text sehen, daß Art. 826 ZGB nicht in diesem Sinn ausgelegt werden darf. In Wirklichkeit geht es um einen Fall, in dem das Pfandrecht selber von Gesetzes wegen untergeht (unten, B I 2d aa). – In den Fällen, in denen der belastete Eigentümer von sich aus die Löschung eines eingetragenen Rechtes beantragen kann (sinngemäße Anwendung von Art. 963 Abs. 2, 976, 743/744 ZGB; hinten, § 17), kann der Berechtigte die erforderlichen Schritte natürlich immer auch selber unternehmen. Seine Löschungsanmeldung gehört aber nicht in unsern Zusammenhang; denn das dingliche Recht, das im Grundbuch noch eingetragen ist, besteht, wie angenommen, materiell nicht mehr. Indem er die Beseitigung des Eintrages beantragt, verfügt er somit nicht über sein Recht. – In den Fällen, in denen der Richter angerufen wird, um festzustellen, daß ein Grundstück von einer Dienstbarkeit befreit sei (Art. 736 ZGB) oder um sonstwie das Grundbuch richtigzustellen (Art. 975 ZGB), kann der Berechtigte, der eingetragen ist, auch selber die Löschung beantragen; ohne das Urteil des Richters abzuwarten. Im Umfang, in dem die gesetzlichen Voraussetzungen der entsprechenden Klagen erfüllt sind, «verfügt» er in Wirklichkeit nicht über sein Recht.
[3] MEIER-HAYOZ, Art. 666 N. 2; LIVER, Eigentum, S. 158.

Daneben ist es theoretisch denkbar, daß sich ein Eigentümer verpflichtet, sein Grundstück oder seinen Miteigentumsanteil an einem solchen aufzugeben. Geschieht dies mit dem Zweck, jemand anders den Erwerb gestützt auf Aneignung oder Anwachsung zu ermöglichen, geht es in Wirklichkeit aber um eine Übertragung des Eigentums, die nur auf dem ordentlichen Weg vor sich gehen kann[4].

Hinzuweisen ist auch auf den Vertrag, mit dem gewöhnlich Mit- oder Stockwerkeigentümer beschließen, ihr Gemeinschaftsverhältnis aufzuheben (Art. 651, 712*f* Abs. 1 ZGB)[5].

Bei Dienstbarkeiten und Grundlasten kann sich der Berechtigte dem belasteten Eigentümer gegenüber verpflichten, diese löschen zu lassen; etwa in einem Kauf- oder Teilungsvertrag oder auch in einem selbständigen Rechtsgeschäft[6].

Auch der Pfandgläubiger kann dem Grundeigentümer gegenüber die Verpflichtung eingehen, das Pfandrecht löschen zu lassen; und zwar bereits im Pfandvertrag selber – etwa unter bestimmten Voraussetzungen – oder auch erst nachträglich. Der Pfandgläubiger kann sich, mit oder ohne teilweisem Verzicht auf die Forderung, auch zu einer teilweisen Löschung des Pfandrechtes oder zu einer Rangrückversetzung usw. verpflichten.

II. Die Voraussetzungen des Löschungsgrundes

Die Voraussetzungen des Löschungsgrundes entsprechen denen eines Verpflichtungsgeschäftes – allenfalls denen einer Verfügung von Todes wegen (zu diesen, siehe von, § 15 A I).

Der Vertrag, mit dem sich der Berechtigte zur gänzlichen oder teilweisen Löschung des zu seinen Gunsten bestehenden dinglichen Rechtes verpflichtet, unterliegt keiner besonderen Form (Art. 115 OR)[7].

B. Der Löschungsakt

Der Löschungsakt stellt eine Verfügung des Berechtigten dar, die mit der Vornahme der Löschung im Hauptbuch vollzogen wird (Art. 964 Abs. 1 ZGB).

---

[4] BGE 69 II, 1943, S. 227; LIVER, Eigentum, S. 159.
[5] MEIER-HAYOZ, Art. 651 N. 14 ff.; FRIEDRICH, Stockwerkeigentum, S. 204; Übergang von Stockwerkeigentum zu gewöhnlichem Miteigentum.
[6] PIOTET (zit. in Note 1), S. 571, 661; LIVER, Art. 734 N. 16, der den Fall erwähnt, in dem ein Dienstbarkeitsvertrag vorsieht, daß das Recht zu einem bestimmten Zeitpunkt untergehen soll, ohne daß diese Vereinbarung Gegenstand des Eintrages wäre.
[7] HOMBERGER, Art. 964 N. 6; OSTERTAG, Art. 964 N. 3.

I. Die Fälle

1. Der Löschungsakt, der einem Löschungsversprechen des Berechtigten nachfolgt

Hier stellt die Verfügung die Erfüllung einer eingegangenen Verpflichtung dar (oben, A I). Sie entfaltet ihre Wirkungen nur, wenn das Verpflichtungsgeschäft rechtsgültig ist (Kausalitätsprinzip)[8].

2. Der Löschungsakt, der Ausdruck eines einseitigen Entschlusses des Berechtigten ist

Hier verzichtet der Rechtsinhaber von sich aus ganz oder teilweise auf sein Recht, ohne zu dieser Verfügung verpflichtet zu sein. Die Fälle dieser Art sind viel häufiger und wichtiger als jene, in denen ein dingliches Recht gestützt auf einen einseitigen Entscheid des Grundeigentümers entsteht (vorn, § 15 B III).

a) Im Unterschied zu Art. 729 ZGB, der das Eigentum an beweglichen Sachen betrifft, erwähnt Art. 666 ZGB die *Dereliktion* eines Grundstücks nicht ausdrücklich. Aber die Möglichkeit einer deratigen Aufgabe des Eigentums ist nicht bestritten; und man leitet sie aus Art. 666 ZGB ab, nach welchem das Grundeigentum mit der Löschung des Eintrages untergeht[9].

b) Ein Mit- oder Stockwerkeigentümer kann *auf seinen Anteil verzichten.* Dieser Verzicht – er stellt keine Dereliktion dar – geschieht gleichfalls durch Löschung des Eintrages im Grundbuch[10].

---

[8] HOMBERGER, Art. 964 N. 6; LIVER, Art. 734 N. 17f.; BGE 106 II, 1980, S. 346.
[9] BGE 50 II, 1924, S. 235; LIVER, Eigentum, S. 159; MEIER-HAYOZ, Art. 666 N. 3ff. – Zur Frage, ob die Dereliktion des herrschenden Grundstücks gleichfalls den Untergang der zu seinen Gunsten bestehenden Dienstbarkeiten nach sich zieht, vgl. LIVER, Art. 734 N. 136ff.; PIOTET, S. 570.
[10] LIVER, Eigentum, S. 63; MEIER-HAYOZ, Art. 646 N. 71ff.; HAAB, Art. 646 N. 14. Die Auffassung von H. LEEMANN, Art. 646 N. 27 (Dereliktion), kann als überholt betrachtet werden. Zur Unterscheidung zwischen Dereliktion und Verzicht im engern Sinn, LIVER, Der Verzicht, S. 359: Mit der Dereliktion wird die Sache, auf welche sich das Recht bezog, herrenlos; der Verzicht auf ein Recht, welches das Eigentum einschränkt, hat die Wirkung einer Anwachsung. Unser Begriff des Löschungsakts umfaßt beide (Verzicht im weitern Sinn).

c) Wie steht es mit dem *Verzicht auf eine Dienstbarkeit oder Grundlast?* Die Art. 734, 748 Abs. 1 und 786 Abs. 1 ZGB folgen scheinbar Art. 666 ZGB und fordern für jeden Untergang eines Rechts die Löschung des Eintrages im Grundbuch[11]. In Wirklichkeit betrifft die eigentliche rechtsändernde Löschung, von der die soeben erwähnten Artikel handeln, nur die Fälle, in denen sich der Berechtigte dem Eigentümer des belasteten Grundstücks gegenüber verpflichtet hat, die Dienstbarkeit oder Grundlast löschen zu lassen[11a].

Mit dem einseitigen Verzicht, der mit dem Antrag auf Löschung an den Grundbuchverwalter gerichtet wird, geht das Recht bereits unter. Mit der nachträglich vorgenommenen Löschung des Eintrages wird nur noch das Grundbuch richtiggestellt. Der Fall gehört somit nicht in den vorliegenden Zusammenhang, sondern muß in jenem mit dem relativen Eintragungsprinzip behandelt werden (hinten, § 17 C I 2h)[11b].

d) Der *Verzicht auf ein Pfandrecht* durch einseitige Erklärung des Pfandgläubigers (Art. 801 ZGB) setzt grundsätzlich eine Löschung voraus, die das Recht materiell und formell untergehen läßt[12].

Wie steht es, wenn die pfandgesicherte Forderung ganz oder teilweise untergegangen ist, sei es durch Zahlung, Verrechnung, Vereinigung oder Hinterlegung? In diesen Fällen besteht das Pfandrecht, das ein Nebenrecht zur Forderung darstellt, materiell nicht mehr; so daß der Eigentümer des belasteten Grundstücks folglich die Möglichkeit haben müsste, die Löschung selber zu beantragen (vgl. Art. 976 ZGB). Der Gesetzgeber hat aber einen andern Weg gewählt.

aa) Ist bei einer *Grundpfandverschreibung* die Forderung untergegangen, so kann der Eigentümer des belasteten Grundstücks vom Gläubiger *verlangen,* «daß er die Löschung des Eintrages bewillige» (Art. 826 ZGB). Die Legitima-

---

[11] WIELAND, Art. 734 N. 1; H. LEEMANN, Art. 734 N. 1.
[11a] LIVER, Art. 734 N. 97ff.; H. LEEMANN, a. a. O., stimmt ebenfalls überein, daß die Dienstbarkeit nur mehr formell besteht.
[11b] Der Berechtigte kann auch außerhalb des Grundbuches erklären oder gar einfach durch schlüssiges Verhalten dartun (vgl. BGE 95 II, 1969, S. 605ff.), daß er auf die Dienstbarkeit oder Grundlast verzichtet. Auch in diesem Fall verliert sein Recht, wenigstens materiell, jeden Wert. Es geht nur noch darum, das Grundbuch mit dieser Haltung des Berechtigten in Einklang zu bringen. Zu erwähnen ist noch, daß Art. 748 Abs. 2 ZGB den Verzicht dem Ablauf der Zeit gleichsetzt, für die eine Nutznießung begründet worden ist.
[12] Der Fall ist sehr theoretisch: In der Praxis werden sich Pfandgläubiger und Eigentümer verständigt und der erstere sich verpflichtet haben, auf sein Pfand zu verzichten.

tion steht damit dem Gläubiger zu, wie wenn das Recht noch bestehen würde. In der Tat läßt eine Grundpfandverschreibung ohne Forderung auf dem Grundstück eine dingliche Gebundenheit fortbestehen, wie sie bei der Errichtung einer solchen für eine noch nicht bestehende Forderung entsteht (Art. 824 Abs. 1 ZGB). Bekanntlich ist die Grundpfandverschreibung des schweizerischen Rechts nicht rein akzessorischer Natur, wie das die Hypothek des gemeinen Rechtes war[13]. Diese dingliche Gebundenheit – und damit die Gefahr, die sich aus dem Fortbestehen des Eintrages ergibt – muß mit dem Löschungsakt aufgehoben werden. Aber der Eigentümer des belasteten Grundstücks kann vom Gläubiger verlangen, daß er diesen Akt vornimmt. In dieser Hinsicht kommt wieder die akzessorische Natur der Grundpfandverschreibung zum Vorschein. Der Grundeigentümer beantragt eigentlich eine Richtigstellung des Grundbuches; aber er muß dies über den Pfandgläubiger tun. Sein Anspruch ist dinglicher, nicht persönlicher Natur[14]. Er kommt demjenigen nach Art. 975 ZGB nahe (siehe hinten, § 41 IV 2c).

bb) Anders verhält es sich bei *Schuldbrief und Gült.* Nach Art. 863 ZGB kann der Schuldner den Eintrag im Grundbuch löschen lassen, wenn kein Gläubiger vorhanden ist oder dieser auf das Pfandrecht verzichtet. Im ersten Fall lautet der Titel auf den Namen des Eigentümers oder des Inhabers, und er befindet sich in den Händen des Schuldners. Der zweite Fall kann in der vom Gesetz angesprochenen Form gar nicht vorkommen: Der Gläubiger, der auf sein Pfandrecht verzichten will, muß dies auch bezüglich der im Titel verbrieften Forderung tun. In der Tat darf die Löschung des Eintrages erst vorgenommen werden, nachdem der Titel entkräftet worden ist

---

[13] H. LEEMANN, Art. 824 N. 23 f.; Art. 826 N. 1 ff.
[14] H. LEEMANN, Art. 826 N. 3, spricht zu Unrecht von einer persönlichen Klage; in diesem Sinn, ZBGR 23, 1942, S. 70 (AppH Bern). Der Anspruch des Art. 826 ZGB ist eine besondere Form der Richtigstellung des Grundbuches (vgl. Art. 976 ZGB); denn – mit Ausnahme, daß die sichergestellte Forderung selber mit einem dinglichen Recht (Nutznießung, Fahrnispfand) belastet oder in ein Zwangsvollstreckungsverfahren einbezogen ist – besteht der Eintrag des Pfandrechts nicht mehr zu Recht; vgl. BGE 102 II, 1976, S. 1 f.; in diesem Fall entscheidet das BGer die Meinungsverschiedenheit zwischen WIELAND, für den das Pfandrecht bereits mit der Zahlung erloschen ist (Art. 826 N. 1) und H. LEEMANN, nach welchem das Pfandrecht erst mit der Löschung im Grundbuch untergeht (Art. 826 N. 1), nicht. Im Entscheid 104 Ib, 1978, S. 257 lehnt das BGer im Fall einer Vereinigung eine Löschung von Amtes wegen ab. Zur Befugnis des Eigentümers, bereits vor dem Untergang der pfandgesicherten Forderung einen richterlichen Entscheid zu erwirken, der ihn ermächtigt, mit der Vorlage einer Urkunde, die bestätigt, daß die Forderung bezahlt sei, die Löschung des Eintrages im Grundbuch zu beantragen, siehe den vorhin angeführten Entscheid des BGer in Bd. 102.

(Art. 864 ZGB und Art. 64 Abs. 1 GBV). Der Schuldner, der die ganze Schuld bezahlt, kann vom Gläubiger verlangen, daß er ihm den Titel unentkräftet herausgebe (Art. 873 ZGB). Damit ist wieder der erste Fall gegeben, wo kein Gläubiger vorhanden ist: Der Schuldner kann den Eintrag löschen lassen[15].

e) Die soeben untersuchten Fälle (d bb) gehören zu jenen, in denen dem Eigentümer am eigenen Grundstück ein beschränktes dingliches Recht zusteht und er dieses einseitig löschen lassen kann. Es geht hier insoweit um Löschungstatbestände, als die Verhältnisse dem Eigentümer wahrlich bestimmte rechtliche Vorteile verschaffen, die von den Vorrechten des Eigentums verschieden sind (vorn, § 15 B III Noten 77–81).

Ein anderer derartiger Fall ist jener, bei dem ein und derselbe Eigentümer das Eigentum an zwei Grundstücken besitzt und er eine Dienstbarkeit löschen lassen kann, die zugunsten des einen und zu Lasten des andern Grundstückes besteht (Art. 735 ZGB).

Entsprechend ist die Rechtslage, wenn ein Miteigentümer alle Miteigentumsanteile in seiner Hand vereinigt: Er kann das Gemeinschaftsverhältnis, das sonst versteckt weiterdauern würde, von sich aus löschen lassen (Art. 712*f* Abs. 2 ZGB).

II. Die Voraussetzungen des Löschungsaktes

1. Die Rechtsnatur des Löschungsaktes

Mit dem Löschungsakt erklärt der Inhaber eines – allenfalls auch nur im Keime vorhandenen – dinglichen Rechtes seinen Willen, auf dieses zu verzichten. Er verfügt damit über sein Recht, ohne es aber auf jemand anders zu übertragen.

Diese Verfügung stellt ein einseitiges Rechtsgeschäft dar – und zwar selbst wenn mit ihr eine (in der Regel vertragliche) Verpflichtung erfüllt wird. Im Unterschied zu einer Forderung, auf die der Gläubiger durch vertragliche Übereinkunft mit dem Schuldner verzichtet (Art. 115 OR; Ausnahme: Art. 577 ZGB), können das Eigentum und beschränkte dingliche Rechte durch einseitige Erklärung des Berechtigten untergehen[16].

---

[15] H. LEEMANN, Art. 863 N. 1ff., 7 (für den Fall, daß der Eigentümer nicht gleichzeitig Schuldner ist). – Ist der Gläubiger bezahlt, verliert er mit dem Untergang der Forderung auch das Eigentum am Titel: Die Klage des Art. 873 ZGB ist dinglicher Natur. Zum Verhältnis zwischen der Forderung oder dem Recht und dem Eigentum am Wertpapier, vgl. JÄGGI, Zürcher Kommentar, Die Wertpapiere, Art. 965 OR N. 306ff.

[16] VON TUHR/ESCHER, § 75 S. 173; LIVER, Der Verzicht, S. 353.

Wie beim Erwerb von dinglichen Rechten im Geltungsbereich des absoluten Eintragungsprinzips stellt die Anmeldung zur Löschung zugleich eine materielle Verfügung und einen verfahrensrechtlichen Antrag dar, mit dem der Wille, das Recht löschen zu lassen, endgültig kundgetan wird.

Die Verfügung, die ein absolutes Recht zum Gegenstand hat, hat genau genommen keine Empfänger – außer man bezeichne die Gesamtheit der dem Inhaber dieses Rechtes gegenüber verpflichteten Rechtssubjekte als solche. Daraus wird der Schluß gezogen, eine solche Verfügung sei nicht empfangsbedürftig im Sinn des Privatrechts[17]. Das trifft aber nicht für alle Fälle zu. Verzichtet etwa der Inhaber eines beschränkten dinglichen Rechtes auf sein Recht, weil er sich vorgängig dazu verpflichtet hat, richtet sich sein Verzicht sehr wohl an den Eigentümer des belasteten Grundstücks. Abgesehen davon ist dieser am meisten an der Verfügung interessiert; sagen wir, er ist der Hauptempfänger (ohne zu übersehen, daß der Verzicht *allen gegenüber* abgegeben wird). Desgleichen: Wenn ein Miteigentümer auf seinen Anteil verzichtet, richtet er sich schlußendlich an die andern am Gemeinschaftsverhältnis Beteiligten. In ähnlichen Fällen spielt sich der Löschungsvorgang zwischen den am dinglichen Recht beteiligten Personen in gleicher Weise ab[18]; auch wenn der Grundbuchverwalter Mittelsmann spielt und die Aufgabe hat, die Verzichtserklärung in Empfang zu nehmen und er die Löschung daraufhin den Beteiligten mitteilt (Art. 969 ZGB). Die Verzichtserklärung bleibt nichtsdestoweniger ein einseitiges Geschäft in dem Sinn, daß der Eigentümer des belasteten Grundstücks ihr nicht zuzustimmen braucht. Es gibt hier also keine Spur von einem dinglichen Vertrag, wie wir ihn beim Vorgang des Erwerbs von dinglichen Rechten wohl feststellten. Wenn ihr eine Verpflichtung zugrunde liegt, ist die Verfügung des Berechtigten kausal (oben, II 1a). Ist sie Ausfluß eines einseitigen Entschlusses des Berechtigten, kann sie in dem Sinn als abstrakt bezeichnet werden, als sie nicht von einem Löschungsgrund abhängt[19]. Da sie aber ein Rechtsgeschäft darstellt, kann sie als solche, insbesondere wegen Willensmangels, angefochten werden.

2. Die Verfügungsmacht

Die Befugnis, durch die Löschungsanmeldung ganz oder teilweise auf ein dingliches Recht zu verzichten, kommt dem Inhaber des Rechtes zu. In

---

[17] LIVER, a. a. O. Das versteht sich von selbst für die Dereliktion, die Löschung einer Dienstbarkeit durch den Eigentümer des herrschenden und des dienenden Grundstücks (Art. 735 ZGB), die Löschung des Stockwerkeigentums, wenn ein Miteigentümer alle Anteile auf sich vereinigt (Art. 712f Abs. 2 ZGB).
[18] Vgl. OSTERTAG, Art. 964 N. 16.
[19] LIVER, Art. 734 N. 12f.

gewissen Fällen ist aber vorausgesetzt, daß weitere Beteiligte der Löschung zustimmen (die «aus dem Eintrage berechtigten Personen», Art. 964 Abs. 1 ZGB).

a) Die Legitimation des Berechtigten

Soweit das absolute Eintragungsprinzip gilt, ist in jedem Fall zunächst der Inhaber eines dinglichen Rechts befugt, die Löschung desselben zu veranlassen: So der Eigentümer im Fall der Dereliktion, der Dienstbarkeitsberechtigte bzw. Pfandgläubiger bei der gänzlichen oder teilweisen Löschung einer Dienstbarkeit bzw. eines Pfandrechtes.

Die Vorschriften bezüglich der Verfügungsmacht im Fall des Erwerbs eines dinglichen Rechts gelten mutatis mutandis auch für den Verzicht auf ein solches, da auch in diesem Fall der Berechtigte über sein Recht verfügt: Eigenschaft als wirklicher Eigentümer oder Inhaber des beschränkten dinglichen Rechtes[20]; Beschränkungen der Verfügungsmacht; Zeitpunkt, in dem diese Macht vorhanden sein muß. Es wird auf das weiter vorn (§ 15 B I 2a) gesagte verwiesen.

Allgemein ist der Eigentümer nicht berechtigt, in das Verfahren zur Löschung eines beschränkten dinglichen Rechtes einzugreifen, das sein Grundstück belastet. Er kann nicht einmal mit Zustimmung des Berechtigten dem Grundbuchamt die formelle Löschungsanmeldung einreichen[21].

Vorbehalten bleiben die Fälle, in denen der Eigentümer des belasteten Grundstücks der Löschung aus einem besonderen Grund zustimmen muß oder wo er selber legitimiert ist, die Löschungsanmeldung vorzunehmen (unten, c).

b) Die Zustimmung von weitern Personen, die aus einem Eintrag berechtigt sind

Im Fall der *Dereliktion* eines Grundstückes dauern die beschränkten dinglichen Rechte, die es belasten (Dienstbarkeiten, Pfandrechte), wie auch die

---

[20] Siehe etwa zur Dereliktion, MEIER-HAYOZ, Art. 666 N. 6.
[21] Art. 61 Abs. 1 und 2 GBV würde diese Lösung unterstützen und auch HOMBERGER zeigt ein gewisses Verständnis für sie; in diesem Sinn auch ZBGR 31, 1950, S. 238 (Notariatsinspektorat des Kantons Zürich). Er lehnt sie schließlich aber ab und nimmt an, selbst vom formellen Gesichtspunkt aus sei der Inhaber des zu löschenden Rechtes legitimiert, die Anmeldung vorzunehmen (Art. 964 N. 8). In diesem Sinn, BGE 67 I, 1941, S. 124; 82 I, 1956, S. 38; LIVER, Art. 734 N. 19 ff.; EGGEN, Kontroversen, S. 143. Möglich ist allerdings, daß in der Zustimmung des Berechtigten eine Vollmacht zur Anmeldung zu Gunsten des belasteten Eigentümers zu erblicken ist.

Realobligationen, die bezüglich desselben bestehen, weiter. Daraus folgt, daß die Inhaber dieser Rechte der Dereliktion nicht zustimmen müssen[22].

Gleich verhält es sich beim Verzicht auf einen *gewöhnlichen oder einen zu Stockwerkeigentum ausgestalteten Miteigentumsanteil.* Das Miteigentumsverhältnis, wie auch die Belastungen der einzelnen Anteile, dauert weiter. Weder die aus diesen Belastungen Berechtigten noch die andern Miteigentümer, denen das Eigentum anwächst, brauchen dem Verzicht zuzustimmen[23]. Die Frage, ob die Zustimmung, die Art. 964 ZGB fordert, nötig ist, stellt sich nur bei der Löschung von dinglichen Rechten, an denen Dritten selber mittel- oder unmittelbar ein *dingliches Recht* zusteht.

Obligatorische Rechte, die ein Dritter gegen den Inhaber eines zu löschenden dinglichen Rechts vielleicht hat, können unbeachtet bleiben. So kann sich der Eigentümer eines belasteten Grundstücks der Löschung einer Grunddienstbarkeit nicht mit der Begründung widersetzen, der Eigentümer des berechtigten Grundstücks müsse von Gesetzes wegen (Art. 741 ZGB) oder auf Grund besonderer Vereinbarung eine für die Ausübung der Dienstbarkeit notwendige Anlage unterhalten[24]. Gleich verhält es sich bei der Grundpfandverschreibung: Hat ein Eigentümer sein Grundstück für die Schuld eines Dritten verpfändet, braucht er bei Befriedigung des Gläubigers durch denselben nicht *deswegen* zur Löschung des Pfandrechts seine Zustimmung zu geben; indem er sich auf Art. 827 Abs. 2 ZGB berufen würde, der ihn für den Fall der Zahlung durch ihn selbst in die Rechte des Gläubigers eintreten läßt; denn darauf besitzt er ja nur ein allfälliges obligatorisches Recht[25]. Und so ist es auch, wenn der Gläubiger zur Sicherung seiner Forderung noch weitere Solidarschuldner oder Bürgen besitzt, die im Fall der Zahlung durch sie selber einen Anspruch auf Subrogation (Art. 507, 149 Abs. 1 OR) besitzen[26].

Es ist klar, daß, wenn an einem zu löschenden dinglichen Recht selber

---

[22] BGE 85 I, 1959, S. 263; HOMBERGER, Art. 964 N. 9; zum Fortbestehen dieser Rechte, vgl. LIVER, Eigentum, S. 159f.; MEIER-HAYOZ, Art. 666 N. 12; HAAB, Art. 666 N. 13. Das trifft auch für denjenigen zu, zu dessen Gunsten eine akzessorische Unterhaltspflicht besteht, die an eine Dienstbarkeit gebunden ist, die auf einem derelinquierten Grundstück lastet, vgl. LIVER, Art. 730 N. 236, der den Entscheid des BGer in Bd. 50 II, 1924, S. 234 bemängelt.

[23] LIVER, Der Verzicht, S. 373.

[24] BGE 82 I, 1956, S. 36f.; 67 I, 1941, S. 126; 60 III, 1934, S. 76; ZBGR 30, 1949, S. 79 (ObG Luzern); LIVER, Art. 734 N. 20 und 31. Gleiche Lösung für den Verzicht auf eine Dienstbarkeit, der sich aus der Dereliktion eines Grundstückes ergibt, zu dessen Gunsten eine Dienstbarkeit besteht, mit der für den Eigentümer eine Unterhaltspflicht verbunden ist (oben, Note 22).

[25] HOMBERGER, Art. 964 N. 12, der sich in Gegensatz zu WIELAND, Art. 964 N. 5c, stellt; H. LEEMANN, Art. 801 N. 5; OSTERTAG, Art. 964 N. 12.

[26] HOMBERGER, OSTERTAG, WIELAND, a. a. O.

wieder ein dingliches Recht besteht, die Zustimmung des Inhabers dieses Rechtes erforderlich ist. Beispiele: Der Pfandgläubiger oder Nutznießer einer durch eine Grundpfandverschreibung sichergestellten Forderung, eines Schuldbriefes, einer übertragbaren Personaldienstbarkeit (sei diese als Grundstück ins Grundbuch aufgenommenen oder nicht), einer übertragbaren Personalgrundlast müssen der Löschung des entsprechenden dinglichen Rechtes zustimmen; desgleichen das Betreibungsamt, wenn das Pfandrecht für eine gepfändete oder mit Arrest belegte Forderung gelöscht werden soll[27].

Eine Grunddienstbarkeit kann nur auf mittelbare Weise mit beschränkten dinglichen Rechten belastet sein; vermittels der Rechte, die das berechtigte Grundstück belasten. Aber die Inhaber dieser Rechte können gestützt auf die Löschung der Dienstbarkeit einen Schaden erleiden. Sie müssen der Löschung daher grundsätzlich zustimmen: die Pfandgläubiger, inbegriffen die Gläubiger, welche die Forderung, die durch das berechtigte Grundstück sichergestellt ist, gepfändet haben; der Nutznießer; der Inhaber eines Bau- oder Quellenrechtes, selbst wenn diese Rechte als Grunddienstbarkeiten begründet worden sind[28] [28a].

Aus Gründen, die vor allem LIVER dargelegt hat[29], darf Art. 964 Abs. 1 ZGB jedoch nicht streng angewendet werden. Eine Zustimmung ist nur notwendig, wenn die Löschung einer Grunddienstbarkeit den Inhabern von beschränkten dinglichen Rechten am berechtigten Grundstück einen wirkli-

---

[27] HOMBERGER, Art. 964 N. 11f.; OSTERTAG, Art. 964 N. 11f.; WIELAND, Art. 964 N. 5b und c; PIOTET, S. 572; LIVER, Art. 734 N. 43f. Für den Fall der Pfändung, ZBGR 14, 1933, S. 259 (RR Bern).

[28] LIVER, Art. 734 N. 29. OSTERTAG, Art. 964 N. 7, bestreitet zu Unrecht, daß der Inhaber einer Grunddienstbarkeit durch die Aufhebung einer andern Grunddienstbarkeit geschädigt werden kann: Ein Nachbar, dem an einem Grundstück, das selber wiederum an einem dritten Grundstück ein Quellenrecht besitzt, ein Quellenrecht zusteht, kann daran interessiert sein, daß dieses andere Recht weiter besteht, vgl. LIVER, Art. 734 N. 34 und Art. 730 N. 40.

[28a] In einem gegebenen Fall, in dem zugunsten oder zu Lasten mehrerer Grundstücke (einer Mehrzahl von Gebäuden) Grunddienstbarkeiten errichtet worden sind, kann ein Grundeigentümer vielleicht nicht ohne Zustimmung der andern Eigentümer auf eine Dienstbarkeit verzichten; vgl. den Fall in ZBGR 66, 1985, S. 327ff. (ObG Zürich): Gestützt auf eine Grunddienstbarkeit, die das Recht auf den gemeinsamen Gebrauch einer Heizanlage einschließt, ist ein Grundeigentümer gegenüber den andern beteiligten Eigentümern gezwungen, auf seinem Grundstück die zum Betrieb der Anlage notwendigen Leitungen zu dulden. Diese Verpflichtung ist nicht rein akzessorischer Natur im Sinn des Art. 741 Abs. 1 ZGB. Zur Löschung der Dienstbarkeit selber ist daher die Zustimmung derjenigen, die am herrschenden Grundstück ein beschränktes dingliches Recht besitzen, namentlich der übrigen beteiligten Eigentümer, notwendig.

[29] LIVER, Art. 734 N. 32ff.

chen Schaden zufügt. Eine ganze Anzahl Grunddienstbarkeiten sind nur von geringem Wert, und ihre Löschung bewirkt für das berechtigte Grundstück keine Wertverminderung zum Nachteil der Pfandgläubiger. Auch hat der Inhaber einer Grunddienstbarkeit am berechtigten Grundstück, etwa eines Durchgangsrechtes, wohl nur selten ein Interesse daran, daß eine Dienstbarkeit zugunsten dieses Grundstückes, beispielsweise ein Quellenrecht, bestehen bleibt[30].

In diesem Zusammenhang stellt sich folgendes Problem:

Ist für die Löschung nur die Zustimmung jener Berechtigten erforderlich, die ihr Recht *nach* der Errichtung der Dienstbarkeit zugunsten des herrschenden Grundstücks erworben haben oder auch die Zustimmung jener, die es *vor* dieser Begründung erworben haben[31]? Für die Beantwortung der Frage beschränken wir uns auf den Fall der Pfandgläubiger[32].

Die zweite Lösung entspricht dem Grundsatz, nach welchem das verpfändete Grundstück dem Pfandgläubiger mit seinem ganzen Wert haftet; auch wenn dieser erst nach der Errichtung des Pfandrechtes geschaffen worden ist. Zugunsten der ersten Lösung wird der Umstand geltend gemacht, der Pfandgläubiger könne nicht Anspruch auf den Vorteil von Rechten erheben, die im Zeitpunkt der Pfandbestellung zugunsten des verpfändeten Grundstücks noch gar nicht bestanden hätten. Das ist die Meinung von LIVER: Der Sinn des Art. 964 Abs. 1 ZGB gehe nicht darüber hinaus; das werde durch die Art. 808 ff. ZGB bestätigt, die eine Entwertung des Pfandobjektes nur soweit zu verhindern suchten, als diese nach der Pfandbestellung eingetreten sei[33]. Die angeführten Bestimmungen haben jedoch nicht allgemein die Entwertung im Auge, die durch den Verzicht auf *Rechte* entsteht, die zugunsten des verpfändeten Grundstücks bestehen[34]. Selbst wenn diese Rechte im Zeitpunkt der Pfandbestellung noch nicht bestanden haben, werden sie von der Pfandhaft mitumfaßt; gleich wie Mobilien, die in der Folge als Zugehör erworben werden[35]. Nun kann der Eigentümer über diese Zugehör in dem Sinn nicht frei verfügen, als sie – unter Vorbehalt des Erwerbs durch einen gutgläubigen Dritten – Gegenstand des Fahrnispfandrechts bildet[36]. In analoger Anwendung ergibt sich: Eine Grunddienstbarkeit kann nicht ohne Zustimmung der Pfandgläubiger gelöscht werden; und zwar auch jener, die ihr Recht vor der Begründung der zu löschenden Dienstbarkeit eingeräumt erhalten haben. Wie bereits erwähnt, bleiben nur jene Dienstbarkeiten vorbehalten, die für den Pfandgläubiger keinen messbaren Wert darstellen.

---

[30] Zur Prüfungsbefugnis des Grundbuchverwalters in dieser Hinsicht, siehe hinten, § 24 C. Das Kriterium des «praktischen Risikos», das der Grundbuchverwalter anwenden kann, ohne seine Amtspflichten zu verletzen, ist nicht entscheidend, um zu wissen, ob der Untergang einer Dienstbarkeit einem Berechtigten *materiell* entgegengehalten werden kann, der nicht aufgefordert worden ist, seine Zustimmung zu erteilen.

[31] Im ersten Sinn sprechen sich aus: H. LEEMANN, Art. 734 N. 5, Art. 733 N. 14; OSTERTAG, Art. 964 N. 9. Der zweiten Meinung sind: WIELAND, Art. 964 N. 5a; HOMBERGER, Art. 964 N. 10.

[32] Zu einem Bauberechtigten, der an einem Durchgangsrecht interessiert ist, das zugunsten des mit dem Baurecht belasteten Grundstücks besteht, vgl. LIVER, Art. 734 N. 35.

[33] LIVER, Art. 734 N. 38 ff. In diesem Sinn, ZBGR 61, 1980, S. 228 (Aufsichtsbehörde Freiburg); EGGEN, Kontroversen, S. 144.

[34] H. LEEMANN, Art. 808 N. 28 f.

[35] BGE 43 II, 1917, S. 162.

[36] MEIER-HAYOZ, Art. 644/645 N. 63; OFTINGER, Art. 884 N. 43. Vgl. BGE 86 III, 1960, S. 72.

c) Die Mitwirkung des Eigentümers des belasteten Grundstücks bei der Löschung einer Grundpfandverschreibung

Der Gläubiger gibt den Anstoß zur Löschung der *Grundpfandverschreibung;* sei es, daß er sich dazu verpflichtet hat (oben, B I 1); sei es, daß er freiwillig auf sie verzichtet (oben, B I 2d); sei es, daß die Forderung untergegangen ist (a.a.O.). In all diesen Fällen ist der Pfandgläubiger legitimiert, die rechtsändernde Löschung anzumelden. Besteht an der Forderung selbst aber eine Nutznießung oder ein Pfandrecht, ist die Zustimmung des Nutznießers oder des Forderungspfandgläubigers notwendig.

Der Eigentümer des belasteten Grundstücks hat beim Löschungsvorgang eines beschränkten dinglichen Rechtes grundsätzlich nicht mitzuwirken (oben, II 2a Note 21). Sicherlich muß er der Verfügung des Pfandgläubigers nicht zustimmen; auch wenn diese im Fall der Zahlung lediglich darauf abzielt, eine latente Belastung zu beseitigen. Aber dieser Eigentümer kann gerade im Umfang, in dem er die Grundpfandverschreibung wieder belehnen kann, am Weiterbestehen dieser Belastung interessiert sein. Eine solche Wiederbelehnung wird heute ja allgemein unter bestimmten Voraussetzungen als zulässig erachtet[37]. Unter dieser Annahme sollte er der Löschung des Eintrages zustimmen, und diese Zustimmung stellt die Anmeldung zur Löschung der latent noch vorhandenen Belastung dar[38].

Wie bereits gesehen, ist es beim *Schuldbrief* und der *Gült* schließlich der Schuldner, der, nachdem er in den Besitz des Titels gelangt ist – allenfalls ein Dritteigentümer (oben, Note 15) –, die rechtsändernde Löschung des im Grundbuch im Keime verbliebenen Rechtes anmeldet[39]. Auf jeden Fall könnte der Gläubiger dieser Wertpapiere deren Löschung ohne die Mitwirkung des Eigentümers nicht beantragen. Ist der Titel nachträglich zu Faustpfand gegeben oder an ihm eine Nutznießung begründet worden, müssen die Inhaber dieser Rechte der Löschung natürlich zustimmen.

---

[37] H. LEEMANN, Art. 824 N. 23 f., Art. 825 N. 12; ZBGR 39, 1958, S. 354 und 41, 1959, S. 159 (Aufsichtsbehörde Freiburg). Im Entscheid 105 II, 1979, S. 183 Erw. 2 läßt das BGer die Frage offen, in 108 II, 1982, S. 47 ff. löst es sie aber scheinbar im bejahenden Sinn (S. 48); auf jeden Fall muß die Auswechslung der Forderung öffentlich beurkundet und wohl auch ins Grundbuch eingetragen werden. Zu dieser Frage, siehe den im Literaturverzeichnis aufgeführten Aufsatz von PFÄFFLI.

[38] In gewissen Kantonen (so Freiburg) wird das eidgenössische Formular «Löschungsbewilligung» durch eine «Anmeldung» («réquisition») des Eigentümers ergänzt. Man muß jedoch sehen, daß die Löschungsbewilligung, die vom Pfandgläubiger unterzeichnet ist, im materiellen wie im formellen Sinn die eigentliche Anmeldung nach Art. 964 Abs. 1 ZGB darstellt.

[39] H. LEEMANN, Art. 801 N. 5.

3. Die weitern Voraussetzungen des Löschungsaktes

a) Materielle Voraussetzungen

Der Löschungsakt muß als solcher alle Voraussetzungen eines Rechtsgeschäfts erfüllen[40]; bezüglich Handlungsfähigkeit, Stellvertretung[41], Fehlen von Willensmängeln.

Hat sich der Inhaber eines Rechts verpflichtet, das Recht löschen zu lassen, hat die Verfügung ihre *causa* im Löschungsgrund. Von diesem Fall abgesehen hat die Verfügung in Wirklichkeit aber keinen Rechtsgrund im juristischen Sinn; denn der einseitige Entschluß des Verfügenden, auf sein Recht zu verzichten, fällt nicht unter diesen Begriff[42].

Die Löschungsverfügung darf auch nicht unter einer Bedingung vorgenommen werden. Es ist nicht vorstellbar, daß im Grundbuch Löschungen vorkommen, die an Bedingungen geknüpft sind[43].

b) Formelle und verfahrensrechtliche Voraussetzungen

Auch hier nimmt die materielle Verfügung des Berechtigten die Form eines an ein öffentliches Amt gerichteten Antrages an. Der Wille, auf das Recht zu verzichten, wird spätestens in der Anmeldung zur Löschung ausgedrückt[44].

In bezug auf Form und Bedeutung der Löschungsanmeldung kann auf das verwiesen werden, was zur Anmeldung der Eintragung eines dinglichen Rechts gesagt worden ist. Der Anmeldung müssen die notwendigen Ausweise «über das Verfügungsrecht und den Rechtsgrund» beigelegt sein, auf den sich die Löschung stützt (Art. 965 ZGB). Diese Punkte werden wir im Zusammenhang mit dem Eintragungsverfahren behandeln.

---

[40] HOMBERGER, Art. 964 N. 6; LIVER, Art. 734 N. 12 ff.
[41] Hier muß an die Vollmachten erinnert werden (vorn, § 13 Note 12), die einem für einen Gläubiger ernannten Beistand (Art. 823 ZGB) oder dem Stellvertreter eines Gläubigers (Art. 860 ZGB) zukommen können: Pfandentlassungen, Löschung des Eintrages nach erfolgter Zahlung usw. Vgl. H. LEEMANN, Art. 823 N. 7, Art. 860 N. 23 ff.
[42] Der Entschluß des Berechtigten beruht auf bestimmten Beweggründen; etwa im Fehlen jeglichen Interesses, eine Liegenschaft zu behalten oder Inhaber einer Dienstbarkeit zu bleiben, die eigentlich nur Lasten mit sich bringt. In gewissen Fällen wird der Verzicht vom Gesetz auferlegt (Art. 826 ZGB) oder wird mit ihm zum voraus ein dinglicher Anspruch des belasteten Eigentümers auf Löschung eines Rechtes erfüllt (Art. 736, 742, 743/744, 976, ja sogar 975 ZGB). Liegt einer dieser Fälle vor, wird mit der Löschung wohl nur das Grundbuch richtiggestellt (Art. 736, 976 ZGB). Sie gehört deshalb nicht in unsern Zusammenhang. Siehe den folgenden Paragraph über die Voraussetzungen der Grundbucheintragungen im Geltungsbereich des relativen Eintragungsprinzips.
[43] HOMBERGER, Art. 964 N. 15.
[44] Wie wir gesehen haben (oben, B II 1), umfaßt das Löschungsverfahren allgemein eine – wenigstens stillschweigende – Erklärung von Partei zu Partei, die von der Anmeldung verschieden ist. Diese selber bedarf keiner besonderen Form.

4. Widerruf des Löschungsaktes?

Entgegen einer noch vertretenen Auffassung sind wir der Meinung, daß entsprechend der Anmeldung einer konstitutiven Eintragung (siehe vorn, § 15 B I 3), auch die Anmeldung einer rechtsändernden Löschung nicht mehr zurückgezogen werden kann[45].

Gesondert zu behandeln sind jene Fälle, in denen der Löschungsakt überhaupt nichts mit einem Zwei-Parteien-Verfahren zu tun hat: Dereliktion eines Grundstücks (Art. 666 ZGB); Begehren um Löschung von Pfandrechten, die ein Eigentümer an seinem eigenen Grundstück besitzt (Art. 827, 859, 863/864, 873 ZGB); Fall des Eigentümers, der an seinem eigenen Grundstück eine Dienstbarkeit besitzt (Art. 735 ZGB); Fall des Stockwerkeigentümers, der alle Miteigentumsanteile in seiner Hand vereinigt (Art. 712f Abs. 2 ZGB).

In all diesen Fällen bleibt der Eigentümer, der berechtigt ist, die Dereliktion oder Löschung des beschränkten dinglichen Rechts am eigenen Grundstück ins Grundbuch eintragen zu lassen, allein Herr der Lage, bis der Grundbuchverwalter die Löschung vorgenommen hat. Bis zu diesem Zeitpunkt muß es dem Anmeldenden offen stehen, auf seinen Entscheid zurückzukommen und die Anmeldung – trotz der praktischen Unannehmlichkeiten, die das nach sich ziehen kann – zurückzuziehen.

Mit Ausnahme dieser Fälle verschafft die Anmeldung einer Löschung den Beteiligten, an die sie sich tatsächlich oder vermeintlich richtet, eine Zusicherung. Aus den Gründen, die nach der Theorie, welche die Anmeldung einer Eintragung als einseitiges Rechtsgeschäft auffaßt, für die Unwiderruflichkeit derselben sprechen (vorn, § 15 B I 3), muß auch hier angenommen werden, die Anmeldung einer rechtsändernden Löschung könne nicht mehr zurückgezogen werden.

---

[45] HOMBERGER, Art. 964 N. 15; MEIER-HAYOZ, Art. 666 N. 8. Die in § 15 unter Note 15 angeführte Rechtsprechung hat häufig allgemein «die grundbuchlichen Anmeldungen» im Auge, beispielsweise BGE 83 II, 1957, S. 15.

§ 17. Die Eintragungen betreffend die dinglichen Rechte im Geltungsbereich des relativen Eintragungsprinzips

Literatur:

Neben den Hinweisen auf die Kommentare zu Beginn von § 13:
C. BESSON, L'acquisition de droits immobiliers en dehors du registre foncier, ZBR 63, 1982, S. 129 ff.; A. GLOOR, Der außergrundbuchliche Eigentumserwerb nach schweizerischem Recht, Diss. Zürich 1929; H. HAUSHERR, Grenzfragen des Erbrechts und ihre Reflexwirkungen auf das Grundbuch, ZBGR 52, 1971, S. 257 ff.; DERSELBE, Grundeigentum und Ehescheidung aus zivilrechtlicher Sicht, ZBGR 65, 1984, S. 265 ff.; DERSELBE, Vom alten zum neuen Ehe- und Erbrecht, mit Beiträgen von C. HEGNAUER, R. REUBER, Th. GEISER, J.N. DRUEY, R. SCHWAGER, Bern 1986; H. HUBER, Die Behandlung der dinglichen Rechte im Güterzusammenlegungsverfahren, Zbl 72, 1971, S. 441 ff.; F. JENNY, Das Legalitätsprinzip im schweizerischen Grundbuchrecht, ZBGR 11, 1930, S. 185 ff.; R. PFÄFFLI, Das Antragsprinzip unter besonderer Berücksichtigung des Erbganges, Bern. Not. 46, 1985, S. 63 ff.; V. PICENONI, Die Behandlung der Grundbuchgeschäfte im Erbgang, ZBGR 53, 1972, S. 129 ff.; P. PIOTET, Les hypothèques légales de droit puplic vaudois, ZBGR 44, 1963, S. 65 ff.; DERSELBE, Les usufruits du conjoint survivant en droit successoral suisse, Bern 1970.

A. Vorbemerkungen

Im Geltungsbereich des relativen Eintragungsprinzips werden sowohl das Eigentum als auch die beschränkten dinglichen Rechte unmittelbar gestützt auf Tatsachen, denen das Gesetz diese Bedeutung beimißt, erworben und gehen so auch wieder unter. Beispiele: Für den Erwerb des Eigentums die in Art. 656 Abs. 2 ZGB (nicht abschließend) aufgezählten Tatbestände der Aneignung, Zwangsvollstreckung, des Erbgangs und des richterlichen Urteils. Dieser Bereich umfaßt alle Fälle, in denen Eigentum anders als auf Grund eines Rechtsgeschäftes, ohne Eintragung im Grundbuch *(extra tabulas)*, übergeht und in denen beschränkte dingliche Rechte auf die gleiche Art und Weise entstehen und untergehen[1]. Vereinfacht gesagt sprechen wir im folgenden vom Erwerb oder Untergang von dinglichen Rechten von Gesetzes wegen.

---

[1] Zum Erwerb des Eigentums, MEIER-HAYOZ, Art. 656 N. 3/75. Bei dem hier angewendeten System kann das Rechtsgeschäft nicht nur in einem Verpflichtungsgeschäft, dem das Verfügungsgeschäft nachfolgt, sondern auch in einer einseitigen Erklärung des Eigentümers, ja selbst im Erwerbsakt desjenigen bestehen, dem ein Anspruch auf Errichtung eines mittelbaren gesetzlichen Pfandrechts zusteht (vorn, § 15 II und III). Eine besondere Regelung besteht für die Fälle der Art. 676 Abs. 3 und 691 Abs. 3 ZGB, unten, Note 23.

Anders ausgedrückt: Der Erwerbs- oder Löschungsgrund bewirkt von sich aus eine Änderung der Rechtslage. Es geht nur noch darum, das Grundbuch mit dieser neuen Lage in Einklang zu bringen. Damit kommt der Anmeldung einer Eintragung, Änderung oder Löschung eine vollkommen andere Bedeutung zu als im Geltungsbereich des absoluten Eintragungsprinzips. Sie stellt keine materielle Verfügung von seiten des Veräußerers oder desjenigen dar, der ein beschränktes dingliches Recht errichtet oder auf ein solches verzichtet. Sie bezweckt eine Richtigstellung des Grundbuches: der Eintragung kommt erklärende, nicht rechtsbegründende oder -aufhebende Bedeutung zu[2].

Bei dieser Rechtslage steht bei der Übertragung des Eigentums oder der Errichtung eines beschränkten dinglichen Rechtes die Legitimation zur Grundbuchanmeldung nicht dem Veräußerer oder dem Eigentümer zu, der sein Grundstück belastet (vgl. Art. 963 Abs. 2 ZGB); beim gänzlichen oder teilweisen Untergang eines beschränkten dinglichen Rechtes nicht dem Inhaber desselben. Im ersten Fall steht sie dem Erwerber zu; im zweiten dem neuen oder dem Eigentümer, der von einer Last befreit worden ist. Manchmal, im einen wie im andern Fall, kommt die Legitimation einer Behörde zu, die sie für «denjenigen wem rechtens» oder andere Beteiligte ausübt.

In den meisten Fällen ist die Eintragung im Grundbuch jedoch nicht bloß reine Ordnungsvorschrift. Die Eintragung des Eigentums oder eines beschränkten dinglichen Rechtes begründet die Vermutung, daß das Recht besteht und erleichtert damit dessen Rechtsschutz (Art. 937 ZGB). Durch die Eintragung erhält der neue Eigentümer die sog. formelle Verfügungsmacht (Art. 656 Abs. 2 ZGB). Solange er nicht eingetragen ist, steht diese, abgesehen vom Fall des Todes, noch dem bisherigen zu. Aus dem Gesichtspunkt der Eintragung kann ein gutgläubiger Erwerber allenfalls Eigentümer des Grundstückes werden (Art. 973 ZGB). Wer ohne Grundbucheintragung, etwa durch richterliches Urteil, eine Dienstbarkeit erwirbt, hat ein Interesse daran, daß sie eingetragen wird; sonst muß der gutgläubige Erwerber des belasteten Grundstücks sich diese nicht entgegenhalten lassen. Umgekehrt ist es für den Eigentümer, der von Gesetzes wegen von einer dinglichen Last befreit worden ist, wichtig, daß der Eintrag im Grundbuch gelöscht wird; denn das Weiterbestehen desselben kann für ihn dort, wo die Öffentlichkeitsformen die vollen Grundbuchwirkungen erzeugen (§ 38 A III 1), nachteilige rechtliche Folgen haben (siehe hinten, § 38 C)[3].

---

[2] HOMBERGER, Art. 963 N. 22; OSTERTAG, Art. 963 N. 52; LIVER, Eigentum, S. 142.
[3] Das ist etwa der Fall, wenn eine Grunddienstbarkeit durch Enteignung oder richterliches

In dieser Hinsicht kommt der Anmeldung einer Eintragung oder Löschung im Geltungsbereich des relativen Eintragungsprinzips für die beteiligten Parteien wie auch für Dritte in bezug auf die dingliche Rechtslage an einem Grundstück doch eine gewisse Bedeutung zu und läuft nicht nur auf einen rein verfahrensrechtlichen Antrag hinaus.

Wir behandeln im folgenden die Voraussetzungen der Eintragungen im Grundbuch, die vorgenommen werden, nachdem ein dingliches Recht von Gesetzes wegen, außerhalb des Grundbuches, rechtsgültig entstanden oder untergegangen ist. Dabei unterscheiden wir zwischen dem Rechtstitel, welcher der Eintragung zugrunde liegt (Entstehungs- und Untergangsgrund) und dem Akt, der auf die Änderung im Grundbuch hinzielt (die Anmeldung zur Eintragung oder Löschung).

Das Vorhandensein eines Entstehungs- oder Untergangsgrundes ist die notwendige Voraussetzung dafür, daß die vom Gesetz vorgesehene Wirkung eintritt. Fehlt ein solcher, ist eine Änderung im Grundbuch ungerechtfertigt und kann mit der Grundbuchberichtigungsklage angefochten werden (Art. 975 ZGB).

Es geht hier nicht darum, die Gründe, welche ipso iure an einem Grundstück ein dingliches Recht entstehen oder untergehen lassen, ausführlich darzulegen. Diese Gründe bilden Bestandteil des materiellen Rechts. Wir befassen uns vielmehr mit der Anmeldung einer Eintragung oder Löschung und verweisen auch hier in bezug auf die einzureichenden Belege auf das Eintragungsverfahren (III. Abschnitt).

B. Der Erwerb des Eigentums und die Entstehung von beschränkten dinglichen Rechten unmittelbar von Gesetzes wegen

Wir behandeln im folgenden zunächst die Erwerbstitel und anschließend die Richtigstellung des Grundbuches.

Urteil untergegangen ist. Bleibt sie eingetragen, kann ein gutgläubiger Erwerber des berechtigten Grundstücks, der auf den Eintrag auf dem Blatt des dienenden Grundstücks vertraut, die Dienstbarkeit erwerben (Art. 973 ZGB). Hier beendigt die Löschung auch den formalen Bestand des Rechts und verhindert damit einen allfälligen gutgläubigen Erwerb desselben. Dort, wo der Grund des Untergangs eines dinglichen Rechts dem Eintrag jede, auch bloß formelle Bedeutung, entzieht, besteht die Gefahr nicht. Beispiele: Im Fall der Zerstörung eines Grundstücks oder des Todes eines Nutznießers kann der Umstand, daß der Eintrag im Grundbuch verbleibt, unmöglich dazu führen, daß das zerstörte Grundstück oder die erloschene Nutznießung von einem Dritten wieder erworben werden. In diesem Fall stellt die Löschung eine reine Ordnungsangelegenheit dar. LIVER, Art. 734 N. 4 ff., spricht im ersten Fall von einer Löschung mit *rechtsgestaltender* (berichtigender) Funktion und im zweiten von einer solchen mit *rechtsbekundender* (erklärender) Funktion. Die Frage hängt mit den Wirkungen der Eintragungen zusammen.

I. Die Erwerbstitel

1. Für den Erwerb des Eigentums

Die wichtigsten Fälle sind:

a) Aneignung (Art. 658 ZGB)[4];

b) Bildung neuen Landes (Art. 659 ZGB)[5];

c) Erbgang, und zwar bei gesetzlichen wie bei eingesetzten Erben (Art. 560 ZGB)[6];

d) Güterrecht (Art. 665 Abs. 3 in Verbindung mit Art. 179, 181 Abs. 3, 182 Abs. 1, 187 Abs. 2, 189, 199, 215, 248, 154 ZGB)[7] [7a];

---

[4] LIVER, Eigentum, S. 143 ff.; MEIER-HAYOZ, Art. 656 N. 76 und zu Art. 658; HOMBERGER, Art. 963 N. 27.

[5] LIVER, Eigentum, S. 145 ff.; MEIER-HAYOZ, zu Art. 659, insbesondere N. 18 ff. Zu den Bodenverschiebungen, MEIER-HAYOZ, Art. 660 N. 2 und BESSON, a. a. O., S. 133.

[6] LIVER, Eigentum, S. 156 f.; MEIER-HAYOZ, Art. 656 N. 78; HOMBERGER, Art. 963 N. 24. Der Erwerb eines Vermächtnisnehmers beruht auf einer Verfügung von Todes wegen, wird aber mit dem Willen der Erben vollzogen und erfordert die Eintragung im Grundbuch, BGE 56 I, 1930, S. 483; er gehört daher nicht in diesen Zusammenhang. Das gleiche gilt für die Zuweisung eines Grundstücks an einen Erben; und zwar selbst wenn diese auf einer Teilungsvorschrift beruht: Der Erwerb geschieht durch Einzelnachfolge und erfolgt daher nur durch die Eintragung im Grundbuch, BGE 95 II, 1969, S. 432; 86 II, 1960, S. 353; 58 II, 1932, S. 403.

[7] LIVER, Eigentum, S. 158; MEIER-HAYOZ, Art. 652 N. 55; Art. 656 N. 79 ff.; Art. 665 N. 44 ff.; LEMP, Art. 178 N. 38 ff.; Art. 199 N. 11; Art. 215 N. 58 ff.; Art. 248 N. 40 ff., insbesondere N. 61 ff., und für das Verhältnis zum Grundbuch, N. 139 ff.; HOMBERGER, Art. 963 N. 26, Art. 965 N. 60 ff.; OSTERTAG, Exkurs zu Art. 965 N. 4 ff. Es geht vor allem um die Annahme des Güterstandes der Gütergemeinschaft (Art. 215 ff. ZGB) oder der Gütereinheit (Art. 199 ZGB) durch Ehevertrag, wenn einer der Ehegatten Eigentümer von Grundstücken ist. Die Änderung kann sich auch gestützt auf ein richterliches Urteil, das die Gütertrennung (Art. 189, 155 ZGB) oder die Wiederherstellung des früheren Güterstandes (Art. 187 Abs. 2 ZGB) anordnet, oder gestützt auf das Gesetz (Art. 182 Abs. 1 ZGB) ergeben. Ein Ehevertrag und eine richterliche Anordnung werden Dritten gegenüber nur durch ihre Eintragung ins Güterrechtsregister und ihre Veröffentlichung wirksam (Art. 181 Abs. 3, 248 Abs. 1 ZGB). Das Eigentum geht zu diesem Zeitpunkt – und nur dann – über, ohne Eintragung im Grundbuch. Gleich verhält es sich, wenn der Richter die Gütertrennung anordnet: in diesem Fall gehen Grundstücke, die den Ehegatten gemeinsam gehört haben, wieder auf den Ehegatten zurück, der sie in die Gemeinschaft eingebracht hat. Bei der gesetzlichen Gütertrennung erfordert die Änderung keine Eintragung im Güterrechtsregister (vgl. Art. 182 Abs. 1 und 248 ZGB). Haben die Ehegatten die Gütergemeinschaft in dieses nicht eintragen lassen und ist – auch in ihrem internen Verhältnis – keine Änderung eingetreten, BGE 73 I, 1947, S. 273, erwirbt der überlebende Ehegatte, dem gemäß Ehevertrag das Gesamtgut zufallen soll (Art. 226 Abs. 1 ZGB) dieses, und zwar auch Grundstücke, von Gesetzes wegen (vgl. HAUSHEER, Grenzfragen, S. 266 ff., und angeführte Autoren mit verschiedenen Auffassungen); anderer Meinung: der vorher zitierte Entscheid des BGer aus Bd. 73, der aber nicht genügend zwischen güterrechtlicher und erbrechtlicher Auseinandersetzung unterscheidet und als Rechtsgrund für die Eintragung einen Teilungsvertrag

oder die schriftliche Zustimmung aller (übrigen) Erben verlangt. Aber die Möglichkeit einer erb- oder güterrechtlichen Herabsetzungsklage (Art. 226 Abs. 2 ZGB) sollte den gesetzlichen Eigentumsübergang nicht hindern, ohne daß vorher (wie PICENONI, S. 134, meint) die Gütergemeinschaft eingetragen werden muß. HAUSHEER erachtet die Ausstellung einer derjenigen nach Art. 559 ZGB entsprechenden Bescheinigung an den überlebenden Ehegatten als denkbar, welche die Erben anfechten könnten. Siehe nun BGE 111 II, 1985, S. 113: Der Ehegatte, dem bei Auflösung der ehelichen Gemeinschaft kraft Ehevertrages das gesamte eheliche Vermögen zufällt, erwirbt dieses ohne weiteres – durch Zuwachs auf Grund des Güterrechts – beim Tod des andern Ehegatten. Er braucht sich deshalb nicht mit den (übrigen) Erben erbrechtlich auseinanderzusetzen. Handelt es sich dabei um Grundstücke, so kann der überlebende Ehegatte ohne weiteres die Eintragung seines Eigentums im Grundbuch beantragen (Erw. 3a). Der überlebende Ehegatte kann mit den Zivilstandsakten nachweisen, daß keine Nachkommen des Verstorbenen vorhanden sind, und braucht keinen Erbschein beizubringen (Erw. 3b). Erwähnt sei noch, daß die Scheidung von Ehegatten, die unter dem Güterstand der Gütergemeinschaft leben, für die Grundstücke, die sie in die Gemeinschaft eingebracht haben, die gleiche Wirkung entfaltet wie die gesetzliche oder durch den Richter angeordnete Gütertrennung; offensichtlich aber ohne Eintragung ins Güterrechtsregister (Art. 154 Abs. 1 ZGB). Auf die güterrechtliche Auseinandersetzung bei einer Gütergemeinschaft findet Art. 665 Abs. 3 ZGB keine Anwendung. In diesem Fall ist Art. 634 ZGB entsprechend anzuwenden. Der schriftliche) Teilungsvertrag entfaltet für die Grundstücke keine dingliche Wirkung. Für den Erwerb durch einen Ehegatten ist die Eintragung ins Grundbuch notwendig, vgl. LEMP, Art. 225 N. 66 f.; MEIER-HAYOZ, Art. 654 N. 56 f.

7a Nach dem *neuen Eherecht* kommt dem Vertrag auf Begründung der Gütergemeinschaft, der Grundstücke umfaßt, von Gesetzes wegen sowohl unter den Ehegatten als auch Dritten gegenüber dingliche Wirkung zu; ohne daß die Zustimmung der Vormundschaftsbehörde und die Eintragung ins Güterrechtsregister notwendig wäre (vorn, § 7 Note 14). Im Fall der gesetzlichen Gütertrennung infolge Konkurs eines unter Gütergemeinschaft lebenden Ehegatten (Art. 188 revZGB) fallen die Grundstücke unverzüglich an jenen Ehegatten zurück, bei welchem sie unter dem Güterstand der Errungenschaftsbeteiligung Eigengut darstellen würden (Art. 252 Abs. 1 revZGB). Das gleiche gilt im Fall der Scheidung, der Gütertrennung, der Ungültigkeit der Ehe oder der gerichtlichen Gütertrennung (Art. 242 Abs. 1 revZGB), und zwar rückwirkend (Art. 236 Abs. 2 revZGB). Daß die Grundstücke ohne weiteres an den Ehegatten, der sie eingebracht hat, zurückfallen können, kann, nach erfolgtem Konkurs, auf einem Urteil beruhen, welches die Gütergemeinschaft wieder herstellt (Art. 191 Abs. 1 revZGB). Für all diese Fälle bestimmt Art. 665 Abs. 3 revZGB, daß die Änderungen am Grundeigentum, die von Gesetzes wegen durch Gütergemeinschaft oder deren Auflösung eintreten, ... im Grundbuch eingetragen werden. Alle diese Eintragungen sind deklaratorischer Natur. Nicht der Fall ist dies aber bei der vertraglichen Gütertrennung, wo sich die Änderung in den Eigentumsverhältnissen im Rahmen der güterrechtlichen Auseinandersetzung vollzieht. Was die Frage des Übergangs des gesamten Vermögens einer Gütergemeinschaft gestützt auf einen Ehevertrag auf den überlebenden Ehegatten angeht, dürfte sie sich gleich stellen wie nach der bisherigen Regelung im ZGB von 1907. Zu erwähnen ist noch, daß Verträge unter Ehegatten, die das Gesamtgut betreffen, ebenfalls nicht mehr der Genehmigung durch die Vormundschaftsbehörde unterliegen und nicht mehr ins Güterrechtsregister eingetragen werden. Die Eigentumsübergänge gestützt auf derartige Rechtsgeschäfte setzen die Eintragung im Grundbuch voraus und fallen damit nicht in den vorliegenden Zusammenhang.

e) Fusion von Aktiengesellschaften (Art. 748 ff. OR), Kommanditaktiengesellschaften und Genossenschaften (Art. 914 OR)[8];
f) gewisse Fälle der Umwandlung von Gesellschaften[9];
g) Änderung in der Zusammensetzung von Gesamthandsverhältnissen[10];
h) Vermögensheimfall an das Gemeinwesen (Art. 57 ZGB)[11];
i) Enteignung und verwandte Erwerbsarten[12];

---

[8] MEIER-HAYOZ, Art. 656 N. 85, Art. 657 N. 70; HOMBERGER, Art. 963 N. 26; HAAB, Art. 656 N. 38 f.; BGE 25 II, 1899, S. 135. Demgegenüber stellt die Abtretung eines Vermögens mit Aktiven und Passiven (Art. 181/182 OR) ein Rechtsgeschäft auf Einzelnachfolge dar; MEIER-HAYOZ, Art. 656 N. 11, 26; BGE 99 II, 1983, S. 99.

[9] MEIER-HAYOZ, Art. 656 N. 86 ff. und Art. 657 N. 72 f. Ändern die Beteiligten die Form der Gesellschaft, unter der sie ein Geschäft betreiben, stellt dies grundsätzlich ein Rechtsgeschäft auf Einzelnachfolge dar; so daß Grundstücke durch Eintragung im Grundbuch übertragen werden. Der Fall stellt eine Anwendung des absoluten Eintragungsprinzips dar (vorn, § 15). Doch gibt es Ausnahmen. Eine erste liegt vor, wenn eine Personen- in eine andere Gesellschaft umgewandelt wird, die ebenfalls auf dem Grundsatz der gesamten Hand beruht: in diesem Fall findet kein Eigentumsübergang statt, MEIER-HAYOZ, Art. 652 N. 72 ff. Weitere Ausnahmen sind: die Umwandlung einer Aktiengesellschaft in eine Gesellschaft mit beschränkter Haftung (Art. 824 ff. OR), die Umwandlung einer Kommanditaktiengesellschaft in eine Aktiengesellschaft und umgekehrt (Art. 750 Abs. 2 OR), die Übernahme einer Aktiengesellschaft oder Genossenschaft durch eine Körperschaft des öffentlichen Rechts (Art. 751 OR); in diesen Fällen liegt eine Gesamtnachfolge vor.

[10] MEIER-HAYOZ, Art. 656 N. 31, 92 f., Art. 652 N. 69 ff., Art. 654 N. 58 ff., Art. 657 N. 65 f.; HOMBERGER, Art. 963 N. 26. Gleich verhält es sich, wenn ein Mitglied aus einem Gesamthandsverhältnis austritt; ja sogar, wenn alle bis auf eines austreten und auch wenn ein neues eintritt. In diesen Fällen findet (auch bezüglich der Grundstücke) eine Rechtsnachfolge statt; aber eine Gesamtnachfolge, die von Gesetzes wegen eintritt: durch Anwachsung zugunsten der verbleibenden Mitglieder beim Austritt eines von ihnen; durch Abwachsung zugunsten eines neuen Mitgliedes, das *ipso iure* Gesamteigentümer wird. Eine Anwachsung findet auch statt bei der Abtretung von Erbanteilen unter Miterben (Art. 635 Abs. 1 ZGB); selbst wenn die Abtretung nur zugunsten eines der Miterben erfolgt. In der Tat ist das BGer der neuen Lehre gefolgt und hat der Abtretung von Erbanteilen unter Miterben «dingliche Wirkung» zuerkannt, wenn dies dem Willen der Parteien entsprach, BGE 102 Ib, 1976, S. 321. – Unserem Fall nahe kommt auch die Anwachsung, die zugunsten der verbleibenden Miteigentümer stattfindet, wenn ein *Miteigentümer* auf seinen Anteil verzichtet, vgl. LIVER, Eigentum, S. 63; ZBGR 60, 1979, S. 178 (ObG Solothurn).

[11] MEIER-HAYOZ, Art. 656 N. 94. Der Heimfall auf das von den Statuten oder vom zuständigen Organ bestimmte Rechtssubjekt erfolgt nicht von Gesetzes wegen, HAAB, Art. 656 N. 42. Zu erwähnen ist im weitern der Rückfall eines Werkes an das verleihende Gemeinwesen, den die Art. 54 lit. f und 67 WBG im Auge haben.

[12] LIVER, Eigentum, S. 157; MEIER-HAYOZ, Art. 656 N. 6 und Art. 666 N. 23 ff.; HOMBERGER, Art. 963 N. 28. Diese Erwerbsart ergibt sich aus dem Verwaltungsrecht des Bundes (BG über die Enteignung vom 20. Juni 1930) oder der Kantone. Das anwendbare Gesetz setzt den Zeitpunkt des Eigentumsübergangs fest – im allgemeinen findet dieser zum Zeitpunkt der Bezahlung der Enteignungsentschädigung statt; vgl. BGE 106 Ia, 1980, S. 67. Die Enteignung ist für den Enteigneten gleichzeitig eine Art des Verlusts des Eigentums. Den Güterzusammenlegungen, Baulandumlegungen oder amtlichen Grenzbereinigungen

j) *richterliches Urteil oder eine einem solchen gleichwertige Urkunde*[13];
k) *Zuschlag in der Zwangsvollstreckung*[14];
l) *außerordentliche Ersitzung* (Art. 662 ZGB)[15].

---

kommen entsprechende Wirkungen wie der Enteignung zu; vgl. BGE 95 II, 1969, S. 28, der von «dinglicher Subrogation» spricht. Die neuen Grundstücke werden vor der Eintragung im Grundbuch erworben. Siehe auch das in Art. 30 des BG über den Nationalstraßenbau vorgesehene Zusammenlegungsverfahren; BGE 105 Ib, 1979, S. 94. Zu den rechtlichen Grundsätzen und Verfahrensabschnitten einer Güterzusammenlegung sowie zur verpflichtenden Natur eines Neuzuteilungsplanes nach erfolgter Genehmigung, vgl. ZBGR 65, 1984, S. 91 ff. (ObG Zürich); H. HUBER, der im Literaturverzeichnis zit. Aufsatz.

[13] HOMBERGER, Art. 963 N. 30 ff.; LIVER, Eigentum, S. 157; MEIER-HAYOZ, Art. 656 N. 97 ff., Art. 665 N. 38. Es kann sich nur um ein Gestaltungsurteil handeln, das in Rechtskraft erwachsen ist; so um das Urteil im Prozeß auf Zusprechung des Eigentums (Art. 665 Abs. 1 ZGB), wobei die Zusprechung an die Zahlung eines Preises geknüpft sein kann (BGE 86 II, 1960, S. 426 f.); um das Urteil im Markungsverfahren (Art. 669 ZGB), im Prozeß auf Aufhebung eines Miteigentumsverhältnisses (Art. 651 ZGB) oder einer Erbengemeinschaft (BGE 69 II, 1943, S. 357). Die Klage kann auch auf den Abschluß eines Vertrages betreffend die Übertragung des Eigentums an einem Grundstück gerichtet sein. Das darauf ergehende Leistungsurteil überträgt das Eigentum noch nicht; die Übertragung findet erst gestützt auf die Eintragung im Grundbuch statt. Wenn das Verfahrensrecht dies jedoch erlaubt (vgl. Art. 78 BZPO), tritt das Urteil an die Stelle der Willenserklärung. Gestützt auf dieses kann der Kläger von sich aus die (konstitutive) Eintragung erlangen, LIVER, Eigentum, S. 157 und Kommentar, Art. 731 N. 36 ff.; MEIER-HAYOZ, Art. 691 N. 61. Das Urteil im Grundbuchberichtigungsprozeß (Art. 975 ZGB) stellt nur den wirklichen Bestand eines dinglichen Rechtes fest. Das Prozeßrecht bestimmt, ob einem Vergleich, einer Klageanerkennung oder einem Schiedsspruch die Bedeutung eines Urteils zukommt; dies aber immer unter dem Vorbehalt, daß damit nicht das Erfordernis der öffentlichen Beurkundung umgangen werden soll, HOMBERGER, Art. 963 N. 33 und BGE 71 I, 1945, S. 456; vgl. auch ZBGR 27, 1946, S. 170 (BGE). In einer Vereinbarung über die Nebenfolgen der Scheidung, die vom Richter genehmigt wird, kann einem Ehegatten ein Grundstück oder ein beschränktes dingliches Recht zugewiesen werden; vgl. BGE 99 II, 1973, S. 359; 104 II, 1978, S. 237; ZBGR 51, 1970, S. 126 (Justizdirektion Bern). Eine solche Vereinbarung ersetzt somit den sonst notwendigen öffentlich zu beurkundenden Vertrag; vgl. HAUSHEER, Grundeigentum und Ehescheidung, S. 274, der jedoch Wert auf den Umstand legt, daß die Vereinbarung genügend klar sein muß, damit sie ins Grundbuch eingetragen werden kann. H. HUBER, ZBGR 56, 1975, S. 283 und SCHMID, S. 288 ff., bemängeln diese Rechtsprechung.
Der Entscheid, der ein landwirtschaftliches Heimwesen einem Erben zuweist, löst nur eine Vorfrage der bäuerlichen Erbteilung; er überträgt das Eigentum aber nicht; vgl. ZBGR 33, 1952, S. 273 (Entscheid des BGer aus dem Jahre 1939); 37, 1956, S. 137 und 61, 1980, S. 293 (Aufsichtsbehörde Freiburg).

[14] MEIER-HAYOZ, Art. 656 N. 100 ff.; Art. 665 N. 39 ff.; HOMBERGER, Art. 963 N. 37 ff. Diese Erwerbsart ergibt sich aus dem Schuldbetreibungs- und Konkursrecht. Das Grundstück wird mit dem Zuschlag, der vom Steigerungsbeamten ausgesprochen wird, erworben (Art. 656 Abs. 2 ZGB, Art. 235 Abs. 3 OR, Art. 136*bis*, 156, 259 SchKG). Der Freihandverkauf im Konkurs (Art. 256 Abs. 1 SchKG), der in beurkundeter Form abgeschlossen werden muß, überträgt das Eigentum nicht von Gesetzes wegen, BGE 60 III, 1934, S. 198 und MEIER-HAYOZ, Art. 657 N. 28. Erst in neuester Zeit hat sich das BGer über die Rechtsnatur

2. Für die Entstehung von Dienstbarkeiten und Grundlasten

Mehrere Erwerbsarten, die wir soeben für das Eigentum aufgezählt haben, sind auch bei der Entstehung von Dienstbarkeiten und Grundlasten möglich:

a) Aneigung (?)[16];

b) Erbgang, für die Entstehung einer erbrechtlichen Nutznießung (Art. 462 Abs. 1, 460 Abs. 1, 747 ZGB)[17];

c) Enteignung und verwandte Erwerbsarten[18];

d) richterliches Urteil oder eine einem solchen gleichwertige Urkunde[19];

---

dieses Kaufes ausgesprochen: Nach seiner Auffassung handelt es sich bei ihm um eine Art der Zwangsvollstreckung, die in Ausübung der öffentlichen Gewalt erfolgt; wie der Zuschlag in der öffentlichen Steigerung kann er damit auch nur durch Beschwerde angefochten werden. Daneben hat das BGer am Erfordernis der öffentlichen Beurkundung und an der konstitutiven Natur der Grundbucheintragung festgehalten (BGE 106 III, 1980, S. 79). Der Freihandverkauf im Konkurs gehört damit nicht in den vorliegenden Zusammenhang.

[15] Auch die *ordentliche* Ersitzung ist eine Erwerbsart von Gesetzes wegen. Ihr liegt ein bestehender, ungerechtfertigter Eintrag im Grundbuch zugrunde. Der Erwerb geschieht irgendwie im verborgenen in dem Sinn, daß das Eigentum – wenn alle übrigen Voraussetzungen erfüllt sind – nach einer bestimmten Frist erworben wird, ohne daß dies aus dem Grundbuch ersichtlich würde; vgl. LIVER, Eigentum, S. 148. Zur *außerordentlichen* Ersitzung, vgl. LIVER, Eigentum, S. 152 ff.; MEIER-HAYOZ, zu Art. 662; HOMBERGER, Art. 963 N. 36. Die außerordentliche Ersitzung stellt eine Art des Erwerbs des Eigentums von Gesetzes wegen dar, obwohl ihm eine Eintragung ins Grundbuch nachfolgt und obwohl diese nur auf richterliche Anordnung hin vorgenommen wird (oben, II 2a gg): Die Anordnung des Richters wie die Eintragung sind deklaratorischer Natur. *Gegenteiliger* Auffassung: BGE 76 I, 1950, S. 183, der zu Unrecht davon ausgeht, die Aufzählung in Art. 656 Abs. 2 ZGB sei abschließend. Siehe LIVER, Art. 731 N. 95 ff. und MEIER-HAYOZ, Art. 662 N. 22 ff. Die Grundstücke, von denen Art. 662 Abs. 1 und 2 ZGB handelt, können nicht angeeignet werden; denn die beiden Gesetzesbestimmungen gehen davon aus, daß diese Grundstücke einen bestimmten Eigentümer haben; anderer Meinung: BESSON, a. a. O., S. 132.

[16] PIOTET, Dienstbarkeiten und Grundlasten, S. 565 (irrtümlich ist hier in der deutschen Ausgabe von «Ersitzung» statt von «Aneigung» die Rede) und 659; LIVER, Einleitung, S. 14 N. 24. Eine Grundlast kann wohl kaum angeeignet werden, da sie im wesentlichen eine Forderung darstellt (PIOTET im Gegensatz zu LIVER).

[17] PIOTET, S. 614; LIVER, Art. 734 N. 46; H. LEEMANN, Art. 747 N. 3 f. und die Kommentare und Abhandlungen zum Erbrecht.

[18] PIOTET, S. 573; LIVER, Art. 731 N. 15 ff.; oben, Note 12. Eine Enteignung kann auch die Errichtung einer Dienstbarkeit bezwecken.

[19] PIOTET, S. 573, 659; LIVER, Art. 731 N. 29 ff.; siehe oben, Note 13. Eine Dienstbarkeit entsteht nur mit einem Gestaltungsurteil. Der typische Fall ist das Urteil im Prozeß, in dem der Kläger die Erfüllung eines Dienstbarkeitsvertrages verlangt. Art. 665 Abs. 1 ZGB, auf den Art. 731 Abs. 2 ZGB verweist, ist anwendbar; in diesem Sinn auch HOMBERGER, Art. 963 N. 31. Auch im Prozeß, in dem der Kläger die Einräumung eines Notrechtes verlangt (Art. 674 Abs. 3, 691, 694, 710 ZGB) ist das Urteil konstitutiv; MEIER-HAYOZ, Art. 674

e) Zuschlag in der Zwangsvollstreckung[20];
f) das Gesetz, für die unmittelbaren Grundlasten nach kantonalem öffentlichem Recht (Art. 784 Abs. 1 ZGB)[21];
g) außerordentliche Ersitzung (Art. 731 Abs. 3, 662 ZGB)[22];
h) Dienstbarkeitsvertrag mit Erstellung einer äußerlich wahrnehmbaren Leitung (Art. 676 Abs. 3 ZGB), *Begründung einer (notwendigen) Leitungsdienstbarkeit gestützt auf Nachbarrecht* (Art. 691 Abs. 3 ZGB) *und entsprechende Fälle*[23]?

3. Für die Entstehung von Pfandrechten

Es ist undenkbar, daß Pfandrechte *(ipso iure)* infolge Aneignung, Erbgang, Enteignung, Zwangsvollstreckung oder außerordentlicher Ersitzung ent-

---

N. 80f., Art. 691 N. 61; BGE 78 II, 1952, S. 137; 108 II, 1982, S. 35 ff. Ein Urteil im Markungsverfahren oder im Prozeß auf Teilung des Miteigentums kann ebenfalls die Einräumung von Dienstbarkeiten zum Inhalt haben. Zum Leistungsurteil, siehe oben, Note 13.

[20] Eine übertragbare Personaldienstbarkeit oder -grundlast kann Gegenstand des Zwangsvollstreckungsverfahrens bilden und in der Verwertung zugeschlagen werden. In Anwendung von Art. 140 SchKG können im Zwangsverwertungsverfahren im besonderen aber auch von Gesetzes wegen neue Dienstbarkeiten entstehen: Die dinglichen Rechte, die das zu verwertende Grundstück belasten, werden im Lastenverzeichnis aufgeführt, BGE 44 III, 1918, S. 62; das Grundstück wird dem Ersteigerer mit den darin angegebenen Lasten zugeschlagen; eine Dienstbarkeit, die darin zu Unrecht aufgeführt ist, entsteht damit mit dem Zuschlag an den gutgläubigen Erwerber, vgl. PIOTET, S. 573; LIVER, Art. 731 N. 41f.; HOMBERGER, Art. 970 N. 13; BGE 97 III, 1971, S. 89. Dies gilt aber nicht für Dienstbarkeiten zugunsten des verwerteten Grundstücks. Eine solche Dienstbarkeit, die ein anderes, nicht in die Verwertung einbezogenes Grundstück belasten würde, kann nicht gestützt auf den Zuschlag in der Zwangsversteigerung entstehen (gleicher BGE, S. 100; siehe hinten, § 38 E II).

[21] Das kantonale Recht sagt, ob diese Lasten, die von Gesetzes wegen entstehen, nachträglich mit einer deklaratorischen Eintragung ins Grundbuch aufgenommen werden müssen, H. LEEMANN, Art. 784 N. 20ff.

[22] Zur *ordentlichen* Ersitzung von Dienstbarkeiten ist die gleiche Bemerkung zu machen wie zur Ersitzung von Grundstücken (oben, Note 15). Zur *außerordentlichen* Ersitzung von Dienstbarkeiten, PIOTET, S. 574, 658; LIVER, Art. 731 N. 94ff.; BESSON, S. 142 (im Zusammenhang mit dem Übergangsrecht, siehe vorn, § 3 Note 34). Bei Grundlasten ist die außerordentliche – ja selbst die ordentliche – Ersitzung umstritten, vgl. PIOTET, S. 658 und dort angegebene Literatur; dies wegen der Schwierigkeit, an einem dinglichen Recht, das ein Nebenrecht, eine Forderung darstellt, die selber nicht ersessen werden kann, ein Besitzverhältnis anzunehmen. Das BGer hat die Frage, ob eine Grundlast durch außerordentliche Ersitzung erworben werden könne, offen gelassen, BGE 99 II, 1973, S. 28ff.; zur *unvordenklichen Verjährung*, siehe BGE 74 I, 1948, S. 41, in welchem das BGer diese als Erwerbsgrund zuläßt; vgl. PIOTET, S. 575 und LIVER, Art. 731 N. 141 ff.

[23] LIVER, Eigentum, S. 135 Note 2, S. 188, 262, 265; MEIER-HAYOZ, Art. 676 N. 27f., Art. 691 N. 68f.; PIOTET, S. 575; LIVER, Art. 731 N. 9ff. Diese Fälle der Entstehung einer Dienstbarkeit ohne Eintragung gehören eigentlich nicht in den vorliegenden Zusammenhang; denn es geht um die Entstehung gestützt auf ein Verpflichtungsgeschäft, nicht um die Entstehung von Gesetzes wegen. Siehe vorn, § 14 Note 6 und § 15 Note 22a.

stehen[23a]. Doch ist dies unmittelbar von Gesetzes wegen oder gestützt auf ein Urteil möglich.

a) Das Gesetz: Grundpfandrechte entstehen unmittelbar gestützt auf das Gesetz; gestützt auf Bundesrecht (Art. 808–810, 819, 818 Abs. 1 Ziff. 2 ZGB) oder gestützt auf kantonales Recht (Art. 836 ZGB)[24];
b) richterliches Urteil[25].

II. Der Antrag auf Richtigstellung des Grundbuches

1. Allgemein

Nach Art. 963 Abs. 2 ZGB bedarf es der im ersten Absatz erwähnten Erklärung des Eigentümers nicht, «wenn der Erwerber sich auf eine Gesetzesvorschrift zu berufen vermag.» Nichts desto weniger ist nach der allgemeinen Regel eine Anmeldung notwendig. Aber der Erwerber ist selber legitimiert, sie vorzunehmen, und sie ist für den Erwerb des Rechts als solchem nicht erforderlich. Siehe Art. 665 Abs. 2 ZGB.

Als Folge des Rechtserwerbs, der *ipso iure* stattfindet, geben die bestehenden Einträge nicht mehr die wirkliche Rechtslage wieder. Aber im Unter-

---

[23a] Hier ist die außerordentliche Ersitzung mangels Besitz am Recht im Sinn des Art. 919 Abs. 2 ZGB gleichfalls nicht möglich; vgl. H. LEEMANN, Art. 799 N. 10; MEIER-HAYOZ, Art. 661 N. 4; STARK, Art. 919 N. 76. Wir unsererseits würden wenigstens die ordentliche Ersitzung eines Pfandrechts zulassen; auf Grund eines Buchbesitzes, der sich aus dem Eintrag ergibt. Dieser würde, wenn er unbestritten geblieben ist, zu einem Rechtsbesitz nach Art. 919 Abs. 2 ZGB führen. In einem ähnlichen Sinn, SPIRO, § 504 S. 1446f., der tatsächlich von der Möglichkeit ausgeht, daß eine Forderung ersessen werden kann (S. 1445 und §§ 362ff.).

[24] Wir beschäftigen uns hier nur mit jenen Grundpfandrechten, die Gegenstand einer Eintragung sein *können*. Für die nach Bundesrecht bestehenden gesetzlichen Pfandrechte trifft das nicht zu. Betreffend die gesetzlichen Pfandrechte nach kantonalem Recht bestimmen die Kantone, ob diese ins Grundbuch eingetragen werden müssen und ob diese Eintragung deklaratorischer Natur oder dafür von Bedeutung ist, daß das Pfandrecht nach Ablauf einer bestimmten Frist weiter besteht; vgl. H. LEEMANN, Art. 836 N. 11ff.; PIOTET, Les hypothèques légales, S. 67ff., ZBGR 60, 1979, S. 23 (ObG Zürich) betr. das Pfandrecht zur Sicherung der Grundstückgewinnsteuer.

[25] Es geht um das Urteil im Prozeß, in dem der Kläger auf Erfüllung eines Pfandvertrages klagt; die Klage entspricht jener des Art. 665 Abs. 1 ZGB. MEIER-HAYOZ, Art. 656 N. 5; BGE 78 I, 1952, S. 443 (Pfandrecht, angeordnet zur Sicherung des eingebrachten Frauengutes); HOMBERGER, Art. 963 N. 31; JENNY, Legalitätsprinzip, S. 141. Bei Schuldbrief und Gült ersetzt das Urteil wohl die Eintragung nach Art. 856 Abs. 2 ZGB, nicht aber die Ausstellung des Titels; um diese durchzusetzen, müssen die gewöhnlichen Vollstreckungsmittel eingesetzt werden (vgl. Art. 78 BZPO).

schied zum Fall, in dem sich herausstellt, daß ein Eintrag von Anfang an ungerechtfertigt war, geschieht die Richtigstellung des Grundbuches auf dem Weg der nichtstreitigen Gerichtsbarkeit, und es muß nicht der Weg der Grundbuchberichtigungsklage beschritten werden[26].

Von diesem Grundsatz gibt es jedoch Ausnahmen. So muß derjenige, der gestützt auf eine Einsichtnahme in das Lastenverzeichnis eine Dienstbarkeit gutgläubig erwirbt (oben, Note 20), auf dem Rechtsweg die Richtigstellung des Grundbuches erwirken. Das gleiche würde sicher auch für denjenigen gelten, der sich für den Erwerb auf die unvordenkliche Verjährung beruft (oben, Note 22).

Abgesehen von diesen Fällen erfolgt die Richtigstellung des Grundbuches gestützt auf eine Anmeldung. Wir befassen uns im folgenden mit der Legitimation, sie einzureichen. Sie steht entweder dem Erwerber oder einer Behörde zu (unten, 2). Anschließend werden wir ihre weiteren Voraussetzungen behandeln (3). Auf ihre rein formellen Seiten sowie die Ausweise, die der Anmeldende beizubringen hat, werden wir vorläufig aber nicht eingehen.

2. Die Legitimation, die Richtigstellung des Grundbuches anzumelden

a) Anmeldung durch den Erwerber

Das ist der Regelfall:

aa) Die Grundregel ist etwa anwendbar im Fall der *Aneignung;* wo der Aneignende seine Eintragung als Eigentümer[27] oder als der aus der «angeeigneten» Dienstbarkeit Berechtigte ins Grundbuch selber anmelden kann.

---

[26] HOMBERGER, Art. 975 N. 3, möchte die Bedeutung des Art. 963 Abs. 2 ZGB auf den Erwerb des Eigentums beschränken und die Bestimmung auf die Errichtung der beschränkten dinglichen Rechte nicht anwenden. Mit Rücksicht auf ihren sehr allgemein gehaltenen Wortlaut läßt sich diese einschränkende Auslegung aber offenbar durch nichts rechtfertigen. Die Meinung scheint im übrigen mit eigenen grundsätzlichen Ausführungen des Verfassers in Widerspruch zu stehen; vgl. Art. 963 N. 22 ff., insbesondere N. 29 und 35; Art. 976 N. 1. Zum Untergang der dinglichen Rechte von Gesetzes wegen, siehe OSTERTAG, Art. 975 N. 3.

[27] HOMBERGER, Art. 963 N. 27; MEIER-HAYOZ, Art. 658 N. 11, der auf gewisse – nach unserer Auffassung allerdings zweifelhafte – Beschränkungen hinweist, die von einzelnen Kantonen eingeführt worden sind (Beispiel: Das Erfordernis einer richterlichen Anordnung, Art. 137 und 139 EGZGB des Kantons Waadt). – Bei der Bildung neuen Landes muß dieses vorgängig als Grundstück ins Grundbuch aufgenommen werden; wenigstens soweit es nicht mit einer angrenzenden Liegenschaft verbunden ist (Art. 91 GBV; siehe auch vorn, § 6 VI 2; bei dem an dieser Stelle behandelten Tatbestand findet aber keine Eintragung im eigentlichen Sinn statt); MEIER-HAYOZ, Art. 656 N. 16 ff.

bb) Im Fall des Erbgangs steht die Legitimation, die Eintragung anzumelden, dem Erben oder der Erbengemeinschaft, allenfalls dem Willensvollstrecker (Art. 517/518 ZGB) oder dem amtlichen Erbschaftsverwalter (Art. 554 ZGB) zu – in jedem Fall nach den diesbezüglichen erbrechtlichen Vorschriften[28].

cc) Bei der *Vereinigung* von Aktiengesellschaften usw. (oben, I 1e) ist die übernehmende oder die neue Gesellschaft, d. h. die neue Eigentümerin, legitimiert, die Eintragung als Eigentümerin der Grundstücke der übernommenen oder sich vereinigenden Gesellschaften ins Grundbuch anzumelden[29].

dd) Tritt in der Zusammensetzung eines Gesamthandsverhältnisses eine Änderung ein (oben, I 1g), können diejenigen, zu deren Vorteil sich diese auswirkt, die Eintragung der notwendigen Änderung im Grundbuch anmelden[30].

ee) Im Fall der Enteignung steht dem Enteigner das Recht zu, sich namentlich als Eigentümer eintragen zu lassen; sobald der Erwerb des Eigentums nach dem anwendbaren Recht stattgefunden hat (vgl. Art. 93 EntG). Doch wird das Grundbuch in der Regel von Amtes wegen auf Rechnung des Enteigners nachgeführt (vgl. Art. 101 EntG; unten, b)[31].

---

[28] HOMBERGER, Art. 963 N. 24 f.; MEIER-HAYOZ, Art. 665 N. 22 ff.; PIOTET, Erbrecht I, S. 163, 654, 707, 731. Nach der Praxis können die Erben einzeln die Eintragung der Erbengemeinschaft anmelden; vgl. HAAB, Art. 652–654 N. 28; PICENONI, S. 134; PFÄFFLI, S. 74 ff. Jener, dem ein gesetzliches Nutznießungsrecht zusteht, – allen voran der überlebende Ehegatte – sollte die Möglichkeit haben, von sich aus die Eintragung seines Nutznießungsrechtes anzumelden. Die Frage steht aber im Zusammenhang mit der Eintragung der Erbengemeinschaft auf Grund einer Erbenbescheinigung, die das Nutznießungsrecht erwähnt; diese Eintragung ist Sache der Erben, vgl. PIOTET, Les usufruits, S. 63. Zur Eintragung des überlebenden Ehegatten, der sein Wahlrecht noch nicht ausgeübt hat, siehe vorn, § 7 Note 23a. Zur Rechtsstellung des überlebenden Ehegatten in der Gütergemeinschaft, dem für den Fall des Todes des erstversterbenden Ehegatten das Gesamtgut zugewiesen worden ist, siehe oben, Note 7.

[29] Nicht veröffentlichter Entscheid der Aufsichtsbehörde des Kantons Freiburg vom 2. Juni 1958. Die gleiche Lösung ergibt sich wohl beim Heimfall an das öffentliche Gemeinwesen (oben, I 1h). Bei der Umwandlung einer Gesellschaft (oben, I 1f) wird die Veränderung nur sichtbar durch Eintragung der neuen Firma, die auf Anmeldung der neuen Gesellschaft hin erfolgt.

[30] Oben, Note 10. Die verbleibenden können die Löschung der austretenden Gesamteigentümer anmelden. Tritt ein Miterbe seinen Anteil an einen andern ab, ist der Miterbe, der den Anteil des Abtretenden erwirbt, befugt, den Austritt des abtretenden Miterben ins Grundbuch eintragen zu lassen; die Zustimmung der übrigen Miterben ist dazu nicht notwendig, BGE 102 Ib, 1978, S. 321 ff. und PICENONI, Die Behandlung, S. 139; siehe hinten, § 42 II 3a.

[31] HOMBERGER, Art. 963 N. 28; MEIER-HAYOZ, Art. 665 N. 35 ff.

ff) Liegt ein *Urteil oder eine einem solchen gleichwertige Urkunde* vor, werden die Eintragungen ebenfalls vom Erwerber angemeldet[32].

gg) Im Fall der *außerordentlichen Ersitzung* liegen besondere Rechtsverhältnisse vor: Derjenige, der sich auf Ersitzung beruft, hat an und für sich sein Recht bereits rechtsgültig erworben (oben, Note 15); und er wäre berechtigt, sich eintragen zu lassen. Vorgängig muß jedoch ein Aufrufverfahren durchgeführt werden, in dem – wenn sich kein Gegner meldet oder ein solcher im Streit um das materielle Recht unterlegen ist – der Richter feststellt, daß die Voraussetzungen der außerordentlichen Ersitzung gegeben sind. Auf Grund dieses Entscheides kann derjenige, der sich auf Ersitzung beruft, seine Eintragung als Eigentümer oder Dienstbarkeitsberechtigter ins Grundbuch anmelden (oben, Noten 15 und 22).

- Gibt es gestützt auf kantonale Vorschriften *Rechte, die von Gesetzes wegen* entstehen (Grundlasten, Pfandrechte; oben, Noten 21 und 24), ist der Inhaber dieser Rechte in der Regel legitimiert, die Eintragung selber anzumelden.
- In den Fällen der Art. 676 Abs. 3 und 691 Abs. 3 ZGB entsteht die Dienstbarkeit gestützt auf ein Rechtsgeschäft außerbuchlich. Wenn der Berechtigte aber die Vorteile einer Grundbucheintragung erreichen will, muß er den Eigentümer des belasteten Grundstücks veranlassen, daß er die Dienstbarkeit zur Eintragung ins Grundbuch anmeldet[33].

b) Anmeldung durch eine Behörde

Wir haben bereits erwähnt, daß nach den Enteignungs- und den diesen verwandten Gesetzen die Anmeldung häufig von den in der Sache zuständigen Behörden ausgehen (oben, 2a ee)[34].

Die Anmeldung kann auch von einem andern Grundbuchverwalter kommen; so im Fall des Art. 42 Abs. 2 und 4 GBV (ein Pfandrecht, das auf Grundstücken lastet, die in mehreren Grundbuchkreisen liegen).

Teilt nach kantonalem Recht ein Gericht ein Urteil dem Grundbuchverwalter von Amtes wegen mit, so stellt dies aber eigentlich nicht eine Anmeldung durch eine Behörde dar; denn in diesem Fall ist der Erwerber zur Grundbuchanmeldung legitimiert (oben, 2a ff)[35].

---

[32] HOMBERGER, Art. 963 N. 30 f.; MEIER-HAYOZ, Art. 665 N. 38; BGE 78 I, 1952, S. 443; allenfalls hängt die konstitutive Wirkung des Urteils von der Zahlung des Kaufpreises ab, BGE 86 II, 1950, S. 426 f.

[33] MEIER-HAYOZ, Art. 691 N. 70 f. Man bewegt sich so wieder im Geltungsbereich des absoluten Eintragungsprinzips.

[34] So die Amtsstelle, welche die Verteilung der Enteignungsentschädigung vornimmt, die oft der Grundbuchverwalter ist, Art. 101 und 89 ff. EntG; oder auch eine Meliorationsgenossenschaft. Zu den Güterzusammenlegungen, vgl. ZBGR 65, 1984, S. 94 (ObG Zürich); H. HUBER, im Literaturverzeichnis angeführter Aufsatz, S. 450 ff.

[35] Gegenteiliger Ansicht: GONVERS-SALLAZ, Art. 17 GBV N. 2 und Art. 22 GBV N. 5. Man kann sich vorstellen, daß die richterliche Behörde die legitimierte Person vertritt.

c) Zwei Sonderfälle

aa) Änderungen, die sich gestützt auf eheliches Güterrecht ergeben (oben, I 1d).

Abgesehen vom Fall der gesetzlichen Gütertrennung werden Änderungen, die sich gestützt auf eheliches Güterrecht ergeben (oben, Note 7), mit der Eintragung des Ehevertrages oder der richterlichen Anordnung in das Güterrechtsregister und mit deren Veröffentlichung wirksam. Es geht somit nur darum, das Grundbuch mit der neuen Rechtslage in Übereinstimmung zu bringen, die unabhängig von demselben entstanden ist. Dazu sieht Art. 665 Abs. 3 ZGB vor, daß diese Änderungen dem Grundbuchamt von Amtes wegen mitgeteilt werden, sobald sie ins Güterrechtsregister eingetragen und veröffentlicht worden sind. Der Güterrechtsregisterführer teilt den Ehevertrag oder die richterliche Anordnung dem Grundbuchverwalter somit von sich aus mit. Im Fall einer Gütertrennung, die als Folge eines Konkurses eingetreten ist (Art. 186 Abs. 3 ZGB), geht er genau so vor. Diese Mitteilungen stellen Anmeldungen dar, die von einer Behörde vorgenommen werden (Art. 14, 17, 26/27 GRVO)[36] [37].

Nach dem *neuen Eherecht* ist die Regelung völlig anders (vgl. auch oben, Note 7a). Die Änderungen in den Eigentumsverhältnissen, die sich gestützt auf die Annahme des Güterstandes der Gütergemeinschaft, die auch Grundstücke einbezieht, oder auf dessen Aufhebung ergeben, treten unmittelbar von Gesetzes wegen ein. Sie werden auf Anmeldung eines Ehegatten hin im Grundbuch eingetragen (Art. 665 Abs. 3 rev ZGB; deklaratorische Eintragung)[37a].

---

[36] HOMBERGER, Art. 963 N. 60ff.; MEIER-HAYOZ, Art. 665 N. 44f.; LEMP, Art. 248 N. 147ff.
[37] Rechtsgeschäfte unter Ehegatten nach Art. 177 Abs. 2 ZGB, die zu ihrer Gültigkeit ebenfalls ins Güterrechtsregister eingetragen werden müssen, werden dem Grundbuchverwalter auch von Amtes wegen mitgeteilt. Diese Mitteilung hat aber nicht die Bedeutung einer Anmeldung. Der Erwerb geschieht durch die Eintragung ins Grundbuch (absolutes Eintragungsprinzip), und diese muß vom Verfügenden angemeldet werden, MEIER-HAYOZ, Art. 665 N. 45. Mit der Aufhebung des bisherigen Art. 177 Abs. 2 ZGB stellt sich die Frage unter dem *neuen Eherecht* nicht mehr.
[37a] Lebt ein Ehepaar unter dem Güterstand der Gütergemeinschaft und erwirbt ein Ehegatte ein Grundstück auf seinen eigenen Namen, so fällt, wenn die Gemeinschaft sich auch auf die Grundstücke bezieht, dieses ohne weiteres unter das Gesamtgut. Die Urkundsperson und nach ihr der Grundbuchverwalter muß sich bei den Ehegatten nach dem Bestehen und dem Umfang der Gütergemeinschaft erkundigen; vgl. GEISER bei HAUSHEER, S. 115. Ist das Grundstück auf den erwerbenden Ehegatten allein eingetragen worden, ist der Eintrag ungerechtfertigt. Indem er die notwendigen Ausweise auflegt (Art. 963 Abs. 2 ZGB), kann der andere Ehegatte einseitig die Richtigstellung des Grundbuches beantragen. Art. 226 revZGB stellt eine Vermutung zugunsten des Gesamtgutes auf.

bb) Der Zuschlag in der Zwangsversteigerung (oben, I 1k)

Die Anmeldung wird vom Vorsteher des Betreibungsamtes oder der Konkursverwaltung von Amtes wegen vorgenommen (Art. 66, 68 Abs. 2 VZG)[38].

3. Die weitern Voraussetzungen der Anmeldung

Im Geltungsbereich des relativen Eintragungsprinzips verschafft eine Eintragung demjenigen, der eingetragen ist, gewisse Rechtsvorteile. Die Anmeldung, welche auf eine solche Eintragung hinzielt, hat damit auch materielle Bedeutung. Sie stellt ein Rechtsgeschäft und nicht bloß eine verfahrensrechtliche Formangelegenheit dar (oben, A).

Die Regeln bezüglich der Anmeldung im Geltungsbereich des absoluten Eintragungsprinzips (vorn, § 15 B I 2) sind sinngemäß anwendbar (Handlungsfähigkeit[38a], Stellvertretung, bedingungsfeindliche Natur des Geschäftes). Keine Frage stellt sich in bezug auf den Rechtsgrund der Anmeldung. Ihr Inhalt steht ohne weiteres fest. Da der Rechtsakt einseitig ist und keinen eigentlichen Empfänger hat, entscheidet der Anmeldende selber über die Anmeldung und könnte diese – theoretisch – bis zu ihrer Eintragung ins Grundbuch auch wieder zurückziehen.

Die Anmeldung, die von einer Behörde ausgeht, muß die nach den anwendbaren Vorschriften geltenden Mindestvoraussetzungen eines Verwaltungsaktes erfüllen.

Die Formerfordernisse sind die gleichen wie bei jeder andern Anmeldung. Es müssen ihr die dem jeweiligen Erwerb entsprechenden Ausweise beigelegt sein.

Die Folgen bezüglich der deklaratorischen Wirkung und bezüglich des Fehlens der «weitern Voraussetzungen» der Anmeldung werden wir weiter hinten (§ 37 B II 1b) behandeln.

---

[38] HOMBERGER, Art. 963 N. 37; MEIER-HAYOZ, Art. 655 N. 39f.; HAAB, Art. 656 N. 60ff. Beim Freihandverkauf im Konkurs ist die Grundbucheintragung konstitutiv; der Fall gehört also nicht in den vorliegenden Zusammenhang. Die Konkursverwaltung nimmt die Anmeldung vor wie einer, der gewöhnlich verfügt.

[38a] In bezug auf die Handlungsfähigkeit von Minderjährigen und Bevormundeten, die urteilsfähig sind, gilt, daß die Eintragung ihnen nur Vorteile verschaffen darf (vgl. Art. 19 Abs. 2 ZGB); von diesem Gesichtspunkt aus sind sie fähig, die Anmeldung allein vorzunehmen.

C. Der Untergang des Eigentums und von beschränkten dinglichen Rechten unmittelbar von Gesetzes wegen

Auch hier unterscheiden wir zwischen den im Gesetz erwähnten Gründen – (hier den Untergangsgründen) – und der Richtigstellung des Grundbuches.

I. Die Untergangsgründe

Gesondert zu behandeln ist der Fall des gänzlichen oder teilweisen *Untergangs* eines Grundstücks (Art. 666 Abs. 1 ZGB)[39]. Dieses Ereignis läßt das Eigentum am ganzen oder am zerstörten Teil des Grundstücks untergehen. Gleichzeitig gehen alle beschränkten dinglichen Rechte unter, die es belasten (Art. 731 Abs. 3, 748 Abs. 1, 786 Abs. 1, 801 Abs. 1 ZGB)[40] oder zu seinen Gunsten bestehen. Dementsprechend wird das Grundstück, wie es im Grundbuch aufgenommen ist, aufgehoben: Das Blatt wird geschlossen, der Plan nachgeführt, der Grundstückbeschrieb, insbesondere in bezug auf die Fläche (Instruktion zur Vermarkung und Vermessung, Art. 65 ff., 75; Art. 96 GBV), ergänzt. Diese Änderungen werden ohne weiteres Zutun vorgenommen; eine Anmeldung ist nicht notwendig[40a].

1. Für das Eigentum

In den meisten Fällen entspricht dem Untergang des Eigentums von Gesetzes wegen ein Erwerb von Gesetzes wegen; so beim Erbgang, der Enteignung und der Zwangsvollstreckung[41], aber auch bei Änderungen gestützt auf eheliches Güterrecht, bei der Vereinigung von Gesellschaften, bei gewissen Umwandlungen von Gesellschaften, bei Änderungen im Bestand von Gesamthandsverhältnissen, beim Heimfall an das öffentliche Gemeinwesen und bei der außerordentlichen Ersitzung. Wir können damit auf das weiter oben gesagte verweisen (B I 1c–l). Art. 666 Abs. 2 ZGB führt den Fall der Enteignung nur an, um den Zeitpunkt hervorzuheben, in dem das

---

[39] Zu diesem Begriff, LIVER, Eigentum, S. 159; MEIER-HAYOZ, Art. 666 N. 19 ff.; HAAB, Art. 666 N. 4 f.
[40] MEIER-HAYOZ, Art. 666 N. 40; LIVER, Art. 734 N. 113 ff.; OSTERTAG wendet in diesem Fall Art. 976 ZGB an (N. 1 zu diesem Artikel).
[40a] BESSON, S. 147 f.
[41] HOMBERGER, Art. 964 N. 17; MEIER-HAYOZ, Art. 666 N. 2.

Eigentum untergeht⁴². Hinzuweisen ist aber auch auf den Fall, daß Stockwerkeigentum von Gesetzes wegen in gewöhnliches Miteigentum umgewandelt wird, wenn seine Voraussetzungen nicht oder nicht mehr vorhanden sind (Art. 33c Abs. 3 und 4 GBV)⁴²ᵃ.

2. Für die Dienstbarkeiten und Grundlasten

a) *Enteignung und verwandte Arten des Unterganges*⁴³;
b) *richterliches Urteil*⁴⁴;
c) *Zwangsvollstreckung*⁴⁵;
d) *endgültige Unmöglichkeit der Ausübung einer Dienstbarkeit*⁴⁶?
e) *endgültiges Nicht-Erreichen des Zwecks einer Dienstbarkeit*⁴⁷?
f) *Dereliktion des herrschenden Grundstücks*⁴⁸?

---

⁴² Zum Untergang des Eigentums durch Enteignung, MEIER-HAYOZ, Art. 666 N. 22 ff.
⁴²ᵃ FRIEDRICH, Stockwerkeigentum, S. 356 ff.
⁴³ PIOTET, zitiert in Note 16, S. 570, 615 f., 661; LIVER, Art. 734 N. 66 ff. Eine Dienstbarkeit kann selber Gegenstand einer Enteignung sein (Art. 5 EntG); oder sie kann deswegen untergehen, weil das belastete Grundstück enteignet wird und frei von Lasten ins Eigentum des Enteigners übergeht (Art. 91 EntG). Zur Aufhebung von Durchgangsrechten im Zusammenhang mit der Annahme eines Quartierplanverfahrens, BGE 106 Ia, 1980, S. 94.
⁴⁴ PIOTET, S. 570, 615, 661; LIVER, Art. 734 N. 82 ff., insbesondere: Urteil im Prozeß, in dem der Kläger die Erfüllung der vom Beklagten eingegangenen Verpflichtung verlangt, eine Dienstbarkeit löschen zu lassen (entsprechende Anwendung von Art. 665 Abs. 1 ZGB); Urteil im Prozeß auf Ablösung einer Dienstbarkeit (Art. 736 Abs. 1 und 2 ZGB). Für das Grundbuch ohne Belang ist, ob es sich bei diesem letzteren Urteil um ein Feststellungs- oder Gestaltungsurteil handelt; vgl. dazu, LIVER, Art. 731 N. 30 f.; Art. 736 N. 102 ff., 174 ff.; PIOTET, S. 580 ff.; die Löschung kann nur auf Grund des Urteils vorgenommen werden, ZBGR 47, 1966, S. 65 ff. (ObG Zürich).
⁴⁵ PIOTET, S. 573; LIVER, Art. 734 N. 92 ff. Eine im Grundbuch eingetragene Dienstbarkeit, die ins Lastenverzeichnis aber nicht aufgenommen worden ist (Art. 135/140 SchKG), kann gestützt auf die Tatsache untergehen, daß das dienende Grundstück einem gutgläubigen Erwerber zugeschlagen wird, BGE 40 III, 1914, S. 403. – Im Rahmen der Zwangsverwertung eines Grundstücks kann eine Dienstbarkeit auch deswegen untergehen, weil ein Pfandrecht im Rang vorgeht (Art. 812 Abs. 2 ZGB; Art. 142 SchKG; Art. 56, 104 VZG, Verfahren des doppelten Aufrufs).
⁴⁶ PIOTET, S. 573; LIVER, Art. 734 N. 117 ff.
⁴⁷ PIOTET, a. a. O.; LIVER, a. a. O., N. 123 ff. Dieser, wie auch der vorher erwähnte Untergangsgrund, ist teilweise umstritten. Fällt beispielsweise eine Dienstbarkeit dahin, wenn eine neue öffentlichrechtliche Eigentumsbeschränkung mit dem gleichen Inhalt eingeführt wird? Vgl. LIVER, N. 128 ff. Die Schwierigkeit besteht auch darin, zwischen den Fällen, in denen eine Dienstbarkeit von Gesetzes wegen untergeht, und den Fällen zu unterscheiden, in denen sie nach Art. 736 Abs. 1 ZGB vom Richter abgelöst werden kann, vgl. LIVER, Die Löschung, S. 322 ff.
⁴⁸ PIOTET, S. 570; LIVER, Art. 734 N. 135 ff. Auch diese Frage ist umstritten.

g) *Zeitablauf, wenn eine Dienstbarkeit auf bestimmte Zeit abgeschlossen worden ist, oder Eintritt einer auflösenden Bedingung*[49];
h) *einseitiger Verzicht* (siehe vorn, § 16 B I 2c)[50];
i) *das Gesetz*[51]?
j) *Teilung des belasteten oder berechtigten Grundstückes*[52]?

3. Für die Pfandrechte

Ein Pfandrecht geht mit der *Zahlung* der gesicherten Forderung *nicht* von Gesetzes wegen unter.

In bezug auf die Rechtslage, wenn die Forderung bei Grundpfandverschreibung, Schuldbrief und Gült untergegangen ist, verweisen wir auf das vorn in § 16 B I 2d gesagte. Nach unserer Auffassung läßt auch der einseitige Verzicht ein Pfandrecht nicht *ipso iure* untergehen.

---

[49] PIOTET, S. 573, 615, 137f.; LIVER, Art. 734 N. 145ff. und, Die Löschung, S. 328f. Die Nutznießung und das Wohnrecht erlöschen spätestens mit dem Tod des Berechtigten (Art. 748 Abs. 2, 776 Abs. 3 ZGB). Beispiel einer auflösenden Bedingung: Einem geschiedenen Ehegatten wird bis zu seiner Wiederverheiratung ein Wohnrecht eingeräumt, vgl. BGE 104 II, 1978, S. 237 (die Frage, ob dies zulässig sei, ist offen gelassen). Mit dem in Art. 748 Abs. 2 ZGB erwähnten Recht auf Löschung der Dienstbarkeit kann nicht die Grundbuchberichtigungsklage nach Art. 975 ZGB gemeint sein; dieses Recht muß vielmehr als Anwendungsfall von Art. 976 ZGB angesehen werden, vgl. LIVER, Die Löschung, S. 330f.

[50] Ein solcher Verzicht ergibt sich häufig gerade aus dem an den Grundbuchverwalter gerichteten Antrag auf Löschung. Aber der Antrag führt von Gesetzes wegen zum Untergang der Dienstbarkeit. Einen außerbuchlichen Verzicht hat Art. 748 Abs. 2 ZGB für die Nutznießung im Auge. Es ist jedoch denkbar, daß ein formloser «Verzicht» (§ 16 Note 11b) als Verpflichtung, auf die Nutznießung zu verzichten, angesehen werden muß; in diesem Fall erfordert die Löschung eine Anmeldung des Nutznießers; so das ObG Zürich in ZBGR 32, 1951, S. 39, wo die Nutznießungsberechtigte dem Grundbuchverwalter einfach schriftlich mitgeteilt hatte, sie würde auf die Nutznießung in natura verzichten.

[51] Grundsätzlich gehen Dienstbarkeiten nicht unmittelbar gestützt auf eine gesetzliche Vorschrift unter. Unser Recht kennt weder die *Verjährung von Dienstbarkeiten*, noch die *Ersitzung der Eigentumsfreiheit*, LIVER, Art. 734 N. 181ff. Anderer Meinung: BESSON, S. 136ff., der für den Fall, daß eine Dienstbarkeit zu Unrecht gelöscht worden ist, zugunsten des Eigentümers des belasteten Grundstücks, der dasselbe gutgläubig und ohne Unterbrechung während zehn Jahren frei von der Dienstbarkeit besessen hat, annimmt, diese sei versessen. Die Einführung von gesetzlichen Eigentumsbeschränkungen kann die Ausübung einer Dienstbarkeit verunmöglichen oder rechtswidrig machen, LIVER, Art. 734 N. 152f. und 133. Quellenrechte können auch deswegen untergehen, weil das Wasser, auf das sie sich beziehen, zum öffentlichen Gewässer erklärt wird; BGE 48 I, 1922, S. 594; 55 I, 1929, S. 397.

[52] PIOTET, S. 580ff.; LIVER, Art. 734 N. 154 und Art. 743 und 744. Grundsätzlich besteht die Dienstbarkeit zugunsten bzw. zu Lasten jedes Grundstückes weiter, das vom berechtigten bzw. belasteten Grundstück abgetrennt wird (je der Absatz 1 von Art. 743 und 744 ZGB). Sind aber die je in Absatz 2 der beiden Artikel erwähnten Voraussetzungen erfüllt, geht die Dienstbarkeit virtuell unter.

Nicht in den vorliegenden Zusammenhang gehört die *Behandlung der Pfandrechte* im Rahmen einer amtlichen Güterzusammenlegung nach Art. 802-804 ZGB; denn in diesem Fall gehen die Pfandrechte nicht unter, sondern werden von den alten auf die neuen Grundstücke übertragen[53].

Neben der gänzlichen Zerstörung des verpfändeten Grundstücks (oben, I) müssen hier folgende Untergangsgründe erwähnt werden:

a) *Enteignung und verwandte Arten des Untergangs*[54];
b) *richterliches Urteil*[55];
c) *Zwangsvollstreckung*[56];
d) *Zeitablauf, wenn ein Pfandrecht auf bestimmte Zeit vereinbart worden ist*[57]?

---

[53] H. LEEMANN, zu Art. 802-804. Der Grundbuchverwalter nimmt die Eintragungen, die gestützt auf diese von Gesetzes wegen geltende Verlegung der Pfandsicherheiten notwendig werden, von Amtes wegen vor.

[54] H. LEEMANN, Art. 801 N. 16. Ein Pfandrecht geht gestützt auf die Tatsache unter, daß ein Grundstück unbelastet auf den Enteigner übergeht (Art. 91 EntG).

[55] H. LEEMANN, Art. 801 N. 7ff.; Art. 826 N. 8ff.: Urteil im Prozeß gegen einen Gläubiger auf Erfüllung der Verpflichtung, ein Pfandrecht löschen zu lassen; Urteil im Prozeß auf Erfüllung des nach erfolgter Zahlung bestehenden dinglichen Anspruchs auf Löschung des Pfandrechts (Art. 826 ZGB, vorn, § 16 Note 14; BGE 102 II, 1976, S. 6: Urteil gegen einen Pfandgläubiger, der eine Pfandentlassung nach Art. 811 ZGB verweigert, H. LEEMANN, Art. 811 N. 13). – Festzuhalten ist noch, daß bei den Schuldbriefen und Gülten das Pfandrecht durch Urteil nur untergehen kann, wenn die Titel vorgelegt oder allenfalls totgerufen werden, HOMBERGER, Art. 964 N. 17 (ausgenommen ist der Fall des Art. 811 ZGB, H. LEEMANN, N. 18 zu diesem Artikel). – Ein anderer Fall ist das Urteil auf Kraftloserklärung eines Titels, wenn der Schuldner unbekannt ist (Art. 871 ZGB), H. LEEMANN, Art. 871 N. 8f. Die Kraftloserklärung eines verlorenen Titels dagegen wirkt sich auf das Pfandrecht als solches nicht aus und zieht auch keine Änderung des Grundbucheintrages nach sich.

[56] H. LEEMANN, Art. 816 N. 14f. Bei der Zwangsverwertung eines Grundstücks werden die gesicherten Forderungen, soweit sie fällig sind, aus dem Erlös vorweg bezahlt, und die Pfandrechte gehen ganz oder teilweise unter, vgl. 3. Satz von Art. 135 Abs. 1 SchKG. In der Betreibung auf Pfandverwertung wird der Anteil des Steigerungserlöses, der auf die Forderung des betreibenden Gläubigers entfällt, ebenfalls bar ausbezahlt (Art. 156 SchKG); das Pfandrecht selber wie auch die nachfolgenden Pfandrechte gehen unter, vgl. C. JAEGER, Art. 150 SchKG N. 9 und Art. 156 SchKG N. 4. Bei der Verwertung eines Miteigentumsanteils weicht der neue Art. 73*g* VZG für die Pfandrechte, die auf dem Grundstück als solchem lasten, vom 3. Satz des Art. 135 Abs. 1 SchKG ab. Die Nicht-Aufnahme eines Pfandrechts ins Lastenverzeichnis kann – wie bei den Dienstbarkeiten –, wenn der Erwerber des Grundstücks gutgläubig ist, den Untergang desselben zur Folge haben, siehe hinten, § 38 E.

[57] Der Fall, in dem ein Pfandrecht als solches zeitlich befristet ist, ist nur schwer vorstellbar; würde dies aber tatsächlich einmal vorkommen, ginge es nach Ablauf der vereinbarten Frist von Gesetzes wegen unter. Dauert die Forderung nur vorübergehend, müßte das Pfandrecht nach Ablauf der Frist gleich behandelt werden, wie wenn die pfandgesicherte Forderung bezahlt worden ist (Art. 826 ZGB, wo das Pfandrecht erst mit der Löschung untergeht, vorher aber als dingliche Gebundenheit noch besteht).

e) einseitige Ablösung nach Art. 828–830 ZGB[58];
f) Untergangsgründe für gesetzliche Pfandrechte des kantonalen Rechts[59].

NB: Bei einer Zerstückelung des Unterpfandes gehen die Pfandrechte nicht teilweise von Gesetzes wegen unter (Art. 833, 846, 852 ZGB, die nach Art. 792 Abs. 2 ZGB auch auf die Grundlasten anwendbar sind)[60]. Sind die in den soeben erwähnten Artikeln festgelegten Voraussetzungen erfüllt, muß bei einer Parzellierung (der in der Regel eine Eigentumsübertragung nachfolgt) oder der Veräußerung eines von mehreren verpfändeten Grundstücken die Pfandhaft auf die einzelnen Grundstücke aufgeteilt werden. Mangels Abrede durch die Parteien nimmt der Grundbuchverwalter die Verteilung von Amtes wegen vor. Die Pfandrechte gehen damit bis zum geschuldeten Betrag unter, aber nur durch die Vornahme der Eintragung[61]. Der Fall ist in Wirklichkeit eine Anwendung des absoluten Eintragungsprinzips. Wegen des Zusammenhangs mit den Gründen, die von Gesetzes wegen zum Untergang des Rechtes führen, haben wir ihn aber hier angeführt und werden, da das Verfahren sich ohne Grundbuchanmeldung abwickelt, darauf nicht mehr zurückkommen.

II. Der Antrag auf Richtigstellung des Grundbuches

1. Allgemein

In den angeführten Fällen ist das Eigentum oder ein beschränktes dingliches Recht an einem Grundstück materiell *ipso iure* untergegangen. Wie in den Fällen des Erwerbs von Gesetzes wegen ist das Grundbuch auch hier unrichtig geworden und muß richtiggestellt werden (oben, A und B II 1).

Die Befugnis, diese Richtigstellung zu beantragen, steht demjenigen zu, dem aus dem Untergang eines Rechtes ein Vorteil erwachsen ist. Das Gesetz drückt dies zwar nicht allgemein aus. Doch wird die Lücke durch sinngemässe Anwendung des Art. 963 Abs. 2 ZGB gefüllt. Anders ausgedrückt: «Eine schriftliche Erklärung der aus dem Eintrage berechtigten Personen» (Art. 964 Abs. 1 ZGB) ist nicht notwendig, wenn ein Recht untergeht aus Gründen des Erbgangs, der Enteignung, der Zwangsvollstreckung, des richterlichen Urteils (vgl. Art. 656 Abs. 2 und 665 Abs. 2 ZGB) – was nichts anderes bedeutet, als daß der Eigentümer des belasteten Grundstücks die

---

[58] H. LEEMANN, Art. 828 N. 24 ff., Art. 829 N. 16. Da es sich um eine Art privater Enteignung handelt (H. LEEMANN, Art. 828 N. 1), gehen die Pfandrechte mit der Verteilung des angebotenen Betrages oder des Zuschlagspreises an die Gläubiger von Gesetzes wegen unter.
[59] H. LEEMANN, Art. 836 N. 9 ff.; PIOTET, Les hypothèques légales, S. 72, 74 f. Eingetragene gesetzliche Pfandrechte können nach Ablauf einer bestimmten Frist untergehen, während welcher die Forderung geltend gemacht werden muß.
[60] H. LEEMANN, zu Art. 833, 846, 852; PIOTET, Dienstbarkeiten und Grundlasten, S. 664 ff.
[61] H. LEEMANN, Art. 833 N. 13 ff., 17.

Löschung von sich aus anmelden kann (vgl. Art. 61 Abs. 1 GBV)[62]. So wird eine Lücke in Art. 964 ZGB geschlossen.

Einen besondern Tatbestand hat Art. 976 ZGB im Auge; nämlich jenen, in dem ein Eintrag als Folge des Untergangs eines dinglichen Rechtes jede rechtliche Bedeutung verloren hat. Das Gesetz bestimmt hier klar, daß der Eigentümer des belasteten Grundstücks die Löschung «verlangen» kann. Es handelt sich wesentlich um Fälle, in denen sich aus dem Eintrag selbst ergibt, daß das Recht nicht mehr besteht; wie etwa bei befristeten Dienstbarkeiten nach Ablauf der Frist[63]. Aber das System – mit seiner Anfechtungsmöglichkeit beim Richter (Abs. 2) und der gerichtlichen Untersuchung von Amtes wegen (Abs. 3) – weicht von jenem ab, das sich aus der sinngemässen Anwendung von Art. 963 Abs. 2 ZGB ergibt.

Ein ähnliches Verfahren ist jenes nach Art. 743 und 744 ZGB.

Allenfalls muß auch beim materiellen Untergang eines dinglichen Rechtes die Möglichkeit bestehen, die Grundbuchberichtigungsklage anzustrengen. Diese Tatbestände gehören aber nicht in den Zusammenhang des vorliegenden Paragraphen; wir verweisen daher nur pro memoria auf sie.

Im folgenden betrachten wir unter dem Gesichtspunkt der Legitimation zur Anmeldung die verschiedenen Verfahren, die im Fall des Untergangs des Eigentums oder von beschränkten dinglichen Rechten von Gesetzes wegen zu einer Richtigstellung des Grundbuches führen können. Was die weitern Voraussetzungen betrifft, verweisen wir auf die Ausführungen, die wir im Geltungsbereich des relativen Eintragungsprinzips zur Anmeldung einer Eintragung gemacht haben (oben, B II 3).

2. Die Legitimation, die Richtigstellung des Grundbuches anzumelden

a) Die Fälle der analogen Anwendung des Art. 963 Abs. 2 ZGB

Beim *Eigentum* entsprechen sich Erwerb und Verlust in den meisten Fällen. So ist im Fall der Zusprechung eines Grundstücks durch richterliches Urteil der Erwerber befugt, sich als Eigentümer eintragen zu lassen und die Löschung der bisher im Grundbuch eingetragenen Person zu beantragen

---

[62] HOMBERGER, Art. 964 N. 3 und Art. 975 N. 3; OSTERTAG, Art. 975 N. 2f.; LIVER, Die Löschung, S. 323f., 326f. Zu Unrecht zieht das BGer den ausgesprochenen Grundsatz nebenbei scheinbar in Zweifel, BGE 104 Ib, 1978, S. 259.

[63] HOMBERGER, Art. 976 N. 1ff.; LIVER, Die Löschung, S. 326ff. In diesem Zusammenhang brauchen wir nicht auf die Anwendung von Art. 976 ZGB auf Einträge einzugehen, die von Anfang an keine Wirkung zu entfalten vermochten (siehe hinten, § 41 II 21 und m).

(siehe oben, B II 2). Je nachdem geht die Anmeldung vom Erwerber selber oder von einer Behörde (im besondern bei Änderungen gestützt auf eheliches Güterrecht oder beim Zuschlag in der Zwangsversteigerung) aus.

Im Bereich der *beschränkten dinglichen Rechte* ist an folgende Fälle zu denken: *Enteignung* und verwandte Verfahren[64], *richterliches Urteil* und *Zwangsverwertung*. In diesen Fällen ist derjenige, zu dessen Gunsten sich der Untergang eines Rechtes auswirkt, d. h. der Eigentümer des belasteten Grundstücks, grundsätzlich legitimiert, die Löschung von sich aus anzumelden. Im Einzelfall wird der Grundbuchverwalter Art. 969 ZGB anwenden müssen und den Beteiligten von den grundbuchlichen Verfügungen Anzeige machen, die er ohne ihr Vorwissen vornimmt (siehe hinten, § 25 VI 2). Sind sie der Auffassung, die Löschung sei zu Unrecht erfolgt, steht ihnen der Weg der Grundbuchberichtigungsklage nach Art. 975 ZGB offen.

In bestimmten Fällen kann die Anmeldung der Löschung von einer *zuständigen* Behörde ausgehen, wie bei der Anmeldung einer Eintragung (oben, B II 3); so im Fall der Zwangsverwertung (Art. 150 SchKG) und, praktisch, im Fall der Enteignung.

Theoretisch können derjenige, der legitimiert ist, oder innerhalb ihrer Amtspflichten die zuständige Behörde die Anmeldung bis zu ihrer Eintragung zurückziehen; denn sie sind allein Herr der vollzogenen Rechtshandlung.

Im Fall der einseitigen Ablösung nimmt der Grundbuchverwalter die gänzliche oder teilweise Löschung eines Pfandrechtes *von Amtes wegen* vor (oben, Note 58).

b) Die Fälle des Art. 976 ZGB

Fälle, in denen Art. 976 ZGB zur Anwendung kommt, sind: Der Ablauf der Zeit, für die ein beschränktes dingliches Recht errichtet worden ist (oben, Noten 49 und 57); in einzelnen eng umschriebenen Fällen die endgültige Unmöglichkeit, eine Dienstbarkeit auszuüben (Note 46), oder das endgültige Nicht-Erreichen des Zwecks einer solchen (Note 47; vgl. aber unten, d); die Umwandlung von Stockwerkeigentum in gewöhnliches Miteigentum (Note 42a); der Untergang von gesetzlichen Pfandrechten nach kantonalem Recht (Note 59). Zu weitern Fällen, siehe hinten, § 41 II 2d und e).

---

[64] Es ist wohl möglich, den Untergang von Dienstbarkeiten deshalb hier einzureihen; aus dem Grunde, daß ein Gewässer öffentlich erklärt wird, oben, Note 51; siehe jedoch hinten, § 41 Note 13a.

In den aufgezählten Fällen reicht der Eigentümer des belasteten Grundstücks dem Grundbuchverwalter eine Löschungsanmeldung ein. Darauf entscheidet dieser zunächst darüber, ob ein Rechtsgrund vorliegt, der von Gesetzes wegen zum Untergang des Rechtes geführt hat (Art. 976 Abs. 1 ZGB). Nimmt er die Löschung vor, teilt er dies dem aus dem Eintrag Berechtigten mit, damit dieser die Löschung nach Art. 976 Abs. 2 ZGB innerhalb von zehn Tagen beim Richter anfechten kann. Das Gesetz sieht damit zum voraus als nächstes ein besonderes richterliches Verfahren vor. Art. 976 Abs. 3 ZGB gibt dem Grundbuchverwalter in Fällen, in denen die Voraussetzungen des Absatz 1 erfüllt sind, sogar das Recht, von Amtes wegen eine Untersuchung und eine gerichtliche Entscheidung zu veranlassen.

Das Verfahren des Art. 976 ZGB wird weiter hinten behandelt, im Zusammenhang mit der Richtigstellung des Grundbuches (V. Kapitel III. Abschnitt § 41). Dabei wird es vor allem darum gehen, den Anwendungsbereich dieses Verfahrens von der Grundbuchberichtigungsklage nach Art. 975 (§ 40) und von der Grundbuchberichtigung im Sinn des Art. 977 ZGB (§ 42), die im wesentlichen ein Verwaltungsverfahren darstellt, abzugrenzen.

c) Der Sonderfall der Teilung des herrschenden und des dienenden Grundstücks

In den Fällen der Art. 743 Abs. 2 und 744 Abs. 2 ZGB (oben, Note 52) erhält der Eigentümer des belasteten Grundstücks vom Grundbuchverwalter von der Übertragung der Dienstbarkeit auf die neuen Blätter Mitteilung (Art. 86 Abs. 1 und 2 GBV). Er kann sich darauf unmittelbar an diesen wenden und «verlangen», daß die Dienstbarkeit auf jenen Teilen des herrschenden Grundstückes, zu deren Gunsten sie nicht bestehen kann, bzw. auf jenen Teilen des dienenden Grundstückes, auf denen sie nicht ausgeübt werden kann, gelöscht werden.

Im Unterschied zu Art. 976 ZGB darf der Grundbuchverwalter nach dem Gesetz dem Begehren aber nicht ohne weiteres Folge leisten. Er teilt es dem Berechtigten mit. Erhebt dieser nicht innerhalb eines Monats dagegen Einspruch, löscht der Grundbuchverwalter den Eintrag – von dem das Gesetz (Art. 86 Abs. 3 GBV) übrigens ausdrücklich vorsieht, daß er nur mit Bleistift vorgenommen wurde. Dieses Verfahren gestattet es, den Eintrag in den meisten Fällen zu beseitigen, ohne daß ein Grundbuchberichtigungsprozeß nach Art. 975 ZGB durchgeführt werden muß. Erhebt der Dienstbarkeitsberechtigte aber Einspruch, ist der Eigentümer des belasteten Grundstücks wohl gezwungen, die Grundbuchberichtigungsklage einzureichen (siehe hinten, § 41 II 2g und IV 2d cc)[65].

d) Die gerichtliche Klage

In gewissen Fällen zieht ein Rechtsgrund zwar materiell den Untergang eines beschränkten dinglichen Rechtes nach sich. Er gibt dem Eigentümer des belasteten Grundstücks aber nicht das Recht, auf einem der soeben dargelegten Wege die Löschung des Eintrages zu beantragen. Er ist, um diese zu erreichen, auf die Grundbuchberichtigungsklage nach Art. 975 ZGB oder eine entsprechende Klage angewiesen.

Dieser Weg ist etwa gegeben zur Löschung einer Dienstbarkeit, auf die der Berechtigte außerhalb des Grundbuches verzichtet hat, den Verzicht aber nachträglich bestreitet oder behauptet, er sei nicht rechtsgültig erfolgt. In gleicher Weise ist es Sache des Richters, festzustellen, ob eine Dienstbarkeit materiell deswegen untergegangen sei, weil sie für das berechtigte Grundstück jedes Interesse verloren habe[66] oder weil sie im Vergleich zur Last, die sie für das dienende Grundstück darstellt, nur noch von unverhältnismäßig geringer Bedeutung sei (Art. 736 ZGB). Für weitere Fälle des Untergangs von beschränkten dinglichen Rechten, die der Richter feststellen muß, wird auf § 41 IV verwiesen.

---

[65] PIOTET, S. 580ff.; LIVER, Art. 743 N. 79ff., Art. 744 N. 34. In offenkundigen Fällen muß der Grundbuchverwalter die Möglichkeit besitzen, die Dienstbarkeit auf einfaches Begehren des Eigentümers des belasteten Grundstücks hin zu löschen. Das bedeutet aber nichts anderes, als die Anwendung des Verfahrens nach Art. 976 ZGB auf diese Fälle auszudehnen; so wenn eine Quelle nicht auf einem der abgetrennten Grundstücke liegt oder wenn ein Durchgangsrecht zugunsten eines bestimmten Gebäudes errichtet worden ist und das benachbarte Gebiet abgetrennt wird und ein eigenes Grundstück bildet. Besser läßt man sogar zu, daß der Grundbuchverwalter von einer Übertragung der Dienstbarkeit in solchen Fällen überhaupt absehen kann, ja soll; vgl. auch ZBGR 22, 1941, S. 95ff. (GBA). Abgesehen von diesen Fällen gilt aber, daß der Grundbuchverwalter nicht zuständig ist, den Streit zu entscheiden, ZBGR 67, 1986, S. 296 (Justizkommission Luzern).

[66] Unter Vorbehalt dessen, was oben in den Noten 46 und 47 gesagt worden ist.

Zweiter Abschnitt

Die Voraussetzungen der übrigen Grundbucheintragungen

Im vorliegenden Abschnitt behandeln wir zunächst die Vormerkungen (§ 18) und darauf das scheinbar verwandte Rechtsgebilde der Grundbuchsperre (§ 19). Den Ausführungen über die Anmerkungen (§ 20) schließen sich noch jene über die übrigen Eintragungen im Hauptbuch und in den Hilfsregistern an (§ 21).

§ 18. Die Vormerkungen

Die Voraussetzungen für Beginn und Ende ihrer Wirkungen

Literatur:

Die Kommentare von HOMBERGER, OSTERTAG und WIELAND zu Art. 959–961 und 966 ZGB; von GONVERS-SALLAZ zu Art. 70–77 GBV. Siehe im weitern in den Kommentaren, wie auch in den geläufigen Handbüchern und Abhandlungenn die Ausführungen zu den verschiedenen Rechten, Rechtsbeziehungen, richterlichen Anordnungen und Vollstreckungsmaßnahmen, die vorgemerkt werden können.
H.P. BECK, Das gesetzliche Gewinnanteilsrecht der Miterben, Diss. Zürich 1967; C. BESSON, Restriction du droit d'aliéner et cancellation du registre foncier, ZBGR 66, 1985, S. 1f.; H. DESCHENAUX, Obligations propter rem, Festgabe Gutzwiller, Basel 1959, S. 717ff.; DERSELBE, Les obligations dites réelles et leur rapport avec le registre foncier, ZBGR 43, 1962, S. 282ff.; DERSELBE, Encore les effets de l'annotation de droits personnels au registre foncier, ZSR 83, 1964 I S. 301ff.; J.N. DRUEY, Das forderungsentkleidete Grundpfand und das Nachrückungsrecht, ZBGR 60, 1979, S. 201ff.; H.-P. FRIEDRICH, «Interimstitel» im Hypothekarwesen, ZBGR 52, 1971, S. 1ff.; W. FRÜH, Die Vormerkung persönlicher Rechte nach schweiz. Grundbuchrecht, Diss. Zürich 1929; P. GASSER, Le droit des cohéritiers à une part du gain, Diss. Lausanne 1967; DERSELBE, Quelques points controversés en matière de participation des héritiers au gain, ZBGR 53, 1972, S. 65ff.; P.-R. GILLIERON, Bemerkungen zu BGE 105, 1979, III 4 im JdT 1980 II S. 138ff.; Th. GUHL, Persönliche Rechte mit verstärkter Wirkung, Festgabe für das Bundesgericht, 1924, S. 93ff.; V.N. GÖTTE, Die Teilung von nicht landwirtschaftlichen Liegenschaften im Erbgang, mit besonderer Berücksichtigung der Schaffung von Stockwerkeigentum, Diss. Zürich 1977; J.-CL. DE HALLER, Le droit à l'inscription de l'hypothèque légale de l'entrepreneur, ZSR 101, 1982, II S. 191ff.; K. HEER, Die Wirkung der Vormerkung persönlicher Rechte im Grundbuch nach schweiz. ZGB, Diss. Bern 1980; A. JOST, Die Realobligation als Rechtsinstitut, Bern 1956; DERSELBE, Handkommentar zum Bundesgesetzt über die Erhaltung des bäuerlichen Grundbesitzes, Bern 1953; S.V. LEEMANN, Die Vormerkung von Verfügungsbeschränkungen im Grundbuch, Diss. Zürich 1937; P. LIVER, Die Realobligation, ZBGR 43, 1962, S. 257ff; DERSELBE, Zum Gewinnanteilsrecht der Miterben, ZBGR 54, 1973, S. 1ff.;

DERSELBE, Die Vormerkung des Gewinnanspruches der Miterben nach dem revidierten Art. 619 ZGB, ZBGR 62, 1981, S. 129 ff.; Ch. P. MEISTER, Vorsorgliche Maßnahmen bei immobiliarsachenrechtlichen Streitigkeiten, Diss. Zürich 1977; V. NEUENSCHWANDER, Die Leistungspflichten der Grundeigentümer, Diss. Zürich 1966; P. PIOTET, Des effets de l'annotation au registre foncier de rapports de droits personnels, ZSR 79, 1960, S. 403 ff.; DERSELBE, A propos de l'annotation de droits personnels au registre foncier, JdT 1963, S. 570 ff.; DERSELBE, Du nouveau quant au rapport de droits personnels annotés au registre foncier, ZBGR 46, 1965, S. 129 ff.; DERSELBE, De quelques effets de l'annotation au registre foncier d'un pacte de préemption, JdT 1967, S. 162 ff.; DERSELBE, Le droit à l'hypothèque légale et le privilège de l'entrepreneur..., ZBGR 49, 1968, S. 193 ff.; DERSELBE, Les effets typiques des annotations au registre foncier, ZBGR 50, 1969, S. 34 ff.; DERSELBE, L'annotation au registre foncier d'une créance pécuniaire, ZBGR 61, 1980, S. 193 ff.; H.P. RIEMER, Die Frage der Zulässigkeit von Grundbuchsperren, ZBGR 57, 1976, S. 65 ff.; D. SCACCHI, L'obligation «propter rem» et les droits personnels annotés au registre foncier, Diss. Genf 1970; R. SCHUMACHER, Das Bauhandwerkerpfandrecht, 2. Auflage Zürich 1982; H. STRÄULI, Kantonalrechtliche Grundbuchsperre als vorsorgliche Maßnahme im Zivilprozeß, ZSR 90, 1971, I S. 417 ff.; I. SUNGERBEY, L'effet de l'annotation de droits personnels au registre foncier, ZSR 85, 1966, I S. 112 ff.; O. VOGEL, Probleme des vorsorglichen Rechtsschutzes, SJZ 76, 1980, S. 89 ff.; A. WIEDERKEHR, Die vorläufige Eintragung im Grundbuch nach dem schweizerischen ZGB, Diss. Zürich 1932; D. ZOBL, Das Bauhandwerkerpfandrecht de lege lata und de lege ferenda, ZSR 101, 1982, II S. 1 ff.

A. Allgemeines zu den Vormerkungen[1]

I. Einleitende Bemerkungen

Unter ihrem formellen Gesichtspunkt sind wir auf die verschiedenen Arten von Vormerkungen bereits vorn (II. Kapitel § 7 III) eingegangen. Hinten werden wir uns mit deren Wirkungen beschäftigen (V. Kapitel §§ 31–35). In diesem Paragraphen behandeln wir die Voraussetzungen für die Vornahme und Löschung der Vormerkungen. Selbst wenn damit einiges von später zu Sagendem vorweggenommen wird, ist es unerlässlich, aber bereits jetzt auch gewisse Ausführungen zu deren Wirkungen zu machen.

---

[1] Das Recht der Vormerkungen ist – ist es mit der Zeit vor allem geworden – eine Welt ungleicher Einrichtungen, voller Unklarheiten und Meinungsverschiedenheiten. Folgende Bemerkung von PIOTET (Les effets typiques, S. 75) ist nur zu wahr: «Le moins que l'on puisse dire, c'est que la systématique de notre code civil laisse beaucoup à désirer en la matière.» Ein allgemeines Werk über das Grundbuch kann für sich nicht in Anspruch nehmen, alle Schwierigkeiten zu lösen; denn die meisten von ihnen hangen mit materiellen Fragen der verschiedensten Rechtsgebiete zusammen: Sachenrecht, Erbrecht, Vertrags- und Gesellschaftsrecht, Zwangsvollstreckungsrecht. Die Bemerkung gilt für die Voraussetzungen wie für die Wirkungen der Vormerkungen. Man entschuldige daher, wenn wir hier gewisse Fragen offen lassen; immerhin werden wir nach Möglichkeit unsere bevorzugte Meinung äußern.

II. Unterscheidung der Vormerkungen nach ihren Wirkungen

1. Beschränkung der Verfügungsmacht

Nach Art. 959 Abs. 2, 960 Abs. 2 und 961 Abs. 2 ZGB können gewisse persönliche Rechte, Verfügungsbeschränkungen oder vorläufige Eintragungen mit der Vormerkung jedem später erworbenen Recht entgegengehalten werden. Die besondere Wirkung der Eintragung im Grundbuch besteht offensichtlich in einer Beschränkung der Freiheit des Eigentümers, über sein Grundstück zu verfügen; in dem Sinn, daß das Rechtsgeschäft, das er trotz der Vormerkung abschließt, im Verhältnis zur vorgemerkten Rechtsbeziehung keine Rechtswirksamkeit entfaltet, wenn diese ihm entgegensteht.

2. *Realobligatorische* Verknüpfung

Eine Vormerkung bewirkt häufig auch, daß bei einem Rechtsverhältnis die Stellung als Partei mit einem Grundstück verknüpft wird. Heute neigt man dazu, dies gemeinhin für die nach Art. 959 ZGB vorgemerkten persönlichen Rechte anzunehmen. Die Beschränkung der Freiheit, über ein Grundstück zu verfügen, ist hier also zusätzlich dadurch verstärkt, daß das vorgemerkte Recht mit dem Grundstück *realobligatorisch* verbunden ist. Es ist aber auch denkbar, daß die Verfügungsbeschränkung ohne derartige Verknüpfung der betreffenden Verpflichtung besteht. Nach einer Auffassung wäre dies der Fall bei der Vormerkung des Rückfallsrechts des Schenkers (Art. 247 Abs. 2 OR) oder bei jener der Nacherbeneinsetzung (Art. 490 Abs. 2, 960 Abs. 1 Ziff. 3 ZGB). Auf jeden Fall trifft dies aber bei den Verfügungsbeschränkungen nach Art. 960 Abs. 1 Ziff. 1 und 2 ZGB und bei den vorläufigen Eintragungen nach Art. 961 ZGB zu.

3. Besondere Ausgestaltung eines dinglichen Rechtsverhältnisses

Die *realobligatorische* Verknüpfung kann sich auch auf eine Verpflichtung beziehen, die an das Eigentum oder Miteigentum, ja sogar an eine Dienstbarkeit, gebunden ist und die diese für Dritte in gewisser Hinsicht abändert, ohne daraus eine Verfügungsbeschränkung im Sinn des Art. 959 Abs. 2 ZGB zu machen. Diese Rechtslage liegt vor bei der Vereinbarung, mit welcher der

Anspruch auf Teilung des Miteigentums aufgehoben wird (Art. 650 Abs. 2 ZGB) oder mit welcher das gesetzliche Vorkaufsrecht unter Miteigentümern oder eines Baurechtsnehmers gegenüber dem Eigentümer des belasteten Grundstücks, und umgekehrt, aufgehoben wird (Art. 682 Abs. 3 ZGB). In diesen Fällen bleibt der Eigentümer frei, sein Grundstück zu veräußern oder es mit beschränkten dinglichen Rechten zu belasten; ohne befürchten zu müssen, daß ein Dritter für seinen Erwerb ein Vorrecht beansprucht. Aber er verfügt über sein Eigentum mit dem Inhalt, wie sich dieser aus der vorgemerkten dinglichen Verpflichtung ergibt und an den sich der Erwerber eines Rechtes am Grundstück halten muß[2]. Es geht hier um die Vormerkungen, die wir später, bei der Behandlung der Wirkungen derselben, als die *atypischen* bezeichnen werden (§ 31 I 2 und § 34).

4. Weitere Wirkungen einer Vormerkung?

Die im neuen Art. 619*quinques* ZGB vorgesehene Vormerkung hat scheinbar einzig zur Folge, daß der Erwerber den Miterben zusammen mit dem Veräußerer für ihren Anteil am Gewinn solidarisch haftet[3].

5. Die uneigentlichen Vormerkungen

Wie wir später sehen werden (§ 19 Noten 15, 17, 18, 20), stellen gewisse Vormerkungen, wie jene des Zuschlags unter Gewährung eines Zahlungstermins (Art. 137 SchKG, Art. 74 Abs. 2 GBV, Art. 66 VZG), jene der Beschränkung der Veräußerung entschuldeter landwirtschaftlicher Heimwesen (Art. 82 LEG), jene der Zugehörigkeit eines Grundstücks zu einem An-

---

[2] Erwirbt jemand einen Miteigentumsanteil, so ist er im Fall des Art. 650 Abs. 2 ZGB an die sog. dingliche Verpflichtung gebunden, die Aufhebung des Miteigentums nicht zu verlangen. Im Fall des Art. 682 Abs. 3 ZGB ist der Erwerber sogar *realobligatorisch* von der gesetzlichen Beschränkung zu verfügen, befreit, die ordentlicherweise auf dem Miteigentum lastet. In gleicher Weise ist der Erwerber eines gewöhnlichen Mit- oder Stockwerkeigentumsanteiles an die Nutzungs- und Verwaltungsordnung sowie an die von den Miteigentümern gefaßten Verwaltungsbeschlüsse und die richterlichen Urteile und Anordnungen gebunden; nur die Art des Verfahrens ist verschieden: Rechtseintritt des Erwerbers einerseits (Art. 649*a* ZGB) und Anmerkung anderseits (Art. 647, 712*g* Abs. 3 ZGB, Art. 82*a* GBV).

[3] Umstritten ist, ob diese Vormerkung zusätzlich eine Verfügungsbeschränkung nach sich zieht, siehe hinten, § 32 B II 5 und C II 4. Die Vormerkung des Enteignungsbannes (Art. 42/43 EntG) würde, wenn man ihn nicht als Anmerkung einer Grundbuchsperre auffaßt, ebenfalls eine besondere Wirkung erzeugen, siehe hinten, § 19 Note 24.

lagefonds (Art. 31 Abs. 2 AFG), jene der Zugehörigkeit eines Grundstücks zum Deckungsfonds einer Lebensversicherungsgesellschaft (Art. 7 Abs. 2 BG über die Sicherstellung von Ansprüchen aus Lebensversicherungen inländischer Lebensversicherungsgesellschaften) in Tat und Wahrheit *Anmerkungen* dar, die eine Art Grundbuchsperre festhalten.

III. Weitere Unterscheidungen

1. Konstitutive und deklaratorische Vormerkungen

Eine *konstitutive* Vormerkung läßt die fragliche Rechtswirkung, etwa eine Verfügungsbeschränkung oder die besondere Ausgestaltung eines dinglichen Rechtsverhältnisses, entstehen. Es ist möglich, daß die Parteien bereits gebunden waren; aber ihre Vereinbarung konnte Dritten – selbst wenn diese bösgläubig waren – nicht entgegengehalten werden. Die Möglichkeit, eine Abmachung Dritten entgegenzuhalten, ist unter anderem die Folge der Vormerkung des Nachrückungsrechts oder jener der Aufhebung des Teilungsanspruchs unter Miteigentümern.

Eine *deklaratorische* Vormerkung stellt eine bestimmte Rechtsbeziehung (praktisch eine Verfügungsbeschränkung[4]) fest, die zwischen den Parteien und – unter Vorbehalt von deren Gutgläubigkeit – selbst Dritten gegenüber bereits besteht. Eine solche deklaratorische Vormerkung stellt etwa ein nach Art. 961 Abs. 1 Ziff. 1 ZGB geltend gemachtes dingliches Recht dar.

Es besteht somit Parallelismus zur Unterscheidung zwischen der konstitutiven und deklaratorischen Eintragung von dinglichen Rechten (vorn, § 14). Wie die deklaratorische Eintragung eines dinglichen Rechtes entfaltet aber doch auch die deklaratorische Vormerkung gewisse Rechtswirkungen, auf die wir noch zurückkommen werden. Die wichtigste besteht gerade darin, daß der gute Glaube des Dritten, der an einem Grundstück ein dingliches Recht erwirbt, ausgeschlossen wird (vorn, § 17 A)[5].

---

[4] Außer sie bestehe von Gesetzes wegen, wie beim Vorkaufsrecht des Miteigentümers, kann sich die *realobligatorische* Wirkung nur aus einer Vormerkung ergeben.

[5] Eine deklaratorische Vormerkung kann keinesfalls mit einer Anmerkung verglichen werden, deren ordentliche Aufgabe einzig darin besteht, bestimmte Rechtsverhältnisse zum Ausdruck zu bringen, die – gutgläubigen wie bösgläubigen – Dritten gegenüber unabhängig von einer Eintragung im Grundbuch bestehen. Im Bereich der dinglichen Rechte kann ein Dritter nicht daraus ableiten, daß er eine Rechtslage, die zwar angemerkt werden kann, im Einzelfall aber nicht angemerkt war, nicht gekannt habe. Ungenau in diesem Punkt, PIOTET, Les effets typiques, S. 35 f. Nur die Vormerkungen des Konkurses und der Nachlaßstundung (Art. 960 Abs. 1 Ziff. 2 ZGB), die deklaratorischer Natur sind, kom-

2. Endgültige und vorläufige Vormerkungen

Gegenstand von endgültigen Vormerkungen sind Rechte oder Rechtsbeziehungen, die um ihrer selbst willen geschützt werden müssen; bis sie aus einem ihnen eigenen Grund untergehen. Beispiele: Die Vormerkung persönlicher Rechte nach Art. 959, die Vormerkung von Vollstreckungsmaßnahmen nach Art. 960 Abs. 1 Ziff. 2, die Vormerkung der Nacherbeneinsetzung nach Art. 960 Abs. 1 Ziff. 3 ZGB.

Erweist es sich, daß sie zu Recht vorgenommen worden sind, werden die vorläufigen Vormerkungen, ihrer Bestimmung entsprechend, im Grundbuch durch endgültige Eintragungen ersetzt. Diese sind entweder Eintragungen im eigentlichen Sinn oder wiederum Vormerkungen. Solche vorläufige Vormerkungen sind jene nach Art. 960 Abs. 1 Ziff. 1, 961 Abs. 1 Ziff. 1 und 2 ZGB und Art. 22 und 22*a* GBV. Unter Art. 960 Abs. 1 Ziff. 1 ZGB fallen schließlich die vorläufigen Vormerkungen, die auch endgültig als Vormerkungen ins Grundbuch eingetragen werden.

3. Unterscheidung der Vormerkungen nach dem Rechtsgrund, auf den sie sich stützen

Der Rechtsgrund, der einer Vormerkung zugrunde liegt, entspricht bei den dinglichen Rechten dem Erwerbsgrund (vorn, §§ 15–17). Grundlage einer Vormerkung können sein: ein Rechtsgeschäft, eine richterliche Anordnung, eine Maßnahme im Rahmen des Zwangsvollstreckungsverfahrens oder, bei einer bestimmten Rechtslage, auch unmittelbar das Gesetz selber. Der fragliche Rechtsgrund kann die Grundlage für eine konstitutive oder deklaratorische Vormerkung bilden.

IV. Numerus clausus der Vormerkungen

Unsere Rechtsordnung kennt nur eine beschränkte Zahl von dinglichen Rechten (Grundsatz der Typengebundenheit)[6]. Dieser Grundsatz des *numerus clausus* gilt auch für die Vormerkungen; d. h. für die Rechte und

---

men einer Anmerkung gleich; denn diese Maßnahmen zeitigen ihre Wirkungen von Gesetzes wegen, ohne Eintragung im Grundbuch; und zwar selbst gutgläubigen Dritten gegenüber, unten, Noten 47 und 49.

[6] MEIER-HAYOZ, Systematischer Teil, N. 77 ff.

Rechtsbeziehungen, die in dieser Form ins Grundbuch eingetragen werden können. Für die nach Art. 959 ZGB vormerkbaren persönlichen Rechte spricht ihn das Gesetz noch besonders aus («wenn deren Vormerkung durch das Gesetz ausdrücklich vorgesehen ist»)[7]. In gleicher Weise legen auch die Art. 960 und 961 ZGB in Verbindung mit andern Bestimmungen des Privat- oder Zwangsvollstreckungsrechts die Fälle abschließend fest, in denen andere Vormerkungen im Grundbuch eingetragen werden können. So spricht Art. 960 Abs. 1 Ziff. 3 ZGB von Verfügungsbeschränkungen «auf Grund eines Rechtsgeschäftes, für das diese Vormerkung im Gesetz vorgesehen ist».

V. Plan

Im folgenden sprechen wir zunächst von den Voraussetzungen der Vormerkungen; d.h. den Voraussetzungen, von denen die diesen zukommenden besonderen Wirkungen abhangen. Dabei unterscheiden wir zwischen den konstitutiven und den deklaratorischen Vormerkungen (B). Darauf behandeln wir die Voraussetzungen, unter denen diese Wirkungen aufhören. Je nachdem, ob sie gestützt auf eine Eintragung aufhören oder nicht, gibt es Löschungen mit rechtsaufhebender und Löschungen ohne rechtsaufhebende Wirkung (C).

B. *Die Voraussetzungen der Vormerkungen*

AA. *Die konstitutiven Vormerkungen*

Das Entstehen der besondern Wirkungen, die den konstitutiven Vormerkungen zukommen, erfordert einen Rechtsgrund – wir nennen ihn den

---

[7] HOMBERGER, Art. 959 N. 4 ff. BGE 55 II, 1929, S. 132; 79 I, 1953, S. 189 f.; 89 I, 1963, S. 551; 94 II, 1968, S. 240 ff.; 104 II, 1978, S. 81 f. Die Vormerkung einer auflösenden Bedingung ist nur im Fall des Art. 247 Abs. 2 OR möglich: Verabredung des Rückfalls an den Schenker bei Vorabsterben des Beschenkten, BGE 85 II, 1959, S. 609 ff. Art. 959 ZGB steht der Vormerkung persönlicher Rechte jedoch nicht entgegen, wenn eine andere Bestimmung, die auf einen derartigen Fall entsprechend angewedet werden kann, dies ausdrücklich vorsieht, vgl. den soeben zit. Entscheid des BGer aus Bd. 94: Anwendung von Art. 619 ZGB (in der Fassung des BG vom 19. März 1965) auf einen Eigentümer, der zu Lebzeiten ein Grundstück zu einem herabgesetzten Kaufpreis an einen mutmaßlichen Erben verkauft hat; vgl. auch ZBGR 61, 1980, S. 296 (Aufsichtsbehörde Freiburg): Vormerkung des Gewinnanteilrechts zugunsten der mutmaßlichen Miterben bei der Übertragung von landwirtschaftlichen Grundstücken unter Lebenden.

Rechtsgrund der Vormerkung – und einen Erwerbsakt, der sich in der Anmeldung der Vormerkung äußert und dem die Eintragung ins Grundbuch nachfolgt.

I. Der Rechtsgrund der Vormerkung

Als Rechtsgrund der verschiedenen Vormerkungen kommen in Frage: ein Rechtsgeschäft, mit dem die Verpflichtung, ein bestimmtes Recht vormerken zu lassen, begründet wird[8]; eine amtliche Anordnung und das Gesetz. Nicht unterschieden wird hier nach der Art der Rechtswirkungen, die den einzelnen Vormerkungen zukommen.

1. Ein Rechtsgeschäft

a) Kaufsrecht, Vor- oder Rückkaufsrecht (Art. 216 Abs. 2 und 3 OR, Art. 681 und 683 ZGB). Die Verpflichtung zur Vormerkung kann auch in einer Verfügung von Todes wegen enthalten sein, welche die Erben verpflichtet, ein solches Recht einzuräumen. Dem Vorkaufsrecht nahe kommt die Bestimmung in einem Begründungsakt von Stockwerkeigentum, mit welcher das Vorkaufsrecht, das von Gesetzes wegen den gewöhnlichen Miteigentümern zusteht, auch den Stockwerkeigentümern eingeräumt wird (Art. 712*c* Abs. 1 ZGB);

b) die Vereinbarung des Nachrückungsrechts in einem Pfandvertrag (Art. 814 Abs. 3 ZGB);

c) Miete oder Pacht (Art. 260 und 282 OR)[8a] [8b];

---

[8] In gewissen Fällen kann der Rechtsgrund auch in einem einseitigen Entschluß des Eigentümers liegen, ein vormerkbares Rechtsverhältnis zu begründen. Beispiel: Das Nachrückungsrecht für ein Pfandrecht, das ein Eigentümer auf seinem eigenen Grundstück errichtet (Art. 959 ZGB). Dieser Entschluß kann praktisch nicht vom Verfügungsakt unterschieden werden, der sich aus der Anmeldung zur Vormerkung der Klausel ergibt. Wir sehen hier von diesem Fall ab, siehe unten, II 4.

[8a] Zur Zeitdauer, für welche die Vormerkung möglich ist, siehe einerseits BGE 81 I, 1955, S. 75 und anderseits das Gutachten des GBA, ZBGR 49, 1968, S. 265.

[8b] Das BGer hat die Frage offen gelassen, ob der Richter das einem Ehegatten im Verfahren nach Art. 169 ff. ZGB zuerkannte Recht auf Benutzung einer Wohnung des andern Ehepartners als persönliches Recht nach Art. 959 ZGB im Grundbuch vormerken lassen könne (BGE 91 II, 1965, S. 423 Erw. 4). Das Erfordernis der Zustimmung des Ehegatten zum Verkauf der ehelichen Wohnung nach *neuem Eherecht* (Art. 169 revZGB) vermindert die Bedeutung der Frage beträchtlich.

d) die Bestimmung in den Statuten einer Genossenschaft, daß mit der Veräußerung eines bestimmten Grundstückes die Mitgliedschaft bei der Genossenschaft auf den Erwerber übergeht (Art. 850 OR);

e) die Vereinbarung, nach welcher die Aufhebung eines Miteigentumsverhältnisses vorübergehend auf gewisse Zeit ausgeschlossen wird (Art. 650 Abs. 2 ZGB);

f) die Vereinbarung über die Abänderung des Gewinnanteilsrechtes der Miterben (Art. 619*sexies* Abs. 2 ZGB 1. Fall)[9];

g) die Vereinbarung über die Gewinnbeteiligung der Miterben für nichtlandwirtschaftliche Grundstücke (Art. 619*sexies* Abs. 2 ZGB 2. Fall)[9a];

h) die Vereinbarung über die Aufhebung oder Abänderung des gesetzlichen Vorkaufsrechtes (Art. 682 Abs. 3 ZGB);

i) die Begründung des Einspracherechtes nach Art. 712c Abs. 2 ZGB im Begründungsakt von Stockwerkeigentum oder durch nachträgliche Vereinbarung;

j) die Vereinbarung zwischen dem Baurechtsnehmer und dem Eigentümer des belasteten Grundstücks betreffend die Abänderung des Heimfallrechtes (Art. 779e ZGB)[9b];

k) der Vorbehalt des Rückfalls bei Vorversterben des Schenkungsempfängers von Grundstücken oder beschränkten dinglichen Rechten an solchen (Art. 247 OR)[10]?

---

[9] Beim Gewinnanteilsrecht nach Art. 619*quinquies* ZGB ist der Rechtsgrund der Vormerkung das Gesetz, nicht die vertragliche Übereinkunft (unten, 3c). Die Vereinbarung, mit welcher das Gewinnanteilsrecht aufgehoben wird, braucht nicht vorgemerkt zu werden; das wäre nicht vernünftig, A. ESCHER, Art. 619*sexies* N. 4; entgegen der Auffassung dieses Autors behält aber die Vormerkung einer Abänderung des Gewinnanteilsrechts ihren Sinn.

[9a] Vielleicht auch eine Verfügung von Todes wegen, GÖTTE, S. 120. Ohne daß der gegenwärtige Eigentümer das Grundstück durch Gesamtnachfolge erworben hat, begründet die fragliche, mit einem frühern Eigentümer abgeschlossene Vereinbarung kein Recht auf die Vormerkung. Anders wäre es nur, wenn der heute eingetragene Eigentümer in die Rechte und Pflichten aus diesem Vertrag eingetreten wäre, ZBGR 64, 1983, S. 129 (BezG Zürich).

[9b] Nach PIOTET, Les effets typiques, S. 71 und Note 96, hätte die Vormerkung in diesem wie im Fall lit. h deklaratorische Wirkung. Konstitutiver Natur wäre sie nur, wenn die Parteien zur bestehenden gesetzlichen Rechtsbeziehung eine zusätzliche schaffen oder diese durch eine selber vereinbarte ersetzen würden. Für alle diese Fälle werden wir uns später für die konstitutive Wirkung der Vormerkung entscheiden (§§ 31 und 34).

[10] Geht man davon aus, die Vormerkung verstärke den persönlichen Anspruch auf Rückübertragung mit einer Verfügungsbeschränkung, die für Dritte mit der Eintragung im Grundbuch entstehe, hat die Vormerkung des Rückfallsrechts konstitutive Wirkung. Die Vormerkung ist deklaratorisch, wenn durch sie nur die auflösende Bedingung, unter welcher das Eigentum des Beschenkten steht, gutgläubigen Dritten entgegengehalten werden kann, siehe hinten, § 32 B II 4 und § 33 B III.

l) die Einsetzung eines Nacherben in einer Verfügung von Todes wegen (Art. 490 Abs. 2, 960 Abs. 1 Ziff. 3 ZGB)[11]?

m) die Errichtung einer Familienheimstätte (Art. 349–358 ZGB)[12][12a].

Die angeführten Vereinbarungen begründen die *Verpflichtung* des Alleinoder Miteigentümers wie auch des «belasteten» Baurechtsnehmers, die besondere Wirkung, welche die Vormerkung hervorruft, entstehen zu lassen; genau gesagt die Anmeldung der Vormerkung vorzunehmen. Dadurch verfügen sie irgendwie über ihr Eigentum oder über ihr Recht (unten, II 1). Der Vorgang entspricht jenem beim Erwerb des Eigentums oder von beschränkten dinglichen Rechten (vorn, § 15 A I): Die beiden Geschäfte – die rechtsgeschäftliche Einigung über die Vormerkung und die Verfügung – hangen voneinander ab; die Vormerkung erzeugt keine Rechtswirkungen, wenn das Verpflichtungsgeschäft nicht rechtsgültig ist[13].

Was die materiellen und formellen Voraussetzungen der verschiedenen – selbständigen oder unselbständigen – Vereinbarungen angeht, welche die

---

[11] Die Vormerkung der Nacherbeneinsetzung muß als konstitutiv angesehen werden, wenn sie den persönlichen Anspruch auf Übertragung an den Nacherben mit einer Verfügungsbeschränkung verstärkt, die für Dritte mit der Vornahme der Vormerkung entsteht. Sie ist deklaratorischer Natur, wenn sie gutgläubigen Dritten gegenüber die Übertragung eines Erbschaftsgrundstücks an den Nacherben absichert, das nur unter einer auflösenden Bedingung im Eigentum des Vorerben steht, siehe hinten, § 32 B II 3 und § 33 B II.

[12] Das Institut, das in die Einführungsgesetze verschiedener Kantone Eingang gefunden hat, hat nirgends in der Schweiz Fuß gefaßt. Es verdient es kaum, daß man sich mit ihm befaßt; tut man es doch, kommt dem nur theoretische Bedeutung zu. Art. 353 ZGB sieht die «Eintragung» der Familienheimstätte im Grundbuch vor; als Gültigkeitserfordernis kommt zu dieser nach Art. 960 Abs. 1 Ziff. 3 ZGB aber die Vormerkung des Rechtsverhältnisses hinzu (für die einzureichenden Ausweise, vgl. Art. 73 GBV). Diese Eintragung, verbunden mit der Vormerkung, bewirkt, daß der Eigentümer das Grundstück weder veräußern noch vermieten oder verpachten kann, daß das Grundstück weder mit neuen Pfandrechten belastet noch zusammen mit seiner Zugehör gepfändet werden kann (Art. 354 ZGB). In Wirklichkeit handelt es sich um eine Grundbuchsperre, siehe hinten, § 19 II 2b; Homberger, Art. 960 N. 48; Piotet, Les effets typiques, S. 38.

[12a] Zu den zwei Fällen, die Art. 960 Abs. 1 Ziff. 3 ZGB im Auge hat, möchte Besson, S. 5, noch jenen der vorläufigen Besitzeinweisung in die Erbschaft eines Verschollenen bis zum Ablauf der in Art. 546 ZGB genannten Fristen hinzufügen. Ist die Aufzählung in Ziffer 3 von Art. 960 Abs. 1 ZGB auch nicht erschöpfend, betrifft diese Bestimmung aber Rechtsgeschäfte, für die «diese Vormerkung im Gesetz vorgesehen ist». Beim Tatbestand des Art. 546 ZGB geht es nun aber nicht um ein Rechtsgeschäft, und es ist nicht ersichtlich, daß es das Erbrecht vorgesehen hatte, den abwesenden Erben mit den technischen Mitteln des Grundbuches zu schützen. Das Problem gehörte übrigens in den Zusammenhang des Schutzes eines allenfalls bestehenden dinglichen Rechtes (Art. 961 Abs. 1 Ziff. 1 ZGB); aber im Fall eines abwesenden Erben könnte nur ein für den Einzelfall bestellter Beistand diesen geltend machen.

[13] Zu den vormerkbaren persönlichen Rechten, siehe unter weitern Autoren, Meier-Hayoz, Art. 681 N. 116; Homberger, Art. 959 N. 7f.

Verpflichtung begründen, ein persönliches Recht oder bestimmtes Rechtsverhältnis vormerken zu lassen, verweisen wir auf die einschlägigen Handbücher, Abhandlungen und Kommentare. In bezug auf die Ausweise, welche für die Eintragung der einzelnen Vormerkungen aufzulegen sind, enthält die GBV gewisse Angaben; namentlich betreffend die Form und die Voraussetzungen, die der Rechtsgrund der Vormerkung erfüllen muß[14].

2. Eine amtliche Anordnung

Nach Art. 960 Abs. 1 Ziff. 1 ZGB können Verfügungsbeschränkungen für einzelne Grundstücke vorgemerkt werden «auf Grund einer amtlichen Anordnung zur Sicherung streitiger oder vollziehbarer Ansprüche».

a) Die in Frage stehenden Ansprüche

Bei den in Frage stehenden Ansprüchen handelt es sich um persönliche Ansprüche, die auf ein bestimmtes Grundstück gerichtet sind und auf die Übertragung des Eigentums (Art. 665 ZGB), die Errichtung oder Löschung eines beschränkten dinglichen Rechtes (Art. 963 Abs. 1 und 964 ZGB)[14a] oder auf die Vormerkung eines persönlichen Rechtes nach Art. 959 ZGB[15] hinzielen. In jedem Fall geht es um Ansprüche, die, wenn sie anerkannt werden, eine Änderung des Grundbuches nach sich ziehen[16].

Gewöhnliche Geldforderungen reichen für die Vormerkung einer Verfügungsbeschränkung auf einem dem Schuldner gehörenden Grundstück

---

[14] Art. 71 Abs. 1, 71*a* Abs. 1 und 2, 71*b* Abs. 1 und 2. Die Vormerkung der Bestimmung betreffend den Übergang der Mitgliedschaft einer Genossenschaft bei der Veräußerung des Grundstücks erwähnt die GBV nicht (Art. 850 OR).

[14a] Im Prozeß auf Erfüllung eines Grundpfandvertrages oder unmittelbar vor Einleitung eines solchen kann der Kläger die Vormerkung einer Verfügungsbeschränkung nach Art. 960 Abs. 1 Ziff. 1 ZGB verlangen, siehe vorn, § 17 Note 25. Das setzt immer eine Bestreitung voraus. FRIEDRICH, «Interimstitel», S. 22, schließt eine Vormerkung auf Grund von Art. 961 Abs. 1 ZGB aus; zur Anwendung von Art. 960 Abs. 1 Ziff. 1 ZGB äußert er sich jedoch nicht.

[15] So kann man auf Grund einer Vereinbarung, welche die Vormerkung eines persönlichen Rechts, etwa eines Kaufsrechts, vorsieht, gegen den Eigentümer, der sich weigert, seiner Verpflichtung nachzukommen, eine (vorsorgliche) Vormerkung nach Art. 960 Abs. 1 Ziff. 1 ZGB erwirken, die dazu bestimmt ist, die (endgültige) Vormerkung des in Frage stehenden Rechts nach Art. 959 ZGB zu sichern.

[16] HOMBERGER, Art. 960 N. 11f.; OSTERTAG, Art. 960 N. 9f.; RIEMER, S. 76; MEISTER, S. 28f.; BGE 104 II, 1978, S. 170ff.; 103 II, 1977, S. 3; 91 II, 1965, S. 423ff. Im Anfechtungsprozeß um einen Grundstückverkauf (Art. 285ff. SchKG) kann der Kläger seinen Anspruch durch die Vormerkung einer Verfügungsbeschränkung sichern lassen, BGE 81 III, 1955, S. 98ff.

nicht aus[17]. Gleich verhält es sich, wenn ein Streit zu einem Grundstück nur mittelbar Bezug hat[18].

Die Verpflichtung, über ein Grundstück nicht zu verfügen, kann nur persönliche Wirkung entfalten und ihre Verletzung nur die Verpflichtung zur Zahlung von Schadenersatz nach sich ziehen. Sie kann nicht in dem Sinn in natura vollstreckt werden, daß das Verfügungsgeschäft, das im Widerspruch zur eingegangenen Verpflichtung abgeschlossen worden ist, seine Wirkungen nicht entfalten würde. Daraus folgt, daß die Verpflichtung, ein Grundstück nicht zu verkaufen oder nicht mit beschränkten dinglichen Rechten zu belasten, nicht Gegenstand einer Verfügungsbeschränkung sein kann. Wie bereits gesehen, kann eine solche Beschränkung nach Art. 960 Abs. 1 Ziff. 1 ZGB nur erfolgen in Hinsicht auf die Eintragung oder Löschung eines dinglichen Rechts oder einer Vormerkung[19].

Allgemein ausgedrückt: Eine Verfügungsbeschränkung kann nur vorgemerkt werden im Hinblick auf eine Eintragung im Grundbuch, die auch wirklich vorgenommen werden kann; und nicht, um etwa die Eintragung eines nicht eintragungsfähigen Rechtes sicherzustellen. Auch in einem Entmündigungsverfahren kommt eine Verfügungsbeschränkung als vorsorgliche Maßnahme nicht in Frage[20].

Die Ansprüche auf Abtretung einer grundpfändlich sichergestellten Forderung oder einer übertragbaren Personaldienstbarkeit, wie der Anspruch auf Begründung eines Pfandrechts an einem solchen Recht, können nicht Anlaß zu einer Vormerkung nach Art. 960 Abs. 1 Ziff. 1 ZGB sein; denn ihr

---

[17] HOMBERGER, Art. 960 N. 10. Deshalb können güterrechtliche Forderungen der Ehefrau nicht durch eine Vormerkung nach Art. 960 Abs. 1 Ziff. 1 ZGB gesichert werden, vgl. die in Note 16 zit. Entscheide; das gilt auch für die Ansprüche, die einem Ehegatten gestützt auf die güterrechtliche Auseinandersetzung bei der Scheidung zustehen, BGE 78 II, 1952, S. 89.

[18] Beispiel: Die Klage auf Aufhebung eines Generalversammlungsbeschlusses, mit welchem die Veräußerung eines Grundstücks beschlossen worden ist, RIEMER, S. 75 f. Zur Möglichkeit, in diesem und den vorher erwähnten Fällen eine Grundbuchsperre anzuordnen, siehe hinten, § 19 II 3d.

[19] In diesem Sinn, MEISTER, S. 29 ff.; STRÄULI, S. 419. Gegenteiliger Meinung, HOMBERGER, Art. 960 N. 7, gefolgt vom BGer, ZBGR 54, 1973, S. 364 und von RIEMER, S. 76. Es ist nicht Aufgabe einer Vormerkung, das Hauptbuchblatt so zu schließen. Zur Zulässigkeit einer Grundbuchsperre, siehe hinten, § 19 II 1.

[20] HOMBERGER, Art. 960 N. 14; MEISTER, S. 32. Noch weniger kann die Einhaltung der Beschränkungen der Freiheit eines Ehegatten, sich zu verpflichten oder zu verfügen, durch eine Verfügungsbeschränkung nach Art. 960 Abs. 1 Ziff. 1 ZGB gesichert werden. Entgegen der Auffassung von HOMBERGER, a. a. O., können die Beschränkungen, die sich für die Erben aus der Einsetzung eines Willensvollstreckers ergeben, im Grundbuch nicht vorgemerkt werden; dagegen kann es nützlich sein, in diesem Fall eine Anmerkung vornehmen zu lassen, vgl. GBA, VEB 4, 1930, S. 88. Siehe hinten, § 20 B III 2.

Gegenstand ist nicht ein Grundstück, sondern ein Recht an einem solchen. Die Verrichtungen, die dazu nötig sind, werden außerhalb des Grundbuches vorgenommen (vgl. Art. 835 ZGB)[21].

Derjenige, dem ein von ihm behauptetes dingliches Recht streitig gemacht wird, macht nicht einen persönlichen Anspruch im Sinn des Art. 960 Abs. 1 Ziff. 1 ZGB geltend: indem er ein dingliches Recht beansprucht, kann er eine vorsorgliche Eintragung nach Art. 961 Abs. 1 Ziff. 1 ZGB beantragen (unten, B BB II 2).

Neben «streitiger» kommt dem Ausdruck «vollziehbarer» Ansprüche keine besondere Bedeutung zu. Der Ausdruck ist in den Vorentwürfen von 1899 (Art. 1060) und 1900 (Art. 1003), aus denen der heutige Art. 960 des Gesetzes hervorgegangen ist, aufgeführt gewesen; zu einer Zeit also, in der diese Bestimmungen die Ziffer 2 über die Pfändung, den Konkurs und die Nachlaßstundung noch nicht enthielten. Zum damaligen Zeitpunkt hatte man die Sicherheit von vollziehbaren Ansprüchen aus dem SchKG, namentlich den Arrest, im Auge[22]. In der Folge ist mit der Botschaft des Bundesrates von 1904 in einem Art. 999 (dem künftigen Art. 960 ZGB) eine Ziffer 2 eingefügt worden, in dem schließlich neben dem Konkurs und der Nachlaßstundung die Pfändung – und damit stillschweigend auch der Arrest – enthalten war (vgl. Art. 275 SchKG). Von diesem Zeitpunkt an kam dem Ausdruck «vollziehbarer Ansprüche» in Ziffer 1 keine Bedeutung mehr zu[23]. Nichts rechtfertigt es auch, das Eigenschaftswort «vollziehbarer» (oder fälliger) mit dem Ausdruck «streitiger Ansprüche» zu verbinden; denn die in der französischen Fassung verwendeten Ausdrücke «droits» und «prétentions» stehen nach dem Text («ou») in einem Gegensatz zueinander[24].

b) Die Anordnung

Die Anordnung wird vom Richter (allenfalls einer Verwaltungsbehörde) im Prozeß um das streitige Recht erlassen. Es handelt sich um eine vorsorgliche Maßnahme nach dem Zivilprozeßrecht des Bundes (Art. 79 BZPO) oder eines Kantons, das auch die Voraussetzungen festlegt[25]. Es ist eine Anordnung notwendig; ein Vergleich, auch wenn er vor dem Richter abgeschlossen worden ist, genügt – im Unterschied zur Vormerkung nach Art. 961 ZGB (vgl. Absatz 2: «mit Einwilligung aller Beteiligten») – nicht[26].

---

[21] HOMBERGER, Art. 960 N. 12; OSTERTAG, Art. 960 N. 12, aber in einem zu einschränkenden Sinn, vgl. MEISTER, S. 28: Die Verpflichtung, eine Dienstbarkeit löschen zu lassen, kann durch eine Vormerkung geschützt werden.
[22] ERL., S. 410.
[23] Zu den Einzelheiten dieser Entstehungsgeschichte, MEISTER, S. 35 f. Was HOMBERGER, Art. 960 N. 15, zu den «vollziehbaren Ansprüchen» sagt, wäre damit bedeutungslos.
[24] MEISTER, S. 36.
[25] HOMBERGER, Art. 960 N. 16. Im Rahmen des Grundbuchbeschwerdeverfahrens wird die Frage zu prüfen sein, ob die Aufsichtsbehörde zur Sicherung des Ranges eines angemeldeten Rechtes eine vorsorgliche Maßnahme in Form einer Vormerkung erlassen kann (§ 26 B IV 3).
[26] OSTERTAG, Art. 960 N. 19; ZBGR 28, 1947, S. 27 (AppH Bern).

Die Maßnahme muß zur Sicherung des streitigen Rechtes notwendig sein. Keine Gefahr besteht, wenn und soweit dieses bereits einen «dinglichen» Schutz genießt[27]. Das Prozeßrecht bestimmt auch, ob die Maßnahme bereits vor oder erst nach Eintritt der Fälligkeit des Anspruchs ergriffen werden kann[27a].

Die Legitimation, eine Verfügungsbeschränkung zu beantragen, ergibt sich aus den materiellen Regeln über das zu schützende Recht; diese brauchen hier nicht erörtert zu werden.

Der Gesuchsteller muß nach den Vorschriften des Prozeßrechts die Voraussetzungen glaubhaft machen, von denen die verlangte Maßnahme abhängt (oben, a)[28].

Zweifellos läßt es der Zweck des Art. 960 Abs. 1 Ziff. 1 ZGB zu, bereits vor Einreichung der Klage eine Verfügungsbeschränkung anzuordnen.

Grundsätzlich wäre es Aufgabe des Prozeßrechts zu bestimmen, ob vom Gesuchsteller Sicherheiten verlangt werden können. In Anbetracht, daß die Vormerkung den Eigentümer nicht daran hindert, über sein Grundstück zu verfügen, dürfte sich dieses Erfordernis in der Regel aber nicht rechtfertigen[29].

Die *örtliche*[29a] wie die *sachliche* Zuständigkeit werden vom kantonalen Recht bestimmt. Das gleiche gilt für das Verfahren, in dem das Gesuch behandelt wird. Es dürfte aber ein vereinfachtes oder abgekürztes Verfahren zur Anwendung gelangen[30].

Im Unterschied zu Art. 961 Abs. 3 ZGB, der die vorläufigen Eintragungen regelt, sieht Art. 960 ZGB nicht vor, daß für den Fall, daß die Maßnahme

---

[27] ZBGR 47, 1966, S. 70, wo ein Vorkaufsrecht, das der Inhaber im Begriff war, gerichtlich geltend zu machen, im Grundbuch bereits vorgemerkt war (BezG Bülach). Siehe jedoch MEISTER, S. 89 Note 267: nach ihm stellt die Vormerkung nach Art. 959 ZGB die wirkliche Erfüllung des Anspruchs nicht in jedem Fall sicher. In der Tat kann die Vormerkung während des Prozeßverfahrens ablaufen.

[27a] OSTERTAG, Art. 960 N. 14; vgl. HOMBERGER, Art. 960 N. 15.

[28] GULDENER, S. 581 IV 2. Es rechtfertigt sich, für die Vormerkung von persönlichen Ansprüchen bezüglich eines Grundstücks den Wahrscheinlichkeitsbeweis gelten zu lassen; Art. 961 Abs. 3 ZGB begnügt sich für die vorläufige Eintragung auch damit.

[29] MEISTER, S. 38. Anderer Meinung: HOMBERGER, Art. 960 N. 16; ZBGR 64, 1983, S. 338 Erw. 1 (AppH Bern).

[29a] Das Begehren um Anordnung der Vormerkung, wie die Klage auf Abschluß eines Vertrages auf Übertragung des Eigentums oder Errichtung einer Dienstbarkeit ist persönlicher Natur; vgl. MEIER-HAYOZ, Art. 665 N. 15; HOMBERGER, Art. 960 N. 26; ZBGR 65, 1984, S. 203; der Gerichtsstand, der vom kantonalen Prozeßrecht bestimmt wird, ist damit allgemein jener des Wohnsitzes des Beklagten.

[30] GULDENER, S. 581. Zu Recht wird auch auf die Analogie mit dem für die vorläufigen Eintragungen geltenden Verfahren hingewiesen (Art. 961 Abs. 3 ZGB), vgl. MEISTER, S. 87f.

vor Einleitung des Prozeßes verlangt wird, der Richter eine Frist zur Einreichung der Klage ansetzt. Meistens wird sich dies rechtfertigen. Es ist aber Aufgabe des Prozeßrechts, die Frage zu regeln (Beispiel: Art. 82 Abs. 2 BZPO)[30a].

3. Das Gesetz

In einzelnen, genau umschriebenen Fällen gibt das Gesetz einem Beteiligten das Recht, die Vormerkung einer Verfügungsbeschränkung, der konstitutive Wirkung zukommt, zu beantragen. Es geht dabei um die vorläufigen Eintragungen nach Art. 961 Abs. 1 Ziff. 2 ZGB (Ergänzung des Ausweises), die vorläufige Eintragung eines Bauhandwerkerpfandrechts (Art. 22 Abs. 4 GBV) und der weitern mittelbaren gesetzlichen Pfandrechte nach Art. 779*d* Abs. 2 und 3, 779*i* und *k* und 712*i* ZGB (Art. 22*a* GBV), sowie um die Vormerkung des Gewinnanteilsrechtes (Art. 619*quinquies* ZGB, Art. 218 *quinquies* Abs. 2 OR, Art. 12 Abs. 5 EGG, Art. 212 Abs. 3 revZGB 4).

a) Die vorläufige Eintragung «im Falle der vom Gesetz zugelassenen Ergänzung des Ausweises»

Dieser Vormerkungsfall (Art. 961 Abs. 1 Ziff. 2 ZGB) steht im Zusammenhang mit dem Eintragungsverfahren (Art. 966 ZGB). Die Voraussetzungen für die Anwendung dieser vorläufigen Eintragung werden weiter hinten dargelegt (III. Abschnitt § 25 V 1).

b) die vorläufige Eintragung der mittelbaren gesetzlichen Pfandrechte der Bauhandwerker usw.[31]

Derjenige, der Anspruch auf Errichtung eines gesetzlichen Pfandrechts nach Art. 837 ZGB hat (vorn, § 15 A II), kann grundsätzlich dessen Eintragung selber anmelden (vorn, § 15 B II 1). Die Eintragung eines Bauhandwerkerpfandrechts wie auch der weitern gesetzlichen Pfandrechte, welche die neuere Gesetzgebung diesem gleichgestellt hat, kann jedoch nur stattfinden, wenn die Forderung vom Eigentümer – oder vom Schuldner – an-

---

[30a] Der Richter braucht die Bedeutung der Vormerkung nicht genau anzugeben; vgl. BESSON, S. 3, der sich mit Recht vor allem gegen die Praxis gewisser Richter wendet, die ein allgemeines Verbot, ein Grundstück zu veräußern oder mit Pfandrechten zu belasten, vormerken lassen – was in keiner Weise die Wirkung dieser Vormerkung ist.
[31] HOMBERGER, Art. 961 N. 28 ff.; OSTERTAG, Art. 961 N. 8.

erkannt oder gerichtlich festgestellt ist. Im weitern ist die Eintragung nicht mehr möglich, wenn der Eigentümer «hinreichende Sicherheit» leistet (Art. 839 Abs. 3 ZGB). Darauf hat der Bundesrat das vorläufige Eintragungsverfahren nach Art. 961 ZGB aufgebaut, indem er sich in Art. 22 Abs. 4 seiner VO, zu Unrecht, auf Ziffer 1 beruft, die den Fall eines behaupteten dinglichen Rechtes betrifft; denn das fragliche gesetzliche Pfandrecht besteht ja nur, wenn es im Grundbuch eingetragen ist[32]. Die Regelung des Art. 961 ZGB ist aber gut an die Sicherheit angepaßt, welche die fraglichen gesetzlichen Pfandrechte bieten, bei denen der Berechtigte grundsätzlich selber legitimiert ist, die endgültige Eintragung anzumelden. Sind sich Gläubiger und Schuldner über die Höhe der gesicherten Forderung oder über die zu leistenden Sicherheiten einig, liegt die Einwilligung aller Beteiligten im Sinn des Art. 961 Abs. 2 ZGB vor. Andernfalls muß der Richter über den «streitigen Anspruch», d. h. über die *Realobligation* auf Errichtung des gesetzlichen Pfandrechts, entscheiden. Materiell befindet man sich dann wieder im Fall des Art. 960 Abs. 1 Ziff. 1 ZGB.

Der Unterschied besteht darin, daß das Gesetz in den Fällen des Art. 961 ZGB ein summarisches Verfahren vorschreibt und den Wahrscheinlichkeitsbeweis genügen läßt (Absatz 3: «nachdem der Ansprecher seine Berechtigung glaubhaft gemacht hat»)[33]. Im weitern legt der Richter die Wirkung der Vormerkung zeitlich und sachlich genau fest und setzt nötigenfalls zur gerichtlichen Geltendmachung der Ansprüche eine Frist an[34].

Die Voraussetzungen der vorläufigen wie der endgültigen Eintragung der mittelbaren gesetzlichen Pfandrechte, wie sie hier dargelegt worden sind, werden in den Abhandlungen zu diesen Einrichtungen näher umschrieben[35].

c) Die Vormerkung des Gewinnanteilsrechtes

Art. 619 Abs. 1 ZGB lautet: «Hat ein Erbe ein landwirtschaftliches Grundstück zugeteilt erhalten, für das nicht der Verkehrswert, sondern ein niedrigerer Übernahmepreis festgesetzt worden ist, so sind die Miterben berechtigt, bei der Veräußerung oder Enteignung des Grundstückes oder eines Tei-

---

[32] BGE 83 III, 1957, S. 142; vgl. Liver, Art. 731 N. 80; nach diesem Autor kann der gesetzliche Anspruch auf Errichtung einer notwendigen Dienstbarkeit durch die Vormerkung einer Verfügungsbeschränkung nach Art. 960 Abs. 1 Ziff. 1 ZGB gesichert werden.

[33] BGE 86 I, 1960, S. 270; 79 II, 1953, S. 439; ZBGR 65, 1984, 202 (ObG Luzern); ZBGR 66, 1985, S. 92 (Kantonsgerichtspräsident Graubünden).

[34] Die Wirkungen der Vormerkung ergeben sich in Wirklichkeit aus dem Gesetz. Zur Bestimmung der Dauer, vgl. BGE 98 Ia, 1972, S. 351; 99 II, 1973, S. 390; 101 II, 1975, S. 67.

[35] Siehe insbesondere die Abhandlungen von Schumacher, Zobl und Métral, die im Literaturverzeichnis angegeben sind.

les desselben binnen der folgenden fünfundzwanzig Jahre ihren Anteil am Gewinne zu beanspruchen»[35a]. Absatz 2 der erwähnten Bestimmung legt den Begriff der Veräußerung genauer fest; Absatz 3 bestimmt den Zeitpunkt derselben; Art. 619*bis* umschreibt den Gewinn; Art. 619*ter* regelt die Frage des Erwerbs eines Ersatzgrundstückes, und Art. 619*quater* ZGB schließlich sieht bei Ausbesserungen an Gebäuden Abzüge vor. Diese Bestimmungen sind sinngemäß auch anwendbar bei der güterrechtlichen Auseinandersetzung bei der Errungenschaftsbeteiligung (Art. 212 Abs. 3 revZGB).

Nach Art. 218*quinquies* Abs. 1 OR hat der Verkäufer «Anspruch auf den Gewinn, wenn ein landwirtschaftliches Grundstück, das er auf einen Erben übertragen hat, weiterveräußert oder enteignet wird». Aus Absatz 2, der sagt, daß der Gewinnanspruch nach den Vorschriften über die Erbteilung bestimmt wird, wird abgeleitet, daß auch der Verkäufer sein Gewinnanteilsrecht im Grundbuch vormerken lassen kann[36].

Das EGG vom 12. Juni 1951 seinerseits hat ein Gewinnanteilsrecht zugunsten des Verkäufers geschaffen, «dem gegenüber das Vorkaufsrecht zum Ertragswert ausgeübt wird, wenn der Vorkaufsberechtigte die Liegenschaft weiterveräußert oder wenn sie ihm enteignet wird» (Art. 12 Abs. 5). Auch in diesem Fall wird auf die Vorschriften über die Erbteilung verwiesen.

In den Fällen, auf die sich die soeben angegebenen Vorschriften beziehen[37], begründet das Gesetz selber das Recht auf die Vormerkung des Gewinnanteilsrechts, welche die besondere, in Art. 619*quinquies* ZGB vorgesehene Wirkung hervorruft. Der Rechtsgrund der Vormerkung ist also das Gesetz, nicht ein Vertrag.

II. Der Erwerbsakt

Wir unterscheiden folgende Fälle:
1) Der Erwerbsakt beruht auf der Verpflichtung, ein persönliches Recht oder eine bestimmte Rechtsbeziehung vormerken zu lassen (oben, I 1);
2) der Erwerbsakt stützt sich auf eine amtliche Anordnung (oben, I 2);
3) der Erwerbsakt beruht auf dem Gesetz (oben, I 3);
4) der Erwerbsakt ergibt sich aus einem einseitigen Entschluß des Eigentümers (oben, Note 8).

[35a] Zum Fall von Pflichtteilserben, die ihren Pflichtteil in der Form eines Vermächtnisses erhalten haben, vgl. BGE 104 II, 1978, S. 75 und die Bemerkung von Piotet in JdT 1979 I S. 90ff.

[36] Guhl/Merz/Kummer, S. 303; Cavin, Kauf, Tausch, Schenkung, S. 144ff.

[37] Es sei auf die Lehre und Rechtsprechung zu diesen Bestimmungen verwiesen. Vgl. insbesondere Escher, Ergänzung, zit. in Note 8a; Piotet, Erbrecht, II §§ 121–125, S. 248ff.; Jost, Handkommentar, Art. 12 EGG N. 11. In bezug auf die einzureichenden Ausweise, siehe Art. 71*c* Abs. 1 und 3 GBV.

1. Der Erwerbsakt, welcher der Verpflichtung, eine Vormerkung eintragen zu lassen, nachfolgt

a) Allgemein

Wie beim Erwerb eines dinglichen Rechtes auf Grund eines Verpflichtungsgeschäfts stellt der Erwerbsakt hier ein *Verfügungsgeschäft* des Eigentümers dar, das mit der Eintragung ins Hauptbuch vollzogen wird. Die Anmeldung drückt gleichfalls die Vereinbarung zwischen dem Eigentümer und dem oder den aus dem Geschäft Berechtigten (vorn, § 15 B I 1) über die Entstehung der mit der Vormerkung verbundenen besonderen Rechtswirkungen aus: Verfügungsbeschränkung, *realobligatorische* Verknüpfung dieser Beschränkung oder einer Vereinbarung, mit der das Eigentum oder Miteigentum an einem Grundstück besonders ausgestaltet werden[38]. Diese Übereinkunft – dinglicher oder entsprechender Vertrag – wird erst endgültig mit dem Empfang der Anmeldung der Vormerkung durch den Grundbuchverwalter; selbst wenn es noch der Eintragung bedarf, damit die erwarteten Wirkungen eintreten. Auch hier hängt das Verfügungsgeschäft von der Rechtsgültigkeit des Grundgeschäftes ab (Kausalitätsprinzip, oben, B AA I 1 Note 13).

b) Die Voraussetzungen des Verfügungsgeschäftes

aa) Die Verfügungsmacht

Die Verfügungsmacht ist die erste Voraussetzung des Verfügungsgeschäftes. Sie steht dem Eigentümer zu, der seine Freiheit, sein Grundstück zu veräußern, einschränkt oder in dieser oder jener Form sein Eigentum oder ein beschränktes dingliches Recht durch eine Vormerkung rechtlich besonders ausgestaltet[39]. Art. 963 Abs. 1 ZGB ist entsprechend anwend-

---

[38] Wie wir gesehen haben (oben, A II 2 und Note 2), verfügen der Eigentümer oder mehrere Miteigentümer nicht nur dadurch über ihr Grundstück, daß sie ihre Freiheit, dieses zu veräußern oder mit beschränkten dinglichen Rechten zu belasten, teilweise aufgeben (Art. 681/683, 814 Abs. 3 ZGB, Art. 260 OR), sondern auch dadurch, daß sie durch die Vormerkung einer ad hoc-Vereinbarung die Rechtslage an ihrem Grundstück verändern, indem beispielsweise letztere die Möglichkeit, die Teilung des Miteigentums zu verlangen, vertraglich ausschließen (Art. 650 Abs. 2 ZGB) oder das gesetzliche Vorkaufsrecht aufheben (Art. 682 Abs. 3 ZGB).

[39] Ist die Vormerkung der *Nacherbeneinsetzung* (Art. 490 Abs. 2 ZGB) konstitutiver Natur (oben, Note 11), ist notwendigerweise der belastete Erbe zur Grundbuchanmeldung legitimiert. Eine andere Frage ist, ob der Nacherbe Sicherheiten in Form einer Vormerkung

bar[39a]. Auch wenn derjenige, der im Grundbuch eingetragen ist, tatsächlich nicht Eigentümer ist, steht ihm die formelle Verfügungsmacht zu und ist Art. 973 ZGB anwendbar: Die Vormerkung entfaltet ihre Wirkungen gestützt auf den guten Glauben desjenigen, der sich auf die vorgemerkte Rechtsbeziehung beruft. Die Lösung entspricht jener beim Erwerb von dinglichen Rechten (vorn, § 15 Note 24)[40]; insofern die Vormerkung Wirkungen dinglicher Natur entfaltet (hinten, §§ 31–35).

Im weitern sei auf die Ausführungen über die Verfügungsmacht bei der Eigentumsübertragung oder der Begründung von beschränkten dinglichen Rechten gestützt auf ein Rechtsgeschäft verwiesen (vorn, § 15 B I 2).

bb) Die weiteren Voraussetzungen

Das Verfügungsgeschäft, mit dem gestützt auf eine Verpflichtung eine konstitutive Vormerkung errichtet werden soll, muß die Voraussetzungen erfüllen, die für jedes Rechtsgeschäft gelten: Der Verfügende muß insbesondere handlungsfähig und rechtsgültig vertreten sein; das Verfügungsgeschäft muß einen genügenden Rechtsgrund haben und darf nicht unter einer Bedingung abgeschlossen werden. Der Inhalt der Verfügung ist die «Belastung» des Grundstücks mit der Wirkung, die den Vormerkungen der verschiedenen aufgezählten Rechtsbeziehungen zukommt. Die weiter vorn im Zusammenhang mit dem Verfügungsgeschäft bei der Errichtung von

---

verlangen kann, vgl. PIOTET, Erbrecht, I S. 118 und dort gemachte Verweise; MEISTER, S. 34 Note 126; BGE 82 I, 1956, S. 194; 100 II, 1974, S. 92 ff. – Hat bei der Schenkung die Vormerkung des *Rückfallsrechts* konstitutive Wirkung, ist gleichfalls an sich der Beschenkte, der Eigentümer geworden ist, legitimiert, die Grundbuchanmeldung vorzunehmen. Doch kann natürlich der Schenker seine Zustimmung zur Eigentumsübertragung davon abhängig machen, daß gleichzeitig die Vormerkung zur Eintragung angemeldet wird.

[39a] Zu den Vormerkungen nach Art. 712*c*, 682 Abs. 3 und 650 Abs. 2 ZGB bestimmt Art. 71*a* Abs. 3 GBV, daß jeder aus der Vereinbarung *Berechtigte* oder Verpflichtete zu ihrer Anmeldung legitimiert ist. Diese Bestimmung würde in dem Sinn dem System widersprechen, daß der aus einer Vormerkung mit konstitutiver Wirkung Berechtigte legitimiert wäre, die Grundbuchanmeldung vorzunehmen. In diesen Fällen räumt die fragliche Übereinkunft aber jedem Beteiligten nicht nur Rechte ein, sondern sie überbindet ihm auch Pflichten; und als Verpflichteter ist er tatsächlich legitimiert, die Grundbuchanmeldung vorzunehmen. Der Gedanke ist hier vielleicht der, daß die Vereinbarung notwendigerweise die Berechtigten als legitimiert erklärt, die Grundbuchanmeldung vorzunehmen. Für die Vormerkung eines *vertraglichen* Gewinnanteilsrechts an einem nicht landwirtschaftlichen Grundstück (Art. 619*sexies* Abs. 2 ZGB) sieht Art. 71*c* GBV ebenfalls vor, daß jeder Berechtigte die Vormerkung zur Eintragung ins Grundbuch anmelden kann; vgl. ZBGR 64, 1983, S. 129 ff. (BezG Zürich).

[40] HOMBERGER, Art. 959 N. 18; MEIER-HAYOZ, Art. 681 N. 118 und 128.

dinglichen Rechten gemachten Feststellungen (§15 B I 2b aa–ee) treffen hier entsprechend zu[40a].

Das gleiche gilt für die formellen und verfahrensrechtlichen Voraussetzungen (vorn, § 15 B I 2c). Nach Art. 965 ZGB müssen der Anmeldung die entsprechenden Ausweise beigelegt sein (vgl. Art. 71 Abs. 1, 71*a*, 71*b*, GBV). Dieser Punkt gehört in den Zusammenhang des Eintragungsverfahrens (hinten, III. Abschnitt).

c) Der Widerruf des Verfügungsgeschäftes

Gleichgültig, ob sie eine Übereinkunft zwischen den Parteien wiederspiegelt oder Ausdruck einer einseitigen Verfügung ist, kann die Anmeldung einer konstitutiven Vormerkung nicht mehr zurückgezogen werden, sobald sie beim Grundbuchverwalter angelangt ist. Dies erhellt aus den Gründen, die bereits im Zusammenhang mit der Übertragung des Eigentums oder der Errichtung von beschränkten dinglichen Rechten dargelegt worden sind.

2. Der Erwerbsakt, der sich auf eine amtliche Anordnung stützt

Obwohl die Vormerkung konstitutiv ist, ist es nicht Sache des «belasteten» Eigentümers, sondern, unter Berufung auf die amtliche Anordnung, der Partei, welche die vorsorgliche Maßnahme beantragt hat, die Vormerkung zur Eintragung ins Grundbuch anzumelden. Das Prozeßrecht kann zwar allerdings vorsehen, daß die amtliche Anordnung dem Grundbuchverwalter von der Recht sprechenden Behörde von Amtes wegen mitgeteilt wird. Aber selbst in diesem Fall ist es der aus der Maßnahme Berechtigte, der die Anmeldung materiell vornimmt; d. h. der in gewissem Sinn über das Grundstück der Gegenpartei verfügt, wie wenn sich der Anmeldende un-

---

[40a] Das vorzumerkende Recht als solches kann mit Bedingungen, wenigstens aufschiebenden, verbunden sein. Bei Kaufs-, Vor- und Rückkaufsrechten ist dies notwendigerweise der Fall. Aber die Vereinbarung der Vormerkung und damit die Anmeldung, soweit sie ein Verfügungsgeschäft darstellt, dürfen an keine Bedingung geknüpft sein. So wäre etwa eine Vereinbarung ausgeschlossen, nach welcher die Wirkung der Vormerkung nur eintreten dürfe, wenn der Eigentümer vor Ablauf der für die Ausübung des Kaufsrechtes ausgemachten Frist sterbe, vgl. HOMBERGER, Art. 959 N. 9 und ZBGR 6, 1925, S. 10 (BR 1918). Anderseits dürfte das vorzumerkende Recht selber nicht auflösend bedingt sein. Beispiel: Die Vormerkung sei zu löschen, wenn der Berechtigte eine Sicherheit nicht leiste, HOMBERGER, a. a. O.

mittelbar auf das Gesetz beruft, um die Eintragung eines dinglichen Rechtes zu erlangen (vorn, § 15 B II 1 und unten, 3). Deshalb kann er auch jederzeit auf die Vormerkung verzichten und ist bei einer allfälligen Abweisung der Anmeldung durch den Grundbuchverwalter zur Beschwerde legitimiert[41].

Ohne weiteres muß der Akt, mit dem der aus der vorsorglichen Maßnahme Berechtigte den Antrag auf Eintragung stellt, ebenfalls die materiellen Voraussetzungen eines jeden Rechtsgeschäftes erfüllen (oben, 1b bb).

Der Form nach besteht dieser Akt in einer an den Grundbuchverwalter gerichteten Anmeldung, für welche die ordentlichen Voraussetzunen gelten. Der Rechtsgrund der Vormerkung (Art. 965 Abs. 3 ZGB) ist die «amtliche Anordnung» nach Art. 960 Abs. 1 Ziff. 1 ZGB (vgl. Art. 73 GBV).

Wie er auf eine von einer Behörde angeordnete Vormerkung verzichten kann, kann der Berechtigte die Anmeldung der Vormerkung auch zurückziehen, solange diese im Grundbuch nicht eingetragen ist. Dies ist selbst dann möglich, wenn die Anordnung dem Grundbuchverwalter von Amtes wegen mitgeteilt worden ist. In der Tat ist der einseitige Akt, den die Anmeldung darstellt, dem Belieben desjenigen anheim gestellt, von dem er ausgeht.

3. Der Erwerbsakt, der sich auf das Gesetz stützt

Im Fall des Art. 961 Abs. 1 Ziff. 2 ZGB (in Verbindung mit Art. 966 Abs. 2 ZGB) kann der Erwerber – und nicht der «Anmeldende» im Sinn des Art. 963 Abs. 1 ZGB (wie es im französischen Text in Art. 966 Abs. 2 ZGB ungenau heißt) – die Anmeldung der Vormerkung, d. h. der vorläufigen Eintragung, selber vornehmen; aber der Eigentümer muß seine Zustimmung geben. Verweigert er diese, muß der Beteiligte um eine richterliche Anordnung nachsuchen. Man befindet sich damit praktisch wieder im Anwendungsbereich des Art. 960 Abs. 1 Ziff. 1 ZGB, der oben unter 2 behandelt worden ist. Die Frage ist eine solche des Eintragungsverfahrens (§ 25).

Die gleiche Regelung besteht für das *gesetzliche Pfandrecht der Bauhandwerker* und für jene nach Art. 712*k* und *i*, 779*d* und *i* ZGB (Art. 22 Abs. 4, 22*a* GBV): Das Gesetz gibt dem Gläubiger wohl das Recht, die Anmeldung der vorläufigen Eintragung vorzunehmen; doch bedarf er dazu der Zustimmung des Eigentümers[42]. Ist diese nicht erhältlich, muß der Berechtigte den

---

[41] HOMBERGER, Art. 960 N. 19. Indem sie die Verfügung von Amtes wegen übermittelt, vertritt die zuständige Behörde in Wirklichkeit den Anmeldenden. Siehe hinten, § 26 Note 19.
[42] HOMBERGER, Art. 961 N. 46; H. LEEMANN, Art. 838 N. 6.

Erlaß einer vorsorglichen Maßnahme beantragen (siehe vorn, § 15 B II 2a).

Die Vormerkung des *Gewinnanteilsrechts* nach Art. 619*quinquies* ZGB und Art. 218*quinquies* OR kann von jedem Berechtigten angemeldet werden (Art. 619*quinquies* ZGB: «auf Anmeldung eines Berechtigten»; Art. 71*c* Abs. 4 GBV)[43].

Wenn und soweit der Berechtigte befugt ist, unter Berufung auf das Gesetz von sich aus eine Änderung des Grundbuches zu beantragen, muß der Akt, den er vornimmt, in all diesen Fällen gleichfalls die materiellen Voraussetzungen eines Rechtsgeschäftes erfüllen (oben, 2).

Der Form nach besteht dieser Akt in einer an den Grundbuchverwalter gerichteten Anmeldung, der die Ausweise beigelegt sein müssen, die das Gesetz für jeden Fall vorsieht (vgl. Art. 965/966 ZGB; Art. 22 Abs. 4, 22*a*, 71*c* GBV). Dies ist wiederum eine Frage des Eintragungsverfahrens. Der Anmeldende, dem es freisteht, von der vom Gesetz eingeräumten Möglichkeit Gebrauch zu machen, ist hier völlig frei, die Anmeldung bis zur Eintragung zurückzuziehen.

4. Der Erwerbsakt, gestützt auf einen einseitigen Entschluß des Eigentümers

Das schweizerische Recht sieht vor, daß ein Eigentümer auf seinem Grundstück zu seinen Gunsten beschränkte dingliche Rechte errichten kann (§ 15 B III). In gleicher Weise erlauben es ihm die Einrichtungen und das Verfahren des Grundbuches, in bestimmten Fällen auch persönliche Rechte oder andere Beschränkungen, die sein Eigentum belasten oder besonders ausgestalten, im Grundbuch zu seinen Gunsten vormerken zu lassen. So kann der Eigentümer, der zu seinen Gunsten (Art. 859 Abs. 1 ZGB: «auf den Namen des Grundeigentümers») oder zugunsten des Inhabers einen Schuldbrief errichtet (Art. 859 Abs. 1 ZGB), gleichzeitig ein Nachrückungsrecht vormerken lassen (Art. 814 Abs. 3 ZGB). Zum Zeitpunkt, in dem er den Titel weitergibt, wird der Erwerber *ipso iure* Inhaber dieses Rechtes. In

---

[43] BGE 86 I, 1960, S. 114ff.; 94 II, 1968, S. 240ff. TUOR/PICENONI, Art. 619 N. 10; ESCHER, Ergänzung, Art. 619*quinquies* N. 5; PIOTET, Erbrecht, II S. 961. Zu Unrecht beruft sich hier die Rechtsprechung auf die sinngemäße Anwendung von Art. 963 Abs. 2 ZGB. Dieser hat Fälle im Auge, in denen das dingliche Recht ohne Eintragung entsteht und der Erwerber von sich aus die Richtigstellung des Grundbuches beantragen kann. In den Fällen der Art. 619*quinquies* ZGB und Art. 218*quinquies* OR entsteht die besondere Wirkung erst mit der Vormerkung; aber der Berechtigte ist gestützt auf das Gesetz legitimiert, die Anmeldung zur konstitutiven Eintragung selber vorzunehmen.

gleicher Weise besitzt der Eigentümer eines Grundstückes, der daran durch einseitige Erklärung Stockwerkeigentum begründet, da er alle Anteile in seinen Händen hat, die Möglichkeit, gleichzeitig ein Vorkaufsrecht zugunsten der Stockwerkeigentümer und das Einspracherecht zugunsten der Stockwerkeigentümergemeinschaft vormerken zu lassen (Art. 712c ZGB). Der Erwerber eines Stockwerkanteils ist aus diesen Beschränkungen ohne weiteres «berechtigt» oder «belastet»[43a]. So ist der Eigentümer im Stande, zum voraus vormerkbare Rechte und Rechtsbeziehungen zu begründen. Er verfügt damit durch einen einseitigen Akt, der allen materiellen Voraussetzungen eines Verfügungsgeschäftes genügen muß, in bestimmter Weise über sein Eigentum. Seiner Form nach kommt dieser Akt in der Anmeldung zur Vormerkung zum Ausdruck, die an die Anmeldung zur Eintragung des Pfandrechtes oder des Stockwerkeigentums gebunden ist. Es kann auf das verwiesen werden, was zum Erwerbsakt von dinglichen Rechten gestützt auf einseitigen Entschluß des Grundeigentümers gesagt worden ist (vorn, § 15 B III 2).

Die Begründung einer Familienheimstätte (Art. 349-358 ZGB) gehört ebenfalls in den vorliegenden Zusammenhang. Der Eigentümer bestimmter Liegenschaften (Art. 350 ZGB) kann diese unter besondern Voraussetzungen (Auskündigung an die Gläubiger, behördliche Genehmigung) durch Eintragung im Grundbuch, mit der eine Vormerkung verbunden ist, zur Familienheimstätte erklären (Art. 351/353 ZGB).

Wie die Anmeldung zur Eintragung eines dinglichen Rechtes kann in allen diesen Fällen die Anmeldung zur Vormerkung vom Anmeldenden zurückgezogen werden, bis diese im Grundbuch eingetragen ist (a.a.O., 3).

BB. *Die deklaratorischen Vormerkungen*

I. Allgemein

Die Beschränkung der Verfügungsmacht, die hier vorgemerkt werden soll, besteht rechtlich bereits; an sich selbst Dritten gegenüber. Die Vormerkung bezweckt, sie aus dem Grundbuch ersichtlich zu machen; damit sie auch gutgläubigen Dritten entgegengehalten werden kann (oben, A III 1). Es ist damit grundsätzlich Sache des Berechtigten, die Vormerkung zu veranlassen. Der Eigentümer des belasteten Grundstücks erfährt durch die Eintragung im Grundbuch in Wirklichkeit ja keine Verminderung seiner Rechte; es bedarf keines Verfügungsaktes seinerseits.

[43a] MEIER-HAYOZ, Art. 681 N. 82c und d.

Auch hier ist zwischen dem Rechtsgrund der Vormerkung und dem Akt zu unterscheiden, der auf die Änderung im Grundbuch hinzielt. Wegen seiner Wirkungen stellt dieser Akt, der in der Form der Anmeldung einer Vormerkung vorgenommen wird, in der Regel nicht ein gewöhnliches verfahrensrechtliches Begehren dar; vielmehr handelt es sich um ein Rechtsgeschäft – oder um eine Verwaltungshandlung – von materieller Bedeutung (siehe vorn, § 17 A in bezug auf die Eintragungen von dinglichen Rechten im Geltungsbereich des relativen Eintragungsprinzips).

Das Vorhandensein eines Rechtsgrundes der Vormerkung ist die notwendige Voraussetzung dafür, daß die vom Gesetz vorgesehenen Wirkungen eintreten. Sonst ist die Vormerkung ungerechtfertigt (Art. 974/975 ZGB).

II. Der Rechtsgrund der Vormerkung

Als Rechtsgrund kommen in Frage: Gewisse Maßnahmen innerhalb des Zwangsvollstreckungsverfahrens, die Geldendmachung eines dinglichen Rechtes, das Urteil und – je nach Auslegung – die Nacherbeneinsetzung und das Rückfallsrecht des Schenkers[44].

1. Maßnahmen innerhalb des Zwangsvollstreckungsverfahrens (Art. 960 Abs. 1 Ziff. 2 ZGB)

«Verfügungsbeschränkungen können für einzelne Grundstücke vorgemerkt werden auf Grund einer Pfändung, eines Konkurserkenntnisses oder einer Nachlaßstundung» (Art. 960 Abs. 1 Ziff. 2 ZGB). Die Vormerkung bezweckt allgemein, die Wirksamkeit der Beschlagnahmungsrechte der Gläubiger zu sichern, die sich aus allen vollstreckungsrechtlichen Maßnahmen ergeben. Das SchKG sagt, welche Maßnahmen in welchem Verfahrensabschnitt angeordnet und vorgemerkt werden können[45].

Die definitive oder provisorische Pfändung (Art. 95, 82/83 SchKG, Art. 15 VZG) eines Grundstückes «hat die Wirkung einer Verfügungsbeschränkung» (Art. 101 SchKG). Sie bildet den Rechtsgrund der Vormerkung[46].

---

[44] Auch hier ist es nicht nötig, die Rechtseinrichtungen genauer zu beschreiben, die vorgemerkt werden können; das ist Aufgabe der Abhandlungen in den entsprechenden Rechtsgebieten.
[45] HOMBERGER, Art. 960 N. 29 ff.; OSTERTAG, Art. 960 N. 23 ff.; MEISTER, S. 37 ff.
[46] Im Betreibungsverfahren auf Grundpfandverwertung sehen Art. 155 SchKG wie Art. 90 und 97 VZG, trotz des Bestehens eines eingetragenen dinglichen Rechtes, das genügende

Der Arrest erzeugt die gleiche Wirkung (Art. 275 SchKG).

Ein Konkurserkenntnis (Art. 176 SchKG) hat von sich aus zur Folge, daß der Gemeinschuldner bezüglich der Vermögensstücke, die zur Konkursmaße gehören, verfügungsunfähig wird (Art. 204 SchKG). Es wird ebenfalls vorgemerkt (Art. 176 SchKG und Art. 40 lit. f. KV)[47]. Demgegenüber werden die vorsorglichen Anordnungen, die der Richter, bei dem ein Konkursbegehren eingereicht worden ist, zur Wahrung der Rechte der Gläubiger trifft (Art. 170, 174 Abs. 2, 183 SchKG, wie auch Art. 725 Abs. 4, 817 Abs. 1 und 903 Abs. 5 OR), in einem richterlichen Verfahren erlassen und fallen in Wirklichkeit unter Ziffer 1, nicht unter Ziffer 2 von Art. 960 Abs. 1 ZGB. Die entsprechenden Vormerkungen haben konstitutive, nicht deklaratorische Wirkung[48].

Mit der Gewährung einer Nachlaßstundung wird dem Schuldner unter Androhung der Nichtigkeit «untersagt», seit der öffentlichen Bekanntmachung der Stundung Grundstücke zu veräußern, zu belasten oder an solchen Pfänder zu bestellen (Art. 298 Abs. 1 SchKG). Diese «Untersagung» wird ebenfalls vorgemerkt (Art. 296 SchKG); gleich wie der Abschluß eines Nachlaßvertrages mit Vermögensabtretung, dessen Wirkungen voll jenen eines Konkurses entsprechen (Art. 308 Abs. 2 und 316*d* Abs. 1 SchKG)[49]. Wie im Konkursverfahren fallen die vorsorglichen Anordnungen, welche die Nachlaßbehörde erläßt, bei der ein Stundungsgesuch hängig ist, unter Art. 960 Abs. 1 Ziff. 1 ZGB.

Sicherheit bieten sollte, in zwei Abschnitten des Verwertungsverfahrens ebenfalls die Vormerkung einer Verfügungsbeschränkung vor, vgl. HOMBERGER, Art. 960 N. 34; MEISTER, S. 73 ff.

[47] Diese Vormerkung macht nur sichtbar, daß der Eigentümer verfügungsunfähig ist, so daß sie damit in Wirklichkeit eigentlich einer Anmerkung entspricht. In der Tat müssen – im Unterschied zur Pfändung (Art. 96 Abs. 2 SchKG) – selbst gutgläubige Dritte sich den Konkurs vom Zeitpunkt seiner Veröffentlichung an entgegenhalten lassen. Art. 204 SchKG geht somit Art. 973 ZGB vor. Vgl. HOMBERGER, Art. 960 N. 38; JAEGER, Art. 204 SchKG N. 7; BGE 55 III, 1929, S. 167 ff.; FRITZSCHE, Schuldbetreibung, II, S. 42. Siehe hinten, § 33 B V.

[48] HOMBERGER, Art. 960 N. 41; Entscheid des BGer in ZBGR 54, 1973, S. 364; gegenteiliger Meinung: MEISTER, S. 37 f. Richtigerweise bezwecken sie wohl die spätere Beschlagnahme der Gläubiger zu gewährleisten, die dann nach Ziffer 2 im Grundbuch vorgemerkt wird.

[49] HOMBERGER, Art. 960 N. 39. Die Vormerkung der Nachlaßstundung sowie die Vormerkung des Abschlusses eines Nachlaßvertrages mit Vermögensabtretung sind – wie die Vormerkung der Konkurseröffnung (Note 47) – ebenfalls rein deklaratorischer Natur. Im Fall der Nachlaßstundung verliert der Schuldner seine Verfügungsmacht mit der Stundung, nicht erst mit deren Veröffentlichung; vgl. ZBGR 65, 1984, S. 292 (Justizkommission Luzern). In bezug auf weitere Beschränkungen der Verfügungsmacht, die sich aus Zwangsvollstreckungsmaßnahmen ergeben, wird auf § 33 B V verweisen.

Der Ausschluß jeder Eintragung, den Art. 137 SchKG für den im Steigerungsverfahren erfolgten Zuschlag unter Gewährung eines Zahlungstermins vorsieht, sperrt das Grundbuch. Die in Art. 66 Abs. 3 VZG und Art. 74 Abs. 2 GBV vorgesehene Vormerkung stellt damit in Wirklichkeit eine Anmerkung dar (hinten, § 19 II 2c).

2. Die Geltenmachung eines dinglichen Rechtes (Art. 961 Abs. 1 Ziff. 1 ZGB)

Eine vorläufige Eintragung kann vorgemerkt werden «zur Sicherung behaupteter dinglicher Rechte». Der Tatbestand ist folgender: Jemand ist durch eine ungerechtfertigte Eintragung, Änderung oder Löschung in seinen dinglichen Rechten verletzt worden. Ihm steht die Grundbuchberichtigungsklage nach Art. 975 ZGB offen. In der Zwischenzeit aber ist seine Rechtsstellung dadurch gefährdet, daß auf Grund eines von Anfang an ungerechtfertigt gewesenen oder nachträglich gewordenen Eintrages oder auf Grund einer ungerechtfertigten Löschung eines Eintrages ein gutgläubiger Dritter in seinem Erwerb geschützt wird (Art. 973 ZGB); so daß der wahre Berechtigte nicht zu seinem Recht kommt. Die vorläufige Eintragung bezweckt, diese Gefahr zu beseitigen; indem sie den guten Glauben aufhebt, der dem Grundbuch zukommt[50].

Die vorläufige Eintragung stellt eine vorsorgliche Maßnahme in Hinsicht auf die Grundbuchberichtigungsklage dar. Wir werden sie, d. h. vor allem ihre Voraussetzungen und ihren Anwendungsbereich, im Zusammenhang mit Art. 975 ZGB behandeln (V. Kapitel § 40 B VI).

3. Das Urteil oder eine einem solchen gleichwertige richterliche Urkunde (analoge Anwendung von Art. 665 Abs. 1 ZGB)[51]

4. Die Nacherbeneinsetzung (Art. 960 Abs. 1 Ziff. 3 ZGB)[52]?

---

[50] HOMBERGER, Art. 961 N. 1. Die Vormerkung kann insbesondere vom Kläger in einem Erbschaftsprozeß anbegehrt werden (Art. 598 Abs. 2 ZGB), HOMBERGER, Art. 961 N. 5. TUOR/PICENONI, Art. 598 N. 34 und ESCHER, Art. 598 N. 17 berufen sich zu Unrecht auf Art. 960 Abs. 1 Ziff. 1 ZGB.

[51] PIOTET, Les effets typiques, S. 54. Beispiel: Entgegen der getroffenen Vereinbarung weigert sich ein Kaufrechtsgeber, das persönliche Recht vormerken zu lassen. Der Berechtigte kann gegen ihn Klage erheben. Obsiegt er, erzeugt das Urteil die Wirkung, die einer konstitutiven Vormerkung zukommt. Die Vormerkung, die der Kläger daraufhin anbegehrt, muß diese zum Ausdruck bringen, vgl. § 17 Noten 13 und 19.

[52] Die Vormerkung ist deklaratorischer Natur bei der Annahme, mit ihr könne nur die auflösende Bedingung, unter welcher der belastete Erbe das Grundstück erworben habe, dem gutgläubigen Dritten entgegengehalten werden, oben, Note 11.

5. Das Rückfallsrecht bei der Schenkung von Grundstücken oder beschränkten dinglichen Rechten (Art. 247 OR)[53]?

III. Die Anmeldung der Vormerkung

1. Die Legitimation zur Anmeldung

Wie beim Erwerb von dinglichen Rechten im Geltungsbereich des relativen Eintragungsprinzips (§ 17 B II) ist eine Erklärung des Eigentümers an sich nicht notwendig. Art. 963 Abs. 2 ZGB wird entsprechend angewendet. Die Vormerkung setzt aber natürlich eine Anmeldung voraus, die materiell einen Antrag zur Richtigstellung des Grundbuches enthält.

Bei den Maßnahmen innerhalb des *Zwangsvollstreckungsverfahrens* wird die Vormerkung von der zuständigen Behörde angemeldet, welche die Rechte der Gläubiger vertritt, zu deren Gunsten die Maßnahme ergriffen worden ist (Art. 17 GBV; die oben unter II 1 zitierten Artikel des SchKG und Art. 3 und 4 VZG); die vorgesehenen «Mitteilungen» bedeuten soviel wie Anmeldung.

Macht jemand ein *dingliches Recht* geltend, geht die Anmeldung der vorläufigen Eintragung vom Ansprecher aus; dennoch kann die Eintragung aber nur mit Zustimmung des Eigentümers erfolgen. Liegt diese nicht vor, wird der Ansprecher – trotz des dinglichen Rechtes, das er geltend macht – wie jener, dem das Gesetz eine Ergänzung des Ausweises gestattet, an den Richter verwiesen (oben, AA II 3). Obsiegt er in diesem Verfahren, kann er die Vormerkung selber anmelden[54].

Der Berechtigte, dem in einem Prozeß das *Recht zur Vormerkung* zugesprochen worden ist (oben, II 3), kann diese – wie beim Erwerb von dinglichen Rechten durch richterliches Urteil (§ 17 Note 32) – selber anmelden.

Geht man von der oben (Note 52) gemachten Auslegung aus, ist der *Nacherbe*, zu dessen Gunsten die Beschränkung des Verfügungsrechts bereits besteht, an sich selber legitimiert, die Vormerkung anzumelden. Da jedenfalls diese Art von Sicherheit dem belasteten Eigentümer nicht auferlegt werden kann[55], muß die Grundbuchanmeldung aber schließlich von

---

[53] Auch hier ist die Vormerkung deklaratorischer Natur unter der Annahme, durch sie werde nur die auflösende Bedingung abgesichert, oben, Note 10.
[54] Das Prozeßrecht kann vorsehen, daß die Verfügung dem Grundbuchverwalter von Amtes wegen mitgeteilt wird. In diesem Fall handelt der Richter als Vertreter des Ansprechers, HOMBERGER, Art. 961 N. 14.
[55] TUOR, Art. 490 N. 17; ESCHER, Art. 490 N. 8; PIOTET, Erbrecht, II S. 118; anderer Meinung:

diesem ausgehen. Dem Nacherben steht jedoch das Recht zu, an den Richter zu gelangen und eine vorläufige Eintragung der fraglichen Vormerkung zu erwirken[56].

Sieht man bei einer *Schenkung* in der Vereinbarung des *Rückfallsrechts* eine auflösend bedingte Übertragung des Eigentums (Note 53), ist der Schenker – auch nach der Eintragung des Beschenkten im Grundbuch – selber legitimiert, die Vormerkung anzumelden[57].

2. Die weitern Voraussetzungen der Anmeldung

Der Anmeldung der Vormerkung, die von einem Privaten ausgeht, kommt materielle Bedeutung zu. Sie muß daher die Voraussetzungen eines Rechtsgeschäftes erfüllen (vorn, § 17 B II 3).

Erfolgt die Anmeldung der Vormerkung durch eine Behörde, muß sie die gesetzlichen Erfordernisse der fraglichen Verwaltungshandlung erfüllen (vorn, a.a.O.).

Die formellen Voraussetzungen sind jene jeder Anmeldung. Dem Antrag müssen die Ausweise beigelegt sein, die für jeden einzelnen Fall einer Vormerkung vorgeschrieben sind (hinten, § 23 IV).

C. Die Voraussetzungen für das gänzliche oder teilweise Erlöschen der Wirkungen der Vormerkungen

AA. Allgemein

Die Wirkungen der Vormerkungen von persönlichen Rechten nach Art. 959 oder anderer Rechtsbeziehungen, die Wirkungen der Vormerkungen

---

HOMBERGER, Art. 960 N. 45; nach ihm geht die Vormerkung vom Belasteten aus; doch werde der Grundbuchverwalter – abweichende Vereinbarung vorbehalten – den letztern nur gleichzeitig mit der Vormerkung der Nacherbeneinsetzung als Eigentümer ins Grundbuch eintragen. BGE 82 I, 1956, S. 194 konnte die Frage offen lassen.

56 Zit. Entscheid des BGer, S. 195. Es handelt sich wohl um einen Anwendungsfall von Art. 961 Abs. 1 Ziff. 1 ZGB, da der Nacherbe eine dingliche Anwartschaft geltend macht. Nach der hier vertretenen Auffassung besteht die Verfügungsbeschränkung von Gesetzes wegen, auch wenn sie nicht vorgemerkt ist; doch kann sie gutgläubigen Dritten nicht entgegengehalten werden.

57 Bestreitet der Beschenkte das Recht, braucht nicht Art. 961 Abs. 1 Ziff. 1 ZGB sinngemäß angewendet zu werden. Der Grundbuchverwalter muß die Vormerkung vornehmen; doch muß er, wenn die Schenkung bereits eingetragen ist, diese – nach Art. 969 ZGB – dem Beschenkten mitteilen; dieser hat dann die Möglichkeit, den Rechtsgrund der Vormerkung zu bestreiten.

von Verfügungsbeschränkungen nach Art. 960 sowie die Wirkungen von vorläufigen Eintragungen nach Art. 961 ZGB können ganz oder teilweise als Folge einer Eintragung im Grundbuch (Löschung) oder auch ohne eine solche aufhören. Ist eine solche nicht notwendig, muß trotzdem – und wäre es auch nur aus Ordnungsgründen – eine Löschung erfolgen.

Die Löschung, welche zur Folge hat, daß die Wirkungen, die sich aus einer Vormerkung ergeben, ein Ende nehmen, ist die rechtsändernde Löschung. In sinngemässer Anwendung von Art. 964 Abs. 1 ZGB wird sie grundsätzlich von demjenigen angemeldet, dem die Vormerkung Rechte verleiht.

Von der *berichtigenden* Löschung einer Vormerkung sprechen wir, wenn die Rechtswirkungen, die mit der Vormerkung verbunden sind, *von Gesetzes wegen* erlöschen oder die Vormerkung diese Wirkungen gar nie entfaltet hat. Es geht nur darum, das Grundbuch mit dieser Tatsache in Übereinstimmung zu bringen. In der Regel ist es Sache desjenigen, dem das Erlöschen der vorgemerkten Rechtsbeziehung zum Vorteil gereicht, die Richtigstellung des Grundbuches zu beantragen und die entsprechende Anmeldung vorzunehmen[58].

Auch hier bei den Vormerkungen findet sich die Unterscheidung zwischen dem absoluten und dem relativen Eintragungsprinzip (vorn, in bezug auf das Erlöschen der dinglichen Rechte, § 16 zu Beginn und § 17 A und C II 1).

Wie beim Untergang der eingetragenen dinglichen Rechte muß man auch bei den verschiedenen Arten des Erlöschens der Wirkungen der Vormerkungen unterscheiden: ob diese mit der Löschung einer Vormerkung oder bereits vorher von Gesetzes wegen aufhören. Diese rechtsändernde oder bloß erklärende Wirkung hängt nicht davon ab, ob die Vormerkung selber konstitutiver oder deklaratorischer Natur war.

BB. Das Erlöschen der Wirkungen der Vormerkungen durch Löschung (Die rechtsändernde Löschung)

Das Erlöschen der Wirkungen der Vormerkungen durch Löschung erfordert einen *Löschungsgrund* und einen *Löschungsakt;* d.h. eine Verfügung, welche auf die Löschung hinzielt.

---

[58] Man kann die berichtigende Löschung auch danach unterscheiden, ob sie eine reine Ordnungsfunktion ausübt oder ob ihr gleichwohl eine gewisse materielle Bedeutung zukommt (vorn, § 17 Note 3 und unten, CC II 1 am Schluß).

I. Der Löschungsgrund

Der Löschungsgrund ist ein Rechtsgeschäft, in dem sich der aus einer Vormerkung Berechtigte verpflichtet, den von der Vormerkung erzeugten Wirkungen ein Ende zu setzen. Er kann aber auch in einem einseitigen Entschluß des Berechtigten bestehen, der sich in der Löschungsanmeldung ausdrückt und mit dieser zusammenfällt. Diesbezüglich verweisen wir auf die nachfolgenden Ausführungen unter II.

Die Verpflichtung des aus einer Vormerkung Berechtigten, die Wirkungen der Vormerkung zu beenden, wird sich aus einem Vertrag oder allenfalls aus einer Verfügung von Todes wegen ergeben (vorn, § 16 A I)[58a]. Diese Geschäfte müssen die ordentlichen gesetzlichen Voraussetzungen erfüllen. Der Vertrag, in dem sich der Berechtigte zur Löschung einer Vormerkung verpflichtet, bedarf keiner besonderen Form (Art. 115 OR).

Verstärkt eine Vormerkung ein persönliches Recht (Art. 681/683, 814 Abs. 3 ZGB; Art. 260/282 OR, allenfalls Art. 490 Abs. 2 ZGB, Art. 247 OR) kann der Berechtigte durch Vereinbarung auf die Forderung selber, etwa ein Kaufsrecht, oder auch nur auf die Wirkungen der Vormerkung verzichten[59]. Im ersten Fall verliert die Vormerkung ihre Wirkungen; die Löschung stellt dann nur noch das Grundbuch richtig (unten, CC Ie Note 72). Im zweiten Fall besteht das persönliche Recht weiter; die Löschung hat rechtsändernde Wirkung.

Der Vertrag, der einer Löschung zugrunde liegt, kann auch die Aufhebung oder Abänderung einer Vereinbarung bezwecken, die das Verhältnis von Mit- oder Stockwerkeigentümern untereinander, die Rechtsbeziehungen zwischen dem Eigentümer des belasteten Grundstücks und dem Baurechtsnehmer oder die Rechte der Miterben nach erfolgter Zuweisung eines Grundstückes an einen von ihnen besonders umschreibt (oben, B AA I e–i).

Derjenige, zu dessen Gunsten auf amtliche Anordnung hin eine Verfügungsbeschränkung vorgemerkt worden ist (Art. 960 Abs. 1 Ziff. 1 ZGB), kann sich verpflichten, auf den aus der Vormerkung sich ergebenden Schutz zu verzichten. Desgleichen könnte derjenige, zu dessen Gunsten gestützt auf einen auf dem Gesetz beruhenden Rechtsgrund ein Recht vorläufig mit konstitutiver Wirkung im Grundbuch eingetragen worden ist (Art. 961 Abs.

[58a] Bei der Vormerkung der Mitgliedschaft bei einer *Genossenschaft* kann der Rechtsgrund der Löschung auch in einer Statutenänderung liegen, mit welcher die Verbindung der Mitgliedschaft mit dem Eigentum an einem Grundstück aufgehoben oder auch nur die Verstärkung dieser Rechtsbeziehung durch eine Vormerkung im Grundbuch nicht mehr beabsichtigt ist.

[59] HOMBERGER, Art. 959 N. 26.

1 Ziff. 2 ZGB, Art. 22 und 22*a* GBV) oder dessen Gewinnanteilsrecht im Grundbuch vorgemerkt worden ist, die Verpflichtung auf sich nehmen, auf die ihm zustehenden Vorteile zu verzichten.

Demgegenüber ist nicht ersichtlich, wie die im Zwangsvollstreckungsverfahren tätigen Behörden bezüglich der Vormerkung einer Verfügungsbeschränkung nach Art. 960 Abs. 1 Ziff. 2 ZGB eine derartige Verpflichtung eingehen könnten[60].

In den andern Fällen einer deklaratorischen Vormerkung (Art. 961 Abs. 1 Ziff. 1, 665 Abs. 1 [entsprechend angewendet] 960 Abs. 1 Ziff. 2 ZGB, Art. 247 OR) läßt sich theoretisch vorstellen, daß sich der Berechtigte verpflichtet, auf den durch die Vormerkung gutgläubigen Dritten gegenüber erreichten Schutz zu verzichten.

II. Der Löschungsakt (Art. 964 Abs. 1 ZGB)

Der Löschungsakt stellt eine Verfügung des Berechtigten dar, die mit der Löschung im Hauptbuch vollendet wird (vorn, § 16 B).

1. Die Fälle

a) Der Löschungsakt, der dem Versprechen, die Wirkungen einer Vormerkung zu beenden, nachfolgt

Hier stellt der Löschungsakt die Erfüllung der eingegangenen Verpflichtung dar. Weigert sich der Berechtigte, seiner Verpflichtung nachzukommen, kann der belastete Eigentümer auf Löschung der Vormerkung klagen (entsprechende Anwendung von Art. 665 Abs. 1 ZGB).

b) Der Löschungsakt, der sich aus dem einseitigen Entschluß des aus einer Vormerkung Berechtigten ergibt

Hier verzichtet der Berechtigte von sich aus auf die Rechtsvorteile, die mit der Vormerkung verbunden sind; ohne dazu verpflichtet zu sein (betreffend die dinglichen Rechte, vgl. § 16 B I 2).

---

[60] Nur der Pfändungsgläubiger kann sich dem Schuldner gegenüber verpflichten, den Betreibungsbeamten zu bevollmächtigen, dem Schuldner am gepfändeten Grundstück wieder die freie Verfügung zu überlassen (Art. 96 Abs. 1 SchKG 1. Satz). Da damit die Pfändung aufgehoben wird, kann der Betreibungsbeamte darauf die Löschung der Vormerkung anmelden, die dann deklaratorischer Natur ist, siehe unten, CC II 2c.

Es wird ohne Zweifel selten sein, daß sich der belastete Eigentümer nicht vorher mit dem Berechtigten über die Löschung der Vormerkung abgesprochen hat; namentlich, wenn die Vormerkung ein persönliches Recht verstärkt[61]. Es wäre allenfalls zu prüfen, ob nicht – wie beim Verzicht auf eine Dienstbarkeit (vorn, § 16 B I 2c) – in diesen Fällen die Wirkungen der Vormerkung von Gesetzes wegen erlöschen würden; so daß der Streichung des Eintrages im Hauptbuch nur noch deklaratorische Wirkung zukommen würde (unten, CC Id).

Zwei weitere Fälle sind noch: Ein Eigentümer hat auf seinem Grundstück zugunsten eines Pfandrechts, dessen Gläubiger er selber ist, ein Nachrückungsrecht oder bei einer Stockwerkeigentümergemeinschaft, bei der er alle Anteile selber besitzt, auf den einzelnen Anteilen zugunsten der andern ein Vorkaufsrecht vormerken lassen (oben, B II 4). Er kann die diesbezüglichen Vormerkungen nach seinem Gutdünken löschen lassen.

2. Die Voraussetzungen des Löschungsaktes

a) Allgemein

Durch den Löschungsakt, der seinen Ausdruck in der Löschungsanmeldung findet, erklärt der aus einer Vormerkung Berechtigte seinen Willen, auf die Wirkungen der Vormerkung zu verzichten.

Dieser Akt stellt ein einseitiges Rechtsgeschäft dar[62]. Es wird auf das verwiesen, was über die Natur der entsprechenden Verfügung bei der Löschung von dinglichen Rechten im Geltungsbereich des absoluten Eintragungsprinzips gesagt worden ist (vorn, § 16 B II 1). Eigentlicher Empfänger des Löschungsantrages ist der belastete Eigentümer.

Stützt sich der Löschungsakt auf ein Verpflichtungsgeschäft, hängt die Löschungsanmeldung, mit welcher der Berechtigte über sein Recht verfügt, von der Rechtsgültigkeit dieses Grundgeschäftes ab (Kausalitätsprinzip)[62a].

---

[61] Der Verzicht auf die Forderung selber setzt einen Vertrag voraus, MEIER-HAYOZ, Art. 681 N. 324. Hier ist aber nur der Verzicht auf die besondere Wirkung der Vormerkung gemeint.

[62] Ist die Vormerkung von einer richterlichen Behörde angeordnet worden (Art. 960 Abs. 1 Ziff. 1, 961 Abs. 1 Ziff. 1 und 2 ZGB), ist die Mitwirkung dieser Behörde nicht erforderlich; vgl. HOMBERGER, Art. 960 N. 28, Art. 961 N. 25, 28, 44.

[62a] Die Löschungsverfügung für die besonderen Wirkungen der Vormerkungen ist, wie auch das Verfügungsgeschäft bei deren Errichtung, kausal (oben, Note 13). Anderer Meinung: MEIER-HAYOZ, Art. 681 N. 135 und OSTERTAG, Art. 959 N. 25. Die Frage betrifft die Wirkungen der Grundbucheintragungen im weiteren Sinn, siehe hinten, V. Kapitel § 37 C I 2.

b) Die Verfügungsmacht

aa) Allgemein

Die Befugnis, ganz oder teilweise auf die mit einer Vormerkung verbundenen Wirkungen zu verzichten, steht demjenigen zu, der aus ihr berechtigt ist[62b]; allenfalls kann es auch ein Gesamt- oder Einzelnachfolger sein. Das sind etwa: der Schenker, der sich das Rückfallsrecht ausbedungen hat (Art. 247 OR); die Miteigentümer, welche die Vereinbarung des Ausschlusses der Teilung aufgehoben haben (Art. 650 Abs. 2 ZGB); der Kläger, zu dessen Gunsten eine Verfügungsbeschränkung besteht (Art. 960 Abs. 1 Ziff. 1 ZGB)[63]; der Bauhandwerker oder Unternehmer, der eine vorläufige Eintragung erwirkt hat (Art. 22 GBV); der Miterbe, der Anspruch auf einen Anteil am Gewinn hat (Art. 619*quinquies* ZGB); der Kläger im Grundbuchberichtigungsprozeß, der durch eine vorläufige Eintragung geschützt worden ist (Art. 961 Abs. 1 Ziff. 1 ZGB); der Nacherbe (Art. 490 Abs. 2 ZGB); der Eigentümer, der an einem ihm gehörenden Grundstück Stockwerkeigentum begründet und jedem Stockwerkanteil das Vorkaufsrecht eingeräumt hat (Art. 712*c* Abs. 1 ZGB), solange er noch keine Anteile veräußert hat.

Die Regeln betreffend die Verfügungsmacht über dingliche Rechte an Grundstücken gelten mutatis mutandis auch für die Anmeldung der Löschung von Vormerkungen (vorn, § 16 B II).

bb) Die Zustimmung weiterer Personen, denen eine Vormerkung Rechte verschafft

Es ist denkbar, daß an einem durch eine Vormerkung verstärkten persönlichen Recht, das an sich übertragbar ist (Beispiel: Forderungen der Bauhandwerker oder Unternehmer, Art. 837 Abs. 1 Ziff. 3 ZGB/Art. 22 GBV) oder dessen Übertragbarkeit besonders vereinbart worden ist (Beispiele: Kaufs-, Vor- oder Rückkaufsrecht, Art. 681/683 ZGB), ein Pfandrecht begründet worden ist: In diesem Fall muß der Pfandgläubiger der Löschung zustimmen[64].

Gleich verhält es sich, wenn einem Gläubiger eine grundpfändlich sichergestellte Forderung verpfändet worden ist, zu deren Gunsten ein Nachrückungsrecht besteht (Art. 814 Abs. 3 ZGB): Die Löschung des vorgemerkten Nachrückungsrechtes setzt die Zustimmung des Pfandgläubigers voraus.

[62b] HOMBERGER, zu den persönlichen Rechten nach Art. 959 ZGB, N. 26.
[63] HOMBERGER, Art. 960 N. 28.
[64] Eine andere Frage ist, ob und wie der Grundbuchverwalter vom Mobiliarpfand Kenntnis erhält.

Steht ein vorgemerktes Vorkaufsrecht dem Eigentümer eines Grundstückes als solchem zu (sog. Realvorkaufsrecht)[65] und ist dieses verpfändet, muß der Pfandgläubiger der Löschung des Vorkaufsrechtes zustimmen[65a].

Ist bei einem Miteigentumsverhältnis die Teilung vorübergehend ausgeschlossen (Art. 650 Abs. 2 ZGB) oder das gesetzliche Vorkaufsrecht aufgehoben worden (Art. 682 Abs. 3 ZGB), oder ist zwischen dem Eigentümer des belasteten Grundstücks und dem Baurechtsnehmer über die Ausübung des Heimfallsrechts eine besondere Vereinbarung getroffen worden (Art. 779e ZGB), können die entsprechenden Vormerkungen im Grundbuch nur mit der Zustimmung der Gläubiger gelöscht werden, denen ein Miteigentumsanteil, das vom Baurecht belastete Grundstück oder das selbständige und dauernde Baurecht verpfändet ist; dies jedenfalls dann, wenn diese Gläubiger durch die Löschung einen Schaden erleiden würden – was von Fall zu Fall abzuklären ist[65b].

c) Die weitern Voraussetzungen des Löschungsaktes

Es wird auf das verwiesen, was zur rechtsändernden Löschung von dinglichen Rechten gesagt worden ist (vorn, § 16 B II 3).

Mit Ausnahme des Falles, in dem die Vormerkung zugunsten des Eigentümers selber besteht, kann die Anmeldung einer rechtsändernden Löschung, die als Verfügung seinem Empfänger eine dingliche Anwartschaft verschafft, nicht einseitig zurückgezogen werden (a.a.O., 4).

CC. Das Erlöschen der Wirkungen der Vormerkungen ohne Löschung (Die berichtigende Löschung)

Auch hier unterscheiden wir zwischen dem *Rechtsgrund,* bei dessen Eintreten die Wirkungen der Vormerkungen von Gesetzes wegen aufhören, und dem *Verfahren zur Richtigstellung* des Grundbuches, das mit der Löschung abgeschlossen wird.

---

[65] MEIER-HAYOZ, Art. 681 N. 24, 93, 103 und Verweise; BGE 71 II, 1945, S. 158 ff.
[65a] Die Rechtslage ist gleich wie beim Vorkaufsrecht zugunsten der Stockwerkeigentümer (Art. 712c Abs. 1 ZGB): ist ein Anteil mit einem Pfandrecht belastet, kann der Stockwerkeigentümer nur mit Zustimmung des Pfandgläubigers auf das vorgemerkte Recht verzichten.
[65b] Das Wiederauflebenlassen des gesetzlichen Vorkaufsrechts der Miteigentümer (Löschung der Klausel, die dieses aufhebt, Art. 682 Abs. 3 ZGB) kann die Pfandgläubiger dadurch benachteiligen, daß das wieder bestehende Vorkaufsrecht den Verkauf des Miteigentumsanteils des Schuldners erschwert (vgl. Art. 60a VZG).

I. Die Rechtsgründe, die zum Erlöschen der Wirkungen der Vormerkungen führen

Die Rechtsgründe, die zum Erlöschen der Wirkungen der Vormerkungen führen, sind sehr verschieden und für die einzelnen Arten auch nicht die gleichen. Eine erschöpfende Aufzählung wäre nur möglich, wenn man auf die Einzelheiten der Rechtseinrichtungen eingehen würde, die im Grundbuch vorgemerkt werden können. Wir beschränken uns deshalb auf die typischsten Fälle[66].

a) Enteignung und verwandte Untergangsgründe[67];

b) richterliches Urteil[68];

c) Zwangsvollstreckung[69];

---

[66] Zur Erinnerung sei auf den Fall der gänzlichen oder teilweisen Zerstörung eines Grundstücks, auf dem eine Vormerkung lastet, verwiesen, vgl. vorn, § 17 Note 39. Steht ein persönliches Recht, etwa ein Vorkaufsrecht, dem jeweiligen Eigentümer eines bestimmten Grundstücks zu, fallen mit der Zerstörung oder Dereliktion desselben das persönliche Recht wie auch die Vormerkung ganz oder teilweise dahin.

[67] Art. 5 EntG erklärt nicht ausdrücklich, daß die vorgemerkten persönlichen Rechte auch Gegenstand der Enteignung sind; doch wird dies allgemein angenommen; HESS/WEIBEL, I Art. 5 EntG N. 21ff.; MEIER-HAYOZ, Art. 681 N. 309 und dort angegebene Verweise. Auf jeden Fall gehen nach Art. 91 EntG die vorgemerkten persönlichen Rechte mangels anderer Vereinbarung mit der Enteignung unter, wobei Art. 23 EntG aber die Entschädigung der aus ihnen Berechtigten vorsieht.

[68] Beispiele: Urteil im Prozeß auf Erfüllung der Verpflichtung, der Löschung einer Vormerkung zuzustimmen (oben, C BB II 1a); Urteil, das einen streitigen Anspruch (Art. 960 Abs. 1 Ziff. 1, 961 Abs. 1 Ziff. 2 ZGB, Art. 22 und 22a GBV) oder eine Klage auf Feststellung eines dinglichen Rechts abweist, für die auf richterliche Anordnung hin im Grundbuch eine Vormerkung eingetragen war und diese nun keine Berechtigung mehr besitzt, vgl. HOMBERGER, Art. 960 N. 28, Art. 961 N. 25 und 28.

[69] Ein vorgemerktes Vorkaufsrecht, das ins Lastenverzeichnis aufgenommen worden ist (Art. 138 Abs. 2 Ziff. 3, 140 Abs. 1 SchKG, Art. 34b VZG), wird dem Ersteigerer überbunden (Art. 51 Abs. 2 VZG). Eine solche Überbindung ist aber nicht möglich, wenn ein im Rang vorgehender Gläubiger den Doppelaufruf verlangt hat (Art. 142 SchKG, Art. 56 und 104 VZG in Verbindung mit Art. 812 Abs. 2 ZGB) und der Aufruf ohne die Vormerkung ein besseres Ergebnis erbringt: in diesem Fall geht das Vorkaufsrecht unter, vgl. BGE 43 III, 1917, S. 142; MEIER-HAYOZ, Art. 681 N. 309; HAAB, Art. 681 N. 22. Der neue Art. 73f VZG legt fest, daß die Bestimmungen des Art. 51 über das vorgemerkte vertragliche Vorkaufsrecht auf das Vorkaufs- und Einspracherecht nach Art. 712c ZGB entsprechende Anwendung finden. – Ein Kaufs- oder Rückkaufsrecht können an einem Grundstück ausgeübt werden, das Gegenstand eines Zwangsvollstreckungsverfahrens bildet, BGE 86 III, 1960, S. 106; 102 III, 1976, S. 20. Es findet damit keine Übertragung statt. Sie können, wenn sie vorgemerkt sind, auch nicht als Folge des Doppelaufrufs untergehen, MEIER-HAYOZ, Art. 683 N. 60 und dort zitierte Literatur. – Vorgemerkte persönliche Rechte, die aber nicht ins Lastenverzeichnis aufgenommen worden sind (Art. 140/135 SchKG), können auch auf Grund des Zuschlags an einen gutgläubigen Erwerber erlöschen. Es gilt die gleiche Lösung wie bei den Dienstbarkeiten; vorn, § 17 Note 45.

d) einseitiger Verzicht auf die Wirkungen einer Vormerkung (oben, C BB II 1b)?
e) selbständiger Untergang des vorgemerkten Rechtes.

Davon halten wir einzelne Fälle fest:

aa) Das Kaufsrecht, Vor- und Rückkaufsrecht

Die entsprechenden Forderungen können untergehen durch Vereinigung (Art. 118 OR)[70], Schulderlaß[71], durch Ablauf der Zeit, für die ein Recht als solches vereinbart worden ist (Art. 72 Abs. 1 GBV)[72], durch Eintritt einer auflösenden Bedingung, durch den Tod des Berechtigten, wenn das Recht aktiv oder durch denjenigen des Verpflichteten, wenn es passiv nicht vererblich ist[72a].

bb) Die weitern persönlichen Rechte

Die gleichen Untergangsgründe können mutatis mutandis auch bezüglich der übrigen Rechte eintreten.

Die Auflösung eines Mietvertrages hat von Gesetzes wegen zur Folge, daß die Vormerkung ihre Wirkung verliert[73].

Ist bei einer Schenkung das Rückfallsrecht zugunsten des Schenkers vereinbart worden (Art. 247 OR) und stirbt dieser vor dem Beschenkten, erlischt dessen Recht (bzw. dasjenige seiner Erben), gegebenenfalls die Rückübertragung des geschenkten Grundstückes zu verlangen; die Vormerkung kann keine Wirkung mehr entfalten[74].

---

[70] MEIER-HAYOZ, Art. 681 N. 323; HAAB, Art. 681/682 N. 23. Eine solche Vereinigung findet nicht nur statt, wenn der Gläubiger durch Ausübung des Rechts Eigentümer des Grundstücks geworden ist – Art. 72 Abs. 2 GBV hat scheinbar diesen Fall im Auge –, sondern bereits vorher, wenn etwa der Inhaber des Rechts der einzige Erbe des Eigentümers des belasteten Grundstücks ist.

[71] MEIER-HAYOZ, Art. 681 N. 325 f.; BGE 89 II, 1963, S. 84; siehe oben, Note 59.

[72] MEIER-HAYOZ, Art. 681 N. 316 ff. Es muß zwischen der Dauer des persönlichen Rechts und der Dauer der Wirkung der Vormerkung unterschieden werden; letztere kann zehn Jahre nicht übersteigen (Art. 681 Abs. 3 ZGB). In der Praxis werden die beiden meistens übereinstimmen; Art. 72 Abs. 1 GBV setzt dies scheinbar voraus. Es ist jedoch vorstellbar, daß ein Kaufsrecht auf eine Dauer von zehn eingeräumt, es aber nur für fünf Jahre im Grundbuch vorgemerkt wird. Allgemein muß in jedem Fall die Dauer der Vormerkung als solche gesondert betrachtet werden, unten, II 2a.

[72a] MEIER-HAYOZ, Art. 681 N. 294 in Verbindung mit den Noten 105 und 110.

[73] HOMBERGER, Art. 959 N. 64; dies unabhängig vom Ablauf der Frist, «die in der Vormerkung festgelegt ist».

[74] HOMBERGER, Art. 959 N. 47. Gleichgültig ist, ob man das Rückfallsrecht als persönliches Recht oder als aufschiebend bedingte dingliche Erwartung ansieht.

Die gleiche Wirkung kommt dem vertraglich vereinbarten Verzicht eines Miterben auf seinen Anteil am Gewinn (Art. 619, 619*sexies* ZGB) zu; ebenso dem Ablauf der vertraglich vereinbarten Dauer des Gewinnanteilsrechts, wenn diese weniger als 25 Jahre beträgt.

cc) Weitere Fälle

Bei einer Nacherbeneinsetzung verliert die Vormerkung ihre Daseinsberechtigung mit dem Verzicht des Nacherben auf seine Berufung (Art. 488 ff. ZGB)[75].

Bestimmen die Statuten einer Genossenschaft, daß die Mitgliedschaft bei der Veräußerung des einem Genossenschafter gehörenden Grundstücks auf den Erwerber übergeht (Art. 850 Abs. 3 OR), endigt mit der Änderung der Statuten, wonach die Mitgliedschaft bei der Genossenschaft nicht mehr an das Eigentum an einem Grundstück gebunden ist, die Wirkung der Vormerkung.

f) Der Ablauf der für eine Vormerkung selber bestimmten Frist

Beim Kaufsrecht, Vor- und Rückkaufsrecht hört der Schutz, den die Vormerkung verschafft, nach zehn Jahren auf (Art. 681 Abs. 3 ZGB). Dies ist eine Verwirkungsfrist, die nicht verlängert, wohl aber verkürzt werden kann[76]. Die Wirkung der Vormerkung erlischt auch mit dem Ablauf einer vertraglich abgekürzten Frist (oben, Note 72). Die Vormerkung eines Mietvertrages, des Rückfallsrechts des Schenkers oder des Gewinnanteilsrechts der Miterben könnte – mit der gleichen Folge bei Ablauf der Frist – ebenfalls auf bestimmte Dauer vereinbart werden. Das vorher vorgemerkte Recht würde alsdann als obligatorisches weiterdauern. Die Dauer einer Vormerkung kann auch vom Richter bestimmt werden, der eine vorläufige Eintragung nach Art. 961 ZGB anordnet[77].

g) Das Erlöschen des einer Vormerkung zugrunde liegenden Rechtsverhältnisses

Wird ein Miteigentumsverhältnis aufgelöst, werden der vorübergehende Ausschluß der Teilung (Art. 650 Abs. 2 ZGB) oder die Aufhebung des Vor-

---

[75] Ein solcher Verzicht sollte nicht erst bei Eintritt des Nacherbfalls, sondern schon vorher möglich sein; in diesem Sinn, aber entgegen der herrschenden Meinung, PIOTET, Erbrecht, I S. 114 f.
[76] Es kann aber nach zehn Jahren eine *neue* (und nicht die Verlängerung der bisherigen) Vormerkung vereinbart werden, die auch einen neuen Rang erhält; MEIER-HAYOZ, Art. 681 N. 320 f.
[77] BGE 98 Ia, 1972, S. 241.

kaufsrechts (Art. 682 Abs. 3 ZGB) mit dem zugrunde liegenden Rechtsverhältnis hinfällig. Das gleiche gilt, wenn die Genossenschaft aufgelöst wird, für die Bestimmung in den Statuten einer Genossenschaft, wonach die Mitgliedschaft, die an das Eigentum an einem Grundstück gebunden ist, auf den Erwerber übergeht (Art. 850 OR). Und auch das Nachrückungsrecht hat nur zusammen mit dem Pfandrecht Bestand; geht dieses unter, besteht für die Vormerkung desselben keine Grundlage mehr[78].

h) Die Ausübung des durch eine Vormerkung geschützten Rechtes

Das in Frage stehende Recht geht auch unter, wenn der Berechtigte, das erwartete Ergebnis dank der Vormerkung erreicht hat. So erlischt ein Kaufsrecht, wenn es der Kaufrechtsnehmer ausgeübt hat und er als Eigentümer im Grundbuch eingetragen worden ist[79].

---

[78] HOMBERGER, Art. 959 N. 56 am Schluß.
[79] HOMBERGER, Art. 959 N. 26; MEIER-HAYOZ, Art. 681 N. 295, Art. 683 N. 64. In einem Entscheid vom Jahr 1978, veröffentlicht in ZBGR 60, 1979, S. 381, hat das BGer entschieden, soweit es um den ihm aus der Vormerkung zukommenden Schutz gehe, könne ein Kaufsrecht erst als ausgeübt betrachtet werden, wenn der Berechtigte, der das Recht geltend gemacht habe, im Grundbuch als Eigentümer eingetragen sei. Dem ließe sich entgegenhalten, durch die Ausübung des Rechts sei an Stelle des Kaufsrechts ein Kaufvertrag getreten, und der Kaufrechtsnehmer, der nun Käufer sei, dürfe nicht besser gestellt werden als ein gewöhnlicher Käufer, der sich nur mit dem von Art. 960 Abs. 1 Ziff. 1 ZGB zur Verfügung gestellten Mittel schützen könne (in diesem Sinn H. H., in den Bemerkungen zum soeben zitierten Entscheid, a. a. O., S. 385f.). Die Begründung, die sich auf Art. 72 Abs. 2 GBV stützen könnte, ist wohl nicht stichhaltig; denn das Erlöschen der fraglichen Rechte könnte bis zur Eintragung des Berechtigten als Eigentümer Anlaß zu einem Löschungsverfahren nach Art. 976 ZGB geben. Es läßt sich aber auch überlegen, die Forderung aus dem Kaufrechtsvertrag, der die Vertragsparteien den mit der Vormerkung verbundenen Rechtsvorteil zuteil werden ließ, sei die gleiche geblieben und habe sich mit der Ausübung des Wahlrechts neu verwirklicht. Wie im Fall des Art. 960 Abs. 1 Ziff. 1 ZGB würde sich so die Wirkung der Vormerkung bis zur Eintragung des Berechtigten als Eigentümer verlängern. Vorbehalten bleibt jedoch der Fall, daß die Wirkung der Vormerkung in der Zwischenzeit wegen Zeitablaufs erloschen ist (H. H., a. a. O.; oben, f).
Als konstitutive Vormerkung verstanden (oben, Note 10), erlischt das *Rückfallsrecht des Schenkers* gleichfalls mit der Ausübung des Rechts, wenn der Berechtigte im Grundbuch eingetragen oder wieder eingetragen ist. Sieht man die Vormerkung in diesem Fall aber als deklaratorisch an, erlischt ihre Wirkung gutgläubigen Dritten gegenüber ohne weiteres durch die Eintragung des Schenkers, der mit Eintritt der auflösenden Bedingung von Gesetzes wegen wiederum Eigentümer geworden ist.
Das *Nachrückungsrecht* müßte erlöschen, sobald der Berechtigte bis in den ersten Rang vorgerückt ist; vgl. HOMBERGER, Art. 959 N. 56. In der Praxis wird es jedoch selbst für Pfandrechte im ersten Rang vereinbart; dies in Voraussicht, daß das Pfandrecht einmal einen hintern Rang einnehmen könnte. So stellt das Nachrücken nicht einen Untergangsgrund dar, der von Gesetzes wegen wirken dürfte.
Das *Gewinnanteilsrecht* der Miterben erlischt, wenn deren Ansprüche erfüllt sind oder der

i) Das Erlöschen der Wirkungen einer Vormerkung im Fall eines Prozeßverfahrens (Art. 960 Abs. 1 Ziff. 1, 961 Abs. 1 Ziff. 1 und 2 ZGB, Art. 22 und 22*a* GBV)

Der Entscheid, der eine Vormerkung anordnet, kann aus verfahrensrechtlichen Gründen dahinfallen. Beispiel: Es werden vom Richter angeordnete Sicherheiten nicht geleistet; das vorläufig geschützte Recht wird aus andern Gründen verwirkt; der Berechtigte unterläßt es, innert der vom Richter im Fall des Art. 960 Abs. 1 Ziff. 1 ZGB nach kantonalem Prozeßrecht oder im Fall des Art. 961 Abs. 3 ZGB nach Bundesrecht angesetzten Frist Klage einzureichen[80].

Ist der streitige Anspruch vom Richter gutgeheißen (Art. 960 Abs. 1 Ziff. 1 ZGB, Art. 22 und 22*a* GBV), das geltend gemachte dingliche Recht anerkannt (Art. 961 Abs. 1 Ziff. 1 ZGB) oder der Ausweis über das Verfügungsrecht ergänzt worden (Art. 961 Abs. 1 Ziff. 2 und 966 Abs. 2 ZGB), wird das Recht endgültig im Grundbuch eingetragen; die Vormerkung wird damit gegenstandslos (Art. 76 Abs. 1 und 2 GBV)[81].

Ist eine dieser Klagen rechtskräftig abgewiesen worden, verliert die Vormerkung ihre materielle Grundlage ebenfalls[82]. Das trifft auch zu, wenn der Grundbuchverwalter im Fall des Art. 961 Abs. 1 Ziff. 2 ZGB die Anmeldung endgültig abgewiesen hat.

j) Das Erlöschen der Wirkungen der Vormerkungen von Maßnahmen im Zwangsvollstreckungsverfahren

Die Art. 6, 68 Abs. 1 lit. c, 102 und 130 Abs. 1 VZG zählen die Fälle auf, in denen eine Verfügungsbeschränkung, die gestützt auf eine Pfändung, einen Arrest, eine Grundpfandbetreibung oder einen Konkurs angeordnet worden ist, dahinfällt. Die Schließung und der Widerruf eines Konkurses

---

Übernehmer die Liegenschaft ohne Gewinn weiterverkauft hat, BGE 75 I, 1949, S. 186 ff. Damit verliert die Vormerkung den Grund für ihr Dasein. Das durchzuführende Verfahren bleibt vorbehalten, unten, II 2e.
Bei der *Nacherbeneinsetzung* erlischt die Wirkung der Vormerkung von *Gesetzes* wegen, erst wenn der Nacherbe im Grundbuch eingetragen ist und er allfällige Einträge, die ihm nicht entgegengehalten werden können, hat beseitigen lassen, HOMBERGER, Art. 960 N. 47.

[80] HOMBERGER, Art. 960 N. 28; Art. 961 N. 25 und 28; MEISTER, S. 26 und 124; BGE 98 Ia, 1972, S. 241: Die Frist zur Klage ist von der Frist der Vormerkung zu unterscheiden, oben, Note 78. Vgl. auch BGE 101 II, 1975, S. 63 ff.; ZBGR 60, 1979, S. 279 ff. (Justizdirektion Bern). – Die Vormerkung kann auch mit Ablauf der Frist dahinfallen, die der Grundbuchverwalter einem Anmeldenden zur Ergänzung des Ausweises setzt (Art. 966 Abs. 2 ZGB). Siehe hinten, § 25 V 1.
[81] HOMBERGER, Art. 960 N. 28, Art. 961 N. 25 und 28; MEISTER, S. 96 und 124 f.
[82] HOMBERGER und MEISTER, a. a. O.

haben die gleiche Wirkung (Art. 94 und 97 SchKG). Auch der Abschluß eines ordentlichen Nachlaßvertrages läßt die Beschränkung dahinfallen (Art. 308 SchKG). Beim Abschluß eines Nachlaßvertrages mit Vermögensabtretung dagegen dauert diese bis zum Abschluß des Verwertungsverfahrens an (Art. 316*d* Abs. 1 SchKG; oben, B BB II 1 Note 49).

II. Die Löschungsanmeldung

1. Allgemein

In den vorstehend aufgeführten Fällen haben die Vormerkungen – gleichgültig, ob sie konstitutiver oder deklaratorischer Natur waren – ihre Wirkungen von Gesetzes wegen verloren. Wie beim Untergang von dinglichen Rechten *von Gesetzes* wegen (vorn, § 17 C II 1) ist das Grundbuch unrichtig geworden: Es muß richtiggestellt werden.

In sinngemässer Anwendung von Art. 963 Abs. 2 ZGB müsste die Befugnis, diese Richtigstellung zu beantragen, immer demjenigen zukommen, der aus dem Erlöschen der Wirkungen einer Vormerkung Nutzen zieht; d. h. dem Eigentümer des Grundstücks, auf dem eine Vormerkung eingetragen ist – und nicht dem aus einer solchen Berechtigten, wie wenn die Löschung auf Grund einer Verfügung desselben vorgenommen wird (oben, C BB II). Dieser Grundsatz gilt für eine ganze Anzahl von Vormerkungen. Die Löschung wird vom belasteten Eigentümer angemeldet.

Manchmal verlangt das Gesetz überhaupt keinen Antrag. Die Löschung erfolgt ohne Anmeldung, von Amtes wegen.

Umgekehrt stellt die Richtigstellung nicht in allen Fällen eine Nachführung im Sinn des Art. 963 Abs. 2 ZGB dar. Gegebenenfalls ist das Verfahren nach Art. 976 ZGB durchzuführen.

In gewissen Fällen beraubt zwar der Löschungsgrund eine Vormerkung ihrer Wirkungen. Er erlaubt es dem belasteten Eigentümer aber nicht, auf einem der angegebenen Wege die Löschung der Vormerkung zu erreichen. Er zwingt ihn, die normale Grundbuchberichtigungsklage (Art. 975 ZGB) einzureichen.

Es ist schwierig, dem Gesetz und seinen Anwendungsbestimmungen für jeden Fall, in dem eine Vormerkung ihre Wirkungen von Gesetzes wegen verloren hat, klare Angaben über den zur Richtigstellung des Grundbuches einzuschlagenden Weg zu entnehmen. Im folgenden machen wir den Versuch einer Zusammenstellung. Leider läßt sich diese aber weder auf die

Natur der Vormerkungen (konstitutiv oder deklaratorisch) abstützen noch allgemein nach den vom Gesetz vorgesehenen Arten von Vormerkungen einteilen (siehe vorn, für den Untergang von dinglichen Rechten von Gesetzes wegen, § 17 C II 2).

Mit der Löschung, um die es hier geht, wird das Grundbuch richtiggestellt. Jedes Mal, wenn das Fortbestehen einer Vormerkung einem gutgläubigen Dritten den Erwerb des fraglichen Rechts ermöglichen würde, ist die Löschung rechtlich aber nicht bedeutungslos. Es geht nicht um Fälle, in denen eine Vormerkung nach Ablauf ihrer Dauer im Grundbuch verbleibt; in denen eine Verfügungsbeschränkung gestützt auf eine Pfändung nach dem Erlöschen der Betreibung im Grundbuch vorgemerkt bleibt: in diesen Fällen ist die Löschung *rein deklaratorisch*. Es kann jedoch Fälle geben – sie sind zwar zweifellos selten –, in denen das Fortbestehen einer Vormerkung Folgen nach sich ziehen könnte. Beispiel: Durch Urteil steht fest, daß die Vormerkung eines an sich gültigen, übertragbaren Kaufrechts ungerechtfertigt ist. Verbleibt die Vormerkung im Grundbuch, wird der Übernehmer des Kaufrechts in seinem Vertrauen geschützt, die Vormerkung entfalte die ihr nach Art. 959 Abs. 2 ZGB zukommende Wirkung. Die Löschung der Vormerkung macht dieses Ergebnis unmöglich. Sie kann als *berichtigende* Löschung bezeichnet werden (vgl. vorn, § 17 Note 3): in derartigen Fällen stellt die Löschungsanmeldung, die von einem Privaten ausgeht (entsprechende Anwendung von Art. 963 ZGB; Art. 976 ZGB), ein Rechtsgeschäft dar, das die ordentlichen Voraussetzungen erfüllen muß (vorn, § 17 B II 3 und C II 1). Bei der gerichtlichen Klage (Art. 976 Abs. 2 und 3, 975 ZGB) legt das Prozeßrecht diese Voraussetzungen fest.

2. Die verschiedenen Löschungsverfahren

a) *Die Löschung durch den Grundbuchverwalter von Amtes wegen*

Die Löschung einer Vormerkung von Amtes wegen ist in Art. 72 Abs. 1 und 76 Abs. 1 GBV für die Fälle vorgesehen, daß bei der Vormerkung persönlicher Rechte die für die Ausübung des Rechts angegebene Zeit (oben, If) oder daß bei vorläufigen Eintragungen die vom Grundbuchverwalter oder Richter für die Anmeldung der definitiven Eintragung festgesetzte Frist unbenützt abgelaufen ist (oben, a.a.O.)[83][84].

---

[83] Das Betreibungs- oder Konkursamt, das ein vorgemerktes Kaufrecht in das Lastenverzeichnis aufgenommen hat, kann es ohne weiteres wieder streichen, wenn die in der Vormerkung angegebene Frist abgelaufen ist, BGE 105 III, 1972, S. 4. Das Grundbuch wird

Erlischt das einer vorgemerkten Klausel zugrunde liegende Rechtsverhältnis aus einem ihm eigenen Grund (oben, Ig), löscht der Grundbuchverwalter mit dieser Rechtsbeziehung gleichzeitig von Amtes wegen auch die Vormerkung. Beispiel: Die Vereinbarung, die den Anspruch auf Teilung des Miteigentums vorübergehend aufhebt.

Eine Vormerkung wird in gewissen Fällen auch von Amtes wegen gelöscht, wenn das vorgemerkte Recht ausgeübt worden ist. Beispiele: Der Grundbuchverwalter hat auf Grund einer Anmeldung des belasteten Eigentümers oder auf Grund eines Urteils einen Vorkaufsberechtigten als neuen Eigentümer (Art. 72 Abs. 2 GBV; oben, Ih)[85] oder eine vorläufige Eintragung endgültig im Grundbuch eingetragen (oben, Ih). In diesen Fällen geht es um die Rechtmäßigkeit eines eingetragenen Rechtes oder einer endgültigen Eintragung; die Löschung der Vormerkung ist nur ihre Folge.

b) Die Löschung in analoger Anwendung von Art. 963 Abs. 2 ZGB

In den Fällen der Enteignung (oben, Ia), des richterlichen Urteils (Ib) und der Zwangsvollstreckung (Ic) geht es einfach darum, durch die Löschung der Vormerkung das Grundbuch nachzuführen. Die Legitimation, die Löschung anzumelden, steht an sich dem Eigentümer des belasteten Grundstücks zu. Das gilt für den Fall eines Urteils; selbst wenn das Gericht dieses dem Grundbuchverwalter von Amtes wegen mitteilt. In Wirklichkeit handelt es als Vertreter der obsiegenden Partei (vorn, § 17 Noten 31 und 35). Die Mitteilungen durch das Verteilungsamt im Fall der Enteignung (vgl. Art. 101 EntG) oder durch den Vorsteher der Zwangsvollstreckungsbehörde (Art. 150 Abs. 3 SchKG) haben schließlich den gleichen Sinn.

Die Person oder Behörde, die legitimiert ist, die Löschung anzumelden, kann die Anmeldung bis zu ihrer Eintragung auch wieder zurückziehen; denn sie ist allein Herr über den vollzogenen Akt.

c) Die Löschung der Vormerkung von Maßnahmen im Zwangsvollstreckungsverfahren (oben, Ij)

Die Löschung erfolgt auf Anmeldung des Amtes hin, «welches die Betreibungshandlung, die zur Eintragung der Verfügungsbeschränkung

---

nach Abschluß des Verwertungsverfahrens von Amtes wegen nachgeführt; siehe GILLIÉRON, JdT 1980, II S. 138.

[84] Trotz seiner Ausdrucksweise hat Art. 76 Abs. 1 GBV nur die vom Richter bestimmte Gültigkeitsdauer einer vorläufigen Eintragung im Auge, nicht die von diesem gesetzte Frist zur Einreichung der Klage, oben, Ii und Note 80.

[85] In andern Fällen der Ausübung des vorgemerkten Rechts kann die Löschung wohl nicht von Amtes wegen erfolgen, oben, Note 79 und unten, e.

führte, angeordnet hat» (Art. 7 VZG, Art. 94-97 KV, Art. 308 SchKG). Dieses Verfahren knüpft insofern an das vorangehende an, als die zuständigen Behörden schlußendlich an Stelle des Schuldners oder Dritteigentümers des Grundstückes handeln, das eigentlich von der Verfügungsbeschränkung bereits nicht mehr belastet ist.

Die zuständige Behörde könnte die Anmeldung jederzeit zurückziehen.

d) Die Löschung im Verfahren nach Art. 976 ZGB

Es gibt Fälle, in denen die Voraussetzungen für eine sinngemässe Anwendung von Art. 963 Abs. 2 ZGB nicht gegeben sind, eine Vormerkung aber trotzdem ihre Wirkungen von Gesetzes wegen verloren hat. Die Rechtslage ist jener des Art. 976 ZGB ähnlich, der davon ausgeht, daß ein dingliches Recht untergegangen ist und der Eintrag jede rechtliche Bedeutung verloren hat. Statt zum voraus die Zustimmung des aus einer Vormerkung Berechtigten zur Löschung zu verlangen und den belasteten Eigentümer notfalls auf den Weg der Grundbuchberichtigungsklage zu verweisen[86], ist es angebracht, diesem Eigentümer zu gestatten, in entsprechender Anwendung von Art. 976 ZGB dem Grundbuchverwalter die Löschung der Vormerkung zu beantragen; so, wenn die Forderung aus einem Kaufrechtsvertrag mit Ablauf der Dauer, für welche sie vereinbart worden war, erloschen ist[87]. Siehe vorn, § 17 C II 2b und hinten, § 41.

Dem Eigentümer, der die Löschung im Verfahren nach Art. 976 ZGB beantragt hat, steht es frei, seine Anmeldung zurückzuziehen, bis der Grundbuchverwalter die Löschung vorgenommen hat.

e) Die Löschung, die vom Richter in Gutheißung einer Grundbuchberichtigungsklage angeordnet wird (Art. 975 ZGB)

Die Anwendung des vereinfachten Verfahrens nach Art. 976 ZGB setzt voraus, daß sich aus dem Grundbuch (und dessen Belegen) oder aus dem Gesetz im Zusammenhang mit andern öffentlichen Registern, wie dem Zivilstands- oder Handelsregister, klar ergibt, daß eine Rechtsbeziehung erloschen ist (hinten, § 41 I und IV). Ist dies nicht der Fall, setzt die Löschung

---

[86] Was MEIER-HAYOZ offenbar für alle Fälle empfiehlt, Art. 681 N. 134.
[87] Art. 976 ZGB ist wohl auch anzuwenden, wenn ein aktiv unvererbliches Kaufrecht durch den Tod des Berechtigten untergeht (Note 72a); gleiche Lösung bei der vorzeitigen Auflösung eines Mietvertrages (Note 73), beim Vorabsterben des Schenkers (Note 74 und HOMBERGER, Art. 976 N. 3), bei der Abänderung der Statuten einer Genossenschaft, mit welcher die Verbindung der Eigenschaft der Mitgliedschaft mit einem Grundstück aufgehoben wird.

die Zustimmung des aus einer Vormerkung Berechtigten oder ein Urteil im Grundbuchberichtigungsprozeß voraus, das feststellt, daß die Wirkungen einer Vormerkung erloschen sind[88]. Grundsätzlich ist der Prozeßweg zu beschreiten, wenn ein belasteter Eigentümer etwa dafür hält, der Berechtigte habe von sich aus auf die Vormerkung verzichtet (oben, Id), er habe einem Schulderlaß zugestimmt (oben, Note 71), eine auflösende Bedingung sei eingetreten, der Miterbe habe vertraglich auf sein Gewinnanteilsrecht verzichtet, der Nacherbe habe auf seine Berufung verzichtet (Note 76). Die einfache Ausübung des vorgemerkten Rechtes rechtfertigt die Anwendung des vereinfachten Löschungsverfahrens nicht in jedem Fall (Note 79); so etwa beim Gewinnanteilsrecht der Miterben oder beim Erbgang des Vorerben (oben, Note 79)[89].

---

[88] HOMBERGER, Art. 976 N. 1 und 3.
[89] Auch hier ist es nicht leicht, die Anwendungsbereiche der Art. 976 und 975 ZGB voneinander abzugrenzen.

§ 19. Die Grundbuchsperre

Literatur:

Neben dem Hinweis auf die Kommentare zu Beginn von § 18:
C. BESSON, Restriction du droit d'aliéner et cancellation du registre foncier, ZBGR 66, 1985, S. 1 ff.; H. DESCHENAUX, La protection de l'expectative de bénéfice dans le régime de participation aux acquêts, Gedächtnisschrift Jäggi, 1977, S. 151 ff.; H.-P. FRIEDRICH, Grundbuch und öffentliches Recht, ZBGR 51, 1970, S. 193 ff.; F. HASENBÖHLER, Verfügungsbeschränkungen zum Schutze eines Ehegatten, BJM 1986, S. 57 ff.; Th. GEISER, Neues Eherecht und Grundbuchführung, ZBGR 68, 1987, S. 15 ff.; W. HOCHULI, Verfügungsbeschränkung und Kanzleisperre, ZBGR 48, 1967, S. 129 ff.; K. HOFSTETTER, Der einstweilige Rechtsschutz im Luzerner Zivilprozeß, ZBJV 119, 1983, S. 393 ff.; C. KRADOLFER, Schutz des Rechts der Ehefrau auf Vorschlagsteilhabe, Diss. Zürich 1974; H. LEEMANN, Grundbuchsperren nach kantonalem Prozeßrecht, SJZ 23, 1926/27, S. 209 ff.; S.V. LEEMANN, Die Vormerkung von Verfügungsbeschränkungen im Grundbuch, Diss. Zürich 1927; P. LIVER, Die Anmerkung, ZBGR 50, 1969, S. 10 ff.; CH. MEISTER, Vorsorgliche Maßnahmen bei immobiliarsachenrechtlichen Streitigkeiten, Diss. Zürich 1977; H.E. MÜLLER, Zur Frage der Grundbuchsperre im geltenden schweizerischen Recht, Zürich 1942; M. NÄF-HOFMANN/H. NÄF-HOFMANN, Das neue Ehe- und Erbrecht im Zivilgesetzbuch, Zürich 1986 (zitiert Näf-Hofmann); H. NIEDERER, Die Vermögensbeschlagnahme im schweizerischen Strafprozeßrecht, Zürich 1968; R. PFÄFFLI, Die Auswirkungen des neuen Ehe- und Erbrechts auf die Grundbuchführung, Bern. Not. 47, 1986, S. 281 ff.; H.M. RIEMER, Zur Frage der Zulässigkeit von Grundbuchsperren, ZBGR 57, 1976, S. 65 ff.; H. STRÄULI, Kantonalrechtliche Grundbuchsperren als vorsorgliche Maßnahme im Zivilprozeß, ZSR 90, 1971, S. 417 ff.; P. VIELER, Der Anwendungsbereich der Grundbuchsperre im schweizerischen Recht, Diss. Basel 1983; O. VOGEL, Probleme des vorsorglichen Rechtsschutzes, SJZ 76, 1980, S. 89 ff.; W. WIEGAND, Doppelverkauf und Eigentumserwerb – Wer zuerst kommt, mahlt zuerst, Bern. Not. 46, 1985, S. 11 ff.; H. ZOLLINGER, Die Güterzusammenlegung im Kanton Bern, Bern 1946.

I. Allgemeines

1. Der Begriff der Grundbuchsperre

Nach der Definition des Bundesgerichts besteht die Grundbuchsperre in einer unmittelbar an den Grundbuchverwalter gehenden richterlichen Anweisung, «auf einem bestimmten Hauptbuchblatt bis auf weiteres oder während bestimmter Zeit oder bis zum Eintritt eines bestimmten Ereignisses überhaupt keine Eintragungen vorzunehmen oder eine einzelne Anmeldung oder Anmeldungen bestimmter Art nicht durch Eintragung in das Hauptbuch zu vollziehen»[1]. Für die meisten Fälle muß aber sogleich bei-

---

[1] BGE 91 II, 1965, S. 412 ff.; 103 II, 1977, S. 1 ff.; 104 II, 1978, S 170 ff. Zum Begriff der Grundbuchsperre, siehe insbesondere MEISTER, S. 126; RIEMER, S. 66; STRÄULI, S. 417; HOCHULI, S 138; MÜLLER, S. 36. § 29 der zürcherischen VO über das Grundbuch vom 26. März 1958

gefügt werden: unter Vorbehalt der Ermächtigung des Richters oder der Zustimmung desjenigen, der durch die Maßnahme geschützt wird[2].

Meistens verbindet der Richter mit dem Befehl an denjenigen, dem die Verfügungsmacht über das Grundstück zusteht, das Verbot, diese Macht auszuüben. Das Wesen der Grundbuchsperre liegt aber nicht in diesem Verbot; denn der Adressat kann es verletzen, und die vorgenommene Verfügung ist trotzdem rechtsgültig[3]. Entscheidend ist der Befehl des Richters an den Grundbuchverwalter, eine Anmeldung nicht einzutragen. Im Umfang der vom Richter angeordneten Maßnahme ist das Hauptbuchblatt gewissermassen geschlossen. Der Zugang zum Grundbuch wird denjenigen verwehrt, die ordentlicherweise diesen öffentlichen Dienst in Anspruch nehmen könnten, insbesondere dem Eigentümer[4]: Das besagt auch der Ausdruck «Kanzleisperre», nämlich: im Umfang der Grundbuchsperre darf der Grundbuchverwalter eine ihr widersprechende Anmeldung einer Eintragung oder Vormerkung keinesfalls entgegennehmen, soweit diese eine Verfügung darstellt; d. h. innerhalb des Geltungsbereichs des absoluten Eintragungsprinzips. Eine solche Anmeldung ist im eigentlichen Sinn unzulässig, und der Grundbuchverwalter sollte sie nicht einmal ins Tagebuch einschreiben[5].

2. Die Rechtsnatur der Grundbuchsperre

Mit der Grundbuchsperre wendet sich eine Behörde, und zwar meistens eine richterliche, an eine andere Behörde – den Grundbuchverwalter – und

---

hat die «Kanzleisperren» im Auge, die von den Strafverfolgungs- und zivilen Gerichtsbehörden gestützt auf das kantonale Prozeßrecht (im besondern §§ 223 Abs. 2 und 110 Zürcher ZPO) erlaßen werden; er bestimmt, daß sie im Grundbuch angemerkt werden und daß mit ihnen im Rahmen des Entscheides jede Verfügung über das betreffende Grundstück ausgeschlossen wird. Wie wir später sehen werden, wird die Sperre aber nicht in jedem Fall von einem Richter angeordnet.

[2] HOCHULI, S. 138.

[3] ZR 49, 1950, S. 353 ff. Nr. 192 und SJZ 63, 1967, S. 205 Nr. 103, zitiert von MEISTER, S. 172 Note 512.

[4] Wir werden später abklären, ob gewisse Grundbuchsperren sich auch auf Dritte auswirken, IV 2.

[5] Vgl. MÜLLER, S. 36 f.; HOCHULI, S. 138 f.; MEISTER, S. 126 ff. und Note 374. RIEMER, S. 66, ist der Meinung, die Grundbuchsperre wirke sich bereits auf die Anmeldung aus; diese müsse zurückgewiesen werden. Er möchte die Anmeldung aber trotzdem ins Tagebuch einschreiben und über sie einen Abweisungsentscheid nach Art. 24 Abs. 2 GBV erlassen. STRÄULI, S. 419, empfiehlt, die Eintragung vorläufig aufzuschieben. Da die Anmeldung materiell aber nicht behandelt werden kann, erscheint es gerechter, sie nicht entgegenzunehmen (vgl. Art. 104 GBV). Doch muß die Zurückweisung nachprüfbar sein. Es läßt sich vorstellen, daß sie – damit nicht ein eigenes Register geführt werden muß – im Tagebuch, aber nicht als eigentliche Abweisung, vermerkt wird. Siehe dazu hinten, § 25 II 2.

untersagt ihr, bezüglich eines oder mehrerer bestimmter Grundstücke gewisse Rechtshandlungen vorzunehmen, die an und für sich in ihren Zuständigkeitsbereich fallen würden. Die Grundbuchsperre ist nicht ein Vorgang der Grundbuchführung, mit welcher dingliche Rechte oder Rechtsverhältnisse an Grundstücken begründet, geändert, aufgehoben oder einfach festgestellt werden; auch wenn die Maßnahme als solche an der Öffentlichkeit des Grundbuches in gewisser Hinsicht teilhaben kann (Anmerkung, «Vormerkung» oder Vermerk)[5a]. Man ist sogar so weit gegangen und hat gesagt, als Einrichtung des öffentlichen Rechts habe die Anordnung, das Hauptbuchblatt ganz oder teilweise zu schließen, mit dem Grundbuch überhaupt nichts zu tun; sie richte sich ausschließlich an die Grundbuchbehörden[6]. In Wirklichkeit trifft der dem Grundbuchverwalter erteilte Befehl das Grundbuch selber; aber in einem negativen Sinn, indem er gerade den ordnungsgemässen Betrieb seiner Einrichtungen stört.

Wenn es darum geht, die Verfügung über bewegliche Sachen zu verhindern, kann das Gesetz die Möglichkeit schaffen, daß eine Behörde die Sachen in Verwahrung nimmt – was die meisten kantonalen Verfahrensvorschriften zu den vorsorglichen Maßnahmen vorsehen (in bezug auf die Pfändung, vgl. Art. 98 SchKG). Von da an kann der Eigentümer, dem der Besitz an einer beweglichen Sache entzogen ist, diese nicht mehr veräußern oder an ihr auch keine beschränkten dinglichen Rechte mehr errichten. Bei Grundstücken ist die Anordnung einer Verwahrung nicht vorstellbar. Die Grundbuchsperre bietet diesbezüglich ein Ersatzmittel. Sie stellt eine Art Beschlagnahme eines Grundstückes dar[7]. Der Eigentümer, dem der Zugang zum öffentlichen Dienst, den das Grundbuch darstellt, verwehrt ist, kann die Eintragungen nicht mehr vornehmen lassen, die für die Übertragung des Eigentums oder die Begründung von beschränkten dinglichen Rechten, ja sogar für den Untergang solcher Rechte, notwendig sind.

[5a] Im Entscheid 111 II, 1985, S. 42 Erw. 3 will das BGer die Wirksamkeit einer Sperre von der Möglichkeit abhängig machen, sie im Grundbuch durch eine vom Gesetz oder einer VO vorgesehenen Eintragung (Eintragung, Vor- oder Anmerkung) auszudrücken. In Frage kommt aber nur eine Anmerkung. Da das zur Anwendung kommende kantonale Gesetz eine solche nicht vorsieht, kann dem Entscheid des Richters nicht Folge geleistet werden. – Diese Auslegung ist zu eng. Ist eine Sperre als solche mit dem Bundesrecht vereinbar, muß der Grundbuchverwalter dem ihm erteilten Befehl gehorchen und darf keine Eintragungen mehr vornehmen. Es genügt, wenn er die Spur des Befehls auf diese oder jene Art behält. In der Praxis kommen im übrigen auch etwa «Vermerke» vor, vgl. HOMBERGER, Art. 972 N. 21.

[6] HOCHULI, S. 139.

[7] MEISTER, S. 127; STRÄULI, S. 424, der von «Hinterlegung» spricht, was aber keinen Schluß auf die Bedeutung Dritten, insbesondere den Gläubigern gegenüber, zuläßt; unten, IV 2 und 3.

3. Der Umfang der Grundbuchsperre

Die Grundbuchsperre kann mehr oder weniger umfassend sein: sie kann alle oder nur gewisse Eintragungen verunmöglichen; sie kann überhaupt keine oder doch Eintragungen mit Zustimmung desjenigen, der durch sie geschützt wird, oder der Zustimmung der zuständigen Behörde zulassen; sie kann von bestimmter oder unbestimmter Dauer sein.

4. Die Grundbuchsperre und verwandte Rechtseinrichtungen

Die Grundbuchsperre gehört zu den Verfügungsbeschränkungen im weitern Sinn.

a) Die Grundbuchsperre und die Vormerkung von Verfügungsbeschränkungen

Auf den ersten Blick kommt die Grundbuchsperre den Verfügungsbeschränkungen nach Art. 960/961 ZGB am nächsten. Wie diese zielt sie darauf ab, einen bestimmten Rechtszustand aufrechtzuerhalten; um allgemein mit Hilfe eines gerichtlichen Verfahrens zivil-, straf- oder verwaltungsrechtlicher Natur die tatsächliche Vollstreckung materieller Ansprüche sicherzustellen[8].

Die *Voraussetzungen* der Vormerkungen der Verfügungsbeschränkungen und vorläufigen Eintragungen sind weiter vorn (§ 18) umschrieben worden. Die Voraussetzungen einer Grundbuchsperre, die keine Grundbucheintragung darstellt und nicht gleichzeitig mit einer Vormerkung angewendet werden kann, müssen verschieden sein. Sie werden weiter unten (II) dargelegt werden.

An dieser Stelle soll nur auf die unterschiedlichen *Wirkungen* hingewiesen werden.

Bekanntlich hindern die Vormerkungen nach Art. 959–961 ZGB den Eigentümer nicht, über sein Grundstück zu verfügen; sie sperren das Grundbuch nicht[9]. Eine trotz der Vormerkung vorgenommene Verfügung, die

---

[8] Die Grundbuchsperre ist nicht immer eine vorsorgliche verfahrensrechtliche Maßnahme. Manchmal wird sie selbständig angeordnet, wie die Widmung eines Grundstücks zum Sicherungsfonds einer Lebensversicherungsgesellschaft (unten, II 2j).

[9] Wie wir gesehen haben, kann man eine Verfügungsbeschränkung nicht dazu vormerken, die Verpflichtung, ein Grundstück nicht zu verkaufen oder nicht mit beschränkten dinglichen Rechten zu belasten, zu sichern, vorn, § 18 Note 19.

dieser entgegensteht, erlangt der vorgemerkten Rechtsbeziehung gegenüber aber keine Rechtswirkung (Absatz 2 der Art. 959, 960 und 961 ZGB). So etwa im Fall des Art. 960 Abs. 1 Ziff. 1 ZGB: der Dritte, der gestützt auf eine Eintragung, welche der Vormerkung zeitlich nachging, Rechte an einem Grundstück erworben hat, kann diese dem aus der Vormerkung Berechtigten nicht entgegenhalten, wenn dieser im Prozeß obsiegt.

Besteht dagegen in bezug auf ein Grundstück eine Grundbuchsperre, darf der Grundbuchverwalter von seiten des Eigentümers, ja gegebenenfalls eines Dritten (unten, IV 2), im Umfang der Sperre keine Anmeldung einer Eintragung oder Vormerkung entgegennehmen.

b) Die Grundbuchsperre und gesetzliche Veräußerungsverbote

Die Grundbuchsperre wird von einer Behörde auf Grund einer gesetzlichen Zuständigkeit angeordnet. Unter bestimmten Voraussetzungen untersagt aber manchmal das Gesetz selber einem Eigentümer, während gewisser Zeit über sein Grundstück zu verfügen. Etwa: Landwirtschaftliche Grundstücke dürfen, vom Eigentumserwerb an gerechnet, während einer Frist von zehn Jahren nicht veräußert werden (Art. 218 Abs. 1 OR). Ein Zerstückelungsverbot nach kantonalem Recht (Art. 702, 616 ZGB) kann den Eigentümer zum voraus daran hindern, sein Grundstück in kleinere Teilstücke als ein bestimmtes Mindestmaß aufzuteilen und diese zu veräußern. Auch hier ist das Grundbuch – oder der Grundbuchplan – irgendwie gesperrt. Doch ist es unmittelbar das Gesetz, welches das Arbeiten des öffentlichen Dienstes, den das Grundbuch darstellt, verhindert.

5. Abgrenzung des Gegenstandes

Aus dem Gesagten ergibt sich, daß die Grundbuchsperre nur mittelbar zu einer Darstellung der Öffentlichkeit der dinglichen Rechte an Grundstücken gehört. Es geht nur darum zu wissen, ob und in welchem Umfang dieses Rechtsinstitut rechtmässig «außer Betrieb» gesetzt werden kann; das selber stellt die Bedeutung in Frage, die man den verschiedensten Einrichtungen zubilligen muß. Es ist nicht möglich, im Rahmen dieses Werkes sich endgültig zu allen Problemen zu äußern, welche die Beziehungen dieser Einrichtungen zum Grundbuch stellen.

Im folgenden sprechen wir zunächst von den allgemeinen Voraussetzungen der Grundbuchsperre und führen eine Anzahl Beispiele an (II). Darauf behandeln wir die Anordnung und das Ende der Sperre (III) und befassen uns schließlich noch etwas genauer mit ihren Wirkungen (IV)[10].

II. Die Voraussetzungen der Grundbuchsperre

1. Allgemein

Damit eine Behörde die Maßnahme einer Grundbuchsperre anordnen kann, benötigt sie selbstverständlich eine gesetzliche Grundlage. Diese Befugnis läßt sich jedoch nicht zum vornherein mit dem Hinweis darauf ausschließen, die Maßnahme sei von den gesetzlichen Bestimmungen über die Öffentlichkeit der dinglichen Rechte an den Grundstücken nicht vorgesehen. Gewiß werden die zulässigen Eintragungen im Grundbuch vom ZGB und der GBV abschließend aufgezählt, und die Grundbuchsperre ist darunter nicht aufgeführt. Aber die Sperrung des Grundbuches ist gerade nicht ein Vorgang der Grundbuchführung. In ihrem Umfang bezweckt sie, «von außen» Änderungen auf dem Hauptbuchblatt zu verhindern, die Rechtswirkungen nach sich ziehen würden. In diesem Sinn stellt sich die Frage, ob die Sperre mit dem Rechtsinstitut des Grundbuches vereinbar sei, gar nicht (oben, I 2)[11].

---

[10] Das V. Kapitel ist den Wirkungen der Grundbucheintragungen gewidmet. Wenn wir die Wirkungen der Grundbuchsperre aber bereits hier behandeln, ist dies deshalb, weil die «Schließung» des Hauptbuchblattes gerade keine Eintragung darstellt und wir nicht auf all ihre Wirkungen auf die Einrichtungen und die Wirkungsweise des Grundbuches hinweisen können. Daneben haben uns auch praktische Gründe veranlaßt, diese Rechtseinrichtung zwischen die Vormerkungen und die Anmerkungen einzuschieben. Der Gesetzgeber benützt nämlich diese beiden Eintragungen, um das Bestehen einer Sperre nach außen sichtbar zu machen.

[11] HOCHULI, S. 139. Gestützt auf die gemachten Ausführungen dringt die Begründung des *numerus clausus* der sachenrechtlichen Rechtsinstitute (LIVER, ZBGR 50, 1969, S. 30; RIEMER, S. 79) nicht durch. Das gleiche läßt sich von einem «qualifizierten Schweigen» sagen, das sich aus den Vorbereitungsarbeiten ergeben soll (RIEMER, a. a. O.; HOMBERGER, Art. 960 N 3). Allerdings ist der Vorschlag, Art. 1003 des Vorentwurfs von 1900 durch eine Bestimmung, welche die Schließung des Grundbuches ermöglicht hätte, zu ergänzen, abgelehnt worden (ProtExpKomm., Bd. III, S. 346 f.). Auch trifft zu, daß die Kommissionssprecher im National- wie im Ständerat die Einrichtung der Vormerkung, welche einfach den Vorrang des vorgemerkten Rechtes sichert, als genügend erachteten (StenBull NR 16 (1906), S. 1028, erste Spalte; 17 (1907), S. 108, erste Spalte). Aber es scheint, daß die beiden Sprecher bei ihren Äußerungen eine vollkommene Sperrung des Grundbuches im Auge hatten, während es sich bei den fraglichen Sperren fast immer um teilweise und/oder bedingte und/oder zeitlich vorübergehende handelt. HOMBERGER (Note 7) hat eine beschränkte Sperre im Auge, wenn er eine «materielle Hinderung des Berechtigten, eine Ver-

Daraus ergibt sich nichts desto weniger, daß eine Behörde eine solche Maßnahme, welche die normale Handhabung des Grundbuches vereitelt, nur anordnen kann, wenn sie sich dazu auf eine gesetzliche Vorschrift berufen kann.

Es gibt Fälle, in denen sich die Grundbuchsperre auf eine bundesrechtliche Vorschrift stützen kann. Dann stellt sich die Frage der Vereinbarkeit gar nicht. Die fragliche Vorschrift legt deren Voraussetzungen selber fest.

In andern Fällen beruft sich die Behörde auf eine kantonalrechtliche Vorschrift, die sie mehr oder weniger weit auslegt[12]. Hier geht es darum zu wissen, ob sich die Zuständigkeit der Kantone in öffentlichrechtlichen Angelegenheiten (Art. 6 ZGB) mit dem Grundsatz der derogatorischen Kraft des Bundesrechts verträgt[13]; dies insbesondere, weil das kantonale Recht hier in ein voll ausgestaltetes bundesrechtliches Rechtsinstitut eingreift. Die Frage werden wir gesondert behandeln müssen (unten, 3).

Im folgenden zählen wir die wichtigsten Fälle einer Grundbuchsperre auf und unterscheiden dabei zwischen Sperren nach Bundesrecht und solchen nach kantonalem Recht.

2. Fälle von Grundbuchsperren nach Bundesrecht

a) Sperrung des Grundbuches auf die Anzeige des Beginns eines Werkes durch einen Bauhandwerker oder Unternehmer zugunsten der mittelbaren gesetzlichen Pfandrechte nach Art. 837 Abs. 1 Ziff. 3 ZGB (Art. 841 Abs. 3 ZGB, Art. 81 GBV)[14];

---

fügung zu treffen», zuläßt, der er die Eigenschaft einer «Sperre» abspricht, ihr aber gleichzeitig entsprechende Wirkungen zuerkennt. Im übrigen geht er zu Unrecht davon aus, eine Vormerkung nach Art. 960 ZGB ermögliche es, eine Unterlassungspflicht zu sichern (oben, Note 9). Die Berichterstatter in den eidgenössischen Räten haben vielleicht auch vergessen, daß die Gesetzgebung des Bundes bereits Fälle einer Sperre kannte (Art. 137 SchKG 2. Satz) oder nun solche schaffte (Art. 841 Abs. 3 ZGB); zweifelsohne konnten sie zudem nicht voraussehen, daß die künftige Gesetzgebung diese Falle weiter vermehren würde. Die Frage stellt sich damit nicht oder nicht mehr aus dem damaligen Zusammenhang heraus, weshalb die historische Auslegung nicht statthaft ist.

[12] Es kann sich nur um *kantonales öffentliches* Recht handeln (Verfahrens- oder Verwaltungsrecht). Es sind keine Fälle einer Sperre denkbar, die Bereiche betreffen würden, die dem kantonalen *Zivil*recht vorbehalten sind. Daneben sprechen wir uns nicht für diese oder jene Auslegung einer kantonalen Bestimmung aus, welche, nach der Rechtsprechung der kantonalen Behörden, die Anordnung einer Grundbuchsperre rechtfertigen würde.

[13] Zur Frage allgemein, H. HUBER, Berner Kommentar, zu Art. 6 ZGB; DESCHENAUX, Einleitungstitel, § 4 S. 23 ff.

[14] Auf die Anzeige des Berechtigten hin entscheidet der Grundbuchverwalter selbständig, bis zum Ablauf der Eintragunsfrist Pfänder nur noch als Grundpfandverschreibungen ein-

b) *Sperrung des Grundbuches, beruhend auf der Vormerkung einer Verfügungsbeschränkung nach Art. 960 Abs. 1 Ziff. 3 ZGB, welche zusammen mit der Eintragung einer Familienheimstätte vorgenommen wird* (Art. 353 ZGB; vorn, § 18 Note 12);
c) *Sperrung des Grundbuches, wenn bei einer Zwangsversteigerung ein Grundstück unter Gewährung eines Zahlungstermins zugeschlagen wird* (Art. 137 SchKG 2. Satz; Art. 66 Abs. 3 VZG und Art. 74 Abs. 2 GBV)[15][16];
d) *Sperrung eines Grundstücks, an dem Miteigentum besteht, wenn ein Anteil gepfändet worden ist* (Art. 23a lit. a revVZG);
e) *Sperrung des Grundbuches, wenn ein Anteil an einem Gemeinschaftsvermögen, das Grundeigentum umfaßt, gepfändet worden ist* (Art. 6 Abs. 1 VO des BGer über die Pfändung und Verwertung von Anteilen an Gemeinschaftsvermögen 3. Satz am Schluß)[16a][16b];

---

zutragen. Der Eigentümer ist damit nicht mehr in der Lage, auf seinem Grundstück Schuldbriefe oder Gülten zu errichten. Diese Sperre bildet Gegenstand einer Anmerkung. Vgl. H. LEEMANN, Art. 841 N. 50 ff.

[15] In der Zeit zwischen dem Zuschlag und der Zahlung kann ohne die Zustimmung des Betreibungsamtes oder der Konkursverwaltung keine Eintragung vorgenommen werden. Es handelt sich um eine vollkommene, aber vorübergehende (und bedingte) Sperrung des Hauptbuchblattes, die von der zuständigen Behörde angeordnet wird, welche sich für den Vollzug an den Grundbuchverwalter wendet; vgl. HOMBERGER, Art. 960 N. 43; HAAB, Art. 656 N. 61; JAEGER, Art. 137 SchKG N. 4; BGE 43 II, 1917, S. 606 ff. Die Verordnungen sprechen von einer Vormerkung. Materiell läßt sich die Sperre aber nicht unter die Fälle der Art. 960/961 ZGB einordnen. In Wirklichkeit handelt es sich um eine Anmerkung. Mit ihr wird nur der Befehl der Sperre sichtbar gemacht. Dieser entfaltet seine Wirkung unverzüglich, schon vor der Eintragung im Grundbuch. Nach BESSON, S. 4, dürfte die Bestimmung nur selten angewendet werden. In der Praxis behalten die Betreibungsämter die Anmeldung zur Eigentumsübertragung auf den Ersteigerer nicht nur bis zum Ablauf der Beschwerdefrist, sondern gar bis zur vollständigen Bezahlung des Steigerungspreises zurück. Doch gerade in diesem Zurückbehalten besteht die Sperre, welche das Gesetz im Auge hat.

[16] Unter Berufung auf Art. 13 SchKG hat das BGer eine Aufsichtsbehörde in Konkurssachen als zuständig erklärt, die Entscheide einer Konkursverwaltung betreffend ein Grundstück des Konkursiten ihr zur Genehmigung zu unterbreiten und den Grundbuchverwalter anzuweisen, ohne ihre Zustimmung keine Eintragungen mehr vorzunehmen, BGE 88 III, 1962, S. 68 ff.

[16a] Die Pfändung eines dem Schuldner zustehenden Anteils an einem Gemeinschaftsvermögen hat zur Folge, daß die andern Mitglieder der Gemeinschaft für jede Entscheidung betreffend das Gesamtgut, welche die Mitwirkung des Schuldners erfordert, die Zustimmung des Betreibungsamtes einholen müssen. Nach einem Entscheid des BGer, veröffentlicht in ZBGR 58, 1977, S. 316 ff., kann nicht auf dem Grundstück – das nicht Gegenstand der Pfändung ist – eine Verfügungsbeschränkung vorgemerkt werden; doch muß die Pfändung des Anteils am Gemeinschaftsvermögen dem Grundbuchverwalter zur Kenntnis gebracht werden, der von da an Verfügungen über das Grundstück nur noch mit Zustimmung des Betreibungsamtes eintragen darf. Das läuft auf eine Sperrung des Grundbuches bezüglich des der Gemeinschaft gehörenden Grundstückes hinaus.

f) Beschlagnahme des Vermögens eines Vormundes, der seines Amtes enthoben worden ist (Art. 448 ZGB)[16c];

g) Sperrung des Grundbuches gestützt auf die Unterstellung eines landwirtschaftlichen Grundstückes unter das LEG (Einhaltung der Belastungsgrenze, Art. 84-94)[17];

h) Sperrung des Grundbuches infolge Zugehörigkeit eines Grundstückes zu einem Anlagefonds (Art. 31 Abs. 2 AFG)[18];

[16b] Im Fall der Pfändung eines Grundstücks sieht Art. 15 Abs. 3 VZG vor, daß das Betreibungsamt die Verfügungsbeschränkung nach Art. 101 VZG (Art. 960 ZGB) in *dringenden* Fällen schon anmelden soll, bevor die Pfändungsurkunde ausgestellt worden ist. GILLIÉRON (JdT 1985, S. 107 Note 3, zu BGE 109 III, 1983, S. 14) bezweifelt, ob diese Vormerkung zu den zur Sicherung der Pfändungsrechte der Gläubiger dienenden Maßnahmen gehört, die das Betreibungsamt zur Vorbereitung der Pfändung ergreifen kann (Art. 98ff. SchKG). In der Tat ist eine Vormerkung nach Art. 960 Abs. 1 Ziff. 2 ZGB erst möglich, wenn die Pfändung vollzogen ist. Art. 15 Abs. 3 VZG läßt sich aber in dem Sinn auslegen, daß er dem Betreibungsamt die Möglichkeit gibt, in der Form einer uneigentlichen Vormerkung eine vorläufige Sperrung des Grundbuches zu erwirken, die das Verfügungsverbot des Art. 98 SchKG absichern würde. Nach Vollzug der Pfändung würde die Vormerkung dann ihren eigentlichen Sinn erhalten.

[16c] Es handelt sich nicht um einen Arrest nach Art. 271 SchKG. Es geht um eine «vorläufige Maßregel» (Marginale zu Art. 448 ZGB), die zur Sicherung der Forderungen des Mündels ergriffen werden kann, bis der Vormund seinen Verpflichtungen nachgekommen ist. In der Tat ist es Aufgabe der Vormundschaftsbehörde, die Beschlagnahme durch die Strafbehörden zu veranlassen. Diese kann auch ein Grundstück des Vormundes umfassen und Anlaß zu einer vorläufigen Sperrung des Grundbuches geben, vgl. EGGER, Zürcher Kommentar, Art. 448/449 N. 3 und 5. Siehe unten, 3b und DESCHENAUX/STEINAUER, Personnes physiques et tutelle, S. 275 Nr. 1020.

[17] Die Unterstellung unter das Gesetz geschieht durch einen Entscheid der zuständigen Behörde (Art. 2), der übrigens auch im Zusammenhang mit der Anmeldung eines neuen Pfandrechts verlangt werden kann (Art. 90). Der Unterstellungsentscheid wird im Grundbuch angemerkt. Anschließend wird das Grundstück geschätzt (Art. 5ff.). Nach Art. 12-14 der VO über die Schätzung landwirtschaftlicher Heimwesen und Liegenschaften vom 28. Dezember 1951 (SR. 211.412.213) wird der Ertrags- und Schätzungswert gleichfalls angemerkt. Die Unterstellung hat zur Folge, daß die Eintragung eines Pfandrechts, das die Belastungsgrenze überschreitet, vom Grundbuchverwalter verweigert werden muß (Art. 89 und 91). Vorbehalten bleiben die in Art. 85 erwähnten Ausnahmefälle und die Zustimmung der zuständigen Behörde, die in Art. 86 vorgesehen ist. – Hinzuweisen ist auch noch auf Art. 82 LEG, der die Veräußerung entschuldeter Heimwesen beschränkt: Der Grundbuchverwalter darf ohne die Zustimmung der Tilgungskasse bezüglich der fraglichen Grundstücke keine Übertragung vornehmen. Das Gesetz sieht die Vormerkung der entsprechenden Beschränkungen vor, bei denen es sich aber eigentlich um eine Anmerkung handelt.

[18] Die zu einem Anlagefonds gehörenden Grundstücke werden im Grundbuch auf den Namen der Verwaltung eingetragen; mit einer «Vormerkung», welche die Zugehörigkeit zum Fonds ausdrückt. Man hätte eine Anmerkung vorsehen müssen, vgl. ZBGR 49, 1968 S. 267 (GBA). Nach SCHUSTER, Anlagefondsgesetz, Taschenausgabe, 2. Auflage, Zürich 1975, setzt jede Anmeldung einer Veräußerung oder eines Pfandrechts die Zustimmung der Treuhänderbank voraus.

i) Sperrung des Grundbuches, wenn einer Person im Ausland die Bewilligung zum Erwerb eines Grundstückes unter Bedingungen und Auflagen erteilt worden ist (Art. 14 BewG und Art. 11 BewV)[19];

j) Zugehörigkeit eines Grundstückes zum Sicherungsfonds einer schweizerischen Lebensversicherungsgesellschaft (Art. 7 Abs. 2 BG vom 25. Juni 1930 über die Sicherung der Verpflichtungen, die von diesen Gesellschaften übernommen werden)[20];

k) Verschiedene Verfügungsbeschränkungen, die sich aus dem BG vom 4. Oktober 1974 über den Wohnbau und die Eigentumsförderung ergeben[20a];

l) Beschränkung der Übertragung von Grundstücken, die in den Genuß von Beihilfen zur Verbesserung der Wohnverhältnisse in Berggebieten gekommen sind (Art. 13 Abs. 4 BG vom 20. März 1970)[20b];

---

[19] Die Bedingungen und Auflagen, um die es in diesen Bestimmungen geht, können auch ein befristetes Veräußerungsverbot beinhalten (Art. 11 Abs. 2 lit. c und h BewV). Der Grundbuchverwalter, dem der Entscheid der zuständigen Behörde mitgeteilt wird, erhält gleichzeitig den Befehl, keine Anmeldung entgegenzunehmen, mit der das Grundstück veräußert werden soll. Die Auflage bildet Gegenstand einer Anmerkung (Art. 14 Abs. 3 BewG). Vgl. die Wegleitung des GBA für die Grundbuchverwalter betreffend Erwerb von Grundstücken durch Personen im Ausland vom 29. Januar 1985. Zu diesen Bedingungen und Auflagen, siehe auch hinten, § 20 C III 2i. – Hinzuweisen ist auch auf Art. 23 BewG, der den kantonalen Behörden und allenfalls dem BJ die Befugnis erteilt, während des Verfahrens vor diesen Behörden die vorsorglichen Maßnahmen anzuordnen, «um einen rechtlichen oder tatsächlichen Zustand unverändert zu erhalten». Dieses Aufrechterhalten des *rechtlichen Zustandes* beinhaltet eine Unverfügbarkeit im Grundbuch, die aber nichts mit einer Vormerkung nach Art. 960 Abs. 1 Ziff. 1 ZGB zu tun hat; vgl. BGE 111 II, 1985, S. 26 Erw. 3.

[20] Die Bestimmung spricht von einer Vormerkung, die im Grundbuch auf Anordnung des BR eingetragen wird und «eine Verfügungsbeschränkung nach Art. 960 ZGB» beinhaltet. In Wirklichkeit hindert die erlassene Anordnung jede Verfügung des Eigentümers ohne die Zustimmung der Aufsichtsbehörde, vgl. HOMBERGER, Art. 960 N. 5. Materiell handelt es sich damit nicht um eine Vormerkung, die das Hauptbuch «offen» läßt, sondern um die Anmerkung einer Unverfügbarkeit. Über die Bedeutung dieser «Vormerkung», siehe das BJ in ZGBR 35, 1954, S. 46 und die Bemerkung von H. H.; nach ihm wäre die Eintragung im Hauptbuch für die Sperre wohl konstitutiv.

[20a] Zur Erreichung des angestrebten Zieles verwendet dieses Gesetz vorzugsweise die Hilfsmittel des Kaufs- und Vorkaufsrechtes zugunsten des Bundes (Art. 24, 46, 50). Trotzdem bestimmt Art. 24 Abs. 6, daß Bauland, das mit Hilfe des Bundes erworben worden ist, nur mit dessen Zustimmung mit Pfandrechten belastet werden darf. Wohnungen und Einfamilienhäuser, deren Erwerb mit Bundeshilfe unterstützt worden ist, dürfen gewinnbringend nur mit Zustimmung des Bundes weiterveräußert werden; dabei bleiben das Kaufs- und Vorkaufsrecht des Bundes vorbehalten. Alle diese Bedingungen bilden Gegenstand einer Anmerkung im Grundbuch (Art. 50 BG; Art. 26 der VO vom 20. August 1975).

[20b] Die Rückerstattungspflicht wird im Grundbuch angemerkt. Innerhalb von 20 Jahren seit Ausrichtung der Zuschüsse darf eine Übertragung des Eigentums im Grundbuch nur eingetragen werden, wenn der Eigentümer eine Erklärung der zuständigen Behörden des Kantons und des Bundes beibringt, welche die Übertragung erlaubt (bedingte Sperre).

m) Verbot der Zerstückelung von Grundstücken, die in eine Güterzusammenlegung einbezogen waren (Art. 86 Abs. 1 LWG)[21];

n) Verbot der Zerstückelung landwirtschaftlicher Grundstücke, deren Eigentümer in den Genuß eines Investitionskredites gekommen ist (Art. 7 BG vom 23. März 1962 über die Investitionskredite in der Landwirtschaft, Art. 33 der Vollziehungsverordnung)[22] [22a].

– *Wirkung des Konkurses, der Nachlaßstundung und des Nachlaßvertrages mit Vermögensabtretung?*
Die Vormerkungen dieser Maßnahmen, die in Wirklichkeit die Wesensmerkmale einer Anmerkung besitzen (vorn, § 18 Noten 47 und 49), machen einen Zustand der Verfügungsunfähigkeit über die Grundstücke des Schuldners sichtbar und nähern sich einer Grundbuchsperre an; siehe hinten, § 33 Note 10.

– *Der Enteignungsbann nach Art. 42 und 43 EntG?*
Entgegen einer weit verbreiteten Meinung[23] hindert der Enteignungsbann nach Bundesrecht, der im Grundbuch vorgemerkt wird, den Enteigneten nicht, über sein Grundstück im Grundbuch zu verfügen. Zwar ist es ihm nach Art. 42 EntG nicht mehr gestattet,

---

[21] Das Zerstückelungsverbot ist Teil des Zweckentfremdungsverbots und der Unterhalts- und Bewirtschaftungspflicht, die in Art. 84 Abs. 2 und 85 aufgestellt worden sind. Diese Beschränkungen bilden grundsätzlich Gegenstand einer Anmerkung, die bei Abschluß der Bodenverbesserungsarbeiten von der zuständigen Behörde angemeldet wird (Art. 84 Abs. 2 und 3). Das Zerstückelungsverbot verhindert praktisch die Veräußerung von neu zu errichtenden Parzellen, deren Stammparzellen in eine Güterzusammenlegung einbezogen waren. Die Abtrennung solcher Parzellen im Hinblick auf einen zukünftigen Verkauf löst die Rückzahlungspflicht der Hilfsgelder bereits aus, BGE 101 Ib, 1975, S. 198.

[22] Die Amtsstelle, die für die Kreditgewährung zuständig ist, erläßt dieses Verbot als Auflage, die mit dem gewährten Darlehen oder der eingegangenen Bürgschaft verbunden ist, und sorgt für deren Anmerkung im Grundbuch. Die alte Fassung sprach von einer Vormerkung. FRIEDRICH, Grundbuch und öffentliches Recht, S. 291 Note 74, meinte, es könne sich nicht um eine Vormerkung im Sinn von Art. 960 Abs. 1 Ziff. 3 ZGB handeln. Zur Bedeutung der Beschränkung, siehe die vorangehende Note.

[22a] In seiner Abhandlung, S. 6f., bestreitet BESSON gänzlich, daß es Fälle einer bundesrechtlichen Grundbuchsperre gebe; bei den angeführten Fällen handle es sich vielmehr um gesetzliche Eigentumsbeschränkungen. Allerdings stellen diese Fälle gesetzliche Eigentumsbeschränkungen dar; doch wirken sie auf *mittelbare* Weise in dem Sinn, daß sie nur gestützt auf die Anordnung einer Verwaltungs- oder Vollstreckungsbehörde wirksam werden. Diese Anordnung – und nicht unmittelbar das Gesetz – «schließt» das Grundbuch in bestimmtem Umfang, der für jeden Fall eigens festgelegt wird (oben, I 4b zum Unterschied zwischen Grundbuchsperre und Verfügungsbeschränkung). Zu den Grundbuchsperren nach kantonalem Recht, insbesondere solchen prozeßrechtlicher Natur, werden wir im folgenden eine Stellung einnehmen, die für die Mehrzahl der Fälle auch sehr zurückhaltend ist. In einem neuesten Entscheid hat das BGer seine Auffassung zu diesen kantonalrechtlichen Sperren nun verdeutlicht (unten, Note 55).

[23] HOMBERGER, Art. 960 N. 4; BGE 87 I, 1961, S. 488; 91 II, 1965, S. 419.

ohne die Zustimmung des Enteigners die Enteignung erschwerende tatsächliche oder rechtliche Verfügungen vorzunehmen – die tatsächlichen Verfügungen gehören nicht in unseren Zusammenhang. Aber die «rechtlichen» Verfügungen sind nicht ungültig. Die Maßnahme besteht einzig darin, daß die Änderungen, die als Folge einer verbotenen Verfügung eingetreten sind, bei der Festlegung der Enteignungsentschädigung nicht berücksichtigt werden können[24].

– *Vorschriften im Straf-, Verwaltungs- oder Zivilprozeßverfahren des Bundes, welche die Grundlage für eine Grundbuchsperre bilden würden?*
Man findet weder in der BStPO, weder in der BZPO noch im VwVG Bestimmungen, die ausdrücklich eine Grundbuchsperre erlauben würden. Es ist aber denkbar, daß sich aus dieser oder jener Bestimmung eine derartige Befugnis ableiten liesse.

3. Grundbuchsperren nach kantonalem Recht

a) Das Kriterium der Zulässigkeit

Der kantonale Gesetzgeber ist im Verhältnis zum Bundeszivilrecht grundsätzlich frei, in dem von diesem geregelten Bereich öffentlichrechtliche Vorschriften zu erlassen (oben, 1). Um von seiner Zuständigkeit Gebrauch zu machen, muß er aber sachliche und vernünftige Gründe von allgemeinem Interesse geltend machen können. Daneben darf er den grundlegenden Einklang, der zwischen den beiden Rechtsgebieten herrschen

---

[24] HESS, Art. 42 EntG N. 13. So kann der Eigentümer nach der Verhängung des Enteignungsbannes wechseln, BGE 11, 1885, S. 500 Erw. 2 und HESS/WEIBEL, I Art. 42 EntG N. 9 und 7; doch wird die Entschädigung gleich berechnet wie für den vorherigen Eigentümer, BGE 45 I, 1919, S. 114; 49 I, 1923, S. 56. Der von Art. 43 EntG vorgeschriebenen «Vormerkung» kommen auch nicht die Wirkungen des Art. 960 Abs. 2 ZGB zu. Das Grundstück steht vom Zeitpunkt der öffentlichen Planauflage (oder ihrer Zustellung an den Enteigneten) an unter dem Enteignungsbann, so daß die Vormerkung als solche kein Vorrecht des Enteigners absichert. Die «Vormerkung», die der Enteigner von sich aus beim Grundbuchverwalter beantragen kann, schließt das Grundbuch nicht; für den Erwerber bedeutet sie aber, daß die Umstände, wie sie im Zeitpunkt der Vormerkung bestanden haben, für die Berechnung der Enteignungsentschädigung maßgebend sind. Der Bann hat irgendwie die Wirkung eines Reverses. Für HESS/WEIBEL, Art. 43 EntG N 3 f. und nach BGE 106 Ib, 1980, S. 19 f. hat die Vormerkung zur Folge, daß die Verfügungsbeschränkung Dritten entgegengehalten werden kann. Das sollte jedoch nicht den Sinn haben, daß eine allfällige künftige Verfügung vollkommen ausgeschlossen wäre. Nach der angegebenen Meinung hätte man es mit einer konstitutiven Vormerkung zu tun, die aber eine besondere Wirkung entfalten würde (siehe vorn, § 18 Note 3). Wir sehen in ihr materiell eher eine *Anmerkung* des Enteignungsbannes, der mit dem an den Grundbuchverwalter erteilten Befehl ohne weiteres gegenüber Dritten die dargelegten Wirkungen entfaltet. Mit diesem Inhalt wirkt der Befehl wohl wie eine Sperre; nur daß er hier vom Enteigner ausausgeht, der mit öffentlicher Gewalt ausgestattet ist. Eine eigentliche Sperre wäre wohl de lege ferenda wünschenswert, kann dem heutigen Gesetz aber nicht entnommen werden.

muß, nicht in Frage stellen[25]. Um einen öffentlichen Dienst, der vom Bundeszivilrecht eingerichtet worden ist, auch nur teilweise, bedingt oder vorübergehend zu lähmen, ist es offensichtlich notwendig, daß der Kanton den Schutz von berechtigten materiellrechtlichen Ansprüchen oder die sichere und reibungslose Arbeitsweise einer in seine Zuständigkeit fallenden Einrichtung im Auge hat. Dieses verfolgte Ziel des Schutzes muß derart sein, daß es für den Gesetzgeber das Vorsehen von Sperrmaßnahmen des Grundbuches notwendig macht. Diese Voraussetzung ist nur erfüllt, wenn der Schutz der fraglichen Interessen nicht auf andere Weise erreicht werden kann. Aber angenommen, dem sei so, besteht ein Widerspruch zum Rechtsinstitut des Grundbuches nicht allein gestützt darauf, daß dieses in bestimmtem Umfang gewissermassen «außer Betrieb» gesetzt wird. Es verhält sich gleich wie im Mobiliarsachenrecht, wo die Beschlagnahme des «corpus delicti» durch den Strafrichter oder die Verwahrung oder Hinterlegung eines Bildes, das Gegenstand einer zivilrechtlichen Herausgabeklage ist, die Regelung des Erwerbs und des Schutzes des Eigentums an beweglichen Sachen nicht in Frage stellt.

b) Strafprozeßuale Grundbuchsperren

Eine strafrechtliche Beschlagnahme eines Grundstückes, damit dieses als Beweismittel diene, läßt sich nicht vorstellen! Dagegen kann eine Sperrung des Grundbuches in Betracht kommen, wenn der Erwerb eines Grundstücks ein Geschenk oder einen andern Vorteil darstellt, der dazu diente oder hätte dienen sollen, jemanden zu einer strafbaren Handlung zu veranlassen oder für eine solche zu belohnen; in diesem Fall verfällt das Grundstück dem Staat (Art. 59 Abs. 1 StGB). Hier könnte der Strafrichter eine vorsorgliche Maßnahme treffen und dem Grundbuchverwalter befehlen, keine Anmeldung des angeschuldigten Eigentümers mehr entgegenzunehmen, die das fragliche Grundstück betrifft[26].

---

[25] Siehe die Rechtsprechung zu Art. 6 ZGB; BGE 106 II, 1980, S. 81 ff. und zit. Entscheide.
[26] NIEDERER, Die Vermögensbeschlagnahme, S. 56 Nr. 331. MEISTER, S. 160, spricht sich für eine vorläufige Eintragung zugunsten des Staates aus (Art. 961 Abs. 1 Ziff. 1 ZGB); mit der Begründung, das Eigentum gehe von Gesetzes wegen über und das Urteil, welches den Heimfall ausspreche (BGE 76 IV, 1950, S. 20), und die Eintragung im Grundbuch seien nur deklaratorischer Natur. Es ist jedoch zweifelhaft, ob sich der Strafrichter zum Schutz öffentlichrechtlicher Ansprüche einer Einrichtung bedienen darf, die Privaten zur Verfügung steht und den Schutz ihrer privaten Interessen gewährleisten soll. Daneben scheint das in Art. 961 Abs. 2 und 3 ZGB vorgesehene Verfahren auf die Verhältnisse schlecht zugeschnitten: Der Strafrichter müßte an den Zivilrichter gelangen, der über die

Die Strafprozeßordnungen und Steuergesetze der Kantone[27] sehen die Beschlagnahme von Gütern des Angeklagten vor, um die Zahlung von Bussen, Kosten des Verfahrens und des Strafvollzuges oder von Schadenersatzansprüchen des Staates sicherzustellen. In diesem Umfang ist die Beschlagnahme mit dem Bundesrecht vereinbar (siehe den Vorbehalt in Art. 44 SchKG)[28]. Hat nun die straf- oder steuerrechtliche Beschlagnahme ein Grundstück zum Gegenstand, muß es dem kantonalen Recht freistehen, für den Richter die Möglichkeit vorzusehen, zu deren Zweck das Hauptbuchblatt des Grundbuches zu schließen (vgl. § 83 Zürcher StPO)[28a]. Man kann die Strafbehörde nicht auf jene Hilfsmittel verweisen, die das Zivil- und Zwangsvollstreckungsrecht zur Verfügung stellen. Diese sind im übrigen auch nicht angemessen. Art. 960 Abs. 1 Ziff. 1 ZGB setzt voraus, daß ein Anspruch auf Übertragung eines Grundstückes besteht; während der Staat nur danach trachten kann, sich aus dem Verwertungserlös bezahlt zu machen[29]. Im weitern ist der Staat auch nicht in der Lage, das Grundstück zu pfänden, da einer Pfändung die Betreibung einer bestimmten Forderung vorausgehen muß; und eine solche kann erst nach Abschluß des Strafverfahrens fällig sein. Eine Vormerkung nach Art. 960 Abs. 1 Ziff. 2 ZGB kommt damit gleichfalls nicht in Frage[30].

c) Verwaltungsrechtliche Grundbuchsperren

Art. 702 ZGB behält das Recht der Kantone vor, im öffentlichen Interesse Beschränkungen des Grundeigentums einzuführen; namentlich in bezug auf Bodenverbesserungen und die Zusammenlegung von landwirtschaftli-

---

Wahrscheinlichkeit eines Heimfalls an den Staat befinden müßte. Auch ist nicht ersichtlich, wie er dem Staat eine Frist ansetzen sollte, innerhalb welcher dieser sein Recht gerichtlich geltend zu machen hätte... Die Lösung einer Grundbuchsperre, welche ihren Ausdruck in einer Anmerkung findet, verdient offenbar den Vorzug.

[27] Für den Bund, siehe Art. 58, 58*bis*, 380, 381 StGB; Art. 65ff. BStPO; Art. 45ff., 90ff. BG über das Verwaltungsstrafrecht.
[28] Dagegen widerspricht eine Beschlagnahme dem Bundesrecht, die in einem Strafverfahren angeordnet wird, um zivilrechtliche Ansprüche des Geschädigten sicherzustellen, BGE 76 I, 1950, S. 96; 99 Ia, 1973, S. 91f. Vorbehalten bleibt der Fall des Art. 448 ZGB über die Beschlagnahme des Vermögens des Vormundes, oben Note 16b.
[28a] Entscheid des BGer vom 21. Juni 1950 in ZBGR 31, 1950, S. 226, mit einer zustimmenden Meinungsäußerung von H. H., der nur die Zuflucht zu einer Vormerkung nach Art. 960 ZGB ausschließt.
[29] H. H. in ZBGR 54, 1973, S. 318f.; MEISTER, S. 161.
[30] MEISTER, a. a. O. Die Voraussetzungen eines Arrests nach Art. 271 SchKG wären auch nicht notwendigerweise erfüllt (verfallene Forderung oder, falls dies nicht der Fall ist, Schuldner ohne festen Wohnsitz, Schuldner, der sein Vermögen beiseite schafft oder seine Flucht vorbereitet).

chem Boden oder Bauland. Bei der Bestimmung handelt es sich um einen uneigentlichen Vorbehalt zugunsten des kantonalen öffentlichen Rechts (Art. 6 ZGB), der vor allem die Enteignung umfaßt; während Art. 703 ZGB besonders die Bodenverbesserungen im Auge hat.

Im Rahmen dieses Vorbehaltes und in Anbetracht des Erfordernisses des Einklanges mit der Gesetzgebung des Bundes können die Kantone alle einschränkenden Maßnahmen einführen, die tatsächlich notwendig sind, um die Wirksamkeit der von ihnen geschaffenen Einrichtungen zu gewährleisten. So können sie in gewissen Fällen auch eine Sperrung des Grundbuches vorsehen. Beispiel: Der Enteignungsbann nach kantonalem Recht kann diese Bedeutung haben.

Es kann hier nicht darum gehen, zur Frage der Zulässigkeit derartiger Vorschriften Stellung zu nehmen, die von den Kantonen in diesem und in andern Bereichen, die durch den allgemeinen Vorbehalt des Art. 6 ZGB gedeckt sein können (Beispiele: Abbruch- oder Zweckentfremdungsverbote für Wohnhäuser), erlassen worden sind[31].

Zur Veranschaulichung wollen wir nur einen Fall festhalten: Im Verlauf einer Güterzusammenlegung muß die Freiheit jedes Eigentümers, über sein Grundeigentum zu verfügen, notwendigerweise in einem gewissen Zeitpunkt des Verfahrens beschränkt werden. Das dürfte wohl solange nicht geschehen, als der Neuzuteilungsplan nicht aufgelegt worden ist. Doch sollte es zulässig sein, während der Dauer dieser Auflage eine Änderung der eingetragenen Rechte zu untersagen; sonst wird die Neuzuteilung immer wieder in Frage gestellt. Wenigstens würde eine solche Änderung die Zustimmung der zuständigen Behörde voraussetzen. Ist die Neuzuteilung aber in Rechtskraft erwachsen, müsste der Eigentümer seine Freiheit wieder zurückerhalten; selbst bevor das Grundbuch nachgeführt worden ist. Innerhalb dieser Grenzen müsste eine Sperrung des Grundbuches, die sich in einer Anmerkung ausdrückt, gerechtfertigt sein[32].

---

[31] Vgl. das Dekret des waadtländischen Großen Rates vom 5. Dezember 1962/21. November 1963, Art. 3 Abs. 2: Der Verkauf von Wohnungen in mit finanzieller Unterstützung erneuerten Häusern unterliegt während zehn Jahren der Genehmigung; Anmerkung im Grundbuch.

[32] Vgl. ZBGR 47, 1966, S. 212 (RR Bern). Die in den Gesetzen der einzelnen Kantone über die Bodenverbesserungen gewählten Lösungen weichen beträchtlich voneinander ab, vgl. ZOLLINGER, S. 106 ff. Siehe etwa ZBGR 65, 1984, S. 341 ff. (Landwirtschaftsgericht Zürich).

d) Zivilprozessuale Grundbuchsperren[33]

aa) Ausgehend vom oben (a) festgehaltenen Kriterium der Zulässigkeit kann man gleich zu Beginn den Satz aufstellen, daß es dem Richter nicht erlaubt sein darf, *zur Sicherung von Geldforderungen* die Beschlagnahme eines Grundstückes durch eine Grundbuchsperre anzuordnen. Der Gläubiger muß grundsätzlich jene Hilfsmittel in Anspruch nehmen, die ihm das Vollstreckungsrecht des Bundes zur Verfügung stellt (Art. 38, 271 SchKG; Art. 79 Abs. 2 BZP)[34]; Hilfsmittel, die im übrigen zu einer Verfügungsbeschränkung nach Art. 960 Abs. 1 Ziff. 2 ZGB führen können (vorn, § 18 B BB II 1)[35]. Nicht anders verhält es sich, wenn ein persönlicher Anspruch irgendwie einen Zusammenhang mit einem Grundstück hat. Entweder erlaubt es dieser, die Vormerkung einer Verfügungsbeschränkung zu erlangen; dann schließt diese die Maßnahme einer Grundbuchsperre aus (unten, bb). Oder er verschafft diese Möglichkeit nicht; dann kann das kantonale Recht nicht einen Ersatz zur Erreichung eines Zieles anbieten, den das Bundesrecht nicht gewollt hat[36]; vorbehalten bleiben die güterrechtlichen Ansprüche der Ehefrau (unten, ee).

---

[33] Zur Zürcher Praxis, welche die Grundbuchsperre in ziemlich weitem Umfang zuläßt, um streitige Rechte durch eine vorsorgliche Maßnahme zu schützen, siehe die Angaben bei RIEMER, S. 69 ff. Wir wollen uns zu dieser Rechtsprechung nicht im einzelnen äußern. Es geht nur darum, die Linien einer Lösung aufzuzeigen. – VOGEL, Probleme, stellt die Frage zum Teil etwas anders. Für ihn besteht die Grundlage des vorläufigen Schutzes von Rechten in der Gefahr, welcher die Durchsetzung des materiellen Rechtes ausgesetzt ist. Die Frage wäre damit weitgehend eine solche des Bundesprivatrechts; siehe insbesondere S. 98 zur «Kanzleisperre».

[34] BGE 86 II, 1960, S. 291; 78 II, 1952, S. 92; HOMBERGER, Art. 960 N. 10.

[35] Im Rahmen eines Konkurs- oder Nachlaßverfahrens kann der Richter auch vorsorgliche Maßnahmen im Sinn von Art. 960 Abs. 1 Ziff. 1 ZGB ergreifen, insbesondere gestützt auf Art. 725 Abs. 4, 817 Abs. 1 und 903 Abs. 5 OR (vorn, § 18 Note 48). Diese Möglichkeiten lassen keinen Platz mehr für die Maßnahme einer Grundbuchsperre, MEISTER, S. 149. In einem Entscheid vom Jahr 1971, erschienen in ZBGR 54, 1973, S. 360, läßt das BGer die Frage offen, weil es zu Unrecht der Meinung ist, die «Sperre» nach zürcherischem Recht schließe immer eine Verfügungsbeschränkung nach Art. 960 ZGB ein. In BGE 104 II, 1978, S. 170 ff. kommt es aber auf seine Auffassung zurück. Siehe, unten IV, über die Wirkungen der Grundbuchsperre.

[36] Um zu erreichen, daß der Vermieter sein Grundstück nicht während der Dauer eines Mietvertrages, der im Grundbuch *nicht* vorgemerkt ist, verkauft, kann der Mieter vom Richter nicht etwa verlangen, daß er dem Vermieter den Verkauf verbiete; vgl. RIEMER, S. 70 Note 27 und S. 75 Note 54; MEISTER, S. 142 f. Das Versprechen, ein Grundstück nicht zu verkaufen, kann die Vertragspartei in gewissen Grenzen persönlich verpflichten. Entgegen der Auffassung von HOMBERGER, Art. 960 N. 7 ff., kann es aber nicht Gegenstand einer Vormerkung sein (vorn, § 18 Note 19); daraus folgt, daß es auch nicht Anlaß für eine Grundbuchsperre bilden kann, vgl. MEISTER, S. 144.

bb) Um die *tatsächliche Vollstreckung eines Anspruchs auf Übertragung eines Grundstückes,* auf Errichtung eines beschränkten dinglichen Rechtes an einem solchen oder auf Vormerkung eines persönlichen Rechtes im Sinn von Art. 959 ZGB sicherzustellen, gibt das Gesetz dem Kläger die Möglichkeit, die Vormerkung einer Verfügungsbeschränkung nach Art. 960 Abs. 1 Ziff. 1 ZGB zu verlangen (vorn, § 18 B AA I 2a). Damit ist das Erfordernis, während des Prozesses den bestehenden Zustand aufrechtzuerhalten, genügend gesichert; und es besteht kein Platz mehr für die Maßnahme einer Grundbuchsperre[37]. Es trifft zwar zu, daß die Vormerkung den Eigentümer nicht daran hindert, Verfügungen über sein Grundstück zu treffen; gewinnt der Kläger aber den Prozeß, kann er auf jeden Fall den Eintrag des Erwerbers mit der Grundbuchberichtigungsklage nach Art. 975 ZGB löschen lassen[38].

Eine Art Grundbuchsperre hat das Bundesgericht in folgendem Fall zugelassen[39]: Ein Eigentümer verkaufte sein Grundstück an einen ersten, darauf an einen zweiten Käufer. Der erste Käufer (der vom Verkäufer bevollmächtigt worden war) meldete den ersten Kaufvertrag zur Eintragung an. Bevor dieser im Hauptbuch eingetragen war, nahm der Verkäufer die Anmeldung des zweiten Kaufvertrages vor. Mit der Begründung, der Verkäufer hätte sie zurückgezogen, wies der Grundbuchverwalter die erste Anmeldung ab. Der erste Käufer verlangte die Vormerkung einer Verfügungsbeschränkung. Der Richter lehnte das Begehren ab, wies jedoch den Grundbuchverwalter an, die Eintragung des zweiten Kaufes aufzuschieben. Das Bundesgericht hieß diese Entscheidung, die auf eine Sperrung des Grundbuches hinauslief, gut, bis über die Klage des ersten Käufers auf Erfüllung des Kaufes entschieden sei.

Richtigerweise hätte der erste Käufer mit Blick auf einen Prozeß auf Zusprechung des Eigentums zur Zeit unverzüglich die Vormerkung einer Verfügungsbeschränkung verlangen können und sollen (Art. 960 Abs. 1 Ziff. 1 ZGB). Diese Vormerkung hätte ihn gegen die nachfolgende Anmeldung der Eintragung des zweiten Kaufes vollauf geschützt. Das verspätete Begehren um eine Vormerkung, die der Einreichung dieses letztern Geschäftes nachfolgte, konnte dem Käufer nicht mehr helfen. Die Aufschiebung der Wirkungen der zweiten, vom Verkäufer eingereichten Anmeldung durch den Richter verfälschte die Wirkungsweise des Grundbuches und muß als unbegründet erachtet werden[40].

---

37 MEISTER, S. 136 ff.; RIEMER, S. 75 f.; HOCHULI, S. 142. Um die Gefahr zu beheben, daß während des Prozesses die Person des Beklagten wechselt (HOCHULI, S. 143), ist keine Grundbuchsperre erforderlich. Zunächst regelt und beschränkt das Prozeßrecht die Auswechslung der Parteien im Verlauf des Verfahrens. Im weitern verhindert die Vormerkung einer Verfügungsbeschränkung einen Erwerb, der dem Kläger entgegengehalten werden könnte. Beispiel: Wer Klage nach Art. 665 Abs. 1 ZGB erhebt, muß gegen seinen Veräusserer oder jenen klagen, der ihm ein beschränktes dingliches Recht eingeräumt hat, während der Rechtsnachfolger das Urteil gegen sich gelten lassen muß; vgl. MEIER-HAYOZ, Art. 665 N. 11; HAAB, Art. 656 N. 29.
38 Wir werden weiter hinten (§ 41) sehen, ob, wie MEIER-HAYOZ, Art. 681 N. 288, annimmt, der Kläger nach dem Verfahren des Art. 976 ZGB vorgehen kann.
39 BGE 87 I, 1961, S. 479.
40 Vgl. LIVER, ZBJV 98, 1962, S. 429 ff.; MEISTER, S. 175 ff. Folgt man der hier vertretenen Auffassung, nach welcher der Verkäufer die erste Anmeldung nicht hätte zurückziehen können, hätte sich das Problem gar nicht gestellt; denn der Grundbuchverwalter hätte ja kei-

Eine Sperrung des Grundbuches läßt sich auch nicht damit rechtfertigen, es müsse der Gefahr vorgebeugt werden, daß der beklagte Eigentümer trotz einer Vormerkung nach Art. 960 Abs. 1 Ziff. 1 ZGB am streitigen Grundstück Veränderungen vornehme[41]. Im Prozeß zwischen dem Kläger nach Art. 665 Abs. 1 ZGB, der die Vormerkung hat vornehmen lassen, mit dem Eigentümer (beispielsweise dem Verkäufer) kann der Richter diesem gut untersagen, den tatsächlichen Zustand des Grundstückes zu verändern; welchen Befehl sich Dritte entgegenhalten lassen müssen[42].

cc) Eine Verfügungsbeschränkung nach Art. 961 Abs. 1 Ziff. 1 ZGB in Form einer vorläufigen Eintragung reicht auch aus, um die Rechtsstellung desjenigen abzusichern, der eine *Klage auf Feststellung des Eigentums oder eines beschränkten dinglichen Rechts an einem Grundstück oder eine Eigentumsklage anstrengt* (vorn, § 18 B BB II 2). Es ist nicht einzusehen, warum man hier zusätzlich noch die Maßnahme einer Grundbuchsperre zulassen sollte[43]; dies insbesondere, wenn jemand an einem Grundstück ein dingliches Recht geltend macht, das er von Gesetzes wegen, etwa gestützt auf eine Gesamtnachfolge von Todes wegen oder unter Lebenden, erworben hat (vorn, § 17 Noten 6–10)[44] [44a].

---

nen Grund gehabt, diese Anmeldung abzuweisen. – In BGE 110 II, 1984, S. 128 kommt das BGer auf seinen in der vorangehenden Note zitierten Entscheid zurück und hält zum zweiten Verkauf fest: «Nachdem der verfügungsberechtigte Eigentümer die Anmeldung nach Art. 963 Abs. 1 ZGB vorgenommen und sich gemäß Art. 965 ZGB über das Verfügungsrecht und den Rechtsgrund ausgewiesen hat, kann eine in der Folge erlassene Verfügungsbeschränkung (Art. 960 Abs. 1 Ziff.1 ZGB oder Grundbuchsperre) die Verfügung des Eigentümers nicht mehr verhindern.» Im beurteilten Fall hatte der Eigentümer sein Grundstück nacheinender zwei verschiedenen Käufern verkauft und den zweiten Verkauf zur Eintragung ins Grundbuch angemeldet. Der erste Käufer hatte mit einer vorsorglichen Maßnahme erreicht, daß diese Eintragung vorläufig unterblieb. Zu diesem Entscheid siehe den im Literaturverzeichnis aufgeführten Aufsatz von WIEGAND. Nach diesem Verfasser könnte der Doppelverkauf in gewissen Fällen einen derartigen Mißbrauch der Vertragsfreiheit darstellen, daß der Grundbuchverwalter die Möglichkeit haben sollte, die Anmeldung des zweiten Verkaufes abzuweisen. Im erwähnten Fall hat das BGer im Gegenteil subsidiär und ohne weitere Prüfung dem Grundbuchverwalter eine derartige Auslegungsbefugnis abgesprochen.

[41] In diesem Sinn, H. LEEMANN, S. 210 f.; STRÄULI, S. 418 Note 4.
[42] MEISTER, S. 139 f.; GULDENER, S. 579 Note 26 am Schluß.
[43] RIEMER, S. 75 und Noten 26, 29 und 30; MEISTER, S. 135 f.
[44] Art. 961 Abs. 1 Ziff. 1 ZGB findet Anwendung auf gewisse Fälle der güterrechtlichen Auseinandersetzung infolge Scheidung (oder Nichtigkeit der Ehe) oder bei Eintritt der Gütertrennung (Art. 154 Abs. 1, 134 Abs. 2, 155 ZGB), wenn die Ehegatten unter dem Güterstand der externen Gütergemeinschaft oder Gütereinheit lebten und sie auch Grundeigentum besaßen. Gestützt auf die Scheidung, Trennung oder Feststellung der Nichtigkeit der Ehe durch den Richter gehen die Grundstücke, die bisher im Gesamteigentum beider Ehegatten oder im Alleineigentum des Mannes gestanden haben, von Gesetzes wegen wieder an jenen Ehegatten zurück, der sie eingebracht hat. Von diesem Zeitpunkt an kann dieser

§ 19   Die Voraussetzungen der Grundbuchsperre   393

dd) Ein mittelbares Interesse an einer Beschränkung der Verfügungsmacht, die es einem Beteiligten nicht erlaubt, eine Vormerkung zu erwirken, gibt ihm grundsätzlich auch nicht die Möglichkeit, das Begehren um Erlaß einer Grundbuchsperre zu stellen; selbst wenn diese Maßnahme vom kantonalen

---

Ehegatte zu seiner Sicherstellung eine vorläufige Eintragung verlangen. Kann er dies auch bereits während des Prozesses tun? MEISTER, S. 151f. und STRÄULI, S. 430, bejahen dies. Das Urteil, welches die Gütertrennung ausspricht, wirkt auf den Tag der «Anbringung des Begehrens» zurück (Art. 186 Abs. 2 ZGB). Bei dieser Rechtslage ist es wohl richtig, wenn der Gesuchsteller bereits während des Verfahrens auf Anordnung der Gütertrennung eine vorläufige Eintragung nach Art. 961 Abs. 1 Ziff. 1 ZGB erlangen kann. Nach der herrschenden Meinung (LEMP, Art. 186 N. 10 und dortige Hinweise) gilt die Rückwirkung aber nicht bei der Gütertrennung, die zusammen mit einer Ehetrennung nach Art. 155 ZGB ausgesprochen wird und noch weniger bei der güterrechtlichen Auseinandersetzung im Scheidungsprozeß. Wenigstens sollte man (entsprechend dem Mann) Art. 189 Abs. 3 ZGB auf die Sicherheiten anwenden, welche die Frau bei der güterrechtlichen Auseinandersetzung für ihre Güter verlangen kann, die sich in der Verfügungsmacht des Ehemannes befinden (in diesem Sinn, STRÄULI, a. a. O.). Sonst wäre der Ehegatte, an den Güter zurückgehen müßen, gestützt auf Bundesrecht überhaupt nicht geschützt.

44a *Neues Eherecht:* Nach Art. 154 Abs. 1 revZGB gelten im Fall der Scheidung für die güterrechtliche Auseinandersetzung die besonderen Bestimmungen über das Güterrecht. Wie der alte Art. 134 Abs. 2 bestimmt auch Art. 134 Abs. 3 revZGB, daß im Fall der Ungültigerklärung der Ehe für die güterrechtliche Auseinandersetzung die gleichen Vorschriften gelten wie bei der Scheidung. Nach Art. 155 revZGB tritt mit der Trennung von Gesetzes wegen Gütertrennung ein. Der Richter kann, wenn ein wichtiger Grund vorliegt, die Gütertrennung während der Dauer der ehelichen Gemeinschaft genau so gut anordnen (Art. 185 revZGB), wie er dies, wenn die Verhältnisse es rechtfertigen, im Fall des Getrenntlebens kann (Art. 176 Abs. 1 revZGB). «Wird über einen Ehegatten, der in Gütergemeinschaft lebt, der Konkurs eröffnet, so tritt von Gesetzes wegen Gütertrennung ein» (Art. 188 revZGB). «Ist ein Ehegatte, der in Gütergemeinschaft lebt, für eine Eigenschuld betrieben und sein Anteil am Gesamtgut gepfändet worden, so kann die Aufsichtsbehörde in Betreibungssachen beim Richter die Anordnung der Gütertrennung verlangen» (Art. 189 revZGB).

Dabei nimmt bei einem Ehepaar, das unter dem Güterstand der Gütergemeinschaft lebt, im Fall der Scheidung, Trennung, Ungültigerklärung der Ehe oder Eintritt der gesetzlichen oder vom Richter angeordneten Gütertrennung jeder Ehegatte jene Güter wieder für sich als Alleineigentum heraus, die unter dem Güterstand der Errungenschaftsbeteiligung sein Eigengut bilden würden (Art. 242 Abs. 1 revZGB). Es tritt damit von Gesetzes wegen eine Rechtsänderung ein, die sich auch auf die Grundstücke erstreckt. Art. 236 Abs. 2 revZGB sieht im weiteren vor, daß bei Scheidung, Trennung, Ungültigerklärung der Ehe oder gerichtlicher Anordnung der Gütertrennung die Auflösung des Güterstandes auf den Tag zurückbezogen wird, an dem das Begehren eingereicht worden ist. Nach der oben für das alte Recht vorgeschlagenen Lösung muß man daraus ableiten, daß jeder Ehegatte unmittelbar nach Einreichung des Begehrens eine vorläufige Eintragung im Sinn von Art. 961 Abs. 1 Ziff. 1 ZGB beantragen kann, um seine wieder entstehenden Rechte zu sichern. Dagegen ist eine solche Vormerkung überflüssig, wenn bei Ehegatten, die unter dem Güterstand der Gütergemeinschaft leben, gestützt auf einen Konkurs von Gesetzes wegen Gütertrennung eintritt (Art. 188 revZGB); da in diesem Fall im Grundbuch unverzüglich Alleineigentum eingetragen wird.

Recht vorgesehen ist (der Fall der güterrechtlichen Ansprüche bleibt weiterhin vorbehalten, unten, ee). Dies gilt wenigstens, wenn und soweit ihm andere bundesrechtliche Vorschriften einen Weg zum Schutz seiner berechtigten Interessen eröffnen.

Die Frage hat sich gestellt im Fall der Aufhebung des Beschlusses einer juristischen Person (AG), der auf den Verkauf eines Grundstückes gerichtet, aber in Verletzung der Statuten zustandegekommen war (Art. 706 OR)[45]. Hier ist irgend eine Maßnahme nur vorstellbar, wenn der Vertrag von der Verwaltung, die zur Vertretung der Gesellschaft befugt ist, noch nicht abgeschlossen worden ist. Ein an diese Organe gerichtetes Verbot, den Kaufvertrag abzuschließen, sollte in der Regel genügen[46]. Mit dem Verbot kann ja für den Fall der Widerhandlung eine Strafandrohung nach Art. 292 StGB verbunden werden.

In einem Streit um den Verkauf der Aktien einer Immobilienaktiengesellschaft, in welchem der Verkäufer sich weigert, den Kaufvertrag zu erfüllen, kann der Käufer nicht die Vormerkung einer Verfügungsbeschränkung nach Art. 960 Abs. 1 Ziff. 1 ZGB erwirken; denn es bildet nicht ein Grundstück Gegenstand des Streites. In Frage kommt einzig eine gestützt auf das Prozeßrecht anzuordnende Beschlagnahme der Aktien. Eine derartige Maßnahme reicht zum Schutz der Rechte des Käufers aber auch aus[47].

In einem Entmündigungsverfahren kann es sich als notwendig erweisen, daß der zu Entmündigende unverzüglich an der Verfügung über ein Grundstück gehindert wird. Dazu kann die Vormundschaftsbehörde vorsorgliche Maßnahmen treffen und insbesondere der zu entmündigenden Person die Handlungsfähigkeit vorläufig entziehen (Art. 386 Abs. 1 und 2 ZGB). Diese Maßnahme, die erst ergriffen werden kann, wenn das formelle Entmündigungsverfahren eingeleitet worden ist und veröffentlicht werden muß (Art. 386 Abs. 3 ZGB), kann aber trotzdem eine gewisse Zeit in Anspruch nehmen. Drängt es besonders, sollte es der Vormundschaftsbehörde möglich sein, im Sinn einer vorsorglichen Maßnahme den Grundbuchverwalter unverzüglich anzuweisen, keine Anmeldung des Betroffenen mehr entgegenzunehmen – gleich wie sie auch seine Bankkonten sperren darf[48].

---

[45] STRÄULI, S. 419 Note 9, mit Hinweis auf SJZ 46, 1950, S. 43 Nr. 17 (Luzern), wo eine Vormerkung nach Art. 960 ZGB bejaht wird; ZR 47, 1948, Nr. 4 und 68, 1969, Nr. 105.

[46] MEISTER, S. 145 ff.; gegenteiliger Auffassung: STRÄULI, S. 419 und 425 f. Freilich behält die Verwaltung ihre Verfügungsmacht und kann diese auch ausüben; nur nimmt sie eine Haftstrafe oder Buße in Kauf.

[47] MEISTER, S. 148.

[48] DESCHENAUX/STEINAUER, Personnes physiques et tutelle, S. 238 Nr. 874. Anderer Meinung: MEISTER, S. 146. Muß die Entmündigung wegen Fehlens der Urteilsfähigkeit ausgesprochen werden. sollte eine Mitteilung an den Grundbuchverwalter tatsächlich genügen, worin dieser darauf aufmerksam gemacht wird, daß bei der zu entmündigenden Person eine Voraussetzung der Handlungsfähigkeit (nämlich die Urteilsfähigkeit) wahrscheinlich fehlt; denn der Grundbuchverwalter muß die Frage der Handlungsfähigkeit ja von Amtes wegen überprüfen. Aber die Urteilsunfähigkeit ist nicht der einzige Entmündigungsgrund. Für die Möglichkeit einer Sperre, SCHNYDER/MURER, Art. 386 N. 61, 64, 113; diese beiden Kommentatoren sehen die genügende Grundlage für eine solche Maßnahme auch im ersten Satz von Art. 393 ZGB betreffend die Verwaltungsbeistandschaft (Anordnung des Erforderlichen). Vgl. auch BGE 57 I, 1931, S. 8: Anweisung an die für die öffentliche Beurkundung von Verträgen über Liegenschaften zuständige Amtsschreiberei, daß sie hiezu ohne Mitwirkung vormundschaftlicher Organe nicht mehr Hand bieten dürfe.

ee) Die Ersatzforderungen der Ehefrau für ihr eingebrachtes Gut und ihre Anwartschaft auf einen Anteil am Vorschlag stellen ein besonderes Problem dar, das von jenem der gewöhnlichen Geldforderungen verschieden ist (oben, aa). Halten wir zunächst nochmals fest: Art. 960 Abs. 1 Ziff. 1 ZGB bietet keine Grundlage für die Vormerkung einer Verfügungsbeschränkung auf den Grundstücken des Ehemannes (oben, aa)[48a].

Die Ersatzforderungen der Ehefrau für ihr eingebrachtes Gut (Art. 199, 201 Abs. 3, 209 Abs. 1, 212 Abs. 1, 213 ZGB) werden erst mit der Auflösung des Güterstandes der Güterverbindung fällig. Die Ehefrau kann aber jederzeit Sicherstellung verlangen (Art. 205 ZGB); auch während des Scheidungsverfahrens noch. Auch wenn sie fällig sind, können diese Forderungen – wie auch die Sondergutsersatzforderungen der Ehefrau – während der Dauer der Ehe grundsätzlich nicht in Betreibung gesetzt werden (Art. 173 ZGB). Möglich ist eine solche nur, wenn sie der Durchführung der durch Gesetz oder Urteil angeordneten Gütertrennung dient (Art. 176 Abs. 1 ZGB)[49]. Eine Betreibung setzt jedoch voraus, daß im ersten Fall der Gläubiger im Konkurs eines Ehegatten zu Verlust gekommen ist[50]; und auch im Fall der Scheidung muß das Urteil abgewartet werden. Daraus ergeben sich die Befürchtungen, der Ehemann könne aus der Rechtslage Nutzen ziehen!

Die Anwartschaft der Ehefrau auf den Anteil von einem Drittel an dem vom Ehemann erwirtschafteten Vorschlag genießt nicht den gleichen Schutz wie die Ersatzforderungen. Zu ihrer Sicherstellung kann die Ehefrau die gerichtliche Gütertrennung nicht verlangen (Art. 183 ZGB). Und nach der herrschenden Meinung bezieht sich auch die Pflicht des Ehemannes zur Sicherstellung (Art. 205 ZGB) nur auf die Ersatzforderungen[51].

Der Schutz der vermögensrechtlichen Interessen der Ehefrau, die unter dem Güterstand der Güterverbindung lebt, ist im Fall einer ehelichen Krise unzweifelhaft prekär. Dies gilt, wegen der Hindernisse für eine Zwangsvoll-

---

[48a] BÜHLER, Berner Kommentar, Art. 145 N. 369.
[49] Vorher ist die Zwangsvollstreckung selbst nicht möglich, um zur Sicherung des eingebrachten Frauengutes Sicherheiten zu erhalten (Art. 205 Abs. 2 ZGB). Das gilt sogar im Scheidungsprozeß, BGE 71 III, 1945, S 4. Möglich ist sie aber gestützt auf Art. 176 Abs. 1 ZGB bei der güterrechtlichen Auseinandersetzung, welche der Gütertrennung nachfolgt (Art. 189 Abs. 2 ZGB), vgl. LEMP, Art. 189 N. 66.
[50] RIEMER, S. 77. Einzelne Kantone, so St. Gallen (Art. 48 ZPO), sehen als vorsorgliche Maßnahme eine vorläufige Gütertrennung vor, die ins Güterrechtsregister eingetragen werden muß, LEMP, Art. 183 N. 6.
[51] LEMP, Art. 205 N. 20; DESCHENAUX, La protection de l'expectative, S. 164f. In BGE 107 II, 1981, S. 119ff. hält das BGer fest, das Gesetz stelle die notwendigen Hilfsmittel zum Schutz der Anwartschaft der Ehefrau auf ihren Anteil am Vorschlag, insbesondere gegenüber Zuwendungen des Mannes auf Anrechnung des Erbteils (Art. 571 Ziff. 1 ZGB), nicht zur Verfügung.

streckung, die zu einer Vormerkung nach Art. 960 Abs. 1 Ziff. 2 ZGB führen könnte, selbst für die Ersatzforderungen[52]. Sicherheiten nach Art. 205 ZGB können freilich in Form eines Pfandrechts (Grundpfandverschreibung) auf den Grundstücken des Ehemannes geleistet werden; aber nur nach Abschluß einer auf einem Entscheid des Richters beruhenden Betreibung – wo eine solche überhaupt möglich ist (oben, Note 49) –; denn dieser kann den Ehemann nur zur Leistung von Sicherheiten verurteilen, nicht aber deren Natur festlegen[53].

Es stellt sich somit die Frage: Ist der kantonale Gesetzgeber unter diesen Voraussetzungen befugt, zum Schutz der vermögensrechtlichen Interessen der Ehefrau die Möglichkeit vorzusehen, daß der Richter dem Ehemann als vorsorgliche Maßnahme verbieten kann, bis zur Beendigung des Prozesses ohne seine oder die Zustimmung der Ehefrau über die ihm gehörenden Grundstücke zu verfügen? Wegen der einschränkenden Art der Regelung hat das Bundesgericht diese Möglichkeit für das Verfahren zum Schutz der ehelichen Gemeinschaft (Art. 169 ZGB) verneint, die Frage aber für jenes zum Erlaß von vorsorglichen Maßregeln während der Scheidung (Art. 145 ZGB) zunächst offen gelassen[54]. Es hält dafür, die Grundbuchsperre sei eine kantonalrechtliche Maßnahme, die einfach auf die Aufrechterhaltung eines bestimmten Rechtszustandes hinziele; weder schaffe noch aberkenne sie damit subjektive Rechte, und in diesem Sinne brauche sie auch keine bundesrechtliche Grundlage. Alles dreht sich folglich darum zu wissen, ob der kantonale Gesetzgeber, weil die Sperre außer den genau bestimmten Fällen – die aber nicht so selten sind, wie das Bundesgericht meint – im ZGB nicht vorgesehen ist, auf diese Maßnahme zurückgreifen kann.

Die weiter oben (3a) gemachten grundsätzlichen Ausführungen sprechen zugunsten der Zuständigkeit der Kantone: im Umfang, in dem die vom Bundesrecht zur Verfügung gestellten Mittel es nicht erlauben, die

---

[52] Die Betreibung, vor allem auf Sicherheitsleistung, ist nur in jenen Kantonen erleichtert, die eine vorläufige Gütertrennung kennen (Note 50); woraus sich eine ungleiche Behandlung gegenüber jenen Frauen ergibt, die in einem andern Kanton wohnen, MEISTER, S. 156. Dieser Autor weist auch darauf hin, daß der Ehemann das Betreibungsverfahren verzögern – und damit die Pfändung seiner Grundstücke hinausschieben – kann, indem er gegen den Zahlungsbefehl Rechtsvorschlag erhebt.
[53] LEMP, Art. 189 N. 66; Art. 205 N. 23 ff.; oben, Note 49. Gestützt auf eine richterliche Entscheidung, die in Rechtskraft erwachsen war, hat das BGer trotzdem die unverzügliche Eintragung eines Pfandrechtes nach Art. 189 Abs. 3 ZGB zugelassen, BGE 78 I, 1952, S. 443. Die Lösung ist aber mit der in Art. 189 und 205 ZGB getroffenen rechtlichen Regelung der Sicherheiten kaum vereinbar. Das Urteil ist vom BGer als oberste Aufsichtsbehörde in Grundbuchsachen, also mit beschränkter Prüfungsmöglichkeit, ergangen (vgl. S. 448).
[54] BGE 104 II, 1978, S. 179; 103 II, 1977, S. 5; 91 II, 1965, S. 417.

schwer gefährdeten Interessen der Ehefrau wirksam zu schützen[55]. Art. 145 ZGB, der von den «nötigen vorsorglichen Maßregeln, wie namentlich in bezug auf die ... güterrechtlichen Verhältnisse» spricht, schließt wohl eine Sperrung des Grundbuches nicht aus. Auch Art. 169 ZGB sollte diese Möglichkeit nicht verschließen. Allerdings liegt der Zweck der Bestimmung darin, die verschiedenen Möglichkeiten, unter denen der Richter auswählen kann, zu beschränken und ihn einzig auf die vom Gesetz – d. h. vom ZGB – vorgesehenen Maßregeln zu verweisen; dies in Hinsicht darauf, daß es wesentlich um den Schutz der persönlichen Freiheit der Ehegatten geht. Es ist aber wohl nicht ersichtlich, daß der Bundesgesetzgeber die Zuständigkeit der Kantone (in verfahrensrechtlichen Fragen) beschränken wollte, in einem Verfahren zum Erlaß einer einstweiligen Verfügung Maßnahmen vorzusehen, die geeignet sind, die vermögensrechtlichen Interessen eines Ehegatten, etwa durch die Sperrung eines Bankkontos, zu schützen; und auch die Sperrung des Grundbuches ist rechtlich ja nicht anders einzuordnen. Die familienbezogene Natur der in Frage stehenden Forderungen sollte in diese Richtung sprechen.

In einem damals noch nicht veröffentlichten Entscheid vom 28. Oktober 1982, den wir in Note 55 der französischen Ausgabe angezeigt hatten, hielt das Bundesgericht nun aber dafür, daß der Scheidungsrichter im Zusammenhang mit dem Erlaß von vorsorglichen Maßnahmen nach Art. 145 ZGB weder gestützt auf Bundes- noch auf kantonales Recht die Möglichkeit habe zum Schutz von Ersatzforderungen der Ehefrau ein Grundstück des Ehemannes im Grundbuch zu sperren. Diese Möglichkeit stehe ihm nur gestützt auf kantonales Prozeßrecht in dem engen Rahmen zu, als die Sperre der Feststellung des Bestandes des ehelichen Ver-

---

[55] In diesem Sinn die zürcherische Rechtsprechung, insbesondere ZR 69, 1970, Nr. 133; 70, 1971, Nr. 44; desgleichen die thurgauische Praxis, SJZ 78, 1982, S. 378 und die luzernische Praxis, ZBGR 53, 1972, S. 296; 64, 1983, S. 7 und 3 (dieser letztere Entscheid ordnet eine Grundbuchsperre bezüglich eines Miteigentumsanteils, eines Gesamteigentumsanteils sowie der Mitgliedschaftsrechte des beklagten Ehemannes an einer Aktiengesellschaft an); ZBGR 66, 1985, S. 136, 141; STRÄULI, S. 429f.; HINDERLING, Das schweizerische Ehescheidungsrecht, 3. Auflage 1967, Ergänzungslieferung 1981, zu S. 201 Nr. 37; MEISTER, S. 157f.; H. H., ZBGR 53, 1972, S. 296; KRADOLFER, S. 89; HOFSTETTER, S. 442. Im gegenteiligen Sinn: EGGER, Art. 145 N. 15, Art. 173 N. 6; LEMP, Art. 169 N. 18, Art. 205 N. 15, 31, 43, 45; S. V. LEEMANN, Vormerkung, S. 34; HOMBERGER, Art. 960 N. 10; RIEMER, S. 80; HOCHULI, S. 144ff. (eher unentschieden); SJZ 79, 1983, S. 305 (ObG Aargau). BÜHLER, Art. 145 N. 373, möchte (zusammen mit VOGEL, zit. in Note 33) die Möglichkeit einer Grundbuchsperre unmittelbar aus dem Bundesrecht, d. h. aus Art. 145 ZGB, ableiten; ohne Rücksicht darauf, ob das kantonale Prozeßrecht diese Maßnahme kennt oder nicht. BGE 103 II, 1977, S. 1ff. besteht im Gegenteil darauf, die Grundbuchsperre als vorsorgliche Maßnahme sei eine kantonalrechtliche Einrichtung. Deshalb weist das Gericht eine Nichtigkeitsbeschwerde gegen eine Abweisung der aargauischen Gerichte, eine von einem zürcherischen Richter angeordnete Grundbuchsperre zu vollziehen, ab, mit der Begründung, diese Maßnahme sei dem aargauischen Recht nicht bekannt; anderer Meinung bereits vorher: MEISTER, S. 170.

mögens diene; so daß der Richter imstande sei, über dessen Schicksal zu befinden und ein Urteil zu fällen, das von den im Zeitpunkt der Urteilsfällung bestehenden Verhältnisse ausgehe[55a].

Diese ganze Streitfrage, die im Zusammenhang mit der Güterverbindung und dem Verbot der Betreibung unter Ehegatten entflammt war, hat verloren mit dem Inkrafttreten des *neuen Eherechts* ihre Grundlage Art. 178 Abs. 1 revZGB sieht vor: «Soweit es die Sicherung der wirtschaftlichen Grundlagen der Familie oder die Erfüllung einer vermögensrechtlichen Verpflichtung aus der ehelichen Gemeinschaft erfordert, kann der Richter auf Begehren eines Ehegatten die Verfügung über bestimmte Vermögenswerte von dessen Zustimmung abhängig machen.» Zu diesen vermögensrechtlichen Verpflichtungen gehören namentlich auch diejenigen aus dem ehelichen Güterrecht, eingeschlossen die Beteiligungen am Vorschlag. Zu den Maßnahmen, die der Richter anordnen kann, um die Erfüllung dieser Forderungen sicherzustellen, gehört auch das Verbot an einen Ehegatten, über ein Grundstück zu verfügen. Dieses Verbot läßt der Richter von Amtes wegen im Grundbuch anmerken (Art. 178 Abs. 3 revZGB). Aber die Sperre entfaltet ihre Wirkung mit der Mitteilung des Verbots durch den Richter an den Grundbuchverwalter – und wäre es auch nur per Telefon – und nicht erst mit der Anmerkung im Grundbuch[55b]. Die Praxis wird die neue Vorschrift wohl auch auf die vorsorglichen Maßnahmen im Scheidungsverfahren anwenden[55c].

[55a] In diesem Entscheid hielt das BGer an seiner Auffassung fest; namentlich an der Erwägung, dem Schutz der finanziellen Interessen der Ehefrau diene einzig die bundesrechtliche Maßnahme des Arrests (oben, d aa). Die bisher offen gelassene Frage, ob zum Schutz einer Geldforderung auf Grund des Art. 145 ZGB eine Verfügungsbeschränkung oder gar eine Grundbuchsperre angeordnet werden könne, entschied es damit im verneinenden Sinn (oben,Note 54). Um trotzdem eine Sperre nach kantonalem Recht zu rechtfertigen, berief es sich aber auf die Vorschriften des kantonalen Prozeßrechts, die verhindern wollen, daß der Zustand der vorhandenen Vermögensgegenstände während des Prozesses verändert werde (im fraglichen Fall Art. 368 Abs. 1 lit. d freiburgische ZPO). So konnte der Scheidungsrichter im Verfahren nach Art. 145 ZGB und gestützt auf die Vorschriften des Prozeßrechts den Parteien verbieten, den Bestand des ehelichen Vermögens zu verändern, und damit Dritten den ausdrücklichen Befehl erteilen, an einem Rechtsgeschäft nicht mitzuwirken, das eine verbotene Änderung nach sich ziehen würde. Auf diese Weise sicherte er die Vollstreckung der von ihm ermittelten Forderung *mittelbar*. Praktisch wurde der Zweck aber erreicht.

[55b] PFÄFFLI, Bern. Not. S. 282 ff.; GEISER, ZBGR 68, 1987, S. 25.

[55c] Das Mittel, das Art. 178 Abs. 3 revZGB zur Verfügung stellt, kommt zu der von nun an bestehenden Möglichkeit, daß Ehegatten sich gegenseitig betreiben können, hinzu. Es

III. Die Anordnung der Grundbuchsperre und das Erlöschen ihrer Wirkungen

1. Die Anordnung der Grundbuchsperre

Wie wir gesehen haben, sind verschiedene Behörden zum Erlaß einer Grundbuchsperre zuständig: der Zivil- oder Strafrichter, Verwaltungsbehörden, ja sogar der Grundbuchverwalter selber (oben, Note 14).

Die Formvorschriften, die eingehalten werden müssen, sind in jedem Fall verschieden: sie sind in den Zivil- und Strafprozeßordnungen und in den Vorschriften, welche das Verwaltungsverfahren regeln, festgelegt. Es ist hier nicht der Ort, diese darzulegen. Sie bilden ja auch nicht Bestandteil des Grundbuchrechts.

Es versteht sich von selbst, daß die erlassene Anordnung sich unmissverständlich für eine Sperre und nicht für eine Vormerkung oder Eintragung aussprechen muß[56]. Der Umfang der Sperre, ihre Dauer sowie ihre Einzelheiten müssen klar angegeben werden und sich auf eines oder mehrere bestimmte Grundstücke beziehen[57]; soweit die rechtsprechende Behörde diese kennt. Die anwendbaren Vorschriften sagen auch, ob die Maßnahme durch das Stellen von Sicherheiten abgewendet werden kann[57a]. Der Grundbuchverwalter, der über den Vollzug der Maßnahme entscheidet, wird die Anmerkung oder «Vormerkung» vornehmen, die von ihm verlangt wird. Diese Eintragungen haben aber nur die Bedeutung einer Auskunft.

2. Das Ende der Grundbuchsperre

Die Anordnung bestimmt die Dauer der Grundbuchsperre oder die Voraussetzungen, unter denen sie ihr Ende findet. Auf Beschwerde hin kann sie von der richterlichen oder verwaltungsinternen Aufsichtsbehörde aufgehoben werden. Die Behörde, welche die Maßnahme angeordnet hat, wird sie widerrufen, wenn sie ihren Zweck erreicht hat. Beispiel: Die Frau hat

---

wird Aufgabe sowohl der Lehre wie der Rechtsprechung sein, die Anwendungsbereiche der beiden Rechtsbehelfe gegenseitig abzugrenzen; vgl. HASENBÖHLER, BJM 1986, S. 57 ff.

[56] Rundschreiben des Zürcher ObG vom 20. August 1926 in ZBGR 7, 1926, S. 348. Beim Tatbestand, der BGE 104 II, 1978, S. 170 zugrunde lag, war unklar, welche Art von Maßnahme der Zivilrichter in einem Prozeß um den Verkauf eines Stockwerkanteiles angeordnet hatte.

[57] MEISTER, S. 168. Genau genommen müssen einem Entscheid, der nicht zu einer Eintragung im Grundbuch führen soll, keine Ausweise beiliegen; Art. 965 ZGB findet keine Anwendung.

[57a] Vgl. für Zürich, ZR 69, 1970, Nr. 135 am Schluß.

ihre Vollstreckungsrechte bezüglich der Grundstücke ihres Mannes ausüben können. Der Eigentümer oder ein Drittbeteiligter kann gestützt auf neue Umstände den ganzen oder teilweisen Widerruf der Sperre verlangen. All das ergibt sich aus den zivil-, straf- oder verwaltungsrechtlichen Verfahrensvorschriften und braucht hier nicht näher erörtert zu werden[58]. Für den Grundbuchverwalter zählt einzig die Mitteilung der zuständigen Behörde, die Maßnahme der Sperre sei aufgehoben[59].

IV. Die Wirkungen der Grundbuchsperre

1. Allgemein

Wie wir bereits oben (I 2) gesehen haben, bezweckt die Grundbuchsperre, Eintragungen im Hauptbuch, welche die Rechtslage an einem Grundstück verändern, zu verhindern. Dabei geht es vor allem um Verfügungen von Seiten des Eigentümers[59a] (bezüglich der Wirkung der Sperre gegenüber Dritten und den Gläubigern in der Zwangsvollstreckung, siehe unten, 2 und 3).

Im Rahmen der vom Richter oder von der Verwaltungsbehörde umschriebenen Maßnahmen muß der Grundbuchverwalter die an ihn gerichteten Anmeldungen einer Eintragung oder Vormerkung zurückweisen. Die Sperre hat so eine negative Wirkung[60]. Die Rechte, deretwegen sie angeordnet worden ist, schützt sie nur mittelbar; ohne sie selber zu betreffen. Umgekehrt hat die Vormerkung einer Verfügungsbeschränkung oder eine vorläufige Eintragung eine positive Wirkung in dem Sinn, daß sie den obligatorischen oder dinglichen Anspruch oder die Vollstreckungsrechte verstärken, zu denen sie hinzukommen (Art. 960 Abs. 2, 961 Abs. 2 ZGB). Es

---

[58] Siehe beispielsweise Art. 14 Abs. 4 BewG; Art. 11 Abs. 4 BewV.
[59] MEISTER, S. 129. Die Maßnahme fällt nicht *eo ipso* mit dem Abschluß des Prozesses dahin, wie HOCHULI, S. 380, meint.
[59a] Die Sperre betrifft nur das Verfügungsrecht des Eigentümers, nicht auch seine Handlungsfähigkeit. Das ergibt sich klar aus dem Wortlaut von Art. 178 Abs. 3 revZGB («untersagt»). Der Ehegatte, der Eigentümer ist, der unter dieses Verbot fällt, kann sich damit rechtsgültig verpflichten, sein Grundstück zu veräußern oder es mit beschränkten dinglichen Rechten zu belasten. Die Rechtslage entspricht jener der Ehefrau, die unter dem Güterstand der Güterverbindung lebt, die über ihr eingebrachtes Gut ohne die Zustimmung des Ehemannes nicht verfügen, sich aber wohl zu einer solchen Verfügung rechtsgültig verpflichten kann, vgl. LEMP, Art. 203 N. 2, in Verbindung mit Art. 202 N. 9; in diesem Sinn, GEISER, S. 22 ff.; anderer Meinung, NÄF–HOFMANN, S. 68 Nr. 491.
[60] MEISTER, S. 130; STRÄULI, S. 417; HOCHULI, S. 138; RIEMER, S. 66; BGE 104 II, 1978, S. 170 ff.

ist daher nicht richtig, wie oft gesagt worden ist, eine Grundbuchsperre enthalte von sich aus eine Verfügungsbeschränkung im Sinn des Art. 960 ZGB[61].

Die Grundbuchsperre erzeugt ihre Wirkungen, sobald der Befehl dem Grundbuchverwalter erteilt worden ist[62]. Anmeldungen, die *vor* Erhalt des Befehls bei ihm eingegangen sind, muß er vollziehen. Die Anmeldung einer Eintragung oder Vormerkung, die ins Tagebuch eingeschrieben worden ist, stellt nämlich bereits eine Verfügung des Eigentümers (oder allenfalls die Ausübung eines Rechts auf Eintragung durch einen Dritten) dar. Mit der Eintragung ins Hauptbuch wirkt diese Anmeldung auf den Tag der Einschreibung ins Tagebuch zurück (vgl. Art. 972 Abs. 2 ZGB). Die Grundbuchsperre, die der Anmeldung nachfolgt, kann dieses Ergebnis nicht hindern[63]. Das Gegenteil würde zum mindesten eine besondere Anweisung der Behörde voraussetzen, die auf einer gesetzlichen Grundlage beruhen müsste[64].

Vom Zeitpunkt an, in dem er den Befehl der Grundbuchsperre erhalten hat, muß der Grundbuchverwalter die Annahme jeder Anmeldung zu einer Eintragung oder Vormerkung, welche unter das Verbot fällt, verweigern. Darin besteht der Unterschied zur Vormerkung, die das Grundbuch nicht schließt[65]. Nimmt der Grundbuchverwalter jedoch eine Anmeldung – zu Unrecht – entgegen, muß er, sofern die übrigen Voraussetzungen erfüllt sind, sie behandeln und ins Hauptbuch eintragen. Die Rechtslage ist dieselbe, wie wenn eine Depositenstelle einen beschlagnahmten Gegenstand in Umlauf setzen würde[66]. Vorbehalten bleiben die Fälle, in denen das Ge-

---

[61] Etwa das in ZBGR 54, 1973, S. 363 erschienene Urteil des BGer, das aber durch das in der vorangehenden Note zitierte wieder überholt ist.

[62] MEISTER, S. 129. Die Rechtslage ist anders als bei der Vormerkung; diese entfaltet ihre Wirkung erst, wenn sie ins Hauptbuch eingetragen wird, aber rückwirkend auf den Tag der Einschreibung ins Tagebuch. Die Anmerkung der Grundbuchsperre, die in der Regel vorgeschrieben ist, ist für die Wirksamkeit der Maßnahme nicht Voraussetzung. Betrachtet man sie für sich allein, muß man allerdings für die Vormerkung der Familienheimstätte einen Vorbehalt machen. Aber diese ist untrennbar mit der Eintragung der Heimstätte, welche konstitutiv ist, verbunden.

[63] In diesem Sinn BGE 110 II, 1984, S. 128 ff.; MEISTER, S. 131; LIVER, ZBJV 96, 1960, S. 450; ZBGR 66, 1985, S. 141 (Justizkommission Luzern); anderer Meinung: MÜLLER, S. 61f.

[64] MEISTER, a. a. O. Es ist mehr als fraglich, ob der kantonale Gesetzgeber in seinem Prozeßrecht einer Sperre diese Bedeutung geben könnte; H. H., ZBGR 41, 1960, S. 76; LIVER, ZBJV 98, 1962, S. 436.

[65] Zur Unannehmbarkeit der Anmeldung, siehe oben I 1 und Note 5.

[66] MEISTER, S. 132; nach ihm ergibt sich dies aus dem Umstand, daß die Grundbuchsperre keine positive Wirkung entfaltet. Deshalb und weil die Sperre keine Grundbucheintragung darstellt, schließt er in diesem Fall auch eine Berichtigung des Grundbuches nach Art. 98 GBV aus. Selbst wenn der Entscheid des Richters im Grundbuch angemerkt wor-

setz ausdrücklich einer Sperre widersprechende Verfügungen für nichtig erklärt.

Eintragungen, Vormerkungen und Löschungen, die nur deklaratorischer Natur sind, vermag die Grundbuchsperre nicht zu verhindern. Das gleiche gilt für die Anmerkungen, die nur über bestimmte Rechtsverhältnisse Auskunft geben wollen (hinten, § 20 I und § 36).

2. Die Grundbuchsperre und die Rechte von Dritten auf einen Erwerb

Der Zweck der Grundbuchsperre besteht vor allem darin, den Eigentümer zu hindern, irgendwie über sein Grundeigentum zu verfügen. Die Maßnahme könnte aber auch darauf abzielen, irgend einen Rechtserwerb an einem Grundstück durch Dritte auszuschließen. Das Bundesrecht und im Rahmen desselben auch das kantonale Recht könnten dies vorsehen. Es ist eine Frage der Auslegung und für die kantonalrechtlichen Grundbuchsperren zudem eine solche der Anwendung von Art. 6 ZGB. Es ließe sich beispielsweise die Meinung vertreten, die Zugehörigkeit eines Grundstücks zum Sicherungsfonds einer schweizerischen Lebensversicherungsgesellschaft oder eine strafrechtliche Beschlagnahme hätten diese Wirkung.

Halten wir uns aber an die Grundbuchsperren, die in den Zivilprozeßordnungen einzelner Kantone vorgesehen sind: sie bezwecken nur eine Beschränkung der Verfügungsmacht des Eigentümers[67]. Sie verhindern aber nicht, daß ein Dritter einen gesetzlichen Rechtstitel geltend macht, um an einem Grundstück ein Recht zu erwerben[68].

---

den wäre, müßte sich der Dritterwerber seinen bösen Glauben nicht entgegenhalten lassen; eine Anmerkung zerstört den guten Glauben nämlich nicht ohne weiteres, MEISTER, S. 132f. und Note 39; siehe hinten, § 36 zu den Wirkungen der Anmerkungen. Nimmt der Grundbuchverwalter trotz der Sperre eine Anmeldung entgegen, begeht er eine Amtspflichtverletzung; denn er muß mit den zuständigen Behörden, die ihm einen rechtsgültigen Befehl erteilen, zusammenarbeiten. Dagegen verletzt er die Vorschriften über die Grundbuchführung nicht; denn die Eintragung, die er vornimmt, ist rechtsgültig. Seine Amtshandlung zieht daher nicht die Verantwortlichkeit des Kantons nach Art. 955 ZGB nach sich, sondern fällt unter die kantonale Beamtenhaftpflicht; in diesem Sinn, MEISTER, a. a. O.

[67] BGE 104 II, 1978, S. 170 Erw. 6.
[68] Selbstverständlich hindert die Grundbuchsperre, unabhängig von ihrer Natur, weder die Entstehung von privatrechtlichen (Art. 808 Abs. 3, 810, 819 ZBG) oder nach kantonalem öffentlichen Recht (Art. 836 ZGB) bestehenden gesetzlichen Pfandrechten, noch von öffentlichrechtlichen Grundlasten; vgl. etwa Art. 85 LEG.

§ 19   Die Wirkungen der Grundbuchsperre

Die sog. gesetzlichen Dienstbarkeiten (Art. 674 Abs. 3, 691, 694, 710 ZGB) lasten auf dem Grundstück als solchem, und jeder Erwerber ist im Keim von der Last betroffen, die sie darstellen. Sollen sie aber zu eigentlichen Dienstbarkeiten erhoben werden, ist ein Vertrag und, mit Ausnahme des Falles des Art. 691 ZGB, auf Anmeldung des Eigentümers hin eine Eintragung im Grundbuch erforderlich; vorbehalten bleibt die Errichtung der Dienstbarkeit durch gerichtliches Urteil. Hier hindert die Grundbuchsperre den Eigentümer also daran, die Anmeldung ohne die Zustimmung des Richters oder desjenigen vorzunehmen, der von der Sperre geschützt wird[69].

Anders ist die Rechtslage bei den mittelbaren gesetzlichen Pfandrechten (Art. 837, 779*d* Abs. 2 und 3, 779*i* und *k*, 712*i* ZGB), die vom Gläubiger selber zur Eintragung angemeldet werden können (vorn, § 15 A II und B II 1 und 2). Eine Grundbuchsperre darf einer Anmeldung solcher Rechte grundsätzlich nicht im Wege stehen[70].

Ein Eigentümer, dessen Grundstück mit einer Grundbuchsperre belegt ist, könnte dieses verkaufen und den Käufer veranlassen, die Vormerkung einer Verfügungsbeschränkung nach Art. 960 Abs. 1 Ziff. 1 ZGB zu beantragen. Angenommen, der Richter würde den Antrag gutheißen, könnte der Käufer die Vormerkung trotzdem nicht erreichen, wenn die Grundbuchsperre der Anmeldung der Vormerkung vorgeht. In der Tat könnte sonst der Eigentümer auf diesem Umweg in Absprache mit dem Käufer, welcher *der Form nach* vor Gericht ein Begehren auf Erfüllung des Kaufes stellen würde, das Verfügungsverbot umgehen[71].

Umgekehrt kann ein Dritter an einem «gesperrten» Grundstück eine vorläufige Eintragung nach Art. 961 Abs. 1 Ziff. 1 ZGB erlangen; denn diese

---

[69] Die Zustimmung kann wohl nicht verweigert werden, sobald die Voraussetzungen einer sich aus dem Nachbarrecht ergebenden Eigentumsbeschränkung erfüllt sind. Die bezahlte Entschädigung wird beschlagnahmt und fällt unter den Bann der Grundbuchsperre, MEISTER, S. 163 f. Note 492.

[70] HOMBERGER, Art. 960 N. 7. Daran ist beispielsweise kaum zu zweifeln für das entsprechende Pfandrecht des Verkäufers (Art. 837 Abs. 1 Ziff. 1 ZGB). Das gesetzliche Pfandrecht der Bauhandwerker und Unternehmer und die Pfandrechte, welche Art. 22*a* GBV diesem gleichsetzt, demgegenüber setzen voraus, daß «die Forderung vom Eigentümer anerkannt ist» (Art. 839 Abs. 3 ZGB) oder daß der Eigentümer «die Eintragung bewilligt» (Art. 22 GBV). Das Verbot, zu verfügen, könnte sich auf diese Anerkennung oder Bewilligung beziehen, welche eine notwendige Voraussetzung für die Errichtung des Pfandrechtes ist. Im übrigen ist vielleicht manchmal eine geheime Absprache zwischen dem Eigentümer und jenem zu befürchten, der ein Recht auf die Eintragung hat, vgl. MEISTER, S. 163; er verlangt die Zustimmung der Behörde, welche die Sperre angeordnet hat oder desjenigen, der durch die Sperre geschützt wird.

[71] MEISTER, S. 164.

Vormerkung bietet nur einem dinglichen Recht einen Schutz, das, gemäß Voraussetzung, am fraglichen Grundstück bereits besteht[72].

Die Möglichkeit, ungeachtet einer bestehenden Grundbuchsperre, eine Pfändung, eine Konkurserkenntnis oder eine Nachlaßstundung vormerken zu lassen (Art. 960 Abs. 1 Ziff. 2 ZGB), hängt von der Bedeutung dieser Maßnahme auf das Zwangsvollstreckungsverfahren ab (unten, 3).

3. Die Bedeutung der Grundbuchsperre im Zwangsvollstreckungsverfahren gegen den Eigentümer

Eine Maßnahme im Zwangsvollstreckungsverfahren, die einer Grundbuchsperre vorgeht, kann jedenfalls nach Art. 960 Abs. 1 Ziff. 2 ZGB vorgemerkt werden; denn die Vormerkung ist in diesem Fall nur deklaratorischer Natur (vorn, § 18 B BB II 1).

Daneben stellt sich die Frage, ob nicht eine an und für sich rechtsgültige Grundbuchsperre einer spätern Verfügungsbeschränkung im Sinn der soeben erwähnten Bestimmung entgegensteht, sondern ob sie ganz allgemein die Zwangsvollstreckungsrechte, welche die Gläubiger in der Folge geltend machen, ihrer Rechtswirksamkeit beraubt. Auch hier beschränken wir unsere Ausführungen auf die Grundbuchsperren nach kantonalem Prozeßrecht, die mit dem Bundesrecht vereinbar sind[73].

Gestützt auf die Tatsache, daß sie nur negative Wirkung besitzt, kann die Grundbuchsperre die Gläubiger nicht hindern, ihre Vollstreckungsrechte bezüglich der Grundstücke durchzusetzen, über die der Schuldner nicht verfügen kann. Nur die Vormerkung einer Verfügungsbeschränkung nach Art. 960 Abs. 1 Ziff. 1 ZGB kann dem Berechtigten wegen ihrer dinglichen Wirkung gegenüber einer vollstreckungsrechtlichen Maßnahme den Vorrang verschaffen[74].

---

[72] MEISTER, S. 164. Betrachtet man diese als deklaratorisch, würde die Grundbuchsperre auch der Vormerkung der Nacherbeneinsetzung oder des Rückfallsrechts des Schenkers nicht entgegenstehen.

[73] Eine strafrechtliche Beschlagnahme bildet kein Hindernis für Maßnahmen im Zwangsvollstreckungsverfahren, etwa einen Arrest nach Art. 271ff. SchKG; aber die Rechte des Staates gehen den Rechten der Gläubiger vor, BGE 93 III, 1967, S. 89; dieses Vorrecht sollte auch für die Sperrung eines Grundstückes gelten, MEISTER, S. 165 Note 496.

[74] BGE 104 II, 1978, S. 178ff. Gegenteiliger Ansicht: MEISTER (1977), S. 166, der sich auf einen Zürcher Entscheid stützt, ZR 64, 1965, Nr. 133, S. 176, dem das BGer aber nicht ohne Vorbehalt zugestimmt hat (a. a. O., S. 182). Gegenüber dem, was im Text gesagt wird, dringt die Begründung, die Sperre gehe vor (Meister), nicht durch. Das Erfordernis, die Ehefrau im Ehescheidungs- oder Trennungsprozeß zu schützen, kann gerade die Maßnahme einer

§ 20. Die Anmerkungen

Literatur:

Die Kommentare von HOMBERGER, OSTERTAG und WIELAND zu Art. 946 und 962 ZGB; von GONVERS-SALLAZ zu Art. 78–82 GBV. Im weitern siehe in den gebräuchlichen Kommentaren, Abhandlungen und Handbüchern des Zivil-, Verwaltungs-, Verfahrens und Vollstreckungsrechts die Ausführungen zu den Rechtsverhältnissen, die angemerkt werden können.
J.D. BUJARD, Les mentions au registre foncier, Diss. Lausanne 1941; H. DESCHENAUX, Les restrictions légales de la propriété foncière et le registre foncier, ZBGR 38, 1957, S. 129 ff.; R. FORNI, Regime tabulare delle restrizioni legali della proprietà, Diss. Bern 1949; H.-P. FRIEDRICH, Grundbuch und öffentliches Recht, ZBGR 51, 1970, S. 193 ff.; DERSELBE, Die Wiedereinführung des Stockwerkeigentums in der Schweiz, ZSR 75, 1956, II S. 1a ff.; DERSELBE, Stockwerkeigentum und Grundbuch, ZBGR 45, 1964, S. 321 ff.; F. HOHL, Les accessoires et les droits de gage immobiliers, Diss. Freiburg 1986; H. HUBER, Das Flurwegrecht des Kantons Zürich, Diss. Zürich 1944 und verschiedene Bemerkungen, erschienen in der ZBGR; P. ISLER, Der Umfang der Pfandhaft im Grundpfandrecht, ZBGR 63, 1982, S. 193 ff.; O.K. KAUFMANN, Die Zugehör, ZBGR 34, 1953, S. 75 ff.; A. KELLENBERGER, Heutige Probleme der Grundbuchführung, ZBGR 58, 1977, S. 1ff.; P. LIVER, Die Anmerkung, ZBGR 50, 1969, S. 10 ff.; R. MENGIARDI, Die Errichtung von beschränkten dinglichen Rechten zugunsten und zulasten von Miteigentumsanteilen und Stockwerkeinheiten, Diss. Bern 1972; A. NECKER, Aperçu de quelques problèmes posés par l'exécuteur testamentaire d'une succession internationale en Suisse, ZBGR 52, 1971, S. 129 ff.; R. PATRY, Les fondements de la nouvelle loi fédérale sur l'acquisiton d'immeubles par des personnes à l'étranger, ZBGR 65, 1984, S. 329 ff.; E. REIZE, Das Bundesgesetz über den Erwerb von Grundstücken durch Personen im Ausland vom 16. Dezember 1983, ZBGR 66, 1985, S. 321 ff.; H. REY, Grundbuch und Planung, ZBGR 61, 1980, S. 1ff.; P. ROSENSTOCK, Das Privatrecht als Instrument der Nutzungsplanung, ZBGR 49, 1968, S. 129 ff.; D. SCHERRER, Anmerkungen im Grundbuch unter Berücksichtigung des Bundesrechts und des

---

Grundbuchsperre rechtfertigen (oben, II 3d ee), sagt aber über deren Bedeutung den Gläubigern gegenüber nichts aus. Es stimmt nicht, daß die Werte, welche der Verfügungsmacht des Ehemannes entzogen würden, auch seiner Konkursmaße entgehen müßten (Zürcher Entscheid, S. 176). Dazu wäre erforderlich, die Maßnahme – wie die Vormerkung – eine positive Wirkung oder eine Wirkung entfalten würde, die jener von dinglichen Sicherheiten oder einer Beschlagnahme ausschließlich zugunsten desjenigen, zu dessen Gunsten sie ausgesprochen worden ist, entspricht. Hätte die Grundbuchsperre nach zürcherischem Recht diese Bedeutung, wäre sie mit dem Bundesrecht kaum vereinbar. Die vom Richter angeordnete Unverfügbarkeit schützt praktisch die Vollstreckungsrechte des aus der Maßnahme Berechtigten (beispielsweise der verheirateten Frau); in dem Sinn, daß sie die Werte, an denen diese Rechte geltend gemacht werden könnten, der Zwangsvollstreckung vorläufig entzieht. Aber im Zeitpunkt, in dem der Berechtigte selber die Betreibung einleiten kann, treten die andern Gläubiger mit diesem bezüglich der gesperrten Werte nach den ordentlichen Vorschriften über die Kollozierung der Forderungen in Konkurrenz. So unterstehen die Rechte der Ehefrau, welche mit andern Gläubigern ihres Ehemannes in Konkurrenz stehen, ausschließlich dem Bundesrecht (Art. 210 f., 224 ZGB, Art. 219 SchKG). Kantonale Vorschriften über die Grundbuchsperre vermögen daran nichts zu ändern. Das *neue Eherecht* hat jedes Vorrecht von Forderungen eines Ehegatten gegenüber dem andern aufgehoben.

kantonal-st. gallischen Rechts, Diss. Zürich 1984; B. SCHNEIDER, Probleme des subjektiv-dinglichen Miteigentums, ZBGR 57, 1976, S. 1 ff.; W. VOLLENWEIDER, Neues zürcherisches Planungs- und Baurecht, ZBGR 62, 1980, S. 193 ff.
Siehe auch eine Veröffentlichung der schweizerischen Vereinigung für Landesplanung, zit. im Literaturverzeichnis zu § 7 (VLP).

A. Allgemeines

I. Der Begriff der Anmerkung

Die Anmerkung ist eine Eintragung im weitern Sinn im Grundbuch, die bezüglich eines Grundstücks privat- oder öffentlichrechtliche Rechtsverhältnisse zum Ausdruck bringt oder kundtut, die grundsätzlich aber ohne diese Eintragung bestehen[1] (vorn, § 7 IV).

Der Anmerkung als Eintragung im Grundbuch widmet das ZGB keine besondere Bestimmung. Ohne sie zu umschreiben, hat der Gesetzgeber von 1907 im Bereich des Privatrechts aber verschiedene Fälle vorgesehen, in denen diese Eintragung vorgenommen werden kann oder muß (Art. 946/805, 696, 841 Abs. 3 ZGB). Art. 962 ZGB, der von der Anmerkung öffentlichrechtlicher Eigentumsbeschränkungen handelt, ist gar erst im Verlauf der parlamentarischen Beratungen eingefügt worden[2]; und gestützt auf ihn widmet die GBV den Anmerkungen nun einen besonderen Abschnitt (VII, Art. 78–82).

Die Anmerkungen werden entweder in der Liegenschaftsbeschreibung, wo diese getrennt geführt wird (Art. 4 Abs. 1 und 2 GBV), oder in einer besondern Spalte des Hauptbuchblattes (Beispiel: Art. 78 Abs. 1 GBV) aufgeführt – wobei letzteres sich immer mehr einbürgert (vorn, § 5 II 2c). Sie stellen in gewissem Sinn ein Mittelding dar zwischen den Angaben über die Beschreibung eines Grundstücks (Art. 4 GBV) und den Eintragungen (Eintragungen im engen Sinn, Vormerkungen), die dingliche Rechte oder solchen irgendwie entsprechende Wirkungen entstehen oder fortdauern lassen.

Die in der Beschreibung gemachten Angaben über Lage, Kulturart, Gebäude, Grenzen, Flächenmaß gehören zu den äußerlich wahrnehmbaren oder materiellen Merkmalen eines Grundstücks, die außerhalb des Grund-

---

[1] HOMBERGER, Art. 946 N. 24; BUJARD, S. 8 f., 116 ff.; LIVER, Die Anmerkung, S. 10 f.
[2] Weder der Vorentwurf, noch der Entwurf des BR sahen diese Möglichkeit vor. Sie ist von der Kommission des NR eingeführt worden (StenBull 1906, S. 1028, 1029). Vgl. dazu, FRIEDRICH, Grundbuch und öffentliches Recht, S. 198 Note 10.

buches festgestellt werden können[3]. Die Anmerkungen geben über Rechtsverhältnisse an einem Grundstück Auskunft[4], die nicht ohne weiteres ersichtlich sind. Die Eintragung im Grundbuch fügt, vom dinglichen Standpunkt aus, der Rechtslage, wie sie bereits besteht oder unabhängig vom Grundbuch entstanden ist, aber grundsätzlich nichts Zusätzliches bei. Das Mobiliar eines Hotels, dem der Ortsgebrauch oder der vom Eigentümer in einem Kaufsgeschäft klar geäußerte Wille die Zugehöreigenschaft verliehen hat, besitzt diese Eigenschaft unabhängig von einer Anmerkung nach Art. 946 Abs. 2 ZGB – vorausgesetzt, die Erfordernisse der Art. 644 und 645 ZGB seien erfüllt. Ein gutgläubiger Dritter, ein gewöhnlicher Gläubiger etwa, kann im Betreibungsverfahren aus dem Umstand, daß die Zugehör im Grundbuch nicht angemerkt ist, nichts zu seinen Gunsten ableiten.

Ohne die Wirkungen vorwegzunehmen, auf die wir weiter hinten (V. Kapitel, § 36) eingehen werden, wollen wir aber gleich hier festhalten, daß einer Anmerkung, selbst jener einer öffentlichrechtlichen Eigentumsbeschränkung, als solcher keine konstitutive Wirkung zukommt und daß sie auch nicht die Bedeutung einer deklaratorischen Eintragung oder Vormerkung besitzt; vorbehalten bleibt die Anmerkung der dinglichen Rechte, «die nach dem Grundbuchrecht nicht mehr begründet werden können» (Art. 45 Abs. 1 SchlT)[5]. Von diesem und dem Fall der Anmerkung von Zugehör (Art. 805 Abs. 2 ZGB) abgesehen, stellt die fragliche Eintragung nicht einmal die Vermutung auf, das zum Ausdruck gebrachte Rechtsverhältnis bestehe tatsächlich; noch weniger kommt ihr der öffentliche Glaube im Sinn des Art. 973 ZGB zu. Die Anmerkung will im wesentlichen über ein bestimmtes Rechtsverhältnis *Auskunft geben*, und in diesem Sinn nimmt sie auch an der formellen Öffentlichkeit des Grundbuches teil (Art. 970 ZGB). Wie wir sehen werden, entfaltet sie manchmal mittelbare Wirkungen und kann die Unterlassung, sie vorzunehmen, im Einzelfall die Verantwortlichkeit desjenigen, der die Pflicht gehabt hätte, sie anzumelden oder des

---

[3] BUJARD, S. 117. Die Schatzungen, die auf dem Hauptbuchblatt angegeben werden, sind für die Verwaltungs- oder Steuerbehörden wichtig.

[4] Die Anmerkung des Beginns eines Werkes (Art. 841 Abs. 3 ZGB) hält eine einfache Tatsache fest, die aber für den Eigentümer, die Bauhandwerker und Unternehmer und für mögliche weitere Pfandgläubiger unmittelbar genau bestimmte Folgen nach sich zieht.

[5] Wie die dinglichen Rechte des bisherigen Rechts, die nicht eingetragen worden sind (Art. 44 SchlT), behalten die dinglichen Rechte, die nach dem Grundbuchrecht nicht mehr begründet werden können, ihre Gültigkeit (Art. 45 Abs. 1 SchlT). Werden sie jedoch entsprechend der Vorschrift des Art. 45 SchlT nicht angemerkt, können sie «Dritten, die sich in gutem Glauben auf das Grundbuch verlassen, nicht entgegengehalten werden» (Art. 44 Abs. 1 SchlT am Schluß). Siehe vorn, § 4 III 3 Note 14; MUTZNER, Art. 45 SchlT N. 6; LIVER, Die Anmerkung, S. 12; BUJARD, S. 32 und 94ff.

Grundbuchverwalters, der eine Anmeldung nicht vollzogen hat, nach sich ziehen (§ 36 VI).

II. Die Arten der Anmerkungen

Die erwähnten Ausnahmen vorbehalten, besteht die Aufgabe der Anmerkungen immer darin, über ein bestimmtes Rechtsverhältnis an einem Grundstück Auskunft zu geben. Von den ihnen zukommenden Wirkungen her sucht man von daher vergeblich nach einem Einteilungskriterium. Anhand des Gesagten lassen sie sich gleichfalls nicht in solche mit konstitutiver und solche mit deklaratorischer Wirkung einteilen. Im weitern gibt es auch keine vorläufigen, die zu einem gegebenen Zeitpunkt durch endgültige Anmerkungen ersetzt würden. Man könnte die Anmerkungen danach unterscheiden, ob sie auf einem Rechtsgeschäft (etwa einer Vereinbarung auf Zusehen hin) oder einem Gesetz – sei es unmittelbar (wie bei einem öffentlichen Weg, Art. 80 GBV) oder mittelbar, nämlich als Folge eines behördlichen Entscheides (wie bei einer Unterhaltspflicht, Art. 84 Abs. 2 LEG) – beruhen. Daneben gibt es noch Fälle, in denen die GBV dem Grundbuchverwalter eine Anmerkung als Ergänzung zu einer Eintragung (wie bei der subjektiv-dinglichen Verknüpfung von zwei Grundstücken, Art. 82/32 GBV) vorschreibt. Zweckmässiger erscheint es jedoch, sie nach ihrem Gegenstand zu unterscheiden: Die Anmerkungen bringen entweder ein privat- oder öffentlichrechtliches Rechtsverhältnis zum Ausdruck. Bei beiden Arten findet man die verschiedensten Einrichtungen; und man ist versucht, gewisse Einteilungen vorzunehmen. Die Einrichtungen selber gehören zu den mannigfachsten Bereichen des Zivil-, Verwaltungs- oder Zwangsvollstreckungsrechts und können hier nicht aufgezählt und behandelt werden. Wir verweisen wiederum auf die einschlägigen Lehrbücher, Abhandlungen und Kommentare. Die Einrichtungen selber werden als bekannt vorausgesetzt. Wir befassen uns hier nur mit den Voraussetzungen ihrer Vornahme und Löschung im Grundbuch.

III. Numerus clausus der Anmerkungen?

Das Gesetz wie die GBV sehen die *Anmerkung* einer ganzen Reihe *privatrechtlicher Rechtsbeziehungen* vor. Aber ist es dem kantonalen Gesetzgeber oder der Praxis der Grundbuchbehörden gestattet, auf Veranlassung Privater hin neue Anmerkungsfälle einzuführen?

Der Grundsatz der Typengebundenheit, der für die dinglichen Rechte gilt[6], wird durch die Anerkennung neuer Anmerkungen kaum in Frage gestellt. Die Rechtsverhältnisse, um die es sich handeln könnte, bestehen und entfalten ihre Wirkungen unabhängig davon, ob sie auf dem Hauptbuchblatt oder in der Liegenschaftsbeschreibung zum Ausdruck gebracht werden. Anderseits bleibt die Anmerkung eine Einrichtung der vom Bundesrecht geregelten Öffentlichkeit der dinglichen Rechte an den Grund-

---

[6] MEIER-HAYOZ, Systematischer Teil, N. 75 ff.

stücken. Auf dem Gebiet des Privatrechts ist nicht recht ersichtlich, wie der kantonale Gesetzgeber außerhalb seiner Zuständigkeit (vgl. Art. 5 ZGB) neue Anmerkungsfälle einführen könnte. Auf dem Gebiet des öffentlichen Rechts stellt sich die Frage in dem Sinn anders, als Art. 962 ZGB das Mittel unter Vorbehalt einer Kontrolle durch den Bundesrat (Absatz 2) in die Hand des kantonalen Gesetzgebers legt. Das ist an sich gerade ein Grund, für die Anmerkung privatrechtlicher Rechtsverhältnisse einen *numerus clausus* anzunehmen.

Entsteht aber wirklich das Bedürfnis, ein privatrechtliches Rechtsverhältnis aus dem Grundbuch ersichtlich zu machen, dessen Anmerkung weder vom Gesetz noch von der GBV vorgesehen ist, ließe sich überlegen, ob da eine Gesetzeslücke besteht, welche die Grundbuchbehörden in ihrer Tätigkeit der nicht streitigen Gerichtsbarkeit ausfüllen könnten[7] (Art. 1 Abs. 2 ZGB; unten, B II 2, III 2, VII).

IV. Die allgemeinen Voraussetzungen der Vornahme und Löschung der Anmerkungen

Unter dem Blickwinkel der Arten der Eintragungen haben wir die wichtigsten Anmerkungen privat- und öffentlichrechtlicher Rechtsverhältnisse vorn (§ 7 IV) aufgezählt. Bei diesen verschiedenen Fällen wollen wir nun auf die Voraussetzungen der Anmerkung und ihrer Löschung eingehen.

Diese Voraussetzungen nehmen in jedem Fall auf die Rechtslage Bezug, welche die Eintragung oder Löschung einer Anmerkung (Rechtsgrund der Anmerkung, Rechtsgrund der Löschung der Anmerkung) rechtfertigt, und auf den Akt (Anmeldung), der die Eintragung im Grundbuch veranlaßt. Der Vorgang entspricht somit in gewissem Sinn jenem bei der Eintragung oder Löschung von dinglichen Rechten oder Vormerkungen.

1. Die Voraussetzungen der Anmerkungen

Was den *Rechtsgrund* der Anmerkungen betrifft, läßt sich über die tatsächlichen Verhältnisse, die diesen Eintragungen zugrunde liegen, nichts

---

[7] Das BGer ist nicht unbedingt gegen die Zuständigkeit der Kantone, die Anmerkung gewisser privatrechtlicher Rechtsbeziehungen zuzulassen; vgl. BGE 79 I, 1953, S. 189, wo es um eine Vereinbarung auf Zusehen hin ging; das Gericht als oberste Aufsichtsbehörde in Grundbuchsachen ist auf eine Beschwerde gegen die Abweisung, eine solche Vereinbarung anmerken zu lassen, mit der Begründung nicht eingetreten, diese Abweisung könne nicht Bundesrecht verletzen. Vgl. auch ZBGR 57, 1966, S. 229 (GBA): Kein *numerus clausus* der Anmerkungen nach Lehre und Praxis der Kantone.

Allgemeingültiges aussagen. Die Fälle weichen zu sehr voneinander ab. Die *Anmeldung* der Anmerkung braucht nicht notwendigerweise vom Eigentümer des Grundstücks auszugehen, auf welches sich das anzumerkende Rechtsverhältnis bezieht; denn dieses besteht unabhängig vom Grundbuch. Im weitern kann man nicht allgemeine Regeln aufstellen, die auf alle Fälle Anwendung finden würden. Für die Anmeldungen, die von Privaten ausgehen, möchten wir nur auf die Voraussetzung der Handlungsfähigkeit und auf die Einhaltung der Regeln über die Stellvertretung (vorn, § 13 V) hinweisen. Anmeldungen von Behörden müssen die Voraussetzungen einer Verwaltungshandlung nach den geltenden Vorschriften erfüllen.

2. Die Voraussetzungen der Löschung der Anmerkungen

Zu den Voraussetzungen der Löschung der Anmerkungen sind entsprechende Ausführungen zu machen.

Lehnt man – wie wir das weiter hinten (§ 36 II) tun werden – das Bestehen von Anmerkungen mit konstitutiver Wirkung ab, braucht man nicht zwei Arten zu unterscheiden[8]. Es gibt nur «deklaratorische» Anmerkungen, die ausschließlich über ein bestimmtes Rechtsverhältnis, das bezüglich eines Grundstücks besteht, Auskunft geben wollen; das ausgedrückte Rechtsverhältnis selber hängt in seinem Weiterbestand in keiner Weise von der Anmerkung ab.

Auch wenn Art. 964 ZGB über das Erfordernis «einer schriftlichen Erklärung der aus dem Eintrage berechtigten Personen» nicht ohne weiteres entsprechend angewendet werden kann, versteht es sich von selbst, daß diejenigen legitimiert sind, die Löschung einer Anmerkung anzumelden, denen das durch die Anmerkung zum Ausdruck gebrachte Rechtsverhältnis nützt. Das ist tatsächlich auch die Regel; vor allem für die Anmerkung öffentlichrechtlicher Eigentumsbeschränkungen (unten, B III 2, VI, VII; C II). Wegen der neuen Tatsache, die der Anmerkung ihre Grundlage entzogen hat, sind diese Berechtigten verpflichtet, der Löschung der Anmerkung zuzustimmen[8a].

---

[8] Meier-Hayoz, Art. 680 N. 90 f., trifft diese Unterscheidung. BGE 89 II, 1963, S. 203 ff. stellt es den Kantonen anheim, Anmerkungen von konstitutiven öffentlichrechtlichen Eigentumsbeschränkungen einzuführen. Gegenteiliger Auffassung: Liver, ZBJV 100, 1964, S. 463 ff.

[8a] Nach Meier-Hayoz müßte bei Anmerkungen mit konstitutiver Wirkung Grundbuchberichtigungsklage erhoben werden. Bei deklaratorischen Anmerkungen schlägt er für den Fall, daß die Beschränkung in Wirklichkeit nicht besteht und der Eigentümer in seinen

Wird der Grund zur Löschung einer Anmerkung bestritten, muß der Fall der Behörde (Richter oder Verwaltungsbehörde) unterbreitet werden, die zuständig ist, um über die Gültigkeit des Rechtsgrundes der Anmerkung zu entscheiden. Gestützt auf den ergangenen Entscheid (Urteil oder Verwaltungsentscheid) nimmt der Grundbuchverwalter die Löschung auf Anmeldung des Eigentümers des betroffenen Grundstücks hin vor (sinngemässe Anwendung von Art. 963 Abs. 2 ZGB; vorn, § 17 C II)[8b]. Auch die sinngemässe Anwendung von Art. 976 ZGB über die Löschung von Einträgen, die jede rechtliche Bedeutung verloren haben, ist denkbar. Auf dieses Verfahren werden wir in mehreren Fällen hinweisen (unten, B III 1b, 2b; VIIb). Es behält übrigens die Anrufung des Richters vor (Absatz 2). Bei öffentlichrechtlichen Eigentumsbeschränkungen kann dieser «Richter» nur die zuständige Verwaltungsbehörde sein, an die der Grundbuchverwalter den Eigentümer des betroffenen Grundstücks zum voraus verweisen kann (Art. 976 Abs. 3 ZGB).

In gewissen Fällen muß der Grundbuchverwalter sogar die Möglichkeit haben, von Amtes wegen zu handeln; so, wenn das in einer Anmerkung zum Ausdruck gebrachte Rechtsverhältnis zeitlich genau befristet ist (unten, C III 2i).

Im folgenden behandeln wir die Anmerkung privatrechtlicher (B) und die Anmerkung öffentlichrechtlicher Rechtsverhältnisse (C).

B. Die Anmerkung privatrechtlicher Rechtsverhältnisse

I. Dingliche Rechte, die nach dem Grundbuchrecht nicht mehr begründet werden können (Art. 45 SchlT; vorn, § 7 IV 1a)[8c]

---

dinglichen Rechten nicht verletzt ist, zusammen mit HOMBERGER ein Verfahren vor, das jenem entspricht, das für die Löschung von Zugehör vorgesehen ist: weigern sich die Berechtigten, ihre Zustimmung zur Löschung zu erteilen, muß sich der Eigentümer an die zuständige Behörde wenden, MEIER-HAYOZ, Art. 680 N. 90f.; HOMBERGER, Art. 975 N. 12, Art. 946 N. 31. Das Ergebnis ist das gleiche wie dasjenige, das wir im Text vorschlagen; nur halten wir dieses Verfahren für alle Fälle für anwendbar.

[8b] HOMBERGER, Art. 977 N. 8, gefolgt von MEIER-HAYOZ, Art. 680 N. 88, empfiehlt das verwaltungsmäßige Berichtigungsverfahren (Art. 977 ZGB, Art. 98 und 99 GBV). Die Rechtslage ist jedoch allgemein nicht gleich wie bei Grundbucheinträgen, die «aus Versehen» erfolgt oder nicht gelöscht worden sind (siehe hinten, § 42 I 1 und II 1b und e). Auch können die Anmerkungen nicht einfach mit den Angaben tatsächlicher Natur verglichen werden, die zur Beschreibung eines Grundstücks gehören; siehe hinten, § 39 III.

[8c] MUTZNER, zu Art. 45 SchlT; BUJARD, S. 89ff.; LIVER, Die Anmerkung, S. 11f.

Die Anmerkung, um die es hier geht, stellt materiell eine deklaratorische Eintragung dar (vorn, § 4 III 1 und Note 24).

a) Die Voraussetzungen der Anmerkung

Die fraglichen Rechte des ehemaligen kantonalen Rechts – Eigentum an Bäumen auf fremdem Boden, Nutzungspfandrechte, dingliche Kaufsrechte (vorn, § 4 Note 10) – werden im Verlauf des in Art. 43 SchlT vorgesehenen Eintragungsverfahrens der dinglichen Rechte in das Grundbuch aufgenommen (vorn, § 4 III 2); die Anmerkung geschieht von Amtes wegen im Verlauf der Bereinigung der Rechte[9].

b) Die Voraussetzungen der Löschung

Diese dinglichen Rechte erlöschen nach den gewöhnlichen Vorschriften; sei es auf Grund eines Löschungsgrundes, dem eine Eintragung im Grundbuch, nämlich die Löschung der Anmerkung, nachfolgt (vorn, § 16); sei es *ipso iure*, gestützt auf einen Rechtsgrund, der von Gesetzes wegen den Untergang des Rechtes bewirkt; in diesem Fall hat die Löschung nur deklaratorische Bedeutung (vorn, § 17 C). Sind diese Rechte «aus irgendwelchem Grunde untergegangen, so können sie nicht neu begründet werden» (Art. 45 Abs. 3 SchlT).

II. Privatrechtliche Eigentumsbeschränkungen (vorn, § 7 IV 1b)

Die privatrechtlichen Beschränkungen des Grundeigentums, die ohne Eintragung bestehen (Art. 680 Abs. 1 ZGB), bilden auch nicht Gegenstand einer Anmerkung. Von diesem Grundsatz aber gibt es Ausnahmen.

1. Die Wegrechte, die das Gesetz unmittelbar begründet

Art. 696 ZGB sieht die Anmerkung der Wegrechte, die das Gesetz unmittelbar begründet, vor, «wenn sie von bleibendem Bestande sind». Die Einrichtung ist in den Kantonen im allgemeinen jedoch toter Buchstabe geblieben.

---

[9] Die kantonalen Ausführungsgesetze können auch vorschreiben oder die Beteiligten können sich – dort wo dies möglich ist – dahin einigen, daß diese Rechte in einer dem Grundbuchrecht entsprechenden Weise ins Grundbuch eingetragen werden. Art. 114 Abs. 2 GBV sieht diese «Anpassung» vor. Siehe vorn, § 4 III 1 und 2 und Noten 14–16. Die so angepaßten Rechte unterstehen nicht mehr der Regelung des Art. 45 SchlT. Die alten Rechte, die gleich von Anfang an einer Grundform der Rechte des ZGB entsprechen, können ohne weiteres eingetragen, sie brauchen nicht angemerkt zu werden; dazu BGE 63 I, 1937, S. 110 und Liver, Die Anmerkung, S. 12, insbesondere auch zu den sog. ehehaften Wasserrechten an öffentlichen Gewässern.

a) Die Voraussetzungen der Anmerkung

Im Grundbuch angemerkt werden können nur die eigentlichen Wegrechte; nicht aber gewöhnliche Zugangsrechte, wie das Hammerschlags- oder das Wenderecht. Die Rechte, um die es geht, sind der Winterweg, das Brachwegrecht und das Tränkerecht. Sie müssen vom kantonalen Recht vorgesehen sein (Art. 695/696 ZGB)[10]. Ihre Anmerkung setzt voraus, daß sie «von bleibendem Bestande» sind. Das heißt aber nicht, daß die Ausübung ununterbrochen sein muß; «bleibend» steht nur im Gegensatz zu «gelegentlich»[11].

Trotz der Befehlsform, in der Art. 696 Abs. 2 ZGB gehalten ist, erfolgt die Anmerkung dieser Wegrechte von Amtes wegen nur, wenn das kantonale Recht dies vorschreibt. Sonst wird sie auf schriftliches Begehren der beteiligten Eigentümer hin vorgenommen (Art. 79 GBV)[12]. Da unmittelbar das Gesetz der Rechtsgrund der Eintragung ist («ohne besonderen Ausweis»), kann die Anmeldung von einem der beteiligten Eigentümer ausgehen[13]. Die Flurwege nach zürcherischem Recht unterstehen einer besonderen Regelung; im Grundbuch wird das – privatrechtliche – Recht auf einen Weg angemerkt[14].

b) Die Voraussetzungen der Löschung

Grundsätzlich ist für eine Löschung der Gesamtheit der angemerkten öffentlichen Wege eine Änderung der Gesetzgebung erforderlich; soll nur die Anmerkung eines einzelnen Weges gelöscht werden, muß eine Dienstbarkeit errichtet werden, mit der, außer die Vereinbarung sei bloß obligatorischer Natur, nach Art. 680 Abs. 2 ZGB eine gesetzliche Eigentumsbeschränkung abgeändert wird[15]. Im ersten Fall wird die Löschung von Amtes wegen vorgenommen; im zweiten gelten für die Eintragung der Dienstbarkeit die ordentlichen Vorschriften. Ein Eigentümer, dessen Grundstück infolge Aufteilung nicht mehr an einen Flurweg anstößt (oder diesen für seine Erschließung allenfalls nicht mehr benötigt), verliert seinen Gesamteigentumsanteil an diesem von Gesetzes wegen[16].

---

[10] MEIER-HAYOZ, Art. 696 N. 2 ff.; HAAB, Art. 694–696 N. 6, 27 ff., 42; LIVER, Art. 740 N. 46.

[11] BUJARD, S. 56. Der Winterweg ist ein Wegrecht «von bleibendem Bestande», auch wenn von ihm nur während einer bestimmten, jedes Jahr wiederkehrenden Zeit Gebrauch gemacht wird.

[12] HAAB, a. a. O., N. 41.

[13] BUJARD, S. 59.

[14] Die Rechtsverhältnisse an diesen Flurwegen sind durch das Landwirtschaftsgesetz vom 2. September 1979 (§§ 111, 115, 177) vor einiger Zeit zum Teil geändert worden. Der von den Wegen in Anspruch genommene Boden wird als eigene Grundstücke ins Grundbuch aufgenommen. Befinden sie sich nicht im Eigentum einer Unterhaltsgenossenschaft oder einer Gemeinde, stehen sie im Gesamteigentum der Berechtigten. Die Eintragung der Eigentumsverhältnisse geschieht entsprechend jener von unselbständigem Miteigentum (Art. 32 GBV); mit der besondern Angabe, daß die Eigentümer der verschiedenen Nummern, die auf dem Hauptbuchblatt eingetragen sind, eine Flurweggemeinschaft bilden. Die Anmerkung der Mitgliedschaft im Grundbuch ist ein Hinweis dafür, daß das Grundstück am betreffenden Flurweg beteiligt ist. Zu den Einzelheiten siehe das Kreisschreiben der Verwaltungskommission des Obergerichts des Kantons Zürich an die Grundbuchämter für die grundbuchliche Behandlung der Flurwege vom 19. März 1984 (ZBGR 65, 1984, S. 325 ff.). Zum frühern Recht, vgl. H. HUBER, Das Flurwegrecht, S. 207 ff.

[15] MEIER-HAYOZ, Art. 695 N. 5.

[16] ZBGR 52, 1971, S. 32 ff. (ObG Zürich).

2. Die gesetzlichen Pfandrechte (Art. 836 ZGB) und Grundlasten (Art. 784 ZGB) nach kantonalem Recht

Die kantonalrechtlichen gesetzlichen Pfandrechte und Grundlasten entstehen ohne Eintragung; wenigstens soweit nicht das kantonale Recht etwas anderes vorsieht. Trifft dies nicht zu, wird allgemein angenommen, der kantonale Gesetzgeber könne deren Anmerkung vorschreiben. In der Praxis kommt es vor, daß sie auch ohne gesetzliche Grundlage angemerkt werden[16a].

Die Voraussetzungen der Anmerkung und Löschung dieser Rechte werden vom kantonalen Recht bestimmt.

III. Privatrechtliche Beschränkungen, die sich aus einem Rechtsgeschäft ergeben (vorn, § 7 IV 1c)

1. Nutzungs- und Verwaltungsordnung der Miteigentümer und Reglement der Stockwerkeigentümergemeinschaft (Art. 647 Abs. 1, 712g Abs. 3 ZGB)[16b]

a) Die Voraussetzungen der Anmerkung

Beim gewöhnlichen Miteigentum setzt die Anmerkung voraus, daß die Nutzungs- und Verwaltungsordnung – die übrigens freiwillig ist – von *sämtlichen* Eigentümern angenommen worden ist (Art. 647 Abs. 1 ZGB: «... vereinbaren»; Art. 82*a* GBV: «..., versehen mit den Unterschriften *aller* Beteiligten»). Dieses Erfordernis gilt auch für die Anmerkung von Änderungen derselben[17].

[16a] HOMBERGER, Art. 946 N. 28; MEIER-HAYOZ, Art. 680 N. 71 f.; H. LEEMANN, Art. 784 N. 21; PIOTET, Les hypothèques légales, S. 69 f.; ZBGR 14, 1935, S. 191 Nr. 76 (GBA); 16, 1937, S. 129 (KGer St. Gallen).

[16b] Sowohl in Art. 647 Abs. 1 und 712g Abs. 3 ZGB spricht der französische Gesetzestext von «règlement d'utilisation et d'administration»; im deutschen Text dagegen heißt es in Art. 647 Abs. 1 «Nutzungs- und Verwaltungsordnung» und in Art. 712g Abs 3 ZGB «Reglement über die Verwaltung und Benutzung».

[17] BGE 103 Ib, 1977, S. 76. Das BGer hält sich für Änderungen an den Grundsatz der Einstimmigkeit, selbst wenn die Nutzungs- und Verwaltungsordnung dafür einfache Mehrheit vorsieht; anderer Meinung: LIVER, ZBJV 115, 1979, S. 250 ff.; die er damit begründet, die Miteigentümergemeinschaft könne sich gleichsam eine körperschaftliche Ordnung geben, in der sie für die Veräußerung oder Belastung der Sache sowie für deren Zweckänderung den Mehrheitsgrundsatz vorsehen könne (Art. 648 Abs. 2 ZGB); da die Abänderung einer Nutzungs- und Verwaltungsordnung aber ein «weniger» sei, müsse dieses Stimmenverhältnis zum voraus auch dafür möglich sein.

Beim Stockwerkeigentum kann jeder Eigentümer verlangen, daß ein Benutzungs- und Verwaltungsreglement erstellt wird. Zu seiner Annahme genügt es, wenn die Mehrheit der Stockwerkeigentümer, die zugleich zu mehr als der Hälfte anteilsberechtigt sind, ihm zustimmen. Das gleiche gilt für Änderungen, selbst wenn das Reglement in der Stockwerkbegründungsurkunde enthalten ist (Art. 712*g* Abs. 3 ZGB; Art. 82*a* Abs. 2 GBV).

Können sich die Mit- oder Stockwerkeigentümer beim Erlaß von Verwaltungsvorschriften nicht einigen, kann im Einzelfall der Richter angerufen werden[18]. Auch solche Vorschriften können im Grundbuch angemerkt werden.

Es ist jeder Mit- oder Stockwerkeigentümer legitimiert, die Nutzungs- und Verwaltungsordnung oder das Reglement oder eine richterliche Anordnung zur Anmerkung im Grundbuch anzumelden. Art. 82*a* GBV sieht dies (trotz des Wortlautes von Art. 647 Abs. 1 ZGB) für das gewöhnliche Miteigentum vor. Beim Stockwerkeigentum kommt diese Legitimation neben jedem Stockwerkeigentümer auch dem Verwalter zu (Art. 712*g* Abs. 3 ZGB, Art. 82*a* Abs. 3 GBV 2. Satz).

b) Die Voraussetzungen der Löschung

Die Löschung der Anmerkung verlangt, daß die Nutzungs- und Verwaltungsordnung oder das Reglement vollständig aufgehoben worden ist. Beim Miteigentum setzt der entsprechende Beschluß Einstimmigkeit, beim Stockwerkeigentum jene Mehrheit voraus, die für die Annahme des Reglementes erforderlich gewesen ist. Ist dieser ordnungsgemäß zustandegekommen, sollte jeder Miteigentümer oder – allenfalls – auch der Verwalter legitimiert sein, die Löschung der Anmerkung anzumelden[19].

2. Die Einsetzung eines Willensvollstreckers (Art. 517/518 ZGB)

Die Einsetzung eines Willensvollstreckers zieht für die Erben in verschiedener Hinsicht eine Beschränkung ihrer Verfügungsmacht nach sich. Weder das Gesetz noch die GBV sehen vor, daß diese Beschränkung aus dem Grundbuch hervorgehe. Sowohl für die Beziehungen der Erben zu

---

[18] MEIER-HAYOZ, Art. 647 N. 33 ff. und 45.
[19] Gleicher Meinung in bezug auf das Ergebnis: MEIER-HAYOZ, Art. 647 N. 51 und FRIEDRICH, Stockwerkeigentum und Grundbuch, S. 352.

Dritten wie auch für diejenigen des Willensvollstreckers zum Grundbuchverwalter ist dies aber doch sinnvoll. Eine «Eintragung» (im eigentlichen Sinn) des Willensvollstreckers ist nicht denkbar; denn eintragungsfähig sind ja nur dingliche Rechte, nicht aber Verwaltungsbefugnisse. Die fragliche Beschränkung kann auch nicht Gegenstand einer Vormerkung sein, selbst nicht einer deklaratorischen; denn die Befugnisse des Willensvollstreckers könnten – vom *numerus clausus* der Vormerkungen ganz zu schweigen – in keiner Art und Weise vom Grundbuch abhangen. Sie müssen selbst gutgläubigen Dritten entgegengehalten werden können[20]. Wenn es darum geht, die Einsetzung eines Willensvollstreckers im Grundbuch zum Ausdruck zu bringen, steht nur der Weg der Anmerkung offen; indem man eine Gesetzeslücke annimmt und diese entsprechend schließt (oben, A III)[21].

a) Die Voraussetzungen der Anmerkung

Wenn er sich ausweist, ist der Willensvollstrecker legitimiert, den Erbgang vom Erblasser auf die gesetzlichen oder eingesetzten Erben zur Eintragung ins Grundbuch anzumelden. Gleichzeitig kann er auf Grund der Verfügung von Todes wegen, die ihn einsetzt, auch beantragen, daß seine Befugnisse angemerkt werden[22]. Die Anmerkung – in welcher Form sie auch geschieht – setzt voraus, daß die Erben vorgängig als Eigentümer im Grundbuch eingetragen worden sind. Es wäre nicht statthaft, nur den Willensvollstrecker «einzutragen». Die bezeichnete Person kann auch darauf verzichten, im Grundbuch aufgeführt zu sein; es handelt sich nicht um eine Anmerkung, die von Amtes wegen vorgenommen wird (Grundsatz der Anmeldung).

b) Die Löschung der Anmerkung

Damit die Anmerkung gelöscht werden kann, muß das Auftragsverhältnis des Willensvollstreckers aus irgend einem Grund beendigt worden sein (Erfüllung des Auftrages, Niederlegung des Amtes, Tod, nachträglicher Eintritt der Handlungsunfähigkeit (Art. 404/405 OR), Amtsenthebung durch die Teilungsbehörde). Die Anmeldung zur Löschung muß, da er seine Befugnisse vom Erblasser, nicht von den Erben erhalten hat, grundsätzlich von ihm selber ausgehen. Vorbehalten bleiben die Fälle des Todes, des Eintritts der Handlungsunfähigkeit und der Amtsenthebung; in diesen Fällen können die Erben – jeder einzelne von ihnen – die Löschung selber anmelden.

---

[20] HOMBERGER, Art. 960 N. 14 befürwortet eine Vormerkung nach Art. 960 Abs. 1 Ziff. 1 ZGB, die der Willensvollstrecker selber beim Richter zu beantragen habe.

[21] Das GBA empfiehlt, in der Eigentümerspalte selber in Klammer auf die Einsetzung eines Willensvollstreckers hinzuweisen, VEB IV, 1930, Nr. 66. Der Sache nach handelt es sich aber um eine Anmerkung; denn der Willensvollstrecker ist unter keinem Rechtsgrund Eigentümer. Bereits früher, C. VOLKART in ZBGR 3, 1922, S. 61. Für eine angemessene Möglichkeit der Feststellung äußert sich das BGer *beiläufig* in einem Entscheid vom 31. Oktober 1957 (ZBGR 40, 1959, S. 155 ff.). Vgl. auch NECKER, S. 170.

[22] Die Gerichtspraxis läßt eine für den Einzelfall ausgestellte Bescheinigung (sog. Willensvollstreckerzeugnis) zu, BGE 91 II, 1965, S. 177 ff.; vgl. PIOTET, Erbrecht, I S. 730.

3. Die Bestellung eines Verwalters bei der Stockwerkeigentümergemeinschaft

An verschiedenen Orten hat sich die Praxis eingebürgert, bei einer Stockwerkeigentümergemeinschaft den Namen des von der Versammlung der Stockwerkeigentümer bestellten oder vom Richter eingesetzten Verwalters (Art. 712*q* ZGB) im Grundbuch durch eine Anmerkung kenntlich zu machen. Diese Anmerkung läßt sich rechtfertigen. Ohne ein notwendiges Organ zu sein, nimmt der Verwalter Aufgaben wahr (Art. 712*s* und 712*t* ZGB), die sonst in die Zuständigkeit der Mitglieder der Gemeinschaft fallen würden; wobei diese nach den Vorschriften über die Verwaltung und Nutzung dieser Form des Miteigentums gemeinsam handeln (Art. 712*g*, der auf Art. 647ff. ZGB verweist). In diesem Sinn schränkt die Bestellung eines Verwalters die Befugnisse der Stockwerkeigentümer ein. Es erscheint zweckmässig, seine Bestellung durch eine Eintragung im Grundbuch sichtbar zu machen; insbesondere wegen seiner Vollmacht zur Stellvertretung Dritten gegenüber (Art. 712*t* ZGB).

IV. Die subjektiv-dingliche Verknüpfung des Eigentums, von beschränkten dinglichen oder vorgemerkten persönlichen Rechten mit dem Eigentum (oder Miteigentum) an einem andern Grundstück (Art. 82 GBV; vorn, § 7 IV 1d)

Die Anmerkungen, um die es hier geht, haben keine selbständige Bedeutung: Sie bilden eine Ergänzung der Eintragung des Eigentums, von beschränkten dinglichen oder vorgemerkten persönlichen Rechten.

Hängt das Eigentum eines Grundstücks vom Eigentum an einem andern Grundstück ab, wird in der Eigentümerspalte des ersten (des sog. Anmerkungsgrundstücks) an Stelle eines Namens die Nummer des Blattes des zweiten Grundstücks eingetragen (des sog. berechtigten Grundstücks, Art. 32 Abs. 1 GBV). Damit ist die Eintragung vollendet. Aber Art. 32 Abs. 2 GBV schreibt die Anmerkung dieses Sachverhalts auf dem Blatt des Grundstücks vor, von dem dieses Eigentum abhängt (vorn, § 7 II 1).

Art. 32 Abs. 1 und 2 GBV hat auch (und nach seinem Wortlaut sogar vor allem) den Fall im Auge, in dem das Eigentum an einem Grundstück (Weg, Garten) vom Eigentum mehrerer anderer Grundstücke abhängt. Die einzelnen Eigentümer dieser Grundstücke sind damit Miteigentümer dieses abhängigen Grundstücks (vorn, § 7 II 1d). Daneben kann das Eigentum eines Grundstücks auch vom Mit- oder Stockwerkeigentum an einem andern Grundstück abhangen. Diese Miteigentümer sind damit als solche Miteigentümer des «dienenden» Grundstücks. In all diesen Fällen besteht, wenigstens technisch, unselbständiges Miteigentum[23].

Die Eintragung einer sog. Realgrundlast auf dem Blatt des dienenden Grundstücks (Art. 782 Abs. 2 ZGB) bedeutet gleichfalls, daß als Berechtigter der jeweilige Eigentümer eines Grundstücks bezeichnet wird. Das genügt, um das Recht entstehen zu lassen (vorn, § 7 II 3).

---

[23] Vgl. Liver, Die Anmerkung, S. 15 ff.; Meier-Hayoz, Art. 646 N. 9. Es ließe sich auch vorstellen, daß die Miteigentumsanteile am Anmerkungsgrundstück als «dingliche Rechte» (vgl. Art. 39 und 82 GBV) mit dem Eigentum an diesen oder mit dem Miteigentum an jenen Grundstücken verbunden sind; in diesem Sinn, scheinbar, Liver, S. 17. In diesem Werk haben wir uns aber nicht weiter zu den materiellen Fragen zu äußern, die sich im Zusammenhang mit diesen Abhängigkeitsverhältnissen stellen. Vgl. auch Liver, a. a. O.; Schneider, S. 6 ff.; Kellenberger, S. 3 ff.; Isler, S. 197; BGE 100 II, 1974, S. 310; Bern. Hdb., S. 42 f.

Doch schreibt Art. 39 GBV vor, daß das Recht auf dem berechtigten Grundstück in der Spalte «Anmerkungen» erwähnt wird[24].

Die Vormerkung eines Kaufs- oder Vorkaufsrechtes, das dem jeweiligen Eigentümer eines Grundstücks zusteht, geschieht auf die gleiche Art und Weise (vorn, § 7 III 2c). Die Anmerkung auf dem Blatt des berechtigten Grundstücks stützt sich auf Art. 39 GBV und ist gleichfalls nicht konstitutiver Natur.

In all diesen Fällen nimmt der Grundbuchverwalter die Anmerkung von Amtes wegen vor; zusammen mit der Eintragung des Eigentums, des Miteigentums, der Grundlast oder der Vormerkung des persönlichen Rechtes. Als Folge der Löschung oder der Abänderung dieser Rechte wird auch die Anmerkung wieder gelöscht oder abgeändert[25].

V. Tatsachen, mit denen von Gesetzes wegen eine Beschränkung des Eigentums verbunden ist (vorn, § 7 IV 1e)

1. Der Zeitpunkt des Beginns eines Werkes durch die Bauhandwerker und Unternehmer (Art. 841 Abs. 3 ZGB und Art. 81 GBV)

Auf Anzeige eines Berechtigten hin beschließt der Grundbuchverwalter, Anmeldungen zur Eintragung von Schuldbriefen oder Gülten nicht mehr entgegenzunehmen. Diese Maßnahme einer teilweisen Grundbuchsperre bildet Gegenstand einer Anmerkung. Wie alle Anmerkungen hat sie aber nur die Bedeutung einer Auskunft.

a) Die Voraussetzungen der Anmerkung

Die Voraussetzungen der Anmerkung sind gleich wie für die Sperre selber: Der Beginn der Arbeiten begründet den Anspruch der Bauhandwerker oder Unternehmer auf Errichtung eines gesetzlichen Pfandrechts (Art. 837 Abs. 1 Ziff. 3 ZGB). Die Maßnahme kann «auf schriftliches Begehren eines berechtigten Handwerkers oder Unternehmers» erlangt werden.

b) Die Voraussetzungen der Löschung

Die Sperre endigt, sobald das gesetzliche Pfandrecht eingetragen ist. Eine vorläufige Eintragung genügt. Zu diesem Zeitpunkt muß die Anmerkung von Amtes wegen gelöscht werden.

---

[24] Zur abweichenden Regelung, die von Art. 968 ZGB für die Grunddienstbarkeiten vorgesehen ist, siehe vorn, § 7 II 2 Noten 26 und 32. Zur Möglichkeit, daß eine Grundlast (wie übrigens eine Grunddienstbarkeit) zugunsten des jeweiligen Eigentümers eines Miteigentumsanteils errichtet wird, vgl. SCHNEIDER, S. 3 ff.; gegenteiliger Meinung: MENGIARDI, S. 137 ff., 143 ff.

[25] Vgl. BUJARD, S. 44.

Das gilt auch, wenn der Eintrag des gesetzlichen Pfandrechts – gleichgültig, ob er vorläufig oder endgültig war – wieder gelöscht worden ist.

2. Die Begründung von Stockwerkeigentum vor Erstellung des Gebäudes

Art. 33c GBV ermöglicht es, unter bestimmten Voraussetzungen an einem Grundstück bereits Stockwerkeigentum zu begründen, bevor das Gebäude erstellt ist (Art. 712d ZGB). Der Grundbuchverwalter merkt diese Tatsache (von Amtes wegen) ordnungsgemäß an (Art. 33c Abs. 2 GBV), sobald er die vorzeitige Begründung zuläßt. Die Anmerkung macht die Beteiligten, namentlich die Pfandgläubiger, darauf aufmerksam, daß es unsicher ist, ob das Stockwerkeigentum endgültig eingetragen wird. Sind in der Tat, nachdem das Gebäude fertig gestellt ist, die in Art. 33c Abs. 3 und 4 GBV vorgesehenen Voraussetzungen nicht erfüllt, kann der Grundbuchverwalter, nach fruchtloser Fristansetzung, den vorgenommenen Eintrag wieder löschen; womit das Stockwerkeigentum in gewöhnliches Miteigentum umgewandelt wird. Zu diesem Zeitpunkt wird die Anmerkung ohne weiteres wieder gelöscht. Naturgemäß geschieht dies auch, wenn der Eintrag des Stockwerkeigentums endgültig geworden ist[25a].

3. Die Errichtung von Pfandrechten oder Grundlasten auf den besondern Blättern von Miteigentumsanteilen (Art. 47 Abs. 3 GBV)

«Bestehen Grundpfandrechte oder Grundlasten an Miteigentumsanteilen, so können die Miteigentümer die Sache selbst nicht mehr mit solchen Rechten belasten.» Diese Vorschrift spricht Art. 648 Abs. 3 ZGB aus, und Art. 47 Abs. 2 GBV wiederholt sie. Absatz 3 dieser Bestimmung fügt hinzu: «Werden Grundpfandrechte oder Grundlasten auf den besondern Blättern von Miteigentumsanteilen eingetragen, so ist durch *Anmerkung* auf dem Blatt des gemeinschaftlichen Grundstückes darauf hinzuweisen.» Der Grundbuchverwalter verfährt von Amtes wegen. Die Anmerkung wird selbstverständlich wieder gelöscht, wenn die Miteigentumsanteile nicht mehr belastet sind.

4. Die Pfändung von Miteigentumsanteilen

Das ist ein ähnlicher Fall, auch wenn er dem Zwangsvollstreckungsrecht angehört. Nach Art. 23a revVZG wird die Pfändung eines Miteigentumsanteils nur auf dem gepfändeten, nicht aber auf den andern Anteilen als Verfügungsbeschränkung vorgemerkt. Aber eine *Anmerkung* soll auf dem Blatt des Grundstücks selber auf die Anteilspfändung sowie darauf hin-

---

[25a] Zur Anwendung von Art. 33c GBV, vgl. BGE 107 II, 1981, S. 211ff.

weisen, daß jede Verfügung im Sinn von Art. 648 Abs. 2 ZGB der Bewilligung des Betreibungsamtes bedarf (lit. a). Es handelt sich um eine beschränkte Grundbuchsperre, die sich aus der Pfändung selber ergibt. Die Anmerkung stellt diese nur fest.

5. Die Pfändung von Anteilen an Gemeinschaftsvermögen, die Grundeigentum umfassen (Art. 5 Abs. 1 VO des BGer über die Pfändung und Verwertung von Anteilen an Gemeinschaftsvermögen)

Der Fall der Pfändung eines Anteils an einem Gemeinschaftsvermögen entspricht dem vorangehenden in gewissem Sinn. Das im gemeinschaftlichen Eigentum stehende Grundstück wird gesperrt (vorn, § 19 II 2e). Der Grundbuchverwalter muß sich an das Verbot, Verfügungen über das Grundstück ohne die Zustimmung des Betreibungsamtes einzutragen, halten. Von ihm muß er in seinem Register notwendigerweise Kenntnis nehmen; und das kann nur durch eine *Anmerkung* geschehen.

VI. Die Zugehör[25b] (vorn, § 7 IV 1f)

a) Die Voraussetzungen der Anmerkung

Die fraglichen beweglichen Sachen müssen zunächst zum Grundstück in einem *objektiven* Abhängigkeitsverhältnis stehen, wie es in Art. 644/645 ZGB umschrieben wird. Das setzt, ausser einer *räumlichen* Beziehung zwischen Grundstück und beweglicher Sache, eine zwischen beiden bestehende *dauernde Zweckbestimmung* («Sachen, die dauernd für deren [der Hauptsache] Bewirtschaftung, Benützung oder Verwahrung bestimmt sind...») voraus[26]. Dann, wenn die *Widmung* sich nicht schon aus dem *Ortsgebrauch* ergibt, muß sie aus dem *klaren Willen des Eigentümers* hervorgehen[27] [28].

[25b] Zur Zugehör allgemein: MEIER-HAYOZ, Art. 644/645 N. 1 ff., 48 ff; HAAB, Art. 644/645 N. 1 ff.; LIVER, Das Eigentum, S. 36 ff.; TUOR/SCHNYDER, S. 614 ff.; neuestens, STEINAUER, Les droits réels, I S. 280 ff.; F. HOHL, S. 6 ff.; zur Rechtsnatur der Widmung vor allem, S. 16 ff.; zur Anmerkung der Zugehör, S. 67 ff.

[26] HOMBERGER, Art. 946 N. 3; LIVER, Die Anmerkung, S. 19. Vgl. ZBGR 64, 1983, S. 142 (Aufsichtsbehörde Freiburg). Bei einem Hotel, an dem Stockwerkeigentum bestand und die Stockwerkeigentümer das Recht besassen, *sowohl* bestimmte Räume des Hotels ausschliesslich zu benutzen *als auch* am Hotelbetrieb teilzunehmen, wurde für das Hotelmobiliar, das dazu diente, in den gemeinschaftlichen Teilen das Hotel zu betreiben, die Beziehung der Abhängigkeit von einem Stockwerk bejaht. Dazu siehe auch die Bemerkung von STEINAUER in BR 3, 1984, S. 56.

[27] Nach der herrschenden Auffassung muß sich der Wille des Eigentümers nicht nur auf die Zweckbestimmung der beweglichen Sache zur Hauptsache, sondern auch auf das gemeinsame rechtliche Schicksal der beiden Sachen beziehen. In diesem Fall stellt die Widmung ein eigentliches Rechtsgeschäft dar. Nach einer andern Meinung genügt es, daß der Wille des Eigentümers sich auf die wirtschaftliche Zweckbestimmung (als ein tatsächli-

Der Eigentümer kann seinen Willen selbst stillschweigend, d. h. durch unzweideutiges Verhalten, kundtun[29]. Er kann ihn, bei irgendwelcher Gelegenheit, etwa im Zusammenhang mit der Errichtung eines Pfandrechts, auch ausdrücklich äußern. Ein bevorzugtes Mittel, seinen Willen zu erklären, besteht für ihn aber darin, die Zugehör im Grundbuch *anmerken* zu lassen (Art. 946 Abs. 2, 805 Abs. 2 ZGB)[30].

Die Voraussetzungen der Anmeldung ergeben sich aus dem soeben Gesagten. Die Legitimation, sie vorzunehmen, steht dem Eigentümer des Grundstückes zu (Art. 78 GBV); selbst wenn ihm die Zugehör nicht gehört[31]. Hat der Eigentümer einem Dritten allenfalls versprochen, die Anmeldung vorzunehmen, könnte dieser die Anmerkung durch Urteil anordnen lassen (entsprechende Anwendung von Art. 665 Abs. 1 ZGB)[32].

b) Die Voraussetzungen der Löschung

Der Eigentümer des Grundstücks ist nicht Herr der Anmerkung, die er hat vornehmen lassen. Dies ergibt sich aus der besonderen Rechtswirkung, die sie entfaltet (Art. 805 Abs. 2 ZGB). Er kann die Löschung «nur mit Zustimmung aller aus dem Grundbuche ersichtlichen Berechtigten» (Art. 946

---

ches Element) der beweglichen Sache bezieht; das gemeinsame rechtliche Schicksal ergebe sich, in dem von Art. 644 Abs. 1 ZGB vorgesehenen Rahmen, aus dem Gesetz. Nach dieser Meinung erweist sich die Widmung als ein Realakt. Vgl. dazu, STEINAUER, zit. in Note 25b, mit Verweisen.

[28] MEIER-HAYOZ, a. a. O., N. 52; HAAB, a. a. O., N. 16. Grundsätzlich kann zunächst derjenige, der als Eigentümer über die zu widmenden Sachen verfügt, die Voraussetzungen für diese Zugehörbeziehung schaffen. Doch kann der Eigentümer eines Grundstücks diesem auch bewegliche Sachen widmen, die ihm nicht gehören. Und der Eigentümer solcher Sachen kann diese zu einem Grundstück in das Verhältnis der Abhängigkeit bringen, das ihm nicht gehört; MEIER-HAYOZ, N. 53 ff.

[29] MEIER-HAYOZ, a. a. O., N. 42 und Verweise.

[30] HOMBERGER, Art. 946 N. 33. Die Anmeldung drückt den Willen des Eigentümers aus, nicht die Anmerkung; diese hält ihn nur fest. Weder diese noch jene sind Voraussetzung für die Zugehöreigenschaft, vgl. BGE 104 III, 1978, S. 28 ff. und ISLER, S. 196. Nach der in Note 27 erwähnten Auffassung vom Realakt kommt der Anmerkung nicht mehr die gleiche Bedeutung zu; sie hat dann lediglich eine Umkehr der Beweislast in dem Sinn zur Folge, daß sie denjenigen, der sich auf die Zugehöreigenschaft beruft, vom Beweise entbindet, daß die tatsächlichen Voraussetzungen der Zugehöreigenschaft erfüllt sind, vgl. HOHL, S. 333.

[31] BGE 60 II, 1934, S. 194; 56 II, 1930, S. 186; 54 II, 1928, S. 118; MEIER-HAYOZ, a. a. O., N. 43 f. Weil die Anmeldung der Anmerkung der Ausdruck des Willens des Eigentümers nach Art. 644 Abs. 1 ZGB, weil diese Erklärung die objektive Widmung der Zugehörgegenstände zum Grundstück ist und diese Widmung die Verfügungsmacht über das Grundstück voraussetzt (oben, Note 27), ist der Eigentümer, dem die Verfügungsmacht nicht zusteht (Konkursit, Ehefrau, die unter dem Güterstand der Güterverbindung lebt), zur Anmeldung nicht legitimiert.

[32] HOMBERGER, Art. 946 N. 33.

Abs. 2 ZGB 2. Satz) erlangen: Pfandgläubiger, Nutznießer, nicht aber Dienstbarkeitsberechtigte[33]. Diese haben die Löschung anzumelden.

Eine *negative Anmerkung,* in der vermerkt würde, eine bestimmte bewegliche Sache sei nicht Zugehör, sieht das Gesetz nicht vor und ist auch abzulehnen. Kommt einer Sache die Zugehöreigenschaft tatsächlich nicht zu, ist sie zudem überflüssig. Etwa anderes ist es, wenn eine bewegliche Sache, die an und für sich Zugehör darstellt, von der Pfandhaft eines Pfandrechtes ausgenommen werden soll. Eine solche Vereinbarung wird bei den Bemerkungen zu den Pfandrechten vermerkt. Mit ihr wird die Sicherheit, welche das Pfandrecht bietet, vermindert[34].

Die Zugehör eines Werkes nach Art. 676 ZGB wird ebenfalls nicht angemerkt (vorn, § 7 Note 61).

VII. Privatrechtliche Reverse (vorn, § 7 IV 1g)

Ein Eigentümer gestattet einem Nachbarn durch eine Vereinbarung auf Zusehen hin, von den Rechten und Pflichten, die ihr nachbarliches Verhältnis regeln, insbesondere von den Vorschriften des Nachbarrechts, abzuweichen. Beispiele: Er duldet einen Weg, einen Überbau, eine ganze Baute oder eine solche, die den notwendigen Grenzabstand nicht einhält, oder die Benutzung einer Quelle; doch behält er sich vor, jederzeit auf den getroffenen Entscheid zurückzukommen. Gestützt auf diese Tatsache wird der Gebrauch des Grundstücks durch den Nachbarn erlaubt[35]. Ein solches Verhältnis nennt man Revers (im eigentlichen Sinn).

Es kommt auch vor, daß sich ein Eigentümer verpflichtet, einen derartigen Zustand auf bestimmte oder unbestimmte Zeit zu dulden; er weigert sich aber, eine Dienstbarkeit zu errichten: Die Vereinbarung gilt somit nur zwischen den Parteien und ihren Gesamtrechtsnachfolgern. Wie bei einer Vereinbarung auf Zusehen hin müssen die Parteien keine besondere Form einhalten[35a]. Auch für dieses Rechtsverhältnis wird der Ausdruck Revers (im uneigentlichen Sinn) verwendet.

---

[33] HOMBERGER, Art. 946 N. 37; MEIER-HAYOZ, a. a. O., N. 46. Der Inhaber eines vorgemerkten Kaufsrechts muß der Löschung wohl ebenfalls zustimmen.
[34] HOMBERGER, Art. 946 N. 38; MEIER-HAYOZ, a. a. O., N. 47 und 77; ZBGR 48, 1967, S. 182; anderer Meinung: ZBGR 19, 1938, S. 227; BUJARD, S. 23; KAUFMANN, S. 102; HOHL, S. 110ff.
[35] HOMBERGER, Art. 946 N. 27 und Verweise; MEIER-HAYOZ, Art. 680 N. 113; HAAB, Art. 680 N. 14; LIVER, Art. 730 N. 59, Art. 732 N. 99; BGE 79 I, 1953, S. 189.
[35a] MEIER-HAYOZ, Art. 680 N. 111; HAAB, Art. 680 N. 15; LIVER, Art. 737 N. 220ff.; ZBGR 63, 1982, S. 158ff. (AppH Bern).

a) Die Voraussetzungen der Anmerkung

Die Praxis mehrerer Kantone läßt die Anmerkung derartiger Vereinbarungen im Grundbuch zu[36]. Sie verdient auch Zustimmung; selbst wenn derartige Anmerkungen nur gestützt auf die Annahme einer *Lücke im Gesetz* möglich sind (oben, A III am Schluß). Die Anmerkungen müssen aber eine tatsächliche Notwendigkeit darstellen; sonst würde man das Grundbuch ohne wirkliches Bedürfnis überladen. Was für die Parteien und die Außenstehenden schlußendlich nämlich zählt, ist die dingliche Rechtslage an einem Grundstück; so wie sich diese aus den Einträgen (und Vormerkungen) einerseits und den gesetzlichen Eigentumsbeschränkungen anderseits ergibt, die für ein Grundstück an seiner vorgegebenen Lage bestehen[36a].

Unter den umschriebenen Umständen und soweit die kantonale Praxis eine Anmerkung zuläßt, können eine Vereinbarung auf Zusehen oder die persönliche Verpflichtung, einen Eingriff zu dulden, im Grundbuch angemerkt werden. Die Anmeldung der Anmerkung geht von demjenigen aus, der sich in seinen Rechten einschränkt.

b) Die Voraussetzungen der Löschung

Eine reine Vereinbarung auf Zusehen kann der Eigentümer, der sie widerrufen hat, auch selber wieder zu Löschung anmelden.

Hat sich ein Eigentümer obligatorisch verpflichtet, einen rechtswidrigen Zustand zu dulden, setzt die Löschung voraus, daß die Vereinbarung aus irgend einem Grund wieder aufgehoben worden ist (Zeitablauf, *gegenteilige Verabredung*). Grundsätzlich ist der Berechtigte legitimiert, die Löschung anzumelden. Im Einzelfall kann aber wohl auch der belastete Eigentümer, unter Berufung auf Art. 976 ZGB, der entsprechend angewendet wird, die Anmeldung vornehmen.

---

[36] MEIER-HAYOZ, Art. 680 N. 114ff. und Verweise; LIVER, Art. 730 N. 60; DESCHENAUX, Restrictions légales, S. 331f. Das BGer beschränkt sich darauf, den Spielraum der Kantone festzustellen; vgl. seinen in Note 35 zitierten Entscheid zu einem Rundschreiben des Justizdepartementes des Kantons Tessin vom 5. April 1946.

[36a] HOMBERGER, Art. 946 N. 27, schließt die Anmerkung von Reversen aus, die nicht auf längere Dauer berechnet sind und/oder an der gesetzlichen Rechtslage nichts ändern. Siehe auch BUJARD, S. 81ff. LIVER, Die Anmerkung, S. 23, betont das Interesse, da, wo diese noch möglich sei, die außerordentliche Ersitzung einer Dienstbarkeit auszuschließen. Nach MEIER-HAYOZ, Art. 680 N. 117 und 129, können die Kantone in den ihnen vorbehaltenen Bereichen eine Verjährung (oder Verwirkung) nachbarrechtlicher Ansprüche vorsehen. Daraus ergebe sich das Bedürfnis, den Revers anzumerken, um sein Bestehen nachzuweisen; denn durch die Anmerkung anerkenne der Nachbar die Beschränkung, von der ihm eine Abweichung erlaubt werde. – Es ist indes zweifelhaft, ob die Kantone selbst für Beschränkungen, die nicht das private Baurecht betreffen (Art. 686, 674 Abs. 3 ZGB), an das Unterlassen der Einsprache gegen einen Eingriff die Rechtsfolge des Untergangs des aus dem Nachbarrecht fließenden Rechtes knüpfen können. Die Kantone sind in dieser Frage nicht zuständig, die Rechtsfolgen festzulegen, die eine Verletzung der von ihnen aufgestellten Regeln nach sich ziehen soll, vgl. LIVER, Art. 5 N. 47f.; DESCHENAUX, Einleitungstitel, S. 43; BGE 82 II, 1956, S. 399. Wenn dem so ist, würde sich die Anmerkung eines Reverses aus diesem Grund nicht rechtfertigen. Dagegen ist die Anmerkung einer Zustimmung zu einem Überbau geeignet, den bösen Glauben desjenigen zu beweisen, der sich auf Art. 674 Abs. 3 ZGB beruft, um die Zusprechung eines beschränkten dinglichen Rechtes zu erreichen, MEIER-HAYOZ, Art. 680 N. 118; siehe hinten, § 36 VI 2.

VIII. Weitere Anmerkungsfälle?

1. Der Ausschluß der Teilung des Miteigentums wegen der Bestimmung der Sache zu einem dauernden Zweck (Art. 650 Abs. 1 ZGB am Schluß)?

Die Anmerkung des Ausschlusses der Teilung des Miteigentums nach Art. 650 Abs. 1 ZGB könnte sich dort als angezeigt erweisen, wo – im Unterschied zu den Vorrichtungen zur Abgrenzung zweier Grundstücke (Art. 670 ZGB: Mauern, Hecken, Zäune) – die dauernde Zweckbestimmung nicht unmittelbar in die Augen springt; so bei Zugangswegen, gemeinsamen Einrichtungen einer Fernheizanlage usw.[37].

Im Zusammenhang mit der Eintragung des Miteigentums müßten alle Miteigentümer zusammen auch diese Anmerkung anmelden.

Bei der «Entwidmung» müßten – dort wo sie möglich ist – alle Beteiligten mitwirken, indem sie ihr zustimmen. Diese Übereinkunft wäre die Voraussetzung zur Löschung, die von allen Miteigentümern gemeinsam oder von einem einzelnen von ihnen angemeldet werden könnte.

2. Der Eigentumsvorbehalt an Zugehörgegenständen zu einem Grundstück?

Die Anmerkung eines Eigentumsvorbehalts an Zugehör hat weder im Gesetz noch in der VO eine Grundlage. Sie entspricht auch nicht einem zwingenden Bedürfnis[38]. Art. 805 Abs. 3 ZGB, der die Rechte Dritter an der Zugehör vorbehält, kann nach der Rechtsprechung selbst gutgläubigen Grundpfandgläubigern entgegengehalten werden[39]. Es besteht daher kein Grund, aus dem Grundbuch ersichtlich zu machen, daß eine bewegliche Sache, die Zugehör eines Grundstücks darstellt, im Eigentum eines Dritten steht, das auf jeden Fall geschützt wird.

---

[37] MEIER-HAYOZ, Art. 650 N. 32f.; FRIEDRICH, Wiedereinführung, S. 69a. Die Anmerkung auf dem Blatt des im Miteigentum stehenden Grundstücks, nach der dieses im Eigentum der einzelnen beteiligten Eigentümer steht (Art. 82, in Verbindung mit Art. 32 Abs. 1 und 2 GBV), ist allein nicht geeignet, die auf die Dauer ausgerichtete Zweckbestimmung auszudrücken. Dazu braucht es im Einzelfall eine Anmerkung, die ihren Rechtsgrund in der rechtsschöpfenden Praxis eines Kantons hat.

[38] GBA (ZBGR 20, 1935, S. 93).

[39] BGE 60 II, 1934, S. 191: Gefestigte Rechtsprechung, die in Anbetracht der Regeln über den gutgläubigen Erwerb von Rechten an beweglichen Sachen (Art. 933 ZGB) aber nicht über alle Zweifel erhaben ist. – HOHL, S. 120ff., spricht sich für den Schutz des gutgläubigen Grundpfandgläubigers aus, mit der Begründung, Art. 805 Abs. 3 ZGB dürfe nicht einen Vorbehalt vom Grundsatz des Schutzes des gutgläubigen Erwerbers dinglicher Rechte schaffen. Die Argumente, die sich aus dem Wortlaut des Gesetzes, aus der Entstehungsgeschichte, dem System und dem Zweck des Gesetzes ergeben, scheinen der Auffassung Recht zu geben. Bei dieser Auslegung von Art. 805 Abs. 3 ZGB wäre die Anmerkung des Eigentumsvorbehalts an Zugehörgegenständen auch sinnvoll.

C. Die Anmerkung öffentlichrechtlicher Rechtsverhältnisse

I. Gesetzliche Grundlage

Die Rechtsverhältnisse, um die es hier geht, ergeben sich aus mittelbaren oder unmittelbaren öffentlichrechtlichen Beschränkungen des Grundeigentums (oder aus Abänderungen von solchen). Es kann sich als notwendig erweisen, solchen der Rechtssicherheit wegen eine gewisse Öffentlichkeit zu geben. Dies trifft insbesondere bei mittelbaren Beschränkungen zu[40]. Um sie kund zu tun, bietet das Grundbuch aber nicht das Mittel einer eigentlichen Eintragung, sondern jenes der Anmerkung an[40a]. Der Ursprung solcher Beschränkungen kann im öffentlichen Recht des Bundes oder der Kantone liegen (vorn, § 7 IV 2).

Wegen des Grundsatzes der Gesetzmässigkeit der Verwaltung als auch wegen der Vorschriften über das Grundbuch muß die Anmerkung eines öffentlichrechtlichen Rechtsverhältnisses als solche eine gesetzliche Grundlage besitzen (oben, A III)[41]. Diese Grundlage können entweder das Recht des Bundes oder der Kantone liefern (Gesetze oder Einführungsverordnungen)[42].

Die kantonalen Vorschriften, die eine Anmerkung im Grundbuch vorsehen, «bedürfen zu ihrer Gültigkeit der Genehmigung des Bundesrates»

---

[40] MEIER-HAYOZ, Art. 680 N. 73.
[40a] MEIER-HAYOZ, a. a. O., N. 74 ff. Einerseits darf das Entstehen ihrer Wirkungen nicht von einer Eintragung im Grundbuch im eigentlichen Sinn abhangen; anderseits dürfen sich Dritte nicht darauf verlassen können, daß eine Beschränkung aus diesem Register nicht ersichtlich ist. Vorbehalten bleiben die Fälle, in denen das öffentliche Recht einen Anspruch auf Errichtung von eigentlichen beschränkten dinglichen Rechten begründet, die nur durch Eintragung im Grundbuch entstehen (Art. 784 Abs. 2, 836 ZGB: «so es nicht anders geordnet ist») oder deren Eintragung, wenn sie vorgeschrieben ist (Begründung einer Dienstbarkeit auf dem Weg der Enteignung), wenigstens deklaratorischer Natur ist, MEIER-HAYOZ, Art. 680 N. 48 ff., 68 ff.; ZBGR 57, 1976, S. 349 ff. und 354 ff. (RR und Justizdirektion Bern). *Nebenbei* hat das BGer jedoch einmal die Möglichkeit in Betracht gezogen, ein Grundstück mit einer Bauverbotsdienstbarkeit zugunsten der Öffentlichkeit oder mit irgend einer andern öffentlichrechtlichen Beschränkung zu belasten, um die Einhaltung eines Entscheides, auf einem Grundstück nicht zu bauen, sicherzustellen, BGE 101 Ia, 1975, S. 189 ff. Siehe die Veröffentlichung der VLP, S. 27.
[41] MEIER-HAYOZ, Art. 680 N. 78; ZBGR 36, 1935, S. 273 (ObG Zürich). Entgegen dem, was HAAB, Art. 702 N. 17, sagt, kann man schwerlich den Aufsichtsbehörden in Grundbuchsachen jede Freiheit zugestehen, die Anmerkung öffentlichrechtlicher Eigentumsbeschränkungen *praeter legem* zuzulassen. Gegen diese Freiheit, siehe auch H. H., in ZBGR 32, 1951, S. 84.
[42] Mit einem gewöhnlichen Rundschreiben vom 12. September 1964 hat der BR die Anmerkung der Voraussetzungen des Heimfallrechts vorgeschrieben, das in Art. 67 WRG vorgesehen ist.

(Art. 962 Abs. 2 ZGB)[42a]. Dieser prüft, ob eine kantonale Vorschrift dem Bundesprivatrecht entspricht. Ihre Übereinstimmung mit dem kantonalen Recht bildet nicht Gegenstand der Prüfung[43]. Fehlt die Genehmigung, darf die öffentlichrechtliche Beschränkung nicht angemerkt werden[44]. Die Genehmigung durch den Bundesrat schließt aber nicht aus, daß die genehmigte Vorschrift bestehenden Rechtsvorschriften widerspricht (Verletzung von Bundes- oder kantonalem Recht)[45]. Anders ausgedrückt: Der Genehmigung kommt keine heilende Wirkung zu. Das Fehlen der Genehmigung hat zur Folge, daß der Grundbuchverwalter die Vornahme der Anmerkung verweigern kann und muß[46]. Im übrigen ist eine Anmerkung, die gestützt auf eine vom Bundesrat nicht genehmigte Vorschrift vorgenommen worden ist, aber nicht wirkungslos. Besteht das zum Ausdruck gebrachte Rechtsverhältnis, erfüllt sie wenigstens ihre Aufgabe, Auskunft zu geben (siehe hinten, § 36 II am Schluß und Note 10a)[47].

II. Gemeinsame Voraussetzungen der Vornahme und Löschung der Anmerkung öffentlichrechtlicher Rechtsverhältnisse

Wir verweisen auf das, was wir für die Anmerkung weiter oben (A IV) allgemein gesagt haben.

[42a] Nach einem Gutachten der eidgenössischen Justizabteilung (ZBGR 58, 1977, S. 268) müssen kantonale Ausführungsbestimmungen, welche die Anmerkung öffentlichrechtlicher Eigentumsbeschränkungen vorsehen und der Genehmigung durch ein eidgenössisches Departement bedürfen (Beispiel: Rückzahlung von Bundesbeiträgen für den Weinbau), nicht auch noch vom BR genehmigt werden. Anderer Meinung: H.H. a.a.O., der zu Recht die Zuständigkeit für diese Genehmigung dem BR zuerkennt, da dieser nach Art. 962 ZGB in Grundbuchsachen die oberste Aufsicht ausübt.

[43] MEIER-HAYOZ, Art. 680 N. 85; HAAB, Art. 702 N. 17; ZBGR 37, 1956, S. 152 (GBA).

[44] MEIER-HAYOZ, Art. 680 N. 85; ZBGR 29, 1948, S. 180 (BezG Horgen). Die Gesetze und Verordnungen der Kantone, die nach Art. 102 Ziff. 13 BV vom BR genehmigt werden müssen, treten vor dieser Genehmigung in Kraft, BGE 81 I, 1955, S. 137. Wie Art. 52 SchlT geht aber auch Art. 962 Abs. 2 ZGB weiter und betrachtet die bundesrätliche Genehmigung als Voraussetzung für die Rechtsgültigkeit der kantonalen Vorschrift, vgl. BGE 42 I, 1916, S. 348 f.

[45] Der in der vorangehenden Note zit. Entscheid des BGer und die darin angeführten Zitate; HOMBERGER, Art. 962 N. 5; MEIER-HAYOZ, Art. 680 N. 85; HAAB, Art. 680 N. 17; LIVER, Einleitung, Art. 5 N. 63.

[46] ZBGR 36, 1955, S. 276; DESCHENAUX, Restrictions légales, S. 339 Note 81; MEIER-HAYOZ, Art. 680 N. 86. Gegenteiliger Auffassung: ZBGR 37, 1956, S. 149 (Aufsichtsbehörde Waadt).

[47] MEIER-HAYOZ, Art. 680 N. 86. Zu den Wirkungen einer ungerechtfertigten und jenen der Unterlassung einer Anmerkung, siehe hinten, § 36 VI.

§ 20 Gemeinsame Voraussetzungen der Vornahme und Löschung der Anmerkung

Der Rechtsgrund der Anmerkung ist die öffentlichrechtliche Beschränkung, die sich unmittelbar aus dem Gesetz ergibt oder von einer Verwaltungsbehörde gestützt auf das Gesetz angeordnet worden ist; in Frage kommt auch die Abänderung einer solchen Beschränkung. Die Buchung wird vorgenommen, wenn die Anmerkung daneben gesetzlich vorgesehen ist.

Der Rechtsgrund für die Löschung der Anmerkung ist die Änderung des Gesetzes, welches die Beschränkung vorsieht, oder die Verwaltungsanordnung, die das Ende der fraglichen (mittel- oder unmittelbaren) Beschränkung oder der angeordneten Abänderung festlegt.

Die Verwaltungs- oder allenfalls richterliche Behörde ist allgemein legitimiert, die Anmerkung von sich aus, ohne die Zustimmung des Eigentümers, anzumelden; doch muß der Grundbuchverwalter diesem von der Eintragung Anzeige machen (Art. 969 ZGB)[48]. Die Behörde ist ohne weiteres auch legitimiert, die Löschung der Anmerkung anzumelden[49]. Für beide Fälle gilt: sobald die gesetzlichen Voraussetzungen erfüllt sind. Den beteiligten Privaten stehen jedoch die vom Verwaltungsrecht zur Verfügung gestellten Rechtsmittel zu, um sich dem Entscheid zu widersetzen, mit dem die zuständige Behörde

– die Anmerkung einer unmittelbaren gesetzlichen Beschränkung anzumelden sich vornimmt oder sich weigert, eine solche zu löschen;
– auf Grund des Gesetzes eine Beschränkung anordnet und deren Anmerkung anmeldet;
– sich weigert, die angeordnete Beschränkung aufzuheben und die Löschung der Anmerkung anzumelden;
– sich weigert, die Abänderung einer gesetzlichen Beschränkung zur Anmerkung anzumelden;
– oder beschließt, eine solche Abänderung aufzuheben und die Anmerkung löschen zu lassen (siehe oben, A IV und Noten 8a–8c)[49a].

Im folgenden werden wir für eine Anzahl öffentlichrechtlicher Rechtsverhältnisse, die im Grundbuch ihren Ausdruck erhalten können und sollen, die Voraussetzungen ihrer Anmerkung und ihrer Löschung darlegen.

---

[48] MEIER-HAYOZ, Art. 680 N. 87; ZBGR 34, 1953, S. 17 (RR Bern).
[49] Die Löschung einer öffentlichrechtlichen Eigentumsbeschränkung von Amtes wegen sollte eine Ausnahme sein.
[49a] Sem. jud. 1985, S. 406 ff., (VwG Genf).

III. Einzelfälle

Die *unmittelbaren* öffentlichrechtlichen Eigentumsbeschränkungen werden im Grundbuch im allgemeinen nicht angemerkt (vorn, § 7 IV 2a). Eine Ausnahme besteht wohl nur für die öffentlichen Wege. Alle übrigen Anmerkungen betreffen *mittelbare* gesetzliche Beschränkungen, die gestützt auf eine Anordnung bestehen, welche die zuständige Verwaltungsbehörde in Anwendung eines Gesetzes oder einer VO erlassen hat (vorn, § 7 IV 2b).

1. Öffentliche Wege

Es geht um die Wege, die unmittelbar gestützt auf das kantonale öffentliche Recht zum Gebrauch durch die Allgemeinheit bestimmt sind[50]. Das kantonale Recht legt fest, ob das Bestehen dieser Wege im Grundbuch durch eine Anmerkung auf den Blättern der beanspruchten Grundstücke sichtbar gemacht werden soll. Die Anmerkung kann anlässlich der Grundbucheinführung anhand der alten Register von Amtes wegen vorgenommen oder zu diesem Zeitpunkt von der zuständigen Verwaltungsbehörde zur Eintragung angemeldet werden[51]. Die Löschung setzt die vorgängige Entwidmung des Weges voraus[52].

2. Nutzungsbeschränkungen

a) Baulinien und andere Nutzungspläne (vorn, § 7 IV 2b und Note 66)

Die Anmerkung und Löschung von Baulinien und andern Nutzungsplänen ist grundsätzlich Aufgabe der zuständigen Verwaltungsbehörde[53].

b) Das Aufstellen von trigonometrischen Punkten (vorn, § 7 IV 2b und Note 67)

Es wird mit dem Grundeigentümer ein Vermessungsvertrag abgeschlossen, auf Grund dessen die kantonale Vermessungsaufsicht die Anmerkung anmeldet (Art. 9 Instruktion

---

[50] MEIER-HAYOZ, Art. 696 N. 10; HAAB, Art. 694–696 N. 39.
[51] Entscheid des BGer vom Jahre 1940 in ZBGR 33, 1952, S. 280 betreffend den Kanton Graubünden.
[52] Die Behörde, die für die Anmerkung des Weges gesorgt hat, kann die Anmerkung auch wieder löschen lassen; alle Rechte, welche Dritte vor den Verwaltungsbehörden geltend machen können, bleiben vorbehalten, vgl. MBVR 26, 1928, Nr. 143 (RR Bern): Verlegung des Bettes eines öffentlichen Weges.
[53] Vgl. etwa für Zürich, ZBGR 36, 1955, S. 276.

für die Triangulation IV. Ordnung vom 10. Juni 1919, wo aber fälschlicherweise von «Dienstbarkeitsverträgen» die Rede ist). Der Eigentümer kann sich der Errichtung fester Vermessungspunkte nicht widersetzen. Die Verlegung eines Punktes kann die Löschung der Anmerkung auf einem und die Wieder-Vornahme auf einem andern Grundstück desselben oder eines andern Eigentümers zur Folge haben.

c) Die Aufnahme von Natur- und Kunstdenkmälern und von Gebäuden, die einen künstlerischen, historischen oder archeologischen Wert darstellen, in ein Verzeichnis

Die Aufnahme in die entsprechenden Verzeichnisse, die für den oder die betroffenen Eigentümer gewisse Verpflichtungen nach sich zieht, gibt zu einem von den Kantonen geregelten Verwaltungsverfahren Anlaß. Diese schreiben in den meisten Fällen die Anmerkung der erlassenen Anordnung vor. Diesbezüglich wird auf die kantonale Gesetzgebung verwiesen. In der Frage bestehen aber auch gesetzliche Bestimmungen des Bundes[54].

d) Bodenverbesserungen und Güterzusammenlegungen

Immer wenn die betroffenen Eigentümer verpflichtet sind, an einem Bodenverbesserungswerk mitzumachen, meldet die zuständige kantonale

---

[54] Der Bund gewährt Beiträge an Restaurationsarbeiten; diese sind an die Voraussetzung geknüpft, daß der Eigentümer gewisse Verpflichtungen eingeht, vgl. BB vom 14. März 1958 betreffend die Förderung der Denkmalpflege und die VO vom 26. August 1958 (SR 445.1 und 11). Nach Art. 12 der VO muß der Eigentümer des Baudenkmals durch die Unterschrift eines Verpflichtungsscheins bestätigen, daß er eine bestimmte Anzahl Bedingungen anerkennt, deren Verletzung die Rückerstattung der Beiträge nach sich ziehen kann (Absatz 2). Auch muß er die oben in Absatz 1, Buchstaben f bis m erwähnten Verpflichtungen auf dem Grundstück, auf dem das Baudenkmal steht, in Form einer *Dienstbarkeit* zugunsten des Bundes ins Grundbuch eintragen lassen (Absatz 3). Mehrere dieser Verpflichtungen nun – auf dem Baudenkmal eine Inschrift in geeigneter Form anzubringen (lit. f), für den notwendigen Unterhalt zu sorgen (lit. h.), von jeder wesentlichen Änderung Kenntnis zu geben (lit. i), jeden Eigentumswechsel mitzuteilen (lit. k) – stellen Pflichten zu einem Tun dar, die nicht Gegenstand einer Dienstbarkeit sein können. Siehe die kritischen Bemerkungen von LIVER, Die Anmerkung, S. 29 f., und Kommentar zu den Dienstbarkeiten, Einleitung, N. 106 ff.; FRIEDRICH, Grundbuch und öffentliches Recht, S. 207; H. H., ZBGR 40, 1959, S. 59; 47, 1966, S. 384; 63, 1982, S. 189, worin ein Brief von H.-P. FRIEDRICH an das Bundesamt für Natur- und Heimatschutz wiedergegeben wird. Materiell müßte es sich um die Anmerkung öffentlichrechtlicher Eigentumsbeschränkungen handeln, denen der Eigentümer als Voraussetzung für die Ausrichtung der Beiträge zustimmen muß. Das wesentliche – nicht gut ausgedrückt – dürfte hier wohl im Verbot, am Baudenkmal Veränderungen vorzunehmen, liegen; und dieses Verbot kann zweifelsohne Gegenstand einer Dienstbarkeit sein; die andern «Verpflichtungen» wären dann nebensächlich mit der Dienstbarkeit verbunden (Art. 730 Abs. 2 ZGB). In diesem Sinn zu einer entsprechenden Bestimmung der Gesetzgebung über den Natur- und Landschaftsschutz (SR 451) Art. 16 lit. c der VO (SR 451.1); ZOBL, Art. 730 N. 183 f.

Amtsstelle das Werk von Amtes wegen zur Anmerkung im Grundbuch an. Aus ihr ergibt sich, daß jeder Eigentümer und sein Gesamt- oder Einzelnachfolger die Rechte und Pflichten hat, die sich aus der Zugehörigkeit zur Genossenschaft ergeben und daß sie sich bei einer Güterzusammenlegung darauf gefaßt machen können, an Stelle des Landes, das sie in die Zusammenlegung eingeworfen haben, allenfalls anderes zu erhalten[55]. Zu den Verpflichtungen, welche die Eigentümer während des Verfahrens auf sich nehmen müssen, gehört – unter Vorbehalt behördlicher Genehmigung – das Verbot, Maßnahmen zu treffen, die den Wert oder die Zweckbestimmung einer Liegenschaft verändern oder das Zusammenlegungswerk erschweren könnten. Dieses Verbot stellt eine Art Bann dar. Es bezieht sich auch auf Rechtsgeschäfte, wie etwa die Errichtung von Dienstbarkeiten (zur Sperre, vorn, § 19 II 3c und Note 32). Die Anmerkung der Mitgliedschaft bei der Genossenschaft soll all diese Beschränkungen zum Ausdruck bringen.

Art. 84 Abs. 1 LwG bestimmt: «Die mit Bundesbeiträgen unterstützten Bodenverbesserungen und Hochbauten sind dem Zweckenfremdungsverbot, ... sowie der Unterhalts- und Bewirtschaftungspflicht unterstellt». Das Zweckentfremdungsverbot – mit der Androhung der Rückerstattung der empfangenen Beiträge – wird in Art. 85 und 86 genauer umschrieben. Letztere Bestimmung sieht für Liegenschaften, die in eine Güterzusammenlegung einbezogen waren, auch vor, daß eine erneute Zerstückelung einer Bewilligung bedarf (eine Art Grundbuchsperre; vorn, § 19 II 2, Note 21). Art. 89 verpflichtet die beteiligten Eigentümer zum Unterhalt der Bodenverbesserungsanlagen[56]. Art. 84 Abs. 2 nun schreibt ganz allgemein die Anmerkung des Zweckentfremdungsverbots, der Unterhalts- und Rückerstattungspflicht der Beiträge im Grundbuch vor. Die Anmeldung erfolgt von Amtes wegen durch die zuständige kantonale Behörde (vgl. Art. 16*a* der Bodenverbesserungsverordnung vom 14. Juni 1971). Nach Ablauf von 20 Jahren oder wenn die Zweckentfremdung bewilligt wird, kann die Anmerkung wieder gelöscht werden (Art. 58 der VO). Die Kantone ihrerseits regeln innerhalb der bundesrechtlichen Schranken die Voraussetzungen ihrer finanziellen Zuschüsse und die Anmerkung der Auflagen, die diese nach sich ziehen.

---

[55] Vgl. etwa Art. 19 des bernischen Gesetzes vom 26. Mai 1963; Art. 24 des freiburgischen Gesetzes vom 28. Mai 1960; LIVER, Die Anmerkung, S. 27.
[56] Vgl. BGE 98 Ib, 1972, S. 360; 101 Ib, 1975, S. 198; ZBGR 60, 1979, S. 298 (Finanzdepartement Aargau) und S. 292 (RR Aargau).

e) Verbesserung der Wohnverhältnisse in Berggebieten, Investitionskredite in der Landwirtschaft, Unterstützung des Baus und Erwerbs von Wohnungseigentum

Auch da sind die finanziellen Beiträge an gewisse Bedingungen geknüpft; werden diese nicht eingehalten, müssen sie zurückerstattet werden.

So nach Art. 13 BG vom 20. März 1970 über die Verbesserung der Wohnverhältnisse in Berggebieten: Die Rückerstattungspflicht wird auf Anmeldung der zuständigen kantonalen Behörde als öffentlichrechtliche Eigentumsbeschränkung im Grundbuch angemerkt (Absatz 3). Diese Beschränkung zieht insbesondere eine zeitlich befristete, bedingte Grundbuchsperre nach sich (vorn, § 19 II 2 l und Note 20b).

Die Investitionskredite in der Landwirtschaft müssen als solche zurückerstattet werden (Art. 6 BG vom 23. März 1962). Diese Verpflichtung wird nicht angemerkt. Das gleiche gilt für die Rückerstattung der Beiträge, die Art. 33, unter bestimmten Voraussetzungen, für die als Unterstützung gewährten Zuschüsse vorsieht. Bei Bodenverbesserungen, die mit Hilfe von Investitionskrediten vorgenommen werden (Art. 7 Abs. 2 der VO vom 15. November 1972), gelten aber zweifelsohne die gewöhnlichen Vorschriften über diese Verbesserungen (oben, d). Darüber hinaus sieht Art. 7 des Gesetzes vor, daß ein Zerstückelungsverbot ausgesprochen werden kann (vorn, § 19 II 2n und Note 22).

Das Wohnbau- und Eigentumsförderungsgesetz vom 4. Oktober 1974 verbietet gleichfalls eine Zweckänderung bis zur vollständigen Rückerstattung der Vorschüsse. Dieses Verbot wird zusammen mit dem Kaufs- und Vorkaufsrecht, die mit ihm verbunden sind, im Grundbuch angemerkt (Art. 46 Abs. 3 und vorn, § 19 II 2i und Note 20a). Ist eine Baulandumlegung durchgeführt worden, sieht Art. 9 des gleichen Gesetzes die Anmerkung einer Bauverpflichtung vor[57].

Mehrere Kantone ihrerseits haben Gesetze zur Förderung des Baus von Wohnungen mit ermässigten Mietzinsen erlassen, die öffentlichrechtliche Beschränkungen über die Höhe der Mietzinsen und die Voraussetzungen des Verkaufs finanziell unterstützter Grundstücke vorsehen. Nach den entsprechenden kantonalen Vorschriften werden auch diese Beschränkungen im Grundbuch angemerkt[58].

f) Verwaltungsrechtliche Reverse

Die Verwaltungsbehörde stimmt einer Abweichung von einer (mittel- oder unmittelbaren) gesetzlichen Eigentumsbeschränkung zu; diese Zustimmung gilt aber nur auf Zusehen hin. Im Gegensatz zum Fall der endgültigen, selbst an bestimmte Voraussetzungen geknüpften Befreiung hat die Behörde in diesem Fall das Recht, die Erlaubnis jederzeit ohne Entschädigung zu widerrufen. In den meisten Fällen verlangt sie vom bevorzugten Eigentümer eine schriftliche Erklärung, in der dieser die Widerruflichkeit der Abweichung bestätigt. Es handelt sich um einen verwaltungsrechtlichen Revers.

---

[57] Zu diesem Gesetz, H.H., in ZBGR 56, 1975, S. 61 und 59, 1978, S. 128.
[58] In diesem Zusammenhang haben verschiedene Kantone gesetzliche Bestimmungen erlassen über die Bildung von Baulandreserven. Jede Veräußerung von Bauland bedarf so der behördlichen Genehmigung. Die Voraussetzungen einer Veräußerung werden im Grundbuch angemerkt.

Es gibt zwei Hauptarten solcher Reverse: den Beseitigungsrevers und den Mehrwertrevers. Sie sind häufig in den kantonalen Strassen- und Baugesetzen geregelt. Der erstere bedeutet, daß der Eigentümer seine Anlagen auf erstes Begehren ohne Entschädigung wieder beseitigen muß; der zweite hat zur Folge, daß der Eigentümer, der in Abweichung der Bauvorschriften bauen durfte, bei einem Erwerb des Grundstücks durch die öffentliche Hand für die Arbeiten keine Entschädigung verlangen kann, die er gestützt auf die Abweichung ausgeführt hat[59]. Eine ganze Anzahl Kantone erlaubt oder schreibt nun die Anmerkung dieser Reverse vor; selbst solche, welche die Beschränkungen, von denen abgewichen wird[59a], nicht anmerken lassen.

g) Der Enteignungsbann

In bezug auf seine Wirkung entspricht der Enteignungsbann im wesentlichen einem Mehrwertrevers, dessen Bedeutung vom Gesetz umschrieben wird (vgl. Art. 42 EntG; vorn, § 19 II 2n). Die in Art. 42 EntG vorgesehene «Vormerkung» stellt in Wirklichkeit eine Anmerkung dar (a.a.O. Note 24)[60]. Sie wird vom Enteigner angemeldet (Art. 43 Abs. 2 EntG). Eine Löschung erfolgt, wenn das öffentliche Interesse nicht mehr besteht: im Fall der Enteignung, wenn die Eintragung vorgenommen worden ist; sonst, sobald der Enteigner auf die Enteignung verzichtet[61].

h) Die Bezahlung einer Entschädigung bei materieller Enteignung

Die im Fall von materieller Enteignung bezahlte Entschädigung muß (wenigstens teilweise) zurückerstattet werden, wenn die Beschränkung gänzlich aufhört oder nur noch in vermindertem Umfang besteht. Mehrere Kantone sehen die Anmerkung dieser Rückerstattungspflicht vor; so Waadt (Art. 112 EntG) und Bern (Art. 102 BauG).

---

[59] MEIER-HAYOZ, Systematischer Teil, N. 495 f.; Art. 680 N. 142 ff.; HAAB, Art. 680 N. 10 ff. LIVER, Die Anmerkung, S. 26; DESCHENAUX, Restrictions légales, S. 343; IMBODEN/RHINOW, Nr. 39. B. II, III, VI. Siehe etwa: BGE 99 Ia, 1973, S. 482; (Beseitigungsrevers); 101 Ia, 1975, S. 188 (Widerrufsrevers eines Zuganges); Art. 28 Abs. 2 BauG des Kantons Waadt (Mehrwertrevers). REY, Grundbuch und Planung, S. 3 ff., 6, erwähnt neben dem Beseitigungs- und dem Mehrwertrevers noch zwei weitere Reverse: den Überbauungs- und den Ausnützungsrevers; Beispiel: Das Ausschöpfen einer Ausnützungsziffer.

[59a] Beispielsweise neben dem in der vorangehenden Note erwähnten BauG des Kantons Waadt die §§ 98 und 120 BauG des Kantons Zürich, Art. 15 Abs. 5 BauG und Art. 66 Abs. 2 StrassenG des Kantons Bern.

[60] Das Waadtländer Recht (Art. 15 des Gesetzes vom 25. November 1974) und jenes des Kantons Bern (Art. 23 Abs. 5 des Gesetzes vom 3. Oktober 1965) sehen zu Recht eine Anmerkung vor, während das Recht des Kantons Graubünden (Art. 17 des Gesetzes vom 26. Oktober 1958) die eidgenössische Regelung übernommen hat, vgl. LIVER, Die Anmerkung, S. 29.

[61] Siehe etwa die Art. 23, 89 und 90 des Gesetzes des Kantons Waadt.

§ 20   Einzelfälle   433

i) Auflagen, die in den gesetzlichen Vorschriften über den Erwerb von Grundstücken durch Personen im Ausland vorgesehen sind

Nach Art. 14 Abs. 1 BewG[61a] wird die Bewilligung «unter Bedingungen und Auflagen erteilt, die sicherstellen, daß das Grundstück zu dem vom Erwerber geltend gemachten Zweck verwendet wird». Absatz 2 lautet: «Der Bundesrat regelt die Mindestbedingungen und -auflagen, soweit dieses Gesetz sie nicht regelt, und den Verfall von Bewilligungen»[62]. Neben gewissen Veräußerungsbeschränkungen (Art. 11 Abs. 2 lit. c, h BewV)[63], die auf eine Grundbuchsperre hinauslaufen (vorn, § 19 II 2i), umfassen diese Auflagen verschiedene Verpflichtungen: so

– das Grundstück dauernd zu dem Zweck zu verwenden, für den der Erwerb bewilligt worden ist (Art. 11 Abs. 2 lit. a BewV);
– auf dem gekauften Bauland den Bau innert bestimmter Frist zu beginnen (lit. b);
– Haupt- oder Zweitwohnungen innert zwei Jahren zu veräußern, wenn der Erwerber sie nicht mehr als solche verwendet (lit. e).

Diese Auflagen, nicht die Bedingungen, müssen im Grundbuch angemerkt werden (Art. 14 Abs. 3 BewG)[64]. Die Anmerkung erfolgt auf Antrag der Behörde, welche die Bewilligung zum Erwerb eines Grundstücks er-

---

[61a] Zu diesem neuen Gesetz siehe den von PATRY im Literaturverzeichnis aufgeführten Aufsatz und die Wegleitung des GBA an die Grundbuchverwalter (ZBGR 66, 1985, S. 183 ff.).
[62] Zum Sinn und Zweck dieser Bedingungen, vgl. BGE 100 Ib, 1974, S. 459 ff., zu Art. 8 a BewV. Es ist Sache der zuständigen Behörde zu entscheiden, ob sie die Beschränkung in Form einer Bedingung oder einer Auflage ausspricht. Legt sie eine Bedingung fest, darf der Erwerb erst stattfinden, wenn diese erfüllt ist, siehe BGE 106 Ib, 1980, S. 287 ff.
[63] Solche Beschränkungen könnten im Rahmen ihrer Zuständigkeit auch von den Kantonen eingeführt werden (Art. 9 und 13 BewG). Unter den strengern Auflagen, welche die Bewilligungsbehörde vorsehen kann, um zu erreichen, daß das Grundstück seiner Zweckbestimmung erhalten bleibt (Art. 11 Abs. 3 BewV), kommt im übrigen ein Veräußerungsverbot in Frage; siehe Art. 17 Abs. 2 lit. a aBewV (für Grundstücke, die dem persönlichen Aufenthalt des Erwerbers dienen sollen).
[64] Siehe die in Note 61a zit. Wegleitung des GBA, V 1. – Art. 11 Abs. 2 lit. h BewV sieht vor, daß, wenn der Erwerb von Anteilen an einer Immobiliengesellschaft bewilligt wird, die Veräußerung oder Verpfändung dieser Anteile während einer bestimmten Sperrfrist verboten werden kann. Es ist aber zweifelhaft, ob eine solche Auflage Gegenstand einer Anmerkung sein kann; denn sie betrifft nicht das Grundstück als solches, vgl. H. H., a. a. O. Dagegen kann sehr wohl die Verpflichtung, ein Gebäude zu erstellen, im Grundbuch angemerkt werden; denn diese Verpflichtung bezieht sich auf das Grundstück als solches. Auch ist es durchaus möglich, im Grundbuch eine Verpflichtung, etwas zu tun, zum Ausdruck zu bringen; wie das für jene, die sich aus einer Grundlast ergibt, der Fall ist. Das gleiche gilt für die von Gesetzes wegen bestehende Verpflichtung für die Erwerber von Anteilen an Aparthotels, die Wohneinheiten dem Betriebsinhaber des Hotels dauernd zur Bewirtschaftung zu überlassen, ZBGR 65, 1984, S. 299 (BJ).

teilt. Praktisch teilt die zuständige Behörde den (rechtskräftigen) Entscheid dem Grundbuchverwalter mit, der die Auflagen, soweit dies ausdrücklich angeordnet ist, anmerkt. Eine Löschung oder Abänderung der Anmerkung setzt voraus, daß die Auflage ganz oder teilweise widerrufen (Art. 14 Abs. 4 BewG) oder daß sie ordnungsgemäß erfüllt worden ist (Beispiel: Das Gebäude ist erstellt worden). Die Anmeldung wird von der zuständigen Behörde vorgenommen, an die sich der Eigentümer notfalls wenden könnte, wenn sie untätig bliebe. Eine Löschung von Amtes wegen durch den Grundbuchverwalter ist möglich, wenn die im Grundbuch angegebene Dauer einer Anmerkung abgelaufen ist[64a].

j) Weitere Nutzungsbeschränkungen (nicht abschließende Aufzählung)

- Das im *Wasserrecht geltende Heimfallsrecht,* auf das wir nebenbei bereits hingewiesen haben (oben, Note 42).
- Die *Festlegung von Projektierungszonen zur vorsorglichen Freihaltung des Strassenraumes von Nationalstrassen* (Art. 14 BG vom 8. März 1960 über die Nationalstrassen). Die Maßnahme beschränkt die Freiheit des Eigentümers, neue Bauten zu erstellen oder an bestehenden Veränderungen vorzunehmen. Eine Anmerkung ist nicht vorgesehen, wäre aber sinnvoll (Mehrwertrevers)[65].
- Die *Kreuzung einer Eisenbahnlinie mit einer öffentlichen Strasse.* Die Zürcher Praxis gestattet in diesem Fall die Anmerkung auf der von der Eisenbahn in Anspruch genommenen Liegenschaft[66].
- Die *Verpflichtung, später einmal eine Brandmauer zu erstellen.* Mehrere Kantone sehen die Anmerkung dieser Verpflichtung vor[67].
- *Betriebsbeschränkungen, die gestützt auf Verwaltungsrecht angeordnet werden.* Die Praxis verschiedener Kantone läßt die Anmerkung derartiger Beschränkungen zu, welche die privatrechtlichen Vorschriften des Nachbarrechts verstärken[68].
- Die *Aufnahme eines Waldes in das Verzeichnis der Schutzwälder.* Das BG vom 11. Oktober 1902/18. März 1971 betreffend die eidgenössische Oberaufsicht über die Forstpolizei sieht besondere Schutzwälder vor (Art. 3 Abs.2). Die Einteilung eines Waldes als Schutzwald zieht gewisse Beschränkungen in bezug auf die Nutzung und das Verfügungsrecht nach sich: Verbot des Kahlschlags, Beibehaltung der Waldfläche, Ablösung der Dienstbar-

---

[64a] Für die Einzelheiten der Löschung, Übertragung und des Weiterbestandes der Anmerkung, siehe die in Note 61a zit. Wegleitung, V 2 und 3.

[65] Vgl. FRIEDRICH, Grundbuch und öffentliches Recht, S. 214. Im Kanton Freiburg sieht ein Beschluß des Staatsrates vom 11. Februar 1974 die Anmerkung der vorläufigen schriftlichen Vereinbarung vor, die zwischen dem Eigentümer und dem Gemeinwesen in Hinsicht auf den Erwerb von Boden zur Erstellung einer National-, Kantons- oder Gemeindestraße abgeschlossen worden ist.

[66] ZBGR 27, 1946, S. 177 Nr. 12 – entgegen dem, was Art. 38 der Instruktion des Bundes über die Vermessung über den technischen Gesichtspunkt der Angelegenheit regelt.

[67] So Luzern, auf das von der zuständigen Behörde gestützt auf das BauG gestellte Begehren; vgl. ZBGR 29, 1984, S. 188 (Bestimmung in einer Baubewilligung).

[68] So St. Gallen, ZBGR 26, 1945, S. 310 Nr. 130 (Bedingungen für den Betrieb einer Schweinemast).

keiten, Verbot der Errichtung neuer Dienstbarkeiten (Art. 27 in Verbindung mit Art. 18 Abs. 5, 20-24). Weder das Gesetz noch die VO vom 1. Oktober 1965 sehen die Anmerkung eines Schutzwaldes vor. Im Rahmen ihrer Ausführungszuständigkeit (Art. 29) sind die Kantone (mit Genehmigung des Bundesrates) aber ohne Zweifel ermächtigt, die Anmerkung vorzuschreiben[69].

– *Betriebsverbote, die sich auf die Wirtschaftsgesetzgebung stützen?* Die Frage hat sich gestellt bei der Aufgabe der Tätigkeit eines Müllers: Kann einem Unternehmer von der Bundesbehörde ein Betriebsverbot auferlegt werden, das jedem Erwerber der Betriebsliegenschaft entgegengehalten werden könnte[70]?

3. Verfügungsbeschränkungen

a) Bereits erwähnte Fälle

Zu den Verfügungsbeschränkungen, die angemerkt werden – eine allfällige «Vormerkung» hat ebenfalls die Bedeutung einer Anmerkung – gehören alle Fälle von im öffentlichen Recht begründeten Grundbuchsperren, die im vorangehenden Paragraph angeführt worden sind: Sperren nach Bundes- wie nach kantonalem Recht. Wir verweisen auf die bereits gemachte Aufzählung (§ 19 II 2c–n, 3b–d) und fügen die Fälle hinzu, die wir in diesem Paragraph zwischendurch erwähnt haben (C III 2d und e).

Die vorn in § 19 angegebenen anwendbaren Gesetzesbestimmungen umschreiben in den einzelnen Fällen die Voraussetzungen der Anmerkung und Löschung der Beschränkung, wie auch die Legitimation zur Grundbuchanmeldung genauer[71].

Unabhängig von den eigentlichen Grundbuchsperren können die Kantone noch öffentlichrechtliche Beschränkungen in Form von Vor- und Rückkaufsrechten vorsehen. Diese müssen eine gesetzliche Grundlage auf-

---

[69] ZBGR 5, 1924, S. 118 (RR Obwalden).
[70] Ansicht der eidgenössischen Justizabteilung vom 28. Oktober 1963, ZBGR 57, 1976, S. 229, welche die Lösung einer Vormerkung und jene der Eintragung einer negativen Dienstbarkeit zugunsten des Bundes ablehnt, dafür aber eine Anmerkung vorschlägt. Voraussetzung für diese ist, daß das *Gesetz* selber eine öffentlichrechtliche Beschränkung vorsieht, die *realobligatorisch* mit dem Grundstück verbunden ist. Der Vorschlag ist aber nicht weiter verfolgt worden.
[71] So für die Löschung der Anmerkung nach Art. 23*a* revVZG: Art. 68 Abs. 1 lit. c der gleichen VO; für die Löschung der Anmerkung nach Art. 3 Abs. 4 LEG: Art. 4 Abs. 1 des gleichen Gesetzes; für die Löschung der Anmerkung der Zugehörigkeit zu einer Güterzusammenlegungsgenossenschaft: die Bestimmungen der entsprechenden kantonalen Gesetze über die Beendigung der Arbeiten. Selbst wenn das kantonale Recht nichts vorsieht, muß der Grundbuchverwalter, dem eine von der zuständigen Behörde rechtsgültig angeordnete Sperre mitgeteilt worden ist, von dieser in seinem Register Vormerk nehmen, was auf eine Anmerkung hinausläuft (Beispiel: die strafrechtliche Beschlagnahme).

weisen und in den Grenzen verbleiben, die dem kantonalen öffentlichen Recht gesteckt sind (Eigentumsgarantie, Grundsatz der Verhältnismässigkeit und der Rechtsgleichheit). Sie können im Grundbuch nach Art. 962 ZGB angemerkt werden[71a].

b) Das Erfordernis der Zustimmung einer Behörde zur Löschung einer Grunddienstbarkeit

Der Eigentümer des herrschenden Grundstücks ist gestützt auf öffentliches Recht in seiner Freiheit beschränkt, über ein mit seinem Grundstück verbundenes Recht zu verfügen. Es wird nicht der Inhalt der Dienstbarkeit als solcher geändert, so daß die Beschränkung nicht zum Inhalt der Eintragung des dinglichen Rechtes selber gehört. Die Anmerkung auf dem Blatt des herrschenden Grundstücks erscheint angebracht. «Belastet» die Beschränkung richtigerweise nicht das Grundstück als solches, betrifft sie ein Vorrecht, das diesem *realobligatorisch* zukommt[72].

c) Das Nicht-Unterliegen unter eine Verfügungsbeschränkung

Für den Fall, daß die Behörde, welche für die Unterstellung der Liegenschaften unter das LEG zuständig ist, entschieden hat, eine Liegenschaft unterliege ihm nicht, hat das Bundesgericht eine Lücke im Gesetz (Art. 3 Abs. 4) angenommen und ausgefüllt und die Anmerkung «Liegenschaft nicht dem LEG unterstellt» zugelassen[73].

[71a] ZBGR 66, 1985, S. 215 ff. (BJ). Daneben können die Kantone selbstverständlich für ihre zum Finanzvermögen gehörenden Grundstücke Kaufsrechte, Vor- und Rückkaufsrechte nach Art. 681/683 ZGB vereinbaren.

[72] In diesem Sinn, FRIEDRICH, Grundbuch und öffentliches Recht, S. 208. LIVER befürwortet eher, auf dem herrschenden Grundstück eine Personaldienstbarkeit zugunsten der Öffentlichkeit einzutragen, Art. 730 N. 153 und Die Anmerkung, S. 25. Aber kann das Erfordernis einer amtlichen Bewilligung zur Ausübung eines privaten Rechts Gegenstand einer Dienstbarkeit sein?

[73] BGE 89 I, 1963, S. 129: Der Entscheid, der die Unterstellung verneint, ist für den Grundbuchverwalter verbindlich. Der Eigentümer, der sein Grundstück verkaufen will, kann so daran interessiert sein, daß allfällige Kaufswillige feststellen können, daß das Grundstück den Beschränkungen des LEG nicht untersteht.

§ 21. Die übrigen Eintragungen im Grundbuch

Literatur:

Die Kommentare von HOMBERGER, OSTERTAG und WIELAND zu Art. 942, 949, 958, 977 ZGB; von GONVERS-SALLAZ zu Art. 66, 74, 101, 108/109 GBV.
H. LEEMANN, Die rechtliche und praktische Bedeutung des Hypothekargläubigerregisters, SJZ 10, 1914, S. 369 ff.; A. MATTER, Gläubiger und Grundbuch, ZBGR 31, 1950, S. 313 ff.; P. PETERMANN, Gläubiger und Grundbuch, ZBGR 32, 1951, S. 65 ff.; H. TRÜMPI, Der Gläubigerwechsel bei den Grundpfandtiteln, Diss. Bern 1915.

I. Allgemeines

Im vorliegenden Paragraph geht es (unter Ausschluß der Anmerkungen) um die Angaben tatsächlicher Natur, die in der Beschreibung der Grundstücke aufgeführt werden, sowie um die «Eintragungen» in die Hilfsregister (Art. 949 Abs. 1 ZGB, Art. 108 GBV).

Alle diese Eintragungen gehören nicht zum eigentlichen Bestand des Grundbuches (Art. 942 ZGB) und nehmen an keiner seiner besonderen Wirkungen teil. Vermitteln sie Auskünfte über dingliche Rechte, können sie für diese nicht den vollen Beweis im Sinn von Art. 9 ZGB erbringen[1]. Sie sind jedoch für die einwandfreie Wirkungsweise der Öffentlichkeit der dinglichen Rechte an den Grundstücken in dem Sinn von Bedeutung, daß sie daneben, daß sie über gewisse Tatsachen Auskunft geben, die Führung und den Gebrauch der wesentlichen Bestandteile des Grundbuches, insbesondere des Hauptbuches, der Belege, der Pläne und des Tagebuches erleichtern. Wir behandeln deshalb im folgenden kurz die Voraussetzungen dieser Buchungen, ohne aber technische Einzelheiten näher auszuführen. Auf die Frage, ob und allenfalls was für Wirkungen sie entfalten, brauchen wir nicht nochmals einzugehen.

II. Angaben tatsächlicher Natur in der Beschreibung der Grundstücke

Die Angaben tatsächlicher Natur (vorn, § 5 II 2c und § 7 I) werden im Zeitpunkt der Aufnahme eines Grundstücks ins Grundbuch (vorn, § 6 IV) unter dessen Beschreibung gemacht; diese kann dabei vom Hauptbuchblatt

---

[1] OSTERTAG, Art. 973 N. 3; HOMBERGER, Art. 970 N. 4 und Art. 973 N. 5; F. JENNY, Der öffentliche Glaube, S. 15.

getrennt sein oder Bestandteil desselben bilden[2]. Die Beschreibung muß den jeweiligen Zustand eines Grundstücks wiedergeben. Wichtige Änderungen, wie etwa neue Gebäude oder angepasste Schatzungen usw., werden nach einem von den Kantonen zu bestimmenden Verfahren von Amtes wegen nachgetragen. Das gleiche gilt für Änderungen der Fläche. Für den Fall, daß von einem Grundstück eine Teilparzelle abgetrennt oder einem Grundstück eine Teilfläche zugemessen wird, schreiben die Art. 90 Abs. 2 und 93 Abs. 3 GBV vor, daß der Grund der Abtrennung oder des Zuwachses angegeben wird (vorn, § 6 VI 1c und 2c)[3].

Der Beschreibung eines Grundstücks, als Angabe tatsächlicher Natur, kommt nur die Bedeutung einer Auskunft zu. Der Plan, allenfalls das Liegenschaftsverzeichnis und die gesetzlichen Vorschriften über die Bestandteile (Art. 642, 667 ZGB) bestimmen den Umfang des Eigentums. Neue Gebäude bilden Bestandteile eines Grundstücks, auch wenn sie in der Beschreibung nicht aufgeführt sind[4].

III. Die vom ZGB vorgeschriebenen Hilfsregister (Art. 108 Abs. 1 GBV)

Die vom ZGB vorgeschriebenen Hilfsregister haben wir weiter vorn (§ 5 III 1) beschrieben. Halten wir nur nochmals fest: Diese Register sind für Entstehung, Untergang sowie Wirkungen der dinglichen Rechte oder Rechtsbeziehungen, die Gegenstand einer Eintragung, Vormerkung oder Anmerkung sind, oder auch von Änderungen im Plan ohne Bedeutung[5].

1. Das Eigentümerverzeichnis (Art. 109 GBV)

Die Aufgabe des Eigentümerverzeichnisses haben wir bereits umschrieben (vorn, § 5 III 1). Es wird vom Grundbuchverwalter nach den Weisungen der Aufsichtsbehörde von Amtes wegen angelegt. «Alle Veränderungen in den Eigentumsverhältnissen sind unverzüglich im Eigentümerverzeichnis

---

[2] Die Beschreibung der Grundstücke, die Art. 942 Abs. 2 ZGB als weitern Bestandteil bezeichnet, gehört in Wirklichkeit nicht zum eigentlichen Bestand des Grundbuches (mit seinen besonderen Wirkungen). Ausgenommen sind, wenn sie getrennt geführt werden, in gewißer Hinsicht die Anmerkungen, vorn, § 5 II 2c.
[3] HOMBERGER, Art. 942 N. 12; BGE 105 Ia, 1979, S. 221: «Die Liegenschaftsbeschreibung hat nur descriptive Bedeutung.»
[4] HOMBERGER, a. a. O.
[5] HOMBERGER, Art. 942 N. 16.

durch Zuschreibung oder Streichung der Nummern evtl. unter Neuaufnahme oder Streichung des Namens, einzuschreiben» (Art. 109 Abs. 3 GBV)⁶.

2. Das Gläubigerregister (Art. 66 GBV)

In bezug auf das Aussehen des Gläubigerregisters wird auf § 5 III 1b verwiesen. Erinnern wir nur nochmals an dessen Aufgabe: diese besteht darin, über die Person des jeweiligen Gläubigers einer grundpfändlich sichergestellten Forderung oder über diejenige eines allfälligen Pfandgläubigers oder Nutznießers einer solchen Forderung Auskunft zu geben. Dank diesen Angaben weiß der Grundbuchverwalter, an wen er die vom ZGB und der GBV im Zusammenhang mit den Grundpfandrechten vorgeschriebenen Mitteilungen (Art. 969 ZGB) zu richten hat; so: bei der Übernahme der pfandgesicherten Schuld durch den Erwerber (Art. 834 Abs. 1 ZGB); bei der Teilung des Pfandobjekts; bei Bodenverbesserungen (Art. 820/821 ZGB); bei der Löschung eines vorangehenden Pfandrechts, wenn dem nachfolgenden Gläubiger des Nachrückungsrecht zusteht (Art. 814 Abs. 3 ZGB) – ganz zu schweigen von den Mitteilungen, welche die Zwangsvollstreckungsbehörden den Gläubigern zu machen haben (Art. 102, 139, 226, 233 SchKG)⁷ ⁸ ⁹.

---

6 HOMBERGER, Art. 943 N. 17, Art. 951 N. 1; GONVERS-SALLAZ, zu Art. 109 GBV. Dieses Register wird immer mehr in Karteiform geführt.
7 H. LEEMANN, S. 370.
8 Nach einem Entscheid der bernischen Aufsichtsbehörde vom 13. Juni 1917 (ZBGR 14, 1932, S. 259) müßten die Pfändung oder Verarrestierung einer durch Grundpfand gesicherten Forderung gleichfalls ins Gläubigerregister aufgenommen werden. Art. 66 GBV verlangt eine solche Angabe jedoch nicht; und das Zwangsvollstreckungsrecht sieht nicht vor, daß das Betreibungsamt dem Grundbuchverwalter von der Pfändung einer grundpfändlich sichergestellten Forderung Mitteilung zu machen habe. Und doch kann der Gläubiger in diesem Fall das Pfandrecht nicht ohne Zustimmung des Pfändungsgläubigers zur Löschung anmelden. Hat der Grundbuchverwalter von der Pfändung keine Kenntnis, darf er das Pfandrecht einzig gestützt auf die Anmeldung des Pfandgläubigers löschen. Die Gefahr besteht für Forderungen, die durch eine Grundpfandverschreibung sichergestellt sind; nicht aber für solche, die in einem Wertpapier verbrieft sind; denn bei einer Pfändung werden die Pfandtitel vom Betreibungsamt beschlagnahmt, und die Pfandrechte dürfen ohne Einreichung der Titel nicht gelöscht werden (Art. 64 GBV).
9 OSTERTAG, Art. 942 N. 11 und Art. 958 N. 4, empfiehlt, nach der Übertragung einer Personaldienstbarkeit den neuen Berechtigten ins Gläubigerregister einzuschreiben (Art. 779 und 780 ZGB). Mangels eines genügenden praktischen Interesses vertritt HOMBERGER, Art. 942 N. 23, die gegenteilige Auffassung; ein solches bestehe für derartige Rechte nur, wenn sie *nicht* als Grundstücke aufgenommen seien, was aber selten sei; für diese sollte es nicht allzu schwierig sein, den Berechtigten herauszufinden; bei Dienstbarkeiten bestehe

Den Angaben im Gläubigerregister kommt überhaupt keine rechtsbegründende Wirkung zu; weder für die Übertragung der pfandgesicherten Forderung noch für die Begründung von beschränkten dinglichen Rechten an einer solchen (vgl. Art. 835 ZGB). Auch kann sich niemand auf die Auskunft verlassen, die das Gläubigerregister über die Person des Grundpfandgläubigers, über den Inhaber eines Fahrnispfandrechts oder über den Nutznießer einer grundpfändlich sichergestellten Forderung macht: Die Einschreibung erbringt in dieser Hinsicht nicht einmal Beweis im Sinn von Art. 9 ZGB. Ihre besondere Bedeutung besteht nur darin, daß der Grundbuchverwalter die vorgeschriebenen Mitteilungen der angegebenen Person zuzustellen hat (Art. 66 Abs. 3 GBV)[10]. Wie den Anmerkungen kann man den Angaben im Gläubigerregister daneben die Bedeutung einer Auskunft zuerkennen.

Da auch für sie der Grundsatz der formellen Gesetzmässigkeit gilt, ist die Einschreibung, trotz ihrer beschränkten Wirkung, an bestimmte Voraussetzungen gebunden.

Die Übertragung der Forderung ist für den Gläubiger der Rechtsgrund der Einschreibung[11]. Sie kann durch Einzel- oder Gesamtnachfolge geschehen. Fälle von Einzelnachfolge sind: schriftliche Abtretung der gesicherten Forderung (Art. 165 OR), Vermerk der Übertragung (Indossierung) bei auf den Namen lautenden, Übergabe von auf den Inhaber lautenden Pfandtiteln (Art. 869 ZGB, 967/968 OR); der Hauptfall von Gesamtnachfolge ist der Erbgang[12]. Die Einschreibung eines Pfandgläubigers oder eines

---

nicht die gleiche Veranlassung, dem Berechtigten eine Mitteilung zukommen zu lassen. Trotzdem ist nicht ausgeschlossen, daß ein Interesse besteht, daß der Name des jeweiligen Berechtigten eines Bau- oder Quellenrechtes oder einer übertragbaren andern Dienstbarkeit (Art. 781 ZGB) dem Grundbuch entnommen werden kann. Dazu ist das Gläubigerregister aber nicht das geeignete Mittel. Es bleibt somit nichts anderes, als – wenn der neue Berechtigte dies beantragt – den Eintrag der Dienstbarkeit in der entsprechenden Spalte abzuändern. Eine Praxis in dieser Richtung besteht.

[10] HOMBERGER, Art. 942 N. 19; PETERMANN, S. 66; BGE 40 II, 1914, S. 591; 87 III, 1961, S. 69: Die Angabe des Abtretungsgläubigers im Gläubigerregister verhindert nicht, daß weitere Abtretungen rechtsgültig vorgenommen werden können, ohne daß der Grundbuchverwalter von ihnen Kenntnis erhält, ZBGR 33, 1955, S. 277 (Entscheid des BGer vom 15. Februar 1940) und BGE 108 II, 1982, S. 47 Erw. 4.

[11] Der Gläubiger zum Zeitpunkt der Errichtung wird in der Eintragung des Pfandrechtes genannt. Im Gläubigerregister wird damit immer ein Rechtsnachfolger dieses Gläubigers angegeben.

[12] HOMBERGER, Art. 942 N. 21; GONVERS-SALLAZ, Art. 60 GBV N. 5. Man kann im Gläubigerregister auch die Abtretung eines Teilbetrages einer Forderung angeben. Das ist praktisch aber nur für die gewöhnlichen, durch Grundpfandverschreibung sichergestellten Forderungen möglich; wegen der Art. 868 ZGB und 965 OR nicht jedoch auch für Forderungen, die in einem Wertpapier verbrieft sind (Schuldbrief, Gült, Inhaberobligation mit

Nutznießers an einer grundpfändlich sichergestellten Forderung setzt die ordnungsgemässe Errichtung des Pfandrechts oder der Nutznießung an der fraglichen Art Forderung voraus (Art. 900 Abs. 1/901 ZGB, Art. 967/968 OR, Art. 745 ZGB)[13].

Die Befugnis, die Einschreibung zu beantragen, steht dem Grundpfandgläubiger oder jenem zu, der an der grundpfändlich sichergestellten Forderung ein Pfand- oder Nutznießungsrecht erworben hat. Die Zustimmung des Grundeigentümers oder Gläubigers, an dessen Forderung ein Pfandrecht oder eine Nutznießung begründet worden ist, ist nicht erforderlich[14].

Soweit sein Recht besteht, ist der Berechtigte (Abtretungs-Faustpfandgläubiger, Nutznießer) grundsätzlich auch befugt, das Gesuch um Löschung der Angabe im Gläubigerregister zu stellen. Ein neuer Gläubiger oder neuer Rechtsinhaber kann jedoch selbständig vorgehen und sich einschreiben lassen[15]. Ist das Pfandrecht untergegangen, löscht der Grundbuchverwalter die Einschreibung von Amtes wegen; desgleichen, wenn das Pfandrecht oder die Nutznießung an einer Forderung untergegangen sind. In diesen Fällen kann der Eigentümer die Löschung wohl selber beantragen.

Die Einschreibungen im Gläubigerregister setzen voraus, daß der Gesuchsteller die notwendigen Ausweise beibringt (sinngemässe Anwendung von Art. 965 ZGB).

3. Das Pfändungsregister (Art. 74 Abs. 3 GBV)

Die Einschreibungen im Pfändungsregister (vorn, § 5 III 1c) dienen der Ergänzung der Vormerkungen der Pfändung und Nachlassstundung (vorn, § 18 B BB II 1)[16]. Der Grundbuchverwalter nimmt sie von Amtes wegen vor. Eigentlich bestehen sie nur in einem Verweis auf die Belege, in denen der Rechtsgrund der Vormerkung enthalten ist und die zum eigentlichen Bestand des Grundbuches gehören. Dem Pfändungsregister als solchem kommen keinerlei Grundbuchwirkungen zu[17].

Grundpfandverschreibung; JÄGGI, Die Wertpapiere, Art. 965 OR N. 265 f.; BGE 65 II, 1939, S. 66; siehe jedoch HOMBERGER, a. a. O.; ZBGR 15, 1934, S. 218 (Justizdirektion Bern).
[13] Die Begründung eines Pfandrechts an einer grundpfändlich gesicherten Forderung kann im Gläubigerregister ohne Angabe des jeweiligen Gläubigers der Forderung eingeschrieben werden, HOMBERGER, Art. 942 N. 21; ZBGR 23, 1942, S. 9 (RR Bern).
[14] HOMBERGER, Art. 942 N. 21; BGE 75 I, 1949, S. 183.
[15] ZBGR 39, 1968, S. 354 ff. (Aufsichtsbehörde Freiburg): Für den Fall der Wiederbelebung einer Grundpfandverschreibung.
[16] HOMBERGER, Art. 942 N. 24 und Art. 960 N. 31; ZBGR 27, 1946, S. 176 (ObG Zürich): Eintragung einzig dieser Maßnahmen.
[17] Ungenau, GONVERS-SALLAZ, Art. 66 GBV N. 8.

4. Das Berichtigungsbuch (Art. 101 GBV)

Die Einschreibungen im Berichtigungsbuch stehen mit dem verwaltungsmässigen Berichtigungsverfahren im Zusammenhang (hinten, V. Kapitel § 42 V).

5. Das Register der Korrespondenz

Ihm kommt nur rein verwaltungsmässige Bedeutung zu (Art. 108 Abs. 1 GBV)[18].

IV. Die Hilfsregister nach kantonalem Recht (Art. 108 Abs. 2 GBV)

Die nach kantonalem Recht zu führenden Hilfsregister haben ebenfalls nur die Bedeutung von Sachregistern und dienen ausschließlich dem Gebrauch durch das Grundbuchamt. Solche Register können sein:

– Das Register für alle im Grundbuch vorkommenden Personen[19];
– das Register, in dem den Nummern nach unter Hinweis auf die Nummer des Planes und des Hauptbuchblattes alle Parzellen aufgeführt sind[20];
– das Register der Dienstbarkeiten; dieses darf nur Einteilungen vornehmen und dazu dienen, die Namen derjenigen Personen greifbar zu machen, denen eine Personaldienstbarkeit zusteht[21].

Meistens handelt es sich um alte Dienstbarkeitsregister, die unter dem kantonalen Recht geführt oder anlässlich der Bereinigung der dinglichen Rechte angelegt worden sind. Enthalten diese Register aber Anerkennungen von alten (oder neuen) Dienstbarkeiten, die von den Eigentümern der belasteten Grundstücke unterzeichnet sind, stellen sie keine Hilfsregister mehr dar. In diesem Fall sind sie den Belegbänden gleichzustellen, und die darin gemachten Eintragungen gehören zum eigentlichen Bestand des Grundbuches[22].

---

[18] GONVERS-SALLAZ, Art. 108 GBV N. 7.
[19] GONVERS-SALLAZ, Art. 108 GBV N. 9.
[20] GONVERS-SALLAZ, Art. 108 GBV N. 11.
[21] GONVERS-SALLAZ, Art. 108 GBV N. 10. Einzig zu diesem Zweck ein solches Register beizubehalten oder einzuführen, scheint wenig sinnvoll. In den seltenen Fällen, in denen eine Personaldienstbarkeit oder -grundlast abgetreten wird, ist es praktischer, beim Dienstbarkeitseintrag den Namen des Berechtigten abzuändern, oben, Note 9.
[22] ZBGR 41, 1960, S. 211 (ObG Zürich).

Die von den Kantonen erlassenen Vorschriften über die von ihren Grundbuchämtern zu führenden Hilfsregister «bedürfen der Genehmigung des Bundesrates» (Art. 108 Abs. 3 GBV).

Die Voraussetzungen der Einschreibungen und Löschungen in diesen dem kantonalen Recht unterstehenden Hilfsregistern fällt in die Zuständigkeit der Kantone. Die Privaten können auf die Verrichtungen, die darin von Amtes wegen vorgenommen werden, überhaupt keinen Einfluß ausüben.

Die Register, die irgendwelche Steuern betreffen und von den Grundbuchverwaltern im Zusammenhang mit dem Grundbuch geführt werden, stehen überhaupt nicht im Dienst des Grundbuches und sind für die Öffentlichkeit der dinglichen Rechte an den Grundstücken ohne Belang[23].

---

[23] HOMBERGERR, Art. 942 N. 28.

Dritter Abschnitt

Das Eintragungsverfahren und die Prüfungsbefugnis der Grundbuchbehörden

§ 22. Allgemeines

I. Formelle und materielle Voraussetzungen der Eintragungen

In den beiden vorangegangenen Abschnitten haben wir uns in erster Linie mit der Prüfung der *materiellen* Voraussetzungen der verschiedenen Grundbucheintragungen befaßt: Eintragung und Löschung der dinglichen Rechte, Vor- und Anmerkungen. Die Frage, die sich stellte, war: was ist notwendig, daß ein einmal abgeschlossener Eintrag seine volle Rechtswirkung entfaltet; d. h. mit keinem Mittel – vor allem auch mit der Grundbuchberichtigungsklage nach Art. 975 ZGB nicht – mehr angefochten werden kann? – Wir haben die Eintragung der dinglichen Rechte im Grundbuch in den allgemeinen Zusammenhang des Erwerbs und Untergangs dieser Rechte an Grundstücken gestellt. Unter dem gleichen Gesichtspunkt haben wir auch das Entstehen und Erlöschen der Wirkungen der Vormerkungen betrachtet. Damit haben wir uns von der vom Gesetz in Art. 963–966 gewählten Systematik entfernt. Indem wir die *formelle* Seite des Eintragungsvorgangs in Betracht ziehen, wollen wir auf diese nun aber wieder zurückkommen.

Mit Ausnahme der Fälle, in denen der Grundbuchverwalter eine Eintragung von Amtes wegen vornimmt, muß der beteiligte Private oder auch eine Behörde gewisse *Formerfordernisse* erfüllen, um eine Eintragung im Grundbuch zu erlangen. Sie müssen eine Anmeldung einreichen (vorn, § 13) und die Voraussetzungen nachweisen, von denen die beantragte Eintragung abhängt. Alle diese Voraussetzungen können im Einzelfall vorhanden sein: Stellt ein Beteiligter aber keinen schriftlichen Antrag und weist er sich über die Legitimation, eine Eintragung anzumelden und über den Rechtsgrund der Eintragung, Vor- oder Anmerkung oder über den Rechtsgrund der Löschung eines bestehenden Eintrages nicht aus, kann er – neben der Notwendigkeit, die vorgeschriebenen Gebühren zu entrichten (vorn, § 9 IV 8) – die angestrebte Eintragung nicht erwirken.

So können die formellen Erfordernisse, die an eine Anmeldung gestellt sind, einer Eintragung entgegenstehen, die materiell an und für sich begründet wäre. Gehen Grundbuchverwalter oder Aufsichtsbehörde aber über die eine oder andere dieser Voraussetzungen hinweg, kann der (zu Unrecht) vollzogene Eintrag trotzdem nicht mehr angefochten werden (siehe vorn, § 14 II am Schluß und § 15 B I 2c).

Dagegen müssen die materiellen Voraussetzungen einer Grundbucheintragung im Geltungsbereich des absoluten Eintragungsprinzips grundsätzlich alle erfüllt sein; im Bereich des relativen Eintragungsprinzips wenigstens in bezug auf den Rechtsgrund der Eintragung eines dinglichen Rechts, einer Vormerkung oder einer Löschung[1]. Der Grundbuchverwalter muß alle diese Voraussetzungen überprüfen. Da seine Prüfungsbefugnis beschränkt ist, kann es aber vorkommen, daß er eine materiell an und für sich ungerechtfertigte Eintragung vornimmt, ohne daß er damit seine Amtspflicht verletzen würde. In diesem Sinn gehen die formellen Erfordernisse einer Eintragung, inbegriffen die Ausübung der Prüfungsbefugnis des Grundbuchverwalters, nicht so weit wie die materiellen Voraussetzungen derselben.

Kurz läßt sich folgendes sagen: um den Vorgang auszulösen, der zu einer Eintragung im Grundbuch führen soll, welche die ihr eigenen Wirkungen auslöst, genügt es einerseits nicht, daß an sich alle notwendigen materiellen Voraussetzungen erfüllt sind; es muß auch gewissen formellen Erfordernissen Genüge getan sein. Anderseits bürgt eine ordnungsgemässe Abwicklung des Eintragungsverfahrens, zu welcher auch eine einwandfreie Prüfung der materiellen Voraussetzungen gehört, noch nicht dafür, daß der vollzogene Eintrag auch rechtsgültig ist.

Von dieser Warte aus befassen wir uns in diesem Abschnitt mit den formellen Voraussetzungen der Grundbucheintragungen.

II. Plan

Wir behandeln zunächst die Anmeldung und den Ausweis des Anmeldenden (§ 23), darauf die Prüfungsbefugnis des Grundbuchverwalters (§ 24) und das eigentliche Eintragungsverfahren (§ 25). Den Abschluß des Abschnittes bilden die Rechtsmittel, die gegen den Entscheid des Grundbuchverwalters zur Verfügung stehen (§ 26).

---

[1] Im letztern Bereich wird eine Eintragung nicht deswegen ungerechtfertigt, weil die Befähigung zur Eintragung fehlt; siehe hinten, § 37 B II 1b Note 43.

§ 23. Die Anmeldung und der Ausweis des Anmeldenden

Literatur:

Die Kommentare von HOMBERGER, OSTERTAG und WIELAND zu Art. 956, 963–967, 969 ZGB; von GONVERS-SALLAZ zu Art. 11–24, 61–84 GBV.
A. ANDERMATT, Die grundbuchrechtliche Anmeldung nach schweizerischem Recht, Diss. Freiburg 1928; J. AUER, Die Prüfungspflicht des Grundbuchverwalters, Diss. Bern 1932; C. BRÜCKNER, Sorgfaltspflicht der Urkundsperson und Prüfungspflicht des Grundbuchführers bei Abfassung und Prüfung des Rechtsgrundausweises, ZBGR 64, 1983, S. 65 ff.; H.-P. FRIEDRICH, Grundbuch und eheliches Recht, ZBGR 35, 1954, S. 249 ff.; DERSELBE, Grundbuch und öffentliches Recht, ZBGR 51, 1970, S. 194 ff.; DERSELBE, Stockwerkeigentum und Grundbuch, ZBGR 45, 1961, S. 321 ff.; P. GASSER, Le droit des cohéritiers à une part de gain, Diss. Lausanne 1967; A. GLOOR, Der außergrundbuchliche Eigentumserwerb nach schweizerischem Recht, Diss. Zürich 1929; H. HUBER, Anmeldung und Tagebuch im schweizerischen Grundbuchrecht, ZBGR 59, 1978, S. 156 ff.; F. JENNY, Das Legalitätsprinzip im schweizerischen Grundbuchrecht, ZBGR 11, 1930, S. 185 ff., 233 ff.; H. NUSSBAUM, Der Nachweis des materiellen Verfügungsrechts, Diss. Zürich 1949; R. PFÄFFLI, Das Antragsprinzip im Grundbuchrecht unter besonderer Berücksichtigung des Erbgangs, Bern. Not. 46, 1985, S. 63 ff.; A.H. SCHATZMANN, Eintragungsfähigkeit der dinglichen Rechte und Prüfungspflicht des Grundbuchverwalters, Diss. Bern 1939; A. SCHMITZ, Die Ausweise des Vollmachtträgers und des Verfügungsberechtigten bei Gesellschaften und juristischen Personen in Grundbuchsachen, MBVR 22, 1924, S. 209 ff.; C. VOLKART, Die Vertretungsbefugnis bei Aktiengesellschaften, ZBGR 5, 1924. S. 1 ff.

I. Überblick

Das Verfahren, das zu einer Eintragung (im weitesten Sinn) im Grundbuch führt, beginnt allgemein mit der Anmeldung, die entweder von einer Privatperson oder einer Behörde ausgeht[1]. Die *materiellen* Gesichtspunkte dieser Anmeldung, als der Verfügung über ein Recht, haben wir bereits behandelt: Legitimation, Handlungsfähigkeit, Stellvertretung, Rechtsgrund, Inhalt, im Geltungsbereich des absoluten wie des relativen Eintragungsprinzips die Bedingungsfeindlichkeit der Übertragung des Eigentums, der Errichtung und Löschung von beschränkten dinglichen Rechten, der Vormerkungen und selbst der Anmerkungen (§ 15 B; § 16 B; § 17 B II, C II; § 18 B AA II und BB III, C BB II und CC II; § 20 A IV und die Besonderheiten, die wir unter B und C dargelegt haben). Gegenstand der folgenden Ausführungen sind die *formellen* Gesichtspunkte der Anmeldung, die, unter diesen Gesichtspunkten betrachtet, den im Verfahren der nicht streitigen Gerichtsbarkeit an den Grundbuchverwalter gestellten Antrag darstellt (unten, II).

---

[1] Außer Betracht bleiben in diesem Paragraph die Fälle, in denen der Grundbuchverwalter von Amtes wegen handelt; siehe dazu vorn, § 13 II.

Der Anmeldung einer Eintragung müssen die Urkunden beigelegt sein, welche die *Befähigung* des Anmeldenden, diese vorzunehmen, sowie das Bestehen des *Rechtsgrundes* der Eintragung belegen. Diese Urkunden bilden in den beiden erwähnten Beziehungen den Ausweis für die Eintragung (unten, III und IV).

In Ausübung seiner Befugnis unterzieht der Grundbuchverwalter diese Ausweise der vorgeschriebenen Prüfung (hinten, § 24). Darauf fällt er den Entscheid, ob er der Anmeldung Folge leistet (§ 25). Der ablehnende Entscheid kann mit Beschwerde an die Aufsichtsbehörden weitergezogen werden (§ 26).

II. Die Anmeldung einer Eintragung[2]

1. Die Form der Anmeldung

Bekanntlich muß die Anmeldung schriftlich eingereicht werden (Art. 963 Abs. 1, 964 Abs. 1 ZGB; Art. 13 Abs. 1 GBV; siehe vorn, § 13 III). Sie muß in der Sprache des Grundbuchamtes niedergeschrieben sein, an das sie sich richtet. Dies gilt insbesondere für die Dienstbarkeiten[2a]. Der Rechtsgrund, welcher der Anmeldung beigelegt ist, kann in der Regel in einer andern Landessprache abgefaßt sein. Es dürfen nur daraus für Dritte keine Schwierigkeiten entstehen, sich im Grundbuch über ihre Rechte zu erkundigen[2b]. Notfalls kann der Grundbuchverwalter in Analogie zu Art. 7 GRV vom ganzen Inhalt des Erwerbsgrundes eine beglaubigte Übersetzung verlangen[2c].

2. Die Befähigung, eine Grundbuchanmeldung vorzunehmen

Die *Handlungsfähigkeit* – eines privaten Rechtssubjektes – oder die *Zuständigkeit* – einer Behörde –, eine Grundbuchanmeldung vorzunehmen,

---

[2] Wir befassen uns hier besonders mit den Anmeldungen zur Eintragung oder Löschung von dinglichen Rechten oder Vormerkungen. Die angestellten Überlegungen gelten *mutatis mutandis* aber auch für die Anmeldungen von Anmerkungen.
[2a] Siehe etwa das GrundbuchG des Kantons Waadt, Art. 19 Abs. 4 und ein Kreisschreiben der Aufsichtsbehörde des Kantons Freiburg vom 30. Juni 1981.
[2b] GONVERS-SALLAZ, Art. 18 GBV N. 1.
[2c] GONVERS-SALLAZ, a. a. O. und GrundbuchG des Kantons Waadt, Art. 19 Abs. 4.

sind bereits dargelegt worden (§ 13 V; § 15 B I 2b, mit entsprechenden Verweisen in den nachfolgenden Paragraphen); ebenfalls die gesetzliche oder gewillkürte *Stellvertretung* und das Handeln durch Organe (§ 13 und § 15 a.a.O.).

Die *Legitimation* zu einer Grundbuchanmeldung fällt mit der Verfügungsmacht (§ 15 B I 2a; § 16 B II 2; § 18 B AA II, C BB II) oder der Befugnis zusammen, eine Richtigstellung des Grundbuches zu beantragen (§ 17 B II 2 und C II 2; § 18 B BB III 1 und C CC II 2b und d; § 20 A IV).

3. Der Wortlaut der Anmeldung

Im nicht streitigen Grundbuchverfahren entspricht die Anmeldung einer Eintragung in etwa dem Rechtsbegehren im streitigen Gerichtsverfahren. Der Anmeldende muß die Eintragung klar und vollständig angeben, die der Grundbuchverwalter im Hauptbuch oder in den an dessen Stelle geführten Registern vornehmen soll[3]. Es genügt nicht – wie es immer wieder vorkommt – zu beantragen, es müssten alle Eintragungen vorgenommen werden, die der eingereichte Vertrag beinhalte. Es ist nicht Aufgabe des Grundbuchverwalters, aus demselben alle Rechte ausfindig zu machen, welche die Parteien wohl zu begründen, zu ändern oder zu löschen beabsichtigen[4].

4. Die Bedingungslosigkeit der Anmeldung

Die Einrichtungen und das Verfahren des Grundbuches verlangen, daß die Anmeldungen weder an Vorbehalte noch an Bedingungen geknüpft werden (Art. 12 Abs. 1 GBV); sie dürfen auch nicht befristet sein[5].

Eine Ausnahme besteht für Anmeldungen, «die miteinander im Zusammenhange stehen» (Art. 12 Abs. 2 GBV). So kann die Eintragung eines Kauf-

---

[3] OSTERTAG, Art. 963 N. 17; Reglement des Kantons Genf über das Grundbuch, Art. 41; in diesem Sinn BR (1918) in ZBGR 6, 1925, S. 230.

[4] Vor allem muß der Anmeldende angeben, welche der in der aufgelegten Urkunde getroffenen Vereinbarungen ins Grundbuch eingetragen werden und welche die Parteien allenfalls nur persönlich verpflichten sollen. Desgleichen darf sich der Grundbuchverwalter wohl kaum mit der Anmeldung eines neuen Pfandrechts im «verfügbaren» Rang begnügen. Doch soll er sich in klaren Fällen auch nicht zu anspruchsvoll zeigen.

[5] HOMBERGER, Art. 958 N. 6 und Art. 963 N. 6. Das bedeutet aber nicht, daß das Rechtsgeschäft, das Gegenstand einer Anmeldung bildet, in seinem Inhalt keine Bedingungen enthalten darf; siehe vorn, § 15 I 2b ee und Noten 44–46.

vertrages von der Eintragung eines Pfandrechts abhängig gemacht werden, wenn dieses die Bezahlung eines Teils des Kaufpreises sicherstellen soll[6]. In einem solchen Fall kann (von den Anmeldenden) «mit der Anmeldung bestimmt werden, daß die eine Eintragung nicht ohne die andere erfolgen soll». Dieser Antrag wird aber selten ausdrücklich so gestellt; denn die Anmeldenden erwarten ja nicht, daß ihre Anmeldungen abgewiesen werden. In den meisten Fällen wird man davon ausgehen müssen, daß solche Anmeldungen derart voneinander abhangen, so daß der Grundbuchverwalter, wenn eine Anmeldung abgewiesen werden muß, alle Anmeldungen abweisen wird[7].

5. Weitere Voraussetzungen der Anmeldung?

Das kantonale Recht darf für die Anmeldungen der Eintragungen nicht weitere Voraussetzungen aufstellen; etwa die vorgängige Prüfung durch die Aufsichtsbehörde oder, damit Einsprache erhoben werden kann, die Veröffentlichung in einem Amtsblatt[8]. Dagegen können die Kantone den Vollzug der Anmeldungen in der weiter vorn (§ 9 IV 8) dargelegten Weise von der Bezahlung der Eintragungsgebühren und der Handänderungssteuern zum voraus abhängig machen.

6. Die für die Anmeldung notwendigen Ausweise

Der Anmeldende muß sich grundsätzlich über seine Befähigung, eine Eintragung im Grundbuch zu erwirken (III), und über den Rechtsgrund der Eintragung ausweisen (IV).

---

[6] HOMBERGER, Art. 963 N. 7; GONVERS-SALLAZ, Art. 12 GBV N. 3. Es kann auch eine Wechselbeziehung bestehen zwischen einem Verkauf und der vorangehenden Löschung eines auf dem verkauften Grundstück lastenden Pfandrechtes; zwischen einem Verkauf und der Errichtung einer Dienstbarkeit zugunsten des Verkäufers. Desgleichen kann das Gewinnanteilsrecht der Miterben im Grundbuch erst vorgemerkt werden, wenn der Übernehmer der Erbschaftsgrundstücke im Grundbuch als Alleineigentümer eingetragen ist; BGE 86 I, 1960, S. 114/130; ZBGR 38, 1957, S. 368 (Aufsichtsbehörde Freiburg).

[7] GONVERS-SALLAZ, Art. 12 GBV N. 4, weist auf die Praxis im Kanton Waadt hin, nach der das Begehren noch gestellt werden kann, sobald der Anmeldende von der Abweisung der einen der mehreren Anmeldungen Mitteilung erhalten hat; die Eintragung der übrigen Anmeldungen ins Hauptbuch wird in diesem Fall aufgeschoben. Im Sinn des Textes ein Entscheid des Zürcher Obergerichts in ZBGR 14, 1933, S. 87, der sogar empfiehlt, den mehreren Anmeldungen im Tagebuch die gleiche Ordnungsnummer zu geben. Es darf jedoch nicht zu leicht angenommen werden, mehrere Anmeldungen würden sich gegenseitig bedingen. Wenn etwa gleichzeitig mit der Löschung des Gewinnanteilsrechts eine Übertragung des betreffenden Grundstücks angemeldet wird, braucht die Abweisung der ersten Anmeldung in der Regel kein Hindernis zu sein, die zweite anzunehmen, vgl. BGE 75 I, 1949, 186ff. Demgegenüber kann die Anmeldung auf Übertragung eines Erbschaftsgrundstücks auf einen Erben davon abhängig gemacht werden, daß gleichzeitig das Gewinnanteilsrecht der Miterben vorgemerkt wird, vgl. den in Note 6 zit. Entscheid des BGer aus Bd. 86.

[8] BGE 66 I, 1940, S. 88.

III. Der Ausweis über die Befähigung, eine Grundbuchanmeldung vorzunehmen

1. Der Gegenstand des Ausweises allgemein

Art. 965 Abs. 1 und 2 ZGB hat den Ausweis des Anmeldenden über das Verfügungsrecht im Auge. Der Wortlaut des Gesetzes ist offensichtlich aus dem Blickwinkel des absoluten Eintragungsprinzips bei der Übertragung des Eigentums und der Errichtung oder Löschung von beschränkten dinglichen Rechten heraus abgefaßt. Notwendigerweise muß der im Gesetz ausgesprochene Grundsatz aber auch für den Ausweis des Rechts gelten, im Geltungsbereich des relativen Eintragungsprinzips irgendwelche dingliche Rechte anzumelden (vgl. Art. 15 Abs. 2 GBV) und muß sich auch auf die Vor- und Anmerkungen, ja sogar auf gewisse Einschreibungen in die Hilfsregister, wie das Gläubigerregister, beziehen. Auch wenn es das Gesetz nicht ausdrücklich sagt, muß der Anmeldende weiter alle Elemente seiner Befähigung, eine Anmeldung vorzunehmen, nachweisen: Neben der Verfügungsmacht oder dem Recht, eine Eintragung im Grundbuch zu beantragen, die Rechts- und Handlungsfähigkeit. Art. 965 Abs. 2 ZGB selber spielt auf die Vertretereigenschaft an. Daneben fordert er den Beweis der Identität des Anmeldenden mit der «ausgewiesenen» Person oder ihrem Stellvertreter[8a]. Schließlich muß wohl auch der Fall einer Behörde oder eines Beamten in Betracht gezogen werden, die zu einer Grundbuchanmeldung zuständig sind (Art. 17 GBV). Aus dieser Warte ergeben sich die verschiedenen Punkte, auf die sich der Ausweis beziehen kann oder muß.

2. Die Rechtsfähigkeit

Kein Problem stellt die Rechtsfähigkeit bei den natürlichen Personen; diese gelten ohne weiteres als rechtsfähig (Art. 11 ZGB)[8b].

[8a] Weder im Gesetz noch in der VO ist die Rede vom Ausweis derjenigen, die im Einzelfall einer Verfügung, praktisch der Löschung eines Rechtes, zustimmen müssen (vorn, § 16 B II 2b); aber auch sie müssen sich darüber ausweisen, daß sie handlungsfähig, genügend vertreten, zur Zustimmung berechtigt und damit befähigt sind, beim Rechtsgeschäft mitzuwirken. Wir werden auf die Frage der Befähigung dieser Dritten nicht mehr zurückkommen.

[8b] Zu einem Fall, in dem Zweifel bestanden, ob jemand überhaupt lebte, siehe ZBGR 26, 1945, S. 178 (BezG Zürich): Jemandes Vertreter, der einfach abwesend war, weder vermißt noch verschollen erklärt, nahm für diesen eine Anmeldung vor. Das schweizerische Recht kennt keine Vermutung des Lebens (vgl. Art. 32 ZGB). Aber der Beweis

Bei körperschaftlich organisierten Personenverbindungen und den Stiftungen, die ihre Rechtspersönlichkeit mit der Eintragung ins Handelsregister erlangen (Art. 52 Abs. 1 ZGB), genügt ein Auszug aus demselben, um ihr Dasein und damit ihre Rechtsfähigkeit nachzuweisen. Bei Vereinen, die nicht wirtschaftliche Zwecke verfolgen und im Handelsregister nicht eingetragen sind, bei kirchlichen und Familienstiftungen, die in dieses Register nicht eingetragen werden müssen (Art. 52 Abs. 2 ZGB), genügt das Einreichen der schriftlichen Statuten oder, bei den Stiftungen, des öffentlich beurkundeten Begründungsaktes als Beweis[8c]. Die Kollektiv- oder Kommanditgesellschaften, die im Handelsregister nicht eingetragen sind und ohne Eintragung bestehen können (Art. 552 Abs. 2 und 553 OR), müssen den Ausweis durch den Abschluß eines Gesellschaftsvertrages im Sinn der Art. 552 Abs. 1 und 594 Abs. 1 OR erbringen.

Das Bestehen von Körperschaften und Anstalten des *öffentlichen* Rechts wird sich meistens aus einem Gesetz, einer VO, einem Reglement oder einem besondern Begründungsakt ergeben, der entsprechend den anwendbaren gesetzlichen Vorschriften abgeschlossen worden ist. Im Einzelfall kann eine juristische Person des öffentlichen Rechts ihr Dasein durch die Vorlage dieses Begründungsaktes nachweisen.

Soweit das internationale private oder öffentliche Recht der Schweiz darauf verweist, muß eine *ausländische* juristische Person des privaten oder öffentlichen Rechts ihr Dasein nach den Vorschriften der ausländischen Gesetzgebung ihres Landes nachweisen[9].

---

    des Lebens kann sich aus der Tatsache ergeben, daß man von dem Betreffenden vor kürzerer oder längerer Zeit noch Nachrichten erhalten hat (Vermutung einer Tatsache), vgl. DESCHENAUX/STEINAUER, Personnes physiques et tutelle, S. 502. Im angeführten Fall konnte der Vertreter so beweisen, daß der von ihm Vertretene noch lebte; in diesem Sinn der Berichterstatter des Entscheides (St.). Zur Rechtsfähigkeit im IPR, siehe F. VISCHER, Internationales Privatrecht, S. 557 ff.; VISCHER/VONPLANTA, S. 45 ff.; Art. 32 IPR-Gesetz: «Rechtsfähig ist jedermann». Botschaft zum IPR-Gesetz, BBl 1983, I S. 332.

[8c] ZBGR 18, 1937, S. 189 (ObG Solothurn).
[9]   HOMBERGER, Art. 965 N. 8; VISCHER, zitiert in Note 8b, S. 557ff.; VISCHER/VON PLANTA, S. 60ff. Zum Gesellschaftsrecht, siehe Art. 146-157 IPR-Gesetz; Botschaft, S. 437ff. Art. 149: «Gesellschaften unterstehen dem Recht des Staates, nach dem sie organisiert sind, wenn sie die darin vorgeschriebenen Publizitäts- oder Registrierungsvorschriften erfüllen oder, falls solche Vorschriften nicht bestehen, wenn sie sich nach dem Recht dieses Staates organisiert haben.
    Erfüllt eine Gesellschaft diese Voraussetzungen nicht, so untersteht sie dem Recht des Staates, in dem ihre Geschäftsführung tatsächlich besorgt wird».
    Nach Art. 150 bestimmt das anwendbare Recht die Rechts- und Handlungsfähigkeit (c).

3. Die Handlungsfähigkeit der natürlichen Personen und die gesetzliche Vertretung der Handlungsunfähigen

a) Mündige

Von einer natürlichen Person, die nach Art. 14 und 15 ZGB mündig ist, wird vermutet, daß sie urteils- und damit auch *handlungsfähig* ist. Vorbehalten bleibt ihre Entmündigung (Art. 17 ZGB). In bezug auf die Voraussetzungen der Mündigkeit (Alter, Heirat, Mündigerklärung) braucht der Beweis nur durch Vorlage eines Auszugs aus dem Zivilstandsregister oder durch den Entscheid der vormundschaftlichen Aufsichtsbehörde geführt zu werden. Für einen Ausländer, der seinen Wohnsitz in der Schweiz hat, gelten für den Beweis seiner Handlungsfähigkeit für Rechtsgeschäfte um Grundstücke in der Schweiz nicht andere Regeln. Das ergibt sich, unter Vorbehalt der familien- und erbrechtlichen Rechtsgeschäfte (Absatz 2) aus Art. 7b NAG und gilt (ohne diesen Vorbehalt) auch für die Schweizer mit Wohnsitz im Ausland (Art. 28 Ziff. 1 NAG)[9a].

b) Minderjährige, Entmündigte und Personen, die unter Beiratschaft stehen (vorn, § 13 V und § 15 B I 2b aa)[9b]

Die Inhaber der elterlichen Gewalt können die Stellvertretung durch das Zivilstandsregister (Familienbüchlein), allenfalls durch ein Urteil (Art. 297 ZGB) oder einen Entscheid der Vormundschaftsbehörde (Art. 312/313 ZGB) nachweisen[10]. Ein Vormund oder Beirat legt mit dem Entscheid der Entmündigung (wenn es sich um einen Mündigen handelt) oder der Stel-

---

[9a] HOMBERGER, Art. 965 N. 9; VISCHER, IPR, S. 563 ff.; VISCHER/VON PLANTA, S. 52 ff.; ANDERMATT, S. 34 ff. Siehe Art. 33 Abs. 1 IPR-Gesetz: «Die Handlungsfähigkeit untersteht dem Recht am Wohnsitz. Ein Wechsel des Wohnsitzes berührt die einmal erworbene Handlungsfähigkeit nicht.» Eine Ausnahme von diesen Vorschriften im Interesse der Sicherheit des Rechtsverkehrs, zugunsten der Partei, die nach ihrem Wohnsitzrecht handlungsunfähig, nach dem Recht des Staates, in dem ein Geschäft abgeschlossen wird, aber handlungsfähig ist, gilt für Rechtsgeschäfte um dingliche Rechte an Grundstücken nicht (Art. 34). Botschaft zum IPR-Gesetz, S. 332 ff.

[9b] Selbst wenn sie urteilsfähig sind, können Minderjährige und Entmündigte grundsätzlich nicht allein Grundbuchanmeldungen vornehmen. Eine Ausnahme bilden die Fälle, in denen sie aus einem besonderen Grund handlungsfähig sind (Art. 321, 323, 412, 414 ZGB). Rechtsgeschäfte um Grundstücke dürften dabei aber nur selten vorkommen. Beispiel etwa: ein Entmündigter betreibt mit Zustimmung der Vormundschaftsbehörde ein Gewerbe und benötigt dazu eine Werkstatt. Die Handlungsunfähigen müssten den besonderen Grund ihrer Handlungsfähigkeit nachweisen. Zu den Mündigen, die unter Mitwirkungsbeiratschaft stehen, siehe Art. 395 Abs. 1 Ziff. 2 ZGB.

[10] HOMBERGER, Art. 965 N. 49.

§ 23 Der Ausweis über die Befähigung, eine Grundbuchanmeldung vorzunehmen 453

lung unter Beiratschaft seine Ernennungsurkunde auf[11]. Das gleiche gilt für einen in den Fällen der Art. 392 und 393 Ziff. 1–4 ZGB ernannten Beistand[11a]. Handelt ein Minderjähriger oder urteilsfähiger Entmündigter selber, muß er die Zustimmung seines gesetzlichen Vertreters nachweisen. Das gleiche gilt für denjenigen, für den ein Beirat bestellt worden ist (Art. 395 Abs. 1 Ziff. 2 und 7 und Abs. 2 ZGB). Im übrigen wird auf jene Werke verwiesen, welche die Handlungsfähigkeit der Minderjährigen, der urteilsfähigen Entmündigten und der unter Beiratschaft stehenden Personen behandeln; und zwar insbesondere was die verlangte Zustimmung der vormundschaftlichen Behörden angeht (Art. 404 Abs. 3, 408, 421, Ziff. 1 und 9, 422 Ziff. 3, 4, 5, 7 ZGB).

4. Die Handlungsfähigkeit der juristischen Personen sowie der Kollektiv- und Kommanditgesellschaften

«Die juristischen Personen sind handlungsfähig, sobald die nach Gesetz und Statuten hiefür unentbehrlichen Organe bestellt sind» (Art. 54 ZGB). Ihre Handlungsfähigkeit können sie nachweisen, indem sie die Statuten und die weitern Beweisstücke einreichen, aus denen sich die Bestellung der Organe ergibt. Das Gesetz und die Statuten bezeichnen die Personen, die nach Art. 55 ZGB berufen sind, den Willen der juristischen Person auszudrücken und die sich dazu auszuweisen haben (vgl. Art. 16 Abs. 1 GBV 1. Fall). Bei den im Handelsregister eingetragenen Gesellschaften und Stiftungen gibt der Eintrag die Art der «Stellvertretung» der Gesellschaft an (Art. 563/603, 641 Ziff. 7, 765, 780 Abs. 2 Ziff. 4, 836 OR; Art. 93 Abs. 1 lit. g und Abs. 2, 97 lit. f, 101 lit. e HRV). Ein Auszug aus den Statuten und/oder des Handelsregisters ist geeignet, die Vertretungsbefugnis der Personen darzutun, die für eine juristische Person handeln. Im übrigen wird auf Lehre und Rechtsprechung zu diesen Fragen verwiesen[11b].

---

[11] HOMBERGER, Art. 965 a. a. O.
[11a] Dieser (noch zu bezeichnende) Beistand ist legitimiert, in dringenden Fällen bezüglich eines Erbschaftsgrundstücks einen urteilsunfähigen Erben als Eigentümer zur Eintragung anzumelden; vgl. SCHNYDER-MURER, Art. 386 N. 63/33; anderer Meinung: BGE 79 I, 1953, S. 183, in dem das BGer betreffend vor Ernennung eines Vormunds zu treffende vorläufige Maßnahmen Art. 386 ZGB anwenden will.
[11b] Zur «Vertretung» der juristischen Personen gegenüber dem Grundbuch, vgl. HOMBERGER, Art. 965 N. 50 und 66; ANDERMATT, S. 35 ff. und die Aufsätze von VOLKART und SCHMITZ. Siehe auch eine Mitteilung des Notariatsinspektorates des Kantons Zürich an die Grundbuchämter über das Verfügungsrecht bei Handelsgesellschaften, Genossenschaft, Verein und Stiftung vom 27. August 1971, ZBGR 52, 1971, S. 378. Diese Mitteilung unterscheidet

Bei den juristischen Personen des *öffentlichen Rechts* bestimmen die Gesetze, Verordnungen und Reglemente des Bundes, der Kantone sowie der Gemeinden die Personen, die befugt sind, eine Körperschaft oder Anstalt beim Abschluß von Rechtsgeschäften, und insbesondere von solchen um Grundstücke, zu vertreten. Im Einzelfall kann ein Auszug aus den anwendbaren Bestimmungen oder aus einem Verhandlungsprotokoll genügen, um

---

zutreffend zwischen Vertretereigenschaft (= das Organ, das befähigt ist, für die juristische Person zu handeln) und Vertretungsbefugnis (= die Vertretungsmacht, ein bestimmtes Rechtsgeschäft abzuschließen und zur Eintragung ins Grundbuch anzumelden). Vertretereigenschaft und Vertretungsbefugnis müssen zusammen vorliegen, damit die «Stellvertretung» rechtsgültig ist. Siehe auch Bern. Bdb., S. 10f.; RIEMER (für die Stiftungen) Art. 83 N. 24ff.; BRÜCKNER, S. 72.

Bei den Handelsgesellschaften und der Genossenschaft ergibt sich die Vertretereigenschaft aus dem Eintrag im Handelsregister, und die Vertretungsbefugnis der zur Vertretung berechtigten Personen wird vom Gesetz umschrieben (Art. 564, 603, 718, 814, 899 OR): Sie können alle Rechtsgeschäfte abschließen, die der Zweck der Gesellschaft oder Genossenschaft mit sich bringen kann. Grundsätzlich genügt es damit, daß sie ihre Vertretereigenschaft durch einen Auszug aus dem Handelsregister nachweisen. – Bei den Vereinen und Stiftungen ist die Rechtslage anders. Sie können, müssen im Handesregister aber nicht eingetragen sein. Sind sie es, gibt der Eintrag Auskunft über «...die Vertretung und die Art der Zeichnung» (Art. 97 lit. f und 101 lit. e HRV). Jene, welche für einen Verein oder eine Stiftung handeln, weisen ihre Vertretereigenschaft auf die gleiche Art und Weise nach wie die «Vertreter» einer Handelsgesellschaft. Wenn ein Verein oder eine Stiftung im Handelsregister nicht eingetragen ist – was besonders bei Familien- und kirchlichen Stiftungen der Fall sein kann (Art. 52 Abs. 2 ZGB) –, werden sich die Anmeldenden mit einem Auszug aus den Statuten oder der Stiftungsurkunde ausweisen müssen. Ist die Vertretung darin nicht bestimmt, kommt die Vertretereigenschaft den Mitgliedern des Vorstandes (Art. 69 ZGB) oder des Stiftungsrates gemeinsam zu, und diese müssen ihre Zugehörigkeit zu diesen Organen nachweisen. Gleichgültig, ob ein Verein oder eine Stiftung im Handelsregister eingetragen ist oder nicht, bedeutet die Vertretereigenschaft noch nicht, daß jemand für ein bestimmtes Geschäft auch die Vertretungsbefugnis besitzt. Darüber geben die Statuten oder die Stiftungsurkunde Auskunft. Allenfalls muß ein Auszug aus dem Protokoll einer Sitzung des Vorstandes oder des Stiftungsrates oder allenfalls der Generalversammlung oder eines übergeordneten Organs einer Stiftung eingereicht werden; je nach dem, wie die Zuständigkeiten innerhalb einer juristischen Person geregelt sind. All diese Regeln gelten übrigens für den Abschluß von Rechtsgeschäften um Grundstücke wie für die Vornahme der Grundbuchmeldung.

Der *Verwalter einer Stockwerkeigentümergemeinschaft* hat eine Stellung, die jener eines Organs entspricht (Art. 712f ZGB). Er muß seine Eigenschaft durch einen Auszug aus einem Protokoll der Stockwerkeigentümerversammlung nachweisen, FRIEDRICH, Stockwerkeigentum und Grundbuch, S. 329; allenfalls genügt die Anmerkung seiner Ernennung. Um sich etwa zur Anmeldung eines gesetzlichen Pfandrechts nach Art. 712i ZGB über seine Vertretungsbefugnis auszuweisen, muß er, abgesehen vom Ausweis des Rechtsgrundes selber (Anerkennung des Eigentümers oder Anordnung durch den Richter), einen von der Stockwerkeigentümergemeinschaft nach Absatz 2 dieser Bestimmung gefaßten Beschluß auflegen, FRIEDRICH, S. 362.

Zu den ausländischem Recht unterstehenden juristischen Personen, siehe die Hinweise in Note 9 oben.

die anmeldende oder die anmeldenden Personen auszuweisen[12]. Immer aber sind die entsprechenden öffentlichrechtlichen Vorschriften maßgebend.

5. Die gewillkürte Stellvertretung

Wir haben uns weiter vorn zunächst über die gewillkürte Stellvertretung bei Grundbuchanmeldungen im allgemeinen (§ 13 V) und darauf bei Anmeldungen zur Eintragung von dinglichen Rechten im besonderen (u.a. § 15 B I 2b bb) auseinandergesetzt. Die dargestellten Regeln gelten *mutatis mutandis* auch für die Vor- und Anmerkungen. Der von einer natürlichen oder juristischen Person des privaten oder öffentlichen Rechts erwählte Stellvertreter muß seine Ermächtigung nachweisen. Im Verkehr mit dem Grundbuchamt geschieht dies praktisch mit einer schriftlichen Vollmacht[13]. Die Urkundsperson ist in den meisten Fällen von Gesetzes wegen zur Anmeldung bevollmächtigt (Art. 963 Abs. 3 ZGB).

6. Die Legitimation, eine Eintragung ins Grundbuch anzumelden

a) *Allgemein*

Die Legitimation, eine Eintragung ins Grundbuch anzumelden, ist im vorangehenden Abschnitt umschrieben worden als:
- Die Macht, im Geltungsbereich des *absoluten* Eintragungsprinzips im Zusammenhang mit der Übertragung des Eigentums und der Errichtung oder Löschung von beschränkten dinglichen Rechten (§ 15 B I 2a, II 2a, III 2a; § 16 B II 2) zu verfügen;
- die Befugnis, im Geltungsbereich des *relativen* Eintragungsprinzips im Fall des Erwerbs des Eigentums, der Errichtung oder des Untergangs von beschränkten dinglichen Rechten von Gesetzes wegen (§ 17 B II 2a, C II 2a und b) die Richtigstellung des Grundbuches zu beantragen;
- die Befugnis, konstitutive Vormerkungen zur Eintragung (§ 18 B AA II) oder Vormerkungen zur rechtsändernden Löschung (§ 18 C BB II 2b) zu beantragen;
- die Befugnis, betreffend deklaratorische Vormerkungen die Eintragung (§ 18 B BB III 1) oder Vormerkungen zur berichtigenden Löschung (§ 18 C CC II 2b, d) zu beantragen;

---

[12] HOMBERGER, Art. 965 N. 50 am Schluß und 67; ANDERMATT, S. 60; ZBGR 17, 1936, S. 101 (KGer Solothurn); ZBGR 19, 1938, S. 244 (Justizdirektion Aargau). Siehe besonders auch die VO des eidgenössischen Mititärdepartementes vom 9. November 1982 über den Abschluß von Rechtsgeschäften um Grundstücke (SR 510.214) und die ergänzenden Bemerkungen von H. H. in ZBGR 64, 1983, S. 58.

[13] HOMBERGER, Art. 965 N. 10 und 48; ANDERMATT, S. 30 ff. Ist eine Prokura im Handelsregister eingetragen, wird der Vertreter einen Auszug vorlegen, BRÜCKNER, S. 73.

– die Befugnis eines Privaten, die Vornahme oder Löschung einer Anmerkung zu beantragen (§ 20 A IV und B für die Anmerkung privatrechtlicher Rechtsverhältnisse, insbesondere II 1, III 1–3, IV 1 und 5, VII).

Der Anmeldende muß grundsätzlich in jedem Fall die Legitimation, die fragliche Eintragung anzumelden, nachweisen; als Eigentümer, Mit- oder Gesamteigentümer; als Inhaber eines beschränkten dinglichen Rechts; als Pfandgläubiger oder Nutznießer einer grundpfändlich sichergestellten Forderung; als Inhaber eines Anspruchs auf Errichtung eines gesetzlichen Pfandrechts; als Erwerber des Eigentums oder eines beschränkten dinglichen Rechts unmittelbar von Gesetzes wegen; als Inhaber eines Anspruchs auf Eintragung einer Vormerkung (etwa nach Art. 960 Abs. 1 Ziff. 1 ZGB); als einer, der aus einem vorgemerkten persönlichen Recht oder aus einer andern vorgemerkten Rechtsbeziehung berechtigt ist; als Willensvollstrecker; als einer, der als Dritter an einer Anmerkung beteiligt ist (Art. 841 Abs. 3 ZGB, Art. 81 GBV) usw.

Der Nachweis dieser Legitimation kann auf verschiedene Art und Weise erfolgen.

b) Bei der Übertragung des Eigentums und der Errichtung oder Löschung von beschränkten dinglichen Rechten

Aus dem Gesichtspunkt der konstitutiven Eintragung geht Art. 965 Abs. 2 ZGB davon aus, das Grundbuch gebe den *Verfügungsberechtigten* an. Dieses ist in der Tat geeignet, den Eigentümer, die Mit- oder Gesamteigentümer eines Grundstücks wie auch den oder die aus einer Grunddienstbarkeit Berechtigten anzugeben. Trotzdem stellt der Eintrag nur eine Vermutung dar (Art. 937 Abs. 1 ZGB)[14]. So kann im Fall des Erwerbs eines Grundstücks von Gesetzes wegen die Eintragung des neuen Eigentümers noch nicht stattgefunden haben; und doch ist dieser, etwa der Alleinerbe, materiell verfügungsberechtigt[15]. Auch bedeutet die Angabe des wirklichen Eigentümers im Grundbuch noch nicht, daß ihm die Verfügungsmacht oder daß ihm diese allein zusteht. So ist der Konkursit überhaupt nicht und die Ehefrau, die unter dem Güterstand der Güterverbindung lebt, nur mit Zustimmung

---

[14] HOMBERGER, Art. 965 N. 3.
[15] In der Tat hängt die formelle Verfügungsmacht von der Eintragung ab (Art. 656 Abs. 2 ZGB), für die sich der Berechtigte ausweisen muß (siehe weiter unten im Text). Leistet der Grundbuchverwalter jedoch einer Anmeldung Folge, mit der ein nicht eingetragener Eigentümer über sein Grundstück verfügt, ist dieses Rechtsgeschäft trotzdem gültig, HOMBERGER, Art. 965 N. 3 am Schluß.

§ 23 Der Ausweis über die Befähigung, eine Grundbuchanmeldung vorzunehmen 457

des Ehemannes verfügungsberechtigt[16]. Ein im Grundbuch angegebener Eigentümer, zu dessen Gunsten eine Grunddienstbarkeit besteht, kann für den Verzicht auf sein Recht auf die Zustimmung eines Grundpfandgläubigers angewiesen sein (vorn, § 16 B II 2b).

Bei den Grundpfandrechten gibt das Grundbuch nur über die Person des ersten Gläubigers Auskunft. So kann die sichergestellte Forderung übertragen worden sein. Der neue Gläubiger, der über sein Pfandrecht, etwa durch Zustimmung zur gänzlichen oder teilweisen Löschung, verfügen will, muß sich ausweisen, ohne daß er sich auf das Grundbuch abstützen kann. Er wird seinen Erwerb durch eine Abtretungserklärung oder ein Indossament (Art. 164, 967 OR, Art. 869 ZGB) und, wenn seine Forderung in einem Wertpapier verbrieft ist, durch Vorlage des Titels ausweisen (Art. 868 ZGB, Art. 965/966, 1006 Abs. 1 OR). Bei einem Inhaberpapier stellt die Vorlage des Titels einen genügenden Ausweis dar. Vorbehalten bleibt die sinngemässe Anwendung der Art. 966 Abs. 2 und 978 Abs. 2 OR[16a]. Bei Schuldbriefen und Gülten kann sich dieser Ausweis auch aus der Anmerkung eines Bevollmächtigten im Grundbuch und auf dem Pfandtitel ergeben (Art. 860 Abs. 2 und, bei Ausgabe dieser Titel in Serien, Art. 877 Abs. 3 ZGB)[17] [18]. Wird die Forderung durch Gesamtrechtsnachfolge (insbesondere von Todes wegen) erworben, wird der neue Gläubiger die geeigneten Urkunden (im erwähnten Fall in erster Linie eine Erbenbescheinigung) auflegen. Diejenigen, die in gewissen Fällen der vom Berechtigten beantragten Löschung eines dinglichen Rechts zustimmen müssen, gehen in der Regel aus dem Hauptbuch nicht hervor[19]: so der Nutznießer oder Pfandgläubiger einer

---

[16] BGE 65 I, 1939, S. 29 Diese Beschränkung ist mit dem *neuen Eherecht* dahin gefallen, siehe vorn, § 15 Note 27 am Schluß. Die Einsetzung eines Willensvollstreckers kann ebenfalls verhindern, daß die Erben über die Erbschaftsgrundstücke verfügen können, BGE 95 I, 1969, S. 392 ff.; 97 II, 1973, S. 11 und 20; 108 II, 1982, S. 535. Gestützt auf sein Amt ist der Willensvollstrecker aber nicht befugt, allein im Namen eines oder der Erben den Teilungsvertrag zu unterzeichnen, BGE 102 II, 1976, S. 197.
[16a] ZBGR 37, 1956, S. 217 (Aufsichtsbehörde Freiburg).
[17] HOMBERGER, Art. 965 N. 4. Es wird daran erinnert, daß die Einschreibung ins Gläubigerregister nicht Voraussetzung für die Übertragung einer durch Grundpfand sichergestellten Forderung ist, vorn, § 21 III 2.
[18] Die Übertragung einer übertragbaren Personaldienstbarkeit oder Grundlast erscheint auch nicht im Gläubigerregister. Der neue Berechtigte wird sich ebenfalls durch eine Abtretung ausweisen, HOMBERGER, a. a. O.; PIOTET, Dienstbarkeiten und Grundlasten, S. 568 und 639.
[19] Mit Ausnahme des oben bereits erwähnten Falles des Gläubigers, dessen Forderung grundpfändlich sichergestellt ist und daß der Eigentümer des Pfandobjekts auf eine zu seinen Gunsten bestehende Grunddienstbarkeit verzichten will. Dazu kann dieser Gläubiger seine Forderung auch abgetreten haben.

grundpfändlich sichergestellten Forderung. Diese Beteiligten haben sich ebenfalls durch Vorlage der Urkunden auszuweisen, welche die Begründung ihrer Rechte bescheinigen[20]. – Bei einer konstitutiven Eintragung, die sich auf das Gesetz selber stützt (mittelbare gesetzliche Pfandrechte), muß der Anmeldende die weiter vorn (§ 15 B II) dargelegten Voraussetzungen nachweisen.

Art. 965 Abs. 2 ZGB noch die GBV haben unmittelbar den Ausweis desjenigen im Auge, der, um im Geltungsbereich des relativen Eintragungsprinzips die Eintragung oder Löschung eines dinglichen Rechtes zu erreichen, die *Richtigstellung des Grundbuches* beantragt. In diesem Fall fällt der Ausweis über die Legitimation zur Anmeldung meistens mit jenem über den Rechtsgrund der Eintragung (unten, IV) zusammen. So reicht der Miterbe, der die Anmeldung der Eintragung der Erbengemeinschaft allein vornehmen kann (vorn, § 17 Note 28), eine Erbenbescheinigung ein, die den Erwerb durch Erbschaft (Erbschaftsantritt) bestätigt, die einzelnen Mitglieder der Gemeinschaft, darunter auch ihn, aufführt und so seine Legitimation ausweist. Geschieht die Anmeldung nicht durch eine Behörde, können für die meisten Fällen des Eigentumserwerbs[21] oder der Begründung von beschränkten dinglichen Rechten unmittelbar von Gesetzes wegen (§ 17 B I und II 2) entsprechende Überlegungen gemacht werden. Beim Untergang von beschränkten dinglichen Rechten *unmittelbar gestützt auf das Gesetz* steht die Legitimation zur Anmeldung der Richtigstellung des Grundbuches in den meisten Fällen dem Eigentümer des belasteten Grundstücks zu (§ 17 C II 2a und b), der sich als solcher ausweist.

c) Bei Vormerkungen

In bezug auf die Vornahme und Löschung der Vormerkungen bestimmt Art. 70 GBV: «Die Vorschriften über die Eintragungen, wie insbesondere betreffend die Anmeldung zur Eintragung und die Prüfung des *Verfügungsrechtes* (Art. 15–17), finden auf die Vormerkungen, ..., entsprechende Anwendung».

Ist der Eigentümer des belasteten Grundstücks legitimiert, eine *konstitutive Vormerkung* anzumelden (vorn, § 18 B AA II 1 und 4) oder einer solchen

---

[20] Die Einschreibung im Gläubigerregister ist ein Mittel sich auszuweisen. Für den Fall, daß sich einer auf eine Abtretung beruft, kommt ihr aber keine entscheidende Bedeutung zu. Der Abtretungsgläubiger muß sich anderweitig ausweisen.

[21] Beim Eigentum stehen Erwerb und Verlust von Gesetzes wegen in den meisten Fällen in einer Wechselbeziehung zueinander. Die Frage des Ausweises ist die gleiche für die Löschung wie für die Eintragung; so beim Erwerb eines Grundstücks durch richterliches Urteil, vorn, § 17 C II 2a.

auch nur zuzustimmen (§ 18 B AA II 3), weist er sich gleich aus wie bei der Übertragung des Eigentums oder der Errichtung beschränkter dinglicher Rechte im Geltungsbereich des absoluten Eintragungsprinzips[22]. Beruft sich der Anmeldende, um eine konstitutive Vormerkung zu erlangen, auf eine amtliche Verfügung (Art. 960 Abs. 1 Ziff. 1 ZGB; vorn, § 18 B AA II 2), weist ihn gerade diese Anordnung aus. Stützt er sich auf das Gesetz, ergeben sich die verlangten Ausweise aus den entsprechenden Voraussetzungen, wie wir sie weiter vorn (§ 18 B AA II 3) dargelegt haben.

Bei den *deklaratorischen Vormerkungen* (§ 18 B BB III 1) weist sich der Berechtigte, der grundsätzlich zu deren Anmeldung legitimiert ist, mit Hilfe des Rechtsgrundes der Vormerkung aus (Urteil, Vereinbarung des Rückfallsrechts des Schenkers)[23].

Derjenige, welcher die *rechtsändernde Löschung* einer Vormerkung anmeldet (§ 18 B BB II 2b), geht gewöhnlich aus der Vormerkung selber hervor. Anders ist es, wenn das vorgemerkte Recht oder die vorgemerkte Rechtsbeziehung auf einen Dritten übertragen worden ist und auch tatsächlich übertragen werden konnte. Der Ausweis wird auf die gleiche Weise erbracht wie bei der Löschung eines dinglichen Rechtes. Das gleiche gilt für den Ausweis desjenigen, welcher der Löschung einer Vormerkung zustimmen muß (oben, b).

Die *berichtigende Löschung* einer Vormerkung (§ 18 C CC 1 und 2) – wenn sie nicht vom Grundbuchverwalter von Amtes wegen vorgenommen (a.a.O., 2a) oder nicht von den Zwangsvollstreckungsbehörden veranlaßt wird (a.a.O., 2c) – wird vom Eigentümer des belasteten Grundstücks angemeldet. Dieser weist sich gleich aus wie bei der Richtigstellung des Grundbuches, die durchgeführt wird, nachdem ein beschränktes dingliches Recht von Gesetzes wegen untergegangen ist (oben, b).

d) Bei Anmerkungen

Das Gesetz noch die GBV äußern sich unmittelbar über den Ausweis desjenigen, der zur Anmeldung der Vornahme oder Löschung einer Anmerkung legitimiert ist.

---

[22] Beruft sich der Anmeldende auf das Gesetz, etwa auf Art. 961 Abs. 1 Ziff. 2 ZGB oder Art. 837 ZGB/22GBV (vorn, §18 B AA II 3), muß er sich selber ausweisen. Er tut dies mit Hilfe des Rechtsgrundes für den Erwerb des dinglichen Rechts oder mit Hilfe von Urkunden, aus denen sich ergibt, daß die gesetzlichen Voraussetzungen für die Eintragung des gesetzlichen Pfandrechtes vorhanden sind (vorn, § 15 A II).

[23] Auch wenn sie die Rechte der Gläubiger wahrnehmen, erfüllen die Zwangsvollstreckungsbehörden, die eine Vormerkung nach Art. 960 Abs. 1 Ziff. 2 ZGB eintragen lassen, eine eigene Aufgabe (unten, 8).

Bei der Anmerkung *privatrechtlicher Rechtsverhältnisse* (vorn, § 20 B) weist der Anmeldende nach, daß es an ihm ist, die Anmerkung anzumelden. Das trifft verschiedentlich zu für den Eigentümer, der aus dem Grundbuch ersichtlich ist. Beispiele: die Anmerkung von Zugehör (Art. 78 Abs. 1 GBV) oder eines Reverses. In den andern Fällen wird der Anmeldende seine Legitimation gerade anhand der Urkunden nachweisen, die den Rechtsgrund der Anmerkung beinhalten. Beispiel: anhand des Testamentes, das den Anmeldenden als Willensvollstrecker einsetzt (§ 20 Note 22). Um eine Anmerkung zu löschen, muß der Anmeldende notfalls nachweisen, daß er nach den anwendbaren Vorschriften zur Anmeldung legitimiert ist. Vorbehalten bleiben die Fälle, in denen die Vornahme und/oder Löschung einer Anmerkung von Amtes wegen erfolgen. Beispiel: bei der *subjektiv dinglichen* Verknüpfung des Eigentums oder von beschränkten dinglichen Rechten mit einem Grundstück (Art. 82 GBV; § 20 B IV)[24].

Bei der Anmerkung *öffentlichrechtlicher Rechtsverhältnisse* muß eine Behörde die Legitimation zur Vornahme und Löschung der von ihr angemeldeten Anmerkung ebenfalls nachweisen (§ 20 C II und III). Die Frage stellt sich hier aber als eine solche der Zuständigkeit. Davon wird weiter unten (8) die Rede sein.

e) Bei den übrigen Eintragungen (vorn, § 21)

Es brauchen hier nur die Einschreibungen ins Gläubigerregister erwähnt zu werden. Derjenige, der das Begehren um Einschreibung stellt, muß sich als Inhaber der pfandrechtlich sichergestellten Forderung bzw. als deren Pfandgläubiger oder Nutznießer ausweisen. Er tut dies zusammen mit dem Ausweis über den Rechtsgrund, der ihm die Forderung, ein Pfandrecht oder die Nutznießung an derselben verschafft hat; d. h. etwa durch Vorlage einer schriftlichen Abtretungserklärung, eines indossierten Namensschuldbriefes oder eines gewöhnlichen, auf den Inhaber lautenden Pfandtitels oder einer auf ihn lautenden Erbenbescheinigung (§ 21 III 2).

7. Der Nachweis der Identität

Art. 965 Abs. 2 ZGB verlangt, daß der Anmeldende nachweist, daß er die nach Maßgabe des Grundbuches verfügungsberechtigte Person ist. Absatz 2

---

[24] Die Anmerkung der aufgehobenen Rechte (Art. 45 SchlT) wird von Amtes wegen vorgenommen oder erfolgt im Rahmen einer Bereinigung der dinglichen Rechte. Der Anmerkung kommt die Wirkung einer deklaratorischen Eintragung zu (vorn, § 20 B I). Um sie löschen zu lassen, muß sich der Anmeldende nach den Regeln ausweisen, welche für die dinglichen Rechte gelten (oben, bb).

§ 23 Der Ausweis über die Befähigung, eine Grundbuchanmeldung vorzunehmen   461

von Art. 15 GBV nimmt diese Regel nochmals auf; während Absatz 3 das gleiche Erfordernis für den Fall aufstellt, daß die Legitimation zur Grundbuchanmeldung dem Erwerber zusteht. Auf die Identifikation der Person des Vertreters weisen die beiden letztern Stellen der VO nicht hin.

In Wirklichkeit muß der Anmeldende beweisen, daß er derjenige ist, der befähigt ist, eine bestimmte Grundbuchanmeldung vorzunehmen, oder daß er der von diesem gewählte Stellvertreter ist.

Zu einer Grundbuchanmeldung befähigt ist, wer die weiter oben (2-4, 6) festgehaltenen Voraussetzungen erfüllt.

Wird eine Anmeldung von einem gewillkürten Stellvertreter (oben, 5) vorgenommen, muß dieser nachweisen, daß sein Auftraggeber zur Grundbuchanmeldung befähigt und er selber der von ihm erwählte Stellvertreter ist[25].

Der Beweis der Identität kann grundsätzlich mit allen Mitteln geführt werden. Erscheint der Anmeldende persönlich auf dem Grundbuchamt (Art. 964 Abs. 2 ZGB, Art. 13 Abs. 2 GBV), kann er Ausweispapiere vorlegen; vornehmlich einen Paß, aber auch einen Personalausweis, einen Heimatschein, ein Familienbüchlein, ja sogar einen Führerausweis[26]. Bei schriftlicher Anmeldung geschieht der Beweis vorzugsweise durch Beglaubigung der Unterschrift[27]. Der Nachweis der Identität kann aber auch erbracht werden durch Vergleich der Unterschriften auf der Anmeldung und auf der Urkunde oder auf früheren Anmeldungen[28].

Die Erfordernisse, die an den Nachweis der Identität gestellt werden müssen, hangen von der Kenntnis ab, die der Grundbuchverwalter von der Person des Anmeldenden oder seines Stellvertreters hat (hinten, § 24 B VII).

---

[25] HOMBERGER, Art. 965 N. 6.
[26] HOMBERGER, a. a. O.; ANDERMATT, S. 106 ff. Ein Pfandgläubiger oder sein Stellvertreter erbringen (auch dem Grundbuch gegenüber) den Nachweis der Identität dadurch, daß sie den Inhaberschuldbrief oder die Inhaberobligation mit Grundpfandverscheibung (Art. 978 OR) dem Grundbuchamt einreichen. Vorbehalten bleiben die Art. 966 Abs. 2 und 978 Abs. 2 OR, die entsprechend anwendbar sind.
[27] CARLEN, S. 110; GULDENER, S. 36.
[28] HOMBERGER, a. a. O.; OSTERTAG, Art. 963 N. 39. Dieser letztere Autor verlangt einen Nachweis der Identität auch für denjenigen, der eine Anmeldung überbringt (Boten). HOMBERGER, N. 7, wendet mit Recht ein, es gehe hier nicht eigentlich um eine Frage der Identität, sondern um die Frage, ob derjenige, der eine Anmeldung durch Mittelsmann vornehme, neben seinem Geschäftswillen auch den erforderlichen Erklärungswillen deutlich genug geäußert habe. Keine Zweifel bestehen diesbezüglich wohl für das Personal des Büros des Anmeldenden und für die Post. Anders kann es aber sein, wenn irgend ein Dritter dem Grundbuchamt eine Anmeldung vorbeibringt. In diesem Fall ist es möglicherweise notwendig, daß der Anmeldende den Auftrag an den Boten bestätigt. Vgl. zur Willenserklärung durch einen Boten, SCHÖNENBERGER/JÄGGI, Art. 1 OR N. 136, 412; Art. 9 OR N. 42.

8. Die Zuständigkeit einer anmeldenden Behörde oder eines anmeldenden Beamten

Es geht um die Fälle, in denen eine Behörde oder ein Beamter nicht in privatem Interesse eines Gemeinwesens, sondern in Erfüllung einer öffentlichen Aufgabe handelt. Die Rechtslage weicht natürlich von jener ab, in der ein Privater sich auf seinen Rechtsgrund einer Eintragung beruft. Beim Fall, der uns hier beschäftigt, geht es um Aufgaben, die von den verschiedensten öffentlichen Amtsstellen wahrgenommen werden[29].

Die Art. 963–965 ZGB behandeln den Fall des Nachweises der Zuständigkeit einer Behörde oder eines Beamten nicht; aber Art. 17 GBV sagt, der Grundbuchverwalter müsse diese überprüfen. Das bedeutet, daß sich die anmeldende Behörde notfalls ausweisen muß. Art. 17 GBV bezieht sich auf die Fälle, in denen eine Anmeldung durch eine Behörde (Gerichts-, Betreibungs- oder Konkursbehörde) oder durch einen Beamten (Güterrechtsregisterführer[29a], Grundbuchverwalter, Urkundsperson) vorgenommen wird. Die Aufzählung ist nicht abschließend; es geht um jedwelche Art von Eintragungen im weitesten Sinn.

Im ersten und zweiten Abschnitt haben wir Fälle behandelt, in denen eine Behörde oder ein Beamter eine Eintragung ins Grundbuch anmeldet. Solche Fälle sind:

– Ein Zivilrichter übermittelt dem Grundbuchverwalter von Amtes wegen ein Urteil, welches das Eigentum an einem Grundstück zuspricht; er beantragt die Vormerkung einer vorsorglichen Maßnahme[30] oder ordnet eine Grundbuchsperre an[31];

---

[29] HOMBERGER, Art. 965 N. 58. Tritt die öffentliche Hand (Bund, Kanton, Gemeinde, Pfarrei) mit dem Grundbuch in Beziehung, wie das ein Privater bei der Ausübung privater Rechte tut, gelten die allgemeinen Vorschriften über den Ausweis; siehe vor allem oben, III 4; zur «Vertretung» der juristischen Personen des öffentlichen Rechts, vgl. HOMBERGER, a. a. O. am Schluß.

[29a] Das *neue Güterrecht* kennt das Güterrechtsregister nicht mehr. Es ist daher nicht mehr möglich, daß der Güterrechtsregisterführer – vorbehalten bleibt das Übergangsrecht (Art. 9e, 10, 10e revSchlT) – an einem grundbuchlichen Verfahren beteiligt wäre.

[30] In diesen beiden Fällen ist der Richter allerdings nicht der eigentliche Anmeldende; vorn, § 17 Note 35 und § 18 Note 41.

[31] Die Frage der Zuständigkeit stellt sich hier – neben jener der Zulässigkeit – gleichfalls für eine Maßnahme, die – im eigentlichen Sinn – nicht eine grundbuchliche Eintragung darstellt (vorn, § 19 I 2). An sich fällt sie nicht unter Art. 965 ZGB. Jede Behörde, die von Gesetzes wegen berechtigt ist, die Mitwirkung einer andern Behörde anzufordern, muß sich aber dieser gegenüber über ihre Zuständigkeit ausweisen. Da daneben alle Maßnahmen einer Sperre Anlaß zu einer Buchung im Grundbuch (Anmerkung, uneigentliche Vormerkung, ja einfach ein schlichter Vermerk) geben, kann man trotzdem aus Art. 965 Abs. 1 und 2 ZGB die Pflicht der fraglichen Behörde ableiten, sich dem Grundbuchverwalter gegenüber auszuweisen.

- ein Strafrichter ordnet die Beschlagnahme eines Grundstückes an (§ 19 II 3b);
- ein Betreibungsamt oder eine Konkursverwaltung (Konkursamt oder außeramtliche Konkursverwaltung) meldet die Eintragung des Zuschlags nach Art. 66 VZG oder die Vormerkung einer Verfügungsbeschränkung nach Art. 960 Abs. 1 Ziff. 2 ZGB an;
- der Güterrechtsregisterführer teilt dem Grundbuchamt von Amtes wegen einen Ehevertrag mit, der Grundstücke umfaßt (Art. 665 Abs. 3 ZGB; § 17 B II 3c aa);
- ein Grundbuchverwalter meldet bei einem benachbarten Grundbuchamt ein Pfandrecht an, das auch Grundstücke in dessen Grundbuchkreis betrifft (Art. 42 Abs. 2 und 4 GBV);
- eine Urkundsperson meldet gestützt auf ihre gesetzliche Vollmacht einen von ihr beurkundeten Vertrag zur Eintragung ins Grundbuch an (§ 15 B I 2b bb);
- die Behörde, welche die Enteignung ausspricht, ist zuständig, die Eintragung zugunsten des Enteigners anzumelden (§ 17 B II 2b);
- die Verwaltungsbehörde ist zuständig, öffentlichrechtliche Beschränkungen anmerken zu lassen: ein Meliorationsamt (§ 20 C II und III 2d); die nach Bundes- oder kantonalem Recht zuständige Behörde, einem ausländischen Erwerber nach dem BewG Auflagen aufzuerlegen (§ 20 C III 2i).

Die Behörde oder der Beamte, welche die Anmeldungen vornehmen, weisen notfalls ihre *sachliche und örtliche Zuständigkeit* nach, indem sie sich auf die kantonal- und/oder bundesrechtlichen Vorschriften betreffend die Zuständigkeit in Gerichts-, Verwaltungs-, Beurkundungs- oder Vollstreckungssachen berufen[32].

IV. Der Ausweis in bezug auf den Rechtsgrund

1. Der Grundsatz

Art. 965 Abs. 1 ZGB legt fest: «Grundbuchliche Verfügungen, ..., dürfen in allen Fällen nur auf Grund eines Ausweises über ... den Rechtsgrund vorgenommen werden.» Die sehr allgemeine Bedeutung dieser Bestimmung wird durch Absatz 3 eingeschränkt, nach welchem der Ausweis über den Rechtsgrund im Nachweis liegt, «daß die für dessen Gültigkeit erforderliche Form erfüllt ist». Als Grundsatz bleibt: Der Anmeldende muß das Bestehen des Rechtsgrundes nachweisen, der eine Eintragung rechtfertigt (Absatz 1). Besteht dieser in einem Rechtsgeschäft, für das eine besondere Form (einfache Schriftlichkeit oder öffentliche Beurkundung) vorgeschrieben ist,

---

[32] HOMBERGER, Art. 963 N. 41 am Schluß, JENNY, S. 235; FRIEDRICH, Grundbuch und öffentliches Recht, S. 223, unterscheidet bei der Anmerkung öffentlichrechtlicher Beschränkungen zwischen der Zuständigkeit, die Beschränkung anzuordnen und jener, dieselbe anmerken zu lassen. Vgl. ZBGR 5, 1920, S. 136 (eidgenössische Justizabteilung): Anordnung von Sicherungsmaßnahmen nach Art. 170 SchKG durch eine andere Behörde des Zwangsvollstreckungsverfahrens als den Konkursrichter.

würde sich der Ausweis auf die Einhaltung dieser Form beschränken. Wenn sein Anwendungsbereich so auch eingeschränkt ist, darf Art. 965 Abs. 3 ZGB wegen des sich aus Art. 974 und 975 ZGB ergebenden Grundsatzes der materiellen Gesetzmässigkeit aber nicht wörtlich verstanden werden[33]. Der Anmeldende kann nicht zum vornherein davon befreit sein, die materiellen Voraussetzungen zu liefern, bei deren Fehlen eine Eintragung ungerechtfertigt wäre und unter Vorbehalt des Schutzes gutgläubiger Dritter (Art. 973 ZGB) keine Rechtswirkungen entfalten würde. Im weitern ist nicht einzusehen, warum die Anforderungen an den Rechtsgrund einer Eintragung weniger hoch sein sollten als jene an die Befähigung, eine Grundbuchanmeldung vorzunehmen (oben, III).

Die Frage hängt aber mit dem Umfang der Prüfungsbefugnis des Grundbuchverwalters zusammen. Diese kann nicht so weit gehen, daß dieser verpflichtet wäre, die Voraussetzungen einer rechtsgültigen Eintragung bis in alle Einzelheiten, und zwar auch in bezug auf alle Elemente der Befähigung, eine Grundbuchanmeldung vorzunehmen, zu überprüfen (hinten, § 24 A III). Das schränkt die Pflicht des Anmeldenden, sich auszuweisen, ein. Auf jeden Fall aber gehen Prüfungsbefugnis und Ausweispflicht über das hinaus, was Art. 965 Abs. 3 ZGB sagt; wie dies aus den Vorschriften der GBV über die für die einzelnen Grundbucheintragungen aufzulegenden Ausweise (Art. 18–24, 61, 66, 70–76, 78–82*a*) und aus der Rechtsprechung zu Art. 965 ZGB hervorgeht.

Wir behandeln im folgenden die Mittel, mit welchen der Anmeldende sich ausweisen kann; ohne aber schon den Umfang dieses Ausweises, der von jenem der Prüfungsbefugnis des Grundbuchverwalters abhängt, genauer festzulegen (hinten, § 24 C).

Auf die für die Eintragungen einzureichenden Ausweise ist mittel- oder unmittelbar im Zusammenhang mit dem Rechtsgrund der Eintragung und Löschung der dinglichen Rechte, Vor- und Anmerkungen (erster und zweiter Abschnitt) hingewiesen worden. Es kann nicht darum gehen, darauf im einzelnen nochmals zurückzukommen[34]. Wir beschränken uns darauf, für einzelne typische Fälle anzugeben, worin diese Ausweise bestehen.

---

[33] JENNY, S. 186 f.; HOMBERGER, Art. 965 N. 43.
[34] Die (unvollständigen) Angaben in Art. 18 ff. GBV unterscheiden nach dem einzutragenden Recht: Eigentum (Art. 18), beschränkte dingliche Rechte (Art. 19) mit den Sonderfällen, in denen der Eigentümer selber am eigenen Grundstück solche Rechte errichtet (Art. 20), der Bodenverbesserungspfandrechte (Art. 21), der mittelbaren gesetzlichen Pfandrechte (Art. 22 und 22*a*) sowie der Rechte an Wasserrechtsverleihungen (Art. 23). Art. 61 Abs. 1 beschränkt sich darauf, festzuhalten, die Vorschriften betreffend die Anmeldungen von Eintragungen würden auch für jene von Änderungen und Löschungen gelten;

2. Bei Eintragungen im Zusammenhang mit dinglichen Rechten

a) Im Geltungsbereich des absoluten Eintragungsprinzips

aa) Bei der Übertragung des Eigentums und der Errichtung von beschränkten dinglichen Rechten

Besteht der Erwerbsgrund in einem Verpflichtungsgeschäft, wird der Ausweis durch Vorlage des – privat schriftlichen oder öffentlich beurkundeten – Vertrages erbracht, in dem er enthalten ist. Beispiele: ein Schenkungsvertrag, ein Vertrag auf Begründung einer Grunddienstbarkeit[34a], ein Grundpfandvertrag, ein Testament, das ein Vermächtnis aussetzt (vorn, § 15 A I). Notfalls muß der Anmeldende weitere Ausweise in Form von Zustimmungen und Bewilligungen auflegen, die vom Gesetz verlangt werden.

Bildet das *Gesetz* den Erwerbsgrund, müssen die Voraussetzungen nachgewiesen werden, welche dieses für die Eintragung eines Rechtes aufstellt. Das gilt insbesondere für die mittelbaren gesetzlichen Pfandrechte (§ 15 A II). Für sie wird der Nachweis durch den Beweis des bereits bestehenden, meist auf einem Vertrag beruhenden Rechtsverhältnisses erbracht, das den Anspruch auf die Eintragung begründet (vgl. Art. 22 Abs. 1 GBV, nach welchem der Ausweis durch die Urkunde geleistet wird, «die zur Begründung der Forderungen, für die das Grundpfandrecht eingetragen werden soll, nötig sind»[35].

---

die Rechtsgründe, welche die Grundlage für diese Buchungen bilden, erwähnt er aber nicht besonders. Nach Art. 70 gelten die Vorschriften über die Eintragung von dinglichen Rechten sinngemäß auch für die Anmerkungen. Die Art. 71–76 enthalten genauere Vorschriften über die beizubringenden Ausweise. Das gleiche tun die Art. 78–82a für eine Anzahl Anmerkungen. Im Text behalten wir für die Aufzählung der Ausweise die Einteilung bei, die wir im ersten und zweiten Abschnitt dieses Kapitels vorgenommen haben.

[34a] Bei der Anmeldung einer Dienstbarkeit kann der Grundbuchverwalter die Einreichung eines Planes nicht allgemein, sondern nur dann verlangen, wenn Umfang und Inhalt einer Dienstbarkeit nur durch eine Einzeichnung in einem Plan klar ausgedrückt werden können. Keine Grundlage für das Erfordernis eines Planes stellt namentlich Art. 39 Instruktion über die Vermarkung und Vermessung dar; denn dieser Artikel enthält ja nur eine Anweisung für das Erstellen der Grundbuchpläne. Wohl nur dem Grundsatz nach richtig, ZBGR 64, 1983, S. 95 (Justizkommission Luzern); zur Frage im weitern: BERN. HDB., S. 26; LIVER, Art. 731 N. 65ff., insbesondere N. 70.

[35] Zur Eintragung eines Bauhandwerkerpfandrechts und der weitern diesem von Art. 22a GBV gleichgestellten gesetzlichen Pfandrechte ist erforderlich, daß der Eigentümer oder der Richter die Höhe der Forderung anerkennt oder daß der Eigentümer der Eintragung zustimmt. Hinzu kommt noch eine negative Voraussetzung: Es dürfen nicht Sicherheiten geleistet worden sein, die vom Eigentümer oder Richter als genügend erachtet worden sind. Diese Voraussetzung kann in der Regel leicht nachgewiesen werden (vorn, § 15 B II 2a).

Besteht der Erwerbsgrund in einem *einseitigen Entschluß des Eigentümers* (§ 15 B III), kommt dieser in der schriftlichen Anmeldung selber zum Ausdruck. Art. 20 Abs. 1 GBV bezeichnet diesen dementsprechend gerade als Ausweis.

bb) Beim Untergang des Eigentums und von beschränkten dinglichen Rechten

Besteht der Rechtsgrund für die Löschung in der *Verpflichtung*, ein dingliches Recht löschen zu lassen (vorn, § 16 A), sollte der Ausweis gleichfalls durch Vorlage des Schriftstücks erbracht werden, das diese Verpflichtung beinhaltet. Außer sie bilde Bestandteil einer Verfügung von Todes wegen, unterliegt die Verpflichtung, ein dingliches Recht löschen zu lassen, aber keiner besondern Form (Art. 115 OR). Die Erfordernisse des Art. 965 Abs. 3 ZGB kommen damit nicht zur Anwendung. Es genügt, wenn sich der Anmeldende über die Befähigung ausweist, die Löschung seines Rechtes anzumelden. Einen «Rechtstitel» muß er nicht vorlegen[36]. Es kann aber auch hier vorkommen, daß der Berechtigte den Ausweis über eine weitere notwendige Zustimmung oder Bewilligung erbringen muß.

Beruht der Löschungsgrund auf einem *einseitigen Entschluß des Berechtigten* (§ 16 B I 2), wird dieser mit der Anmeldung selber bestätigt. In bezug auf den Rechtsgrund bedarf es keines weitern Ausweises. Dieser fällt mit der Anmeldung zusammen (oben, aa am Schluß).

b) Im Geltungsbereich des relativen Eintragungsprinzips

aa) Beim Erwerb des Eigentums und der Entstehung von beschränkten dinglichen Rechten unmittelbar von Gesetzes wegen

Der Anmeldende muß sich über den Erwerbsgrund ausweisen, der ihm ohne Grundbucheintragung an einem Grundstück das Eigentum oder ein beschränktes dingliches Recht verschafft hat; das heißt: er muß dartun, daß die Voraussetzungen, die das Gesetz für den Erwerb dieser Rechte von Gesetzes wegen aufgestellt hat, erfüllt sind (vorn, § 17 B I). In den meisten Fällen wird der Ausweis mit Hilfe von Gerichts- und/oder andern amtlichen Urkunden erbracht werden[37]. Art und Anzahl der vorzulegenden Urkun-

---

[36] HOMBERGER, Art. 964 N. 6; LIVER, Art. 734 N. 11; BGE 112 II, 1986, S. 26 Erw. 3.
[37] Bei der Aneignung eines Grundstücks, das ins Grundbuch aufgenommen, dessen Eigentümer aus demselben aber nicht ersichtlich ist (siehe die vorn in § 17 Note 4 gemachten Verweise), muß der Anmeldende wohl nachweisen, daß er das Grundstück mit der Absicht in Besitz genommen hat, dessen Eigentümer zu werden (diese Absicht ergibt sich dabei auf jeden Fall aus der Anmeldung), HOMBERGER, Art. 963 N. 27.

den wird in jedem Fall durch die in Frage stehende Erwerbsart bestimmt: Erbgang, eheliches Güterrecht, Zusammenschluß oder Umwandlung von Gesellschaften, Enteignung, richterliches Urteil, Zuschlag in einer Zwangsversteigerung, außerordentliche Ersitzung. Wir verweisen auf das, was wir im Zusammenhang mit der Aufzählung der Fälle von außerbuchlichem Rechtserwerb gesagt haben (§ 17 Noten 6–24)[38].

bb) Beim Verlust des Eigentums und beim Untergang von beschränkten dinglichen Rechten unmittelbar von Gesetzes wegen

Der Anmeldende muß die Voraussetzungen des Rechtsgrundes nachweisen, der unmittelbar von Gesetzes wegen zum Untergang eines dinglichen Rechtes geführt hat (§ 17 C I). Die oben (aa) gemachten Ausführungen gelten entsprechend. Allenfalls kann der Ausweis auch im Löschungsverfahren nach Art. 976 ZGB erbracht werden; insbesondere in Fällen, in denen eine Dienstbarkeit endgültig nicht mehr ausgeübt oder ihr Zweck endgültig nicht mehr erreicht werden kann oder wenn die Dauer abgelaufen ist, für die eine solche errichtet worden ist. Dieses Verfahren kann sich vor dem Richter abspielen (§ 17 C II 2b)[39]. In gewissen Fällen muß der Eigentümer den Löschungsgrund gleich von Anfang an vor dem ordentlichen

---

[38] Für einige Fälle macht Art. 18 GBV genauere Angaben. Der Ausweis für die Eintragung des Eigentums wird erbracht:
– «im Fall von Erbgang bei gesetzlichen und eingesetzten Erben: durch die Bescheinigung, daß sie als einzige Erben des Erblassers anerkannt sind: bei Vermächtnis durch die Abschrift der letztwilligen Verfügung gemäß ZGB» (Absatz 2);
– «im Falle von Enteignung: durch einen dem angewendeten Enteignungsrecht entsprechenden Ausweis, im Zweifel durch die Bescheinigung über Zahlung, Hinterlegung oder Sicherstellung der Entschädigungssumme» (Absatz 4);
– «im Falle von Zwangsvollstreckung: durch die vom Betreibungsamt oder von der Konkursverwaltung ausgestellte Bescheinigung des Zuschlages, mit der Ermächtigung zur Eintragung» (Absatz 5);
– «im Falle von Urteil: durch das Urteil, mit der Bescheinigung der Rechtskraft und mit der Ermächtigung zur Eintragung» (Absatz 6); vgl. HOMBERGER, Art. 963 N. 35 und hinten, § 24 Note 89.
Nach Art. 19 GBV finden diese Vorschriften auf die Leistung des Ausweises für die Eintragung der beschränkten dinglichen Rechte entsprechende Anwendung.
Die Ausweise, die für die Eintragung von Änderungen einzureichen sind, die ihren Rechtsgrund im ehelichen Güterrecht haben, ergeben sich aus dem in § 17 B II 3c aa beschriebenen Verfahren.
Für die andern Fälle sollte die Art des Ausweises leicht aus den Erfordernissen abgeleitet werden können, die das Gesetz für jede Erwerbsart aufstellt. Zur Eintragung des Eigentums gestützt auf die außerordentliche Ersitzung, siehe vorn, § 17 Noten 15 und 22 und HOMBERGER, Art. 963 N. 36. Zur Errichtung der unmittelbaren gesetzlichen Pfandrechte, siehe vorn, § 17 Note 24.

Richter ausweisen (§ 17 C II 2d). Diese Fälle gehören aber nicht mehr in den vorliegenden Zusammenhang.

3. Bei Vormerkungen

Wie bei den Eintragungen betreffend dingliche Rechte muß der Anmeldende die Voraussetzungen nachweisen, von denen die Eintragung oder Löschung einer Vormerkung abhängt. Wir wollen uns auf ein paar Hinweise beschränken und halten uns dabei an die in § 18 im Zusammenhang mit den Vormerkungen gemachte Einteilung.

a) Bei konstitutiven Vormerkungen (vorn, § 18 B AA)

Ergibt sich der Rechtsgrund einer Vormerkung aus einem Rechtsgeschäft oder aus einer einzelnen Bestimmung in einem solchen (§ 18 B AA I 1), muß der Anmeldende den Vertrag einreichen, der diesen beinhaltet: Kaufrechtsvertrag, Mietvertrag, Statuten einer Genossenschaft, Begründungserklärung von Stockwerkeigentum usw. (Art. 71, 71a Abs. 1 und 2, 71b, 71c Abs. 2 und 3, 73 GBV).

Bei der Vormerkung einer Verfügungsbeschränkung nach Art. 960 Abs. 1 Ziff. 1 ZGB muß die amtliche Anordnung eingereicht werden (Art. 73 GBV: «durch Ermächtigung der zuständigen Behörde»).

In den Fällen, in denen das Gesetz selber das Recht verschafft, die Vormerkung einer Verfügungsbeschränkung anzumelden (§ 18 B AA I 3), muß der Anmeldende den Beweis erbringen, daß die vom Gesetz verlangten Voraussetzungen erfüllt sind. Gleichwohl wird er dies mit Hilfe von Urkunden tun. Für die vorläufige Eintragung desjenigen, dem das Gesetz die Ergänzung des Ausweises erlaubt, wird auf das Verfahren verwiesen, in dem der Grundbuchverwalter beschließt, den Entscheid über den Vollzug einer Anmeldung aufzuschieben (hinten, § 25 V 1). Der Ausweis für die vorläufige Eintragung der mittelbaren gesetzlichen Pfandrechte (§ 18 B AA I 3b) erfordert die Vorlage eines Aktenstücks, das die «Zustimmung» des Eigentümers nach Art. 961 Abs. 2 ZGB enthält, oder, wenn dies, wie das im Fall des Art. 960 Abs. 1 Ziff. 1 ZGB zutrifft, nicht möglich ist, eine richterliche Anordnung. Betreffend das Gewinnanteilsrecht der Miterben zählt Art. 71c

---

[39] Beim Sonderfall der Teilung des berechtigten oder belasteten Grundstückes stellt sich die Frage des Ausweises nur im letzten Abschnitt des Verfahrens; d. h. wenn und nachdem der Berechtigte gegen die Löschung Einspruch erhoben hat. Sie wird im richterlichen Verfahren nach Art. 975, allenfalls 976 ZGB beantwortet, siehe vorn, § 17 C II 2c und Note 65.

GBV die Ausweise auf, auf Grund derer die Vormerkung angemeldet werden kann: «Erbteilungsvertrag, behördlicher Entscheid, Verfügung von Todes wegen, schriftliche Erklärung des übernehmenden Erben über die Zuweisung zu einem niedrigeren Preis als dem Verkehrswert, Vertrag über die Abtretung auf Anrechnung künftiger Erbschaft, Vormerkungsbewilligung der Erben»[40]. Beim Gewinnanteilsrecht nach Art. 218*quinquies* OR erbringt der Verkäufer den Ausweis für den Rechtsgrund der Vormerkung dadurch, daß er den Kaufvertrag auflegt. Der Verkäufer, dem gegenüber das Vorkaufsrecht zum Ertragswert ausgeübt worden ist (Art. 12 Abs. 5 EGG), muß durch geeignete Urkunden dartun, daß er dazu gebracht worden ist, seine Liegenschaft zu einem tieferen Preis als dem Verkehrswert einem Berechtigten zu verkaufen. Als solche kommen in Frage: Kaufvertrag mit seinem Käufer, Urkunden im Zusammenhang mit der Ausübung des Vorkaufsrechtes und bei dieser Gelegenheit abgeschlossene Vereinbarungen, allenfalls richterliches Urteil.

Der Ausweis für die Vormerkung persönlicher Rechte oder anderer Beschränkungen zugunsten des Eigentümers selber (§ 18 B AA II 4) fällt mit der Anmeldung der Vormerkung der entsprechenden Erklärung zusammen (entsprechende Anwendung von Art. 20 GBV). Dabei ist diese an die Anmeldung der Eintragung des beabsichtigten dinglichen Rechtes, wie etwa eines Inhaberschuldbriefes, gebunden.

b) Bei deklaratorischen Vormerkungen (vorn, § 18 B BB)

Die Vormerkung der Verfügungsbeschränkungen nach Art. 960 Abs. 1 Ziff. 2 ZGB, die sich aus Maßnahmen des Zwangsvollstreckungsrechts ergeben (§ 18 B BB II 1 und III 1), erfordert, neben der von der zuständigen Behörde vorgenommenen Anmeldung, keinen weitern Ausweis (a. a. O. III 1; Art. 73 GBV: «durch Ermächtigung der zuständigen Behörde»). Das gilt auch für die uneigentliche Vormerkung des Zuschlags unter Einräumung eines Zahlungstermins.

---

[40] Diese Bestimmung zählt eine Anzahl Beispiele auf; vgl. PIOTET, Erbrecht, II S. 977f. Die einzureichenden Belege sind in jedem einzelnen Fall verschieden, vgl. PIOTET, S. 961 und GASSER, S. 96, der besonders erwähnt, daß eine Verfügung von Todes wegen keinen genügenden Ausweis darstelle, weil die Erben ja frei seien, die Zuteilung der Liegenschaft zum Verkehrswert zu vereinbaren. Das allfällige Erfordernis eines Abtretungsvertrages unter Anrechnung als Erbvorbezug ist heute bedeutungslos; denn gestützt auf Art. 218 *quinquies* OR (eingeführt durch das BG vom 6. Oktober 1972) steht das Gewinnanteilsrecht beim Verkauf einer Liegenschaft an einen zukünftigen Erben dem Verkäufer und nicht mehr den Miterben zu (wie im BG vom 19. März 1965 vorgesehen). Eine Zustimmung der Miterben zur Vormerkung ist an sich nicht erforderlich; denn das Recht auf die Vormerkung besteht von Gesetzes wegen.

Auf den Ausweis für eine vorläufige Eintragung zur Sicherung behaupteter dinglicher Rechte nach Art. 961 Abs. 1 Ziff. 1 ZGB (a.a.O. II 2 und III 1) werden wir im Zusammenhang mit der Grundbuchberichtigungsklage eingehen (hinten, § 40 B VI).

Wer auf Grund eines Urteils eine Vormerkung anmeldet (a.a.O. II 3 und III 1), weist sich nach der Vorschrift des Art. 18 GBV (am Schluß) aus.

Die Art des Ausweises für die Vormerkung einer Nacherbeneinsetzung (a.a.O. II 4 und III 1) hängt nicht davon ab, ob man dieser Vormerkung konstitutive oder deklaratorische Wirkung zuerkennt. Art. 73 GBV (am Schluß) verlangt «die Abschrift der letztwilligen Verfügung gemäß ZGB Art. 558». Eine Nacherbeneinsetzung kann in einem Erbvertrag enthalten sein. Eher wird sich der Nacherbe, der die Vormerkung anmeldet, aber mit einer Erbenbescheinigung ausweisen, welche die Nacherbeneinsetzung festhält[41].

Auch die Vormerkung des Rückfallsrechts des Schenkers wird teils als konstitutiv, teils als deklaratorisch angesehen. Unabhängig von dieser rechtlichen Beurteilung weist der Schenker sich auf jeden Fall mit dem Vertrag aus, in dem die Vormerkung vereinbart worden ist (a.a.O. II 5 und III 1).

c) Bei der rechtsändernden Löschung von Vormerkungen (vorn, § 18 C BB I)

Das Rechtsgeschäft, in dem sich der aus einer Vormerkung Berechtigte zur Löschung der Vormerkung verpflichtet, unterliegt allgemein keiner besonderen Form. Von einem Ausweis in Form einer Urkunde kann daher keine Rede sein. Wie bei der rechtsändernden Löschung des Eintrages eines dinglichen Rechtes muß der Anmeldende lediglich seine Befähigung, die Anmeldung vorzunehmen, nachweisen (oben, II 2a bb). Ergibt sich die Verpflichtung zur Löschung aus einem förmlichen Rechtsgeschäft (Verfügung von Todes wegen, Statutenänderung einer Genossenschaft, Änderung eines Begründungsaktes von Stockwerkeigentum), verlangt Art. 965 Abs. 3 ZGB die Vorlage dieses Geschäftes.

Der Wille des Berechtigten, eine Vormerkung löschen zu lassen, ohne sich vorgängig dazu verpflichtet zu haben, äußert sich in nichts anderm als in der Anmeldung selber.

---

[41] Als Ausweis für die Eintragung eines Nacherben – von der das Gesetz nichts sagt – dient wohl wiederum eine Erbenbescheinigung. Und zwar muß es sich um eine neue Bescheinigung handeln; immerhin kann auch die alte Bescheinigung genügen, wenn sie zusätzlich, etwa mit Hilfe eines Todesscheines des Vorerben, festhält, daß der Nacherbfall eingetreten ist.

d) Bei der berichtigenden Löschung von Vormerkungen (vorn, § 18 C CC I)

Der Anmeldende – grundsätzlich der belastete Eigentümer – weist sich aus, indem er allgemein durch Vorlage der entsprechenden Urkunden den Rechtsgrund nachweist, der von Gesetzes wegen die Wirkungen einer Vormerkung beendigt hat. Der oder die Ausweise hangen in jedem Fall vom Sachverhalt ab, der dieses Ergebnis herbeigeführt hat. Es kann hier jedoch nicht darum gehen, diese Ausweise im einzelnen darzulegen.

Bei der Löschung von Amtes wegen hält der Grundbuchverwalter selber die Tatsachen fest, die den Grund für diese Maßnahme bilden (vgl. etwa Art. 76 GBV; § 18 C CC II 2a). Die zuständige Behörde im Zwangsvollstreckungsverfahren meldet die Löschung ohne weitern Ausweis an (a.a.O. c). Denkbar ist, daß der Ausweis im Löschungsverfahren nach Art. 976 Abs. 2 und 3 ZGB in dem von diesem Artikel vorgesehenen richterlichen Verfahren erbracht werden muß (a.a.O. d). Ist der Anmeldende gezwungen, den Weg der Grundbuchberichtigungsklage zu beschreiten, wird die Frage gänzlich im Prozeßverfahren behandelt.

4. Bei einer Grundbuchsperre (vorn, § 19)

Die Schließung eines Blattes des Hauptbuches stellt keine grundbuchliche Eintragung dar. Art. 965 ZGB kommt folglich an sich nicht zur Anwendung, soweit dieser vom Ausweis des Rechtsgrundes als der Grundlage der Eintragungen handelt. Allerdings bringt das Grundbuch alle Maßnahmen einer Sperre durch irgend eine Buchung zum Ausdruck, die formell Gegenstand einer Anmeldung bildet. Aus dieser Sicht müsste der Anmeldende den entsprechenden Rechtsgrund grundsätzlich ausweisen. In den allermeisten Fällen befiehlt aber eine richterliche, eine Verwaltungs- oder eine Behörde im Rahmen des Zwangsvollstreckungsverfahrens dem Grundbuchverwalter, im Register überhaupt keine oder bestimmte Eintragungen nicht mehr vorzunehmen. Wenn eine Behörde ihre Zuständigkeit nachweisen muß (oben, Note 31), muß sie neben der Anmeldung selber, die sie durch Übermittlung des Rechtsspruches ihres Entscheides vornimmt, keine weitere Ausweise mehr auflegen; denn auch der Grundbuchverwalter kann diesen materiell ja nicht überprüfen (hinten, § 24 C III). Das gleiche gilt für die Aufhebung einer Maßnahme, die nur von der Behörde abhängt, die sie erlassen hat. Diese kann damit ohne jeden weitern zusätzlichen Ausweis die Löschung der im Grundbuch vorgenommenen Buchung anmelden[42].

---

[42] Im Fall des Art. 841 Abs. 3 ZGB ordnet der Grundbuchverwalter auf Antrag eines Bauhandwerkers oder Unternehmers die Grundbuchsperre selber an (vorn, § 19 Note 14 und

5. Bei Anmerkungen

a) Von privatrechtlichen Rechtsverhältnissen (vorn, § 20 B)

Die Art des Ausweises für die Vornahme und Löschung der Anmerkung privatrechtlicher Rechtsverhältnisse ist von Fall zu Fall verschieden.

Bei der Anmerkung der nach Art. 45 SchlT *aufgehobenen dinglichen Rechte* (§ 20 B I) wird der Ausweis im Rahmen ihrer Übertragung von den kantonalen Registern ins eidgenössische Grundbuch oder des Bereinigungsverfahrens erbracht. Für den Ausweis zur Löschung gelten die ordentlichen Vorschriften über die Löschung von eingetragenen dinglichen Rechten.

Die *gesetzlichen Wegrechte von bleibendem Bestande* (a. a. O. II 1) werden nach Art. 79 GBV «ohne besonderen Ausweis» angemerkt. Im gegebenen Fall muß der oder müssen die beteiligten Eigentümer nachweisen, daß die vom Gesetz für das Bestehen des Rechts verlangten Voraussetzungen erfüllt sind. Geht ein bestehendes gesetzliches Wegrecht infolge einer Gesetzesänderung unter, benötigt der Grundbuchverwalter keinen weiteren Ausweis; er nimmt die Löschung von Amtes wegen vor. Soll das Recht durch vertragliche Vereinbarung zugunsten eines bestimmten Eigentümers aufgehoben werden, legt dieser den nach Art. 680 Abs. 2 ZGB öffentlich beurkundeten Dienstbarkeitsvertrag auf.

Betreffend die *unmittelbaren gesetzlichen Pfandrechte und Grundlasten* (a. a. O. II 2) gilt für die Frage des Ausweises für die Vornahme und Löschung der Anmerkung kantonales Recht.

Die Anmerkung der *Nutzungs- und Verwaltungsordnung beim gewöhnlichen Mit- bzw. des Reglementes für die Benutzung und Verwaltung beim Stockwerkeigentum* setzt voraus, daß diese dem Grundbuchamt eingereicht werden (Art. 82*a* GBV). Zur Löschung dieser Anmerkungen muß der oder müssen die Anmeldenden die Urkunde auflegen, die den von den Mit- bzw. Stockwerkeigentümern gefaßten Beschluß festhält.

Die Anmerkung des *Willensvollstreckers* (a. a. O. III 2) verlangt die Vorlage des ihn einsetzenden Testamentes oder Erbvertrages. Bei der Löschung bestimmt der Grund, der die Befugnisse des Willensvollstreckers beendigt hat, die Art der einzureichenden Ausweise. Etwa: Legt der Willensvollstrecker sein Amt nieder, braucht er beim Grundbuchamt einfach die Löschung an-

---

§ 20 B V 1). Dieser muß natürlich sein Recht auf die Maßnahme nachweisen; indem er dartut, daß er in bezug auf das fragliche Grundstück einen Werkvertrag abgeschlossen, die Arbeiten aufgenommen und damit das Recht auf Eintragung eines gesetzlichen Pfandrechtes hat; vgl. H. LEEMANN, Art. 841 N. 52. Bei der «Vormerkung» einer Familienheimstätte gelten für den Ausweis die Vorschriften über die Eintragung des Grundeigentums (vgl. vorn, § 18 Note 12).

zumelden; wird er von der Teilungsbehörde abgesetzt, müssen die anmeldenden Erben dem Grundbuchamt den Entscheid mitteilen.

Beschließt eine Stockwerkeigentümergemeinschaft die Einsetzung eines Verwalters, wird die Anmerkung auf Grund des von der Stockwerkeigentümergemeinschaft gefassten Beschlusses vorgenommen. Die für die Löschung der Anmerkung einzureichenden Urkunden können wohl entsprechend jenen festgelegt werden, die für die Löschung der Befugnisse des Willensvollstreckers notwendig sind.

Bei der Anmerkung der *subjektiv dinglichen Verknüpfung von dinglichen Rechten mit dem Eigentum an einem Grundstück* (a. a. O. IV) stellt sich die Frage des Ausweises nicht; denn die Anmerkung wird gerade zum Zeitpunkt von Amtes wegen vorgenommen, in dem die fraglichen dinglichen Rechte begründet werden.

Die Anmerkung des *Beginns der Bauarbeiten durch die Handwerker und Unternehmer* hält eine teilweise Sperrung des Grundbuches fest (oben, Note 42).

Die Anmerkung der Tatsache, daß *Stockwerkeigentum vor Erstellung des Gebäudes begründet wird,* gehört zum Aufgabenbereich des Grundbuchverwalters, in dem dieser von Amtes wegen handelt (a. a. O. V 2). Das gleiche gilt für die Anmerkung nach Art. 47 Abs. 3 GBV auf dem Blatt des Stammgrundstücks, wenn *selbständige Mit- oder Stockwerkeigentumsanteile mit einem Pfandrecht belastet werden* (a. a. O. V 3 und 4). Die Frage des Ausweises stellt sich somit gar nicht.

Nach Art. 78 GBV wird die *Zugehör zu einem Grundstück* «ohne besonderen Ausweis» im Grundbuch angemerkt (a. a. O. VI). Die Löschung dagegen setzt voraus, daß die «Zustimmung aller aus dem Grundbuche ersichtlichen Berechtigten» vorliegt.

Die Anmerkung eines *privatrechtlichen Reverses* (a. a. O. VII) erfordert als Rechtsgrund nichts anderes als eine vom legitimierten Eigentümer ausgehende Anmeldung; denn die Vereinbarung selber ist ja nicht formbedürftig. Tatsächlich wird der Anmeldende jedoch in den meisten Fällen einen schriftlichen Vertrag auflegen. Um eine auf Zusehen hin erteilte Bewilligung im eigentlichen Sinn löschen zu lassen, braucht derjenige, der sie erteilt hat, ohne weitern Ausweis nur die Löschung anzumelden. Das gleiche gilt für den Berechtigten, der auf seinen Vorteil verzichtet; und zwar selbst dann, wenn der Eigentümer eine eigentliche Verpflichtung eingegangen ist. Meldet in diesem Fall der Verpflichtete die Löschung an (vgl. Art. 976 ZGB), muß er wohl beweisen, daß die Vereinbarung aus diesem oder jenem Grund dahingefallen ist.

Bei der Anmerkung des *Ausschlusses der Teilung, weil eine im Miteigentum stehende Sache einem dauernden Zweck dienen soll* (a. a. O. VIII 1), muß der aufgelegte Vertrag, in dem das Miteigentum begründet wird, die entsprechende Klausel beinhalten. Für die Löschung der Anmerkung muß bewiesen werden, daß alle Miteigentümer zugestimmt haben. Dieser Beweis wird sich aus der gemeinsamen Anmeldung der Miteigentümer ergeben. Doch ist die Löschung für die Zulässigkeit der Teilungsklage natürlich nicht Voraussetzung.

b) Von öffentlichrechtlichen Rechtsverhältnissen (vorn, § 20 C)

Die Anmeldung zur Vornahme oder Löschung der Anmerkung öffentlichrechtlicher Rechtsverhältnisse fällt praktisch immer in den Aufgabenbereich von Behörden. Möglich ist allerdings auch, daß eine solche einer Löschung zustimmen muß, die von einem Privaten angemeldet wird (§ 20 C II und Note 49). Neben dem Nachweis ihrer Zuständigkeit braucht die Behörde nichts anderes zu tun als ihren Entscheid dem Grundbuchamt mitzuteilen. Irgend ein weiterer Ausweis über den Rechtsgrund der Anmerkung oder Löschung ist nicht erforderlich (in bezug auf die Maßnahme der Grundbuchsperre siehe oben, 4). In diesem Sinn findet Art. 965 Abs. 3 ZGB auf die Anmerkung öffentlichrechtlicher Rechtsverhältnisse keine Anwendung.

Der Rechtsgrund für die Vornahme oder Löschung einer Anmerkung ist manchmal das Gesetz selber (öffentliche Wege, § 20 C III 1) oder ein Baulinien- oder Nutzungsplan (a. a. O. III 2). Meistens aber erläßt die zuständige Behörde anhand der anwendbaren Vorschriften einen besonderen Entscheid; im Zusammenhang etwa mit Güterzusammenlegungen oder mit dem Erwerb von Grundstücken durch Personen im Ausland. In diesem Fall kommt der Anmeldung, begleitet vom Rechtsspruch des Entscheides, die Bedeutung des Rechtsgrundes für die Vornahme oder Löschung der Anmerkung zu[43].

6. Bei den übrigen Eintragungen (vorn, § 21)

Die Frage stellt sich nur für die Einschreibung ins Gläubigerregister. Der Ausweis über den Rechtsgrund der Einschreibung fällt mit jenem über die Befugnis, diese zu beantragen, zusammen (oben, III 6e).

---

[43] Die im Text beschriebene Art des Vorgehens muß trotz des Umstandes als die richtige gelten, daß in der Praxis die Behörde die erlassene Verfügung dem Grundbuchamt häufig in ihrem ganzen Wortlaut einreicht oder daß die anwendbaren Vorschriften des Bundes oder eines Kantons die Beibringung eines «Dienstbarkeitsvertrages» verlangen; so bei trigonometrischen Punkten (vorn, § 20 c III 2b) und Baudenkmälern von historischem Wert (2c Note 54): In beiden genannten Fällen handelt es sich nur um eine «mißglückte» Ausdrucksweise in einem Gesetz oder einer VO.

§ 24. Die Prüfungsbefugnis des Grundbuchverwalters

Literatur:

Neben den zu Beginn von § 23 erwähnten Kommentaren sowie den dort angeführten Abhandlungen und Aufsätzen von ANDERMATT, AUER, BRÜCKNER, FRIEDRICH, HUBER, JENNY, NUSSBAUM, SCHATZMANN, SCHMITZ, VOLKART, siehe:
J.-D. BUJARD, Les mentions au registre foncier, Diss. Lausanne 1941; H. DESCHENAUX, Les restrictions légales de la propriété foncière et le registre foncier, ZBGR 38, 1957, S. 340 ff.; DESCHENAUX/STEINAUER, Le nouveau droit matrimonial, Bern 1987; G. EGGEN, Der vorzeitige Heimfall im revidierten Baurecht und sein Verhältnis zu früher vereinbarten Kaufsrechten, ZBGR 57, 1976, S. 194 ff.; H.-P. FRIEDRICH, Der Rang der Grundstücksrechte, ZBGR 58, 1977, S. 321 ff.; TH. GEISER, Neues Eherecht und Grundbuchführung, ZBGR 68, 1987, S. 15 ff.; H. HAUSHEER, Vom alten zum neuen Eherecht, mit Beiträgen von C. HEGNAUER, R. REUSSER, TH. GEISER, J.N. DRUEY, R. SCHWAGER, Bern 1986; H. HUBER (H.H.), verschiedene Bemerkungen zu Urteilen usw.; W. MEIER, Wahrheitsuche und Wahrheitstreue bei der Beurkundung von Willenserklärungen, ZBGR 65, 1984, S. 1 ff.; H. MERZ, Die Übertragung des Grundeigentums gestützt auf Erbfolge, Testament, Erbvertrag oder Auflösung des Güterstandes infolge Todes eines Ehegatten, ZBGR 36, 1955, S. 121 ff.; M.-L. und H. NÄF-HOFMANN, Das neue Ehe- und Erbrecht im Zivilgesetzbuch, Zürich 1986, zit. Näf-Hofmann; R. PFÄFFLI, Die Auswirkungen des neuen Ehe- und Erbrechts auf die Grundbuchführung, Bern. Not. 47, 1986, S. 282 ff.; P. PIOTET, Les hypothèques légales de droit public vaudois, ZBGR 44, 1963, S. 65 ff.; H. REY, Gemeinschaftliches Eigentum unter Ehegatten, ZBGR 62, 1981, S. 321 ff.; DERSELBE, Grundbuch und Planung, ZBGR 61, 1980, S. 1 ff.; J. SCHMID, Behandlung von Grundeigentum bei Ehescheidung aus notariats- und grundbuchrechtlicher Sicht, ZBGR 65, 1984, S. 276 ff.; B. SCHNYDER, Der gute Glaube im Immobiliarsachenrecht, ZBGR 66, 1985, S. 65 ff.; P. H. STEINAUER, Le droit transitoire dans le nouveau droit du mariage, Lausanne 1986, S. 147 ff.

In einem ersten Teil – Allgemeines – (A) behandeln wir die Grundlagen der Prüfungsbefugnis des Grundbuchverwalters, ihren Gegenstand und Umfang. Der zweite Teil (B) ist der Prüfung der Befähigung, eine Grundbuchanmeldung vorzunehmen, und der dritte (C) der Prüfung des Rechtsgrundes einer Eintragung gewidmet.

A. Allgemeines

I. Die Grundlagen der Prüfungsbefugnis des Grundbuchverwalters

Der Grundbuchverwalter übt, in Form von Verwaltungshandlungen, eine Tätigkeit der nicht streitigen Zivilgerichtsbarkeit aus.

Als Mitglied der Verwaltung muß er sich an das Gesetz halten; d. h. sich der Rechtsordnung unterordnen und Entscheide fällen, die eine gesetzliche Grundlage haben (Grundsatz der Gesetzmässigkeit der Verwaltung)[1].

---

[1] GRISEL, I S. 305; FLEINER-GERSTER, S. 55 ff.

Als Organ der nicht streitigen Gerichtsbarkeit darf er Amtshandlungen nur vornehmen, wenn deren Voraussetzungen erfüllt sind:
- Verfahrensrechtliche Voraussetzungen: wie das Vorhandensein seiner eigenen Zuständigkeit oder – wenn er auf Antrag hin tätig wird – die Rechts- und Handlungsfähigkeit des Antragstellers oder die Vollmacht eines allfälligen Vertreters;
- materielle Voraussetzungen: wie das Befugnis, eine Maßnahme zu beantragen oder die Begründetheit einer solchen[2]. Unter diesem zweiten Gesichtspunkt hat eine Behörde der nicht streitigen Gerichtsbarkeit häufig nicht die gleiche Überprüfungsmöglichkeit wie ein Zivilrichter. Sie kann nicht alle Vorschriften anwenden, die in Betracht fallen würden. Das beruht auf verschiedenen Gründen, etwa: am Verfahren sind nicht alle Interessierten beteiligt; die Erfordernisse des Dienstes verlangen es, so daß allgemein die getroffenen Maßnahmen nicht endgültig sind, sondern das Urteil des Richters vorbehalten[3]. Je nach Art des Einschreitens nimmt die Prüfungsbefugnis einen geringern oder grössern Umfang an. Sie ist um so grösser, wenn eine Behörde eine Maßnahme trifft, die aus Gründen der Rechtssicherheit von keinem Gericht mehr überprüft werden kann, wie etwa eine Mündigerklärung (Art. 15 ZGB); oder der eine besonders grosse Bedeutung zukommt, wie etwa eine Verschollenerklärung (Art. 35 ff. ZGB)[4]. In andern Fällen ist sie beschränkt, wie beispielsweise im Fall der Ausstellung einer Erbenbescheinigung (Art. 559 ZGB). Und selbst dann ist der Umfang der Prüfungsbefugnis je nach der Art der zu treffenden Maßnahme verschieden: Ausschlagung einer Erbschaft (Art. 570 ZGB) oder Genehmigung einer Verpflichtung, die eine Ehefrau einem Dritten gegenüber zugunsten ihres Ehemannes eingegangen ist (Art. 177 Abs. 3 ZGB); und, bei einer gegebenen Maßnahme, je nach den zu überprüfenden Voraussetzungen: bei einer öffentlichen Urkunde etwa die Identität sowie die Rechts- und Handlungsfähigkeit der Parteien oder die Rechtsgültigkeit der Willenserklärungen[5].

Bei Eintragungen in öffentliche Register hängt der Umfang der Befugnis von der Bedeutung ab, die das Gesetz einer Eintragung beimißt. Je grösser diese ist, desto umfassender muß die Prüfung sein, die der Registerführer vornehmen kann und muß[6].

---

[2] GULDENER, Freiwillige Gerichtsbarkeit, S. 33 ff.
[3] GULDENER, S. 37.
[4] GULDENER, S. 39.
[5] GULDENER, S. 39 ff.
[6] Zum Umfang dieser Prüfung bei den verschiedenen Registern: Eigentumsvorbehalts-,

Bei den Grundbucheintragungen muß man deren wichtigste Wirkungen in die Überlegungen einbeziehen: die Vermutung des Rechts (Art. 9 und 937 ZGB), die sog. positive Öffentlichkeit des Grundbuches (Art. 970 Abs. 3 ZGB; vorn, § 10 VII), die Konstitutivwirkung der Eintragungen im Geltungsbereich des absoluten Eintragungsprinzips (Art. 971/972 ZGB), den dem Register zukommenden öffentlichen Glauben (Art. 973 ZGB). Aus dieser Betrachtung würde sich eine möglichst umfassende Befugnis aufdrängen. Dazu kommt, daß eine Eintragung von ihrem Grund abhängt; d. h. vom Rechtsgrund, gestützt auf den sie vorgenommen wird (Art. 974/975 ZGB). Dies nennt man den Grundsatz der sog. materiellen Gesetzmässigkeit oder der Kausalität (vorn, § 1 IV 4 und hinten, § 37). Es ist deshalb von grösster Wichtigkeit, daß der Grundbuchverwalter nicht zum Nachteil der beteiligten Parteien oder auch von Dritten, die sich nicht auf ihren guten Glauben berufen könnten (Art. 974 ZGB), ungerechtfertigte Eintragungen vornimmt. Schließlich enthalten Gesetz und VO eine Anzahl Vorschriften, nach denen dieser seine Tätigkeit auszuüben hat (Art. 958–966, 976/977 ZGB). Indem der Gesetzgeber das Erfordernis, daß sich der Anmeldende über das Verfügungsrecht und den Rechtsgrund ausweise, aufstellte, beabsichtigte er offensichtlich vor allem, daß der Grundbuchverwalter grundsätzlich das Vorhandensein dieser Voraussetzungen überprüfe. In der Tat hat der Bundesrat daraus in verschiedener Hinsicht in seiner VO über das Grundbuch die notwendigen Schlüsse gezogen; sei es ausdrücklich (in Art. 15, 17, 61, 70) oder stillschweigend (in Art. 16, 18–23, 61, 70–76, 78 82*a*).

Daraus leitet sich der *Grundsatz der sog. formellen oder technischen Gesetzmässigkeit* ab. Gestützt auf ihn hat der Grundbuchverwalter die Befugnis und die Pflicht, zu prüfen, ob die gesetzlichen Voraussetzungen erfüllt sind, von denen eine Eintragung im Grundbuch abhängt; so daß dieses mit der tatsächlichen Rechtslage in Einklang gebracht wird[7]. Aus verschiedenen

---

Zivilstands-, Handelsregister usw., siehe GULDENER, S. 43 ff. und die einschlägigen Kommentare und Abhandlungen.

[7] JENNY, Legalitätsprinzip, S. 185 ff.; HOMBERGER, Vorbemerkungen vor Art. 942, N. 18 und Art. 965 N. 35; OSTERTAG, Vorbemerkungen zum 25. Titel, N. 23 f.; AUER, S. 9 ff. Neben der kausalen – wir verstehen darunter die materielle Gesetzmässigkeit – unterscheidet dieser Autor innerhalb des Grundsatzes der Gesetzmäßigkeit noch drei weitere Arten. Die formelle Gesetzmäßigkeit: Sie bindet den Grundbuchverwalter an die ausdrücklichen Vorschriften in Gesetz und VO über die Voraussetzungen der Eintragungen; die materielle Gesetzmäßigkeit: sie verpflichtet den Grundbuchverwalter, das Grundbuch mit der tatsächlichen Rechtslage in Einklang zu bringen; die besondere Gesetzmäßigkeit – sie stellt eine Unterart der vorerwähnten materiellen Gesetzmäßigkeit dar –: sie bezieht das Verpflichtungsgeschäft in die Prüfung ein. Wir unsererseits reihen diese drei Arten der Gesetz-

Gründen, auf die wir weiter unten (III) eingehen werden, erfährt dieser Grundsatz dennoch gewisse Ausnahmen oder Abschwächungen.

Wir sprechen hier von Prüfungs*befugnis*. Sobald sie der Grundbuchverwalter besitzt, bedeutet sie für ihn gleichzeitig aber auch eine *Pflicht*. Es ist nicht richtig zu sagen, die Befugnis könne weiter gehen als die Pflicht, oder der Grundbuchverwalter habe nur Pflichten, die den Maßstab abgeben würden für seine Befugnis[8].

Die Prüfungsbefugnis, die dem Grundbuchverwalter für seine Tätigkeit allgemein, unabhängig von dem im Grundbuch vorzunehmenden Eintragungen, etwa in bezug auf Auskünfte, die er zu erteilen hat, zusteht, haben wir bereits behandelt (vorn, § 9 II 4). Hier befassen wir uns ausschließlich mit der Prüfung der Voraussetzungen, die für diese Eintragungen gelten.

II. Der Gegenstand der Prüfungsbefugnis des Grundbuchverwalters

Gleich wie der Zivilrichter ein materielles Urteil nur fällen darf, wenn die Voraussetzungen für das Eintreten auf eine Klage erfüllt sind, darf der Grundbuchverwalter einen Entscheid, eine Eintragung im Grundbuch vorzunehmen, nur treffen, wenn gewisse verfahrensrechtliche Voraussetzungen erfüllt sind[9]. Es ist diesbezüglich zwischen formellen und materiellen Voraussetzungen zu unterscheiden.

---

mäßigkeit unter die formelle Gesetzmäßigkeit ein, welche die Befugnis und die Pflicht des Grundbuchverwalters zum Ausdruck bringt, die ausdrücklichen und stillschweigenden gesetzlichen Voraussetzungen der Grundbucheintragungen zu überprüfen. Die von AUER zusätzlich eingeführten Unterscheidungen dienen kaum dazu, die verschiedenen Bereiche voneinander abzugrenzen, in denen der Grundbuchverwalter seine Prüfung vornimmt; im gleichen Sinn HOMBERGER, Art. 965 N. 35. Der Grundsatz der formellen Gesetzmäßigkeit in dieser engen Auslegung würde darauf hinauslaufen, sich an den Buchstaben der anwendbaren Vorschriften zu halten. Dagegen würden alle im Gesetz nicht ausdrücklich genannten Voraussetzungen, wie etwa die Handlungsfähigkeit, zum Begriff der materiellen Gesetzmäßigkeit gehören. Die Prüfung der Form des Erwerbsgrundes (Art. 965 Abs. 3 ZGB) fiele unter die formelle Gesetzmäßigkeit. Insofern diese Prüfung aber meistens ein Verpflichtungsgeschäft zum Gegenstand hat, würde sie zur Unterart der materiellen, nämlich zur sog. besonderen Gesetzmäßigkeit gehören. Die Überlegungen, die dazu führen, die Prüfungsmöglichkeit des Grundbuchverwalters in gewissen Fällen einzuschränken, führen nicht zu derartigen Einteilungen, siehe unten, III.

[8] Wie im Text: HOMBERGER, Art. 965 N. 36 am Schluß; OSTERTAG, Art. 965, Exkurs., N. 2; GULDENER, S. 37 Note 20: «Die Ausübung öffentlich-rechtlicher Befugnisse liegt nicht im Belieben des Beamten, sonder gehört zu seinen Amtspflichten.» Die gegenteilige Auffassung, die früher etwa vertreten worden ist – SJZ 12, 1915, S. 203 Erw. 2 (ObG Zürich); ZBGR 9, 1928, S. 50 ff. (BR); AUER, S. 16 f. – muß heute als überholt gelten.

[9] Für das nicht streitige Verfahren allgemein, GULDENER, S. 33 ff.

1. Formelle Voraussetzungen

a) Zuständigkeit

Der Grundbuchverwalter muß zunächst prüfen, ob er für die Vornahme einer Eintragung zuständig ist[10]; selbst in jenen Fällen, in denen er von Amtes wegen handelt (vorn, § 13 II), etwa bei einer Grundbuchberichtigung (Art. 977 ZGB und Art. 98 ff. GBV).

Sachliche Zuständigkeit: Der Grundbuchverwalter muß seine Zuständigkeit verneinen, wenn er um einen Entscheid angegangen wird, für den der Richter zuständig ist. Beispiel: ein Streit zwischen Käufer und Verkäufer über die Gültigkeit eines Kaufvertrages.

Örtliche Zuständigkeit: Meistens geht es um diese Zuständigkeit; d. h. die Frage, ob der Grundbuchverwalter eine Eintragung in seinem Grundbuchkreis vornimmt (Art. 952/953 ZGB; vorn, § 8 II).

b) Ausstand

Der Grundbuchverwalter darf eine Eintragung nicht vornehmen, wenn er sich im Ausstand befindet oder sonstwie unfähig ist, eine bestimmte Eintragung vorzunehmen[11]. Darüber muß er entscheiden.

c) Ordnungsmässigkeit der Anmeldung

Der Grundbuchverwalter muß prüfen, ob eine Anmeldung unbedingt ist und ob sie in bezug auf Form und Abfassung den Vorschriften entspricht (vorn, § 23 II 1, 3, 4). Er kann ihre Behandlung ablehnen, wenn die Grundbuchgebühren oder Handänderungssteuern nicht bezahlt sind (a.a.O. II 5).

Im Verfahren der streitigen Zivilgerichtsbarkeit werden Rechts- und Handlungsfähigkeit sowie die Vollmacht eines allfälligen Stellvertreters allgemein als Voraussetzungen für die Zulässigkeit einer Klage betrachtet. Bei der rechtlichen Regelung, wonach jede Eintragung im Grundbuch eine Anmeldung voraussetzt, rücken diese Fragen in die Nähe derjenigen des Ausweises über das Recht, zu verfügen oder eine Richtigstellung des Grundbuches zu beantragen. Wir haben sie deshalb unter den Begriff der Befähigung, eine Grundbuchanmeldung vorzunehmen, eingeordnet (§ 23 III) und werden sie damit im folgenden unter den materiellen Voraussetzungen behandeln.

---

[10] HOMBERGER, Art. 965 N. 37. Das Gesetz noch die VO sagen dies ausdrücklich; doch versteht es sich von selbst, vgl. GULDENER, S. 33 Note 1. Siehe Art. 13 Abs. 1 ZStV.

[11] Das Bundesrecht sieht keine Ausstandsgründe vor. Einzelne Kantone haben Vorschriften in dieser Hinsicht, so *Bern:* Dekret vom 19. Dezember 1911 über die Kanzleien der Amtsbezirke, Art. 9; *Graubünden:* Ausführungsbestimmungen zur eidgenössischen Grundbuchverordnung vom 25. Mai 1912, XIII 12. Dort, wo der Kanton keine besonderen Bestimmungen erlassen hat, sind die Vorschriften über die Urkundspersonen, Gerichts- oder Verwaltungsbeamten entsprechend anwendbar.

2. Materielle Voraussetzungen

Materielle Voraussetzungen sind:

a) Alle Voraussetzungen, von denen die *Befähigung* abhängt, *eine Grundbuchanmeldung* mit all ihren materiellen Wirkungen *vorzunehmen*. Es wird auf den vorangehenden Paragraphen verwiesen (§ 23 III 2–8).
b) Alle Voraussetzungen, von denen die *Gültigkeit des Rechtsgrundes* abhängt, der die Grundlage für die verschiedenen Eintragungen im weitern Sinn (Eintragungen von dinglichen Rechten, Vormerkungen, Anmerkungen) bildet. Es wird ebenfalls auf das verwiesen, was wir über die Ausweise gesagt haben, die für die verschiedenen Eintragungen vorzulegen sind (§ 23 IV 2–6).

III. Der Umfang der Prüfungsbefugnis des Grundbuchverwalters allgemein

1. Die Gründe für die Beschränkung der Prüfungsbefugnis

Im nicht streitigen Grundbuchverfahren kann die Prüfungsbefugnis der zuständigen Behörden, besonders des Grundbuchverwalters, nicht unbeschränkt sein; d. h. nicht nach der Art eines Zivilrichters eine erschöpfende Prüfung aller Voraussetzungen, und vor allem der materiellen, verlangen, von denen die Gültigkeit einer Eintragung abhängt. Dies ist einhellige Auffassung[12]. Meinungsverschiedenheiten bestehen aber in bezug auf die Kriterien der Abgrenzung. Man darf sich nicht damit begnügen, diese Frage von Fall zu Fall zu lösen, je nach den im Spiel stehenden Interessen: einerseits die Notwendigkeit einer raschen Erledigung der Geschäfte, anderseits die Sorge, der materiellen Gesetzmässigkeit zum Durchbruch zu verhelfen[13]. Man muß genauere Abgrenzungskriterien ausfindig machen und diese zu umschreiben suchen; indem man die Gründe in die Überlegungen einbezieht, die für die Beschränkung der Prüfungsbefugnis des Grundbuchverwalters angeführt werden.

a) Der Grundbuchverwalter – und ihm entsprechend die Aufsichtsbehörden – entscheidet in der Regel nicht endgültig über die Rechtsfragen,

---

[12] HOMBERGER, Art. 965 N. 36; JENNY, Legalitätsprinzip, S. 186 ff.; AUER, S. 17 ff.; BGE 107 II, 1981, S. 211; 102 Ib, 1976, S. 11; 99 Ib, 1973, S. 244 ff.; 98 Ib, 1972, S. 95; 90 I, 1964, S. 312; 87 I, 1961, S. 478; 84 I, 1958, S. 131; 79 I, 1953, S. 263; vgl. auch SCHNYDER, Der gute Glaube..., der die Kriterien, die im folgenden aufgezeigt werden, gutheißt.
[13] In diesem Sinn, HOMBERGER und AUER, a. a. O.; vgl. ZBGR 19, 1938, S. 82 (RR Bern).

welche die Anmeldung einer Eintragung oder Löschung aufwirft. Lehnt er eine Eintragung ab, kann trotzdem ein Zivilrichter das Bestehen der bestrittenen Rechtsbeziehung bejahen. Leistet er einer Anmeldung Folge, kann der Eintrag nachträglich mit der Grundbuchberichtigungsklage (Art. 975 ZGB) angefochten werden. Im einen wie im andern Fall ist dies jedoch kein Grund, den Fall dem spätern Urteil eines Richters über das fragliche Recht anheimzustellen. Sobald eine Behörde, um einen in ihren Zuständigkeitsbereich fallenden Entscheid zu treffen, eine Vorfrage zu entscheiden hat, die von der ordentlicherweise zuständigen Behörde noch nicht entschieden worden ist, tut sie dies völlig frei[14]. Es darf daraus somit nicht der Schluß gezogen werden, der Grundbuchverwalter treffe nur einen *einstweiligen Entscheid* und dürfe nur eingreifen, wenn eine offensichtliche Rechtsverletzung vorliege[14a].

b) Anderseits sind die Voraussetzungen für die Ausübung der freiwilligen Gerichtsbarkeit durch den Grundbuchverwalter – und die Aufsichtsbehörden – derart, daß sie es nicht erlauben, den Wert einer Anmeldung unter allen Gesichtspunkten zu prüfen.

Das Verfahren wickelt sich zwischen einem oder mehreren Anmeldenden und dem Grundbuchverwalter ab. Weitere Personen sind daran gewöhnlich nicht beteiligt und haben auch nicht die Möglichkeit, ihre Einwände geltend zu machen (siehe Art. 969 ZGB über die vorgeschriebenen Anzeigen an die Beteiligten von grundbuchlichen Verfügungen, die ohne ihr Vorwissen erfolgen). Der Rahmen des «Streites» ist für den Grundbuchverwalter damit zum vornherein beschränkt.

Im weitern entsprechen die Mittel, über die der Grundbuchverwalter verfügt, um Abklärungen vorzunehmen, nicht denjenigen eines Richters

---

[14] Zur Behandlung von Vorfragen in einem Urteil nach schweizerischem Recht, GRISEL, I S. 187 ff.; BGE 108 II, 1982, S. 460 Erw. 2; 102 Ib, 1976, S. 369 Erw. 4; 101 III, 1975, S. 151 Erw. 3; zur staatsrechtlichen Beschwerde, siehe Art. 96 Abs. 3 OG: «Die Bundesbehörde, die in der Hauptsache kompetent ist, hat auch alle Vor- und Zwischenfragen zu erledigen.» Vgl. ZBGR 37, 1956, S. 352 ff. (Aufsichtsbehörde Freiburg), wo der Anmeldende geltend machte, der Entscheid darüber, ob die Dienstbarkeit errichtet werden könne, deren Eintragung er beantragte, falle in die Zuständigkeit des Richters. Zum Verhältnis des Grundbuchverwalters zur Aufsichtsbehörde: Der Grundbuchverwalter darf nicht ohne eingehende Prüfung eine Anmeldung abweisen, sobald er gewisse Zweifel hegt, und es dem Anmeldenden überlassen, Beschwerde einzureichen; aus diesem Gesichtspunkt fragwürdig die Haltung des Grundbuchverwalters in ZBGR 35, 1954, S. 216 (RR St. Gallen); siehe hinten, § 25 VII 1 Note 101.

[14a] In diesem Sinn die häufig ganz bestimmten Ausdrucksweisen in der Rechtsprechung; siehe die in Note 12 zit. Entscheide des BGer in den Bb. 99, 98, 90, 87. Dies trifft für eine ganze Anzahl von Punkten jedenfalls nicht zu, die der Prüfung durch den Grundbuchverwalter unterliegen; selbst bezüglich des einer Eintragung zugrunde liegenden Rechtsverhältnisses, siehe unten, C.

(vorn, § 9 II 5 und hinten, § 25 III 2). Er entscheidet im wesentlichen anhand von Urkunden und auf Grund dessen, was er von seiner amtlichen Tätigkeit her weiß. Die Kenntnisse, die er als Privatperson besitzt, darf er grundsätzlich in seine Entscheide nicht einfließen lassen. Er kann weder Zeugen einvernehmen noch Untersuchungen durch Sachverständige anordnen[15]. Sobald es um Tatfragen geht, von denen die Lösung irgendwelcher Rechtsfragen abhängt, ist seine Prüfungsbefugnis so zwangsläufig beschränkt.

Schließlich könnte der Grundbuchverwalter die Rechtmässigkeit der angemeldeten Eintragungen nicht unter allen Gesichtspunkten überprüfen, ohne die Erledigung der Geschäfte beträchtlich zu verzögern. Die Erfordernisse des Dienstes verlangen, daß seine Prüfungsmöglichkeit irgendwie beschränkt ist.

c) Was den Rechtsgrund angeht, der einer Eintragung zugrunde liegt, enthält das Gesetz eine Angabe über den Umfang der Prüfung in dem Sinn, als der Anmeldende nach Art. 965 Abs. 3 ZGB nur die Einhaltung der Form nachzuweisen hat, die für dessen Gültigkeit erforderlich ist: Vom Grundbuchverwalter dürfte somit grundsätzlich nicht verlangt werden, daß er Voraussetzungen prüfe, die nicht Gegenstand des Ausweises bilden. Eine derart wortgetreue Auslegung haben wir aber bereits abgelehnt (§ 23 IV 1); weil sie mit den Erfordernissen der materiellen Gesetzmässigkeit in Widerspruch geraten würde, die der Grundbuchverwalter zu beachten hat. Ungerechtfertigte Eintragungen im Sinn des Art. 974 ZGB würden sich sonst häufen.

Wenn das Gesetz anderseits die Pflicht des Anmeldenden, sich über das Verfügungsrecht und das Recht zur Grundbuchanmeldung allgemein auszuweisen, nicht beschränkt, bedeutet das nicht, die Prüfungsmöglichkeit des Grundbuchverwalters sei in dieser Hinsicht unbeschränkt. Die weiter oben (b) gemachten Überlegungen gelten auch für die Prüfung der Voraussetzungen der Befähigung, eine Grundbuchanmeldung vorzunehmen, wie die Handlungsfähigkeit, die Stellvertretung und die Verfügungsmacht.

d) Es ist auch schon die Verantwortlichkeit des Staates für die Führung des Grundbuches (Art. 955 ZGB) als Begründung ins Feld geführt worden, die Prüfungsbefugnis des Grundbuchverwalters zu erweitern; der Staat solle und könne so vor Schadenersatzforderungen bewahrt werden. Damit wer-

---

[15] GULDENER, S. 55f., für die Organe der nicht streitigen Gerichtsbarkeit allgemein; AUER, S. 16; ZBGR 48, 1967, S. 347ff. (RR St. Gallen); FRIEDRICH, Grundbuch und eheliches Güterrecht, S. 256ff. Zu den Grenzen der Prüfungsbefugnis des Grundbuchverwalters, vgl. BGE 112 II, 1986, S. 26ff.

den aber finanz- und steuerpolitische Überlegungen in die Auseinandersetzung hineingetragen, die hier keinen Platz haben[16]. In Wirklichkeit würde die Begründung selbst unter diesem Gesichtspunkt nicht durchschlagen. Die Prüfungsbefugnis des Grundbuchverwalters muß aus sich selber umschrieben werden. Wenn dieser von ihr im Umfang Gebrauch macht, der ihm zugestanden werden muß, kann er objektiv keine Amtspflichtsverletzung begehen; auch wenn sein Entscheid materiell falsch ist. Die objektive Verantwortlichkeit des Staates wie die subjektive Verantwortlichkeit des Grundbuchverwalters können nur in Anspruch genommen werden, wenn letzterer in einem gegebenen Fall von der ihm zukommenden Prüfungsbefugnis nicht in erschöpfendem Umfang Gebrauch gemacht hat[17].

2. Unbeschränkte und beschränkte Prüfung

Zum vornherein getrennt zu betrachten sind jene Bereiche, in denen die Prüfungsbefugnis des Grundbuchverwalters ohne weiteres *unbeschränkt* ist.

Zunächst, hat er *von Amtes wegen* tätig zu werden, ohne eine Anmeldung abzuwarten, muß der Grundbuchverwalter die Grundlagen für seinen Entscheid selber zusammentragen und prüfen, ob die für diesen notwendigen gesetzlichen Voraussetzungen erfüllt sind[18].

Das trifft besonders zu bezüglich seiner Aufgabe bei der Aufnahme der Grundstücke ins Grundbuch und bei der Einführung des eidgenössischen Grundbuches (Art. 943–945 ZGB, Art. 43 SchlT; vorn, § 4 III und § 6 IV und VI); bei der Anlegung von Kollektivblättern (Art. 41 GBV); bei der Aufteilung der Pfandhaft (Art. 46 GBV); bei der Einleitung des Berichtigungsverfahrens nach Art. 977 ZGB oder der Veranlassung einer gerichtlichen Untersuchung nach Art. 976 Abs. 3 ZGB; bei der Löschung der Vormerkung eines persönlichen Rechts nach Ablauf der angegebenen Dauer (Art. 72 GBV); beim Verschicken der nach Art. 969 ZGB vorgeschriebenen Mitteilungen (siehe jedoch hinten, § 25 VI 2).

Weiter muß der Grundbuchverwalter auch beim Entscheid über eine *Anmeldung* die Voraussetzungen, die wir als die formellen bezeichnet haben, unter allen ihren Gesichtspunkten überprüfen, nämlich: seine eigene *Zuständigkeit,* das Fehlen von *Ausstands-* oder *Ablehnungsgründen,* die Ord-

---

[16] In bezug auf das Ergebnis in gleichem Sinn: AUER, S. 18f. und HOMBERGER, Art. 965 N. 36.
[17] Wenn AUER und HOMBERGER auch die aus Art. 955 ZGB sich ergebende Begründung ablehnen, so deshalb, weil der Gesetzgeber gerade beabsichtigt habe, die Kantone für nicht vermeidbare Fehler der Grundbuchführung verantwortlich zu machen. Wie wir weiter vorn (§ 12 II 2) dargelegt haben, ist diese Auslegung aber nicht stichhaltig. Im Sinn des Textes, ZBGR 48, 1967, S. 347ff. (RR St. Gallen).
[18] AUER, S. 29.

nungsmässigkeit der Anmeldung (oben, II 1). Es ist nicht ersichtlich, warum die Prüfungsmöglichkeit hier beschränkt sein sollte.

Außerhalb dieser Fälle, d. h. in bezug auf die materiellen Voraussetzungen seines Entscheides, hängt der Umfang der Prüfungsbefugnis des Grundbuchverwalters vom Gegenstand und von den Möglichkeiten ab, Licht in eine gegebene Anmeldung zu bringen (oben, III 1b). Es ist unmöglich, diesbezüglich allgemein gültige Regeln aufzustellen; so daß man nicht darum herum kommt, die Tatbestände einzeln darzulegen. Wir behalten dabei die Reihenfolge bei, die wir bei der Behandlung des Ausweises gewählt haben, und unterscheiden zwischen den Voraussetzungen in bezug auf die Befähigung, eine Anmeldung vorzunehmen (B), und jenen in bezug auf den Rechtsgrund einer Eintragung (C).

Schließlich muß hier noch folgender Hinweis gemacht werden: Im Rahmen, den wir nun festlegen, wendet der Grundbuchverwalter *das Recht von Amtes wegen* – und mit den ihm zur Verfügung stehenden Mitteln – an: Bundesrecht als auch das Recht des eigenen oder eines fremden Kantons, inbegriffen das Übergangsrecht (vorn, §§ 3 und 4). In gleicher Weise kann er aufgerufen sein, das internationale Privatrecht (vorn, § 1 VIII) und damit selbst ausländisches Recht anzuwenden[18a].

[18a] HOMBERGER, Art. 965 N. 57. Man muß sich hier von den Vorschriften leiten lassen, die für den Zivilrichter gelten. Es muß grundsätzlich möglich sein, vom Grundbuchverwalter wie vom Richter im Einzelfall die Anwendung des *Rechtes eines andern Kantons* zu verlangen, vgl. Art. 2 Abs. 2 NAG; BGE 87 I, 1961, S. 69. Was das ausländische Recht angeht, kann der Grundbuchverwalter vom Anmeldenden verlangen, daß dieser ihm dessen Inhalt nachweist. Glaubt er, das *ausländische Recht* selber genügend zu kennen, wendet er es von Amtes wegen an. Andernfalls ist er berechtigt, auf die streitige Frage schweizerisches Recht anzuwenden; wenigstens, soweit sich die Anwendung des ausländischen Rechts nicht zwingend aufdrängt. Nur in diesem letztern Fall hätte der Grundbuchverwalter das Recht, eine Anmeldung abzuweisen, wenn der Anmeldende den Beweis des ausländischen Rechtes nicht erbringt; und nicht allgemein, wie HOMBERGER meint. Vgl. GULDENER, Schweizerisches Zivilprozeßrecht, S. 157f.; BGE 92 II, 1966, S. 111. – Art. 15 IPR-Gesetz umschreibt die Stellung des Richters gegenüber dem anzuwendenden ausländischen Recht wie folgt: «Der Inhalt des anzuwendenden ausländischen Gesetzes ist von Amtes wegen festzustellen. Zu dessen Feststellung kann die Mitwirkung der Parteien verlangt werden. Ist der Inhalt des ausländischen Rechtes von Amtes wegen nicht feststellbar, so ist schweizerisches Recht anzuwenden.» Botschaft zum IPR-Gesetz, BBl 1983, I 293, 311ff.

B. Die Prüfung der Voraussetzungen der Befähigung, eine Grundbuchanmeldung vorzunehmen (vorn, § 23 III)

I. Die Rechtsfähigkeit

Es kann vorkommen, daß der Grundbuchverwalter sich darüber zu vergewissern hat, daß einer, der eine Anmeldung durch einen Stellvertreter vornehmen läßt, überhaupt lebt. Doch wird er sich mit einer Tatsachenvermutung begnügen (§ 23 Note 8b).

Das rechtliche Dasein von Kollektiv- und Kommanditgesellschaften, von privat- oder öffentlichrechtlichen juristischen Personen überprüft der Grundbuchverwalter anhand der Urkunden, durch welche sich der Anmeldende ausweisen muß (§ 23 III 2).

II. Die Handlungsfähigkeit der natürlichen Personen

In den Bereich der Prüfung durch den Grundbuchverwalter fällt auch die Handlungsfähigkeit natürlicher Personen. Eine in seinem Grundbuchkreis oder seinem Kanton veröffentlichte Entmündigung darf er nicht unberücksichtigt lassen (Art. 375 ZGB). Schon bevor eine endgültige Entmündigung ausgesprochen oder jemandem die Handlungsfähigkeit auch nur vorläufig entzogen worden ist (Art. 386 Abs. 2 ZGB), muß er Mitteilungen, die ihm von der zuständigen Behörde zugehen, in seinen Entscheid einbeziehen und bei einer allfälligen Anmeldung seine Mitwirkung verweigern[18b]. Besondere Umstände vorbehalten, kann man von ihm jedoch nicht verlangen, daß er über anderswo ergangene Veröffentlichungen Abklärungen treffe; noch daß er überprüfe, ob derjenige, der eine Anmeldung vornimmt, überhaupt urteilsfähig sei (§ 23 III 3a)[18c]. Erfolgt eine Anmeldung durch die Ur-

---

[18b] SCHNYDER/MURER, Art. 375 N. 68. BUCHER, Art. 14 N. 70; SJZ 66, 1970, S. 105 Nr. 56 (ObG Aargau); 68, 1972, S. 362 Nr. 219 (Justizdirektion Zürich).
[18c] Vgl. BGE 112 II, 1986, S. 26: «Der Grundbuchverwalter hat die Urteilsfähigkeit des Verfügenden grundsätzlich nicht zu überprüfen. Solange ein nach dem Grundbuch Verfügungsberechtigter nicht zufolge eines förmlichen Entscheids der zuständigen Behörde in seiner Handlungsfähigkeit beschränkt ist, ist einer im übrigen ordnungsgemäßen Anmeldung Folge zu leisten.» Das BGer verwirft damit die Meinung von E. BUCHER, Berner Kommentar, Art. 17/18 N. 223. Nach diesem Autor hätte der Grundbuchverwalter «im Interesse des Schutzes des potientiellen handlungsunfähigen Eigenfümers» als berechtigt zu gelten, die Eintragung zu verweigern; der Entscheid über die Handlungsfähigkeit würde dann vom Richter zusammen mit der Prozeßfähigkeit des Betreffenden gefällt. Die Auffassung des BGer verdient aber den Vorzug: In der Tat muß der Grundbuchverwalter die Fragen, die sich ihm stellen, im Rahmen seiner beschränkten Prüfungsbefugnis entscheiden und darf sie nicht an den Richter verweisen (oben, A III 1a).

kundsperson, welche eine Beurkundung vorgenommen hat, wird diese sich vergewissert haben, daß die Parteien – und damit auch der Anmeldende – handlungsfähig sind, und sie wird dies – wenigstens stillschweigend – in der Urkunde auch bestätigt haben; und diese Feststellung wird in der Regel auch für den Zeitpunkt der Anmeldung zutreffen. Der Grundbuchverwalter kann also darauf abstellen; wenigstens soweit in ihm nicht gestützt auf Kenntnisse, die er in seiner amtlichen Stellung erlangt hat, berechtigte Zweifel aufkommen[19]. Aus Gründen der Wirtschaftlichkeit und der Zusammenarbeit zwischen zwei öffentlichen Diensten drängt sich in dieser Hinsicht eine gewisse Aufteilung der «Verantwortlichkeiten» zwischen Urkundsperson und Grundbuchverwalter auf.

III. Die gesetzliche Vertretung der Handlungsunfähigen oder die Mitwirkung bei deren Geschäften

Der Grundbuchverwalter wird sich die Urkunden vorlegen lassen, mit deren Hilfe sich der Vertreter notfalls ausweisen muß, um im Namen eines Handlungsunfähigen zu handeln (§ 23 III 3b). Handelt ein solcher selber, muß sich der Grundbuchverwalter vergewissern, daß die von Seiten des gesetzlichen Vertreters oder des Beirates verlangte Zustimmung vorliegt. Ist eine öffentliche Urkunde Gegenstand der Anmeldung, wird bereits die Urkundsperson die Möglichkeit gehabt haben, im Hinblick auf die vorzunehmende Beurkundung diese Abklärungen zu treffen. Auch in diesem Fall wird sich der Grundbuchverwalter auf die gemachten Abklärungen abstützen können. Doch ist wohl der gleiche Vorbehalt anzubringen wie bei der Prüfung der Handlungsfähigkeit (oben, II).

IV. Die Handlungsfähigkeit der Kollektiv- und Kommanditgesellschaften sowie der privat- und öffentlichrechtlichen juristischen Personen

Wenn eine Gesellschaft oder Stiftung oder eine juristische Person des öffentlichen Rechts an einer Grundbuchanmeldung beteiligt ist, fällt dem

---

[19] WIELAND, Art. 965 N. 3e cc; JENNY, Legalitätsprinzip, S. 238f.; AUER, S. 36; ZBGR 26, 1945 S.178 (BezG Zürich). Es besteht keine Veranlassung, hier an die Anforderungen einen zu harten Maßstab anzulegen, wie das HOMBERGER, Art. 965 N. 52 am Schluß und OSTERTAG, Art. 965 N. 9f. tun; WIELAND, N. 3a ist weniger streng. In einem nicht veröffentlichten Entscheid vom Jahr 1944 hat das BGer eine Abweisung gebilligt, die damit begründet war, der öffentlich beurkundete Vertrag hätte nicht festgestellt, die Vertragsparteien seien handlungsfähig gewesen, während diese Feststellung nach kantonalem Recht verlangt war, ZBGR 26, 1945, S. 218. Zur Prüfung der Handlungsfähigkeit durch die Urkundsperson, vgl. CARLEN, S. 90; BRÜCKNER, S. 70 Note 11 und S. 71.

Grundbuchverwalter gleichfalls die Aufgabe zu, anhand der Urkunden, welche diese auflegen müssen, den Ausweis derjenigen zu überprüfen, welche für die Gesellschaft oder die juristische Person handeln (§ 23 III 4)[20]. Ist eine öffentliche Urkunde erstellt worden, wird sich der Grundbuchverwalter im wesentlichen darüber vergewissern, ob die Urkundsperson die Befugnis der «Stellvertreter» abgeklärt hat, die bei der Beurkundung und mittelbar damit auch bei der Grundbuchanmeldung mitgewirkt haben.

V. Die gewillkürte Stellvertretung

Bei der gewillkürten Stellvertretung ruft die Prüfung der Vollmachten (§ 23 III 5) nach entsprechenden Bemerkungen. Ist der Vertrag von einer Urkundsperson ausgefertigt worden, wird diese die Vollmacht eines allfälligen Stellvertreters bereits nach den Vorschriften des Beurkundungsrechtes überprüft haben. Liegen keine berechtigten Zweifel vor, darf sich der Grundbuchverwalter darauf verlassen. Die Überprüfung der gesetzlichen Vollmacht der Urkundsperson (Art. 963 Abs. 3 ZGB, Art. 17 GBV) geschieht anhand der für die Urkundspersonen geltenden Vorschriften.

VI. Die Legitimation zur Grundbuchanmeldung

Es ist eine vordringliche Aufgabe des Grundbuchverwalters zu prüfen, ob die Legitimation zur Grundbuchanmeldung, insbesondere das Verfügungsrecht des Anmeldenden, vorhanden ist; denn diese muß der Anmeldende nach dem Wortlaut von Art. 965 Abs. 2 ZGB zweifelsfrei nachweisen. Die Prüfung erstreckt sich gerade auf die Ausweise, die geliefert werden müssen (§ 23 III 6). Hier übt der Grundbuchverwalter seine Befugnis selb-

---

[20] ZBJV 70, 1934, S. 329: Abweisung einer Anmeldung, die nur von einem von zwei kollektivzeichnungsberechtigten Direktoren unterschrieben war. Zur Prüfung der Vertretungsmacht des unbeschränkt haftenden Gesellschafters einer Kommanditgesellschaft, siehe ZBGR 46, 1965, S. 207 (RR Bern): Für die Errichtung eines Pfandrechts auf den Grundstücken der Gesellschaft verlangt die Aufsichtsbehörde die Zustimmung des Kommanditärs, wenn der unbeschränkt haftende Gesellschafter nach dem Zweck der Gesellschaft seine Vertretungsmacht offensichtlich überschritten hat. Der Entscheid scheint den Pfandvertrag als solchen zum Gegenstand zu haben. Für die Anmeldung selber jedenfalls ist der unbeschränkt haftende Gesellschafter durch seinen Eintrag im Handelsregister als solcher genügend ausgewiesen (vorn, § 23 Note 11a). Zum Fall einer unzuständigen Gemeindebehörde, einen Kaufvertrag abzuschließen, ZBGR 38, 1957, S. 268 (AppH Bern).

ständig aus; unabhängig von der Urkundsperson, die, wenn sie sich auch damit befassen muß, nicht die Aufgabe hat, das Vorhandensein der Legitimation zur Grundbuchanmeldung amtlich festzustellen. Geht eine Anmeldung ein, mit der ein Ehemann, der mit seiner Frau unter dem Güterstand der Güterverbindung lebt, über Grundstücke seiner Frau verfügt und geht diese Verfügung über die gewöhnliche Verwaltung hinaus, muß sich der Grundbuchverwalter besonders vergewissern, ob die Zustimmung der Ehefrau vorliegt. Die Vermutung der Zustimmung nach Art. 202 Abs. 2 ZGB ist bei grundbuchlichen Geschäften nicht anwendbar (genau so wenig wie übrigens jene nach Art. 217 Abs. 2 ZGB)[20a].

Das will nicht heißen, daß die Prüfungsmöglichkeit des Grundbuchverwalters in bezug auf die Legitimation zur Grundbuchanmeldung unbeschränkt sei.

Gewiß darf der Grundbuchverwalter sich nicht an die Angaben halten, die sich in den Akten auf seinem Amt finden. Er muß auf die Auskünfte abstellen, die sich aus andern öffentlichen Registern (Zivilstands-, Handelsregister) und aus amtlichen Veröffentlichungen ergeben. Er soll wissen, daß jemand gestorben oder in Konkurs geraten oder daß ihm Nachlaßstundung gewährt worden ist[21], daß eine Frau verheiratet ist[21a]; er muß diesen Punkten

---

[20a] HOMBERGER, Art. 965 N. 70; LEMP, Art. 202 N. 4 und 23 (schriftliche Zustimmung der Ehefrau). Nach LEMP sollte der Grundbuchverwalter grundsätzlich die Möglichkeit haben, darüber zu entscheiden, ob ein Geschäft des Ehemannes unter die «gewöhnliche Verwaltung» fällt und damit der Zustimmung der Ehefrau nicht bedarf.
Gestützt auf das BG vom 5. Oktober 1984 stellt sich das Problem für die Güterverbindung in Zukunft nur noch insofern, als diese übergangsrechtlich weiter Geltung besitzt (Art. 9e, 10b revSchlT). Zur Beibehaltung der Güterverbindung Dritten gegenüber, P.H. STEINAUER, Le droit transitoire, S. 178 f. Bei der *neuen vertraglichen Gütergemeinschaft* kann jeder Ehegatte, soweit es um gewöhnliche Verwaltungshandlungen geht, über das Gesamtgut verfügen. Soweit Verfügungen über diese hinaus gehen, müssen die Ehegattten gemeinsam, oder der eine mit Zustimmung des andern, handeln. Der Grundbuchverwalter sollte vorsichtig sein in der Annahme, die Anmeldung einer Grundbucheintragung falle unter die gewöhnliche Verwaltung eines Grundstücks (Grenzberichtigung, Dienstbarkeitsbereinigung?). Die Vermutung der Zustimmung, die Art. 228 Abs. 2 revZGB aufstellt, spielt im Verhältnis zum Grundbuch nicht.
[21] BGE 51 III, 1925, S. 75; ZBGR 16, 1935, S. 132 (Justizkommission Luzern).
[21a] Der Grundbuchverwalter darf davon ausgehen, ein Ehepaar lebe unter dem Güterstand der Güterverbindung. Von der Frau als Grundeigentümerin gilt, daß sie über ihre Grundstücke nur mit Zustimmung des Mannes verfügen kann – gleich wie dieser darüber nur mit Zustimmung der Frau verfügen kann. Um allein über ein ihr gehörendes Grundstück zu verfügen, muß die Ehefrau dartun, daß sie mit ihrem Mann unter dem Güterstand der *externen* Gütertrennung lebt oder daß das fragliche Grundstück ihr Sondergut darstellt, vgl. BGE 65 I, 1939, S. 29 ff. und ein Urteil des GBer vom Jahr 1944, das in ZBGR 33, 1953, S. 317 erschienen ist. Darüber hinaus hat sich der Grundbuchverwalter nicht weiter um den Güterstand zu kümmern, unter dem ein Ehepaar lebt. Ein Eigentumswechsel, der

seine Aufmerksamkeit schenken. Aber selbst in solchen Fällen kann es vorkommen, daß er eine Auskunft zu spät erhält; so daß er nicht weiß, daß jemand (wenigstens alleine) nicht mehr verfügungsberechtigt oder daß das Verfügungsrecht auf jemand anders übergegangen ist. Besondere Umstände vorbehalten, darf man von ihm aber nicht verlangen, daß er über die Änderung dieser Verfügungsrechte fortlaufend Erkundigungen einhole[22].

---

auf einer Änderung des Güterstandes beruht, muß ihm von Amtes wegen mitgeteilt werden; worauf er ihn in sein Register einträgt. Ist eine solche Mitteilung unterblieben, besteht für ihn weiterhin die Vermutung, ein Ehepaar lebe unter dem gesetzlichen Güterstand; außer er habe auf anderem Weg von der Eintragung und Veröffentlichung eines Ehevertrages oder von einem richterlichen Entscheid Kenntnis erhalten, die bezüglich des Eigentums an Grundstücken eines Ehepaares eine Änderung nach sich gezogen haben; vgl. FRIEDRICH, Grundbuch und eheliches Recht, S. 253.
Nach dem *neuen Güterrecht* nimmt der Grundbuchverwalter an, ein Ehepaar lebe unter dem ordentlichen Güterstand der Errungenschaftsbeteiligung (Art. 181 revZGB). Jeder Ehegatte – Frau wie Mann – kann frei über seine Grundstücke verfügen (Art. 201 Abs. 1 revZGB). Von einer Änderung im Güterstand, beruhe sie auf einem Ehevertrag oder auf richterlicher Anordnung, erhält der Grundbuchverwalter nicht mehr auf dem Weg über den Güterrechtsregisterführer Kenntnis. Mit dem neuen Art. 665 Abs. 3 ZGB sind auch die Anwendungsbestimmungen in der GRV, insbesondere die Art. 26 und 27, dahingefallen. Der Übergang vom ordentlichen Güterstand zur Gütertrennung oder die Rückkehr von dieser zum ordentlichen Güterstand üben auf die Verfügungsmacht der Ehegatten offensichtlich keinen Einfluß aus (Art. 247 revZGB). Anders verhält es sich, wenn ein Ehepaar den Güterstand der Gütergemeinschaft wählt und die den Ehegatten gehörenden Grundstücke einbezieht (Art. 228 revZGB) oder von diesem auf den ordentlichen oder den Güterstand der Gütertrennung wechselt. Der Grundbuchverwalter hat sich um diese Änderungen im Güterstand aber nicht zu kümmern. Es ist Sache der Ehegatten, sogar eines von beiden, Änderungen am Grundeigentum, die von Gesetzes wegen durch Gütergemeinschaft (oder deren Auflösung, etwa durch gerichtliche Gütertrennung) eintreten, im Grundbuch eintragen zu lassen (Art. 665 Abs. 3 revZGB; siehe vorn, § 17 Note 7a). Der Grundbuchverwalter kann hier nicht an Stelle der Parteien handeln. Selbst wenn er etwa auf mittelbarem Weg Kenntnis vom Abschluß eines Ehevertrages auf Begründung der Gütergemeinschaft hat, kann er nicht von sich aus, an Stelle der Beteiligten, veranlassen, daß die (deklaratorische) Eintragung beider Ehegatten als Gesamteigentümer im Grundbuch vorgenommen wird. Beschließen die Ehegatten aber, die Gemeinschaft durch Ehevertrag aufzuheben und in der güterrechtlichen Auseinandersetzung die Grundstücke dem einen oder andern Partner zuzuweisen, erfordert diese Übertragung, daß der Übernehmer mit einer (konstitutiven) Eintragung im Grundbuch eingetragen wird.

[22] Meldet ein *Willensvollstrecker* eine Eintragung an, muß der Grundbuchverwalter anhand des Testamentes oder der von der zuständigen Behörde ausgestellten Erbenbescheinigung dessen Vollmachten überprüfen (Art. 17 GBV). Er hat aber grundsätzlich nicht abzuklären, ob dieser im Rahmen seines Auftrages gehandelt hat, vgl. BGE 61 I, 1935, S. 382 und, betreffend dem amtlichen Erbschaftsverwalter, dem nicht so weitreichende Vorrechte zustehen, BGE 95 I, 1969, S. 392. Im übrigen soll der Grundbuchverwalter überprüfen, ob der Willensvollstrecker auch zum Abschluß des obligatorischen Grundgeschäftes befugt war (Art. 965 Abs. 3 ZGB; unten, C I 1). Nach beiden Richtungen geht die Prüfung des Grundbuchverwalters aber weniger weit als diejenige durch den Richter, BGE 97 II, 1971, S. 11.

Beim Untergang von dinglichen Rechten, insbesondere bei demjenigen eines Pfandrechtes, muß der Grundbuchverwalter die Legitimation des Anmeldenden und derjenigen überprüfen, die der Löschung allenfalls zustimmen müssen. Aber er kann sich an den im Grundbuch angegebenen Berechtigten – ersten Gläubiger, Inhaber einer übertragbaren Personaldienstbarkeit – halten. Vorbehalten bleiben die Fälle, daß ihm eine Abtretung oder die Begründung eines Pfandrechts oder einer Nutznießung am Recht mitgeteilt worden ist[23] oder daß er aus ernsthaften Gründen annehmen muß, der Inhaber dieser Rechte habe gewechselt. Ist derjenige, der die Löschung anmeldet, Abtretungs- oder Pfandgläubiger, wird sich der Grundbuchverwalter die Abtretung oder den indossierten Titel vorlegen lassen. Im allgemeinen hat er aber wohl nur die Form der Rechtsübertragung auf ihre Gültigkeit zu überprüfen (entsprechende Anwendung von Art. 965 Abs. 3 ZGB); außer er habe begründete Zweifel bezüglich der Handlungsfähigkeit, der Stellvertretung, des Verfügungsrechts oder der Identität des Abtretenden[24] [24a].

Die soeben gemachten Überlegungen finden im Geltungsbereich des absoluten wie des relativen Eintragungsprinzips Anwendung. Immer wenn sie von den Beteiligten selber angemeldet werden, gelten diese für die Eintragungen von dinglichen Rechten, für die Vormerkungen wie für die Anmerkungen. Beruft sich der Anmeldende auf eine amtliche Anordnung (Urteil, Entscheid einer Verwaltungsbehörde, Erbbescheinigung), weist ihn gerade diese Anordnung aus, und die Prüfung der Legitimation zur Anmeldung durch den Grundbuchverwalter ist gleich, wie wenn die Behörde die Anmeldung selber vornimmt (unten, VIII).

VII. Der Ausweis der Identität

Der Grundbuchverwalter prüft, ob der Anmeldende oder sein Stellvertreter ihrer Pflicht, ihre Identität nachzuweisen, nachgekommen sind (§ 23 III 7). Dabei tritt die persönliche Kenntnis der Beteiligten und ihrer Bevoll-

---

[23] Bei den Pfandrechten ergibt sich dies aus einer Einschreibung im Gläubigerregister.
[24] Zur Frage, ob die Abtretung – Indossament – eines Schuldbriefes rechtsgültig sei, wenn sie zunächst blanko vorgenommen worden ist, der Abtretende den Titel in der Folge aber mit dem Namen des Erwerbers ergänzt und den Besitz am Titel übertragen hat, vgl. einen Entscheid des BGer von 1940, veröffentlicht in ZBGR 33, 1952, S. 279 (Frage bejaht).
[24a] Zur rechtsändernden Löschung einer Grunddienstbarkeit zugunsten eines herrschenden Grundstücks, siehe vorn, § 16 B II 2 b Noten 28–30: Der Grundbuchverwalter kann wohl ziemlich frei prüfen, ob der Untergang der Dienstbarkeit den Inhabern von beschränkten dinglichen Rechten an diesem Grundstück wirklich zum Nachteil gereicht.

mächtigten für ihn häufig an Stelle einer Überprüfung. Ist die Anmeldung durch die Urkundsperson vorgenommen worden, die den Vertrag beurkundet hat, hat sie die Identität der Parteien, und besonders jene des Verfügenden, überprüft[25]. Wie bei der Handlungsfähigkeit und der Stellvertretung (oben, 2-5) kann der Grundbuchverwalter sich wohl grundsätzlich darauf verlassen.

VIII. Die Zuständigkeit einer anmeldenden Behörde oder eines anmeldenden Beamten

Der Grundbuchverwalter prüft, ob eine Behörde oder ein Beamter nach den einschlägigen gesetzlichen Vorschriften zuständig ist, eine bestimmte Anmeldung vorzunehmen (§ 23 III 8)[26]. Ist die Zuständigkeit anerkannt oder kann sie nicht mehr bestritten werden, heißt das noch nicht, daß der Grundbuchverwalter den Entscheid selber, der Gegenstand der Anmeldung ist und der den Rechtsgrund für eine Eintragung oder Löschung bildet, nicht, oder wenigstens in gewisser Hinsicht nicht, überprüfen könne (unten, C III)[27].

C. Die Prüfung der Voraussetzungen des Rechtsgrundes einer Eintragung
(vorn, § 23 IV)

Der Grundbuchverwalter muß in jedem Fall prüfen, ob die Urkunden vorhanden sind, die der Anmeldende einzureichen hat, um den Rechtsgrund einer Eintragung nachzuweisen. In dieser Hinsicht ist die Prüfung des Ausweises nach Art. 965 Abs. 1 und 3 ZGB nicht beschränkt. Mit Ausnahme der Form, die der Grundbuchverwalter immer überprüfen muß, ist sie oder kann sie es aber sein bezüglich der Rechtsgültigkeit des Rechtsgrundes.

---

[25] CARLEN, S. 90.
[26] HOMBERGER, Art. 963 N. 41; GULDENER, Freiwillige Gerichtsbarkeit, S. 53. Der Grundbuchverwalter kann die Zuständigkeit eines Richters nicht nochmals überprüfen, wenn ein Urteil oder Entscheid Rechtskraft erlangt hat; wenigstens was die örtliche Zuständigkeit angeht. Für die sachliche Zuständigkeit hat das BGer die Frage offen gelassen, BGE 78 I, 1952, S. 445 f.; siehe dazu die Weisung der eidgenössischen Justizabteilung, zit. vorn, § 23 Note 32, die sich in einem Fall für die Überprüfung dieser Zuständigkeit ausgesprochen hat.
[27] HOMBERGER, a. a. O. Das trifft vor allem zu, wenn eine Urkundsperson einen von ihr beurkundeten Vertrag zur Eintragung anmeldet, ZR 27, 1928, Nr. 165 (ObG Luzern).

Es kann hier nicht darum gehen, für die verschiedenen Eintragungen im Grundbuch einzeln alle Punkte nochmals aufzuzählen, die Gegenstand des vom Anmeldenden zu leistenden Ausweises sein müssen und die der Grundbuchverwalter folglich in die Prüfung des Rechtsgrundes einbeziehen muß. Es soll hier nur für eine Anzahl von typischen materiellen Voraussetzungen, von denen die Rechtsgültigkeit einer Eintragung abhängt, der Umfang der Prüfungsmöglichkeit abgesteckt werden (erster und zweiter Abschnitt, §§ 14–20). Dazu unterscheiden wir danach, ob ein Rechtsgeschäft, das Gesetz selber oder eine amtliche Anordnung Grundlage einer angemeldeten Eintragung ist.

I. Rechtsgeschäft

Unter den in Frage stehenden Rechtsgeschäften sehen wir in erster Linie den Vertrag – insbesondere das Verpflichtungsgeschäft –, der die Grundlage für die Eintragung von dinglichen Rechten, Vormerkungen, ja sogar von Anmerkungen bildet. Ohne Belang ist, ob diese Eintragungen konstitutiv oder deklaratorisch sind oder ob ihnen nur die Bedeutung einer Auskunft zukommt. Es kann sich aber auch um einseitige Rechtsgeschäfte handeln[27a].

1. Rechts- und Handlungsfähigkeit der an einem Vertrag beteiligten Parteien, Handeln durch Organe, gesetzliche oder gewillkürte Stellvertretung, Identität der Parteien

Von den in dieser Überschrift erwähnten Voraussetzungen hängt bereits die Befähigung zu einer Grundbuchanmeldung ab. Sie müssen an sich in allen Parteien, also auch in der Person des Erwerbers, für den Erwerbs- oder Löschungsgrund überprüft werden[27b]. Aus den weiter oben (A III) dargelegten Gründen kann ein derartiges Erfordernis aber kaum allgemein erhoben werden. Der Grundbuchverwalter wird diese Punkte wenigstens in bezug auf die Person des Anmeldenden schon einer Prüfung unterzogen haben (oben, B I–V, VII). Für die andere oder die andern Personen dage-

---

[27a] «Die Prüfungsbefugnis des Grundbuchverwalters bezüglich der Beilagen zum Kaufvertrag geht grundsätzlich nicht weiter als diejenige bezüglich des Kaufvertrages selbst», BGE 108 II, 1982, S. 548.
[27b] BRÜCKNER, S. 81ff.

gen kann man von ihm mehr als eine oberflächliche Prüfung nur verlangen, wenn er besondere Anhaltspunkte besitzt, an der Ordnungsmässigkeit eines Geschäftes zu zweifeln. Kommt die Anmeldung von der Urkundsperson, welche die öffentliche Beurkundung vorgenommen hat, kann sich der Grundbuchverwalter im übrigen weitgehend auf deren Feststellungen verlassen[27c].

Vorbehalten bleiben jedoch in jedem Fall die Beschränkungen der Handlungsfähigkeit und der gesetzlichen Vertretung (siehe namentlich § 23 II 3b).

2. Zustimmungen oder Bewilligungen

Wir befassen uns hier nicht mit den Fällen, in denen ein Minderjähriger, ein Entmündigter, der urteilsfähig ist, oder einer, der unter Beiratschaft steht, selber handeln, für ihre Handlungen aber der Zustimmung ihres gesetzlichen Vertreters oder Beirates bedürfen. Diese Zustimmung ist sowohl für das Rechtsgeschäft, das den Erwerbsgrund bildet, wie für das Verfügungsgeschäft notwendig. Die weiter oben aufgeführte Prüfung durch den Grundbuchverwalter (B III) erstreckt sich natürlich auf beide Geschäfte.

In diesem Zusammenhang muß auf den *neuen* Art. 169 ZGB hingewiesen werden, nach welchem ein Ehegatte, dem an der Wohnung der Familie Rechte zustehen, diese nicht ohne Zustimmung des andern Ehegatten durch Rechtsgeschäfte beschränken, namentlich das Haus oder die Wohnung der Familie nicht veräußern darf. Diese Zustimmung ist Voraussetzung für die Rechtsgültigkeit einerseits der vom Berechtigten eingegangenen obligatorischen Verpflichtung und anderseits des dinglichen Verfügungsgeschäfts selber. Der Grundbuchverwalter muß sich vergewissern, ob diese Zustimmung oder allenfalls die Einwilligung des Richters vorliegt (Art. 169 Abs. 2 revZGB)[27d].

Ist eine natürliche oder eine privat- oder öffentlichrechtliche juristische Person in ihrer Handlungsfähigkeit eingeschränkt, muß der Grundbuchverwalter sich vergewissern, ob die zuständige Behörde ihr Genehmigung erteilt hat. Dies trifft für folgende Fälle zu:

[27c] Der Grundbuchverwalter muß indessen besonders auf Fälle von *Selbstkontrahieren* oder *Doppelvertretung* achten, die nur erlaubt sind, wenn: 1.) der Vertreter dazu ausdrücklich ermächtigt ist oder 2.) das Geschäft von seiner Natur her für den Vertretenen keine Gefahr in sich birgt. Dazu siehe BGE 99 Ia, 1973, S. 9; 98 II, 1972, S. 219; 95 II, 1969, S. 453, 621. Der Grundbuchverwalter ist kaum imstande, die zweite Voraussetzung zu überprüfen; im Zweifelsfall sollte er sich aber über die besondere Vollmacht des Stellvertreters vergewissern; vgl. HOMBERGER, Art. 965 N. 48; ZBGR 10, 1929, S. 36 (Finanzdepartement Waadt): Fall des Vertreters eines Mitgliedes einer Erbengemeinschaft, der er selber angehört und der im Namen des Vertretenen mit sich selber als Erben einen Teilungsvertrag abschließt. Siehe auch ZBGR 28, 1947, S. 252 (ObG Luzern).

[27d] Vgl. unter anderen: HEGNAUER, Die Allgemeinen vermögensrechtlichen Wirkungen der Ehe, Bei HAUSHEER, Vom alten zum neuen Eherecht, S. 29 ff.; PFÄFFLI, S. 284 ff.; GEISER, S. 16 ff., DESCHENAUX/STEINAUER, § 8 B.

- Für eine Stiftung, bei der alles Vermögen auf einen Dritten übergehen soll (Art. 85/86 ZGB)[28];
- für «Rechtsgeschäfte unter Ehegatten, die das eingebrachte Gut der Ehefrau oder das Gemeinschaftsgut» betreffen (Art. 177 Abs. 2 ZGB)[29]; für die Eingehung einer Verpflichtung der Ehefrau Dritten gegenüber zugunsten des Mannes, die grundpfändlich sichergestellt werden soll (Art. 177 Abs. 3 ZGB)[30]; für nach Abschluß der Ehe vereinbarte Eheverträge (Art. 179 Abs. 3 ZGB)[31]; alle diese Vorschriften gelten unter dem neuen Eherecht nicht mehr;
- für die von einem Vormund oder Beirat abgeschlossenen Rechtsgeschäfte, die der Genehmigung durch die Vormundschaftsbehörde (Art. 421 Ziff. 1, 9 ZGB) oder die vormundschaftliche Aufsichtsbehörde unterliegen (Art. 404 Abs. 3, 422 Ziff. 3, 4, 5, 7 ZGB)[32];
- für den Erwerb von Grundstücken durch Personen im Ausland (BG vom 16. Dezember 1983)[33];
- für Erwerb und Veräußerung von Grundstücken, die öffentlichrechtlichen juristischen Personen gehören, und für die Errichtung von beschränkten dinglichen Rechten an solchen[34].

Der Grundbuchverwalter entscheidet selbständig über das Erfordernis einer Zustimmung oder Bewilligung. Er muß sich zur Frage eine persönli-

---

[28] BGE 71 I, 1945, S. 454.
[29] SJZ 14, 1917/1918, S. 144 (BR); HOMBERGER, Art. 965 N. 46; FRIEDRICH, Grundbuch und eheliches Güterrecht, S. 259 und 262 ff.; nach ihm muß der Grundbuchverwalter unbedingt sehen, wann eine vormundschaftliche Genehmigung erforderlich ist; zur Auslegung von Art. 177 Abs. 2 ZBG, vgl. LEMP, Art. 177 N. 4 ff.; REY, Gemeinschaftliches Eigentum, S. 332.
[30] BGE 108 II, 1982, S. 410 ff.; 59 II, 1933, S. 217; 61 II, 1935, S. 218; HOMBERGER, Art. 965 N. 68; FRIEDRICH, S. 258 ff., besonders über die Errichtung und Vergebung von Schuldbriefen durch eine Frau, mit denen Schulden des Mannes sichergestellt werden sollen; zur Auslegung von Art. 177 Abs. 3 ZGB, vgl. LEMP, Art. 177 N. 38 ff. Anwendungsfall: ZBGR 37, 1956, S. 352 (Aufsichtsbehörde Freiburg); 47, 1966, S. 75 und 77 (RR Bern). Vgl. auch BRÜCKNER, S. 82; nach ihm hat der Grundbuchverwalter nicht besondere Anstrengungen zu unternehmen, um eine verborgene Interzession ausfindig zu machen.
[31] Eheverträge prüft der Grundbuchverwalter erst, nachdem der Güterrechtsregisterführer sie einer Prüfung unterzogen hat (Art. 665 Abs. 3 ZGB). Gleich verhält es sich mit Rechtsgeschäften unter Ehegatten, auf welche in den Augen des Grundbuchverwalters Art. 177 Abs. 2 ZGB Anwendung findet (Art. 248 Abs. 1 ZGB). Zur Prüfung, die der Grundbuchverwalter in diesen Fällen noch vorzunehmen hat, siehe unten, III 4.
[32] HOMBERGER, Art. 965 N. 72; DESCHENAUX/STEINAUER, Personnes physiques et tutelle, S. 263 ff. Art. 422 Ziff. 7 ZGB hat nicht nur Rechtsgeschäfte im Auge, die zwischen Mündel und Vormund, sondern auch solche, die zwischen einem unter elterlicher Gewalt stehenden Minderjährigen (oder Entmündigten) und Vater oder Mutter abgeschlossen werden, sobald die gegenseitigen Interessen sich widersprechen (Art. 392 Ziff. 2 ZGB); vgl. ZBGR 37, 1956, S. 54 (Staatsrat Wallis).
[33] Es wird allgemein angenommen, daß die fraglichen Beschränkungen die Rechtsfähigkeit selber betreffen; vgl. DESCHENAUX/STEINAUER, S. 15. Zu den Einzelheiten über die Anwendung des BewG, siehe insbesondere die Wegleitung des GBA an die Grundbuchverwalter (ZBGR 66, 1985, S. 183 ff.). Botschaft des BR vom 16. September 1981 zum BewG, BBl 1981, III 5.
[34] HOMBERGER, Art. 965 N. 46 und 50 am Schluß; ZBGR 48, 1967, S. 347 ff. (RR St. Gallen); 37, 1956, S. 31 (Aufsichtsbehörde Freiburg).

che Meinung bilden und notfalls die Zweifel beseitigen, die er vielleicht hegt[35] [36]. Hat die zuständige Behörde zu einem Geschäft die Genehmigung erteilt oder die Auffassung vertreten, eine solche brauche es nicht, kann der Grundbuchverwalter nicht anderer Meinung sein als die richterliche oder Verwaltungsbehörde, die in der Sache entschieden hat. Er kann nur die Zuständigkeit dieser Behörde und – allenfalls – bestimmte weitere Voraussetzungen der fraglichen Eintragung überprüfen[37]. Zur Prüfung solcher Bewilligungen durch den Grundbuchverwalter, siehe unten, III 4.

3. Form

Die Prüfung durch den Grundbuchverwalter erstreckt sich vornehmlich auf die Form (Art. 965 Abs. 3 ZGB, Art. 18/19 GBV). Dieser prüft zunächst, ob für ein Rechtsgeschäft überhaupt die richtige Form gewählt worden ist, und darauf, ob die Besonderheiten dieser Form eingehalten worden sind. In diesem Zusammenhang klärt er ab, ob die Erfordernisse, die das kantonale (Art. 55 SchlT) oder das Bundesrecht (Art. 498 ff. ZGB) aufstellen, beachtet worden sind; im Umfang, als das Nicht-Einhalten einer Formvorschrift die Nichtigkeit eines Rechtsgeschäfts zur Folge hat. Diesen Erfordernissen stehen jene gegenüber, die reine Ordnungsvorschriften darstellen[38]. Vorbe-

---

[35] HOMBERGER, Art. 965 N. 46, 50 und, betreffend die familien- und vormundschaftsrechtlichen Bewilligungen, N. 72. Bei öffentlichrechtlichen Körperschaften darf der Grundbuchverwalter sich nicht einfach auf die Mitteilung eines Gemeinwesens betreffend das Erfordernis einer Genehmigung durch eine übergeordnete Behörde verlassen; von diesem Gesichtspunkt aus ist der Entscheid in ZBGR 48, zit. in Note 34, fragwürdig, obwohl es eine Ermessensfrage darstellt, ob die Errichtung einer Dienstbarkeit den Wert eines Grundstückes vermindert.
Beim *Erwerb von Grundstücken durch Personen im Ausland* entlastet das BewG den Grundbuchverwalter weitgehend von der Pflicht, abzuklären, ob ein Erwerb eine Bewilligung erfordert; dazu siehe hinten, § 25 V 3 f.

[36] Was den *neuen* Art. 169 ZGB angeht, prüfen der beurkundende Notar und der Grundbuchverwalter zusammen (oben, B II), ob die Bestimmung zur Anwendung gelangt. PFÄFFLI, S. 285, schlägt vor, der Notar solle selber zu handen des Grundbuchverwalters abklären und diesen entsprechend unterrichten, ob das betroffene Grundstück die Wohnung der Familie des Verfügenden enthalte oder nicht. Zur Auslegung von Art. 169 revZGB, siehe bereits NÄF-HOFMANN, Nr. 117 ff.; HEGNAUER, bei HAUSHEER, Nr. 111 ff.; PFÄFFLI, a. a. O.; DESCHENAUX/STEINAUER, Le nouveau droit matrimonial, § 8 E.

[37] HOMBERGER, Art. 965 N. 46 und Verweise; ZBGR 37, 1956, S. 31 (Aufsichtsbehörde Freiburg).

[38] HOMBERGER, Art. 965 N. 42; BGE 63 I, 1937, S. 107: Bei der Veräußerung eines Grundstücks, das einem Mündel gehört, öffentliche Versteigerung und nicht gewöhnliche öffentliche Beurkundung (außer dieses Verfahren sei von der vormundschaftlichen Aufsichtsbehörde gutgeheißen worden); ZBGR 37, 1956, S. 31 (Aufsichtsbehörde Freiburg): Versteigerung vorgeschrieben für den Verkauf von Grundstücken, die einer Gemeinde

halten bleiben die Fälle, in denen eine richterliche oder Verwaltungsbehörde sich über die Rechtsgültigkeit eines Rechtsgeschäfts in bezug auf die Form bereits ausgesprochen hat[39] (unten, III).

Erwähnt sei hier noch, daß der Begriff der öffentlichen Beurkundung ein Begriff des Bundesrechts darstellt und daß die kantonalen Vorschriften gewissen Mindestanforderungen genügen müssen, die vom Zweck der Einrichtung bestimmt werden. Diese Erfordernisse sind gleichfalls Gegenstand der Prüfung durch den Grundbuchverwalter[39a].

4. Materielle Mängel eines Rechtsgeschäftes

In bezug auf die materiellen Mängel eines Rechtsgeschäftes ist die Prüfung des Grundbuchverwalters notwendigerweise beschränkt.

Diese Beschränkung besteht bei der Prüfung derjenigen Voraussetzungen, die den *Willen der Parteien* betreffen. Trotzdem muß der Grundbuchverwalter abklären, ob sich diese über alle objektiv wesentlichen Punkte eines Vertrages geeinigt haben (Art. 1 OR). Keine Einigung ist erforderlich bezüglich der Nebenpunkte; unabhängig davon, ob diese vorbehalten worden sind oder nicht (Art. 2 OR)[40]. Bei der Errichtung eines Grundpfandes

---

gehören; 49, 1958, S. 355 (gleiche Behörde): Prüfung, ob die Besonderheiten der Form der öffentlichen Beurkundung nach kantonalem Recht eingehalten sind; 58, 1977, S. 155 (Verwaltungsgericht Aargau): Bedeutung des Verbots der Verwendung von Kugelschreibern auf Urkunden, die als Grundbuchbelege dienen sollen?

Selbst in bezug auf die Form kann die Prüfung des Grundbuchverwalters beschränkt sein; so: Wenn die Anwesenheit der Zeugen und der Urkundsperson beim Unterschreiben eines Erbvertrages durch die Parteien anders als durch eine Bescheinigung auf der Urkunde, etwa durch Einvernahme der anwesenden Personen, bewiesen werden kann, kann vom Grundbuchverwalter die Abnahme dieses Beweises nicht verlangt werden; vgl. BGE 105 II, 1979, S. 43 ff. am Schluß. – In einem Fall, in dem zusammen mit einem Kaufvertrag um eine Stockwerkeinheit im Zustand zum Zeitpunkt des Vertragsabschlusses ein Werkvertrag über die Fertigstellung der Wohnung abgeschlossen worden ist, hat das BGer entschieden, die beschränkte Prüfungsbefugnis, die den Grundbuchbehörden zustehe, erlaube es diesen nicht, zu entscheiden, ob der Werkvertrag in diesem Fall gleichfalls hätte öffentlich beurkundet werden müßen, BGE 107 II, 1981, S. 211. Vgl. auch BRÜCKNER, S. 68 f., und die redaktionelle Bemerkung von H. H. in ZBGR 64, 1983, S. 113 Ziff. 3 und ZBGR 65, 1984, S. 207 (Aufsichtsbehörde über die Urkundspersonen Luzern).

[39] HOMBERGER, Art. 965 N. 42; ZBGR 49, zit. in Note 38.

[39a] BGE 106 II, 1980, S. 146: Ein Vertragstext genügt dem bundesrechtlichen Begriff der öffentlichen Beurkundung nicht, wenn er sich über die Grenzen und die Lage der Kaufrechtsparzelle ausschweigt. Wann aber eine Planskizze, die dem Text beigeheftet ist, als beurkundet gelten darf, beurteilt sich nach kantonalem Recht. Dazu ZBGR 64, 1983, S. 189 (ObG Zürich).

[40] Man kann vom Grundbuchverwalter kaum verlangen, daß er besondere Nachforschungen anstelle, ob die Parteien über die subjektiv wesentlichen Punkte übereingekommen sind,

müssen sich die Parteien über dessen Rang einig sein[41]. Bei einem Vertrag auf Übertragung von Grundeigentum oder der Errichtung einer Dienstbarkeit gehört der Ausweis, wie eine vereinbarte Gegenleistung erbracht wird, nicht zu den wesentlichen Elementen des Vertrages; und die Vertragsbestimmung, die Kaufpreisforderung sei bereits bezahlt oder durch Verrechnung getilgt, kann nicht als Begründung für eine Abweisung herhalten[41a].

Für die Beziehungen mit dem Grundbuch sind grundsätzlich einzig die ausdrücklichen Willenserklärungen von Bedeutung. Das schließt jedoch nicht aus, daß diese im Sinn des Art. 18 OR auslegungsbedürftig sein können[42]. Doch ist es nicht Aufgabe des Grundbuchverwalters, zu versuchen, innere Widersprüche zu beseitigen oder offensichtliche Lücken zu füllen. In solchen Fällen weist er die Anmeldung einfach ab[43].

Ist der Grundbuchverwalter auch befugt, einen offenen Dissens zwischen den Parteien festzustellen, braucht er nicht nach einem versteckten

---

die der Form der öffentlichen Beurkundung bedürfen; dazu vgl. BRÜCKNER, S. 76 ff., der sich über die Prüfungsbefugnis des Grundbuchverwalters in dieser Hinsicht aber nicht abschließend ausspricht; diesbezügliche Fragen aufzuwerfen, gehöre vornehmlich in den Aufgabenbereich der Urkundsperson (S. 66). Zur Frage, ob abgeklärt werden müsse, ob in einer öffentlichen Urkunde wirklich die Wahrheit ausgedrückt werde, siehe den Artikel von W. MEIER, der im Literaturverzeichnis aufgeführt ist; im weitern BGE 107 II, 1981, S. 211 Erw. 4 und die grundsätzlich zustimmenden Bemerkungen von H. H. in ZBGR 64, 1983, S. 111. – Die Dauer gewisser persönlicher Rechte, wie des Kaufsrechtes (vorn, § 7 III 2 b) oder des bezüglich nicht landwirtschaftlicher Grundstücke unter den Miterben frei vereinbarten Gewinnanteilsrechtes (ZBGR 64, 1983, S. 129, BezG Zürich), ist ein objektiv wesentlicher Bestandteil der vertraglichen Vereinbarung; die Willenseinigung in diesem Punkt unterliegt der vorgeschriebenen Form.

[41] HOMBERGER, Art. 965 N. 45; H. LEEMANN, Art. 813/814 ZGB. Zur Notwendigkeit, in der sich der Grundbuchverwalter befindet, bei der Eintragung der dinglichen Rechte, insbesondere der Pfandrechte, die Frage des Ranges klarzustellen, vgl. FRIEDRICH, Der Rang, S. 346. Siehe Art. 53 Abs. 2 GBV, nach welchem die Pfandtitel die auf einem Grundstück bereits ruhenden Belastungen, darunter «alle vorangehenden Pfandrechte», angeben müssen.

[41a] MBVR 14, 1916, S. 456 und SJZ 16, 1920, S. 42, zit. von HOMBERGER, in Note 45 zu Art. 965. Vgl. auch ZBGR 48, 1967, S. 215 (RR Bern): Soll bei einem Kauf eine Schuld übernommen werden, genügt es, wenn der Vertrag die Angaben enthält, welche für die Mitteilung an den Gläubiger notwendig sind (Art. 834 ZGB).

[42] HOMBERGER, Art. 965 N. 56 und 39: Der Grundbuchverwalter muß sich Rechenschaft geben, ob mit einer Anmeldung die Eintragung einer Dienstbarkeit oder die Anmerkung einer öffentlichrechtlichen Eigentumsbeschränkung beabsichtigt wird, vgl. ZBGR 1, 1920, S. 3 (BR); er muß, wenn er die Anmeldung nicht überhaupt abweist, die Parteien in einem solchen Fall wohl zu genaueren Erklärungen anhalten.

[43] AUER, S. 67; ZBGR 38, 1957, S. 368 (Aufschtsbehörde Freiburg): Abweisung der Anmeldung der Vormerkung eines Vorkaufsrechts, das an ein und demselben Grundstück mehreren Personen *einzeln* eingeräumt wird, ohne daß für den Fall der Ausübung die gegenseitigen Beziehungen zwischen den mehreren Berechtigten geregelt ist (strenge Lösung). Vgl. Art. 10 Abs. 1 Ziff. 2 GRV am Schluß: Verweigerung der Eintragung von Eheverträgen, die widerspruchsvolle und unklare Bestimmungen enthalten.

solchen zu suchen, wie das bei einem Erklärungsirrtum einer Partei der Fall ist; gleichgültig, ob die andere diesen merkt oder nicht. Dazu ist er nicht befugt. Er hat auch nicht besondere Untersuchungen danach anzustellen, ob ein Rechtsgeschäft wegen Furchterregung oder absichtlicher Täuschung an einem wesentlichen Irrtum leidet. Es ist an der Partei, bei welcher der entsprechende Mangel vorliegt, diesen geltend zu machen und, notfalls, den Rechtsweg zu beschreiten, um die Eintragung zu verhindern[44] oder einen bereits erfolgten Eintrag wieder löschen zu lassen. Der Grundbuchverwalter darf nicht an ihrer Stelle handeln (Fälle von einseitiger Unverbindlichkeit).

Man kann vom Grundbuchverwalter auch nicht verlangen, daß er besondere Anstrengungen unternehme, um das beabsichtigte Nicht-Übereinstimmen zwischen dem von den Parteien erklärten und ihrem tatsächlichen Willen herauszufinden; auch wenn Simulation die Nichtigkeit eines Rechtsgeschäftes zwischen den Parteien und Dritten gegenüber nach sich zieht. Auf jeden Fall müsste er über offenkundige Anzeichen verfügen, um einen derartigen Mangel eines Rechtsgeschäftes aufzugreifen[45].

Der Grundbuchverwalter hat sich schließlich nicht um *Einreden* zu kümmern, die eine Partei erheben könnte; wie jene, eine Gegenleistung sei nicht erbracht worden oder ein Anspruch sei verjährt. Diese Fälle sind gleich zu behandeln wie diejenigen der Willensmängel[46].

---

[44] HOMBERGER, Art. 965 N. 44; BGE 107 II, 1981, S. 211 ff.; ZBGR 34, 1953, S. 284 (Entscheid des BGer aus dem Jahr 1953); ZBGR 44, 1963, S. 96 ff. (Aufsichtsbehörde Freiburg). Geht man vom Grundsatz aus, daß eine Verfügung nicht mehr widerrufen werden kann (vorn, § 15 B I 3), kann der Verfügende, der einen Willensmangel geltend macht, die Anmeldung nach Eintreffen auf dem Grundbuchamt nicht mehr zurückziehen. Gleich wie die andere Partei – der Erwerber –, welche die Gültigkeit des Rechtsgrundes in Frage stellen will, kann er vom Richter nur die Unverbindlichkeit des Vertrages feststellen lassen; vorbehalten bleibt vielleicht die Möglichkeit, durch eine vorsorgliche Maßnahme das Aufschieben der Vertragswirkungen zu erlangen; siehe hinten, § 25 VIII.

[45] HOMBERGER, Art. 965 N. 45; ZBGR 33, 1952, S. 139, wo das BGer offen läßt, ob der Grundbuchverwalter grundsätzlich überprüfen könne, ob ein Vertrag simuliert sei. Auf jeden Fall darf er nicht auf bloße Vermutungen abstellen. In gewissen Grenzfällen kann jedoch der Wille der Parteien, ein simuliertes Geschäft abzuschließen, insbesondere einen herabgesetzten oder überhöhten Preis zu vereinbaren, um Handänderungssteuern zu sparen oder ein Vorkaufsrecht zu umgehen, nach der sicheren Kenntnis des Grundbuchverwalters offensichtlich erscheinen. Zur Umgehung der öffentlichen Beurkundung durch eine Übereignung durch einen gerichtlichen Vergleich, siehe unten, Note 88.

[46] Hängt das Verfügungsgeschäft vom Erbringen der Gegenleistung ab, muß der Grundbuchverwalter prüfen, ob diese erbracht worden ist; vgl. HOMBERGER, Art. 965 N. 44 am Schluß; ZBGR 36, 1955, S. 94 (BGer).

5. Inhalt eines Rechtsgeschäftes

Es sollte dem Grundbuchverwalter möglich sein, eine Eintragung (im weiteren Sinn) zu verhindern, die sich auf ein inhaltlich unmögliches, widerrechtliches oder sittenwidriges (Art. 20 OR) oder ein solches Rechtsgeschäft stützt, mit dem eine Partei übervorteilt wird (Art. 21 OR). Aber er braucht nicht nach möglichen Nichtigkeits- oder Anfechtungsgründen zu forschen[46a].

a) Übervorteilung

Der Grundbuchverwalter hat nicht abzuklären, ob ein Vertrag die eine Partei übervorteile. Die Lösung entspricht jener bei den Willensmängeln (oben, 4)[47].

b) Unmöglicher Inhalt eines Rechtsgeschäftes

Die Frage der Unmöglichkeit der Leistung von Seiten des Anmeldenden kann nur rechtlicher Natur sein und fällt praktisch mit der Frage zusammen, ob die beantragte Eintragung überhaupt rechtmäßig sei (unten, d)[47a]. Vom Grundbuchverwalter kann kaum verlangt werden, daß er sich über die Möglichkeit einer allfälligen Gegenleistung ausspreche. Ausgenommen sind wohl Fälle, in denen offenkundig die Ernsthaftigkeit des Willens überhaupt in Frage steht.

c) Inhalt eines Rechtsgeschäftes, der gegen die guten Sitten verstößt oder das Recht der Persönlichkeit verletzt

Die Frage kann auch hier nur die Gegenleistung oder den Zweck des gesamten Rechtsgeschäftes betreffen. Man kann vom Grundbuchverwalter nicht verlangen, Nachforschungen zu unternehmen, ob eine Schenkung als Schmiergeld dienen soll oder ob mit einem Erwerb sittenwidrige Ziele verfolgt werden. Eine Ausnahme müsste höchstens für krasse Fälle gemacht werden.

[46a] BGE 107 II, 1981, S. 213; ZBGR 64, 1983, S. 95 (Justizkommission Luzern).
[47] HOMBERGER, Art. 965 N. 44.
[47a] Ein Quellenrecht ist tatsächlich unmöglich, wenn in einem Grundstück weder eine Quelle noch faßbares unterirdisches Wasser vorhanden ist; zu einem Fall teilweiser Unmöglichkeit, siehe BGE 91 II, 1965, S. 191. Es ist auch nicht ersichtlich, wie der Grundbuchverwalter beim Doppelverkauf im Einzelfall überprüfen sollte, ob die Erfüllung des zweiten Verkaufs rechtsmißbräuchlich sei; vgl. vorn, § 19 II 3 Note 40.

d) Widerrechtlicher Inhalt eines Rechtsgeschäftes

Unter dem widerrechtlichen Inhalt eines Rechtsgeschäftes kann der Tatbestand verstanden werden, daß eine beantragte Eintragung im Grundbuch überhaupt nicht vorgenommen werden kann. Diesen Fall werden wir gesondert behandeln (unten, e). Hier befassen wir uns mit den andern Fällen, in denen ein Vertrag, der die Grundlage einer Eintragung bildet, widerrechtlich ist.

Grundsätzlich darf der Grundbuchverwalter nicht nach allgemeinen Gründen suchen, gestützt auf die eine Gegenleistung oder der Zweck eines Vertrages widerrechtlich sein sollte. Beispiele: Deckt die Veräußerung eines Grundstücks eine Beamtenbestechung oder verschleiert sie die Verteilung des Erlöses aus einem Betrug? Stellt die Errichtung eines Unterbaurechts im Einzelfall eine Überschreitung eines bestehenden Baurechtes dar[47b]?

Die *Gesetzesumgehung* stellt einen Fall eines widerrechtlichen Rechtsgeschäftes dar, wenn die umgangene Norm ein Zweckverbot, und nicht ausschließlich ein Wegverbot beinhaltet[48]. Aus diesem Gesichtspunkt wird der Grundbuchverwalter eine Sicherungsübereignung, die der Errichtung eines Pfandrechtes vorgezogen wird, als rechtsgültig erachten[49]. Darüber hinaus sind wohl kaum weitere Fälle denkbar, in denen sich der Grundbuchverwalter auf die Suche nach einer Gesetzesumgehung machen wird.

Dagegen muß der Grundbuchverwalter bestimmte Gründe der Widerrechtlichkeit, und zwar von absoluter oder relativer Widerrechtlichkeit, beachten.

Absolute Widerrechtlichkeit

Fälle von absoluter Widerrechtlichkeit sind:
- Verbot der Schenkung eines Grundstücks, das einem Bevormundeten (Art. 408 ZGB) oder einem Unmündigen, der unter elterlicher Gewalt steht, gehört[50]; selbst wenn die

---

[47b] BGE 92 I, 1966, S. 539 ff.
[48] VON TUHR/PETER, I S. 254.
[49] Vgl. HOMBERGER, Art. 965 N. 43 am Schluß und MBVR 10, 1912, S. 459. Im weitern hat der Grundbuchverwalter wohl nicht zu prüfen, ob die Parteien die Interessen der Gläubiger des Veräußerers oder Pfandbestellers zu beeinträchtigen suchen. Diese verfügen zu ihrem Schutz über besondere Hilfsmittel: Anfechtungsklage, Weiterdauern der bisherigen Haftung bei einer güterrechtlichen Auseinandersetzung (Art. 188 ZGB, 193 revZGB). Es ist nicht Aufgabe des Grundbuchverwalters, diese Interessen wahrzunehmen.
[50] BGE 69 II, 1943, S. 70; 63 II, 1937, S. 129. Auch eine Stiftung kann zu Lasten dieser Handlungsunfähigen nicht errichtet werden. Die unter diesen Voraussetzungen erfolgte Übertragung eines Grundstücks auf eine Stiftung kann, auch wenn die Stiftung – in rechtswidriger Weise – im Handelsregister bereits eingetragen ist, im Grundbuch nicht eingetragen werden; die Einhaltung dieser Voraussetzungen muß der Grundbuchverwalter

Vormundschaftsbehörde, entgegen den gesetzlichen Vorschriften, dazu ihre Zustimmung erteilt hat;
- Zerstückelungsverbote für Grundstücke (in Anwendung von Vorschriften, die ein Kanton gestützt auf Art. 616 und 702 ZGB erlassen hat);
- formelles Verbot, an öffentlichen Sachen beschränkte dingliche Rechte zu errichten[50a]?

Relative Widerrechtlichkeit

Das Gesetz verbietet gewisse Eintragungen, die aber mit der Genehmigung durch die zuständige Behörde rechtmäßig werden. Als Beispiele können genannt werden:

- Das vorübergehende Verbot, unter Vorbehalt der Bewilligung durch die zuständige Behörde, landwirtschaftliche Grundstücke weiterzuveräußern (Art. 218*bis* OR)[51];
- das Verbot, landwirtschaftliche Liegenschaften über den Schatzungswert hinaus mit Grundpfändern zu belasten; neben weitern in Art. 85 genannten Ausnahmen ist eine solche Belastung nach Art. 86 LEG nur mit Zustimmung der zuständigen Behörde möglich;
- das Verbot, ohne Zustimmung der Regierung des betreffenden Kantons, im Eigentum von Gemeinden oder (öffentlichrechtlichen) Korporationen stehende Wälder zu veräußern (Art. 35 FPolG)[52];
- das sich aus einer Auflage nach Art. 14 BewG ergebende Verbot für einen Ausländer, ein in der Schweiz erworbenes Grundstück wieder zu veräußern (Art. 11 Abs. 2 lit. c, h BewV).

In derartigen Fällen geht es zunächst darum zu wissen, ob das eine Beschränkung aufstellende Gesetz auf eine bestimmte Eintragung Anwendung findet. Darüber entscheidet der Grundbuchverwalter grundsätzlich selbständig. Das Gesetz kann ihn aber auch an die Behörde verweisen,

---

prüfen. Zum Vorgang der Errichtung einer Stiftung, bei der das gestiftete Vermögen aus Grundstücken besteht, vgl. RIEMER, Art. 80 N. 11 ff. und Art. 81 N. 25.

[50a] Unter Vorbehalt anders lautender ausdrücklicher Regelung können an öffentlichen Sachen (Art. 664 ZGB) und am Verwaltungsvermögen eines Gemeinwesens beschränkte dingliche Rechte errichtet werden; aber nur soweit, als sie mit der Widmung einer Sache vereinbar sind; vgl. BGE 103 II, 1977, S. 227 Erw. 4; 97 II, 1971, S. 378 Erw. 3; 95 II, 1969, S. 14. Im allgemeinen ist der Grundbuchverwalter aber wohl kaum dazu berufen, über diese Vereinbarkeit zu urteilen, so daß er die Eintragung vornehmen wird. Dennoch scheint es offensichtlich, daß er die Eintragung eines Beurechts für ein Grab auf einem Friedhof ablehnen muß. – Zur Eintragung eines Bauhandwerkerpfandrechts auf einem Grundstück, das zum Verwaltungsvermögen eines Gemeinwesens gehört, siehe unten, II Note 80.

[51] Der Grundbuchverwalter prüft die Einhaltung von Art. 218 OR; und es macht den Anschein, das Gesetz fordere ihn hier sogar auf, Nachforschungen anzustellen, wenn eine Eintragung eine Umgehung der anwendbaren Bestimmungen bezweckt (Art. 218*ter* OR 1. Satz).

[52] Siehe auch Art. 23 über zu Lasten von öffentlichen Wäldern neu zu errichtende Rechte und Dienstbarkeiten; vgl. ZBGR 18, 1937, S. 189 (RR Bern); 52, 1971, S. 94 (Aufsichtsbehörde Freiburg), in Anwendung eines Verbots der Zerstückelung von Wäldern unter 18 Aren.

welche für die Unterstellung zuständig ist. Das ist etwa der Fall bei der Unterstellung landwirtschaftlicher Heimwesen unter das LEG (Art. 90 Abs. 1 und 2 LEG); sobald er die Unterstellung als gegeben erachtet oder darüber im unklaren ist[53]. An den Entscheid, der die Unterstellung ausspricht oder verneint, ist der Grundbuchverwalter gebunden (Art. 3 Abs. 4 LEG)[54]. Ist die Unterstellung erfolgt, bindet ein Entscheid der zuständigen Behörde, der die Überschreitung der Belastungsgrenze bewilligt oder verweigert, bezüglich dieser Bedingung des Rechtsgrundes der Eintragung auch ihn (so Art. 90 Abs. 2 LEG). Zur Prüfung von Verwaltungsentscheiden durch den Grundbuchverwalter, siehe unten, III 6.

e) Die Rechtsverhältnisse, die im Grundbuch nicht eingetragen werden können, im besonderen

Das Problem der Widerrechtlichkeit stellt sich vor allem im Zusammenhang mit der Frage, ob ein bestimmtes Recht oder Rechtsverhältnis, das Gegenstand einer Anmeldung bildet, im Grundbuch als dingliches Recht, Vor- oder Anmerkung eingetragen werden kann. In dieser Hinsicht übt der Grundbuchverwalter seine Prüfungsbefugnis in ihrem vollen Umfang aus[55]. Er ist beauftragt, die Einhaltung des Grundsatzes des *numerus clausus* der Eintragungen (im eigentlichen Sinn), der Vormerkungen (vorn, § 18 A IV), ja selbst der Anmerkungen (vorn, § 20 A III) zu überwachen. Er muß dafür sorgen, daß in seinem Register keine Klauseln und Bedingungen stehen, die mit dem System des schweizerischen Immobiliarsachenrechts nicht vereinbar sind.

Es kann hier aber nicht darum gehen, die Rechte und Rechtsverhältnisse aufzuzählen, die im Grundbuch nicht eingetragen werden können. Das gehört zur allgemeinen Lehre der dinglichen Rechte. Wir beschränken uns darauf, in den verschiedenen Gebieten auf ein paar kennzeichnende Fälle hinzuweisen, auf die der Grundbuchverwalter sein Augenmerk zu lenken hat[56].

---

[53] Art. 218*ter* OR 2. Satz verweist auf Art. 90 LEG, so daß der Grundbuchverwalter auch bei der Wiederveräußerung eines landwirtschaftlichen Grundstücks die Unterstellungsbehörde einschalten sollte – was der Grundbuchverwalter in ZBGR 42, 1961, S. 361 (Landwirtschaftsdirektion Aargau) nicht getan hat.

[54] BGE 89 I, 1963, S. 129, entgegen ZBGR 38, 1957, S. 37 (Justizdirektion Bern); vgl. daneben Art. 90 Abs. 2 LEG 2. und 3. Satz.

[55] HOMBERGER, Art. 958 N. 1; Art. 965 N. 39; OSTERTAG, Art. 958 N. 1ff.; Art. 965 N. 19; JENNY, Legalitätsprinzip, S. 192ff.; AUER, S. 59ff.; SCHATZMANN, S. 96. Vgl. BGE 107 II, 1981, S. 213; 102 Ib, 1976, S. 11; 84 I, 1958, S. 131. Der Eintrag eines nicht eintragungsfähigen Rechts im Grundbuch kann weder durch Ersitzung geheilt, noch auf Grund des Verbots des Rechtsmißbrauchs unanfechtbar werden, BGE 111 II, 1985, S. 134.

[56] Wir verweisen besonders, aber nicht ausschließlich, auf die Praxis, wie sie sich nach dem Erscheinen der großen Kommentare von OSTERTAG (1917) und HOMBERGER (1938) und der

§ 24 Rechtsgeschäft 503

Eigentum

Der Grundbuchverwalter trägt nicht ein:

- Grundeigentum, das grundsätzlich oder bezüglich seiner Dauer von einer Bedingung abhängt[57] oder mit der Klausel versehen ist, der Eigentümer dürfe das Grundstück überhaupt nicht oder nur in eingeschränktem Rahmen veräußern oder dieses nur für seine persönlichen Zwecke nutzen[58];
- abstraktes Gesamteigentum; d. h. solches, das die Art des ihm zugrunde liegenden Gemeinschaftsverhältnisses nicht angibt[59] oder bei dem überhaupt kein solches besteht;
- Stockwerkeigentum, das die vom Gesetz für die Begründung aufgestellten Voraussetzungen nicht erfüllt – zur Überprüfung dieser Fragen müssen in der Regel Pläne eingereicht werden (Art. 33*b* GBV)[60];
- Teilzeiteigentum (Time-Sharing, multipropriété)[60a] [60b].

Dienstbarkeiten und Grundlasten

Der Grundbuchverwalter prüft insbesondere:

- Daß ein Benutzungsrecht nicht widerruflich oder auf Zusehen hin[61], ja sogar mit einer auflösenden Bedingung[62], vereinbart worden ist;
- daß eine Dienstbarkeit eine Verpflichtung zu einem Tun nur als nebensächliche Verpflichtung enthält (Art. 730 Abs. 2 ZGB)[63];

Einzeldarstellungen von AUER (1932), ANDERMATT (1938) und SCHATZMANN (1939) herausgebildet hat.

[57] BGE 85 II, 1959, S. 609; ZBGR 66, 1985, S. 142 (Justizkommission Luzern): Schenkung unter Ehegatten, die bei einer Scheidung dahinfallen sollte, wobei diese Vertragsbestimmung nach dem Willen der Parteien nur obligatorischer Natur war nicht zur Eintragung ins Grundbuch angemeldet wurde; Weigerung des Grundbuchverwalters, die Eigentumsübertragung einzutragen, weil die fragliche Bestimmung in bezug auf die künftigen grundbuchlichen Eintragungen falsche Erwartungen wecken konnte.

[58] BGE 86 II, 1960, S. 347 Erw. 3 b. Wegen des *numerus clausus* der Vormerkungen kann ein solches Ergebnis nicht dadurch erreicht werden, daß die entsprechende Bestimmung zur Vormerkung im Grundbuch angemeldet wird; vgl. ZBGR 37, 1956, S. 213 (Aufsichtsbehörde Freiburg). Das gleiche gilt für die Vereinbarung eines Treuhandverhältnisses oder eines Familienfideikommisses (Art. 335 Abs. 2 ZGB) ausserhalb der Voraussetzungen der Art. 488 ff. ZGB; vgl. HOMBERGER, Art. 946 N. 3.

[59] BGE 84 I, 1958, S. 126.

[60] FRIEDRICH, Stockwerkeigentum und Grundbuch, S. 361 f. in Zusammenhang mit S. 340 f. Zur Möglichkeit, Stockwerkeigentum vor Erstellung des Gebäudes ins Grundbuch einzutragen, vgl. BGE 107 II, 1981, S. 211.

[60a] Doch ist es, außer in Apparthotels, möglich, im Reglement das Stockwerkeigentum als Teilzeiteigentum mit zeitlich befristeter Nutzung einer Wohnung auszugestalten, ZBGR 66, 1985, S. 153 (BJ).

[60b] Zur Prüfung der Voraussetzungen des bäuerlichen Vorkaufsrechts durch den Grundbuchverwalter, das Anlaß zu einer Mitteilung an die möglichen Berechtigten gibt, siehe hinten, § 25 V 3 b.

[61] ZBGR 6, 1936, S. 4 (BR).

[62] BGE 87 I, 1961, S. 311. Die Frage ist zum Teil umstritten, siehe vorn, § 15 Note 47.

[63] Zu dieser Frage, die sich bei gewissen Gewerbedienstbarkeiten, wie der Tankstellenservi-

- daß eine Personaldienstbarkeit für die Benutzung einer Wohnung nicht auf die Begründung eines übertragbaren, vererblichen Wohnrechts hinausläuft[64];
- daß ein Kaufrecht, das zu Lasten eines selbständigen und dauernden Baurechts und zugunsten des Eigentümers des belasteten Grundstücks begründet worden ist, um das vorzeitige gesetzliche Heimfallsrecht sicherzustellen, innerhalb des Rahmens des Art. 779f ZGB bleibt[65];
- daß eine Dienstbarkeit nicht zwingenden Vorschriften des öffentlichen Baurechts widerspricht[66];
- daß nicht eine Dienstbarkeit zugunsten eines öffentlichen Gemeinwesens errichtet wird, wenn es um eine öffentlichrechtliche Eigentumsbeschränkung oder um die Abänderung einer solchen geht, die allenfalls angemerkt werden können[67];
- daß eine Dienstbarkeit oder Grundlast nicht für eine Verpflichtung errichtet wird, die ohne Zweifel bereits von Gesetzes wegen besteht[68];
- daß zwei unvereinbare Dienstbarkeiten nicht im gleichen Rang errichtet werden[69];
- daß eine unter altem Recht entstandene Dienstbarkeit nicht ein aufgehobenes Recht darstellt, das im Grundbuch nicht mehr eingetragen werden kann (Art. 45 SchlT);
- daß eine Dienstbarkeit nicht eine horizontale Teilung eines Gebäudes bezweckt[69a];
- daß eine Grunddienstbarkeit nicht für sich allein, losgelöst vom berechtigten Grundstück, übertragen wird[69b];
- daß eine sog. Ableitungsdienstbarkeit (Verpflichtung, aus einer Wasserleitung an einem genau bestimmten Punkt Wasser zu liefern) als Grundlast, und nicht als Dienstbarkeit errichtet wird[69c];

---

tut, stellt, vgl. PIOTET, Dienstbarkeiten und Grundlasten S. 552; LIVER, Art. 730 N. 110ff. Vgl. ZBGR 37, 1956, S. 292 und 352 (Aufsichtsbehörde Freiburg): Verpflichtung, die für den Betrieb eines Gewerbes notwendigen Transporte auf dem Eisenbahnweg abzuwickeln; Verpflichtung, in einem Gebäude ein Theater zu betreiben. Man kann auch keine Dienstbarkeit eintragen, die das Recht auf Erhalt von Heizmaterial und Strom gibt, ZBGR 35, 1954, S. 216 (RR St. Gallen). Zu einer Personaldienstbarkeit, welche die Verpflichtung begründet, ein Grundstück nur zu kirchlichen oder entsprechenden Zwecken zu gebrauchen, ZBGR 64, 1983, S. 268 (ObG Zürich). Zu einer Nebenverpflichtung, etwas zu tun, siehe auch den in Note 68 zit. Entscheid des BGer aus Bd. 106.

[64] BGE 103 II, 1977, S. 176. Man spricht hier von «verdecktem Typenwechsel»; siehe REY (zit. in § 15), S. 262; anderer Fall: Ausgestaltung der Verpflichtung eines Eigentümers, aus einer gefaßten Quelle Dritten Wasser zu liefern, als Dienstbarkeit; eine solche Verpflichtung kann nur als Grundlast begründet werden, BGE 93 II, 1967, S. 290.

[65] ZBGR 57, 1976, S. 212 (Aufsichtsbehörde Genf) und der im Literaturverzeichnis zit. Aufsatz von EGGEN.

[66] ZBGR 49, 1968, S. 26 (Justizdirektion Bern); es sei denn, daß eine Ausnahmebewilligung vom öffentlichen Baurecht erwartet werden darf.

[67] ZBGR 57, 1976, S. 349 und 354 (Justizdirektion Bern) und die Bemerkung von H. H.

[68] BGE 99 II, 1973, S. 28 Erw. 4; 106 II, 1980, S. 315ff.: Verpflichtung zur Verlegung eines Spannteppichs auf dem Fußboden einer im obern Stock gelegenen Wohnung, um zwischen zwei Stockwerken (als Grundstücken) eine bessere Schallschutzwirkung zu erzielen; zu diesem Urteil, vgl. REY (zit. in § 15), S. 258; handelt es sich nicht in erster Linie um eine Verpflichtung, etwas zu tun, zumindest in den Augen des Grundbuchverwalters?

[69] PIOTET, S. 529 und FRIEDRICH, (zit. in Note 60), S. 329 und 333 Note 25.

[69a] BGE 105 Ib, 1979, S. 187 Erw. 5.

[69b] ZBGR 59, 1978, S. 19ff. (AppH Bern); 64, 1983, S. 92 (Justizkommission Luzern).

[69c] BGE 108 II, 1982, S. 39.

- daß eine Dienstbarkeit für das dienende Grundstück eine Duldungs- oder Unterlassungspflicht beinhaltet (was gilt bezüglich einer Dienstbarkeit, welche die Ausnützungsziffer zwischen zwei Grundstücken abändert?)[69d];
- daß ein Baurecht nicht für einen Teil eines Gebäudes errichtet wird[69e].

Pfandrechte

Der Grundbuchverwalter prüft besonders:
- Daß Pfandrechte nur in einer der drei vom Gesetz vorgesehenen Formen, unter Ausschluß etwa der Nutzungspfandrechte, im Grundbuch eingetragen werden (Art. 793 ZGB);
- daß mit einem zu errichtenden Pfandrecht nicht die Möglichkeit, die Verwertung des Grundstücks zu verlangen, ausgeschlossen wird (Art. 816 Abs. 1 ZGB)[70];
- daß der Betrag der sichergestellten Forderung nicht in einer fremden Währung angegeben wird (Art. 794 Abs. 1 ZGB)[71];
- daß nicht eine Grundpfandverschreibung eingetragen wird, die als solche einer aufschiebenden Bedingung unterliegt[72];
- daß nicht ein Schuldbrief oder eine Gült eingetragen wird, die eine Bedingung oder eine Gegenleistung enthält (Art. 854 ZGB);
- daß ein Titel, der auf den Namen des Eigentümers errichtet worden ist, auch tatsächich auf dessen Namen lautet (Art. 859 Abs. 2 ZGB);
- daß nicht ein Pfandrecht eingetragen wird, das zur Sicherstellung einer Mehrzahl unbestimmter zukünftiger Forderungen dient[72a].

Vormerkungen

Der Grundbuchverwalter prüft vor allem:
- Daß eine zur Eintragung angemeldete Vormerkung in der abschließenden Liste der vormerkbaren persönlichen Rechte und Rechtsbeziehungen enthalten ist (vorn, § 18 A IV)[73];

[69d] ZBGR 66, 1985, S. 86 (ObG Zürich).
[69e] BGE 111 II, 1985, S. 134: Unmöglichkeit der Errichtung eines Baurechts an einer Hälfte einer Doppelgarage, deren zwei Teile vom baulichen wie betrieblichen Standpunkt aus untrennbar miteinander verbunden sind.
[70] Art. 793 Abs. 2 und 816 Abs. 2 ZGB sind aber nicht verletzt, wenn die Sicherheitsleistung mit Hilfe eines Kaufvertrages um ein Grundstück erfolgt, der ein Rückkaufsrecht enthält, BGE 56 II, 1930, S. 444.
[71] Die Höhe der gesicherten Forderung kann weder mit Hilfe einer Wertangabe in Gold noch durch eine Indexklausel bestimmt werden. Es ist jedoch denkbar, daß ein Pfandrecht zur Sicherstellung einer Forderung errichtet wird, die auf diese Weise festgelegt oder in einer fremden Währung angegeben wird. Voraussetzung ist jedoch, daß der Höchstbetrag, bis zu dem das Grundstück haftet, in Schweizer Franken angegeben wird. Vgl. HOMBERGER, Art. 965 N. 32; ZBGR 5, 1924, S. 12 (BR).
[72] Eine Grundpfandverschreibung kann ohne weiteres zur Sicherstellung einer aufschiebend oder auflösend bedingten Forderung errichtet werden (Art. 824 Abs. 1 ZGB). Ein Pfandrecht als solches, als Grundpfandverschreibung errichtet, kann mit einer auflösenden Bedingung oder einer Befristung versehen werden, HOMBERGER, Art. 965 N. 10.
[72a] BGE 108 II, 1982, S. 47 (Art. 27 ZGB).
[73] Nicht vorgemerkt werden können: Der Vorvertrag (HOMBERGER, Art. 959 N. 4); das Recht des Käufers, das gekaufte Grundstück dem Verkäufer wieder zurückzuverkaufen (HOMBER-

- daß ein Kaufsrecht während der Dauer der Vormerkung, und nicht erst nach deren Erlöschen ausgeübt werden kann[74].

Anmerkungen (privatrechtlicher Rechtsbeziehungen)[75]
Der Grundbuchverwalter prüft insbesondere:
- Daß nicht gewöhnliche Zutrittsrechte als dauernde Wegrechte im Grundbuch angemerkt werden (vorn, § 20 B II 1);
- daß nicht Gegenstände als Zugehör angemerkt werden, denen diese Eigenschaft in keiner Weise zukommen kann, wie einem Garten, einem Recht, Haustieren, Verkaufswaren[76];
- daß bei einer Mit- oder Stockwerkeigentümergemeinschaft nicht eine Nutzungs- und Verwaltungsordnung oder ein Benutzungs- und Verwaltungsreglement angemerkt wird, das offensichtlich zwingenden gesetzlichen Vorschriften, etwa Art. 647 Abs. 2 ZGB, widerspricht[77].

II. Gesetz

Es geht hier um die Fälle, bei denen der Rechtsgrund einer Eintragung, Vormerkung oder Löschung das Gesetz selber ist; sei es, daß für den Eintritt der Rechtswirkungen noch eine Eintragung im Grundbuch notwendig

---

GER, a. a. O); die Vereinbarung, ein Grundstück nicht zu veräußern (oben, Note 58); die Vereinbarung eines Gewinnanteilsrechts außerhalb der Voraussetzungen der Art. 619ff. ZGB, Art. 218*quinquies* OR und Art. 5 EGG; die Anwartschaft auf ein Grundstück, die sich aus einem Vermächtnis ergibt (ZBGR 64, 1983, S. 89, ObG Luzern); der *Leasingvertrag* um Grundstücke (Abhandlung von SCHÜPBACH, zit. in § 15, ZBGR 64, 1983, S. 212). Im Entscheid 91 II, 1965, S. 412 Erw. 4 a hat das BGer die Frage, ob ein Richter das einem Ehegatten in einem Eheschutzverfahren zugesprochene Recht, in der ehelichen Wohnung zu verbleiben, nach Art. 959 ZGB vormerken lassen könne, offen gelassen; wegen des *numerus clausus* der vormerkbaren Rechte verneint SCHMID, S. 285, diese Möglichkeit jedoch. Gestützt auf Art. 169 revZGB über die Familienwohnung ist die Frage gegenstandslos geworden.
[74] BGE 89 I, 1963, S. 506.
[75] Der Anmerkung öffentlichrechtlicher Rechtsverhältnisse liegen irgendwelche Verwaltungsakte zugrunde. Es stellt sich damit die Frage der Prüfung solcher Akte; siehe unten, III.
[76] HOMBERGER, Art. 946 N. 34; MEIER-HAYOZ, Art. 644/645 N. 9ff., 18. Im übrigen ist die Prüfungsbefugnis hier jedoch beschränkt. Der Grundbuchverwalter muß die Anmerkung vornehmen, sobald einer beweglichen Sache Zugehöreigenschaft zukommen kann; vgl. LIVER, Eigentum, S. 40; MEIER-HAYOZ, Art. 644/645 N. 44.
[77] In Anbetracht dessen, daß diese Anmerkung ausschließlich ein Auskunftmittel darstellt und auf die Gültigkeit eines Reglementes keinen Einfluß ausübt, ist die Prüfungsbefugnis des Grundbuchverwalters hier noch beschränkter als bei der Anmerkung von Zugehör. FRIEDRICH, Stockwerkeigentum und Grundbuch, verneint sie zunächst grundsätzlich, läßt sie unter Berufung auf die Analogie zu Art. 940 OR dann aber doch in dem im Text angegebenen Umfang zu. In BGE 103 Ib, 1977, S. 76 (Erw. 5 ist nur im JdT 1977, I S. 339 veröffentlicht) ist die Frage bezüglich der Bestimmung eines Reglementes, die das ausschließliche Recht eines Stockwerkeigentümers an seinem Stockwerk einschränkte, offen gelassen worden. Zum Umfang der Prüfungsbefugnis der Handelsregisterbehörden, BGE 78 I, 1952, S. 449; 91 I, 1965, S. 360.

ist (wie bei den mittelbaren gesetzlichen Pfandrechten, vorn, § 15 B III, § 18 B AA I 3) oder nicht (wie bei der Aneignung, Art. 658 ZGB, oder wenn ein Recht nach Ablauf der Zeit, für die es begründet worden ist, untergegangen ist).

Grundsätzlich hat der Grundbuchverwalter in bezug auf einen Entstehungs- oder Untergangsgrund, der auf dem Gesetz beruht, die volle Prüfungsbefugnis[78]. So prüft er, ob die Voraussetzungen der Vormerkung des Gewinnanteilsrechtes der Miterben vorhanden sind[79]. In gewissen Fällen des Untergangs dinglicher Rechte oder des Erlöschens der Wirkungen einer Vormerkung entscheidet er frei, ob das Verfahren des Art. 976 ZGB zur Anwendung kommen soll; allerdings unter dem Vorbehalt, daß die Beteiligten nicht den Richter anrufen (vorn, § 17 C II 2b und § 18 C CC II 2d). Wenn die GBV den Grundbuchverwalter auffordert, von Amtes wegen zu handeln, wie in bestimmten Fällen des Erlöschens der Wirkungen einer Vormerkung (Art. 72 Abs. 1 und 2, 76 GBV; vorn, § 18 C CC II 2a), ist dessen Prüfung ohne weiteres unbeschränkt (oben, A III 2). Es gibt aber auch Fälle, bei denen der Grundbuchverwalter einen gesetzlichen Untergangsgrund seiner Natur wegen nicht überprüfen kann. Ein solcher Fall liegt etwa vor, wenn eine Dienstbarkeit für das berechtigte Grundstück jeden Nutzen verloren hat (Art. 736 ZGB; weitere Fälle siehe vorn, § 17 C II 2c und d und § 18 C CC II 2e).

Von ihrer Begriffsbestimmung her erstreckt sich die Prüfung eines auf dem Gesetz beruhenden Rechtsgrundes durch den Grundbuchverwalter notwendigerweise darauf, ob eine vorzunehmende Buchung dem Gesetz entspricht oder ob ein Recht überhaupt eingetragen werden kann. Letztere Frage könnte sich etwa stellen, wenn auf einem Grundstück, das zum Verwaltungsvermögen einer öffentlichen Körperschaft gehört, ein Bauhandwerkerpfandrecht eingetragen werden soll. In der Praxis dürfte sie aber Gegenstand eines Rechtsstreites bilden, und der Entscheid des Richters ist für den Grundbuchverwalter wohl verbindlich[80].

---

[78] Während die Prüfung der Voraussetzungen der Befähigung, eine Grundbuchanmeldung vorzunehmen – insbesondere was die Verfügungsmacht oder das Recht, eine Richtigstellung des Grundbuches zu beantragen, angeht – im gewöhnlichen Umfang erfolgt.

[79] Für die Eintragung eines Bauhandwerkerpfandrechts oder eines besonderen gesetzlichen Pfandrechts nach Art. 22a GBV muß das Verfahren über den Richter laufen, sobald der Eigentümer die Forderung nicht anerkennt oder der Eintragung des Pfandrechts nicht zustimmt (Art. 22 Abs. 2 GBV). Bei den Pfandrechten nach kantonalem öffentlichem Recht, die auf Anmeldung einer öffentlichrechtlichen juristischen Person (zur Aufrechterhaltung des Rechtes) eingetragen werden, muß der Grundbuchverwalter prüfen, ob die gesetzlichen Voraussetzungen des Pfandrechts, und allenfalls seines Ranges, erfüllt sind, vgl. PIOTET, Hypothèques légales, S. 71.

[80] BGE 103 II, 1977, S. 227; 95 I, 1969, S. 97; vgl. auch BGE 107 II, 1981, S. 44.

III. Anordnung einer Behörde

1. Allgemein

Es stellt sich die Frage, ob der Grundbuchverwalter bei der Ausübung seiner Prüfungsbefugnis grundsätzlich und allenfalls in welchem Umfang an eine Anordnung gebunden ist, die der Richter oder eine andere Behörde in Fragen, von denen die Rechtsgültigkeit einer beantragten Eintragung abhängt, erlassen hat.

Es kann sich um ein *Urteil* (das in einen Prozeß um materielles Recht oder eine vorsorgliche Maßnahme ergangen ist), um einen Entscheid, der von einer Behörde oder einem Beamten der *nicht streitigen Gerichtsbarkeit* erlassen worden ist (Güterrechtsregisterführer, Vormundschaftsbehörde, Teilungsbehörde, ein anderer Grundbuchverwalter oder die Aufsichtsbehörde in Grundbuchsachen, Urkundsperson), oder um eine Anordnung handeln, die von einer *Verwaltungsbehörde* ausgeht (Betreibungs- oder Konkursbehörde, jede andere Behörde, die zur Genehmigung eines Rechtsgeschäftes oder zur Anordnung einer Maßnahme zuständig ist, die im Zusammenhang mit Rechten an einem Grundstück steht).

In Betracht kommt auch der Fall, in dem ein Privater auf Grund einer amtlichen Anordnung bezüglich eines einzutragenden Rechtes eine Eintragung anmeldet; wie auch der Fall, in dem eine Behörde selber beim Grundbuchverwalter das Begehren stellt, eine von ihr erlassene Anordnung zu vollziehen; dieser Fall ist in Art. 17 GBV besonders vorgesehen.

Auf erstes Zusehen ist man geneigt zu sagen, der Grundbuchverwalter brauche die Punkte, die bereits Gegenstand einer Prüfung durch eine andere Behörde gewesen seien, nicht weiter zu überprüfen. Seine Prüfung erstrecke sich nur auf die andern Punkte; insbesondere jene, welche die Einrichtungen und das Verfahren des Grundbuches betreffen würden[81]. Die Aussage erscheint aber ohne weiteres zu allgemein, als daß sie auf die verschiedenartigen Entscheide angewendet werden könnte, mit denen der Grundbuchverwalter sich zu befassen hat. Insbesondere muß man sich nach den Gründen fragen, die eine Beschränkung der Prüfungsmöglichkeit des Grundbuchverwalters wohl rechtfertigen würden.

Art. 17 GBV spricht von der Prüfung des Grundbuchverwalters bezüglich der *Zuständigkeit einer Behörde oder eines Beamten, eine Anmeldung vorzunehmen* (oben, B VIII). Haben die anmeldende Behörde oder der anmeldende Beamte den Entscheid selber erlassen, die Maßnahme selber getroffen

---

[81] In diesem Sinn, AUER, S. 30.

oder die Urkunde selber verfaßt, deren Eintragung sie anmelden, erstreckt sich die Prüfung des Grundbuchverwalters naturgemäß auch auf die *Zuständigkeit in bezug auf den Gegenstand der Anmeldung* (Beispiele: Pfändung, Grundbuchsperre, öffentliche Urkunde). Dagegen betrifft die erwähnte Bestimmung nicht ausdrücklich die Prüfung der Zuständigkeit der Behörde, die eine Anordnung erlassen hat, auf die sich ein Privater abstützt, um eine Anmeldung vorzunehmen (Beispiel: ein Urteil im Sinn des Art. 963 Abs. 2 ZGB). Das bedeutet allerdings aber nicht notwendigerweise, daß diese Zuständigkeit nicht zur Prüfung des Grundbuchverwalters gehöre. Sie kann aus einem andern Grund darunter fallen. Welche Bedeutung man Art. 17 GBV auch immer beimißt, sein Wortlaut erlaubt es anderseits nicht, den Gegenschluß zu ziehen und alle andern Fragen als jene der Zuständigkeit von der Prüfungsmöglichkeit des Grundbuchverwalters auszunehmen[82].

Um den Umfang der Prüfungsbefugnis des Grundbuchverwalters bezüglich einer amtlichen Anordnung festzulegen, muß man in Betracht ziehen, daß dieser hier im wesentlichen eine Vollzugsaufgabe erfüllt. Dies ist eindeutig, wenn bei ihm gestützt auf ein materielles Urteil oder die Anordnung einer vorsorglichen Maßnahme die Eintragung oder Vormerkung eines Rechtes angemeldet wird. Das trifft etwa aber auch zu, wenn er im Zusammenhang mit der Eintragung oder Löschung eines dinglichen Rechtes einen Genehmigungsentscheid vor sich hat, gestützt auf den sich die Handlungsfähigkeit einer Partei oder die Zulässigkeit eines Rechtsgeschäftes ergibt. Auch bezüglich solcher Entscheide ist er Vollzugsorgan, behält aber für sämtliche übrigen Punkte seine volle Prüfungsbefugnis.

Daraus folgt, daß der Grundbuchverwalter den Entscheid, den er zu vollziehen hat, grundsätzlich nicht überprüfen darf. So ist er in jedem Fall an die vom Zivilrichter in *materiellen Fragen* getroffene Lösung gebunden. Im übrigen kann der Umfang der Prüfung von verschiedenen Umständen abhangen; insbesondere davon, ob ein Entscheid rechtskräftig ist oder nicht[82a]. Halten wir aber sogleich fest: Der ausgesprochene Grundsatz gilt für den Grundbuchverwalter auch hinsichtlich der Entscheide der Verwaltung. Allgemein muß eine Behörde die Rechtsgültigkeit von Verwaltungsakten anerkennen, die von einer andern Behörde ausgehen; vorausge-

---

[82] HOMBERGER, Art. 963 N. 41.
[82a] Auch wenn die in der Zivilgerichtsbarkeit geltende Wirkung der abgeurteilten Sache auf eine anders geartete Gerichtsbarkeit, wie die der Grundbuchbehörden, nicht ohne weiteres übertragen werden kann; bei der ein Antragssteller und ein öffentlicher Dienst einander bezüglich der Frage gegenüberstehen, ob eine Eintragung im Grundbuch vorgenommen werden muß.

setzt, diese seien nicht absolut nichtig[83]. Sieht das Gesetz vor, daß bei der Errichtung, Änderung oder Löschung eines Rechtes nacheinander zwei verschiedene Behörden tätig werden, kann es doch nicht die Meinung haben, daß die zweite den Entscheid der ersten, den diese in ihrem ureigenen Zuständigkeitsbereich erlassen hat, überprüft. Gewiß kann eine Behörde auch jene Fragen entscheiden, die für ihren Entscheid vorfrageweise von Bedeutung sind; auch wenn sie in den Zuständigkeitsbereich einer andern Behörde fallen. Hat diese jedoch entschieden, gilt ihr Entscheid auch für diejenige Behörde, die an zweiter Stelle entscheidet; wenigstens für jene Fragen, die in den Zuständigkeitsbereich der ersten fallen[83a]. So verhält es sich für den Grundbuchverwalter hinsichtlich einer amtlichen Anordnung; und zwar selbst einer andern als eines materiellen Zivilurteils. Bisweilen drückt das Gesetz diese Regelung über die Geltung eines Vorentscheides aus; so in Art. 4 Abs. 4 und 90 Abs. 2 LEG 2. und 3. Satz. Es rechtfertigt sich, diese Regel zu verallgemeinern; geht sie doch auf eine vernünftige Zusammenarbeit zwischen Behörden und eine angemessene Verteilung der Verantwortlichkeiten hinaus.

Das Fehlen einer materiellen schließt eine formelle Prüfung nicht aus; besonders was die Zuständigkeit der Behörde angeht, die einen Entscheid erlassen hat. In der Zivilrechtspflege schließt der Vollzug eines Urteils im interkantonalen Verhältnis die Prüfung der Zuständigkeit für das in einem andern Kanton ergangene Urteil durch die Vollzugsbehörde im angegangenen Kanton mit ein[84]. Das gleiche muß im Verhältnis zwischen zwei verschiedenartigen Gerichtsbarkeiten gelten: zwischen der nicht streitigen Gerichtsbarkeit der Grundbuchbehörden und der streitigen Zivilgerichtsbarkeit oder der Gerichtsbarkeit der Verwaltungsbehörden, und zwar auch innerhalb ein und desselben Kantons. Niemand zieht im übrigen die Prüfungsbefugnis des Grundbuchverwalters in dieser Hinsicht in Zweifel; doch leitet man sie eher aus Art. 17 GBV ab[85]. In einzelnen Fällen (unten, 2) kann ihm übrigens selbst diese Prüfung nicht zustehen.

---

[83] GRISEL, I S. 417 ff.
[83a] Zum umgekehrten Fall, in dem der Zivilrichter an den Entscheid einer Verwaltungsbehörde gebunden ist: BGE 108 II, 1982, S. 456 Erw. 2 und Verweise.
[84] GULDENER, Zivilprozeßrecht, S. 618 Note 13b, in Anwendung von Art. 61 BV; Das internationale und interkantonale Zivilprozeßrecht, S. 88.
[85] Im interkantonalen Verfahrensrecht wird im weitern verlangt, daß der Beklagte vorschriftsgemäß vorgeladen worden und/oder vorschriftsgemäß vertreten gewesen ist. Daß er bei Urteilen und Anordnungen wie auch bei andern Entscheiden, die im nicht streitigen oder in einem Verwaltungsverfahren ergangen sind, derartige Voraussetzungen überprüfe, kann vom Grundbuchverwalter kaum verlangt werden.

Trotz der Ausführungen, die wir oben gemacht haben, behält der Grundbuchverwalter eine gewisse Befugnis zur *materiellen* Prüfung; selbst Zivilurteilen, mehr noch aber andern amtlichen Anordnungen gegenüber. Das Bundesgericht läßt eine solche zu, wenn die gesetzlichen Voraussetzungen des einzutragenden Rechtes offensichtlich nicht vorhanden sind oder wenn die Maßnahme in klarem Widerspruch zur Rechtsordnung steht[86]. Es muß an den bereits erwähnten Fall der absoluten Nichtigkeit einer Anordnung erinnert werden (Note 83). Dazu kommen die Überlegungen über die Einrichtungen und das Verfahren des Grundbuches. Es bleibt aber die Schwierigkeit, das Maß der Unabhängigkeit des Grundbuchverwalters gegenüber Behörden zu umschreiben, die Verfügungen verschiedener Natur erlassen. Im folgenden überprüfen wir mit Vorzug den Fall des materiellen Zivilurteils, gegenüber welchem der Spielraum des Grundbuchverwalters, es zu überprüfen, am kleinsten ist. Es ist das Mindestmaß der Prüfung, das dem Grundbuchverwalter in allen Fällen zusteht. Darauf behandeln wir die andern amtlichen Anordnungen, die der Grundbuchverwalter in einem etwas weitern Umfang überprüfen kann.

2. Materielle Zivilurteile

Materielle Zivilurteile, die einmal in Rechtskraft erwachsen sind, sind mit der Wirkung der abgeurteilten Sache ausgestattet. Sie sind für den Grundbuchverwalter für alle Fragen, die der Richter entschieden hat, verbindlich; und zwar auch in bezug auf die örtliche und sachliche Zuständigkeit, selbst wenn der Richter seine Zuständigkeit zu Unrecht bejaht hat[87].

Der Grundbuchverwalter muß prüfen:

---

[86] BGE 102 Ib, 1976, S. 8 ff.; 107 II, 1981, S. 213.
[87] GULDENER, Zivilprozeßrecht, S. 376 lit. d; Freiwillige Gerichtsbarkeit, S. 53. Wir würden es auch ablehnen, daß der Grundbuchverwalter bezüglich eines Urteils, das in einer Zivilstreitsache in einem andern Kanton ergangen und in Rechtskraft erwachsen ist, die Zuständigkeit des Richters überprüfen könnte. In bezug auf dingliche Klagen um Grundstücke dürfte der Fall auch sehr selten vorkommen. Eine Ausnahme muß für den Fall gemacht werden, daß das Recht sprechende Gericht im Bereich, in dem es geurteilt hat, überhaupt nicht zuständig war; vgl. GRISEL, I S. 423 und BGE 33 I, 1907, S. 274; 61 I, 1935, S. 352; GULDENER, Zivilprozeßrecht, S. 78 Note 1. Ein solcher Fall wäre gegeben, wenn ein Zivilrichter eine Verwaltungsbewilligung erteilen würde; nicht aber, wenn der für die Behandlung des nach Art. 464 ZGB den Miterben zustehenden Anspruchs zuständige Richter – zu Unrecht – unmittelbar die Eintragung einer Grundpfandverschreibung anordnen würde; anderer Meinung: ZBGR 4, 1923, S. 157 (eidgenössische Justizabteilung).

- Ob er ein Urteil oder einen gerichtlichen Vergleich vor sich hat, der einem Urteil gleichgestellt ist[88];
- ob ein Urteil rechtskräftig ist[89];
- ob ein Urteil gegen jemand ergangen ist, der im Grundbuch eingetragen ist[90];
- ob ein Urteil auf Zusprechung des Eigentums gegen alle beteiligten Parteien ausgesprochen worden ist[91];
- ob ein Urteil alle für die Eintragung notwendigen Angaben enthält; insbesondere in bezug auf die betroffenen Grundstücke, die Art des einzutragenden Rechtes und die Person des Berechtigten[92];
- ob das durch ein Urteil zugesprochene oder festgestellte Recht in dem weiter oben, C I 5e, dargelegten Sinn im Grundbuch überhaupt eingetragen werden kann[93];

---

[88] Es ist Aufgabe des Richters, der einen gerichtlichen Vergleich zu bestätigen hat, abzuklären, ob dieser eine Umgehung der Form der öffentlichen Beurkundung bezweckt; vorn, § 17 Note 13.
[89] GULDENER, Zivilprozeßrecht, S. 376; Freiwillige Gerichtsbarkeit, S. 53. Siehe Art. 18 Abs. 6 GBV am Schluß und vorn, § 23 Note 38. Die «Ermächtigung», von der – neben der Bescheinigung der Rechtskraft – in der vorerwähnten Bestimmung die Rede ist, hat einfach die Bedeutung, daß der Erwerber durch das fragliche Urteil vorbehaltlos Eigentümer geworden und berechtigt ist, sich im Grundbuch eintragen zu lassen, HOMBERGER, Art. 963 N. 35.
[90] BGE 73 I, 1947, S. 278: Der Entscheid, der die vorläufige Eintragung eines gesetzlichen Pfandrechts gegen den frühern Eigentümer betrifft, ist für diesen Fall durch die neue Rechtsprechung überholt, die den Anspruch auf Eintragung eines gesetzlichen Pfandrechts als *Realobligation* auffaßt, BGE 92 II, 1966, S. 227. Heute kann der Antrag auf Eintragung gegen den neuen Eigentümer, und nur gegen ihn, gestellt werden. Die ausgesprochene allgemeine Regel behält aber ihre volle Gültigkeit; vgl. auch ZR 1979, Nr. 34 S. 55 (ObG Zürich).
[91] GULDENER, Freiwillige Gerichtsbarkeit, S. 53; ZBGR 46, 1965, S. 29 (ObG Zürich). Die Frage stellt sich auch für ein Urteil, das gestützt auf Art. 736 ZGB die Löschung einer Dienstbarkeit anordnet, wenn etwa derjenige, dem am berechtigten Grundstück ein beschränktes dingliches Recht zustand, am Prozeß nicht teilgenommen hat, vgl. PIOTET, Dienstbarkeiten und Grundlasten, S. 580. Zum Erfordernis der Zustimmung Dritter, siehe vorn, § 16 B II 2: Man kann vom Grundbuchverwalter kaum verlangen, daß er sich über dieses Erfordernis aussprechen würde. Es hängt häufig von Ermessensfaktoren ab, die seiner Prüfung nicht zugänglich sind. Siehe auch LIVER, Art. 737 N. 197 f.
[92] BGE 71 I, 1945, S. 454 (betreffend einen gerichtlichen Vergleich); 78 I, 1952, S. 443 ff.; ZBGR 51, 1970, S. 126 f. (Rundschreiben Justizdirektion Bern). Werden dingliche Rechte, insbesondere Pfandrechte, begründet, müssen das Urteil oder der gerichtliche Vergleich die bereits bestehenden Rechte mitberücksichtigen und/oder den Rang festlegen, den die neu einzutragenden Rechte untereinander einnehmen sollen, vgl. ZR 1979 Nr. 3 (Rundschreiben ObG Zürich). Wird ein Grundstück mehreren Personen zugesprochen, muß das Urteil angeben, ob die Berechtigten Mit- oder Gesamteigentümer sind, sowie im ersten die Anteile und im zweiten Fall die Art des Gemeinschaftsverhältnisses festlegen.
[93] Selbst dem Zivilrichter gegenüber, dem völlig freie Prüfungsbefugnis zusteht, ist der Grundbuchverwalter dafür verantwortlich, daß nur «reine» dingliche Rechte so wie «reine»

Dagegen prüft der Grundbuchverwalter nicht, ob das Verfahren ordnungsgemäß durchgeführt worden ist; ob das Urteil von gültigen tatsächlichen und rechtlichen Voraussetzungen ausgeht; ob die Schlußfolgerungen, die der Richter aus diesen gezogen hat, vertretbar sind oder nicht[94].

3. Verfügungen oder Anordnungen von vorsorglichen Maßnahmen und andere richterliche Entscheide

a) Entscheiden, die vorsorgliche Maßnahmen anordnen, kommt die Wirkung der abgeurteilten Sache in dem Sinn nicht zu, daß sie jederzeit aufgehoben oder abgeändert werden können; wenn sich herausstellt, daß sie nicht mehr gerechtfertigt sind oder es überhaupt nie waren[95]. Nichts desto weniger sind sie wie Urteile vollstreckbar, sobald sie mit keinem Rechtsmittel mit aufschiebender Wirkung mehr angefochten werden können[96]. So gelten die Kriterien der Prüfung, die wir für materielle Urteile festgehalten haben, auch für die vorsorglichen Maßnahmen; unter Vorbehalt der Frage der Zuständigkeit.

Die Prüfung dieser Zuständigkeit kann sich nicht auf Art. 17 GBV stützen; denn selbst wenn der Richter seinen Entscheid dem Grundbuchverwalter von Amtes wegen mitteilt, ist es der aus einer Maßnahme Berechtigte, der materiell als Anmeldender auftritt (vorn, § 17 Note 35 und § 18 Note 41). Aber beim Fehlen der Wirkung der abgeurteilten Sache in bezug auf die Zuständigkeit (vgl. oben, 2) rechtfertigt sich die Prüfungsmöglichkeit des Grundbuchverwalters in dieser Hinsicht gestützt auf die Überlegungen, die

---

Vor- und Anmerkungen im Grundbuch eingetragen werden; und zwar sogar über die reine Technik des Grundbuches hinaus. Der Umfang seiner diesbezüglichen Prüfungsbefugnis entspricht grundsätzlich jenem bei der Prüfung von Rechtsgeschäften.
[94] BGE 84 I, 1958, S. 126ff., insbesondere 130f. Sieht man von der Frage der Eintragungsfähigkeit ab, kann der Grundbuchverwalter in diesem Sinn nicht überprüfen, ob der Rechtsgrund rechtlich gültig ist (§ 24 C I 5d). Kann nach der – wahrscheinlich falschen (vgl. BGE 103 II, 1977, S. 227ff.) - Auffassung des Richters an einem Grundstück, das zum Verwaltungsvermögen eines Gemeinwesens gehört, ein gesetzliches Pfandrecht errichtet werden (BGE 102 Ib, 1976, S. 8f.), darf der Grundbuchverwalter die Eintragung nicht verweigern: Ein Pfandrecht an einem solchen Grundstück widerspricht – anders als etwa abstraktes Gesamteigentum (vorher zitierter Entscheid des BGer in Bd. 84) – nicht unmittelbar dem Grundbuchrecht; anderer Meinung, LIVER, ZBJV 114, 1976, S. 208 und SCHMID, S. 277f. Desgleichen sollte der Grundbuchverwalter einen Kaufvertrag trotz einer vom BGer im Entscheid 84 I, 1958, S. 131 gemachten beiläufigen Bemerkung eintragen, der während der Sperrfrist des Art. 218 OR abgeschlossen, vom Richter aber als rechtsgültig anerkannt worden ist.
[95] GULDENER, Zivilprozeßrecht, S. 583.
[96] GULDENER, Zivilprozeßrecht, S. 622 N. 31; Das internationale und interkantonale Zivilprozeßrecht, S. 88 Note 21: Vollstreckung bei interkantonalen Verhältnissen.

wir oben (1) zum Verhältnis zwischen dem Grundbuch und der streitigen Zivilgerichtsbarkeit gemacht haben[97].

Der Grundbuchverwalter muß sich im weitern vergewissern, ob er ein Urteil oder einen Entscheid betreffend die Anordnung einer vorsorglichen Maßnahme vor sich hat; ob dieser Entscheid nicht oder nicht mehr mit einem Rechtsmittel mit aufschiebender Wirkung angefochten werden kann und ob er vom Gesichtspunkt des Grundbuches aus vollstreckt werden kann (oben, 2).

Dagegen ist es ausschließlich Sache des Richters, sich darüber auszusprechen, ob und was für ein Recht der Gesuchsteller hat, um eine vorsorgliche Maßnahme, sei es in Form einer Verfügungsbeschränkung oder vorläufigen Eintragung, zu erwirken. Der Grundbuchverwalter kann nicht überprüfen, ob derartige Entscheide materiell richtig sind[98]; es sei denn, daß die gesetzlichen Voraussetzungen offensichtlich nicht erfüllt sind (oben, 1 am Schluß). So wird er die Vormerkung einer Verfügungsbeschränkung als vorsorgliche Maßnahme ablehnen, die nicht den tatsächlichen Vollzug eines auf ein bestimmtes Grundstück gerichteten obligatorischen Anspruches bezweckt (vorn, § 18 B AA I 2)[99] [99a].

b) Dieselben Grundsätze gelten für *richterliche Anordnungen, die im summarischen Verfahren ergangen sind,* sobald sie nicht angefochten worden sind; Beispiel: der Entscheid des Richters, der die außerordentliche Ersitzung feststellt (Art. 662 Abs. 3 ZGB). Der Grundbuchverwalter muß prüfen, ob der Entscheid vom zuständigen Richter ausgegangen ist – Art. 17 GBV ist hier anwendbar –; nicht aber, nach unserer Auffassung, ob das Verfahren ordnungsgemäß durchgeführt worden ist[100]. Über den Inhalt des Entscheides steht ihm überhaupt keine Prüfungsmöglichkeit zu.

---

[97] Zur Prüfung der Zuständigkeit, vgl. insbesondere HOMBERGER, Art. 960 N. 18; MEISTER, S. 94; ZBGR 5, 1924, S. 136 (eidgenössische Justizabteilung: Zuständigkeit des Richters nach Art. 170 ZGB).

[98] HOMBERGER, Art. 960 N. 17; MEISTER, S. 94; ZBGR 42, 1961, S. 150 ff. (Kleiner Rat Graubünden).

[99] So können Ansprüche der Ehefrau gegenüber ihrem Ehemann aus ehelichem Güterrecht nicht durch eine Vormerkung nach Art. 960 Abs. 1 Ziff. 1 ZGB sichergestellt werden; falsch in diesem Punkt der in der vorangehenden Note zit. Entscheid; siehe die Bemerkung von H. H., S. 154.

[99a] Aus dem gleichen Grund darf der Grundbuchverwalter einer vorsorglichen Maßnahme nicht Folge leisten, mit welcher der Richter auf Begehren eines ersten Käufers hin eine Verfügungsbeschränkung nach Art. 960 oder 961 ZGB anordnet, um die von einem zweiten Käufer angemeldete Eintragung zu verhindern; siehe vorn, § 19 II 3 Note 40.

[100] Anderer Meinung: ZBGR 5, 1924, S. 159 (ObG Zürich) und MEIER-HAYOZ, Art. 662 N. 25, der jedoch auf die Schwierigkeit hinweist, wie der Grundbuchverwalter diese Prüfung vornehmen sollte.

§ 24   Anordnung einer Behörde   515

c) Gleich verhält es sich bei einer *Grundbuchsperre,* die vom Zivil- oder Strafrichter angeordnet worden ist. Nachdem der Grundbuchverwalter die Zuständigkeit des Richters abgeklärt hat, kann er nichts anderes tun, als den erhaltenen Befehl zur Kenntnis zu nehmen[101]. Es wird auf das verwiesen, was in bezug auf die Gesetzmässigkeit gewisser kantonalrechtlicher Sperren gesagt worden ist (vorn, § 19 II 3)[102].

4. Entscheide oder Gesuche von Behörden oder Beamten der nicht streitigen Gerichtsbarkeit

Entscheide, die im nicht streitigen Verfahren ergehen, rufen nach entsprechenden Ausführungen. Auch ihnen kommt die Wirkung der abgeurteilten Sache nicht zu[103]. Sie können aber vollstreckt werden, sobald sie mit keinem ordentlichen Rechtsmittel mehr angefochten werden können.

a) Genehmigungen oder Bestätigungen

aa) Es geht zunächst um die *Genehmigungen,* die insbesondere von den vormundschaftlichen Behörden in *Fragen der Handlungsfähigkeit* erteilt werden (oben, C I 2). Der Grundbuchverwalter prüft grundsätzlich, ob die Behörde,

---

[101] MEISTER, S. 169. Die Abklärung der Zuständigkeit des Richters ist an das Bestehen einer gesetzlichen Grundlage gebunden. Im Entscheid des BGer 111 II, 1985, S. 42 Erw. 3 (zit. in § 19 Note 5a) war es unklar, ob das kantonale Recht eine gesetzliche Grundlage für die angeordnete Sperre enthielt. Das BGer brauchte die Sache aber nicht an die kantonale Instanz zurückzuweisen, damit diese sich über die streitige Frage ausspreche. Es konnte einfach den Entscheid des Grundbuchverwalters, der Anordnung des Richters nicht Folge zu leisten, gutheißen; denn die Sperre folgte der Anmeldung auf Übertragung des Grundstückes ja nach. – Zum Vollzug einer Sperre, die nicht vom Richter am Ort der gelegenen Sache angeordnet worden ist, während das an diesem Ort geltende kantonale Recht diese Art Maßnahme nicht kennt, vgl. vorn, § 19 Note 55. Im interkantonalen Prozeßrecht kann eine vorsorgliche Maßnahme zur Sicherung des tatsächlichen Vollzugs eines Urteils nur von den Behörden am Ort der gelegenen Sache, auf die sich die Vollstreckung bezieht, angeordnet werden, GULDENER, Das internationale und interkantonale Zivilprozeßrecht, S. 88 Note 21b und S. 113.

[102] Im Verfahren der *staatsrechtlichen Beschwerde* hat das BGer nicht entschieden, ob die Grundbuchbehörden die Anordnung einer Grundbuchsperre insoweit abzuweisen hätten, als eine strafrechtliche Beschlagnahme bezwecke, die zivilrechtlichen Ansprüche des Geschädigten sicherzustellen (BGE 76 I, 1950, 96 ff.); siehe vorn, § 19 Note 28. Man kann hier aber kaum von einem nicht eintragbaren Rechtsverhältnis sprechen, mag eine solche Beschlagnahme auch noch so gesetzeswidrig sein.

[103] GULDENER, Freiwillige Gerichtsbarkeit, S. 61 ff., 67 f.

die eine Genehmigung erteilt hat, zuständig war[104]. Er vergewissert sich auch, ob der Entscheid endgültig ist; wenigstens was das nicht streitige Verfahren angeht[105]. Demgegenüber kann er weder die Gesetzmässigkeit noch die Angemessenheit einer erteilten Genehmigung überprüfen. Es gelten aber die gleichen Vorbehalte, die für das Urteil gemacht worden sind; insbesondere was die Eintragbarkeit angeht (oben, C III 2).

bb) In Frage steht weiter die Bestätigung, die sich aus der Ausstellung einer *Erbenbescheinigung* ergibt. Der Grundbuchverwalter, der eine solche Bescheinigung verlangen muß, vergewissert sich, ob sie nach dem fraglichen kantonalen Recht von der zuständigen Behörde ausgestellt worden ist und ob sie alle vom Gesetz und der GBV geforderten wesentlichen Angaben enthält. Dagegen ist er nicht befugt, sie materiell zu überprüfen; d. h. abzuklären, ob den darin aufgeführten Erben diese Eigenschaft auch tatsächlich zukommt oder ob alle wirklichen Erben darin auch tatsächlich aufgeführt sind. Weil eine Erbenbescheinigung nicht die Wirkung der abgeurteilten Sache erlangt, muß aber der Fall von offensichtlichen Irrtümern oder Widersprüchen vorbehalten werden; wie etwa, wenn bestimmte, in einem aufgelegten Testament eingesetzte Erben in der Erbenbescheinigung nicht aufgeführt sind oder wenn nach der Ausstellung einer Bescheinigung neue Tatsachen – zu denken ist etwa an den Tod eines Erben – eingetreten sind[106]. Die Fragen, die sich aus den Einrichtungen und dem Verfahren des Grundbuches ergeben, und jene der Eintragungsfähigkeit bleiben aber in jedem Fall vorbehalten.

---

[104] HOMBERGER, Art. 965 N. 46 und Verweise. Eine Überprüfung der *örtlichen* Zuständigkeit, über die sich die Behörde, die den Entscheid gefällt hat, bereits Gedanken gemacht hat, durch den Grundbuchverwalter, kommt wohl nicht in Frage. Es ist nicht einzusehen, daß dieser den fraglichen Punkt noch einmal überprüfen sollte. Zum Verhältnis zwischen den Vollstreckungsbehörden und einer örtlich unzuständigen Nachlaßbehörde, vgl. BGE 98 III, 1972, S. 37.

[105] Zur Unwiderruflichkeit von im nicht streitigen Verfahren ergangenen Gestaltungsurteilen, GULDENER, Freiwillige Gerichtsbarkeit, S. 62.

[106] BGE 79 I, 1953, S. 260; 82 I, 1956, S. 188; 98 Ib, 1972, S. 92 ff.; ZBGR 38, 1957, S. 79 (Aufsichtsbehörde Freiburg); 47, 1966, S. 83 (Justizdirektion Bern): Erbe oder Vermächtnisnehmer; 39, 1958, S. 120 (Rundschreiben Justizdirektion Bern). Vgl. JENNY, Legalitätsprinzip, S. 197 f.; HOMBERGER, Art. 965 N. 73; MERZ, Die Übertragung, S. 129 ff. Nach unserer Auffassung hat der Grundbuchverwalter weder abzuklären, ob das Verfahren ordnungsgemäß durchgeführt worden sei (anderer Meinung: ZBGR 38, vorher zit.), noch ob ein Testament einen offensichtlichen Mangel aufweise; anderer Meinung: ZBGR 31, 1950, S. 19 (ObG Zürich). Zur Erbenbescheinigung für einen in Frankreich wohnhaft gewesenen Franzosen, auf Grund derer die Eintragung von dessen Erben im Grundbuch erfolgen kann, siehe die Wegleitung der eidg. Justizabteilung vom 10. Mai 1974 in ZBGR 60, 1979, S. 219 ff.

b) *Anmeldungen von Behörden und Beamten*

aa) Die Anmeldung einer *Urkundsperson,* die befugt ist, öffentliche Beurkundungen vorzunehmen: Der Grundbuchverwalter muß ihre Zuständigkeit prüfen, die öffentliche Urkunde zu erstellen und die Anmeldung vorzunehmen. Im weitern haben wir uns bereits über die Aufteilung der Prüfung des Rechtsgrundes einer Eintragung zwischen dem Grundbuchverwalter und der beurkundenden Urkundsperson ausgesprochen; insbesondere was die Frage der Handlungsfähigkeit und der Stellvertretung angeht (oben, C I 1 und 2).

bb) Die Anmeldung, die von einem *andern Grundbuchverwalter* ausgeht: Der angegangene Grundbuchverwalter muß abklären, ob sein Kollege zuständig ist. Im übrigen ist seine Prüfungsbefugnis im Rahmen der Art. 942 ZGB und Art. 1, 6 und 42 GBV beschränkt. Sie kann sich nur auf jene Punkte beziehen, die der andere Grundbuchverwalter, wegen des Fehlens der notwendigen Unterlagen, nicht prüfen konnte. Über die Gültigkeit des Rechtsgrundes – wie auch über die Eintragungsfähigkeit eines Rechts oder Rechtsbeziehung – kann er sich nur soweit aussprechen, als die in seinem eigenen Grundbuchkreis gelegenen Grundstücke in Frage stehen[107] [108].

cc) Die Anmeldung des *Güterrechtsregisterführers* (vorn, § 17 B II 3c aa): Die Zuständigkeit des Güterrechtsregisterführers zur Vornahme von Grundbuchanmeldungen ist mit der Zuständigkeit gegeben, Eheverträge (Art. 181 Abs. 2 ZGB), Anordnungen des Richters betreffend den Güterstand (Art. 186 Abs. 2 ZGB) oder Rechtsgeschäfte unter Ehegatten nach Art. 177 Abs. 2 ZGB (Art. 248 Abs. 1 ZGB) ins Güterrechtsregister einzutragen. Der Grundbuchverwalter überprüft diese Zuständigkeit (Art. 17 GBV). Um Eintragungen im Güterrechtsregister vorzunehmen, muß der Registerführer die in Art. 10 GRV (in Verbindung mit Art. 12–18 GRV) vorgesehenen Überprüfungen vornehmen. Diese haben vor allem die Tatsachen zum Gegenstand, die in das Register eingetragen werden können, wie auch die Rechtsgültigkeit der Verträge und richterlichen Anordnungen, die Befugnis, die Eintragung in das besagte Register zu beantragen, sowie endlich das Vorhandensein der notwendigen Genehmigungen[108a]. In diesen Punkten ist der Grundbuchverwalter folglich von einer Prüfung befreit[109]. Seine Prüfung hat sich nur auf die Bezeichnung der von einem Vertrag oder einer richterlichen Anordnung betroffenen Grundstücke und allenfalls auf die Eintragungsfähigkeit einzelner Rechte und Rechtsbeziehungen zu erstrecken.

---

[107] AUER, S. 34f.; ZBGR 35, 1954, S. 16 (BezG Winterthur).
[108] In bezug auf die Entscheide oder Befehle der *Aufsichtsbehörde* steht dem Grundbuchverwalter keine Prüfungsbefugnis zu. Wegen der hierarchischen Über- bzw. Unterordnung der grundbuchlichen Behörden muß er sich ihnen ohne weiteres unterziehen, vgl. AUER, S. 35.
[108a] Zur Prüfungsbefugnis des Güterrechtsregisterführers, BGE 98 Ib, 1972, S. 390.
[109] AUER, S. 35; für eine unabhängige Prüfung eines Vertrages zwischen Ehegatten nach Art. 177 Abs. 2 ZGB, der im Güterrechtsregister bereits eingetragen ist, durch den Grundbuchverwalter, BR in SJZ 14, 1917/18, S. 144.

Die vorstehenden Ausführungen haben ihre Bedeutung mit dem Inkrafttreten des *neuen Eherechts* (BG vom 5. Oktober 1984) verloren. Seit dem 1. Januar 1988 kann ein Ehevertrag auf Begründung der Gütergemeinschaft, der Grundstücke umfaßt, von einem Ehegatten sogleich beim Grundbuchamt zur Eintragung angemeldet werden, und der Grundbuchverwalter prüft einen solchen Vertrag wie jeden andern. Das gleiche gilt auch, wenn ein Sachverhalt gegeben ist, welcher von Gesetzes wegen die Auflösung einer Gütergemeinschaft zur Folge hat (Art. 242 Abs. 1 revZGB).

5. Anmeldungen der Betreibungs- oder Konkursbehörden

Die Zuständigkeit der Betreibungs- oder Konkursbehörden, eine Eintragung im Grundbuch anzumelden, ergibt sich aus der Zuständigkeit, in einer Zwangsversteigerung den Zuschlag zu erteilen (Art. 136*bis* SchKG) oder eine Maßnahme im Sinn des Art. 960 Abs. 1 Ziff. 2 ZGB zu ergreifen. Der Grundbuchverwalter überprüft diese zweifache Zuständigkeit; wenigstens in sachlicher Hinsicht[110]. Wie bei einem Urteil überprüft er, ob die Maßnahme gegen denjenigen angeordnet worden ist, der im Grundbuch eingetragen ist[110a]. Notfalls vergewissert er sich auch, ob gegen sie nicht Beschwerde erhoben worden ist, der die zuständige Behörde aufschiebende Wirkung erteilt hat (Art. 36 SchKG; Art. 66 VZG). Im übrigen kann er, sobald er im Besitz der verlangten Belege ist, nicht überprüfen, ob ein Zuschlag rechtmässig erfolgt oder eine Anordnung im Zwangsvollstreckungsverfahren rechtsgültig ist (Art. 18 Abs. 5 und 73 GBV)[110b]. Er klärt nur ab, ob er selber zur Vornahme der angemeldeten Eintragung zuständig ist; d. h. ob der Schuldner tatsächlich Eigentümer von Grundstücken ist, die in seinem Grundbuchkreis liegen. Fragen bezüglich der Eintragungsfähigkeit können sich nur beim Zuschlag in der Zwangsversteigerung stellen.

---

[110] Gegen den Entscheid einer örtlich unzuständigen Behörde steht dem Schuldner die Beschwerde nach Art. 17 SchKG offen; vgl. MEISTER, S. 94 und BGE 98 III, 1972, S. 38.

[110a] Dieser muß derjenige sein, gegen den sich das Zwangsvollstreckungsverfahren richtet; vgl. ZBGR 63, 1982, S. 65 (ObG Zürich): Berechtigte Weigerung des Grundbuchverwalters, im Konkurs des Fiduzianten auf einem Grundstück, das im Grundbuch auf den Namen des Fiduziars eingetragen ist, eine Verfügungsbeschränkung vorzumerken. Das Gericht macht einen Vorbehalt für den Fall, daß der eingetragene Eigentümer – der nicht der Konkursit ist – der Vormerkung zustimmt. Siehe die kritischen Bemerkungen des Redaktors (H.H.) in ZBGR 63, 1982, S. 69f., die dieser aus dem Umstand herleitet, daß die Vormerkung des Konkurses keinen Sinn hatte.

[110b] ZBGR 63, 1982, S. 79 Erw. 4 (KGer Schwyz). Er sollte jedoch die Anmeldung der Eintragung einer Last abweisen, die das Betreibungs- oder Konkursamt im Lastenbereinigungsverfahren beabsichtigte; denn ein solcher Entscheid wäre mit Rücksicht auf das Zwangsvollstreckungsrecht absolut nichtig, BGE III, 1971 S. 89 Erw. 5. Ist aber eine solche, aus diesem oder jenem Grund nichtige Last, fest eingetragen gewesen, darf sie der Grundbuchverwalter nicht von Amtes wegen löschen, vgl. H.H., ZBGR 63, 1982, S. 84, zu dem oben angeführten Entscheid des KGer Schwyz.

6. Entscheide oder Anmeldungen von Verwaltungsbehörden

Wie die vorläufigen Maßnahmen können auch *Verwaltungsakte* grundsätzlich wieder zurückgenommen werden, wenn die tatsächlichen Verhältnisse sich grundlegend ändern, das öffentliche Interesse es verlangt und nicht eine ausdrückliche Vorschrift noch die Rechtssicherheit entgegenstehen[111]. Das schließt aber keineswegs aus, daß sie im Verhältnis zum Grundbuch vollstreckbar sind.

a) Genehmigungen

In Frage stehen Entscheide, welche die Fähigkeit bestimmter Personen (Personen im Ausland, öffentlichrechtliche juristische Personen) betreffen, Rechtsgeschäfte um Grundstücke zu tätigen (oben, C I 2); oder Entscheide, die zu bestimmten Rechtsgeschäften die Bewilligung erteilen, etwa die Bewilligung, ein landwirtschaftliches Grundstück vor Ablauf der Sperrfrist weiterzuveräußern (oben, C I 5d). Der Grundbuchverwalter überprüft solche Entscheide im gleichen Umfang wie Genehmigungen, welche die Behörden im Verfahren der nicht streitigen Gerichtsbarkeit erteilen (oben, C III 3a): (Beschränkte) Prüfung der Zuständigkeit, keine Prüfung der materiellen Voraussetzungen einer Bewilligung noch deren Gesetzmässigkeit (oben, Noten 37 und 54).

b) Anmeldungen von Verwaltungsbehörden

Es geht um Anmeldungen, welche die Anmerkung öffentlichrechtlicher Eigentumsbeschränkungen zum Gegenstand haben. Im Vordergrund stehen dabei Nutzungs- und Veräußerungsbeschränkungen (vorn, § 20 C). Der Grundbuchverwalter prüft:

- Ob eine Behörde zum Erlaß eines Entscheides sowie zur Anmeldung der entsprechenden Anmerkung sachlich und örtlich zuständig war (Art. 17 GBV)[112];
- ob ein Verwaltungsakt in Rechtskraft erwachsen ist[113];
- ob eine Beschränkung nach Bundes- oder kantonalem Recht in einem Gesetz oder einer VO vorgesehen ist – als kantonale Vorschriften können

---

[111] BGE 84 I, 1958, S. 7 ff. und Verweise; 89 I, 1963, S. 129 ff.; GRISEL, I S. 429 ff.; GYGI, S. 322 ff., zu den Begriffen der formellen und materiellen Rechtskraft von Verwaltungsakten.
[112] FRIEDRICH, Grundbuch und öffentliches Recht, S. 233.
[113] FRIEDRICH, a.a.O.; ZBGR 51, 1970, S. 227 f. (ObG Zürich).

dabei nur solche gelten, die vom Bundesrat genehmigt worden sind (Art. 962 Abs. 2 ZGB)[114];
- ob all jene, deren Grundstücke unter eine Beschränkung fallen, am Verfahren beteiligt waren[115] und ob aus einem Entscheid klar ersichtlich ist, welche Grundstücke von einer Beschränkung betroffen sind[116];
- ob eine Beschränkung als solche überhaupt angemerkt werden kann[117].

Dagegen ist der Grundbuchverwalter nicht befugt, zu überprüfen, ob die Voraussetzungen, von denen die anwendbaren Vorschriften eine Beschränkung und deren Anmerkung abhangen lassen, erfüllt sind. Auch in diesem Punkt ist er materiell an den Entscheid der Verwaltungsbehörde gebunden[118].

---

[114] HOMBERGER, Art. 946 N. 29 am Schluß: «anmerkungsfähig»; Art. 962 N. 7; FRIEDRICH, a.a.O. Vorschriften, die von einer Gemeinde gestützt auf ihre eigene Zuständigkeit erlassen werden, können nicht über das Gemeindegebiet hinaus Gültigkeit beanspruchen; verfehlt: ZBGR 51 (zitiert in Note 113), abgelehnt von H.H.

[115] ZBGR 55, 1974, S. 143 (Justizkommission Luzern): Zugehörigkeit zu einer Strassengenossenschaft.

[116] FRIEDRICH, a.a.O. Dieser Autor möchte, daß auch die Frage des Ranges abgeklärt würde, den eine Beschränkung im Verhältnis zu andern Lasten auf einem Grundstück hat. Das Grundbuch scheint aber nicht geeignet, diese Frage zu entscheiden, HOMBERGER, Art. 962 N. 6, für den dies Sache des Richters ist; in diesem Sinn auch ZBGR 6, 1925, S. 167 (ObG Zürich).

[117] Nicht der Fall ist dies beim Erwerb von Grundstücken durch Personen im Ausland für die Verpflichtung, Anteile an einer Immobiliengesellschaft nicht zu veräußern, siehe vorn, § 20 Note 63.

[118] HOMBERGER, Art. 962 N. 7; OSTERTAG, Art. 946 N. 2; FRIEDRICH, a.a.O; ZBGR 51 (zitiert in Note 113, S. 229); anderer Meinung: BUJARD, S. 66. So hat der Grundbuchverwalter nicht zu prüfen, ob ein Mehrwertrevers aus finanzpolitischen Gründen ausgesprochen worden ist, vgl. REY, S. 5.

§ 25. Das Grundbucheintragungsverfahren

Literatur:

Die Kommentare von HOMBERGER, OSTERTAG und WIELAND zu Artikel 948, 963-967, 969 ZGB; von GONVERS-SALLAZ zu Artikel 11-24, 61-84 GBV; die Werke und Aufsätze von ANDERMATT, AUER und JENNY, die unter den Literaturangaben zu § 23 aufgeführt sind.
H.-P. FRIEDRICH, «Interimstitel» im Hypothekarwesen, ZBGR 52, 1971, S. 1 ff.; DERSELBE, Das Stockwerkeigentum, Bern 1965; H. HUBER, Anmeldung und Tagebuch im schweizerischen Grundbuchrecht, ZBGR 59, 1978, S. 156 ff.; DERSELBE, Aktuelle Fragen aus dem Grundpfandrecht, ZBGR 39, 1958, S. 193 ff.; P. JÄGGI, Über das vertragliche Vorkaufsrecht, ZBGR 39, 1958, S. 65 ff.; A. JOST, Handkommentar zum Bundesgesetz über die Erhaltung des bäuerlichen Grundbesitzes, Bern 1953; T. LINDE, Unterschriftsbeglaubigungen in der Schweiz, ZBGR 53, 1972, S. 342 ff.; A. MATTER, Gläubiger und Grundbuch, ZBGR 31, 1950, S. 313 ff.; C. P. MEISTER, Vorsorgliche Maßnahmen bei immobiliarsachenrechtlichen Streitigkeiten, Diss. Zürich 1977; E. REIZE, Das Bundesgesetz über den Erwerb von Grundstücken durch Personen im Ausland vom 16. Dezember 1983, ZBGR 66, 1985, S. 321 ff.; C. VOLKART, Die antizipierte Anmeldung, ZBGR 3, 1922, S. 33 ff.; P. WESPI, Die Beschwerde in Grundbuchsachen, Diss. Zürich 1937; A. WIEDERKEHR, Die vorläufige Eintragung im Grundbuch nach dem schweizerischen ZGB, Diss. Zürich 1932.

I. Überblick

Mit Ausnahme der Fälle, in denen er eine Buchung von Amtes wegen vornimmt[1], beginnt das Eintragungsverfahren für den Grundbuchverwalter mit der Entgegennahme der Anmeldung (unten, II). Anhand der eingereichten Belege und allfälliger weiterer Beweismittel nimmt er darauf die Prüfung vor (III). Im Anschluß an diese muß er seinen Entscheid fällen: entweder die Anmeldung zulassen oder sie abweisen (IV). Es gibt jedoch Fälle, in denen das Gesetz, ja sogar die Praxis, ein Aufschieben des Entscheides gestatten (V). Läßt der Grundbuchverwalter die Anmeldung zu, nimmt er die angemeldete Eintragung vor und macht den Beteiligten die notwendigen Mitteilungen (VI). Weist er die Anmeldung ab, teilt er dies dem Anmeldenden und allenfalls weitern Personen mit (VII). In einzelnen Fällen kann es vorkommen, daß im Verlauf des Eintragungsverfahrens besondere Zwischenverfahren durchgeführt werden müssen (VIII).

---

[1] Diese Fälle werden in anderem Zusammenhang behandelt; siehe insbesondere vorn, § 13 II, § 24 III 2.

II. Die Entgegennahme der Anmeldung

1. Allgemein

Geht bei ihm die Anmeldung der Eintragung oder Löschung eines dinglichen Rechtes, einer Vormerkung oder Anmerkung ein[2], schreibt sie der Grundbuchverwalter in das Tagebuch ein. Gesetz und VO unterscheiden zwischen der Anmeldung und der Einschreibung derselben in das Tagebuch. Die Einschreibung ist die Feststellung, daß die Anmeldung erfolgt ist[3].

Art. 948 ZGB bestimmt: «Die Anmeldungen zur Eintragung in das Grundbuch werden nach ihrer zeitlichen Reihenfolge ohne Aufschub in das Tagebuch eingeschrieben,...»[4] Und Art. 14 GBV verdeutlicht diese Vorschrift, indem er vorschreibt: «Jede Anmeldung ist sofort nach Eingang beim Grundbuchamt mit einem Eingangsvermerk zu versehen und unter einer Ordnungsnummer,..., in das Tagebuch einzuschreiben» (Absatz 1). «Die Einschreibung hat die genaue Zeit des Eingangs,... anzugeben» (Absatz 2): die Stunde und Minuten. Worauf es ankommt, ist der Zeitpunkt des Eintreffens der Anmeldung beim Grundbuchamt; sei es durch die Post oder durch einen Boten[5]. Anmeldungen, die vom gleichen Boten überbracht werden, unabhängig davon, ob die eine von der andern abhängt, werden als gleichzeitig eingegangen eingeschrieben[6].

---

[2] Die Änderungen in der Beschreibung eines Grundstücks, etwa betreffend Gebäude, Fläche oder Schatzungen, geben ebenfalls zu einer Anmeldung Anlaß.

[3] Anders ist es dort, wo sich die Anmeldung aus der Einschreibung ins Tagebuch ergibt, wie dies unlängst im Kanton Zürich noch der Fall war, weil ein und dieselbe Person sowohl das Amt der Urkundsperson wie dasjenige des Grundbuchverwalters auf sich vereinigte, vgl. H. HUBER, Anmeldung, S. 161; der Verfügende unterschrieb im Tagebuch die im voraus vorbereitete Anmeldung. – Art. 14 Abs. 3 GBV hat den Fall jener Kantone im Auge, in denen der Grundbuchverwalter befugt ist, öffentliche Beurkundungen vorzunehmen (Art. 948 Abs. 3 ZGB). Gegenteilige Vereinbarung vorbehalten, kommt der Einschreibung ins Urkundenprotokoll gleichzeitig die Bedeutung der Anmeldung zur Eintragung und der Einschreibung ins Tagebuch zu (Art. 972 Abs. 3 ZGB). Die Anforderungen in bezug auf das Datum der Einschreibung ins Tagebuch gelten auch für die Ausfertigung der öffentlichen Urkunde, vgl. HOMBERGER, Art. 948 N. 5. – Auf einen andern Fall, in dem Anmeldung und Einschreibung ins Tagebuch zusammenfallen, bezieht sich Art. 964 Abs. 2 ZGB, nach dem die Anmeldung einer Löschung durch den aus dem Eintrag Berechtigten durch seine Unterschrift im Tagebuch ersetzt werden kann.

[4] HOMBERGER, Art. 948 N. 1.

[5] Die Postaufgabe gilt nicht als Eingang; vgl. HOMBERGER, Art. 948 N. 1 und OSTERTAG, Art. 948 N. 1.

[6] Es kommt nicht darauf an, ob mehrere Anmeldungen, die gegenseitig voneinander abhangen (Art. 12 Abs. 2 GBV), die gleiche oder verschiedene Ordnungsnummern tragen.

Diese Angaben sind, zusammen mit jener der anmeldenden Person (Art. 948 Abs. 1 ZGB am Schluß), wesentlich, um die Verbindung zwischen der Anmeldung und der Einschreibung ins Tagebuch zu gewährleisten[7].

2. Die Zulässigkeit der Anmeldung

Grundsätzlich wird jede Anmeldung – d. h. jeder Antrag, der auf eine Eintragung im Hauptbuch oder in der Liegenschaftsbeschreibung hinzielt – in das *Tagebuch eingeschrieben;* selbst wenn die vorgeschriebene Form nicht eingehalten ist oder es sich ohne weiteres ergibt, daß der zugrunde liegende Rechtsgrund nicht genügend ausgewiesen ist[8]. Das gilt für alle Anmeldungen: für solche, die sich an einen unzuständigen Grundbuchverwalter richten; für solche, welche die vorzunehmenden Eintragungen nicht klar festhalten; für solche, denen nicht alle notwendigen Belege beigelegt sind[9]; für die sog. vorausgenommenen Anmeldungen, d. h. für Anmeldungen, die vorgenommen werden, bevor die gesetzlichen Voraussetzungen für die Eintragung erfüllt sind, in der Absicht, der Grundbuchverwalter werde erst entscheiden, wenn sie es dann sind[10].

Das will nicht heißen, eine Anmeldung dürfe nicht manchmal als *unzulässig* betrachtet werden. Unzulässig sind mündliche Anmeldungen; Anmeldungen, die nicht unterzeichnet sind; Anmeldungen, welche die vorzunehmenden Eintragungen in keiner Weise angeben; Anmeldungen, denen

---

Entscheidend ist die Angabe des Zeitpunktes der Anmeldung (Art. 972 Abs. 2). HOMBERGER, Art. 948 N. 1, lehnt zu Recht die Begründung ab, die man aus Art. 26 Abs. 2 und 27 Abs. 1 GBV ziehen könnte, die bis zu einem gewissen Grad Ordnungsnummer und Datum verwechseln.

[7] Art. 14 Abs. 2 GBV verlangt zusätzlich, daß die Einschreibung im Tagebuch Inhalt – Art. 948 ZGB spricht von der «Angabe des Begehrens» – und Datum der Anmeldung angibt. Diese Angaben sind in Wirklichkeit bedeutungslos. Für den Inhalt ist die Anmeldung maßgebend, nicht der Wortlaut der Einschreibung im Tagebuch; und das Datum der Anmeldung hat für das Grundbuch überhaupt keine Bedeutung; vgl. H. HUBER, Anmeldung, S. 162.

[8] HOMBERGER, Art. 948 N. 2; er macht aber eine Ausnahme für den Fall, daß der Grundbuchverwalter den Anmeldenden auf die Mängel der Anmeldung aufmerksam macht und dieser dieselbe unverzüglich zurückzieht; in diesem Sinn, GBA, ZBGR 35, 1954, S. 107. Geht man dagegen von der Auffassung aus, eine einmal vorgenommene Anmeldung könne nicht mehr zurückgezogen werden, fällt diese Ausnahme außer Betracht; so ZBGR 58, 1977, S. 87 ff. (Departement des Innern Aargau).

[9] H. HUBER, Anmeldung, S. 164.

[10] Siehe die von VOLKART, S. 33 f., zit. Fälle; Beispiel: Anmeldung der Eintragung des Verkaufs eines landwirtschaftlichen Grundstücks, bevor die Bewilligung zur Weiterveräußerung nach Art. 218*bis* OR erteilt worden ist.

in Fällen, in denen die beantragte Eintragung solche zwingend voraussetzt, überhaupt keine Belege beigelegt sind; Anmeldungen, die, nach erfolgter Abweisung, einfach wieder vorgenommen werden, ohne daß irgend eine Verbesserung angebracht worden wäre; die Anmeldung eines Kaufvertrages, der noch gar nicht abgeschlossen worden ist, es aber alsbald werden soll (vorausgenommene Anmeldung im engen Sinn)[11]. Schließlich kann eine Anmeldung auch einer Grundbuchsperre widersprechen (vorn, § 19 Note 5).

Art. 104 GBV spricht selber von der Weigerung des Grundbuchverwalters, «eine Anmeldung entgegenzunehmen». Diese Weigerung stellt eine Maßnahme dar, gegen welche die in diesem Artikel vorgesehene allgemeine Grundbuchbeschwerde gegeben ist. Es ist nun aber keineswegs gesagt, daß eine solche in jedem Fall ungerechtfertigt sei. Auch die Rechtsprechung verwendet den Begriff der Entgegennahme der Anmeldung[12]. Genau genommen dürfte eine unzulässige Anmeldung gerade nicht ins Tagebuch eingeschrieben werden. Sie müsste so behandelt werden, wie wenn es sie für das Grundbuch überhaupt nicht geben würde. Aus praktischen Gründen aber – mangels eines anderen Registers, in dem ihre Spuren weiter verfolgt werden könnten – müssen die oben erwähntenn Anmeldungen, mit Ausnahme der mündlichen, gleichwohl ins Tagebuch eingeschrieben werden. Gleichgültig, ob dies gemacht wird oder nicht, müssen sie dagegen Gegenstand eines Nicht-Eintretensentscheides bilden, der als solcher dem Anmeldenden und allenfalls weitern Beteiligten (unten, VI 2) mitgeteilt wird und mit der allgemeinen Beschwerde nach Art. 104 GBV angefochten werden kann[13].

---

[11] HOMBERGER, Art. 963 N. 16, erwähnt diesen Fall und macht darauf aufmerksam, daß gestützt auf diese Tatsache die Wirkung der Eintragung nach Art. 972 ZGB auf einen Zeitpunkt zurückbezogen würde, in dem der Kaufvertrag noch gar nicht abgeschlossen war. Vgl. auch BGE 86 II, 1960, S. 114 ff., wo ein Miterbe im Blick auf eine allfällige Übertragung eines landwirtschaftlichen Grundstücks auf einen Miterben die vorläufige Vormerkung seines Gewinnanteilsrechts beantragte. Um diese als Sicherungsmaßnahme dienende Anmeldung zuzulassen, berief sich das Gericht aber zu Unrecht auf Art. 12 Abs. 2 GBV, der sich nur auf Anmeldungen bezieht, die gleichzeitig vorgenommen werden; siehe die Kritik von H. HUBER, Anmeldung, S. 165.

[12] BGE 85 I, 1959, S. 162 ff.; 90 I, 1964, S. 307 ff. In diesen beiden Fällen jedenfalls war die Anmeldung nicht in dem hier verstandenen engen Sinn unzulässig. BGE 71 I, 1945, S. 419 ff. läßt offen, ob eine Anmeldung, die nur die Erneuerung einer bereits abgewiesenen darstellt, als unzulässig erklärt oder abgewiesen werden muß.

[13] Die Praxis ist scheinbar schwankend. Entweder schreibt der Grundbuchverwalter die Anmeldung nicht ins Tagebuch ein und teilt dies dem Anmeldenden mit, oder er schiebt die Einschreibung auf, oder er weist die Anmeldung unverzüglich ab. Eine Änderung der GBV könnte hier Klarheit schaffen.

3. Die Bedeutung der Einschreibung im Tagebuch

Die Einschreibungen im Tagebuch bilden die Grundlage für die Eintragungen, die der Grundbuchverwalter in der Folge vorzunehmen hat. Die Eintragungen ins Hauptbuch wie in die Hilfsregister finden in der Reihenfolge der Anmeldungen statt; so wie diese aus dem Tagebuch hervorgeht (Art. 967 Abs. 1 ZGB). Im Geltungsbereich des absoluten Eintragungsprinzips wird die Wirkung der Eintragungen und Löschungen von dinglichen Rechten und Vormerkungen auf den Zeitpunkt der Einschreibung der entsprechenden Anmeldung ins Tagebuch zurückbezogen (Art. 972 Abs. 2 ZGB; hinten, § 29 IV 2). Aber auch im Geltungsbereich des relativen Eintragungsprinzips ist die Einschreibung ins Tagebuch nicht ohne Bedeutung (hinten, § 30 IV 2).

Wird eine Anmeldung überhaupt nicht oder nicht ordnungsgemäß ins Tagebuch eingeschrieben, entfaltet die der Anmeldung entsprechende Eintragung im Hauptbuch trotzdem ihre Wirkungen; unter Vorbehalt, daß die materiellen Voraussetzungen erfüllt sind[14]. Die Rechtslage ist hier die gleiche wie bei einer Eintragung, die trotz Fehlens der formellen Voraussetzungen der Anmeldung vorgenommen worden ist (vorn, § 15 B I 2c und § 22 I).

4. Das Schicksal der Einschreibung im Tagebuch

Jede Anmeldung bleibt im Tagebuch eingeschrieben, welches auch ihr Schicksal sei; ob sie zugelassen, abgewiesen oder für unzulässig erklärt wird.

Die Einschreibung im Tagebuch wird nie gelöscht; selbst dann nicht, wenn die Anmeldung rechtsgültig zurückgezogen wird. Im Anwendungsbereich des absoluten Eintragungsprinzips ist ein solcher Rückzug nur mit Zustimmung aller Beteiligten möglich; während im Bereich des relativen Eintragungsprinzips eine Anmeldung wie auch die Anmeldung einer Anmerkung vom Anmeldenden jederzeit einseitig zurückgezogen werden kann. Den rechtsgültigen Rückzug einer Anmeldung vermerkt der Grundbuchverwalter im Tagebuch und händigt dem Anmeldenden die Belege wieder aus[15].

---

[14] In diesem Sinn, H. HUBER, Anmeldung, S. 162f. Zum Zeitpunkt, auf den die Wirkungen der Eintragung zurückbezogen werden, wenn die Einschreibung ins Tagebuch unterblieben ist, siehe hinten, § 29 IV 2. Eine unterlassene oder fehlerhafte Einschreibung im Tagebuch kann korrigiert werden, solange die Eintragung im Hauptbuch noch nicht stattgefunden hat, H. HUBER, S 163 oben.

[15] Die Parteien eines Kaufvertrages verlieren diese Möglichkeit, sobald der Inhaber eines Vorkaufsrechts erklärt hat, sein Recht auf Grund des Vertrages ausüben zu wollen, Entscheid des BGer aus dem Jahr 1970, in ZBGR 54, 1973, S. 246.

III. Die Prüfung der Anmeldung

1. Die Stellung des Grundbuchverwalters

Der Grundbuchverwalter übt seine Prüfungsbefugnis (vorn, § 24) auf Grund der Angaben aus, die in der Regel durch Urkunden bescheinigt werden und die der Anmeldende ihm mit der Anmeldung einzureichen hat (vgl. Art. 965 Abs. 3, 966 ZGB). Dieses Vorlegen von Urkunden ist eine Voraussetzung für den öffentlichrechtlichen Anspruch auf Vornahme einer Grundbucheintragung[16]. Der Grundbuchverwalter muß sich grundsätzlich nicht selber auf die Suche nach Beweismitteln machen, die geeignet sind, die Annahme der Anmeldung zu *stützen*. Werden ihm diese nicht beigebracht, weist er die Anmeldung ab. Anderseits ist es aber seine Pflicht, von Amtes wegen Licht in eine Anmeldung zu bringen (vorn, § 9 II 5) und insbesondere jene Elemente zu berücksichtigen, die geeignet sind, die vom Anmeldenden beigebrachten Beweismittel zu *entkräften*. Dazu muß es ihm möglich sein, sich aus andern Quellen Auskünfte zu verschaffen. Eine gewisse Befugnis, Nachforschungen anzustellen, die noch umschrieben werden muß, kann ihm folglich nicht abgesprochen werden.

2. Die dem Grundbuchverwalter zur Verfügung stehenden Beweismittel

Vor dem Grundbuchverwalter wird nicht ein Beweisverfahren im eigentlichen Sinn durchgeführt. Die Untersuchung, die er anstellt, wickelt sich formlos ab.

Als Beweismittel kommen grundsätzlich nur Urkunden, d. h. Belege, in Frage. Der Anmeldende kann nicht verlangen, daß Zeugen einvernommen, noch daß Sachverständige beigezogen werden. Ebensowenig kann der Grundbuchverwalter diese Maßnahmen von sich aus anordnen[17].

---

[16] HOMBERGER, Art. 965 N. 51. Nur in dem Sinn kann von einer den Anmeldenden treffenden Beweislast gesprochen werden; so, GULDENER, Freiwillige Gerichtsbarkeit, S. 57. Wie HOMBERGER hervorhebt, setzt der verfahrensrechtliche Begriff der Beweislast streng genommen eine Bestreitung der geltend gemachten und vom Kläger zu beweisenden Tatsachen durch eine Gegenpartei voraus – was im nicht streitigen Verfahren, in dem ein Anmeldender einer Behörde gegenübersteht, nicht zutrifft.

[17] HOMBERGER, Art. 965 N. 52. Im Verfahren der nicht streitigen Gerichtsbarkeit kann auf die zivilprozessualen Beweismittel nur zurückgegriffen werden, wenn das Gesetz dies ausdrücklich vorsieht, GULDENER, a.a.O., S. 35; siehe BGE 105 II, 1979, S. 43 ff. und 112 II, 1986, S. 26 ff.

Der Grundbuchverwalter kann aber jene Kenntnisse verwenden, die er in amtlicher Stellung erlangt hat; so wie sie aus den einzelnen Bestandteilen des Grundbuches, und selbst der Hilfsregister, hervorgehen oder sich aus der Behandlung anderer Geschäfte ergeben (Analogie zur Gerichtsnotorietät). Er kann auch Tatsachen berücksichtigen, die durch andere öffentliche Register (Zivilstands-, Handels-, Güterrechtsregister) bezeugt werden, oder bei Verwaltungsbehörden Erkundigungen einholen[18]. Gegebenenfalls kann der Grundbuchverwalter sich die Kenntnis einer bestimmten Tatsache auch selber verschaffen, indem er eine formlose Abklärung vornimmt; etwa um sich zu vergewissern, ob eine Gruppe von Bäumen «Wald» im Sinn des Gesetzes darstellt, für den ein Zerstückelungsverbot gilt (vorn, § 11 Note 40).

In all diesen Fällen besitzt oder erwirbt der Grundbuchverwalter eine *amtliche* Kenntnis der Tatsachen; und sei es auch auf andere Weise als durch Ausübung seines eigentlichen Amtes. Eine andere Frage ist, ob er berechtigt ist, auch sein privates Wissen für seine Tätigkeit zu verwenden. In dieser Hinsicht ist äußerste Vorsicht am Platz. Stellt diese persönliche Kenntnis für den Grundbuchverwalter nicht einen Ausstandsgrund dar, muß er, bevor er sie als Grundlage für seinen Entscheid verwendet, danach trachten, sich von dem, was er weiß, eine amtliche Bestätigung zu verschaffen[19].

Im übrigen trifft der Grundbuchverwalter seine Feststellungen, indem er

---

[18] Zu einschränkend für die Eintragungen im Handelsregister, ZBGR 2, 1921, S. 18f. (Justizdirektion Aargau): Die Tatsache, daß es allgemein bekannt war, daß eine Kollektiv- in eine Aktiengesellschaft umgewandelt worden war, hinderte nicht zu überprüfen, ob ein einzelner Gesellschafter der alten Gesellschaft ermächtigt war, Grundstücke von dieser auf die neue Gesellschaft zu übertragen. HOMBERGER, Art. 965 N. 52, regt an, anderswo festgestellte Tatsachen in einem Protokoll festzuhalten und dieses den Belegen beizufügen.

[19] JENNY, Legalitätsprinzip, S. 197f., befürwortet die Befugnis des Grundbuchverwalters, sein außeramtliches Wissen zu verwenden und beruft sich dafür – im Sinn einer Begründung a fortiori – auf Art. 977 ZGB, der es dem Grundbuchverwalter gestatte, eine Berichtigung durch den Richter zu veranlassen. Aber einerseits dringt die Begründung, in Anbetracht des sehr engen Anwendungsbereichs, den die Art. 98ff. GBV dieser Bestimmung geben, kaum durch. Und anderseits muß die Frage der Mittel, Nachforschungen anzustellen, die dem Grundbuchverwalter zustehen, für sich beantwortet werden. In Wirklichkeit muß man – wie im Text dargelegt – auch das zum amtlichen Wissen zählen, was der Grundbuchverwalter außerhalb seines eigenen Büros erfährt. In den von JENNY angeführten Belegstellen – insbesondere ZBGR 8, 1927, S. 97 und 11, 1930, S. 219 – hat sich der Grundbuchverwalter scheinbar auf Kenntnisse gestützt, die er im Dienst erworben hat. Die im Text vorgeschlagene Auffassung beruft sich auf die Auslegung, die STRÄULI/MESSMER § 123 der neuen zürcherischen Zivilprozeßordnung vom 13. Juni 1976 geben: «Beweis wird erhoben über erhebliche streitige Tatsachen... Hat der Richter davon sichere Kenntnis, ist der Beweis nicht abzunehmen.» Nach den zitierten Autoren erlaubt es diese Bestimmung dem Richter nicht, ohne weiteres sein privates Wissen im engen Sinn für seinen Entscheid zu verwenden. Gemäß BGE 112 II, 1986, S. 26ff. darf der Grundbuchverwalter auf sein privates Wissen nicht abstellen (Frage der Urteilsfähigkeit).

auf rechtliche Vermutungen (etwa jene des Art. 9 ZGB), auf tatsächliche Vermutungen (in bezug auf die Urteilsfähigkeit; vorn, § 23 III 3) und auf die Regeln der allgemeinen Erfahrung abstellt.

Die Befugnis des Grundbuchverwalters, wenn nötig Verträge oder andere Urkunden auszulegen (vorn, § 24 C I 4), ist eine rechtliche Aufgabe, die – wie die Rechtsanwendung – nicht zur Abklärung eines Falles gehört; auch wenn die Feststellung des genauen Willens der Parteien aus Mangel an Beweismitteln nicht in der gewünschten Art möglich sein kann.

3. Die Art der Einreichung der Belege

Halten wir zunächst fest, daß dem Grundbuchverwalter alle Belege eingereicht werden müssen; auch jene, die der Urkundsperson als Grundlage für die Abfassung der öffentlichen Urkunde gedient haben (Vollmachten, Zustimmungen, vormundschaftliche oder Genehmigungen anderer Verwaltungsbehörden). Der Umstand, daß die Urkundsperson die Tatsachen bereits überprüft hat, die durch diese Urkunden bezeugt werden (Identität, Handlungsfähigkeit, Verfügungsmacht, Zustimmungen), enthebt sie nicht davon, diese Urkunden dem Grundbuchverwalter einzureichen; denn letztlich prüft dieser, ob die Voraussetzungen für eine Eintragung gegeben sind oder nicht (vorn, § 24 B II–VII, C I I 1).

Die Urkunden, die als Belege dienen sollen, können nicht nur im Original, sondern auch in einer Abschrift beigebracht werden[20]. Diesbezüglich gilt das gleiche wie im Zivilprozeßverfahren (vgl. etwa Art. 52 BZPO). «Beibringen» heißt «dem Grundbuchverwalter aushändigen», damit ein Aktenstück den Grundbuchbelegen beigefügt werden kann. Es genügt nicht, ein Aktenstück – und sei es auch im Original – dem Grundbuchverwalter zur Einsicht vorzuweisen, um es nachher wieder mitzunehmen[20a].

Wird eine Urkunde eingereicht, die mit *Originalunterschriften* versehen ist, entscheidet der Grundbuchverwalter nach seinem Ermessen, ob er eine Beglaubigung verlangt; d. h. eine Bestätigung durch die zuständige Behörde oder eine Urkundsperson, daß die Unterschriften echt sind[21]. Anhand der

---

[20] Das wird durch Verallgemeinerung aus Art. 18 Abs. 2 GBV abgeleitet, der sich für die Eintragung eines Vermächtnisnehmers mit einer Abschrift des Testamentes begnügt, vgl. ZBGR 8, 1927, S. 45 (EJPD); HOMBERGER, Art. 965 N. 53. Zu einschränkend, ZBGR 37, 1956, S. 282 (RR Bern), der für die Eintragung einer Dienstbarkeit die Beibringung des Originalvertrages verlangt: BERN. HDB., S. 9.

[20a] ZBGR 37, 1956, S. 216 (Aufsichtsbehörde Freiburg).

[21] HOMBERGER, Art. 965 N. 53; ZBGR 37, 1956, S. 142 (Aufsichtsbehörde Freiburg). Es ist nicht notwendig, daß die Beglaubigung nach den Vorschriften am Ort des betroffenen

anwendbaren kantonalen Vorschriften überprüft er, ob die Beglaubigung ordnungsgemäß vorgenommen worden ist[22].

Wird ein Beleg nicht im Original eingereicht, wird der Grundbuchverwalter in der Regel eine *Beglaubigung der Abschrift* verlangen; d. h. eine Bestätigung durch eine Behörde oder eine Urkundsperson, gemäß welcher die Abschrift (oder die Photokopie) mit der Originalurkunde übereinstimmt[23].

Von der Abschrift zu unterscheiden ist die *Ausfertigung*, die, ohne daß sie mit der Urschrift verwechselt werden darf, diese im Geschäftsleben und in den Beziehungen zum Grundbuch ersetzt. Die Ausfertigungen sind die Anzahl Exemplare einer Urkunde. Das kantonale Recht bestimmt – insbesondere für die öffentlichen Urkunden –, unter welchen Voraussetzungen wörtliche Abschriften als Ausfertigungen gelten (Unterschrift, Art des Papiers, Verwendung des Photokopier- oder anderer Vervielfältigungsverfahren). Es gibt auch Ausfertigungen von Gerichtsurteilen, Protokollen oder Entscheiden von Behörden irgendwelcher Art[24].

Besondere Vorsicht wird der Grundbuchverwalter anwenden in bezug auf Beglaubigungen von Belegen, die im Ausland vorgenommen worden sind (Unterschriften, Abschriften); durch die Behörden des Landes, aus dem sie stammen, oder durch die Schweizer Vertretungen im Ausland. Auf Einzelheiten kann hier aber nicht eingegangen werden[25].

Grundstücks vorgenommen worden ist, ZBGR 17, 1936, S. 289 (GBA); BGE 97 II, 1971, S. 387. – Das Erfordernis hat die Unterschriften im Auge, die unten auf der Anmeldung oder auf dem Rechtsgrund einer Eintragung (Kauf- oder Dienstbarkeitsvertrag) angebracht sind. Die Vollmacht, die für den Abschluß auch eines beurkundungsbedürftigen Rechtsgeschäfts im Zusammenhang mit Grundstücken erteilt wird, ist formlos gültig. Bei der Überprüfung der Vertretungsmacht eines Stellvertreters kann der Grundbuchverwalter somit nicht verlangen, daß eine Vollmacht in beurkundeter Form vorgelegt wird, vgl. BGE 99 II, 1973, S. 159. Zur Abklärung, ob eine Unterschrift echt sei, kann er aber fordern, daß diese beglaubigt ist. Zur Beglaubigung der Unterschriften, siehe etwa die Vorschriften des Kantons Bern, BERN. HDB., S. 8 ff.

[22] Fall von verdächtigen, weil vollkommen unleserlichen Unterschriften: HOMBERGER, Art. 965 N. 53 und ZBGR 15, 1934, S. 241 (Badisches Oberlandesgericht). Doch ist der Grundbuchverwalter auch hier in der Regel berechtigt, sich auf die Urkundsperson zu verlassen, vorn, § 24 B II, IV und V. Zur Beglaubigung von Unterschriften, CARLEN, S. 110 ff. Vgl. auch BGE 99 IV, 1973 S. 194.

[23] HOMBERGER, Art. 965 N. 54; CARLEN, S. 108 ff. Zur Beglaubigung der Abschrift einer Vollmacht, vgl. ZBGR 29, 1945, S. 115 f. (Justizdirektion Aargau); 61, 1980, S. 178 (Aufsichtsbehörde über die Urkundspersonen Luzern).

[24] HOMBERGER, Art. 965 N. 54.

[25] HOMBERGER, Art. 965 N. 55. Siehe das Haager Übereinkommen vom 5. Oktober 1961 zur Befreiung ausländischer öffentlicher Urkunden von der Beglaubigung (SR 0.172.030.4), das mit dem BB vom 27. April 1972 (SR 172.030.4) genehmigt worden ist; im weitern den Vertrag zwischen der Schweiz und dem Deutschen Reich vom 14. Februar 1907 über die

IV. Der Entscheid des Grundbuchverwalters allgemein

Nachdem der Grundbuchverwalter seine Prüfung anhand der Beweispunkte abgeschlossen hat, trifft er seinen Entscheid. Grundsätzlich kann er die Anmeldung nur *annehmen* oder *abweisen* – allenfalls noch sie als unzulässig erklären (oben, II 2)[25a]. Er ist aber insbesondere nicht berechtigt, den Anmeldenden an den Richter zu verweisen und den Entscheid aufzuschieben, bis dieser sich über die Voraussetzungen der Eintragung ausgesprochen hat; diese Möglichkeit steht ihm selbst für Vorfragen nicht zu (vorn, § 24 A III 1a)[26]. Die Voraussetzungen für die Eintragung im Register müssen im Zeitpunkt der Anmeldung vorhanden und vorschriftsgemäß nachgewiesen sein (Art. 966 Abs. 2 ZGB, Art. 24 GBV)[27].

Diese Grundsätze erfahren gewisse Abschwächungen oder Ausnahmen.

a) Ist der Rechtsgrund hergestellt und geht es nur darum, den Ausweis über das Verfügungsrecht zu ergänzen, gestattet Art. 966 Abs. 2 ZGB, in Form einer Vormerkung eine vorläufige Eintragung vorzunehmen (Art. 961 Abs. 1 Ziff. 2 ZGB; unten, V 1).

b) Daneben hat sich über das Gesetz hinaus eine gewisse Praxis entwickelt, nach der es dem Anmeldenden formlos erlaubt wird, seinen Ausweis in bestimmtem Umfang zu ergänzen (unten, V 2).

c) Schließlich hat das vom Gesetz vorgesehene Verfahren zur Folge, daß der Grundbuchverwalter in gewissen Fällen seinen Entscheid aufschiebt (unten, V 3).

V. Das Aufschieben des Entscheides

1. Die vorläufige Eintragung (Art. 966 Abs. 2/961 Abs. 1 Ziff. 2 ZGB)

a) Die Voraussetzungen der vorläufigen Eintragung

Die Rechtslage, die das Gesetz im Auge hat, ist folgende:
Der Rechtsgrund, auf den sich eine Eintragung stützt, besteht; doch das Verfügungsrecht

---

Beglaubigung öffentlicher Urkunden (SR 0.172.031.36) und dazu das Rundschreiben des Zürcher ObG vom 2. Dezember 1964, ZBGR 45, 1964, S. 383, wie auch LINDE, Unterschriftsbeglaubigungen in der Schweiz (mit einer Aufzählung der in der Schweiz für die Vornahme von Beglaubigungen zuständigen Behörden); schließlich den Beglaubigungsvertrag zwischen der Schweiz und Österreich vom 21. August 1916 (SR 0.172.031.63).

[25a] Das deutsche Recht (§ 18 GBO) kennt einen Mittelweg in der Form einer Zwischenverfügung; mit ihr wird eine Frist gesetzt, das Hindernis für die Eintragung zu beseitigen.

[26] BGE 56 I, 1930, S. 199; HOMBERGER, Art. 948 N. 2; OSTERTAG, Art. 966 N. 1.

[27] HOMBERGER, Art. 966 N. 2 und 5; ANDERMATT, S. 204.

§ 25   Das Aufschieben des Entscheides   531

des Anmeldenden ist nicht genügend, aber immerhin zum Teil, ausgewiesen[28]. Die Bestimmung ist aus dem Blickwinkel des absoluten Eintragungsprinzips heraus abgefaßt. In Wirklichkeit geht es darum, mit Hilfe einer vorläufigen Eintragung in bezug auf den Zeitpunkt der Entstehung eines Rechtes soweit wie möglich jene Rechtslage herbeizuführen, die bestehen würde, wenn der Ausweis über das Verfügungsrecht von allem Anfang an vorhanden gewesen wäre[29]. Wie wir sehen werden, gehen die Wirkungen dieser vorläufigen Eintragung trotz des Wortlautes des Art. 961 Abs. 2 ZGB bis zum Tag der Anmeldung der eigentlichen Eintragung zurück (hinten, § 32 C II 2).

Art. 966 Abs. 2 ZGB ist im Zusammenhang mit Art. 24 Abs. 1 GBV auszulegen[29a]. Nach dieser Bestimmung muß der Grundbuchverwalter eine Eintragung ablehnen und die Anmeldung abweisen, wenn diese «den in Art. 11 bis 23 aufgestellten Anforderungen nicht entspricht»; aber nur – behält der Text vor –, «wenn auch nicht eine vorläufige Eintragung gemäß ZGB Art. 966 Abs. 2 stattfinden kann». Besteht somit diese Möglichkeit, darf der Grundbuchverwalter nicht abweisen, sondern muß den Entscheid aufschieben.

Art. 966 Abs. 2 ZGB ist auch beim Untergang eines dinglichen Rechtes durch Löschung anwendbar; und selbst bei der Vormerkung eines persönlichen Rechtes nach Art. 959 ZGB kann eine vorläufige Eintragung beantragt werden[30].

Unter «Verfügungsrecht» ist zunächst die Verfügungsmacht im engen Sinn zu verstehen (vorn, § 23 III 6, § 24 B VI). So kann der Ausweis insofern ergänzt werden, als die Zustimmung des andern Ehegatten zum Verkauf eines zum Gemeinschaftsgut gehörenden Grundstücks durch den einen Ehegatten nachträglich beigebracht wird oder daß ein Pfandgläubiger, dem eine grundpfändlich sichergestellte Forderung verpfändet ist, nachträglich der Löschung dieses Pfandrechtes zustimmt.

Der Ausdruck muß aber im weiten Sinn verstanden werden: Das Verfügungsrecht nach Art. 966 Abs. 2 ZGB bezieht sich auch auf die Voraussetzungen der Rechts- und Handlungsfähigkeit, der gesetzlichen oder gewillkürten Stellvertretung und der Identität des Verfügenden (§ 23 III 2–5, 7; § 24 B I–V, VII). So kann die Ergänzung des Ausweises in der Beibringung eines Handelsregisterauszuges, einer Vollmacht, eines Identitätsausweises, in der Bestätigung der Urteilsfähigkeit oder in der Bestellung eines Vormundes bestehen[31].

Dagegen darf dem Anmeldenden nicht gestattet werden, den *Rechtsgrund* zu ergänzen, auf den er sich stützt, wenn dieser formelle oder materielle Mängel aufweist[31a]. Beispiel: Eine

---

[28] Der französische Text verwendet für «Ergänzung des Ausweises über das Verfügungsrecht» den ungenauen Ausdruck «compléter la légitimation»; es geht um den Ausweis über das Verfügungsrecht.

[29] HOMBERGER, Art. 966 N. 9f.; OSTERTAG, Art. 966 N. 9; WIELAND, Art. 966 N. 2.

[29a] Eine andere Auslegung, vorgeschlagen von P. TERCIER in einem nicht veröffentlichten Vortrag (Rechtstagung für Notare, Freiburg 1983, S. 14) möchte, daß die Anmeldung im Fall des Art. 966 ZGB abgewiesen würde; doch sollte der Eigentümer oder ein anderer Beteiligter die Möglichkeit haben, eine vorläufige Eintragung im Sinn von Art. 961 Abs. 1 Ziff. 2 ZGB zu beantragen. Das Wörtchen «néanmoins» in Art. 966 Abs. 2 ZGB des französischen Textes hätte so nur den Zweck, diese Möglichkeit zu eröffnen, würde aber nicht eine Ausnahme vom Grundsatz schaffen, daß bei Fehlen des Ausweises eine Anmeldung abgewiesen werden muß. Diese Meinung hätte den Vorteil der Strenge und würde der Wirkung entsprechen, die der vorläufigen Eintragung nach Art. 961 Abs. 2 ZGB zukommt. Es scheint aber, daß sie sich mit der Auffassung der ersten Gesetzesausleger, die sich auch auf Art. 24 Abs. 1 GBV stützten, nicht in Übereinstimmung bringen läßt.

[30] JdT 1920 III 19ff. (KGer Waadt).

[31] HOMBERGER, Art. 966 N. 8 und Art. 961 N. 21; ANDERMATT, S. 204; WIEDERKEHR, S. 60ff.

[31a] HOMBERGER, Art. 966 N. 8; ZBGR 66, 1985, S. 86ff. (ObG Zürich).

vorläufige Eintragung darf nicht erlaubt werden, um dem Anmeldenden die Möglichkeit zu geben, die Bewilligung einzuholen, ein landwirtschaftliches Grundstück vor Ablauf der Sperrfrist weiterzuveräußern (Art. 218*bis* OR)[32].

b) Das Verfahren der vorläufigen Eintragung

Sind die soeben umschriebenen Voraussetzungen erfüllt, weist der Grundbuchverwalter die Anmeldung damit nicht ab. Er darf aber auch nicht von sich aus den Entscheid fällen, eine vorläufige Eintragung vorzunehmen. Vielmehr setzt er den Entscheid aus, teilt den Parteien den Aufschub mit und macht diese auf die Möglichkeit der vorläufigen Eintragung nach Art. 966 Abs. 2 ZGB aufmerksam.

An einer vorläufigen Eintragung am meisten interessiert ist der Rechtserwerber. Er meldet die Maßnahme an; gleich wie der Baugläubiger beim Bauhandwerkerpfandrecht[33]. Stimmt der Eigentümer zu, muß der Grundbuchverwalter die Vormerkung vornehmen. Eine allfällige Abweisung kann mit der Grundbuchbeschwerde nach Art. 103 GBV angefochten werden[34]. Bei einer rechtsändernden Löschung nimmt jener die Anmeldung vor, der aus der Löschung Nutzen zieht – der belastete Eigentümer –; und die Zustimmung geht vom Berechtigten aus, dessen Recht gelöscht (oder eingeschränkt) werden soll.

Verweigert der befähigte Eigentümer (oder Inhaber des zu löschenden Rechts) die Zustimmung zur vorläufigen Eintragung, kann der Erwerber (oder derjenige, dem die Löschung zum Vorteil gereicht) beim Richter den Erlaß einer vorsorglichen Maßnahme beantragen, die unter den in Art. 961 Abs. 3 ZGB genannten Voraussetzungen und nach dem in dieser Bestimmung vorgesehenen Verfahren die vorläufige Eintragung anordnet. Ist der Prozeß nicht schon eingeleitet, setzt der Grundbuchverwalter dem Anmeldenden eine Frist, sein Recht gerichtlich geltend zu machen; nach unbenütztem Ablauf derselben löscht er den vorläufigen Eintrag wieder[35].

---

[32] In diesem Sinn eine Bemerkung von St. (STOCKAR) zu ZBGR 30, 1949, S. 256 (Aufsichtsbehörde Freiburg) betreffend die Genehmigung einer Erbteilung durch die Behörde für Grundstückverkehr. Leiden aber die Ausweise betreffend die Befähigung zur Grundbuchanmeldung wie den Rechtsgrund an ein und demselben Mangel, sollte wohl die Möglichkeit bestehen, Art. 966 Abs. 2 ZGB anzuwenden. Beispiel: Die Zustimmung der Vormundschaftsbehörde zum *Verkauf* eines Grundstücks eines Mündels durch den Vormund fehlt (Art. 421 Ziff. 1 ZGB). Zu einschränkend, JENNY, S. 239 Note 51. Dagegen kommt Art. 966 Abs. 2 ZGB nicht zur Anwendung, wenn eine Voraussetzung des Rechtsgeschäftes fehlt, die den Vertragspartner des Anmeldenden betrifft. Beispiel: Die Zustimmung der Vormundschaftsbehörde zum *Kauf* eines Grundstücks durch den Vormund des Käufers fehlt.

[33] In Absatz 2 des französischen Textes ist der Ausdruck «requérant» zweideutig. Unter «requérant» ist an dieser Stelle nicht der «requérant» nach Absatz 1 zu verstehen: d. h. derjenige, dem die Verfügungsmacht zusteht (der Eigentümer, wenn es um die Begründung eines Rechtes geht). Der «requérant» des Absatzes 2 ist der Erwerber. Der Eigentümer, der seine Zustimmung geben muß, ist derjenige, der die Anmeldung des dinglichen Rechtes vornimmt. Der deutsche Text wählt die passive Ausdrucksweise; das Wort «Anmeldende» kommt damit nicht vor. Aus der Formulierung des Absatzes ergibt sich aber ohne weiteres, daß die Anmeldung der vorläufigen Eintragung vom Rechtsnehmer auszugehen hat.

[34] HOMBERGER, Art. 966 N. 8 am Schluß. Ordnungshalber wird der Grundbuchverwalter zur Ergänzung des Ausweises eine Frist ansetzen, vgl. ANDERMATT, S. 205; WIEDERKEHR, S. 64.

[35] HOMBERGER, Art. 961 N. 26f.; Art. 966 N. 9.

In der Praxis spielt die Einrichtung offenbar aber nur eine unbedeutende Rolle. Dies ist wohl auf die Schwierigkeiten zurückzuführen, die sich aus einer Vormerkung ergeben, die nachträglich wieder gelöscht wird, um einer endgültigen Eintragung Platz zu machen, sobald der Ausweis über das Verfügungsrecht ergänzt worden ist – was in der Regel innert kurzer Zeit erfolgen dürfte. Darin liegt auch die Erklärung, daß die Praxis andere Wege gegangen ist.

2. Das formlose Aufschieben des Entscheides zur Ergänzung des Ausweises

In einem Umfang, der von Kanton zu Kanton, ja innerhalb ein und desselben Kantons von einem Grundbuchamt zum andern verschieden ist, gestattet der Grundbuchverwalter dem Anmeldenden, den Ausweis über sein Verfügungsrecht, ja sogar über den Rechtsgrund, auf den er sich stützt, noch nach erfolgter Anmeldung zu ergänzen. Der Grundbuchverwalter handelt hier aus eigenem Antrieb; ohne die Meinung eines andern Beteiligten einzuholen oder den Weg über den Richter einzuschlagen.

Lehre und Rechtsprechung haben diese Praxis in gewissem Umfang gebilligt[36]. Es kann sich aber nur um ein *Entgegenkommen* handeln, das sich in engen Grenzen halten muß. In der Tat darf – unter Vorbehalt der Anwendung von Art. 966 Abs. 2 ZGB – nicht zugelassen werden, daß der Erwerber eines dinglichen Rechtes an einem Grundstück oder der Eigentümer, der von einer Last befreit werden soll, in den Vorteil des Datums und des Ranges gelangen, die mit der Einschreibung der Anmeldung ins Tagebuch verbunden sind (Art. 972 Abs. 2 ZGB), obwohl sie Rechtsgeschäfte einreichen, die, so wie sie sind, grundbuchlich nicht vollzogen werden können[37].

Übertriebener Formalismus muß aber vermieden werden. Nach HOMBERGER[38] darf dem Anmeldenden gestattet werden, im Zeitraum zwischen Einschreibung der Anmeldung ins Tagebuch und Eintragung ins Hauptbuch ergänzende Ausweise noch beizubringen; vorausgesetzt, Rechtsgrund und Verfügungsrecht seien im Zeitpunkt der Anmeldung materiell vorhanden. Es läßt sich beispielsweise vorstellen, daß der Anmeldende nachträglich noch die Genehmigung einer vormundschaftlichen oder andern Verwaltungsbehörde einreicht, die er *bereits* erhalten hat. Die Praxis geht aber manchmal weiter. Hier kommt es vor, daß der Grundbuchverwalter

---

[36] HOMBERGER, Art. 966 N. 3; WIELAND, Art. 966 N. 1; VOLKART, S. 35 ff.; SCHÖNBERG, S. 12; BGE 90 I, 1964, S. 313 f.; ZBGR 28, 1947, S. 249 ff. (ObG Luzern); ZBGR 39, 1958, S. 111 (Aufsichtsbehörde Genf); ZBGR 64, 1983, S. 93; 66, 1985, S. 212 (beide Justizkommission Luzern).
[37] VOLKART, S. 36; HOMBERGER, Art. 966 N. 5.
[38] HOMBERGER, Art. 966 N. 3: In diesem Sinn ZBGR 28, 1947, S. 249 ff. (ObG Luzern).

eine nachträglich erteilte Zustimmung zu einer Pfandentlassung annimmt, wenn ein neues Pfand errichtet[39] oder ein Grundstück pfandfrei verkauft werden soll; auch wenn die Eintragung des neuen Pfandrechts oder der pfandfreie Verkauf im Zeitpunkt der Anmeldung nicht möglich gewesen sind. Auch wird, in diesem Fall zu Recht, eine unverzügliche Abweisung als ungerechtfertigt erachtet, wenn es leicht möglich ist, einen formellen Mangel zu heilen; wie etwa das Fehlen der Beglaubigung einer Vollmacht oder einer Abschrift[40] oder das Nicht-Einreichen des Verzeichnisses der nach EGG vorkaufsberechtigten Personen (Art. 13 EGG).

Der Grundbuchverwalter ist keineswegs gehalten, den anhand der eingereichten Belege zu fällenden Entscheid über Annahme oder Abweisung auszusetzen. Tut er es – um unnötige Umtriebe zu vermeiden, die sich aus einer Abweisung mit nachfolgender Neuanmeldung oder aus der Durchführung des Verfahrens zur Vornahme einer vorläufigen Eintragung ergeben – muß er dem Anmeldenden eine kurze Frist zur Vervollständigung des Ausweises ansetzen[41]. Ist die gesetzte Frist abgelaufen und der Anmeldende der Aufforderung nicht gefolgt, muß der Grundbuchverwalter entscheiden. Für diesen Fall behält die Regel ihre Gültigkeit, wonach eine nicht voll ausgewiesene Anmeldung, insbesondere eine vorweggenommene Anmeldung, ohne weiteres abgewiesen wird[41a].

Im weitern gilt: Eine nicht ausgewiesene Anmeldung muß trotzdem ins Tagebuch eingeschrieben werden. Die Praxis, nach welcher der Grundbuchverwalter diese Einschreibung aufschiebt, bis der Ausweis vollständig ist, muß abgelehnt werden[42].

---

[39] VOLKART, S. 37; ANDERMATT, S. 203.
[40] HOMBERGER, Art. 966 N. 3; ANDERMATT, S. 203.
[41] HOMBERGER, Art. 966 N. 3; VOLKART, S. 37; ANDERMATT, S. 203. In diesem Fall darf der Grundbuchverwalter die Abweisung nicht aussprechen, bevor die Frist abgelaufen ist (ZBGR 64, 1983, S. 93; Justizkommission Luzern).
[41a] In Anbetracht, daß dieses formlose Aufschieben des Entscheides über eine Anmeldung (im Gegensatz zur Einrichtung der vorläufigen Eintragung nach Art. 966 Abs. 2 ZGB) keine gesetzliche Grundlage hat, sollte dieses Entgegenkommen auf jeden Fall nicht dazu führen, daß das einzutragende Recht gegenüber Anmeldungen dinglicher Rechte oder Vormerkungen, die in der Zwischenzeit erfolgen, ein Vorrecht erhält. Beispiel: Die Anmeldung der Eintragung eines Bauhandwerkerpfandrechts muß gegenüber der vorausgenommenen Anmeldung der Eintragung eines Baurechts den Vorrang haben, wenn für die Errichtung des letztern noch eine Zustimmung oder Bewilligung notwendig ist, die noch nicht vorliegt. Diesem Punkt sollte der Grundbuchverwalter seine Aufmerksamkeit schenken.
[42] HOMBERGER, Art. 963 N. 16 am Schluß; nach ihm erfüllt der Grundbuchverwalter hier eine private Aufgabe, die dem Anmeldenden obliegen würde, und verletzt damit Art. 14 GBV. Im gleichen Sinn, VOLKART, S. 34; er weist auf die Gefahr hin, daß, wenn der Anmeldende stirbt, bevor die ergänzenden Urkunden auf dem Grundbuchamt eingetroffen sind, es gehalten wird, wie wenn die Anmeldung gar nie erfolgt wäre.

Schließlich darf in der Aufforderung an den Anmeldenden, weitere Akten einzureichen, nicht eine «Abweisung im gegenwärtigen Zustand» erblickt werden. Der Grundbuchverwalter schiebt lediglich den Entscheid über Annahme oder Abweisung der Anmeldung auf[43].

3. Das Aufschieben der Eintragung in besonderen Verfahren

a) Im Fall der Eintragung von Stockwerkeigentum

Der Begründungsakt von Stockwerkeigentum muß die räumliche Lage, die Abgrenzung sowie die Zusammensetzung der verschiedenen Stockwerkeinheiten klar und deutlich angeben. (Art. 33*b* GBV, in Anwendung der Art. 712*a* Abs. 1, 712*b* Abs. 1, 712*e* Abs. 1 ZGB). Fehlen diese Angaben, weist der Grundbuchverwalter die Anmeldung aber nicht einfach ab. Er setzt eine Frist zur Beibringung eines Aufteilungsplanes und, notfalls, einer amtlichen Bestätigung gemäß kantonalem Recht, nach der die zu Sonderrecht ausgeschiedenen Räume ganz in sich abgeschlossen sind (Art. 33*b* Abs. 2 GBV). Nur wenn diese Ausweise nicht fristgemäß beigebracht werden, wird die Anmeldung abgewiesen (Art. 33*b* Abs. 3 GBV). Es besteht hier somit eine Abweichung von der Regel des Art. 966 ZGB.

b) Im Fall, daß das bäuerliche Vorkaufsrecht spielt

Beim Verkauf eines landwirtschaftlichen Gewerbes (Art. 6ff. EGG) hat die Urkundsperson dem Grundbuchverwalter ein Verzeichnis der vorkaufsberechtigten Personen einzureichen (Art. 13 Abs. 1 und 2 EGG). Nach Anmeldung des Kaufvertrages teilt der Grundbuchverwalter – wenn er die Anmeldung nicht aus irgend welchen Gründen abweist – den Verkauf den Berechtigten mit und macht sie auf die Frist zur Geltendmachung ihres Rechts aufmerksam (Art. 13 Abs. 3 EGG)[44]. «Der Berechtigte hat das Vorkaufsrecht binnen einem Monat, seitdem ihm die Mitteilung vom Abschluß des Kaufvertrages zugegangen ist, durch Erklärung gegenüber dem Grundbuchverwalter geltend zu machen; letzterer benachrichtigt von der Erklärung die Vertragsparteien» (Art. 14 Abs. 1 EGG)[44a]. Daran schließt sich ein kantonal geregeltes Verfahren an, das in einen Prozeß vor dem Richter ausmünden kann.

---

[43] Im Entscheid 90 I, 1964, S. 314 spricht das BGer von einer «Abweisung zur Zeit». Aber hier gilt: «tertium non datur.» Im fraglichen Entscheid war es wichtig, die dreimonatige Verwirkungsfrist des Art. 14 Abs. 2 EGG für die Ausübung des bäuerlichen Vorkaufsrechts nicht von der Anmeldung des Kaufvertrages im gewöhnlichen Sinn an laufen zu lassen, sondern vom Zeitpunkt an, in dem die Anmeldung mit sämtlichen notwendigen Unterlagen auf dem Grundbuchamt vorlag (siehe unten, VII). In diesem Zusammenhang hat es das BGer auch abgelehnt, den Beginn des Fristenlaufs des Art. 14 Abs. 2 EGG auf den Zeitpunkt anzusetzen, in dem der Grundbuchverwalter vom Anmeldenden die Ergänzung der Unterlagen verlangte. Vgl. auch ZBGR 59, 1978, S. 75ff. (Justizkommission Luzern). Es handelt sich hier um Notlösungen.

[44] Der Grundbuchverwalter darf sich nur weigern, das Verfahren zu eröffnen, wenn nach den vorhandenen Unterlagen das Bestehen eines Vorkaufsrechts nicht ernsthaft in Betracht fällt, BGE 90 I, 1964, S. 307 Erw. 3; ZBGR 65, 1984, S. 205 (ObG Luzern). Diese Weigerung kann mit der allgemeinen Grundbuchbeschwerde nach Art. 104 GBV angefochten werden, vgl. BGE 87 I, 1961, S. 473ff.; 79 I, 1953, S. 265ff. und 272ff.

[44a] Die Mitteilung des Art. 14 Abs. 1 EGG ist jene des Grundbuchverwalters, BGE 109 II,

So nimmt der Grundbuchverwalter die Eintragung erst nach Abschluß dieses Verfahrens vor. Je nachdem ist dies auf Grund der alten Anmeldung der Käufer oder auf Grund einer neuen jener, der das Vorkaufsrecht geltend gemacht hat; oder schließlich derjenige, den das Urteil in dem zwischen den Beteiligten durchgeführten Prozeß angibt[45]. «Das Vorkaufsrecht erlischt in jedem Fall mit Ablauf von drei Monaten seit der Anmeldung des Kaufvertrages beim Grundbuch» (Art. 14 Abs. 2 EGG)[46] [46a].

c) Im Fall des Einspruchs gegen den Verkauf eines landwirtschaftlichen Heimwesens oder einer landwirtschaftlichen Liegenschaft

In den Kantonen, welche diese Einrichtung des Einspruchs gegen den Verkauf eines landwirtschaftlichen Heimwesens oder einer landwirtschaftlichen Liegenschaft eingeführt haben, die im übrigen aber vom Bundesrecht geregelt wird (Art. 19–21 EGG)[47], wird das ordentliche Entscheidverfahren über die Anmeldung einer Eintragung (oder Vormerkung) ebenfalls vorübergehend unterbrochen. Eine öffentliche Amtsstelle – die notfalls vom Grundbuchverwalter benachrichtigt wird[48] – ist berechtigt, nach einem von den einzelnen Kantonen bestimmten Verfahren gegen den Verkauf eines landwirtschaftlichen Heimwesens oder von landwirtschaftlichen Liegenschaften, die Bestandteile eines solchen bilden, von Amtes wegen Einspruch zu erheben (Art. 20 Abs. 2 EGG)[48a]. Anerkennen die Vertragsparteien diesen nicht, wird der Fall einer kantonalen Behörde unterbreitet. «Gegen letztinstanzliche kantonale Entscheide über einen Einspruch gegen einen Kaufvertrag ist die Verwaltungsgerichtsbeschwerde an das Bundesgericht zulässig» (Art. 45 EGG). «Im Falle der Anerkennung des Einspruchs durch die Vertragsparteien oder eines den Einspruch bestätigenden rechtskräftigen Entscheides fällt der Kaufvertrag dahin» (Art. 20 Abs. 3 EGG).

1983, S. 245 Erw. 6; ohne Belang ist, ob der Berechtigte vom Verkauf noch von anders woher Kenntnis erhalten hat. Die Regelung weicht damit von jener des Art. 681 Abs. 3 ZGB ab.

[45] CAVIN, Kauf, Tausch, Schenkung, S. 144 ff.
[46] In dem in Note 44 erwähnten Entscheid aus Bd. 90 hat das BGer unter «Anmeldung» im Sinn des Art. 14 Abs. 2 EGG eine vollständige Anmeldung verstanden. Diese Auslegung drängte sich auf, um die Folgen abzuschwächen, die sich aus der Kürze der Verwirkungsfrist des Art. 14 Abs. 2 EGG ergeben. Mit ihr wollte keineswegs der ordentliche Begriff der Anmeldung geändert werden. Siehe auch oben, Note 43. Immerhin kann es aber rechtsmißbräuchlich sein, sich trotz des Verlusts noch auf das Vorkaufsrecht zu berufen, BGE 109 II, 1983, S. 245 Erw. 7.
[46a] Zu den weitergehenden Beschränkungen für den Erwerb von Grundstücken durch Personen im Ausland, welche die Kantone einführen können, gehört ein Vorkaufsrecht zum Verkehrswert an Ferienwohnungen und Wohneinheiten in Apparthotels zugunsten von Personen, die keiner Bewilligung bedürfen (Art. 13 Abs. 1 lit. d BewG). Die Kantone, die von dieser Möglichkeit Gebrauch machen, müssen die Geltendmachung dieses Rechtes regeln.
[47] CAVIN, S. 147 ff.; JOST, zu Art. 19–21 EGG.
[48] In gewissen Kantonen, etwa Bern, Freiburg, St. Gallen, Waadt, ist der Grundbuchverwalter selber befugt, Einspruch zu erheben; BERN. HDB., S. 24.
[48a] Beim Verkauf eines landwirtschaftlichen Heimwesens, das auf dem Gebiet mehrerer Kantone liegt, ist die Behörde eines Kantons zuständig, gegen den Verkauf Einspruch zu erheben. Das EGG enthält für diesen Fall aber keine Vorschriften über die interkantonale Zuständigkeit. Vorstellbare Kriterien, um die Lücke zu füllen: Art. 952 Abs. 2 ZGB, Art. 51 Abs. 2 SchKG? vgl. BGE 107 II, 1981, S. 381.

Weist er die Anmeldung nicht aus irgend einem andern Grund ab, kann der Grundbuchverwalter in diesen Fällen seinen endgültigen Entscheid so erst treffen, wenn das Einspruchsverfahren abgeschlossen ist. Im übrigen ist nicht ausgeschlossen, daß, wenn das angegebene Verfahren nicht durchgeführt worden ist, auch nach erfolgter Grundbucheintragung noch Einspruch erhoben werden kann.

d) Im Fall der Errichtung neuer Pfandrechte oder Grundlasten auf landwirtschaftlichen Liegenschaften

Ist eine Liegenschaft im Zeitpunkt der Anmeldung eines Pfandrechts dem LEG noch nicht unterstellt und hält der Grundbuchverwalter das Gesetz für anwendbar oder bestehen darüber Zweifel, wird das ordentliche Eintragungsverfahren gleichfalls geändert. Der Grundbuchverwalter schreibt die Anmeldung ins Tagebuch ein und – weist er sie nicht wegen irgend eines Mangels ohne weiteres ab – fordert den Eigentümer auf, innerhalb von zehn Tagen den Unterstellungsentscheid zu verlangen (Art. 90 Abs. 1 LEG). Über die Eintragung des Pfandrechts entscheidet er erst, wenn das Unterstellungsverfahren abgeschlossen ist[48b]. Hält zunächst der Eigentümer die ihm gesetzte Frist nicht ein, weist der Grundbuchverwalter die Anmeldung ohne weitere Prüfung ab (Art. 90 Abs. 2 LEG 1. Satz). Gelangt dieser jedoch rechtzeitig an die zuständige Behörde[49], sind zwei Fälle zu unterscheiden:

– Entweder erklärt die Behörde das Gesetz für unanwendbar; in diesem Fall nimmt der Grundbuchverwalter die Eintragung vor (Art. 90 Abs. 2 LEG 3. Satz);
– oder sie bejaht die Anwendbarkeit des Gesetzes; in diesem Fall wird für die landwirtschaftliche Liegenschaft die Entschuldungsschatzung festgelegt.
Im Anschluß an dieses Verfahren kann die zuständige Behörde
– entweder die Überschreitung der Belastungsgrenze verweigern; in diesem Fall weist der Grundbuchverwalter die Anmeldung ohne weiteres ab (Art. 90 Abs. 2 LEG 2. Satz);
– oder der Überschreitung der Belastungsgrenze zustimmen; in diesem Fall wird das Pfandrecht, wenn alle übrigen Voraussetzungen erfüllt sind, eingetragen (Art. 90 Abs. 2 LEG 3. Satz).

e) Im Fall der Weiterveräußerung landwirtschaftlicher Liegenschaften

Art. 218ter OR erklärt Art. 90 Abs. 1 und 2 LEG für sinngemäß anwendbar. Der Grundbuchverwalter muß somit das gleiche Verfahren durchspielen (vorn, § 24 Note 53). Das gilt aber nur in bezug auf die Frage, ob eine landwirtschaftliche Liegenschaft vorliegt; nicht auch was die Frage angeht, wie die Sperrfrist berechnet wird[49a]. Zu erwähnen ist noch, daß das Einspruchsverfahren im Sinn des Art. 19 EGG dem Verfahren betreffend die Abkürzung der Sperrfrist gemäß Art. 218ff. OR vorgeht[49b].

[48b] ZBGR 59, 1978, S. 75ff. (Justizkommission Luzern).
[49] Im Kanton Freiburg ist der Grundbuchverwalter selber Unterstellungsbehörde und auch zuständig, die Bewilligung zur Überschreitung der Belastungsgrenze zu erteilen. Beide Entscheide können mit Beschwerde angefochten werden (Beschluß des Staatsrates vom 30. Juni 1948, Art. 2–4).
[49a] Verfehlt: ZBGR 42, 1961, S. 361, wo sich die Landwirtschaftsdirektion des Kantons Aargau zur Frage geäußert hat.
[49b] BGE 109 Ib, 1983, S. 90.

f) Im Fall des Erwerbs von Grundstücken durch Personen im Ausland[49c]

Auch hier erfährt das ordentliche Eintragungsverfahren eine Abänderung. «Kann der Grundbuchverwalter die Bewilligungspflicht nicht ohne weiteres ausschließen[50], so setzt er das Verfahren aus und räumt dem Erwerber eine Frist von 30 Tagen ein, um die Bewilligung oder die Feststellung einzuholen, daß er keiner Bewilligung bedarf; er weist die Anmeldung ab, wenn der Erwerber nicht fristgerecht handelt oder die Bewilligung verweigert wird» (Art. 18 Abs. 1 BewG)[51]. Die abweisende Verfügung, weil der Erwerber die eingeräumte Frist nicht eingehalten hat oder weil die Bewilligung nicht erteilt worden ist, unterliegt der Beschwerde an die nach BewG zuständige kantonale Beschwerdeinstanz; diese Beschwerde tritt an die Stelle der Beschwerde an die Aufsichtsbehörde für das Grundbuch (Art. 18 Abs. 3 BewG)[52].

So hat der Grundbuchverwalter im Verfahren zum Erwerb von Grundstücken durch Personen im Ausland eine der Voraussetzungen für die Eintragung (nicht aber die andern) nicht zu prüfen. Ihre Prüfung obliegt den nach BewG zuständigen Behörden (Art. 22 BewG, Art. 18 BewV). Das Eintragungsverfahren wird allenfalls wieder fortgesetzt, wenn die Bewilligung erteilt oder behördlich festgestellt ist, daß der Erwerb keiner Bewilligung bedarf, oder wenn eine Beschwerde nach Art. 18 Abs. 3 BewG gutgeheißen worden ist. Art. 19 BewG regelt die Besonderheiten des Verfahrens im Fall des Zuschlags in einer Zwangsversteigerung[52a].

g) Im Fall der Durchführung des Verfahrens zur Geltendmachung eines vorgemerkten vertraglichen oder eines gesetzlichen Vorkaufsrechtes nach Art. 682 ZGB?

Nach der in gewissen Kantonen (Basel, Bern, Schaffhausen, Zürich) herrschenden Praxis[53] wird der Erwerber eines Grundstücks, auf dem ein Vorkaufsrecht vorgemerkt ist, als Eigentümer im Grundbuch erst eingetragen, wenn feststeht, daß der Berechtigte von seinem Recht keinen Gebrauch macht. Der Grundbuchverwalter muß damit den Vollzug einer Anmeldung verweigern, bis diese Frage geklärt ist[54]. Diese Praxis geht vom Gedanken aus, beim Bestehen

---

[49c] Siehe die Wegleitung des GBA für die Grundbuchverwalter betreffend Erwerb von Grundstücken durch Personen im Ausland vom 29. Januar 1985, ZBGR 66, 1985, S. 183.

[50] Dazu ist ohne Zweifel erforderlich, daß bei einem Erwerb überhaupt kein Hinweis für eine ausländische Beteiligung besteht. Läßt sich die Bewilligungspflicht gerade nicht ohne weiteres ausschließen, muß der Erwerber von sich aus die Bewilligung einholen oder um den Feststellungsentscheid nachsuchen, daß er der Bewilligungspflicht nicht unterliegt (Art. 17 BewG, Art. 15 BewV).

[51] Unter dem alten BB wies der Grundbuchverwalter die Anmeldung einfach ab, wenn für ihn die Gewißheit bestand, daß für einen Erwerb eine Bewilligung notwendig war und eine solche nicht eingereicht wurde (Art. 21 aBewB). Art. 21 Abs. 1 aBewV hielt die Fälle fest, in denen diese Gewißheit als bestehend angesehen werden durfte. Bestand diese Gewißheit nicht, verwies der Grundbuchverwalter den Anmeldenden an die erstinstanzliche Bewilligungsbehörde (Art. 21 Abs. 3 aBewB). Art. 21 Abs. 2a BewV umschrieb die Kriterien dieser Ungewißheit.

[52] Es gibt keine Beschwerde gegen den Entscheid des Grundbuchverwalters, das Verfahren auszusetzen, gestützt auf die Erwägung, daß es ausgeschlossen wäre, daß der Erwerb der Bewilligungspflicht unterliegen würde; BGE 101 Ib, 1975, S. 445.

[52a] Vgl., zu den einzelnen Fällen, auch den im Literaturverzeichnis aufgeführten Aufsatz von REIZE.

[53] Vgl. die Angaben bei MEIER-HAYOZ, Art. 681 N. 276.

[54] Eine andere Frage ist, ob der Grundbuchverwalter selber den Vorkaufsberechtigten vom Vorkaufsfall in Kenntnis setzen und ihn auffordern soll, sich zu entscheiden. Nichts ge-

eines Vorkaufsrechts könne ein Dritter, d. h. der Käufer, solange man nicht wisse, daß vom Vorkaufsrecht nicht Gebrauch gemacht werde, das Eigentum nur unter einer Bedingung erwerben; und bedingtes Eigentum könne im Grundbuch nicht eingetragen werden. Die fragliche Lehre darf aber als überholt betrachtet werden: Die Willenserklärungen sowohl des Verkäufers wie des Käufers sind als solche keineswegs bedingt; und im Fall der Eintragung wird der Erwerber wirklicher Eigentümer. Nur kann der Vorkaufsberechtigte gestützt auf die Vormerkung seines Rechts sein Vorrecht geltend machen (Art. 959 Abs. 2 ZGB)[55]. Deshalb sind bezüglich der dargelegten Art des Vorgehens allgemein ernsthafte Zweifel angemeldet worden. Anderseits erscheint es aber wenig sinnvoll, eine Eintragung vorzunehmen, die Gefahr läuft, kurze Zeit später wieder gelöscht werden zu müssen, wenn der Vorkaufsberechtigte, auf Mitteilung des Verkäufers hin, sein Recht geltend macht und dieses nicht bestritten wird. Es erscheint deshalb als zulässig, daß der Grundbuchverwalter die Eintragung aufschiebt, soweit der verpflichtete Eigentümer nicht dargetan hat, daß er dem Berechtigten den Verkauf mitgeteilt hat und daß die einmonatige Frist von dieser Mitteilung an abgelaufen ist. Der Grundbuchverwalter wird den Entscheid auch aufschieben, wenn er vernimmt, daß das Recht rechtzeitig ausgeübt worden ist. Dagegen darf er die Eintragung des Kaufes nicht verweigern, wenn der Verkäufer behauptet, der Vorkaufsvertrag sei nicht gültig, ein Vorkaufsfall liege nicht vor, das Vorkaufsrecht sei trotz Vormerkung erloschen, das Vorkaufsrecht sei verspätet ausgeübt worden; denn der Grundbuchverwalter ist ja an die Weisungen des verfügenden Eigentümers gebunden[56].

h) Im Fall der Vormerkung des Einspracherechtes nach Art. 712c Abs. 2 ZGB[56a]

VI. Die Zulassung der Eintragung

1. Die Eintragung im Hauptbuch

Stellt der Grundbuchverwalter fest, daß ihre Voraussetzungen erfüllt sind, leistet er der Anmeldung Folge und nimmt die Eintragung oder Löschung des dinglichen Rechtes, der Vor- oder Anmerkung vor, die bei ihm

---

stattet es ihm aber, an Stelle des Verkäufers zu handeln (Art. 681 Abs. 2 ZGB). Im übrigen besteht die Pflicht, die nach Art. 969 ZGB vorgeschriebene Mitteilung zu machen, erst, wenn die Grundbucheintragung erfolgt ist. Anderer Meinung: MEIER-HAYOZ, Art. 681 N. 209.

55 MEIER-HAYOZ, Art. 681 N. 264 und Verweise; JÄGGI, S. 78.
56 Das ist die von JÄGGI, S. 78f., vorgeschlagene Lösung, der MEIER-HAYOZ, Art. 681 N. 277, schließlich zustimmt und die von der Aufsichtsbehörde Freiburg in ZBGR 40, 1959, S. 138ff. übernommen worden ist. Sie sollte sowohl für die vorgemerkten wie für die gestützt auf Art. 682 ZGB bestehenden gesetzlichen Vorkaufsrechte gelten.
56a Nach der Berner Praxis muß die Urkundsperson mit der Anmeldung entweder die Erklärungen der Berechtigten einreichen, wonach diese auf eine Einsprache verzichten, oder eine beglaubigte Feststellung beilegen, aus der sich ergibt, daß die Berechtigten vom Rechtsgeschäft Kenntnis erhalten und innert der gesetzlichen Frist von 14 Tagen keine Einsprache erhoben haben, siehe BERN. HDB., S. 21. Das geht etwas weit; vgl. hinten, § 34 Note 16a.

beantragt ist[56b]. Im Geltungsbereich des absoluten Eintragungsprinzips versetzt er sich dabei in den Zeitpunkt der Anmeldung. Darum, daß im Zeitpunkt der Eintragung eine Voraussetzung derselben vielleicht nicht mehr vorhanden ist, braucht er sich nicht zu kümmern; etwa, daß der Anmeldende gestorben, in Konkurs gefallen oder nicht mehr handlungsfähig ist. Der Grund dafür liegt darin, daß die dingliche Wirkung (Erwerb oder Untergang der Rechte) auf den Zeitpunkt der Einschreibung ins Tagebuch zurückbezogen wird; so daß dem, was in der Zwischenzeit bis zur Vornahme der Eintragung geschehen ist, keine Bedeutung zukommt[57]. Soweit das relative Eintragungsprinzip gilt, muß der Grundbuchverwalter allfällige, in der Zwischenzeit eingetretene Änderungen der Rechtslage berücksichtigen; etwa den Widerruf eines Ehevertrages oder die Aufhebung der Fusion zweier Aktiengesellschaften.

Art. 967 Abs. 1 ZGB bestimmt: «Die Eintragungen im Hauptbuch finden nach der Reihenfolge statt, in der die Anmeldungen angebracht oder die Beurkundungen oder Erklärungen vor dem Grundbuchverwalter unterzeichnet worden sind.» Die Reihenfolge entspricht dem Datum, an dem die Anmeldungen in das Tagebuch eingeschrieben oder an dem die Erklärungen vor dem Grundbuchverwalter unterzeichnet (Art. 25 Abs. 2 GBV) oder die Einschreibungen ins Urkundenprotokoll vorgenommen worden sind (Art. 26 Abs. 3 und 14 Abs. 3 GBV)[58].

[56b] Die Löschung eines Eintrages gestützt auf die Tatsache, daß dieser jede rechtliche Bedeutung verloren hat, werden wir getrennt, im Zusammenhang mit der Richtigstellung des Grundbuches, behandeln (Art. 976 ZGB, hinten, § 41).

[57] HOMBERGER, Art. 966 N. 5; OSTERTAG, Art. 972 N. 8; WIELAND, Art. 972 N. 8; HAAB, Art. 656 N. 14 am Schluß; MEIER-HAYOZ, Art. 656 N. 64; H. HUBER, Aktuelle Fragen, S. 202; FRIEDRICH, «Interimstitel», S. 6; ZBGR 15, 1934, S. 183 (GBA); 35, 1956, S. 23 (GBA); 54, 1973, S. 158 ff. (Justizkommission Schwyz). Siehe vorn zur Verfügungsmacht, § 15 B I 2 Note 30. Zur allfälligen Möglichkeit des Verkäufers oder Käufers, vielleicht sogar eines Dritten, sich einer Eintragung zu widersetzen, unten, VIII.

[58] HOMBERGER, Art. 967 N. 2 ff.; GONVERS-SALLAZ, Art. 25 GBV N. 4 ff. Allgemein wird im Hauptbuch nur das Datum des Tages eingetragen, an dem die Anmeldung erfolgt ist. Art. 27 Abs. 1 GBV macht die folgende Einzelanordnung:
«Sind in einem Hauptbuchblatt mehrere an demselben Tage zur Anmeldung gelangte Eintragungen vorzunehmen und sollen sie nach dem Willen der Parteien oder nach der Reihenfolge der Einschreibung in das Tagebuch oder in das Urkundenprotokoll verschiedenen Rang erhalten, so ist dies auch im Hauptbuch in geeigneter Weise (z.B. durch Angabe der genauen Zeit oder durch Angabe des Rangverhältnisses bei jedem Eintrag) zum Ausdruck zu bringen.»
Nach FRIEDRICH, Der Rang, S. 331 ff., sollte der Grundbuchverwalter die Verhältnisse zwischen Anmeldungen, die am gleichen Tag zum gleichen Zeitpunkt vorgenommen worden sind, klarstellen, wenn die zur Eintragung angemeldeten Rechte miteinander nicht vereinbar scheinen.

Die Vorschrift steht im Zusammenhang mit Art. 972 ZGB, der – im Geltungsbereich des absoluten Eintragungsprinzips – nach der Reihenfolge der Einschreibungen im Tagebuch Datum und Rang der dinglichen Rechte festlegt (Absatz 2). Die örtliche Anordnung im Hauptbuch soll die zeitliche Reihenfolge der Eintragungen widerspiegeln. Nichts desto weniger sind aber die Daten selber maßgebend, und nicht der in der Abfolge der Eintragungen im Hauptbuch von einem Eintrag eingenommene Platz. In diesem Sinn stellt Art. 967 ZGB nur eine Ordnungsvorschrift dar. Ihre Mißachtung zeitigt keinerlei Wirkungen auf den Rang der dinglichen Rechte[59].

«Der Grundbuchverwalter hat die Eintragungen im Hauptbuch ... so rasch wie möglich nach der Anmeldung vorzunehmen» (Art. 26 Abs. 1 GBV)[60].

In bezug auf die Art und Weise, wie die Eintragungen auf dem Hauptbuchblatt vorgenommen werden, wird auf § 7 verwiesen.

Art. 967 Abs. 2 ZGB sieht vor, daß über alle Eintragungen den Beteiligten auf ihr Verlangen ein Auszug erstellt wird. Ein Interesse im Sinn des Art. 970 Abs. 2 ZGB daran brauchen sie nicht nachzuweisen. Irgend welche materiellrechtliche Bedeutung kommt diesem Auszug aber nicht zu. Er soll einzig die vorgenommene Eintragung beweisen (zum Ausweis über die Eintragung einer Grundpfandverschreibung, siehe Art. 825 Abs. 2 ZGB)[61].

---

[59] HOMBERGER, Art. 967 N. 1, Art. 972 N. 4 und 16; OSTERTAG, Art. 948 N. 4, Art. 972 N. 5; FRIEDRICH, Der Rang, S. 348. Es folgt daraus vor allem, daß, wenn der Grundbuchverwalter im Hauptbuch eine Eintragung vornimmt, die nach einer andern angemeldet worden ist, ihn nichts daran hindert, die zuerst angemeldete auch noch zu vollziehen, indem er der Buchung das ihr zukommende Datum gibt; und zwar selbst dann, wenn die zuerst vorgenommene Eintragung eine Verfügungsbeschränkung darstellt. In dem in BGE 85 I, 1959, S. 162 beurteilten Fall hatte der Grundbuchverwalter zunächst ein Kaufgeschäft ins Tagebuch eingeschrieben; darauf wurde eine Verfügungsbeschränkung angemeldet, die er unverzüglich im Hauptbuch vormerkte; schließlich wies er die zuerst angemeldete Eigentumsübertragung ab. Er durfte nicht so vorgehen; selbst wenn die angemeldete Vormerkung in Wirklichkeit eine Sperrung des Grundbuches beinhaltete (vorn, § 19 IV 1 Noten 62–64) oder die Konkurseröffnung über den Grundeigentümer enthielt. Anderer Meinung: H. HUBER, Anmeldung und Tagebuch, S. 160.

[60] Nach Art. 26 Abs. 2 GBV soll, wenn die Eintragung einer Verfügungsbeschränkung (Art. 960 ZGB) in das Hauptbuch nicht am gleichen Tag wie die Einschreibung in das Tagebuch erfolgen kann, wenigstens an diesem Tag die Ordnungsnummer der Anmeldung im Tagebuch, bzw. im Urkundenprotokoll, mit Bleistift im Hauptbuch eingeschrieben werden. Dieser Gedanke gilt allgemein: Kann irgend eine Anmeldung, die ins Tagebuch eingeschrieben wird, nicht unverzüglich ins Hauptbuch eingetragen werden – was in der Praxis die Regel sein wird –, muß der Grundbuchverwalter durch geeignete Maßnahmen dafür sorgen, daß er die Spur dieser Anmeldung nicht verliert; etwa, um einen Auszug über das fragliche Grundstück zu erstellen.

[61] JENNY, Der öffentliche Glaube, S. 137 Note 2; HOMBERGER, Art. 967 N. 5; ZBGR 5, 1924, S. 89 Nr. 30b (BR).

2. Die Anzeigepflicht (vor allem nach Art. 969 ZGB)

a) Allgemein

Art. 969 Abs. 1 ZGB schreibt vor: «Der Grundbuchverwalter hat den Beteiligten von den grundbuchlichen Verfügungen, die ohne ihr Vorwissen erfolgen, Anzeige zu machen.» Das Gesetz stellt somit eine allgemeine Anzeigepflicht auf. Daneben enthält es für gewisse Einzeltatbestände aber noch Sonderbestimmungen, gestützt auf die Dritten über grundbuchliche Verfügungen Mitteilung zu machen ist. Beispiel: Art. 834 Abs. 1 ZGB betreffend die Übernahme einer grundpfändlich gesicherten Schuld durch den Erwerber. Die Verletzung dieser (allgemeinen oder besonderen) Anzeigepflicht kann die Verantwortlichkeit des Staates und, auf dem Weg des Rückgriffs, bei Verschulden jene des Grundbuchverwalters nach sich ziehen (Art. 955 ZGB; vorn, § 12 II 2). Aber die Unterlassung der vorgeschriebenen Mitteilungen hat keine Auswirkungen auf die Rechtsgültigkeit der betreffenden Eintragungen[62].

Eine Mitteilung ist nur zu machen, wenn eine Eintragung vorgenommen worden ist. Das kantonale Recht kann nicht vorsehen, daß die Anmeldungen vor der Eintragung im Hauptbuch in einem amtlichen Mitteilungsblatt veröffentlicht werden, damit Dritte dagegen Einspruch erheben können (vorn, § 23 II 5).

Die Mitteilungen müssen sich an die «Beteiligten» richten. Darunter sind diejenigen zu verstehen, deren Stellung als Inhaber eines dinglichen Rechtes oder als aus einer Vormerkung mit dinglicher Wirkung Berechtigte durch eine Eintragung zu ihrem Vor- oder Nachteil betroffen wird. Nicht als «Beteiligter» im Sinn des Gesetzes gilt, wem nur eine Anwartschaft auf ein Grundstück oder auf ein beschränktes dingliches Recht an einem solchen zusteht; und zwar selbst dann, wenn diese rechtlich geschützt ist[63].

Die Eigenschaft als Beteiligter hängt von der Art der fraglichen Eintragung ab. Keine Anzeige ist jedenfalls nötig bei einer einfachen Änderung der tatsächlichen Angaben in der Beschreibung eines Grundstücks, infolge etwa der Erstellung oder des Abbruchs eines Gebäudes[64]. Keine Eintragung

---

[62] BGE 52 II, 1926, S. 117 ff.; HOMBERGER, Art. 969 N. 1. Diese Pflicht besteht selbst in jenen Kantonen, in denen die dinglichen Rechte noch in die kantonalen Öffentlichkeitseinrichtungen eingetragen werden, ZBGR 12, 1931, S. 97 (BR).

[63] HOMBERGER, Art. 969 N. 2; ZBGR 13, 1932, S. 193 Nr. 17 (RR St. Gallen): Der Verkauf eines Grundstücks durch einen Eigentümer an einen seiner zukünftigen Erben muß den übrigen Erben nicht mitgeteilt werden.

[64] HOMBERGER, Art. 969 N. 5.

stellt auch eine Abweisung, als Weigerung, eine solche vorzunehmen, dar[65]. Die Frage, wem von einer Abweisung Mitteilung zu machen ist, beantwortet sich nicht nach Art. 969 ZGB (vgl. Art. 24 Abs. 2 GBV; unten, VII). Im übrigen bestimmt sich der Kreis der Beteiligten, die eine Anzeige erhalten müssen, nach den verschiedenen Eintragungen im Grundbuch (unten, b).

In zweifacher Hinsicht ist diese Anzeigepflicht aber allgemein beschränkt:
- Zunächst betrachtet das Gesetz nicht als Beteiligten, wer von einer Eintragung auf jeden Fall bereits Kenntnis hat (Art. 969 Abs. 1 ZGB am Schluß). Das sind der Anmeldende oder wer als Partei am Rechtsgeschäft beteiligt ist, das den Rechtsgrund für eine Eintragung bildet[66].
- Im weitern muß der Grundbuchverwalter eine Mitteilung nur an jemanden verschicken, der ihm bekannt sein muß. Die Namen solcher Beteiligter stehen in der Regel im Hauptbuch oder in einem andern, namentlich im Gläubigerregister. Es kann vorkommen, daß die wirklich Berechtigten aus diesen Registern nicht hervorgehen. Aber der Grundbuchverwalter kann sich grundsätzlich an die Angaben halten, welche diese ihm liefern[67].

Für die Anzeigen, welche an die Beteiligten zu richten sind, bestehen eidgenössische Formulare. Ihre Verwendung ist aber nicht vorgeschrieben. Die Mitteilungen haben unverzüglich zu erfolgen, sobald der Grundbuchverwalter eine Eintragung vollzogen hat; so daß die Beteiligten im Einzelfall so rasch wie möglich die von ihnen zur Aufrechterhaltung ihrer Rechte für notwendig erachteten Vorkehrungen treffen können[68].

b) Einzelfälle

Es stellt sich die Frage: welche Anzeigen hat der Grundbuchverwalter im Zusammenhang mit den verschiedenen Eintragungen zu erstatten? Bei ihrer Beantwortung halten wir uns an einzelne typische Fälle; eine erschöpfende Aufzählung ist nicht möglich. Wegleitend dabei ist der Gedanke, daß eine Anzeige nur erhalten soll, wer ein wirkliches Interesse hat, eine im Grundbuch vorgenommene Eintragung zu kennen[69].

---

[65] SCHÖNBERG, S. 20; HOMBERGER, Art. 969 N. 5.
[66] HOMBERGER, Art. 969 N. 2.
[67] HOMBERGER, Art. 969 N. 3; er verlangt vom Grundbuchverwalter, daß er allfällige diesbezügliche Zweifel beseitige, wenn dies irgendwie leicht, etwa durch Einvernahme des Anmeldenden, möglich sei.
[68] HOMBERGER, Art. 969 N. 4.
[69] Wir sehen hier von den Mitteilungen ab, die an die Steuerbehörden, an die kantonale

aa) Bei Eintragungen im Zusammenhang mit dem Eigentum

Bei der *Übertragung des Eigentums* (auch infolge Gesamtnachfolge)[70] muß den *Dienstbarkeitsberechtigten* keine Mitteilung gemacht werden; denn ihre Rechtsstellung wird von dieser Übertragung nicht betroffen. Es kann sich höchstens empfehlen, einem Nutznießungsberechtigten oder dem Inhaber eines Wohnrechts eine Anzeige zukommen zu lassen; wenn sich herausstellt, daß sie von den Parteien nicht benachrichtigt worden sind.

Übernimmt der Erwerber eine grundpfändlich sichergestellte Schuld, enthalten die Art. 834 und 846 ZGB die besondere Vorschrift, daß dem *Pfandgläubiger* Mitteilung zu machen ist. Eine solche muß nach Art. 66 Abs. 3 GBV auch an die Pfandgläubiger und Nutznießer einer durch Grundpfand gesicherten Forderung gerichtet werden. Übernimmt der Erwerber die Schuld nicht (oder geht eine solche umgekehrt von Gesetzes wegen auf den Rechtsnachfolger über), erhalten die Pfandgläubiger gleichwohl eine Mitteilung; aber gestützt auf die allgemeine Regel des Art. 969 ZGB, wie die Pfandgläubiger und Nutznießer der gesicherten Forderung[71]. Auf Gülten (oder Grundlasten) findet Art. 834 ZGB gleichfalls keine Anwendung; aber der Pfandgläubiger (oder der aus einer Grundlast Berechtigte) erhält wiederum gestützt auf Art. 969 ZGB eine Mitteilung[72].

Keine Veranlassung besteht, eine Übertragung des Eigentums allgemein den Inhabern von *vorgemerkten persönlichen Rechten* mitzuteilen. Es muß jedoch in jedem einzelnen Fall geprüft werden, ob eine solche Mitteilung zweckmässig sei. Bei einem (vor- oder nicht vorgemerkten) Vorkaufsrecht ist es Sache des Verkäufers, den Berechtigten vom Verkauf als solchem in Kenntnis zu setzen (Art. 681 Abs. 2 ZGB). Das gilt selbst bei den gesetzlichen Vorkaufsrechten des ZGB (oben, V 3g). Anders ist es beim bäuerlichen Vorkaufsrecht (oben, V 3b). Ist ungeachtet der Ausübung eines Vorkaufsrechts ein Dritterwerber im Grundbuch eingetragen worden, muß das Kaufgeschäft dem Vorkaufsberechtigten angezeigt werden (oben, V 3g). Ist ein Gewinnanteilsrecht vorgemerkt, teilt der Grundbuchverwalter den berechtigten Miterben eine Übertragung des Eigentums oder die Errichtung eines Baurechts (Art. 619 Abs. 1 und 2 ZGB) mit[73].

Eine Übertragung des Eigentums muß ebenfalls jenen privaten Personen oder Behörden nicht allgemein mitgeteilt werden, zu deren Gunsten ein privat- oder öffentlichrechtliches Rechtsverhältnis *angemerkt* ist. Es können aber besondere Verhältnisse vorliegen, wenn dem bisherigen Eigentümer rückzahlbare finanzielle Unterstützung gewährt worden ist, die im Grundbuch angemerkt ist. In diesem Fall muß der Grundbuchverwalter der zuständigen Behörde Anzeige erstatten[74].

Gebäudeversicherungsanstalt und an die statistischen Ämter zu machen sind. Zu den Mitteilungen an den Nachführungsgeometer, siehe Art. 67 Abs. 4, 69 der Instruktion des BR vom 10. Juni 1919 über die Vermarkung und die Parzellarvermessung.

[70] Vor allem gestützt auf Erbgang und eheliches Güterrecht, SJZ 11, 1915, S. 275 Nr. 222 und 223.

[71] HOMBERGER, Art. 959 N. 8 und Verweise; ZBGR 23, 1942, S. 197 (GBA): Nach Art. 68 Abs. 2 GBV braucht die Änderung in den Titeln nicht notwendigerweise nachgetragen zu werden; ZBGR 29, 1945, S. 277 (GBA); 34, 1953, S. 219 (Justizkommission Basel-Stadt): Der Wechsel des Eigentümers kann den Pfandgläubiger veranlassen, das pfandrechtlich gesicherte Forderungsverhältnis zu überprüfen, dieses zu kündigen oder allenfalls die in Art. 808–810 und 819 ZGB vorgesehenen Sicherungsmaßnahmen zu ergreifen.

[72] HOMBERGER, Art. 969 N. 8.

[73] ZBGR 28, 1947, S. 333 (ObG Solothurn); 31, 1950, S. 86 (Justizdirektion Aargau); BGE 75 I, 1949, S. 186 ff.

[74] Siehe das (nicht veröffentlichte) Rundschreiben des Zürcher ObG vom 19. November 1969 Nr. 10 betreffend die Rückerstattung von Beiträgen, die zur Arbeitsbeschaf-

Bei der *Aufgabe seines Anteils durch einen Miteigentümer* müssen die übrigen Teilhaber davon in Kenntnis gesetzt werden[75].

Wird ein Grundstück geteilt, auf dem eine Dienstbarkeit lastet oder zu dessen Gunsten eine solche besteht, sehen die Art. 743 und 744 ZGB besondere Mitteilungen an die Berechtigten vor; für den Fall, daß der Eigentümer des belasteten Grundstücks beantragt, daß die Dienstbarkeit zugunsten oder zu Lasten eines der neuen Grundstücke gelöscht werde (vorn, § 17 C II 2c)[75a].

Wird ein mit Pfändern belastetes Grundstück geteilt, wobei die Pfandhaft aufgeteilt wird, erhalten die Pfandgläubiger eine Mitteilung wie bei einem Verkauf (Art. 833/834 ZGB; Art. 87 Abs. 2 GBV). Besteht auf dem geteilten Grundstück eine Grundlast, wird die Aufteilung der Pfandhaft dem Gläubiger ebenfalls mitgeteilt (Art. 88 Abs. 2 GBV in Verbindung mit Art. 787 Ziff. 1 ZGB).

bb) Bei Eintragungen im Zusammenhang mit Dienstbarkeiten und Grundlasten

Die *Errichtung* einer Dienstbarkeit oder Grundlast braucht weder den Pfandgläubigern, deren Rechte von der neuen Last nicht betroffen werden (Art. 812 Abs. 2 ZGB)[76], noch den Inhabern von eingetragenen oder vorgemerkten Rechten mitgeteilt zu werden.

Die *Löschung* einer Dienstbarkeit auf Antrag des Berechtigten setzt keine Mitwirkung des Eigentümers des belasteten Grundstücks voraus (vorn, § 16 B I 2c und Note 21). Hat dieser von der Anmeldung keine Kenntnis, muß ihm die Löschung daher mitgeteilt werden[77].

Geht eine Dienstbarkeit oder Grundlast gestützt auf einen Rechtsgrund unter, der im Recht selber liegt, besteht die Rechtslage, auf die sich Art. 976 ZGB bezieht. Der Grundbuchverwalter führt das in diesem Artikel vorgesehene Verfahren durch (siehe hinten, § 41)[78].

---

fung gewährt wurden. Die Gewährung solcher Beiträge war häufig mit einer vorübergehenden Sperrung des Grundbuches verbunden; vorn, § 19 II 2l). In diesen Fällen verweigert der Grundbuchverwalter die Eintragung einer Eigentumsübertragung, soweit die Behörde, welche die Beiträge ausgesprochen hat, diese nicht bewilligt. Eine Mitteilung an diese Behörde ist somit nicht nötig. Gleich verhält es sich, wenn ein Grundstück in eine Güterzusammenlegung einbezogen (§ 19 II 3c) oder mit einem Zerstückelungsverbot belegt ist (§ 19 II 2n).

75 HOMBERGER, Art. 969 N. 7.
75a Zur Mitteilung an die Berechtigten im Fall der *Vergrösserung* der Fläche eines Grundstücks im Sinn von Art. 93 GBV, siehe vorn, § 6 Note 102. – Ohne die Zustimmung der Pfandgläubiger kann eine *Teilfläche* von einem Grundstück unter gleichzeitiger Entlassung aus der Pfandhaft nicht abgetrennt werden (Art. 811 ZGB). Fehlt diese, ist eine Anordnung des Richters notwendig. Dem Grundbuchverwalter kommt in dieser Hinsicht keine Befugnis zu (H. LEEMANN, Art. 811 N. 13). Nach der Praxis mehrerer Kantone spielt er aber zwischen dem Eigentümer und den Pfandgläubigern, die einer Pfandentlassung zuzustimmen haben, die Rolle eines Mittelsmannes. – Zur Mitteilung an den Eigentümer für den Fall, daß ein unübersichtlich gewordenes Grundblatt von Amtes wegen durch ein neues ersetzt wird, siehe Art. 95 Abs. 2 GBV; vorn, § 6 Note 43.
76 HOMBERGER, Art. 969 N. 6; SJZ 13, 1917, S. 145 Nr. 119 (BR); anderer Meinung: ZBGR 1, 1920, S. 67 (Justizdepartement St. Gallen), wegen des Interesses der Pfandgläubiger, sich gegen die Entwertung ihres Pfandgegenstandes zur Wehr zu setzen (Art. 808–810 ZGB).
77 HOMBERGER, Art. 969 N. 7; ZBGR 9, 1928, S. 54 (BR); BGE 67 I, 1941, S. 124; besonders, wenn der Berechtigte zum Unterhalt verpflichtet war, ZBGR 22, 1941, S. 202 (Entscheid des BGer von 1941).
78 HOMBERGER, Art. 969 N. 11. Bei einer Nutznießung, die mit dem Tod des Berechtigten untergeht, kann man sich fragen, ob dessen Erben «Beteiligte» im Sinn des Art. 969 ZGB

cc) Bei Eintragungen im Zusammenhang mit Pfandrechten

Die *Errichtung* eines neuen Pfandrechts braucht keinen am Grundstück irgendwie Berechtigten mitgeteilt zu werden; diese besitzen dem neuen Recht gegenüber den Vorrang. Anders ist es bei der Eintragung eines Bodenverbesserungspfandrechts (Art. 820 ZGB). Weil dieses den auf dem gleichen Blatt bereits bestehenden Pfandrechten und Grundlasten im Rang vorgeht, muß der Grundbuchverwalter den Inhabern solcher Rechte von der Eintragung Mitteilung machen (Art. 49 Abs. 3 GBV).

Die Art. 45 Abs. 2 und 46 Abs. 2 GBV sehen besondere Mitteilungen vor, wenn der Grundbuchverwalter die *Pfandhaft auf verschiedene Grundstücke aufteilt,* die für die gleiche Forderung verpfändet sind, ohne daß ein Gesamtpfandrecht besteht (Art. 798 Abs. 2 ZGB; vorn, § 6 VI 1b bb).

Bei den *mittelbaren gesetzlichen Pfandrechten* nach Art. 837–841 ZGB teilt der Grundbuchverwalter die Eintragung dem Eigentümer selber und allfälligen Inhabern von beschränkten dinglichen Rechten mit[79]. Entsteht ein *gesetzliches Pfandrecht nach kantonalem Recht* ausnahmsweise durch Eintragung im Grundbuch, muß diese Eintragung den Pfandgläubigern mitgeteilt werden, denen das neue Pfandrecht im Rang vorgeht.

Bei der *Löschung eines Pfandrechts* muß der Eigentümer des belasteten Grundstücks mitwirken; selbst wenn diese ausschließlich auf Veranlassung des Pfandgläubigers hin vorgenommen wird (vorn, § 16 B I 2d und B II 2c). Gestützt auf diese Tatsache ist eine Mitteilung über die Löschung an den Eigentümer nicht erforderlich[80]. Auch an den Pfandgläubiger oder Nutznießer einer grundpfändlich sichergestellten Forderung ist keine Anzeige notwendig; denn die Löschung der entsprechenden Pfandrechte kann ebenfalls nur mit Zustimmung dieser Berechtigten vorgenommen werden (vorn, § 16 B II 2b).

Dagegen muß die *Löschung eines im Rang vorgehenden Pfandrechts* den nachfolgenden Pfandgläubigern mitgeteilt werden, denen das Nachrückungsrecht zusteht[81]. Verzichtet der Eigentümer auf eine leere Pfandstelle, muß die Löschung derselben den nachfolgenden Pfandgläubigern gleichfalls zur Kenntnis gebracht werden[82]. Diese müssen auch benachrichtigt

---

seien; die Justizdirektion des Kantons Bern spricht ihnen diese Eigenschaft ab (Bern. Not. 15, 1953, S. 175). Auch wenn sie den Untergang der Nutznießung nicht bestreiten können, haben sie, wegen einer allfälligen finanziellen Abrechnung, aber doch ein Interesse, eine Mitteilung zu erhalten.

[79] HOMBERGER, Art. 969 N. 10. Zur Anmeldung der gesetzlichen Pfandrechte, siehe vorn, § 15 A II und B II. Bei der Eintragung eines Bauhandwerkerpfandrechts muß jenen vorgehenden Pfandgläubigern eine Mitteilung gemacht werden, gegenüber denen das neue Pfandrecht wegen des nach Art. 841 ZGB bestehenden Vorrechtes allenfalls den Vorrang haben könnte.

[80] In Anlehnung an den Entscheid des BR in ZBGR 9, 1928, S. 54 befürwortet HOMBERGER, Art. 969 N. 7, eine solche Mitteilung, soweit der Eigentümer von der Löschung nicht bereits Kenntnis hat. Bei Schuldbriefen und Gülten meldet schlußendlich immer der Schuldner die Löschung an; gleich verhält es sich bei den Inhaberobligationen mit Grundpfandverschreibung.

[81] HOMBERGER, Art. 969 N. 7; ZBGR 13, 1932, S. 144 (Justizdirektion Bern) und 15, 1934, S. 106 (ObG Solothurn). In den Kantonen, in denen man, der alten Praxis entsprechend (Basel-Stadt, Freiburg), den nachfolgenden Pfandgläubiger, der ein vorgemerktes Nachrückungsrecht besitzt, ohne weiteres nachrücken läßt, müssen die Gläubiger, die im Rang nachrücken, benachrichtigt (und die entsprechenden Änderungen in den Pfandtiteln nachgetragen) werden; vgl. MATTER, S. 323.

[82] HOMBERGER, a.a.O.; ZBGR 9, 1928, S. 140 Nr. 4 (ObG Solothurn).

werden beim Eintritt in ein Pfandrecht[83] oder der Wiederbelehnung eines solchen zugunsten eines andern Gläubigers[84].

dd) Bei Vormerkungen

Es ist nicht ersichtlich – genausowenig wie bei der Eintragung von Dienstbarkeiten –, warum die Vormerkung eines persönlichen Rechts nach Art. 959 ZGB oder die Vormerkung einer Verfügungsbeschränkung nach Art. 960 Abs. 1 Ziff. 1 oder 2 ZGB den Inhabern von eingetragenen dinglichen oder vorgemerkten persönlichen Rechten mitgeteilt werden sollte[85]. Bei den Vormerkungen nach Art. 960 Abs. 2 Ziff. 2 ZGB sorgt das Zwangsvollstreckungsrecht für die Benachrichtigung der beteiligten Dritten[86]. Die vorläufigen Eintragungen nach Art. 961 Abs. 1 Ziff. 1 und 2 ZGB verlangen gleichfalls keine Mitteilung an irgend welche Dritte. Was das Bauhandwerkerpfandrecht und die Pfandrechte, die Art. 22a GBV diesem gleichstellt, angeht, kann die vorläufige Eintragung nicht ohne Mitwirkung des Eigentümers vorgenommen werden[87].

Die *Löschung einer Vormerkung* ruft grundsätzlich ebenfalls nicht nach einer Mitteilung an irgend welche Beteiligte; außer an den Eigentümer des betroffenen Grundstücks, wenn der Berechtigte von sich aus die Löschung beantragt hat, oder außer an den Berechtigten und den Eigentümer, wenn der Grundbuchverwalter die Löschung gestützt auf Art. 72 Abs. 1[88] oder 76 Abs. 1 GBV am Schluß (2. Fall) von Amtes wegen vorgenommen hat. Siehe hinten, § 41 III 4.

ee) Bei Anmerkungen

Auch die Anmerkungen sind Buchungen, die Anlaß zu Mitteilungen an die Beteiligten geben können. Da ihre Bedeutung aber lediglich darin besteht, Rechtsverhältnisse – vor allem Eigentumsbeschränkungen – nach außen zum Ausdruck zu bringen, die unabhängig vom Grundbuch bestehen (und weiter dauern), gibt es bei ihnen im allgemeinen nicht die gleichen Gründe wie bei den Eintragungen dinglicher und den Vormerkungen persönlicher Rechte, sie weitern Personen zur Kenntnis zu bringen als den unmittelbar Beteiligten, die sie ohnehin schon kennen. Im folgenden werden wir nur auf ein paar einzelne Fälle hinweisen und zwischen Anmerkungen privatrechtlicher und Anmerkungen öffentlichrechtlicher Rechtsverhältnisse unterscheiden.

---

[83] HOMBERGER, a.a.O.; ZBGR 15, 1934, S. 232 (Justizdirektion Aargau).
[84] ZBGR 39, 1958, S. 354 ff. (Aufsichtsbehörde Freiburg).
[85] HOMBERGER, Art. 969 N. 5; nach ihm sollten die Beteiligten in den meisten Fällen auf anderem Weg benachrichtigt werden.
[86] HOMBERGER, a.a.O.; ZBGR 17, 1936, S. 198 (GBA). Es sollte auch nicht nötig sein, Dritten von der Vormerkung einer Nacherbeneinsetzung eine Anzeige zukommen zu lassen (Art. 960 Abs. 1 Ziff. 3 ZGB).
[87] Wegen des Vorrechts nach Art. 841 ZGB sollten die vorangehenden Grundpfandgläubiger schon von der *vorläufigen* Eintragung eines Bauhandwerkerpfandrechts Mitteilung erhalten.
[88] JÄGGI, S. 75. In den andern Fällen der Art. 72 Abs. 2 und 76 Abs. 1 GBV (1. Fall) sind Mitteilungen an die Parteien überflüssig.

aaa) Bei den Anmerkungen privatrechtlicher Rechtsverhältnise (vorn, § 20 B)
- Die Anmerkung der *aufgehobenen Rechte* (Art 45 SchlT) stellt eigentlich eine deklaratorische Eintragung dar (vorn, § 20 B I). Für den Fall des Untergangs eines solchen Rechts verweisen wir auf das, was wir weiter oben zu den Dienstbarkeiten gesagt haben (bb).
- Sieht das kantonale Recht ausnahmsweise die Anmerkung unmittelbarer gesetzlicher Pfandrechte vor, die im Rang vorgehen (§ 20 B II 2), sollten die Pfandgläubiger, denen ein solches Recht vorgeht, von dessen Eintragung in Kenntnis gesetzt werden.
- Die Annahme einer *Nutzungs- und Verwaltungsordnung beim Mit- bzw. eines Nutzungs- und Verwaltungsreglementes beim Stockwerkeigentum* ist ausschließlich Sache der Mit- bzw. Stockwerkeigentümer. Es besteht für den Grundbuchverwalter keine Veranlassung, die Anmerkung einer solchen Ordnung bzw. eines solchen Reglementes den Pfandgläubigern und allfälligen weitern Berechtigten mitzuteilen. Diese sind völlig frei, darin Einsicht zu nehmen. Die Abänderung einer solchen Ordnung bzw. eines solchen Reglementes erfordert grundsätzlich keine Genehmigung durch diese Berechtigten[89]. Ist eine solche Abänderung geeignet, die Mit- bzw. Stockwerkeigentumsanteile merklich zu entwerten, könnte dies ihnen aber als angezeigt erscheinen lassen, um ihnen die Wahrung ihrer Rechte zu ermöglichen (Art. 808–810, 860 ZGB)[90].
- Eine Notwendigkeit, allfällige Beteiligte (Pfandgläubiger usw.) von der Anmerkung eines *Willensvollstreckers* (vorn, § 20 B II 3) oder des *Verwalters einer Stockwerkeigentümergemeinschaft* (vorn, § 20 B II 4) ohne weiteres in Kenntnis zu setzen, ist nicht ersichtlich.
- Die Anmerkung des *Zeitpunktes des Beginns eines Werkes* nach Art. 841 Abs. 3 ZGB muß dem Grundeigentümer mitgeteilt werden (Art. 81 GBV).
- Die Anmerkung «*Begründung des Stockwerkeigentums vor Erstellung des Gebäudes*» (Art. 33c GBV; vorn, § 20 B V 2), sollte den Beteiligten, zu denen insbesondere die Pfandgläubiger zu zählen sind, mitgeteilt werden[91].
- Die Anmerkung von *Zugehör* nach Art. 946 Abs. 2 ZGB (§ 20 B VI) erfordert keine Mitteilung an irgend welche Beteiligte. Sie wird übrigens in der Regel im Zusammenhang mit der Errichtung eines Pfandrechts vorgenommen werden. Ihre Löschung kann nur mit Zustimmung all derjenigen erfolgen, deren Rechte vom Grundbuch festgehalten sind (Art. 946 Abs. 2 ZGB). Diese Beteiligten – in erster Linie die Pfandgläubiger – müssen vor der Löschung im Grundbuch befragt werden.
- Das Bestehen eines *privatrechtlichen Reverses* (vorn, § 20 B VII) kann für denjenigen, dem am Grundstück ein dingliches Recht zusteht, nicht ohne Bedeutung sein. Beispiel: Die persönliche Verpflichtung, auf dem belasteten Grundstück ein von einem Dritten erstelltes Bauwerk zu dulden, kann im Einzelfall eine Entwertung des Pfandobjekts nach sich ziehen. Es könnte sich somit rechtfertigen, die Pfandgläubiger von der Anmerkung in Kenntnis zu setzen.

---

[89] Zu dieser Frage, FRIEDRICH, Stockwerkeigentum, S. 208, der die Notwendigkeit einer solchen Zustimmung nicht ausschließt.

[90] Eine derartige Entwertung könnte sich etwa aus der Begründung des Vorkaufs- oder Einspracherechts ergeben, die eine nachträgliche Vereinbarung unter den Stockwerkeigentümern voraussetzen und mit der Vormerkung im Grundbuch Dritten entgegengehalten werden können (Art. 712c Abs. 1 und 2 ZGB); da sie bereits bestehenden Rechten im Rang nachgehen (vgl. FRIEDRICH, S. 209), müssen sie, wenn sie im Grundbuch vorgemerkt werden, den Inhabern derselben nicht mitgeteilt werden.

[91] Eine allfällige Löschung der Anmerkung setzt die Löschung der Einträge voraus, die auf dem Blatt, das für die Liegenschaft oder das Baurecht eröffnet worden ist, sowie die auf den Blättern, die für die Stockwerke eröffnet worden sind, vorläufig bestehen. Das Verfahren ist dasjenige nach Art. 976 ZGB und zieht die Mitteilung der Löschung an die Beteiligten nach sich.

bbb) Bei den Anmerkungen öffentlichrechtlicher Rechtsverhältnisse (vorn, § 20 C)

Die - in Ausnahmefällen erfolgende - Anmerkung *unmittelbarer* öffentlichrechtlicher Eigentumsbeschränkungen braucht allfälligen interessierten Dritten nicht mitgeteilt zu werden. Diese können von ihnen dadurch Kenntnis erlangen, daß sie die allgemein anwendbaren Gesetzesbestimmungen zu Rate ziehen. So verhält es sich etwa bei der Anmerkung der öffentlichen Wege (§ 20 C III 1). Das gleiche läßt sich aber auch von den Baulinien und andern Nutzungsplänen sagen; unabhängig davon, als was diese rechtlich eingestuft werden: als allgemeine oder abstrakte Normen oder als eine Mehrheit von Einzelverfügungen (§ 20 C III 2a und § 7 Note 66)[92].

Die Frage, ob sie nach Art. 969 ZGB allfälligen Beteiligten mitgeteilt werden müssen, stellt sich dagegen bei den andern, *mittelbaren* Eigentumsbeschränkungen, die von einer Behörde gestützt auf ein Gesetz oder eine VO von Fall zu Fall angeordnet werden. Nicht von Belang ist, ob es sich dabei um Nutzungs- (§ 20 C III 2) oder Verfügungsbeschränkungen (§ 20 C III 3) handelt. Für diese *mittelbaren* Beschränkungen gilt der Grundsatz der Rangordnung der dinglichen Rechte nicht; sie gelten vielmehr für alle, die am betroffenen Grundstück irgendwie berechtigt sind. Sie können so auf die Rechtsstellung dieser Berechtigten, vor allem der Pfandgläubiger, einen Einfluß ausüben. Aus diesem Gesichtspunkt könnte es sich als klug erweisen, diese von den eingetragenen Anmerkungen in Kenntnis zu setzen[93].

Besonders aus praktischen Gründen wird von dieser Mitteilung in der Regel aber abgesehen. Die Aufgabe würde zu einer zu grossen Belastung der Grundbuchämter führen; geht es bei der Anmerkung derartiger Beschränkungen doch nur darum, einen bestehenden Rechtszustand wiederzugeben, und nicht einmal darum, das Weiterdauern dieses Zustandes zu gewährleisten[94]. Zu den Beschränkungen des kantonalen öffentlichen Rechts ist zu sagen: Wenn die Kantone zuständig sind, solche einzuführen, können sie natürlich auch vorschreiben, daß diese interessierten Dritten mitgeteilt werden[95].

In gewissen Fällen jedoch scheint sich eine derartige Mitteilung aufzudrängen: so ist es für die Pfandgläubiger wichtig zu wissen, ob der Eigentümer des belasteten Grundstücks verpflichtet sei, seine Anlagen gestützt auf einen Beseitigungsrevers auf erstes Verlangen der Behörde wieder abzubrechen; oder ob der Eigentümer im Fall einer Enteignung sich die von ihm auf Zusehen der Behörde hin erstellten Bauwerke wegen eines Mehrwertreverses nicht entschädigen lassen könne (§ 20 C III 2f g).

ff) Die Mitteilungen im Fall der Grundbuchberichtigung nach Art. 977 ZGB

Es wird auf § 42 IV verwiesen.

---

[92] ZBGR 37, 1956, S. 60 (GBA): Eine Pflicht, derartige Beschränkungen mitzuteilen, besteht nur, wenn sie der Kanton ausdrücklich vorschreibt.

[93] In diesem Sinn eine Weisung des Zürcher ObG, ZBGR 27, 1946, S. 177 Nr. 14, in der festgestellt wird, daß derartige Mitteilungen bis zum damaligen Zeitpunkt allgemein unterblieben sind.

[94] Es kommt nicht selten vor, daß «Beteiligte», vor allem die Grundpfandgläubiger, an einem Verwaltungsverfahren beteiligt sind, das zum Erlaß öffentlichrechtlicher Beschränkungen führt; so im Güterzusammenlegungsverfahren. Desgleichen muß den Pfandgläubigern und der Gläubigern, denen grundpfändlich sichergestellte Forderungen verpfändet sind, im Unterstellungsverfahren eines landwirtschaftlichen Heimwesens unter das LEG die Ertragswertschatzung von der zuständigen Behörde mitgeteilt werden, damit sie vom Beschwerderecht Gebrauch machen können (Art. 8 Abs. 2 LEG).

[95] In diesem Sinn, GBA, zit. in Note 92.

c) Die Wirkungen der Mitteilungen

Wie wir bereits gesehen haben (oben, a), bilden die Mitteilungen an die Beteiligten nicht Bestandteil der Grundbucheintragung. Aus dem Umstand, daß eine solche fälschlicherweise unterblieben ist, folgt nicht, daß der Grundsatz des Art. 970 Abs. 3 ZGB, die Einwendung, jemand habe eine Grundbucheintragung nicht gekannt, sei ausgeschlossen, für ihn nicht gilt. Die Anwendung von Art. 969 ZGB bietet aber in dem Sinn Gewähr für ihn, daß, wenn eine Eintragung geeignet ist, seine Rechte zu verletzen, er in die Lage versetzt wird, rechtzeitig das zu deren Aufrechterhaltung Erforderliche in die Wege zu leiten[96].

Die Mitteilungen nach Art. 969 ZGB sind ein besonders geeignetes Mittel zu beweisen, jemand habe von einer bestimmten Eintragung Kenntnis gehabt. Das kann dort von Bedeutung sein, wo gemäß Gesetz eine verfahrens- oder materiellrechtliche Frist mit dieser Kenntnis zu laufen beginnt; obwohl sie auch auf anderem Weg erworben werden kann[97].

Art. 969 Abs. 2 ZGB bezieht sich auf den Fall, in dem eine *Frist* zur Anfechtung einer Eintragung gesetzt wird. Diese Frist beginnt mit dem Empfang der Mitteilung, nicht vom Zeitpunkt an zu laufen, in dem die Eintragung im Grundbuch (vermeintlich) vorgenommen worden ist. Eine solche Frist ist jene von zehn Tagen nach Art. 976 Abs. 2 ZGB [98]. Nach Art. 834 Abs. 2 ZGB muß der Pfandgläubiger, dem der Grundbuchverwalter die Übernahme der Schuldpflicht der pfandgesicherten Forderung durch den Erwerber mitgeteilt hat, dem frühern Schuldner binnen Jahresfrist von dieser Mitteilung an erklären, ihn beibehalten zu wollen (Art. 832 Abs. 2 ZGB). Die Verwirkungsfrist von einem Monat für die Ausübung eines Vorkaufsrechts nach Art. 681 Abs. 3 ZGB läuft vom Tag an, an dem der Berechtigte vom Kauf Kenntnis erhalten hat. Gegebenenfalls nun kann sich diese aus einer Mitteilung des Grundbuchverwalters ergeben (oben, V 3g)[99].

Dagegen ist Art. 969 Abs. 2 ZGB in keinem Fall maßgebend für die Beschwerde gegen einen Entscheid des Grundbuchverwalters (vgl. Art. 103

---

[96] HOMBERGER, Art. 969 N. 13.
[97] HOMBERGER, Art. 969 N. 14. Der Beginn der zehnjährigen Frist für die ordentliche Ersitzung (Art. 661 ZGB) hängt weder von der Mitteilung über die vorgenommene Eintragung noch von der Kenntnis ab, die der Eigentümer von derselben hat, BGE 52 II, 1926, S. 117 ff.
[98] ZBGR 37, 1956, S. 142 (Aufsichtsbehörde Freiburg). Zur Bedeutung dieser Frist, siehe hinten, § 41 III 5.
[99] HOMBERGER, Art. 969 N. 13; BGE 83 II, 1957, S. 519; 56 II, 1930, S. 172 f.; 44 II, 1918, S. 385. Art. 13 und 14 EGG regeln vor allem die Frage der Fristen für die Ausübung der bäuerlichen Vorkaufsrechte. Die einmonatige Frist beginnt von der Mitteilung des Kaufvertrages durch den Grundbuchverwalter an zu laufen.

Abs. 1 GBV; vorn, § 11 II 7b). Gleichfalls ist er ohne Bedeutung für die Grundbuchberichtigungsklage nach Art. 975 ZGB, die an keine Frist gebunden ist.

VII. Die Abweisung der Anmeldung

1. Die Voraussetzungen der Abweisung

Stellt der Grundbuchverwalter auf Grund der vorgenommenen Prüfung fest, daß die Voraussetzungen der beantragten Eintragung nicht oder nur teilweise erfüllt sind, weist er die Anmeldung ab. Art. 966 Abs. 1 ZGB bestimmt: «Werden die Ausweise für eine grundbuchliche Verfügung nicht beigebracht, so ist die Anmeldung abzuweisen» und Art. 24 Abs. 1 GBV weist den Grundbuchverwalter an, die Anmeldung abzuweisen, wenn sie «den in Art. 11 bis 23 aufgestellten Anforderungen nicht entspricht». Diese Formulierungen sind zu eng: Der Grundbuchverwalter muß seine Mitwirkung nicht nur beim Fehlen von Ausweisen, sondern immer dann verweigern, wenn irgend eine formelle und/oder materielle Voraussetzung fehlt, die Gegenstand der Prüfung ist (vorn, §§ 23 und 24 in Zusammenhang mit den §§ 13-21)[100]. Bestehen *begründete Zweifel,* ob die Voraussetzungen erfüllt sind, muß der Grundbuchverwalter die Anmeldung abweisen[101].

2. Die Form der Abweisung und ihre Mitteilung

Leistet der Grundbuchverwalter der Anmeldung nicht der Reihe nach, wie sie im Tagebuch steht, Folge und darf er den Entscheid auch nicht aus einem besondern Grund aufschieben (oben, V), muß er eine formelle Abweisungsverfügung erlassen. Der Anmeldende – er vor allem – hat Anspruch auf eine solche, damit er die Möglichkeit erhält, sein Recht auf die Eintragung weiter geltend zu machen[102].

---

[100] HOMBERGER, Art. 966 N. 4.
[101] HOMBERGER, a.a.O. Nach BGE 56 I, 1930, S. 199 f. sollte der Grundbuchverwalter nur eintragen, wenn für ihn gar keine Zweifel bestehen, daß die Voraussetzungen erfüllt sind. Die Ausdrucksweise könnte dem Grundbuchverwalter abraten, seine Prüfungsbefugnis voll auszuschöpfen und ihn veranlassen, den Entscheid allzu leicht auf die Aufsichtsbehörde abzuschieben; siehe vorn, § 24 A III 1 Note 14.
[102] HOMBERGER, Art. 966 N. 6. Entscheid des BGer in Bd. 56, zit. in Note 101. Die stillschweigenden oder formlosen Abweisungen, die das BGer scheinbar duldet, sind zu verurteilen: BGE 90 I, 1964, S. 311 und 85 I, 1959, S. 167. Siehe oben, V 2 am Schluß und Note 43; indessen, § 11 Note 5 am Schluß.

Sind mehrere Geschäfte zur Eintragung angemeldet, muß der Grundbuchverwalter grundsätzlich für jedes von ihnen eine getrennte Verfügung erlassen. Anders kann es nur sein, wenn alle Geschäfte eine Einheit bilden und alle am gleichen Mangel leiden. Bestehen für das gleiche Geschäft mehrere Anmeldungen und ist nur eines mangelhaft, wird der Grundbuchverwalter nur dieses abweisen; außer es ergibt sich aus dem Geschäft, daß alle von einander abhangen (Art. 12 Abs. 2 GBV; vorn, § 23 II 4).

Nach Art. 24 Abs. 2 GBV sind die Gründe der Abweisung im Tagebuch anzugeben und dem Anmeldenden schriftlich und unter Angabe der Beschwerdefrist (Art. 103 GBV) mitzuteilen[102a]. Die Regel gilt auch außerhalb des Anwendungsbereichs der besondern Grundbuchbeschwerde; nur muß hier, da gar keine besteht, keine Beschwerdefrist angegeben werden.

Wesentlich ist, daß der Grundbuchverwalter einen begründeten Entscheid erläßt, der von Vorteil alle Abweisungsgründe enthält, und diesen wem rechtens schriftlich mitteilt[103]. Die Angabe der Abweisungsgründe im Tagebuch stellt eine Ordnungsvorschrift dar. Ihre Mißachtung zieht keine materiellen Folgen nach sich.

Art. 24 Abs. 2 GBV schreibt vor, daß die Abweisungsverfügung einzig dem Anmeldenden mitgeteilt werden muß, der nach Art. 103 Abs. 1 GBV berechtigt ist, bei der Aufsichtsbehörde Beschwerde zu führen. Vor einiger Zeit hat das Bundesgericht aber entschieden, daß trotz des Wortlautes dieser Vorschrift die Beschwerdelegitimation nicht allein auf den Anmeldenden beschränkt werden dürfe; sie müsse vielmehr jedermann zuerkannt werden, der durch die Verfügung betroffen werde und ein schutzwürdiges Interesse an deren Aufhebung oder Abänderung habe[104] (hinten, § 26 B II 1c und 2b). Folglich müssen seither alle diese Interessierten von der Abweisung Mitteilung erhalten; im Fall der Übertragung eines Grundstücks auch der Erwerber; im Fall der Errichtung einer Dienstbarkeit oder Grundlast auch der Berechtigte; im Fall der Errichtung eines Grundpfandes auch der Pfandgläubiger; im Fall der Vormerkung eines Kaufs-, Vorkaufsrechtes oder eines Mietvertrages auch derjenige, der aus Vormerkung berechtigt werden soll[105].

[102a] Wird die Beschwerdefrist in der Mitteilung überhaupt nicht oder nicht richtig angegeben, ist die Abweisung trotzdem gültig (Zbl 65, 1964, S. 81). Soweit sich ein Beschwerdeführer in gutem Glauben befindet, es stehe ihm eine längere Frist zu, kann eine verspätete Beschwerde aber noch zulässig sein. Gegen die Weigerung des Grundbuchverwalters, seine Abweisung zu begründen, steht die allgemeine Beschwerde nach Art. 104 GBV offen.

[103] HOMBERGER, a.a.O.; ZBGR 4, 1923, S. 241 (BezG Zürich): Es geht darum zu verhindern, daß, wenn die vom Grundbuchverwalter beanstandeten Mängel behoben sind, die gleiche, erneut eingereichte Anmeldung nun aus einem andern Grund abgewiesen wird.

[104] BGE 104 Ib, 1978, S. 378.

Vorausgesetzt, daß das kantonale Recht dies vorsieht, kann der Grundbuchverwalter dem Anmeldenden *Kosten* auferlegen. Diese müssen aber im Verhältnis zum Umfang der geleisteten Arbeit und der verursachten Auslagen stehen; siehe vorn, § 9 IV 6a.

3. Die Wirkungen der Abweisung

Wie wir vorn (§ 9 II 6c Noten 7a–d) festgestellt haben, hat die Abweisung und deren Mitteilung an die Beteiligten nicht unverzüglich zur Folge, daß der Grundbuchverwalter – anders als der Richter im streitigen Zivilverfahren – auf das Geschäft keinen Einfluß mehr nehmen könnte. Der Grundbuchverwalter kann selber oder auf Anstoß eines Beteiligten hin seinen Entscheid in Wiedererwägung ziehen. Bei Abweisungen nach Art. 24 GBV ist dies jedoch nur bis zum Ablauf der Beschwerdefrist möglich. Ist der Entscheid an die Aufsichtsbehörde weitergezogen worden, muß der Grundbuchverwalter die Möglichkeit haben, auf seinen Entscheid so lange zurückzukommen, als er seine Vernehmlassung noch nicht abgegeben hat.

Bei der Eintragung und Löschung von dinglichen Rechten und Vormerkungen wird die Abweisungsverfügung mit unbenütztem Ablauf der nach Art. 103 GBV bestehenden zehntägigen Beschwerdefrist rechtskräftig (Art. 24 Abs. 3 GBV); das heißt: sie wird für die Anmeldung, auf die sie sich bezieht, endgültig. Die gleiche Anmeldung, der die gleichen Ausweise beigelegt sind, kann nicht noch einmal eingereicht werden[106]. Sie muß als unzulässig erachtet werden.

Die andern Abweisungsverfügungen (etwa betreffend Anmerkungen), die mit der allgemeinen Grundbuchbeschwerde nach Art. 104 GBV angefochten werden können, werden nicht im eigentlichen Sinn rechtskräftig, da zu ihrer Anfechtung keine Frist besteht (vorn, § 9 II 6 und § 11 II 8a). Das heißt aber nicht, daß der Anmeldende seine Anmeldung ganz einfach erneuern kann; seine Anmeldung wäre schließlich auch in diesem Fall unzulässig.

Ist eine Abweisung dagegen deswegen erfolgt, weil das Rechtsgeschäft mangelhaft war, und reicht der Anmeldende ein neues Rechtsgeschäft ein, in dem der Mangel behoben ist, ist die Anmeldung zulässig, und der Grund-

---

[105] In diesem Sinn ein Rundschreiben des GBA vom 15. November 1979 (ZBGR 61, 1980, S. 122) und ein Rundschreiben des Zürcher ObG vom 20. Februar 1980 (a.a.O., S. 123). Das GBA würde sich mit einer Mitteilung an die Urkundsperson, welche die öffentliche Beurkundung vorgenommen hat, «zuhanden aller Betroffenen», begnügen.

[106] BGE 71 I, 1945, S. 419ff.

buchverwalter muß sie materiell prüfen[107]. Gleich verhält es sich, wenn eine Anmeldung deswegen abgewiesen worden ist, weil irgend eine Zustimmung fehlte und der Anmeldende eine neue Anmeldung einreicht und die vorher fehlende Zustimmmung beilegt[108].

VIII. Zwischenverfahren während des Grundbucheintragungsverfahrens

Es kann vorkommen, daß in der Zeit zwischen Einreichung der Anmeldung und Entscheid des Grundbuchverwalters über deren Annahme oder Abweisung die eine oder andere Partei sich anders besinnt oder daß gar ein Dritter, der von der Anmeldung Kenntnis erhalten hat, sich der Eintragung widersetzt. So – um uns auf den Anwendungsbereich des absoluten Eintragungsprinzips zu beschränken – will etwa der Eigentümer sein Grundstück nicht mehr übertragen oder mit einem Pfandrecht belasten; will der Vertragspartner nicht mehr Eigentümer oder Pfandgläubiger werden; will ein Dritter, der von einer bevorstehenden Übertragung eines Grundstücks Kenntnis erhält, diese verhindern.

Nach der vorn (§ 15 B I 3) vertretenen Auffassung kann der Verfügende seine Anmeldung nach Eingang derselben beim Grundbuchamt nicht mehr zurückziehen. Besteht noch Zeit dazu, steht es ihm jedoch frei, den Grundbuchverwalter auf einen Mangel des Geschäfts aufmerksam zu machen. Der Grundbuchverwalter entscheidet dann im Rahmen des Eintragungsverfahrens. Kommt er zum Schluß, er könne den Mangel im Rahmen seiner Prüfungsbefugnis nicht berücksichtigen, muß er die Eintragung ohne weiteres vornehmen. Das Bundesgericht hat aber die Möglichkeit zugelassen, daß der Grundbuchverwalter einem Verkäufer seinen Entscheid, der Anmeldung Folge zu leisten, mitteilt. Bevor die Eintragung vorgenommen werde, könne dieser folglich nach Art. 104 GBV Beschwerde einreichen[109].

---

[107] Vorher zit. Entscheid des BGer. Es ist aber nicht ausgeschlossen, daß er die Abweisung aus Gründen, die nicht Gegenstand des vorherigen Beschwerdeverfahrens sind, erneut abweist; siehe oben, Note 103.

[108] Nicht veröffentlichter Entscheid der Aufsichtsbehörde Freiburg vom 26. September 1978.

[109] BGE 99 Ib, 1973, S. 240ff. In diesem Fall verweigerte die Bewilligungsbehörde den Verkauf eines Grundstücks an einen Ausländer zunächst. Darauf wies der Grundbuchverwalter die bereits vorgenommene Anmeldung ab. Einige Jahre später konnte der Käufer die Bewilligung doch erhältlich machen, worauf die Urkundsperson, die den Kaufvertrag beurkundet hatte, diesen beim Grundbuchamt erneut zur Eintragung anmeldete. Nun teilte der Verkäufer dem Grundbuchverwalter mit, er fühle sich an den Vertrag nicht mehr gebunden; dieser sei hinfällig geworden (Art. 20 Abs. 1 lit. a BewB, heute Art. 26 BewG). Ohne diese Mitteilung zu berücksichtigen, teilte der Grundbuchverwalter dem Verkäufer mit, er werde das angemeldete Kaufgeschäft grundbuchlich erledigen. Diesen Entscheid focht der Verkäufer erfolgreich mit Beschwerde an.

Diese Art des Vorgehens findet aber weder im Gesetz noch in der VO eine Stütze. Sie läuft darauf hinaus, den Entscheid, ob die Voraussetzungen für eine Eintragung erfüllt seien, der Aufsichtsbehörde zu unterbreiten. Das widerspricht jedoch der gesetzlichen Ordnung (hinten, § 26 A I)[110].

Eine andere Frage ist, ob *derjenige, der verfügt* und nachträglich die Gültigkeit des Rechtsgrundes der Eintragung bestreitet, die Möglichkeit hat, nach Einschreibung der Anmeldung ins Tagebuch mit dem Begehren um Feststellung der Ungültigkeit desselben an den Richter zu gelangen und in diesem Prozeß den Erlaß einer vorsorglichen Maßnahme zu erwirken, welche die Wirkungen des Vertrages aufschiebt. Die gleiche Frage stellt sich für *denjenigen, dem* mit der angemeldeten Eintragung *ein Recht eingeräumt werden soll;* beispielsweise für den Käufer, der ebenfalls seine mit der Anmeldung einmal gegebene Zustimmung zum Verfügungsgeschäft nicht mehr rückgängig machen kann (vorn, § 15 B I 3b). Die Frage dürfte wohl zu bejahen sein. Gewiß genügt der nachträgliche Widerspruch entweder des Verkäufers oder des Käufers allein nicht, um die Eintragung zu verhindern[111]. Ruft aber eine Partei rechtzeitig den Richter an und ordnet dieser wegen allfälliger Ungültigkeit einen Aufschub der Eintragung an, muß sich der Grundbuchverwalter diesem Entscheid unterziehen (vorn, § 24 C III 3)[112].

---

[110] Siehe auch die Kritik von LIVER, ZBJV 111, 1975, S. 77. In dem in der vorangehenden Note angeführten Fall stellte der vom Verkäufer geltend gemachte Nichtigkeitsgrund einen Punkt dar, den der Grundbuchverwalter hätte berücksichtigen müssen, so daß die Anmeldung hätte abgewiesen werden müssen (vorn, § 24 C I 5d). So verfehlt der Entscheid auch war, der Anmeldung Folge zu leisten, konnte dieser aber nicht mit Beschwerde an die Aufsichtsbehörde weitergezogen werden. In einem andern Fall, der vom BGer früher einmal entschieden worden war und in ZBGR 33, 1952, S. 224 f. veröffentlicht wurde, hatte der Grundbuchverwalter gleichfalls einen förmlichen Entscheid darüber erlassen, er werde eine bestimmte Eintragung im Grundbuch vornehmen und einem Beteiligten eine Frist von zehn Tagen gesetzt, den Entscheid mit Beschwerde bei der Aufsichtsbehörde anzufechten. In diesem Zusammenhang stellte das Gericht fest, gestützt auf Art. 103 GBV sei dieses Vorgehen rechtswidrig. Siehe auch einen Entscheid des BR aus dem Jahr 1915 in ZBGR 7, 1926, S. 323.

[111] Entgegen dem, was das BGer in dem in Note 109 zit. Entscheid, Erw. 4 beiläufig sagt – was LIVER, zit. in Note 110, auch beanstandet. Zur Pflicht der Grundbuchbehörden, die Entscheide selber zu treffen, ohne danach zu trachten, die Fälle, bzw. die Verantwortung, auf den Richter abzuschieben, siehe vorn, § 24 A III 1a.

[112] In diesem Sinn, ZBGR 48, 1967, S. 7 ff. (Aufsichtsbehörde Freiburg), für den Fall, daß sich ein Käufer der Eintragung mit der Begründung widersetzte, der Kaufvertrag sei ungültig. Man kann dem Grundbuchverwalter nicht vorwerfen, sich nicht in den Zeitpunkt der Anmeldung zu versetzen, wenn der Richter einen Ungültigkeitsgrund anspricht, der *vor* der Grundbuchanmeldung eingetreten ist. Anders ist es, wenn ein Richter *nach* erfolgter Anmeldung, etwa gestützt auf eine zwischen dem Verkäufer und seiner Ehefrau im Scheidungsverfahren geschlossene Vereinbarung, die Vormerkung einer Verfügungsbeschrän-

Demgegenüber darf die Maßnahme eines *Dritten,* außer das Gesetz räume ihm ein Einspruchsrecht ein, das Eintragungsverfahren grundsätzlich nicht hemmen[112a].

Beim Vorkaufsrecht ist es denkbar, daß sich der Käufer der Anmeldung des Verkäufers auf Eintragung des Vorkaufsberechtigten widersetzen will; oder umgekehrt, daß sich der Vorkaufsberechtigte der bereits erfolgten Anmeldung zugunsten des Käufers entgegenstellen will.

Beim vorgemerkten *vertraglichen Vorkaufsrecht*[113] entscheidet der Verkäufer endgültig, ob der Käufer oder der Vorkaufsberechtigte im Grundbuch eingetragen werden soll. Vorbehalten bleibt jedoch die Klage desjenigen, der nicht eingetragen worden ist (Art. 665 und 960 Abs. 1 Ziff. 1 ZGB) und, für den Fall, daß der Käufer an Stelle des Vorkaufsberechtigten eingetragen worden ist, das Vorrecht des letzteren, das diesem die Art. 950 Abs. 2 und 681 Abs. 1 ZGB verschaffen. Bei dieser Abwicklung des Verfahrens (oben, V 3g) bleibt für eine freie Entscheidung des Grundbuchverwalters, wen er ins Grundbuch eintragen soll, kein Platz; ein Entscheid, der selbstverständlich nicht mit Beschwerde nach Art. 104 GBV angefochten werden kann.

Beim *bäuerlichen Vorkaufsrecht* (Art. 6ff. EGG) hat das Bundesrecht die Art der Geltendmachung geregelt (Art. 13/14 EGG). Und es ist Aufgabe der Kantone gewesen, ein geeignetes Verfahren vorzusehen, das zu einer gerichtlichen Auseinandersetzung führen kann (oben, V 3b). Im Rahmen dieses

---

kung oder eine «Grundbuchsperre» anordnet. In diesem Fall muß der Grundbuchverwalter, genau gleich wie er die Vormerkung vornimmt oder von der Grundbuchsperre Kenntnis nimmt, auch die Eigentumsübertragung eintragen, die bereits vorher angemeldet worden ist. Verfehlt: ZBGR 41, 1960, S. 73 (RR Bern), beanstandet von H.H. Im Fall, auf den sich der Text bezieht, geht es nicht um eine eigentliche Sperre – was HOFSTETTER, S. 420, richtig sieht – die neue, an und für sich rechtmässige Buchungen untersagt, sondern um eine richterliche Maßnahme, die darauf abzielt, den Rechtsgrund für eine bestimmte Eintragung seiner Wirkungen zu berauben, so daß der Grundbuchverwalter, der an das Urteil oder die vorsorgliche Maßnahme gebunden ist, der Anmeldung nicht Folge leisten darf. Im Entscheid 111 II, 1985, S. 42ff., der eine Grundbuchsperre aus formellen Gründen unberücksichtigt ließ (dazu vorn, § 19 Note 5a), konnte das BGer die Frage offen lassen (Erw. 5). In der Tat bezog sich die angeordnete vorsorgliche Maßnahme nicht auf den Grundbuchberichtigungsanspruch, dessen Durchsetzung sie hätte sichern sollen. Die klagende Partei, welche die Maßnahme beantragte, war im übrigen ein gewöhnlicher Aktionär der verkaufenden Aktiengesellschaft, die allein zur Klage legitimiert war. Die gegenteilige Meinung vertritt die Justizkommission Luzern in einem unveröffentlichten Entscheid vom 29. August 1985.

[112a] HOFSTETTER, S. 421, spricht den gleichen Grundsatz aus. So hat im Fall des Doppelverkaufs der erste Käufer nicht die Mittel, den Grundbuchverwalter zu hindern, die Anmeldung auf Eigentumsübertragung zugunsten des zweiten Käufers zu vollziehen, die aber zuerst vorgenommen worden ist. Siehe vorn, § 19 II 3 Note 40.

[113] Für ein ausschließlich obligatorisches Vorkaufsrecht stellt sich die Frage ohnehin nicht.

Verfahrens tragen die Beteiligten – Verkäufer, Käufer, Vorkaufsberechtigter – ihren Streitfall aus. Die Aufgabe des Grundbuchverwalters beschränkt sich darauf, zu entscheiden, ob das Verfahren zur Geltendmachung des Vorkaufsrechts eröffnet werden soll oder nicht. Gegen seinen (bejahenden oder verneinenden) Entscheid ist die allgemeine Grundbuchbeschwerde nach Art. 104 GBV gegeben[114]. Der zu einem bestimmten Zeitpunkt getroffene Entscheid als solcher aber, den Vorkaufsberechtigten (oder den Käufer) ins Grundbuch einzutragen, kann nicht auf dem Weg der Grundbuchbeschwerde nach Art. 104 GBV angefochten werden; denn diesem Entscheid kann nur die Eintragung folgen, und eine solche kann nur mit Klage vor dem Richter angefochten werden[115].

---

[114] BGE 79 I, 1953, S. 265 und 272; 87 I, 1961, S. 473.
[115] Anderer Meinung: BGE 90 I, 1964, S. 307. LIVER, ZBJV 101, 1965, S. 401 f., bezeichnet die vom BGer gemachte Unterscheidung zwischen «Eintragung» und «Abweisung der gegen diese gemachten Einsprache» als zu spitzfindig. In dem erwähnten Fall ist das ordentliche Verfahren, das wir weiter oben beschrieben haben, offenbar nicht befolgt worden. Aber zu einem bestimmten Zeitpunkt war die Übertragung des Grundstücks auf den Vorkaufsberechtigten, die vom Verkäufer genehmigt worden war, (entgegen BGE 66 I, 1940, S. 88) in einem amtlichen Organ veröffentlicht worden, und darauf hatte der Käufer gegen die grundbuchliche Erledigung Einsprache erhoben, die vom Grundbuchverwalter abgewiesen wurde. Die gegen diese «Abweisung» gestützt auf Art. 104 GBV eingereichte Beschwerde wurde dann als zulässig erklärt. Die Gutheißung der Beschwerde hat es wenigstens ermöglicht, die Sache wieder auf den richtigen, nämlich den Rechtsweg zu leiten. Trotzdem stellt dieses Beispiel einen «Betriebsunfall» dar und sollte nicht Schule machen.

§ 26. Die Beschwerden an die Aufsichtsbehörden gegen die vom Grundbuchverwalter im Eintragungsverfahren erlassenen Verfügungen

Literatur:

Die Kommentare von HOMBERGER, OSTERTAG und WIELAND zu Art. 956 ZGB; von GONVERS-SALLAZ zu Art. 102-104 GBV; die zu Beginn von § 11 aufgeführten Werke und Abhandlungen von AEBY, AUER, HUNZIKER, KIRCHHOFER, MACHERET und WESPI. H.-P. FRIEDRICH, «Interimstitel» im Hypothekarwesen, ZBGR 52, 1971, S 1 ff.; DERSELBE, Der Rang der Grundstücksrechte, ZBGR 58, 1977, S. 321 ff.; R. HAAB, Einige Fragen aus dem Grundbuchrecht, ZBJV 61, 1925, S. 297 ff.; C.-P. MEISTER, Vorsorgliche Maßnahmen bei immobiliarsachenrechtlichen Streitigkeiten, Diss. Zürich 1977; C. VOLKART, Die antizipierte Anmeldung, ZBGR 3, 1922 S. 33 ff.

A. Einleitung

I. Die Rechtsbehelfe gegen die vom Grundbuchverwalter im Eintragungsverfahren erlassenen Verfügungen

Es sind zunächst zwei Fälle zu unterscheiden:

1. Die Anmeldung wird zugelassen und die Buchung vorgenommen

Eine bereits vorgenommene Buchung – handle es sich um die Eintragung eines dinglichen Rechts, eine Vor- oder Anmerkung, um eine Löschung, eine Einschreibung ins Gläubigerregister oder eine Änderung des Grundstückbeschriebes – kann nicht auf dem Weg der Beschwerde bei der Aufsichtsbehörde angefochten werden. Gegen einen ungerechtfertigten Eintrag oder gegen eine ungerechtfertigte Änderung oder Löschung eröffnet Art. 975 Abs. 1 ZGB den Weg der Grundbuchberichtigungsklage – und das schließt den Beschwerdeweg gestützt auf den Vorbehalt des Art. 956 Abs. 2 ZGB aus[1].

---

[1] BGE 110 II, 1984, S. 42 f.; 107 Ib, 1981, S. 188; 106 Ib, 1980, S. 13; 102 Ib, 1976, S. 8; 98 Ia, 1972, S. 86; 86 I, 1960, S. 120 und Verweise; Entscheid des BGer in ZBGR 47, 1966, S. 106; HOMBERGER, Art. 956 N. 4 und Verweise; OSTERTAG, Art. 956 N. 3. An Stelle eines Urteils im Prozeß nach Art. 975 ZGB kann einzig die Zustimmung des oder der Berechtigten die Grundlage für die Löschung oder Änderung eines ungerechtfertigten Eintrages bilden, BGE 102 Ib, 1976, S. 13; doch müssen gewisse Formerfordernisse eingehalten werden (hinten, § 40 C III). – Vorbehalten bleibt das Verfahren der *verwaltungsmäßigen Berichtigung* nach Art. 977 ZGB, wenn der Grundbuchverwalter aus Versehen eine unrichtige Eintragung vorgenommen hat; gleichgültig, ob sie den Inhalt des einzutragenden Rechtes betrifft oder nicht. Es ist möglich, daß in diesem Verfahren, das in Art. 98-101 GBV geregelt ist und in dem auch der Richter angegangen werden kann, die Aufsichtsbehörde zum Eingreifen angerufen wird; siehe hinten, § 42.

Dieser Weg ist ebenfalls nicht gegeben, wenn die vorgenommene Buchung, etwa eine Anmerkung, nicht mit Klage nach Art. 975 ZGB angefochten werden kann; zu den Rechtsbehelfen, die den Beteiligten offen stehen, um eine derartige Buchung richtigzustellen, siehe vorn, § 20 A IV 2, und hinten, § 40 II 1.

2. Die Anmeldung wird abgewiesen

Gegen eine Abweisungsverfügung steht die von Art. 956 ZGB vorgesehene und in Art. 102–104 GBV im einzelnen ausgestaltete Beschwerde offen (vorn, § 11 I). Doch muß nach dem Inhalt der Verfügung unterschieden werden.
Die sog. *besondere* Beschwerde richtet sich gegen die Abweisung der Anmeldung betreffend die Eintragung oder Löschung eines dinglichen Rechts oder einer Vormerkung (Art. 103 Abs. 1 und 24 GBV; vorn, § 11 II 3a).
Die sog. *allgemeine* Beschwerde richtet sich im Eintragungsverfahren gegen die Abweisung der Anmeldung aller andern Buchungen (Art. 104 GBV; vorn, § 11 II 3b).
In den Kantonen, die zwei Beschwerdeinstanzen kennen, kann in beiden Verfahren der Entscheid der untern an die obere Aufsichtsbehörde weitergezogen werden.
Sowohl im Beschwerdeverfahren nach Art. 103 als auch in jenem nach Art. 104 GBV steht gegen den letztinstanzlichen kantonalen Entscheid der Weg der Verwaltungsgerichtsbeschwerde ans Bundesgericht offen.

II. Der Gegenstand der Ausführungen

Die Aufsicht über die Amtsführung des Grundbuchverwalters, welche die Aufsichtsbehörde im Beschwerdeverfahren ausübt, ist vorn in § 11 II in seinen allgemeinen Zügen umschrieben worden. Im vorliegenden Paragraph wollen wir nur noch auf gewisse Sonderfragen im Zusammenhang mit dem Eintragungsverfahren eingehen.

B. Die Beschwerde an die Aufsichtsbehörde im Grundbucheintragungsverfahren

Auf folgende Punkte werden wir nicht mehr zurückkommen: auf die Rolle des Bundes- wie des kantonalen Rechts (vorn, § 11 II 1), die Rechtsnatur der Beschwerde (a. a. O. 2), die Passivlegitimation (5), das Beschwerdeverfahren (7), die Behandlung der Beschwerde (9), den Beschwerdeentscheid (10), die Kosten dieses Entscheides (11) und das Verhältnis der beiden Beschwerden nach Art. 103 und 104 GBV untereinander (13). Im folgenden geht es vielmehr noch darum, die Verfügungen festzuhalten, die mit der besondern Beschwerde einerseits und der allgemeinen Beschwerde anderseits angefochten werden können (unten, I), sowie die Beschwerdelegitimation für die eine wie für die andere Beschwerde zu umschreiben (II). Schließlich ist bei den Beschwerdegründen noch auf gewisse Punkte einzugehen (III), sowie auf einzelne Wirkungen der Beschwerde (IV) und des Beschwerdeentscheides hinzuweisen (V).

I. Die anfechtbaren Verfügungen

Bei jeder Verfügung, die als solche angefochten werden kann (vorn, § 11 II 3), muß abgeklärt werden, ob dazu der Weg der besondern Beschwerde nach Art. 103 oder jener der allgemeinen nach Art. 104 GBV beschritten werden muß.

1. Die Verfügungen, die mit der besondern Grundbuchbeschwerde angefochten werden können

Der besondern Beschwerde unterliegen in erster Linie die Abweisungen der Anmeldungen, welche *dingliche Rechte* betreffen: Eintragungen oder Löschungen (Art. 103 Abs. 1 GBV) – Abänderungen sind dabei entweder als neue Eintragungen oder als Teillöschungen zu verstehen (§ 13 VIII). Der Grundbuchverwalter hat eine Anmeldung als zulässig erklärt, diese aber aus materiellen Gründen abgewiesen. Auf den Rechtsgrund, auf den der Anmeldende sich beruft, und den Grund der Abweisung, den der Grundbuchverwalter anführt, kommt es nicht an[2].

Die besondere Beschwerde richtet sich daneben gegen die Weigerung, eine *Vormerkung* vorzunehmen oder zu löschen. Nicht unter Art. 103 GBV fallen nach unserer Auffassung die uneigentlichen Vormerkungen (vorn, § 18 A II 5), die in Wirklichkeit die Rechtsnatur einer Anmerkung besitzen; etwa die «Vormerkung» des Zuschlags in der Zwangsversteigerung unter Einräumung eines Zahlungstermins (vorn, § 19 Note 15). Mit der besondern

---

[2] HOMBERGER, Art. 956 N. 3; ZBGR 8, 1927, S. 45 (BR).

Grundbuchbeschwerde kann aber auch die Abweisung einer Vormerkung angefochten werden, die sich nicht unter jene nach Art. 959–961 ZGB einordnen läßt.

Ist der Grundbuchverwalter nach kantonalem Recht zuständig, beurkundungsbedürftige Rechtsgeschäfte zu beurkunden, ist seine Weigerung, die öffentliche Beurkundung vorzunehmen, der Abweisung einer Anmeldung gleichzusetzen[3].

Hat der Grundbuchverwalter eine Anmeldung nur zum Teil abgewiesen, kann auch nur gegen diese Teilabweisung Beschwerde geführt werden, wenn der eingetragene und der abgwiesene Teil der Anmeldung unabhängig voneinander bestehen. Beispiele: Eigentum und Pfandrecht[4].

Mit der Beschwerde nach Art. 102–104 GBV können jene Anordnungen angefochten werden, die der Grundbuchverwalter im Rahmen seiner ordentlichen Amtstätigkeit trifft (Art. 956 ZGB). Nicht unter diese Tätigkeit fallen die Verfügungen, die er im Zusammenhang mit der Bereinigung der dinglichen Rechte erläßt, die der Einführung des eidgenössischen Grundbuches vorausgeht. Dieses Verfahren wickelt sich vor besondern Behörden ab. Unter diesen kann sich zwar auch der Grundbuchverwalter, etwa als Vermittler, befinden; doch amtet er in diesem Verfahren nicht in seiner eigentlichen Eigenschaft. Die Streitigkeiten, die unter mehreren Beteiligten im Verlauf des Bereinigungsverfahrens ausbrechen, werden von einer besondern Behörde und schließlich vom Richter entschieden (vorn, § 4 III 2). Für eine Beschwerde an die Aufsichtsbehörde ist in diesem Verfahren kein Platz[5]. Die Entscheide, welche die Aufnahme der Grundstücke ins Grund-

---

3   BGE 78 I, 1952, S. 273; ZBGR 2, 1920, S. 107 (BR).
4   HOMBERGER, Art. 956 N. 4; in der Regel werden die beiden Teile der Anmeldung voneinander abhangen (vgl. Art. 12 Abs. 2 GBV; vorn, § 23 II 4). Eine Beschwerde, welche die Abänderung eines bereits eingetragenen Rechtes bezweckt, ist unzulässig. Beispiel: An Stelle einer Erbengemeinschaft mit drei hat der Grundbuchverwalter eine solche mit nur zwei Mitgliedern eingetragen; in diesem Fall steht allein der Weg der Grundbuchberichtigungsklage offen, HOMBERGER, a.a.O.
5   WESPI, S. 17 f.; MUTZNER, Art. 43 SchlT N. 6; BGE 92 I, 1966, S. 173 ff.; BB1 1916, I S. 318. In einem Entscheid, der vor 1934 ergangen und in der amtlichen Sammlung nicht enthalten ist, neigte das BGer – ohne sich endgültig festzulegen – dazu, die Verwaltungsgerichtsbeschwerde gegen den Entscheid einer kantonalen Aufsichtsbehörde im Bereinigungsverfahren als zulässig zu erklären (ZBGR 33, 1952, S. 260); der bereits zit. Entscheid in Bd. 92 kommt stillschweigend auf diesen Entscheid zurück; siehe auch schon einen Entscheid des BGer von 1940, veröffentlicht in ZBGR 33, 1952, S. 280. Nichts schließt jedoch aus, daß der Grundbuchverwalter im Zusammenhang mit einem Bereinigungsverfahren, das (noch) nicht die Einführung des eidgenössischen Grundbuches zum Ziel hat, Entscheide fällt, die mit der Grundbuchbeschwerde an die Aufsichtsbehörde weitergezogen werden können, WESPI, S. 18. In BGE 64 I, 1938, S. 102 hatte sich der Grundbuchverwalter geweigert, einen Privaten als Eigentümer eines Abschnittes eines Sees einzutragen,

buch oder die Eröffnung von Kollektivblättern betreffen, können, wenigstens bei der Einführung des Grundbuches, ebenfalls nicht Gegenstand der Grundbuchbeschwerde bilden[6].

Die Anmeldungen, auf die Art. 103 GBV Anwendung findet, haben Eintragungen zum Gegenstand, denen mit ihrer Vornahme die besondern Wirkungen des Grundbuches zukommen: die konstitutive oder deklaratorische Wirkung, die Vermutung des Rechts (hinten, V. Kapitel §§ 27–36).

Würden neben den Eintragungen und Löschungen von dinglichen Rechten und Vormerkungen noch andere Buchungen, wie die Anmerkungen, die gleichen Rechtswirkungen hervorrufen, müsste eine Abweisung, die eine solche betrifft, ebenfalls mit dem Rechtsmittel der besondern Grundbuchbeschwerde angefochten werden. Das trifft einzig für die Anmerkung der aufgehobenen Rechte zu (Art. 45 SchlT), der materiell die Rechtsnatur einer deklaratorischen Eintragung zukommt (vorn, § 20 B I und § 7 IV 1a). Von diesem Fall abgesehen, kommt der Anmerkung einer privatrechtlichen Rechtsbeziehung nie eine derartige Rechtswirkung zu. Bei den Anmerkungen öffentlichrechtlicher Beschränkungen ist umstritten, ob einzelne von ihnen vom kantonalen Recht mit konstitutiver Wirkung ausgestattet werden können[7]. Sollte dies der Fall sein, wäre gegen die Abweisung einer solchen Anmerkung die besondere Grundbuchbeschwerde gegeben.

Die Grundbuchsperre ist an sich keine Buchung im Rahmen der Öffentlichkeit der dinglichen Rechte an den Grundstücken (vorn, § 19 I 1 und 2). Die Weigerung, einer solchen stattzugeben, entspricht damit nicht ohne weiteres der Ablehnung einer Eintragung im Sinn des Art. 24 GBV. Die Sperre gibt indes Anlaß zu einer Buchung – Anmerkung oder «Vormerkung» –, die vom Richter oder einer andern Behörde angemeldet wird, welche die

---

während der Kanton anlässlich des Vermessungsverfahrens das Privateigentum desselben an diesem Teil des öffentlichen Gewässers anerkannt hatte; die Beschwerde an die Aufsichtsbehörde ist in diesem Fall als zulässig erklärt worden.

[6] WESPI, S. 67f.; anderer Meinung: HOMBERGER, Art. 956 N. 3; OSTERTAG, Art. 956 N. 3. In dem in der vorangehenden Note angeführten Entscheid des BGer in Bd. 64 ist die Frage der Aufnahme eines Grundstücks ins Grundbuch im Zusammenhang mit einem Begehren um Eintragung des Eigentums den Aufsichtsbehörden unterbreitet worden. In BGE 72 I, 1946, S. 233 ff. war das gleiche der Fall bezüglich der Frage, ob ein Baurecht, das nur beschränkt übertragbar war, als selbständiges und dauerndes Recht ausgestaltet und damit als Grundbuchblatt mit eigenem Eigentümer ins Grundbuch aufgenommen werden könne; siehe auch BGE 92 I, 1966, S. 539 zur Errichtung eines Unterbaurechts, das als eigenes Grundstück ins Grundbuch aufgenommen werden und damit einen eigenen Eigentümer haben sollte.

[7] MEIER-HAYOZ, Art. 680 N. 81 und Verweise. Hinten, in § 36 II wird die Frage verneint.

«Sperre» angeordnet hat. Gegen die Weigerung, diese Buchung vorzunehmen – von ihr hängt aber nicht die Rechtsgültigkeit der Sperre ab –, kann bei der Aufsichtsbehörde Beschwerde geführt werden. Da die Maßnahme, die zu einer Anmerkung oder «Vormerkung» Anlaß gibt, durch seine negative Wirkung eine Beschränkung (im weitern Sinn) des Verfügungsrechts nach sich zieht (vorn, § 19 I 2 und IV 1,) muß wohl gegen die Weigerung, die entsprechende Buchung vorzunehmen, die besondere Grundbuchbeschwerde nach Art. 103 GBV als das richtige Rechtsmittel angesehen werden.

Gewisse Entscheide des Grundbuchverwalters, die er innerhalb seiner Zuständigkeit als Organ des Grundbuches trifft, können an eine andere als die Aufsichtsbehörde in Grundbuchsachen weitergezogen werden. Ein solcher Fall liegt vor im Zusammenhang mit dem Erwerb von Grundstükken durch Personen im Ausland, bei Abweisung der Anmeldung mangels der notwendigen Bewilligung (Art. 18 abs. 1 BewG). Die Beschwerde an die vom Kanton ad hoc als zuständig erklärte Behörde ersetzt in diesem Fall die Beschwerde an die kantonale Aufsichtsbehörde in Grundbuchsachen (Art. 18 Abs. 3 BewG)[8]; siehe vorn, § 25 V 3f).

2. Die Verfügungen, die mit der allgemeinen Grundbuchbeschwerde angefochten werden können

Die (nicht unter Ziffer 1 fallenden) Verfügungen, mit denen der Grundbuchverwalter eine Anmeldung entweder zurückweist oder darüber nicht entscheidet, unterliegen der allgemeinen Grundbuchbeschwerde nach Art. 104 GBV. In bezug auf die Entscheide, die er außerhalb des Eintragungsverfahrens trifft, wird auf § 11 II 3b verwiesen.

Einer Verfügung wird die ungerechtfertigte Verzögerung, über eine Anmeldung zu entscheiden, gleichgestellt; selbst wenn gegen die Abweisung die besondere Grundbuchbeschwerde nach Art. 103 GBV gegeben ist (vorn, § 11 II 3 und Note 4).

Die allgemeine Grundbuchbeschwerde richtet sich namentlich gegen die Weigerung, «eine Anmeldung entgegenzunehmen»; d.h. gegen alle Entscheide des Grundbuchverwalters, mit denen er eine Anmeldung, unabhängig vom Inhalt, als unzuverlässig erklärt (zur Zulässigkeit einer Grundbuchanmeldung, vorn, § 25 II 2). Weigert sich der Grundbuchverwalter, eine Anmeldung zunächst im Sinn des Art. 24 GBV entgegenzunehmen,

---

[8] BGE 101 Ib, 1975, S. 441.

weist sie schließlich aber ab, kann gegen seine Verfügung nur die besondere Grundbuchbeschwerde nach Art. 103 GBV ergriffen werden. Die allgemeine Beschwerde ist ausgeschlossen und fällt, wenn sie bereits ergriffen worden ist, dahin[9].

Die allgemeine Beschwerde nach Art. 104 GBV richtet sich aber auch gegen die Weigerung des Grundbuchverwalters, einen Gläubiger ins Gläubigerregister einzuschreiben. Zu erwähnen ist hier auch die Abweisung der Anmeldung einer Anmerkung. Beispiele: die Anmerkung von Zugehör[10], des Benutzungs- und Verwaltungsreglements der Stockwerkeigentümer (Art. 82a GBV)[11], einer öffentlichrechtlichen Beschränkung[12]; ausgenommen ist die Anmerkung einer Grundbuchsperre (oben, 1). Hierher gehört auch die Weigerung, eine Änderung des Grundstückbeschriebes vorzunehmen[13].

Auf dem Weg des Art. 104 GBV beschwert sich der Hauptgrundbuchverwalter gegen die Weigerung des Nebengrundbuchverwalters, eine Eintragung im Register seines Kreises vorzunehmen (Art. 952 ZGB; vorn, § 11 Note 24).

Muß der Grundbuchverwalter die Eintragung eines dinglichen Rechts oder einer Vormerkung von Amtes wegen vornehmen, kann derjenige, der ein Interesse hat, auf dem Weg des Art. 104 GBV Beschwerde führen. Beispiel: Der Grundbuchverwalter weigert sich oder unterläßt es, eine bedeutungslos gewordene Vormerkung zu löschen (Art. 72 und 76 Abs. 1 GBV). Unter den gleichen Voraussetzungen gilt dies auch für die Anmerkungen[14].

---

[9] BGE 97 I, 1971, S. 268 ff. Auf dem Weg der allgemeinen Grundbuchbeschwerde kann der Beschwerdeführer nicht erreichen, daß seine – in der Zwischenzeit abgewiesene – Anmeldung zu einem frühern Zeitpunkt ins Grundbuch eingetragen wird als jenem, an dem der Grundbuchverwalter diese schließlich entgegengenommen hat. Hält er es für falsch, daß der Grundbuchverwalter seine Anmeldung nicht von Anfang an als zulässig erklärt hat, kann er lediglich vom Kanton Schadenersatz verlangen. In diesem Sinn bereits der BR in ZBGR 14, 1933, S. 272 und BGE 85 I, 1959, S. 162 ff. Diese Praxis hat Kritik hervorgerufen. Ist eine Anmeldung zu Unrecht als unzulässig erklärt worden, sollte die Beschwerde nach Art. 104 GBV gutgeheißen und die Anmeldung als im Zeitpunkt erfolgt betrachtet werden, in dem sie dem Grundbuchverwalter eingereicht worden ist; gegen eine allfällige Abweisung, die aus materiellen Gründen erfolgt, sollte die Beschwerde nach Art. 103 GBV möglich sein. Würde ihr Folge geleistet, müßten die Wirkungen der Eintragungen auf den Zeitpunkt der Anmeldung zurückbezogen werden. In diesem Sinn, mit teilweise anderer Begründung, WESPI, S. 64 f. Zum Verhältnis zwischen den beiden Beschwerden, siehe vorn, § 11 II 13.
[10] BGE 58 I, 1932, S. 131 und 355; 85 I, 1959, S. 162 ff.
[11] BGE 103 Ib, 1977, S. 79.
[12] ZBGR 51, 1970, S. 226 und 28, 1974, S. 299 (ObG Zürich).
[13] HOMBERGER, Art. 956 N. 6.

Demgegenüber steht der Weg nach Art. 104 wie jener nach Art. 103 GBV nicht offen gegen eine bereits vollzogene Eintragung; ebensowenig – wie wir gesehen haben – bevor sie vollzogen ist, gegen den Entscheid des Grundbuchverwalters, eine Eintragung vorzunehmen (vorn, § 25 Noten 109, 110, 113, 115)[14a].

II. Die Legitimation zur Grundbuchbeschwerde an die kantonale Aufsichtsbehörde

Die allgemeinen Kriterien der Legitimation zur Grundbuchbeschwerde im kantonalen Verfahren sind vorn (§ 11 II 4) dargelegt worden. Hier geht es darum, sie auf die beiden Arten der Beschwerde im Grundbucheintragungsverfahren anzuwenden.

1. Die Legitimation zur besondern Grundbuchbeschwerde

a) Die Legitimation des Anmeldenden

Für den Fall, daß die Anmeldung der Eintragung eines dinglichen Rechts oder einer Vormerkung abgewiesen wird, räumt Art. 103 Abs. 1 GBV dem Anmeldenden das Recht ein, «Beschwerde zu führen». Darauf, ob die Eintragung konstitutiver oder deklaratorischer Natur ist, kommt es nicht an. Zwischen der Legitimation, eine Eintragung ins Grundbuch anzumelden, und der Legitimation, diesem Recht bei der Aufsichtsbehörde zum Durchbruch zu verhelfen, besteht eine Wechselbeziehung. Im Geltungsbereich des *absoluten* Eintragungsprinzips – aus seinem Blickwinkel heraus sind die Art. 24 und 103 GBV offensichtlich auch abgefaßt – steht diese zweifache Legitimation dem Verfügenden zu. Die Beschwerdelegitimation ergibt sich nämlich entweder aus dem Verfügungsrecht des Eigentümers, der sein

---

[14] HOMBERGER, Art. 956 N. 6. Ein Pfandrecht wird nie von Amtes wegen gelöscht; selbst dann nicht, wenn die Person des Eigentümers mit jener des Pfandgläubigers zusammenfällt. In BGE 104 Ib, 1978, S. 257 ist die Beschwerde gegen die Weigerung eines Grundbuchverwalters, eine Löschung von Amtes wegen vorzunehmen, zu Recht als besondere Beschwerde nach Art. 103 GBV behandelt worden.

[14a] Nach LIVER, (ZBJV 111, 1975, S. 75 ff.) könnte man in diesem Fall höchstens die allgemeine Beschwerde als eine Art Willkürbeschwerde zulassen, welche die Aufgabe einer staatsrechtlichen Beschwerde erfüllen würde. Kann aber nach der Regelung des ZGB und der GBV eine vorgenommene Eintragung bei der Aufsichtsbehörde nicht angefochten werden (oben, A I 1), ist eine solche Anfechtung auch aus einem besonderen Grund wie jenem der Willkür nicht möglich.

Grundstück an einen Dritten überträgt oder dieses mit beschränkten dinglichen Rechten belastet, oder des Inhabers eines beschränkten dinglichen Rechts oder des aus einer Vormerkung Berechtigten, der auf seinen Vorteil verzichtet[15].

Im Geltungsbereich des *relativen* Eintragungsprinzips ergibt sich die Beschwerdelegitimation gegen die Ablehnung einer Eintragung ebenfalls aus dem einem Beteiligten zustehenden Recht, die Richtigstellung des Grundbuches zu beantragen. Beispiel: der gesetzliche Erbe – sein Rechtsgrund beruht auf dem Gesetz (Art. 963 Abs. 2 ZGB).

Kommt die Legitimation zu einer Grundbuchanmeldung mehreren Personen gemeinsam zu (vorn, § 15 Note 25), muß eine Abweisung grundsätzlich von allen zusammen angefochten werden[16].

Wer als gesetzlicher Vertreter eines Handlungsunfähigen, als Organ einer Kollektiv- oder Kommanditgesellschaft oder einer juristischen Person des privaten oder öffentlichen Rechts, als Willensvollstrecker oder als amtlicher Erbschaftsverwalter zur Vornahme einer Grundbuchanmeldung befugt ist, ist – unter Vorbehalt einer allenfalls notwendigen amtlichen Genehmigung – auch zur Grundbuchbeschwerde gegen eine Abweisung legitimiert[17].

Geht eine Grundbuchanmeldung von einer Behörde aus, ist diese grundsätzlich auch legitimiert, gegen eine allfällige Abweisung Beschwerde zu führen[18]; in welchem Sinn, ist bereits gesagt worden (§ 11 II 4). Das trifft

---

[15] BGE 85 I, 1959, S. 167; 87 I, 1961, S. 484.
[16] ZBGR 46, 1965, S. 149 (BezG Affoltern): Die Aufsichtsbehörde hat jedoch die Beschwerde, die einer von drei Erben gegen die Abweisung einer Anmeldung einer Erbengemeinschaft einreichte, als zulässig erklärt, nachdem zwei von ihnen die Anmeldung, was sie betraf, zurückgezogen hatten. Sie war der Ansicht, «der Sache nach» blieben diese Erben am Beschwerdeverfahren weiter beteiligt. Geht man davon aus, daß eine Anmeldung nicht zurückgezogen werden kann, stellt sich die Frage jedoch gar nicht. Die Regel, wonach eine Beschwerde nur gemeinsam erhoben werden kann, findet auch im Geltungsbereich des relativen Eintragungsprinzips Anwendung, ZBGR 50, 1959, S. 375 (RR Bern). Die Beschwerde selber, die von einer Erbengemeinschaft – die Erben bilden eine notwendige Streitgenossenschaft – erhoben worden ist, kann wie eine Klage, nur von allen Erben gemeinsam zurückgezogen werden; vgl. für das streitige Zivilverfahren, GULDENER, § 45 Note 4.
[17] BGE 95 I, 1969, S. 392.
[18] HOMBERGER, Art. 956 N. 7 am Schluß. Während sie dem Berechtigten, der das Begehren gestellt hat, das Recht zur Beschwerde abspricht, betrachtet die Zürcher Praxis den Richter, der eine vorsorgliche Maßnahme angemeldet hat, als zur Beschwerde gegen die Abweisung des Grundbuchverwalters legitimiert. Ein Entscheid des BezG Zürich nimmt von dieser Auffassung aber Abstand und fordert den Grundbuchverwalter auf, dem Berechtigten – als dem Hauptbeteiligten – von der Abweisung Mitteilung zu machen; denn dieser müsse als Anmeldender im weitern Sinn betrachtet werden, ZBGR 39, 1958, S. 79. Nach einem Entscheid des Kleinen Rates des Kantons Graubünden muß bei einer Anmeldung durch eine Behörde, die an derselben materiell kein persönliches Interesse besitzt,

auf jeden Fall zu, wenn sie mit ihrer Anmeldung eine öffentliche Aufgabe wahrnimmt. Beispiele: Ein Betreibungsamt meldet die Eintragung des Zuschlags in einer Zwangsversteigerung (Art. 656 Abs. 2 ZGB, Art. 66 VZG) oder die Vormerkung einer Verfügungsbeschränkung an (Art. 101 SchKG, Art. 960 Abs. 1 Ziff. 2 ZGB). Wenn dagegen ein Richter in einem Prozeß dem Kläger das Eigentum an einem Grundstück zuspricht (Art. 665 ZGB) und das Urteil dem Grundbuchamt von Amtes wegen mitteilt (vorn, § 17 B II 2a ff und B II 2b Noten 31 und 35) oder selber beim Grundbuchamt eine Vormerkung nach Art. 960 Abs. 1 Ziff. 1 ZGB oder Art. 961 Abs. 1 in Verbindung mit Art. 960 Abs. 1 Ziff. 1 ZGB – letzterer ist für die Vormerkung eines Bauhandwerkpfandrechts anwendbar – (vorn, § 18 B AA I 2 Note 41) «anmeldet», stellt dies nicht eine Anmeldung im eigentlichen Sinn durch eine Behörde dar: Zur Grundbuchbeschwerde materiell legitimiert ist in diesen Fällen derjenige, der im Prozeß obsiegt hat[19].

Der Anmeldende im Sinn der Art. 24 und 103 GBV ist ohne weiteres zur Beschwerde gegen eine Abweisung legitimiert; irgend ein Interesse muß er nicht nachweisen.

Der Grundbuchverwalter selber ist nur im Verhältnis zum Grundbuchverwalter eines andern Kreises anmeldende Behörde, wenn es darum geht, in dessen Register als dem Nebenregister nach Art. 952 ZGB eine Eintragung vorzunehmen (vorn, § 11 Note 24). Ihm steht die Beschwerde nach Art. 103 GBV aber nicht zur Verfügung (oben, I 2).

b) Eigene Legitimation der Urkundsperson, die ein Rechtsgeschäft öffentlich beurkundet hat?

Das kantonale Recht kann die Urkundsperson, die ein Rechtsgeschäft öffentlich beurkundet hat, vor der Aufsichtsbehörde als *Vertreter* des zur Beschwerde Legitimierten zulassen (vorn, § 11 II 7d).

Aber kann die Urkundsperson in *eigenem Namen* Beschwerde führen? Der gesetzliche Auftrag, der ihr nach Art. 963 Abs. 3 ZGB aufgegeben sein kann, beinhaltet nur, die Anmeldung beim Grundbuchamt vorzunehmen. Zur Beschwerde selber legitimiert kann sie nur sein, wenn die Eintragung aus formellen Gründen zurückgewiesen worden ist, die ihre amtlichen Befugnisse in Frage stellen. Gegenstand der Beschwerde wäre in diesem Fall ge-

---

angenommen werden, die Partei, deren Rechte durch die Abweisungsverfügung betroffen würden, sei zur Beschwerde ebenfalls befugt, ZBGR 42, 1961, S. 150. Wir unsererseits betrachten in diesen Fällen diese Partei wohl sogar als ausschließlich legitimiert.
[19] BGE 55 I, 1929, S. 341; 60 I, 1934, S. 139. HOMBERGER, Art. 956 N. 10; OSTERTAG, Art. 963 N. 45.

rade die Förmlichkeit der Einreichung der öffentlichen Urkunde. Da anderseits die Aufgabe der Urkundsperson darin besteht, die öffentliche Beurkundung vorzunehmen, ist sie zur Beschwerde nicht nur legitimiert, wenn ihre amtlichen Befugnisse selber in Frage gestellt sind; sondern auch, wenn die Abweisung der Anmeldung damit begründet wird, das Rechtsgeschäft entspreche nicht den vorgeschriebenen Formvorschriften[20]. Dagegen ist sie zur Beschwerde nicht legitimiert, um die Verfügung des Grundbuchverwalters in materieller Hinsicht überprüfen zu lassen.

c) Die Legitimation weiterer Beteiligter

In Übereinstimmung mit der Mehrheit der in der Lehre vertretenen Meinungen[21] hat die Rechtsprechung[22] bis 1978 Art. 103 Abs. 1 GBV e contrario ausgelegt und die Legitimation zur Grundbuchbeschwerde nur dem Anmeldenden zuerkannt, dem die Abweisung nach Art. 24 GBV mitgeteilt worden ist. Seither hat das Bundesgericht seine Rechtsprechung geändert und entschieden, die Legitimation, gegen eine Verfügung nach Art. 103 GBV Beschwerde zu führen, richte sich nach den allgemeinen Regeln für die Verwaltungsgerichtsbeschwerde und beschränke sich nicht auf den «Anmeldenden»[23]. Der Auffassung, nach welcher der Kreis derjenigen, die zur

---

[20] Wie dies aus BGE 105 II, 1979, S. 45 hervorgeht; siehe die schon früher in der ZBGR veröffentlichten Entscheide 26, 1945, S. 218; 33, 1952, S. 209 und 210; vgl. ZBGR 58, 1977, S. 155 (VwG Aargau); ZBGR 65, 1984, S. 205 (ObG Luzern).

[21] AEBY, S. 20; SCHÖNBERG, S. 19; HOMBERGER, Art. 956 N. 7; WESPI, S. 71. Anderer Meinung: OSTERTAG, Art. 956 N. 4; in der neuesten Lehre: FRIEDRICH, «Interimstitel», S. 14 und mittelbar, auf der Grundlage der Lehre von der dinglichen Anwartschaft, LIVER, Einleitung, N. 16a am Schluß.

[22] ZBGR 7, 1926, S. 323 (BR); BGE 58 I, 1932, S. 332; 60 I, 1934, S. 142; 72 I, 1946, S. 233; 85 I, 1959, S. 162; 87 I, 1961, S. 479; 89 II, 1963, S. 256ff.; 95 I, 1969, S. 392ff. In einem vereinzelten Entscheid aus dem Jahre 1933, der nicht in die amtliche Sammlung aufgenommen, aber in ZBGR 33, 1952, S. 136 veröffentlicht worden war, hatte sich das BGer im gegenteiligen Sinn ausgesprochen, indem es annahm, es sei «natürlich», daß etwa ein Käufer sein Interesse, als Eigentümer ins Grundbuch eingetragen zu werden, geltend machen könne. In BGE 97 I, 1971, S. 268 hat das BGer zwar an seiner langjährigen Rechtsprechung festgehalten, aber einem Käufer, *der vom Verkäufer bevollmächtigt worden war*, die Anmeldung der Eigentumsübertragung vorzunehmen (Art. 16 Abs. 2 GBV), die Befugnis zuerkannt, in *eigenem Namen* gegen die Abweisung seiner Anmeldung Beschwerde zu führen. Die kantonale Praxis hat sich im allgemeinen an die Rechtsprechung des BGer gehalten; vgl. insbesondere ZBGR 47, 1966, S. 362 (RR Bern); 55, 1974, S. 295 (ObG Zürich). In diesem Entscheid wird auch die Möglichkeit ausgeschlossen, daß der Erwerber als Nebenpartei am Beschwerdeverfahren teilnehmen kann. Im gegenteiligen Sinn, ZBGR 54, 1973, S. 154ff. (Justizkommission Schwyz), beeinflußt von LIVER, zit. in der vorangehenden Note.

[23] BGE 104 Ib, 1978, S. 378.

Verwaltungsgerichtsbeschwerde ans Bundesgericht und der Kreis derjenigen, die zur Grundbuchbeschwerde an die Aufsichtsbehörde legitimiert sind, auf die gleiche Art umschrieben werden, haben wir bereits zugestimmt (vorn, § 11 II 4a und Note 12). Das Bundesgericht vertritt im weitern aber die Meinung, die Beschränkung der Legitimation zur Beschwerde auf den Anmeldenden im Sinn der Art. 24 und 103 GBV könne sich keineswegs auf Art. 956 ZGB stützen, der die Grundlage für die Beschwerde an die Aufsichtsbehörde bilde; das Ziel der Beschwerde bestehe ja auch darin, die Verwirklichung des materiellen Rechts zu gewährleisten; und schließlich könne die Legitimation zur besondern Beschwerde nach Art. 103 GBV nicht anders umschrieben sein als jene zur allgemeinen nach Art. 104 GBV, bei welcher die Beschwerdelegitimation nicht auf den Anmeldenden beschränkt sei[24]. Zu erwähnen ist noch, daß es nach der Lehrmeinung, nach der die Anmeldung einer konstitutiven Eintragung nicht zurückgezogen werden kann (vorn, § 15 B I 3, § 16 B II 4), überhaupt zu keinen Schwierigkeiten führt, etwa einem Käufer die Legitimation zur Beschwerde zuzuerkennen; denn der Verkäufer hat nicht die Möglichkeit, der von diesem eingereichten Beschwerde den Boden zu entziehen[25].

Beschränkt sich die Legitimation zur Grundbuchbeschwerde nicht auf den Anmeldenden, so kommt sie jedermann zu, der «durch die angefochtene Verfügung berührt ist und ein schutzwürdiges Interesse an deren Aufhebung hat» (Art. 103 lit. a OG). Dieses Interesse, das wir weiter vorn allgemein umschrieben haben (§ 11 II 4), muß jedoch aus der Sicht der Einrichtung des Grundbuches gesehen werden; denn der von diesem nach Art. 103 GBV geschaffene Beschwerdeweg muß ja die ordnungsgemässe Führung seiner Register gewährleisten.

Im Geltungsbereich des *absoluten* Eintragungsprinzips muß seit 1978 die Legitimation, gegen eine Abweisung Beschwerde zu führen, im weitern zu-

---

[24] In der Tat ist es so bei der Weigerung, Zugehör anzumerken, BGE 58 I, 1932, S. 131. Nach unserer Auffassung dringt die aus der Tatsache abgeleitete Begründung, mit Hilfe einer Beschwerde nach Art. 104 GBV könne sich ein Käufer einer unmittelbar bevorstehenden Übertragung des Grundstücks auf einen Dritten widersetzen, nicht durch (BGE 90 I, 1964, S. 311); denn gerade der Entscheid, eine Eintragung vorzunehmen, kann als solcher nicht Gegenstand einer Beschwerde an die Aufsichtsbehörde sein; vorn, § 25 VIII. Erinnern wir noch daran, daß unter der alten Rechtsprechung der Käufer gegen die Weigerung, das Kaufgeschäft einzutragen, auch nach Art. 104 GBV nicht Beschwerde führen konnte, BGE 85 I, 1959, S. 167 f.

[25] Das BGer weist darauf hin, die Meinung, nach der eine Anmeldung zurückgezogen werden könne, sei kein Hindernis, demjenigen, der aus einer angemeldeten Eintragung berechtigt werde, die Befugnis zuzuerkennen, eine allfällige Abweisung anzufechten; es genüge, wenn der Verfügende den Rückzug seiner Anmeldung der Aufsichtsbehörde mitteile, bevor diese über die Beschwerde entscheide (in Note 23 zit. Entscheid, S. 380 f.).

erkannt werden: bei der Übertragung des Eigentums dem Erwerber; bei der Errichtung eines Pfandrechts dem Pfandgläubiger; bei der Begründung einer Dienstbarkeit oder Grundlast dem Berechtigten; bei der Vormerkung eines persönlichen Rechts dem Inhaber des vorgemerkten Rechtes (Vorkaufsberechtigter, Mieter); bei der rechtsändernden Löschung eines dinglichen Rechts, die vom Träger des Rechtes angemeldet worden ist, dem Eigentümer des belasteten Grundstückes[26].

Der Kreis derjenigen, die legitimiert sind, eine Abweisungsverfügung nach Art. 103 GBV anzufechten, kann aber wohl auch nach der neuen Rechtsprechung nicht beliebig ausgeweitet werden. In einem rechtlich streng geregelten Gebiet, in dem es vor allem um die Verwaltung *privater Rechte* geht, müssen die Ausdrücke «durch die angefochtene Verfügung berührt», «Interesse an der Aufhebung», «schutzwürdiges Interesse» (Art. 48 lit. a VwVG, Art. 103 lit. a OG) einschränkend ausgelegt werden. Mit der Einschreibung eines Rechtsgeschäfts auf Übertragung des Eigentums ins Tagebuch erhält der Erwerber eine dingliche Anwartschaft auf das Grundstück. In diesem wie in entsprechenden Fällen ist es wohl gerechtfertigt, ein genügendes Interesse des Erwerbers anzunehmen, um die Beschwerdelegitimation zu begründen[27]. Weiter sollte man aber kaum gehen. Als Voraussetzung der Legitimation muß man hier auf jeden Fall streng verlangen, daß die rechtliche oder tatsächliche Lage des Beschwerdeführers vom Ausgang des Beschwerdeverfahrens unmittelbar betroffen wird[28]. Wir würden die Beschwerdelegitimation folglich absprechen: den Gläubigern eines Erwerbers, die damit gerechnet haben, ein Pfandrecht am erworbenen Grundstück zu erhalten; denjenigen, denen der zukünftige, aber abgewiesene Grundpfandgläubier versprochen hat, die pfandgesicherte Forderung zu verpfänden; den Trägern von beschränkten dinglichen Rechten an einem Grundstück für den Fall, daß eine Anmeldung auf Errichtung einer Dienstbarkeit zugunsten dieses Grundstücks abgewiesen worden ist; den an einem Grundstück Berechtigten, wenn eine Anmeldung auf Löschung eines andern Rechts an diesem Grundstück abgewiesen worden ist[29].

---

[26] Im Geltungsbereich des *relativen* Eintragungsprinzips kann sich die Frage ebenfalls stellen, aber mit umgekehrten Vorzeichen. Hier ist grundsätzlich der Rechtserwerber zur Grundbuchanmeldung befugt, und er ist gegen eine Abweisung auch in erster Linie zur Beschwerde legitimiert. Beispiel: Im Fall der Abtretung von Erbanteilen (§ 17, Note 30) die verbleibenden Erben; wird die Anmeldung abgewiesen, kann aber auch der abtretende Erbe an einer Beschwerde interessiert sein, damit das Grundbuch richtiggestellt wird.
[27] Liver, a. a. O. N. 21.
[28] Siehe vorn, § 11 Note 16.
[29] Die neue Rechtsprechung erkennt die Legitimation zur Beschwerde gegen die Abweisung einer Anmeldung andern Beteiligten als nur dem Anmeldenden selber zu. Sie tastet die

2. Die Legitimation zur allgemeinen Grundbuchbeschwerde

a) Die Legitimation des Anmeldenden

Art. 104 GBV, in dem die allgemeine Grundbuchbeschwerde geregelt ist, äußert sich zur Beschwerdelegitimation nicht. Es steht aber außer Zweifel, daß diese, wie nach Art. 103 GBV, in erster Linie dem Anmeldenden zukommt[30]; etwa: dem Anmeldenden nach Art. 24 GBV, wenn der Grundbuchverwalter seine Anmeldung nicht entgegengenommen hat; dem Eigentümer, der Zugehör hat anmerken lassen (vorn, § 20 B VI); der mit öffentlichen Geldern unterstützten Baugenossenschaft, welche die Anmerkung einer öffentlichrechtlichen Eigentumsbeschränkung beantragt hat (vorn, § 20 C II 2e).

b) Die Legitimation weiterer Beteiligter

Da Art. 104 GBV nicht den Anmeldenden als legitimiert bezeichnet, hat man praktisch allgemein die Beschwerdelegitimation von Anfang an jedermann zuerkannt, der von einer Verfügung des Grundbuchverwalters nachteilig betroffen wird[31]; so dem Grundpfandgläubiger, wenn eine Anmeldung auf Anmerkung von Zugehör abgewiesen worden ist[32], oder der Gemeinde, die Anspruch auf Rückerstattung von Finanzbeihilfen hat, wenn die entsprechende Anmerkung verweigert worden ist[33]. Unter der neuen Rechtsprechung besteht kein Zweifel mehr darüber, daß neben dem Anmeldenden noch weitere Personen, die an der Aufhebung der nach Art. 104 GBV beschwerdefähigen Verfügung, d. h. daran interessiert sind, daß die abgewiesene Anmeldung angenommen bzw. als zulässig erklärt wird, zur allgemeinen Grundbuchbeschwerde legitimiert sind. Aber auch hier besteht die Voraussetzung, daß der Beschwerdeführer vom Ausgang des Be-

---

Regel nicht an, daß, wenn diese Legitimation einer bestimmten Partei (dem Anmeldenden oder auch dem aus dem Rechtsgeschäft Berechtigten) zuerkannt werden muß und wenn diese Partei eine Personenmehrheit (Miteigentümergemeinschaft oder Gemeinschaft zur gesamten Hand) ist, die Beschwerde von allen Mitgliedern der Gemeinschaft auszugehen hat; oben, Note 16.

30 HOMBERGER, Art. 956 N. 8; WESPI, S. 71; ZBGR 51, 1970, S. 226f. (ObG Zürich).
31 AEBY, S. 118; HOMBERGER, Art. 956 N. 8; anderer Meinung: WESPI, S. 71.
32 BGE 58 I, 1932, S. 131, 135. Im Entscheid in Bd. 85, zit. in Note 21, hat das BGer dem Käufer einfach die Legitimation abgesprochen, gegen die Abweisung der Anmeldung des Verkäufers nach Art. 104 GBV Beschwerde zu führen; während diesem die Beschwerde nach Art. 103 GBV offen gestanden wäre, er von dieser aber keinen Gebrauch gemacht hat. Heute ist der Käufer zur Beschwerde nach Art. 103 GBV legitimiert.
33 Zürcher Entscheid, zit. in Note 30.

schwerdeverfahrens unmittelbar betroffen wird (oben, 1c). Wenn vom Grundbuchverwalter etwa die Anmerkung eines privatrechtlichen Reverses für eine Baute auf fremdem Boden abgewiesen worden ist, können sowohl der Anmeldende (der Eigentümer des belasteten Grundstücks) wie der Berechtigte gegen diese Abweisung Beschwerde erheben. Aber diese Befugnis steht den am Grundstück dinglich Berechtigten nicht zu, zu dessen Gunsten der Revers besteht[34].

III. Die Beschwerdegründe

Die Gründe, die in der Grundbuchbeschwerde allgemein geltend gemacht werden können, haben wir bereits behandelt. Im wesentlichen verweisen wir daher auf die Ausführungen vorn in § 11 II 6. Hier ist aber noch der Frage nachzugehen, ob in der Beschwerde gegen die Abweisung einer Anmeldung *neue Tatsachen* vorgebracht werden können.

In der *allgemeinen Beschwerde* nach Art. 104 GBV gegen die Abweisung der Anmeldung einer neuen oder der Löschung einer bestehenden Anmerkung – diese gibt über ein Rechtsverhältnis Auskunft – oder gegen die Abweisung eines Begehrens um Vornahme einer Einschreibung ins Gläubigerregister muß es zulässig sein, neue Tatsachen geltend zu machen oder neue Beweise zu beantragen. Das können sogar solche sein, die erst nach der erfolgten Abweisung eingetreten oder greifbar geworden sind. Diese Lösung ist besser als die Abweisung zu bestätigen und dem Beschwerdeführer Gelegenheit zu einer neuen Anmeldung zu geben. Es geht hier um den zweckmässigen Einsatz der Mittel (vorn, § 11 Note 31).

Bei der *besondern* Beschwerde gegen die Abweisung der Anmeldung der Eintragung oder Löschung eines dinglichen Rechts oder einer Vormerkung (Art. 103 Abs. 1, 24 Abs. 1 GBV) ist zu unterscheiden:

Es muß zulässig sein, vor der Aufsichtsbehörde Tatsachen geltend zu machen, die schon vor der Abweisung eingetreten sind und sich auf Beweismittel zu stützen, die dem Grundbuchverwalter bereits zusammen mit der Anmeldung hätten eingereicht werden können. Beispiel: eine vormund-

---

[34] Nachdem der Erwerber heute legitimiert ist, gegen die Abweisung einer Anmeldung zur Eintragung dinglicher Rechte oder zur Vormerkung persönlicher Rechte nach Art. 103 GBV Beschwerde zu führen, stellt sich die Frage, ob ihm auch die allgemeine Beschwerde nach Art. 104 GBV zustehe, nicht mehr; oben, Note 32. Das gleiche gilt für die Frage, ob er als Nebenpartei am Beschwerdeverfahren nach Art. 103 GBV teilnehmen könne; oben, Note 21.

schaftliche Genehmigung, die bereits vor der Anmeldung erteilt worden ist[34a].

Anders verhält es sich mit *Tatsachen, die erst nach der angefochtenen Abweisung eingetreten sind.* Auf solche kann sich der Beschwerdeführer vor der Aufsichtsbehörde nicht berufen. Beispiele: eine nachträglich eingeholte Zustimmung eines Ehemannes zur Veräußerung eines in die Ehe eingebrachten Grundstücks durch die Ehefrau; eine nachträgliche Bewilligung nach Art. 218 Abs. 1 OR zur vorzeitigen Veräußerung einer landwirtschaftlichen Liegenschaft; eine erst später erteilte Vollmacht des Käufers. Diese Beweismittel darf die Aufsichtsbehörde nicht entgegennehmen. Täte sie es, würde sie der Anmeldung, die zu Recht abgewiesen worden ist, einen Rang sichern, der dieser nicht zukommt und die somit Rechten vorgehen würde, die in der Zwischenzeit allenfalls zur Eintragung angemeldet worden sind[34b].

IV. Die Wirkungen der Grundbuchbeschwerde gegen die Abweisung der Anmeldung einer Eintragung (im weitern Sinne)

Es wird auf die Ausführungen verwiesen, die vorn (§ 11 II 8) allgemein zur Suspensiv- und Devolutivwirkung der Grundbuchbeschwerde gemacht worden sind. Doch müssen folgende Punkte noch näher ausgeführt werden.

1. Suspensivwirkung

Es wird daran erinnert, daß, wenn der Beschwerde grundsätzlich aufschiebende Wirkung zuerkannt werden muß, dies für den Inhalt eines *ab-*

[34a] Gewiß weist der Grundbuchverwalter in derartigen Fällen die Anmeldung zu Recht ab; und die Aufsichtsbehörde, die auf Beschwerde hin zu entscheiden hat, braucht sich nicht weiter zu fragen, ob der Grundbuchverwalter den Entscheid formell (nach Art. 966 Abs. 2 ZGB) oder formlos hätte aufschieben müssen. Aber die Devolutivwirkung der Beschwerde rechtfertigt es, daß die Behörde ihrem Entscheid den Sachverhalt zugrunde legt, der im Zeitpunkt der angefochtenen Verfügung bestanden hat. Man kann somit auch nicht sagen, eine Eintragung, die gestützt auf einen gutheißenden Beschwerdeentscheid hin vorgenommen werde, nehme einen Rang ein, der ihr nicht zukomme.

[34b] Das Problem entspricht jenem, das sich aus der Zulassung des formlosen Aufschiebens des Entscheides ergibt; vorn, § 25 Note 41b. In der Tat, wenn bis zum Erlaß des Entscheides keine konstitutive oder auch nur deklaratorische Eintragung im Hauptbuch vorgenommen worden ist, würde die Zulassung *neuer Tatsachen* keine Folgen nach sich ziehen. Bei Anmerkungen ist dies überhaupt nie der Fall. Aber es würde zu weit führen, wollte man verlangen, daß sich die Aufsichtsbehörde jedesmal beim Grundbuchverwalter nach allenfalls hängigen Anmeldungen und deren Bedeutung erkundigen müßte, bevor sie neue Tatsachen berücksichtigen dürfte. Eine natürliche und klare Lösung drängt sich offensichtlich auf.

lehnenden Entscheides, etwa jenes, mit dem die Anmeldung einer Anmerkung abgewiesen wird, an sich bedeutungslos ist (vorn, § 11 II 8a): Mit der Einreichung der Beschwerde hat sich für den Augenblick an den bestehenden Einträgen nichts geändert. Aber für die Fälle, die Art. 103 GBV im Auge hat (Eintragungen von dinglichen Rechten, Vormerkungen), verhindert gerade die Möglichkeit, daß Beschwerde geführt wird, daß die Abweisung des Grundbuchverwalters in Rechtskraft erwächst; und die Einreichung der Beschwerde läßt diesen Zustand bis zum Entscheid der Aufsichtsbehörde weiter bestehen (Art. 24 Abs. 3 GBV). Hier hat die Beschwerdefrist als solche aufschiebende Wirkung.

Die gleiche Bedeutung muß man einer an eine obere kantonale Aufsichtsbehörde gerichteten Beschwerde wie auch der in Art. 103 Abs. 2 GBV vorgesehenen Frist von zehn Tagen zuerkennen, innert welcher an eine solche gelangt werden kann. Ist aber gegen eine Abweisung die allgemeine Beschwerde nach Art. 104 GBV gegeben, bleibt die Verfügung des Grundbuchverwalters nur mit der Einreichung des fraglichen Rechtsmittels in der Schwebe (vorn, § 11 Note 36a). Da diese Beschwerde aber an keine Frist gebunden ist, kann die Verfügung beliebig in Frage gestellt werden – was keine glückliche Lösung darstellt.

2. Devolutivwirkung

Kommt der Beschwerde im Eintragungsverfahren sowohl in der Tat- wie in der Rechtsfrage Devolutivwirkung zu (vorn, § 11 II 8b) und tritt die Aufsichtsbehörde in gewissem Sinn auch an die Stelle des Grundbuchverwalters (§ 11 II 10), ist darauf hinzuweisen, daß die Prüfungsmöglichkeit der Aufsichtsbehörde nicht weiter gehen kann als jene des Grundbuchverwalters selber. Anders ausgedrückt: Sofern und im Umfang, in dem die Prüfungsbefugnis des Grundbuchverwalters beschränkt ist (vorn, § 24), ist es auch jene der Aufsichtsbehörde. Kennt ein Kanton zwei, gilt dies in gleicher Weise für die obere Aufsichtsbehörde.

V. Die Wirkungen des Beschwerdeentscheides (siehe vorn, § 11 II 12)

1. Der Eintritt der formellen Rechtskraft

Der Entscheid der Aufsichtsbehörde, der die *Abweisung* der Anmeldung einer Eintragung, Vor- oder Anmerkung oder einer Löschung durch den

Grundbuchverwalter *bestätigt,* trifft in Rechtskraft, falls er nicht innert der gesetzlichen Frist bei einer allfälligen obern kantonalen Aufsichtsbehörde oder mit Verwaltungsgerichtsbeschwerde beim Bundesgericht angefochten wird – diese steht somit gegen Entscheide einer einzigen oder der obern kantonalen Aufsichtsbehörde zur Verfügung.

Die Beschwerde an die obere ist nicht gegeben gegen einen Entscheid der untern kantonalen Aufsichtsbehörde, *der den Grundbuchverwalter anweist, die angemeldete Eintragung im Grundbuch vorzunehmen.* Die damit geschaffene Rechtslage ist in der Tat gleich, wie wenn der Grundbuchverwalter selber einer Anmeldung Folge leistet und die Buchung vornimmt. Gegen diese Behandlung einer Anmeldung ist die Grundbuchbeschwerde nicht gegeben; es bleibt nur der Weg der gerichtlichen Klage. Wird die Beschwerde gutgeheißen, veranlaßt die Aufsichtsbehörde den Grundbuchverwalter, die Eintragung nachzuholen, die er hätte vornehmen müssen. Ausschließlich praktische Notwendigkeiten verhindern, daß dieser Befehl unverzüglich ausgeführt wird. Wie wir gesehen haben (§ 25 VIII), kann der Entscheid des Grundbuchverwalters, eine Eintragung vorzunehmen, nicht für sich angefochten werden, bevor er in die Tat umgesetzt worden ist; denn damit würde die Rollenverteilung zwischen Grundbuchbehörden und zivilen Gerichten verfälscht. Für den Entscheid der Aufsichtsbehörde nun – sie ist das andere Ich des Grundbuchverwalters –, die eine Eintragung anordnet, kann es nicht anders sein. So hängt das Eintreten der Rechtskraft dieses Entscheides nicht vom Ablauf einer Beschwerdefrist ab; diese tritt unverzüglich ein. Das gilt im Verhältnis zwischen einer untern und der obern kantonalen Aufsichtsbehörde wie im Verhältnis der letztinstanzlichen kantonalen Aufsichtsbehörde und dem Bundesgericht[34c].

2. Materielle Rechtskraft?

Dem rechtskräftigen (erst- und zweitinstanzlichen) Entscheid einer kantonalen Behörde, der eine *Abweisung* des Grundbuchverwalters *bestätigt,*

[34c] Anderer Meinung: BGE 60 I, 1934, S. 295, der es als zulässig erachtete, daß ein Eigentümer, auf dessen Grundstück vom Grundbuchverwalter eine vorläufige Eintragung vorgenommen worden war, diese Maßnahme gestützt auf das Interesse, das er daran hatte, beim BGer anficht. Das Problem liegt jedoch nicht darin. Es geht vielmehr darum zu wissen, ob bei der von Art. 956 ZGB und der GBV getroffenen Regelung der Aufsicht über die Grundbuchführung der Entscheid als solcher angefochten werden kann. Die Frage, ob gegen einen Entscheid der kantonalen Aufsichtsbehörde, der eine Eintragung anordnet, die Verwaltungsgerichtsbeschwerde zulässig sei, ist in BGE 78 I, 1952, S. 273 offen gelassen worden. In einem Entscheid, der in der amtlichen Sammlung zwar nicht veröffentlicht, dafür aber in ZBGR 47, 1966, S. 106 Erw. 1 abgedruckt ist, hat das BGer die Frage jedoch verneint.

kommt im Rahmen der Zuständigkeit der Grundbuchbehörden die Wirkung der abgeurteilten Sache zu (vorn, § 11 II 12b).

Wird die *Beschwerde* gegen die Abweisung der Anmeldung einer Eintragung *gutgeheißen*, wird der Entscheid, der ohne weiteres rechtskräftig ist (oben, 1), durch die Dienste des Grundbuchverwalters vollzogen. Die Maßgeblichkeit der vorgenommenen Eintragung gehört zu den Wirkungen des Grundbuches; siehe vorn, § 9 II 7 und hinten, V. Kapitel.

3. Der Zeitpunkt des Eintritts der Wirkungen einer Eintragung, die von der Aufsichtsbehörde angeordnet worden ist

Wird die Beschwerde gegen die Abweisung einer Anmeldung von der Aufsichtsbehörde gutgeheißen, stellt sich die Frage, unter welchem Datum die zunächst verweigerte Eintragung im Grundbuch vorgenommen werden muß: unter dem Datum, an dem die Anmeldung ins Tagebuch eingeschrieben worden ist (Art. 26 Abs. 3 GBV) oder unter dem Datum, an dem die Aufsichtsbehörde ihren Entscheid erlassen hat (allenfalls unter dem Datum, an dem dieser Entscheid dem Grundbuchverwalter mitgeteilt worden ist)? Die Frage stellt sich nur, soweit das *absolute Eintragungsprinzip* zur Anwendung gelangt, nach welchem die Rechte mit der Eintragung ins Hauptbuch entstehen, ihren Rang erhalten und auch wieder untergehen (Art. 972 Abs. 1 ZGB)[35]. Über die Lösung besteht kein Zweifel, wenn in der Zeit zwischen Anmeldung und Entscheid der Aufsichtsbehörde, die auf Beschwerde hin die Eintragung anordnet, keine andere Anmeldung, deren Eintragung konstitutive Wirkung entfaltet, ins Tagebuch eingeschrieben worden ist. In diesem Fall erhält die von der Aufsichtsbehörde angeordnete Eintragung offensichtlich das Datum der Anmeldung. Im andern Fall, in dem in der Zwischenzeit dingliche Rechte eingetragen, persönliche Rechte vorgemerkt oder auch rechtsändernde Löschungen vorgenommen worden sind, ist die Frage umstritten[35a].

---

[35] Im Geltungsbereich des *relativen* Eintragungsprinzips werden das Datum der Entstehung, der Rang sowie der Zeitpunkt des Untergangs eines Rechts durch den Rechtsgrund bestimmt, der seine Wirkung von Gesetzes wegen entfaltet, während die Eintragung ebenfalls das Datum der Anmeldung erhält; etwa den Tag, an dem eine Erbenbescheinigung beim Grundbuchamt eingereicht worden ist; siehe vorn, § 7 I am Schluß. Wird in diesen Fällen gegen eine Abweisung Beschwerde erhoben, kann aus der Tatsache, daß die von der Aufsichtsbehörde angeordnete Eintragung das Datum der ursprünglichen Anmeldung erhält, nicht zum vorneherein ein Nachteil entstehen.

[35a] In diesem Zusammenhang ist daran zu erinnern, daß, wenn man davon ausgeht, daß eine

Nach der heute noch herrschenden Meinung, die der Rechtsprechung des EJPD gefolgt ist, das einstmals zur Behandlung von Grundbuchbeschwerden auf Bundesebene zuständig war[36], muß das dingliche Recht, dessen Eintragung zunächst verweigert worden ist – um uns an diesen Fall zu halten – unter dem Datum des Entscheides der Aufsichtsbehörde ins Grundbuch eingetragen werden[37]. Aber die gegenteilige Auffassung wird mit unterschiedlicher Begründung ebenfalls vertreten[38], und ihr möchten wir uns anschließen.

Ohne auf Einzelheiten der Streitfrage einzugehen, wollen wir folgendes festhalten: Der Grundsatz, daß die Eintragungen im Hauptbuch das Datum der Einschreibung ins Tagebuch erhalten, darf nicht gestützt auf die Tatsache eine Ausnahme erleiden, daß seit der Anmeldung noch andere Rechte durch ihre Eintragung ins Hauptbuch entstanden sind (oder, wenn sie erst im Tagebuch eingeschrieben sind, mit ihrer Eintragung in dieses Register rückwirkend zusätzlich noch entstehen können). Gewiß ist es nicht richtig zu sagen, die Einreichung einer Beschwerde sperre in gewisser Hinsicht das Grundbuch[39]. Die Einschreibung im Tagebuch verbleibt, und die Einreichung einer Beschwerde – die vom Grundbuchverwalter in der Regel erst beachtet wird, wenn er zur Vernehmlassung eingeladen wird –, kann kein Hindernis darstellen, daß neue Anmeldungen

---

einmal eingereichte Anmeldung vom Anmeldenden nicht mehr zurückgezogen werden kann (vorn, § 15 B I 3), der Eigentümer, der eine Übertragung des Eigentums angemeldet hat, die Verfügungsmacht über das Grundstück in Wirklichkeit verloren hat; und zwar «sein» Grundstück auf einen andern Erwerber zu übertragen wie auch daran beschränkte dingliche Rechte zu errichten. Folglich kann und muß der Grundbuchverwalter jede derartige Anmeldung von Seiten des noch eingetragenen Eigentümers abweisen oder zumindest deren Vollzug aufschieben. Die im Text aufgeworfene Frage stellt sich, wenn, nachdem eine Anmeldung auf Errichtung eines beschränkten dinglichen Rechts abgewiesen und gegen diesen Entscheid Beschwerde eingereicht worden ist, der Eigentümer erneut die Errichtung eines beschränkten dinglichen Rechts zur Eintragung oder ein Bauhandwerker ein Bauhandwerkerpfandrecht zur vorläufigen oder endgültigen Eintragung ins Grundbuch anmeldet.

36 ZBGR 4, 1923, S. 42; 7, 1926, S. 7 (Entscheide vom 9. Mai 1923 und 30. April 1925).
37 VOLKART, S. 38; HOMBERGER, Art. 956 N. 14; OSTERTAG, Art. 956 N. 9; HAAB, Einige Fragen, S. 301; WESPI, S. 87 ff.; FRIEDRICH, S. 347.
38 WIELAND, Art. 956 N. 4; SCHÖNBERG, S. 15 f.; LIVER, in einem im Verein der bernischen Grundbuchverwalter am 14. Oktober 1954 gehaltenen nicht veröffentlichten Vortrag; MEISTER, S. 80 ff.; in dieser Richtung, GBA, in einem Antwort-Schreiben vom 19. September 1979.
39 Was WIELAND, zit. in Note 38, offenbar für den Fall zuläßt, daß das Bundes- und das kantonale Recht der Beschwerde aufschiebende Wirkung zuerkennen würden (der Autor schrieb dies im Jahre 1909). Das Problem würde im übrigen für den Zeitraum zwischen der Abweisung der Anmeldung und der Einreichung der Beschwerde bestehen bleiben.

behandelt werden[40]. Es würde sich um eine (gesetzliche) Sperre des Grundbuches handeln, von der man aber nicht weiß, auf was für eine Bestimmung sie sich stützen könnte[41].

Um der im Tagebuch eingeschriebenen Anmeldung, deren Abweisung Gegenstand einer Beschwerde an die Aufsichtsbehörde ist, den Vorrang zu sichern, genügt es jedoch, die Regeln über den Rang der Eintragungen anzuwenden – sie werden weiter hinten (§ 29 IV und V) dargelegt werden. Wie bereits gesehen, übt die Beschwerde nach Art. 103 GBV – und bereits die Frist, der sie unterliegt – gerade auf die Abweisungsverfügung des Grundbuchverwalters eine aufschiebende Wirkung aus. Die Anmeldung ist damit in der Schwebe. Wird sie von der Aufsichtsbehörde gutgeheißen, handelt es sich immer noch um die gleiche Anmeldung mit dem früher einmal erhaltenen Datum der Einschreibung ins Tagebuch, und nicht um eine neue, die sich aus dem Entscheid der Aufsichtsbehörde ergeben würden[42].

Zugunsten der herrschenden Auffassung wird vor allem auch die Erwägung ins Feld geführt, nachdem eine Abweisung im Tagebuch vermerkt worden sei (Art. 24 Abs. 2 GBV), könnten sich Dritte auf die Rechtslage verlassen, so wie sie aus dem Grundbuch ersichtlich sei, und müßten sich nicht den Vorrang einer frühern Eintragung entgegenhalten lassen, die

---

[40] SCHÖNBERG, S. 16; WESPI, S. 88.
[41] MEISTER, S. 82, leitet jedoch aus der aufschiebenden Wirkung der Beschwerde gegen eine Abweisungsverfügung in Verbindung mit der Vorschrift, daß die Eintragungen im Hauptbuch in der Reihenfolge der Anmeldungen zu erfolgen haben (Art. 967 Abs. 1 ZGB und Art. 26 Abs. 3 GBV), eine Grundbuchsperre ab: Während des Beschwerdeverfahrens wäre es dem Grundbuchverwalter untersagt, Anmeldungen, die nach der abgewiesenen ins Tagebuch eingeschrieben worden sind, insoweit zu vollziehen, als der Vollzug einen Einfluß auf das Recht ausüben würde, das Gegenstand der Beschwerde an die Aufsichtsbehörde ist; infolgedessen: wenn die Beschwerde gutgeheißen wird, würde das Recht mit dem Datum der Anmeldung eingetragen und dem Recht im Rang vorgehen, das in der Zwischenzeit angemeldet worden ist. – Es ist ohne Zweifel zweckmäßig, wenn der Grundbuchverwalter, sobald er erfahren hat, daß gegen eine Abweisung Beschwerde erhoben worden ist, die Erledigung nachfolgender Anmeldungen aufschiebt. Damit kann er sich das Problem ersparen. Abgesehen davon, daß während der Zeit, in der er von der Beschwerde (noch) keine Kenntnis hat, bei ihm Anmeldungen eingehen können, muß aber daran erinnert werden, daß die Bestimmung über die Reihenfolge der Eintragungen nur eine Ordnungsvorschrift darstellt (vorn, § 25 VI Note 59). Materiell kann der Grundbuchverwalter damit jederzeit Anmeldungen rechtsgültig eintragen, die nach einer vorangegangenen abgewiesenen ins Tagebuch eingeschrieben worden sind. MEISTER stimmt dem zu und nimmt, der herrschenden Lehre folgend, an, die Eintragung erhalte das Datum des Erlasses des Beschwerdeentscheides, allenfalls der nachherigen Eintragung ins Hauptbuch. Abhilfe sieht er nur in der Verantwortlichkeitsklage gegen den Kanton. Die Voraussetzungen derselben würden aber wohl nur dann erfüllt sein, wenn der Grundbuchverwalter von der Beschwerde keine Kenntnis hatte.
[42] In diesem Sinn, WESPI, S. 88.

schließlich von der Aufsichtsbehörde angeordnet worden sei. Bei dieser Begründung wird indes übersehen, daß die Abweisung, die im Tagebuch vermerkt ist, noch nicht rechtskräftig ist, und daß angenommen wird, den Dritten seien die Einschreibungen im Tagebuch bekannt[43]. Diese können damit nicht ausschließen, daß die Abweisung noch angefochten wird, und müssen sich notfalls beim Grundbuchverwalter erkundigen, der seinerseits die Aufsichtsbehörde anfragen wird[44]. Auf der andern Seite der Waage ist der Beschwerdeführer, der offensichtlich der Meinung ist, die Anmeldung sei zu Unrecht abgewiesen worden: Warum sollte er schlechter gestellt sein, als wenn seine Anmeldung von allem Anfang, wie es richtig gewesen wäre, angenommen worden wäre[45]?

Nach der hier vertretenen Auffassung ist es überflüssig, nach Mitteln zu suchen, um den Vorrang der im Tagebuch eingeschriebenen Anmeldung zu sichern. Im Auge hatte man vor allem eine Vormerkung, die vom Richter oder der Aufsichtsbehörde angeordnet würde, bei der die Beschwerde hängig ist[46]. Diese Vormerkung dürfte aber nicht mit jener nach Art. 960 Abs. 1 Ziff. 1 ZGB verwechselt werden, welche die Sicherung streitiger (persönlicher) Ansprüche bezweckt; während es im Fall der Beschwerde gegen

---

[43] Zur Vermutung der Kenntnis der Einschreibungen im Tagebuch, als einem wesentlichen Bestandteil des Grundbuches, siehe vorn, § 10 VIII Note 69.

[44] In dieser Hinsicht muß die von MEISTER, (oben, Note 41) und vom GBA befürwortete Praxis begrüßt werden, die Eintragung von Anmeldungen ins Hauptbuch aufzuschieben, die einer abgewiesenen Anmeldung im Tagebuch zeitlich nachgehen. Das GBA empfiehlt den Grundbuchverwaltern auch, die angemessenen Vorkehren zu treffen, um im Hauptbuch hängige, aber noch nicht erledigte Anmeldungen – eingeschlossen die abgewiesenen Anmeldungen, deren Schicksal noch nicht feststeht – kenntlich zu machen. Unterläßt der Grundbuchverwalter geeignete Maßnahmen, kann er die Verantwortlichkeit des Kantons heraufbeschwören.

[45] Nach HOMBERGER würde die Eintragung des Beschwerdeführers mit dem Datum des Erlasses des Beschwerdeentscheides die materielle Frage in dem Sinn offen lassen, dass, wenn der Beschwerdeführer beweisen kann, daß derjenige, der in der Zwischenzeit im Grundbuch eingetragen worden ist, vom Beschwerdeverfahren Kenntnis gehabt hat, dieser bösgläubig wäre; der Beschwerdeführer könnte sich somit voll den Vorteil zu Nutze machen, den Art. 972 ZGB bietet, und mit der Grundbuchberichtigungsklage nach Art. 975 ZGB den Vorrang des Rechtes geltend machen, dessen Eintragung zunächst verweigert worden ist; im umgekehrten Fall würde der in der Zwischenzeit Eingetragene in seinem guten Glauben geschützt (Art. 973 ZGB). – Aber bei der Sicht, von der im Text ausgegangen wird, ist eine Zuhilfenahme von materiellen Mitteln nicht nötig, damit sich die vorrangige Anwartschaft desjenigen, der zuerst ins Tagebuch eingeschrieben worden ist, durchzusetzen vermag. Zur Schwierigkeit, den bösen Glauben desjenigen zu beweisen, der in der Zwischenzeit ein Recht erworben hat, siehe MEISTER, S. 84 Note 258.

[46] Gewisse Kantone geben der Aufsichtsbehörde die Befugnis, vorsorgliche Maßnahmen in Form einer Vormerkung anzuordnen. So Basel, § 50 VO zum EGZGB; Freiburg, Art. 23 des frühern Beschlusses des Staatsrates betreffend die Aufsichtsbehörde in Grundbuchsachen.

eine Abweisung darum ginge, dem öffentlichrechtlichen Anspruch auf Eintragung zum Durchbruch zu verhelfen[47]. Aber diese Einrichtung wäre jedenfalls mit dem Grundsatz des *numerus clausus* der Vormerkungen nicht vereinbar. Der Richter, dem ein Begehren um vorsorgliche Maßnahmen eingereicht würde, die auf eine derartige Vormerkung hinzielen würden, müsste dieses abweisen. Die Kantone sind zwar zur Regelung des Beschwerdeverfahrens zuständig. Diese Zuständigkeit geht aber sicher nicht so weit, daß sie in Abweichung vom Bundesrecht einen neuen Vormerkungsfall einführen und der Aufsichtsbehörde die – im übrigen dem Richter vorbehaltene – Befugnis einräumen dürften, selber eine derartige vorsorgliche Maßnahme anzuordnen[48]. Im übrigen würde die in Betracht gezogene Lösung dem Anmeldenden nicht Gewähr bieten, daß sein Recht in der Zeit zwischen der Abweisung der Anmeldung und der Vormerkung der Verfügungsbeschränkung den Vorrang behalten würde.

C. Die Verwaltungsgerichtsbeschwerde an das Bundesgericht im Grundbucheintragungsverfahren

Wir haben die Verwaltungsgerichtsbeschwerde an das Bundesgericht in Grundbuchsachen bereits vorn in § 11 III behandelt. Auf folgende Punkte werden wir daher nicht mehr zurückkommen: die Rechtsnatur und die Aufgabe der Beschwerde (§ 11 III 1), die Passivlegitimation (a.a.O. 3), die Ausübung der Beschwerde (5), die Behandlung derselben (7), den Beschwerdeentscheid (8) sowie die Kosten und Auslagen (9). Dagegen werden wir zu folgenden Problemen einzelne Fragen noch genauer ausführen: zu den anfechtbaren Entscheiden (I), zur Beschwerdelegitimation (II), zu den Beschwerdegründen (III), den Wirkungen der Beschwerde (IV), den Wirkungen des vom Bundesgericht erlassenen Entscheides (V) sowie zum Ausschluß der staatsrechtlichen Beschwerde (VI).

I. Die anfechtbaren Entscheide

Wir verweisen zunächst auf das, was wir vorn (§ 11 III 1) zu den Entscheiden gesagt haben, die mit der Verwaltungsgerichtsbeschwerde an das Bundesgericht weitergezogen werden können.

---

[47] HOMBERGER, Art. 956 N. 12.
[48] MEISTER, S. 85 Note 259.

Innerhalb des Verfahrens, das zu einer Eintragung (im weitern Sinn) führt, richtet sich die Verwaltungsgerichtsbeschwerde gegen Entscheide der Aufsichtsbehörde, die diese als einzige oder obere kantonale Instanz (Art. 98 lit. g OG) in einem Beschwerdeverfahren nach Art. 103 und 104 GBV erlassen hat. Gegenstand der Entscheide der Aufsichtsbehörde ist dabei die Frage, ob der Grundbuchverwalter eine Anmeldung, welche eine Eintragung im Grundbuch oder in einem an dessen Stelle geführten Register zum Inhalt hat, zu Recht abgewiesen hat oder nicht. Es geht grundsätzlich um die Entscheide des Grundbuchverwalters, die entweder durch die allgemeine oder die besondere Grundbuchbeschwerde bei der Aufsichtsbehörde angefochten (oben, B I) und, wenn sie von dieser Behörde überprüft worden sind, im Einzelfall an das Bundesgericht weitergezogen werden können.

Indessen ist – wie wir oben (B IV 1) gesehen haben – gegen einen Entscheid der kantonalen Aufsichtsbehörde, der auf Beschwerde hin eine Eintragung im Grundbuch anordnet, die Verwaltungsgerichtsbeschwerde ans Bundesgericht nicht zulässig. Auf die Frage, ob ein solcher Entscheid Gegenstand einer staatsrechtlichen Beschwerde sein kann, werden wir später (VI) eingehen.

II. Die Beschwerdelegitimation

Die Legitimation, einen Entscheid des Grundbuchverwalters bei der kantonalen Aufsichtsbehörde anzufechten, ist allgemein nach dem Vorbild der Legitimation, im Bundesverwaltungsverfahren Beschwerde zu führen, bestimmt worden (vorn, § 11 II 4a). Dabei haben wir die Kriterien schon auseinandergesetzt, die für die Legitimation vorhanden sein müssen, um beim Bundesgericht Verwaltungsgerichtsbeschwerde einzureichen (§ 11 III 2). Auf sie brauchen wir nicht zurückzukommen. Auch zur Legitimation der Behörden, eine solche Beschwerde einzulegen, haben wir uns bereits geäußert (a. a. O. Note 49).

Die dargelegten Grundsätze haben wir oben auf die Legitimation, im Eintragungsverfahren bei der kantonalen Aufsichtsbehörde nach Art. 103 als auch 104 GBV Beschwerde zu führen, angewendet (B II 1 und 2). Die Legitimation, gegen den Entscheid einer kantonalen Aufsichtsbehörde, welche eine Weigerung des Grundbuchverwalters bestätigt, der Anmeldung einer Eintragung (im weitern Sinn) Folge zu leisten, Verwaltungsgerichtsbeschwerde zu führen, wird nicht anders umschrieben. Mit andern Worten: War jemand gegen eine Abweisung des Grundbuchverwalters zur Grund-

buchbeschwerde befugt und ist mit dieser nicht durchgedrungen, so ist er
– allerdings mit dem Vorbehalt, daß nur bestimmte Beschwerdegründe zulässig sind – auch legitimiert, gegen diesen Entscheid Verwaltungsgerichtsbeschwerde zu führen. Besteht so eine Wechselbeziehung zwischen der Legitimation, auf kantonaler Ebene Beschwerde zu führen und jener, dies auf Bundesebene zu tun, kann zur Umschreibung der letzern im Eintragungsverfahren auf das bereits Gesagte verwiesen werden[49].

III. Die Beschwerdegründe

Wir verweisen auf das, was wir vorn (§ 11 III 4) gesagt haben und halten zunächst folgende vier Punkte nochmals fest:

1. Grundsätzlich dürfen sich die Vorbringen des Beschwerdeführers nicht gegen tatsächliche Feststellungen der kantonalen Behörde richten (Art. 105 Abs. 2 OG).
2. Der Beschwerdeführer kann auch keine neuen Tatsachen geltend machen oder Beweise beantragen, die ihm schon im kantonalen Verfahren zur Verfügung gestanden haben (§ 11 Note 54).
3. Im Beschwerdeverfahren nach Art. 103 GBV kann der Beschwerdeführer *keine Tatsachen vorbringen, die erst nach dem Entscheid der kantonalen Aufsichtsbehörde eingetreten sind;* dabei sind die Gründe die gleichen wie im kantonalen Verfahren (vgl. oben III Note 34b).
4. Der Beschwerdeführer kann auch mit dem Einwand nicht gehört werden, der Entscheid der Vorinstanz sei unangemessen (Art. 104 lit. c OG e contrario).

Der Beschwerdeführer kann die Verletzung von jedwelchen bundesrechtlichen Vorschriften geltend machen, die Voraussetzungen für die Eintragung dinglicher Rechte, für die Vornahme von Vor- oder Anmerkungen, für Buchungen, denen irgend welche materielle Bedeutung zukommt oder für das eigentliche Eintragungsverfahren enthalten (vorn, §§ 13–25).

Mit der Verwaltungsgerichtsbeschwerde kann dagegen nie die Verletzung *kantonalen Rechts* gerügt werden. Das gilt selbst dann, wenn sich die entsprechende Frage nur vorfrageweise stellt (vorn, § 11 III 4). So verhält es sich

---

[49] Die meisten der weiter oben gemachten Hinweise auf die Rechtsprechung (Noten 15–34) beziehen sich sowohl auf die Beschwerde an die kantonale Aufsichtsbehörde als auf die Verwaltungsgerichtsbeschwerde ans BGer. Zur Legitimation zur Verwaltungsgerichtsbeschwerde in Grundbuchsachen, vgl. HOMBERGER, Art. 956 N. 20ff. (zum Teil überholt).

in bezug auf die Einhaltung kantonalrechtlicher Zerstückelungsverbote (Art. 616, 702 ZGB)[50]; auf die Auslegung von Vorschriften über die Eintragung dinglicher Rechte an Grundstücken, die der kantonalen Gesetzgebung unterstehen (Art. 949 Abs. 2 ZGB; vorn, § 6 IV)[51]; auf die Anwendung von Vorschriften, welche die Anmerkung öffentlichrechtlicher Eigentumsbeschränkungen vorschreiben (Art. 962 ZGB)[52]; auf die Prüfung der Zuständigkeit einer Behörde, die nach kantonalem Recht zur Vornahme einer Grundbuchanmeldung zuständig ist[53]; auf die Anwendung von kantonalem Privatrecht, wo dieses noch angewendet werden kann[54], insbesondere etwa auf die Anwendung der Formvorschriften über die öffentliche Beurkundung (Art. 55 SchlT)[55]. Dagegen ist es zulässig, in Fragen, welche Eintragungen im Grundbuch betreffen, mit der Verwaltungsgerichtsbeschwerde die willkürliche Anwendung von kantonalem Recht zu rügen (vorn, § 11 III 4 am Schluß und Note 59).

IV. Die Wirkungen der Verwaltungsgerichtsbeschwerde

1. Suspensivwirkung?

Es wird daran erinnert, daß gerade die Möglichkeit, gegen einen kantonalen Entscheid, der in den Fällen der Art. 24 und 103 GBV die Abweisung einer Anmeldung durch den Grundbuchverwalter bestätigt, Verwaltungsgerichtsbeschwerde zu erheben, verhindert, daß dieser vor Ablauf der Frist von dreissig Tagen rechtskräftig wird, und daß, wenn Beschwerde erhoben worden ist, diese den Entscheid in der Schwebe hält (vorn, § 11 III 6a)[56].

---

50 SJZ 10, 1913, S. 103 Nr. 89 (BR).
51 SJZ 16, 1919/1920, S. 40 Nr. 22, unter dem Vorbehalt der Genehmigung durch den BR (Art. 949 Abs. 2 ZGB am Schluß).
52 ZBGR 6, 1925, S. 130 (BR): Befugnis, einen Revers zur Anmerkung anzumelden – immer unter dem Vorbehalt der Genehmigung durch den BR (Art. 962 Abs. 2 ZGB).
53 ZBGR 5, 1924, S. 136 (EJPD).
54 WESPI, S. 83 f.; ZBGR 5, 1924, S. 135 Nr. 63 (BR): Verpfändung von Miteigentumsanteilen, die zu einer Erbschaft gehören, die unter altem kantonalem Recht eröffnet worden ist. Genau gleich verhält es sich, wenn das Bundesrecht als ergänzendes kantonales Recht angewendet worden ist, ZBGR 5, 1924, S. 134 Nr. 61 (BR).
55 HOMBERGER, Art. 956 N. 25.
56 Diese «aufschiebende» Wirkung rechtfertigt es – wie wir gesehen haben (BV 3) – daß die (konstitutive) Eintragung, die von einer Aufsichtsbehörde angeordnet wird, das Datum der Einschreibung der Anmeldung ins Tagebuch erhält. Die Frage, ob das BGer befugt ist, eine vorsorgliche Maßnahme anzuordnen, um den Rang einer allenfalls von ihm angeordneten Eintragung zu sichern, stellt sich damit gar nicht (Art. 113/94 OG).

Anders ist es, wenn gegen die Abweisung einer Anmerkung oder einer andern Buchung Beschwerde nach Art. 104 GBV erhoben wird: in diesem Fall wird der kantonale Entscheid mit der Beschwerde an das Bundesgericht nicht aufgeschoben.

Jedenfalls zeitigt bei der Abweisung einer Anmeldung die aufschiebende Wirkung in beiden Fällen darüber hinaus keine Folgen – oder würde keine solche zeitigen, wenn sie vom Präsidenten angeordnet würde, Art. 111 Abs. 2 OG –; denn es geht um ablehnende Entscheide (vorn, § 11 II 8 und III 6).

Wir haben bereits weiter vorn erwähnt, daß der Entscheid einer kantonalen Behörde, die den Grundbuchverwalter anweist, eine Eintragung vorzunehmen, nicht mit Beschwerde an die nächst höhere Behörde, und zwar auch nicht an das Bundesgericht, weitergezogen werden kann (oben, V 1 und Note 34d). Die Frage, ob die Wirkungen eines solchen Entscheides aufgeschoben werden, stellt sich damit gar nicht.

2. Devolutivwirkung

Mit der Verwaltungsgerichtsbeschwerde wird die Frage, ob eine Anmeldung zulässig ist oder ob ihre Voraussetzungen erfüllt sind, vor das Bundesgericht getragen, das sie nochmals zu überprüfen hat. Die Devolutivwirkung der Beschwerde ist zunächst aber beschränkt durch die Art der Beschwerdegründe, die im verwaltungsgerichtlichen Verfahren geltend gemacht werden können (im wesentlichen die Verletzung von Bundesrecht, oben III). Im weitern ist das Bundesgericht hier nur ein Organ der nicht streitigen Gerichtsbarkeit in Grundbuchsachen. Es befindet sich in der gleichen Lage wie die kantonale Behörde (oben, B III 2). Das heißt: Seine materielle Prüfungsmöglichkeit unterliegt den gleichen Schranken wie die Prüfungsbefugnis des Grundbuchverwalters (vorn, § 24 A III).

V. Die Wirkungen des Beschwerdeentscheides

Die Wirkungen des Beschwerdeentscheides im Verwaltungsgerichtsverfahren haben wir grundsätzlich schon behandelt. Es wird auf das vorn in § 11 III 8 Gesagte verwiesen.

Weist das Bundesgericht die Beschwerde ab oder tritt auf sie nicht ein, verbleibt der angefochtene Entscheid wie er ist; d.h. es hat mit der Abweisung sein Bewenden[57].

---

[57] Vgl. dazu und zum folgenden, GRISEL, II S. 936f.

Heißt das Bundesgericht die Beschwerde gut, kann es die Sache an die Vorinstanz zurückweisen oder selber entscheiden.

Im ersten Fall muß die kantonale Behörde einen neuen Entscheid fällen und sich dabei an die Weisungen des Bundesgerichtes halten. Der neue Entscheid geht aber von ihr, nicht vom Bundesgericht aus.

Im zweiten Fall entscheidet das Bundesgericht in der Frage selber und ordnet die Eintragung an, die vom Grundbuchverwalter und der/den kantonalen Aufsichtsbehörde/n abgelehnt worden ist. Gleich wie wenn eine kantonale Aufsichtsbehörde eine Beschwerde gegen eine Abweisung gutheißt, erhält in diesem Fall die vom Bundesgericht angeordnete (konstitutive) Eintragung das Datum der ursprünglichen Einschreibung ins Tagebuch (oben, B IV 3).

VI. Ausschluß der staatsrechtlichen Beschwerde

Gegen den Entscheid einer kantonalen Behörde, welche die Anmeldung einer Grundbucheintragung abweist, kommt die staatsrechtliche Beschwerde nicht in Betracht; denn dieser Entscheid kann mit dem ordentlichen Rechtsmittel der Verwaltungsgerichtsbeschwerde angefochten werden (Grundsatz der Subsidiarität des Art. 84 Abs. 2 OG).

Dagegen ist ein Entscheid der (einzigen oder obern) kantonalen Aufsichtsbehörde, der eine Beschwerde nach Art. 103 oder 104 GBV gutgeheißt und die Eintragung anordnet, ein letztinstanzlicher Entscheid (Art. 86 OG), der – im fraglichen Verfahren – nicht einen Zwischenentscheid darstellt (Art. 87 OG) und der denjenigen, dessen Interessen jenen des Beschwerdeführers entgegenstehen, in seinen Rechten verletzen kann (Art. 88 OG). Beispiel: Der Käufer, der den Kaufvertrag nachträglich wegen Ungültigkeit anficht, auf Grund dessen die Eintragung angeordnet worden ist.

Dessen ungeachtet ist die staatsrechtliche Beschwerde gegen einen Entscheid, der eine Eintragung anordnet, nicht zulässig. Das nicht streitige Verfahren, das die Art. 956 ZGB und Art. 102 ff. GBV festlegen und welches seine Fortsetzung in der Verwaltungsgerichtsbeschwerde ans Bundesgericht findet, stellt gegen die *Weigerung* des Grundbuchverwalters, eine Anmeldung ins Grundbuch einzutragen, ein Rechtsmittel zur Verfügung. *Nimmt der Grundbuchverwalter die Eintragung vor,* die bei ihm beantragt wird oder zu deren Vornahme er von der Aufsichtsbehörde angewiesen wird und der er Folge zu leisten hat, ist die Angelegenheit zwischen dem Anmeldenden und dem Grundbuchverwalter erledigt: Die Eintragung findet statt und – unter Vorbehalt einer verwaltungsmäßigen Berichtigung nach Art. 977 ZGB –

steht eine weitere materiellrechtliche Prüfung ausschließlich dem Richter zu. Zuständig dabei ist in der Regel der Richter nach Art. 975 ZGB, dem in der Frage die volle Prüfungsmöglichkeit zusteht.

Unter diesen Umständen ist nicht ersichtlich, wie die Zulassung einer Anmeldung durch den *Grundbuchverwalter,* die sich unmittelbar aus der Eintragung ergibt, die er vornimmt und gegen welche die Beschwerde an die Aufsichtsbehörde nicht gegeben ist, wegen Verletzung verfassungsmässiger Rechte mit staatsrechtlicher Beschwerde angefochten werden könnte. Eine solche ist denn bisher auch noch nie von jemandem angestrengt worden. Nun kann es aber bei einem Entscheid einer *kantonalen Aufsichtsbehörde,* die eine Anmeldung zuläßt, der normalerweise unverzüglich vollstreckt werden sollte, nicht anders sein. Weil außerdem in bezug auf den Entscheid einer grundbuchlichen Behörde – und sei es auch des Bundesgerichts, auf Verwaltungsgerichtsbeschwerde hin – eine Eintragung vorzunehmen, der Richter angerufen werden kann, muß wohl in Anwendung von Art. 86 OG der Schluß gezogen werden, bezüglich der Frage, ob das eingetragene Recht rechtsgültig sei, sei der Rechtsweg nicht erschöpft. Betrachtet man schließlich den Streit um die Frage, ob ein Recht auf Eintragung besteht oder nicht, *als ganzes,* kann der Entscheid des Grundbuchverwalters oder einer ihm vorgesetzten Behörde, eine Eintragung vorzunehmen, in dieser Hinsicht einem Zwischenentscheid gleichgestellt werden (Art. 87 OG)[58].

---

[58] In einem Entscheid, der in der amtlichen Sammlung nicht veröffentlicht, dafür aber in ZBGR 47, 1966, S. 106 abgedruckt ist, hat das BGer jedoch zum Teil anders entschieden: In einem Enteignungsverfahren hat eine Gemeinde, die sich auf einen mit einem Grundeigentümer abgeschlossenen Vertrag stützte, bei der Aufsichtsbehörde beantragt und schließlich auch erreicht, daß das Grundstück, auf erneute Anmeldung hin, auf ihren Namen im Grundbuch eingetragen wurde. Gegen den in der Zwischenzeit bereits vollzogenen Entscheid der kantonalen Behörde reichte der Enteignete staatsrechtliche Beschwerde wegen Willkür ein und machte geltend, er habe seine Unterschrift nicht zur Eintragung des Eigentumsüberganges gegeben. Das BGer hat die staatsrechtliche Beschwerde insoweit als *unzulässig* erachtet, als der Beschwerdeführer behauptete, die Eintragung sei *ohne genügenden Grund* (Fehlen eines Rechtsgrundes, Ungültigkeit des Vertrages, Fehlen der Verfügungsmacht) vorgenommen worden, weil in diesem Fall die Klage auf Löschung des Eintrages zur Verfügung stand. Das ist die im Text vertretene Auffassung. Dagegen ist das BGer im Umfang *auf die Beschwerde eingetreten,* als der Beschwerdeführer vorbrachte, die *formellen Voraussetzungen seien nicht erfüllt,* d. h. die *Ausweise* über den Rechtsgrund und die Verfügungsmacht *fehlten.* Ist in diesem Fall die Eintragung trotzdem vorgenommen worden, ist sie rechtsgültig und kann nicht mit der Grundbuchberichtigungsklage nach Art. 975 ZGB angefochten werden. In diesem Umfang bestünde somit Raum für eine staatsrechtliche Beschwerde. – Es handelt sich jedoch um ein Mißverständnis. Richtigerweise vermögen, wenn alle materiellen Voraussetzungen einer Eintragung erfüllt sind, Formfehler die Wirkung derselben nicht zu hindern (vgl. beispielsweise vorn, § 15 B I 2c). Ist dem aber so, steht kein Rechtsmittel, auch die staatsrechtliche Beschwerde nicht, zur Ver-

Wird der Grundbuchverwalter dagegen aufgefordert, in Vollzug eines Urteils, einer vorsorglichen Maßnahme oder einer Verwaltungsverfügung in seinem Register eine Eintragung vorzunehmen, muß es natürlich möglich sein, diese Anordnung des Richters oder der Verwaltung bei Vorliegen der gewöhnlichen Voraussetzungen mit staatsrechtlicher Beschwerde anzufechten[59].

---

fügung, um Formfehler zu berichtigen, weil diese nicht von Bedeutung sind. Es fehlt somit jedes rechtliche Interesse an der Beschwerde; denn es ist ja nicht einzusehen, wie eine rechtsgültige Eintragung aufgehoben werden sollte. Im beurteilten Fall berief sich der Beschwerdeführer auf das Fehlen einer Unterschrift. Gerechtfertigt oder nicht, dieser Mangel war materieller Natur, und mit ihm konnte der Beschwerdeführer an den Richter gelangen, was nach dem angeführten Urteil selber im gegebenen Fall die staatsrechtliche Beschwerde ausschloß.

[59] In dieser Hinsicht erweckt BGE 76 I, 1950, S. 96 Vorbehalte. Im fraglichen Entscheid erachtet das BGer eine kantonalrechtliche Bestimmung in einer Strafprozeßordnung als bundesrechtswidrig, welche, um zivilrechtliche Ansprüche des Geschädigten sicherzustellen, die Beschlagnahme von Gütern des Angeschuldigten ermöglicht, die mit der strafbaren Handlung in keinem Zusammenhang stehen. Es tritt jedoch auf eine staatsrechtliche Beschwerde gegen den einem Grundbuchamt erteilten Befehl, zur Sicherung des Vollzugs der Beschlagnahme eine Verfügungsbeschränkung vorzumerken, mit der Begründung nicht ein, der Entscheid über die Rechtsgültigkeit der Vormerkung falle in die Zuständigkeit der grundbuchlichen Aufsichtsbehörden. Das ist nur zum Teil richtig. Macht der Grundbuchverwalter von seiner Prüfungsbefugnis Gebrauch und vollzieht er den erhaltenen Befehl nicht und würde sein Entscheid von der Aufsichtsbehörde bestätigt, ist ohne Zweifel alles gesagt. Vollzieht der Grundbuchverwalter die strafrechtliche Beschlagnahme jedoch aus einem Rechtsirrtum und nimmt die Vor- oder Anmerkung vor, kann diese Buchung nicht mit der Grundbuchbeschwerde an die Aufsichtsbehörde weitergezogen werden. Mit Blick auf diese Möglichkeit durfte die staatsrechtliche Abteilung des BGer den Ball nicht einfach an die kantonalen Grundbuchbehörden zurückgeben, die in diesem Fall nicht die Möglichkeit haben würden, den Irrtum des Grundbuchverwalters zu berichtigen. Das bedeutet im weitern, den Angeschuldigten zu zwingen, den Eintrag mit der Grundbuchberichtigungs- oder einer entsprechenden Klage vor dem ordentlichen Richter anzufechten; vgl. ZBGR 38, 1957, S. 97 (BGer). Im letztern Fall erwägt das Gericht gerade die Möglichkeit für einen Eigentümer, ein Urteil, das die Eintragung einer Übertragung des Eigentums auf einen Dritten anordnet, anzufechten. Nur wenn der Grundbuchverwalter die Anmeldung, die sich auf dieses Urteil stütze, abgewiesen habe, habe der Eigentümer vielleicht kein Interesse mehr, die Aufhebung des Urteils zu verlangen.